**Schwerpunktbereich** Boesche · Wettbewerbsrecht

## Schwerpunkte

Eine systematische Darstellung der wichtigsten Rechtsgebiete anhand von Fällen
Begründet von Professor Dr. Harry Westermann †

# Wettbewerbsrecht

von

Dr. Katharina Vera Boesche

4., neu bearbeitete Auflage

C.F. Müller

Bibliografische Information der Deutschen Nationalbibliothek
Die Deutsche Nationalbibliothek verzeichnet diese Publikation in der Deutschen Nationalbibliografie; detaillierte bibliografische Daten sind im Internet über <http://dnb.d-nb.de> abrufbar.

Bei der Herstellung des Werkes haben wir uns zukunftsbewusst für umweltverträgliche und wiederverwertbare Materialien entschieden. Der Inhalt ist auf elementar chlorfreies Papier gedruckt.

ISBN 978-3-8114-9790-0

E-Mail: kundenbetreuung@hjr-verlag.de
Telefon: +49 89/2183-7928
Telefax: +49 89/2183-7620

FSC
www.fsc.org
MIX
Papier aus verantwortungsvollen Quellen
FSC® C008492



www.cfmueller-campus.de
www.hjr-verlag.de



Satz: Textservice Zink, Schwarzach
Druck: Beltz Druckpartner, Hemsbach

# Vorwort

Wir leben nun seit gut zwei Jahren mit der UWG-Novelle von 2008, die der Gesetzgeber kurz vor dem 100. Jubiläum des UWG vom 7. Juni 1909 und dem fünfjährigen Überleben der „großen“ UWG-Novelle vom 3. Juli 2004 auf den Weg brachte. Die Umwälzungen, die durch die Novelle vom 22. Dezember 2008 das UWG ereilten, waren „spürbar“. Die Umsetzung der Richtlinie über unlautere Geschäftspraktiken wollte der Gesetzgeber aktiv betreiben und nicht lediglich der Rechtsprechung wie ein unbeteiligter Dritter dabei zusehen, wie sie die Normen des erst jüngst novellierten UWG richtlinienkonform anwendet. Es wäre der mutigere Schritt gewesen. Der Gesetzgeber schlug stattdessen den der enumerativen, detaillierten Lösung ein, die zuweilen anmutet, als befürchtete er eine Unanwendbarkeit des UWG, wenn nicht jeder Einzelfall in bleiernen Gesetzestext gegossen wird. Dabei wusste er es besser. Die Erfahrungen mit dem UWG von 1909 haben gezeigt, dass ein Gesetz nahezu 100 Jahre mit im Wesentlichen zwei zentralen materiellen Normen auskommen konnte, ohne dass schwere Unlauterkeitstaten durch das Netz fielen, wie die zwei im Vorwort zur 1. Auflage genannten Beispiele belegen.

Was ein paar Federstriche auszulösen vermögen, zeigte sich bei der Überarbeitung der 3. und 4. Auflage des Buches. Es erging mir wie dem Gesetzgeber, bemüht um behutsame Eingriffe in die Texte hatte die 3. Auflage am Ende Änderungen mit einem Umfang von über 50% zu verkraften. Die überwiegend aus dem Gesetzestext und der Gesetzesbegründung gewonnenen Erkenntnisse flossen in die 3. Auflage ein. Inzwischen haben Literatur und ergangene Rechtsprechung wie auch das eigene weitere Durchdenken der Struktur des novellierten UWG sowie einzelner neuer Tatbestände nochmals zu nicht unerheblichen Änderungen insbesondere hinsichtlich der Darstellung des neuen § 3 und des Abschieds von der Prüfung des subjektiven Tatbestandes geführt, die es auch in den Falllösungen und Prüfungsschemata zu verarbeiten galt. Die ersten Urteile zu den Per-se-Unzulässigkeitstatbeständen der sog. Schwarzen Liste wurden kommentiert und in die Falllösungen eingearbeitet. Fiel die Rechtsprechung hinsichtlich der Anwendung der Per-se-Verbote noch sehr zurückhaltend aus, kann die insgesamt zu berücksichtigende, in den vergangenen zwei Jahren ergangene Judikatur ohne Übertreibung als „Flut“ bezeichnet werden.

Hinzu kommen die in dieser Zeit erschienenen Monographien, Lehrbücher und Neuauflagen von Kommentaren. Den Weg, den die Rechtsprechung mit dem „Regenwaldprojekt“ eingeschlagen hat, was als Abgesang auf die Fallgruppe der gefühlsbetonten Werbung gedeutet wird, hat sie weiter beschritten. Dies hat zu einer erfreulichen Beständigkeit in der unbeständigen jüngsten Vergangenheit des Lauterkeitsrechts geführt. Die Verwirrungen um einen einheitlichen oder gespaltenen Mitbewerberbegriff, die schon in der 1. Auflage dieses Buches aufgezeigt wurden, haben sich in der Rechtsprechung des EuGH und des BGH manifestiert. Dass es nur „eines“ uneingewilligten Telefonanrufes bedarf, um unzumutbar zu belästigen, hatte sich in der Rechtsprechung bereits vor der 3. Auflage etabliert und den Gesetzgeber zur ausdrücklichen Aufnahme in den Gesetzestext der UWG-Novelle von 2008 animiert. Diese wenig erfreuliche harte Linie hat nun mit dem Gesetz zur Bekämpfung unlauterer Telefonwerbung vom 29. Juli 2009 auch hinsichtlich der Sanktionen ihre Vollendung gefunden. Ein Verstoß gegen § 7 Abs. 1 iVm Abs. 2 Nr 2 UWG darf seitdem als Ordnungswidrigkeit mit einem Bußgeld von bis zu 50.000 € belangt werden. Eine weniger gravierende Änderung brachte das Gesetz zur Umsetzung der Verbraucherkreditrichtlinie vom 29. Juli 2009. Schließlich wurde eine ausdrückliche Regelung zum Product Placement in den 13. Rundfunkstaatsänderungsvertrag aufgenommen, was den Umgang mit dem strikten Trennungsgebot zwischen redaktionellen und werbenden Medienbeiträgen, wie es in Nr 11 des Anhangs zu § 3 Abs. 3 UWG, in § 4 Nr 3 und Nr 11 (iVm den presserechtlichen Regelungen) zementiert ist, vor neue Herausforderungen stellt. Besonderes Augenmerk wurde auch der lebhaften Rechtsprechung v.a. des EuGH und BGH und der entsprechend stimulierten Literatur zu der lauterkeitsrechtlichen Behandlung der Kopplungsangebote geschenkt. Damit seien nur die großen Entwicklungen der Rechtsprechung genannt, die neben vielen weiteren in die Überarbeitung des Buches aufgenommenen wurden.

Für die Recherche und Dokumentation der umfangreichen Literatur und Rechtsprechung danke ich Frau *Diane Rataj*.

Erneut gilt: Alle Anregungen, die mich erreicht haben, habe ich dankbar aufgenommen.

Berlin, im Juli 2011 *Katharina Vera Boesche*

# Vorwort zur 1. Auflage

Die UWG-Novelle vom 7. Juli 2004 kam genau vier Jahre und elf Monate zu früh. Seinen 100. Geburtstag hat das UWG vom 7. Juni 1909 nicht mehr erlebt. Das „alte“ UWG lebte vor allem durch seine Generalklausel, die wettbewerbliche Verstöße gegen die guten Sitten mit Unterlassungs- und Schadensersatzansprüchen sanktionierte. Die „Täter“ waren 1909 wie 2004 die gleichen, nur hießen sie damals „Erwerbsgenossen“ (*Finger*, § 1 Rn 5) und heute „Mitbewerber“. Die Generalklausel war so flexibel, dass sie 1909 wie 2004 herangezogen werden konnte, um das „Abspenstigmachen von Hausbediensteten“, das Anreißertum oder das „Abfassen von Leuten während Geschäftsschlusses, das Beschenken derselben bis zur Wiedereröffnung, um sie dann dem eigenen Geschäft zuzuführen“ (*Finger*, § 1 Rn 16 f) ebenso als sittenwidrig zu maßregeln wie das Bewerben von Bier als Beitrag zum Schutz des Regenwaldes („1 Kiste = 1 $m^2$“). Abgelöst wurde die Generalklausel durch eine neue schlankere und weniger barocke (es geht nicht mehr um Sitte, sondern um Lauterkeit) Generalklausel, die vor allem „Scharnierfunktion“ hat zwischen eigenständigen neuen Rechtsfolgenormen und sehr vielen neuen, sehr speziellen Unlauterkeitstatbeständen.

Dieses Buch will zweierlei: Grundwissen zu den wesentlichen Änderungen des neuen UWG, zur Aktiv- und Passivlegitimation, zum Rechtsfolgenregime und zu den einzelnen Tatbeständen vermitteln und zugleich praxisorientiert sein, indem es sich mit Fällen und ausformulierten Lösungen an alle wendet, die noch hinzulernen mögen oder müssen. In erster Linie sind damit Studenten gemeint, aber auch Referendare und Rechtsanwender, die praktische Hinweise zur Anspruchsprüfung ergänzend zur Kommentarliteratur hinzuziehen, auch wenn sie sich keinen staatlichen Prüfungen mehr unterziehen müssen. Abgesehen von wenigen fiktiven Fällen beruhen die Sachverhalte auf jüngeren Entscheidungen überwiegend des Bundesgerichtshofs, aber auch der Ober- und Landgerichte. Die Fälle sind zum Teil in Übungen und Klausrenkursen am Fachbereich Rechtswissenschaft der Freien Universität Berlin praktisch erprobt worden. Ergänzt wird das praktische Rüstzeug um Prüfungsschemata zu allen Anspruchsarten sowie um Aufbauhinweise, wann und wo immer sie mir notwendig erschienen. So weit wie möglich wurde bereits die zum neuen UWG erschienene Kommentarliteratur verwendet.

Berlin, im April 2005 *Katharina Vera Boesche*

# Inhaltsverzeichnis

# Abkürzungsverzeichnis

| | |
|---|---|
| aA | anderer Ansicht |
| ABl. | Amtsblatt |
| AEUV | Vertrag über die Arbeitsweise der Europäischen Union idF v. 1.12.2009, ABl. EG Nr C 115 v. 9.5.2008, S. 47 |
| aF | alte Fassung |
| AG | Aktiengesellschaft; Die Aktiengesellschaft (Zeitschrift) |
| amtl. | amtlich |
| Anm. | Anmerkung |
| Aufl. | Auflage |
| BAnz. | Bundesanzeiger |
| BB | Betriebs-Berater (Zeitschrift) |
| Bd. | Band |
| Begrd. | Begründung |
| BGBl. | Bundesgesetzblatt |
| BGHZ | Entscheidungen des Bundesgerichtshofs in Zivilsachen |
| BKartA | Bundeskartellamt |
| Bl. | Blatt |
| BMELV | Bundesministerium für Ernährung, Landwirtschaft und Verbraucherschutz |
| BMWA/BMWi | Bundesministerium für Wirtschaft und Arbeit/Bundesministerium für Wirtschaft und Technologie |
| BRat-Drs. | Bundesratsdrucksache |
| BReg. | Bundesregierung |
| BT-Drs. | Bundestagsdrucksache |
| BVerfGE | Entscheidungen des Bundesverfassungsgerichts |
| BVerwGE | Entscheidungen des Bundesverwaltungsgerichts |
| DB | Der Betrieb (Zeitschrift) |
| ders. | derselbe |
| dies. | dieselbe |
| Diss. | Dissertation |
| EG | Europäische Gemeinschaft/Vertrag zur Gründung der EG idF v. 7.2.1992 (BGBl. II S. 1253), geändert durch den Vertrag von Nizza v. 21.2.2001 (BGBl. 2001 II S. 1667), idF v. 24.12.2002 (ABl. EG C 325/33), mit Wirkung zum 1.12.2009 in Vertrag über die Arbeitsweise der Europäischen Union umbenannt worden (s. AEUV) |
| EuG | Europäisches Gericht 1. Instanz |
| EuGH | Europäischer Gerichtshof |
| EuZW | Europäische Zeitschrift für Wirtschaftsrecht |
| eV | eingetragener Verein |
| Fn | Fußnote |
| FS | Festschrift |
| G | Gesetz |
| GebrMG | Gebrauchsmustergesetz idF v. 28.8.1986 (BGBl. I S. 1455), zuletzt geändert durch Gesetz v. 31.7.2009 (BGBl. I S. 2521) |

| | |
|---|---|
| gem. | gemäß |
| Ges.-Begr. | Gesetzesbegründung des Ersten Gesetzes zur Änderung des Gesetzes gegen den unlauteren Wettbewerb, BT-Drs. 16/10145 v. 20.8.2008, S. 14 |
| GeschmMG | Gesetz über den rechtlichen Schutz von Mustern und Modellen, („Geschmacksmustergesetz") idF v. 12.3.2004 (BGBl. I S. 390), zuletzt geändert durch Gesetz v. 31.7.2009 (BGBl. I S. 2521) |
| GoA | Geschäftsführung ohne Auftrag |
| grdl. | grundlegend |
| grds. | grundsätzlich |
| GRUR | Gewerblicher Rechtsschutz und Urheberrecht (Zeitschrift) |
| GRURInt | GRUR Internationaler Teil |
| GRUR-RR | GRUR-Rechtsprechungs-Report |
| GWB aF | Gesetz gegen Wettbewerbsbeschränkungen idF v. 26.8.1998 (BGBl. I S. 2546) idF v. 9.12.2004 (BGBl. I S. 3220) |
| GWB | Gesetz gegen Wettbewerbsbeschränkungen idF eines Siebenten Gesetzes zur Änderung des GWB v. 15.7.2005 (BGBl. I S. 2114), zuletzt geändert durch Gesetz v. 22.12.2010 (BGBl. I S. 2262) |
| hM | herrschende Meinung |
| Hrsg. | Herausgeber |
| HS | Halbsatz |
| idF | in der Fassung |
| idR | in der Regel |
| iE | im Ergebnis |
| iSd/v. | im Sinne des/im Sinne von |
| iVm | in Verbindung mit |
| JBl. | Juristische Blätter (österreichische Zeitschrift) |
| JURA | Juristische Ausbildung (Zeitschrift) |
| JZ | Juristenzeitung (Zeitschrift) |
| KG | Kammergericht |
| LM | Lindemaier-Möhring, Nachschlagewerk des BGH |
| MarkenG | Markengesetz v. 25.10.1994 (BGBl. I S. 3082), zuletzt geändert durch Gesetz v. 22.12.2010 (BGBl. I S. 2248) |
| MDR | Monatsschrift für Deutsches Recht (Zeitschrift) |
| MuR | Medien und Recht (österreichische Zeitschrift) |
| mwN | mit weiteren Nachweisen |
| nF | Neue Fassung |
| NJW | Neue Juristische Wochenschrift (Zeitschrift) |
| NJW-RR | NJW-Rechtsprechungs-Report (Zeitschrift) |
| NJWE-WettbR | NJW-Entscheidungsdienst Wettbewerbsrecht (Zeitschrift) |
| ÖBl. | Österreichische Blätter für gewerblichen Rechtschutz und Urheberrecht (Zeitschrift) |
| OGH | Oberster Gerichtshof (Österreich) |

| | |
|---|---|
| PAngV | Preisangabenverordnung idF v. 18.10.2002 (BGBl. I S. 4195), zuletzt geändert durch Gesetz v. 3.7.2004 (BGBl. I S. 1414) |
| RabattG | Gesetz über Preisnachlässe (Rabattgesetz) v. 25.11.1933 (RGBl. I S. 1011), zuletzt geändert durch Gesetz v. 25.7.1986 (BGBl. I S. 1169), aufgehoben mit Wirkung v. 25.7.2001 durch Gesetz v. 23.7.2001 (BGBl. I S. 1663) |
| RdW | Recht der Wirtschaft (österreichische Zeitung) |
| RefE | Referentenentwurf |
| RegE | Regierungsentwurf |
| RGBl. | Reichsgesetzblatt |
| RGZ | Entscheidungen des Reichsgerichts in Zivilsachen |
| Rn | Randnummer |
| Rs. | Rechtssache |
| Rspr | Rechtsprechung |
| Rz. | Randziffer |
| Slg. | Sammlung |
| Sp. | Spalte |
| str. | streitig |
| TMG | Telemediengesetz v. 26.2.2007 (BGBl. I S. 179, 251), zuletzt geändert durch Gesetz v. 31.5.2010 (BGBl. I S. 692) |
| UGP-RL | Richtlinie über unlautere Geschäftspraktiken, Richtlinie 2005/29/EG vom 11.5.2005 über unlautere Geschäftspraktiken im binnenmarktinternen Geschäftsverkehr zwischen Unternehmen und Verbrauchern, ABl. EG Nr L 149/22 v. 11.6.2005 |
| UKlaG | Gesetz über Unterlassungsklagen bei Verbraucherrechts- und anderen Verstößen („Unterlassungsklagengesetz") idF v. 27.8.2002, zuletzt geändert durch Gesetz v. 1.3.2011 (BGBl. I S. 288) |
| UKlaRL | Richtlinie über Unterlassungsklagen zum Schutz der Verbraucherinteressen (98/27/EG) v. 19.5.1998 (ABl. EG Nr L 166 v. 11.6.1998, S. 51), zuletzt geändert durch Gesetz vom 25.10.2008 (BGBl. I. S. 2074) |
| UrhG | Gesetz über Urheberrecht und verwandte Schutzrechte („Urheberrechtsgesetz") idF v. 9.9.1965, zuletzt geändert durch Gesetz v. 7.12.2008 (BGBl. I S. 2586) |
| UWG | Gesetz gegen den unlauteren Wettbewerb idF v. 3.7.2004 (BGBl. I S. 1414), geändert durch das Erste Gesetz zur Änderung des Gesetzes gegen den unlauteren Wettbewerb v. 22.12.2008 (BGBl. I S. 2949), zuletzt geändert durch Gesetz v. 3.3.2010 (BGBl. I S. 254) |
| UWG (2004) | Gesetz gegen den unlauteren Wettbewerb idF v. 3.7.2004 (BGBl. I S. 1414) |
| UWG aF | UWG v. 7.6.1909 (RGBl. S. 499), zuletzt geändert durch Gesetz v. 1.9.2000 (BGBl. I S. 1374) |
| v. | vom, von |
| vgl | vergleiche |
| V/VO | Verordnung |
| WBl. | Wirtschaftsrechtliche Blätter (Österreichische Zeitschrift) |
| WM | Wertpapiermitteilungen (Zeitschrift) |

| | |
|---|---|
| WRP | Wettbewerb in Recht und Praxis (Zeitschrift) |
| WuW | Wirtschaft und Wettbewerb (Zeitschrift) |
| WuW/E | Entscheidungssammlung der WuW |
| ZIP | Zeitschrift für Wirtschaftsrecht |
| zit. | zitiert |
| ZugabeVO | Zugabeverordnung v. 9.3.1932 (RGBl. I S. 121), zuletzt geändert durch Gesetz v. 25.7.1994 (BGBl. I S. 1688), aufgeboben mit Wirkung v. 25.7.2001 durch Gesetz v. 23.7.2001 (BGBl. I S. 1661) |
| zutr. | zutreffend |

# Verzeichnis der abgekürzt zitierten Literatur

| | |
|---|---|
| *Ahrens* | *Ahrens*, Der Wettbewerbsprozess, 6. Aufl. 2009 |
| *Beater* | *Beater*, Unlauterer Wettbewerb, 2002 |
| *Berlit* | *Berlit*, Wettbewerbsrecht. Ein Grundriss, 7. Aufl. 2009 |
| *Eisenmann/Jautz* | *Eisenmann/Jautz*, Grundriss Gewerblicher Rechtsschutz und Urheberrecht, Mit 53 Fällen und Lösungen, 8. Aufl. 2009 |
| *Ekey* | Grundriss des Wettbewerbs- und Kartellrechts, 3. Aufl. 2009 |
| *Ekey/Klippel/Kotthoff* | *Ekey/Klippel/Kotthoff/Meckel/Plaß*, Heidelberger Kommentar zum Wettbewerbsrecht, 2. Aufl. 2005 (zit.: *Bearbeiter*, in:) |
| *Emmerich* | *Emmerich*, Unlauterer Wettbewerb, 8. Aufl. 2009 |
| Fallbuch | Fallbuch zum Kartellrecht, Wettbewerbsrecht, Markenrecht, *Säcker* (Hrsg.), 2001 |
| *Fezer* | *Fezer*, Lauterkeitsrecht, Kommentar zum UWG, Bd. 1: §§ 1–4, Bd. 2: §§ 5–22, 2. Aufl. 2009 (zit.: Fezer/*Bearbeiter*) |
| *ders.* | *Fezer*, Markenrecht, 4. Aufl. 2009 |
| *Finger* | *Finger*, Reichsgesetz gegen den unlauteren Wettbewerb v. 7.6.1909 nebst Rechte am Namen (§ 12 BGB) und § 826 BGB, 4. Aufl. 1911 |
| *Gloy/Loschelder/Erdmann* | *Gloy/Loschelder/Erdmann* (Hrsg.), Handbuch des Wettbewerbsrechts, 4. Aufl. 2010 (zit.: Gloy/*Bearbeiter*) |
| *Götting/Nordemann* | UWG, 2010 (zit.: *Bearbeiter*, in:) |
| Großkomm.UWG | Großkommentar zum UWG (hrsg. von *Jacobs, Lindacher, Teplitzky*), 1991–2007 (zit.: Großkomm. UWG *Bearbeiter*) |
| *Harte/Henning* | *Harte-Bavendamm/Henning-Bodewig*, UWG Kommentar, 2. Aufl. 2009 (zit.: Harte/Henning/*Bearbeiter*) |
| HK/Markenrecht | Heidelberger Kommentar zum Markenrecht, hrsg. v. *Ekey/Klippel/Bender*, Bd. 1, 2. Aufl. 2009 |
| *Hönn* | *Hönn*, Klausurenkurs im Wettbewerbs- und Kartellrecht. Ein Fall- und Repetitionsbuch, 5. Aufl. 2010 |
| *Immenga/Mestmäcker* | *Immenga/Mestmäcker* (Hrsg.), EG-Wettbewerbsrecht, 4. Aufl. 2007 (zit.: Immenga/Mestmäcker/*Bearbeiter*) |
| *dies.* | *Immenga/Mestmäcker* (Hrsg.), GWB, 4. Aufl. 2007 (zit.: Immenga/Mestmäcker/*Bearbeiter*, GWB) |
| *Kießling* | *Kießling*, Wirtschaftsrecht im Assessorexamen, 2. Aufl. 2008 |
| *Kling/Thomas* | *Kling/Thomas*, Grundkurs Wettbewerbs- und Kartellrecht, 2004 |
| *Köhler/Bornkamm* | Gesetz gegen den unlauteren Wettbewerb (Beck'scher Kurzkommentar), 29. Aufl. 2011 (zit.: *Bearbeiter*, in:); Vorauflage *Hefermehl/Köhler/Bornkamm* |
| *Krejci/Keßler/Augenhofer* | *Krejci/Keßler/Augenhofer* (Hrsg.), Lauterkeitsrecht im Umbruch. Europa, Deutschland, Österreich, 2005 |
| *Lehmler* | *Lehmler*, Das Recht des unlauteren Wettbewerbs, 2002 |
| *ders.* | *Lehmler*, Kommentar zum Wettbewerbsrecht, 2007 |
| *Lehr* | *Lehr*, Wettbewerbsrecht, 3. Aufl. 2007 |
| *Lettl* | *Lettl*, Das neue UWG, 2004 |
| *ders.* | Wettbewerbsrecht, 2009 |
| *Matutis* | UWG, 2. Aufl. 2009 |
| MünchKommBGB | Münchener Kommentar zum Bürgerlichen Gesetzbuch, hrsg. von *Rebmann/Säcker/Rixecker*, Bd. 3, 4. Aufl. 2004; Bd. 5, 5. Aufl. 2009 (erschienen unter *Ulmer/Schäfer*, Gesellschaft bürgerlichen Rechts und Partnergesellschaft) (zit.: MünchKommBGB/*Bearbeiter*) |

| | |
|---|---|
| MünchKommUWG | Münchener Kommentar zum Lauterkeitsrecht, 2006, 3 Bände, hrsg. von *Heermann/Hirsch* (zit.: MünchKommUWG/*Bearbeiter*) |
| *Nordemann* | *Nordemann*, Wettbewerbs- und Markenrecht, 10. Aufl. 2004 |
| *Palandt* | *Palandt*, Bürgerliches Gesetzbuch, 70. Aufl. 2011 (zit.: Palandt/ *Bearbeiter)* |
| *Pastor/Ahrens* | *Pastor/Ahrens*, Der Wettbewerbsprozess, Ein Praxishandbuch, 5. Aufl. 2005 |
| *Piper/Ohly/Sosnitza* | *Piper/Ohly/Sosnitza*, Gesetz gegen den unlauteren Wettbewerb mit Preisangabenverordnung, Kommentar, 5. Aufl. 2010 (zit.: *Bearbeiter*, in:) Vorauflage *Köhler/Piper*, UWG, 3. Aufl. 2002 |
| *Rittner/Kulka* | *Rittner*, Wettbewerbs- und Kartellrecht. Eine systematische Darstellung des deutschen und europäischen Rechts für Studium und Praxis, 7. Aufl. 2008 |
| *Säcker/Wolf* | UWG und Markenrecht in Fällen, 2009 |
| *Schmidt* | *I. Schmidt*, Wettbewerbspolitik und Kartellrecht, 8. Aufl. 2005 |
| *Staudinger* | Kommentar zum Bürgerlichen Gesetzbuch begründet von *Staudinger*, 13. Bearbeitung 1993 ff (zit.: Staudinger-*Bearbeiter*) |
| *Teplitzky* | *Teplitzky*, Wettbewerbsrechtliche Ansprüche und Verfahren, 9. Aufl. 2007 |
| *Thomas/Putzo* | *Thomas/Putzo/Reichold/Hüßtege*, Zivilprozessordnung mit Gerichtsverfassungsgesetz und den Einführungsgesetzen, Kommentar, 32. Aufl. 2011 |

# § 1 Einleitung

## I. Schutzzwecke des neuen UWG, § 1 UWG

Die Offenheit der Generalklausel des § 1 UWG aF ermöglichte seit Inkrafttreten des UWG einen Paradigmenwechsel des Lauterkeitsrechts: Diente das UWG zunächst allein dem **Individualschutz** des einzelnen Konkurrenten, entwickelte es sich noch in den 30er Jahren des letzten Jahrhunderts von *Eugen Ulmer* beeinflusst zu einem **Institutionenschutz**. Der Schutz lauteren und die Bekämpfung unlauteren Wettbewerbs sollte nicht mehr allein im Interesse einzelner Mitbewerber, sondern im Interesse der Allgemeinheit stehen. Der **Wettbewerb als Institution**, als selbstständige, schützenswerte Einheit wurde zum übergeordneten Schutzgut des gesamten Wettbewerbsrechts (s. zum Verhältnis des UWG zum GWB § 2 Rn 26 ff). Daran knüpft § 1 UWG[1], der in der Fassung, die er durch die Novellierung von 2004 erfahren hat, die Gute-Sitten-Norm abgelöst hat, an. Zum ersten Mal werden beide Schutzzwecke des Gesetzes ausdrücklich normiert: der Individualschutz von Mitbewerbern (S. 1) und der Schutz des unverfälschten Wettbewerbs im Interesse der Allgemeinheit (S. 2). Eines Schutzes der „sonstigen Marktteilnehmer" hätte es allerdings nicht bedurft, da diese entweder unter den weiten Mitbewerberbegriff fallen oder zu den erstmals ausdrücklich geschützten **„Verbraucherinnen und Verbrauchern"** zählen (offenbar gibt es keine Mitbewerberinnen oder Marktteilnehmerinnen, so dass man die umständliche feminine Endung auf die Verbraucher beschränkt hat). Auch *Fezer* spricht daher zu Recht statt von einer Schutzzwecktrias von einem **„Dualismus der Schutzzwecke"**[2]. Werden Mitbewerber und Verbraucher (erstmals gleichrangig) in § 1 S. 1 UWG vor **„unlauterem Wettbewerb"** geschützt, sind damit der Interessenschutz und die lauterkeitsbezogenen Allgemeininteressen gemeint. Die Schutzrichtung des S. 2 ist hingegen gerichtet auf das institutionelle Allgemeininteresse an einem **„unverfälschten Wettbewerb"**. Durch das „zugleich" in S. 2 wird verdeutlicht, dass der Institutionenschutz im Wettbewerbsrecht nie singulär stehen kann, wenn nicht zugleich auch die Interessen der Mitbewerber oder der Verbraucher berührt sind. Durch die Aufnahme des Schutzes des unverfälschten Wettbewerbs in die „neue" Generalklausel gelingt es mit zwei Worten die Entwicklung des Lauterkeitsrechts als Teil eines umfassenden Wettbewerbsschutzes abzubilden. Bei der Ersetzung des Begriffs „Wettbewerbshandlungen" durch „geschäftliche Handlungen" in § 1 Abs. 1 handelt es sich lediglich um eine terminologische Anpassung an die Vorgaben der RL über unlautere Geschäftspraktiken. 1

*Literaturhinweise: E. Ulmer*, Wandlungen und Aufgaben im Wettbewerbsrecht, GRUR 1937, 769, 772; *Hefermehl*, Der Anwendungsbereich des Wettbewerbsrechts, in: FS Nipperdey, 1955, 283 ff; *Fezer*, Teilhabe und Verantwortung, Die personale Funktionsweise des subjektiven Privatrechts, 1986, S. 524 ff, 539 ff; Fezer/*Fezer*, § 1 Rn 2–14, 28–32, 33–98; *Haase*, Die unlautere Wettbewerbshandlung nach der UWG-Reform. Zu den normativen Leitlinien des neuen

1 Gesetz gegen den unlauteren Wettbewerb v. 3.7.2004, BGBl. I, S. 1414. Das Gesetz ist am 8.7.2004 in Kraft getreten, idF des Gesetzes v. 3.3.2010 (BGBl. I S. 254).

2 Fezer/*Fezer*, § 1 Rn 28 f, 49 ff, 58 ff.

Lauterkeitsrechts unter besonderer Berücksichtigung des Verbrauchers als Schutzsubjekt, 2006; *Otto*, Allgemeininteressen im neuen UWG, 2007 (zugl. Diss. Berlin 2007); *I. Schmidt*, Wettbewerbspolitik und Kartellrecht, 8. Aufl. 2005, S. 182 ff; *Thouvenin*, Funktionale Systematisierung von Wettbewerbsrecht (UWG) und Immaterialgüterrechten, 2007; *Wuttke*, Die Bedeutung der Schutzzwecke für ein liberales Wettbewerbsrecht (UWG). Zugleich eine Anmerkung zu BGH I ZR 234/03 – *Warnhinweis II*, WRP 2007, S. 119 ff; zur Bedeutung des Verbrauchers im Wirtschaftsrecht vgl zB *Drexl*, Die wirtschaftliche Selbstbestimmung des Verbrauchers, 1998; zum Schutz des Verbraucherschutzes im neuen UWG zB *Köhler*, UWG-Reform und Verbraucherschutz, GRUR 2004, 265 ff; *Lettl*, Der Schutz der Verbraucher nach der UWG-Reform, GRUR 2004, 449 ff.

## II. Verbraucherbegriff

### 1. Verbraucherbegriff in Deutschland

2 Maßgebend ist der durchschnittlich informierte und verständige Verbraucher. Der Begriff des „durchschnittlich informierten, verständigen und in der Situation, in der er mit der Werbeaussage konfrontiert wird, aufmerksamen Verbrauchers" wurde erstmals in der *Osthoek*-Entscheidung vom *Europäischen Gerichtshof* geprägt und seitdem regelmäßig bestätigt[3]. Verlangt wird von den Verbrauchern, dass sie durchschnittlich über die üblichen Qualitäten und den normalerweise für das Wirtschaftsgut verlangten Preis informiert sind, das Produkt oder die Dienstleistung aufmerksam betrachten und in der Lage sind, aus den gewonnenen Informationen eine überwiegend rational begründete Entscheidung zu treffen[4]. Maßgebend ist dabei das tatsächliche Verkehrsverständnis, nicht wie der Verkehr eine Angabe objektiv vernünftigerweise auffassen sollte[5]. Bis Mitte der 90er Jahre war für den BGH hingegen das Leitbild eines flüchtigen, unkritischen und unbefangenen Verbrauchers maßgebend[6]. In der *Orient-Teppichmuster*-Entscheidung gab er dieses Bild auf und übernahm das europäische Verbraucherbild[7]. In Ziff. 18 der Erwägungsgründe der Richtlinie über unlautere

3 EuGH GRUR Int. 1983, S. 648; diesen Maßstab hat der EuGH danach immer wieder bestätigt, so in GRUR Int. 1990, 955, 956 *GB-Inno-BM*; GRUR Int. 1991, 215 *Dahlhausen*; WRP 1995, 677, 678 *Mars*; WRP 1998, 848, 850 *6-Korn-Eier*; EuZW 1998, 526, 528 *Gut Springenheide*; WRP 1999, 307, 310 f *Sektkellerei Kessler*; WRP 2000, 289, 292 *Lifting Creme*; GRUR Int. 2000, 756, 757 *naturrein*; zuletzt in der *Pippig*-Entscheidung EuGH GRUR Int. 2003, 742, 745 ff; zum Verbraucherbild des EuGH vgl *Niemöller*, Das Verbraucherbild in der deutschen und europäischen Rechtsprechung, Verhandlungs- und Vertragsparität als Regelungsgehalt des § 3 UWG, 1999, 109 ff; vgl zum Einfluss der EuGH-Rechtsprechung auf das deutsche Lauterkeitsrecht auch Großkomm.UWG/*Schricker*, Einl. Rn F 318 ff.

4 Vgl zum Verbraucherbild des EuGH und der Mitgliedstaaten *Lettl*, GRUR Int. 2004, 85, 87, 90 ff mwN.

5 BGH, GRUR 1984, 590, 591 f *Sonderangebote auf 3000 qm*; BGH, GRUR 1988, 459, 460 *Teilzahlungsankündigung*; *Piper*, in: Piper/Ohly, § 2 Rn 84.

6 So zB BGH GRUR 1957, 128 ff *Steinhäger*; BGH GRUR 1970, 425 f *Melitta-Kaffee*; BGH NJW 1981, 2573 *Getarnte Werbung*; BGH NJW 1992, 369, 371 *IEC-Publikation*; BGH NJW 1994, S. 1954, 1957 *Mars-Kondom*; BGH NJW 1995, 871, 873 *Markenverunglimpfung II*; zum neuen Verbraucherleitbild und die Informationsanforderungen s. auch *Eppe*, WRP 2004, 153, 156 ff mwN zur BGH-Rechtsprechung.

7 BGH GRUR 2000, 619, 621; vgl auch BGH, WRP 2002, 977, 978 *Scanner-Werbung*; in der Entscheidung *Die „Steinzeit" ist vorbei!* hat der BGH zwar den ausdrücklichen Hinweis auf die situationsadäquate Aufmerksamkeit unterlassen, eine Verallgemeinerung lässt sich aus dem Urteil allerdings nicht

Geschäftspraktiken wird das Verbraucherleitbild noch einmal präzisiert. Danach kommt es auf den „Durchschnittsverbraucher" an, der „angemessen gut unterrichtet und angemessen aufmerksam und kritisch ist. Dabei seien soziale, kulturelle und sprachliche Faktoren, vor allem Unterschiede, zu beachten. *Helm* sieht darin einen Abschied vom **„verständigen"** Verbraucher wie ihn die deutsche Rechtsprechung verlangt[8]. Diese vermeintliche Änderung findet sich in dem 2008 novellierten UWG nicht. Mit § 3 Abs. 2 S. 1 UWG hält erstmals eine Vorschrift ins UWG Einzug, die unmittelbar das Verbraucherleitbild anspricht, wenn auch nicht vollständig wiedergibt. Dort wird nur von der „Fähigkeit von Verbrauchern, sich auf Grund von Informationen zu entscheiden" gesprochen. Entscheidend ist also ein informierter Verbraucher. Dies deckt sich mit dem „deutschen" Verbraucherleitbild, das ja in der Übernahme des europäischen besteht. Die Ansicht *Helms* lässt den Eindruck entstehen, es genüge, dass ein Verbraucher aufmerksam, kritisch und gut informiert ist, aber nicht versteht oder drastischer ohne Verstand („verständig") auf das Gesehene reagiert. Wenn nun ein solcher unverständiger Verbraucher sich irregeführt fühlt, soll dies der Maßstab für das Vorliegen einer Unlauterkeitstat sein. Diese Deutung würde sich aber nicht nur graduell von dem europäischen Verbraucherleitbild entfernen, was nicht Absicht des europäischen Richtliniengebers war. Das Fehlen des Wortes „verständig" in Ziff. 18 der Erwägungsgründe sollte daher nicht überbewertet werden. Eine vergleichbare Gefahr geht von der neuen Regelung in **§ 3 Abs. 2 S. 3 UWG** über spezielle Verbrauchergruppen, die durch ein Gebrechen, ihr Alter (einschließlich ihrer Jugendlichkeit) oder Leichtgläubigkeit gekennzeichnet ist, aus. Betrifft eine geschäftliche Handlung eine solche Gruppe kommt es auf das Verständnis eines durchschnittlichen Mitgliedes einer solchen Gruppe an. Um auf diese Weise nicht wieder in die „alten Zeiten" eines unbeholfenen, uninformierten, unaufmerksamen, unkritischen (und ohnehin unverständigen) Verbrauchers zurückzukehren, müssen die Anforderungen an diesen Sonderfall äußerst eng ausgelegt werden[9]. Andernfalls unterfiele jeder Rentnerausflug (Kaffeefahrten ohnehin) diesem Sondermaßstab. Die geschäftliche Handlung eines Unternehmers muss sich vielmehr nach seinen Vorstellungen explizit an eine solche Gruppe richten, etwa an Kinder, Jugendliche oder ältere oder kranke Menschen. Der Unternehmer weiß dann, womit er es zu tun hat und dass er besondere Sorgfalt walten lassen muss. Bei einer weiten Auslegung böte nahezu jeder Fall einer geschäftlichen Handlung irgendeinem Mitglied einer der „Sondergruppen" bzw einem Verbraucher-

herleiten. Ein potenzieller Hauskäufer, der durch den beanstandeten Werbeslogan angesprochen werden soll, wird ohnehin einer derartigen Werbung größere Aufmerksamkeit widmen; GRUR 2000, 619, 621 = WRP 2000, 517, 520; ebenso BGH GRUR 2000, 1106, 1108 *Möbel-Umtauschrecht*; der BGH präzisierte das Verbraucherleitbild dahin, dass es auf das Verständnis zum Zeitpunkt, indem das Verbraucherinteresse geweckt wird, ankommt und folglich abhängig ist von der konkreten Situation, so zB in der *Scanner-Werbung*-Entscheidung WRP 2002, 977, 978; vgl auch BGH GRUR 2002, 182 f *Das Beste jeden Morgen*; BGH GRUR 2003, 163 f *Computerwerbung II*; BGH WRP 2003, 379 f *Preis ohne Monitor*; weitere Rechtsprechungsnachweise bei *Eppe*, WRP 2004, 153, 156; zum Einfluss der Rechtsprechung des EuGH auf das deutsche Lauterkeitsrecht vgl Großkomm.UWG/*Schricker*, Einl. Rn F 318 ff.

8 *Helm*, Der Abschied vom „verständigen" Verbraucher, WRP 2005, 931, 935 ff.

9 Auch der Gesetzgeber wollte damit nicht zurückfallen in den Maßstab des alten Verbraucherleitbildes, Ges.-Begr. S. 2, 29, 43.

verein die Gelegenheit, Unterlassungs- und Beseitigungsansprüche gegen den Unternehmer geltend zu machen. Dies erinnert an die Erfahrungen mit dem Allgemeinen Gleichbehandlungsgesetz und den dadurch den Unternehmern bereits auferlegten Vorsichts- und Rücksichtnahmegeboten, um Ungleichbehandlungen ua aus Gründen des Alters und einer Behinderung zu verhindern.

*Literaturhinweise: Armgardt*, Verbraucherschutz und Wettbewerbsrecht: unwirksame AGB-Klauseln im Licht der neueren Rechtsprechung zum UWG und zur UGP-Richtlinie, WRP 2009, 122 ff; *Helm*, Der Abschied vom „verständigen" Verbraucher, WRP 2005, 931 ff.

## 2. Verbraucherbegriff in den anderen EG-Mitgliedstaaten

3 In *Dänemark, Finnland, Griechenland* und den *Niederlanden* gingen die Gerichte hingegen unabhängig von der Rechtsprechung des *Europäischen Gerichtshofs* von einem durchschnittlich vernünftigen und durchschnittlich intelligenten Verbraucher aus, der Werbung zwar grundsätzlich ernst nehme, sie aber nur flüchtig und unaufmerksam betrachte[10]. In *Österreich* legte man zunächst ebenfalls das alte Bild eines mit geringem Bildungsstand und geringer Sachkunde ausgestatteten Verbrauchers zugrunde, übernahm aber inzwischen – anders als die Rechtsprechung in *Belgien* und *Luxemburg* – das europäische Leitbild[11]. *Britische* und *französische Gerichte* gehen von einem Durchschnittsverbraucher mit gewöhnlicher Intelligenz und situationsadäquater Aufmerksamkeit aus. Während man in *Italien* annimmt, dass Verbraucher Werbung grundsätzlich nicht ernst nehmen, weil ihr der Verbraucher von vornherein kritisch und misstrauisch gegen. Allerdings wird unterschieden zwischen dem Leitbild des *„uomo ragionevole"*, des „vernünftigen Menschen", wie es vor den italienischen Gerichten herrscht und dem Verbraucherbild, das die *Autorità Garante*, die Verbraucherbehörde, vor der Verbraucher die Verletzung durch irreführende oder/und vergleichende Werbung geltend machen können, zum Maßstab ihrer Entscheidungen macht: das Leitbild eines schutzwürdigen, unbeholfenen Verbrauchers[12]. Auch in *Spanien* und *Portugal* ist das Bild eines Durchschnittsverbrauchers mit durchschnittlicher Intelligenz und Aufmerksamkeit maßgebend. Es wird angenommen, ein in dieser Weise ausgestatteter Durchschnittsverbraucher stehe Werbeaussagen äußerst skeptisch gegenübersteht und sei aufgrund allgemeinen wie speziellen Wissens ohne größeren Aufwand in der Lage, den Wahrheitsgehalt einer Werbeaussage ausfindig zu machen. Irreführungen seien daher nahezu ausgeschlossen.

*Literaturhinweis:* Ausführlich zum europäischen Wettbewerbsrecht s. *Ekey/Klippel/Kotthoff*, Teil III.

---

10 *Alexandridou*, Das Wettbewerbsrecht in Griechenland in: *Ulmer (Hrsg.)*, Das Recht des unlauteren Wettbewerbs in den Mitgliedstaaten der EWG, Bd. VII, 1994; *Lettl*, GRUR Int. 2004, 85, 87; *Alsted, Koutsonassios* und *Nordenbos/Abeln*, in: Ekey/Klippel/Kotthoff, Teil III, S. 684 ff, 876, 909 ff.

11 Vgl *Lettl*, GRUR Int. 2004, 85, 87, 90 ff mwN; vgl auch *Henning-Bodewig*, GRUR Int 2004, 183, 189 mwN in Fn 35, 36; zur Rechtsprechung des *österreichischen Obersten Gerichtshofs* vgl nur den Beschl. v. 20.8.2002, GRUR Int. 2004, 255 *Länger frische Vollmilch*.

12 *Somarillo*, Vergleichende und irreführende Werbung in Italien nach Umsetzung der Richtlinie 97/55/EG, GRUR Int. 2003, 29, 32 ff; zum englischen und französischen Wettbewerbsrecht *Ekey/Klippel/Kotthoff*, Teil III, S. 871 ff, 883 ff.

### 3. Rechtsschutz von Verbrauchern

Obgleich der Schutz des Verbrauchers gleichwertig neben dem des Mitbewerbers steht, sind die Verbraucher nicht mit einer wettbewerbsrechtlichen Aktivlegitimation ausgestattet worden, da der Gesetzgeber den Standort Deutschland gefährdet sah[13]. In anderen Mitgliedstaaten – etwa *Italien* – ist man in dieser Hinsicht weniger furchtsam. Zumindest vor der *Autorità Garante* können einzelne Verbraucher ebenso wie Verbände auf dem Verwaltungsrechtsweg ein Verbotsverfahren anstrengen. Vor den ordentlichen Gerichten sind hingegen wie im deutschen Recht ausschließlich Verbraucherverbände klagebefugt[14]. 4

Da das Rechtsfolgenregime der §§ 8–10 UWG mit der ausdrücklichen Aufzählung der Aktivlegitimierten in § 8 Abs. 3, § 9 S. 1 und § 10 Abs. 1 UWG **abschließend** ist[15], bleiben den Verbrauchern die Unterlassungs-, Beseitigungs- und Schadensersatzansprüche aus den §§ 8, 9, 10 UWG mangels eigener Klagebefugnis bzw Sachlegitimation versagt. Sie sind weiterhin – betrachtet man allein das UWG-Regime – darauf angewiesen, dass ein Verein sich ihrer „erbarmt", ihre Interessen wahrnimmt und auf Beseitigung oder Unterlassung klagt. Schadensersatzansprüche können sie allerdings nicht geltend machen. 5

Es ist den Verbrauchern auch verwehrt, Rechtsschutz wegen Verstoßes gegen eine UWG-Norm – mit Ausnahme der §§ 16–19 UWG – über § 823 Abs. 2 BGB zu erreichen, da die „Abschließend-Erklärung" des Gesetzgebers andernfalls ausgehebelt würde. Insofern hat sich der Gesetzgeber mit **Nichtanerkennung des Schutzgesetzcharakters der Unlauterkeitstatbestände** der Rechtsprechung des BGH angeschlossen[16]: allein die wettbewerbsrechtlichen Strafsanktionen sind als Schutzgesetze iSd § 823 Abs. 2 BGB anerkannt. 6

*Hinweis:* Zu den Tatbeständen strafbarer Werbung s. zB *Alexander*, WRP 2004, 407 ff; *Többens*, WRP 2005, 552 ff; *Rupp*, WRP 1985, 676 ff sowie Prüfungsschemata G, Anhang II.

Dies stößt zum Teil auf energischen Widerstand in der Literatur: den Schutzgesetzcharakter einzelner Vorschriften, wie den des § 5 UWG, anzuerkennen, gehört noch zu den zurückhaltenden Interpretationen[17]. Andere sprechen sich für die Anerkennung des Schutzcharakters aller Unlauterkeitstatbestände des UWG iSd § 823 Abs. 2 BGB 7

13 So heißt es in der Gesetzesbegründung, die Anerkennung von individuellen Rechten des Verbrauchers „würde zu sehr hohen Belastungen für die deutsche Wirtschaft führen und hätte einen erheblichen Standortnachteil zur Folge." BT-Drs. 15/1487, S. 22. *Sack*, BB 2003, 1073, 1074, sieht den ausdrücklichen Ausschluss der Klagebefugnis von Verbrauchern durch die Neufassung des § 8 UWG hingegen als „verbraucherfeindlich" an.

14 Ausführlicher dazu *Somarillo*, Vergleichende und irreführende Werbung in Italien nach Umsetzung der Richtlinie 97/55/EG, GRUR Int. 2003, 29, 32 ff.

15 BT-Drs. 15/148, S. 22, 34, 43; dazu *Schindler*, WRP 2004, 835, 840.

16 BT-Drs. 15/148, S. 22, 34, 43, BGH GRUR 2008, 818, 825; BGH GRUR 1975, 150 f *Prüfzeichen*; BGH GRUR 1974, 781 *Schweden*; ablehnend bezüglich des § 5 UWG auch *Köhler*, GRUR 2003, 265, 271.

17 *Emmerich*, § 14 Rn 91; *Schricker*, BB 2003, 1073, 1079 f; *Wimmer-Leonhardt*, GRUR 2004, 12, 20.

aus. Die damit einhergehende Stärkung des Verbrauchers sei logische Konsequenz des in § 1 UWG auf den Verbraucher ausgedehnten Schutzzwecks des UWG[18].

8 Der Verbraucher ist allerdings nicht rechtlos gestellt. Wird er in einem absoluten Recht verletzt, kann er über § 1004 BGB Beseitigung oder Unterlassung und gem. § 823 BGB Schadensersatz erlangen (s. dazu Prüfungsschemata H., Anhang II). So wird vertreten, die Rechtsschutzmöglichkeiten des allgemeinen Vertragsrechts und Deliktsrechts seien ausreichend[19]. Ein Vertragsabschluss, der aufgrund unlauterer Werbung mit Minderjährigen oder Geschäftsunfähigen geschlossen wird, ist nach den §§ 104, 105 BGB nichtig, bei beschränkt Geschäftsfähigen ist er bis zur Genehmigung schwebend unwirksam (§ 108 BGB). Ein Vertrag, der auf der Beeinflussung durch unlautere Werbung beruht, kann wegen Verstoßes gegen ein gesetzliches Verbot (§ 134 BGB) oder gegen die guten Sitten (§ 138 BGB) nichtig sein. Daneben bietet das Anfechtungsrecht (§§ 119, 123 BGB) Schutz vor den Folgen eines Vertrages, der auf einer durch unlautere Werbung motivierten Willenserklärung beruht. In all diesen Fällen kommen Rückforderungsansprüche gem. §§ 812 ff BGB in Betracht[20]. Kann ein Verbraucher nach öffentlichen Äußerungen eines Unternehmens, insbesondere in Werbeaussagen, bestimmte Eigenschaften erwarten, stehen ihm zudem – insoweit wird § 119 Abs. 2 BGB verdrängt – Sachmängelgewährleistungsansprüche zu, wenn die gekaufte Sache nicht die erwarteten Eigenschaften aufweist (vgl dazu Rn 134 mwN).

9 Vor **unerbetener Warenzusendung** (vgl dazu Ziff. 29 des Anhangs zu § 3 Abs. 3, abgedruckt als Anhang V) oder unerbetener Dienstleistungserbringung ist der Verbraucher über § 241a Abs. 1 BGB geschützt, wonach ein Anspruch gegen ihn auf Abnahme und Bezahlung gar nicht erst begründet wird. Der Verbraucher ist zudem über das spezielle Widerrufsrecht bei bestimmten Absatzverträgen geschützt (§§ 355, 312, 312d BGB). Bei unrichtigen Aussagen in Werbeprospekten kann ein Anspruch auf Vertragsaufhebung gem. §§ 311 Abs. 2, 241 Abs. 2, 280, 249 Abs. 1 BGB gegeben sein, soweit der Vertragsabschluss einen Schaden darstellt[21].

10 Wirkt eine geschäftliche Handlung so intensiv auf die Entscheidungsfreiheit eines Einzelnen ein, kann in Ausnahmefällen der Tatbestand der Nötigung (§ 240 StGB) verwirklicht oder das allgemeine Persönlichkeitsrecht verletzt sein. In beiden Fällen, vorausgesetzt es handelt sich um gravierende Eingriffe, ist über § 823 Abs. 2 bzw § 823 Abs. 1 BGB Schadensersatz zu erlangen, der im Wege der Naturalrestitution gem. § 249 Abs. 1 BGB auch in der Aufhebung des Vertrages liegen kann[22].

*Literaturhinweise:* Ausführlicher zu den Ansprüchen von Verbrauchern *Köhler*, UWG-Reform und Verbraucherschutz, GRUR 2003, 265 ff mwN; zum Verbraucher als Schutzsubjekt *Haase*,

18 *Säcker*, WRP 2004, 1201, 1219 f.
19 So zB *Köhler*, GRUR 2003, 265, insbes. 267 f, 271 f; *Lettl*, GRUR 2004, 449, 461.
20 Ausführlicher dazu *Köhler*, GRUR 2003, 265, 267 mwN. Ein Verstoß bei Vertragsanbahnung begründet hingegen keine Nichtigkeit des Folgevertrages vgl zB BGH WRP 1998, 383, 384 *Wirtschaftsregister*.
21 Vgl BGH NJW 1998, 899.
22 So auch *Köhler*, GRUR 2003, 265 ff.

Die unlautere Wettbewerbshandlung nach der UWG-Reform. Zu den normativen Leitlinien des neuen Lauterkeitsrechts unter besonderer Berücksichtigung des Verbrauchers als Schutzsubjekt, 2006; *Säcker*, Das UWG zwischen den Mühlsteinen europäischer Harmonisierung und grundrechtsgebotener Liberalisierung, WRP 2004, 1199 ff; zum Verhältnis von Wettbewerbsrecht und Bürgerlichen Recht *Köhler*, in: Hefermehl/Köhler/Bornkamm, Einl. Rn 7.1–7.38; Harte/Henning/*Ahrens*, Einl. F IV.; zur Prüfung von Verbraucher-Ansprüchen den Fall **Werbe-E-Mail**, Rn 258 f und die Prüfungsschemata G und H.

Daneben oder stattdessen können die tatsächlich oder vermeintlich verletzten Verbraucherrechte wie bislang auch stellvertretend und im Kollektiv durch die **Verbraucherverbände** im Wege des Unterlassungs- oder des Beseitigungsanspruchs und neuerdings auch des Gewinnabschöpfungsanspruchs verfolgt werden (§ 8 Abs. 1, Abs. 3 Nr 3, § 10 UWG)[23]. **11**

*Hinweis:* Ausführlicher zu den Anforderungen an die anspruchsberechtigten Verbraucherverbände s. unter Rn 64 ff.

## III. Wesentliche Änderungen des Gesetzes gegen unlauteren Wettbewerb durch die Novelle vom 3. Juli 2004

### 1. EG-rechtliche Grundlagen, „stille Wandlungen" der Rechtsprechung und verfassungsrechtliche Vorgaben zur Prüfung der UWG-Tatbestände

Mit der UWG-Novelle wurde ein ganzes Bündel von **EG-Richtlinien** umgesetzt: der Irreführungstatbestand des § 5 UWG wurde redaktionell an Art. 3 der Richtlinie 84/450/EWG[24] in der Fassung der **Richtlinie 97/55/EG über irreführende und vergleichende Werbung**[25] angepasst. Die Belästigungstatbestände in § 7 Abs. 2 und 3 UWG setzen die Vorgaben der **Datenschutz-Richtlinie 2002/58/EG für elektronische Kommunikation**[26] um. Die Regelungen der § 4 Nr 4 und Nr 5 UWG beruhen auf Vorgaben der **Richtlinie 2000/31/EG über den elektronischen Geschäftsverkehr**[27] und schließlich sind die Verpflichtungen der **Richtlinie 98/34/EG über Informationsverfahren**[28] in der Novelle berücksichtigt worden. Der dadurch bestehende Liberalisierungsdruck führte vor allem zu einer Neuinterpretation des Irreführungsrechts durch Anpassung an den europäischen **Verbraucherbegriff** (s. dazu Rn 2 ff), zur Einführung des Tatbestandes der vergleichenden Werbung und zur Aufhebung von **Ra-** **12**

23 Vgl dazu auch *Lettl*, GRUR 2004, 449 ff; kritisch gegenüber der zunehmenden Einflussnahme des Verbraucherschutzes auf zivilrechtliche Normen *Adomeit*, Herbert Marcuse, der Verbraucherschutz und das BGB, NJW 2004, 579 ff.

24 Vom 10.9.1984, ABl. Nr L 250, S. 17.

25 Vom 6.10.1997, ABl. EG Nr L 290 S. 18; geändert durch die RL 2006/114/EG über irreführende und vergleichende Werbung v. 21.12.2006, ABl. L 376/21.

26 Richtlinie 2002/58/EG des Europäischen Parlaments und des Rates vom 12. Juli 2002 über die Verarbeitung personenbezogener Daten und den Schutz der Privatsphäre in der elektronischen Kommunikation (Datenschutzrichtlinie für elektronische Kommunikation), ABl. EG Nr L 201 vom 31.7.2002, S. 37.

27 Vom 8.6.2000, ABl. 2000 Nr L 178, S. 1.

28 ABl. EG Nr L 204 S. 37 und Nr L 217 S. 18.

**battgesetz** und **Zugabeverordnung**[29]. Die Beschränkungen der verbandlichen Klagerechte war bereits Teil der „kleinen" UWG-Reform von 1994[30]. Von kleineren textlichen Änderungen abgesehen, blieb der Gesetzestext von 1909 jedoch bis zum Juli 2004 erhalten.

**13** Wichtige Impulse für die grundlegende Reform des UWG gingen neben den EG-rechtlichen Vorgaben und der Rechtsprechung des *Europäischen Gerichtshofs* von den **„stillen Wandlungen"**[31] der Rechtsprechung vor dem Hintergrund einer im Wesentlichen unveränderten Textfassung aus. Das gilt nicht nur – wie dargelegt – für den Verbraucherbegriff, sondern auch für den Abschied von der grundsätzlichen Unlauterkeit vergleichender Werbung, für das Zulassen von Kopplungsangeboten und die Konkretisierung und Einschränkung der Fallgruppe des psychologischen Kaufzwangs sowie für die Änderungen des Rechtsbruchstatbestandes und die Anforderungen an die Unlauterkeit von Vertriebsbindungssystemen[32].

**14** Das BVerfG hat durch die Grundsatzurteile zur produktunabhängigen Imagewerbung und zur gefühlsbetonten Werbung nochmals klargestellt, dass **Werbung unter den Grundrechtsschutz der Meinungs- und Pressefreiheit fällt**[33]. Kommerzielle Meinungsäußerungen wie reine Wirtschaftswerbung, die einen wertenden, meinungsbildenden Charakter hat, genießen danach den Schutz des Art. 5 Abs. 1 GG[34]. Insbesondere in der Entscheidung *Tier- und Artenschutz* hat das BVerfG das rechtsethische Fundament des Wettbewerbsrechts herausgearbeitet, das in der Verfassung verankert ist. Es stehe den Bürgern gem. Art. 2 Abs. 1 GG frei, auf Grund welcher Motive sie geschäftliche Entscheidungen treffen. Entscheidend sei, dass der Kaufinteressent frei entscheiden könne, durch welche Motive er sich zum Kaufen anregen lässt[35]. Dies beharrliche Bemühen des BVerfG hat den BGH schließlich zu einer Neuausrichtung seiner Rechtsprechung bewegt, was die Entscheidungen *Regenwaldprojekt I und II* belegen (dazu näher Rn 325). Speziellen Einfluss auf das neue Gesetz hat diese Rechtsprechung in **§ 4 Nr 7 UWG** gefunden. Danach sind nicht generell kritische Äußerungen über ein Unternehmen oder einen Unternehmer unlauter, sondern nur solche, die herabsetzend oder verunglimpfend sind. Die Aufnahme eines besonderen Schutzes vor menschenverachtenden geschäftlichen Handlungen, die geeignet sind,

---

29 Vgl dazu zB *Henning-Bodewig*, GRURInt 2004, 183, 184; Harten/Henning/*Keller*, Einl. A Rn 33; *Nordemann*, Wegfall von Zugabeverordnung und Rabattgesetz – Erlaubt ist, was gefällt? NJW 2001, 2505 ff; *Köhler*, Kopplungsangebote (einschließlich Zugaben) im geltenden und künftigen Wettbewerbsrecht, GRUR 2003, 729 ff; *Apostolopoulos*, Neuere Entwicklungen im europäischen Lauterkeitsrecht, WRP 2004, 841 ff.

30 BGBl. 1994 I, S. 1738; vgl dazu zB *Emmerich*, § 2 II 4.

31 So *Beater*, Stille Wandlungen des Wettbewerbsrechts (Besprechung der Orient-Teppichmusterentscheidung des BGH), JZ 2000, 973 ff.

32 Vgl dazu Harten/Henning/*Keller*, Einl. A Rn 10 mwN sowie die Ausführungen zu den jeweiligen Tatbeständen.

33 BVerfG GRUR 2001, 170, 172 *Benetton I;* BVerfG GRUR 2002, 455 *Tier- und Artenschutz*.

34 BVerfG GRUR 2001, 170, 172 *Benetton I;* BVerfG GRUR 2002, 455 *Tier- und Artenschutz*; BGH GRUR 2001, 1058, 1059 *Therapeutische Äquivalenz*; so allerdings schon BVerfGE 71, 173 f *ärztliche Indikationsangaben*; vgl dazu *Kübler/Kübler*, Werbefreiheit nach „Benetton", FS Ulmer, 2003, S. 970 ff; *Säcker*, WRP 2004, 1199 ff.

35 BVerfG GRUR 2002, 455. 457 *Tier- und Artenschutz*; *Scherer*, Das Ende des Verdikts der „gefühlsbetonten" Werbung, GRUR 2008, 490, 492.

die Entscheidungsfreiheit zu beeinträchtigen (**§ 4 Nr 1 UWG**), scheint ebenfalls auf die *Benetton*-Rechtsprechung und die Berücksichtigung des Menschenwürdeschutzes als Grenze der Meinungs- und Pressefreiheit zurückzugehen. Fast noch wichtiger ist jedoch die allgemeine Wertung, die von den Urteilen ausgeht: bei jeder Form von Werbung, bei jeder geschäftlichen Handlung ist zu beachten, dass sie Teil der verfassungsrechtlichen Kommunikationsfreiheit ist. Dies ist allerdings nicht neu. Betrachtete man schon zu Beginn des 20. Jahrhunderts – aus der Systematik des UWG als ein an §§ 823, 826 BGB angelehntes Sonderdeliktsrecht – eine unerlaubte Handlung als einen „Eingriff" in die Rechte des „anständigen" Gewerbetreibenden[36], hat das BVerfG in den *Benetton*-Entscheidungen daran angeknüpft und die Bedeutung des Schutzgutes der Meinungsäußerungsfreiheit auch für wettbewerbliche Äußerungen nochmals überzeugend dargestellt.

*Hinweise:* Vgl auch die Ausführungen zur geschäftlichen Handlung, und speziell zur Wettbewerbsabsicht, zu § 4 Nr 7 UWG, zu den Handlungen von Presseorganen und die Lösung des Falles ***Fernseh-Fee*** Rn 420 f.

*Literaturhinweise:* Ausführlich zum Lauterkeitsrecht im Lichte grundrechtlicher Freiheit vgl Harten/Henning/*Ahrens*, Einl. F Rn 46–124 (mit verfassungsrechtlichem Prüfungsschemata, Rn 108), § 2 Nr 1 Rn 59; *Götting*, Rn 18 ff; *Säcker*, Das UWG zwischen den Mühlsteinen europäischer Harmonisierung und grundrechtsgebotener Liberalisierung, WRP 2004, 1199, 1202 ff.

## 2. Modernisierungsbestreben des Gesetzgebers

Der Gesetzgeber wollte jedoch mehr als die Anpassung einzelner Vorschriften an das Gemeinschaftsrecht. Bezweckt war eine **„grundlegende Modernisierung"** des Wettbewerbsrechts im Gewande einer **„Liberalisierung des Werberechts"**[37]. Eine solche revolutionäre Großumwälzung setzt zunächst voraus, dass das Wettbewerbsrecht aus der Mode gekommen war. Offenkundig antiquiert war jedenfalls der Begriff der **„Sittenwidrigkeit"**. Zwar hatte der BGH schon Anfang der 70er Jahre die Ausfüllung des Sittenwidrigkeitsbegriffs durch das „Anstandsgefühl aller billig und gerecht Denkenden"[38] aufgegeben und als sittenwidrig ein dem „Anstandsgefühl eines verständigen Durchschnittsgewerbetreibenden"[39] zuwiderlaufendes oder als ein „von der Allgemeinheit missbilligtes und als untragbar angesehenes" Verhalten betrachtet[40], der Gesetzestext blieb jedoch unverändert. Die Ersetzung des im Gesetz stehen gebliebenen Begriffs durch den der **„Unlauterkeit"** in § 3 Abs. 1 UWG war daher auch in Anpas- 15

36 Vgl dazu *Finger*, S. 10 ff; *Kuhn*, Das Gesetz gegen den unlauteren Wettbewerb, 1911, S. 11 ff; *Henning-Bodewig*, GRURInt 2004, 183, 184.

37 Gesetzesbegründung, BT-Drs. 15/1487, S. 12.

38 ZB BGH GRUR 1959, 35, 36 *Zahnprothetiker.* Zu welchen Konsequenzen ein derart weites Begriffsverständnis führen kann, zeigt die Entscheidung des Reichsgerichts vom 30.11.1938, RG JW 1938, 3052, in der das „gesunde Volksempfinden" als Konkretisierung der guten Sitten angesehen wurde, mit der Folge, dass die Diskriminierung jüdischer Konkurrenten ausdrücklich zum lauteren Wettbewerb erklärt wurde. Um die Gefahr einer beliebigen Ausdehnung entsprechend dem jeweiligen Gesellschaftssystem einzudämmen, tendierte die jüngere vor der UWG-Novelle ergangene Rechtsprechung bereits dazu, die jeweiligen Interessen der Parteien herauszuarbeiten und sie dann gegeneinander abzuwägen (BGH GRUR 2000, 237, 238 *Giftnotruf-Box*; BGH, GRUR 2002, 275, 277 *Noppenbahnen*).

39 ZB BGH GRUR 1970, 244, 246 *Spritzgussengel*; GRUR 1975, 555, 556 *Speiseeis.*

40 Vgl BGHZ 54, 188, 190 *Telefonwerbung I.*

sung an die Definition des BGH überfällig[41]. Allerdings hat auch das um die Schuldrechtsreform bereicherte „moderne" BGB sich nicht vom Sittenwidrigkeitsbegriff verabschiedet, so dass allein diese Lösung vom Begriff der Sittenwidrigkeit noch kein zwingendes Indiz zugunsten von Modernität des novellierten Gesetzes insgesamt liefert. Ob darüber hinaus das Einfrieren in enumerierte Unlauterkeitstatbestände wie in § 4 und § 7 UWG nicht eher das Gegenteil einer modernen Entwicklung bewirken wird, indem sie der Rechtsprechung einen Hemmschuh anpassen, wird der praktische Umgang mit dem novellierten Gesetz in den nächsten Jahren belegen oder eben erschüttern. Ob sich die „moderne" Tendenz der Rechtsprechung ausgehend von dem gewandelten **Verbraucherleitbild** eines aufmerksamen, durchschnittlich informierten Verbrauchers, der in der Lage ist, Ironie und Humor in der Werbung als solche zu erkennen, in die neuen, engeren Normen wird zwängen lassen oder über sie hinaus wachsen kann, wird abzuwarten sein. Die Rechtsprechung wird die erstmals etablierte allgemeine **Erheblichkeitsschwelle** in § 3 Abs. 1 UWG nutzen, um „eigentliche" Unlauterkeitsverstöße von lauteren Bagatellen zu trennen. Nur ein unlauterer Akt, dessen Auswirkungen die Interessen von Mitbewerbern, von Verbrauchern oder von sonstigen Marktteilnehmern spürbar beeinträchtigt, kann Unterlassungs-, Beseitigungs- und Schadensersatzansprüche auslösen. Bei engem Verständnis der Unzumutbarkeitsschwelle stehen der Rechtsprechung damit alle Möglichkeiten offen, modernes Unlauterkeitsrecht fortzuschreiben.

**16** Ob das Ziel der Liberalisierung durch die novellierten Gesetzesvorschriften verwirklicht wird, scheint auf den ersten Blick fraglich. Bedeutet Liberalisierung Befreiung von Beschränkungen, gelingt ein Befreiungsschlag dem neuen Gesetz jedenfalls dort, wo es sich von ohnehin durch die Praxis überholtem Ballast getrennt hat. Dies gilt in besonderem Maße für die durch das Außerkrafttreten von Rabattgesetz und Zugabeverordnung im Juli 2001 ohnehin notwendig gewordene Aufhebung der Reglementierungen von Sonderveranstaltungen der §§ 7 und 8 UWG aF und das ersatzlose Streichen der Vorschriften über Konkurswarenverkauf, **„Schneeballsysteme"** (diese sind nun mit Nr 14 des Anhangs zu § 3 Abs. 3, abgedruckt im Anhang V, wieder ins UWG eingezogen, vgl dazu die Ausführungen unter Rn 503) und geschäftliche Verleumdung der §§ 6, 6a, 6c, 15, 19 UWG aF. Dies gilt auch für die bereits begrüßte Aufgabe des Begriffs der Sittenwidrigkeit. Liberalität versagt aber dort, wo Erkenntnisse der Rechtsprechung ohne Not auf dem Ist-Zustand eingefroren werden. Statt der Fallgruppenentwicklung durch die Rechtspraxis weiterhin Spielraum zu lassen, zwängt § 4 UWG die Fallgestaltungen in einen Katalog[42]. Andererseits können die Fallgruppen nicht so umfangreich sein, dass sie jede Unlauterkeitsvariation erfassen. Die übrig

41 In der Gesetzesbegründung (BT-Drs. 15/1487, S. 16) heißt es zur Aufgabe des Begriffes der Sittenwidrigkeit, dieser belaste den Wettbewerber unnötig mit dem „Makel der Unsittlichkeit", zudem werde mit dem Begriff der Unlauterkeit die Kompatibilität mit dem Gemeinschaftsrecht hergestellt. Unlauter seien danach „alle Handlungen, die den anständigen Gepflogenheiten in Handel, Gewerbe, Handwerk oder selbstständiger beruflicher Tätigkeit zuwiderlaufen". Kritisch zur Begründung des Gesetzentwurfs, zur Klarstellung der Inhalte der *„Makeltheorie"*, zur Abgrenzung zwischen unlauterem und sittenwidrigem Wettbewerb sowie zum Lauterkeitsbegriff in anderen EU-Mitgliedstaaten *Sack*, BB 2003, 1073 f; ausführlich zum Begriff der „Unlauterkeit" *Schünemann*, WRP 2004, 925, 928 ff.

42 Vgl auch die Kritik von *Engels/Salomon*, WRP 2004, 32, 36.

gebliebenen Unlauterkeitsformen, für die eine spezielle Einordnung nicht in Betracht kommt, sind daher anhand des allgemeinen Unlauterkeitstatbestandes zu prüfen: dienen etwa Geschenke nicht der Verkaufsförderung oder wird der Ruf eines Mitbewerbers ausgebeutet, ohne dass dessen Produkte selbst nachgeahmt werden oder wird der Markt durch Verteilen von Waren gestört, bietet § 4 UWG weiterhin keine oder allenfalls bei weiter Auslegung eine Auffangfläche. Zu prüfen sind die entsprechenden, in der Rechtsprechung und im Schrifttum gebildeten Fallkonstellationen dann am **„Auffangtatbestand" des § 3 Abs. 1 UWG**, der allerdings nur „Extrem- und Evidenzfälle" auffangen soll[43]. Er darf daher nicht als Auffangbecken für alle gescheiterten Verstöße dienen, was zu Abgrenzungsschwierigkeiten führt. Für alle Neueinsteiger bietet § 4 UWG allerdings zumindest auf den ersten Blick eine Erleichterung gegenüber dem Erarbeiten der bislang ungeschriebenen Fallgruppen. Ob sich dies auf ein Rechtsgebiet, das sich bislang weitgehend als Case-Law gebärdet hat, allerdings am Ende positiver auswirken wird, als das Denken in Fallgruppen, wird sich zeigen.

### 3. Spürbarkeitsschwelle in § 3 Abs. 1 UWG

Die Verankerung der **Spürbarkeitsschwelle** wirkt sich zum einen darin aus, dass die 17
Verletzten – anders als bisher bei der Geltendmachung von Ansprüchen – die Darlegungs- und **Beweislast** dafür tragen, dass die vorliegende Unlauterkeitshandlung geeignet war, den Wettbewerb erheblich zu beeinträchtigen[44]. Hinsichtlich der qualifizierten Einrichtungen iSd § 8 Abs. 3 Nr 3 UWG sind die Anforderungen an die Anspruchsdurchsetzung hingegen erleichtert worden, indem ihre Ansprüche nun nicht mehr auf solche Eingriffe beschränkt werden, „durch die wesentliche Belange der Verbraucher berührt werden" (§ 13 Abs. 2 Nr 3 UWG aF)[45]. Es ist zu erwarten, dass an den Erheblichkeitsbegriff die gleichen Kriterien angelegt werden, die sich in der Rechtsprechung zu § 13 Abs. 2 Nr 3 UWG aF herausgebildet haben. Anknüpfend an die Rechtsprechung zu § 13 Abs. 2 UWG aF ist nach dem Willen des Gesetzgebers die Art und Schwere des Verstoßes, die zu erwartenden Auswirkungen auf den Wettbewerb[46] und

43 So *Schünemann*, WRP 2004, 925, 927, Beispiele oder Fallgruppen, die die Anforderungen eines Extrem- oder Evidenzfalles erfüllen, werden in *Schünemann*, Wettbewerbsrecht, 1989, genannt.

44 Zur Erheblichkeitsschwelle des § 3 UWG (2004) bei vergleichender Werbung vgl *Sack*, WRP 2004, 30 f, der in der jetzigen Form einen Verstoß gegen die RL 97/55/EG sieht, da Art. 3a Abs. 1 einen Verbotskatalog bilde, der aufgeweicht werde durch das Erheblichkeitskriterium des § 3 UWG (2004), nunmehr § 3 Abs. 1 UWG. Die Normen der vergleichenden Werbung in § 5 und § 6 UWG seien daher vom Erfordernis einer nicht unerheblichen Wettbewerbsbeeinträchtigung in § 3 UWG (2004) auszunehmen. Zu Recht räumt er allerdings ein, dass in den meisten Fällen einer unlauteren Vergleichswerbung die Erheblichkeitsschwelle überschritten wird.

45 Vgl *Heermann*, GRUR 2004, 94, 95.

46 Vgl zur Art und Schwere des Verstoßes: BGH GRUR 1996, 786, 788 *Blumenverkauf an Tankstellen*; GRUR 2001, 1166, 1169 *Fernflugpreise*; GRUR 2001, 258, 259 *Immobilienpreisangaben*. Zu den zu erwartenden Auswirkungen auf den Wettbewerb: BGH GRUR 1997, 927, 929 *Selbsthilfeeinrichtung der Beamten*; BGH GRUR 1999, 119, 1121 *RUMMS*; BGH GRUR 2003, 538, 539 f *Gesamtpreisangebot*. Bei der Beurteilung der zu erwartenden Auswirkungen auf den Wettbewerb ist dem geänderten Verbraucherleitbild sowie dem Umstand Rechnung zu tragen, dass infolge der Abschaffung von Zugabeverordnung und Rabattgesetz frühere Entscheidungen anders zu entscheiden wären (so etwa der Fall, BGH GRUR 1995, 353 *Super-Spar-Fahrkarten*); ausführlich zum Erheblichkeitsbegriff vgl *Heermann*, GRUR 2004, 94, 96 f; *Nordemann*, Rn 154 ff.

der Schutzzweck des Wettbewerbsrechts maßgebend[47]. Hinsichtlich der Art und Schwere des Verstoßes sind die Umstände entscheidend, die in der Person des Verletzten sowie des Verletzers (Marktposition, Verschulden) liegen, sowie die Intensität und Häufigkeit des Verstoßes wie auch der Rang des geschützten Rechtsguts, insbesondere der hohe Schutz der Gesundheit[48]. Eine erhebliche Beeinträchtigung soll zudem nach der Gesetzesbegründung bereits bei Verstößen mit nur geringen Auswirkungen für den Markteilnehmer im Einzelfall vorliegen, wenn durch das Verhalten eine Vielzahl von Marktteilnehmern betroffen ist oder eine nicht unerhebliche Nachahmungsgefahr besteht[49]. Hilfreiche Anhaltspunkte zur Bestimmung der Erheblichkeit können in Anlehnung an die vom *Europäischen Gerichtshof* entwickelten Grundsätze zu den Rechtsgütern des Art. 30 EG und den zwingenden Erfordernissen iSd Cassis-de-Dijon-Formel (zB Verbraucherschutz)[50] so wie zum Schutz der Sozialsysteme und der Umweltschutzbelange[51] entnommen werden. Aus den unterschiedlichen Formulierungen „nicht unerheblich" (in § 3 Abs. 1 UWG) und „wesentlich" (in § 13 Abs. 2 Nr 3 UWG aF) lassen sich insgesamt grundsätzlich keine Wertungsunterschiede ableiten[52]. Bei der Erheblichkeitsbeurteilung insbesondere von irreführender Werbung wird künftig allerdings verstärkt dem gewandelten Verbraucherleitbild Rechnung zu tragen sein. Bisher ging die Rechtssprechung von einem nicht unerheblichen Teil der angesprochenen Verkehrskreise bei einer Irreführungsquote von 10 bis 15% aus[53]. Überspannt man den Schutz der Irreführungsgefahr mit einem zu geringen Prozentsatz, so büßen zB bei objektiv richtigen Angaben 85–90% der Abnehmer uU wichtige Informationen ein. Durch die „Anpassung" des Verbraucherleitbildes an die Rechtsprechung des EuGH dürfte die Irreführungsquote daher deutlich höher als bisher anzusiedeln sein. Bei demoskopischen Erhebungen zum Verbraucherverständnis wird es nicht mehr auf das Missverständnis einer Minderheit ankommen, sondern positiv auf das Verständnis der Mehrheit. Es ist jedoch die Schutzbedürftigkeit der angesprochenen Verkehrskreise zu berücksichtigen, so muss beispielsweise die Irreführungsquote bei Werbung, die sich an Kinder richtet, niedriger angesiedelt werden.

47 BT-Drs. 15/1487 v. 22.8.2003, Begr. zu § 3 UWG-E, S. 17.

48 Zur Größe des erzielten Wettbewerbsvorsprungs zB BGH GRUR 1999, 762 *Herabgesetzte Schlussverkaufspreise*; BGH GRUR 2001, 258, 259 *Immobilienpreisangaben*; zur Rolle des Gesundheitsschutzes BGH GRUR 1995, 419, 422 *Knoblauchkapseln*; BGH GRUR 1997, 537, 539 *Liftingcreme*; BGH GRUR 2001, 450 *Franzbranntwein-Gel*; keinen erheblichen Gesetzesverstoß sah der BGH in einem Verstoß gegen § 1 Abs. 1 PAngV, so zB in BGH GRUR 2001, 1166, 1169 *Fernflugreise*; BGH, GRUR 2004, S. 490, 491 f *FrühlingsFlüge*. Ausführlicher zu den Kriterien der Rechtsprechung *Heermann*, GRUR 2004, 96 ff mwN.

49 BT-Drs. 15/1487, S. 17.

50 EuGH, Slg. 1979, 649, 662 Rz. 8.

51 EuGH, Slg. 1998, I-1831, 1884 f, Rz. 39 f *Decker*; EuGH, Slg. 1988, 4607, 4629 f, Rz. 7–9; EuGH, Slg. 1998, I-4473, 4488 ff, Rz. 16 ff *Aher-Waggon*.

52 Vgl *Heermann*, GRUR 2004, 94, 95. Dies gilt zumindest für die Anspruchsvoraussetzungen bei Unternehmensverbänden. Die Verletzten haben – anders als nach alter Rechtslage –, bei der Durchsetzung ihrer Ansprüche nunmehr eine Erheblichkeitsschwelle zu beachten und deren Voraussetzungen zu beweisen.

53 Zur bisherigen Rspr zB BGH GRUR 1992, 66, 68 *Königl.-Bayerische Weiße*; vgl auch *Heermann* GRUR 2004, 94, 96.

## 4. Legaldefinitionen in § 2 UWG

Hilfreich sind die in **§ 2 UWG** den Unlauterkeitstatbeständen der §§ 3–7 UWG vorangestellten **Definitionen**. Sie ersparen ein Auswendiglernen der in der Rechtsprechung herausgebildeten Formeln vom Begriff der geschäftlichen Handlung, der Marktteilnehmer, der Mitbewerber, der Nachrichten und neuerdings auch des **Verhaltenskodexes** (näher dazu unter Rn 269, 484, 486) und sparen damit Zeit. Der Unternehmerbegriff ist mit der UWG Novelle 2008 auch eigenständig in einer neuen Nr 6 UWG definiert worden. Bzgl des Verbrauchers wird weiterhin auf den BGB-Begriff verwiesen. Hinsichtlich des **Mitbewerber-Begriffs** ist die durch die Legaldefinition geschaffene Erleichterung zwar erfreulich, weil eine Definition weniger auswendig gelernt werden muss, allerdings scheint der Gesetzgeber übersehen zu haben, dass es den Begriff des Mitbewerbers bereits in § 6 Abs. 1 UWG gab. Die Gesetzesbegründung gibt keinen Aufschluss darüber, ob der Mitbewerber-Begriff in § 8 Abs. 3 Nr 1 UWG abgestimmt wurde mit dem Begriff in den Vorschriften der §§ 6 Abs. 1, 4 Nr 7–10 UWG (näher dazu unter Rn 38–46). Bei gleichem Verständnis[54], das letztlich zu bejahen ist, tun sich ebenso Schwierigkeiten auf wie bei einem unterschiedlichen Begriffsverständnis (ausführlicher dazu unter Rn 46 ff)[55]. 18

Die Legaldefinitionen ersparen auf den ersten Blick den Genuss der Entscheidungslektüre, die den Freund des Wettbewerbsrechts in der Vergangenheit dazu befähigte, auf ein großes Entscheidungsbudget zurückgreifen zu können und das erworbene Repertoire für die Argumentation der Lösung des aktuell zu bearbeitenden oder zu entscheidenden Sachverhalts fruchtbar zu machen. Da nur wenige Begriffe legaldefiniert sind, bleiben aber genügend Anlässe zur Lektüre von Paradigmen-Entscheidungen und Präzedenzfällen. 19

## 5. Kritik an der opt-in-Lösung in § 7 UWG

An zwei Normen ist Kritik zu üben, was zeigt, dass das UWG in seinen jetzigen Wertungen nicht zeitlos ist. Zum einen ist dies § 10 UWG (s. dazu unter 6.). Zum zweiten sind dies die Beschränkungen der Telefon-, E-Mail- und Faxwerbung durch § 7 UWG. Der Gesetzgeber hat sich mit der **„opt-in"**-Lösung im guten Willen eines Schutzes der Privatsphäre für die größte mögliche Beschränkung von Werbemaßnahmen entschieden und damit vor allem die in der **Datenschutzrichtlinie für elektronische Kommunikation**[56] belassenen Spielräume[57] ungenutzt gelassen. Er springt damit dem vermeintlich hilfebedürftigen Verbraucher bei, von dem sich die Recht- 20

54 Dies bejahen *Boesche/Scholze*, JURA 2004, 685, 693 f.

55 Ein solches wird von *Köhler* vertreten, WRP 2003, 1405, 1415.

56 Richtlinie 2002/58/EG des Europäischen Parlaments und des Rates vom 12. Juli 2002 über die Verarbeitung personenbezogener Daten und den Schutz der Privatsphäre in der elektronischen Kommunikation (Datenschutzrichtlinie für elektronische Kommunikation), ABl. EG Nr L 201 vom 31.7.2002, S. 37.

57 Zur Wahl zwischen der „opt-out" und der „opt-in"-Lösung (Erfordernis eines „ausdrücklichen oder stillschweigenden Einverständnisses") vgl die kritische Bewertung der Entscheidung des Gesetzgebers für das opt-in-Modell von *Engels/Salomon*, WRP 2004, 32, 39 f mwN.

sprechung bereits verabschiedet hatte[58]. Dieser soll sich nicht erst wehren müssen, wenn er gestört wird, sondern er soll von vornherein von jeder, also auch einer zumindest denkbaren „positiven Störung“ verschont bleiben. Nur dem abwerbenden Telefonanrufer wird eine Chance eingeräumt, wenn er sich kurz fasst und sich bei Protest unverzüglich verabschiedet (s. dazu unter Rn 242 ff und der Fall *Häusliche Kontaktaufnahme*, Rn 422 f). Den Gesetzgeber trifft allerdings nicht die alleinige Schuld. Er befindet sich in guter Gesellschaft mit der Rechtsprechung und der überwiegenden Beurteilung der modernen Belästigungsformen im Schrifttum (dazu Rn 234 ff). Es war aber an ihm, den Trend umzukehren. Diese Chance hat er ungenutzt vorüberziehen lassen. Warum man weiterhin „unerbetenen“ Vertreterbesuch empfangen muss, da er in Aufrechterhaltung eines tradierten Berufsbildes als „lauter“ angesehen wird, während alle modernen Werbeformen wie E-Mail-, Telekommunikations- und Faxwerbung als von vornherein unlauter angesehen werden, erschließt sich nicht. Diese Diskrepanz immer noch mit der in Jahrzehnten herausgebildeten Vorstellung eines eigenen Berufsbildes des „Klinkenputzers“ zu rechtfertigen, klingt bemüht. Plausibel ist die Begründung nicht. Würde auf die Intensität des Eingriffes abgestellt, müsste das Klingeln an Wohnungs- und Haustüren und die aufdringlichen Überzeugungsappelle, Unnötiges unbedingt erwerben zu müssen (von Gummibändern über Wäscheklammern bis zu Fernsehzeitschriften) oder Versicherungspolicen abzuschließen, die dann bei späterem Erwachen aus dem Überrumpelungs(alb)traum mühsam widerrufen oder angefochten werden müssen, als die stärkere Beeinträchtigung eingestuft werden gegenüber einer werbenden E-Mail, die sich in einer Sekunde löschen lässt, vorausgesetzt, sie hat den Spamfilter „überlebt“. Möglicherweise vermag das am **26. Februar 2007** in Kraft getretene **Telemediengesetz** (TMG)[59], das **bloße Bagatellfälle** aus dem Anwendungsbereich des sanktionierten Versands von Werbe-E-Mails herausnimmt, für eine etwas weniger strenge Beurteilung insbesondere einzelner Werbe-E-Mails durch die Rechtsprechung sorgen (vgl dazu auch Rn 253).

**21** Vergessen wird häufig, dass die neueren Werbeformen über elektronische Medien gerade Marktneulingen eine günstige Plattform bieten, ihr neues Produkt, ihre noch gänzlich unbekannte Produktpalette oder ihre Dienstleistungen in den Markt einzuführen. Die Rechtspraxis wird sich – soweit sie überhaupt will – aus den gelegten Fußangeln der vorherigen Einverständniserklärung eines Verbrauchers (§ 7 Abs. 2 Nr 2 UWG) bzw einer engen Auslegung der Erkennbarkeit des Unerwünschtseins (§ 7 Abs. 2 Nr 1 UWG) allein mit Hilfe der **Spürbarkeitsschwelle** des § 3 Abs. 1 UWG[60] befreien können. Insbesondere die Gerichte sind aufgerufen, den Verbrauchermaßstab

---

58 Vgl zum gewandelten Verständnis des Verbraucherbegriffs die Ausführungen unter Rn 2 ff und den Fall *Steinzeit*, Rn 226 ff.

59 Das TMG ist Teil des Gesetzes zur Vereinheitlichung von Vorschriften über bestimmte Informations- und Kommunikationsdienste (Elektronischer-Geschäftsverkehr-Vereinheitlichungsgesetz – ElGVG), BGBl. I S. 179, 251; s. auch bereits das sog. Anti-Spam-Gesetz, das sich allerdings in der 15. Legislaturperiode des Bundestages nicht durchsetzen konnte, BT-Drs. 15/4835 v. 15.2.2005.

60 Vgl zB *Omsels*, WRP 2004, 136, 143 ff, der für eine einschränkende enge Auslegung plädiert, nur dann sei gewährleistet, dass es bei dieser Fallgruppe nicht zu erkennbaren Veränderungen in der Rechtsprechung komme.

nicht nur im Rahmen der irreführenden Werbung, sondern auch bei Prüfung der Belästigungstatbestände in Anlehnung an den Harmonisierungswillen des EU-Gesetzgebers zu verstehen und auch den Verbrauchern den Grad an Verständigkeit, Eigenverantwortlichkeit, Differenziertheit, Aufmerksamkeit und Humor beizumessen, den sie verdienen[61]. Der Ruf nach Besserung im Namen des vermeintlich Guten (exzessiver Schutz vor Belästigungen) und Richtigen kann manches Mal viel zerstörerischer sein[62] als die nur behutsame Beschränkung (zB durch Transparenzpflichten) des vermeintlich Bösen (das werbende Unternehmen)[63].

## 6. Kritik am Gewinnabschöpfungsanspruch des § 10 UWG

Während es mit § 34 GWB im Kartellrecht einen Mehrerlösabschöpfungsanspruch gibt, ist ein **Gewinnabschöpfungsanspruch** (§ 10 UWG) im UWG neu. Er wird allerdings begleitet von entsprechenden Vorschriften im GWB und in zumindest einem anderen Wirtschaftsgesetz der „Neuzeit", im novellierten Telekommunikationsgesetz (TKG)[64]. Ebenso war er im Gesetzentwurf zur Änderung des Energiewirtschaftsrechts (EnWG)[65] noch vorgesehen, fand aber schließlich doch keinen Einzug in das Gesetz. Kritikwürdig ist vor allem, dass privaten Verbraucherschutzverbänden **Gewinneinziehungskompetenzen** übertragen werden und mit den heraus erzwungenen Gewinnen die Bundeshaushaltskasse gefüllt wird mit dem Zweck, aus den Mitteln des Bundeshaushaltes die Existenz der Verbraucherverbände zu sichern bzw weitere Verbände ins Leben zu rufen. Der Gewinnabschöpfungsanspruch verschafft ihnen Unternehmenseinblicke, die bislang in den Bereich der Betriebsspionage fielen[66]. Dies mag zwar immer noch besser sein, als wenn diese Informationen im Wege der **Auskunftsklage** zur Berechnung eines Schadensersatzes auf Herausgabe des **Verletzergewinns** an den Konkurrenten gelangen, der Umfang der herauszugebenden Dokumente ist jedoch aus genau diesem Grunde sehr beschränkt (s. dazu unten). Der Unterschied liegt aber vor allem darin, dass im Fall der Klage eines konkret Verletzten Eingriffe in die Rechtspositionen des Verletzers eher erträglich erscheinen, als wenn diese durch nicht in eigenen Rechten verletzte Verbände zugefügt werden. Hinzu kommt, dass das Aufspüren der **Kausalität** zwischen dem Unlauterkeitsakt und dem durch ihn erzielten Gewinn des werbenden Unternehmens sowie das Nachweisen von „Streuschäden" er- 22

61 Vgl zum Verbraucherleitbild *Ullmann*, GRUR 2003, 817, 818.

62 Erinnert sei nur an die Worte *Poppers* („Das meiste Unheil richten Menschen an, die für andere Gutes verfolgen wollen". In: Die offene Gesellschaft, Bd. I, S. 289), an die Vollstrecker des Guten der Französischen Revolution (vgl *Säcker*, Vernunft statt Freiheit! Die Tugendrepublik der Jakobiner. Zum Referentenentwurf eines privatrechtlichen Diskriminierungsgesetzes, ZRP 2002, 286 ff) oder an Gregers Werle (Hauptfigur in *Ibsens* „Wildente"), der im Namen der Wahrheit und des Guten die Menschen, die er „retten" will, zerstört.

63 Denn „Mehr sind die ganzen Engel auch nicht als richtig beherrschte Haifische" wie es in *Melvilles* „Moby Dick" heißt.

64 § 34a GWB und § 43 TKG v. 14.3.2005, BGBl. I 2005, 721.

65 So in §§ 33, 34 des Entwurfs eines Zweiten Änderungsgesetzes zum Energiewirtschaftsgesetz (EnWG), BT-Drs. 15/5268 vom 13.4.2005.

66 Vgl dazu *Sack*, WRP 2004, 30 ff, der diesbezüglich von einer *„Beutetheorie"* spricht.

hebliche Schwierigkeiten bereiten werden[67]. *Emmerich* äußert zudem mit Blick auf die Erfahrungen mit dem kartellrechtlichen Mehrerlösabschöpfungsanspruch Zweifel daran, ob das „eigenartige Rechtsinstitut der Gewinnschöpfung" jemals praktische Bedeutung erlangen wird[68].

**23** Dass die Herausgabe des Verletzergewinns schon nach dem geltenden UWG-Recht im Rahmen der **dreifachen Schadensberechnung** ähnlich wie nach den ausdrücklichen Regelungen im Marken-, Patent- und Urheberrecht möglich war, überzeugt als Argument für die Einführung des Gewinnabschöpfungsanspruchs kaum. Erstens ist der Gewinn bei erfolgreicher Geltendmachung eines Schadensersatzanspruchs an den verletzten Konkurrenten herauszugeben und nicht über einen privaten, nicht verletzten Verein an den Bundeshaushalt (s. dazu ausführlicher unten). Zweitens hat sich bei der Schadensermittlung des Verletzergewinns wegen der Schwierigkeit der Kausalitätsfeststellung gezeigt, dass dieser Anspruch selten zum Erfolg führt[69]. Während das Problem der Kausalität alt ist und durch eine Neuauflage keine neue Dimension hinzugefügt wird, stößt die Einziehung des Gewinns durch private Verbände in Neuland vor. Die Frage der Notwendigkeit des Vorstoßes stellt sich daher. Genügt es nicht, dass verletzte Mitbewerber, Verbraucher- wie Unternehmensverbände und Handelskammern ihre Rechte und Interessen durch die wettbewerblichen Instrumente der Abmahnung, strafbewehrten Unterlassungserklärung, Unterlassungs- und Beseitigungsansprüche, Veröffentlichungsbefugnisse und die Verhängung von Bußgeldern wahren können und den verletzten Mitbewerbern zudem Schadensersatzforderungen zustehen? Sollten diese Mittel nicht zur Einhaltung lauteren Wettbewerbs genügen? Auch die Verbraucher sind – wie dargelegt – ausreichend geschützt, soweit ihre Rechte verletzt werden. Nach dem gesetzgeberischen Willen sollten durch die Neufassung des § 3 Abs. 1 UWG gerade Bagatellverstöße bei der Rechtsverfolgung außer Acht bleiben. Dieses Vorhaben wird zwar nicht dadurch in Frage gestellt, dass Verbraucherverbänden über § 10 UWG eine Waffe in die Hand gegeben wird, um „Schäden im Bagatellbereich"[70], von deren Verfolgung der Einzelne absehen würde, zu bekämpfen. Auch eine Masse an Bagatellen vermag die Erheblichkeit – nach dem gesetzgeberischen Willen – zu begründen. Durch die Möglichkeit der Sanktion von Bagatellschäden wird jedoch eine enorme Drohkulisse vor den werbenden Unternehmen aufgebaut, die über jeder neuen Werbeidee wie ein Damoklesschwert schwebt, das sich selbst bei marginalen „Streuschäden" zu senken droht. Auch die Einholung von Auskünften seitens einer zur Verschwiegenheit verpflichteten Person und der Gewinnberechnung aufgrund der durch diese Person erteilten Auskunft[71], ändert nichts an dem in der Offenbarung der Erlöse liegenden Eingriff in die unternehmerische Freiheit. Da sich der Umfang der anzugebenden Daten auf die Mitteilung der durch die verletzende

---

67 Vgl auch die Bedenken des Bundesrates (BT-Drs. 15/1487, S. 34 f) sowie die Kritik von *Engels/Salomon*, GRUR 2004, 32, 42 f. Grundsätzlich begrüßt wird der Gewinnabschöpfungsanspruch hingegen von *Köhler*, GRUR 2003, 265 f.

68 *Emmerich*, Vorauflage, § 14 VIII 2. c) mwN, § 23 1.

69 Vgl dazu zB Immenga/Mestmäcker/*Emmerich*, GWB, § 34 Rn 3, 10–14.

70 BT-Drs. 15/1487, S. 23.

71 BT-Drs. 15/1487, S. 43.

Werbekampagne erzielten Erlöse abzüglich der Herstellungskosten und der angefallenen Betriebskosten richtet[72], sind Angaben zu machen, die dem Betriebsgeheimnis unterfallen.

*Hinweis:* Ausführlicher zu § 10 UWG und zu der Kritik am Gewinnabschöpfungsinstitut unter Rn 134 ff.

### 7. Ausdehnung des Presseprivilegs

Eine konsequente Neuerung bringt die Aufgabe der bisherigen Beschränkung des Presseprivilegs auf Verstöße gegen das Irreführungsverbot. Konnte bislang Schadensersatz nur bei wissentlich gemachten irreführenden Angaben von verantwortlichen Personen periodischer Druckschriften erlangt werden, besteht gem. § 9 S. 2 UWG nunmehr bei jeder „vorsätzlichen Zuwiderhandlung" gegen Vorschriften des UWG ein Schadensersatzanspruch gegen die Verantwortlichen eines Presseorgans. **24**

### 8. Geordnetes Rechtsfolgenregime

Für einen klareren Aufbau sorgt die systematische Verortung der Rechtsfolgen in den Vorschriften der §§ 8 Abs. 1, 9 und 10 Abs. 1 UWG, die allesamt an das Vorliegen eines Unlauterkeitsvorwurfs iSd § 3 Abs. 1 UWG anknüpfen[73]. Die Regelungen der zivilrechtlichen Rechtsfolgen sind hinsichtlich der Klagebefugnis sowie der Anspruchsgrundlagen abschließend. Die Generalklausel des § 3 Abs. 1 UWG bildet damit das notwendige Scharnier zwischen den Anspruchsgrundlagen der §§ 8 Abs. 1, 9 und 10 Abs. 1 UWG und den Spezialtatbeständen der §§ 4–7 UWG, seine Voraussetzungen müssen stets gegeben sein, um die Unlauterkeit zu begründen. **25**

## IV. Wesentliche Gesetzesänderungen durch Umsetzung der Richtlinie über unlautere Geschäftspraktiken in der UWG-Novelle 2008

Das „neue" UWG ist seit seinem Inkrafttreten im Juli 2004 bis zur Novelle 2008 nur geringfügig geändert worden. Die materiellen Vorschriften sind von den **Gesetzesänderungen**, die bis zum Inkrafttreten des „Ersten Gesetzes zur Änderung des Gesetzes gegen den unlauteren Wettbewerb" am 30. Dezember 2008 ergangen sind[74], unberührt geblieben. Die erneute Novellierung wurde – aus Sicht des Gesetzgebers – notwendig, **25a**

72 BT-Drs. 15/1487, S. 24.

73 Vgl Gesetzesbegründung, BT-Drs. 15/1487, S. 22.

74 Geändert wurde das UWG durch das Erste Gesetz über die Bereinigung von Bundesrecht im Zuständigkeitsbereich des Bundesministeriums der Justiz v. 19.4.2006, BGBl. I 2006, 866, des Weiteren durch das Gesetz zur Errichtung und zur Regelung der Aufgaben des Bundesamtes für Justiz v. 17.12.2006, BGBl. I 3171 (Nr 22). Die Änderung betrifft § 10 Abs. 5. Zuständige Stelle iSd § 10 Abs. 2 und 4 ist danach das Bundesamt für Justiz. Zuletzt wurde das UWG geändert durch das Gesetz über die Durchsetzung der Verbraucherschutzgesetze bei innergemeinschaftlichen Verstößen v. 21.12.2006, BGBl. I 3367.

um die Vorgaben der **Richtlinie über unlautere Geschäftspraktiken zwischen Unternehmen und Verbrauchern**, die am 12. Juni 2006 in Kraft trat, umzusetzen und damit die Hürden auf dem Weg zu einem **europäischen Lauterkeitsrecht** weiter abzubauen[75]. Hinsichtlich der Erforderlichkeit der Umsetzung bestand in der Literatur ein geteiltes Bild[76]. Der besondere Schutz bestimmter Gruppen von Verbrauchern aus Gründen von Krankheit, Alter oder Leichtgläubigkeit etc (Art. 5 Abs. 3) ist bereits ausreichend in § 4 Nr 2 UWG normiert. Mit der durch § 4 Nr 1 UWG erfassten Fallgruppe der Beeinflussung der Entscheidung ist bereits eine Regelung getroffen, die Entscheidungen betrifft, die ohne die Unlauterkeitstat nicht getroffen worden wären, so dass damit, wie auch durch § 5 Abs. 2 S. 1 UWG 2004 der Inhalt von Art. 6 Abs. 1 der RL bereits vom UWG 2004 erfasst wurde. Unter § 5 Abs. 2 S. 1 UWG 2004 fielen auch die in Art. 6 Abs. 1 lit. a)-f) aufgezählten Einzelfälle irreführender Werbung. Aus der Aufzählung fällt die in lit. e) genannte Entscheidung bzgl der Notwendigkeit eines Ersatzteils, eines Austauschs oder einer Reparatur auf. Auch wenn eine vergleichbare Hervorhebung dieses Sonderfalls im UWG fehlt, hätten sich diese Fälle unter § 5 Abs. 2 S. 1 Nr 1 bzw § 4 Nr 1 UWG subsumieren lassen. Selbst der Tatbestand der **irreführenden Unterlassungen** (Art. 7) macht eine Gesetzesänderung nicht notwendig, wurde er doch durch § 5 Abs. 2 S. 2 UWG 2004 bereits erfasst[77]. Auch der Gesetzgeber war zunächst zögerlich, was ihm von einzelnen Stimmen in der Literatur wiederum zum Vorwurf gemacht wurde. *Keßler* betrachtete etwa den Wunsch des Gesetzgebers das UWG möglichst unangetastet zu lassen, zwar als verständlich, als „regelungstechnisch sowie wettbewerbspolitisch dysfunktional und eher geeignet, zahlreiche Rechtsstreitigkeiten zu evozieren, als den status quo ante im Interesse normativer Kontinuität und der daraus fließenden Rechtssicherheit zu stabilisieren"[78]. Dass die zahlreichen Rechtstreitigkeiten auf der Grundlage des nun gefundenen Gesetzestextes geringer ausfallen, als wenn das UWG 2004 richtlinienkonform ausgelegt und angewendet worden wäre, darf bezweifelt werden. Nun ist das UWG aber novelliert und die Klagerufe in die eine wie in die andere Richtung sind zur Rechtsgeschichte geworden.

**25b** Das „neue" neue (!) UWG unterscheidet sich schon auf den ersten Eindruck vom UWG 2004. Gab es vorher knappe Normen, etwa § 3 UWG 2004, der aus einem Satz bestand, sind diese nun eingewechselt worden gegen Normen, die aus vielen Absätzen, Unternummerierungen und langen Sätzen bestehen und überwiegend den Platz einer Gesetzbuchseite sprengen (so §§ 3, 5, 5a und 7 UWG). Ganz abgesehen von dem 30 Nummern zählenden „Anhang" zu § 3 Abs. 3 UWG. Bevor man das Gesetz anwendet, muss man es inzwischen eingehend „studiert" haben, am besten gleich mehrfach; das war vorher bei der Einfachheit und Übersichtlichkeit des UWG 2004

75 Richtlinie 2005/29/EG v. 11.5.2006, ABl. EG L 149/22; zum europäischen Lauterkeitsrecht *Apostolopoulos*, WRP 2004, 841 ff; *Gamerith*, WRP 2003, 143 ff; *Ohly*, WRP 2008, 177 ff und *Glöckner*, Europäisches Lauterkeitsrecht, 2006.

76 S. mit einem Überblick über das Meinungsbild MünchKommUWG/*Micklitz*, Einl EG E Rn 212 ff.

77 So bereits in der 2. A. Rn 25a; *Köhler*, GRUR 2005, 793, 800, *Glöckner/Henning-Bodewig*, WRP 2005, 1311, 1332 und *Seichter*, WRP 2005, 1089, 1093, 1095 sahen hingegen Umsetzungsbedarf.

78 *Keßler*, WRP 2007, S. 714, 718.

nicht unbedingt erforderlich, im UWG 1909 gab es praktisch nichts zu lesen. Der Gesetzgeber spricht verharmlosend von der „Einstellung auf eine höhere Regelungsdichte“[79]. Man kann es auch anders ausdrücken; die „Sprachungetüme“ der UGP-RL bringen „ebensolche in unser Gesetz“, von einem „leicht lesbaren – oder gar verstehbaren – Gesetz kann beim besten Willen nicht mehr gesprochen werden“[80]. Im Einzelnen geht es um folgende Neuerungen:

- „Wettbewerbshandlungen“ werden zu „geschäftlichen Handlungen“, diese werden wiederum als „Verhalten …“ in § 2 Abs. 1 Nr 1 UWG definiert, also durch einen neutralen Begriff, der somit auch Unterlassungen erfasst und zudem Handlungen nicht nur vor (wie bislang), sondern auch „bei“ oder „nach“ einem Geschäftsabschluss erfasst;
- die Änderung der „Wettbewerbsnachteilszufügung“ in eine „Interessenberührung“ in § 3 Abs. 1 UWG;
- „nicht unerheblich“ wird zu „spürbar“ in § 3 Abs. 1 UWG, ohne dass damit eine inhaltliche Änderung einhergehen soll;
- ein komplexer eigener Irreführung-durch-Unterlassen-Tatbestand wird geschaffen (§ 5a UWG), bestehend aus vier langatmigen Absätzen, zT mit fünf Unterziffern (Abs. 3), die zu der Nachfrage verleiten, ob denn nun alle eventuellen Einzelfälle in Gesetzestext gegossen wurden oder ob doch noch einer übersehen wurde (etwa in Abs. 3 Nr 3), ersetzt wird durch diese imposante Norm ein schmaler Halbsatz im UWG (2004), der wegen seiner Allgemeinheit nicht weniger Fälle erfasste, als der neue große § 5a UWG;
- die „Aufwertung“ des Unternehmers als Counterparty des Verbrauchers, der nun eine eigene UWG-Legaldefinition in § 2 Abs. 1 Nr 6 erhält, während der „Verbraucher“ weiterhin mit dem des BGB identisch sein darf;
- die Aufnahme eines Sondergruppenverbraucherbildes in § 3 Abs. 2 S. 3 UWG (dazu Rn 2);
- die systematische Neuschöpfung des § 7 UWG, der nun als eigener Unzulässigkeitstatbestand gestaltet und damit von § 3 UWG inklusive der Spürbarkeitsschwelle entkoppelt ist, was wegen der eigenen Unzumutbarkeitshürde begrüßenswert ist, da dadurch eine Doppelschwellenprüfung vermieden wird. Entsprechend wird in den Anspruchsgrundlagen der §§ 8–10 UWG an das Vorliegen der Voraussetzungen von „§ 3 oder § 7“ angeknüpft;
- die Singular- statt der Pluralform in § 7 Abs. 2 UWG, dessen Einzeltatbestände nun als Per-se-Verbote ausgestaltet sind;
- die Aufnahme des „objektiven Zusammenhangs“ in die Definition der geschäftlichen Handlungen und den gleichzeitigen Wegfall der Wettbewerbsabsicht;
- rein formal neu sind die Per-se-Verbote des Anhangs zu § 3 Abs. 3 UWG (dazu Rn 483 ff). Die darin benannten Beispiele erfüllen den Tatbestand einer unlauteren (irreführenden bzw aggressiven) geschäftlichen Handlung „unter allen Umstän-

79 Ges.-Begr. S. 38.
80 So drücken es *Wiltschek* und *Majchrzak* über das 2007 novellierte österreichische UWG aus (ÖBl 2008, 4, 13), was sich 1 : 1 auf das deutsche UWG übertragen lässt.

den“. Damit ist vorgegeben, dass diese Fälle nicht nur unter bestimmten Einzelfallkonstellationen und auch nicht als widerlegbare Vermutung, sondern in jedem Fall wettbewerbswidrig sind. Bis auf einige sprachliche Änderungen wurde der Anhang I der UGP-RL in das UWG übernommen. Dem Katalog wäre, da die Aufstellung keinen Umsetzungsspielraum lässt und die Tatbestände klar formuliert sind, tel quel, so wie sie ist, ohnehin unmittelbare Wirkung zugekommen, so dass es einer Umsetzung nicht bedurft hätte. Sie gibt dem Rechtsanwender in Klausur und Praxis einen roten Faden an die Hand, anhand dessen er ertasten kann, wann jedenfalls stets die Grenze zur Unlauterkeit überschritten ist[81]. Welche Ungereimtheiten und Unklarheiten gleichwohl einzelne der Nummern aufwerfen, wird im Einzelnen unter Rn 483 ff erörtert. Der vollständige Katalog ist in Anhang V abgedruckt. Hervorgehoben werden soll an dieser Stelle nur das überraschend als aggressive Geschäftspraktik eingestufte Verhalten von Versicherungsunternehmen, die sich irrelevante Unterlagen vorlegen lassen oder systematisch Schreiben eines Verbrauchers nicht beantworten, um ihn so von der Geltendmachung seiner vertraglichen Rechte abzuhalten (Nr 27 des Anhangs zu § 3 Abs. 3 UWG). Ein Verhalten also, dass gar nicht so praxisfern scheint, wenn es auch schwierig sein dürfte, den Vorsatz und die Kausalität nachzuweisen. Dass das Nichtbeantworten von Schreiben als aggressiv eingestuft wird, ist eine Sichtweise, die bei Ausdehnung auf andere Wirtschaftsbereiche und Behörden sowie Mitarbeiter öffentlich-rechtlicher Körperschaften sicher weiteres Anschauungsmaterial erhielte.

Juristisches Neuland wurde mit diesen Änderungen allerdings kaum betreten[82]. Nicht neu ist jedenfalls, dass weiterhin keine Verbraucherklagen möglich sind. Nichts geändert hat sich auch an der systematischen Einordnung der Anspruchstatbestände (§§ 8–10), die jeweils an die Unzulässigkeitsgeneralnorm des § 3 Abs. 1 UWG und nun auch alternativ an den Unzumutbarkeitsgeneraltatbestand des § 7 Abs. 1 UWG gekoppelt sind.

**25c** Berücksichtigt wurden auch die durch den **Gesetzentwurf zur Bekämpfung unerlaubter Telefonwerbung und zur Verbesserung des Verbraucherschutzes bei besonderen Vertriebsformen** vorgesehenen Änderungen des § 7 Abs. 2 Nr 2 UWG (Einfügung der Worte „vorherig“ und „ausdrücklich“) und der Einfügung eines neuen § 20 UWG, der bei Verstößen gegen das Verbot unerlaubter Telefonwerbung ein Bußgeld bis zu 50 000 € vorsieht und die Befugnis dazu in die Hände der BNetzA legt[83].

81 *Micklitz* spricht von einer Schwarzen Liste, MünchKommUWG/*Micklitz*, Einl EG E Rn 216, s. auch die Kommentierung in Einl EG F Rn 235–261.
82 Vgl FAZ v. 12. Januar 2009.
83 BT-Drs 16/10734, die bisherigen §§ 20–22 UWG sollen durch das Gesetz aufgehoben werden.

# § 2 Verhältnis des Wettbewerbsrechts zum Kartellrecht, zum Markenrecht und zu anderen Gesetzen des Gewerblichen Rechtsschutzes sowie zum Urheberrecht

## I. Kartellrecht

Das Kartellrecht sichert wettbewerbliche Marktstrukturen, es schützt jedoch nicht die Lauterkeit des Wettbewerbs; das Bekämpfen unlauterer geschäftlicher Handlungen obliegt allein dem UWG. Beide Rechtsgebiete stehen aber trotz der unterschiedlichen Ausrichtungen in einem Wirkungszusammenhang, indem sie beide auf den Wettbewerb bezogen sind. Soweit es zu Überlagerungen kommt, sind beide Ziele in Einklang miteinander zu bringen, was insbesondere im Wege der Auslegung oder der inzidenten Prüfung von kartellrechtlichen Komplexen im Rahmen einer wettbewerbsrechtlichen Lauterkeitsprüfung zu berücksichtigen ist[1]. Allerdings führt die gegenseitige Berücksichtigung weder dazu, dass jede kartellrechtswidrige Maßnahme unlauter ist, noch dazu, dass jede unlautere geschäftliche Handlung kartellrechtswidrig ist. Eine andere Wertung verliehe dem Kartellrecht bzw dem Recht gegen unlauteren Wettbewerb den Charakter eines Spezialrechts gegenüber dem jeweils anderen Rechtsgebiet. Beide Rechtsmaterien können wegen des unterschiedlichen Schutzzwecks grds. **nebeneinander** zur Anwendung kommen, wenn das streitige Verhalten sowohl gegen kartellrechtliche als auch gegen UWG-Normen verstößt[2]. Der BGH hat allerdings in der Entscheidung *Probeabonnements* für das Verhältnis von UWG und GWB festgestellt, dass die auf das **GWB** gestützten **zivilrechtlichen Unterlassungsansprüche abschließend** sind und somit keine gegen § 4 Nr 11 UWG verstoßende geschäftliche Handlung begründen (s. Rn 322c, 428a f dazu sowie zu den Ausnahmen von diesem nunmehr erkannten Grundsatz). Er hat damit seine frühere Position eines stets gegebenen Nebeneinanders aufgegeben. 26

Behinderungen von Mitbewerbern können sowohl wegen Verstoßes gegen Art. 82 EG bzw §§ 19 Abs. 4, 20 Abs. 1, 2, 3, 4 GWB kartellrechtswidrig als auch gem. § 4 Nr 10 iVm § 3 Abs. 1 UWG unlauter sein[3]. Verkäufe unter **Einstandspreis** oder **Preiskampfmaßnahmen** können als Sonderfälle einer unbilligen **Behinderung** einerseits kartellrechtswidrig, aber auch unlauter iSd § 4 Nr 4 iVm § 3 Abs. 1 UWG sein. Fehlt es allerdings an einer Voraussetzung eines kartellrechtlichen Verbotstatbestandes, zB wenn das werbende Unternehmen die erforderlichen kartellrechtlichen Marktmachtgrenzen unterschreitet, bedarf es zur Begründung eines UWG-Verstoßes anderer Un- 27

---

1 Ausführlicher zum Verhältnis des Kartellrechts zum Wettbewerbsrecht *Köhler*, in: Köhler/Bornkamm, Einl. Rn 6.11 ff; Harte/Henning/*Brüning*, Einl. F Rn 112–119; GroßkommUWG/*Schünemann* Einl Rn E13.

2 ZB BGHZ 13, 33, 37 *Warenkredit*; BGH GRUR 2003, 77 = WRP 2002, 1426 *Fernwärme für Börnsen*.

3 Vgl dazu *Köhler*, in: Köhler/Bornkamm, Einl. Rn 6.17 mit zahlreichen Nachweisen aus der Rspr.

lauterkeitsumstände[4]. Ansonsten würden die Wertungen des GWB untergraben, es kann jedoch nicht Ziel des UWG sein, die kartellrechtlichen Schranken vorzuverlegen (**Vorfeldthese**)[5]. Auch die Aufforderung zu einem **Liefer- oder Bezugsboykott** kann sowohl gegen § 21 Abs. 1 GWB wie auch gegen § 4 Nr 10 iVm § 3 Abs. 1 UWG verstoßen. Ein **Preisbindungsverbot** kann sowohl gegen Art. 81 Abs. 1 EG wie auch gegen § 4 Nr 10 iVm § 3 Abs. 1 UWG verstoßen[6]. Allerdings ist hier die **neue Rechtsprechung des BGH** zu beachten, wonach die auf das GWB gestützten zivilrechtlichen Unterlassungsansprüche abschließend sind (s. dazu Rn 322c, 428a). Der Missbrauch einer marktbeherrschenden Stellung kann nur dann eine Unlauterkeit iSd § 4 Nr 11 bzw § 4 Nr 10 iVm § 3 Abs. 1 UWG begründen, wenn neben dem über die kartellrechtlichen Vorschriften erfassten Machtmissbrauch eine eigene unlautere geschäftliche Handlung gegeben ist.

**28** Während wettbewerbliche Ansprüche der kurzen **Verjährung** des § 11 UWG (sechs Monate bzw zehn Jahre) unterliegen (ausführlicher dazu Rn 161 ff), verjähren kartellrechtliche Ansprüche nach den allgemeinen Vorschriften des §§ 195, 199 BGB (drei bzw dreißig Jahre).

*Literaturhinweis: Ensthaler/Bock*, Verhältnis zwischen Kartellrecht und Immaterialgüterrecht am Beispiel der Essential-facility-Rechtsprechung von EuGH und EuG, GRUR 2009, S. 1 ff.

## II. Markenrecht

**29** Das Markengesetz gehört wie die übrigen Gesetze des Gewerblichen Rechtsschutzes und das Urheberrecht zum **Immaterialgüterrecht**. Grundsätzlich gilt für die Normen des sondergesetzlichen Schutzes ein **abschließender Vorrang** in Bezug auf die konkrete Verletzung, dh in ihrem Regelungsbereich verdrängen sie in der Regel entsprechende UWG-Vorschriften[7]. Dies gilt grundsätzlich auch, wenn die **Schutzfrist** für ein sondergesetzlich geschütztes Werk **abgelaufen** ist. Eine Anwendung der UWG-Vorschriften scheidet dann aus. Hierbei ist zu beachten, dass der **Anwendungsbereich** des **Markenrechtsschutzes** stetig **ausgeweitet** wurde: so wird die Irreführung über **geografische Herkunftsangaben** seit 1995 abschließend über §§ 126 ff MarkenG geschützt, während sie früher unter § 3 Abs. 1 UWG aF subsumiert wurde[8]. Die

4 ZB BGH GRUR 1995, 690, 692 f *Hitlisten-Platten*; GroßkommUWG/*Köhler*, § 1 Rn D 13 f; Harten/Henning/*Brüning*, Einl. F Rn 114 ff.

5 Vgl dazu Großkomm UWG/*Schünemann* Einl. Rn E 22 f mwN; Immenga/Mestmäcker/*Möschel*, § 19 Rn 262.

6 Vgl BGH GRUR 1987, 445, 446 *4 zum Preis von 3*; BGH GRUR 2003, 637 *1 Riegel extra*; OLG Frankfurt GRUR-RR 2003, 59, 60 *Zinssubvention*; OLG Hamburg GRUR 2003, 811, 813; *Köhler* sieht das Kartellrecht hingegen bezüglich des Preis- und Konditionenbindungsverbots als abschließende Regelung an (*Köhler*, in: Köhler/Bornkamm, § 4 Rn 11.12, Einl. Rn 6.15).

7 Dazu zB BGH GRUR 1999, 161 ff = WRP 1998, 1181 ff *Mac Doc*; BGH GRUR 2003, 973 ff *Tupperwareparty* (vgl Fall ***Tupperparty***, Rn 256 f; EuGH GRUR 2003, 143, 145 = WRP 2003, 66 ff *Robelco/Robeco*; EuGH GRUR 2003, 240, 242 Rn 30; *Davidoff/Gofkid*, BGH WRP 2008, 930 ff; ausführlich dazu *Sack*, WRP 2004, 1405, 1413 f mit zahlreichen weiteren Nachweisen.

8 BGH GRUR 1999, 251, 252 *Warsteiner I;* BGHZ 139, 138, 139 *Warsteiner II*; BGH GRUR 2002, 160, 161 *Warsteiner III*; *Bornkamm*, in: Köhler/Bornkamm, § 5 UWG Rn 4.198 mwN.

§§ 126 ff MarkenG sind daher *leges speciales* gegenüber dem Verbot irreführender Werbung (§ 5 Abs. 1, 2 iVm § 3 Abs. 1 UWG). Nur wenn Sachverhalte nicht unter die §§ 126 ff MarkenG fallen, finden gem. § 2 MarkenG auf sie die wettbewerblichen Vorschriften Anwendung. **Bekannte Zeichen** werden abschließend durch die §§ 14 Abs. 2 Nr 3 iVm 15 Abs. 3 MarkenG vor Verwässerung und Rufausbeutung geschützt, während sie früher in die Anwendungsbereiche des § 1 UWG aF und des § 12 BGB fielen. Auch der früher durch § 16 UWG aF geschützte Titelschutz wird heute nur noch als von den §§ 5 Abs. 3, 15 MarkenG erfasster schützenswerter Werktitel geschützt.

Die sondergesetzlichen Schutzrechte sind **hingegen nicht abschließend**, wenn be- **30** sondere, außerhalb des Markenrechts-, des Urheber- oder Patentschutzes liegende Umstände hinzutreten und die Unlauterkeit begründen **(Lückenschließungsfunktion des UWG)**. In diesen Fällen besteht ein **ergänzender wettbewerbsrechtlicher Leistungsschutz**. Maßgebend ist dabei das Verständnis des **Benutzungsbegriffes**. Der BGH sah 1982 und damit vor Geltung des Markengesetzes in dem Abbilden der Vorderfront eines **Rolls-Royce** (die verschlungenen RR, die Flying Lady und der Kühlergrill sind markenrechtlich geschützt) in einer Werbung für den Whiskey „Jim Beam" eine unlautere Rufausbeutung nach § 1 UWG aF[9]. Heute würde dieser Sachverhalt an § 14 Abs. 2 MarkenG gemessen werden. Dabei käme es auf den Maßstab an, der an den Benutzungsbegriff gelegt wird. Legt man ein **weites Verständnis** zugrunde, ist der Tatbestand des § 14 Abs. 2 Nr 3 MarkenG[10] erfüllt. Legt man den Begriff hingegen **eng** aus und verlangt eine **marken-** oder **zeichenmäßige Benutzung**[11], fällt die Abbildung der Rolls-Royce-Front nicht unter § 14 Abs. 2 MarkenG. Zu prüfen sind dann allenfalls Verstöße gegen das Wettbewerbsrecht. Da nach Art. 5 Abs. 5 **MarkenRL**[12] eine markenmäßige Benutzung verlangt wird, ist im Sinne einer europarechtskonformen Auslegung auch § 14 Abs. 2 MarkenG in diesem engeren Sinne zu verstehen. So verlangt nicht nur der EuGH[13], sondern seit 1996 auch der BGH in ständiger Rechtsprechung eine markenmäßige Benutzung[14]. Eine markenmäßige Benutzung liegt danach vor, wenn die angesprochenen Verkehrskreise in dem Zeichen einen Herkunftshinweis sehen und eine Benutzung zur Unterscheidung der Waren und Dienstleistungen von denen anderer Unternehmen dient[15]. Bei Werbung für **Zubehör**

---

9 BGH GRUR 1983, 247 ff = WRP 1983, 268 *Rolls-Royce*.

10 So zB *Ahrens*, GRUR 1994, 637; *Nägele*, Die rechtsverletzende Benutzung im Markenrecht, 1998, 53 ff; *J.W. Nordemann*, WRP 1997, 389; weitere Nachweise bei *Sack*, WRP 2004, 1405, 1406 in Fn 2.

11 Dafür spricht Begr.RegE zum MarkenG, BT-Drs. 12/6581, S. 75; Begr.RegE zur UWG Novelle 2000 zur Einfügung des § 2 UWG aF, BT-Drs. 14/2959.

12 Erste Richtlinie 89/104/EWG des Rates vom 21.12.1988 zur Angleichung der Rechtsvorschriften der Mitgliedstaaten über die Marken (ABl. EG 1989, L 40, S. 1).

13 EuGH GRUR Int 1999, 438 f *BMW/DENIC*.

14 BGH GRUR 2001, 158, 160 *Drei-Streifen-Kennzeichen*; BGH GRUR 2002, 613, 615 *Gerri/Kerry Spring*; BGH WRP 2003, 227, 231 *Farbmarkenverletzung*; in der *Leysieffer*-Entscheidung hat der BGH auch sonstige zeichenmäßige Benutzungen genügen lassen (GRUR 2004, 610, 612); *Fezer*, Markenrecht, 4. Aufl. 2009, § 14 Rn 46, 57; *Ekey*, in: HK-MarkenR, 2. Aufl. 2009, § 14 Rn 115; *Ingerl/Rohnke*, MarkenG, Kommentar, 3. Aufl. 2010, § 14 Rn 85, 153, 207; *Sack*, WRP 2004, 1405, 1406 f mwN in Fn 3–10.

15 ZB BGH GRUR 2002, 613, 615 *Gerri/Kerry Spring*; BGH WRP 2003, 227, 231 *Farbmarkenverletzung*; weitere Nachweise bei *Sack*, WRP 2004, 1405, 1406 in Fn 7 und 8.

oder **Ersatzteile** kommt es ebenfalls häufig auf die Frage an, wie der Begriff der markenmäßigen Benutzung definiert wird, und ob in der Benutzung oder dem Abbilden von Symbolen oder anderen Markenzeichen immer schon ein Verstoß gegen § 14 Abs. 2 MarkenG zu sehen ist. So sah der BGH in der Abbildung eines Porsche 911 in der Werbeanzeige eines Aluminiumräder-Herstellers eine markenmäßige Benutzung iSd § 14 Abs. 2 Nr 1 und Nr 3 MarkenG, eine Verletzung lehnte er aber wegen der Schutzgrenze des § 23 Nr 3 MarkenG ab, da das Bild nur den Zweck habe, das Produkt in seiner **bestimmungsgemäßen Funktion** zu zeigen[16]. Bei der Prüfung, ob eine Verletzung wegen markenmäßiger Benutzung gegen § 14 Abs. 2 MarkenG vorliegt, ist also stets § 23 Nr 3 MarkenG zu beachten, wonach es darauf ankommt, ob die Benutzung der Marke für das Bewerben des Zubehörs oder Ersatzteils notwendig war. So stellte der BGH in der *Aluminiumräder*-Entscheidung fest, dass die „volle ästhetische Wirkung“, die für die Käufer von Aluminiumrädern kaufentscheidend sei, nur „in der **Gesamtbetrachtung** mit dem Fahrzeug“ vermittelt werden könne[17]. Die Grenze findet diese Gesamtbetrachtung nur in einem Verstoß gegen die guten Sitten bzw gegen die anständigen Gepflogenheiten in Gewerbe und Handel. Liegt kein Verstoß gegen § 14 Abs. 2 MarkenG vor, bleibt die Frage, ob bei Werbung mit Ersatzteilen und Zubehör der Tatbestand der vergleichenden Werbung eingreift (vgl dazu Rn 203), was der BGH in der Aluminiumräder-Entscheidung ebenfalls ablehnte (zur Zubehörwerbung vgl auch Rn 386, 391).

*Literaturhinweise:* Zur markenmäßigen Benutzung *Sack*, Markenschutz und UWG, WRP 2004, 1405, 1406 f; *Bornkamm*, Markenrecht und wettbewerbsrechtlicher Kennzeichenschutz, GRUR 2005, 97 ff; zum Verhältnis von Markenrecht und Wettbewerbsrecht *Füller*, in: Säcker, Fallbuch, 2001, S. 458 ff; zur Werbung mit Ersatzteilen und Zubehör ausführlicher zB *Sack*, Markenschutz und UWG, WRP 2004, 1405, 1419 f und GRUR 2004, 720 ff.

**31** Im Rahmen der **vergleichenden Werbung** stellt die Abbildung der Produkte des Mitbewerbers regelmäßig **keine markenmäßige Benutzung der Marke** dar. § 6 UWG ist insofern abschließend, da das Markenrecht nur gegen **zeichenmäßige** Eingriffshandlungen schützt[18]. Zudem steht markenrechtlichen Ansprüchen gegen vergleichende Werbung regelmäßig der **Erschöpfungsgrundsatz** des § 24 MarkenG entgegen. Andererseits kann ein markenrechtlich zulässiges Verhalten aus anderen Gründen als der bloßen Benutzung der Marke den Tatbestand eines unlauteren Vergleichs verwirklichen.

*Hinweis:* Vgl zur Markenbenutzung und vergleichenden Werbung Fall ***Tupperparty***, Rn 256 f.

---

16 BGH GRUR 2005, 163, 164 *Aluminiumräder.*

17 Hier scheint aus richterlichem Munde eine durchaus sympathische Begeisterung für Abbildungen von Sportwagen aus Zuffenhausen zu sprechen, die allerdings möglicher Weise die Rechtsfindung nicht gänzlich unbeeindruckt gelassen hat. Ob die Ablehnung einer unzulässigen markenmäßigen Benutzung, trotz voller Abbildung des Sportwagens mit Wappen, und ob die extensiv Anwendung des § 23 MarkenG auch in anderen Fallkonstellationen aufrechterhalten wird, bleibt allerdings abzuwarten.

18 Vgl nur *Sack*, GRUR 2004, 1405, 1418 f mwN. Dazu, dass der Produktvergleich eine grundsätzlich zulässige Angabe über Merkmale und Eigenschaften iSv § 23 Nr 2 MarkenG ist BGH GRUR 2004, 607, 612 = WRP 2004, 739, 745 *Genealogie der Düfte.*

Auch **Modeschöpfungen** werden durch das UWG geschützt. Die bloße Nachahmung des Modeprodukts ist danach per se unlauter. Dies wird mit dem erheblichen finanziellen Aufwand, der sich in der aktuellen Saison amortisieren muss, weil er in der nächsten veraltet sein kann, begründet. Allerdings beschränkt sich der wettbewerbliche Schutz auf einen begrenzten Amortisationszeitraum von maximal zwei Saisons. 32

**Bekannte Marken** werden durch **§ 14 MarkenG** nur gegen eine markenmäßige bzw zeichenmäßige Benutzung durch unbefugte Dritte geschützt[19]. Fehlt es an einer **marken- oder -zeichenmäßigen** Nutzung, bleibt nur der Schutz über die **UWG-Vorschriften**. So kann bei weitem Verständnis des **Mitbewerberbegriffs** eine unlautere Rufausbeutung oder -beeinträchtigung nach § 6 Abs. 2 Nr 4 UWG vorliegen, bei engem Verständnis bieten § 4 Nr 7, 9, 10 UWG oder § 3 Abs. 1 UWG Schutz vor einer unlauteren Herabsetzung oder Verunglimpfung von Kennzeichen eines Mitbewerbers[20]. 33

**Nicht bekannte Marken** werden vom Schutz des § 14 MarkenG nur erfasst, soweit sie den bekannten Zeichen ähnlich sind. Fehlt es an der Markenidentität oder Markenähnlichkeit oder an einer zeichenmäßigen Benutzung einer fremden Marke, greift der Markenschutz des § 14 MarkenG nicht und es entsteht – wie dargelegt – Raum für eine Anwendung der §§ 3 Abs. 1–7 UWG. Die markenrechtlichen und wettbewerbsrechtlichen Vorschriften können jedoch auch parallel zur Anwendung kommen. So kann, unabhängig von dem markenrechtlichen Individualschutz des Markeninhabers, ein Schutzinteresse der Allgemeinheit vor Irreführung über die **betriebliche Herkunft** eines Kennzeichens gem. § 5 iVm § 3 Abs. 1 UWG bestehen. Vorausgesetzt, der Verkehr verbindet mit der zur Kennzeichnung eigener Waren oder Leistungen unbefugt benutzten fremden Unternehmens- oder Warenbezeichnung **besondere Gütevorstellungen**[21]. Gegen die darin liegende betriebliche Herkunftstäuschung oder bzw und Qualitätstäuschung können sich sowohl Mitbewerber wie auch Verbände wehren. Auch die bloße Verwendung einer **ähnlichen Herkunftsangabe** kann allerdings für einen Irreführungsvorwurf iSd § 5 Abs. 2 S. 1 Nr 1 UWG genügen, wenn dadurch eine **Verwechslungsgefahr** hinsichtlich der Identität des Unternehmens oder des Bestehens wirtschaftlicher oder organisatorischer Zusammenhänge begründet wird und die Gefahr besteht, dass auch die **Gütevorstellungen** auf das fremde Produkt übertragen werden. Sind Verwechslungen zu befürchten, wird allerdings regelmäßig auch die Gefahr eines Transports der Gütevorstellungen gegeben sein[22]. 34

---

19 BGH GRUR 1991, 609 SL; GRUR 2004, 235 ff *Davidoff II*; EuGH GRUR 2004, 240; *Davidoff/Gofkid*; EuGH GRUR 2004, 58 *Adidas/Fitnessworld.*

20 So nahm der BGH in der *Rolls-Royce*-Entscheidung ein konkretes Wettbewerbsverhältnis, wie es nunmehr in § 2 Abs. 1 Nr 3 UWG zur Bestimmung des Mitbewerberbegriffs definiert ist, an (GRUR 1983, S. 247 ff = WRP 1983, 268 ff). Für ein enges Verständnis des Mitbewerberbegriffs in § 6 UWG und die Annahme des weiten Verständnisses iSd § 2 Nr 3 UWG in § 4 Nr 7 UWG *Sack*, Markenschutz und UWG, WRP 2004, 1405, 1415, 1420; ausführlicher dazu s. Rn 46 ff; dazu auch *Böttcher/Siebert*, Abgrenzung vom Markenrecht und ergänzendem Leistungsschutz. Eine kritische Beschäftigung mit der aktuellen BGH-Rechtsprechung, in Festbeigabe für Säcker, 2006, S. 235 f.

21 Vgl BGH GRUR 1997, 754, 755 = WRP 1997, 748 f *grau/magenta*; *Bornkamm*, in: Hefermehl/Köhler/Bornkamm, § 5 Rn 4.205, 4.216, 4.220, 4.228; *Sack*, Markenschutz und UWG, WRP 2004, 1405, 1421.

22 *Bornkamm*, in: Köhler/Bornkamm, § 5 Rn 4.217 ff.

*Literaturhinweise:* Ausführlicher zur Abgrenzung des markenrechtlichen vom wettbewerbsrechtlichen Schutz Rn 126 f, 256 f, 316 f, 286; *Bärengänger*, Symbiotische Theorie zum Kennzeichen- und Lauterkeitsrecht, Teil 1/Teil 2, WRP 2011, 16/160; *Bornkamm*, GRUR 2005, 97 ff; *Böttcher/Siebert*, Abgrenzung vom Markenrecht und ergänzendem Leistungsschutz. Eine kritische Beschäftigung mit der aktuellen BGH-Rechtsprechung, in Festbeigabe für Säcker, 2006, S. 233 ff; *Fezer*, Kumulative Normenkonkurrenz zwischen Markenrecht und Lauterkeitsrecht. Schutzzweckkompatibilität zwischen Immaterialgüterrecht als Funktionseigentum und Wettbewerbsrecht, GRUR 2010, 953; *Sack*, Unlautere vergleichende Werbung und Markenrecht, WRP 2011, 288; *ders.*, WRP 2004, 1406 ff sowie die Fälle ***Klosterbrauerei***, Rn 316 f; ***Außergewöhnliche Jeanshose***, Rn 393a f; ***Postkarten***, Rn 393c f.

## III. Andere Vorschriften des Gewerblichen Rechtsschutzes

**35** Zum Gewerblichen Rechtsschutz gehören neben dem Markengesetz das Patent-, das Gebrauchsmuster- und das Geschmacksmustergesetz, das Sortenschutzgesetz und das Halbleitergesetz sowie andere technische Schutzrechte, zB das Gesetz über Einheiten im Messwesen **(MessEinhG)** und die Einheitenverordnung **(EinhV)**. Für das Verhältnis der übrigen Vorschriften des gewerblichen Rechtsschutzes wird auf die zum Markenschutz gemachten Ausführungen verwiesen. Durch Gesetze des Gewerblichen Rechtsschutzes werden absolute, dinglich wirkende Rechtspositionen eingeräumt, die der jeweils Berechtigte durch das Geltendmachen von Ausschließlichkeitsrechten realisieren kann (Kennzeichenschutz wie Firma, Titel, Marke, technische Schutzrechte, Darstellung eines Erzeugnisses, Designschutz). Das UWG enthält hingegen nur objektive Regeln gegen den unlauteren Wettbewerb. Eine Gemeinsamkeit besteht zwischen den Rechtsgebieten allerdings insofern als sowohl das UWG wie das MarkenG und weitere Gesetze des Gewerblichen Rechtsschutzes Unternehmen und seine Leistungen gegen typische Eingriffe insbesondere von Mitbewerbern schützen.

**36** Der Schutz über die UWG-Vorschriften greift insbesondere, soweit ein ergänzender Unlauterkeitsverstoß vorliegt oder die abschließenden Vorschriften des Gewerblichen Rechtsschutzes nicht einschlägig sind. So kann zB die Angabe der Leistung („Einheit") eines Personenkraftwagens allein in **„PS"** wegen des darin liegenden Wettbewerbsvorteils gegenüber Anzeigen mit Leistungsangaben in **„KW"** allenfalls gem. § 4 Nr 10, 11 UWG unlauter sein, da die spezielleren Vorschriften des MessEinG vor solch einer „Unlauterkeitstat" nicht schützen[23]. An einem Wettbewerbsverstoß fehlt es aber, wenn es nur im Einzelfall dazu gekommen ist und die ausschließliche PS-Angabe nicht planmäßig erfolgte oder neben der vorgeschriebenen KW-Angabe zusätzlich die PS-Angabe verwendet wurde, die KW-Angabe aber nicht hervorgehoben wurde. In letzterem Fall bejahte der BGH zwar einen Verstoß gegen das MessEinG, verneinte aber mangels relevanten Wettbewerbsnachteils einen Unlauterkeitsverstoß[24].

23 Vgl BGH GRUR 1993, 679, 680 *PS-Werbung I.*

24 BGH GRUR 1994, S. 220, 222 *PS-Werbung II*; zum Verhältnis einer Geschmacksmusterverletzung zum UWG BGH WRP 2008, 1234.

## IV. Urheberrechtsschutz

Die spezielle Schutzfunktion des Urheberrechts erstreckt sich auf Ergebnisse und Leistungen geistigen Schaffens durch Einräumung von Ausschließlichkeitsrechten auf kulturellem Gebiet. Urheberrechtlich geschützt sind Werbeaussagen nur, wenn sie ein sprachliches Werk sind (§ 2 Abs. 1 Nr 1 UrhG), das einen individuellen schöpferischen Gehalt hat (§ 2 Abs. 2 UrhG)[25]. Wegen der Spezialität des UrhG und der Subsidiarität des UWG sind wettbewerbsrechtliche Ansprüche bei Verletzung von Urheberrechten, die der Verletzte nach dem Sanktionssystem des UrhG geltend macht, grds ausgeschlossen[26]. Wird eine urheberrechtlich geschützte Leistung allerdings zur Erzielung eines Wettbewerbsvorsprungs durch Rechtsbruch genutzt, können dem betroffenen Mitbewerber auch wettbewerbsrechtliche Ansprüche zustehen[27]. Etwas anderes ist es, wenn die Ausbeutung fremder Leistung nicht urheberrechtlich geschützt ist, zB weil sie keine persönliche geistige Schöpfung (§ 2 Abs. 2 UrhG) ist oder weil die Schutzfrist abgelaufen ist. Ob in diesen Fällen das Wettbewerbsrecht das sonderschutzrechtliche UrhG ergänzen kann (vgl § 97 Abs. 3 UrhG), ist umstritten, überwiegend wird dies abgelehnt[28]. Der Grundsatz vom abschließenden Charakter der Sonderschutzrechte gegenüber einem **ergänzenden Leistungsschutz** wird allerdings durch den wettbewerbsrechtlichen **Nachahmungsschutz** unterlaufen[29]. So bejahte auch der BGH – im Gegensatz zu seiner früheren Rechtsprechung – hinsichtlich der Nachahmung eines originellen, bekannten Werbeslogans einen ergänzenden Leistungsschutz[30]. Einigkeit besteht aber darüber, dass der im Urheberrecht wie im Gewerblichen Rechtsschutz allgemein geltende **Erschöpfungsgrundsatz** auch im Bereich des ergänzenden wettbewerbsrechtlichen Leistungsschutz Anwendung findet[31]. **37**

*Literaturhinweis: Eisenmann/Jautz*, Grundriss Gewerblicher Rechtsschutz und Urheberrecht, 8. Aufl. 2010; *Schricker*, in: Schricker/Loewenheim, Urheberrecht, Komm., 4. Aufl. 2010, Einl. Rn 36 ff; *Kotthoff*, in: Ekey/Klippel/Kotthoff, § 4 Rn 372 ff.

25 OLG Köln, GRUR 1934, 758: *„Schmiegsam wie ein Frühlingsfalter bin ich im FORMA-Büstenhalter“;* OLG Düsseldorf, DB 1964, 447: *Ein Himmelbett als Handgepäck.*

26 *Schricker*, in: Schricker/Loewenheim, Urheberrecht, Komm., 4. Aufl. 2010, Einl. Rn 39 mwN.

27 So wohl OLG Köln GRUR 1983, 133 *Schallplatten*; bejaht von *Schricker*, Gesetzesverletzung und Sittenverstoß, S. 260 ff.

28 ZB BGH GRUR 1998, 477 *Trachtenjacken*; BGH GRUR 1995, 581, 583 *Silberdistel*; mit zahlreichen Nachweisen aus dem Schrifttum *Schricker*, in: Schricker/Loewenheim, aaO (Fn 26), Einl. Rn 41.

29 So auch *Kotthoff*, in: Ekey/Klippel/Kotthoff, § 4 Rn 372.

30 BGH NJW-RR 1997, 741 *Wärme fürs Leben*; OLG Karlsruhe NJW-RR 1996, 298; dazu *Kotthoff*, in: Ekey/Klippel/Kotthoff, § 4 Rn 375; OLG Frankfurt/M. WRP 2007, 1108.

31 BGH GRUR 2001, 51 f *Parfumflakon*; OLG Frankfurt GRUR 2002, 96.

# § 3 Aktiv- und Passivlegitimation, § 8 Abs. 1, 2 und 3, § 9 S. 1 und 2, § 10 Abs. 1 UWG

## I. Aktivlegitimation

### 1. „Mitbewerber", § 8 Abs. 3 Nr 1, § 9 S. 1 UWG

38 Der vor der UWG-Novelle verwendete Begriff des „Gewerbetreibenden, der Waren oder gewerbliche Leistungen gleicher oder verwandter Art auf demselben Markt vertreibt" (§ 13 Abs. 2 Nr 1 UWG aF) ist ersetzt worden durch den Begriff des **„Mitbewerbers"**. Nach der **Legaldefinition** des **§ 2 Abs. 1 Nr 3 UWG** ist Mitbewerber „jeder Unternehmer, der mit einem oder mehreren Unternehmen als Anbieter oder Nachfrager von Waren oder Dienstleistungen in einem **konkreten Wettbewerbsverhältnis**" steht. Damit wird an die ständige Rechtsprechung des BGH zum Begriff des Gewerbetreibenden zur Begründung der Aktivlegitimation angeknüpft, wonach zwischen dem durch die geschäftliche Handlung geförderten und dem benachteiligten Unternehmen ein konkretes Wettbewerbsverhältnis bestehen muss[1]. Nicht aktivlegitimiert war danach ein lediglich abstrakt Betroffener, da es ihm an dem erforderlichen schutzwürdigen Eigeninteresse fehlte. Seine Interessen wurden ausreichend gewahrt durch die Rechtsschutzmöglichkeiten von Unternehmens- und Verbraucherverbänden.

#### a) Unternehmer

39 Nach der neu in § 2 Abs. 1 Nr 6 UWG eingefügten Legaldefinition des Unternehmers fällt der Unternehmerbegriff weiter aus als der in § 14 BGB, an den das UWG bis zur Novelle von 2008 durch den Verweis in § 2 Abs. 2 UWG (2004) anknüpfte. Jede natürliche Person wie Freiberufler, Handwerker und Kleingewerbetreibende, juristische Personen des Privatrechts (zB eV, Stiftung, AG, GmbH), aber auch des öffentlichen Rechts können (und konnten auch bislang schon) Unternehmer sein. Bei Letzteren kommt es darauf an, ob sie im konkreten Fall in Wahrnehmung von Hoheitsrechten gehandelt haben oder erwerbswirtschaftlich tätig geworden sind und wie ein Wettbewerber am Markt auftreten (vgl auch Rn 174). Erweiternd sind nach der EU-Vorgabe in Art. 2 lit. b der RL über unlautere Geschäftspraktiken („Gewerbetreibender") auch unselbständige berufliche Tätigkeiten und Personen, die im Namen oder Auftrag des Gewerbetreibenden handeln. Unternehmer ist also nicht nur der Unternehmensinhaber, sondern auch sein Vertreter oder Beauftragter. Allerdings ist hinsichtlich der jeweiligen Normen zu unterscheiden, ob diese sich nur auf den Unternehmensinhaber beziehen wie §§ 4 Nr 8, 5 Abs. 1 S. 2 Nr 4 und 6, § 8 Abs. 3

1 Vgl zB BGH, GRUR 1999, 1007, 1008 *Vitalkost*; BGH, GRUR 1988, 620, 621 *Vespa Roller*; BGH, GRUR 1999, 69, 70 *Preisvergleichsliste II*.

Nr 2, 15 Abs. 2 UWG oder auch auf seine Vertreter und Beauftragten wie zB bei § 5 Abs. 1 S. 2 Nr 3 UWG[2].

*Literaturhinweis:* Ausführlich zum Unternehmensbegriff *Meckel*, in: Ekey/Klippel/Kotthoff, I § 2 Rn 4–17; Fezer/*Fezer*, § 2 Rn 177–208; *Lettl*, Das neue UWG, GRUR-RR 2009, S. 41.

### b) Konkretes Wettbewerbsverhältnis

Zunächst ist **zu trennen zwischen Absatzwettbewerb und Nachfragewettbewerb**. 40

(1) Beim **Absatzwettbewerb** liegt ein konkretes Wettbewerbsverhältnis zwischen den Unternehmen vor, wenn sie die gleichen oder gleichartige Waren oder Dienstleistungen innerhalb desselben Abnehmerkreises abzusetzen versuchen mit der Folge, dass die beanstandete geschäftliche Handlung das andere Unternehmen beeinträchtigen, dh in seinem Absatz behindern kann[3].

Unerheblich ist, ob das werbende und das beeinträchtigte Unternehmen unterschiedlichen Branchen angehören, Branchengleichheit ist daher für das Vorliegen eines konkreten Wettbewerbsverhältnisses nicht erforderlich, wie der BGH schon in der ***„Statt Blumen ONKO-Kaffee"***-Entscheidung Anfang der 70er Jahre feststellte[4]. Bei **Branchenverschiedenheit** ist lediglich erforderlich, dass sich die konkreten Angebote an dieselben Kunden richten, dh die Beteiligten müssen nur durch die relevante Handlung in Wettbewerb zueinander getreten sein[5]. So kann ein Wettbewerbsver- 41

---

2 Vgl *Köhler* GRUR 2009, S. 109, 112; zur Unternehmereigenschaft eines Anbieters auf der Versteigerungsplattform eBay OLG Frankft./M. K&R 2007, 585.

3 Ständige Rspr zB BGH GRUR 1999, S. 69, 70 *Preisvergleichsliste*; BGH GRUR 2000, 909 f *Filialleiterfehler*; *Köhler*, in: Köhler/Bornkamm, § 2 Rn 37–41 mwN; grds. werden **Gesellschafter** und **Geschäftsführer** nicht als Unternehmer iSd § 2 Abs. 1 Nr 6 UWG und daher nicht als Mitbewerber (§ 2 Abs. 1 Nr 3 UWG) angesehen. Richtet sich die angegriffene Äußerung eines Mitbewerbers jedoch nicht nur gegen den Marktzutritt der Gesellschaft, sondern gegen jeden Versuch des Gesellschafters persönlich, ein Konkurrenzunternehmen zum Mitbewerber aufzubauen, erfährt der Grundsatz eine Ausnahme. Der Gesellschafter – Geschäftsführer ist dann einem Existenzgründer vergleichbar, OLG Köln, Beschl. v. 28.2.2011, 6 W 35/11.

4 Zur potenziellen Substituierbarkeit zweier heterogener Waren BGH GRUR 1972, 553 *Statt Blumen ONKO-Kaffee*: „Da es aber für die Anwendung des § 1 UWG (aF) nur um die konkret beanstandete Wettbewerbshandlung geht, genügt es, wenn die Parteien auch nur durch diese beanstandete Handlung in Wettbewerb getreten sind, im Übrigen aber ihre Unternehmen verschiedenen Branchen angehören." Auch zwischen Angehörigen verschiedener Wirtschaftsstufen und bei Branchenverschiedenheit kann daher nach ständiger Rspr des BGH ein konkretes Wettbewerbsverhältnis bestehen. Letztlich sind die Endverbraucher Kunden aller Wirtschaftsstufen (BGH NJW-RR 1993, 870). Im Interesse eines wirksamen wettbewerblichen Individualschutzes sind danach keine hohen Anforderungen an das Bestehen eines konkreten Wettbewerbsverhältnisses bei Brachenverschiedenheit zu stellen, so schon BGH, NJW 1986, 379 *Dimple*; daran hat der Gesetzgeber nun angeknüpft, vgl Gesetzesbegründung zu der Legaldefinition in § 2 Abs. 1 Nr 3, BT-Drs. 15/1487, S. 16; für eine stärkere Einbeziehung der Erkenntnisse der Wettbewerbsökonomen spricht sich *Schünemann* aus und legt dies ua am Begriff des konkreten Wettbewerbsverhältnisses dar, mit dem Ergebnis, dass letztlich alle Marktteilnehmer „konkret" miteinander im Wettbewerb stünden (Der Beitrag der Ökonomik für das Europäische Lauterkeitsrecht, in: Hilty/Henning-Bodewig, Lauterkeitsrecht und Acquis Communautaire, CTL, Vol. 14, 2009, 97, 100 f).

5 BGH GRUR 1990, 375, 376 *Steuersparmodell*; verneint bzgl eines Rechtevermarkters bzw Vermarkter von Computerspielen und einem Anbieter von Speicherplatz, OLG Düsseldorf MMR 2010, 702 *Rapidshare II*, OLG Düsseldorf MMR 2011, 250 *Rapidshare III*; ebenso verneint bei nur vereinzelter zusätzlicher Tätigkeit der Domainregistrierung OLG München MMR 2011, 99.

hältnis bestehen zwischen Matratzen- und Teppichhändlern ***(„10 000 Matratzen")***[6] oder einem Fachverband für Windenergie-Erzeuger und Versicherungen ***(Windkraftanlage)***[7]. Ebenso kann ein Wettbewerbsverhältnis zwischen einer Lottoveranstalterin und einer Wirtschaftszeitung bestehen, wenn in der Anzeige die Gewinnchancen des Lottospiels durch Abbildung des Loses und durch textliche Bezugnahme dem aus der Lektüre der „WirtschaftsWoche" erzielbaren Wissensgewinn in Wirtschafts- und Finanzfragen gegenübergestellt werden (s. dazu den **Fall *Lottoschein***, Rn 228 ff)[8]. Der abgebildete Lottoschein und die Unterzeile setzen das „Samstagslotto" verbal und gedanklich in Beziehung zu der beworbenen Wirtschaftszeitung. Die Empfehlung, ein „anderes Papier" zur Geldvermehrung zu nutzen und die deutliche Einbindung des Loses in die Werbeanzeige begründen daher ein konkretes Wettbewerbsverhältnis zwischen dem **Verlag und der Lottogesellschaft**. Auch zwischen dem Betreiber einer Bar, in der Prostituierten und deren Kunden sexuelle Kontakte ermöglicht werden, und einer Zeitung, in der Prostituierte in Anzeigen um Kontakte werben, bestehe – so der BGH in der Entscheidung ***Kontaktanzeigen*** – ein unmittelbares Wettbewerbsverhältnis[9]. Sie versuchten, jeweils gleichartige Dienstleistungen innerhalb desselben Abnehmerkreises abzusetzen, mit der Folge, dass das konkret beanstandete Wettbewerbsverhalten (die Kontaktanzeigen) den klagenden Barbetreiber beeinträchtigen, dh in seinem Absatz behindern oder stören könne[10]. Die beanstandete Werbung ginge teilweise von Bordellbetrieben aus, deren Dienstleistungsangebot demjenigen des Barbetreibers (Zimmervermietung, Verkauf von Getränken) entspreche oder dieses umfasse, weshalb insoweit von einem konkreten Wettbewerbsverhältnis auszugehen sei. Aber auch soweit die Anzeigen von Prostituierten aufgegeben worden seien, bestehe ein konkretes Wettbewerbsverhältnis des **Barbetreibers zu den Anzeigenkunden**. Nochmals stellte der BGH ausdrücklich fest, dass im Interesse eines wirksamen wettbewerbsrechtlichen Individualschutzes an das Bestehen eines Wettbewerbsverhältnisses keine hohen Anforderungen zu stellen seien; insbesondere sei **keine Branchengleichheit** erforderlich[11]. Im Falle der Kontaktanzeigen reiche es daher aus, dass die Dienstleistungen der Prostituierten auch die Zurverfügungstellung von Räumlichkeiten zur Durchführung der sexuellen Kontakte umfassten und insoweit mit derjenigen des Barbetreibers gleichartig seien. Das Wettbewerbsverhalten dieser Anzeigenkunden der beklagten Zeitung, die die Möglichkeit zu sexuellen Kontakten bewerben, sei daher ebenfalls geeignet, das Unternehmen des Barbetreibers zu beeinträchtigen. Der

---

6 KG WRP 2001, 48 *10 000 Matratzen*; Anm. dazu von *Koblitz*, WRP 2001, 51 und Kritik an dem weiten Verständnis von *Kling/Thomas*, S. 7 Fn 6.

7 Da der Fachverband seinen Mitgliedern bestimmte Versicherungen empfohlen hatte, bei denen er „beste Versicherungsbedingungen" erreicht habe, sei er in Wettbewerb zu den übrigen Versicherungsgesellschaften getreten. Das OLG Hamburg bejahte damit eine Wettbewerbshandlung (GRUR-RR 2002, 113 *Windkraftanlage*).

8 BGH 2002, 828 *Lottoschein*; Vorinstanz OLG Hamburg GRUR 2000, 243, 244 f *Lottoschein*; vgl ausführlich zu der Entscheidung *Boesche/Scholze*, JURA 2004, 685 ff.

9 BGHZ 168, 314 ff = WRP 2006, 1502 ff.

10 Vgl BGH GRUR 2002, 985, 986 = WRP 2002, 952 *WISO*; BGH GRUR 2002, 902, 903 = WRP 2002, 1050 *Vanity-Nummer*.

11 BGHZ 93, 96, 97 *DIMPLE*; BGH GRUR 2004, 877, 878 = WRP 2004, 1272 *Werbeblocker*.

BGH differenziert dabei nicht danach, ob es sich um ein unmittelbares oder lediglich um ein mittelbares Wettbewerbsverhältnis handelt. Auch ein **mittelbares Wettbewerbsverhältnis** wie im Falle *Kontaktanzeigen* zwischen dem **Barbetreiber und der Zeitung**, die auf Unterlassung in Anspruch genommen wird, da sich erst in ihr die wettbewerbsrechtlich relevante Handlung durch Veröffentlichung der Kontaktanzeigen realisiert, genügt danach zur Begründung eines Wettbewerbsverhältnisses iSd § 2 Abs. 1 Nr 3 UWG.

Regelmäßig liegen die Voraussetzungen eines konkreten Wettbewerbsverhältnisses beim gleichen Abnehmer- oder Lieferantenkreis der betroffenen Unternehmen vor, ausreichend kann aber auch sein, wenn **Unternehmen verschiedener Wirtschaftsstufen** (Vertikalverhältnis) durch die konkrete Handlung in Wettbewerb zueinander treten, zB wenn ein Hersteller oder Großhändler sich nicht auf eine Wirtschaftsstufe beschränkt, sondern seine Ware direkt an den Endverbraucher absetzt[12]. **42**

Ausreichend ist ein **potenzieller** oder **künftiger Wettbewerb**, etwa wenn das werbende Unternehmen durch die geschäftliche Handlung erstmals auf einem bestimmten Markt tätig werden möchte[13]. Da nach der Legaldefinition der geschäftliche Handlung die **Förderung fremden Wettbewerbs** genügt, muss das konkrete Wettbewerbsverhältnis in diesen Fällen zwischen dem vom Werbenden geförderten Unternehmen und dessen Mitbewerber bestehen[14]. **43**

Das **allgemeine Werben um die Kaufkraft** der Verbraucher genügt hingegen ebenso wenig wie eine **bloße Absatzbehinderung**. Dazu gehören auch die Fälle, in denen vor Inkrafttreten des Markengesetzes ein konkretes Wettbewerbsverhältnis zwischen dem Kennzeicheninhaber und branchenfremden Kennzeichennutzern bejaht wurde, zB zwischen dem Hersteller eines berühmten Whiskys und einem Kosmetikhersteller, der sich den Namen des Whiskys als Warenzeichen eintragen lassen wollte (**„DIMPLE"**)[15]. Mit Inkrafttreten des Markengesetzes besteht „eine umfassende, in sich geschlossene kennzeichenrechtliche Regelung"[16]. Ein Kennzeichennutzer tritt daher zu dem Kennzeicheninhaber nicht dadurch in Wettbewerb um die wirtschaftliche Verwertung des Kennzeichens, indem er das fremde Kennzeichen gebraucht und deren Ruf für sich wirtschaftlich ausnutzt, zB durch Abbildung des Kennzeichens im Zusammenhang mit dem Bewerben eines eigenen Produkts[17]. Kennzeicheninhaber und Kennzeichenverletzer bemühen sich, zumindest hinsichtlich der wirtschaftlichen Verwertung des Zeichens (Lizenzvergabe, Merchandising) gerade nicht um dieselben Abnehmer[18]. **44**

---

12 Ausführlich dazu *Köhler*, in: Köhler/Bornkamm, § 2 Rn 32, 42, 44, 89.
13 BGH WRP 2002, 973 = GRUR 2002, 828 f *Lottoschein*; sinngemäß bereits BGHZ 13, 244 *Cupresa-Kunstseide*.
14 ZB BGH GRUR 1997, 907, 908 *Emil-Grünbar-Klub*.
15 BGHZ 93, 96, 97 f *Dimple*.
16 So neuerdings noch einmal ausdrücklich der BGH GRUR 2005, 163, 164 f *Aluminiumräder*; zuvor BGHZ 149, 195 f *shell.de* mwN; vgl auch die Ausführungen unter Rn 29 ff.
17 Vgl zB BGH GRUR 2005, 163, 164 f *Aluminiumräder*.
18 BGH WRP 1998, 1181, 1183 *MAC Dog*; *Köhler*, in: Köhler/Bornkamm, § 2 Rn 23.

45 (2) Hinsichtlich des **Nachfragewettbewerbs** liegt ein konkretes Wettbewerbsverhältnis vor, wenn Unternehmen bei denselben Anbietern gleiche oder gleichartige Waren oder Dienstleistungen nachfragen, zB durch das **Abwerben** von Arbeitskräften.

*Hinweis:* Zum konkreten Wettbewerbsverhältnis s. auch die Fälle ***Steinzeit*** Rn 226 f und ***Lottoschein*** 228 f, und zum Abwerben Fall ***Häusliche Kontaktaufnahme***, Rn 422 f.

### c) Kongruenz zwischen den Mitbewerberbegriffen im neuen UWG (§ 2 Abs. 1 Nr 3, § 3 Abs. 1, § 4 Nr 7–10, § 6 Abs. 1, § 8 Abs. 3 Nr 1, § 9 S. 1 UWG)

46 Wurde der Begriff des Mitbewerbers im „alten" UWG nur im Tatbestand der vergleichenden Werbung (§ 2 Abs. 1 UWG aF) verwandt, taucht er im novellierten Gesetz nicht nur in § 6 Abs. 1 UWG auf, er findet sich zudem in den vier speziellen Unlauterkeitstatbeständen der § 4 Nr 7, Nr 8, Nr 9 und Nr 10 UWG und im allgemeinen Unlauterkeitstatbestand (§ 3 Abs. 1 UWG). Überdies gehören „Mitbewerber" zu den nach § 8 Abs. 3 Nr 1 und § 9 S. 1 UWG Aktivlegitimierten. Ob die identischen Begriffe tatsächlich im gleichen Sinne zu verstehen sind, wird aus dem Wortlaut der Normen und aus der Legaldefinition des § 2 Abs. 1 Nr 3 UWG nicht deutlich. Zur Begründung heißt es mit Bezug auf die **Anspruchsberechtigung des Mitbewerbers** in § 8 Abs. 3 Nr 1 UWG, diese werde im „Sinne der derzeitigen Rechtsprechung zum unmittelbar Verletzten ausdrücklich geregelt."[19] Für die Anspruchsberechtigung genüge eine abstrakte Betroffenheit nicht, vielmehr setze die Einordnung als Mitbewerber ein **konkretes Wettbewerbsverhältnis** zwischen dem Zuwiderhandelnden oder einem Dritten und dem benachteiligten Unternehmen voraus. Dazu bedürfe es einer „Wechselbeziehung" zwischen den Vorteilen, die jemand durch die Maßnahmen für sein Unternehmen oder das eines Dritten erlangt und den Nachteilen, die ein anderer dadurch erleidet, dass der eigene Wettbewerb gefördert wird und dadurch die Möglichkeit der Beeinträchtigung fremden Wettbewerbs besteht. Damit wird angeknüpft an das geschilderte weite Verständnis der geschäftliche Handlung iSd § 1 UWG aF. Die Begründung zur Neufassung der Anspruchsberechtigung verdeutlicht allerdings lediglich, dass der Mitbewerber-Begriff des § 8 Abs. 3 Nr 1 UWG und des § 9 S. 1 UWG mit dem der erstmalig normierten Legaldefinition in § 2 Abs. 1 Nr 3 UWG abgestimmt ist. Eine Klarstellung dazu, ob damit auch der in den Unlauterkeitstatbeständen (§ 6 Abs. 1, § 4 Nr 7, Nr 8, Nr 9 und Nr 10, § 3 Abs. 1 UWG) verwendete Mitbewerberbegriff definiert werden sollte, fehlt in der Gesetzesbegründung. Dort heißt es lediglich, die § 6 UWG entspreche § 2 UWG aF.

47 Dem Mitbewerberbegriff des § 2 Abs. 1 UWG aF lag das Verständnis im üblichen Sprachsinne zugrunde. Danach ist Mitbewerber, wer sich mit gleichen oder substituierbaren Angeboten um Vertragsabschlüsse mit denselben Geschäftspartnern bemüht und diese vor eine Kaufalternative stellt (**funktionelle Austauschbarkeit** von Waren und Dienstleistungen)[20]. Dabei bedarf es nicht notwendig eines tatsächlichen Wettbewerbsverhältnisses, es genügt auch ein potenzielles Wettbewerbsverhältnis. Erforder-

19 Gesetzesbegründung zu § 8 Abs. § 8 Abs. 3 Nr 1, BT-Drs. 15/1487, S. 22.
20 Gesetzesbegründung zu § 2 UWG aF BT-Drs. 14/2959.

lich ist allerdings nach diesem engeren Mitbewerberbegriff die **Substituierbarkeit** der Waren oder Dienstleistungen[21]. Diese liegt insbesondere vor, wenn – wie der BGH in der *Lottoschein*-Entscheidung feststellt hat – Konkurrenzunternehmen oder Konkurrenzangebote (Waren oder Dienstleistungen) einander gegenüberstehen und dem Werbeadressaten dabei Kaufalternativen aufgezeigt werden, die geeignet sind, die Kaufentscheidung des Umworbenen zu beeinflussen[22]. Bei **Branchenverschiedenheit** ist erforderlich, dass ein durchschnittlich informierter, verständiger und aufmerksamer Verbraucher[23] eine Substitution ernsthaft in Betracht zieht.

Der Konflikt zwischen einem engen, an den Unlauterkeitstatbeständen orientierten, **48**
und einem einheitlichen weiten Verständnis in Anlehnung an die auf die Klageberechtigung zugeschnittene Legaldefinition lässt sich auf unterschiedliche Weise bewältigen. Entweder man gelangt zu einer Begriffsidentität oder zu einer Begriffsvarietät. Die verschiedenen Möglichkeiten, die sich bei unterschiedlichem und bei identischem Begriffsverständnis ergeben, machen im Ergebnis deutlich, dass die Ansicht von der **Begriffsidentität** die sachgerechtere Lösung bietet[24]:

(1) Bei einheitlich **enger Auslegung** des Mitbewerberbegriffs in § 8 Abs. 3 Nr 1 **49**
UWG entsprechend dem Begriffsverständnis von der notwendigen Substituierbarkeit fehlte es regelmäßig an einer Mitbewerberqualifikation, wenn zwischen den Waren oder Dienstleistungen keine Alternative bestünde. Die Prüfung wäre dann insgesamt beendet. Lehnt man im Rahmen der Aktivlegitimation den Mitbewerberbegriff ab, ersparte man sich bei identischem engen Begriffsverständnis nicht nur das Prüfen eines Verstoßes gegen §§ 6, 4 Nr 7–10 und § 3 Abs. 1 UWG, sondern jede Prüfung weiterer Unlauterkeitstatbestände. Allenfalls die Klage eines Unternehmens- oder Verbraucherverbandes könnte weiter verfolgt werden. Gegen diese Lösung spricht die Legaldefinition des § 2 Abs. 1 Nr 3 UWG, die ausdrücklich ein weites Verständnis fixiert, aber auch die mangelnde Praktikabilität. Denn bei einem einheitlich engen Verständ-

21 Eine Substituierbarkeit verlangt auch der EuGH in der *Landtsheer/CIVC*-Entscheidung, GRUR 2007, 511 Rz. 28, 32 ff, 47, dabei sei nicht nur auf den augenblicklichen Zustand des Marktes abzustellen, sondern auch auf die im Rahmen des freien Warenverkehrs auf Gemeinschaftsebene gegebenen Entwicklungsmöglichkeiten und auf neue Anreize für die Substitution von Erzeugnissen, die sich aus einem verstärkten Handel ergeben können, Rz. 36, 39–42.

22 BGH GRUR 2002, 828; vgl zu der Entscheidung *Boesche/Scholze*, Jura 2004, 685 ff; *Rittner* verwendete in Bezug auf die Anspruchsberechtigung in § 13 Abs. 2 Nr 1 UWG aF schon 1999 den Begriff des Mitbewerbers und nicht den des Gewerbetreibenden, vgl § 1 Rn 3, 7; § 2, 60, 76; § 4, 21.

23 In der *Orient-Teppichmuster*-Entscheidung vom 22.10.1999 (GRUR 2000, 619) nahm der BGH Abschied von dem bis dahin zugrunde gelegten Bild des flüchtigen, unaufmerksamen und uninformierten Verbrauchers und schloss sich dem Verbraucherbild des EuGH an, das dieser in der *Mars*-Entscheidung (WRP 1995, 677, 678) angedeutet und in den Entscheidungen *6-Korn-Eier* (WRP 1998, 848, 850), *Sektkellerei Kessler* (WRP 1999, 307, 310 f), *Lifting Creme* (WRP 2000, 289, 292) und *naturrein* (GRUR Int. 2000, 756, 757) konkretisiert hat; vgl zum Verbraucherbegriff die Ausführungen unter § 1 Rn 2 ff sowie *Plaß*, in: Ekey/Klippel/Kotthoff, I § 3 Rn 14 ff.

24 Vgl *Boesche/Scholze*, Jura 2004, 685, 693 f; *Rittner* verwendete in Bezug auf die Anspruchsberechtigung in § 13 Abs. 2 Nr 1 UWG aF schon 1999 den Begriff des Mitbewerbers und nicht den des Gewerbetreibenden, vgl § 1 Rn 3, 7; § 2, 60, 76; § 4, 21; für eine Begriffsidentität wohl auch *Köhler*, in: Köhler/Bornkamm, § 2 Rn 91, § 6 Rn 72 ff, der allerdings eine genauere Auseinandersetzung vermissen lässt; anderer Ansicht ist hingegen *Sack*, Markenschutz und UWG, WRP 2004, 1405, 1415; so auch Harte/Henning/*Keller*, § 2 Rn 111, 120 und Harte/Henning/*Sack*, § 6 Rn 42.

nis scheiterten viele Klagen schon an der Zulässigkeit. Nach dem „alten" UWG bereitete die Ablehnung der Mitbewerberqualität des Verletzten hingegen keine Schwierigkeiten, da der Begriff auf § 2 Abs. 1 UWG aF beschränkt war. Einem Verletzten standen die Ansprüche nach den anderen Normen offen, auch wenn er nicht Mitbewerber war. Dies entnahm man aus den einzelnen Tatbeständen, insbesondere aus § 1 UWG aF. Die Vorschrift des § 13 Abs. 2 Nr 1 UWG aF erweiterte lediglich die Klageberechtigten[25].

**50** (2) Legt man hingegen das **weite Verständnis** des Mitbewerbers nicht nur der Prüfung der Klageberechtigung, sondern auch den speziellen Unlauterkeitstatbeständen der § 6 Abs. 1 so wie § 4 Nr 7–10 UWG zugrunde, so ist ein einheitliches, an die Legaldefinition in § 2 Abs. 1 Nr 3 UWG anknüpfendes Verständnis des Mitbewerberbegriffs gewährleistet[26].

**51** Für eine einheitlich weite Auslegung spricht nicht nur die Legaldefinition des § 2 Abs. 1 Nr 3 UWG, in der maßgebend auf ein **konkretes Wettbewerbsverhältnis** abgestellt und **keine Substitution im strengen Sinne** gefordert wird, sondern auch die Vermeidung eines Begriffschaos und der damit verbundenen widersprüchlichen Ergebnisse. Auch § 6 Abs. 2 Nr 1 UWG verdeutlicht, dass es erst in einem weiteren Schritt bei der Prüfung des Vorliegens eines Werbevergleichs darauf ankommt, ob die Waren oder Dienstleistungen für den gleichen Bedarf bestimmt sind oder sich auf dieselbe Zweckbestimmung beziehen. Dieser weitere Prüfungsschritt wäre überflüssig, käme es schon im Rahmen der Mitbewerbereigenschaft darauf an, ob eine Substitutionsmöglichkeit besteht bzw Funktionsidentität gegeben ist. Die Prüfung des § 6 Abs. 2 Nr 1 UWG könnte stets nur das Ergebnis der Prüfung zum Mitbewerberbegriff wiederholen[27]. Das geschilderte Mitbewerberverständnis zu § 2 Abs. 1 UWG aF, das eine Substitution voraussetzte, ist daher entsprechend zu berichtigen und an die neue Legaldefinition anzupassen.

**52** Wird der Mitbewerberbegriff im Rahmen der Klageberechtigung bejaht, im Rahmen des § 6 Abs. 1 UWG aber verneint, da – so der BGH in der *Lottoschein*-Entscheidung – der Absatz des einen Unternehmens nicht auf Kosten des anderen geht, entsteht eine begriffliche Verwirrung, die ihre Akzeptanz unter den Betroffenen suchen müsste. Die damit verbundene Rechtsunsicherheit lässt sich durch ein **einheitlich weites Verständnis** vermeiden. Dies spricht für die Ansicht des OLG Hamburg, das bereits nach der alten Rechtslage in den Geldvermehrungsoptionen des Lotto-Gewinnspiels einerseits und des aufgrund der Lektüre einer Wirtschaftszeitung erworbenen wirtschaftlichen Verständnisses andererseits eine **„Funktionsidentität"** sah[28].

25 Vgl *Rittner*, § 4 Rn 21 ff.

26 Vertreten von Fezer/*Koos*, § 6 Rn 94, 95; *Lettl*, Rn 479; ein einheitliches Verständnis bei europarechtskonformer Auslegung des Mitbewerberbegriffs in § 2 Abs. 1 Nr 3 UWG vertreten auch *Blankenburg* WRP 2008, 186, 191 f; *Emmerich*, 33, 129; MünchKommUWG/*Menke*, § 6 Rn 52; *Ohly*, GRUR 2007, 3, 4 (II.1.); Piper/Ohly/Sosnitza/*Ohly*, § 6 Rn 26; diese Ansicht wurde an dieser Stelle bereits in der 1. Aufl. 2005 vertreten.

27 Zu der Problematik s. Rn 194, dort wird im Ergebnis in Anbetracht der EuGH-Rechtsprechung empfohlen als zusätzliches Merkmal schon in § 6 Abs. 1 UWG das Vorliegen eines „Vergleichs" bzw einer „Gegenüberstellung" zu prüfen.

28 OLG Hamburg GRUR 2000, 243, 244 f.

Folgt man hingegen der Ansicht *Sacks* von einem unterschiedlichen Begriffsverständnis[29], gelangt man zu so unbefriedigenden Lösungen wie sie der BGH in der *Lottoschein*-Entscheidung[30] auch schon aufgrund der alten Rechtslage vertreten hat. Der Mitbewerberbegriff wird zunächst zur Begründung der Klageberechtigung bejaht, im Rahmen des konkreten Unlauterkeitstatbestandes, zB der vergleichenden Werbung, aber damit verneint, dass wie in der *Lottoschein*-Entscheidung der beklagte Verlag und die klagende Lottobetreiberin in völlig verschiedenen Branchen tätig seien und Letztere durch die Abbildung des Lottoscheins und der Empfehlung, ein „anderes Papier" zu erwerben, weder direkt noch gezielt behindert werde. Die Mitbewerberqualität scheiterte bei diesem Verständnis stets an der fehlenden unmittelbaren oder mittelbaren Substitution und der mangelnden Funktionsidentität. Diese unterschiedliche Bewertung: Bejahen eines konkreten Wettbewerbsverhältnisses einerseits, also eines Verhaltens, das den Bezug oder Absatz des „gegnerischen" Produkts negativ beeinflusst und damit einer „Substitution" auch von Produkten, die im sonstigen Geschäftsverkehr nicht subsituierbar sind, und andererseits die Verneinung der Substitutionsmöglichkeit war schon nach altem Recht inkonsequent. **53**

Konsequenz eines einheitlichen weiten Begriffsverständnisses ist, dass die Vergleichswerbung nicht am Mitbewerberbegriff scheitern kann, da andernfalls schon die Klageberechtigung fehlt. Wohl kann ein Werbevergleich iSd § 6 Abs. 1 UWG aber an der fehlenden Erkennbarkeit des Mitbewerbers bzw seiner Waren oder Dienstleistungen scheitern. Der Tatbestand der unlauteren vergleichenden Werbung kann dann nur mangels Vorliegen einer der weiteren Voraussetzungen, wie sie in § 6 Abs. 2 UWG definiert werden, ausscheiden. **54**

(3) Schließlich bleibt ein **divergierendes Verständnis** des jeweiligen Mitbewerberbegriffs: eine weite an § 2 Abs. 1 Nr 3 UWG angelehnte Auslegung im Rahmen des § 8 Abs. 3 Nr 1 UWG und ein enges Verständnis bei der Anwendung der einzelnen Unlauterkeitstatbestände der §§ 6 Abs. 1, 4 Nr 7–10 und § 3 Abs. 1 UWG[31]. Dafür spricht der normale Sprachsinn, wonach Mitbewerber als Synonym für Konkurrent und zwar in Bezug auf die „normale" Produktpalette bzw den üblichen Leistungskatalog aufgefasst wird (vgl auch das Begriffsverständnis in § 2 Abs. 1 UWG aF und Art. 2 Nr 2a der **Richtlinie über irreführende und vergleichende Werbung**, RL 97/55/EG, geändert durch die RL 2006/114/EG). Auch, dass der Gesetzgeber einen möglichen Begriffskonflikt nicht gesehen hat, sondern die Rechtsprechung zur Klageberechtigung des Gewerbetreibenden sprachlich fixieren wollte, spricht eher für als gegen ein unterschiedliches Verständnis. **55**

29 WRP 2004, 1405, 1415 und WRP 2008, 1141, 1143 ff mwN in Fn 1; *Dreyer*, GRUR 2008, 123, 124, 128; *Köhler*, WRP 2008, 414, 415; *ders.*, in: Köhler/Bornkamm § 6 Rn 73 (anders noch in der 25. Aufl., § 6 Rn 34); *Nordemann*, GRUR Int. 2002, 297, 299.

30 BGH 2002, 828 ff.

31 *Sack*, WRP 2004, 1405, 1415; für ein unterschiedliches Begriffsverständnis bzgl des Mitbewerberbegriffs in § 6 Abs. 2 Nr 4 UWG einerseits und § 4 Nr 7 UWG andererseits *Böttcher/Siebert*, Abgrenzung vom Markenrecht und ergänzendem Leistungsschutz. Eine kritische Beschäftigung mit der aktuellen BGH-Rechtsprechung, in Festbeigabe für Säcker, 2006, 233, 234 f.

**56** Mit einem unterschiedlichen Verständnis eines sprachlich identischen Begriffs würde jedoch eine ähnliche Abgrenzungsschwierigkeit reaktiviert werden, die als überholt erschien, nämlich die zwischen einem **abstrakten und einem konkreten Wettbewerbsverhältnis**, auf die es im Rahmen der §§ 1, 3 und § 13 UWG aF ankam. Diese **Reanimierungsversuche** stehen im Widerspruch zu der vom Gesetzgeber gewollten Vereinfachung und Klarstellung. Schon um diese „alten Sünden" und neue Begriffsverwirrungen nicht wieder aufleben zu lassen, vor allem aber um die Chance der Novelle zu nutzen, eine einheitliche Auslegung des Mitbewerberbegriffs zu etablieren, und aus den unter (2) genannten Gründen ist es ratsam, den Begriff des Mitbewerbers zur Begründung der Aktivlegitimation weit zu verstehen und dieses weite Verständnis auch im Rahmen der speziellen Unlauterkeitstatbestände aufrechtzuerhalten.

**57** Der Begriff des Mitbewerbers in §§ 6, 4 Nr 7, 8, 9, 10 und § 3 Abs. 1 UWG ist daher in dem gleichen weiten Sinne wie der Mitbewerberbegriff in § 8 Abs. 3 Nr 1 UWG und in § 9 S. 1 UWG zu verstehen, vorausgesetzt, die Mitbeweberdefinition in § 2 Abs. 1 Nr 3 UWG wird so eng interpretiert, dass sie im Ergebnis dem europäischen Mitbewerberbegriff der **EG-RL 2006/114/EG** entspricht. Die Legaldefinition in § 2 Abs. 1 Nr 3 UWG findet daher uneingeschränkte Anwendung auf alle Normen, die an den Mitbewerberbegriff anknüpfen.

*Hinweis:* Zum Mitbewerberverhältnis zwischen Herstellern und Händlern s. die Ausführungen in Rn 411 und Rn 414; zur Erfüllung des Mitbewerberbegriffs trotz Angebots andersartiger gewerblicher Leistungen vgl den Fall ***Fernsehfee***, Rn 420 f.

*Literaturhinweise: Beater*, Mitbewerber und sonstige unternehmerische Marktteilnehmer, WRP 2009, 768; *Blankenburg*, Gespaltenes Verständnis des Mitbewerberbegriffs im UWG? Zugleich eine Anmerkung zu EuGH GRUR 2007, 511 ff *De Landtsheer/CIVC*, WRP 2008, 186 ff; *Dreyer*, Konvergenz oder Divergenz – Der deutsche und der europäische Mitbeweberbegriff im Wettbewerbsrecht, GRUR 2008, 123 ff; *Sack*, Der Mitbewerberbegriff des § 6 Abs. 1 UWG, WRP 2008, 1141 ff;

## 2. Verbände zur Förderung gewerblicher Interessen („Unternehmensverbände"), § 8 Abs. 3 Nr 2, § 10 Abs. 1 UWG

### a) Voraussetzungen

**58** Ein gemäß § 8 Abs. 3 Nr 2 UWG aktivlegitimierter Verband

- muss rechtsfähig sein,
- muss zur Förderung gewerblicher oder selbstständiger beruflicher Interessen handeln,
- ihm muss eine erhebliche Zahl von Unternehmen angehören,
- diese Unternehmen müssen Waren oder Dienstleistungen gleicher oder verwandter Art auf demselben Markt anbieten wie das Unternehmen, dem das Begehen einer Verletzungshandlung vorgeworfen wird,
- nach seiner personellen, sachlichen und finanziellen Ausstattung muss er imstande sein, seine satzungsmäßigen Aufgaben der Verfolgung gewerblicher oder selbstständiger beruflicher Interessen tatsächlich wahrzunehmen **und**
- die Zuwiderhandlung muss die Interessen seiner Mitglieder berühren.

### b) Rechtsfähiger Verband, der zur Förderung gewerblicher oder selbstständiger beruflicher Interessen handelt

Verbände iSd § 8 Abs. 3 Nr 2 UWG sind häufig Vereine zur Bekämpfung des unlauteren Wettbewerbs in der Rechtsform eines eingetragenen Vereins wie die 1912 in Berlin gegründete „Zentrale zur Bekämpfung unlauteren Wettbewerbs eV"[32] oder der „Deutsche Schutzverband gegen Wirtschaftskriminalität eV"[33] sowie die zahlreichen Unternehmensvereinigungen und Wirtschaftsverbände, Berufsvereinigungen wie die Kammern der freien Berufe[34] und „freiwillige" Verbände wie der Anwaltsverein[35]. Der Unternehmensverband darf nur Ansprüche innerhalb seines satzungsmäßigen Interessenbereichs verfolgen, was allerdings vermutet wird, solange nicht der Prozessgegner Tatsachen darlegt, die dieser Vermutung widersprechen. Er darf zudem nur Ansprüche aus den UWG-Normen, nicht etwa aus dem Firmenrecht, herleiten[36]. 59

### c) Erhebliche Zahl von Unternehmen, die Waren oder Dienstleistungen gleicher oder verwandter Art auf demselben Markt anbieten

Seit 1994 sind nur noch solche Verbände aktivlegitimiert, denen eine „erhebliche Zahl" von Gewerbetreibenden angehört. Erheblich ist eine „für das Wettbewerbsgeschehen auf dem Markt repräsentative Anzahl von Mitbewerbern aus der betroffenen Branche"[37]. Während der relevante Markt als die Region, in der sich die beanstandete Maßnahme auswirkt, in der Regel unproblematisch zu bestimmen ist, bereitet die Bestimmung der Erheblichkeit größere Schwierigkeiten. Auf eine Mindestzahl oder einen Prozentsatz hat sich der Gesetzgeber nicht festgelegt. Anerkannt sind ohne Bedenken die beiden Marktriesen unter den klagenden Verbänden, die „Zentrale zur Bekämpfung unlauteren Wettbewerbs eV" und der „Deutsche Schutzverband gegen Wirtschaftskriminalität eV". Auch bei Spitzenverbänden bestehen keine Zweifel an der Repräsentationsfunktion[38]. Ebenso ist ein Verband aktivlegitimiert, dem 58 Arzneimittelhersteller angehören, wenn sich der auf bestimmte Arzneimittel beschränkte Versand von Arzneimitteln durch Apotheken auf die nicht einbezogenen Hersteller auswirkt[39]. Hinsichtlich der Prüfung, ob Unternehmer Waren oder Dienstleistungen gleicher oder verwandter Art absetzen, kommt es nicht auf das Gesamtsortiment des 60

---

32 Mitglieder sind die Industrie- und Handelskammern, die Handwerkskammern, viele Verbände und einzelne Unternehmen.

33 Vgl BGH GRUR 1995, 591, 593 f *Gewinnspiel II*; BGH GRUR 1996, 290 f *Wegfall der Wiederholungsgefahr.*

34 BGHZ 109, 153, 155 f *Rechtsanwaltskammer*; BGH GRUR 1999, 1104, 1105 *Ärztekammer*; s. *Nordemann*, Rn 1492 Fn 46 mit weiteren Bsp. aus der Rechtsprechung; letztlich bejaht auch *Rittner*, dass die Berufsverbände nach der Vorgängerregelung des § 13 Abs. 2 Nr 2 UWG aF aktivlegitimiert sein sollen (§ 4 Rn 28).

35 Vgl BGHZ 48, 12 *Anwaltsverein.*

36 Vgl BGH NJW 1997, 2817 *Euromint.*

37 Gesetzesbegründung, WRP 1994, 369, 378.

38 OLG Stuttgart WRP 1997, 60, 62.

39 KG GRUR-RR 2001, 244, 245 *Internet-Apotheke.*

als Verletzer in Anspruch Genommenen, sondern auf den Branchenbereich an, dem die angegriffene Wettbewerbsmaßnahme zuzurechnen ist[40].

61 Eine **anonymisierte Liste** von Mitgliedern genügt der Anforderung hingegen nicht, da sie gerade keinen Aufschluss darüber bietet, ob dem Kläger eine erhebliche Zahl von Unternehmen, die vergleichbare Waren oder Dienstleistungen auf **demselben relevanten Markt** anbieten, angehört[41]. Damit das mit einer Klage befasste Gericht die **repräsentative Rolle** des Verbandes beurteilen kann, muss dieser die Mitglieder vielmehr namentlich benennen. Auch reicht es mangels erheblicher Mitgliederzahl nicht aus, wenn dem Verband lediglich zwei Autohändler im gesamten Ruhrgebiet oder fünf im Großraum München angehören[42]. Das Kammergericht sah selbst die Zahl von 22 Immobilienhändlern in Berlin als nicht ausreichend an, da es wegen der Vielzahl der in Berlin aktiven Immobilienhändler an einer Repräsentativität fehlte[43]. Entscheidend ist, ob es sich um einen **engen oder weiten Markt** handelt. Das Gericht benötigt daher für die Beurteilung der wirtschaftlichen Bedeutung des Verbandes auf dem relevanten Markt, die Umsatzgrößen und Angaben bezüglich der betreffenden Region. Als Mittel zur Glaubhaftmachung genügt die Vorlage von eidesstattlich versicherten Listen, aus denen sich diese Angaben ergeben. **Ausländische Verbände** sind aktivlegitimiert, soweit sich dies aus zwischenstaatlichen Abkommen ergibt[44].

#### d) Personelle, sachliche und finanzielle Ausstattung

62 An der personellen Ausstattung fehlt es zB bei mangelnder fachlicher Qualifikation des Geschäftsführers eines Verbandes[45]. Die Aufnahme des Kriteriums der personellen, sachlichen und finanziellen Ausstattung[46], aufgrund derer die Verbände imstande sein müssen, ihre satzungsmäßigen Aufgaben der Verfolgung gewerblicher oder selbstständiger beruflicher Interessen tatsächlich wahrzunehmen, diente in erster Linie dazu, die Tätigkeit von Abmahnvereinen einzudämmen.

#### e) Interessenberührung der Mitglieder

63 Kumulativ zu den übrigen Kriterien müssen die Interessen der Mitglieder des Verbandes oder Vereines durch die unlautere geschäftliche Handlung berührt werden. Nicht

40 BGH, Versäumnisurteil 16.3.2006. AZ.: I ZR 103/03. Die Klage richtete sich gegen die Werbung für einen Canon-Camcorder. Die von den Mitgliedern des klagenden Verbandes abgesetzten Waren oder Dienstleistungen gehörten nicht zu der Branche der Unterhaltungselektronik. Der Tätigkeitsbereich der Mitglieder des B.-Mittelstandskreises beschränkt sich auf den Vertrieb elektrischer Haushaltsgeräte, sog. „Weißer Ware". Die Mitglieder der Einkaufsgesellschaft D. und die V. GmbH & Co. KG vertreiben Möbel, Einrichtungsgegenstände und Elektrogeräte. Die Vertragshändler der H. Kontaktlinsen GmbH und die Mitglieder des C.-Clubs vertreiben Kontaktlinsen und Brillen. Dass sie es gleichwohl bis zum BGH trieben, um dort dann ein Versäumnisurteil zu kassieren, zeigt Harakirimentalität.

41 So in BGHZ 131, 90; zu der seit 1994 bestehenden Anforderung vgl auch BGH NJW 1995, 2352, 2353; *Rittner*, § 4 Rn 25 mwN.

42 BGH GRUR 1998, 170, 171 f *Händlervereinigung*; LG München I WRP 1996, 810, 811.

43 KG WRP 1999, 1302, 1304; vgl auch *Emmerich*, § 22 III. 2.

44 Vgl BGH GRUR 1988, 453, 454 *Ein Champagner unter den Mineralwassern*.

45 KG WRP 1999, 1302, 1305.

46 Zur fehlenden finanziellen Ausstattung BGH GRUR 1998, 489, 490 *Unbestimmter Unterlassungsantrag III*; BGH GRUR 1999, 1116, 117 f *Wir dürfen nicht feiern*.

mehr erforderlich ist im Gegensatz zu § 13 Abs. 2 Nr 2 UWG aF nach § 8 Abs. 3 Nr 2 UWG die materielle Anspruchsvoraussetzung einer „spürbaren Wettbewerbsbeeinträchtigung" auf dem relevanten Markt. Das Kriterium der spürbaren Wettbewerbsbeeinträchtigung, das im Jahre 1994 in § 13 Abs. 2 Nr 2 UWG aF aufgenommen wurde, diente demselben Zweck wie die unter d) genannten Anforderungen, der Eindämmung von Abmahnvereinen. Nunmehr reicht es aus, wenn die Interessen der Mitglieder der Unternehmensverbände durch die Zuwiderhandlung berührt werden. Der Wegfall der Wesentlichkeitsschwelle bezüglich der Wettbewerbsverbände wird durch die neue allgemeine Erheblichkeitsschwelle in der Generalklausel des § 3 Abs. 1 UWG[47] kompensiert, die aufgrund der gesetzlichen Verweise in §§ 5 Abs. 1, 6 Abs. 2, 7 Abs. 1 und 4 Abs. 1 UWG auch für die Tatbestände irreführender, vergleichender oder belästigender sowie sonstiger unlauterer Werbung gilt. Das Erfordernis einer nicht unerheblichen Wettbewerbsbeeinträchtigung in § 3 Abs. 1 UWG ist – wie zuvor das Kriterium der spürbaren Wettbewerbsbeeinträchtigung des § 13 Abs. 2 Nr 2 UWG aF – eine materielle Tatbestandsvoraussetzung und damit keine Frage der Zulässigkeit, sondern der Begründetheit des Anspruchs.

*Literaturhinweise:* Ausführlich zur Verbandsklage *Säcker*, Die Einordnung der Verbandsklage in das System des Privatrechts, 2006; *ders.*, Zur kollektiven Rechtsdurchsetzung von Interessen in der deutschen Rechtsordnung. Rechtspolitische Würdigung der Verbandsklage und ihre Einordnung in das Privatrecht, 2006, 225 ff; *Schaumburg*, Die Verbandsklage im Verbraucherschutz- und Wettbewerbsrecht. Ansprüche auf Unterlassung, Widerruf, Beseitigung und Gewinnabschöpfung, 2006; s. auch *Rittner*, § 4 Rn 24 ff; § 14 Rn 20; *Nordemann*, Rn 1817 ff, zum Streitwert Rn 3324, zur geschichtlichen Entwicklung der Verbandsklagebefugnis Rn 72.

### 3. Qualifizierte Einrichtungen („Verbraucherverbände"), § 8 Abs. 3 Nr 3, § 10 Abs. 1 UWG

Gemäß § 8 Abs. 3 Nr 3 UWG sind sog. qualifizierte Einrichtungen berechtigt, bei 64
Verstößen gegen § 3 Abs. 1 UWG Beseitigung und bei Wiederholungsgefahr Unterlassung von dem unlauter Handelnden zu verlangen (§ 8 Abs. 1 UWG). Die Anforderungen an eine qualifizierte Einrichtung ergeben sich aus § 4 UKlaG (ehemals § 22a AGBG), der auf Art. 4 der **Unterlassungsklagen-Richtlinie** (UKla-RL) beruht. Danach haben die Mitgliedstaaten die notwendigen Voraussetzungen dafür zu schaffen, dass den Verbraucherverbänden in der Europäischen Gemeinschaft ein Klagerecht in sämtlichen Mitgliedstaaten eingeräumt wird[48]. Verbraucherverband iSd § 8 Abs. 3 Nr 3 UWG ist, wer in die Liste qualifizierter Einrichtungen beim Bundesverwaltungs-

47 Dazu ausführlich unter Rn 184 und Rn 17; zu § 13 Abs. 2 Nr 2 UWG aF zB *Säcker*, in: Säcker, Fallbuch, S. 371 ff.

48 Vgl *Brönneke*, Die Neuregelung der Klagebefugnis, Die Bedeutung des Eintrags in die Liste klagebefugter Verbraucherverbände nach § 22a AGBG in: Brönneke (Hrsg.), Kollektiver Rechtsschutz im Zivilprozessrecht, 2001, 75 ff; ausführlich zur Verbandsklagenbefugnis vor und nach der Umsetzung der Richtlinie 98/27/EG vgl *Stadler*, Bündelung von Verbraucherunteressen im Zivilprozess in: Brönneke (Hrsg.), Kollektiver Rechtsschutz im Zivilprozessrecht, 2001, S. 1, 8 ff; zum Verhältnis von UKlaG und UWG mit dem Ergebnis, dass ein Vorrang des UKlaG verneint wird, vgl *Köhler* GRUR 2010, 1047, 1052.

amt (nach § 4 UKlaG) oder in das Verzeichnis der EG-Kommission (nach Art. 4 der UKla-RL) eingetragen ist.

*Hinweis:* Eine Liste der mit Stand vom 3. Juni 2004 eingetragenen 73 qualifizierten Einrichtungen iSd § 4 UKlaG ist abgedruckt bei *Köhler* in Hefermehl/Köhler/Bornkamm, § 8 Rn 3.53.

**65** Das Verfahren zur Anmeldung qualifizierter Einrichtungen findet gem. § 4 UKlaG vor dem Bundesverwaltungsamt statt. Dort wird auch die Liste der qualifizierten Einrichtungen geführt, die jeweils mit Stand vom 1. Januar eines Jahres im Bundesanzeiger bekannt gemacht und der EG-Kommission zugeleitet wird. Die dort eingetragenen Verbände und Vereinigungen haben die Befugnis, in allen EU-Mitgliedstaaten nach der Maßgabe des jeweiligen dort geltenden Prozessrechts, Verbandsklagen im Interesse des Verbraucherschutzes zu erheben[49]. Die Erfüllung der Eintragungsvoraussetzungen wird gerichtlich im Wettbewerbsprozess nicht mehr überprüft. Nach § 4 Abs. 4 UKlaG kann das Gericht allerdings das Bundesverwaltungsamt zur Überprüfung der Kriterien auffordern und das Verfahren bis dahin aussetzen. Für durch öffentliche Mittel geförderte Verbände wird die Erfüllung der Eintragungsvoraussetzungen hingegen nach § 4 Abs. 2 S. 2 UKlaG unwiderleglich vermutet.

**66** Gemäß § 8 Abs. 3 Nr 3 UWG ist anders als nach der Vorgängerregelung des § 13 Abs. 2 Nr 3 UWG aF nicht mehr von Bedeutung, ob durch die unlautere geschäftliche Handlung **spürbare Verbraucherbelange** berührt werden[50]. „Wesentlich" iSd § 13 Abs. 2 Nr 3 UWG aF bedeutete, dass die Verbraucherinteressen nicht nur am Rande berührt sein durften[51]. In der *FrühlingsgeFlüge*-Entscheidung vom 15. Januar 2004 hatte der BGH noch einmal klargestellt, dass im Hinblick auf das geänderte **Verbraucherleitbild** die Berührung spürbarer Belange restriktiv zu handhaben ist[52]. Die beanstandete Handlung als solche muss spürbare Verbraucherbelange berühren, es genügt nicht, dass die Handlung ein Gesetz verletzt, das eine verbraucherschützende Zielrichtung hat. Ein verständiger Durchschnittsverbraucher, der Angebote sorgfältiger als ein unaufgeklärter Verbraucher prüft, wird durch Werbung nicht mehr ohne weiteres irregeführt. Diese Tendenz wird sich nicht nur bei Klagen von Verbraucherschutzverbänden durch den Wegfall der Beeinträchtigung spürbarer Verbraucherbelange und die Einführung der allgemeinen Erheblichkeitsschwelle in Zukunft auf § 3 Abs. 1 UWG verlagern.

---

49 Näher dazu *Schmidt-Räntsch*, Änderungen bei der Klagebefugnis von Verbänden durch das Schuldrechtsmodernisierungsgesetz, DB 2002, 1595, 1596.

50 Gegenüber § 13 Abs. 2 Nr 3 UWG aF ist deshalb eine Erleichterung der materiellrechtlichen Voraussetzungen verbunden.

51 Grundlegend BGH GRUR 1989, 753, 754 *Telefonwerbung II*. Der BGH bejahte allerdings in mehreren Entscheidungen einen Verstoß gegen die PAngV und damit eine Verletzung von § 1 UWG aF. Der Erfolg der Verbraucherverbandsklage nach § 13 Abs. 2 Nr 3 UWG aF scheiterte jedoch an der fehlenden Berührung wesentlicher Verbraucherbelange, so zuletzt BGH GRUR 2004, 435, 436 *Frühlingsge-Flüge*; vgl auch BGH, GRUR 2001, 1166 ff *Fernflugpreise*; OLG Karlsruhe, Urt. v. 12.4.2000, AZ.: 6 U 173/99 *Verbraucherschutzverein/Room + Fly Contact Hofmann GmbH*; LG Berlin, Urt. v. 16.11.1999, AZ.: 16 0 271/99 *Verbraucherschutzverein/Air Berlin GmbH & Co.* KG; LG Berlin, Urt. v. 7.12.1999, AZ.: 16 0 448/99 *Verbraucherschutzverein/Hapag Lloyd Geschäftsreise GmbH*.

52 BGH GRUR 2004, 435, 436 *FrühlingsgeFlüge*.

*Literaturhinweise: Säcker*, Die Einordnung der Verbandsklage in das System des Privatrechts, 2006; *ders.*, Zur kollektiven Rechtsdurchsetzung von Interessen in der deutschen Rechtsordnung. Rechtspolitische Würdigung der Verbandsklage und ihre Einordnung in das Privatrecht, 2006, 225 ff; *Schaumburg*, Die Verbandsklage im Verbraucherschutz- und Wettbewerbsrecht. Ansprüche auf Unterlassung, Widerruf, Beseitigung und Gewinnabschöpfung, 2006.

## 4. Industrie- und Handelskammern, Handwerkskammern, § 8 Abs. 3 Nr 4, § 10 Abs. 1 UWG

Während §§ 8 Abs. 3 Nr 4, 10 Abs. 1 UWG wie vormals die Vorschrift des § 13 Nr 2 Nr 3 UWG aF die Aktivlegitimation nur für die dort ausdrücklich genannten Kammern begründet, gilt für alle anderen Berufskammern die Vorschrift über die Unternehmensverbände des § 8 Abs. 3 Nr 2 UWG. 67

## 5. Gesamtgläubiger

Sind die **Beseitigungs- und Unterlassungsansprüche** mehrerer Gläubiger, und zwar unabhängig davon, ob es sich um mehrere Mitbewerber, mehrere Verbände oder einen Mitbewerber und einen Verband handelt, auf dasselbe Ziel gerichtet **(Gläubigermehrheit)**, gelten für sie die Vorschriften über die **Gesamtgläubiger gem. §§ 428 ff BGB**. Allerdings ist stets im Einzelfall zu prüfen, ob diese für eine Geldschuld gefassten Regelungen auch bei Beseitigungs- und Unterlassungsansprüchen greifen. Auch hier gilt: Sind Einwendungen oder Einreden nur bezüglich eines Gläubigers begründet, erstreckt sich die entsprechende Folge (Verwirkung, Verjährung, Verzicht) auch nur auf den betreffenden Anspruchsberechtigten. Die Ansprüche der übrigen Berechtigten bleiben unberührt. Hat der Schuldner hingegen eine strafbewehrte Unterlassungserklärung abgegeben, lässt dies die **Wiederholungsgefahr** wegen ihrer **Unteilbarkeit** entfallen. Der Unterlassungsanspruch aller Gläubiger ist dann erfolglos[53]. 68

In **§ 10 Abs. 3 UWG** ist für den Fall der Gläubigermehrheit eine ausdrückliche Regelung getroffen worden: **Beanspruchen mehrere Gläubiger den Gewinn**, gelten die Vorschriften der §§ 428–430 BGB entsprechend. Da Gläubiger nach § 10 Abs. 1 UWG allein Verbraucher- und Wettbewerbsverbände oder die in § 8 Abs. 3 Nr 4 UWG genannten Kammern sein können, kommen nur diese als Gesamtgläubiger in Bezug auf die Gewinnabschöpfung in Betracht. Mehrere Verbände können daher unabhängig voneinander die Herausgabe des gesamten Gewinns, der aufgrund der Zuwiderhandlung erreicht wurde, entsprechend § 428 BGB fordern. Die Leistung (Herausgabe des Gewinns) hat der unlauter Handelnde indes nur einmal zu erbringen. Da der Gewinn ohnehin gegenüber dem Bundeshaushalt geschuldet ist, kann er an diesen auch nur einmal erbracht werden. Der Regelung über die Gesamtgläubigerschaft dürfte daher schon wegen des fehlenden finanziellen Eigeninteresses wenig praktische Bedeutung zukommen. Zudem ist die Bestimmung des § 428 S. 1 BGB, dass der „Schuldner nach seinem Belieben an jeden Gläubiger leisten“ kann, wegen der Pflicht 69

53 Vgl *Köhler*, in: Köhler/Bornkamm, § 8 Rn 3.3.

zur Herausgabe des Gewinns unmittelbar an den Bundeshaushalt nicht übertragbar. Die Bestimmung ist allenfalls sinngemäß übertragbar, da die Herausgabe über den „verlängerten Arm" der aktivlegitimierten Verbände geltend gemacht wird, einziger Empfänger bleibt aber der Bundeshaushalt. Für eine sinnvolle entsprechende Übertragung der Bestimmung über die Ausgleichspflicht unter den Gesamtgläubigern (§ 430 BGB) ist ebenso wenig Raum. Eine Ausgleichspflicht scheitert schon daran, dass „eigentlicher" Gläubiger der Bund (Bundeshaushalt) ist, da ihm der Gewinn unmittelbar zufließt. Damit existieren aber tatsächlich nicht mehrere, sondern nur ein Gläubiger, weshalb die Verweisung in § 10 Abs. 3 UWG insgesamt fraglich erscheint und § 10 Abs. 1 UWG wie eine unechte gesetzliche Prozessstandschaft aussehen lässt. Allenfalls eine entsprechende Anwendung von § 430 BGB auf den Erstattungsanspruch der anspruchsberechtigten Verbände („Gläubiger") gegenüber dem Bundesverwaltungsamt gem. § 10 Abs. 4 S. 2, 3, Abs. 5 S. 1 UWG mit der Folge einer anteiligen Befriedigung der Verbände gibt Sinn.

## II. Passivlegitimation

### 1. „Wer", § 8 Abs. 1, § 9 S. 1, § 10 Abs. 1 UWG

70 Das „Wer" in § 8 Abs. 1 UWG bezeichnet den Normadressaten, der natürliche oder juristische Person, Gesamthandgesellschaft (GbR, OHG, KG) sowie juristische Person des öffentlichen Rechts sein kann[54]. Zuwiderhandelnder (Verletzer) ist nach der Rechtsprechung des BGH, wer in irgendeiner Weise willentlich und adäquat kausal an der Herbeiführung einer rechtswidrigen Beeinträchtigung mitwirkt. Dabei wird unterschieden zwischen Täterschaft und Teilnahme. **Täter** ist, wer die Zuwiderhandlung selbst oder durch einen anderen begeht (vgl § 25 StGB). Er muss Adressat der jeweiligen wettbewerbsrechtlichen Verhaltensnorm sein, dh er muss eine geschäftliche Handlung begangen haben, wobei nach der Legaldefinition des § 2 Abs. 1 Nr 1 UWG ausreichend ist, wenn diese zugunsten eines fremden Unternehmens begangen wurde. **Teilnehmer** ist, wer als Anstifter oder Gehilfe (vgl §§ 26, 27 StGB) einen anderen zu einer unlauteren geschäftliche Handlung (vorsätzlich) bestimmt bzw ihm bei der wettbewerbsrechtlichen Zuwiderhandlung (vorsätzlich) Hilfe geleistet hat[55].

71 Der Begriff des **„Störers"** sollte zwar wegen seiner Mehrdeutigkeit nicht als allgemeiner Begriff für den unlauter Handelnden verwendet werden[56], er ist jedoch – entsprechend dem Störerbegriff des § 1004 BGB – zur Bezeichnung desjenigen angebracht, der ohne Täter oder Teilnehmer zu sein, willentlich und adäquat kausal an der Herbeiführung einer rechtswidrigen Beeinträchtigung eines anderen mitgewirkt und zudem zumutbare Prüfungspflichten verletzt hat[57]. Eine **Mitwirkung** liegt vor, wenn

54 Kritisch zu dem Begriff *Rittner*, § 2 Rn 2.

55 Zur Abgrenzung zwischen Täter und Teilnehmer vgl BGH, NJW-RR 2002, 832 f *Meißner Dekor*.

56 Vgl dazu auch *Köhler*, in: Köhler/Bornkamm, § 8 Rn 2.2 f, 2.11–217.

57 So bereits RGZ 155, 316, 319; BGH GRUR 1997, 313, 315 f *Architektenwettbewerb*; BGH, NJW-RR 2002, 832 f *Meißner Dekor*; kritisch gegenüber dem Begriff des Störers *Köhler*, in: Köhler/Bornkamm, § 8 Rn 2.2 f, 2.11–217.

der Störer die Handlung eines eigenverantwortlich handelnden Dritten unterstützt, ausnutzt oder einen rechtswidrigen Zustand aufrechterhält[58]. Nach Ansicht des BGH ist eine eigene **Wettbewerbsförderungsabsicht** nicht erforderlich[59]; diese Ansicht wird im Schrifttum zT nicht geteilt[60]. Allerdings verlangt der BGH eine bewusste Mitwirkung an der Unlauterkeitstat des Dritten[61]. Leistet er einen eigenen, wettbewerbsrechtlich unlauteren Beitrag, ist er selbst Täter, andernfalls ist er lediglich Gehilfe[62].

*Literaturhinweis:* Ausführlich zum Störerbegriff zB *Döring*, Die Haftung für eine Mitwirkung an Wettbewerbsverstößen nach der Entscheidung des BGH „Jugendgefährdende Medien bei eBay", WRP 2007, S. 1131 ff.

Zwischen den Anforderung an das „Wer" in § 8 Abs. 1 UWG und § 9 S. 1 UWG besteht nur insofern ein Unterschied als es im Rahmen des Schadensersatzanspruchs eines schuldhaften Handelns bedarf, ausreichend ist dabei fahrlässiges Zuwiderhandeln (vgl Rn 118). Nach § 10 Abs. 1 UWG ist hingegen nur passivlegitimiert, wer vorsätzlich gegen § 3 Abs. 1 verstößt (ausführlicher dazu unter Rn 138). **72**

### 2. Unternehmer, Unternehmensinhaber und Mitarbeiter oder Beauftragte eines Unternehmens, § 8 Abs. 2 UWG

Nach § 8 Abs. 2 UWG richten sich **Unterlassungs- und Beseitigungsanspruch** auch gegen den Inhaber des Unternehmens, wenn der Gesetzesverstoß in einem Unternehmen von einem Mitarbeiter oder Beauftragten begangen wurde. **Unternehmensinhaber** ist derjenige, in dessen Namen und Verantwortung ein Unternehmen geführt wird. Bei einer KG, OHG, BGB-Gesellschaft oder Partnerschaftsgesellschaft ist die Gesellschaft selbst Unternehmensinhaber (§§ 241 Abs. 1, 161 HGB), nicht die persönlich haftenden Gesellschafter einer OHG oder KG oder die einzelnen Mitglieder einer BGB-Gesellschaft. Bei Kapitalgesellschaften wie GmbH oder AG ist der Verband als solcher Unternehmensinhaber, nicht seine Organe wie Geschäftsführer einer GmbH, Vorstand einer AG oder eines Vereins. Die Organe können vielmehr nur für eigenes Handeln und nicht gem. § 8 Abs. 2 UWG in Anspruch genommen werden[63]. **73**

Beim **Betriebsübergang** iSd § 613a BGB haftet der frühere Unternehmensinhaber jedenfalls dann nicht mehr, wenn die Wiederholungsgefahr entfallen ist. Eine Rechtsnachfolge in eine gesetzliche Unterlassungspflicht tritt nicht ein[64]. **74**

---

58 So grundlegend in BGH WRP 1976, 162, 165 *Rechenscheibe*; weitere Nachweise und einige Bsp. aus der neueren Rspr bei *Kling/Thomas*, § 1 Rn 3 ff.

59 ZB BGH GRUR 1997, 313, 315 f *Architektenwettbewerb*; BGH GRUR 1990, 373, 374 *Schönheits-Chirurgie*; so nun auch Harten/Henning/*Bergmann*, § 8 Rn 65 (anders noch in der Vorauf. § 8 Rn 66).

60 So zB *Teplitzky*, Kap. 14 Rn 10c.

61 BGH GRUR 2001, S. 181, 184 *Dentalästhetika*; BGH GRUR 1999, 501, 505 *Implantatbehandlung*.

62 Vgl BGH GRUR 1997, 313, 315 *Architektenwettbewerb*; BGH WRP 1999, 501, 504 f *Implantatbehandlung*.

63 *Köhler*, in: Köhler/Bornkamm, § 8 Rn 2.48; Harte/Henning/*Bergmann*, § 8 Rn 245 f.

64 Ausführlicher dazu *Köhler*, WRP 2000, 921 ff; *Foerste*, GRUR 1998, 450; *Ahrens* GRUR 1996, 518.

75 Die Regelung in § 8 Abs. 2 UWG, die auf **Unterlassungs- und Beseitigungsansprüche beschränkt** ist, begründet einen **zusätzlichen selbstständigen Anspruch** des Verletzten gegen den Unternehmensinhaber[65]. Das „auch" in § 8 Abs. 2 UWG stellt wie in der Vorgängerregelung des § 13 Abs. 4 UWG aF klar, dass sowohl der Handelnde („Mitarbeiter oder Beauftragte") haftbar gemacht werden kann als auch der Unternehmensinhaber, der selbst, wenn er ohne Wissen um die Tat noch Wollen der Tat gehandelt hat, zur Verantwortung gezogen werden kann. Damit besteht wie nach der Vorgängerregelung eine nahezu unbeschränkte Haftung des Unternehmensinhabers für das Verhalten Dritter. Die „Mithaftung" der Unternehmensinhaber soll die sonst bestehende Gefahr eindämmen, dass das Unternehmen als undurchschaubare Instanz gegenüber dem Verletzten oder Beeinträchtigten auftritt, ohne dass eine haftende Person erkennbar wird oder sich der hinter dem abhängigen Dritten stehende Unternehmensinhaber auf den Standpunkt zurückzieht, nichts von dem schädigenden Verhalten gewusst zu haben und daher nicht verantwortlich zu sein[66]. Die Verstöße seiner Mitarbeiter und der von ihm Beauftragten sind dem Unternehmensinhaber in Anlehnung an die weite Auslegung der Vorgängerregelung (vormals der Begriffe Angestellter und Beauftragter) **wie eigenes Verhalten ohne Exkulpationsmöglichkeit** zuzurechnen.

76 Der Begriff des „geschäftlichen Betriebs" ist ersetzt worden durch die Formulierung **„in einem Unternehmen"**. Inhaltlich bleibt es bei einer Beibehaltung der Ausfüllung des Tatbestandsmerkmals als Bezeichnung für alle Handlungen, die im Aufgaben- und Tätigkeitsbereich des Unternehmens vorgenommen werden und deren Ergebnisse letztlich dem Unternehmensinhaber zufließen. Aufgaben also, in die der einzelne Mitarbeiter durch die Betriebsorganisation eingebunden ist[67]. Entsprechendes gilt für **Franchisenehmer**, da diese in die Vertriebsorganisation des Franchisegebers eingegliedert und daher von diesem abhängig sind[68]. Man wird allerdings nicht so weit gehen können, dass man die Voraussetzung „in einem Unternehmen" in allen Bereichen, in denen ein Unternehmensinhaber einen bestimmenden Einfluss ausübt und rechtlich ausüben kann, als erfüllt ansieht, denn dann würde der Tatbestand der vergleichenden Werbung auch innerhalb eines Konzerns als unlauter angesehen werden und die Konzernmutter wäre verantwortlich für die unlautere Herabsetzung der eigenen Produkte. Bei **Konzernsachverhalten** fehlt es hingegen meist schon am Vorliegen einer geschäftliche Handlung[69].

77 Statt „Angestellte" ist in Anpassung an die Unternehmensrealität der weitere Begriff des **„Mitarbeiters"** gewählt worden. Während mit Angestellter nur gemeint ist, wer sich in einem privatrechtlichen Dienstvertrag zu dem Unternehmensinhaber befindet, ist der Begriff des Mitarbeiters weiter gefasst. Es kann, muss sich jedoch nicht um ein Angestelltenverhältnis handeln, vielmehr werden auch freie Mitarbeiter, Auszubil-

65 *Köhler*, in: Köhler/Bornkamm, § 8 Rn 2.32.
66 Grundlegend RGZ 151, 287 *Alpina*; zur Verfassungsgemäßheit der Norm vgl BVerfG NJW 1995, 2567.
67 Vgl *Köhler*, in: Köhler/Bornkamm, § 8 Rn 2.47; Harte/Henning/*Bergmann*, § 8 Rn 254.
68 BGH GRUR 1995, 605, 608 *Franchise-Nehmer*.
69 Vgl Harten/Henning/*Köhler*, § 2 Abs. 1 Nr 1 Rn 20 sowie die Ausführungen in Rn 210, 212.

dende, Volontäre und Praktikanten erfasst. Damit ist allerdings die Abgrenzung zum Begriff des **Beauftragten** schwieriger geworden, denn Mitarbeiter wie Beauftragte können nur gelegentlich in die Unternehmensorganisation eingegliedert sein und lediglich mit der Erfüllung einzelner vorübergehender Tätigkeiten betraut sein. Beauftragter ist daher nur, wer nicht schon unter den Begriff des Mitarbeiters fällt. Beauftragte können insbesondere selbstständige Unternehmen sein, die einzelne Aufgaben für einen Marktteilnehmer wahrnehmen, wie Werbung oder Vertrieb, oder auch Subunternehmer. Entscheidend ist der bestimmende Einfluss des anderen Unternehmens. Entfällt dieser, liegt kein Beauftragtenverhältnis vor[70].

**Beauftragte** sind zB Handelsvertreter und Vertragshändler, die im Vertrieb des Unter- **78**
nehmens tätig sind, Franchisenehmer, Einkaufs- und Werbeagenturen, Hersteller bei Auftragsproduktionen[71], der Affiliate im Verhältnis zum Merchant im Internethandel[72], abhängige Unternehmen beim Beherrschungsvertrag (§ 291 AktG) oder beim faktischen Konzern (§ 308 AktG), soweit sie im Rahmen eines einheitlichen Wirtschaftsplans tätig sind und einem beherrschenden Einfluss der Muttergesellschaft unterliegen[73]. Allgemein wird man sagen können, je größer der selbst bestimmte Freiraum ist (Erfüllungsort und -zeit, selbstständige Arbeitseinteilung, Vorhandensein der Arbeitsmittel etc) und Offenheit besteht, für mehrere Auftraggeber tätig zu werden, und je geringer die Abhängigkeit vom Unternehmensinhaber bzw von der Eingliederung in den Geschäftsbetrieb ist, desto eher liegt ein Beauftragtenverhältnis und kein Angestellten- bzw Mitarbeiterverhältnis vor. **Keine Beauftragten** sind selbstständige Händler im Verhältnis zu einem Lieferanten[74]. Bei Durchsetzung **schadensrechtlicher Ansprüche** greift die allgemeine deliktsrechtliche **„Dritthaftung"** der §§ 831, 31 BGB[75], bei vertraglichen Unterlassungsansprüchen gilt § 278 BGB.

70 Ausführlich zu den beiden Begriffen *Fritzsche* in MünchKommUWG, § 8 Rn 298–303.

71 BGH GRUR 1971, 119, 120 *Branchenverzeichnis*; BGH GRUR 1995, 605, 608 *Franchise-Nehmer*; BGH GRUR 1991, 772, 774 *Anzeigenrubrik I;* weitere Nachweise bei *Köhler*, in: Köhler/Bornkamm, § 8 Rn 2.45.

72 Affiliates sind die Teilnehmer an einem meist internetbasierten Affiliates-Partnerprogramm, die Händler und Affiliates zusammenbringen. Sie benötigen keine eigenen Produkte oder Dienstleistungen, weil sie zwischen Händlern und Kunden iSv Wissensinteressent bzw Kaufinteressent als Vermittler angesiedelt sind. Ein Affiliate wirbt also für den Händler und erhält dafür im Regelfall eine Provision. Im Gegensatz zu einem sogenannten „Merchant", der Waren oder Dienstleistungen anbietet, fungiert der Affiliate also lediglich als Schnittstelle zwischen Händlern und potenziellen Kunden, wobei die Vermittlung durch einen Link vollzogen wird. Ein solcher Affiliate-Link enthält einen speziellen Code, der den Affiliate eindeutig beim Händler identifiziert. Vereinfacht heißt das: durch den Link mit Partnerkennung erkennt der Händler von wem der Kunde geschickt wurde. Die Provision wird gezahlt für die reinen Klicks auf das Werbemittel („Click"), die Kontaktaufnahme von Kunden („Lead") oder den Verkauf („Sale"), wobei es eine Vielzahl möglicher Kombinationen und Varianten gibt (s. dazu zB die Ausführungen bei wikipedia).

73 OLG Frankfurt BB 2001, 2344.

74 OLG Frankfurt GRUR 1987, 549, 550; streitig für die AG gegenüber ihren Aktionären, bejaht vom OLG Hamburg GRUR-RR 2004, 87 f, verneint von *Köhler*, in: Köhler/Bornkamm, § 8 Rn 2.46.

75 So auch *Meckel*, in: Ekey/Klippel/Kotthoff, I § 8 Rn 87; Fezer/*Büscher*, § 8 Rn 173; zur Vorgängerregelung des § 13 Abs. 4 UWG aF BGH GRUR 1987, 524, 525 *Chanel No 5* II; BGH GRUR 2001, 82, 83 *Neu in Bielefeld I;* ausführlicher zu der Frage einer unmittelbaren bzw analogen Anwendung des § 8 Abs. 2 UWG (bzw § 13 Abs. 4 UWG aF) auch auf Schadensersatzansprüche *Reichelsdorfer*, WRP 2004, 828, 830 ff.

79 Mitarbeiter oder gesetzliche Vertreter eines Unternehmens können hingegen nicht für die Erstattung eines **Gewinnabschöpfungsanspruchs** nach § 10 Abs. 1 UWG in Anspruch genommen werden. Haben sie für ein Unternehmen einen Gewinn erzielt, richtet sich der Anspruch gegen das Unternehmen, sie selbst scheiden als Anspruchsverpflichtete aus, da es bei § 10 UWG auf die „Person", die den Gewinn erlangt hat, ankommt. Das Unternehmen muss allerdings entsprechend der §§ 831, 31 BGB für das Verhalten der handelnden Personen einstehen[76].

*Literaturhinweis: Hahn*, Die Haftung des Unternehmensinhabers nach § 8 Abs. 2 UWG, 2007.

### 3. Verantwortliche Personen periodischer Druckschriften, § 8 Abs. 1, 2, § 9 S. 2, § 10 Abs. 1 UWG

80 **Verantwortliche Personen** periodisch erscheinender Druckschriften sind in Anknüpfung an die Vorgängerregelung des § 13 Abs. 6 Nr 1 UWG aF der Verleger, der verantwortliche Redakteur, der eigenverantwortlich handelnde Drucker (Unternehmer) und der Verbreiter von Druckschriften. Der Verleger haftet nicht nur für eigenes Verhalten, sondern gem. § 8 Abs. 2 UWG auch für das wettbewerbswidrige Verhalten seiner **Mitarbeiter** und **Beauftragten**. Redakteure und Verleger sind dabei nicht nur für den **redaktionellen Teil**, sondern auch für den **Anzeigenteil** einer Zeitung oder Zeitschrift verantwortlich. Sie haften für Anzeigen mit gesetzwidrigem Inhalt oder wenn durch den Anzeigeninhalt Rechtsgüter Dritter in grober und eindeutiger Weise verletzt werden.

81 Die Haftung auf **Unterlassung** oder **Beseitigung** einer eingetretenen oder bevorstehenden Störung nach § 8 Abs. 1 iVm § 3 Abs. 1 UWG (bzw §§ 1004, 823 BGB) ist unbegrenzt. Es genügt die **objektive Rechtswidrigkeit**[77]. In der Regel wird es sich um bereits durch die Veröffentlichung eingetretene Beeinträchtigungen handeln. Bei veröffentlichten **Anzeigen** tritt eine Haftung allerdings nur ein, wenn die Anzeige **grob und unschwer erkennbar** wettbewerbswidrig ist[78], da ansonsten die Prüfungspflicht zu stark strapaziert und die tägliche Arbeit unzumutbar erschwert würde (vgl dazu die Ausführungen in dem Fall *Schlankheitskapseln*, Rn 317a f). Nur selten wird es gelingen, im Vorfeld eine Beeinträchtigung zu verhindern, so dass die Geltendmachung vorbeugender Unterlassungsansprüche allenfalls in Ausnahmefällen in Betracht kommt.

82 Bei einer unrichtigen Tatsachenbehauptung ist der Beseitigungsanspruch inhaltlich gerichtet auf eine Berichtigung in Form eines **Widerrufs**, einer **Richtigstellung** oder eines **Abrückens von Behauptungen**[79]. Daneben kann ein **Gegendarstellungsan-**

---

76 Vgl dazu *Köhler*, in: Köhler/Bornkamm, § 10 Rn 16.

77 ZB BGH GRUR 1999, 418, 420 *Möbelklassiker*; BGH GRUR 1990, 1012 *Pressehaftung I;* BGH GRUR 1992, 618 *Pressehaftung II*; OLG Köln GRUR-RR 2002, 117 f *Konzernmarke T*; mit weiteren Nachweisen *Kling/Thomas*, § 1 Rn 12.

78 ZB BGH GRUR 2002, 360, 366 H.I.V. POSITIVE II; weitere Rechtsprechungsnachweise dazu bei *Köhler*, in: Köhler/Bornkamm, § 9 Rn 2.3.

79 Vgl *Köhler*, in: Köhler/Bornkamm, § 9 Rn 2.4.

**spruch** bestehen, der sich allerdings nicht aus den UWG-Vorschriften, sondern aus den Pressegesetzen der Länder oder aus §§ 823 Abs. 1, 1004 BGB ergibt.

*Literaturhinweis:* Zu den Einzelheiten eines Gegendarstellungsanspruchs s. *Köhler*, in: Köhler/Bornkamm, § 9 Rn 2.5–2.9; Fezer/*Prinz*, § 4–57, Rn 184 ff.

Haften Presseverantwortliche im Rahmen des § 8 Abs. 1 UWG unbegrenzt, ist die **Pressehaftung auf Schadensersatz nach § 9 S. 2 UWG privilegiert**, und zwar im Gegensatz zu der früheren Vorschrift des § 13 Abs. 6 Nr 1 UWG aF nicht mehr begrenzt auf Verstöße gegen § 3 Abs. 1 UWG aF (irreführende Angaben), sondern ausgedehnt auf Verletzungen aller Unlauterkeitstatbestände iSd § 3 Abs. 1 UWG. Erforderlich ist ein **vorsätzliches Zuwiderhandeln**. Allerdings hat sich auch innerhalb der 83

Rechtsprechung zu Unterlassungsansprüchen gegen Presseverantwortliche herausgebildet, dass eine Haftung nur bei groben Verstößen bzw vorsätzlichem Handeln greift. So besteht beim Setzen eines Links im redaktionellen Teil auf einen Werbeauftritt eine Haftung nur bei vorsätzlichem Handeln[80]. Diese Besserstellung der Presse ist in der Sonderrolle der grundrechtlich geschützten **Pressefreiheit** begründet, die einerseits davor schützen soll, dass die Prüfungspflicht für fremde Anzeigen unzumutbar ausgeweitet wird und andererseits selbst ein aktives Eingreifen in den Wettbewerb mit anderen Zeitungen oder Zeitschriften nicht voreilig als wettbewerbswidrig angesehen wird und haftungsauslösend wirkt. Erst, wenn bewusst unwahre Behauptungen über Konkurrenten oder Unternehmen aufgestellt werden, um die eigene Wettbewerbsposition zu verbessern oder die wettbewerbliche Position einzelner Unternehmen zu fördern oder andere zu schädigen, bei pauschaler Abwertung einer konkurrierenden Zeitung oder bei bewusstem Abdrucken unlauterer Anzeigen, aber auch bei einseitiger positiver Berichterstattung über einen Anzeigenkunden oder bei überzogener, unsachgemäßer Anpreisung der „besten" Ärzte oder Rechtsanwälte liegt unlauteres Handeln vor[81]. Dabei wirkt das Presseprivileg **auch im Rahmen von Unterlassungs- oder Beseitigungsansprüchen** insofern, als eine Haftung – etwa des verantwortlichen Redakteurs und des Herausgebers einer Anzeigenzeitschrift – nur bei einer **groben Verletzung** der Prüfungspflichten in Betracht kommt (ausführlich dazu der Fall *Schlankheitskapseln*, Rn 317a f). Das Presseprivileg ist analog auf konkurrierende Ansprüche zB §§ 823, 824 BGB anwendbar, da es ansonsten leicht ausgehöhlt werden könnte.

*Hinweis:* Zu den Besonderheiten bei Handlungen von Presseorganen s. auch die Ausführungen unter § 11 und die Fälle ***Jeder Berliner Morgen zeigt den gesamten Tages-Spiegel*** oder: ***Von den Besten der Besten*** Rn 310 f, ***Schlankheitskapseln***, 317a f; ***Kosmetikstudio*** Rn 450 f und ***Und der Kampf geht weiter***, Rn 452 f.

80 BGH GRUR 2004, 693 *Schöner Wetten*; s. auch die Ausführungen im Fall ***Schlankheitskapseln*** Rn 317a.

81 BGH NJW-RR 1995, S. 42; BGH NJW 1982, 637, 638; BGH NJW 1997, 2679, 2680 und 2681, 2682 *Focus-Listen*; BGH NJW-RR 1998, 250 *Testesser*; *Rittner*, § 4 Rn 41.

# § 4 Rechtsfolgenregime

## I. Unterlassungsanspruch, § 8 Abs. 1 UWG

### 1. Verletzungsunterlassungsanspruch, § 8 Abs. 1 S. 1 UWG

84 Ein Unterlassungsanspruch besteht gemäß § 8 Abs. 1 S. 1 UWG, wenn eine unzulässige geschäftliche Handlung iSd § 3 Abs. 1 oder des § 7 UWG vorliegt (Verletzungsunterlassungsanspruch). Voraussetzungen sind eine Handlung, die gegen einen der Unlauterkeitstatbestände des § 3 Abs. 1–7 UWG verstößt, die Rechtswidrigkeit dieser Handlung und das Bestehen einer Wiederholungsgefahr.

#### a) Unlautere geschäftliche Handlung iSd § 3 oder § 7 UWG („Eingriff")

85 Zur Begründung der Unlauterkeit genügt der Verstoß gegen einen der in den §§ 6, 5, 5a, 4 und 3 oder § 7 UWG genannten Unlauterkeitstatbestände. Der Prüfungsaufbau wird durch die „neue" (2004 eingeführte) Systematik des UWG erleichtert. Wer zur Begründung der Anspruchsgrundlagen die Vorschrift des § 8 Abs. 1 UWG aufschlägt, findet dort die Voraussetzung eines Verstoßes gegen § 3 oder § 7 UWG ausdrücklich genannt. Dieser Systematik folgend, wurde bis zur Novellierung des UWG im Dezember 2008 im jeweiligen Absatz 1 der §§ 7, 5 und 4 UWG bzw in § 6 Abs. 2 UWG Bezug genommen auf die Generalklausel des § 3 Abs. 1 UWG. Diese Bezugnahme ist zwar aus den Normen gestrichen worden, hat aber abgesehen von § 7 UWG, der nun als eigenständige Vorschrift über eine unzulässige geschäftliche Handlungen ausgestaltet ist, keine inhaltliche Bedeutung. Durch die Streichung soll nur der möglicherweise durch den Verweis entstehende falsche Eindruck verhindert werden, § 3 Abs. 1 UWG enthalte eine Legaldefinition der unzulässigen geschäftlichen Handlung. Voraussetzung des § 3 Abs. 1 UWG ist: das Vorliegen einer unlauteren geschäftlichen Handlung, die geeignet ist, die Interessen der Mitbewerber, Verbraucher oder sonstiger Marktteilnehmer nicht nur unerheblich zu beeinträchtigen.

*Hinweis:* Ausführlich zum Prüfungsaufbau des allgemeinen Unlauterkeitstatbestandes (§ 3 Abs. 1 UWG) s. unter § 5.

86 Die in § 1 UWG aF verwendeten Begriffe des **„Handelns im geschäftlichen Verkehr zu Zwecken des Wettbewerbs"** sind nun zu dem Tatbestandsmerkmal der „geschäftlichen Handlung" zusammengezogen worden[1]. Streitig war zwischen Literatur und Rechtsprechung, ob für die materiellrechtliche Qualifikation einer Handlung als geschäftliche Handlung eine wettbewerbliche Beziehung des Verletzers genügt oder ob außerdem erforderlich ist, dass der Verletzer mit einem oder mehreren bestimmten

1 Vgl dazu *Engels/Salomon*, S. 34; Das Merkmal der Förderung des Absatzes oder des Bezugs eines Produktes zum Nachteil eines anderen Unternehmens hatte sich bereits in der Rechtsprechung des BGH herausgebildet, zB BGH NJW 1992, 3394 *Erdgassteuer*; BGH NJW 1981, 2304, 2305 *Preisvergleich*; BGHZ 3, 270, 277 *Constanze* I und davor auch schon in der Rspr des Reichsgerichts RGSt 118, 133, 136; RGSt 144, 41, 49.

Gewerbetreibenden in einem konkreten Wettbewerbsverhältnis steht[2]. Die Rechtsprechung sah ein konkretes Wettbewerbsverhältnis nur als gegeben an, wenn zwischen den Vorteilen, die der mögliche Verletzer für sich zu erreichen sucht, und den Nachteilen, die ein anderer dadurch erleidet, eine Wechselbeziehung in dem Sinne bestand, dass der fremde Wettbewerb des möglichen Verletzers gefördert und der fremde Wettbewerb beeinträchtigt werden kann. Dieser Streit ist nun hinfällig, da nach der neuen Fassung des UWG das **Vorliegen eines konkreten Wettbewerbsverhältnisses im Rahmen der geschäftlichen Handlung nicht mehr erforderlich** ist[3]. Vielmehr genügt nach der **Legaldefinition in § 2 Abs. 1 Nr 1 UWG** „jede Handlung einer Person mit dem Ziel, zugunsten des eigenen oder eines fremden Unternehmens den Absatz oder den Bezug von Waren oder Dienstleistungen, einschließlich unbeweglicher Sachen, Rechte und Verpflichtungen zu fördern." (Zur geschäftlichen Handlung iS der Legaldefinition vgl auch die Ausführungen unter Rn 174 ff). Auf das Bestehen eines konkreten Wettbewerbsverhältnisses kommt es nur im Rahmen der Prüfung eines „Mitbewerbers" (§ 2 Abs. 1 Nr 3 UWG) an (dazu unter Rn 46 ff).

### b) Wiederholungsgefahr

Als weitere Voraussetzung des Unterlassungsanspruchs ist nach Bejahen einer Unlauterkeitstat die Wiederholungsgefahr zu prüfen. Eine Wiederholungsgefahr besteht, wenn die Wiederholung desselben oder eines im Kern gleichartigen Wettbewerbsverstoßes objektiv möglich und zu befürchten ist bzw ernsthaft und greifbar droht. Ein bereits begangener Wettbewerbsverstoß begründet dabei eine tatsächliche, widerlegbare Vermutung für das Vorliegen einer Wiederholungsgefahr in Bezug auf das Begehen einer gleichartigen unlauteren geschäftlichen Handlung[4]. Scheidet eine Wiederholung aufgrund der Gesamtumstände aus, ist der Unterlassungsanspruch nicht begründet. Gibt der Anspruchsverpflichtete eine **strafbewehrte Unterlassungserklärung** ab, entfällt die **Wiederholungsgefahr** (zur strafbewehrten Unterlassungserklärung s. unter Rn 461, 455). Die bloße Erklärung der Einstellungsabsicht genügt hingegen nicht, um die vermutete Wiederholungsgefahr zu beseitigen[5]. Dazu bedarf es idR der Abgabe einer **Unterwerfungserklärung**, in welcher der **ernsthafte Willen** zum Ausdruck gebracht wird, den begangenen Wettbewerbsverstoß nicht zu wiederholen. Die Erklärung muss hinreichend bestimmt bzw bestimmbar sein und den Unterlassungsanspruch inhaltlich und dem Umfang nach abdecken[6]. Bei Teilbarkeit der Begehungsgefahr oder wenn mehrere Teilakte vorliegen, kann eine **Teilunterwerfung** genügen[7]. Auch kann die Wiederholungsgefahr nachträglich entfallen, wenn die Erklärung erst nach Zustellung einer einstweiligen Verfügung zugeht[8]. 87

2 ZB BGHZ 3, 270, 277 *Constanze I.*
3 Vgl Begründung des Gesetzesentwurfs, BT-Drs. 15/1487; *Meckel*, in: Ekey/Klippel/Kotthoff, I § 2 Rn 3.
4 Vgl zB BGHZ 14, 163 *Constanze II*; BGH GRUR 1976, 256 f *Rechenscheibe*; BGH GRUR 2002, 717, 719 *Anwalts-GmbH.*
5 ZB BGH GRUR 1984, 593 *adidas-Sportartikel*; *Emmerich*, § 21 II 1.; *Rittner*, § 4 Rn 15 f.
6 Vgl BGH GRUR 1997, 379, 380 *Wegfall der Wiederholungsgefahr*; BGH GRUR 2002, 180 f *Weit-vor-Winter-Schlussverkauf*; ausführlich dazu *Kotthoff/Gabel*, in: *Ekey/Klippel/Kotthoff*, I § 8 Rn 9 f, 12 ff.
7 ZB BGH GRUR 2001, 422, 424 *ZOGOR*; *Teplitzky*, Kap. 8 Rn 16c, Kap. 41 Rn 65; *Ahrens* 8, 2 f.
8 So OLG Bamberg WRP 2003, 102 f; *Teplitzky*, Kap. 8 Rn 32.

88 Liegt eine **Wiederholungsgefahr** nicht vor, ist die Klage auf Unterlassung des wettbewerbsrechtlichen Verhaltens (Leistungsklage) als unbegründet (und nicht als unzulässig) abzuweisen, da es sich bei der Wiederholungsgefahr um eine **materielle Voraussetzung** handelt[9]. Die Klage ist hingegen als unzulässig abzuweisen, wenn das **Rechtsschutzbedürfnis** fehlt, etwa weil der Kläger bereits seinen Unterlassungsanspruch rechtskräftig eingeklagt hat und aus dem Titel vollstrecken kann. Der Titel, den er im einstweiligen Verfügungsverfahren erlangt hat, ist hingegen nicht endgültig, andernfalls führte er die Verpflichtung zur Durchführung des anschließenden Hauptsacheverfahrens *ad absurdum*.

89 Das Begehren kann sich stets nur auf ein Unterlassen der Wiederholung der konkreten Verletzungshandlung und nicht auf ähnliche Handlungen richten. Die Unterlassung anderer, möglicherweise ähnlicher Handlungen kann allenfalls Gegenstand der **vorbeugenden Unterlassungsklage** sein, wenn die Erstbegehungsgefahr hinreichend dargetan wird (s. dazu unter Rn 91 f). In der Klage muss die Handlung, deren Unterlassung begehrt wird, hinreichend konkret bestimmt werden, um den Anforderungen des § 253 ZPO zu genügen (s. dazu unter Rn 470).

90 Grundsätzlich trägt zwar der Kläger für die Wiederholungsgefahr die **Beweislast**, wegen der **Vermutungswirkung** bei Vorliegen einer unlauteren geschäftlichen Handlung hat allerdings in der Regel der Beklagte die Vermutung der Wiederholungsgefahr zu entkräften. Dies kann ihm nur gelingen, wenn er darlegt und glaubhaft macht, dass es sich um einen einmaligen Vorgang handelt und eine Wiederholung in einem überschaubaren Zeitraum ausgeschlossen ist. Hat der Beklagte hingegen vor Rechtshängigkeit eine **strafbewehrte Unterlassungserklärung** abgegeben, entfällt die Vermutungswirkung zugunsten der Wiederholungsgefahr. Für diesen Fall trägt der Kläger die Beweislast einer gleichwohl bestehenden Gefahr für die Wiederholung der angegriffenen geschäftlichen Handlung. Erklärt der Beklagte hingegen lediglich, die beeinträchtigende Handlung zukünftig zu unterlassen, hält er aber gleichzeitig an seinem Rechtsstandpunkt fest, genügt dies nicht, da es an der Ernsthaftigkeit der Unterlassungserklärung und überdies an der strafbewehrten Unterwerfungserklärung fehlt. Auch der Nachweis, dass die Produktion von Waren, die in unlauterer Weise beworben wurden, eingestellt wurde, genügt nicht um die Wiederholungsgefahr zu entkräften[10].

*Hinweis:* Ausführlicher zur gerichtlichen Durchsetzung wettbewerblicher Ansprüche s. unter § 13 und speziell zum einstweiligen Verfügungsverfahren s. unter Rn 475 ff.

### 2. Vorbeugender Unterlassungsanspruch, § 8 Abs. 1 S. 2 UWG

91 Ein Unterlassungsanspruch nach § 8 Abs. 1 S. 2 UWG besteht bereits dann, wenn ein Verstoß gegen § 3 oder § 7 UWG droht. Voraussetzung dieses nunmehr ausdrücklich im Gesetz geregelten vorbeugenden Unterlassungsanspruchs ist als Pendant zur Wie-

9 S. dazu *Emmerich*, § 21 II. 1. mit Nachweisen aus der Rspr.
10 So der BGH in der *Brennwertkessel*-Entscheidung, NJW-RR 1998, 1571.

derholungsgefahr die **Erstbegehungsgefahr**, dh eine ernstlich drohende, also nicht nur mögliche, sondern unmittelbar oder in naher Zukunft bevorstehende Gefahr einer Rechtsverletzung muss gegeben sein. Es müssen ernsthafte und greifbare Anhaltspunkte vorliegen, die eine zuverlässige rechtliche Beurteilung ermöglichen. Die Erstbegehungsgefahr wird anders als die Wiederholungsgefahr nicht vermutet, sondern muss vom Kläger dargelegt und bewiesen werden[11]. Der wichtigste Fall der Erstbegehungsgefahr ist die **Berühmung**. Behauptet der Verletzer, zu der Handlung berechtigt zu sein oder kündigt er an, sie gegenüber jedermann jederzeit vornehmen zu dürfen, liegt ein Berühmen vor[12]. Kündigt der Verletzer **Vorbereitungshandlungen** an, kann sich daraus ebenfalls eine Erstbegehungsgefahr ergeben, zB bei Ankündigung eines wettbewerbswidrigen Verhaltens[13] (vgl dazu die Ausführungen in dem Aktenvortrag ***Rotpreis-Revolution***, Anhang I, Rn 484). Die Erstbegehungsgefahr entfällt, wenn die Berühmung oder die Vorbereitungshandlungen glaubhaft aufgegeben werden oder bei entgegengesetztem Verhalten **(actus contrarius)**[14]. Wird ein Unterlassungsbegehren zum einen auf Wiederholungsgefahr wegen der vorprozessual begangenen Verletzungshandlung gestützt und zum anderen auf Erstbegehungsgefahr wegen Erklärungen, die der auf Unterlassung gerichtlich in Anspruch Genommene zur Rechtsverteidigung im Verfahren abgibt, so handelt es sich bei dem Verletzungsunterlassungsanspruch wegen Wiederholungsgefahr und dem vorbeugenden Unterlassungsanspruch wegen Erstbegehungsgefahr um **verschiedene Streitgegenstände und damit um verschiedene prozessuale Ansprüche**[15]. Denn die (einheitliche) Rechtsfolge wird aus **unterschiedlichen Lebenssachverhalten** hergeleitet. Liegen mehrere prozessuale Ansprüche vor, so ist für jeden Anspruch eine Begründung erforderlich[16].

*Aufbauhinweis:* Da im Falle eines vorbeugenden Unterlassungsanspruchs eine Unlauterkeitstat **92**
noch nicht begangen wurde, sondern erst bevorsteht, erscheint es konsequent, zunächst die Gefahr einer erstmaligen Begehung einer geschäftlichen Handlung, die einen Unlauterkeitstatbestand verwirklichen könnte, zu prüfen. Anders als die Wiederholungsgefahr, die nach Feststellung einer Unlauterkeitstat (Vorliegen aller objektiven und subjektiven Voraussetzungen des § 3 Abs. 1 UWG iVm den konkreten Unlauterkeitstatbeständen) geprüft wird, sollte also zunächst die Wahrscheinlichkeit einer Erstbegehungsgefahr festgestellt und dann geprüft werden, ob darin eine geschäftlichen Handlung liegt und ob diese einen der Unlauterkeitstatbestände verwirklicht, was dann im Einzelnen zu prüfen ist (s. dazu auch das Prüfungsschema Rn 486).

---

11 ZB bereits BGHZ 2, 394 *Widia/Ardia*.

12 ZB BGH GRUR 2001, 1174 *Berühmungsaufgabe*; BGH GRUR 1987, 169 *Berühmung*; Harten/Henning/*Beckedorf*, § 8 Rn 27 ff.

13 BGH GRUR 1974, 477, 478 *Hausagentur*; vgl *Hönn*, Fall 4 (S. 72 ff).

14 Ständige Rspr zB BGH GRUR 2001, 1174 *Berühmungsaufgabe*; BGH GRUR 1994, 454, 456 *Schlankheitswettbewerb*; BGH GRUR 1987, 125, 126 *Berühmung*; *Mellulis*, Rn 603; vgl auch OGH 4Ob119/08s *Exklusiv: Die ersten Fotos*.

15 Vgl Köhler, Anm. zu BGH LM Nr 598 zu § 1 UWG aF; *Teplitzky*, Kap. 10 Rn 12; Fezer/*Büscher*, § 8 Rn 77; *Fritzsche*, Unterlassungsanspruch und Unterlassungsklage, 2000, S. 181.

16 Für die entsprechenden Anforderungen an die Berufungsbegründung s. BGH GRUR 2006, 429 f *Schlank-Kapseln* zu § 520 ZPO; BGH GRUR 1995, 693, 695 = WRP 1994, 387 *Indizienkette*; BGH GRUR 1998, 587, 588 = WRP 1998, 512 *Bilanzanalyse Pro 7*, jeweils zu § 519 Abs. 3 Nr 2 ZPO aF; *Reichold*, in: Thomas/Putzo, § 520 Rn 25 mwN; *Ahrens* 36, 172.

## II. Beseitigungsanspruch, § 8 Abs. 1 S. 1 UWG

93 Ein Anspruch auf Beseitigung einer Störung besteht, wenn ein in der Vergangenheit begonnener Wettbewerbsverstoß iSd § 3 oder § 7 UWG aktuell andauert und sein Fortwirken in der Zukunft bevorsteht, solange die Störungsquelle nicht behoben ist. Da ein Unterlassungsanspruch stets nur darauf gerichtet ist, vergleichbare Störungen in Zukunft zu verhindern (bzw ihre erstmalige Begehung auszuschließen), erfasst er die Fälle einer andauernden Störung nicht. Die Folgen des ersten, aktuell andauernden Angriffs werden durch einen Unterlassungsanspruch nicht beseitigt. Solange die Störungsquelle nicht beseitigt ist, dauert der Unlauterkeitsverstoß an. Eine Behebung ist allein mittels des Beseitigungsanspruchs möglich. Da im Gesetz bislang eine ausdrückliche Regelung eines Beseitigungsanspruchs fehlte, behalf sich die Rechtsprechung und das Schrifttum durch gewohnheitsrechtliche Anerkennung eines an § 1004 Abs. 1 S. 1 BGB angelehnten Anspruchs auf Beseitigung wettbewerbsrechtlicher Störungsquellen. Die explizite Regelung in § 8 Abs. 1 S. 1 UWG macht nun die gewohnheitsrechtliche Herleitung überflüssig.

*Literaturhinweis: Gommlich*, Die Beseitigungsansprüche im UWG, 2001, 30 ff, 36 ff mwN.

### 1. Voraussetzungen

94 Voraussetzungen des Beseitigungsanspruchs sind

- eine durch Wettbewerbsverstoß eingetretene und fortdauernde Störung und
- die Rechtswidrigkeit dieser Störung, die regelmäßig vorliegt und nur bei einer Duldungspflicht oder wirksamen Einwilligung des durch den Wettbewerbsverstoß Beeinträchtigten entfällt.

Wie die Unterlassungsansprüche setzt der Beseitigungsanspruch kein Verschulden voraus.

95 Der Anspruch richtet sich inhaltlich nach der konkreten Störung. Der häufigste Fall in der Praxis ist der Anspruch auf **Widerruf unrichtiger Tatsachenbehauptungen**, die eine andauernde Störungsquelle in Form von Ehrverletzungen, Verleumdungen oder eine Schädigung bilden. Während der Spezialtatbestand der **geschäftlichen Verleumdung** (§ 15 UWG aF) ersatzlos gestrichen wurde, ist die vormals in § 14 UWG aF geregelte **Anschwärzung**, die in ihren Abs. 1 S. 2 und Abs. 2 S. 1 einen speziell geregelten Unterlassungsanspruch enthielt, nun in § 4 Nr 8 UWG normiert (s. dazu die Ausführungen unter Rn 368 ff).

96 Voraussetzung des auf **Widerruf** gerichteten Beseitigungsanspruchs ist, dass die Behauptung wahrheitswidriger Tatsachen andauert und ihre schädigende Wirkung auch für die Zukunft entfaltet und damit eine fortdauernde Beeinträchtigung besteht. Ist die schädigende Wirkung abgeschlossen, kann allenfalls ein Anspruch auf Schadensersatz geltend gemacht werden.

*Literaturhinweis:* Zur Anschwärzung *Emmerich*, § 9; *Kling/Thomas*, Rn 396 ff; *Rittner*, § 3 Abs. 1 Rn 87 ff; zum Widerrufsanspruch *Ahrens* 79, 85; *Bornkamm*, in: Köhler/Bornkamm, § 8

Rn 1.95 ff; *Emmerich*, § 9 VI, 21 IV 2 sowie ausführlich zu den Beseitigungsansprüchen im UWG (allerdings vor der UWG-Novelle 2004) *Gommlich*, Die Beseitigungsansprüche im UWG, 2001, S. 176 ff.

Darüber hinaus kann der Beseitigungsanspruch auf **Löschung** einer unzulässigen Firma, auf **Berichtigung unzutreffender Werbeaussagen** oder auf **Beseitigung täuschenden Werbematerials** gerichtet sein[17]. Auch hier gilt stets, dass es sich um eine andauernde Störungsquelle handeln muss, aus der auch für die Zukunft ein Fortdauern zu erwarten ist, solange nicht Einhalt im Wege eines Beseitigungsanspruchs geboten wird. **97**

## 2. Verhältnis des Beseitigungsanspruchs zu Unterlassungs- und Schadensersatzanspruch

Grundsätzlich erfasst allein der Beseitigungsanspruch eine fortdauernde Störung und der Unterlassungsanspruch eine abgeschlossene Verletzungshandlung, deren Wiederholung droht bzw er ist auf die Verhinderung einer erstmalig drohenden Unlauterkeitstat gerichtet. Ein Beseitigungsanspruch kommt – anders als ein Unterlassungsanspruch – auch nach Abgabe einer **Unterwerfungserklärung** in Betracht, weil er in erster Linie auf die Behebung der in der Vergangenheit ausgebrochenen und im Istzustand andauernden Störung gerichtet ist. **98**

Eine Abgrenzung kann jedoch mitunter Schwierigkeiten bereiten. So kann der Unterlassungsanspruch mit dem Anspruch auf Beseitigung zusammenfallen, wenn die Nichtbeseitigung einer Störung mit der Fortsetzung der Verletzungshandlung identisch ist[18]. Überwiegend wird ein **Nebeneinander** beider Ansprüche bejaht[19]. Das **Rechtsschutzbedürfnis** für den Beseitigungsanspruch besteht schon deshalb, weil der Beseitigungstitel **vollstreckbar** ist (im Wege der Ersatzvornahme, § 887 ZPO oder als nicht vertretbare Handlung durch Zwang, § 888 ZPO). **99**

Während der Beseitigungsanspruch allein auf Behebung einer in der Vergangenheit begonnenen aktuell andauernden und bei Nichtbeseitigung in die Zukunft fortdauernden Störung gerichtet ist, dient der **Schadensersatzanspruch** dazu, die bereits durch einen Wettbewerbsverstoß eingetretenen Schäden auszugleichen. Trotz dieser begrifflichen und damit rein theoretischen Trennung kann die Abgrenzung in der Praxis Schwierigkeiten bereiten. Da aber beide Ansprüche auch nebeneinander bestehen können, etwa wenn der Schaden in der fortdauernden Störung liegt, muss eine Entscheidung für den einen und gegen den anderen nicht getroffen werden[20]. Da es zur Geltendmachung des Beseitigungsanspruchs keines Verschuldensnachweises bedarf, kann diesem Begehren im Einzelfall ein größerer Erfolg beschert sein. **100**

---

17 Vgl BGH NJW 1974, 1244; BGH GRUR 1998, 415.
18 Dazu zB BGH 121, 242, 248 *TRIANGLE*.
19 *Bornkamm*, in: Köhler/Bornkamm, § 8 Rn 1.72; GK/*Köhler*, Vor § 13 B Rn 127; *Teplitzky*, Kap. 22 Rn 5.
20 BGH NJW 1996, 845, 846; *Fritzsche*, Unterlassungsanspruch und Unterlassungserklärung, 2000, S. 201.

*Literaturhinweis:* Ausführlich zu den Rechtsfolgen eines Beseitigungsanspruchs im UWG *Gommlich*, Die Beseitigungsansprüche im UWG, 2001 (zum Widerrufsanspruch: S. 176 ff, 205 f, 215 f; zum Gegendarstellungsanspruch: S. 190 ff; zum Recht auf Duldung der Urteilsveröffentlichung: S. 194 ff, 207 f, 217 f; zum Anspruch auf Berichtigungswerbung bei Irreführung: S. 217, 294 ff; zur Duldung störungsbeseitigender Selbsthilfemaßnahmen des Verletzten: S. 203 ff; zum Anspruch auf Beseitigung einer Marktverwirrung: S. 221 ff; zur Störungsbeseitigung durch Drittauskunft: S. 223 ff; zur Störungsbeseitigung durch Vertragsänderung oder -beendigung: S. 227 f; zur Störungsbeseitigung durch Zwang zur Kontrahierung: S. 229 ff; zur Störungsbeseitigung durch Verpflichtung zur Unterlassung: S. 236 ff; zur Beseitigung störender Gegenstände: S. 241 ff); zum Beseitigungsanspruch aus § 1004 BGB *Boesche*, Die zivilrechtsdogmatische Struktur des Anspruchs auf Zugang zu Energieversorgungsnetzen, 2002, S. 203 ff.

## III. Missbräuchliche Geltendmachung von Unterlassungs- und Beseitigungsansprüchen, § 8 Abs. 4 UWG

### 1. Mehrfachabmahnungen

101 Nach § 8 Abs. 4 UWG ist die Geltendmachung von Unterlassungs- und Beseitigungsansprüchen „insbesondere" missbräuchlich, wenn sie „vorwiegend dazu dient, gegen den Zuwiderhandelnden einen Anspruch auf Ersatz von Aufwendungen oder Kosten der Rechtsverfolgung entstehen zu lassen." Gerade im Wettbewerbsrecht wurde der Vorwurf missbräuchlichen Verhaltens schnell und gern gegenüber Gewerbetreibenden erhoben, die eng mit **Rechtsanwälten** zusammenarbeiteten und deren vornehmliche oder ausschließliche gewerbliche Tätigkeit darin bestand, überwiegend wegen bescheidener Verstöße **Abmahnungen** gegenüber anderen Gewerbetreibenden auszusprechen, um auf diese Weise ihre Aufwendungen und die Rechtsanwaltsgebühren erstattet zu bekommen. Besteht die geschäftliche Tätigkeit des abmahnenden Gewerbetreibenden allein oder überwiegend in der Beschaffung neuen Materials über (vermeintlich) unlautere Wettbewerbsverstöße, gilt dies als missbräuchlich, zB wenn Rechtsanwälte sich auf diese Weise ein regelmäßiges Einkommen sichern **(missbräuchliche Mehrfachabmahnung)**[21]. Der Vorwurf missbräuchlicher Mehrfachabmahnungen richtet sich aber auch gegen **Wettbewerbsvereine**, die den Vereinszweck nur als Vorwand benutzen, um Verstöße gegen Vorschriften des UWG zu ahnden, tatsächlich aber vor allem daran interessiert sind, Gebühren und Vertragsstrafen einzustreichen, um dadurch ihre Existenz zu sichern[22]. Der BGH sah das Gebaren von Vereinen und Verbänden, die ihre Existenz im Wesentlichen den Abmahnpauschalen verdankten, als missbräuchlich an[23]. Dem schloss sich der Gesetzgeber 1987 mit Einfügung des § 13 Abs. 5 UWG aF (entspricht § 8 Abs. 4 UWG, der allerdings zusätzlich den Beseitigungsanspruch umfasst) an, was zu einem gewissen Rückgang und zumindest zu einem bedachteren Umgang seitens der abmahnenden Rechtsanwälte und

---

21 KG MMR 2010, 688 (Vielzahl wettbewerbsrechtlicher Unterlassungsansprüche ist bei Einsatz eines Prozessfinanzierers regelmäßig missbräuchlich); BGH GRUR 2002, 357, 358 *Missbräuchliche Mehrfachabmahnung*.

22 BGH GRUR 1988, 918 *Wettbewerbsverein III*; BGH GRUR 1991, 684 f *Verbandsausstattung I*.

23 BGH, NJW 1986, 1041 und 1347; *BGH*, NJW-RR 1988, 1444.

zu einem Verebben der regen Abmahnpraxis von Kollektivverbänden führte. Durch die UWG-Novelle von 1994 wurden zusätzlich die Anforderungen an die Wettbewerbsverbände iSd § 13 Abs. 2 Nr 2 UWG aF verschärft (Förderung gewerblicher oder selbstständiger beruflicher Interessen der Mitglieder, Tätigkeit auf demselben Markt und erhebliche Zahl von Mitgliedern). Durch die hohen Anforderungen an die Klageberechtigung erhoffte man einen Rückgang der missbräuchlichen Geltendmachung von Unterlassungsklagen durch Verbände, deren Zweck nur scheinbar dem Schutz des Wettbewerbs, tatsächlich aber eigener finanzieller Interessen diente[24]. Dem kann man mit *Beater* die Frage entgegenhalten, ob es richtig sein kann, dass einerseits wettbewerbliche Grenzen gezogen werden, „aber im gleichen Atemzug auf ihre Einhaltung" verzichtet wird. Ist es nicht völlig irrelevant, ob der Kläger aus ehrlichen, anständigen oder aus rein selbstsüchtigen Motiven vor Gericht zieht? Hat er Erfolg, so trägt auch die „selbstsüchtige" Klage zur Sicherung wettbewerblicher Kollektivinteressen bei[25]. Gesetzgebung und Rechtsprechung haben sich allerdings einvernehmlich gegen einen rigorosen Wettbewerbsschutz, wie er *Beater* vorschwebt, und für eine Eindämmung allein im Eigeninteresse erfolgender Geltendmachung von Unterlassungs- und Beseitigungsansprüche entschieden.

Anlässlich neuer Werbeformen, insbesondere Telefax-, E-Mail- und SMS-Werbung **102**
(sog. Spam), hat der Berufszweig der Abmahnfreudigen neuen Aufwind erhalten. Vermeintliche oder tatsächliche Rechtsverletzungen über das Internet und durch seitenlange Telefaxschreiben werden wieder intensiver und systematischer von Wettbewerbsverbänden und Rechtsanwälten mittels Abmahnschreiben verfolgt als dies nach der Gesetzesänderung von 1987 gegenüber traditionelleren Werbemitteln geschah. **Indizien für einen Missbrauch** liegen jedenfalls immer dann vor, wenn **sachfremde Ziele** wie das vornehmliche Interesse, eigene Aufwendungen ersetzt zu bekommen, Rechtsanwaltsgebühren zu erstreiten, die Forderung überhöhter Aufwandsentschädigungen oder Abmahngebühren oder das Erheben von Gebühren durch Vereine im Vordergrund steht[26]. Kein sachfremdes Ziel verfolgt hingegen ein Beklagter, der die unzutreffende Einordnung der Website durch die Software des Klägers verhindern will und dazu den Kläger abmahnt. Er will seine Website von dem Spammakel befreien und wieder „freigeschaltet" werden. Auch die Beantragung einer einstweiligen Verfügung war nicht rechtsmissbräuchlich[27]. Wird etwa derselbe Unlauterkeitsvorwurf unnötiger Weise **mehrfach** verfolgt, sei es durch **parallele Verfahren**[28], durch

---

24 Amtl. Begrd. WRP 1994, S. 369, 377 ff; vgl dazu auch *Baumbach/Hefermehl*, 22. Aufl., § 13 UWG Rn 2.

25 *Beater*, § 30 Rn 126.

26 Vgl BGHZ 144, 165, 170 ff; das OLG Hamm bejahte die Rechtsmissbräuchlichkeit einer Abmachung, wenn der Text den Eindruck erweckt, der Empfänger müsse zur Vermeidung einer Unterlassungsklage auch die Anwaltskosten fristgemäß zahlen und wenn in der beigefügten Unterlassungserklärung ein Vertragsstrafversprechen für jeden Fall der auch nicht schuldhaften Zuwiderhandlung enthalten ist (MMR 2010, 826).

27 OLG Hamm CR 2007, 530, 531 mit Anm. *Ernst*, CR 2007, 533 f.

28 So sah der BGH zB die gegen eine gemeinschaftliche Werbeanzeige gerichtete Rechtsverfolgung in jeweils getrennten Verfügungsverfahren gegen drei Unterlassungsschuldner, die einen einheitlichen Gerichtsstand haben und durch denselben Rechtsanwalt vertreten werden, als rechtsmissbräuchlich an (GRUR 2006, 243 f *MEGA SALE*).

gleichzeitig versandte Abmahnungen gegenüber mehreren Konzerntöchtern, durch sog. **Salvenklagen** von Tochtergesellschaften eines Konzerns gegen denselben Mitbewerber, durch mehrere Gläubiger, die in **Schädigungsabsicht** und nach **Absprache untereinander** gegen einen Mitbewerber vorgehen, um ihn mit Kosten zu überziehen und durch mehrere Prozesse zu belasten, durch **Aufspaltung** eines Vorgangs in mehrere einstweilige Verfügungen, durch **großzügiges Versenden von Abmahnungen**, ohne bei Ausbleiben einer Unterwerfung eine gerichtliche Klärung zu suchen, entsteht aufgrund sich wiederholenden Verhaltens der Eindruck, dieses diene allein der Erzielung von Rechtsanwaltungsgebühren oder der Belastung des abgemahnten Unternehmens mit **doppelten Kosten**, spricht dies für ein missbräuchliches Verhalten.

**102a** So wurden etwa von verschiedenen Niederlassungen der *Media-Markt-Kette* in einem kurzen Zeitraum ca. 80 ähnliche Anträge auf Unterlassung beim LG München I gestellt. Gerügt wurden meistens unzutreffende Versandkostenangaben von Online-Händlern in Preissuchmaschinen wie zB die – unabhängig vom Produkt – immer gleiche Angabe „Versandkosten ab 3,99 €“, auch wenn bei schwereren Produkten die anfallenden Versandkosten tatsächlich erheblich höher seien. Ebenso wurden auch falsche Angaben zum Liefertermin oder zur Energieeffizienz angebotener Elektrogeräte gerügt. Die zahlreichen Unterlassungsanträge gegen die Onlineanbieter wurden zT als rechtsmissbräuchlich angesehen[29]. Bei der Einordnung als Rechtsmissbrauch kommt es nach Ansicht des LG München auf die Zusammenschau verschiedener Gesichtspunkte an, wie: die **Anzahl eingegangener Anträge**; die Tatsache, dass durch die **abwechselnde Adressierung an Kammern für Handelssachen und Zivilkammern**, der Eindruck erweckt werde, die Gesamtzahl der Anträge solle nicht zu offensichtlich werden; die **Höhe der Streitwerte**; die Tatsache, dass die **Antragsschriften textbausteinartig** aufgebaut und über große Strecken **wortidentisch** seien; und die Tatsache, dass in jedenfalls 12 Fällen die Antragstellerin noch vor Abschluss des einstweiligen Verfügungsverfahrens bereits das **Hauptsacheverfahren eingeleitet** habe. Erkennbar dominiere das **Gebührenerzielungsinteresse** derart, dass etwaige Interessen der marktstarken Antragsteller an einer widerspruchsfreien Wiedergabe der Versandkosten zurückzustehen hätten. Auch die Tatsache, dass auf Seiten der Elektromarktkette verschiedene rechtlich selbstständige Märkte als Antragstellerinnen aufträten, ändere hieran nichts, sondern spreche eher für die Missbrauchsabsicht, da angesichts der Tatsache, dass **alle Abmahnungen zentral von der selben Kanzlei** aus versandt würden, die Verwendung verschiedener Antragstellerinnen erkennbar dazu diene, mit rein formalistischen Mitteln dem Vorwurf der Rechtsmissbräuchlichkeit entgegenzuwir-

29 So die 33. Zivilkammer des LG München I, Pressemitteilung des Landgerichts München vom 14.11.2006 *Abmahnungen gegen Online-Shops*, Beschlüsse des LG München I v. 29.8.2006, AZ.: 33 O 14925/06 ua. Wie das OLG München in der Sache entscheiden wird, ist noch offen. Die Antragstellerin hat alle an den Beschlüssen der 33. Zivilkammer beteiligten Richter wegen angeblicher Befangenheit abgelehnt und gegen die dies zurückweisenden Beschlüsse Beschwerden eingelegt, über die noch nicht entschieden wurde. Vgl dazu *Meck* FAZ v. 5.11.2006: „‚Die größte Sauerei des Jahres‘ – so wirbt der Media-Markt und überzieht die Konkurrenz mit Abmahnungen und Klagen“; vgl auch OLG Jena, Urt. v. 6.10.2010, 2 U 386/10 (es komme auf eine Gesamtbetrachtung an. Für eine Rechtsmissbräuchlichkeit spreche eine umfangreiche Abmahntätigkeit einer finanzschwachen Gesellschaft und die Geltendmachung überhöhter Streitwerte).

ken. Andererseits wurde vertreten[30], dass angesichts der **Größe der Elektromarktgruppe** die Abmahntätigkeit hinsichtlich des Umsatzes von völlig untergeordneter Bedeutung sei. Da die Antragstellerin als Branchenführerin sich auch über ihre Niedrigpreise am Markt positioniere, sei es nachvollziehbar, wenn sie gegen Versandhändler vorgehe, die unter möglicherweise irreführenden Angaben mit niedrigen Preisen würben. Die Zahl der Abmahnungen zeige zunächst nur, dass offenbar in einer Vielzahl von Fällen gegen das Irreführungsgebot verstoßen wurde.

Auch, wenn Abmahnungen als unzulässige Serienabmahnungen insbesondere gegen **103** geringfügige Verstöße unerfreulich sind, vor allem wenn sie nur der Finanzierung des eigenen Handelns dienen, ist ein allgemeines Verdikt gegen Abmahnungen unangebracht. Schließlich stellen sie ein einfaches und wirkungsvolles Instrument dar, um ein unlauteres Vorgehen schnell zu beheben oder um zumindest vorläufig für seine Einstellung zu sorgen. Wegen des weiten Wortlauts des § 8 Abs. 4 UWG ist daher eine restriktive Auslegung geboten[31].

Rechtsmissbräuchlich kann auch das Verhalten eines Rechtsanwalts sein, der in einem **104** grundsätzlich erlaubten **Nebengewerbe** entweder als Mitbewerber oder als Vorstand eines Vereins tätig ist. Nutzt er das Betreiben dieses Nebengewerbes ausschließlich oder vornehmlich zu einer eigenen umfangreichen Abmahntätigkeit, liegt darin wegen des in erster Linie bestehenden Gebührenerzielungsinteresses ein Missbrauch[32]. Ein missbräuchliches Verhalten kann auch dann vorliegen, wenn ein **Rechtsanwalt** unter Berufung auf das Allgemeininteresse Abmahnungen an werbende Unternehmen herausschickt, also Wettbewerbsverstöße aufspürt und aus eigenem Antrieb tätig wird[33], ohne dazu mandatiert und ohne selbst im geschilderten Sinne nebengewerblich tätig zu sein (s. dazu Rn 457 f, 468).

## 2. Unclean-hands-Einwand

Hinter der Rechtsfigur des **unclean-hands** verbirgt sich folgende Einstellung: Ist die **105** eigene Weste nicht sauber, soll der Betreffende nicht berechtigt sein, auf andere zu zeigen, die ebenfalls unsaubere Westen tragen. Wer selbst wettbewerbswidrig handelt, kann also von einem anderen nicht Unterlassung eines gleichen Wettbewerbsversto-

30 So die Kammer für Handelssachen des LG München I zB Urteil der 17. Kammer für Handelssachen v. 21.9.2006, AZ.: 17HK O 12520/06.

31 So auch *Thomas/Kling*, § 3 Rn 632 und *Rittner* (§ 4 Rn 35), der die Norm daher schon 1999 für aufhebungswürdig befand.

32 So auch *Köhler*, in: Köhler/Bornkamm, § 8 Rn 4.12.

33 BGH GRUR 2002, 715 *Scanner-Werbung*; BGH WRP 2002, 980 *Zeitlich versetzte Mehrfachverfolgung*; BGH NJW-RR 2000, 1644 *Neu in Bielefeld II*; BGH NJW 2001, 73, 74 f *Falsche Herstellerpreisempfehlung*; BGH GRUR 2001, 260, 261 *Vielfachabmahne*; BGH NJW 2001, 371, 372 *Vielfachabmahner*; BGH NJW 2000, 74 *Wir dürfen nicht feiern (gegenüber einem Verein)*; OLG Hamburg GRUR-RR 2003, 2233 *Juris-Datenbank, Haftung bei Werbung Dritter*; OLG Hamburg GRUR-RR 2003, 53 *Verdrängungsversuch*; OLG Stuttgart GRUR-RR 2001, 381 *Hot Chili und Chili works*; zum Abmahngeschäft „in eigener Regie" OLG Köln MDR 1993, 634, 635; OLG München WRP 1992, 270; ausf. zu den Fallgruppen *Köhler*, in: Köhler/Bornkamm, § 8 Rn 4.12 ff mwN; *Emmerich*, § 22 I., IV.; zur Darstellung der wesentlichen Fallgruppen aus der neueren Rspr *Kling/Thomas*, § 4 Rn 728 ff; *Schmitz-Fohrmann/Schwab*, in: Götting/Nordemann § 8 Rn 145 ff; *Rittner*, § 4 Rn 35 (S. 106 f).

ßes fordern. Hiervon gibt es eine wichtige Ausnahme: betrifft der Verstoß Interessen Dritter oder der Allgemeinheit, kann auch der wettbewerbswidrig handelnde Mitbewerber Unterlassung fordern, denn die Interessen Dritter bzw der Allgemeinheit rechtfertigen stets die Rechtsverfolgung[34]. Die Einwendung der unclean-hands hat jedoch nur Erfolg, wenn

- sich eine geschäftliche Handlung, zB eine Werbung ausdrücklich und erkennbar gegen einen Mitbewerber richtet und dieser mit einer gezielten Aktion gegenüber dem angreifenden Werbenden „zurückschlägt"
- die eigene wettbewerbsrechtliche Antwort maßvoll ist und nicht über eine gezielte Gegenwehr hinausgeht
- **Interessen Dritter oder der Allgemeinheit nicht betroffen** sind, denn deren Interesse rechtfertigt stets die Rechtsverfolgung
- und der Kläger sich bei wechselseitiger Abhängigkeit der beiderseitigen Wettbewerbsverstöße zu seinem eigenen Verhalten in Widerspruch setzen würde, da er mit der angreifenden unlauteren geschäftlichen Handlung begonnen und dadurch die entsprechende Erwiderung ausgelöst hat[35].

106 Bei Einhaltung dieser Voraussetzungen wird auch den Bedenken Rechnung getragen, die befürchten, dass bei Anerkennung des Einwands das die Allgemeinheit berührende öffentliche Interesse am lauteren Wettbewerb und an der Ahndung von Wettbewerbsverstößen außer Acht gelassen wird, denn der Einwand kann nicht erhoben werden, wenn Allgemeininteressen betroffen sind[36]. Da idR im Fall von **Unterlassungs-** und **Beseitigungsansprüchen** auch Allgemeininteressen betroffen sind, spricht dies gegen die Zulassung des Einwands; lediglich bei **Schadensersatz-** und **Auskunftsansprüchen**, die allein der Durchsetzung von Individualansprüchen dienen, kann er relevant werden. Ein Schadensersatzanspruch gegen einen Mitbewerber ist daher ausgeschlossen, wenn beide Parteien in gleicher Weise und in gleichem Ausmaß unlauter gehandelt haben[37].

*Aufbauhinweis:* Zu prüfen ist der Einwand nach Feststellung des Anspruchs. Erst, wenn alle Tatbestandsmerkmale erfüllt sind, stellt sich die Frage, ob der Geltendmachung des Anspruchs ein Einwand – in diesem Falle der unclean-hands-Einwand – entgegengehalten werden kann (s. dazu Rn 310).

---

34 In diesen Fällen wird der Einwand nach der Rspr für unzulässig gehalten, vgl BGH GRUR 1967, 430, 432 *Grabsteinaufträge I;* KG GRUR 2000, 93, 94 *Zugabeverstoß*; s. dazu *Köhler*, in: Köhler/Bornkamm, § 11 Rn 2.39 mwN; *Ahren*, Wettbewerbsrecht, Rn 350 f.

35 ZB BGH, Urt. v. 24.2.2005, AZ I ZR 101/02; GRUR 1977, 494, 497 *DERMATEX*; BGH GRUR 1971, 583, 584 *Kopplung im Kaffeehandel*; *Köhler,* in: Köhler/Bornkamm, § 11 Rn 2.38 und Harte/Henning/*Schünemann*, § 3 Rn 174, § 8 Rn 70 f mit jeweils weiteren Nachweisen aus Rspr und Schrifttum; mit Beispielen aus der Rspr *Kling/Thomas, S. 218 f;* für eine großzügigere Zulässigkeit plädieren hingegen zB *Prölss*, Der Einwand der „unclean hands" im Bürgerlichen Recht sowie im Wettbewerbs- und Warenzeichenrecht, ZHR 132 (1969), S. 35, 73, 85 und *Friehe*, „unclean hands" und lauterer Wettbewerb, WRP 1987, 439, 442.

36 Vgl auch BGH WRP 1971, 369 *Kopplung im Kaffeehandel*; *Meckel,* in: Ekey/Klippel/Kotthoff, I vor §§ 8 ff Rn 63–65.

37 BGH GRUR 1970, 563 *Beiderseitiger Rabattverstoß*; BGH GRUR 1971, 582, 584 *Kopplung im Kaffeehandel*; *Köhler,* in: Hefermehl/Köhler/Bornkamm, § 11 Rn 2.40.

Allerdings gilt auch bezüglich wettbewerbsrechtlicher Handlungen das **Eigenmachtverbot**[38]. Kann gerichtliche Hilfe erlangt werden und reicht diese zur Abwehr aus, sind weitere Maßnahmen in der Regel unzulässig. 107

### 3. Provozierter Wettbewerbsverstoß

Wurde zunächst ein Unlauterkeitsverstoß provoziert, um anschließend dessen Unterlassung zu begehren, ist dies rechtsmissbräuchlich. Voraussetzung ist, dass die Provokation ursächlich war für den Verstoß, zB wenn ein Testkauf nur dazu diente, einen Mitbewerber hereinzulegen[39]. Die Provokation muss dabei nicht selbst rechtswidrig sein, es genügt auch sozialwidriges Verhalten. Dieses muss allerdings bewusst, also schuldhaft darauf gerichtet sein, einen anderen zu einer bestimmten Unlauterkeitstat zu provozieren. 108

### 4. Einrede der Verwirkung

Hinsichtlich der Einrede der Verwirkung ist je nach Anspruchsart zu unterscheiden: 109

**Ein Unterlassungsanspruch ist verwirkt, wenn**
1. der Berechtigte den Verstoß gegen seine Rechte kennt oder ihn bei gebotener Wahrung seiner Interessen hätte kennen müssen
2. der Berechtigte über einen längeren Zeitraum untätig geblieben ist
3. der Verpflichtete mit der Duldung seines Verhaltens rechnen durfte und
4. er sich daraufhin einen wertvollen Besitzstand (zB Benutzung eines Kennzeichens, einer Firma oder Marke und den damit verbundenen beachtlichen wirtschaftlichen Wert, der ihm nach Treu und Glauben erhalten bleiben muss) geschaffen hat.

**Ein Schadensersatzanspruch ist verwirkt, wenn** die Voraussetzungen 1.–3. vorliegen; eines schutzwürdigen Besitzstandes bedarf es nicht, es genügt ein ausreichend langes Duldungsverhalten.

**Folgen des Erlöschens des Hauptanspruchs für den Auskunftsanspruch**

Erlischt der Hauptanspruch durch Verwirkung (oder durch Einwendungen wie Erfüllung, Aufrechnung), erlischt auch der Auskunftsanspruch. Unabhängig vom Hauptanspruch kann der Auskunftsanspruch auch selbstständig verwirkt sein.

*Hinweis:* Zur Verwirkung vgl auch die Ausführungen im Fall ***Klosterbrauerei*** (Rn 316).

*Literaturhinweis:* *Lettl*, Rn 691, 724–726.

38 Das Verteilen von Informationsblättern durch einen Pharmahersteller über seine Herstellungsmethoden sah der BGH allerdings als lauter an, da dem Hersteller zuvor Tierquälerei unterstellt worden war und er den Vorwurf auf diese Weise schnell und „unbürokratisch" beseitigen wollte (BGH NJW 1999, 2736, 2737 *Hormonpräparate*).

39 ZB BGH GRUR 1999, 1017, 1019 *Kontrollnummernbeseitigung*.

### 5. Rechtsfolgen

110 Liegt ein Missbrauch der Klagebefugnis nach § 8 Abs. 4 UWG vor, ist die Klage nach überwiegender Ansicht wegen Fehlens der Klage- oder Prozessführungsbefugnis als **unzulässig** abzuweisen[40]. Allerdings wird auch vertreten, dass dem Einwand rechtsmissbräuchlicher Geltendmachung rechtsvernichtende Wirkung zukommt[41]. Der **unclean-hands-Einwand**, die im Prozess von Amts wegen zu berücksichtigen ist, kommt hingegen wie anderen Anwendungen wegen Rechtsmissbrauchs **rechtsvernichtende Wirkung** zu[42].

*Aufbauhinweis:* Während der Missbrauch der Klagebefugnis im Rahmen der Zulässigkeit oder, falls nur die Begründetheit eines Anspruchs zu prüfen ist, im Rahmen der Aktivlegitimation zu erörtern ist, ist die Erhebung des unclean-hands-Einwands, wie andere Einwendungen auch, erst im Anschluss an die Prüfung der Rechtswidrigkeit zu erörtern. Wird er zu Recht erhoben, vernichtet er den zunächst begehrten Anspruch gegen den Unlauterkeitsverstoß.

## IV. Auskunftsanspruch nach § 8 Abs. 5 UWG iVm § 13 Abs. 1 UKlaG

### 1. Anspruch auf Mitteilung von Namen und Anschrift, § 8 Abs. 5 S. 1 UWG

111 § 8 Abs. 5 UWG normiert durch eine technisch unglücklich und kompliziert geratene Verweisung auf § 13 Abs. 1 UKlaG einen **Auskunftsanspruch zur Durchsetzung der in § 8 UWG geregelten Unterlassungsansprüche**, die an die Stelle der in §§ 1 und 2 UKlaG geregelten Unterlassungsansprüche getreten sind. Die neue Bestimmung in § 8 Abs. 5 UWG beabsichtigt (trotz ihrer begrifflichen Unklarheit) eine begriffliche Klarstellung: an die Stelle der **Auskunftsberechtigten** nach § 3 Abs. 1 Nr 1 und 3 UKlaG treten die in § 8 Abs. 3 Nr 3 und 4 UWG genannten Berechtigten und an die Stelle der nach § 3 Abs. 1 Nr 2 UKlaG Berechtigten treten die in § 8 Abs. 3 Nr 2 UWG Genannten. **Auskunftspflichtig** sind gem. § 13 Abs. 1 UKlaG Post-, Telekommunikations-, Tele- und Mediendienste-Unternehmen sowie diejenigen, die an der Erbringung solcher Dienste mitwirken. Mit Hilfe des Mitteilungsanspruchs soll den in § 8 Abs. 3 Nr 2–4 UWG genannten Anspruchsberechtigten auch in den Fällen zu einem Erfolg ihres Unterlassungsbegehrens nach § 8 Abs. 1 oder Abs. 2 UWG verholfen werden, in denen ein Nichterfolg allein deshalb droht, weil vom Unterlassungsschuldner lediglich die Postfachanschrift, eine Internetadresse, eine Telefonnummer oder eine Telefaxnummer bekannt ist[43].

40 ZB BGB GRUR 2002, 357, 359 *Missbräuchliche Mehrfachabmahnung*; BGH NJW 2001, 73, 75; Harte/Henning/*Bergmann*, § 8 Rn 309; vgl dazu *Köhler*, in: Köhler/Bornkamm, § 8 Rn 4.3 ff, der allerdings auch die dogmatische Einordnung als rechtsvernichtende Einwendung nachvollziehbar findet.

41 So zB *v. Ungern/Sternberg*, Die Verfolgung von Wettbewerbsverstößen durch Mehrfachabmahner – ein Nachruf? FS Klaka, 1987, 72, 95 ff.

42 Vgl allgemein zum Rechtsmissbrauchseinwand als rechtsvernichtende Einwendung Palandt/*Heinrichs*, § 242 Rn 50; *Köhler*, in: Köhler/Bornkamm, § 8 Rn 4.3 ff.

43 BT-Drs. 14/6857, S. 39 f, 70 f; vgl zu einem entsprechenden Anspruch bereits vor der UWG-Novelle von 2004 BGH GRUR 2002, 720, 722 *Postfachanschrift*.

Der Anspruch ist gerichtet auf die Angabe des Namens und einer zustellungsfähigen Adresse des Auskunftsverpflichteten. Für die **Kosten**, die mit der Auskunftserteilung verbunden sind, kann der Verpflichtete gem. § 13 Abs. 4 S. 1 UKlaG von dem Anspruchsberechtigten einen **angemessenen Ausgleich** ersetzt verlangen. Die Erstattung dieses Ausgleichs kann der auskunftsberechtigte Unterlassungsgläubiger seinerseits für den Fall des Erfolgs seines Unterlassungsanspruchs von dem Unterlassungsschuldner verlangen. **112**

Die Beschränkung in § 8 Abs. 5 UWG auf Unterlassungsansprüche erscheint angesichts der Ausdehnung des § 8 Abs. 1 UWG auf einen ausdrücklich normierten **Beseitigungsanspruch** inkonsequent und erklärt sich eher mit einer Anlehnung an die Vorgängerregelung des § 13 Abs. 7 UWG aF und damit, dass das UKlaG eben nur Unterlassungsansprüche umfasst, als mit einer bewussten Entscheidung. Hier wird man gegebenenfalls über eine entsprechende ergänzende Auslegung des vom Gesetzgeber tatsächlich Gewollten zu einer Ausweitung auch auf Beseitigungsansprüche gelangen. Dies wird hingegen hinsichtlich der Beschränkung der Anspruchsberechtigten nicht gelingen. Dem nach § 8 Abs. 3 Nr 1 UWG berechtigten **Mitbewerber** gibt § 8 Abs. 5 UWG zur Durchsetzung seiner Unterlassungsansprüche keinen Auskunftsanspruch, obgleich es für ihn regelmäßig noch schwieriger als für einen Verband sein dürfte, die erforderlichen Daten zu ermitteln, wenn ihm lediglich eine E-Mail-Adresse bekannt sind[44], aus der sich weder Name noch Adresse des potenziellen Unterlassungsschuldners herleiten lassen. Zudem steht er viel häufiger, insbesondere in den Belästigungsfällen, einem anonymen Gegner gegenüber. Für ihn wäre ein entsprechender Mitteilungsanspruch daher hilfreich gewesen. Die Beschränkung erklärt sich allerdings damit, dass Mitbewerber nach dem Katalog des § 3 UKlaG nicht anspruchsberechtigt sind. Allerdings kann dem Mitbewerber ein allgemeiner Auskunft- und Rechnungslegungsanspruch zur Durchsetzung seiner Unterlassungs-, Beseitigungs- und Schadensersatzansprüche zustehen (zum allgemeinen Anspruch auf Auskunft und Rechnungslegung s. unter Rn 128 ff). **113**

*Literaturhinweis:* Harte/Henning/*Bergmann*, § 8 Rn 325–337 mit einer „Übersetzung" der sich aus § 8 Abs. 5 S. 1 UWG ergebenden Regelung; *Köhler*, in: Köhler/Bornkamm, § 8 Rn 5.1–5.7; *Plaß*, in: Ekey/Klippel/Kotthoff, I vor §§ 8 ff Rn 3 ff; *Hönn*, S. 53 ff (Fall 2).

## 2. Verhältnis von UWG und UKlaG, § 8 Abs. 5 S. 2 UWG

§ 8 Abs. 5 S. 2 UWG stellt durch die Formulierung „im Übrigen findet das Unterlassungsklagengesetz keine Anwendung" klar, dass § 8 Abs. 5 S. 1 UWG abschließend ist und ein Wettbewerbsverstoß im Übrigen über das UKlaG nicht geltend gemacht werden kann. Damit ist noch einmal deutlich gemacht, dass die Anwendungsbereiche **114**

44 Aus der E-Mail-Adresse lässt sich zwar häufiger der Zu-, selten jedoch der Vorname, geschweige denn die Anschrift des Adressaten entnehmen. Anders ist dies bei einer „.de"-Internetdomain, bei deren Eingabe auf der DENIC-Homepage wird eine natürliche Person als Zustellungsbevollmächtigter und Verantwortlicher genannt (sog. Admin-C). Entsprechendes gilt für „.com"- und andere Toplevel-Domains.

des UKlaG und des Wettbewerbsrechts grundsätzlich voneinander zu trennen sind. Auch nach Art. 3 UKlaRL muss gewährleistet sein, dass ein Unterlassungsanspruch bei einem Verstoß gegen eine Verbraucherrechtsvorschrift besteht und der Anspruch nicht davon abhängig gemacht wird, ob parallel ein Verstoß wegen unlauteren Wettbewerbs vorliegt[45]. Zur Überschneidung von Verbraucherschutzregeln iSd UKlaG und des Wettbewerbsrechts kann es dann kommen, wenn vertragsrechtliche Verbraucherschutznormen Informationspflichten enthalten[46], da der Verstoß gegen solche Informationspflichten einerseits unter das UKlaG fällt, aber auch unter dem Gesichtspunkt des Rechtsbruchs vom Schutz des UWG erfasst werden kann (§ 4 Nr 11 UWG)[47]. So kann ein Unterlassungsanspruch wegen Verstoßes beispielsweise gegen die PAngV von Unternehmensverbänden und qualifizierten Einrichtungen sowohl auf §§ 4 Nr 11 iVm 3 UWG als auch auf §§ 2 Abs. 1, 3 Abs. 1 UKlaG iVm § 1 Abs. 1 S. 1 PAngV gestützt werden. Da UKlaG und UWG nebeneinander anwendbar sind, bedarf es der ohnehin schwierigen Abgrenzung der unterschiedlichen Anwendungsfelder der beiden Verbandsklagetypen nicht[48].

**115** Nach § 1 UKlaG kann auf Unterlassung und im Fall des Empfehlens auch auf Widerruf in Anspruch genommen werden, wer nach den §§ 307–309 BGB unwirksame Allgemeine Geschäftsbedingungen verwendet oder für den rechtsgeschäftlichen Verkehr empfiehlt. Gemäß § 2 Abs. 1 UKlaG kann zudem derjenige auf Unterlassung belangt werden, der in anderer Weise als durch Verwendung oder Empfehlung von Allgemeinen Geschäftsbedingungen gesetzlichen Bestimmungen, die dem Schutz der Verbraucher dienen, zuwider gehandelt hat[49]. Verbraucherschutzgesetze werden in § 2 Abs. 2 UKlaG nicht abschließend aufgezählt[50]. In § 3 Abs. 1 Nr 2 UKlaG wird hinsichtlich der Klagebefugnis von rechtsfähigen Verbänden zur Förderung gewerblicher Interessen an die inhaltsgleiche Formulierung des §§ 13 Abs. 2 Nr 2 UWG aF, 22 Abs. 3

45 Zur Angleichung der Klagebefugnis des AGB-Gesetzes an die Vorschriften des UWG und die Problematik zwischen § 13 Abs. 2 und § 22 AGBG vgl *Schmidt-Räntsch*, Änderungen bei der Klagebefugnis von Verbänden durch das Schuldrechtsmodernisierungsgesetz, DB 2002, 1595, 1597. Der Gesetzgeber hat durch den in § 22 AGBG, § 2 UKlaG aufgenommenen Unterlassungsanspruch über verbraucherschutzgesetzwidrige Praktiken einen eigenen Anspruch geschaffen, der in seinem Anwendungsbereich über die Vorgaben der Richtlinie 98/27/EG hinaus reicht, da alle Rechtsverstöße gegen Vorschriften, die dem Schutz der Verbraucher dienen, geschützt werden. Dazu: *Heß*, Das geplante Unterlassungsklagengesetz, in: Ernst/Zimmermann (Hrsg.), Zivilrechtswissenschaft und Schuldrechtsreform, 2001, S. 527 ff, 529 Fn 16.

46 So zB §§ 312c Abs. 1, 312e Abs. 1, 477 Abs. 1, 492 Abs. 1 BGB.

47 *Beater*, § 27 Rn 67 ff.

48 Vgl dazu nur die ausführliche Analyse dieser Problematik und die vertiefenden Lösungsvorschläge von *Micklitz*, Die Rechtsbruchklage nach § 22 AGBG in: Brönneke (Hrsg.), Kollektiver Rechtsschutz im Zivilverfahren, 2001, S. 87–135.

49 Verbraucherschutzgesetze iSd § 2 UKlaG werden in Abs. 2 beispielhaft aufgezählt.

50 Verbraucherverbände sowie andere nach § 3 Abs. 1 Nr 1 und Nr 3 UKlaG anspruchsberechtigte Stellen und Wettbewerbsverbände haben nach § 13 UKlaG außerdem einen **Auskunftsanspruch** bezüglich der zustellungsfähigen Anschrift eines am Post-, Telekommunikations-, Tele- oder Mediendienstverkehr Beteiligten. Damit soll es ihnen ermöglicht werden, gegen Verbraucherrechtsverstöße zu klagen, was bisher häufig schon an Formalien scheiterte. Die nach § 3 Abs. 1 Nr 2 UKlaG anspruchsberechtigten Stellen haben allerdings nur ein „mediatisiertes" Auskunftsrecht, dh sie können die Angaben nur von der Wettbewerbszentrale, nicht von den Unternehmen verlangen, die nur gegenüber der Wettbewerbszentrale auskunftspflichtig sind.

UKlaG aF, 13 Abs. 2 AGBG aF angeknüpft. Die durch § 20 Abs. 4 Nr 1 UWG erfolgte Neufassung des § 3 Abs. 1 Nr 2 UKlaG hat an die Stelle des Erfordernisses einer „wesentlichen Beeinträchtigung des Wettbewerbs" die Anforderung gestellt, dass die unlautere Handlung geeignet sein muss, „den Wettbewerb nicht unerheblich zu beeinträchtigen." Es handelt sich hierbei allerdings eher um eine sprachliche Neueinkleidung als um eine inhaltliche Änderung.

## V. Schadensersatzanspruch, § 9 UWG

Erstmals ist der Schadensersatzanspruch in einer gesonderten Norm geregelt, die – **116**
ebenso wie § 8 Abs. 1 UWG hinsichtlich des Unterlassungs- und Beseitigungsanspruchs – einen Verstoß gegen § 3 oder § 7 UWG voraussetzt. Damit ist mit der UWG-Novelle ein einheitliches Rechtsfolgensystem geschaffen worden. Zuvor war die Rechtsfolge der Schadensersatzleistung verteilt auf die Vorschriften der §§ 1, 13 Abs. 6, 14 Abs. 1 S. 1, Abs. 2 S. 2 und 19 (iVm §§ 17, 18) UWG aF. Voraussetzung ist neben der Unlauterkeitstat iSd § 3 oder § 7 UWG die Rechtswidrigkeit des Verstoßes sowie ein Verschulden des werbenden Unternehmens (Vorsatz oder Fahrlässigkeit), davon ausgenommen sind die per se Unlauterkeitstaten des § 7 Abs. 2 und des Anhangs zur § 3 Abs. 3 UWG, für ihr Vorliegen genügt der Verstoß. **Anspruchsinhaber** sind ausschließlich **Mitbewerber**. Der einzelne Verbraucher ist unverändert genauso wenig zur Geltendmachung von Schadensersatzansprüchen auf Grundlage des UWG befugt wie Verbände und Kammern. Dies erscheint als Adaption an die Rechtswirklichkeit auch nachvollziehbar, da ein Wettbewerbsverstoß bei Verbänden wie bei Verbrauchern äußerst selten einen messbaren Schaden hervorruft. Sollte ein Verbraucher tatsächlich einmal durch eine werbebedingte Täuschung oder durch andere Formen der Irrtumserregung einen messbaren Schaden erlitten haben, stehen ihm ausreichende Möglichkeiten offen, sich zB von aufgrund des Irrtums eingegangenen vertraglichen Bindungen durch Anfechtung (§§ 119, 123 BGB) zu lösen (zu den Rechtsverfolgungsmöglichkeiten von Verbrauchern s. Rn 4 ff und Prüfungsschemata F. und G. unter Rn 534, 535). Eine parallele Haftung auch des **Unternehmensinhabers** – wie § 8 Abs. 2 UWG sie für den Unterlassungs- und Beseitigungsanspruch vorsieht – kennt § 9 UWG nicht; § 8 Abs. 2 UWG bezieht sich ausdrücklich nur auf § 8 Abs. 1 UWG. Dies war früher nicht anders, auch § 13 Abs. 4 UWG aF bezog sich ausdrücklich nur auf den in § 13 Abs. 2 UWG aF geregelten Unterlassungsanspruch und nicht auf den in § 13 Abs. 6 UWG aF normierten Anspruch auf Schadensersatz.

### 1. Voraussetzungen

#### a) Unlautere geschäftliche Handlung iSd § 3 Abs. 1 UWG (§ 9 S. 1 UWG)

Der Tatbestand der unlauteren geschäftlichen Handlung zur Begründung eines Scha- **117**
densersatzanspruchs setzt zunächst Folgendes voraus:

- Eine in der Vergangenheit verursachte geschäftlichen Handlung iSd § 2 Abs. 1 Nr 1 UWG (s. zum Aufbau von § 3 Abs. 1 UWG die Ausführungen unter § 5 Rn 173 ff),
- in der eine bereits abgeschlossene rechtswidrige Unlauterkeitstat liegt (die Voraussetzungen des jeweiligen Tatbestandes der §§ 6, 7, 5 und/oder 4, jeweils iVm § 3 Abs. 1 UWG bzw eines Verstoßes gegen den allgemeinen Unlauterkeitstatbestand des § 3 Abs. 1 UWG müssen geprüft werden),
- die geeignet ist, die Interessen von Verbrauchern, Mitbewerbern oder sonstigen Marktteilnehmers zu beeinträchtigen,
- bei deren Vornahme mit Wettbewerbsabsicht gehandelt wurde (generell zu vermuten) und
- durch die die Bagatellgrenze (spürbare Beeinträchtigung) überschritten wurde.
- Zudem muss die Kenntnis der Tatumstände gegeben sein – subjektiver Tatbestand – (generell zu vermuten bei Vorliegen der objektiven Tatumstände), ggf sind weitere subjektive Voraussetzungen, zB bei der „gezielten“ Behinderung iSd § 4 Nr 10 UWG (Verdrängungsabsicht) zu prüfen.

#### b) Verschulden

118 Zudem muss der Handelnde schuldhaft gehandelt haben. Der Verletzer haftet grundsätzlich wie im allgemeinen Deliktsrecht gemäß § 276 BGB für **eigenes vorsätzliches und fahrlässiges** Verhalten. Fahrlässigkeit reicht also wie für §§ 823 Abs. 1, 824 BGB aus. Ein **Rechtsirrtum** befreit den Verletzer im Wettbewerbsrecht nur dann vom Fahrlässigkeitsvorwurf, wenn der Irrende bei Anwendung der im Verkehr erforderlichen Sorgfalt mit einer anderen Beurteilung durch die Gerichte nicht zu rechnen brauchte. Geht er bei zweifelhafter Rechtslage von der für ihn günstigeren Variante aus, rechnet er aber gleichzeitig mit einer abweichenden Beurteilung durch die Gerichte oder musste er damit rechnen, handelt er fahrlässig. Außerdem haftet er gem. § 278 BGB für das fahrlässige oder vorsätzliche Verhalten eines Erfüllungsgehilfen.

*Literaturhinweis:* Ausführlich dazu, unter welchen Voraussetzungen ein Rechtsirrtum Fahrlässigkeit ausschließt *Plaß*, in: Ekey/Klippel/Kotthoff, I § 9 Rn 31 mit zahlreichen Nachweisen (idR handelt nicht schuldhaft, wer der höchstrichterlichen Rspr vertraut).

Handeln verantwortliche **Personen periodischer Druckzeitschriften**, so sind sie gem. § 9 S. 2 UWG nur für **vorsätzliches** Zuwiderhandeln verantwortlich (s. dazu die Ausführungen zur Passivlegitimation unter Rn 700 ff und zu den Besonderheiten bei Handlungen von Presseorganen unter § 11).

#### c) Kausaler Schaden

119 Der Schaden muss durch die unlautere geschäftliche Handlung verursacht worden sein.

### 2. Rechtsfolgen (Schadensumfang)

120 Rechtsfolge eines Verstoßes gegen § 9 iVm § 3 Abs. 1 UWG ist die Leistung von Schadensersatz. Dem Umfang nach bestimmt sich der Schadensersatz nach den §§ 249–252 BGB.

### a) Naturalrestitution, Geldentschädigung und entgangener Gewinn, §§ 249, 252 BGB

Nach § 249 BGB kann Ersatz für die Kosten der **Schadensbeseitigung** und der **Rechtsverfolgung** verlangt werden. Zu den Maßnahmen der Schadensbeseitigung kann in Fällen irreführender Werbung auch eine **Aufklärungskampagne** gegenüber einer breiteren Öffentlichkeit gehören. Die dafür aufgewendeten Kosten können, soweit sie belegbar und der Irreführungsaktion eines Mitbewerbers zuzuschreiben sind, im Wege des wettbewerbsrechtlichen Schadensersatzanspruches geltend gemacht werden. Zu ersetzen ist unter Umständen auch der **Ansehensverlust**, der durch eine **Marktverwirrung** ausgelöst wurde. Von einer Marktverwirrung spricht man, wenn durch eine wettbewerbswidrige Maßnahme ein Zustand herbeigeführt wird, der objektiv geeignet ist, die geschäftlichen Entschlüsse von Verbrauchern und anderen Marktteilnehmern zu beeinflussen. Ihm wird zunächst durch Beseitigungsansprüche begegnet. Die für die Wiederherstellung des Ansehens aufgewendeten finanziellen Anstrengungen werden dann als Marktverwirrungsschaden bezeichnet, für den über den Schadensersatzanspruch Ersatz geltend gemacht werden kann. Als Folge unlauterer Kunden- oder Mitarbeiterabwerbung oder bei unlauterer Nachahmung kommt eine **Naturalrestitution** in Form von **Belieferungs-, Bezugs-, Herstellungs-, Vertriebs- oder Beschäftigungsverboten** in Betracht[51]. Wegen des damit verbundenen starken Eingriffs in den freien Wettbewerb ist allerdings der Rechtsgedanke aus § 251 Abs. 2 S. 1 BGB (Unverhältnismäßigkeit der Naturalrestitution) zu beachten, so dass statt der Naturalherstellung ein Anspruch auf Geldentschädigung besteht. Der Verletzte ist ebenso gem. § 251 Abs. 1 BGB in Geld zu entschädigen, wenn eine Naturalrestitution durch **Marktentwirrung**, zB durch eine **Gegenanzeige**, nicht möglich ist oder zur Entschädigung des Verletzten nicht ausreicht. Dies sind die Fälle, in denen bei einem Marktverwirrungsschaden beim Verletzten eine Minderung seiner Rechtsposition oder ein **Ansehensverlust** bleibt und damit ein **Vermögensschaden** vorhanden ist, dessen Höhe im Wege der **Schadensschätzung** gem. § 287 ZPO zu ermitteln ist. Maßstab sind dafür die Dauer und Intensität sowie Art, Inhalt und Zeitpunkt der Verletzungshandlung. 121

Neben der Naturalrestitution oder dem Geldersatz besteht häufig ein Schaden in dem **Gewinn**, der dem verletzten Mitbewerber aufgrund des unlauteren wettbewerblichen Handelns **entgangen** ist (§ 252 BGB). Die auf Beeinträchtigung des Umsatzes beruhende Gewinneinbuße muss kausal zu der Wettbewerbsverletzung sein. Will der Verletzte einen ungewöhnlichen entgangenen Gewinn ersetzt verlangen, trägt er die **volle Darlegungs- und Beweislast** dafür, dass er ohne den Wettbewerbsverstoß einen höheren Umsatz und Gewinn erzielt hätte. Der alleinige Hinweis auf die Umsatzentwicklung beim Verletzten nach Eintritt der Verletzung genügt nicht, daraus können sich allenfalls Anhaltspunkte ergeben[52]. Hinsichtlich des nach dem gewöhnlichen Lauf der Dinge entgangenen Gewinns gilt die **Beweiserleichterung** des § 252 S. 2 122

51 Nachweise dazu aus der Rechtsprechung zB bei *Köhler*, in: Köhler/Bornkamm, § 9 Rn 1.26–1.34.
52 *Köhler*, in: Köhler/Bornkamm, § 9 Rn 1.35.

BGB. Die Gerichte behelfen sich zudem mit der **Schadensschätzung** gemäß § 287 ZPO. Trotz der Beweiserleichterungen ist die Anbindung an das konkrete Geschehen und die Ermittlung der hypothetischen Gewinnentwicklung ohne das Ereignis der unlauteren Werbehandlung, mithin die Kausalität zwischen Unlauterkeitshandlung und Umsatz- und/oder Gewinnrückgang, häufig schwierig herzuleiten, ohne sich nicht dem Vorwurf des rein Spekulativen auszusetzen (vgl Rn 125).

### b) Dreifache Schadensberechnung

**123** Von der dreifachen Schadensberechnung erhofft man sich Hilfe bei der Bewältigung der geschilderten Kausalitätsermittlung hinsichtlich des entgangenen Gewinns. Bei Verletzung von Immaterialgütern und vergleichbaren Rechtspositionen kann der Verletzte den Schadensersatzanspruch auf drei verschiedene Arten berechnen: Wahlweise kann er Ersatz des **konkreten Schadens einschließlich des Gewinnverlustes**, eine **angemessene fiktive Lizenzgebühr** oder die Herausgabe des vom Verletzer durch die unlautere geschäftliche Handlung **erzielten Gewinns** verlangen. Zwischen diesen Möglichkeiten der Schadensberechnung kann der Verletzte auswählen, und zwar so lange, bis sein Anspruch erfüllt bzw rechtskräftig anerkannt ist[53].

**124** Durch den Ersatz der **angemessenen Lizenzgebühr** soll der Verletzte nicht schlechter, aber auch nicht besser als ein vertraglicher Lizenznehmer gestellt werden[54]. Hintergrund ist der Grundsatz des **schadensrechtlichen Bereicherungsverbots**. Dabei wird meist von einer Stücklizenz ausgegangen, wobei der Lizenzbetrag idR 1% oder 5% des Nettoverkaufspreises des Verletzers beträgt. In der Entscheidung *Tchibo/Rolex II* hat der BGH sogar eine Lizenz von 12,5%–20% zum Maßstab genommen, da ein besonders hochwertiges Erzeugnis von beachtlichem Prestigewert in der Form eines Billigproduktes nachgeahmt wurde (s. dazu den Fall ***Tchibo/Rolex***, Rn 126)[55]. Bei der Schadensberechnung der angemessenen Lizenzgebühr sind Zinsen lizenzerhöhend zu berücksichtigen. Zur Berechnung der Lizenzgebühr wird ein Lizenzvertrag fingiert und ermittelt, was vernünftige Parteien als Entgelt vereinbart hätten. Maßgebend ist also, was ein vernünftiger Lizenzgeber bei vertraglicher Einräumung gefordert und was ein vernünftiger Lizenzgeber gewährt hätte, wenn beide die im Zeitpunkt der Entscheidung bestehende Sachlage gekannt hätten[56]. Voraussetzung ist, dass das verletzte Gut Gegenstand einer Lizenz sein kann, was allerdings bei wettbewerblichen Positionen häufig nicht der Fall ist.

**125** Scheidet eine Lizenzanalogie aus, bleibt, wenn auch die Ermittlung des konkreten Schadens einschließlich des entgangenen Gewinns nicht möglich ist, nur die **Herausgabe des Verletzergewinns**, die dem Anspruch auf Herausgabe des Erlangten bei der **angemaßten Eigengeschäftsführung** (§§ 687 Abs. 2 S. 1, 681 S. 1, 667 BGB) ent-

53 BGHZ 122, 262, 264; *Füller*, in: Säcker, Fallbuch, S. 429 ff.
54 BGH GRUR 1993, 55, 58 *Tchibo/Rolex II*; BGH WRP 2000, 766, 769 *Formunwirksamer Lizenzvertrag*; BGH WRP 2002, 218 *SPIEGEL-CD-ROM*.
55 Vgl auch BGH GRUR 1991, 914, 917 *Kastanienmuster*: 10% und BGH WRP 2006, 117, 120 *Catwalk*, wonach die Stücklizenz im Einzelfall deutlich höher liegen kann.
56 Maßstab nach BGHZ 119, 20, 22 ff *Tchibo/Rolex*; BGH GRUR 1993, 899, 900 *Dia-Duplikate*.

spricht. Dem Herausgabeanspruch liegt die Fiktion zugrunde, dass der Verletzte ohne den Unlauterkeitsverstoß durch Verwertung seines Rechts den gleichen Gewinn wie der Verletzer erzielt hätte. Der Verletzte trägt die **Beweislast** dafür, dass die Unlauterkeitstat beim Verletzer wahrscheinlich zu einem Gewinn und bei ihm zu einem Verlust geführt hat. Ausgeschlossen ist der Anspruch, wenn mit dem Verletzergewinn auch der Gewinn des Verletzten angestiegen ist[57]. Meist ist der Gewinn des verletzenden Unternehmens jedoch auf mehrere Faktoren zurückzuführen, unter denen die Verletzungshandlung einen, unter Umständen auch nur untergeordneten, Beitrag geliefert hat. Bei der Schätzung nach § 287 ZPO ist entscheidend, inwieweit die Verletzungshandlung ursächlich für einen Kaufentschluss war, dabei kommt es etwa auf die Bekanntheit des nachgeahmten Produkts, auf seinen Preis und den Preis des **Nachahmerprodukts** an[58].

*Hinweis:* Vgl dazu auch die Ausführungen im Fall ***Klosterbrauerei*** (Rn 316 f).

*Literaturhinweis:* Ausführlich zum Schadensersatzanspruch mit zahlreichen Nachweisen *Nordemann*, Rn 1601–1640 (Wiederherstellungsanspruch: Rn 1621, Geldersatz: Rn 1631 f, entgangener Gewinn/Berechnung der Lizenzgebühr: Rn 1633–1640); *Füller*, in: Säcker, Fallbuch, S. 429 ff; *Rittner*, § 4 Rn 36–43.

# Fall 1

## **Tchibo/Rolex** (BGHZ 109, 20 ff = GRUR 1993, 55 ff *Tchibo/Rolex II*)

R, die deutsche Tochtergesellschaft der Montres Rolex S.A. mit Sitz in Genf, produziert und vertreibt ua die Herrenarmbanduhr Ref. 16013 „Rolex Oyster Perpetual Datejust" für 2330,– € und die Damenarmbanduhr Ref. 6917/3 „Rolex Oyster Perpetual Date" für 1650,– €. Beide Uhren sind mit dem „Rolex-Jubilé-Armband" in einer Stahl-Gold-Ausführung versehen. Die Herrenarmbanduhr wird seit dem Jahre 1945, die Damenarmbanduhr seit 1954 unverändert hergestellt. Der inländische Geschmacksmusterrechtsschutz für diese Uhren ist im Jahre 1972 abgelaufen. T ist eine Kaffee-Großrösterei mit etwa 950 Filialen und 45 000 Depot-Geschäften. Sie vertreibt über ihr Vertriebsnetz neben den Kaffee-Produkten auch branchenfremde Waren, ua unter der Bezeichnung „Royal Calendar" Damen- und Herrenarmbanduhren zum Preis von je 19,95 € mit einem Oyster-Gehäuse, einer gold-farbenen, grob gerippten Lünette, einem gold-farbenen Stundenzeichen des Zifferblattes, einer Datumsanzeige im Zifferblatt, einem Uhrenglas mit darauf befindlicher Lupe, einer Aufzugskrone mit relief-artig abgehobener Rolex-Krone, einem geriffelten Gehäuseboden und einem Metallarmband, dessen Glieder in fünf Reihen nebeneinander angeordnet sind mit jeweils einer breiten äußeren Reihe aus drei schmaleren, gleichbreiten Gliederreihen. R sieht in diesen Royal-Armbanduhren eine unlautere Nachahmung ihrer Modelle Ref. 16013 und Ref. 6917/3. Sie macht geltend, diese Modelle hätten ein charakteristisches Design, das sich bei den beteiligten Verkehrskreisen als Herkunftshinweis durchgesetzt habe. Diese beiden Modelle machten 40% des Stück-Umsatzes und 25% des Wert-Umsatzes ihrer Oyster-Modelle aus; der Umsatz aller Oyster-Modelle ent- **126**

57 BGH GRUR 1995, 349, 351 *Objektive Schadensberechnung*.
58 Vgl OLG Frankfurt GRUR-RR 2003, 274, 278.

spreche 95% des Gesamtumsatzes. Sie habe in den letzten zehn Jahren für Werbung im Inland einen achtstelligen Betrag ausgegeben, der zum größten Teil auf die Oyster-Modelle entfallen sei. T habe sich mit den Royal-Uhren nicht nur bewusst an das Design der beiden Rolex-Modelle angelehnt, sondern ausdrücklich mit der Rolex-Ähnlichkeit geworben. Die Aktion der T habe bei R einen Verkaufsausfall bewirkt, der bemessen an der zu erwartenden Absatzentwicklung bei der Damenuhr 64,2% und bei der Herrenuhr 48% betragen habe. R begehrt daher ua Schadensersatz. T ist der Ansicht, ein eventueller Verkaufsrückgang sei jedenfalls nicht auf ihre Werbeaktion zurückzuführen, außerdem würden die Uhren nicht mehr verkauft. Ist der Schadensersatzanspruch materiellrechtlich erfolgreich?

## Lösung Fall 1:

### A. Sonderschutzrechtlicher Schadensersatzanspruch

127 Der inländische Geschmacksmusterschutz der Oyster-Uhren ist zwar schon im Jahre 1972 ausgelaufen, R könnte aber ein markenrechtlicher Schadensersatzanspruch gem. § 14 Abs. 6 iVm Abs. 2 MarkenG wegen Verletzung des ausschließlichen Rechts als Inhaber der Marke zustehen. Durch die Benutzung der beiden Oyster-Modelle von Rolex im geschäftlichen Verkehr seit 1954 erlangte sowohl die Bezeichnung Rolex als auch die Bezeichnung Oyster als Marke iSd § 3 Abs. 1 Abs. 1 MarkenG **Verkehrsgeltung**, beide unterliegen damit dem Markenschutz gem. § 4 Nr 2 MarkenG. Genießen die beiden Oyster-Modelle markenrechtlichen Schutz vor Produktnachahmungen, scheidet ein ergänzender Leistungsschutz gem. § 4 Nr 9 UWG aus. Trotz des Wortlauts von § 2 MarkenG ist in der Rechtsprechung des BGH anerkannt, dass die markenrechtlichen Bestimmungen zum Schutze bekannter Marken grundsätzlich keinen Raum für die Anwendung des Wettbewerbsrechts lassen[59]. T hat allerdings kein mit der Marke „Rolex" oder „Oyster" identisches oder ähnliches Zeichen iSd § 14 Abs. 2 MarkenG benutzt, da er für seine Produkte die Bezeichnung „Royal" gewählt hat. Die Bezeichnung „Royal-Armbanduhren" ist dem bekannten Zeichen „Rolex" weder in der Schreibweise noch lautlich ähnlich, so dass auch ein Verstoß gegen § 14 Abs. 2 Nr 2 MarkenG nicht in Betracht kommt. Da auf den Uhren der T weder die Marke Rolex noch die Produktbezeichnung Oyster auftaucht, scheidet auch ein Verstoß gegen § 14 Abs. 2 Nr 3 MarkenG aus. Ein markenrechtlicher Schadensersatzanspruch gem. § 14 Abs. 6 MarkenG liegt damit nicht vor. Da ein Verstoß gegen markenrechtliche Vorschriften oder andere Sonderschutznormen nicht gegeben ist, ist der Weg für die Anwendung des **wettbewerblichen Leistungsschutzes** eröffnet.

### B. Schadensersatzanspruch wegen unlauterer Werbung, § 9 S. 1 iVm § 3 Abs. 1 UWG

Der Schadensersatzanspruch der R hat Erfolg, wenn der Verkauf der Uhren durch T unlauter iSd § 3 Abs. 1 UWG war.

### I. Aktivlegitimation

R erfüllt als Hersteller der Originaluhren die Mitbewerberdefinition des § 2 Abs. 1 Nr 3 UWG.

59 Vgl aus der jüngsten Zeit lediglich BGH GRUR 2005, 163, 164 f *Aluminiumräder* mwN sowie die Ausführungen zum Verhältnis vom Markenrecht zum UWG (Rn 29 ff) und den Fall ***Klosterbrauerei*** (Rn 316 f).

## II. Passivlegitimation

T ist Unternehmer iSd § 2 Abs. 1 Nr 6 UWG. Als Verkäufer der „Roval-Armbanduhren" ist er passivlegitimiert.

## III. Unzulässige geschäftliche Handlung, § 3 Abs. 1 UWG

### 1. Objektiver Tatbestand des § 3 Abs. 1 UWG

#### a) Geschäftliche Handlung, § 2 Nr 1 UWG

T hat die Uhren zu Wettbewerbszwecken verkauft, um den Absatz ihrer Produkte zu steigern. Eine geschäftliche Handlung iSd § 2 Abs. 1 UWG liegt damit vor.

#### b) Unlauterkeitstat: Unlautere Nachahmung, § 4 Nr 9 b) UWG

Die Nachahmung von Produkten ist grundsätzlich nicht unlauter. Produkte mit **wettbewerblicher Eigenart** sind jedoch gegen Nachahmung geschützt, wenn weitere besondere Umstände hinzutreten. „Die Übernahme einer Gestaltungsform, die nicht oder nicht mehr durch ein Sonderschutzrecht geschützt ist, ist jedoch regelmäßig nur dann als Ausnutzung fremder Leistung wettbewerbswidrig, wenn über die Nachahmung hinaus unlautere Begleitumstände hinzutreten; auch eine etwaige **Verwechslungsgefahr** ist an sich grundsätzlich hinzunehmen, wenn keine weiteren, die Wettbewerbswidrigkeit begründenden Merkmale gegeben sind"[60].

**aa) Wettbewerbliche Eigenart.** Die Annahme einer schutzwürdigen wettbewerblichen Eigenart setzt voraus, dass die Modelle Merkmale aufweisen, die geeignet sind, auf die **betriebliche Herkunft** oder auf die Besonderheit der Erzeugnisse hinzuweisen. Dabei kommt es nicht auf die Neuheit oder schöpferische **Eigentümlichkeit** der fraglichen Gestaltung an; denn der musterrechtliche Eigentümlichkeitsbegriff deckt sich nicht mit dem der wettbewerblichen Eigenart[61]. Gleichwohl können aber auch Merkmale, die im Bereich des Ästhetischen liegen, der Ware eine wettbewerblich eigenartige Besonderheit verleihen[62] und darüber hinaus die Eignung besitzen, als Herkunftshinweis zu dienen. Die Modelle der R weisen eine Kombination von Merkmalen auf, die ihnen an sich eine ausreichende Besonderheit verleihen könnten. Hierfür werden folgende Merkmale aufgeführt: das Oyster-Gehäuse, die gold-farbene, grob gerippte Lünette, die gold-farbenen Stundenzeichen des Zifferblattes, die Datumsanzeige im Zifferblatt, das Uhrenglas mit darauf befindlicher Lupe, die Aufzugskrone mit relief-artig abgehobener Rolex-Krone, der geriffelte Gehäuseboden und das Metallarmband. „Für die Annahme einer wettbewerblichen Eigenart kommt es insbesondere darauf an, ob die betreffende Gestaltung in den interessierten Verkehrskreisen als Hinweis auf den Anbieter oder die Ware dienen kann." R wendet sich vor allem an die „Nachfrager nach einer wertvollen, präzisen Uhr, die den Träger aus dem Kreis einer Vielzahl seiner Mitbürger heraushebt. Da diese Käufer davon ausgehen, dass Dritte die Modelle als hochwertige Luxusuhr erkennen, ist anzunehmen, dass sie selbst und ein Teil der Personen, unter denen sie sich bewegen, die feste Vorstellung haben, dass es sich um die typische Gestaltungsform einer Luxusuhr handelt. Es ist nach der Lebenserfahrung nicht anzunehmen, dass eine so gefestigte Hinweisfunktion bereits durch die ersten Angebote von mehr oder weniger ähnlichen Formen in Versandhauskatalogen oder bei anderen Anbietern einfacher Uhrenmodelle verloren geht. Vielmehr ist den Modellen auch weiterhin eine schutzwürdige wettbewerbliche eigenartige, einprägsame Gestaltungsform zuzuerkennen. Aufgrund der im Sachverhalt genannten Merkmale haben die Rolex-Modelle daher eine eigenartige, einprägsame Gestaltungsform; ihre wettbewerbliche Eigenart ist daher zu bejahen."

---

60 Ständige Rspr, vgl zB BGH GRUR 1983, 377, 378 f *Brombeer-Muster.*

61 Vgl BGH WRP 1976, 379, 372 *Ovalpuderdose*; BGH GRUR 1984, 597 f *vitra programm.*

62 Vgl BGH GRUR 1984, 453 f *Hemdblusenkleid.*

**bb) Nachahmung einer Ware.** Die Übernahme der wettbewerblichen Eigenart hat zur Folge, dass die nahezu identischen Nachahmungen der T für echte Luxusuhren gehalten werden können. Zwar besteht die Gefahr der Täuschung nicht bei den Käufern der Modelle der T, wohl aber bei dem Publikum, dass bei den Käufern die Nachahmungen sieht und zu irrigen Vorstellungen über die Echtheit verleitet wird. Die sich daraus ergebende Möglichkeit, mit der billigen Nachahmung die Wirkung einer typischen Luxusuhr erreichen zu können, appelliert an das Prestigedenken der Käufer und lockt mit dem von der R für diese Gestaltungsform geschaffenen Image zum Kauf an. Die T, die sich dies zunutze macht, hängt sich damit an den Prestigewert und guten Ruf der klägerischen Modelle an.

**cc) Wertschätzung unangemessen ausgenutzt oder beeinträchtigt, § 4 Nr 9 b) UWG.** T müsste sich an den Prestigewert und guten Ruf eines fremden Erzeugnisses angehängt haben, um den Verkauf der eigenen billigen Nachahmung zu fördern. Der in langer Zeit systematisch aufgebaute Ruf der Exklusivität dieser Uhren könnte durch die Produkte der T zerstört werden, ohne dass dafür eine Rechtfertigung aus dem Gedanken des Leistungswettbewerbs geltendgemacht werden könnte. T macht sich den guten Ruf der Produkte der R zunutze. Sie appelliert an das Prestigedenken der Käufer und lockt mit dem von R geschaffenen Image zum Kauf an. Ein solches Anhängen und Ausnutzen des fremden Rufes durch eine nach den äußeren kennzeichnenden Merkmalen nahezu identische Ware ist unlauter, und zwar unabhängig davon, ob eine betriebliche Herkunftstäuschung eintritt. Eine unlautere Nachahmung iSd § 4 Nr 9 lit. b) UWG ist damit gegeben.

**c) Geeignetheit, den Wettbewerb zu beeinträchtigen**

Der Verkauf der nachgeahmten Uhren war geeignet, die Interessen des Mitbewerbers R spürbar zu beeinträchtigen. Dass die Interessen der Verbraucher, und zwar der Käufer der „echten" Uhren, beeinträchtigt wurden, kann hier dahinstehen, da die Verbraucher nicht dem Schutzzweck des § 4 Nr 9 UWG unterfallen.

**d) Bagatellklausel**

Der Verkauf in allen Filialen der T führte zu einem weitflächigen Verkauf der nachgeahmten Uhren. Die darin liegende Wettbewerbsbeschränkung ist spürbar. Der objektive Tatbestand ist damit erfüllt.

### 2. Rechtswidrigkeit

Auch die Rechtswidrigkeit der Unlauterkeitstat ist zu vermuten. T hat wohl nicht nur die im Verkehr erforderliche Sorgfalt außer Acht gelassen, sondern bewusst hinsichtlich der Gestaltung der Uhren an die bekannten und typischen Merkmale der Oyster-Modelle der R angeknüpft.

### 3. Zwischenergebnis

Damit liegt eine unzulässige geschäftliche Handlung vor.

## IV. Verschulden

Sie wusste auch, dass damit zumindest aus größerer Entfernung der Anschein erweckt wird, der Träger der T-Uhren trage eine exklusive R-Uhr. Ihr war die Täuschungs- und Irreführungsgefahr des Verkehrs daher bekannt. T hat damit vorsätzlich gehandelt. Einer besonderen Schädigungsabsicht bedarf es nicht.

## V. Kausaler Schaden

Zunächst ist festzustellen, ob R überhaupt ein Schaden entstanden ist. Dabei kann von dem Erfahrungssatz ausgegangen werden, dass dem von einem Wettbewerbsverstoß unmittelbar Betroffenen regelmäßig ein Schaden entsteht. Zwar hat R nicht nachgewiesen, dass sie durch die Verkaufsaktion Kunden verloren hat, es bestand aber zumindest die Gefahr, dass potenzielle Käufer, denen allein am Aussehen der Uhr gelegen war, dieses Bedürfnis auch durch den Kauf einer Uhr der T befriedigen konnten. Da der Umsatz der Uhren der R zurückgegangen ist, kann zumindest vermutet werden, dass andere potenzielle Käufer der Oyster-Uhren der R von dem Kauf Abstand genommen haben, weil zu viele Plagiate im Umlauf waren und deshalb das Image dieser Uhr gelitten hatte. Sie hätten sonst für einen hohen Preis eine Uhr erworben, die – zumindest aus größerer Entfernung – nicht mehr zu unterscheiden war von den um ein Vielfaches günstigeren Plagiaten.

R müsste einen **entgangenen Gewinn** darlegen und beweisen (**konkrete Schadensberechnung**). Außer der konkreten Schadensberechnung kann R, weil es sich um eine Verletzung des **Leistungsschutzes** handelt, wahlweise eine fiktive Lizenzgebühr oder Herausgabe des Verletzergewinns verlangen. Die Stücklizenz liegt üblicherweise in Bereichen von 1% bis zu 5%, in Einzelfällen auch bei 10% des Einkaufspreises. Im vorliegenden Fall kann von einer höheren Gebühr ausgegangen werden, da ein hochwertiges Erzeugnis von beachtlichem Prestigewert in der Form eines Billigproduktes nachgeahmt wurde und dafür erhöhte Lizenzgebühren zu zahlen sind (der BGH ging von 12,5% aus). Wahlweise kann auch Herausgabe des **Verletzergewinns** verlangt werden. Es muss allerdings davon ausgegangen werden, dass der von T erzielte Gewinn nicht allein darauf beruht, dass die verkauften Uhren Rolex-Nachahmungen waren, sondern dass die Uhren auch wegen ihrer Attraktivität und ihres günstigen Preises erworben wurden. R könnte daher, wenn sie diese Berechnungsmethode wählt, nur den Teil des Gewinns verlangen, der auf der Nachahmung beruht. Die Quote kann das Gericht im Wege der **Schätzung** gem. § 287 ZPO ermitteln. Um eine Schätzung vornehmen zu können, fehlt es an den notwendigen Angaben. Das Wahlrecht der R erlischt erst mit Erfüllung oder rechtskräftigen Zuerkennung des nach einer bestimmten Berechungsweise geltend gemachten Anspruchs.

### C. Ergebnis

R kann wahlweise den Schaden konkret berechnen, eine Lizenzgebühr in Höhe von 12,5% oder Herausgabe des geschätzten Verletzergewinns verlangen.

## VI. Allgemeiner Anspruch auf Auskunft und Rechnungslegungsanspruch

Bedarf es zur Vorbereitung und Durchsetzung eines Unterlassungs-, Bereicherungs-, Beseitigungs- oder Schadensersatzanspruches bestimmter Auskünfte, weil der Berechtigte über Bestehen und Umfang seines Rechts im ungewissen ist, können diese im Wege eines Auskunftsanspruchs erlangt werden, wenn er sich die Auskünfte nicht auf zumutbare Weise selbst besorgen kann und der Auskunftsverpflichtete sie unschwer geben kann[63]. Dabei ist zu unterscheiden zwischen einem **akzessorischen** 128

63 So bereits RGZ 108, 1, 7; BGHZ 81, 21, 24; BGHZ 125, 322, 329 *Cartier-Armreif*; BGH WRP 1999, 534, 540 *Preisbindung durch Franchisegeber*; BGH GRUR 2000, 907, 910 *Filialleiterfehler*; BGH GRUR 2001, 841, 842 *Entfernung der Herstellernummern II*; BGH GRUR 2003, 446, 447 *Preisempfehlung für Sondermodelle*; BGHZ 131, 308, 317 f *Gefärbte Jeans*. Ein vorbeugender Unterlassungsanspruch genügt hingegen – mangels Rechtsverletzung – nicht, vgl BGH GRUR 1962, 91, 96 f *Jenaer Glas*.

**Auskunftsanspruch** gegen den Auskunftspflichtigen und dem **selbstständigen Auskunftsanspruch** gegen einen Dritten, gegenüber dem ein Anspruch auf Unterlassung, Beseitigung oder Schadensersatz oder auch ein Auskunftsanspruch besteht. Hergeleitet wird der Auskunftsanspruch und der Anspruch auf **Rechnungslegung** – soweit keine spezialgesetzlichen Regelungen vorliegen –[64], aus dem Treu-und-Glauben-Grundsatz des § 242 BGB[65].

129 **Voraussetzung** für das Bestehen eines selbstständigen Auskunftsanspruchs ist das Vorliegen einer Unlauterkeitstat iSd § 3 Abs. 1 UWG. **Selbstständige Auskunftsansprüche** können vor allem relevant sein im Falle einer wettbewerbsrechtlich **unzulässigen Nachahmung** (§ 4 Nr 9 UWG)[66], beim selektiven Vertrieb von Waren durch einen **Außenseiter**, bei Verbreitung **geschäftsschädigender Äußerungen Dritter** oder bei Wettbewerbsverstößen, die durch einen **Angestellten** oder **Beauftragten** eines Unternehmens begangen wurden, die dem Verletzten unbekannt sind.

Voraussetzung eines **unselbstständigen Auskunftsanspruchs** ist das Bestehen eines Hauptanspruchs. Existiert er noch nicht, gibt es auch keinen Auskunftsanspruch.

130 Grundsätzlich richtet sich der **Umfang** des Auskunftsanspruchs nur auf die Art, den Zeitpunkt und Umfang der **konkreten Verletzungshandlung** und nicht auf die Ermittlung der anspruchsbegründenden Tatsachen oder auf weitere mögliche Unlauterkeitstaten (zB Auflagenhöhe der Zeitschrift, in der die betreffende Anzeige veröffentlicht wurde)[67]. Maßgebend ist der Zeitpunkt, in dem der Kläger erstmals schlüssig eine konkrete Verletzungshandlung vortragen konnte. Gelingt ihm dies mangels Einblicks in die Betriebsinterna des Verletzers nicht, hat das Gericht den maßgebenden Zeitpunkt festzustellen[68]. Die Auskunft muss zudem **geeignet, erforderlich** und **zumutbar** sein. Dabei kommt es auf die Art und Schwere der Verletzung, den Arbeitsaufwand des Auskunftspflichtigen, auf die Abwägung zwischen seinem Geheimhaltungs- und dem Aufklärungsinteresse des Verletzten sowie dem übergeordneten Allgemeininteresse an. Geht es nur um das Überprüfen einer Umsatzauskunft, kann das Gericht einen **Wirtschaftsprüfervorbehalt** in das Urteil aufnehmen[69].

131 Ein **Rechnungslegungsanspruch** als Anspruch auf gesteigerte Auskunft besteht bei wettbewerbsrechtlichen Verstößen nur in Ausnahmefällen. So bei wettbewerbswidriger Leistungsübernahme (§ 4 Nr 9 iVm § 3 Abs. 1 UWG), bei Schadensersatzansprü-

---

64 In Vorschriften des gewerblichen Rechtsschutzes ist er hingegen ausdrücklich, aber nicht abschließend normiert: § 19 Abs. 4 MarkenG, §§ 97 Abs. 1 S. 2, 101a UrhG; § 46 Abs. 4 GeschmMG; § 140b PatG; § 24b GebrMG; § 27b SortenschutzG; § 9 Abs. 2 HalbleiterschutzG.

65 So bereits RGZ 108, 7; BGH GRUR 1965, 313, 314 *Umsatzauskunft*; GRUR 1972, 558, 560 *Teerspritzmaschine*; BGH GRUR 1978, 54, 55 *Preisauskunft*; BGH GRUR 1986, 62 f *GEMA-Auskunft*; Fezer/*Büscher*, § 8 Rn 299 ff; *Gloy/Gloy*, § 82 Rn 13 ff; *Teplitzky*, Kap. 38 Rn 5; Harten/Henning/*Bergmann*, Vor § 8 Rn 13–29.

66 Vgl zB BGH GRUR 1996, 78, 79 *Umgehungsprogramm*.

67 ZB BGH NJW-RR 1987, 1521; BGH NJW-RR 1994, 944 ff *Cartier-Pullover*; BGH GRUR 2001, 841, 844 *Entfernung der Herstellernummer II*.

68 Vgl BGH WRP 2003, 1220, 1222 *Alt Luxemburg*.

69 Dazu ausführlicher *Köhler*, in: Köhler/Bornkamm, § 9 Rn 4.19–4.22 mit einer Tenorformulierung in Rn 4.19.

chen wegen Verstoßes gegen die §§ 17, 18 UWG und bei Ansprüchen auf Herausgabe einer Lizenzgebühr oder des Verletzergewinns und im Falle angemaßter **Eigengeschäftsführung**[70]. Die inhaltlichen Anforderungen ergeben sich aus § 259 iVm § 242 BGB, dabei bedeutet Rechnungslegung die Erteilung von Auskünften und das Belegen der Einnahmen- und Ausgabenrechnungen. Im Regelfall des geschuldeten Ersatzes des konkret entstandenen Schadens genügt zur Schadensberechnung jedoch der Auskunftsanspruch, einer Rechnungslegung bedarf es nicht.

Bei Hinweisen darauf, dass der Beklagte die verlangten Angaben nicht mit der erforderlichen Sorgfalt gemacht hat, kann er gem. §§ 259 Abs. 2, 260 Abs. 2 BGB zur Abgabe einer **eidesstattlichen Versicherung** über die erteilten Auskünfte oder Rechnungslegung in Anspruch genommen werden. 132

*Hinweise:* Ausführlich zum Auskunftsanspruch *Köhler*, in: Köhler/Bornkamm, § 9 Rn 4.1–4.42; Beispiele einer Antragsformulierung auf Auskunft, Rechnungslegung und eines Wirtschaftsprüfervorbehalts finden sich bei Harte/Henning/*Brüning*, Vor § 12 Rn 158, Harte/Henning/*Bergmann* Vor § 8 Rn 12 ff; zur Prüfung der Voraussetzungen des Auskunftsanspruch s. den Prüfungsaufbau E (Rn 533); zum Umfang von Auskunftspflichten vgl auch Fall ***Klosterbrauerei*** (Rn 316 f).

**Prüfungsaufbau:** 133

**I. Anspruchsentstehung (Voraussetzungen)**

Voraussetzungen für einen Auskunftsanspruch, abgesehen von den gesetzlichen Regelungen (§§ 101a Abs. 4 UrhG, 19 Abs. 4 MarkenG), sind:

1. das Vorliegen einer **Unlauterkeitstat iSd § 3 Abs. 1 UWG** und
2. eine **Verpflichtung zur Auskunftserteilung**, die aus **§ 242 BGB** entnommen wird. Der Anspruchsinhaber muss über den Bestand und den Umfang seines Rechts im Unklaren sein, während es dem Anspruchsgegner leicht möglich sein muss, die erforderlichen Auskünfte zu erteilen. Dies ist idR schon wegen der größeren „Sachnähe" gegeben.
3. die Auskunftserteilung muss dem Auskunftsverpflichteten **zumutbar sein**.
4. die Auskunftspflicht beschränkt sich stets nur auf den **konkreten Wettbewerbsverstoß**.

**II. Anspruchsinhalt (Umfang des Auskunftsanspruchs)**

Grundsätzlich richtet sich der Umfang des Auskunftsanspruchs nach dem Zweck der Auskunft. Ist sie zur Berechnung eines Schadensersatzes notwendig **(unselbstständiger Auskunftsanspruch)**, erstreckt sich der Umfang gem. § 242 BGB auf die dazu erforderlichen Angaben[71]. Dabei braucht grundsätzlich Auskunft nur über den Umfang und die Intensität der Verletzungshandlung erteilt zu werden (Auflagenhöhe der Zeitschrift, in der die betreffende Anzeige veröffentlicht wurde)[72].

**1. Angabe von Lieferanten, Liefermengen und Lieferzeiten**

Beim **unselbstständigen Auskunftsanspruch** besteht grundsätzlich **keine Verpflichtung** zur Erteilung von Auskünften über den **Lieferanten, Liefermengen, Lieferzeiten** und **Preisen**, da diese Angaben zu den Geschäftsgeheimnissen zählen. Auskunft muss nur über Intensität

70 Vgl dazu *Köhler*, in: Köhler/Bornkamm, § 9 Rn 4.7 mwN.
71 BGH NJW-RR 1994, 944 ff *Cartier-Pullover.*
72 BGH NJW-RR 1987, 1521.

und Umfang der Verletzungshandlung, zB Verbreitungsgebiet einer Zeitung oder Höhe der Auflage erteilt werden[73]. Gilt es allerdings den Umfang einer konkreten Verletzungshandlung zu ermitteln (zur Vorbereitung von Ansprüchen gegen Dritte: **selbstständiger Anspruch**), etwa um deren Verbreitung und damit die Intensität und das Ausmaß des Schadens ermessen zu können, kann eine Auskunftspflicht auch über Lieferanten und den Umfang der Lieferungen bestehen[74].

**2. Angabe des erzielten Gewinns**

Es besteht ebenso **keine Verpflichtung** zur Erteilung von Auskünften über den **Gewinn**, da dieser zu den Geschäftsgeheimnissen zählt.

**3. Angabe des erzielten Umsatzes, über die entsprechenden Abnehmer und Preise**

Beim **unselbstständigen Auskunftsanspruch** besteht keine Verpflichtung

a) zur Erteilung von Auskünften über den **Umsatz**, da dieser zu den Geschäftsgeheimnissen zählt.
b) zur **Auskunft über Lieferanten, Abnehmer** oder **Preise** (vgl dazu 1.).

Dient der Auskunftsanspruch allerdings der **Vorbereitung von Ansprüchen** (**Abwehransprüche** und **selbstständige Auskunftsansprüche**) **gegen Dritte**, und besteht damit ein legitimes Interesse an Auskünften über die Beziehungen zu Dritten, zB Lieferanten oder Abnehmern, kann der Verletzte auch einen Anspruch auf diese sog. **Drittauskünfte** zB über Lieferanten und Abnehmer des Auskunftspflichtigen haben[75]. Gesetzlich normiert wurden solche Auskunftsansprüche in **§ 19 MarkenG** und **§ 101a UrhG**. Jedoch bleibt der Anspruch nicht auf die Fälle der entsprechenden gesetzlichen Ermächtigung beschränkt, vielmehr hat die Rechtsprechung insbesondere in den Fällen, die dem gewerblichen Rechtsschutz „verwandt" sind (**Rufausbeutung**, wettbewerbsrechtlicher **Leistungsschutz**) und bei Beeinträchtigung **selektiver Vertriebsbindungen** durch Entfernung von **Kontrollnummern** einen derartig weitreichenden Auskunftsanspruch bejaht[76]. Durch die Verpflichtung zu Angaben über die Abnehmer (wie auch über Lieferanten) wird der Auskunftspflichtige jedoch besonders intensiv betroffen. *Emmerich* registriert daher zu Recht die Ausweitung der Zulassung und des Umfangs von Drittauskünften, die die Rechtsprechung unabhängig von den gesetzlich normierten Fällen vornimmt (zB gegen Außenseiter)[77].

**c) Angaben über Art, Zeitraum und Umfang der betriebenen Werbung, jeweils aufgeschlüsselt nach Werbeträgern und Verbreitungsgebieten**

Soweit diese Angaben im Zusammenhang mit der konkreten Unlauterkeitstat stehen, kann auch ein Anspruch über Art, Zeitraum und Umfang der betriebenen Werbung, jeweils aufgeschlüsselt nach Werbeträgern und Verbreitungsgebieten, in Betracht kommen. Hinsichtlich möglicher weiterer Wettbewerbsverstöße besteht hingegen keine Auskunftspflicht.

*Hinweis:* Vgl auch das Prüfungsschema E (Rn 533)

73 Vgl BGHNJW-RR 1987, 1521 f; *Teplitzky*, Kap. 38 Tz. 9 ff (S. 440 ff).
74 So zB BGH NJW-RR 1994, 944 ff *Cartier-Pullover*; BGH NJW-RR 2002, 709 ff *Entfernung der Herstellernummer III*; *Emmerich*, § 23 III mwN in Fn 48.
75 Dazu *Teplitzky*, Kap. 38 Tz. 33 ff (S. 449 ff).
76 BGH GRUR 2001, 841 ff *Entfernung der Herstellernummer II*; BGH NJW-RR 2002, 1119 ff = GRUR 2002, 709 ff *Entfernung der Herstellernummern III; Teplitzky*, S. 449 ff; *Emmerich*, § 23 III.
77 ZB BGH GRUR 2001, 841 ff *Entfernung der Herstellernummer II*; BGH NJW-RR 2002, 1119 ff = GRUR 2002, S. 709 ff *Entfernung der Herstellernummern III*; dazu *Emmerich*, § 23 III (S. 492).

## VII. Gewinnabschöpfungsanspruch, § 10 UWG

Ist dem Kartellrecht in **§ 34 GWB** schon seit längerem ein **Mehrerlösabschöpfungsanspruch** (allerdings in der Hand der Kartellbehörden) bekannt, war ein entsprechender Anspruch dem Wettbewerbsrecht bislang fremd. Neben dem UWG sollten auch die zwei zentralen Gesetze, die der Schaffung bzw Sicherung von Wettbewerb auf liberalisierten Märkten dienen und in jüngster Zeit novelliert wurden, einen Abschöpfungsanspruch, sei es in Form eines **Gewinnabschöpfungsanspruchs** oder eines **Vorteilsabschöpfungsanspruchs,** enthalten. Während das **Telekommunikationsgesetz** (TKG) vom 14. März 2005 mit einer entsprechenden Vorschrift (§ 43)[78] wie auch das novellierte **GWB** (§ 34a, nun auch in der Hand der Verbände) den Gesetzgebungsprozess unbeschadet passierte, trat das novellierte **Energiewirtschaftsgesetz** (EnWG) ohne die zunächst im Gesetzesentwurf enthaltenen §§ 33, 34[79] in Kraft. Offenbar erhofft sich der Gesetzgeber insbesondere auf den liberalisierten Märkten durch Sch(r)öpfen etwaiger Gewinne oder Vorteile des Marktbeherrschers einen besonderen Effekt zur Erreichung echten Wettbewerbs. Dies kann allerdings nicht Motivation gewesen sein, auch das UWG mit einem solchen Anspruch zu versehen, denn Zweck des Gesetzes ist nicht die Sicherung und Etablierung von Wettbewerb, sondern die Gewährleistung der Lauterkeit eines bereits funktionierenden Wettbewerbs. So soll der Gewinnabschöpfungsanspruch im UWG nach dem Willen des Gesetzgebers auch keine besondere Schutzfunktion oder kein Fernziel eines wirksamen Wettbewerbs verwirklichen, sondern „so genannte Streuschäden" erfassen, dh geringe Schäden, die aber in ihrer Wirkung deshalb gravierend seien, weil sie eine Vielzahl von Abnehmern beträfen[80]. Gedacht hat der Gesetzgeber an Fälle, in denen gehäuft „geringe Beträge ohne Rechtsgrund" eingezogen werden. Dabei lässt sich zwar an überhöhte Bankgebühren denken, denen liegt allerdings selten ein Unlauterkeitsverstoß zugrunde. Hinzu kommt, dass diese Benachteiligungen von den Betroffenen oft gar nicht bemerkt werden[81]. Gemeint hat der Gesetzgeber zudem Fälle, in denen es zu „Vertragsschlüssen aufgrund irreführender Werbung, gefälschter Produkte sowie so genannter Mogelpackungen" gekommen ist[82]. Ob es in diesen Fällen tatsächlich eines **verbandlichen Absch(r)öpfungsanspruchs** bedarf, ist zumindest fraglich. Nimmt eine Werbung derartige Breitenwirkung an, dass ganze Bevölkerungsschichten „auf den Leim geführt" werden, wird sich entweder ein klagebereiter Konkurrent finden, der den werbenden Übeltäter abmahnt, den Erlass einer einstweiligen Verfügung beantragt und ihn anschließend auf Unterlassung, Beseitigung oder auf Ersatz eines ihm entstandenen Schadens verklagen wird. Oder es wird sich ein Verband auf den Plan gerufen fühlen und seinerseits Unterlassung oder Beseitigung begehren. Zudem lassen sich die kriminelleren Fälle der irreführenden Werbung, deren Verfolgung der Gewinnabschöpfungsanspruch dienen soll, über den Straftatbestand des § 16 UWG 134

78 BGBl. I, S. 721.
79 BT-Drs. 15/5268 vom 13.4.2005.
80 Gesetzesbegründung, BT-Drs. 15/1487, S. 23.
81 So auch *Micklitz/Stadler*, S. 70.
82 Zu den einzelnen Anwendungsfällen vgl Harte/Henning/*Goldmann*, § 10 Rn 21–40.

erfassen[83]. Der einzelne Verbraucher, wie allgemein ein Kunde, also auch ein Gewerbetreibender, kann sich zudem durch **Anfechtung** von einem irrtumsbehafteten Vertrag lösen oder seinen Schaden durch **Gewährleistungsansprüche** ersetzt bekommen. Insbesondere bei irreführender Werbung steht einem verletzten Verbraucher ein **Sachmängelgewährleistungsanspruch** zu, wenn die gekaufte Sache sich nicht für die gewöhnliche Verwendung eignet und nicht die übliche Beschaffenheit aufweist. Zu den Eigenschaften zählen nach § 434 Abs. 1 S. 2 Ziff. 2 BGB auch solche, die ein Käufer „nach den öffentlichen Äußerungen des Verkäufers, des Herstellers oder seines Gehilfen insbesondere in der Werbung oder bei der Kennzeichnung über bestimmte Eigenschaften erwarten kann". Überdies kann ein Verbraucher oder sonstiger Abnehmer, der kein Mitbewerber ist, **vorvertragliche Ansprüche** aus §§ 280 Abs. 1, 311 Abs. 2, 241 Abs. 2 BGB geltend machen (s. dazu Rn 4 ff). Damit stehen aber meines Erachtens ausreichende Instrumente zur Verfügung, um einen effektiven Schutz lauteren Wettbewerbs gegen unlautere Elemente zu erlangen. Aus Ärger darüber, dass eine Verpackung durch den Aufdruck oder aufgrund der Packungsgröße mehr Müsli-Riegel verspricht, als sie tatsächlich enthält, können sich Kunden als letztes Mittel auch durch „Boykott" dieses Produktes vor weiteren Schaden schützen und auf Konkurrenzprodukte zurückgreifen.

**135** Die Verbandsklage auf Schadensersatzleistung ist ein **Novum**. Das Kartellrecht kennt zwar mit § 34 GWB einen Mehrerlösabschöpfungsanspruch, diesen machen jedoch die Kartellbehörden und nicht private Verbände geltend. Zudem kann nur der Mehrerlös herausverlangt werden, der nach Zustellung der kartellamtlichen Verfügung erzielt wurde. Die strafrechtliche Verfallanordnung des durch eine Straftat erzielten Gewinns wird ebenfalls durch Behörden (Strafverfolgungsbehörden) erteilt. Nach dem Anspruchssystem der §§ 8 und 9 UWG soll vielmehr Verbänden gerade nicht ein Anspruch auf Schadensersatz, sondern allein auf Beseitigung und Unterlassung zustehen. Dieses System wird durch den Gewinnabschöpfungsanspruch nun gestört und in verschiedener Hinsicht durchbrochen. Der klagende Verband macht weder einen eigenen Vermögensschaden geltend, denn einen solchen hat er nicht. Auch macht er die Verbraucherschäden nicht im Wege der **Drittschadensliquidation** geltend[84]. Dient der Schadensersatz in Form der Herausgabe des Verletzergewinns im Wege der dreifachen Schadensberechnung wie andere Schadensersatzansprüche auch allein der Kompensation des beim Geschädigten konkret entstandenen Schadens **(Kompensation)**, soll der Gewinnabschöpfungsanspruch durch Abschöpfen eines Vermögenszuwachses der **Abschreckung** vor weiteren Unlauterkeitstaten und der **Sanktion** des „Täters" dienen[85]. Im Referentenentwurf wurde zunächst sogar vom Strafcharakter des Gewinnabschöpfungsanspruchs gesprochen[86] (vgl auch die Kritik an der Legitimation der Verbände zur Ergreifung von Vollstreckungsmaßnahmen, der Ausstattung der Haushaltskasse des Bundes und des doppelten Kausalitätsnachweises unter Rn 148 ff).

83 So auch *Sack*, BB 2003, 1073, 1081.
84 Vgl dazu *Wimmer-Leonhard*, GRUR 2004, 12, 16 mit Fn 48.
85 Vgl *Micklitz/Stadler*, WRP 2003, 559, 562; *Wimmer-Leonhard*, GRUR 2004, 12, 16.
86 *Sack* hält diesen für unvereinbar mit dem deutschen Zivilrecht, BB 2003, 1073, 1080; Zweifel an der Verfassungsmäßigkeit äußert zB *Wimmer-Leonhard*, GRUR 2004, 12, 16 ff.

### 1. Voraussetzungen, § 10 Abs. 1 UWG

136 Aktivlegitimiert sind ausschließlich die in § 8 Abs. 3 Nr 2 und 3 UWG genannten Verbände sowie die in § 8 Abs. 3 Nr 4 UWG genannten Kammern (ausführlicher dazu unter Rn 58–67).

#### a) Unlautere geschäftliche Handlung iSd § 3 oder § 7 UWG (§ 10 Abs. 1 UWG)

137 Voraussetzung für das Entstehen eines Gewinnabschöpfungsanspruchs ist wie bei den anderen Rechtsfolgen der Unterlassung, der Beseitigung und des Schadensersatzes ein Verstoß gegen § 3 oder § 7 UWG (ausführlicher zu den Tatbestandsvoraussetzungen des § 3 UWG Rn 173–192). Hinsichtlich der Überschreitung des Bagatellcharakters kann nichts anderes gelten als im Rahmen des Unterlassungs- oder des Beseitigungsanspruchs. So stehen die für § 10 Abs. 1 UWG ausreichenden „Kleinstschäden“ nicht im Widerspruch zu der nach § 3 Abs. 1 UWG erforderlichen erheblichen Intensität der Betroffenheit eines Einzelnen. Im Rahmen der **Spürbarkeitssschwelle** des § 3 Abs. 1 UWG sollen Verstöße mit nur geringen Auswirkungen auf den Wettbewerb, durch die eine **Vielzahl** von Marktteilnehmern betroffen sind, ausreichen (zum Begriff der Vielzahl s. Rn 140). Ein erheblicher Rechtsverstoß kann jedoch auch erreicht werden durch kleine, breit gestreute Verstößchen, auch wenn diese mitunter so gering sind, dass die Betreffenden sie gar nicht bemerkt haben. Der Rechtsverstoß wird in diesen Fällen durch die Vielzahl an Rechtsverletzungen begründet (vgl auch Rn 148–153, 134 f).

#### b) Vorsatz

138 Anspruchsbegründend ist nur ein vorsätzlicher Verstoß. Dazu genügt zwar, dass der Unlauterkeitstäter weiß, dass er den Tatbestand des § 3 Abs. 1 oder ds § 7 Abs. 1 UWG verwirklicht und dies auch will, sein Vorsatz muss sich nicht auf die weiteren genannten Voraussetzungen erstrecken (im Rahmen der Per-se-Verbote erübrigen sich Ausführungen zum Vorsatz). Allerdings ist diese Hürde hoch genug. In den zwei ersten Urteilen zu § 10 UWG scheiterte der Erfolg der Ansprüche bereits am Nachweis des Vorsatzes[87]. Die Angestellten des beklagten Unternehmens konnten glaubhaft machen, dass ihnen das Missgeschick der falschen Zuordnung eines Warentestsergebnisses („gut“ statt „befriedigend“) schon einmal passiert sei und daher keine „böse Absicht“ vorliege.

#### c) Gewinnerzielung des werbenden Unternehmens

139 Das werbende Unternehmen muss aufgrund der unlauteren Werbung einen Gewinn erzielt haben **(Kausalität)**. Maßgebend ist also, welcher Umfang des Gewinns seit

87 LG Bonn GRUR-RR 2006, 111 *Matratzentest I* LG Heilbronn, Urt. v. 23.2.2006, AZ.: 23 O 136/05 *Matratzentest II*; näher zu den beiden Entscheidungen s. *Hsiao*, Erste Probe für den Gewinnabschöpfungsanspruch – noch kein Gewinn, 2006, 239, 240 f; das OLG Frankf./M. entschied in der *heute gratis!*-Entscheidung, dass ein vorsätzlicher Wettbewerbsverstoß (hier betr. eine sog. Kostenfalle im Internet) auch das Bewusstsein der Rechtswidrigkeit verlange. Der dafür ausreichende Eventualsatz sei gegeben, wenn das Angebot bezweckt, jedenfalls einen Teil der angesprochenen Verbraucher zu täuschen (GRUR-RR 2010, 482).

Begehen des vorsätzlichen Unlauterkeitsverstoßes kausal verursacht wurde. Dass der Kausalitätsnachweis im Bezug auf die Gewinnerzielung erhebliche Schwierigkeiten bereitet, wurde schon im Rahmen des Schadensersatzanspruches erörtert und wird als einer der Gründe, die gegen das Gewinnabschöpfungsinstitut sprechen, angeführt (vgl unter Rn 148–153, 134 f).

### d) Gewinnerzielung zu Lasten einer Vielzahl von Abnehmern

140 Der erzielte Gewinn muss zu Lasten einer Vielzahl von Abnehmern erlangt worden sein. Der Begriff des **„Abnehmers"** ist nicht legaldefiniert. Offenbar hat der Gesetzgeber aber bewusst nicht den engeren Begriff des Verbrauchers gewählt, sondern sich für den weiteren Begriff des Abnehmers entschieden, der alle Marktteilnehmer iSv § 2 Abs. 1 Nr 2 UWG erfasst, also abgesehen von Mitbewerbern und Verbrauchern alle „Nachfrager von Waren und Dienstleistungen."[88] Der unbestimmte Begriff der **„Vielzahl"** von Abnehmern erfordert nach der Gesetzesbegründung eine „gewisse Breitenwirkung, die tendenziell eine größere Anzahl von Abnehmern betreffen können". In der Rechtsprechung zum Begriff der „Vielzahl" in § 3 Abs. 105 Abs. 1 S. 1 BGB wird eine Untergrenze von 3–5 Fällen als ausreichend angesehen[89]. Danach ist Voraussetzung lediglich, dass stets ein größerer Personenkreis betroffen sein kann, es muss also noch nicht zu Verletzungen oder Beeinträchtigungen gekommen sein, es reicht vielmehr aus, dass diese im Sinne einer potenziellen Betroffenheit möglich sind („könnte").

141 Ob tatsächlich eine rein potenzielle Betroffenheit genügt, ist allerdings angesichts des weiteren Kriteriums fraglich, wonach der festgestellte, aufgrund des Wettbewerbsverstoßes erworbene Gewinn des werbenden Unternehmens **„zu Lasten"** der Abnehmer erzielt worden sein muss. Die Gewinnerzielung kann damit nur dann Gegenstand des Abschöpfungsanspruchs sein, wenn sie – so die Gesetzesbegründung – „unmittelbar zu einem Vermögensnachteil der Abnehmer" geführt hat (BT-Drs. 15/1487, S. 24). Gemeint ist mit Vermögensnachteil „jede wirtschaftliche Schlechterstellung," die durch Gegenüberstellung der von dem werbenden Unternehmen erbrachten Gegenleistung zu ermitteln ist. Es bedarf also einer **Vermögensverschiebung** (vgl § 812 Abs. 1 S. 1 BGB: „auf dessen Kosten etwas erlangt") vom Vermögen des Abnehmers auf das Vermögen des Unlauterkeitstäters[90]. Zwar bedarf es keines Nachweises, wie hoch der Schaden ist, den jeder Einzelne erlitten hat, soweit für eine Vielzahl von Abnehmern eine wirtschaftliche Schlechterstellung eingetreten ist. Verwendet zB ein Unternehmen eine „Mogelpackung", die etwa um ein Drittel größer ist als die im Inneren verpackten Lebensmittel (zB Reis), ist der Preis aber für die verkaufte Menge vollkommen angemessen, hat der Kunde nach der Schlechterstellungsdefinition objektiv keinen Nachteil erlangt. Allenfalls in seiner subjektiven Vorstellung, die sich aufgrund der Verpackungsgröße gebildet hat, steht er schlechter dar. In einem solchen Falle würde ein Gewinnabschöpfungsanspruch an einem Vermögensnachteil scheitern. Dies steht mit § 434 Abs. 3 BGB in Einklang, wonach ein Sachmangel lediglich

88 Vgl Gesetzesbegründung, BT-Drs. 15/1487, S. 27.

89 BGH NJW 1998, 2286, 2287; BGH NJW 2002, 138 f; *Micklitz/Stadler* sprechen hingegen von mindestens 15 Betroffenen, S. 36.

90 *Köhler*, in: Köhler/Bornkamm, § 10 Rn 9 f.

bei einer zu geringen Lieferung angenommen wird. Stellt man hingegen auf das Versprechen bestimmter Eigenschaften einer Sache oder Dienstleistung und auf die entsprechende Erwartung ab, die die angesprochenen Verkehrskreise einer werbenden Äußerung beimessen, genügt es – ähnlich wie in § 434 Abs. 1 S. 3 iVm S. 1 Nr 2 BGB – zur Nachteilsbegründung, wenn der Werbende das Versprechen nicht einhält[91], auch wenn ein tatsächlicher Nachteil nicht eingetreten ist. Eine Gewinnerzielung liegt etwa auch vor, wenn Verbraucher, die für das geleistete Entgelt keine brauchbare Gegenleistung erhalten haben, ihnen zustehende Anfechtungs- oder Rückforderungsrechte nicht geltend machen und infolgedessen verlieren[92].

Durch das „hierdurch" und das „zulasten" wird eine **doppelte Kausalitätshürde** aufgebaut: 1. der Gewinn muss durch den Verstoß erzielt worden sein und 2. er muss unmittelbar das Vermögen der Abnehmer wirtschaftlich nachteilig beeinträchtigt haben. **142**

## 2. Rechtsfolgen

### a) Unterlassungsanspruch auf Herausgabe des Gewinns an den Bundeshaushalt gem. § 10 Abs. 4 iVm Abs. 1 UWG

Herauszugeben ist der Gewinn und zwar über die aktivlegimierten Verbände und Kammern als „Handlanger" des Bundeshaushalts, dem die Gewinne schließlich zufließen. Der **Gewinn** errechnet sich aus den Umsatzerlösen, von denen die „Herstellungskosten der erbrachten Leistungen und eventuell angefallene Betriebskosten" abzuziehen sind[93]. Abzugsfähig sind nach der Gesetzesbegründung allerdings nicht „Gemeinkosten oder sonstige betriebliche Aufwendungen, die auch ohne das wettbewerbswidrige Verhalten angefallen wären"[94]. Hinsichtlich der Ermittlung der Gewinnhöhe soll **§ 287 ZPO** besondere Bedeutung zukommen[95]. Bedenken gegen die Anwendung ergeben sich insofern, als § 287 ZPO nur für Schadensersatzansprüche gilt und die Ermittlung der konkreten Schadenshöhe im Einzelfall erleichtern soll. Im Rahmen des § 10 UWG soll § 287 ZPO jedoch genau den umgekehrten Fall erleichtern: nicht die Schadensermittlung beim Verletzten, sondern die Gewinnermittlung beim Verletzer. Nicht nur, dass der Gesetzgeber § 287 ZPO gleichwohl unmittelbar anwenden will, sondern auch der weite Ermessensspielraum, der durch die Schätzungsvorschrift dem Gericht, insbesondere bei einem vorsätzlichem Verstoß, eingeräumt wird, weckt Bedenken gegen diesen Verweis[96]. Denn bei Einräumung eines **143**

91 Vgl zu § 434 BGB zB MünchKommBGB/*H.P. Westermann*, Bd. 3, 4. Aufl. 2004, § 434, Rn 23; zur Berücksichtigung der Ergebnisse des Wettbewerbsrechts im Rahmen des § 434 Abs. 1 S. 3 BGB vgl *Bernreuther*, Sachmangelhaftung und Werbung, MDR 2003, 63, 66; auch für § 263 StGB genügt das Vorspiegeln falscher Tatsachen, das tatsächliche Eintreten eines Saldos bedarf es nicht.

92 OLG Frankf./M. GRUR-RR 2010, 482, 483 f *heute gratis!*

93 Zu der Berechnung vgl Gesetzesbegründung, BT-Drs. 15/1487, S. 24.

94 So bereits die frühere Rspr zum Verletzergewinn im Rahmen der dreifachen Schadensberechnung, vgl dazu *Köhler*, in: Köhler/Bornkamm, § 9 Rn 1.45 mwN.

95 BT-Drs. 15/1487, S. 24.

96 So aber bereits die Rspr zur dreifachen Schadensberechnung, vgl BGH GRUR 1993, 55, 59 *Tchibo/Rolex* II, s. dazu den Fall ***Tchibo/Rolex*** (Rn 126); BGH GRUR 1995, 50, 54 *Indorektal/Indohexal*; weitere Nachweise bei *Köhler*, in: Köhler/Bornkamm, § 9 Rn 1.45.

allzu weiten Ermessens können schon einzelne Indizien, die ohne größeren Zusammenhang stehen, als Anhaltspunkte für die mutmaßliche Gewinnhöhe ausreichen.

#### b) Anrechnung von Leistungen an Dritte oder an den Staat, § 10 Abs. 2 UWG

144 § 10 Abs. 2 UWG regelt das Verhältnis des Gewinnabschöpfungsanspruchs zu den übrigen im UWG geregelten wettbewerbsrechtlichen Ansprüchen. Danach ist der Gewinnabschöpfungsanspruch gegenüber Leistungen, die an Dritte oder an den Staat bereits tatsächlich erbracht wurden, nachrangig. Zu den **„Dritten“** gehören die in § 8 Abs. 3 UWG genannten Anspruchsberechtigten, aber auch die sonstigen Marktteilnehmer (zB Abnehmer) und Verbraucher. Die Subsidiarität gilt sowohl gegenüber Schadensersatz- und Bereicherungsansprüchen an Mitbewerber, aber auch gegenüber Gewährleistungs- und Bereicherungsansprüchen von Abnehmern, insbesondere Verbrauchern, und gegenüber staatlichen Geldbußen wie Ordnungsgelder aus einer Unterlassungsvollstreckung, Geldstrafen, Bußgelder, Mehrerlösabschöpfung iSv § 34 GWB[97]. Allerdings führt die Anrechnungsregelung nicht zu einer Erweiterung der Anspruchsinhaber einer Leistung im Sinne einer Schadensersatzzahlung, so dass vorrangige Leistungen an Dritte vor allem die an Mitbewerber gezahlten Schadensersatzbeträge sein werden, die gegenüber einem späteren Gewinnabschöpfungsanspruch in Abzug zu bringen sind. Entsprechendes gilt auch für staatliche Sanktionen wie Geldstrafen. Grundsätzlich gilt zwar, dass die geldwerten Leistungen aufgrund anderer Rechtsgrundlagen bereits erbracht sein müssen, das Gebot der vorrangigen Befriedigung aufgrund anderer Anspruchsgrundlagen und damit die Anrechnung setzt sich gem. § 10 Abs. 2 S. 2 UWG aber auch durch, wenn der Schuldner die andere Leistung erst nach Bedienung des Gewinnerschöpfungsanspruchs erbracht hat. Auch insofern gilt, dass er die andere Leistung tatsächlich erbracht haben muss und nicht eine Erbringung lediglich beabsichtigt. In diesem Falle ist nachträglich ein entsprechender Anteil aus dem gezahlten Gewinn seitens des Bundesverwaltungsamtes an das werbende Unternehmen nach § 10 Abs. 2 S. 2 UWG herauszugeben. Die **Beweislast** für vorher wie nachher erbrachte Leistungen an Dritte trägt der Zuwiderhandelnde.

### 3. Auskunftserteilung und Aufwendungsersatzanspruch, § 10 Abs. 4 UWG

#### a) Verpflichtung zur Auskunftserteilung gegenüber dem Bundesverwaltungsamt, § 10 Abs. 4 S. 1, Abs. 5 S. 1 UWG

145 Die aktivlegitimierten Verbände und Kammern haben die „Geltendmachung“ eines Gewinnabschöpfungsanspruchs dem Bundesverwaltungsamt (§ 10 Abs. 4 S. 1, Abs. 5 S. 1 UWG) mitzuteilen. Mit Geltendmachung ist wohl die Erhebung von Ansprüchen, und zwar sowohl außergerichtlicher wie gerichtlicher Ansprüche, gemeint. Geltend gemacht wird ein Anspruch danach, sobald der Verletzer von seinem vorsätz-

97 Nicht gemeint ist die Verfallsanordnung iSd §§ 73 ff StGB, da diese Vorschriften gegenüber § 10 UWG subsidiär sind (§ 73 Abs. 1 S. 2 StGB), wobei es für § 73 Abs. 1 S. 2 StGB nicht darauf ankommt, ob die Verletzten ihren aus der Unlauterkeitstat erwachsenen Anspruch auch tatsächlich geltend machen; vgl dazu *Wimmer-Leonhard*, GRUR 2004, 12, 20.

lichen Unlauterkeitsverstoß durch die in § 8 Abs. 3 Nr 2–4 UWG genannten Anspruchsberechtigten erfahren hat und zur Herausgabe des durch die Tat erlangten Gewinns aufgefordert wird, sei es durch gerichtliche Zustellung einer Klageschrift (Rechtshängigkeit) oder durch formlose Aufforderung. Eine vorherige Abmahnung ist schon deshalb nicht erforderlich, weil sich § 12 Abs. 1 S. 1 UWG ausdrücklich nur auf Unterlassungsansprüche beschränkt. Sie verfehlte bei Schadensersatz- wie Gewinnabschöpfungsansprüchen auch ihre Funktion der vorherigen Möglichkeit zur Einstellung des unlauteren Handelns; dafür ist es bei einem bereits entstandenen Schaden zu spät.

### b) Anspruch auf Erstattung von Aufwendungen gegen das Bundesverwaltungsamt, § 10 Abs. 4 S. 2, 3 UWG

Der Anspruch der aktivlegitimierten Verbände und Kammern auf Erstattung von Aufwendungen nach § 10 Abs. 4 S. 2 UWG gegenüber dem Bundesverwaltungsamt gleicht hinsichtlich des Anspruchsinhalts dem Aufwendungsersatzanspruch wegen der Abmahnungskosten gemäß § 12 Abs. 1 S. 2 UWG. **146**

**Voraussetzungen** sind, dass

- Aufwendungen in Verfolgung des Gewinnabschöpfungsanspruchs getätigt wurden,
- die Aufwendungen zur Geltendmachung des Gewinnabschöpfungsanspruchs „erforderlich“ waren und
- die aktivlegitimierten Verbände und Kammern gegenüber dem werbenden Unternehmen („Schuldner“) keinen Ausgleich erlangen können.

Zu erstatten sind die **getätigten Aufwendungen (Anspruchsinhalt)**, zB Aufwendungen, die an sich der Zuwiderhandelnde nach § 91 ZPO hätte erstatten müssen sowie Prozesskosten, wenn deren Eintreibung nicht gelingt. Bei den Kosten wegen Teilunterliegens wird man hingegen die Erforderlichkeit des Aufwendungsersatzes verneinen müssen[98]. Hinsichtlich der Erstattungsfähigkeit vorprozessualer Aufwendungen gelten entsprechende Grundsätze wie hinsichtlich der Erstattung von Abmahnkosten: sie müssen für die Geltendmachung des Anspruchs **erforderlich** gewesen sein und dürfen nicht vom Schuldner erstattet worden sein. Der Höhe nach sind die Aufwendungen maximal begrenzt auf die „Höhe des an den Bundeshaushalt abgeführten Gewinns“ (§ 10 Abs. 4 S. 3 UWG). Das heißt, der abgeführte Gewinn kann vollständig aufgezehrt werden durch die Verbandskosten für das Verfahren, solange nur die Höhe der Aufwendungen plausibel dargelegt wird. Dies ist allerdings weniger problematisch, als es auf den ersten Anschein klingt, da der Gewinn über den Bundeshaushalt ohnehin letzten Endes den Verbänden zufließt. War die Geltendmachung rechtsmissbräuchlich, besteht kein Aufwendungsersatzanspruch. **147**

---

98 Vgl Stellungnahme des Bundesrates, BT-Drs. 15/1487, S. 35; Harten/Henning/*Schulz*, § 10 Rn 129, der wegen des darin liegenden Kostenrisikos eine negative Auswirkung auf die Klagebereitschaft der Verbände befürchtet und daher für eine großzügige Anwendung von § 92 Abs. 2 Nr 2 ZPO plädiert.

### 4. Kritik

148 Zwar wird mit dem Gewinnabschöpfungsanspruch ein berechtigtes Ziel, nämlich die Einziehung von rechtswidrig erlangten Gewinnen, verfolgt (**Lückenschließung des Rechtsfolgenregimes**), Bedenken gegen den Gewinnabschöpfungsanspruch bestehen jedoch, wenn durch ihn kaum oder nicht spürbare „Schäden im Bagatellbereich“[99], die sonst weder einer Verfolgung durch Mitbewerber noch durch Verbände ausgesetzt wären, durch private Verbände eingetrieben werden sollen. Es wird sich zeigen, ob der „Appetit“ der Verbände[100] gestillt wird oder ob die Versuche, unlauter erzielte Gewinne einzuziehen, etwa am **Vorsatznachweis** scheitern wie in den beiden *Matratzen*-Entscheidungen[101]. Auch die konkrete Umsetzung der „Geheimniserlangung“ bleibt abzuwarten. Die Hinweise der Bundesregierung, der Gefahr der Offenbarung von **Betriebsgeheimnissen** könne durch gerichtliche Anordnung und Einholung von Auskünften einer zur Verschwiegenheit verpflichteten Person begegnet werden, der Gewinn könne dann aufgrund der erteilten Auskunft berechnet werden[102], sind wenig hilfreich. Sie ändern vor allem nichts daran, dass die Angaben über die Erlöse, die Herstellungskosten und die angefallenen Betriebskosten, die zur Berechnung des Gewinns mitgeteilt werden müssen[103], gegenüber privaten Dritten zu offenbaren sind, obgleich diese Angaben dem Betriebsgeheimnis unterfallen.

149 Hinzu kommt die Schwierigkeit des **Kausalitätsnachweises** zwischen einer Unlauterkeitstat und einem beim unlauter Handelnden aufgrund des Verstoßes erzielten Gewinns, die sich im Zusammenhang mit der Herausgabe des Verletzergewinns im Rahmen der dreifachen Schadensersatzberechnung mannigfach gezeigt haben (s. dazu die Ausführungen unter Rn 123–125)[104]. Die Erfahrungen mit dem kartellrechtlichen **Mehrerlösabschöpfungsanspruch** belegen, dass es ein nahezu unlösbares Problem darstellt, den auf einen Verstoß zurückgehenden Gewinn zu ermitteln[105].

150 Daraus, dass es bereits andere Normen oder Institute gibt, deren Rechtsfolge sich in der Herausgabe des Verletzergewinns entlädt, lassen sich im Übrigen keine Argumente für die Etablierung eines Gewinnabschöpfungsanspruchs herleiten. Zwar kommt auch im Rahmen der wettbewerbsrechtlichen **dreifachen Schadensberechnung** wie nach ausdrücklichen Regelungen im Marken-, Patent- und Urheberrecht eine Herausgabe des Verletzergewinns in Betracht, diese unterscheidet sich jedoch in einem wesentlichen Punkt von dem Anspruch auf Gewinnabschöpfung, weshalb der vergleichenden

99 So die Gesetzesbegründung, BT-Drs. 15/1487, S. 23.

100 So das LG Bonn GRUR-RR 2006, 111 *Matratzentest I,* das den konkreten von ihm zu entscheidenden und für ungeeignet befundenen Fall § 10 UWG als „im Ansatz zweifellos zu begrüßenden Anspruch“ bezeichnete; *Engels/Salomon*, WRP 2004, 32, 43 warnen hingegen – wie hier vertreten – vor dem „Appetit der Verbraucherverbände auf die Austestung der äußersten Grenzen dieser Vorschrift“.

101 LG Bonn GRUR-RR 2006, 111 *Matratzentest I* LG Heilbronn, Urt. v. 23.2.2006, AZ.: 23 O 136/05 *Matratzentest II*; näher zu den beiden Entscheidungen s. *Hsiao*, Erste Probe für den Gewinnabschöpfungsanspruch – noch kein Gewinn, 2006, 239, 240 f.

102 Stellungnahme der Bundesregierung, BT-Drs. 15/1487, S. 43.

103 Zu der Berechnung vgl Gesetzesbegründung, BT-Drs. 15/1487, S. 24.

104 Vgl auch die Bedenken des Bundesrates (BT-Drs. 15/1487, S. 34 f) sowie die Kritik von *Engels/Salomon*, WRP 2004, 32, 42 f.

105 Vgl dazu bereits Immenga/Mestmäcker/*Emmerich*, GWB, 3. Aufl. 2001, § 34 Rn 3, 10–14; mit weiterer Kritik an dem Institut der Gewinnabschöpfung *Emmerich*, § 23 IV. 1.

Verharmlosung in der Gesetzesbegründung[106] zu widersprechen ist. Der Verletzergewinn als Teil des Schadensersatzanspruches kann nach den Spezialgesetzregelungen nur von dem Verletzten geltend werden, der den Ausgleich seines daraus tatsächlich kausal entstandenen individuellen Schadens begehrt. Entsprechendes gilt für die speziellen Gewinnherausgabeansprüche des Gewerblichen Rechtsschutzes wie auch nach den allgemeinen Bestimmungen der ungerechtfertigten Bereicherung: stets gründet sich der Anspruch auf eine konkrete Verletzungshandlung, durch die einem Einzelnen ein Schaden entstanden ist. Auf eben diesem Gedanken basiert auch die Beschränkung der Schadensersatzberechtigten in § 9 1 S. 1 UWG. Dem Gewinnabschöpfungsanspruch nach § 10 Abs. 1 UWG steht schon wegen der Streuung des angenommenen Schadens keine konkrete, messbare Schädigung eines bestimmten anderen gegenüber. Zumal die vermeintlich Verletzen die Schädigung oft gar nicht spüren (wie es in der Gesetzesbegründung heisst). Die Beschränkung des § 9 UWG, ausschließlich Mitbewerbern einen Anspruch auf Schadensersatz zu verleihen, wird daher durch § 10 UWG ausgehöhlt. Zwar können die Verbände nicht die Verletzung eigener Rechte geltend machen und erhalten auch den Gewinnzufluss nicht unmittelbar, mittelbar fließen aber allen Verbänden die eingestrichenen Gewinne zu. Dies wird letztlich zu einer **Verunsicherung** der werbenden Unternehmen führen, da sie – anders als bei einer von ihnen beabsichtigten oder ihnen fahrlässig unterlaufenen Mitbewerberverletzung – nicht mit einer Geltendmachung von Schäden rechnen, diese aber nun möglich ist.

Gegen den Gewinnabschöpfungsanspruch spricht aber vor allem die Einziehungsbe- **151**
fugnis **privater Verbände** und die anschließende Auffüllung der Bundeshaushaltskasse. Der Kreislauf schließt sich, da mit den entzogenen Mitteln die Existenz der Verbraucherverbände gesichert wird. Klafft im Bundeshaushalt zur Finanzierung der Verbände eine Lücke, bedarf es verstärkter Aktivität gegen Lauterkeitsstörer, um sie wieder zu schließen. Läuft die Haushaltskasse über vor abgeschröpften Unlauterkeitsgewinnen, müssen rasch neue Verbände ins Leben gerufen werden, die dann noch aktiver eingreifen und für einen stärkeren Mittelzuwachs arbeiten können. Angesichts der bereits bestehenden Klagefreudigkeit von Verbänden ist dies sicherlich der falsche Weg, um zu einem bereinigten Lauterkeitsrecht zu gelangen[107]. Private (juristische) Personen fehlen nicht umsonst in der Gewaltenteilungstrias, nach der klar getrennt ist, wer vollstrecken, wer erlassen und wer richten darf. Wenn private Verbände mit Exekutivbefugnissen wie der Einziehung des Gewinns ausgestattet werden, ohne selbst verletzt zu sein, ist dies ein Fremdkörper im Zivilrecht[108]. Die Anordnung des Verfalls,

106 BT-Drs. 15/1487, S. 43; auch *Köhler*, GRUR 2003, 265 f befürwortet einen Gewinnabschöpfungsanspruch.

107 Kritisch gegenüber diesem finanziellen Anreiz für die Verbände, tatsächliche oder vermeintliche UWG-Verstöße zu verfolgen, um die eigene Existenzgrundlage durch die Gewinnabschöpfungsmarge zu sichern und bei übermäßigem Erfolg, weitere Verbände mit der Verfolgung zu betrauen; vgl dazu *Sack*, WRP 2004, 30 ff, der in Bezug auf § 10 Abs. 4 UWG von einer *„Beutetheorie"* spricht; *Boesche/Scholze*, Jura 2004, 687 mit Fn 13.

108 Kritik an dem „strafähnlichen Charakter des Rechtsinstituts" des Gewinnabschöpfungsanspruchs üben auch *Emmerich*, § 23 IV. 1; *Engels/Salomon*, WRP 2004, 32, 42 f; *Sack*, WRP 2003, 549 f; *Sosnitza*, GRUR 2003, 739, 745 f und *Wimmer-Leonhard*, GRUR 2004, 12, 14 f; *Köhler*, GRUR 2003, 265 f hat hingegen lediglich Bedenken hinsichtlich der Feststellung des Schadens.

wenn der Täter aus einer rechtswidrigen Tat „etwas" erlangt hat, erfolgt gem. §§ 73–73e StGB, die Einziehung von Gegenständen aus rechtswidrigen Taten gem. §§ 74–75 StGB und die Vermögensbeschlagnahme gem. § 443 StPO[109]. Eingriffe durch strafende Geldzahlungen, die allein der Sanktion und nicht der Wiedergutmachung dienen, sind – von wenigen Ausnahmen abgesehen – dem deutschen Zivilrecht bislang erspart geblieben[110]. Wenn Caroline von Monaco ein immens hoher Schadensersatzanspruch zugesprochen wird, hat das mit Kompensation nichts oder nur noch wenig zu tun, sondern wird allenfalls Abschreckungswirkung entfalten. Das Instrument der Vertragsstrafe zeigt zwar, dass das Zivilrecht nicht frei ist von strafenden Elementen[111], pönale Elemente sind jedoch grundsätzlich dem Deliktsrecht wie dem Zivilrecht allgemein fremd und sollten dies auch bleiben.

**152** Schließlich stellt sich die Frage, ob es **verfassungsrechtlich** tragbar ist, wenn über die Durchführung einer Gewinnabführung durch Private entschieden wird, die Maßnahmen mithin nicht nach pflichtgemäßem Ermessen (§ 40 VwVfG) eingeleitet werden[112].

**153** Es wird allerdings abzuwarten sein, ob die Gefahren, die durch die Geltendmachung eines Gewinnabschöpfungsanspruchs befürchtet werden, angesichts der Hindernisse der Darlegung vorsätzlichen Handelns, des Nachweises eines kausalen Schadens und der Anrechnung vorrangiger Ansprüche so groß sein werden wie die vorsorgliche Aufregung über dieses neue Rechtsinstitut oder ob es hier um viel Lärm um (fast) nichts ging.

*Literaturhinweise: Bauer*, Der Gewinnabschöpfungsanspruch der Verbände nach § 10 UWG, Diss. (Jena), 2006; *Boesche*, Statement zur Unrechtsgewinnabschöpfung, 2006, 25 ff; *Dittschar*, Gewinnabschöpfung nach § 10 UWG: Innovativ, aber ausgereift? Diss. Düsseldorf 2007; *Emmerich*, § 23 IV; Fezer/*v.Braunmühl*, § 10 Rn 1–339; *Gärtner*, Der Gewinnabschöpfungsanspruch gemäß § 10 UWG – Leitfaden für eine effektive Anwendung in der Praxis, GRUR Int 2008, 817; Harte/Henning/*Goldmann*, § 10 Rn 1–129; *Hsiao*, Erste Probe des Gewinnabschöpfungsanspruchs – noch kein Gewinn. Zugleich eine Besprechung der Urteile LG Bonn vom 12. März 2005 und LG Heilbronn vom 23. Februar 2006 zu § 10 UWG, in Festbeigabe für Säcker, 2006, 239 ff; *Köhler*, in: Köhler/Bornkamm, § 10 Rn 1–25; *Micklitz/Stadler*, Unrechtsgewinnabschöp-

109 Nach § 73 Abs. 3 StGB haftet ein Unternehmen für seine Mitarbeiter. Die in den §§ 73 ff StGB geregelten Sanktionen sind gegenüber § 10 UWG vorrangig (§ 10 Abs. 2 UWG).

110 Der BGH hielt solche daher auch für unzulässig, NJW 1992, 3096, 3104; kritisch dazu *Bentert*, Das pönale Element – ein Fremdkörper im deutschen Zivilrecht? 1996, S. 152; wenige andere europäische Länder kennen bereits seit längerem ein Verbandsklagerecht, das nicht auf Kompensation eines Schadens gerichtet ist, sondern einen kollektiven Verbraucherschaden immateriell ausgleichen soll und Abschreckungs- bzw Strafcharakter hat, so zB in *Frankreich (action civile)*, *Griechenland* und *Spanien*, vgl dazu ausführlicher *Keßler/Micklitz*, S. 90, 122, 127; *Knothe/Penades*, Der einstweilige Rechtsschutz im spanischen Wettbewerbsrecht, GRURInt 1998, 667, 671; *Kapnopoulou*, Das Recht der missbräuchlichen Klauseln in der europäischen Union – Das griechische Verbraucherschutzgesetz als Beitrag zum europäischen Privatrecht, 1997, S. 249; *Koch*, Die Verbandsklage in Europa, ZZP 113 (2000), 413, 421; *Wimmer-Leonhard*, GRUR 2004, 12, 14 f mwN.; einen rechtsvergleichenden Überblick gibt Fezer/*v. Braunmühl*, § 10 Rn 43–58 mwN.

111 Ausführlicher zu den Ausnahmen der pönalen Elemente im Zivilrecht *Canaris*, in: FS Deutsch, S. 85, 99, 105; *Wimmer-Leonhard*, GRUR 2004, 12, 18 mwN.

112 Zu weiteren Bedenken an der Verfassungsmäßigkeit eines Gewinnabschöpfungsanspruchs vgl *Wimmer-Leonhard*, GRUR 2004, 12, 16 ff.

fung – Möglichkeiten und Perspektiven eines kollektiven Schadensersatzanspruches im UWG, 2003; *Micklitz/Stadler*, Der Reformvorschlag der UWG-Novelle für eine Verbandsklage auf Gewinnabschöpfung, WRP 2003, 559 ff; *Pokrant*, Zum Verhältnis von Gewinnabschöpfung gem. § 10 und Schadensersatz gem. § 9 UWG, FS für Ullmann, 2006, 813 ff; *Sack*, Der Gewinnabschöpfungsanspruch von Verbänden in der geplanten UWG-Novelle, WRP 2003, 546 ff; *Schmauß*, Der Gewinnabschöpfungsanspruch von Verbänden in der Neufassung des § 10 des Gesetzes gegen den unlauteren Wettbewerb (UWG), 2007 (zugl. Diss. Tübingen); *Wimmer-Leonhard*, UWG-Reform und Gewinnabschöpfungsanspruch, GRUR 2004, 12 ff.

## VIII. Aufwendungsersatzanspruch, § 12 Abs. 1 S. 2 UWG (Erstattung von Abmahnungskosten)

### 1. Keine Rechtspflicht zur Abmahnung

Die Vorschrift des § 12 Abs. 1 S. 1 UWG verlangt bei Geltendmachung eines Unterlassungsanspruchs, dass der Berechtigte den Schuldner vor Einleitung eines gerichtlichen Verfahrens abmahnen und ihm Gelegenheit geben „soll“, den Streit durch Abgabe einer mit einer angemessenen Vertragsstrafe bewehrten Unterlassungsverpflichtung beizulegen. Damit ist ausdrücklich geregelt, dass der Verletzte seine Abmahnkosten verlangen kann, wenn die Abmahnung berechtigt war. Zwar wird damit erstmals das von der Rechtsprechung seit 1960 entwickelte Rechtsinstitut der Abmahnung verbunden mit einer Unterwerfungserklärung im Gesetzestext normiert, eine **Rechtspflicht zur vorherigen Abmahnung** wird dadurch allerdings **nicht** begründet, sonst hätte statt des Wortes „sollen“ das Wort „müssen“ geschrieben stehen müssen (ausführlicher dazu unter § 12 Rn 459)[113]. Dass eine Abmahnung nur vor Einleitung eines gerichtlichen Verfahrens, das **auf Unterlassung** gerichtet ist, geltend gemacht werden soll und nicht vor Erhebung einer Klage auf Beseitigung oder Schadensersatzleistung, folgt schon aus dem typischen Zweck einer Abmahnung, die ausschließlich in die Zukunft gerichtet ist. Maßgebender Inhalt der Abmahnung ist die Aufforderung des Abmahnenden gegenüber dem Zuwiderhandelnden, das wettbewerbswidrige Verhalten zukünftig zu unterlassen, und die Bereitschaft des Abgemahnten zur Abgabe einer strafbewehrten Unterwerfungserklärung innerhalb der gesetzten Frist. Allerdings sind Unterlassungs- und Beseitigungsansprüche häufig nicht zu trennen, so dass es konsequenter gewesen wäre, das Sollerfordernis des § 12 Abs. 1 S. 1 UWG einheitlich auf die in § 8 Abs. 1 UWG geregelten Ansprüche zu beziehen. Nahe liegend ist daher, auch vor der gerichtlichen Geltendmachung von **Beseitigungsansprüchen** regelmäßig zunächst den Verletzer abzumahnen. Beide Begehren liegen häufig so eng zusammen, dass sie sich sachlich nicht trennen lassen bzw es besteht sowohl ein Interesse daran, dass die als unlauter angesehene Werbung in Zukunft unterbunden wird, als auch daran, dass etwa Plakate, die die beanstandete Werbung enthalten, entfernt werden[114]. 154

113 Vgl Gesetzesbegründung, BT-Drs. 15/1487, S. 25.
114 Vgl das Muster eines Abmahnschreibens bei *Lehr*, Rn 562; ausführlicher zum Inhalt eines Abmahnschreibens s. unter Rn 460 ff.

## 2. Ersatz nur der erforderlichen Kosten („berechtigte Abmahnung")

155 Nach § 12 Abs. 1 S. 2 UWG kann **Ersatz der Aufwendungen für eine Abmahnung** verlangt werden, wenn die Abmahnung **berechtigt** war. Diese Regelung über die Kostentragungspflicht geht über die Erkenntnisse der Rechtsprechung nicht hinaus, sondern gießt diese lediglich in den Gesetzestext. In der Rechtsprechung und im Schrifttum ist seit längerem anerkannt, dass der unlauter Handelnde grundsätzlich unter dem Gesichtspunkt einer **Geschäftsführung ohne Auftrag** (GoA) die Abmahnungskosten zu erstatten hat, wenn sie zur entsprechenden Rechtsverfolgung notwendig waren (§§ 677, 683 S. 1, 670 BGB)[115]. Auszugehen ist dabei von dem mutmaßlichen Willen (§ 683 BGB) des Abgemahnten, die Aufwendungen für eine Abmahnung möglichst gering zu halten[116]. Den Aufwendungsersatzanspruch entnahmen die Rechtsprechung und das Schrifttum für den Mitbewerber in Anlehnung an die GoA-Bestimmungen aus der schadensersatzrechtlichen Regelung des § 13 Abs. 6 UWG aF. Für Verbände wurde der Aufwendungsersatzanspruch als Teil des Beseitigungsanspruchs angesehen[117].

156 Das Gesetz hat nun mit § 12 Abs. 1 S. 2 UWG insofern eine klare und einheitliche Regelung erhalten, als grundsätzlich die **Kosten einer „berechtigten Abmahnung"** zu erstatten sind und diesbezüglich keine Unterschiede zwischen Abmahnungen von Mitbewerbern, Verbänden oder Kammern gemacht werden. Da weder der Normtext, noch die Gesetzesbegründung Aufschluss darüber geben, was unter **„berechtigt"** zu verstehen ist, kann nur auf die allgemeine Wortbedeutung abgestellt werden. Danach muss eine ausreichend hohe Wahrscheinlichkeit für den Erfolg eines Anspruchs auf Unterlassung des unlauteren Verhaltens bestehen. Erfasst werden sollen nur die **„erforderlichen"** Aufwendungen. Grundsätzlich gelten **Rechtsanwaltskosten** als erstattungsfähig. Nicht erforderlich sind Kosten für einen Rechtsanwalt jedoch dann, wenn der Abmahnende selbst über die ausreichende eigene Sachkunde verfügt, die zur „Rechtsverfolgung eines unschwer zu erkennenden Wettbewerbsverstoßes" genügt[118]. Davon ist insbesondere auszugehen, wenn der Mitbewerber eine eigene Rechtsabteilung hat oder selbst Rechtsanwalt ist. In einem Urteil vom Mai 2008 entschied der BGH nun, dass grundsätzlich auch ein Unternehmen mit eigener Rechtsabteilung die Rechtsanwaltskosten für eine Abmahnung erstattet bekommen könne, auch wenn es sich um einen evidenten Fall irreführender Werbung handele. So dürfe auch ein Unternehmen mit eigener Rechtsabteilung „insbesondere unter dem Gesichtspunkt ihrer zeitlichen Inanspruchnahme" das Hinzuziehen eines Rechtsanwalts für erforderlich halten. Der vom BGH entwickelte Grundsatz, dass in einfach gelagerten Fällen die Hinzuziehung eines Rechtsanwalts nicht erforderlich sei, sei auf den Fall nicht anwendbar. Dafür

115 Vgl BGH WRP 2004, 903, 904 *Selbstauftrag*; BGHZ 52, 393, 399 f *Fotowettbewerb*; BGH GRUR 1984, 691 f *Anwaltsabmahnung*; OLG Hamburg WRP 1980, 629; der Anspruch besteht nur für eine Abmahnung, die vor Einleitung des gerichtlichen Verfahrens ausgesprochen wird, BGH GRUR 2010, 257 *Schubladenverfügung*.

116 BGH WRP 2004, 903, 904 *Selbstauftrag*; BGHZ 52, 393, 399 f *Fotowettbewerb*; BGH GRUR 1984, 691 f *Anwaltsabmahnung*.

117 BGHZ 52, 393, 399 f *Fotowettbewerb*.

118 Vgl BGH WRP 2004, 903, 904 *Selbstauftrag*; Harte/Henning/*Brüning*, § 12 Rn 85 mwN.

sprach ua, dass die Rechtsabteilung festgestellte Wettbewerbsverstöße nicht aufbereite und insbesondere keine Abmahnungen oder Vertragsstrafeaufforderungen vorformuliere[119]. Damit geht jedoch keine grundsätzliche Abkehr von der Rechtsprechung des BGH einher. Auch bei Fachverbänden bzw generell Verbänden zur Förderung gewerblicher Interessen ist in der Regel davon auszugehen, dass sie in der Lage sind, **„typische und durchschnittlich schwer zu verfolgende Wettbewerbsverstöße ohne anwaltlichen Rat zu erkennen“**, mit der Folge, dass die Rechtsprechung kein Bedürfnis für die Einholung anwaltlichen Rates zur Erstellung eines Abmahnschreibens sieht[120]. Allgemein ging sie und geht der Gesetzgeber weiterhin bei den Aktivlegitimierten des § 8 Abs. 3 Nr 2–4 UWG davon aus, dass Unternehmen und Verbände über ausreichende Sach- und Rechtskenntnisse verfügen, um zumindest „Fälle mittleren Schwierigkeitsgrades“ auch ohne anwaltlichen Beistand außergerichtlich durch Abmahnung geltend zu machen[121]. Ist gleichwohl ein Rechtsanwalt mit der Erstellung eines Abmahnschreibens beauftragt worden, kann für die gegebenenfalls aufgewendeten Anwaltsgebühren kein Aufwendungsersatz verlangt werden. Erst recht gilt dies im Falle der eigenen Betroffenheit eines Rechtsanwalts, der seine eigene Sachkunde für eine Abmahnung einsetzen muss. Weder besteht in diesen Fällen ein Anspruch auf Ersatz der Selbstkosten noch auf Erstattung für die Zuziehung eines weiteren Rechtsanwalts[122]. An diesen in ständiger Rechtsprechung herausgebildeten Erkenntnissen knüpft die ausdrückliche Normierung des Aufwendungserstattungsanspruchs an[123].

Stellt sich im anschließenden gerichtlichen Verfahren heraus, dass der Antragsgegner zuvor **zu Unrecht abgemahnt** wurde, steht ihm seinerseits allerdings **kein Kostenerstattungsanspruch** zu[124].

Der **Abmahnende** hat – auch daran hat sich durch die Novelle nichts geändert – hingegen **grundsätzlich die Kosten zu tragen**, wenn er **nicht abgemahnt** hat und der Abgemahnte unter Protest gegen die Kostenlast den Anspruch **sofort anerkennt (Abmahnungslast)**. Da im Rahmen des **§ 93 ZPO** zu prüfen ist, ob der Antragsgegner zur Einleitung des **einstweiligen Verfügungsverfahrens** bzw zur Klageerhebung Anlass gegeben hat oder ob nicht eine strafbewehrte Unterlassungsverpflichtung durch eine vorherige Abmahnung erreichbar und damit ausreichend gewesen wäre, erscheint es sachgerecht, den Antragsteller bei Nichtabmahnung die Kostenlast aufzulegen. Davon gibt es wiederum anerkannte **Ausnahmen bei besonderer Eilbedürftigkeit**, wenn die Abmahnung offenkundig erfolglos verlaufen wäre[125], oder wenn nur eine gerichtliche Durchsetzung Abhilfe verspricht wie bei **„Wiederholungstätern“**, die sich gegenüber früheren Abmahnungen resistent gezeigt haben[126]. **157**

---

119 BGH WRP 2008, 1188 ff = NJW 2008, 2651 ff.
120 BGH WRP 2004, 903, 904 *Selbstauftrag*; BGHZ 52, 393, 399.
121 Gesetzesbegründung, BT-Drs. 15/1487, S. 25.
122 BGH, WRP 2004, 903, 904 *Selbstauftrag*; BGH WRP 2004, 495, 496 *Auswärtiger Rechtsanwalt IV* mwN; BGH GRUR 1984, 691, 692. *Anwaltsabmahnung*.
123 Gesetzesbegründung, BT-Drs. 15/1487, S. 25.
124 OLG Hamburg GRUR 1983, 200 f *Unberechtigte Abmahnung*; dazu auch unter § 12 Rn 457.
125 ZB OLG Köln NJWE 2000, 303 f; OLG Düsseldorf 1997, 471, 472 *Ohrstecker*.
126 BGH GRUR 1990, 542, 543 *Aufklärungspflicht des Unterwerfungsschuldners* (erneute Begehung durch einen Schuldner, der sich zuvor einer Abmahnung unterworfen hatte); OLG Schleswig WRP

158 Grundsätzlich wird man wohl annehmen müssen, dass neben einem Anspruch aus § 12 Abs. 1 S. 2 BGB auch Ersatzansprüche nach den Grundsätzen der GoA denkbar sind, was allerdings meist wegen der Spezialität des wettbewerbsrechtlichen Anspruchs bedeutungslos sein wird[127]. Bedeutung erlangen die Ansprüche aus Geschäftsführung ohne Auftrag allerdings, wenn ein Anspruch auf Aufwendungsersatz nur als Schadensersatz erlangt werden kann oder, um dem zu Unrecht Abgemahnten zu einem Anspruch auf Ersatz seiner Aufwendungen zu verhelfen (§ 678 BGB), da die Abmahnung in diesen Fällen eine **unberechtigte GoA** darstellt und ein Schadensersatzanspruch mangels schuldhaftem Verhalten ausscheidet. So handelt der Abmahnende beispielsweise nicht bereits schuldhaft, wenn er Zweifel an den Erfolgsaussichten der Abmahnung hatte[128]. Kosten für die **Gegenabmahnung** können hingegen idR weder aus § 12 Abs. 1 S. 2 UWG noch aus berechtigter GoA hergeleitet werden[129].

*Hinweis:* Zu weiteren Einzelheiten der Abmahnung und der Abmahnungskosten s. unter § 12 Rn 454.

## IX. Bereicherungsanspruch auf das durch den Wettbewerbsverstoß Erlangte, §§ 812, 818 BGB

159 Ein Anspruch nach den Bestimmungen über die ungerechtfertigte Bereicherung besteht, wenn eine vom UWG geschützte, dem Immaterialgüterschutz vergleichbare Rechtsposition eines Mitbewerbers rechtsgrundlos beeinträchtigt wurde und der Unlauterkeitstäter daraus auf Kosten des Verletzten Vorteile erworben hat. Erfasst werden damit nur der Bereicherungsanspruch in Form der **Eingriffskondiktion** (§ 812 Abs. 1 S. 1, 2. Alt. BGB). Ein Fall der Eingriffskondiktion liegt zB vor, wenn ein Mitbewerber das Produkt eines Konkurrenten ohne dessen Einwilligung und ohne Zahlung der Lizenzgebühr im Verkehr benutzt. Er ist dann um die für die Benutzung üblicherweise zu zahlende angemessene ersparte Lizenzgebühr bereichert[130]. Dem **Umfang** nach ist der Anspruch gerichtet auf die Herausgabe des Erlangten (§ 818 Abs. 1 BGB) bzw auf Wertersatz (§ 818 Abs. 2 BGB), wobei zum **Erlangten** nur der Wert des tatsächlichen Gebrauchs des Rechts gehört, nicht die Gebrauchsmöglichkeit, ersparte Aufwendungen oder der Verletzergewinn[131]. Auf den **Wegfall der Bereicherung** gemäß § 818 Abs. 3 BGB kann sich der unberechtigte Nutzer allerdings nicht stützen, wenn er nach den §§ 818 Abs. 4, 819 Abs. 1 BGB verschärft haftet. Auch der

---

2000, 1327, 1328 („Serientäter"); OLG Naumburg WRP 1996, 264 (besondere Eilbedürftigkeit zB bei Wettbewerbsverstößen vor oder innerhalb von Schlussverkäufen); zahlreiche weitere Rechtsprechungsnachweise bei *Nordemann*, Rn 3011 mit Fn 3–21.

127 Vgl Harten/Henning/*Brüning*, § 12 Rn 79, zu den Voraussetzungen der berechtigten GoA Rn 90 ff; *Bornkamm*, in: Köhler/Bornkamm hat das Verhältnis von § 12 Abs. 1 S. 2 UWG zur GoA hingegen offen gelassen, § 12 Rn 1.86 ff, 1.90 ff.

128 Vgl Harten/Henning/*Brüning*, § 12 Rn 110.

129 Vgl OLG Hamburg, GRUR 1983, 200; *Heidenreich*, Zum Kostenerstattungsanspruch für eine wettbewerbsrechtliche Gegenabmahnung, WRP 2004, 660, 663 ff.

130 ZB BGHZ 107, 117, 121 *Forschungskosten*; BGH GRUR 1960, 554, 557 *Handstrickverfahren*.

131 Vgl zB BGH GRUR 1987, 520 *Chanel No. 5 I;* BGH GRUR 2000, 685, 686 *Formunwirksamer Lizenzvertrag*.

Einwand des gutgläubigen Schuldners, er habe nichts erspart oder keinen die Lizenzhöhe deckenden Gewinn erzielt, ist unbeachtlich[132]. Er kann hingegen einwenden, er hätte versucht, die Lizenz billiger als gewöhnlich zu erhalten, wenn er sich darum bemüht hätte. Auch wenn er nachträglich den Gewinn verliert zB durch Verbrauch, kann er sich erfolgreich auf den **Wegfall der Bereicherung** berufen[133]. Relevant sind Herausgabeansprüche wegen ungerechtfertigter Bereicherung vor allem in Fällen des **Verrats von Betriebs- und Geschäftsgeheimnissen** und der Verwertung von im geschäftlichen Verkehr anvertrauten Vorlagen (§§ 17, 18 UWG) oder wenn ein Schadensersatzanspruch mangels Verschuldens nicht vorliegt oder bereits verjährt ist. Ersatzfähig sind hingegen nicht bloße Wettbewerbsbeeinträchtigungen, denen keine Nutzung des geschützten Guts zugrunde liegt. Die bloße Mitbewerberbehinderung durch **Abwerben von Kunden** oder **Mitarbeitern** oder eine **Rufausbeutung** ohne Imagetransfer erfüllen daher nicht die Eingriffskondiktion, da diesen Ausbeutungs- und Behinderungsfällen kein Eingriff in eine Rechtsposition mit entsprechendem Zuweisungsgehalt zugrunde liegt. Der über § 4 Nr 9 UWG gewährte Leistungsschutz vor Rufausbeutung umfasst hingegen auch den Schutz von Leistungsergebnissen und unterfällt daher der Eingriffskondiktion, wenn das Leistungsergebnis nicht lediglich beeinträchtigt, sondern genutzt wurde[134]. Der Bereicherungsanspruch, der grundsätzlich neben einem Schadensersatzanspruch Anwendung findet, **verjährt** nach drei bzw zehn Jahren (§§ 195, 199 BGB).

## X. Kein wettbewerbsrechtliches Rücktrittsrecht mehr (§ 13a UWG aF)

Das Rücktrittsrecht des Abnehmers von Verträgen, die aufgrund von irreführenden oder wahrheitswidrigen Angaben zustande gekommen sind, ist ersatzlos gestrichen worden. **160**

## XI. Verjährung, § 11 UWG

### 1. Verjährungsfrist: Sechs Monate bei Ansprüchen aus §§ 8, 9 und 12 Abs. 1 S. 2 UWG (§ 11 Abs. 1 UWG)

Unterlassungs-, Beseitigungs- und Aufwendungsersatzansprüche verjähren in sechs Monaten von dem Zeitpunkt an, in dem der Anspruch entstanden ist **und** der Anspruchsberechtigte von den anspruchsbegründenden Umständen **und** der Person des Schuldners Kenntnis erlangt oder ohne grobe Fahrlässigkeit hätte erlangen müssen. Damit unterliegt – anders als noch nach dem Gesetzentwurf – auch der Anspruch auf **161**

132 ZB BGH GRUR 1981, 846 *Carrera/Rennsportgemeinschaft*; *Köhler/Pieper*, Vor § 13 Rn 111; Harten/Henning/*Beckedorf*, § 12 Rn 16 mwN in Fn 23 und 24; anders *Köhler*, in: Köhler/Bornkamm, § 9 Rn 3.6.

133 Harten/Henning/*Bergmann* Vor § 8 Rn 8; *Teplitzky*, Kap. 40 Rn 12, 14.

134 Vgl dazu *Köhler*, in: Köhler/Bornkamm, § 9 Rn 3.2; *Emmerich*, § 23 V. mwN; ausführlicher dazu Harten/Henning/*Bergmann* Vor § 8 Rn 3 ff mwN.

Ersatz der Abmahnkosten der kurzen Verjährungsfrist. Ebenso gilt diese grundsätzlich auch für Schadensersatzansprüche. Unterschiede hinsichtlich der unterschiedlichen Anspruchsarten gelten nur bezüglich der in § 11 Abs. 2 und 3 UWG geregelten absoluten Verjährungsfristen. Als besondere Verjährungsregel ist § 852 BGB zu beachten, wonach **Herausgabeansprüche bei Deliktsverletzungen auch nach Eintritt der Verjährung** des Schadensersatzesanspruchs weiter bestehen, und zwar für zehn Jahre seit Schadensentstehung bzw 30 Jahre seit Begehung der Verletzungshandlung bzw dem schadensauslösenden Ereignis.

### 2. Verjährungsbeginn

#### a) „Entstehung" des Anspruchs

162 Ein Anspruch entsteht in dem Moment, wo er geltend gemacht werden kann. Bei Schadensersatzansprüchen ist dies gegeben, sobald aus der unlauteren geschäftlichen Handlung ein Teilschaden entstanden ist. Das Setzen der Schadensursache genügt nicht[135].

163 Andauernde, rechtswidrig aufrechterhaltene Unlauterkeitstaten (**Dauerdelikte**) begründen einen einheitlichen Wettbewerbsverstoß. Hinsichtlich der Verjährung von **Unterlassungs-** und **Beseitigungsansprüchen** liegt eine Entstehung erst mit Abschluss der zuvor fortwährenden Unlauterkeitstat vor. Erst ab diesem Zeitpunkt beginnt die Verjährungsfrist zu laufen[136]. Dies gilt für die typischen Beseitigungsfälle, in denen in der Regel eine Störungsquelle gesetzt wurde, zB durch Senden eines irreführenden Werbespots oder durch Anbringung eines belästigendes Reklameschildes, die erst abgestellt ist, wenn sie versiegt ist, also der Spot nicht mehr gesendet wird oder das Werbeplakat abgenommen wurde. Erst ab diesem Zeitpunkt beginnt die Verjährungsfrist zu laufen. Hinsichtlich einer Zeitungsannonce wird hingegen eine mit dem Erscheinen abgeschlossene Einzelhandlung als fristauslösend angesehen, ebenso wie der Zugang eines Katalogs oder einer Preisliste und nicht die Gültigkeitsdauer des jeweiligen Angebots maßgebend sein soll[137].

164 Bei **schadensersatzauslösenden Situationen** kommt es darauf an, ob einzelne in sich abgeschlossene Schadenshandlungen in einzelne Komplexe getrennt werden können oder ob ein einheitliches Delikt über einen länger andauernden Zeitraum verübt wurde, wodurch fortlaufend neue Schäden und damit neue Ersatzansprüche ausgelöst wurden. Getrennt verübte Schadenszufügungen der gleichen Art wirken als Wiederholungsverstöße getrennt fristauslösend, während es bei einer **Dauerhandlung** auf ihre Beendigung ankommt[138]. Erst in diesem Moment ist der Schadensersatzanspruch im Falle einer einzigen fortgesetzten Handlung „entstanden".

---

135 Palandt-*Ellenberger*, § 199 Rn 3, 16.

136 BGH GRUR 2003, 448 *Gemeinnützige Wohnungsgesellschaft*; *Köhler*, in: Köhler/Bornkamm, § 11 Rn 1.21.

137 So der BGH GRUR 1974, 99, 100 *Brünova*; *Köhler*, in: Köhler/Bornkamm, § 11 Rn 1.21.

138 BGH NJW-RR 1999, 984 *Güllepumpe*; BGH NJW-RR 1991, 1318 *Preisvergleichsliste*; *Köhler*, in: Köhler/Bornkamm, § 11 Rn 1.21; *Emmerich*, § 23 VI 2; *Piper*, in: Piper/Ohly/Sosnitza, § 11 Rn 18.

**Wiederholungsverstöße** der gleichen Art, die auf einem einheitlichen Willen beruhen, lösen hingegen jeweils als getrennte Teilakte nach den einzelnen Verstößen Unterlassungs-, Beseitigungs- und Schadensersatzansprüche aus, die jeweils gesondert verjähren. So beginnt die Frist bei jeder unlauteren Zusendung einer **E-Mail**, die Werbematerial enthält, selbstständig zu laufen[139]. **165**

Bei **vorbeugenden Unterlassungsansprüchen** fehlt es mangels Verstoßes an der Entstehung einer Zuwiderhandlung. Es fehlt damit an einer unlauteren Handlung, an die zur Ingangsetzung der Verjährungsfrist angeknüpft werden könnte. Die vom Bundesrat vorgeschlagene Formulierung, an die Stelle des „Entstehens" das Zuwiderhandeln zu setzen[140], hat die Bundesregierung abgelehnt[141]. Die Verjährungsfrist beginnt in diesen Fällen erst zu laufen, wenn sich die befürchtete unlautere Handlung verwirklicht hat. **166**

### b) Kumulativ: Kenntnis von den anspruchsbegründenden Umständen oder grob fahrlässige Unkenntnis

Weiter wird die Kenntnis von den anspruchsbegründenden Umständen oder grob fahrlässige Unkenntnis eben dieser Umstände vorausgesetzt. Ausreichend ist, dass der Anspruchsinhaber den wesentlichen „Tathergang" kennt, ohne dass ihm alle Einzelheiten bekannt sein müssen. Bei Beseitigungsansprüchen sind dies die Umstände, die eine unlautere geschäftliche Handlung im Sinne einer andauernden Störung begründen. Bei Unterlassungsansprüchen kommt die Kenntnis der Tatsachen hinzu, die eine Wiederholung befürchten lassen. Bei Schadensersatzansprüchen sind dies neben dem Wettbewerbsverstoß der Schadenseintritt und die Kenntnis von der eigenen Schadensbetroffenheit[142]. Grob fahrlässig handelt, wer in besonders schwerer Vernachlässigung der im Verkehr erforderlichen Sorgfalt ohne Kenntnis bleibt, etwa wenn sich der Betroffene die erforderliche Kenntnis ohne größere Mühe und Kosten hätte verschaffen können, sich gegenüber einer offenkundigen Kenntnis missbräuchlich verschließt oder offenbare Möglichkeiten zur Erkenntnisgewinnung nicht nutzt[143]. Sie scheidet hingegen in Anlehnung an § 852 BGB aF und § 199 Abs. 1 Nr 2 BGB aus, wenn wirtschaftliche Abläufe und Zusammenhänge für den Betroffenen schwer zu durchschauen sind[144]. **167**

### c) Kumulativ: Kenntnis von der Person des Schuldners oder grob fahrlässige Unkenntnis

Kenntnis der Person des Schuldners oder grob fahrlässige Unkenntnis setzen das Kennen seines Namens und seiner Anschrift voraus. **168**

139 ZB BGH GRUR 2004, 517, 519 *E-Mail-Werbung*; BGH NJW-RR 1999, 984 *Güllepumpe*; BGH NJW-RR 1991, 1318 *Preisvergleichsliste; Emmerich*, § 23 VI 2. mwN.

140 Stellungnahme des Bundesrates, BT-Drs. 15/1487, S. 35.

141 Gegenäußerung der Bundesregierung, BT-Drs. 15/1487, S. 44.

142 Zu der entsprechenden allgemeinen Norm des § 199 Abs. 1 Nr 2 BGB vgl BGH NJW 1993, 648; BGH NJW 1996, 117; Palandt-*Ellenberger*, § 199 Rn 27 ff.

143 Ständige Rspr zu § 852 BGB aF zB BGH NJW 1990, 2808; BGH NJW 2001, 1721; weitere Nachweise Palandt-*Ellenberger*, § 199 Rn 35 f.

144 BGH NJW 1994, 3092 *Warenterminoptionsgeschäfte*; BGH GRUR 1992, 448 f *Pullovermuster*.

### 3. Verjährungshemmung und Verjährungsunterbrechung

#### a) Verjährungshemmung der Ansprüche aus §§ 8, 9 und 12 Abs. 1 S. 2 UWG

**169** Die kurzen wettbewerbsrechtlichen Verjährungsfristen sollen in Abweichung von §§ 195, 199 BGB den Besonderheiten des Schutzes unlauteren Wettbewerbs gerecht werden. Soweit das UWG keine Sonderregeln enthält, gelten die allgemeinen Bestimmungen des BGB. Dies betrifft zB die Vorschriften über die Verjährungshemmung und die Verjährungsunterbrechung der §§ 202 ff, 212 BGB. Da eine Sonderregel mit § 15 Abs. 9 UWG nur für die Hemmung in schiedsgerichtlichen Verfahren besteht, wird die Verjährung der in § 11 Abs. 1 UWG genannten Ansprüche nach den allgemeinen zivilrechtlichen Bestimmungen durch **Klageerhebung** (§ 204 Abs. 1 Nr 1 BGB) gehemmt. Maßgebend ist das Datum der Klagezustellung (§ 253 Abs. 1 ZPO). Die hemmende Wirkung tritt neuerdings auch bei Zustellung oder Einreichung eines Antrags auf Erlass einer **einstweiligen Verfügung** ein (§ 204 Abs. 1 Nr 9 BGB).

#### b) Verjährungshemmung in Schiedsverfahren, § 15 Abs. 9 UWG

**170** Nach § 15 Abs. 9 UWG wird die Verjährung in gleicher Weise gehemmt wie durch Klageerhebung gemäß § 204 Nr 1 BGB.

### 4. Verjährungshöchstfristen

#### a) Schadensersatzansprüche, § 11 Abs. 3 UWG

**171** Die kenntnisunabhängige Verjährungshöchstfrist beträgt bei Schadensersatzansprüchen zehn Jahre nach ihrer Entstehung und spätestens 30 Jahre nach Begehen der den Schadensersatz auslösenden Unlauterkeitshandlung. Die Regelung übernimmt die Bestimmungen des § 199 Abs. 3 S. 1 Nr 1 und 2 BGB.

#### b) Andere Ansprüche, § 11 Abs. 4 UWG

**172** Als absolute Verjährungsfrist gilt für alle „anderen Ansprüche“ eine Frist von drei Jahren von der „Entstehung“ ohne Rücksicht auf die Kenntnis oder grob fahrlässige Unkenntnis. Andere Ansprüche sind die in § 11 Abs. 1 UWG – außer dem Schadensersatzanspruch – genannten Unterlassungs-, Beseitigungs- und Aufwendungsersatzansprüche. Dabei handelt es um eine an § 199 Abs. 4 BGB angelehnte **Ausschlussfristregelung**, wobei sich diese statt auf zehn – wie in § 199 Abs. 4 BGB – auf drei Jahre beläuft. Dadurch wird die grundsätzliche Sechsmonatsfrist des § 11 Abs. 1 UWG nicht durch eine absolute kenntnisunabhängige Verjährungsfrist ausgehebelt, sondern es werden nur Verjährungshöchstfristen geregelt, die absolut gelten. Selbst wenn nach dem Ablauf von drei Jahren nach Entstehung des Anspruchs erst Kenntnis von den Umständen oder dem Schuldner erlangt werden sollte, kann der Anspruch nicht mehr geltend gemacht werden. Die Verjährungshöchstfristen gelten im Interesse der Allgemeinheit an Rechtsklarheit und Rechtsfrieden. Erfasst wird von § 11 Abs. 4 UWG über die in § 11 Abs. 1 UWG genannten Ansprüche hinaus auch der in § 10 geregelte **Gewinnabschöpfungsanspruch**, der nun als „anderer Anspruch“ – anders als der Gesetzentwurf dies vorsah – nicht mehr der kurzen Verjährungsfrist unterliegt, sondern nur noch der absoluten Verjährungsfrist von drei Jahren seit der Entstehung. Der Gesetzentwurf sah nicht nur vor, die Ansprüche auf Gewinnabschöpfung innerhalb von sechs Monaten verjähren zu lassen, sondern auch, statt an die Entstehung des Anspruchs auf die Gewinnerzielung abzustellen. Nach der Kritik des Bundesrates, die kurze wettbewerbsrechtliche Verjährungsfrist dürfe nicht für Ansprüche auf Gewinnabschöpfung gelten, da diese einen „dauerhaften Ausgleich für Vermögensschäden" schaffen sollten[145], wurde der Verweis auf § 10 UWG aus der Aufzählung in § 11 Abs. 1 UWG entfernt, obgleich die Begründung des Bundesrates nicht überzeugt. Beginnt die Verjährungsfrist eines Anspruchs erst bei Vorliegen der drei kumulativen Voraussetzungen Entstehung, Kenntnis von Umständen und Person, steht dies nicht im Widerspruch zu einem dauerhaften Vermögensausgleich. Gerade der Anspruch auf Gewinnabschöpfung setzt das Erwirtschaften eines Gewinns voraus, vorher entsteht er nicht. Nun muss ein Unternehmen drei Jahre nach Gewinnerwirtschaftung dartun können, dass der damals erworbene Gewinn nicht in einem ursächlichen Zusammenhang zu einer unlauteren Werbeaktion stand. Insofern wäre die Einbeziehung des Gewinnabschöpfungsanspruchs in die kurze Verjährungsfrist um der Einfachheit und der Vereinheitlichung willen, aber auch um Rechtssicherheit zu schaffen, unbedingt angezeigt gewesen. Tragbar wäre allenfalls gewesen, wenn die lange Verjährungsfrist von drei Jahren an die Zuwiderhandlung angeknüpft worden wäre. Das Anknüpfen an die Entstehung und damit an den Zeitpunkt des Schadenseintritts dehnt die Frist unnötig aus und macht die Folgen unvorhersehbar.

*Hinweise:* Zur Verjährung s. den Aktenvortrag ***Rotpreis-Revolution*** (Rn 484 f). Zur **Verwirkung** s. den Fall ***Klosterbrauerei***, Rn 316 f.

# § 5 Unlautere geschäftliche Handlungen, § 3 UWG

Durch die Novelle von 2008 spaltete der Gesetzgeber in Umsetzung der Vorgaben **173**
der UGP-RL den Tatbestand des § 3 UWG auf in zwei Absätze. Absatz 1 entspricht dem bisherigen Tatbestand des § 3 UWG. Absatz 2 dient der Umsetzung des Art. 5 Abs. 2 UGP-RL und ist ausschließlich an den Verbraucher gerichtet[1]. *Scherer* spricht daher von zwei Generalklauseln, der „allgemeinen" Generalklausel in Abs. 1 und der „Verbrauchergeneralklausel" in Abs. 2. Allerdings weisen diese Begriffe insofern eine Unschärfe auf, als auch § 3 Abs. 1 UWG die Verbraucher vor Unlauterkeitstaten schützt. Er nimmt damit eine dogmatische Einordnung vorweg, das nämlich § 3 Abs. 1 UWG in Bezug auf den Verbraucher bedeutungslos geworden wäre, die dem Wortlaut widerspricht; auch *Scherer* selbst folgt dieser Ansicht nicht (mehr dazu Rn 173i). *Schünemann* spricht stattdessen in Bezug auf § 3 Abs. 1 von der „großen"

145 Stellungnahme des Bundesrates, BT-Drs. 15/1487, S. 35.

1 WRP 2010, 586.

Generalklausel[2], was vermuten, es gäbe auch eine „kleine" Generalklausel. Diese gibt es allerdings jedenfalls nach *Schünemanns* dogmatischer Einordnung des § 3 Abs. 2 UWG als verbraucherbezogenen Spürbarkeitsschwelle, nicht jedoch als eigenständigen Tatbestand[3] nicht. Die hier gefundene Einordnung als spezielle und allgemeine Generalklausel befriedigt insofern, als das „allgemein" sein Begriffspendant gefunden hat. Es spiegelt allerdings die hier vertretene dogmatische Einordnung des § 3 Abs. 2 S. 1 UWG als eigenständiger Tatbestand wieder (mehr dazu Rn 173d–f). Folgt man dieser Systematik nicht, sind diese Begriffzuordnungen selbstredend untauglich. Der ebenfalls **neu eingefügte § 3 Abs. 3 UWG** verweist auf einen Anhang mit einer **Liste geschäftlicher Handlungen** gegenüber Verbrauchern, die ohne Rücksicht auf die nach der Generalklausel des § 3 Abs. 1 UWG inklusive Spürbarkeitsschwelle erforderlichen Voraussetzungen **stets unzulässig** sind, auch wenn die Interessen der Verbraucher (anders als nach Abs. 1 und 2) nicht spürbar beeinträchtigt werden. Ausführlich zu den Einzeltatbeständen des § 3 Abs. 3 UWG unter Rn 483 ff. **Geschäftliche Handlungen iSd § 3 Abs. 2 und 3 UWG betreffen allein Verbraucher.** Nur wenn ihre Interessen beeinträchtigt sind (im Falle des Abs. 2 „spürbar"), liegt ein Unlauterkeitsverstoß vor. Damit wird eine Ausnahme geschaffen von dem sonst im UWG geltenden Grundsatz der einheitlichen Anwendung auf Mitbewerber, Verbraucher und sonstige Marktteilnehmer. An die Stelle des alten einheitlichen Verbotstatbestandes in § 3 UWG (2004) sind **drei Verbotstatbestände** getreten: **§ 3 Abs. 1 UWG, § 3 Abs. 2 S. 1** und **§ 3 Abs. 3 UWG**[4]. Hinzugekommen sind als **weiterer neuer Per-se-Verbotstatbestand § 7 Abs. 2 UWG und § 7 Abs. 1 UWG als eigenständiger, nicht mehr an § 3 UWG gekoppelter Verbotstatbestand**. Stets muss in all diesen Fällen, also des § 3 Abs. 3 ebenso wie der Absätze 2 S. 1 und 1 wie der beiden Absätze des § 7 UWG eine „geschäftliche Handlung" vorliegen, die mit der Novellierung von 2008 die Tatbestandsmerkmale der „Handlung im geschäftlichen Verkehr" und „zu Zwecken des Wettbewerbs" in § 1 UWG aF und die „Wettbewerbshandlung" in § 3 UWG (2004) ersetzt hat. Sie erstreckt sich entsprechend der geänderten Legaldefinition in § 2 Abs. 1 Nr 1 UWG auch auf **Handlungen „bei oder nach einem Geschäftsabschluss"**. § 3 Abs. 2 S. 1 und Abs. 1 UWG sind – wie zuvor § 3 UWG (2004) – der allgemeine Anknüpfungstatbestand zwischen den Rechtsfolgenvorschriften der §§ 8, 9 und 10 UWG und den speziellen Unlauterkeitstatbeständen der §§ 6, 5, 5a und 4 UWG[5]. Liegen ihre Voraussetzungen nicht vor, sind die Ansprüche auf Unterlassung, Beseitigung, Schadensersatz oder Gewinnabschöpfung unbegründet.

---

2 *Schünemann* in Harte/Henning/UWG § 3 Rn 52.

3 *Schünemann* in Harte/Henning/UWG § 3 Rn 432.

4 Vgl *Köhler*, WRP 2009, S. 109, 112.

5 Daran hat sich nichts geändert, auch wenn die „im Sinne von"-Verweise in den §§ 4, 5 und 6 UWG gestrichen wurden, weil sie nach Ansicht des Gesetzgebers den Eindruck erweckten, § 3 UWG definiere den Begriff der Unlauterkeit (Ges.-Begr. S. 44). Aus § 3 UWG ergeben sich nur die Voraussetzungen, unter denen eine unlautere Handlung iSd §§ 4, 5 oder 6 UWG unzulässig ist. § 7 UWG hat sein eigenes Unlauterkeitsregime, er knüpft seit der Novelle von 2008 nicht mehr an § 3 UWG an. Damit soll die Verwirrung vermieden werden, der Belästigungsstatbestand unterläge zwei Erheblichkeitshürden („spürbare Interessenbeeinträchtigung" und „Unzumutbarkeit"). Aus diesem Grunde erfolgte eine entsprechende Klarstellung in den Rechtsfolgentatbeständen §§ 8, 9 und 10 UWG („eine nach §§ 3 oder 7 unzulässige geschäftliche Handlung").

## I. Per-se-Verbote der stets unzulässigen geschäftlichen Handlungen, § 3 Abs. 3 UWG

Vorrangig vor § 3 Abs. 2 S. 1 und Abs. 1 UWG ist stets zu erwägen, ob nicht ein Verstoß gegen die mit der Novelle von 2008 in Umsetzung der UGP-Richtlinie eingefügten Per-se-Verbote des Anhangs zu § 3 Abs. 3 UWG vorliegt. Die im Anhang zu § 3 Abs. 3 UWG aufgeführten geschäftlichen Handlungen gegenüber **Verbrauchern** sind stets unzulässig (§ 3 Abs. 3 UWG). Zweck der Schaffung einer Vollharmonisierung durch einheitliche Verbote in allen Mitgliedstaaten war der Wunsch nach Rechtssicherheit für Verbraucher im gesamten Binnenmarkt (Erwägungsgrund 17 UGP-RL).[6] Wird gegen eine der abschließend aufgeführten Verbotstatbestände verstoßen, gilt die betreffende geschäftliche Handlung ohne Würdigung der Einzelfallumstände als unlauter (dazu auch Rn 483). Ein gewisses Korrektiv dieser Striktheit wird lediglich durch die gleichwohl erhaltende Geltung des Verhältnismäßigkeitsgrundsatzes (dazu Rn 173c) erreicht. Es handelt sich um **Per-se-Verbote ohne Relevanzprüfung**, so dass es nicht mehr auf eine Beurteilung des Einzelfalls ankommt **(Verbote ohne Wertungsvorbehalt)** und **die Spürbarkeitsprüfung entfällt**. Praktische Bedeutung gewinnt dies bei unlauteren Verhaltensweisen, welche die Spürbarkeitsschwelle des § 3 Abs. 1 und 2 UWG nicht überschreiten. Solche Verhaltensweisen sind gleichwohl unzulässig, wenn sie gegen die Verbotstatbestände des Anhangs zu § 3 Abs. 3 UWG oder gegen § 7 UWG verstoßen. Allerdings gilt auch hier stets der allgemeine **Grundsatz der Verhältnismäßigkeit**, weshalb es auch künftig Fallgestaltungen geben kann, bei denen ein nach § 3 Abs. 3 UWG oder § 7 UWG unlauteres Verhalten gleichwohl keine wettbewerbsrechtlichen Sanktionen auslöst (so Ges.-Begr. S. 61). Auf Handlungen, die nur die Interessen von Mitbewerbern und sonstigen Marktteilnehmern beeinträchtigen, ist der Anhang zu § 3 Abs. 3 UWG nicht anwendbar. In diesen Fällen bleibt es bei der Anwendung der lauterkeitsrechtlichen Spürbarkeitsschwelle des § 3 Abs. 1 UWG. 173a

### 1. Verhältnis zu § 3 Abs. 2 und 1 UWG

§ 3 Abs. 3 UWG iVm mit den im Anhang des Gesetzes aufgeführten Per-se Verboten ist **vorrangig** vor § 3 Abs. 2 und 1 UWG zu prüfen. Ist offenkundig, dass keine Verbraucherinteressen beeinträchtigt wurden, finden die Stets-Unzulässigkeitstatbestände des § 3 Abs. 3 UWG keine Anwendung.[7] Weder verbieten sich Analogien zu den Tatbeständen noch eine Ausdehnung der Anwendung auf Mitbewerber oder sonstige Marktteilnehmer. Liegt kein Verstoß gegen die Per-se-Verbote vor, ist die Prüfung damit fortzusetzen, ob weiterhin gegen § 3 Abs. 2 S. 1 UWG verstoßen (soweit Verbraucherentscheidungen beeinflusst wurden) und schließlich, ob § 3 Abs. 1 UWG verletzt wurde. Ist hingehen nach dem Sachverhalt offensichtlich, dass eine geschäft- 173b

6 Vgl dazu *Scherer*, Was bringt die „Schwarze Liste" tatsächlich? WRP 2011, 393, 394.
7 Vgl *Scherer* WRP 2011, 393, 394; *Schöttle*, Aus eins mach zwei – die neuen Generalklauseln im Lauterkeitsrecht, GRUR 2009, 546, 549; *Namyslowska*, Triff die Schwarze Liste der unlauteren Geschäftspraktiken ins Schwarze? GRUR Int 2010, 1033 ff.

liche Handlung in Form einer Belästigung vorliegt, greift statt der Verbotsliste iSd § 3 Abs. 3 UWG das Per-se-Belästigungsverbot des § 7 Abs. 2 UWG (gegenüber Verbrauchern). Anschließend ist dann zu prüfen, ob die Belästigung die Interessen von Marktteilnehmern verletzt hat (§ 7 Abs. 1 UWG).

### 2. Objektiver Tatbestand

**173c** Es bedarf eines objektiven Verstoßes der geschäftlichen Handlung gegen eines der Per-se-Verbotstatbestände der Nr 1–30 des Anhangs zu § 3 Abs. 3 UWG. Die Unlauterkeitssanktion muss sich im Rahmen der Verhältnismäßigkeit halten. Es bedarf nicht der gesonderten Prüfung der spürbaren Beeinträchtigung der Verbraucherentscheidung. Es kommt auch nicht darauf an, ob der Verbraucher unter dem Einfluss der unlauteren Geschäftspraktik eine Entscheidung getroffen hat, die er sonst nicht getroffen nicht.

#### a) Geschäftliche Handlung, § 2 Abs. 1 Nr 1 UWG

Hinsichtlich des Erfordernisses der geschäftlichen Handlung wird auf die Ausführungen unter Rn 174 verwiesen.

#### b) Verstoß gegen eines der Per-se Verbote des Anhangs zu § 3 Abs. 3 UWG

Bezüglich der einzelnen Verbote der stets unlauteren Geschäftspraktiken wird auf die Ausführungen unter Rn 484 verwiesen.

#### c) Einhaltung des Verhältnismäßigkeitsgrundsatzes

Zwar kommt es bei der Prüfung der Per-se-Verbote nicht auf eine Einzelfallprüfung an. Gleichwohl kann im Einzelfall die Verfolgung einer Zuwiderhandlung gegen den Grundsatz der Verhältnismäßigkeit verstoßen.[8]

## II. Spezielle Generalklausel des § 3 Abs. 2 S. 1 UWG

**173d** Nach § 3 Abs. 2 S. 1 UWG, welcher der Umsetzung von Art. 5 Abs. 2 der UGP-RL dient, ist eine geschäftliche Handlung unlauter, wenn sie nicht der für den Unternehmer geltenden **„fachlichen Sorgfalt“** entspricht und dazu geeignet ist, die „Fähigkeit des Verbrauchers, sich auf Grund von Informationen“ zu entscheiden, „spürbar beeinträchtigt“ und ihn dadurch zu „geschäftlichen Entscheidungen“ veranlasst, die er andernfalls nicht getroffen hätte. Die Vorschrift des § 3 Abs. 2 S. 1 UWG ist mit einer eigenen Spürbarkeitsschwelle als **selbstständiger Tatbestand** ausgestaltet. In **§ 3 Abs. 2 S. 2 UWG** wird in Umsetzung des Art. 5 Abs. 2 lit b) UGP-RL das vom Europäischen Gerichtshof entwickelte und vom Bundesgerichtshof in ständiger Rechtspre-

---

8 Begr RegE UWG 2008 zu Nr 12, BRat-Drs 345/08, S. 60; *Köhler/Bornkamm*, in: Köhler/Bornkamm Anh zu § 3 III Rn 0.10.

chung verwendete **Verbraucherleitbild** (vgl dazu Rn 2 ff) gesetzlich fixiert und verankert, dass auf ein **durchschnittliches Mitglied** dieser Gruppe abzustellen ist (nun muss es niemand mehr auswendig lernen, ablesen genügt). Neu hinzugekommen ist in **§ 3 Abs. 2 S. 3 UWG** in Umsetzung des Art. 5 Abs. 3 UGP-RL ein als veraltet erschienenes Verbraucherleitbild. Danach soll es auf die Sicht eines durchschnittlichen Mitglieds einer „auf Grund von geistigen oder körperlichen Gebrechen, Alter oder Leichtgläubigkeit besonders schutzbedürftigen und eindeutig identifizierbaren Gruppe von Verbrauchern" ankommen, wenn für den Unternehmer „vorhersehbar ist, dass seine geschäftliche Handlung nur diese Gruppe betrifft." Lässt man hinsichtlich der Vorhersehbarkeit jede Fahrlässigkeit genügen, wird § 3 Abs. 2 S. 3 UWG ein weiter Anwendungsbereich eröffnet, da man häufig vorhersehen kann, dass irgendeine Minderheit aufgrund ihrer geschäftlichen Unerfahrenheit die Werbung „falsch" versteht. Dies kann jedoch nicht gewollt sein, da dann das gesamte Leitbild des durchschnittlich informierten und aufmerksamen Verbrauchers, das seine Wurzeln in der EuGH-Rechtsprechung hat, in Frage gestellt würde (dazu auch Rn 25a)[9]. § 3 Abs. 2 S. 3 UWG kann daher nur **sehr eng ausgelegt** werden, zB wenn sich die Werbung in der Ansprache und dem Umfeld ganz gezielt an Kinder richtet (s. dazu den Fall *Klingeltöne*). Schließlich kann nicht bei jeder Werbekampagne und jeder sonstigen geschäftlichen Handlung von dem Unternehmer verlangt werden, sich in sämtliche potentiell, etwa wegen des Alters oder der Leichtgläubigkeit angesprochene Verbrauchergruppen hineinzuversetzen.

### 1. Verhältnis zu §§ 3 Abs. 1, 4–6 UWG

§ 3 Abs. 2 UWG erregt die Gemüter. Einige Autoren halten ihn für schlichtweg „überflüssig", eine Norm „ohne praktisches Eigenleben", *Scherer* spricht von einer „Placebo-Funktion", die einzige Funktion der Norm bestehe darin, dass der deutsche Gesetzgeber den europäischen Richtliniengeber nicht habe verstimmen wollen[10]. Aus der Gesetzesbegründung wurde zT hergeleitet, der Gesetzgeber habe auf die Generalklausel des § 3 Abs. 1 UWG verzichten wollen.[11] Hilfreich wird sein, wenn man den Versuch um eine dogmatische Einordnung, die sich einfügt in den Aufbau der UWG-Systematik wie in die Richtlinienvorgaben, trennt von dem wertenden Urteil über die Sinnhaftigkeit der speziellen Generalklausel. Ua von *Fezer* wird vertreten, dass bzgl verbraucherverletzender unlauterer Geschäftspraktiken ausschließlich § 3 Abs. 2 S. 1 UWG Anwendung findet. § 3 Abs. 1 UWG sei darüber hinaus nicht anwendbar[12]. Gegen diese **„Ausschließlichkeitssicht"** spricht jedoch, dass § 3 Abs. 1 UWG weiterhin neben Mitbewerbern und sonstigen Marktteilnehmern Verbraucher ausdrücklich nennt.[13] Auch die „Jedenfalls-Formulierung" in § 3 Abs. 2 S. 1 UWG spricht gegen **173e**

9 So auch *Seichter*, WRP 2005, S. 1087, 1091.
10 *Scherer* WRP 2010, 586, 592.
11 Fezer/*Fezer* § 3 Rn 44.
12 Fezer WRP 2009, 1163, 1171; Fezer/*Fezer* § 3 Rn 19; Piper/Ohly/*Sosnitza* § 3 Rn 79; Götting/Nordemann/*Wirtz* § 3 Rn 10; *Schmidt* GRUR 2009, 353, 355.
13 *Scherer* hält ebenfalls das Ausschließlichkeitskonzept für nicht tragbar, WRP 2010, 586, 589 f.

ein solches Verständnis. Denn durch das Wort jedenfalls wird Bezug genommen zu den anderen Fällen, die eben nicht in jedem Falle oder insbesondere unzulässig sind, sondern nur nach der Einzelfallkonstellation auch dann unlauter sein können, wenn nicht zugleich die fachliche Sorgfalt und die Entscheidungsfreiheit der Verbraucher beeinträchtigt wurde, gleichwohl aber eine Unlauterkeitstat und spürbare Beeinträchtigung der Verbraucher iSd § 3 Abs. 1 UWG vorliegt. *Schünemann* sieht hingegen in § 3 Abs. 2 UWG lediglich eine **Ausprägung der Bagatellklausel** und keinen von Abs. 1 eigenständigen Tatbestand.[14] Dafür ließe sich anführen, dass der deutsche Gesetzgeber zunächst den Inhalt des § 3 Abs. 2 S. 1 UWG lediglich als Bagatellklausel in § 3 Abs. 1 S. 2 UWG-ReE vom 27. Juli 2007 vorsah[15]. Dass er sich dann im weiteren Gesetzgebungsverfahren davon verabschiedete, kann mE gerade dieses Argument nicht mehr herhalten. Dies kann auch nicht lediglich als iÜ wirkungslose Verneigung vor dem Richtliniengeber verstanden werden[16]. Vielmehr spricht dies mE dafür, dass der Gesetzgeber sich bewusst für einen eigenen Tatbestand entschieden hat. Für einen eigenständigen Tatbestand spricht auch, dass § 3 Abs. 2 S. 1 UWG vollständig die Tatbestandsvoraussetzungen einer Unzulässigkeitstat normiert und damit von Absatz 1 autark ist. Wenn vereinzelt vertreten wird, auf die Unlauterkeit werde nur in § 3 Abs. 1, nicht jedoch in § 3 Abs. 2 S. 1 UWG Bezug genommen[17], widerspricht diese Sicht dem parallelen Aufbau beider Absätze. Beide Tatbestände regeln die Unzulässigkeit einer geschäftlichen Handlung und beide regeln das Erfordernis der Geeignetheit der spürbaren Beeinträchtigung der Interessen bzw Entscheidungsfreiheit. Die Vorschrift des § 7 Abs. 1 wie des Abs. 2 UWG führt ebenso nicht ausdrücklich das Wort „unlauter" auf, ohne dass jemand ernsthaft behaupten würde, es handele sich dabei nicht um Tatbestände. Die Ansicht der **gemeinsamen Anwendung** von Abs. 2 und Abs. 1[18] löst viel Sympathie aus, solange mit Gemeinsamkeit die parallele Anwendung zweier Tatbestände gemeint ist in dem Sinne, dass bzgl Verbrauchern zunächst Abs. 2 zu prüfen ist, und zwar als Auslegungsmaßstand bei den Katalog- und Spezialtatbeständen wie auch als Auffangtatbestand. Dieser Ansicht kann jedoch im Weiteren nicht gefolgt werden, als verlangt wird, dass Abs. 2 immer der Anbindung an Abs. 1 bedürfe. Nur unter dem Rückgriff auf Abs. 1 lasse sich die Unzulässigkeit feststellen[19]. Dies widerspricht jedoch – wie ausgeführt – dem Aufbau des Abs. 2, der eben ausdrücklich an die Unzulässigkeit anknüpft und daher selbständig auftreten kann. Eine verschachtelte Subsumtion des Abs. 2 unter Abs. 1 und zusätzlich der Voraussetzungen der Spezialtatbestände wirft zudem nicht nur hinsichtlich des Prüfungsaufbaus Komplikationen auf, sie birgt auch jede Menge Redundanzen. *Köhler* vertritt demgegenüber eine **Subsidiaritäts-Auffassung**, dabei sieht er nicht Abs. 1 als subsidiär gegenüber Abs. 1 an, sondern umgekehrt[20]. Womit Abs. 2 ein vollkomme-

14 Harte/Henning/*Schünemann* § 3 Rn 436, 446, 456.
15 RefE vom 27.7.2007, S. 3.
16 Wie dies *Scherer* tut, WRP 2010, 586, 592.
17 ZB *Schöttle* GRUR 2009, 546, 548. *Kulka* DB 2008, 1548, 1554; *Emmerich* § 5 Rn 47 ff.
18 *Schöttle* GRUR 2009, 546 ff.
19 *Schöttle* GRUR 2009, 546, 548.
20 *Köhler*, in: Köhler/Bornkamm § 3 Rn 37 a.E; *ders.*, GRUR 2009, 626, 629 f; *ders.*, WRP 2008, 109, 113.

nes Schattendasein zu Teil würde, dass im Widerspruch stünde zu der „jedenfalls“-Formulierung, die als Indiz für die vom Gesetzgeber beabsichtigte Vorrangfunktion des Abs. 2 zu werten ist. Das Spezialitätsverhältnis besteht daher in genau umgekehrter Richtung, als dies von *Köhler* vertreten wird. Für diese Sicht lässt sich auch nicht das Verhältnis von Art. 5 Abs. 2 und Abs. 4 UGP-RL anführen. Abs. 4 ist nur zu entnehmen, dass die irreführenden und aggressiven Geschäftspraktiken vorrangig vor den allgemeinen Tatbeständen zu prüfen sind, nicht jedoch, dass § 3 Abs. 1 (iVm §§ 4–6 UWG) vorrangig vor § 3 Abs. 2 UWG (iVm den verbraucherschützenden §§ 5, 5a, 4 Nr 1–6, 11 UWG) zu prüfen ist. Für diese Sicht spricht auch nicht die Rechtsprechung des EuGH[21], denn in den Rechtssachen *Plus Warenhandelsgesellschaft* und *VTB/Total Belgium u. Galatea/Sanoma* hat sich der EuGH gerade nicht mit dem Verhältnis von Abs. 2 zu Abs. 1, sondern bzgl des Abs 2 nur mit der Auslegung des Begriffs der fachlichen Sorgfalt beschäftigt[22].

Nach der hier vertretenen Auffassung handelt es sich daher um **zwei selbstständige Tatbestände**[23], die jeweils in Verbindung mit den speziellen Unlauterkeitsverboten (dann in der Funktion als **Auslegungsmaßstab**) der §§ 4–6 im Falle des § 3 Abs. 1 UWG bzw der §§ 4 Nr 1–6, 11, 5, 5a UWG im Falle des § 3 Abs. 2 S. 1 UWG zu prüfen sind. § 4 Nr 7–10 UWG schützen ausschließlich Mitbewerberinteressen, für § 6 UWG gilt dies ganz überwiegend. § 4 Nr 11 UWG schützt sowohl Verbraucher wie Mitbewerber und sonstige Marktteilnehmer, so dass er sowohl iVm Abs. 2 wie iVm Abs. 1 zu prüfen ist, vorausgesetzt, ein Verstoß gegen eine marktregelnde Norm liegt nahe. Andernfalls käme § 3 Abs. 1 iVm §§ 4–6 doch Vorrangfunktion zu vor § 3 Abs. 2. Ist die fachliche Sorgfalt und die Entscheidungsfähigkeit der Verbraucher sicher oder möglicher Weise verletzt, ist stets § 3 Abs. 2 S. 1 UWG vorrangig vor § 3 Abs. 1 UWG zu prüfen, da dieser einen eigenständigen engeren Tatbestand (Verletzung der geltenden fachlichen Sorgfalt) voraussetzt als § 3 Abs. 1 UWG. Liegt kein Verstoß gegen eines der speziellen Unlauterkeitstatbestände vor, ist im Falle möglicher Weise verletzter Verbraucherinteressen zunächst zu prüfen, ob § 3 Abs. 2 S. 1 UWG als **Auffangtatbestand** verletzt wurde und entweder anschließend oder falls ohnehin keine Verbraucherinteressen beeinträchtigt sind, ob ein Verstoß gegen § 3 Abs. 1 UWG als Auffangtatbestand gegeben ist. **173f**

## 2. Verbrauchermaßstab

Dem § 3 Abs. 2 S. 2 UWG liegt der „normale“ Verbrauchertatbestand zugrunde. § 3 Abs. 2 S. 3 UWG knüpft hingegen an geschäftliche Handlungen an, die an eine spezielle Gruppe (dazu Rn 173d) gerichtet sind. Auch diesbzgl ist dann maßgebend ein durchschnittliches Mitglied dieser Gruppe (zum Verbraucherbegriff der beiden Tatbeständen s. die Ausführungen unter Rn 2 ff). **173g**

21 So aber *Scherer* GRUR WRP 2010, 586, 588 f.
22 EUGH WRP 2010, 232, 236 Tz 43 f und EuGH GRUR 2009, 599, 603 Tz 54 f.
23 Dazu Rn 173e mit Nachweisen und Darstellung der anderen Ansichten zur dogmatischen Einordnung.

### 3. Objektiver Tatbestand

**173h** Voraussetzung ist das Vorliegen einer geschäftlichen Handlung gegenüber einem Verbraucher, ein Verstoß gegen die geltende fachliche Sorgfalt, einer Beeinflussung des Verbraucher zu einer Entscheidung, die sonst nicht getroffen worden wäre sowie eine Beeinträchtigung der Entscheidungsfähigkeit des Verbrauchers und dessen Spürbarkeit.

#### a) Geschäftliche Handlung, § 2 Abs. 1 Nr 1 UWG

Diesbzgl kann auf die Ausführungen unter Rn 174 verwiesen werden. Es ist nur die Besonderheit zu beachten, dass ausschließlich geschäftliche Handlungen gegenüber Verbrauchern erfasst werden.

#### b) Geltende fachliche Sorgfalt, § 2 Abs. 1 Nr 7 UWG

Zwar bietet der Gesetzgeber in Form der Legaldefinition der **fachlichen Sorgfalt** in § 2 Abs. 1 Nr 7 UWG „Hilfe" an. Doch bleibt diese mit Begriffen wie „Standard an Fachkenntnissen und Sorgfalt" eines Unternehmers so unklar[24], dass aus der Definition nicht mehr „Honig gesaugt" werden kann als unmittelbar aus dem Gesetzestext in § 3 Abs. 2 S. 1 und § 5a Abs. 3 Nr 4 UWG. Gegenüber der Richtlinienvorgabe in Art. 2 lit. h UGP-RL verzichtet die Definition wenigstens auf das Adjektiv „anständig" bzgl der Marktgepflogenheiten. Neben den Tatbestandsmerkmalen „billigerweise" und „Treu und Glauben" wäre die Anständigkeit tatsächlich zu viel des Guten gewesen[25]. Dass es Belehrungs- und Informationspflichten für Unternehmer gegenüber Verbrauchern gibt, grenzt im „Zeitalter der Verbraucherschutzes" schon an eine Banalität. Diese sind ua im BGB normiert, die bekanntesten unter ihnen §§ 312 Abs. 2, 312c Abs. 1, Abs. 2, 355 Abs. 2. Doch welchen Standards Unternehmer über die gesetzlich fixierten hinaus gegenüber Verbrauchern unterworfen sein sollen, bleibt unklar. Der Gesetzgeber hat mit dieser unscharfen Formulierung ein Einfallstor geschaffen für klagefreudige Verbraucherverbände und vor allem für Rechtsunsicherheit bei den handelnden Akteuren gesorgt. Wie unschön ist der Verweis darauf, ein schärferes Bild erst nach einigen Jahren ergangener Judikate zu erhalten. Unterworfen sind jedenfalls – soweit besteht Klarheit, was die Anwendung aber nicht erleichtert – nicht nur natürliche Personen (als Berufsausübende), sondern auch „juristische Personen"[26]. Gemeint sind nicht nur Freie Berufe, sondern jede Art „professioneller" Tätigkeit.

---

24 So auch *Sosnitza*, WRP 2008, S. 1014, 1018; *Gamerith*, WRP 2005, S. 391, 417 f; *Glöckner/Henning-Bodewig*, WRP 2005, S. 1311, 1327; *Koppensteiner*, WBl 2009, 1, 2 ff; *Kulka*, DB 2008, S. 1548, 1553 f; *Ohly*, GRUR 2004, S. 889, 891 und *Seichter*, WRP 2005, S. 1087, 1090, der darauf verweist, dass der im deutschen Sprachraum entwickelte Sorgfaltsbegriff, bei dessen Verstoß Schadensersatzansprüche ausgelöst werden (zB wenn ein Rechtsanwalt bei der Prozessführung nicht die aktuelle Rechtsprechung beachtet und sich damit gegenüber seinen Mandanten schadensersatzpflichtig macht, Palandt-*Heinrichs*, § 280 Rn 78 mwN), im UWG keine Anwendung fände.

25 Vgl *Kulka*, DB 2008, S. 1548, 1553; zu der EU-Vorgabe in Art. 2 lit. h UGP-RL zB *Augenhofer*, ZfRV 2005, S. 204, 209 f, die das, „was unter dieser Definition zu verstehen ist" als den vermutlich „schwierigsten Teil der Auslegung der UGP-RL" ansieht.

#### c) Beeinträchtigung der Entscheidungsfreiheit der Verbraucher und Veranlassung zu einer geschäftlichen Entscheidung, die sonst nicht getroffen worden wäre

Entscheidend ist die geschäftliche Relevanz der Handlung. Hinsichtlich der Beeinträchtigung der Entscheidungsfreiheit genügt die Eignung, es bedarf also keines positiven Nachweises einer tatsächlichen Beeinträchtigung der Fähigkeit, sich aufgrund von Informationen zu entscheiden[27]. Hinsichtlich der Beeinflussung der Entscheidungsfreiheit der Verbraucher in Umsetzung des Art 5 Abs. 2 lit b UGP-RL kann zum einen verwiesen werden auf die Ausführungen zu diesem Kriterium in § 4 Nr 1 UWG, Unterschiede bestehen nur insofern, dass die Beeinflussung nicht unangemessen und unsachlich zu sein braucht. Die Schwelle des § 3 Abs. 2 UWG ist also niedriger als die des § 4 Nr 1 UWG. Relevant wird dies vor allem bei der Prüfung des Abs. 2 als Auffangtatbestand, ist etwa der Spezialtatbestand des § 4 Nr 1 oder Nr 2 oder einer der Irreführungstatbestände erfüllt, liegt regelmäßig auch eine Beeinträchtigung der Entscheidungsfreiheit vor.

#### d) Überschreiten der Bagatellschwelle (spürbar)

Hinsichtlich der Prüfung der Bagatellschwelle bestehen keine Besonderheiten gegenüber der Prüfung dieser Spürbarkeitsgrenze nach § 3 Abs. 1 UWG, so dass darauf verwiesen werden kann.

*Prüfungsaufbau* von § 3 Abs. 2 S. 1 UWG: 1. Objektiver Tatbestand, a) geschäftliche Handlung, § 2 Abs. 1 Nr 1 UWG, b) Verstoß gegen die für Unternehmer geltende fachliche Sorgfalt, c) Geeignetheit, die Fähigkeit des Verbrauchers, sich aufgrund von Informationen zu entscheiden, zu beeinträchtigen und dadurch Veranlassung zu einer geschäftlichen Entscheidung, die er sonst nicht getroffen hätte, d) Bagatellgrenze (spürbare Beeinträchtigung), 2. Subjektiver Tatbestand (nur im Ausnahmefall, s. dazu Rn 186), 3. Rechtswidrigkeit (idR indiziert). Hinzukommen die Besonderheiten der §§ 8–10 UWG (Wiederholungsgefahr, Verschulden, Gewinnerzielung). Hinsichtlich des Maßstabs gilt grds. § 3 Abs. 2 S. 2 UWG (durchschnittlicher Verbraucher). Richtet sich die geschäftliche Handung an eine besondere Verbrauchergruppe, gilt der Maßstab des § 3 Abs. 2 S. 3 UWG (durchschnittliches Mitglied der Gruppe).

## III. Allgemeine Generalklausel, § 3 Abs. 1 UWG

### 1. Anwendungsbereich

Voraussetzung für das Eingreifen des Verbots unlauteren Wettbewerbs ist nach § 3 **173i**
Abs. 1 UWG das Vorliegen einer unlauteren geschäftlichen Handlung, die geeignet ist, die Interessen der Mitbewerber, der Verbraucher oder sonstiger Marktteilnehmer spürbar zu beeinträchtigen[28]. Die **Generalklausel in § 3 Abs. 1 UWG** hat selbige in

26 *Kulka*, DB 2008, S. 1548, 1553.
27 Dazu *Köhler*, in: Köhler/Bornkamm § 3 Rn 48–52.
28 Durch die Novelle vom Dezember 2008 ist das sperrige Merkmal „der Beeinträchtigung des Wettbewerbs zum Nachteil von Mitbewerbern, Verbrauchern und Marktteilnehmern" ersetzt worden durch das Merkmal der Beeinträchtigung ihrer Interessen.

§ 3 UWG (2004) ersetzt[29]. § 3 Abs. 1 UWG findet Anwendung auf folgende Konstellation: a) Verbraucherinteressen sind verletzt, die geschäftliche Handlung verstößt jedoch nicht zugleich gegen die geltende fachliche Sorgfalt, weder § 3 Abs. 2 iVm § 4 Nr 1–6, 11, oder §§ 5, 5a (eingeschränkt auch § 6) UWG noch § 3 Abs. 2 UWG als Auffangtatbestand ist erfüllt. Mitbewerberinteressen oder Interessen anderer Marktteilnehmer sind verletzt. In diesem Bereich findet ausschließlich § 3 Abs. 1 UWG als Auslegungsmaßstab Anwendung, dh entweder mit der beschriebenen Scharnierfunktion zwischen den Rechtsfolgennormen der §§ 8–10 UWG und den Beispiel- und Spezialtatbeständen der §§ 4 Nr 7–11, 6 UWG, oder als Auffangtatbestand.

## 2. Objektiver Tatbestand

**173j** Ob eine unlautere Handlung bei oder nach einem Geschäftsabschluss vorliegt und unlauter ist, weil sie gegen eines der in §§ 6, 5, 5a und 4 UWG genannten Verbote unzulässiger geschäftlicher Handlungen verstoßen hat, ist objektiv anhand der Voraussetzungen der vergleichenden und der irreführenden Werbung sowie anhand der speziellen Unlauterkeitstatbestände des § 4 UWG zu prüfen. Als weiteres folgt die Prüfung der Geeignetheit der **Interessenbeeinträchtigung** der Mitbewerber, Verbraucher oder sonstigen Marktteilnehmer. Das Prüfen der Wettbewerbsabsicht entfällt wegen Wegfalls des Merkmals mit der Novelle von 2008. Liegt der objektive Tatbestand einer unlauteren geschäftlichen Handlung vor, ist in aller Regel der subjektive Tatbestand nicht (mehr) zu prüfen, nur ausnahmsweise ist zu prüfen, ob auch Kenntnis der die Unlauterkeit begründenden Tatsachen gegeben ist (ausf. dazu Rn 186). Abschließend ist zu prüfen, ob die Interessenbeeinträchtigung **„spürbar"** war (Bagatellklausel)[30].

*Aufbauhinweis:* Jede Prüfung muss damit beginnen, ob durch eine geschäftliche Handlung einer der Tatbestände der Liste unzulässiger geschäftlicher Handlungen iSv § 3 Abs. 3 UWG (gegenüber einem Verbraucher) erfüllt ist. Wird dies bejaht, ist die Handlung stets unzulässig. Werden mehrere Tatbestände verwirklicht, liegen parallele Verstöße vor. Ist keine der Nr 1–30 des Anh. zu § 3 Abs. 3 UWG erfüllt, ist der Verbrauchersondertatbestand des § 3 Abs. 2 iVm einem Verstoß gegen §§ 5, 5a, 5 und/oder 4 Nr 1–6, 11 UWG zu prüfen. Entspricht die Handlung nicht der fachlichen Sorgfalt, ist sie unzulässig, wenn die Entscheidungsfähigkeit der Verbraucher spürbar beeinträchtigt wurde. Betrifft sie eine besonders schützenswerte Verbrauchergruppe (Gebrechen, Alter, Leichtgläubigkeit), ist das Verbraucherbild des § 3 Abs. 2 S. 3 UWG der entscheidende Prüfungsmaßstab. Liegt kein Verstoß gegen einen der Spezialtatbestände der §§ 5, 5a, 4 Nr 1–6, 11 UWG vor, ist zu prüfen, ob gegen § 3 Abs. 2 UWG als Auffangtatbestand verstoßen wurde. Wird die fachliche Sorgfalt nicht tangiert, kann in die vertraute Unlauterkeitsprüfung eingestiegen werden. Also Erfüllung eines oder mehrerer der speziellen Unlauterkeitstatbestände der §§ 6, 5, 5a und/oder 4 iVm § 3 Abs. 1 UWG, die grundsätzlich nebeneinander verwirklicht sein können (Ausnahmen gelten bei § 6 UWG). Wird dies bejaht, sind die weiteren Voraussetzungen des § 3 Abs. 1 UWG zu prüfen (Interessenbeeinträchtigung, Spürbarkeit). Ist keiner der Spezialtatbestände der §§ 6, 5, 5a, 4 UWG verletzt, ist zu prüfen, ob ein Verstoß gegen den Auffangtatbestand des § 3 Abs. 1 UWG vorliegt.

---

29 Ges.-Begr. S. 29, 42 f.

30 UWG (2004): „nicht nur unerheblich".

Handelt es sich um eine Belästigung ist nach Prüfen eines Verstoßes gegen die Liste unzulässiger Handlungen (Anh. zu § 3 Abs. 3 UWG) zu prüfen, ob gegen ein Per-se Verbot des § 7 Abs. 2 UWG verstoßen wurde. Ist dies gegeben, ist die Handlung „stets unzumutbar", auf das Vorliegen der weiteren Voraussetzungen des § 7 Abs. 1 S. 1 UWG kommt es nicht an. Ist kein Tatbestand des § 7 Abs. 2 UWG verwirklicht, ist die Belästigungsprüfung damit fortzusetzen, ob die Handlung in sonstiger Weise belästigend und überdies unzumutbar war (§ 7 Abs. 1 UWG).

*Literaturhinweise: Fezer*, Eine Replik: Die Auslegung der UGP-RL vom UWG aus? WRP 2010, 677; *Scherer*, Die „Verbrauchergeneralklausel" des § 3 II 1 UWG – eine überflüssige Norm, WRP 2010, 586; *Schöttle*, Aus eins mach zwei – die neuen Generalklauseln im Lauterkeitsrecht, GRUR 2009, 546; zu § 3 Abs. 1 UWG (2004): *Groner*, Der Rückgriff auf die Generalklausel des § 3 UWG zur Bestimmung der Unlauterkeit einer Wettbewerbshandlung, 2008 (zugl. Diss. Augsburg 2007); *Kaplan*, Das Interesse der Allgemeinheit bei der Konkretisierung der Generalklausel des § 3 UWG. Außerwettbewerbliche Allgemeininterssen im Wettbewerbsrecht, 2008 (zugl. Diss. Tübingen 2008); weitere Literaturhinweise zu § 3 Abs. 3 UWG s. Rn 483.

### a) Geschäftliche Handlung, § 2 Abs. 1 Nr 1 UWG

Eine geschäftliche Handlung ist nach der Legaldefinition des § 2 Abs. 1 Nr 1 UWG **174**
jedes Verhalten einer Person zugunsten des eigenen oder eines fremden Unternehmens vor, bei oder nach einem Geschäftsabschluss, das mit der Förderung des Absatzes oder des Bezugs von Waren oder Dienstleistungen oder mit dem Abschluss oder der Durchführung eines Vertrages über Waren oder Dienstleistungen objektiv zusammenhängt. Der Begriff entspricht nur noch in begrenztem Maße der „Wettbewerbshandlung" im UWG (2004) und dem vormaligen „Handeln im geschäftlichen Verkehr zu Zwecken des Wettbewerbs" iSd § 1 UWG aF. **Neu** ist nicht nur der Begriff des **„Verhaltens"**, der als neutraler Oberbegriff für Handeln und Unterlassen steht und damit eine auf den neuen § 5a UWG abgestimmte Basis schafft[31], sondern auch die zeitliche Ausdehnung des erfassten Unlauterkeitsverhaltens. Nicht nur ein Verhalten „vor" Abschluss eines Geschäftes, sondern auch ein solches **„bei oder nach" einem Geschäftsabschluss** ist nunmehr auf seine Unlauterkeit abzuklopfen. Dass dieses Verhalten zuvor von der Rechtsprechung[32] und Literatur[33] als Wettbewerbshandlung zumindest in der Regel erfasst wurde, ergab sich nicht als zwingendes Verständnis aus § 2 Abs. 1 Nr 1 UWG. Es handelte sich vielmehr um ein sehr enges Verständnis[34]. Auch dem Vertragsschluss nachgelagerte Handlungen konnten durchaus als ein einem potentiellen zukünftigen Vertragsschluss vorgelagertes Tun verstanden werden[35]. Hinzugekommen ist schließlich der **objektive Zusammenhang**. Weggefallen ist dafür das Kriterium **„mit dem Ziel … zu fördern"**. Der Gesetzgeber sah den finalen Zurechnungszusammenhang, der in dem Merkmal „mit dem Ziel" steckte, als mit Art. 2

---

31 Ges.-Begr. S. 40; dazu, das die **Veröffentlichung einer Fotomontage** mit dem Text „Klimaschützer unter sich" eine geschäftliche Handlung iSd § 2 Abs. 1 Nr 1 UWG darstellt, weil sie dazu dient, die Akzeptanz von Atomenergie und damit der auf diese Weise erzeugten Stromes zu Lasten der Anbieter alternativer Energien zu fördern, LG Berlin ZUR 2010, 154.

32 BGH GRUR 1983, S. 451 f *Ausschank unter Eichstrich I*; GRUR 1986, S. 816, 818 *Widerrufsbelehrung bei Teilzahlungskauf*; GRUR 2002, S. 1093, 1094.

33 MünchKomm/UWG-*Veil*, § 2 Rn 51; *Piper/Ohly*, § 2 Rn 9.

34 So auch *Sosnitza*, WRP 2008, 1014, 1016 f.

35 Vgl *Sosnitza*, WRP 2008, 1014, 1016 f („Nach dem Spiel ist vor dem Spiel").

lit. d UGP-RL „kaum mehr zu vereinbaren" an[36]. Wenn es doch so gerade noch vereinbar war, warum hat man es dann nicht dabei belassen und auf den auslegungsbedürftigen systematisch verwirrenden Begriff des objektiven Zusammenhangs verzichtet, mag man einwenden.

**174a** Unter eine geschäftliche Handlung fallen wirtschaftliche Betätigungen im weitesten Sinne. Dazu gehört auch die Tätigkeit **freier Berufe** sowie die erwerbswirtschaftliche Tätigkeit der **öffentlichen Hand**[37]. An einem geschäftlichen Handeln der öffentlichen Hand fehlt es, wenn es sich um ein amtliches oder hoheitliches Verhalten handelt[38]. Dies gilt auch für Unternehmen, die im öffentlichen Auftrag tätig werden. So handelt etwa ein **Abschleppunternehmen**, der **auf Weisung einer Polizeibehörde** Kostenansprüche wegen des Abschleppens eines verbotswidrig abgestellten Kraftfahrzeugs geltend macht, nicht im geschäftlichen Verkehr, sondern als **verlängerter Arm der Behörde**[39]. Lauterkeitsrechtliche Ansprüche gegen seine Mitwirkung bei der Kostenanforderung sind daher ausgeschlossen. **Rein hoheitliches Handeln** liegt also vor, wenn die Rechtsbeziehung zwischen den Konkurrenten öffentlich-rechtlicher Natur ist. Dient das Handeln der öffentlichen Hand hingegen erwerbswirtschaftlichen Zielen (zB als Nachfrager von Polizeiuniformen oder -waffen oder als Endverbraucher) und besteht eine private Rechtsbeziehung[40], unterfällt es dem Begriff der geschäftlichen Handlung, da ein objektiver Zusammenhang zum Warenabsatz bzw der Erbringung einer Dienstleistung oder dem Abschluss oder der Durchführung eines Vertrages besteht (näher zum objektiven Zusammenhang Rn 175–175b). Dabei genügt es, dass das Handeln neben anderen Zwecken auch wirtschaftlich geprägt ist wie zB bei Boykottaufrufen[41]. Das gleichzeitige Verfolgen öffentlich-rechtlicher Zwecke ist daher unschädlich.

**174b** **Nicht** unter den Begriff der geschäftlichen Handlung fällt hingegen **rein privates Handeln** wie Verkäufe von Gewerbetreibenden aus ihrem Privatbesitz. **Weltanschauliche, wissenschaftliche, redaktionelle oder verbraucherpolitische Äußerungen** von Unternehmen oder anderen Personen fallen weiterhin **nicht in den Anwendungsbereich des UWG**, soweit sie **keinen objektiven Zusammenhang** mit dem Absatz von Waren, der Erbringung von Dienstleistungen, dem Abschluss oder der Durchfüh-

---

36 Ges.-Begr. S. 40.

37 Zur fehlenden Wettbewerbsabsicht der **öffentlichen Hand** bei Eingriffen in den Wettbewerb in Erfüllung öffentlicher Aufgaben zB KG GRUR-RR 2002, 198 f; ausführlich zum Anwendungsbereich des Wettbewerbsrechts auf die öffentliche Hand *Emmerich*, § 4 IV; bejahend bzgl. einer **gesetzlichen Krankenkasse**, die die Versicherungsnehmer mit irreführenden Angaben auf ihrer Internetseite vom Wechsel in eine andere Versicherung abhalten will, OLG GRUR-Prax 2010, 468; an einer geschäftlichen Handlung eines **Arztes**, der sich in einem Schreiben an Dritte nachteilig über einen anderen Arzt (Mitbewerber) äußert, wenn das Schreiben nicht an einen Patienten gerichtet und auch nicht zur Weiterleitung an potentielle Patienten gerichtet war (OLG Karlsruhe GRUR 2010, 47).

38 BGH GRUR 1987, 829, 830 *Krankentransporte*.

39 BGH GRUR 2006, 428 f *Abschleppkosten-Inkasso*.

40 Vgl dazu zB BGH GRUR 2000, 340, 342 *Kartenlesegerät*; BGHZ 97, 312, 313 *Orthopädische Hilfsmittel*; Harten/Henning/*Keller*, § 2 Abs. 1 Nr 1, Rn 26 mwN; *Nordemann*, Rn 1491 ff.

41 BVerfGE 25, 256, 264 f; BGH WRP 1998, 857 ff *1000 DM Umwelt-Bonus* (angeboten von als Eigenbetrieben geführten Stadtwerken); BGH WRP 2003, 765, 767, 770 *Ausrüstungsgegenstände für Feuerlöschzüge*.

rung von Verträgen aufweisen. Dienen sie ausschließlich der Information der Leser oder der die Anonymität der befragten Personen wahrenden markt- und Meinungsforschung, fehlt es an einem objektiven Zusammenhang zum Warenabsatz etc, so dass es an einer geschäftlichen Handlung fehlt. Besteht hingegen ein solcher objektiver Zusammenhang, etwa indem der Absatz eines anderen Unternehmens durch einen vermeintlich rein redaktionellen Beitrag gefördert wird, handelt das Presseunternehmen und der berichtende Redakteur geschäftlich iSd § 3 Abs. 1 Nr 1 UWG. **Sponsoring** und **Imagewerbung** können hingegen – wie zuvor auch – dem Anwendungsbereich des UWG unterfallen. Das Sponsoring hat mit der Novelle von 2008 ausdrücklich Einzug gehalten ins UWG (§ 5 Abs. 1 S. 2 Nr 4). Maßgebend ist der Zusammenhang mit der Beeinflussung der geschäftlichen Entscheidung des Verbrauchers[42]. Entsprechendes gilt für die Imagewerbung (s auch Rn 176).

Hinsichtlich des **objektiven Zusammenhangs** vermag die Trennung zwischen Verhalten gegenüber Verbrauchern einerseits und Mitbewerbern andererseits für etwas mehr Klarheit zu sorgen. Vorab ist klarzustellen, dass das Kriterium des objektiven Zusammenhangs nicht mit dem vertrauten unmittelbaren Kausalzusammenhang zu verwechseln ist[43]. Im **Verhältnis zu Verbrauchern oder sonstigen Marktteilnehmern** ist das Kriterium richtlinienkonform iS eines **„unmittelbaren Zusammenhangs“** (Art. 2 lit. d UGP-RL) auszulegen, der seinerseits auslegungsbedürftig ist[44]. Der Gesetzgeber hat zwar bewusst den weiteren Begriff des objektiven und nicht den des unmittelbaren Zusammenhangs gewählt, weil er befürchtete andernfalls würden die Fälle der horizontalen Behinderung (Absatz- und Werbebehinderungen, Betriebsstörungen wie Betriebsspionage oder unberechtigte Abmahnungen) nicht erfasst[45]. Dies überzeugt aber nur begrenzt, zumal es davon abhängt, wie weit oder eng man das Merkmal der Unmittelbarkeit versteht[46]. Die Richtlinienvorgabe in Art. 2 lit. d erwähnt als Beispielfall einer Geschäftspraktik die „Werbung“. Der Werbebegriff setzt nach der Legaldefinition in Art. 2 lit. a der Irreführungs-RL als das „Ziel“ der Äußerung die Förderung des Absatzes voraus. Ein objektiver Zusammenhang besteht damit, wenn das geschäftliche Verhalten das Ziel hat, den Absatz oder Bezug von Waren, die Inanspruchnahme von Dienstleistungen, den Vertragsabschluss oder seine Durchführung durch Beeinflussung der geschäftlichen Entscheidungen der Verbraucher zu fördern. Diese von *Köhler* kompliziert nur mit Hilfe zweier Richtlinien und einigem Begründungsaufwand hergeleitete Bedeutung des objektiven Zusammenhangs[47] gleicht damit aufs Wort der „alten“ Definition der Wettbewerbshandlung in § 2 Abs. 1 Nr 1 UWG (2004) mit dem einzigen Unterschied, dass keine Wettbewerbsabsicht mehr erforderlich ist. Ob die geschäftliche Handlung das Verhalten des Verbrauchers oder der sonstigen Marktteilnehmer tatsächlich oder voraussichtlich we- **175**

42 Ges.-Begr. S. 41.
43 Vgl *Köhler*, WRP 2009, S. 109, 111.
44 Vgl *Köhler*, WRP 2009, S. 109, 111; *Glöckner/Henning-Bodewig*, WRP 2005, S. 1311, 1326; *Köhler*, WRP 2007, S. 1393; *Kulka*, DB 2008, S. 1548, 1551; *Sosnitza*, WRP 2008, S. 1014, 1016 ff.
45 Ges.-Begr. S. 40 f.
46 So auch *Sosnitza*, WRP 2008, S. 1014, 1017.
47 *Köhler*, WRP 2009, S. 109, 111.

sentlich beeinflusst hat, ist erst im Rahmen der Unzulässigkeitsprüfung nach §§ 3, 4, 5, 6 oder § 7 UWG relevant[48].

175a Der **objektive Zusammenhang mit dem Abschluss und der Durchführung von Verträgen** besteht jedenfalls bei solchen Handlungen, die das Ziel haben, eine geschäftliche Entscheidung iSd Art. 2 lit. k UGP-RL herbeizuführen, zB eine Zahlung zu leisten, eine Ware abzunehmen oder ein Recht auszuüben[49]. Streit besteht hingegen darüber, ob auch die bloße **Nicht- oder Schlechterfüllung** eines Vertrages eine geschäftliche Handlung darstellt[50]. Auch Verletzungen von Leistungspflichten wie zB die Nichtleistung, Schlechtleistung oder Leistungsverzögerung stehen in objektivem Zusammenhang mit dem Absatz von Waren bzw der Erbringung von Dienstleistungen und vor allem mit der Durchführung von Verträgen und können überdies auch zu künftigen Vertragsabschlüssen bestehen. Wird etwa ein Auftrag zur Umstellung eines Telefonanschlusses auf einen Mitbewerber durch den bisherigen Anbieter versehentlich nicht ausgeführt[51], bindet die Nichtausführung des Auftrags den Kunden jedenfalls vorübergehend weiter an den bisherigen Anbieter. Dieses Verhalten ist durchaus geeignet, die geschäftliche Entscheidung des Kunden zur weiteren Inanspruchnahme der Dienstleistung zu beeinflussen[52].

175b Bei geschäftlichem Verhalten **gegenüber Mitbewerbern** ist ein objektiver Zusammenhang mit der Förderung des Absatzes oder Bezugs von Waren oder Dienstleistungen, mit dem Abschluss oder der Durchführung eines Vertrages gegeben, wenn es bei objektiver Betrachtung darauf gerichtet ist, auf die geschäftlichen Interessen der Mitbewerber hinzuwirken, also etwa in Fällen der Abwerbung von Mitarbeitern oder Kunden, der Betriebsspionage oder der unberechtigten Schutzrechtsverwarnungen etc. Bei Handlungen wie dem Abwerben von Kunden, die auch darauf gerichtet sind, die geschäftlichen Handlungen von Verbrauchern zu beeinflussen, ist schon aus diesem Grund ein geschäftliches Verhalten iSd § 2 Abs. 1 Nr 1 gegeben[53]. Zwischen den oder dem geförderten und dem oder den benachteiligten Unternehmen muss **kein konkretes Wettbewerbsverhältnis**[54] bestehen, so dass auch **Unternehmen mit Monopolstellung** erfasst werden, die keinem Wettbewerb ausgesetzt sind[55]. Dies ist relevant vor allem für Unlauterkeitshandlungen im **Vertikalverhältnis**, zB durch Beeinflussung von Verbrauchern oder Abnehmern, die nicht im Wettbewerb zu dem handelnden Unternehmen stehen.

176 Im Falle einer **reinen Aufmerksamkeitswerbung** ohne Produktbezug kann eine geschäftliche Handlung vorliegen[56], obgleich man auf den ersten Blick meinen könnte,

---

48 Vgl *Köhler*, WRP 2009, S. 109, 111.
49 Vgl *Köhler*, WRP 2009, S. 109, 111.
50 Dies wird bejaht von *Sosnitza*, WRP 2008, 1014, 1017 und verneint von *Köhler*, WRP 2009, S. 109, 111.
51 BGH WRP 2007, S. 1341, 1343 Änderung der Voreinstellung.
52 So auch *Sosnitza*, WRP 2008, 1014, 1017.
53 Vgl *Köhler*, WRP 2009, S. 109, 111.
54 Zum konkreten Wettbewerbsverhältnis s. die Ausführungen unter Rn 40 ff.
55 Gesetzesbegründung, BT-Drs. 15/1487, S. 16.
56 BGH GRUR 1995, 595, 596 *Kinderarbeit*; BGH GRUR 1995, 600 f *H.I.V. POSITIVE*; BGH GRUR 1995, 598, 599 *Ölverschmutzte Ente*; BVerfG NJW GRUR 2001, 170, 172 f *Schockwerbung*.

dieser Art von Werbung fehle die Eignung, absatzfördernd zu sein. Da die Aufmerksamkeitswerbung meist nur mittelbar dem Zweck der Absatzsteigerung durch Marktbekanntheit (sog. AIDA = *attraction-interest-desire-action*) dient, erfüllt sie die Anforderungen an eine geschäftliche Handlung nur, wenn man objektiven Zusammenhang nicht mit unmittelbarem Zusammenhang übersetzt[57]. Selbst wenn sie als geschäftliche Handlung qualifiziert wird[58], ist sie grundsätzlich als zulässig anzusehen und verdient zudem als **Meinungsäußerung** häufig den Schutz des Art. 5 Abs. 1 GG[59]. In der Regel wird durch sie niemand zu sachfremden Kaufentschlüssen veranlasst, zumindest nicht unmittelbar. Entsprechend verhält es sich mit der **Imagewerbung**, zu der reine werbemäßige Selbstdarstellungen oder -präsentationen zählen (s auch Rn 175). Die Kriterien einer geschäftlichen Handlung erfüllt zB eine Stellenanzeige eines Unternehmens, die nicht hinter der Suche nach Arbeitskräften zurücktritt[60] oder ein Spendenaufruf, der neben dem karitativen Zweck geeignet ist, das eigene geschäftliche Ansehen zu fördern und damit den Wettbewerb zu eigenen Gunsten positiv zu beeinflussen[61] (s. dazu auch die Ausführungen zur emotionalen Werbung, Rn 325 f). Auch die Imagewerbung kann daher als geschäftliche Handlung einzuordnen und geeignet sein, die Unlauterkeitstatbestände des UWG zu verwirklichen.

Auch im redaktionellen Teil von **Presseerzeugnissen** können wettbewerbsrechtliche Elemente enthalten sein, die die Kriterien einer geschäftlichen Handlung erfüllen. **177**
Selbst wenn Zeitungen in Wettbewerb mit anderen Zeitungen oder Unternehmen zB durch polemische Kritik treten, darf wegen des besonderen Grundrechtsschutzes der Pressefreiheit und der daraus folgenden Befürchtung einer zu großen Beschneidung der Rechte nicht vorschnell ein objektiver Zusammenhang im Sinne einer Absatzförderung angenommen werden. Will eine Zeitung in Wettbewerb zu anderen Zeitungen treten, darf nicht vorschnell ein objektiver Zusammenhang zur Absatzförderung eigener Waren (Zeitungen, Zeitschriften) unterstellt werden. Eine systematische Annahme eines solchen Zusammenhangs stünde in diesen Fällen im Widerspruch zum besonderen Schutz der Pressefreiheit. Entsprechendes gilt für die Prüfung, ob ein objektiver Zusammenhang zum Absatz fremder Produkte oder Dienstleistungen besteht. Diese ist erst nach positiver Feststellung im Einzelfall zu bejahen. Denn der Schutz der **Pressefreiheit** in Art. 5 Abs. 2 S. 2 GG umfasst gerade auch polemische und kritische Äußerungen über bestimmte, einzelne Unternehmen, ohne dass zugleich angenommen werden darf, damit würden nun automatisch alle nicht genannten Unternehmen als „fremde Unternehmen" (§ 2 Abs. 1 Nr 1, 2. Alt. UWG) bewor-

57 So aber *Köhler*, WRP 2009, S. 109, 111, der sich dabei an Art. 2 lit.d UGP-RL anlehnt und dem deshalb hier gefolgt wird (Rn 175).

58 In den beiden Vorauflagen wurde das Vorliegen einer Wettbewerbshandlung bejaht, da dazu auch eine mittelbar bezweckte Absatzförderung genügte. Diese wurde allerdings – insofern besteht im Ergebnis kein Unterschied – als zulässig angesehen.

59 Als Meinungsäußerung und damit nicht als Wettbewerbshandlung wurde auch der Vertrieb eines Buches mit teilweise polemischen und unwahren Äußerungen mehrerer Autoren über Einkaufszentren und über Unternehmen, die diese entwickeln und betreiben, angesehen, Hanseat. OLG OLGR Hamburg 2008, 709 ff.

60 BGH, WRP 2003, 540 *Stellenanzeige*.

61 AG Hannover, GRUR-RR 2003, 322 *Spendenaufruf*.

ben, um deren Absatz zu fördern. Allein durch den Abdruck von Werbeanzeigen fremder Unternehmen, deren Inhalt die verantwortlichen Personen periodischer Druckschriften zu vertreten haben, wird idR ein objektiver Zusammenhang mit der Förderung des Warenabsatzes dieser Unternehmen nicht begründet werden können. Stellt ein Zeitungsorgan hingegen bewusst unwahre Behauptungen in einem redaktionellen unsachlichen Beitrag auf oder werden einseitig die Vorteile nur eines Unternehmens angepriesen, um die Wettbewerbsposition dieses Unternehmens zu fördern oder diejenige anderer zu verschlechtern oder wird ein Konkurrenzblatt pauschal herabgewertet, ist der entsprechende objektive Zusammenhang zur Förderung des Absatzes fremder bzw eigener Waren in aller Regel zu bejahen[62]. Im Ergebnis hat sich damit im Vergleich zur Rechtslage nach dem UWG (2004) nichts geändert, sieht man davon ab, dass diese Erwägungen zuvor unter dem Kriterium der Wettbewerbsabsicht (s. Vorauflage Rn 177, 185) und nunmehr unter dem Merkmal des objektiven Zusammenhangs geprüft wurden.

*Hinweis:* Zu den Besonderheiten bei Handlungen von verantwortlichen Personen periodischer Druckzeitschriften s. unter § 11 Rn 439 ff[63] sowie die Ausführungen in den Fällen ***Kosmetikstudio***, Rn 450 f, ***Und der Kampf geht weiter***, Rn 452 f, ***Jeder Berliner Morgen zeigt den gesamten Tages-Spiegel*** oder: ***Von den Besten der Besten***, Rn 310 f und ***Schlankheitskapseln***, Rn 317a f).

178 Entsprechendes gilt grundsätzlich für **Meinungsäußerungen**, zB bei Äußerungen in Gemeinderatssitzungen. Ein objektiver Zusammenhang zum Absatz von Produkten etc besteht in aller Regel nicht. Ist die Meinungskundgabe das Mittel zum geistigen Meinungskampf in einer die Öffentlichkeit wesentlich berührenden Frage, kann die an die Öffentlichkeit gerichtete Äußerung trotz ihrer wettbewerblichen Auswirkungen vom Grundrecht der freien Meinungsäußerung (Art. 5 Abs. 1 S. 1 GG) gedeckt und einer Beurteilung nach dem UWG entzogen sein. So kann ein nebensächlich verfolgtes geschäftliches Handeln als vernachlässigenswert zurücktreten, wenn das Verhalten in erster Linie das eines engagierten, verärgerten und für zuständige öffentliche Stellen unbequemen Bürgers ist[64].

*Literaturhinweis:* Ausführlich zum Begriff der Wettbewerbshandlung *Köhler*, in: Hefermehl/Köhler/Bornkamm, § 2 Rn 3–55; Harte/Henning/*Keller*, § 2 Rn 10–37; *Emmerich*, § 4 II, III.

#### b) Unlauterkeitstat

179 Nach der Gesetzesbegründung zum UWG (2004) gelten als unlauter „alle Handlungen, die den anständigen Gepflogenheiten in Handel, Gewerbe, Handwerk oder

62 BGH NJW-RR 1995, 42; BGH NJW 1982, 637, 638.

63 Vgl sehr ausführlich zur Wettbewerbsabsicht OLG Naumburg GRUR-RR 2003, 375 f *Brückenbau*; in guter Tradition der BGH-Entscheidungen stehend zB BGH WRP 1995, 186 f *Dubioses Geschäftsgebaren*; BGH GRUR 1982, 234, 235 *Großbanken-Restquoten*; BGH WRP 1986, 547 f *Gastrokritiker*; BGH NJW-RR 1986, 1484 *Frank der Tat*; BGH WRP 1983, 395 f *Geldmafiosi*.

64 So OLG Naumburg GRUR-RR 2003, 375, 377 *Brückenbau*; vgl zuvor bereits BGH MDR 1993, 228 *Erdgassteuer*; der BGH sah auch die Werbeaussage „Sixt verleast auch Autos für Mitarbeiter in der Probezeit" unter dem durchgestrichenen Bild von Lafontaine als von der Meinungsfreiheit gedeckt und daher nicht als unlauter an (AZ.: I ZR 182/04).

selbstständiger beruflicher Tätigkeit zuwiderlaufen"[65]. Mit der Aufnahme des Begriffs der Unlauterkeit wurde die längst überfällige Verabschiedung von dem „Gute-Sitten-Begriff" vollzogen (s. dazu die Ausführungen in der Einleitung). Wegen der intensiven Befremdung, die sich im Schrifttum und in der Rechtsprechung am „Gute-Sitten-Begriff" entzündet und eine Loslösung von dem Begriff schon vor der Novelle weitgehend stattgefunden hatte[66], sind inhaltliche Änderungen von dem Begriffswechsel nicht zu erwarten. Längst sind die guten Sitten in der Praxis durch den Unlauterkeitsbegriff ersetzt bzw als Synonyme verwendet worden.

Maßgebend für die Beurteilung der Unlauterkeit ist eine **Gesamtwürdigung** der Handlung nach Inhalt, Zweck und Motiven, der Intensität und der Folgen der Handlung. Der Unlauterkeitsbegriff konkretisiert sich in den speziellen Unlauterkeitstatbeständen der §§ 6, 5, 5a UWG, die entweder in Absatz 1 (§ 5 UWG) bzw in ihren Absätzen 2 (§§ 6, 5a UWG) definieren, das unlauter handelt: „wer eine irreführende geschäftliche Handlung vornimmt" (§ 5 UWG), „wer vergleichend wirbt, wenn der Vergleich …" (§ 6 UWG) und „wer die Entscheidungsfreiheit von Verbrauchern … dadurch beeinflusst, dass er eine Information vorenthält, …" (§ 5a UWG). Die klare Ordnung der Unlauterkeitstatbestände (1. Definition, 2. Beispielkatalog) des UWG (2004) wurde allerdings etwas aufgelöst. § 5 UWG hält zwar an seiner bisherigen Struktur weitgehend fest. Die vorher in Absatz 2 aufgeführten konkreten Beispiele von Unlauterkeitstatbeständen erscheinen nun, wenn auch deutlich breiter aufgestellt in Absatz 1. Sie werden allerdings ergänzt um einen neuen Absatz 2, einen Spezialirreführungstatbestand betreffend die Vermarktung von Waren oder Dienstleistungen. § 4 UWG besteht unverändert aus einer Aufzählung spezieller Unlauterkeitsfälle („unlauter handelt insbesondere, wer …"). In § 6 Abs. 2 UWG werden – ebenfalls unverändert – abschließend die Formen unlauterer vergleichender Werbung aufgezählt. Der neue § 5a UWG folgt bedauerlicher Weise nicht der klaren Struktur der bisherigen Unlauterkeitstatbestände. In Absatz 1 wird der Maßstab vorangestellt, Absatz 2 liefert die Unlauterkeitsdefinition und die Absätze 3 und 4 enthalten umfangreiche spezielle Verbrauchertatbestände. § 7 UWG fällt vollkommen aus dem bisherigen Rahmen. Er hat sich von § 3 UWG gelöst und steht auf eigenen Füßen. In Absatz 1 wird die Unzulässigkeit definiert (entsprechend zu § 3 Abs. 1 UWG). Es folgt ein Absatz 2 der „Stets"-Unzumutbarkeitstaten (vergleichbar den neuen Regelungen in § 3 Abs. 2 und 3 UWG). § 3 Abs. 1 UWG bleibt – wie bislang – neben seiner Bedeutung als Auffangtatbestand für die darüber hinaus sich in der Rechtsprechung entwickelten und entwickelnden Unlauterkeitsfallgruppen, die subsidiär eingreifen, wenn ein Verstoß durch keinen der speziellen Unlauterkeitsformen erfasst wird. Wegen der Offenheit der Generalklausel lassen sich darunter auch neue Formen der Unlauterkeit subsumieren, die sich erst mit der Weiterentwicklung des Wettbewerbsrechts in der 180

65 BT-Drs. 15/1487, S. 16.

66 Vgl die ausführliche Kritik zu der „Sitten-Formel" von *Emmerich*, § 5, die schon an semantischen Einwänden ansetzt: fraglich sei bereits, was das „Gefühl" von „Denkenden" sein solle, zudem wisse auch niemand, wer eigentlich zu der „erlauchten Schar" der billig und gerecht Denkenden oder der Durchschnittsgewerbetreibenden gehöre, deren Sittlichkeitsgefühl (was immer das sein mag) offenbar normativen Rang haben solle. Vgl auch *Nordemann*, Rn 121–135.

Praxis herausbilden werden (zu den übrig gebliebenen Fallgruppen, die sich allein unter § 3 Abs. 1 UWG subsumieren lassen vgl die Ausführungen unter Rn 433).

### c) Geeignetheit, die Interessen der Mitbewerber, Verbraucher oder sonstigen Marktteilnehmer spürbar zu beeinträchtigen

181 Die unlautere geschäftliche Handlung muss gem. § 3 Abs. 1 UWG geeignet sein, die Interessen der Mitbewerber, der Verbraucher oder der sonstigen Marktteilnehmer spürbar zu beeinträchtigen.

182 **aa) Beeinträchtigung der Interessen.** Nach § 3 Abs. 1 UWG ist neben dem Vorliegen einer Unlauterkeitstat erforderlich, dass durch sie die Interessen der Verbraucher, Mitbewerber oder sonstigen Marktteilnehmer beeinträchtigt werden. „Beeinträchtigung" iSd § 3 Abs. 1 UWG verlangt, dass das konkrete Marktgeschehen durch die Auswirkungen des wettbewerbswidrigen Verhaltens behindert oder beschränkt wird. Das ursprünglich im Gesetzentwurf des § 3 UWG (2004) verwendete Wort vom „Verfälschen" des Wettbewerbs wurde nach der Kritik des Bundesrates aufgegeben. Verfälschen sei missverständlich, da es im Wettbewerb nicht um richtig oder falsches Handeln gehe könne[67]. Dies ist nun eine eigenartige Erklärung. Denn Verfälschen steht nicht für falsch oder richtig, sondern beschreibt das Versetzen in einen schlechteren, minderwertigen Zustand, das nachteilige Verändern[68]. Insofern wäre es also terminologisch nicht unpassend gewesen. Da der Begriff aber in der Regel als gleichbedeutend mit irreführend verstanden wird und daher dem allgemeinen Unlauterkeitstatbestand des § 3 UWG eine missverständliche Färbung verliehen hätte, war es im Ergebnis richtig, den Begriff aufzugeben und durch den neutraleren der Beeinträchtigung zu ersetzen. Überzeugend ist die Begriffswahl zudem wegen der Anknüpfung an die Terminologie des früheren § 13 Abs. 2 Nr 1 und 2 UWG aF, in der zur Begründung der Aktivlegitimation eine „Beeinträchtigung" des Wettbewerbs gefordert wurde. Da in § 1 S. 2 UWG an dem Ziel eines „unverfälschten Wettbewerbs" als Synonym für „funktionsfähigen" Wettbewerb[69] festgehalten wurde, ist nun allerdings eine gewisse sprachliche Ungenauigkeit entstanden, die aber als Redaktionsversehen durchgehen sollte. Jedenfalls sollte sie nicht überbewertet werden. Die Chance, in § 1 S. 2 UWG den Begriff des unverfälschten Wettbewerbs aufzugeben, hat sich der Gesetzgeber bei der Novelle 2008 entgehen lassen. Aber nach der „Reform" ist vor der „Reform". Es wird eine neue Gelegenheit geben.

183 **bb) Geeignetheit zur Interessenbeeinträchtigung.** Das in § 3 UWG (2004) vorgesehene Merkmal „zum Nachteil des Wettbewerbs" ist durch die UWG-Novelle vom 30. 12. 2008 wegen seiner nach Ansicht des Gesetzgebers bestehenden begrifflichen Ungenauigkeit durch das der „Interessen" ersetzt worden[70]. Eine geschäftliche Hand-

---

67 Stellungnahme des Bundesrates und Zustimmung in der Gegenäußerung der Bundesregierung, BT-Drs. 15/1487, S. 30, 40.

68 *Wahrig*, Deutsches Wörterbuch, 2007.

69 BT-Drs. 15/1487, S. 15.

70 Ges.-Begr. S. 42 f.

lung muss nunmehr nach § 3 Abs. 1 UWG geeignet sein, die Interessen von Mitbewerbern (vgl Legaldefinition § 2 Abs. 1 Nr 3, s. dazu Rn 46 ff), Marktteilnehmern (vgl Legaldefinition § 2 Abs. 1 Nr 2 UWG) und Verbrauchern (§ 2 Abs. 2 UWG iVm § 13 BGB, s. dazu Rn 2 ff) zu beeinträchtigen. Der Eintritt einer Interessenbeeinträchtigung ist nicht erforderlich, es genügt die **Geeignetheit**. Das bisherige Merkmal „zum Nachteil" machte deutlich, dass die Lauterkeit des in § 1 S. 2 UWG geschützten „unverfälschten Wettbewerbs" als Allgemeingut nicht (oder besser: nicht ausschließlich) um ihrer selbst Willen geschützt wird, sondern die Unlauterkeitstat zudem tatsächlich geeignet sein muss, die in der Schutzzwecktrias des § 1 S. 1 UWG genannten Schutzsubjekte zu benachteiligen[71]. Daran hat sich inhaltlich nichts geändert. Der Gesetzgeber hat sich nur um begriffliche Darstellung bemüht, indem er die Interessen als Anknüpfungspunkt noch einmal explizit in § 3 Abs. 1 UWG hinein genommen hat. Der „alte" Gesetzgeber begnügte sich mit einem Benennen der geschützten Personen in § 1 Abs. 1 UWG, deren Interessen nicht durch geschäftliches Tun in unlauterer Weise verletzt werden dürfen.

**cc) Überschreiten der Bagatellgrenze („spürbar").** Erforderlich ist zudem, dass die Interessen der Mitbewerber, Verbraucher oder sonstigen Marktteilnehmer durch die Unlauterkeitstat spürbar beeinträchtigt werden, dh es bedarf einer Interessenbeeinträchtigung von gewissem Gewicht für das Marktgeschehen und den geschützten Personenkreis. Von einer spürbaren Beeinträchtigung der **Interessen von Verbrauchern** ist auszugehen, wenn sie in ihrer Fähigkeit zu einer informierten Entscheidung nicht nur unerheblich beeinträchtigt sind und sie die geschäftliche Handlung dazu veranlassen kann, eine bestimmte geschäftliche Entscheidung zu treffen. Entscheidend ist, ob er sich „bei Mobilisierung seiner Gegenkräfte" noch anders verhalten kann[72]. Ist der unternehmerische Kaufappell für ihn nicht mehr beherrschbar, wird die Spürbarkeitsschwelle überschritten. Dabei muss die geschäftliche Handlung geeignet sein, diese **Beeinträchtigung nicht nur theoretisch, sondern auch tatsächlich mit einer gewissen Wahrscheinlichkeit** herbeizuführen. Allerdings ist eine tatsächliche Auswirkung auf das Marktgeschehen nicht erforderlich[73]. Von einer spürbaren Beeinträchtigung der Interessen der Mitbewerber und sonstigen Marktteilnehmer ist auszugehen, wenn die Handlung geeignet ist, ihre **Rechtslage, Rechtsgüter oder Marktchancen** nicht nur theoretisch, sondern **tatsächlich zu beeinträchtigen**[74]. Maßgebend sind dabei **Art, Schwere, Häufigkeit** oder **Dauer** des Verstoßes, wobei die jeweiligen **Marktverhältnisse** zu berücksichtigen sind (Größe des werbenden Unternehmens, Zahl der Mitbewerber auf dem Markt etc)[75]. Eine spürbare Beeinträchtigung kann entsprechend der zuvor normierten nicht unerheblichen Beeinträchtigung nach der Gesetzesbegründung zur UWG-Novelle von 2004 auch bei Verstößen mit nur geringen Auswirkungen vorliegen, wenn durch die Handlung eine 184

71 Vgl Gesetzesbegründung, BT-Drs. 15/1487, S. 16.
72 Ausführlicher dazu *Scherer*, WRP 2008, S. 708, 712.
73 Vgl *Köhler*, WRP 2009, S. 109, 113; *ders.*, in: Köhler/Bornkamm, § 3 Rn 122.
74 Vgl *Köhler*, WRP 2009, S. 109, 113; *ders.*, in: Köhler/Bornkamm, § 3 Rn 122.
75 Noch zur alten Rechtslage BGH GRUR 1996, 786, 788 *Blumenverkauf an Tankstellen*; *Köhler*, in: Köhler/Bornkamm, § 3 Rn 123–129.

**Vielzahl von Marktteilnehmern** betroffen wird, was auf die Fälle des § 10 UWG zielt, oder eine **nicht unerhebliche Nachahmungsgefahr** der Unlauterkeitstat durch andere Unternehmen besteht[76]. Die allgemeine Spürbarkeitsschwelle hat die Erheblichkeitsschwelle des § 3 UWG (2004) abgelöst, die ihrerseits die spezielle Wesentlichkeitshürde in § 13 Abs. 2 Nr 1–3 UWG aF für alle Tatbestände verallgemeinert hatte, ohne dass damit eine grundsätzliche inhaltliche Änderung des Maßstabs einherging (s. dazu die Ausführungen in der Einleitung unter Rn 17 und Rn 58–67).

*Literaturhinweis: Scherer,* Die „wesentliche Beeinflussung" nach der Richtlinie über unlautere Geschäftspraktiken, WRP 2008, S. 708 ff.

185 **dd) Nivellierung der Wettbewerbsabsicht.** Die Voraussetzung der **Wettbewerbsabsicht**, als die Absicht, den eigenen oder fremden Absatz oder Bezug zu fördern und damit in Wettbewerb zu Mitbewerbern treten[77], ist mit der Novelle vom Dezember 2008 **entfallen**[78]. Das Kriterium wurde früher aus der Formulierung „zu Zwecken des Wettbewerbs" (§§ 1, 3 UWG aF) hergeleitet. Im UWG (2004) entnahm man es aus den subjektiven Elementen der Worte „Ziel" und „(um) zu fördern" in § 2 Abs. 1 Nr 1 UWG (2004). Beide Formulierungen der Legaldefinition verdeutlichten, dass zum Bejahen einer Wettbewerbshandlung stets auch die subjektive Komponente einer entsprechenden wettbewerblichen Absicht vorliegen muss. Die Wettbewerbsabsicht wurde allerdings bei Vorliegen einer geschäftlichen Handlungen von Mitbewerbern in der Regel **vermutet**. Erörterungsbedürftig war die Wettbewerbsabsicht regelmäßig bei Handlungen von **Presseorganen** und der **öffentlichen Hand**. Da es in diesen Fällen allerdings meist schon am Vorliegen der objektiven Elemente der geschäftlichen Handlung scheiterte, besteht in der lauterkeitsrechtlichen Beurteilung solcher Handlungen seit Inkrafttreten der Novelle 2008 kein gravierender Unterschied zu der vorherigen Rechtslage.

*Literaturhinweis:* Zum Wegfall des Kriteriums der Wettbewerbsabsicht (*Gromille* WRP 2009, 525; zum österreichischen UWG, das bereits 2007 an die Vorgaben der UGP-RL angepasst wurde zB *Artmann*, WBl. 2008, s. 253, 257; *Fehringer/Freund* MuR 2007, S. 117 f; *Koppensteiner* WBl. 2006, S. 553, 557; *Seidelberger* RdW 2008, S. 59, 60.

## IV. Subjektiver Tatbestand

186 Bedarf es der Kenntnis der Tatumstände zur Begründung der Unlauterkeit? Was gilt nun nach Nivellierung der Wettbewerbsabsicht? Schließlich ist diese ja nicht zu verwechseln mit dem subjektiven Tatbestand des Kennens der objektiv unlauteren Tatumstände, auch wenn dies zuweilen in der Literatur geschieht? Der „Kampf" um den subjektiven Tatbestand schwelt schon länger. Während sich der Bundesrat im Rahmen des Gesetzgebungsverfahrens zur UWG-Novelle (2004) gegen das Erfordernis eines sub-

76 BT-Drs. 15/1487, S. 17.
77 BGHZ 3, 270, 277 f *Constanze I*; BGHZ 136, 111, 117 *Kaffeebohne*.
78 *Köhler*, in: Köhler/Bornkamm, § 2 Rn 25 f.

jektiven Tatbestandes aussprach[79], hielt die Bundesregierung dies für eine „dogmatische Frage“, die der Klärung durch die Rechtsprechung und Literatur überlassen bleiben könne[80]. Während der BGH stets das Erfordernis eines subjektiven Tatbestandes bejahte[81], wurde im Schrifttum überwiegend vertreten, dass die Feststellung der Unlauterkeit nicht von der Kenntnis der objektiven Tatumstände abhängen könne[82]. Die Vertreter dieser Ansicht feiern nun den Verzicht auf die Wettbewerbsabsicht und begrüßen dies als weiteres Argument für die „parallel gelagerte Frage“ des Wegfalls auf das Erfordernis subjektiver Tatbestandselemente der Unlauterkeit[83]. In jüngerer Zeit lässt sich auch der Rechtsprechung des BGH eine Wandlung in dieser Frage hin zur **Abkehr vom Erfordernis des subjektiven Tatbestandes** entnehmen[84]. Anders als das allgemeine Deliktsrecht der §§ 823 ff BGB, das sich nicht mit dem Bejahen eines objektiven Verstoßes begnügt, sondern stets auch eine subjektive Komponente verlangt, ist das Tatbestandsmerkmal der Unlauterkeit nun ausschließlich objektiv zu verstehen. Nunmehr ist weder ein Bewusstsein der Unlauterkeit erforderlich, noch bedarf es der Kenntnis der unlauterkeitsbegründenden Umstände[85]. Eine **Ausnahme** vom rein objektiven Verständnis der Unlauterkeitstat gilt lediglich dann, wenn einzelne Beispieltatbestände subjektive Tatbestandsmerkmale voraussetzen, wie zB § 4 Nr 2, welcher die Ausnutzung bestimmter Umstände und damit ihre Kenntnis verlangt. Auch bei einzelnen Fallgruppen des § 4 Nr 10 kann die Unlauterkeit von der Kenntnis bestimmter Umstände abhängen, wie etwa bei der Verleitung zum Vertragsbruch, welche die Kenntnis von der vertraglichen Bindung voraussetzt. Ebenso setzt die gezielte Preisunterbietung eine entsprechende Absicht voraus[86]. In diesen Fällen genügt das bewusste Sichentziehen oder Sichverschließen vor der Kenntnis dieser Tatumstände[87]. Fahrlässige Unkenntnis genügt hingegen nicht[88], ausreichend ist aber ein bewusstes Verschlie-

79 BT-Drs. 15/1487, S. 30.
80 BT-Drs. 15/1487, S. 40.
81 ZB BGH GRUR 1991, 914, 915 *Kastanienmuster*; BGH GRUR 1995, 693, 695 *Indizienkette*.
82 So zum UWG aF *Baumbach/Hefermehl*, 22. Aufl., Einl. UWG Rn 128; *Emmerich*, 6. Aufl., § 5, 9 (S. 56); GK/*Schünemann*, Einl. Rn D 122 ff; anders *Köhler/Piper*, Einf. Rn 294. An dieser Ansicht wurde auch in Bezug auf die neue Rechtslage nach Inkrafttreten des UWG (2004) festgehalten, so von *Köhler*, in: Köhler/Bornkamm, § 3 Rn 104 ff; *Emmerich*, § 5 III 4.; MünchKomm-UWG/*Sosnitza*, § 3 Rn 94 ff; *v. Gamm*, Wettbewerbsrecht, Kap. 17 Rn 19.
83 *Henning-Bodewig* GRUR Int 2005, 629, 630; *Fezer* WRP 2006, 781, 786; *Köhler* GRUR 2005, 793, 795; *Sosnitza*, WRP 2008, S. 1014, 1017; zur vergleichbaren Rechtslage in Österreich *Artmann*, WBl. 2008, S. 253, 257 („Objektives Verhalten musste auch subjektiv von einer entsprechenden Willensrichtung getragen werden.“ Auf diese „Wettbewerbsabsicht“ komme es nun nicht mehr an.) und *Fehringer/Freund*, MuR 2007, S. 115, 117 f.
84 BGH WRP 2009, 1369 Tz 21 *Auskunft der IHK*; BGH GRUR 2007, 800, 801 f *Außendienstmitarbeiter*; BGHZ 163, 265 *Atemtest*; dazu *Steinbeck* WRP 2005, 1351; anders der OGH, der auch nach der UWG-Novelle das Vorliegen des subjektiven Tatbestandes bejaht hat, zB in der *Stadtrundfahrten*-Entscheidung, OGH 40b225/07b RN B 4.5.a; vgl auch *Handig*, Subjektive Voraussetzungen im neuen § 1 UWG, RdW 2008, 503, 504, 507; *Kulka* DB 2008, 1548, 1553.
85 *Emmerich* § 5 Rn 37 f; *Köhler*, in: Köhler/Bornkamm § 3 Rn 106.
86 *Köhler*, in: Köhler/Bornkamm § 3 Rn 107; *Säcker/Wolf*, S. 66; *Emmerich* § 5 Rn 39; dagegen ist bei § 4 Nr 11 UWG ein Irrtum über die Sach- und Rechtslage unerheblich, vgl BGHZ 163, 265, 270 – *Atemtest*. ZB ist es bei einem Verstoß gegen das LadenschlussG als Marktverhaltensregelung unerheblich, dass der Ladeninhaber bei der Verletzung einem Tatsachenirrtum unterlag, wenn er beispielsweise die Umstellung von der Sommer- auf die Winterzeit übersehen hat und sein Geschäft daher länger als zulässig geöffnet hielt (dazu Köhler aaO).
87 So bereits RGZ 80, 219, 221; BGHZ GRUR 1967, 256, 257.

ßen der Kenntnis[89]. Für eine Gleichstellung von „Kenntnis“ und „grob fahrlässiger Unkenntnis“ in diesen Fällen spricht die in der Novelle von 2004 neugefasste Verjährungsvorschrift (§ 11 Abs. 3 UWG) sowie die Bestimmung über den Verjährungsbeginn („Kenntnis erlangt oder ohne grobe Fahrlässigkeit hätte erlangen müssen“, § 11 Abs. 2 Nr 2 UWG). Ausreichend ist danach auch die grob fahrlässige Unkenntnis von den anspruchsbegründenden Umständen oder der Person des Schuldners in dem Zeitpunkt, in dem der Anspruchsberechtigte davon Kenntnis hätte erlangen können. Der Gesetzgeber wollte damit abweichend von der früheren Regelung des § 21 Abs. 1 UWG aF die Verjährung von wettbewerbsrechtlichen Ansprüchen an die allgemeine Verjährungsvorschrift des § 199 Abs. 1 Nr 2, Abs. 3 S. 1 Nr 1, 2 BGB anpassen (s. dazu ausführlicher unter Rn 162 ff). Es erscheint daher sachgerecht, den gleichen Maßstab für die Anforderungen an den Kenntnisstand (der Kenntnis und des Kennenmüssens) des Handelnden gelten zu lassen wie hinsichtlich der Anspruchsberechtigung. Es ist daher zu erwarten, dass auch die Rechtsprechung in diese Richtung gehen wird, die vereinzelt auch vorher schon im Schrifttum gegangen wurde[90].

*Aufbauhinweis:* Da die höchstrichterliche Rechtsprechung die Kenntnis von den Tatumständen regelmäßig nicht mehr als anspruchsbegründend feststellt[91], sollte die positive Tatkenntnis bzw die grob fahrlässige Unkenntnis auch in Klausuren, Voten und Schriftsätzen in aller Regel nicht mehr, sondern nur in den benannten Fällen angesprochen werden. In den Fällen, in denen das Vorliegen der Tatumstände zu prüfen ist, kann die Vermutungswirkung allenfalls bei fahrlässiger Unkenntnis oder bei Vorliegen eines unvermeidbaren **Verbotsirrtums** entfallen[92].

**187** Ist – wie im Falle des § 4 Nr 2 UWG oder im Rahmen des Schadensersatzanspruches nach § 9 UWG – das Vorliegen der Kenntnis zu prüfen, kommt es grundsätzlich auf die **Kenntnis zum Zeitpunkt der Handlung** an, also bei Begehung der Tat mit Ausnahme der „Zurechnungsfälle“ des § 9 S. 2 UWG[93]. In diesen Fällen kommt es auf die Kenntnis des Handelnden im Zeitpunkt des Verstoßes an, die dann im Nachhinein dem Unternehmensinhaber bzw der verantwortlichen Person von periodischen Druckzeitschriften wie eigenes Verhalten zugerechnet wird. Beim Unterlassungsbegehren kommt es auf die Rechtslage im **Zeitpunkt der letzten mündlichen Verhandlung** (in der Tatsacheninstanz) an. Spätestens zu diesem Zeitpunkt muss – nach vorheriger Abmahnung und Prozessvorbereitung – die erforderliche Kenntnis der Tatumstände vorliegen[94].

88 RG GRUR 1943, 182, 184 *Industrieöle*.
89 Vgl nur BGH GRUR 1987, 532 f *Zollabfertigung*.
90 *Rittner*, § 2 Rn 28 aE; *Ulmer/Reimer*, Das Recht des unlauteren Wettbewerbs in den Mitgliedstaaten der EWG, Bd. III: Deutschland, 1968, S. 44.
91 BGH WRP 2009, 1369 *Auskunft der IHU*.
92 Zum Verbotsirrtum BGHSt 11, 236, 266 = NJW 1958, 109; dazu, dass bei Zweifeln über die Rechtmäßigkeit der Wettbewerbshandlung Rechtsrat einzuholen ist OLG Bremen NStZ 1981, 265; BGHSt 30, 270, 276 f = GRUR 1982, 248 *Baustoffhändler*. Beide Fälle betrafen die Straftatbestände § 4 und § 6c UWG aF (strafbare irreführende Werbung, vgl § 16 UWG); dazu auch *Bornkamm*, in: Hefermehl/Köhler/Bornkamm, § 16 Rn 19, da von den Straftatbeständen abgesehen das Prüfen des subjektiven Tatbestandes abgelehnt wird, kann es in diesen Fällen nach Ansicht von *Köhler*, in: Hefermehl/Köhler/Bornkamm, § 4 Rn 11.54 gar nicht erst auf das Vorliegen eines Verbotsirrtums ankommen.
93 Vgl dazu BGH GRUR 1992, 448, 449 *Pullovermuster*.
94 BGH GRUR 1977, 614.

## V. Rechtswidrigkeit

In der Regel ist die Rechtswidrigkeit bei Vorliegen einer unlauteren geschäftlichen Handlung **indiziert**. Wie im Deliktsrecht kann die Rechtswidrigkeit einer wettbewerbswidrigen Handlung aber ausnahmsweise entfallen, wenn ein **Rechtfertigungsgrund** (zB Einwilligung oder Notwehr, § 227 BGB) eingreift. Dient die unlautere Handlung der Abwehr oder Erwiderung eines wettbewerbswidrigen „Angriffs", kann der Rechtfertigungsgrund der Notwehr eingreifen. **188**

*Hinweis:* Zur Beachtlichkeit des unclean-hands-Einwand s. die Ausführungen unter Rn 105 ff, 110, Fall ***Jeder Berliner Morgen …***, Rn 310 f.

## VI. Verschulden bei Schadensersatzansprüchen

Hinsichtlich der Anforderungen an das allein zur Begründung von Schadensersatzansprüchen erforderliche Schulderfordernis wird auf die Ausführungen im Zusammenhang mit § 9 UWG verwiesen (s. dazu unter Rn 118). **189**

## VII. Erstbegehungs- bzw Wiederholungsgefahr bei Unterlassungsansprüchen

Bezüglich der Anforderungen an die Erstbegehungs- bzw die Wiederholungsgefahr wird auf die Ausführungen im Rahmen des Unterlassungsanspruchs verwiesen (s. dazu unter Rn 87–91). **190**

## VIII. Rechtsfolgen

Die Rechtsfolgen bei Vorliegen einer unlauteren geschäftlichen Handlung ergeben sich aus den §§ 8, 9 und 10 UWG (s. dazu die Ausführungen zu den jeweiligen Normen unter Rn 84 ff). **191**

## IX. Unzulässigkeitseinwand bei missbräuchlicher Geltendmachung

Insoweit wird auf die Ausführungen zu § 8 Abs. 4 UWG verwiesen (Rn 101–110). **192**

# § 6 Vergleichende Werbung, § 6 UWG

**193** Hinsichtlich der vergleichenden Werbung ist die Fassung des § 2 UWG aF unverändert in § 6 UWG übernommen worden. Der Gesetzgeber hat es hinsichtlich der vergleichenden unlauteren Werbung bei den **abschließend** enumerativ aufgeführten Formen unlauterer vergleichender Werbung, wie sie in § 2 UWG aF normiert waren, belassen, während er die übrigen Spezialtatbestände unlauterer geschäftlicher Handlungen in den §§ 7, 5, 5a und 4 UWG als Beispielkataloge ausgestaltet hat. Damit hat sich auch an dem **Verhältnis vergleichender Werbung zu den anderen Formen unlauterer geschäftlicher Handlungen**, das für § 2 UWG aF galt, nichts geändert: enthält eine Werbeaussage offenkundig oder möglicherweise einen unlauteren Vergleich, ist § 6 iVm § 3 Abs. 1 UWG nach den Per-se-Verboten des Anh. zu § 3 Abs. 3 UWG und § 7 Abs. 1 UWG, aber **vorrangig** vor den anderen Unlauterkeitsformen zu prüfen. Mit der Novelle von 2008 ist allerdings vor der Prüfung des § 6 UWG zu prüfen, ob ein Verstoß gegen den Per-se-Unlauterkeitskatalog (Anhang zu § 3 Abs. 3) vorliegt. Wurde dies verneint, kann mit der Prüfung des § 6 UWG fortgefahren werden. Der Vorrang des § 6 UWG gilt auch im Falle einer irreführenden, vergleichenden Werbung iSd § 5 Abs. 3, Abs. 2, Abs. 1 iVm § 3 Abs. 1 UWG. Unabhängig davon, ob ein Verstoß gegen die Verbote des § 6 Abs. 2 UWG vorliegt oder nicht, **ist der Weg zur Prüfung eines Verstoßes gegen die anderen Verbote unlauterer Werbung versperrt, sobald vergleichende Werbung gegeben ist**; denn dann ist § 6 abschließend[1]. **„Abschließend“** ist daher in dem Sinne zu verstehen, dass vergleichende Werbung nur nach den Kriterien des § 6 Abs. 2 UWG beurteilt werden darf. Aus § 3 UWG dürfen daher weder strengere noch mildere Maßstäbe hergeleitet werden[2]. Liegen hingegen die Voraussetzungen eines Vergleichs nicht vor, etwa wenn lediglich auf die Preiserhöhung der Produkte eines Mitbewerbers hingewiesen wird, ist § 3 UWG anzuwenden[3]. Damit bleiben die Verbraucher ausreichend insbesondere vor irreführenden Handlungen etwa bzgl der Darstellung von Produkten eines Mitbewerbers bewahrt. Dabei ist dann auch § 3 Abs. 2 S. 1 und ggf S. 3 UWG zu beachten. Ist der Tatbestand der vergleichenden Werbung hingegen nicht erfüllt, ist der Weg zur Prüfung von Verstößen gegen die §§ 7, 5, 5a, 4 und 3 UWG eröffnet. In Umsetzung von Art. 14 Nr 3 UGP-RL wurde § 6 Abs. 3 UWG (Vergleich bei Sonderangeboten) aufgehoben.

**194** Nach dem Wortlaut von Art. 2 lit. c RL 2006/114/EG (früher Art. 2 Nr 2a RL 97/55/EG) wie von § 6 Abs. 1 UWG („Erkennbarkeit des Mitbewerbers“) ist **vergleichende Werbung ohne Vergleich** möglich. Es besteht damit eine Diskrepanz zu dem herkömmlichen Begriffsverständnis in den Mitgliedstaaten der EG von vergleichender Werbung. Diese liegt vor, wenn der Werbende seine Waren oder Dienstleistungen oder sonstigen unternehmensbezogenen oder persönlichen Umstände denen eines

1 So zB der BGH in der Entscheidung *Eröffnungswerbung* (WRP 2001, 688, 689) sowie in der *Generika-Werbung*-Entscheidung, GRUR 1999, 1100, 1102, fraglich ist, ob diese Rspr nicht gegen die Rspr des EuGH verstößt, vgl dazu *Köhler*, in: Köhler/Bornkamm, § 6 Rn 19.
2 *Köhler*, in: Köhler/Bornkamm, § 6 Rn 13.
3 *Köhler*, in: Köhler/Bornkamm, § 6 Rn 13.

Mitbewerbers „gegenüberstellt“ und ggf feststellt, seine Leistungen seien gleich gut oder besser als die des Mitbewerbers. Die Rechtsprechung des EuGH etwa in der Entscheidung *Pippig Augenoptik*[4] spricht dafür, dass er für vergleichende Werbung einen Vergleich für erforderlich hält und sich damit über den Wortlaut hinwegsetzt. Die Rechtsprechung des BGH ist uneinheitlich. In den Entscheidungen *„SOOOO ... BILLIG!“*[5] und *Aluminiumräder*[6] verneinte er das Vorliegen vergleichender Werbung, weil es an einem „Vergleich“ bzw einer „Gegenüberstellung“ fehle. In der Entscheidung *Genealogie derDüfe*[7] vertrat er die gegenteilige Auffassung. Danach sei der Begriff der vergleichenden Werbung weit zu verstehen, es sei ohne Belang, ob ein Vergleich zwischen den vom Werbenden angebotenen Waren und Dienstleistungen und denen des Mitbewerbers vorliege. Da die wörtliche Auslegung zu keinen sachgerechten Ergebnissen führt[8], und der EuGH in seiner *Toshiba*-Entscheidung eine wörtliche Auslegung ausdrücklich abgelehnt hat[9], spricht viel dafür, § 6 Abs. 1 UWG nur auf Sachverhalte anzuwenden, die auf einer bezugnehmenden Werbung mit Vergleich, dh mit Gegenüberstellung der eigenen Leistungen mit denen des Mitbewerbers, beruhen[10]. Dieses Verständnis ist bei dem folgenden Aufbauhinweis zugrunde zu legen.

*Aufbauhinweis:* Zunächst sind die Voraussetzungen der Legaldefinition der vergleichenden Werbung des **§ 6 Abs. 1 UWG** zu prüfen:
(1) Werbevergleich
(2) Mitbewerber und
(3) unmittelbare oder mittelbare Erkennbarkeit des Mitbewerbers oder der von ihm angebotenen Waren oder Dienstleistungen.

Dabei bereitet vor allem die Definition des **Mitbewerberbegriffs** in Übereinstimmung mit bzw in Abweichung zu dem Begriff des Mitbewerbers in §§ 2 Abs. 1 Nr 3, 8 Abs. 3 Nr 1 UWG Schwierigkeiten (näher dazu unter Rn 46–57).

Liegt eine der drei Voraussetzungen nicht vor, ist die Prüfung des § 6 UWG gescheitert und der Weg zur Prüfung eines Verstoßes gegen die §§ 7, 5, 5a, 4 und 3 eröffnet. Ist die Hürde des § 6 Abs. 1 UWG genommen, folgt in Anlehnung an die **Richtlinie über vergleichende Werbung** (RL 97/55/EG) die Prüfung der weiteren Tatbestandsmerkmale **zulässiger vergleichender Werbung**, und zwar jeweils als argumentum e contrario der einzelnen Nummern des **§ 6 Abs. 2 UWG**:
(1) der Vergleich muss sich auf Waren/Dienstleistungen für den gleichen Bedarf oder dieselbe Zweckbestimmung erstrecken, § 6 Abs. 2 Nr 1 UWG,
(2) der Vergleich muss sich objektiv auf eine oder mehrere wesentliche (…) Eigenschaften oder den Preis beziehen, § 6 Abs. 2 Nr 2 UWG,

4 EuGH GRUR 2003, 533 *Pippig Augenoptik*; vgl dazu zB *Boesche/Scholze*, JURA 2004, 685 ff; weitere Übersicht bei *Sack*, WRP 2008, 170–172.
5 BGH GRUR 2002, 75, 76 *SOOOO ... BILLIG!*
6 BGH GRUR 2005, 163, 164 f *Aluminiumräder.*
7 BGHZ 158, 26, 32 = GRUR 2004, 607 = NJW 2004, 1951 *Genealogie der Düfte.*
8 Dazu ausführlicher *Ohly*, Vergleichende Werbung für Zubehör und Warensortimente – Anmerkungen zu den EuGH-Urteilen „Siemens/VIPA“ und „Lidl Belgium/Colruyt“, GRUR 2007, 3, 5; *Sack*, Vergleichende Werbung ohne Vergleich? WRP 2008, 170, 173.
9 EuGH Slg. 2001, I-7945 Rn 35.
10 So auch *Sack*, Vergleichende Werbung ohne Vergleich? WRP 2008, 170, 173 ff mwN.

(3) es darf nicht zu einer Verwechslungsgefahr zwischen Werbenden und Mitbewerbern bzw ihrer Waren/Dienstleistungen/Kennzeichen aufgrund des Vergleichs kommen, § 6 Abs. 2 Nr 3 UWG,
(4) im Vergleich darf der Ruf des Mitbewerbers nicht unlauter ausgenutzt werden, § 6 Abs. 2 Nr 4 UWG,
(5) im Vergleich dürfen Waren etc nicht herabgesetzt oder verunglimpft werden, § 6 Abs. 2 Nr 5 UWG und
(6) eine Ware etc darf in dem Vergleich nicht nachgeahmt werden, § 6 Abs. 2 Nr 6 UWG.

195 Sind diese Kriterien erfüllt, ist der Vergleich zulässig. Liegt zwar ein Vergleich wegen Erfüllung der Voraussetzungen des § 6 Abs. 1 UWG vor, wurde aber gegen eine oder mehrere der in § 6 Abs. 2 Nr 1–6 genannten Unlauterkeitsfälle verstoßen, ist der Vergleich unzulässig. Es handelt sich dann um einen Fall unlauterer vergleichender Werbung iSv § 6 Abs. 2 iVm § 3 Abs. 1 UWG.

**Formulierungsvorschlag:** *„Die vergleichende Werbung der A könnte jedoch unlauter iSd § 3 Abs. 1 UWG sein, wenn der Vergleich gegen eines der Unlauterkeitsverbote des § 6 Abs. 2 UWG verstößt. Das könnte hier der Fall sein, da sich die Anzeige der A nicht auf die Waren/Dienstleistungen der B (§ 6 Abs. 2 Nr 1 UWG) bzw nicht objektiv auf Eigenschaften oder den Preis dieser Waren/Dienstleistungen bezieht (§ 6 Abs. 2 Nr 2 UWG) bzw in dem Vergleich eine Verwechslungsgefahr begründet ist (§ 6 Abs. 2 Nr 3 UWG) bzw der Ruf eines Kennzeichens in unlauterer Weise ausgenutzt/beeinträchtigt wird (§ 6 Abs. 2 Nr 4 UWG) bzw die Waren/Dienstleistungen etc herabgesetzt/verunglimpft werden (§ 6 Abs. 2 Nr 5 UWG) bzw die Ware/Dienstleistung als Imitation etc dargestellt wird (§ 6 Abs. 2 Nr 6 UWG), indem A …“* (Hier wäre dann fallbezogenen zu subsumieren.)

## I. Objektiver Tatbestand: unlautere geschäftliche Handlung, § 6 Abs. 2 iVm § 3 Abs. 1, 2 UWG

### 1. Geschäftliche Handlung, § 2 Abs. 1 Nr 1 UWG

196 S. dazu die Ausführungen unter Rn 174–178.

### 2. Unlauterkeit der vergleichenden Werbung

197 Bei Subsumtion unter den Begriff der vergleichenden Werbung ist stets zu beachten, dass vergleichende Werbung seit der Übernahme der **Richtlinie zur vergleichenden Werbung** vom 6. Oktober 1998 (RL 97/55/EG) als grundsätzlich zulässig angesehen wird, was zu einem weiten Begriffsverständnis führt[11]. Vergleichend ist die Werbung, wenn sie eine Gegenüberstellung von zwei Unternehmen bzw deren Produkte mit dem Ziel der Aufzeigung von Alternativen enthält. Die einander gegenübergestellten Mitbewerber oder ihre Produkte bzw Dienstleistungen sind nur vergleichend, wenn sie aufeinander bezogen sind[12].

11 So auch BGHZ 138, 44, 59–64 *Composite Rackets*.
12 Vgl BGH WRP 2003, 637, 639 *Ersetzt*.

### a) Werbung, § 6 Abs. 1 UWG

Der Begriff der Werbung ist gesetzlich nicht definiert. Nach **Art. 2 Ziff. 1 der Richtlinie über irreführende vergleichende Werbung** (RL 84/450/EG) ist **„Werbung"** jede Äußerung bei Ausübung einer wirtschaftlichen Tätigkeit mit dem Ziel, den Absatz von Waren oder die Erbringung von Dienstleistungen zu fördern[13]. Irrelevant ist die Wahl der Medien. Der Werbende kann sich Ausstellungen und Plakaten genauso bedienen wie Anzeigen oder der Schaltung von Rundfunk- oder TV-Spots. Fraglich ist, ob die Anforderungen auch durch die Produktaufschrift selbst erfüllt werden können, denn dabei handelt es sich überwiegend lediglich um die Produktkennzeichnung, Nennung ihrer Inhalte, des Herstellers, des Produktionsorts und bei Lebensmitteln der Menge des Inhalts und des Ablaufdatums. Allerdings können zusätzliche Hinweise zB herausgehobene Worte wie „NEU" oder „10% mehr" werbenden Charakter haben, da sie das Ziel haben, den Absatz von Waren zu fördern. Die Handlungen, die hingegen fremden Wettbewerb fördern, unterfallen dem Werbebegriff nicht, da es sich dabei nicht um Äußerungen bei der Ausübung einer unternehmerischen Tätigkeit des Unlauterkeitstäters selbst handelt. Umstritten ist, ob keine Werbung vorliegt, wenn der E-Mailversender mit der E-Mail ein konkretes **verbindliches Vertragsangebot** übersendet[14]. Enthält eine E-Mail nur eine Aufforderung zur Abgabe eines Vertragsangebots **(invitatio ad offerendum)** und „wirbt" der sendende Unternehmer darin lediglich um Dienstleistungen des Empfängers (zB Platzierung von Werbebannern auf der Homepage eines Fußballvereins), für die er bereit ist, ein Entgelt zu entrichten, handelt es sich nicht um „Werbung" iSd § 7 Abs. 3 Nr 2 UWG, da er damit gegenüber dem Empfänger nicht Waren oder Dienstleistungen anbietet[15] (s. dazu auch Rn 250). **198**

### b) Mitbewerber, § 6 Abs. 1 UWG

Zum Mitbewerberbegriff s. die Ausführungen unter Rn 46–57. Bietet zB nicht nur der werbende Hersteller von Aluminiumrädern, sondern auch die klagende Herstellerin von Sportwagen Aluminiumräder an, ist sie dessen Mitbewerberin[16]. **199**

### c) Erkennbarkeit, § 6 Abs. 1 UWG

Die Werbung muss den oder die Mitbewerber unmittelbar oder mittelbar erkennbar machen. Dazu muss sie auf einen oder mehrere konkret identifizierbare Mitbewerber gerichtet oder dieser muss deutlich zu erkennen sein, so dass der Mitbewerber aus Sicht eines nicht ganz unerheblichen Teiles der angesprochenen Verkehrskreise als vom Vergleich Betroffener angesehen wird. Die namentliche Nennung des Betroffenen ist dabei nicht unbedingt notwendig. Entsprechendes gilt für Produkte und **200**

---

13 Genau heißt es in Art 2 Ziff. 1: „Werbung ist jede Äußerung bei der Ausübung eines Handelns, Gewerbes, Handwerks oder freien Berufs mit dem Ziel, den Absatz von Waren oder die Erbringung von Dienstleistungen, einschließlich unbeweglicher Sachen, Rechte, Verpflichtungen zu fördern".

14 So LG Kiel NJW-RR 2001, 412; aA Harte/Henning/*Ubber*, § 7 Rn 168; *Härting*, MDR 2000, 1332; *Schmittmann*, CR 2000, 851; *Wolber/Eckhart*, DB 2002, 2582, 2584 f; *Weidert*, EWiR 2001, 135, 136.

15 OLG Düsseldorf MMR 2006, 171 f.

16 BGH GRUR 2005, 163, 164 f *Aluminiumräder*; zum Mitbewerberbegriff in § 6 Abs. 1 und § 4 Nr 7 UWG vgl zB *Köhler/Römermann* WRP 2010, 571, 572.

Dienstleistungen. Die eigenen Produkte oder Leistungen müssen denen der Mitbewerber gegenübergestellt worden sein, um den Kunden Alternativen aufzuzeigen und dadurch die Kaufentscheidung zu beeinflussen.

201 **Unmittelbare Erkennbarkeit** ist gegeben, wenn der Mitbewerber oder seine Produkte in dem Vergleich identifiziert oder identifizierbar sind. Dazu bedarf es einer ausdrücklichen Benennung oder einer bildlichen Darstellung seiner Produkte oder eines typischen bildlichen Erkennungszeichens (Firmenzeichen, Logo). Wird zB in einem Werbeprospekt und in einer Anzeige im Porsche-Club-Magazin ein Porsche-Fahrzeug abgebildet, das mit Aluminiumrädern des werbenden Herstellers mit eben solchen Rädern ausgerüstet ist und mit den Worten „So wie Mode Menschen macht, so verändern Räder Autos. Wir von R.A. (Beklagte) machen Mode fürs Auto“ beworben wird, stellt dies eine Werbung dar, die die von einem Mitbewerber (im Beispiel in Bezug auf die Aluminiumräder) angebotenen Waren unmittelbar erkennbar macht[17].

202 **Mittelbare Erkennbarkeit** ist gegeben, wenn ein nicht unbedeutender Teil der angesprochenen Verkehrskreise den vom Vergleich betroffenen Mitbewerber, seine Produkte oder Dienstleistungen identifizieren kann, obgleich auf ihn lediglich indirekt Bezug genommen wird, er durch den indirekten Bezug aber eindeutig als ein bestimmter Mitbewerber erkennbar wird[18]. Die Erkennbarkeit kann sich stets auch auf einen konkreten Mitbewerberkreis erstrecken, wenn ein solcher eindeutig identifizierbar ist. Es reicht jedoch nicht aus, wenn sich eine Bezugnahme auf bestimmte Mitbewerber nicht aufdrängt, sondern sich allenfalls reflexartig aus dem Umstand ergibt, dass mit jedem Hervorheben der eigenen Vorzüge allen nicht genannten Mitbewerbern diese unausgesprochen abgesprochen werden. Es genügt daher nicht – wie der BGH mehrfach betont hat – jede noch so fernliegende „nur um zehn Ecken gedachte“ Bezugnahme[19].

**Fallbezogene Subsumtion:** *„Das Unternehmen A stellt sein Angebot XY den Waren des Unternehmens B gegenüber, indem es ...“* (unmittelbare Erkennbarkeit) *bzw „Obgleich B in der Werbeaussage nicht ausdrücklich genannt wird, ist aus dem Zusammenhang deutlich erkennbar, dass A seine Produkte denen des B gegenüberstellt hat, da B der einzige Wettbewerber auf dem Markt für A-Produkte in B-Stadt/C-Land ist. A kann daher nur B gemeint haben. Dies konnte von den Verbrauchern auch nur so verstanden werden. Damit wird in der Werbeanzeige des A der Mitbewerber B bzw die von ihm angebotenen Waren bzw Dienstleistungen erkennbar* (mittelbare Erkennbarkeit).“

### d) Fallgruppen, in denen keine Vergleiche iSd § 6 Abs. 1 UWG vorliegen

203 • **Keine Kaufalternativen, sondern bloße Bezugnahme (zB bei Zubehörwerbung)**

Selbst, wenn alle Voraussetzungen des § 6 Abs. 1 UWG gegeben sind, kann das Vorliegen vergleichender Werbung daran scheitern, dass es an einem Vergleich iS einer Gegenüberstellung von

---

17 BGH GRUR 2005, 163, 164 f (mit der Abbildung und Beschreibung der Werbeanzeige auf S. 3) *Aluminiumräder*.

18 BGH NJW 1999, 1100, 1101 *Generika-Werbung*.

19 BGH NJW 1999, 1100, 1101 *Generika-Werbung*; BGH GRUR 2002, 75, 76 *SOOOO ... BILLIG!*; BGH GRUR 2002, 982, 983 *Die „Steinzeit“ ist vorbei!* (s. dazu den Fall ***Steinzeit***, Rn 226); OLG Hamburg, GRUR-RR 2003, 251 *Müsli-Riegel*.

**Kaufalternativen** fehlt. Kaufalternativen können auch bei branchenverschiedenen Produkten gegeben sein zB in der werbenden Aufforderung, Kaffee statt Blumen zu kaufen oder in der Empfehlung, lieber eine Wirtschaftszeitung zu lesen als Lotto zu spielen[20]. Die **bloße Bezugnahme** auf die Waren eines Mitbewerbers reicht hingegen für die Annahme vergleichender Werbung nicht aus, wenn keine Kaufalternativen gegenübergestellt werden. In diesen Fällen kann allerdings ein Verstoß wegen unlauterer Anlehnung an den guten Ruf des Mitbewerbers (**Anlehnung an den fremden Ruf**) vorliegen (zB § 4 Nr 9 lit. b iVm § 3 Abs. 1 UWG). Wirbt zB der Hersteller eines Zubehörs (Aluminiumräder) mit der Abbildung des Hauptprodukts, so ist zwar der Anbieter des **Hauptprodukts** (Sportwagen), soweit er seinerseits konkurrierendes **Zubehör oder Ersatzteile** anbietet, Mitbewerber des Werbenden. Es wird jedoch keine Kaufalternative aufgezeigt, da der Hersteller des Hauptprodukts nur als solcher erkennbar gemacht wird und nicht als Anbieter des Zubehörs[21].

- **Systemvergleich** 204

Bei einem Systemvergleich fehlt jedes Bezugnehmen auf einen oder mehrere Mitbewerber. An deren Stelle tritt die bloße Bezugnahme auf ein anderes Produktions-, Transport-, oder Vertriebssystem (zB die Gegenüberstellung der Beförderung durch Flugzeuge und Bahn), ohne dass ein anderer Anbieter erkennbar wird[22]. Ist die Werbeaussage so allgemein gehalten, dass sich den angesprochenen Verkehrskreisen eine Bezugnahme auf den Werbenden nicht aufdrängt, sondern sich lediglich reflexartig ergibt, liegt ein Systemvergleich vor[23]. Je größer dabei der Kreis der in Betracht kommenden Mitbewerber ist, desto geringer wird die Neigung der Werbebetrachter sein, eine allgemein gehaltene Werbeaussage auf einzelne Mitbewerber zu beziehen, wenn diese nur pauschal erfasst werden[24]. Eine System-Gegenüberstellung kann allenfalls unter dem Aspekt der abfällig, abwertenden und unsachlichen Werbung bei alleinigem Herausstellen der Nachteile des Konkurrenzproduktes von § 4 Nr 7 iVm § 3 Abs. 1 UWG erfasst werden.

*Hinweis:* Vgl dazu die Fälle ***Müsli-Riegel*** (Rn 224 f) und ***Steinzeit*** (Rn 226 f).

- **Allgemein gehaltene Vergleiche wie der Warenarten- oder Leistungsvergleich** 205

Werden nicht Systeme miteinander verglichen, sondern wird eine bestimmte Warenart mit einer oder mehreren anderen Warenarten verglichen, liegt ein Warenartenvergleich und kein Systemvergleich vor[25]. Entsprechendes gilt für den Leistungsvergleich, dem der Vergleich zweier Leistungen oder Leistungsarten zugrunde liegt. Fehlt es im Falle des Warenarten- oder des Leistungsvergleichs an einem Bezug auf einen konkreten Mitbewerber, handelt es sich ebenso wie beim Systemvergleich nicht um vergleichende Werbung.

- **Allein- oder Spitzenstellungswerbung** 206

Der Werbende vergleicht nicht die Nachteile der Waren individuell bestimmter Mitbewerber mit den Vorteilen der eigenen Waren, sondern preist lediglich die eigene Spitzenstellung an. Allein-

---

20 ZB BGH GRUR 2002, 828 ff *Lottoschein*; vgl dazu *Boesche/Scholze*, JURA 2004, 685, 694 f.

21 Vgl BGH GRUR 2005, 163, 164 f *Aluminiumräder*; zur Kaufalternative BGH WRP 1999, 1141 f *Generika-Werbung*; BGH WRP 2001, 1291 ff *SOOOO … BILLIG!*; *Köhler*, in: Hefermehl/Köhler/Bornkamm, § 6 Rn 22; Harte/Henning/*Sack*, § 6 Rn 67 ff; speziell zu der Werbung für Zubehör und Ersatzteile *Sack*, WRP 2004, 1405, 1420.

22 Vgl zB BGH GRUR 1997, 539 *KfZ-Waschanlagen*; OLG Frankfurt a.M., GRUR-RR 2001, 21.

23 BGHZ 138, 55 *Testpreis-Angebot*; BGH, GRUR 1999, 1100 f *Generika-Werbung*.; OLG Frankfurt a.M. GRUR-RR 2001, 221 *Systemvergleich*; *Ohly*, in: Piper/Ohly, § 6 Rn 33.

24 So zB BGH, WRP 2001, 688, 689 *Eröffnungswerbung*; Zur Nichterfassung eines Systemvergleichs durch § 2 UWG vgl OLG Frankfurt a.M., GRUR-RR 2001, 21.

25 ZB der Vergleich von Dachsteinen mit Ziegeln BGH GRUR 1986, 548 oder von naturreinem Bohnenkaffee mit koffeinfreiem Bohnenkaffee, RG GRUR 1931, 986 oder von gezuckertem und ungezuckertem Sekt, LG Düsseldorf BB 1965, 1085.

stellungs- und Spitzengruppenwerbung ist zulässig, wenn sich das einer Singular- oder Sonderstellung rühmende Unternehmen diese tatsächlich über einen längeren Zeitraum innegehabt hat, ansonsten kann sie irreführend sein. Erkennbare Übertreibungen, häufig hervorgehoben durch bestimmte Artikel (der, die, das) und Superlativformen (beste, schnellste, höchste), stellen idR keine Alleinstellungswerbung dar (vgl dazu Fall ***Jeder Berliner Morgen zeigt den gesamten Tages-Spiegel*** *oder:* ***Von den Besten der Besten***, Rn 310 f)[26].

*Hinweis:* Vgl dazu ausführlicher unter Rn 299–302.

207 • **Bloße Werbung für das eigene Produkt**

Beschränkt sich der werbende Unternehmer darauf, lediglich seine eigene Ware oder Leistung anzupreisen, indem er ihre Eigenschaften hervorhebt, so liegt darin kein Werbevergleich, wenn es an einer Gegenüberstellung mit Waren oder Leistungen eines Mitbewerbers fehlt[27]. Der Verkehr, auf dessen Verständnis es maßgeblich ankommt, weiß, dass es Sinn und Zweck von Werbung ist, die Vorzüge der eigenen Waren oder Leistungen herauszustellen, um deren Absatz zu fördern[28].

208 • **Bloße Aufforderung zum Vergleich**

Bloß allgemein gehaltene Aufforderung an das angesprochene Publikum, einen Vergleich vorzunehmen oder allgemeine Werbung, ohne dass sich eine Bezugnahme auf den Werbenden aufdrängt, unterfällt ebenfalls nicht dem Begriff vergleichender Werbung[29]. So genügt die Werbeaussage *„Vergleichen ... vergleichen ... und nochmals vergleichen ... dann kaufen Sie doch bei ...“* noch nicht den Anforderungen an einen Vergleich, sondern enthält lediglich eine Aufforderung, die Waren zu vergleichen[30]. Anders zu bewerten ist dies aber, wenn die Grenze von der bloßen Aufforderung zum Vergleich überschritten wird und die Produkte von Mitbewerbern vergleichend gegenübergestellt werden wie durch die Aussage *„Die beste Werbung für Sixt, sind die Angebote der Konkurrenz“*[31] oder wenn eine Aufforderung wie *„vergleichen Sie einmal mit dem Katalog von ...“* anknüpft an die Darstellung der eigenen Produkte, in dem deren Qualität hervorgehoben wird („hochwertig“, „zu akzeptablen Preisen“). Aus dieser unmittelbaren Gegenüberstellung von hochwertigen Waren gegenüber konkret bezeichneter Katalogware ist der Mitbewerber direkt erkennbar[32].

209 • **Kritik an Mitbewerbern**

Werden ein Mitbewerber oder die von ihm angebotenen Waren oder Dienstleistungen bloß kritisiert, ohne dass das werbende (eigene) Unternehmen sich oder seine (vermeintlich besseren) Produkte zu erkennen gibt, erfüllt dies nicht die Anforderungen an einen Vergleich im Sinne der Gegenüberstellung von Leistungen, Waren oder konkret konkurrierenden Unternehmen[33].

210 • **Eigenvergleich**

Werden nur eigene Dienstleistungen oder Waren zB ältere den aktuellen eigenen Preisen gegenübergestellt oder wird der Preis mit der Herstellerpreisempfehlung, mit Listen- oder Katalogpreisen verglichen, fehlt es mangels Mitbewerberbezugs an den Voraussetzungen für einen Ver-

26 Ständige Rspr des BGH seit GRUR 1968, 433 ff *Westfalenblatt II*; *Sack*, Vergleichende Werbung nach der UWG-Novelle, WRP 2001, 327, 334; BGH GRUR 2002, 182 f *Das Beste am Morgen*; *Boesche/Scholze*, JURA 2005, 55, 60.
27 Vgl BGH, GRUR 1999, 1100, 1101 *Generika-Werbung*.
28 Ein Beispiel dafür bietet die Entscheidung *Die ‚Steinzeit‘ ist vorbei! (s. dazu den Fall* ***Steinzeit***, Rn 226 f).
29 BGH WRP 2001, 1291 ff *SOOOO ... BILLIG!*; OLG Stuttgart WRP 1999, 1141 ff *BASF*.
30 BGH GRUR 1974, S. 280 *Divi Einkaufszentrum*.
31 KG WRP 1999, 339, 340 *Sixt*.
32 BGH GRUR 1999, 501, 502 *Vergleichen Sie*.
33 BGH GRUR 2002, 75, 76 *SOOOO ... BILLIG!*

gleich[34]. Dies gilt auch für Vergleiche von Waren oder Dienstleistung innerhalb eines **Konzerns**, allerdings fehlt es in diesen Fällen schon regelmäßig an einer geschäftlichen Handlung[35]. Nur ausnahmsweise bei einem weiten und unbestimmten Adressatenkreis, also bei Vorliegen einer gewissen „Außenwirkung", liegt eine geschäftliche Handlung vor[36], in diesen Fällen ist auch das Vorliegen eines „echten", an § 6 UWG zu messenden Vergleichs, und nicht lediglich ein Eigenvergleich denkbar.

*Hinweis:* Zum Eigenpreisvergleich s. unter Rn 212, 283.

### e) Unlauterer Waren- und Dienstleistungsvergleich, § 6 Abs. 2 Nr 1 UWG

Der Vergleich muss sich auf Waren oder Dienstleistungen für den gleichen Bedarf 211
oder dieselbe Zweckbestimmung beziehen. Er ist unlauter, wenn die verglichenen Produkte oder Dienstleistungen diese Voraussetzung nicht erfüllen. **Waren** sind in weiter Auslegung alle Güter, die Gegenstand des geschäftlichen Verkehrs sein können. Dazu gehören bewegliche Sachen, Grundstücke, Rechte und Immaterialgüter. **Dienstleistungen** sind alle Tätigkeiten, die für einen anderen erbracht werden und ihm zugute kommen sollen. Das können dienst- und werkvertragliche Tätigkeiten von Unternehmen, aber auch Vermittlungs- und Finanzdienstleistungen sein. **Waren und Dienstleistungen sind für den gleichen Bedarf** oder **haben die gleiche Zweckbestimmung**, wenn sie aus Sicht der angesprochenen Verbraucher als substituierbar angesehen werden. Dazu bedarf es nicht notwendig einer Funktionsidentität zwischen den gegenübergestellten Produkten. Die erforderliche, nicht unbedingt tatsächlich bestehende, durch die Werbung aber implizierte Gleichwertigkeit liegt auch vor, wenn zwei Mittel (zB Lottoschein und Wirtschaftszeitung) zur Geldvermehrung gegenübergestellt werden und zwischen ihnen ein Bezug hergestellt wird (zB durch die Formulierung „wir empfehlen Ihnen ein anderes Papier"). Im Rahmen der Prüfung des § 6 Abs. 2 Nr 1 UWG kommt es auf die **Substituierbarkeit** der Waren oder Dienstleistungen an. Die verglichenen Produkte und Leistungen müssen aus Sicht der angesprochenen Verkehrskreise austauschbar sein[37].

### f) Unlauterer Eigenschafts- oder Preisvergleich, § 6 Abs. 2 Nr 2 UWG

Der Vergleich muss sich zusätzlich auf eine oder mehrere wesentliche, relevante, 212
nachprüfbare und typische Eigenschaften oder den Preis der Waren oder Dienstleistungen beziehen. Ist dies nicht der Fall, liegt ein unlauterer Vergleich vor. **Eigenschaften** im Sinne des § 6 Abs. 2 Nr 2 UWG sind alle physischen Beschaffenheitsmerkmale sowie ihre tatsächlichen, wirtschaftlichen, sozialen oder rechtlichen Beziehungen zur Umwelt, soweit sie für ihre Brauchbarkeit und ihren Wert von Bedeutung sind. Dabei dürfen stets nur bestimmte Eigenschaften verglichen werden. Der **Eigenschaftsvergleich** muss objektiv sein, dh es muss ein Bemühen um **Sachlichkeit** und **Richtigkeit** und Geeignetheit zur nützlichen Information für Verbraucher bestehen. Allerdings

34 *Köhler*, in: Köhler/Bornkamm, § 6 Rn 58, 78; *Lettl*, Rn 476.
35 Vgl dazu Harten/Henning/*Keller*, § 2 Rn 42 mwN.
36 BGH GRUR 1974, S. 666, 667 f *Reparaturversicherung* betreffend einer Werbeaktion, die an Mitarbeiter und Dritte gerichtet war und daher nicht als lediglich betriebsintern angesehen wurde.
37 Vgl BGHZ 139, 378, 383 *Modeschmuck*.

braucht er nicht gänzlich frei von Wertungen zu sein. **Mangelnde Objektivität** liegt erst vor bei einem Vergleich unwesentlicher, irrelevanter, nicht nachprüfbarer oder atypischer Eigenschaften. Statt der Eigenschaften können auch **Preise** als die in Geld ausgedrückte Gegenleistung einschließlich der Preisbestandteile (Rabatte, Skonti) oder Zahlungsbedingungen miteinander verglichen werden. Auch die im Rahmen des **Preisvergleichs** gemachten Angaben müssen **wahr und nachprüfbar** sein. Voraussetzung ist aber nicht, dass die gegenübergestellten Produkte identisch sind[38]. § 6 Abs. 2 Nr 2 UWG dient dazu, dass eine sachliche Grundlage hinsichtlich der gegenübergestellten Eigenschaften oder des Preises besteht. Diese können auch in Werturteile gekleidet oder in den Zusammenhang mit Werturteilen dargestellt werden, solange ein „nachprüfbarer Tatsachenkern" erkennbar ist.

213 Folgende Kriterien, die an den Eigenschaftsbegriff gestellt werden, müssen kumulativ vorliegen[39].

- **wesentlich:** dh nicht völlig unerheblich,
- **relevant:** dh geeignet, eine nicht völlig unerhebliche Zahl von Verbrauchern zu beeinflussen,
- **nachprüfbar:** erforderlich ist eine Tatsachenbehauptung, die beweisbar und deren Inhalt konkret unter zumutbarem Aufwand durch Tests oder wissenschaftliche Untersucherungen nachprüfbar sein muss[40] und
- **typisch:** dh die Eigenschaft muss repräsentativ und prägend für den Wert des beworbenen Produktes sein.

### g) Unlautere Herbeiführung einer konkreten Verwechslungsgefahr durch den Vergleich, § 6 Abs. 2 Nr 3 UWG

214 Es darf durch den Vergleich nicht zu einer **Gefahr von Verwechslungen** zwischen dem Werbenden und einem Mitbewerber oder zwischen den von dem Mitbewerber angebotenen Produkten, Dienstleistungen oder seiner Kennzeichen kommen. **Kennzeichen** sind nach der **RL 97/55/EG** Marken, Handelsnamen und andere Unterscheidungszeichen. Durch die Novelle 2008 wurde das Tatbestandsmerkmal „Verwechslungen" durch „Gefahr von Verwechslungen" ersetzt, um damit Art. 14 Nr 3 UGP-RL umzusetzen. Da mit diesem Wortaustausch „eine sachliche Änderung offenbar nicht verbunden sein soll"[41], ist die Voraussetzung im Sinne einer konkreten Verwechs-

38 Vgl OLG Frankfurt GRUR-RR 2001, 89 *Komfortanschluss*; KG GRUR-RR 2003, 319 *Berliner Zeitung*: Die Bewerbung einer Zeitung als „günstigste" Abonnementzeitung ist danach irreführend, wenn diese Zeitung pro Einzelausgabe teurer als die Konkurrenzzeitung ist, die zudem häufiger erscheint und nur deshalb im Monatsabonnement teurer ist; vgl auch BGH GRUR 2002, 633 f *Hormonersatztherapie*; zum Vergleich von Flugtarifen *Boesche/Scholze*, JURA 2005, 55, 58; im Fall *Gib mal Zeitung!* beschäftigte sich der BGH ausführlich mit der Bedeutung des Humors und sarkastischer Werbeelemente und verneinte iE einen unlauteren Eigenschaftsvergleich (WRP 2010, 252); dazu zust. *Römermann* BB 2010, 137 ff; *Köhler* (WRP 2010, 571 ff) hält dem BGH die Einschlägigkeit von § 4 Nr 7 UWG vor, welcher unberücksichtigt geblieben wäre.

39 BGH WRP 2003, 637, 639 *Ersetzt*.

40 OLG Hamburg, GRUR-RR 2001, 84 *Handzahnbürste*.

41 So *Sosnitza*, WRP 2008, S. 101014, 1033; dafür spricht, dass in der Gesetzesbegründung nur auf den Austausch der Begriffe und nicht auf damit einhergehende inhaltliche Änderungen hingewiesen wird, Ges.-Begr. S. 36, 56.

lungsgefahr zu verstehen. Eine **abstrakte Verwechslungsgefahr** dürfte dabei nach wie vor **nicht** genügen, es müssen zumindest einzelne Angehörige der angesprochenen Verkehrskreise getäuscht worden sein oder eine konkrete Verwechslungsgefahr bestehen[42]. Maßgebend ist die Ähnlichkeit der Waren oder Dienstleistungen bzw der Zeichen, die Unterscheidungskraft und Bekanntheit der Zeichen sowie die Dauer ihrer Benutzung[43].

### h) Unlautere vergleichende Rufausnutzung und -beeinträchtigung, § 6 Abs. 2 Nr 4 UWG

Unzulässig ist nach § 6 Abs. 2 Nr 4 UWG ein den **Ruf der Kennzeichen**[44] nutzender **215**
oder beeinträchtigender Vergleich. Vom Schutz nicht umfasst werden der gute Ruf des Mitbewerbers oder seiner Ware vor Ausnutzung durch den Werbenden, so dass die bloße Nennung der Firma des Mitbewerbers oder seiner Marke keine Rufausnutzung bedeutet[45]. Da die Ausnutzung eines Rufes einen gewissen Bekanntheitsgrad der Ware oder des Handelsnamens voraussetzt, werden über § 6 Abs. 2 Nr 4 UWG nur bekannte Kennzeichen geschützt, ansonsten fehlte es schon an dem erforderlichen ausnutzbaren Ruf[46]. Die Rufausnutzung im Rahmen von Vergleichswerbung stellt in der Regel keine Benutzung der bekannten dargestellten Marke im Sinne des **Markenrechts** dar. **Rufausnutzung** im Rahmen vergleichender Werbung meint die Übertragung des guten Rufes eines fremden Produktes durch vergleichende Gegenüberstellung auf das eigene Produkt **(Imagetransfer)**. Dafür genügt die Nennung oder bloße Bezugnahme auf die renommierte Marke allein nicht. Der Werbende muss sich vielmehr durch den Vergleich „hochziehen" zu dem gegenübergestellten Unternehmen oder zu dem von diesem angebotenen Waren oder Dienstleistungen. Besondere Unlauterkeitserwägungen wie legitime Funktionen der vergleichenden Werbung, die Bedeutung von **Innovations-** und **Imitationswettbewerb** sowie Verhältnismäßigkeitsüberlegungen sind in die Interessenabwägung miteinzubeziehen. **Rufbeeinträchtigung**

42 So die Gesetzesbegründung BT-Drs. 14/2959, S. 11; BGH GRUR 2004, 860, 863 *Internet-Versteigerung*; BGH GRUR 2003, 444 *Ersetzt*; *Beater*, § 15 Rn 75; *Berlit*, Vergleichende Werbung, Rn 130, 132; anderer Ansicht ist *Sack*, WRP 2004, 1405, 1416, der eine konkrete Verwechslungsgefahr für ausreichend hält, da ohnehin tatsächliche Verwechslungen nicht nachweisbar seien, vielmehr sei nur eine Prognose über die zu erwartenden Verwechslungen möglich.

43 Vgl dazu *Sack*, WRP 2004, 1405, 1416.

44 Durch die Novelle 2008 wurde der Begriff „Wertschätzung" durch „Ruf" ersetzt. Damit soll der Forderung nach einer europäischen Begriffsbildung und dem Unterbleiben einer innerstaatlichen Begriffsformung gefolgt werden. Im MarkenG (§§ 14 Abs. 2 Nr 3, 15 Abs. 3) hält der Gesetzgeber hingegen bewusst an dem Begriff der „Werschätzung" fest, schon weil nicht gesichert sei, dass beide Begriff inhaltlich das Gleiche bedeuten (Ges.-Begr. S. 56). Auch der europäische Gesetzgeber unterscheidet die beiden Begriffe („Wertschätzung" bzw „la renommée" bzw „the repute" in Art. 4 Nr 4a und Art. 5 Nr 2 und 5 RL 89/104/EWG und „Ruf" bzw „la notorieté" bzw „the reputation" in den RL 84/450/EWG und RL 2006/114/EG). Für die 3. Auflage dieses Buches bedeutet dies keine Änderungen, da auch schon in den Vorauflagen in Rn 215 bis auf den einleitenden Satz ausschließlich von „Ruf" gesprochen wurde.

45 BGH GRUR 2003, 444 *Ersetzt*; BGHZ 139, 378, 387 *Vergleichen Sie*.

46 Zum Verhältnis von Markenschutz und UWG-Schutz bei Rufausnutzung von Kennzeichen zB BGH WRP 2008, 930 ff; BGH WRP 2007, 1181 ff; BGH WRP 2008, 666 ff; OLG München, WRP 2001, 820, 828 *Duft-Vergleichsliste*; offen gelassen von EuGH GRUR 2002, 354, 356 *Toshiba/Katun*.

setzt voraus, dass das Konkurrenzprodukt durch den Vergleich „heruntergezogen" wird, etwa wenn herausgestellt wird, dass das Produkt qualitativ nicht dem erwarteten Standard entspricht.

*Literaturhinweis:* Zum Verhältnis zwischen vergleichender Werbung und Markenrecht *Blankenburg*, Neues zur vergleichenden Werbung, zur Verwechslungsgefahr und zur markenmäßigen Benutzung? Anmerkung zu EuGH, Urteil vom 12.06.2008, C-533/06 – O2/Hutchison, WRP 2008, 1294 ff; MünchKommUWG/*Menge*, § 6 Rn 26–30; *Lettner*, Vergleichende Werbung von Lebensmitteln, ELR 2011, 64; *Ohly*, Schadenseratzansprüche wegen Rufschädigung und Verwässerung im Marken- und Lauterkeitsrecht, GRUR 2007, 926 f; *ders.*, Anm. zu EuGH O2 *Holdings Limited, O2 (UK) Limited/Hutchison 3G UK Limited, O2 und O2 (UK)/H3G*, GRUR 2008, 698, 701; *Sack*, Markenrechtiche Probleme vergleichender Werbung, GRUR 2008, 201 ff; *ders.*, Markenschutz und UWG, WRP 2004, 1405, 1416 ff; *ders.*, Unlautere vergleichende Werbung und Markenrecht, WRP 2011, 288 ff.

### i) Unlautere vergleichende Herabsetzung oder Verunglimpfung, § 6 Abs. 2 Nr 5 UWG

**216** Eine durch den Vergleich hervorgerufene Herabsetzung oder Verunglimpfung des gegenübergestellten Mitbewerbers oder der von ihm angebotenen Waren bzw Dienstleistungen ist gegeben, wenn über die mit jedem Vergleich per se verbundenen, negativen Auswirkungen hinaus, besondere Umstände für den Mitbewerber hinzutreten, die den Vergleich in **unangemessener Weise abfällig, abwertend oder unsachlich** erscheinen lassen. Die bloße Nennung der Marke und Gegenüberstellung der Vor- und Nachteile der verglichenen Produkte im Rahmen eines kritischen Werbevergleichs reichen hingegen nicht aus. Der Vergleich muss **pauschal** herabsetzend oder verunglimpfend sein. Dabei genügt das Herausstellen der eigenen Vorzüge, zB als Anbieter besonders preisgünstiger Waren oder durch Behauptung wahrer Tatsachen, sofern diese relevant für die Kaufentscheidung sind, für eine Herabsetzung nicht, ein solches Betonen der eigenen Vorteile ist vielmehr der Werbung eigen und typisch, insbesondere für vergleichende Werbung[47]. **Herabsetzend** ist vergleichende Werbung, wenn die **Wertschätzung** eines Mitbewerbers, seiner Produkte oder Dienstleistungen durch wahre oder unwahre Tatsachenbehauptungen oder Werturteile bei den angesprochenen Verkehrskreisen **verringert** wird. An der herabsetzenden Wirkung fehlt es jedoch, wenn ironische oder humorvoll gemeinte Aussagen als solche beim Verkehr ankommen und infolgedessen nicht ernst genommen werden. Die Grenze zwischen leiser **Ironie** und nicht hinnehmbarer Herabsetzung wird aber zB durch einen „Seitenhieb", wie er in den Worten „Na … auch T-Aktionär?" zum Ausdruck kommt, verletzt[48]. **Verunglimpfend** ist vergleichende Werbung, wenn sie den Mitbewerber, seine Waren oder Dienstleistungen durch ein besonders negatives Urteil ohne sachliche Grundlage verächtlich macht. Es müssen Umstände hinzutreten, die den Vergleich als in **unangemessener Weise abfällig, abwertend** oder **unsach-**

47 Zur restriktiven Auslegung des Verbots in § 6 Abs. 2 Nr 5 UWG *Kling/Thomas*, S. 74 f.

48 So OLG Frankfurt/M. MMR 2005, 463 f; vgl auch BGH GRUR 2002, 828 *Lottoschein*; dazu *Boesche/Scholze*, JURA 2004, 685 ff; OLG München GRUR 2003, 189 *Dogge*; BGH WRP 2010, 252 *Gib mal Zeitung*; dazu *Römermann*, Der Werbevergleich – Humorvoll! Sarkastisch! Zulässig? BB 2010, 137 ff.

**lich** erscheinen lassen[49]. **Nicht verunglimpfend** sind Preisvergleiche, in denen die eigenen Erzeugnisse als **preisgünstiger** dargestellt werden als die des Mitbewerbers[50], sachbezogene Vergleiche, die Behauptung wahrer Tatsachen, das reine Benennen des Mitbewerbers oder das Hervorheben der Vorteile der eigenen Leistung.

### j) Unlautere vergleichende Imitation oder Nachahmung, § 6 Abs. 2 Nr 6 UWG

Wird im Vergleich die eigene Ware als Imitat einer Markenware dargestellt, zB in der **217**
Parfümwerbung, ist die Gegenüberstellung wegen Imitation des fremden Produktes unlauter. Unter den Tatbestand der unlauteren imitierenden oder nachahmenden Werbung passt hingegen nicht der Fall, dass der Werbende das fremde Produkt als Imitation oder Nachahmung bezeichnet. Dann kann unter Umständen der Tatbestand der unzulässigen vergleichenden herabsetzenden Werbung (§ 6 Abs. 2 Nr 5 UWG) greifen. Eine Nachahmung liegt nicht vor bei bloßer Abbildung des Produkts, wie die Abbildung des allgemein bekannten Lottoscheines[51].

*Literaturhinweis:* Zu den einzelnen Fallgruppen der vergleichenden Werbung zB *Kling/Thomas*, S. 66 ff; *Kadelbach*, Das funktionale Verständnis des § 2 UWG (vergleichende Werbung). Ein Rechtsvergleich mit dem südafrikanischen Recht, 2007 (zugl Diss. Berlin 2004).

## II. Verhältnis der einzelnen Tatbestände unlauterer vergleichender Werbung zueinander

Grundsätzlich können Verstöße gegen mehrere Unlauterkeitstatbestände gegeben sein, **218**
da zwischen ihnen kein Ausschließlichkeitsverhältnis besteht (s. auch die Ausführungen zur Prüfungsreihenfolge und Aufbaufragen unter Rn 494).

**219**

**Aufbauschema irreführender vergleichender Werbung, § 5 Abs. 3 iVm § 3 Abs. 1 UWG**

**1. Geschäftliche Handlung, § 2 Abs. 1 Nr 1 UWG**

S. dazu die Ausführungen unter Rn 173–178.

**2. Unlauterkeit durch irreführende vergleichende Werbung, § 6 Abs. 1, 2 iVm § 5 Abs. 3 bzw Abs. 2 UWG**

---

49 BGHZ 139, 378, 385 ff *Modeschmuck*; BGHZ 138, 54, 65 f *Billige Composite Rackets muten wir Ihnen nicht zu*: der BGH sah den Preisvergleich als unzulässig an, wenn ein Konkurrenzprodukt – hier Tennisschläger – als minderwertig (hier durch das Wort „billig" in Kombination mit dem Wort „Zumutung") bezeichnet wird; BGH GRUR 2002, 633 f *Hormonersatztherapie*; OLG Köln WRP 2001, S. 688 ff *Media Markt*; KG, WRP 1999, 339 *Sixt*: wird der Konkurrenz die Befähigung zur Leistung gleicher Art und Güte abgesprochen wie durch die Aussage „Die beste Werbung für Sixt sind die Angebote der Konkurrenz" liegen die Voraussetzungen einer pauschal herabsetzenden Werbung vor; OLG Jena GRUR-RR 2003, 254 *Fremdgehen* (s. Fall ***Fremdgehen*** Rn 222 f); vgl auch *Kling/Thomas*, S. 77.

50 EuGH GRUR 2003, 533 *Pippig Augenoptik*; vgl dazu *Boesche/Scholze*, JURA 2004, 685 ff.

51 BGH GRUR 2002, 828 *Lottoschein*; vgl dazu *Boesche/Scholze*, JURA 2004, 685 ff.

**a) Werbung iSd § 5 Abs. 1 UWG**

Zum Werbebegriff s. die Ausführungen unter Rn 198.

**b) Angaben iSd § 5 Abs. 1 S. 2 UWG im Rahmen vergleichender Werbung (§ 5 Abs. 3 UWG) oder geschäftliche Handlung im Zusammenhang mit der Vermarktung von Waren oder Dienstleistungen, § 5 Abs. 2 UWG**

**Angaben** im Rahmen vergleichender Werbung sind solche über wesentliche Waren- oder Dienstleistungsmerkmale (Nr 1 UWG), über Preis- und Leistungsbedingungen (Nr 2 UWG), über die Person, Eigenschaften oder Rechte des Unternehmers (Nr 3 UWG) und über – mit der Novelle 2008 neu hinzugekommen – Sponsoring (Nr 4) und Ersatzteile (Nr 5), über die Einhaltung eines Verhaltenskodexes (Nr 6) und über Rechte des Verbrauchers (Nr 7). Das nunmehr gesondert in § 5a UWG geregelte **Irreführen durch Unterlassen wird nicht mehr umfasst** von dem Tatbestand der irreführenden vergleichenden Werbung, da sich der Verweis in § 5 Abs. 3 UWG auf § 5 Abs. 1 S. 2 UWG beschränkt. Das bis zur Novelle 2008 in § 5 Abs. 2 UWG geregelte **Verschweigen einer Tatsache** ist daher aus dem Verweis heraus gefallen. Ebenso wenig erstreckt sich der Verweis auf § 5 Abs. 2 UWG, so dass der dort geregelte Tatbestand der irreführenden Vermarktung nicht der irreführenden vergleichenden Werbung unterfällt.

**Geschäftliche Handlungen im Zusammenhang mit der Vermarktung** von Waren oder Dienstleistungen **einschließlich vergleichender Werbung** iSd § 5 Abs. 2 UWG können ebenfalls einen Fall irreführender vergleichender Werbung darstellen. Voraussetzung ist das Vorliegen einer Verwechslungsgefahr mit einer anderen Ware oder Dienstleistung oder mit der Marke oder einem besonderen Kennzeichen eines Mitbewerbers. Die im Verhältnis zu § 6 Abs. 2 Nr 3 UWG bestehenden Abgrenzungsschwierigkeiten lassen sich am ehesten durch einen Blick auf die jeweilige Schutzrichtung lösen. § 6 UWG schützt die Mitbewerber, § 5 UWG dient – jedenfalls vorrangig – dem Schutz der Verbraucher.

**c) Angabe im Rahmen vergleichender Werbung iSd § 6 Abs. 1 UWG**

Die Voraussetzungen der vergleichenden Werbung (**Mitbewerber**, **Erkennbarkeit**, s. dazu unter Rn 196 f) müssen gegeben sein und sind an dieser Stelle zu prüfen. Da § 6 UWG ohnehin vorrangig gegenüber § 5 UWG ist, kann auf das Ergebnis der Prüfung zu § 6 UWG verwiesen werden.

*Hinweis:* Da die Prüfung der vergleichenden Werbung erfolgt, muss § 6 UWG nicht in die Überschrift dieses Prüfungsabschnitts mit aufgenommen und nicht im Obersatz genannt werden. Es ist allerdings auch kein Fehler, wenn es lautet: „§§ 5 Abs. 3, 6 Abs. 1 iVm § 3 Abs. 1 UWG bzw § 3 Abs. 2 UWG“ (bei geschäftlichen Handlungen gegenüber Verbrauchern ist immer an Abs. 2 zu denken).

**d) Irreführung**

S. dazu die Ausführungen unter Rn 274–284.

**3. Übrige Voraussetzungen des § 3 Abs. 1 UWG**

Vgl dazu die Ausführungen untere Rn 181–189.

*Literaturhinweis: Sack*, Irreführende vergleichende Werbung, GRUR 2004, 89 ff; *Ohly*, Irreführende vergleichende Werbung, GRUR 2003, 641 ff; *Boesche/Scholze*, Der Kampf um Flugkunden mit Werbung, JURA 2005, 55, 59 zum Vergleich von „One-Way-Preisen“ mit „One-Way-Business-Class“-Tarifen.

## III. Sonstige Voraussetzungen des § 3 Abs. 1, 2 UWG

In den anderen Fällen, also abgesehen von der irreführenden vergleichenden Werbung, sind ebenfalls im Weiteren, nachdem die Unlauterkeit des Werbevergleichs festgestellt wurde, die sonstigen Voraussetzungen des § 3 Abs. 1 und ggf Abs. 2 UWG zu prüfen (Geeignetheit, spürbare Interessenbeeinträchtigung von Mitbewerbern etc) und zusätzlich beim Unterlassungsanspruch das Vorliegen einer Wiederholungsgefahr bzw beim Schadensersatzanspruch das Verschulden (s. dazu die Ausführungen unter Rn 181–190). **220**

## IV. Rechtsfolgen

In § 6 UWG sind lediglich bestimmte Formen unlauterer vergleichender Werbung und keine Rechtsfolgen normiert. Die Rechtsfolgen ergeben sich über die Verknüpfung mit der Vorschrift des § 3 Abs. 1 und ggf Abs. 2 UWG aus den §§ 8, 9 und 10 UWG (im Einzelnen s. die Ausführungen unter Rn 84 ff). **221**

# Fall 2

## **Fremdgehen** (OLG Jena GRUR-RR 2003, 254 ff)

P und C sind Wettbewerber auf dem Gebiet der Unterhaltungselektronik. Am 17. Januar 2004 erscheint in der Tageszeitung F eine Anzeige der C, in der sie zwei Farbfernseher zu einem Verkaufspreis von 499 € bzw 999 € bewarb. Am 18. Januar 2004 wurde eine von P geschaltete Anzeige ebenfalls in der Tageszeitung F veröffentlicht. Die Anzeige enthielt die Überschrift „Fremdgehen kann teuer werden", die in einen Kasten gestellt ist, der an der Unterseite in einen großflächigen Pfeil mündet. Der Pfeil ist auf einen kleineren Zeitungsausriss der am Tag zuvor erschienen Werbung der C gerichtet. Name und Preise der C sind auf dem Ausriss deutlich zu erkennen. Unter dem Ausriss befindet sich das Angebot der P, in dem die gleichen wie von C angebotenen Fernsehgeräte zu einem Verkaufspreis von 449 € bzw 799 € abgebildet sind. C sieht sich durch die Werbung herabgesetzt und verunglimpft. Nachdem sie P erfolglos abgemahnt hat, begehrt sie Unterlassung des Hinweises „Fremdgehen kann teuer werden" bei gleichzeitiger Namensnennung der C und Gegenüberstellung von teureren Geräten der C. Hat ihr Begehren Erfolg (nur materielle Prüfung)? **222**

## Lösung Fall 2:

### A. Anspruch auf Unterlassung der Werbeanzeige des P **223**

Der Unterlassungsanspruch der C hat gem. § 8 Abs. 1 UWG Erfolg, wenn P mit seiner Werbeanzeige gegen § 3 Abs. 1 UWG verstoßen hat und Wiederholungsgefahr eines erneuten Wettbewerbsverstoßes besteht.

## I. Aktivlegitimation

C steht mit P hinsichtlich des Angebots von Unterhaltungselektronik im Wettbewerb. Sie ist daher als Mitbewerberin iS des § 2 Nr 3 UWG durch die Werbemaßnahme der P unmittelbar verletzt und damit gem. § 8 Abs. 3 Nr 1 UWG aktivlegitimiert.

## II. Passivlegitimation

P ist als Verletzer passivlegitimiert (§ 8 Abs. 1 UWG „Wer“).

## III. Unzulässige geschäftliche Handlung

### 1. Objektive Voraussetzungen des § 3 Abs. 1 UWG

Die Werbeanzeige der P könnte unlauter sein. Dann müssten zunächst die Voraussetzungen des § 3 Abs. 1 UWG vorliegen.

#### a) Geschäftliche Handlung

Das Schalten und der Inhalt der Werbeanzeige der P unter Bezugnahme auf die Produkte der C, die diese in derselben Zeitung am Tag zuvor beworben hatte, dienen der Förderung des Absatzes seiner Elektrogeräte. Eine geschäftliche Handlung iSd § 2 Abs. 1 Nr 1 UWG liegt daher vor.

#### b) Unlauterkeit der geschäftlichen Handlung gem. § 6 Abs. 2 Nr 5 UWG

Die Werbeanzeige der P ist unlauter iSd § 6 Abs. 2 Nr 5 UWG, wenn darin vergleichend die Waren der C herabgesetzt oder verunglimpft werden.

**aa) Vergleichende Werbung, § 6 Abs. 1 UWG.** Zunächst müsste es sich um vergleichende Werbung iSd § 6 Abs. 1 UWG handeln. Die C wird mit ihren Angeboten in der Anzeige der P in dem eingearbeiteten Ausriss klar unter Nennung des gesamten Firmennamens erkennbar gemacht (§ 6 Abs. 1 UWG). Verglichen werden die **Preise** für **zwei gleichartige Produkte** der Unterhaltungselektronik (§ 6 Abs. 2 Nr 1, 2) der C auf der einen und der P auf der anderen Seite. Grundsätzlich ist der Vergleich von Preisen zulässig (arg. e contrario § 6 Abs. 2 Nr 2 UWG). Die jedem Vergleich immanente negative Wirkung muss hingenommen werden. Es konnte auch **nicht zu Verwechslungen** kommen, auch ein **Ausnutzen des Rufs** der C war gerade nicht zu erkennen, es ist allein fraglich, ob der Vergleich unsachlich oder herabsetzend bzw verunglimpfend war.

**bb) Herabsetzende Werbung, § 6 Abs. 2 Nr 5 UWG.** Fraglich ist, ob die Produkte der C durch die Anzeige herabgesetzt werden. Herabsetzend oder verumglimpfend ist eine vergleichende Werbung nur dann, wenn über die jedem Werbevergleich immanente negative Wirkung hinaus **besondere Umstände hinzutreten**, die den **Vergleich in unangemessener Weise abfällig, abwertend** oder **unsachlich erscheinen** lassen. Unzulässig ist ein Vergleich auch, wenn das **Konkurrenzprodukt** im Vergleich mit dem eigenen Angebot **als minderwertig herausgestellt** wird. Besondere Umstände ergeben sich zum einen aus der groß gedruckten Überschrift über dem Vergleich „Fremdgehen kann teuer werden“, zum anderen aus der Darstellung der Angebote der C in einem „Zeitungsausriss“, auf den der Pfeil zeigt. Damit wird zum Ausdruck gebracht, dass „ein Einkauf bei C einem ‚Fremdgehen‘ gleichzusetzen ist. Es geht der P erkennbar nicht nur darum, das Wechseln von Einkaufsquellen, was dem Wettbewerb immanent ist, durch den Verbraucher darzustellen, sondern darum, gerade den Einkauf bei C als ein ‚Fremdgehen‘ zu bezeichnen. Es geht weniger um das Wort ‚Fremdgehen‘ als insbesondere um die Art und Weise seiner Benutzung. Grundsätzlich enthält es einen negativen Beigeschmack. Dies gilt in Bezug auf denjenigen, der sich aus einer Partnerschaft herauslöst und sich einem neuen Partner zuwendet, aber auch im Bezug auf denjenigen, der bereit ist, mit jemandem, der ‚fremdgeht‘, eine Beziehung einzugehen. Gerade in diesen Kontext stellt die Werbung der P aber das Verhältnis zwischen der C und den potenziellen Kunden". Denn die Kunden werden vor dem „Fremdgehen gewarnt", die C als diejenige hinstellt, die sich auf „Fremdgänger" einlässt. Durch die Aussage, „Fremdgehen kann teuer werden" wird also bei „den angesprochenen Verkehrskreisen der Eindruck erweckt, der Einkauf bei C habe einen negativen Beigeschmack", der nicht in erster Linie darin besteht, dass „die Kunden finanzielle Nachteile zu befürchten haben, wenn sie bei C einkaufen". „Denn die aufgezeigten Preisunterschiede, die das Einkaufen bei C teurer machen, entsprechen der Wahrheit. Der durch die Überschrift entstandene negative Eindruck wird durch die Suggestion, die Produkte der C seien grundsätzlich teurer, noch verstärkt, weil in der Überschrift nicht differenziert wird hinsichtlich der gesamten Produktpalette. Die ‚blickfangmäßige Überschrift' stellt keine nützliche Information dar, die für eine sachgerechte Kaufentscheidung der Verbraucher erforderlich wäre. Vielmehr versucht P, ‚**unsachlich zu beeinflussen und überschreitet dabei die Grenzen dessen, was noch als witziges Wortspiel verstanden werden könnte**. Denn sie stellt sich nicht selbst ironisierend in ‚schlechtes Licht', sondern setzt ausschließlich einen anderen herab. Gerade die durch die Werbung provozierte Reaktion des Schmunzelns unterstreicht, dass der Verkehr mit dem Wortspiel etwas Negatives assoziiert." Das Schmunzeln erfolgt auf Kosten der erkennbar gemachten C. Zudem wird durch den „großflächigen **Pfeil** bewusst auf die Werbung und das Handelsgeschäft der C hingewiesen, so als werde mit dem Finger auf etwas gezeigt. Dadurch wird die herabsetzende Werbung noch verstärkt. Auch der **Zeitungsausriss** wirkt unordentlich und gibt die Angebote der C viel kleiner wieder als die eigenen der P. Diese Aufmachung suggeriert unterschwellig, aber unsachlich die Minderwertigkeit des Leistungsangebots der C. Mit der negativen Umschreibung der C bzw ihrer Waren und dem Verhältnis zwischen C und ihren Kunden durch die Brandmarkung ‚fremdgehen' ist daher auch für einen durchschnittlich informierten, verständigen Verbraucher, auf dessen Eindruck es ankommt, die Grenze einer pauschalen Herabsetzung des Wettbewerbers erreicht.

#### c) Geeignet, die Interessen zu beeinträchtigen

Die geschäftlichen Handlung müsste auch geeignet sein, die Interessen der Verbraucher, seiner Mitbewerber oder sonstiger Marktteilnehmer spürbar zu beeinträchtigen. Da P die Produkte der C durch die Werbeaussage in ein negatives Licht stellt, ist die Werbung geeignet, die Interessen der Mitbewerberin C spürbar zu beeinträchtigen.

#### d) Spürbarkeit (Bagatellgrenze)

Das Schalten der Werbeanzeige in der Tageszeitung F hat wegen der damit verbundenen Verbreitung keine lediglich unerhebliche Auswirkungen.

### 2. Rechtswidrigkeit

Die Rechtswidrigkeit ist indiziert.

## IV. Wiederholungsgefahr

Bei geschäftlichen Handlungen besteht nach erfolgtem Wettbewerbsverstoß für die Wiederholungsgefahr eine widerlegliche Vermutung. C hatte die P bereits erfolglos abgemahnt, so dass die Wiederholung der Werbeaussage oder eine im Kern gleichartige Verletzungshandlung objektiv möglich ist.

## B. Ergebnis

P hat damit durch die herabsetzende, vergleichende Werbeanzeige in unlauterer Weise geworben. Die Voraussetzungen des § 6 Abs. 1, 2 Nr 5 iVm § 3 Abs. 1 UWG liegen vor. Das Unterlassungsbegehren der C hat damit Erfolg.

*Aufbauhinweis:* Da ein Werbevergleich iSd § 6 Abs. 1 UWG vorlag, waren Verstöße gegen andere Unlauterkeitstatbestände wegen des abschließenden Charakters des § 6 UWG nicht zu prüfen. Wer die Ansicht des OLG Jena, die der Lösung zugrunde liegt, für rückständig und humorlos hält, konnte zu einem anderen Ergebnis gelangen. Es kam hier vor allem auf die Würdigung der einzelnen Werbebestandteile an.

# Fall 3

## Müsli-Riegel (OLG Hamburg GRUR-RR 2003, 251 ff)

224 M bewirbt in einem Fernsehspot den von ihr hergestellten Vollmilchschokoladen-Riegel „kinder country". Die Riegel bestehen überwiegend aus Getreidekörnern (Cerealien) und sind mit Schokolade überzogen. Der Spot beginnt mit der Darstellung von zwei im Freien sitzenden Büroangestellten. Diese halten einen überdimensionalen, sehr biegsamen und vor Staub sprühenden Getreideriegel, der als Cerealien-Riegel bezeichnet wird, in den Händen (einem der Angestellten sprüht der Staub in die Augen). Unterlegt ist das Bild mit dem Text: „Hätten wir ‚kinder country' zäh wie Gummi oder staubtrocken gemacht, sollten Büros besser im Freien sein." C produziert und vertreibt den Müsli-Riegel CORNY. Sie ist mit einem über 70%igen Marktanteil bei Müsli-Riegeln Marktführer. C ist der Ansicht, bei dem Schokoladen-Riegel der M handele es sich um ein mit Müsli- oder Cerealien-Riegeln nicht vergleichbares Produkt. Die Werbeaussage enthalte daher einen unzulässigen Vergleich und führe den Verbraucher in die Irre. Zudem enthalte die Aussage eine unlautere Herabsetzung von Müsli-Riegeln. C begehrt Unterlassung der Werbung.

## Lösung Fall 3:

### 225 A. Anspruch auf Unterlassung der Müsliriegel-Werbung der M

Der Unterlassungsanspruch der C hat Erfolg (§ 8 Abs. 1 UWG), wenn M durch die Werbeaussage auf unzulässige Weise geworben hat (§ 3 Abs. 1 UWG).

### I. Aktivlegitimation

C und M sind Hersteller von Riegeln, die überwiegend aus Getreidekörnern bestehen. C ist als Mitbewerberin iSd § 2 Abs. 1 Nr 3 UWG zur Geltendmachung des Unterlassungsanspruchs gem. § 8 Abs. 3 Nr 1 UWG befugt.

### II. Passivlegitimation

Da M durch die angegriffene Werbeaussage für seine Produkte wirbt, ist er passivlegitimiert.

### III. Unzulässige geschäftliche Handlung, § 3 Abs. 1 UWG

#### 1. Objektiver Tatbestand des § 3 Abs. 1 UWG

Es müsste sich bei der Werbeaussage der M um eine unlautere geschäftliche Handlung gem. § 3 Abs. 1 UWG gehandelt haben.

**a) Geschäftliche Handlung**

Der Werbespot der M diente der Absatzsteigerung ihrer Riegel, eine geschäftliche Handlung iSd § 2 Abs. 1 Nr 1 UWG liegt damit vor.

**b) Unlauterkeit**

**aa) Durch Verstoß gegen § 3 Abs. 1 iVm § 6 UWG (vergleichende herabsetzende Werbung) – Vergleichende Werbung iSd § 6 Abs. 1 UWG.** Voraussetzung ist zunächst, dass es sich bei der Werbeaussage um vergleichende Werbung handelt. „Die Regelung des § 6 UWG ist nur anzuwenden, wenn die beanstandete Werbung die Mitbewerber oder die von ihnen angebotenen Leistungen oder Waren **unmittelbar oder mittelbar erkennbar macht** (§ 6 Abs. 1 UWG). Eine vorliegend allein in Betracht kommende **mittelbare** Erkennbarkeit ist anzunehmen, wenn die streitgegenständliche Werbung so deutlich gegen einen oder mehrere bestimmte Mitbewerber gerichtet ist, dass sich eine **Bezugnahme** für die angesprochenen Verkehrskreise förmlich **aufdrängt**[52]. Nicht ausreichend ist hingegen eine eher fernliegende, ‚nur um zehn Ecken gedachte' Bezugnahme auf Mitbewerber[53]. Dabei ist davon auszugehen, dass die Neigung der angesprochenen Verkehrskreise, eine allgemein gehaltene Werbeaussage auf einzelne Mitbewerber zu beziehen, umso geringer ist, je größer der Kreis der Anbieter ist."[54]

Es kann dahinstehen, ob M „durch die Darstellung eines überdimensionalen Getreideriegels in den Händen der Büroangestellten hinreichend deutlich auf die Produktgattung Müsliriegel und damit auf das Angebot anderer Hersteller Bezug nimmt." Denn jedenfalls ist die Anzahl der Anbieter derartiger Produkte nicht so gering, dass sich dem Verkehr eine Verbindung mit dem Riegel der C geradezu aufdrängt. Am Markt besteht „derzeit ein vielfältiges Angebot von Müsliriegeln verschiedener Hersteller. Unterstellt, der Marktanteil von ‚CORNY'-Riegeln läge" bei den von C angegebenen über 70%, so „führt dieser Umstand noch nicht dazu, dass der Verkehr die Gattung Müsliriegel gleichsam mit dem Produkt der C gleichsetzt. Denn neben den verschiedenen nach Aussehen und Zusammensetzung gleichartigen Riegeln im unteren Preissegment sind neben einigen weiteren Markenriegeln eine Vielzahl von Produkten aus dem Bereich der Anbieter von Bio- und Reformkost einerseits und speziellen Sport- und Fitnessnahrungsmitteln andererseits erhältlich." Mangels Erkennbarkeit der C bzw ihrer Produkte scheidet ein Verstoß wegen unlauterer vergleichender Werbung aus.

**bb) Verstoß gegen § 5 Abs. 3 iVm §§ 5 Abs. 2, Abs. 1 iVm § 3 Abs. 1 UWG (irreführende vergleichende Werbung).** Ein Verstoß wegen irreführender vergleichender Werbung scheitert ebenfalls schon daran, dass die Kriterien der vergleichenden Werbung nicht erfüllt sind.

**cc) Verstoß gegen § 5 Abs. 2 S. 1 Nr 1 iVm § 3 Abs. 1 UWG wegen irreführender Angaben über die Zusammensetzung der Riegel.** Entgegen der Auffassung der C ist in dem angegriffenen Spot nicht davon die Rede, dass „kinder country" ein „Cerealienriegel" sei, sondern es wird die Zusammensetzung des Riegels „kinder country" bildlich vorgeführt, der jedenfalls auch unstreitig „Cerealien", also Getreidekörner enthält. Dass die bildliche Darstellung von „kinder country" in dem angegriffenen Spot von dem real erhältlichen Produkt „kinder country" in irrtumserregender Weise abweicht, insbesondere keine „Cerealien" enthält, behauptet C nicht.

**dd) Verstoß gegen § 4 Nr 7 iVm § 3 Abs. 1 UWG wegen pauschaler Abwertung der Hersteller von Müsli-Riegeln.** In Betracht kommen könnte ein Verstoß gegen § 4 Nr 7 iVm § 3 Abs. 1 UWG. Voraussetzung ist, dass M die Produkte der C pauschal herabgesetzt hat.

---

52 BGH WRP 2001, 688, 689 Eröffnungswerbung; BGH GRUR 1999, 1100, 1101 *Generika-Werbung*.
53 BGH WRP 2002, 1138, 1139 *Die „Steinzeit" ist vorbei!*, s. Fall 4, Rn 226 f.
54 BGH WRP 2001, 688, 689 *Eröffnungswerbung*.

*Hinweis:* Ungeachtet der Einführung des § 6 UWG besteht Raum für eine Anwendung des § 4 iVm § 3 Abs. 1 UWG bzw für § 3 Abs. 1 UWG unter dem Gesichtspunkt einer pauschalen Herabsetzung ungenannter Mitbewerber. Fehlt es an einer erkennbaren Gegenüberstellung mit Produkten bestimmter Mitbewerber und damit an einem Vergleich iSd § 6 Abs. 1 UWG, ist die Prüfung eines Unlauterkeitsverstoßes im Sinne des § 4 UWG eröffnet[55]. Läge hingegen ein Werbevergleich iSd § 6 Abs. 1 UWG vor, wäre die Prüfung beendet.

Für das Vorliegen einer die Unlauterkeit begründenden pauschalen Herabsetzung von Müsliriegeln „kommt es darauf an, ob die beanstandete Werbeaussage sich noch in den Grenzen einer sachlich gebotenen Erörterung hält oder bereits eine pauschale Abwertung der fremden Erzeugnisse darstellt[56]. Eine pauschale Herabsetzung setzt voraus, dass zu den mit jeder Anpreisung der eigenen Produkte verbundenen (negativen) Wirkungen für die konkurrierenden Anbieter **besondere Umstände** hinzukommen müssen, die den Vergleich in unangemessener Weise als abfällig, abwertend oder unsachlich erscheinen lassen[57]. Einer wettbewerbsrechtlichen Prüfung steht es dabei nicht entgegen, dass die Werbeaussage in humoristischer Weise gestaltet ist und ihr ein erkennbar scherzhafter Inhalt zukommt; die Einkleidung der Aussage ist unerheblich[58]. Indes ist im Hinblick auf die **humorvolle Darstellung der Nachteile** zäher oder zu trockener Getreideriegel zu prüfen, ob der durchschnittlich informierte und verständige Verbraucher, auf dessen Sichtweise es für die Beurteilung des Verkehrsverständnisses ankommt, einer derartigen Werbeaussage überhaupt eine ernsthafte Sachaussage entnimmt oder ob er diese lediglich als Aufhänger wertet, der dazu dient, die Aufmerksamkeit der angesprochenen Adressaten des TV-Spots zu wecken[59]."

Es ist schon zweifelhaft, ob relevante Anteile des angesprochenen Verkehrs bei dem zu Beginn des Spots gezeigten riegelartigen Gebilde überhaupt an Müsliriegel denken, die ja in der Realität sehr viel kleiner sind. Auch taucht das Wort „Müsli" im Text des Spots nicht auf, sondern nur der Begriff „Cerealien". Es ist aber nicht unüblich, dass Müsliriegel als Cerealienriegel bezeichnet werden, da es sich bei Cerealien um ein in letzter Zeit modern gewordenes Wort handelt, das im Zusammenhang mit allen möglichen Getreideprodukten Verwendung findet und mit dem die Werbung gerne das besonders Gesunde dieser Produkte herausstreicht. Damit fehlt es an einer pauschalen Abwertung.

**ee) Verstoß gegen § 3 Abs. 1 UWG wegen eines unzulässigen Systemvergleichs.**
M könnte dadurch unlauter iSd § 3 Abs. 1 UWG geworben haben, dass sie mit der bildlichen Darstellung von Müsliriegeln und der textlichen Werbung für Schokoladenriegel Produkte gegenübergestellt hat, die einer unterschiedlichen Produktgattung angehören. Ein solcher **System-/Warenartenvergleich** unterfällt nicht der Vorschrift des § 6 UWG (vgl dazu Rn 204). „Selbst ein direkter Werbevergleich zwischen diesen Produktgattungen" ist „nicht von vornherein deshalb unzulässig, weil er sich nicht auf Waren für den gleichen Bedarf oder dieselbe Zweckbestimmung bezieht." Nach der Rechtsprechung des BGH sind die Begriffe des „gleichen" Bedarfs entsprechend der Wertung in § 6 Abs. 2 Nr 1 UWG weit auszulegen; es genügt, wenn die verglichenen Produktgattungen „aus der Sicht des angesprochenen Verkehrs als Substitutionsprodukte ernsthaft in Betracht kommen[60]. Dies ist bei Müsliriegeln und Schokoladenriegeln der Fall, da sie beide als süße Zwischenmahlzeit oder ‚Snack' in Betracht kommen und wegen ihrer handlichen Größe leicht mitgenommen werden können."

55 So der BGH WRP 2001, 688, 689 *Eröffnungswerbung*; BGH GRUR 2002, 75, 77 *SOOOO … BILLIG!*
56 BGH WRP 2002, 1138, 1140 *Die „Steinzeit" ist vorbei!*; BGH GRUR 1997, 227, 228 *Aussehen mit Brille*.
57 BGH WRP 2002, 1138, 1140 *Die „Steinzeit" ist vorbei!*
58 *Köhler/Piper*, § 1 Rn 458.
59 BGH WRP 2002, 1138, 1141 *Die „Steinzeit" ist vorbei!*; vgl auch OLG Hamburg GRUR-RR 2003, 249 f *Orgelndes Auto*, Rn 365 f.
60 BGH WRP 1999, 414, 415 *Vergleichen Sie*; GRUR 2002, 828 f *Lottoschein*, Rn 228 f.

Entscheidend ist, „dass der zu Beginn des Spots gezeigte Getreideriegel, selbst wenn er an einen Müsliriegel erinnert, sich so weit von real am Markt erhältlichen Müsliriegeln entfernt, dass der verständige Durchschnittsverbraucher hierin nicht mehr eine ernstzunehmende Sachaussage erkennt. Denn der von den Büroangestellten präsentierte Riegel ist dermaßen vergrößert und auch in seinen negativen Eigenschaften so übertrieben dargestellt – der Staub sprüht einem der Angestellten förmlich ins Gesicht –, dass man diese Darstellung bei verständiger Würdigung nur noch als **Karikatur eines fiktiven Fantasieprodukts** verstehen kann. Der Charakter einer Karikatur oder Satire wird durch den Kontrast zwischen der freien Natur und den dazu nicht passenden förmlich und korrekt gekleideten Herren, die normalerweise an Schreibtischen sitzen, noch verstärkt. Insgesamt wird der Verkehr, der an witzige Aufhänger in Werbespots gewohnt ist, diese Eingangspassage schlicht so verstehen, dass durch die **satirische Überzeichnung seine Aufmerksamkeit geweckt** und er für die anschließende eigentliche **Werbebotschaft umso empfänglicher** gemacht werden soll."[61] Dies genügt jedoch nicht, um einen Unlauterkeitsverstoß zu begründen.

### 2. Zwischenergebnis

Damit fehlt es mangels Unlauterkeitstat an dem objektiven Tatbestand einer unlauteren geschäftlichen Handlung.

II. Zwischenergebnis

Eine unzulässige geschäftliche Handlung iSd § 3 Abs. 1 UWG liegt nicht vor.

## B. Ergebnis

Der Unterlassungsanspruch der C bleibt ohne Erfolg.

# Fall 4

## Steinzeit (BGH NJW 2002, 3399 ff *Steinzeit*)

Die Beklagte (B) stellt Häuser in ökologischer Holzrahmen-Bauweise her und vertreibt sie auch. Kläger ist der Interessenverband der Bayerischen Ziegelindustrie (Z). Zu Werbezwecken errichtete B auf einem Grundstück ein Musterhaus und stellte ein Schild auf, auf dem sie in großer, weithin sichtbarer Schrift mit den Worten warb „Die ‚Steinzeit' ist vorbei! Hier entsteht ein Haus in Holzrahmen-Bauweise mit Niedrigenergiestandard. Wir planen und bauen für Sie ...". Z sieht darin eine pauschale Herabsetzung der Bauweise mit Ziegelsteinen und nimmt B auf Unterlassung in Anspruch. Der Werbevergleich sei unzulässig, zudem sei die Werbeaussage unlauter, da der angesprochene Verkehr den Werbeslogan aufgrund des Wortes „vorbei" dahin verstehe, dass die Steinbauweise erledigt, unüblich und unzeitgemäß sei. B ist hingegen der Ansicht, dass aus der Werbeanzeige kein Mitbewerber erkennbar sei. Zudem nehme ein durchschnittlich informierter und verständiger Verbraucher nicht an, B wolle suggerieren, dass die Steinbauweise „vorüber" im Sinne von antiquiert und überholt sei. Die Werbeaussage sei nicht wörtlich gemeint, der Begriff „Steinzeit" sei in einem doppelten Sinn zu verstehen, dem ein Wortspiel zugrunde liege. Die Aussage sei lediglich als Sprachwitz gemeint. **226**

61 So auch OLG Hamburg GRUR-RR 2003, 249 f *Orgelndes Auto*.

## Lösung Fall 4[62]:

### 227 A. Unterlassungsanspruch des Ziegelverbandes Z gegen B gem. § 8 Abs. 3 Nr 2, Abs. 1 iVm § 3 Abs. 1 UWG

Z müsste aktiv- und B müsste passivlegitimiert und durch ihr zu Werbezwecken errichtetes Schild unlauter iSd § 3 Abs. 1 UWG gehandelt haben und es müsste eine Wiederholungsgefahr bestehen (§ 8 Abs. 1 UWG).

#### I. Aktivlegitimation

Z ist als Wettbewerbsverband iSd § 8 Abs. 3 Nr 2 UWG aktivlegitimiert.

#### II. Passivlegitimation

Da das Werbeschild von B stammt, ist als handelnder Verletzer passivlegitimiert.

#### III. Unzulässige geschäftliche Handlung, § 3 Abs. 1 UWG

#### 1. Objektiver Tatbestand

##### a) Geschäftliche Handlung, § 2 Abs. 1 Nr 1 UWG

Eine geschäftliche Handlung liegt nach § 2 Abs. 1 Nr 1 UWG in jedem Verhalten einer Person zugunsten des eigenen oder fremden Unternehmens vor, bei oder nach einem Geschäftsabschluss, das mit der Förderung des Absatzes oder Bezuges von Waren (1. Alt.) objektiv zusammenhängt. Die Werbeanzeige der B dient der Steigerung des Absatzes von Holzhäusern ihres eigenen Unternehmens. Sie zeigt potenziellen Bauherren mit der Schildaufschrift „Die Steinzeit ist vorbei" eine Alternative zur Ziegelstein-Bauweise auf, was von den Verbrauchern als Aufforderung verstanden werden kann, Holzhäuser anstelle von Steinhäusern zu erwerben. Eine geschäftliche Handlung liegt damit vor.

##### b) Unlauterkeit der geschäftlichen Handlung

**aa) Pauschal herabsetzende, vergleichende Werbung iSd § 6 Abs. 1, 2 Nr 5 iVm § 3 Abs. 1 UWG.** Die Werbeaussage der B könnte als pauschal herabsetzende Vergleichswerbung iSd §§ 6 Abs. 1, 2 Nr 5 iVm § 3 Abs. 1 UWG unlauter sein. Vergleichende Werbung liegt gem. § 6 Abs. 1 UWG im Gegensatz zum **Systemvergleich** und zur **Alleinstellungswerbung** nur vor, wenn die Werbeanzeige unmittelbar oder mittelbar einen Mitbewerber iSd § 2 Abs. 1 Nr 3 UWG oder die von ihm angebotenen Waren oder Dienstleistungen erkennbar macht. Die eigenen Produkte oder Leistungen müssen denen der Mitbewerber gegenübergestellt werden, um den Kunden Alternativen aufzuzeigen und dadurch deren Kaufentscheidung zu beeinflussen[63]. Voraussetzung ist, dass die angesprochenen Verkehrskreise aufgrund der gesamten Umstände ohne Weiteres die in Bezug genommenen Konkurrenten erkennen können[64]. Eine namentliche Nennung von Mitbewerbern ist nicht erforderlich, wenn die jeweiligen Umstände den oder die von dem Vergleich betroffenen

62 Die Falllösung wurde im Rahmen eines Rechtsprechungsbeitrags zu den BGH-Entscheidungen „Steinzeit" und „Lottoschein" von *Boesche/Scholze* in der JURA 2004, 685 ff vorveröffentlicht. Die Lösung wurde für dieses Buch überarbeitet und verändert.

63 OLG Stuttgart NJW-RR 1999, 266, 267; *Ohly*, in: Piper/Ohly, § 6 Rn 33; *Eck/Ikas*, Neue Grenzen vergleichender Werbung, WRP 1999, 251, 253.

64 BGH WRP 2001, 688, 689 *Eröffnungswerbung*; Begründung des Regierungsentwurfs zu § 2 UWG aF, abgedruckt in: WRP 2000, 555, 560; *Sack*, Vergleichende Werbung nach der UWG-Novelle, WRP 2001, 327, 335.

Mitbewerber für einen nicht unerheblichen Teil des angesprochenen Verkehrs eindeutig identifizierbar machen[65]. Dazu genügt aber nicht – so der BGH zutreffend – „jede noch so fern liegende, nur um zehn Ecken gedachte Bezugnahme“[66]. Ein Werbevergleich liegt grundsätzlich nicht vor, wenn die Werbeaussage so allgemein gehalten ist, dass sich den angesprochenen Verkehrskreisen eine Bezugnahme auf Mitbewerber nicht aufdrängt, sondern sich allenfalls reflexartig ergibt (**Systemvergleich**)[67]. In der Werbeanzeige der B fehlt die Bezugnahme auf einen oder mehrere konkrete Mitbewerber. Hinsichtlich der großen Zahl von Anbietern von Bauleistungen wird nicht deutlich, auf welches Konkurrenzunternehmen sich die Anzeige bezieht. Ein oder mehrere konkurrierende Unternehmen werden nicht genannt. Die Anpreisung der eigenen Ware lässt keinen Schluss auf einen konkreten Mitbewerber zu[68]. Die Zahl der Mitbewerber der B ist durch die Aussage „Die Steinzeit ist vorbei“ nicht überschaubar, die Mitbewerber sind somit nicht identifizierbar. Mangels Gegenüberstellung der Produkte eines Mitbewerbers fehlt es daher an einem Vergleich iSd § 6 Abs. 1 UWG.

**bb) Unlauterkeit der geschäftlichen Handlung wegen unzulässiger irreführender Werbung (§ 5 Abs. 1 S. 2 Nr 1 iVm § 3 Abs. 1 UWG).** B könnte mit der Werbung gegen § 3 Abs. 1 UWG verstoßen haben, wenn er irreführend iSd § 5 Abs. 1 UWG geworben hat.

**(1) Anwendbarkeit.** Trotz der Vorschrift über die vergleichende, pauschal herabsetzende Werbung bleibt Raum für die Prüfung weiterer Unlauterkeitsverstöße, da sich § 6 Abs. 2 Nr 5 UWG allein auf vergleichende Werbung erstreckt und es hier daran fehlt. An diesem Verhältnis des für vergleichende Werbung abschließenden Tatbestandes des § 6 UWG zu den anderen Unlauterkeitsnormen hat sich durch die Novelle nichts geändert. § 6 UWG ist weiterhin nur dann abschließend, wenn der Tatbestand vergleichender Werbung iSd § 6 Abs. 1 UWG vorliegt[69].

**(2) Angabe.** B müsste in der Werbung Angaben über Merkmale der Hausbauweise gemacht haben. Angaben sind inhaltlich nachprüfbare, dem Beweis zugängliche Aussagen über geschäftliche Verhältnisse[70]. Reine **Meinungsäußerungen**, die nicht auf Tatsachenbehauptungen beruhen und die vom Verkehr nicht als eine nachprüfbare Aussage bestimmten Inhalts verstanden werden, sind keine Angaben[71]. Allerdings sind die Grenzen fließend[72]. Es ist davon auszugehen, dass die angesprochenen Verkehrskreise die Worte *„Die Steinzeit ist vorbei“* lediglich als **persönliche Ansicht** der werbenden B und nicht als eine dem Beweis zugängliche objektive Angabe verste-

65 BGH WRP 1999, 1141, 1144 *Generika-Werbung*; BGH WRP 2001, 1291, 1293 *SOOOO … BILLIG!*; KG WRP 1999, 339, 340 *Die beste Werbung sind die Angebote der Konkurrenz.*

66 BGH NJW 2002, 3399, 3400 *Die „Steinzeit“ ist vorbei!*; *Sack*, Vergleichende Werbung nach der UWG-Novelle, WRP 2001, 327, 333 f.

67 BGH WRP 1999, 1141, 1144 *Generika-Werbung*; BGH GRUR 1997, 539, 540 *KfZ-Waschanlagen*; je größer der Kreis der in Betracht kommenden Mitbewerber, desto geringer ist die Neigung der Leser oder Betrachter einer Werbeanzeige, eine allgemein gehaltene Werbeaussage auf einzelne Mitbewerber zu beziehen, die von der Aussage allenfalls pauschal erfasst werden; vgl BGH WRP 2001, 688, 689 *Eröffnungswerbung*; OLG Frankfurt GRUR-RR 2001, 21; *Lehmler*, Das Recht unlauteren Wettbewerbs, 2002, S. 82.

68 Für die Erkennbarkeit iSv § 6 Abs. 1 UWG genügt es nicht, dass die Mitbewerber produktmäßig definiert werden.

69 BGH NJW 2002, 3399, 3400 *Die „Steinzeit“ ist vorbei!*; BGH WRP 2001, 688, 689 *Eröffnungswerbung*; BGH GRUR 1996, 983, 984 *Preistest* I; vgl zur irreführenden vergleichenden Werbung auch die *Pippig*-Entscheidung des EuGH GRUR Int. 2003, 742, 745 ff; BGH WRP 2001, 688, 689 *Eröffnungswerbung*; BGH GRUR 1999, 1100, 1102 *Generika-Werbung.*

70 BGH GRUR 1992, 66, 67 *Königl.-Bayerische Weisse.*

71 BGH GRUR 1975, 141 *Unschlagbar*; *Bornkamm*, in: Hefermehl/Köhler/Bornkamm, § 5 Rn 2.27.

72 BGH GRUR 1963, 482, 483 *Hollywood-Duftschaumbad*; BGH GRUR 1970, 254, 255 f *Remington*; *Piper*, in: Piper/Ohly, § 5 Rn 87 f.

hen. Als Angabe über Merkmale von Waren kommt nur die Aussage bezüglich des **„Niedrigenergiestandards“**, bei Häusern in Holzrahmen-Bauweise in Betracht.

**(3) Irreführung.** Die Niedrigenergie-Aussage müsste irreführend gewesen sein. Irreführend sind grundsätzlich objektiv unrichtige Angaben[73]. Es kommt jedoch stets auf die Verkehrsauffassung im Einzelfall an, so dass auch eine **objektiv richtige Angabe** irreführend sein kann, wenn sie geeignet ist, einen beachtlichen Teil des Verkehrs bei seinem Kaufverhalten zu beeinflussen[74]. Richtig ist eine Angabe nur dann, wenn sie bei „ungezwungener Betrachtung“ aus der Sicht eines situationsadäquat durchschnittlich aufmerksamen, informierten und verständigen Verbrauchers mit dem übereinstimmt, was die umworbenen Verkehrskreise ihr entnehmen[75]. Maßgebend ist das Bild des durchschnittlich informierten verständigen und in der Situation, in der er mit der Werbeaussage konfrontiert wird, aufmerksamen Verbrauchers[76]. Verlangt wird von den **Verbrauchern**, dass sie über die üblichen Qualitäten und den normalerweise für das Wirtschaftsgut angegebenen Preis informiert sind, das Produkt oder die Dienstleistung aufmerksam betrachten und in der Lage sind, aus den gewonnenen Informationen eine überwiegend rational begründete Entscheidung zu treffen. Maßgebend ist dabei das tatsächliche Verkehrsverständnis, nicht wie der Verkehr eine Angabe objektiv, „vernünftigerweise“ auffassen sollte[77]. Die Aussage der B bezüglich der Holzrahmen-Bauweise ist objektiv wahr. Für den unbefangenen Leser könnte jedoch die **irrtümliche umweltbezogene Vorstellung** entstehen, dass sich ein „Niedrigenergie-Standard“ nur bei Holz- und nicht auch bei Steinbauweise erzielen lasse. Aus Sicht der angesprochenen Verkehrskreise ist der Werbung jedoch eine Aussage dieses Inhalts nicht zu entnehmen. Vielmehr ist die Aussage für den angesprochenen Endverbraucher, der sich für den Hausbau interessiert, so zu verstehen, dass **auch** mit der Holzrahmen-Bauweise die Möglichkeit besteht, Häuser mit einem Niedrigenergiestandard zu bauen[78]. Entfiele der Hinweis auf den Niedrigenergiestandard blieben dem Verbraucher wichtige, der Wahrheit entsprechende Informationen vorenthalten. Auf die Missdeutung einer weniger erfahrenden Minderheit kommt es nicht an. Es fehlt damit an einer irreführenden Werbung.

**cc) Unlauterkeit der geschäftlichen Handlung wegen pauschaler Herabsetzung eines Mitbewerbers gem. § 4 Nr 7 iVm § 3 Abs. 1 UWG.** § 6 UWG ist – wie dargelegt – nur insofern abschließend, als vergleichende Werbung iSd § 6 Abs. 1 UWG gegeben und diese nach den Kriterien des § 6 Abs. 2 UWG unlauter ist[79]. Da es hier daran fehlt, bleibt Raum für die Prüfung einer pauschalen Herabsetzung[80]. Die Werbeaussage der B „Die ‚Steinzeit‘ ist vorbei“ könnte ungenannte Mitbewerber pauschal herabsetzen. Es kommt darauf an, ob die Werbeaussage der B sich noch in den Grenzen einer sachlich gebotenen Erörterung hält oder bereits eine pauschale Abwertung der fremden Erzeugnisse darstellt[81]. Eine pauschale Abwertung liegt nicht

73 Ausführlich zum Irreführungsbegriff vgl *Bornkamm*, in: Hefermehl/Köhler/Bornkamm, § 5 Rn 2.62 ff.

74 BGH GRUR 1966, 445, 447 *Glutamal*; BGH NJW 1991, 1512 f *Aquavit*; *Ekey*, in: Ekey/Klippel/Kotthoff/Meckel/Plaß, § 3 Rn 101; andererseits verstößt auch eine objektiv unrichtige Angabe nicht notwendig gegen § 5 UWG; denn es ist möglich, dass sie von dem überwiegenden Teil der umworbenen Verkehrskreise richtig verstanden wird. Dann fehlt es aber an einer Irreführung, vgl dazu zB BGHZ 27, 1, 10 *E-Mail/E-Maillelack*.

75 BGH WRP 2000, 517, 520 *Orient-Teppichmuster*; BGH WRP 2000, 1129, 1130 *Tageszulassung II*.

76 EuGH GRUR Int. 1983, 648 *Osthoek*; ausführlich zum maßgebenden Verbraucherbild s. die Ausführungen unter Rn 2 f.

77 BGH GRUR 1984, 590, 591 f *Sonderangebote auf 3000 qm*; BGH, GRUR 1988, 459, 460 *Teilzahlungsankündigung*; *Piper*, in: Piper/Ohly, § 5 Rn 119 ff.

78 Als potenzieller Hausbauer ist er aufgrund der zu tätigen Investitionen ohnehin besser informiert als der „Durchschnittsverbraucher“.

79 BGH WRP 2001, 688, 689 *Eröffnungswerbung*; BGH, GRUR 1999, 1100, 1102 *Generika-Werbung*.

80 BGH NJW 2002, 3399, 3400 *Die „Steinzeit“ ist vorbei!*; BGH, WRP 2001, 688, 689 *Eröffnungswerbung*; BGH, GRUR 1996, 983, 984 *Preistest* I.

81 BGH NJW 2002, 3399, 3400 *Die „Steinzeit“ ist vorbei!*; BGH, WRP 2001, 688, 689 *Eröffnungswettbewerb*; *Ohly*, in: Piper/Ohly, § 4.7 Rn 7.12 ff.

schon in der jeder Anpreisung des eigenen Produkts immanenten negativen Auswirkung für die Konkurrenz. Es müssen vielmehr besondere Umstände hinzutreten, die den Vergleich in unangemessener Weise abfällig, abwertend oder unsachlich erscheinen lassen[82]. Dies ist aber nur der Fall, wenn das Konkurrenzprodukt gegenüber dem eigenen Angebot als minderwertig oder überholt herausgestellt wird[83]. Maßgebend ist dabei der Eindruck der Werbung auf die angesprochenen Verkehrskreise[84]. Für eine Abwertung der Konkurrenzprodukte könnte sprechen, dass die Aussage der B nicht auf den wörtlichen Sinn beschränkt ist, sondern darüber hinaus auch die Bedeutung hat, die Steinbauweise sei erledigt, unüblich und unzeitgemäß. Durch das Wort „Steinzeit" könnte eine Beziehung zur geschichtlichen Steinzeit und der Steinbauweise hergestellt und den Adressaten vermittelt werden, dass die Steinbauweise antiquiert sei und ausgedient habe. Eine solche unwahre Charakterisierung der Konkurrenzprodukte wäre unsachlich, pauschal herabsetzend und damit unlauter iSd § 4 Nr 7 iVm § 3 Abs. 1 UWG. Dagegen spricht, dass das Wort „Steinzeit" **nicht in seinem Wortsinn** zu verstehen ist. Durch die Anführungszeichen wird deutlich, dass das Wort als Verfremdung für „Steinbauweise" gemeint ist und als solche eine für die Holzrahmen-Bauweise werbende Sachaussage enthalte. Der durchschnittlich informierte und verständige Verbraucher, auf dessen Sicht es maßgebend ankommt[85], wird die Werbeaussage so verstehen, dass die B ihr Haus in Holzrahmen-Bauweise anpreisen, nicht aber behaupten will, dass Häuser aus Stein der Vergangenheit angehören und vernünftigerweise zukünftig alles nur noch aus Holz gebaut werden soll. Vielmehr erkennt der potenzielle „Häuslebauer", der durch den Werbeslogan angesprochen werden soll (und ohnehin einer derartigen Werbung größere Aufmerksamkeit widmet als einer Werbung für Güter des täglichen Bedarfs), dass in einer Zeit, zu der Häuser überwiegend aus Stein oder Beton gefertigt werden, B darauf aufmerksam machen will, dass auch Holzhäuser mit vergleichbarem Standard wie Steinhäuser errichtet werden können. Daran ändert auch das Wort „vorbei" nichts. Ein unbefangener Leser sieht zwar darin möglicher Weise einen Hinweis darauf, dass die Steinbauweise erledigt und unüblich ist, die angesprochenen Verkehrskreise wissen aber, dass Steinhäuser die herkömmliche und keine veraltete Bauweise ist. Sie erkennen auch den in dem Werbesatz enthaltenden **Sprachwitz** und das **humorvolle Wortspiel**, mit dem die Aufmerksamkeit der Werbeadressaten geweckt werden soll[86]. Die Aussage des B verstößt folglich nicht gegen § 4 Nr 7 iVm § 3 Abs. 1 UWG.

#### c) Zwischenergebnis

Das Verhalten des B war nicht unlauter.

### 2. Ergebnis

Es fehlt mangels unlauterer geschäftlicher Handlung bereits an den objektiven Voraussetzungen des § 3 Abs. 1 UWG.

---

82 BGH WRP 2001, *1441 Preisgegenüberstellung im Schaufenster*; BGH, GRUR, 1999, 1100, 1102 *Generika-Werbung*; BGH, WRP 1999, 414, 416 *Vergleichen Sie*; BGH, GRUR 1997, 227, *228 Aussehen mit Brille*; BGH, GRUR 1973, S. 270, 271 *Der sanfte Bitter*; BGH, GRUR 1981, 823, *826 Ecclesia-Versicherungsdienst*. Für jeden Gewerbetreibenden ist die Werbung das notwendige und verbreitete Mittel, um die Vorteile der eigenen Ware oder Leistung gebührend hervorzuheben. Die Rechtsprechung ist daher selbst gegenüber aggressiven Werbeaussagen zunehmend tolerant.

83 BGH WRP 1998, 718, 723 *Testpreis-Angebot*; BGH, GRUR 1981, 823, 826 *Ecclesia-Versicherungsdienst*; *Plaß*, in: Ekey/Klippel/Kotthoff/Meckel/Plaß, § 3 UWG, Rn 470.

84 BGH GRUR 1973, 270, 271 *Der sanfte Bitter*; BGH NJW 2002, 3399, 3400 *Die „Steinzeit" ist vorbei!*; *Ohly*, in: Piper/Ohly, § 4.7. Rn 7.14 f.

85 Zum Verbraucherleitbild s. die Ausführungen Rn 2 f.

86 BGH NJW 2002, 3399, 3401 *Die „Steinzeit" ist vorbei!*

### IV. Ergebnis

Eine unzulässige geschäftliche Handlung iSd § 3 Abs. 1 UWG lag damit nicht vor.

## B. Gesamtergebnis

Ein Anspruch auf Unterlassung gem. § 8 Abs. 3 Nr 2, Abs. 1 iVm § 3 Abs. 1 UWG besteht somit nicht.

# Fall 5

## Lottoschein (BGH GRUR 2000, 828 ff)

228 L ist Gesellschafterin des Deutschen Lotto- und Totoblocks und führt in Bayern Gewinnspiele durch, darunter das Mittwochs- und das Samstagslotto. Der G & J-Verlag (G) warb für die wöchentlich erscheinende Zeitschrift „WirtschaftsWoche" mit einer ganzseitigen Anzeige. Auf der oberen Hälfte ist ein Los des Superlottos abgebildet, darunter befindet sich die Zeile: „Um Geld zu vermehren, empfehlen wir ein anderes Papier." Am unteren Rand befindet sich in der rechten Ecke der Aufdruck „Wirtschafts-Woche", darunter steht die Zeile: „Nichts ist spannender als Wirtschaft. Woche für Woche. Unsere Leser verstehen was von Geldanlagen. 55% besitzen Aktien, 32% Investmentfonds." L hält dies für einen unzulässigen Vergleich. Gewinnspiel und Zeitschrift seien völlig unterschiedliche Produkte. Durch die Gegenüberstellung würden die Lottospiele der L pauschal herabgesetzt. G erklärt nur, dass die Werbeanzeige humorvoll und ironisch gemeint sei, die L könne offenbar keinen Spaß verstehen. L ärgert sich darüber noch mehr als über die Anzeige und möchte, dass G diese Werbeaussage in Zukunft unterlässt. Prüfen Sie, ob dass Unterlassungsbegehren materiell begründet ist.

## Lösung Fall 5[87]:

### A. Anspruch der Lottogesellschaft L gegen den G & J Verlag (G) auf Unterlassung der Werbeanzeige gem. § 8 Abs. 1 iVm § 3 Abs. 1 UWG

229 L hat gegen G einen Anspruch auf Unterlassung der Werbeanzeige, wenn diese gegen § 3 Abs. 1 UWG verstößt und Wiederholungsgefahr besteht (§ 8 Abs. 1 UWG).

### I. Aktivlegitimation

Voraussetzung ist zunächst, dass L als Mitbewerber iSd § 8 Abs. 3 Nr 1 UWG aktivlegitimiert ist[88]. Nach der Legaldefinition des § 2 Abs. 1 Nr 3 UWG ist Mitbewerber, wer in einem konkreten Wettbewerbsverhältnis zu einem anderen Unternehmen steht. Unerheblich ist für ein **konkretes**

87 Die Falllösung wurde im Rahmen eines Rechtsprechungsbeitrags zu den BGH-Entscheidungen „Steinzeit" und „Lottoschein" von *Boesche/Scholze* in der JURA 2004, 685 ff vorveröffentlicht und für dieses Buch verändert.

88 Vgl BGH GRUR 1999, 1007, 1008 *Vitalkost*; BGH GRUR 1988, 620, 621 *Vespa Roller*; BGH GRUR 1999, 69, 70 *Preisvergleichsliste II*.

**Wettbewerbsverhältnis**, wenn die Unternehmen wie G und L in verschiedenen Branchen tätig sind; denn für die Bejahung einer Wettbewerbsbehinderung ist die Zugehörigkeit zur gleichen Branche nicht erforderlich **(Branchenverschiedenheit)**[89]. Die Beteiligten müssen nur durch die relevante Handlung in Wettbewerb zueinander getreten sein[90]. L ist durch die Abbildung des Loses als Gesellschafterin des Deutschen Lotto- und Totoblocks identifizierbar. Zudem werden die Gewinnchancen des Lottospiels dem aus der Lektüre der „WirtschaftsWoche" erzielbaren Gewinn gegenübergestellt[91]. Der abgebildete Lottoschein und die Unterzeile setzen das „Samstagslotto" verbal und gedanklich in Beziehung zu der beworbenen Wirtschaftszeitung der G. Die Empfehlung, ein „anderes Papier" zur Geldvermehrung zu nutzen, und die deutliche Einbindung des Loses in die Werbeanzeige begründen daher ein konkretes Wettbewerbsverhältnis zwischen G und L. L ist damit aktivlegitimiert.

## II. Passivlegitimation

G ist in seiner Funktion als werbendes Organ in eigener Sache passivlegitimiert.

## III. Unzulässige geschäftliche Handlung

### 1. Objektive Tatbestandsvoraussetzungen des § 3 Abs. 1 UWG

#### a) Geschäftliche Handlung

G müsste durch die Anzeige eine geschäftliche Handlung begangen haben. Er hat die Werbeanzeige geschaltet, um auf diese Weise den Absatz der „WirtschaftsWoche", mithin einer Ware des eigenen Unternehmens, durch einen größeren Bekanntheitsgrad eine Steigerung der Kunden- bzw Abonnentenzahlen zu fördern. Damit liegt eine geschäftliche Handlung iSd § 2 Abs. 1 Nr 1 UWG vor.

#### b) Unlauterkeitstat: vergleichende, pauschal herabsetzende, rufausbeutende oder nachahmende Werbung, § 6 Abs. 1, Abs. 2 Nr 4, 5, 6 iVm § 3 Abs. 1 UWG

Die Werbeaussage könnte als eine unzulässige Vergleichswerbung iSd § 6 Abs. 2 UWG unlauter gem. § 3 Abs. 1 UWG sein.

**aa) Werbevergleich.** Vergleichende Werbung liegt gem. § 6 Abs. 1 UWG nur vor, wenn für die angesprochenen Kunden erkennbar ist, welcher bzw welche Mitbewerber iSd § 2 Abs. 1 Nr 3 UWG oder welche der von ihm angebotenen Waren oder Dienstleistungen gemeint sind[92]. G müsste in der Werbeanzeige sein Produkt dem Produkt eines anderen Unternehmens gegenübergestellt haben („Vergleich"). In der Werbeanzeige der G wird mit der „Empfehlung" unter der Abbildung des Lottoscheins für ein „anderes Papier" auf die „WirtschaftsWoche" Bezug genommen. Durch das Wort „Geldvermehrung" wird zudem der Eindruck erfolgreicherer Verdienst- oder Gewinnmöglichkeiten bei Lektüre der in Wirtschaftsfragen versierten Wochenzeitung im Vergleich zu den Gewinnchancen beim Lottospiel erweckt. Die „anderen" Geldanlagen, die auf sachverständigen Informationen und Kenntnissen in und durch die empfohlene Wirtschaftszeitung beruhen, werden damit in Bezug gesetzt zu den (vermeintlich) weniger aussichtsreicheren Lottogewinnen. Ein Vergleich liegt daher vor.

89 Zur potenziellen Substituierbarkeit zweier heterogener Waren BGH GRUR 1972, 553 *Statt Blumen Onko-Kaffee*; BGH NJW-RR 1993, 870; BGH, NJW 1986, 379 *DIMPLE*.
90 BGH GRUR 1990, 375, 376 *Steuersparmodell*.
91 BGH 2002, 828 *Lottoschein*; Vorinstanz OLG Hamburg GRUR 2000, 243, 244 f *Lottoschein*.
92 BGHZ 138, 56, 59 *Testpreis-Angebot*; BGH, GRUR 1999, 1100, 1101 *Generika-Werbung*.

**bb) Mitbewerber.** G und L müssten **Mitbewerber** iSd § 6 Abs. 1 UWG sein. Dazu muss die Möglichkeit bestehen, dass der Absatz des einen Unternehmens auf Kosten eines anderen gefördert wird[93]. Da G und L in verschiedenen Branchen tätig sind, kommt es darauf an, ob ein durchschnittlich informierter, verständiger und aufmerksamer Verbraucher[94] eine Substitution der in Bezug genommenen Produkte ernsthaft in Betracht zieht. L bietet ein Gewinnspiel an und G gibt eine Wirtschaftszeitschrift heraus. Die Werbung der G fordert zwar unmittelbar nicht zu einer Substitution des Lottospiels durch das Lesen der „WirtschaftsWoche" auf und legt einen diesbezüglichen Austausch für den Verkehr auch nicht nahe[95]. Es wird aber mittelbar eine **Substitutionsmöglichkeit** angedeutet. Dies genügt den Anforderungen an den Mitbewerberbegriff[96]. G und L sind daher Mitbewerber. L war auch eindeutig aus der Werbeanzeige identifizierbar, so dass auch die Voraussetzung der Erkennbarkeit eines Mitbewerbers iSd § 6 Abs. 1 UWG vorlag[97].

*Andere Ansicht:* Ein durchschnittlich informierter Betrachter wird die „WirtschaftsWoche" nicht ernsthaft als Alternative zu einem Lotterielos ansehen. Er weiß, dass allein der Kauf einer Wirtschaftszeitung nicht automatisch zu einer Geldvermehrung führt, sondern allenfalls die Nutzung der gewonnenen Informationen zB durch den Erwerb von Aktien, die eine – von der Wirtschaftszeitung für möglich gehaltene – positive Börsenentwicklung erleben. Die „WirtschaftsWoche" wird nur als eines von mehreren möglichen „anderen Papieren" genannt, ohne dass ihr eine generelle Überlegenheit gegenüber allen anderen Papieren bescheinigt wird. Es wird lediglich der Vorzug angesprochen, dass man sich über Geldanlagemöglichkeiten sachlich informieren kann, statt allein auf Glück und Zufall zu vertrauen. Damit werden verschiedene Mittel und Methoden der möglichen, aber nicht sicheren Geldvermehrung genannt, die sich in der Bedeutung des Zufalls grundlegend unterschieden. Bei einem Lotterielos spricht man von einem „Glücksgewinn" und nicht von einer Geldvermehrung im wirtschaftlichen Sinne. Es fehlt daher an jeglicher Funktionsidentität und realistischer Austauschmöglichkeit in Bezug auf die gegenübergestellten Produkte[98]. Etwaige Absatzeinbußen der L in Form des Rückgangs des Lottospiels können daher nicht der G zugerechnet werden. G und L sind folglich keine Mitbewerber. Die Werbeaussage erfüllt damit nicht den Tatbestand der vergleichenden Werbung iSd § 6 Abs. 1 UWG (diese Ansicht vertrat der BGH in der zugrunde liegenden Entscheidung).

*Aufbauhinweise:* Mit diesen Ausführungen widerspricht der BGH den zur Aktivlegitimation gemachten Feststellung zum konkreten Wettbewerbsverhältnis, das er bejahte. Schon nach der alten Rechtslage konnte diese Lösung nicht befriedigen. Schließt man sich trotz widersprüchlicher Wertung des Mitbewerberbegriffs dieser Ansicht an, wäre nun zu prüfen, ob Verstöße gegen § 4 Nr 7 iVm § 3 Abs. 1 UWG wegen pauschaler Herabsetzung, gegen § 4 Nr 9 lit. b) iVm § 3 Abs. 1 UWG wegen unangemessener Ausnutzung der Wertschätzung einer nachgeahmten Ware oder Dienstleistung oder gegen § 3 Abs. 1 UWG wegen Rufausbeutung vorliegen.

Bejaht man hingegen – wie hier vertreten – den Mitbewerberbegriff und damit das Vorliegen eines Vergleichs, ist im Weiteren zu prüfen, ob die Werbeanzeige der G gegen einen der in § 6 Abs. 2 UWG aufgeführten Unlauterkeitstatbestände verstößt.

**cc) Erkennbarkeit von L.** L ist durch die Abbildung des allgemeinen bekannten Lottoscheins eindeutig identifizierbar und damit erkennbar.

93 BGH GRUR 2002, 828, 829 *Lottoschein*; Vorinstanz OLG Hamburg GRUR 2000, 243, 244 f *Lottoschein*.
94 Vgl zum Verbraucherbegriff die Ausführungen unter Rn 2 f.
95 BGH GRUR 2002, 828, 829 *Lottoschein*.
96 Zur Kongruenz der Mitbewerberbegriffe des UWG s. Rn 46–57.
97 So auch die vorinstanzliche Entscheidung des OLG Hamburg GRUR 2000, 243, 245, in der ein Werbevergleich bejaht wurde.
98 BGH GRUR 2002, 828, 829 *Lottoschein*.

**dd) Unlauterkeit.** Bei dem Geldvermehrungspotential des Lottospiels und den aufgrund der Zeitungslektüre erworbenen Kenntnissen handelt es sich um Waren (vertretbar auch Leistungen) für den **gleichen Bedarf iSd § 6 Abs. 2 Nr 1 UWG**[99]. Der Vergleich müsste sich auch auf objektive wesentliche, relevante, nachprüfbare und typische **Eigenschaften dieser Waren** (§ 6 Abs. 2 Nr 2 UWG) beziehen. Grundsätzlich bestehen keine hohen Anforderungen an einen solchen Eigenschaftsvergleich. Mit der Formulierung „ein anderes Papier" wird weder eine generelle Überlegenheit oder ein überragender Vorzug in einer bestimmten Hinsicht herausgestellt, vielmehr wird der Vorzug im Angebot des G erkennbar nur dahingehend angesprochen, sich durch die „WirtschaftsWoche" zu informieren, um so bei Geldanlagen zu Entscheidungen zu kommen, die sich nicht nur wie beim Lottospiel auf das Glück bzw den Zufall ohne weitere Einflussmöglichkeiten beschränken. Dass Chancen und Risiken unterschiedlich sein können, wird dabei nicht geleugnet. Die verglichenen Eigenschaften sind überdies charakteristisch und insoweit auch wesentlich, relevant und typisch, da es um verschiedene Mittel bzw Methoden der Geldvermehrung geht, die sich gerade in der Bedeutung des Zufalls unterscheiden. Die Anforderungen des § 6 Abs. 2 Nr 2 UWG sind damit erfüllt. Es konnte auch wegen der eindeutigen Zuordnung durch die Abbildung des Lottoscheines nicht zu Verwechslungen iSd § 6 Abs. 2 Nr 3 UWG kommen.

*Aufbauhinweis:* Bejaht man das Vorliegen eines Werbevergleichs, konzentriert sich die gesamte Prüfung auf mögliche Verstöße gegen § 6 Abs. 2 UWG. Für Verstöße gegen andere Unlauterkeitstatbestände bleibt kein Raum mehr.

**b) Unlauterkeit der geschäftlichen Handlung**

**aa) Unlauterkeit wegen Rufausbeutung, § 6 Abs. 2 Nr 4 iVm § 3 Abs. 1 UWG.** Die Werbeanzeige des G könnte wegen Ausbeutung des guten Rufs, der mit den Lottospielen der L verbunden sein muss, unlauter iSd § 6 Abs. 2 Nr 4 UWG sein und damit gegen § 3 Abs. 1 UWG verstoßen[100]. Der weithin bekannte Lottoschein ist als „prominenter Blickfang" in der Anzeige abgebildet, in der Werbeanzeige wird jedoch – so auch der BGH – in keiner Weise eine „Anlehnung" an den guten Namen des Lottospiels behauptet. G zieht sich nicht zum verglichenen Produkt „hoch", er will nicht irgendwelche Qualitäts- oder Prestigevorstellungen auf sich und die „WirtschaftsWoche" übertragen. Die Werbeaussage, wonach ein „anderes Papier" zur Geldvermehrung empfohlen wird, spricht vielmehr ausdrücklich dagegen. Unabhängig davon, welche Anforderungen an das Erwerben und Besitzen eines „guten Rufs" zu stellen sind, fehlt es jedenfalls an der Ausnutzung des weithin bekannten Lottoscheins in unlauterer Weise.

**bb) Unlauterkeit wegen Herabsetzung, § 6 Abs. 2 Nr 5 iVm § 3 Abs. 1 UWG.** Die Werbeaussage des G ist unlauter, wenn sie eine pauschale Herabsetzung des von L veranstalteten Lottospiels darstellt. Eine Herabsetzung oder Verunglimpfung der L bzw der von ihr angebotenen Lottospiele durch den Vergleich liegt vor, wenn über die bloße Kritik hinaus Umstände gegeben sind, die das Lottospiel als „sinnlose Geldverschwendung" herausstellen, die Kritik also in unangemessener Weise abfällig, abwertend oder unsachlich erscheinen lassen[101]. Die Werbeanzeige des G empfiehlt unter der Abbildung des Lottoscheins ein „anderes Papier", ohne das Lottospiel der L dadurch als bloße Geldverschwendung herauszustellen. Das Anderssein bleibt letztlich auf der Stufe einer „Binsenwahrheit" angesiedelt. Jeder weiß, dass ein bloßer Zufall beim Lottospiel über die Geldvermehrung entscheidet. Sie ist damit unwahrscheinlicher als bei der Geldanlage aufgrund fachkundiger Information durch Wirtschaftszeitungen wie zB die „WirtschaftsWoche". Damit wird aber nichts darüber gesagt, dass sich generell eine Geldvermehrung einstellt, wenn man

99 Dies ist Konsequenz der zuvor bejahten Substitution, ansonsten gelangt man zu einem widersprüchlichen Ergebnis.

100 Die Rufausbeutung ist nicht im Beispielkatalog geregelt, sie ist daher unter die Generalklausel des § 3 UWG (wie bislang im Rahmen des § 1 UWG aF) zu prüfen.

101 BGH GRUR 2002, 828, 830 *Lottoschein*.

nur häufig genug die „WirtschaftsWoche" liest und stattdessen auf das Lottospiel verzichtet. Gegen eine abfällige Kritik spricht auch das Wortspiel mit dem Lottoschein (aus Papier) und den in Wirtschaftsmagazinen empfohlenen Wertpapieren (ebenfalls aus Papier). Die Aussage „Unsere Leser verstehen was von Geldanlagen" ist nicht in dem Sinne zu verstehen, dass derjenige, der Lotto spielt, von Geldanlagen nichts versteht. Andernfalls würde Werbung durch positives Herausstellen des eigenen Produktes erschwert oder unmöglich gemacht. Werbung lebt zu einem nicht unbedeutenden Teil von Ironie und Humor, die allenfalls Aufmerksamkeit und Schmunzeln erzielen, ohne dass das Produkt wie hier das Lottospiel der L abgewertet wird, denn der angesprochene Verkehr nimmt die Aussage nicht wörtlich oder ernst.

**cc) Unlauterkeit wegen Nachahmung einer anderen Ware, § 6 Abs. 2 Nr 6 iVm § 3 Abs. 1 UWG.** Da G sein eigenes Produkt (Zeitung) nicht als Imitation oder Nachahmung des Produktes des der L (Lottoschein) darstellt, sondern beide Produkte in ihrer unterschiedlichen Ausgestaltung lediglich bildlich gegenübergestellt werden, liegt ein Verstoß gegen § 6 Abs. 2 Nr 6 UWG nicht vor (gut vertretbar ist es auch, diesen Tatbestand gar nicht zu prüfen).

**c) Zwischenergebnis**

Es fehlt an einer Unlauterkeitstat.

### 2. Zwischenergebnis

Damit ist bereits der objektive Tatbestand einer unlauteren geschäftlichen Handlung nicht gegeben.

### IV. Ergebnis

Eine unzulässige geschäftliche Handlung iSd § 3 Abs. 1 UWG liegt nicht vor.

### B. Gesamtergebnis

Der Unterlassungsanspruch der L ist nicht gegeben.

# § 7 Unzumutbare Belästigungen, § 7 UWG

230 § 7 UWG erfasst alle Handlungen, die ihrer **Art und Weise** nach belästigend sind, unabhängig von ihrem Inhalt. Wird ein Marktteilnehmer in unzumutbarer Weise belästigt, begründet dies den Unlauterkeitsvorwurf des § 7 Abs. 1 UWG. Die Belästigungs-Generalklausel des § 7 Abs. 1 UWG erstreckt sich generell auf alle **Marktteilnehmer**, mithin nicht nur auf Mitbewerber und Verbraucher, sondern auf alle Anbieter und Nachfrager iSd Legaldefinition des § 2 Abs. 1 Nr 2 UWG.

231 § 7 UWG ist durch die Novelle 2008 zum **selbständigen Verbotstatbestand** geworden. Das bedeutet, der Belästigungstatbestand ist von § 3 UWG entkoppelt. Die Unzulässigkeitsvoraussetzungen ergeben sich nunmehr unmittelbar aus dem neu gefassten

Abs. 1 S. 1: geschäftliche Handlung, Belästigung, Unzumutbarkeit. Die **Bagatellschwelle des § 3 Abs. 1 UWG** gilt damit im Rahmen des § 7 UWG **nicht**[1]. Eine andere Regelung würde zu einer Dopplung führen, da § 7 UWG mit der **Unzumutbarkeit eine eigene Bagatellschwelle** enthält. In § 7 Abs. 1 S. 2 UWG, der den **§ 7 Abs. 2 Nr 1 UWG** (2004) ersetzt, wird ein **„insbesondere"-Fall** aufgenommen. Danach gilt eine **„Werbung"** als belästigend, wenn erkennbar ist, das der angesprochene Marktteilnehmer diese Werbung nicht wünscht. Damit enthält § 7 Abs. 1 UWG **zwei gestufte Generalklauseln**: in S. 2 einen häufigen Beispielfall und in S. 1 den Auffangtatbestand für andere Formen als Werbung, die als in unzumutbarer Weise als belästigend empfunden wird. Die Unzumutbarkeitsschwelle ist in beiden Fällen zu prüfen.

**§ 7 Abs. 2 UWG** enthält **Anwendungsfälle unzumutbarer Werbung** in denen die Unzumutbarkeitsschwelle des Abs. 1 S. 1 nicht anwendbar ist, da es sich um **„stets"-Unzumutbarkeitsfälle** vergleichbar den per-se-Verboten des Anhangs zu § 3 Abs. 3 UWG handelt. Ist also einer der Tatbestände von § 7 Abs. 2 Nr 1–4 UWG gegeben, ist ohne Wertungsmöglichkeit von einer unzumutbaren Belästigungshandlung und damit der Unzulässigkeit der geschäftlichen Handlung auszugehen (Ges.-Begr. S. 57). **§ 7 Abs. 1 Nr 1 UWG** setzt die Verwendung eines **Kommunikationsmittels, das zum Fernabsatz geeignet** und nicht in den Nr 2 und 3 aufgeführt ist, voraus. Geschützt werden allein **Verbraucher**. Es gilt der besondere Maßstab des **„hartnäckigen Ansprechens"**. **§ 7 Abs. 2 Nr 2 UWG** erfasst Telefonanrufe und dient der Umsetzung von Nr 26 des Anhangs I der UGP-RL. Er weicht aber insofern von der Vorgabe ab, als bereits der erste unerwünschte, dh ohne vorherige Zustimmung vorgenommene Werbeanruf (**„ein" Telefonanruf**) unzulässig ist (**„opt-in"-System**), während Nr 26 ein „hartnäckiges und unerwünschtes Ansprechen über Telefon" verlangt. Geschützt sind sowohl Verbraucher wie sonstige Marktteilnehmer, allerdings mit unterschiedlichen Maßstäben. Nach § 7 Abs. 2 Nr 2 1. HS UWG sind die **Verbraucher** vor telefonischer Werbung geschützt, soweit eine **vorherige ausdrückliche Einwilligung** nicht vorliegt. **Sonstige Marktteilnehmer** sind vor telefonischer Belästigung geschützt, als eine **zumindest mutmaßliche Einwilligung** ihrerseits nicht vorliegt[2]. Für beide gilt aber gleichermaßen die scharfe Regelung des ersten Anrufs. § 7 Abs. 2 Nr 3 und Nr 4 UWG richten sich generell an **„Adressaten"** von Werbung unter Verwendung einer automatischen Anrufmaschine, eines Faxgerätes oder elektronischer Post bzw an **„Adressaten"** von Werbung mit einer Nachricht. Dabei gilt die Werbung iSd Nr 3 als unzulässig, wenn diese ohne eine **vorherige ausdrückliche Einwilligung** erfolgte. Dieser hohe Maßstab gilt ohne Unterscheidung nach Verbrauchern und sonstigen Marktteilnehmern generell für alle Adressaten, wobei die Ausnahmen des Abs. 3 zu berücksichtigen sind. Hinsichtlich des Nachrichtenempfangs in Nr 4 ist kein Einwilligungs-Maßstab vorgesehen. Die Pluralformen in Nr 1–4 wurden weitgehend durch 232

1 Anders noch OLG Nürnberg WRP 2007, 201 f.

2 § 7 Abs. 2 Nr 2 UWG wurde insofern konkretisiert durch das Gesetz zur Bekämpfung unerlaubter Telefonwerbung und zur Verbesserung des Verbraucherschutzes bei besonderen Vertriebsformen v. 29.7.2009, BGBl. I v. 3.8.2009, S. 2413, durch welche zugleich der Ordnungswidrigkeitstatbestand des § 20 Abs. 1 eingefügt wurde, verbunden mit der Sanktionsandrohung einer Geldbuße von bis zu 50 000 €.

Singularformen („dessen" statt „deren", „ein" Verbraucher, Marktteilnehmer) ersetzt, um den strengen Maßstab der Singularität (ein Anruf etc) hervorzuheben. Sachlich soll damit keine Änderung verbunden sein[3]. Der unverändert in **Abs. 3** normierte Ausnahmetatbestand bezieht sich nur auf die spezielle Belästigungsform des § 7 Abs. 2 Nr 3 UWG und ist an vier Voraussetzungen geknüpft, die kumulativ vorliegen müssen.

*Aufbauhinweis:* Handelt es sich möglicherweise um eine belästigende geschäftliche Handlung, ist zunächst zu prüfen, ob diese unter einen der per-se-Unzumutbarkeitsfälle des § 7 Abs. 2 UWG passt, wobei im Falle der Nr 3 die Ausnahmevoraussetzungen nach Abs. 3 zu beachten sind, die den Per-se-Unzulässigkeitsvorwurf entfallen lassen können. Liegt kein Fall des Abs. 2 vor, handelt es sich aber gleichwohl um Werbung, ist zu prüfen, ob gegen Abs. 1 S. 2 verstoßen wurde. Liegt keine Werbung vor, ist letztlich zu prüfen, ob eine Unlauterkeit nach Abs. 1 S. 1 gegeben ist. Handelt es sich offenkundig nicht um Werbung, kann gleich in die Prüfung der Generalbelästigungsklausel des Abs. 1 S. 1 eingestiegen werden, da alle anderen Tatbestände des § 7 UWG an den Werbebegriff geknüpft sind. In diesem Fall greift das Vorrangsprüfungsgebot bzgl der Per-se-Tatbestände des Abs. 2 nicht.

## I. Objektiver Tatbestand: Unzulässige geschäftliche Handlung, § 7 Abs. 1 UWG

### 1. Geschäftliche Handlung, § 2 Abs. 1 Nr 1 UWG

233 Vgl dazu die Ausführungen unter Rn 173–178. Zu den geschäftlichen Handlungen iSd § 7 Abs. 1 UWG zählen auch Nachfragehandlungen, und zwar auch solche, die sich an Gewerbebetreibende oder Freiberufler richten[4].

### 2. Unzumutbare Belästigung, § 7 Abs. 1 UWG

#### a) Belästigung

234 Belästigung verlangt eine aufdringliche geschäftliche Handlung, durch die sich der Angesprochene oder Angeschriebene so unter Druck gesetzt fühlt, dass er sich aus unsachlichen Gründen zu einem Vertragsabschluss bewegen lässt. Erfasst werden aber nicht nur die Fälle, in denen es zu einem Kauf oder der Inanspruchnahme einer entgeltlichen Dienstleistung kommt, sondern es genügt die Belästigung selbst, zu einer Beeinflussungs- oder Überrumpelungsfolge muss es nicht erst kommen. § 7 Abs. 1 S. 1 UWG ist anders als die in § 7 Abs. 2 UWG aufgeführten Anwendungsfälle und dem in § 7 Abs. 1 S. 2 UWG aufgenommen Beispieltatbestand der erkennbar unerwünschten Werbung nicht auf Werbung beschränkt. So kann etwa die Aufforderung zu einer **Meinungsäußerung** unter die für § 7 Abs. 1 S. 1 UWG genügende geschäftliche Handlung fallen, wenn zur Meinungskundgabe eine sog. **Mehrdienstenummer** gewählt werden muss.

---

3 Vgl Ges.-Begr. S. 59.

4 BGH WRP 2008, 1328, 1329 *Faxanfrage im Autohandel*; BGH WRP 2008, 1330, 1331 f *FC Troschenreuth*; Anm. *Köhler*, GRUR 2008, 927 f; Anm. *Schulze zur Wiesche*, MMR 2008, 664 ff.

Der **Tatbestand der erkennbar unerwünschten Werbung (§ 7 Abs. 1 S. 2 UWG)** knüpft hingegen an den Werbebegriff an. Zur **„Werbung"** zählen alle Maßnahmen, die dazu beitragen, ein Unternehmen beim Verbraucher bekannt zu machen (s. genauer zum Werbebegriff unter Rn 198). Wird gegen den erkennbaren Willen des Empfängers geworben, stellt dies grundsätzlich eine unzumutbare Belästigung dar. Damit werden alle Formen der Belästigung erfasst, die nicht unter die konkreter in § 7 Abs. 2 Nr 1–4 UWG geregelten Tatbestände fallen und in denen der Angesprochene oder Adressat deutlich gemacht hat, dass er nicht mit dem „Bewerben" einverstanden ist. Darunter kann das **Ansprechen auf öffentlicher Straße**, die **„Scheibenwischerwerbung"** oder die **Verletzung des Pietätsgefühls** fallen[5] sowie die vielfältigen Formen der **Direktwerbung**, soweit sie nicht durch § 7 Abs. 2 UWG erfasst werden. Von § 7 Abs. 1 S. 2 UWG erfasst wird des Weiteren das **Zusenden unbestellter Ware**, es sei denn, dies geschah erkennbar versehentlich und nicht zu Werbezwecken. Für letzteren Fall könnte es allenfalls gegen § 7 Abs. 1 S. 1 UWG verstoßen. Gerade die beiden zuletzt genannten Belästigungsformen sind dadurch gekennzeichnet, dass ein entgegenstehender Wille nicht vor „Zugang" der Werbung bekannt gegeben werden kann, so dass das Erkennen des Nichterwünschtseins schwer zu begründen ist. In diesen Fällen soll es laut Gesetzesbegründung – die allerdings insofern keinen wirklich hilfreichen Hinweis gibt – auf den Einzelfall ankommen[6]. Anhand des Belästigungstatbestandes wird sich die in der Rechtsprechung herausgebildete Auslegung voraussichtlich fortsetzen. Das **gezielte, individuelle Ansprechen** wird weiterhin wettbewerbswidrig sein, während die **ungezielte Ansprache** eines größeren Publikums als lauter durchgeht, wie der BGH in einer aktuellen Entscheidung noch einmal bestätigt hat[7]. Dies wird damit begründet, dass bei der persönlichen Ansprache die Ruhe fehle, das Angebot sachlich zu prüfen, vielmehr würden sich die Angesprochenen in eine subjektive Zwangslage versetzt und sich überrumpelt und damit belästigt fühlen, zudem steige bei einem nicht unerheblichen Teil des Verkehrs der Wunsch nach „werbefreien Zonen", was zu berücksichtigen sei. Meines Erachtens ist es bedauerlich, dass der Gesetzgeber – offenbar aber im Einklang mit der höchstrichterlichen Rechtsprechung – harmlosere Belästigungsformen wie insbesondere das Ansprechen auf der Straße, als „Eingriffe" – über die sich jedermann in der Regel leicht hinwegsetzen kann (viel leichter als über ein Ansprechen an der Haustür), ohne dass er sich zum Anhalten, Zuhören oder gar zu Kaufentschlüssen veranlasst oder gezwungen sieht – dem weiten Tatbestand des § 7 Abs. 1 S. 2 UWG unterordnen will. 234a

### b) Unzumutbarkeit

Die Belästigung ist nur unlauter, wenn sie **unzumutbar** ist, dh eine Belästigung muss sich „zu solcher Intensität verdichtet haben, dass sie von einem Großteil der Verbrau- 235

5 Ges.-Begr. S. 59; OLG München WRP 2008, 380 ff *Friedhofswerbung*; bzgl. einer **Werbung für Grabmale**, die zwei Wochen nach dem Todesfall auf dem Postweg erfolgt, verneinte der BGH (GRUR 2010, 1113 ff) eine unzulässige Belästigung der Hinterbliebenen iSd § 7 Abs. 1 S. 1 UWG.
6 BT-Drs. 15/1487, S. 21.
7 ZB BGH GRUR 2004, 699, 670 f *Ansprechen in der Öffentlichkeit* (durch Anbieter von Telekommunikationsdienstleistungen, um die Passanten zum Abschluss von Pre-Selection-Verträgen zu bewegen).

cher als unerträglich empfunden wird"[8]. Eine Unzumutbarkeit wird regelmäßig nur bei wiederholten, planmäßigen Verstößen vorliegen, es sei denn, eine einzelne Belästigung war objektiv so intensiv, dass sie als unzumutbar einzustufen ist. Gegen eine unzumutbare Belästigung spricht zB, wenn ein Unternehmer eine Website betreibt, auf der er sich der Öffentlichkeit präsentiert und eine E-Mail-Adresse angibt. Er muss damit rechnen, dass ihn unter dieser Adresse Anschreiben erreichen, die Anfragen zu seinem Betrieb, aber auch Werbemaßnahmen betreffen. So muss ein Sportverein zB damit rechnen, dass er nicht nur Anfragen zum Spielangebot, sondern auch zur **Bannerwerbung** erhält. Da Sportvereine zudem auf die Einnahmen aus Bannerwerbung angewiesen sind, können potentielle Werbeinteressenten davon ausgehen, dass ihre Anfragen begrüßt werden. Enthält eine E-Mail also ein entsprechendes Angebot, liegt darin keine unzumutbare Belästigung iSd § 7 Abs. 1 S. 1 UWG (dazu, dass der zuvor zu prüfende per-se-Unlauterkeitstatbestand des § 7 Abs. 2 Nr 3 UWG ebenfalls nicht gegeben ist, s. Rn 250). Die Unzumutbarkeitsschwelle sorgt somit dafür, dass nicht jede geringfügige Belästigung ausreicht, um einen Unlauterkeitsvorwurf zu begründen.

#### c) Sonderfall: Abwerben von Mitarbeitern oder Arbeitnehmern

**236** Wird das „Werben" um Mitarbeiter als Werbung angesehen, kann es unter § 7 Abs. 2 Nr 2 UWG als den wohl häufigsten Fall des Abwerbens mittels Telefonanruf oder unter Nr 3 fallen, falls das Abwerben mittels der dort genannten Kommunikationsmittel erfolgte. Es kommt dann darauf an, ob ein mutmaßliches Einwilligen (Nr 2) bzw eine vorherige ausdrückliche Einwilligung (Nr 3) vorlag (dazu näher Rn 244–248 und Rn 249–252). Geschieht das Abwerben mittels eines Briefes ist der Anwendungsbereich der Nr 1 eröffnet. Da dieser nur gegenüber Verbrauchern gilt, greift er beim Abwerben von Mitarbeitern und Arbeitnehmern nicht, auf das Abwerben von Kunden ist er hingegen anwendbar. Sind diese vorrangig zu prüfenden Tatbestände des § 7 Abs. 2 UWG nicht gegeben, ist das Abwerben von Mitarbeitern im Rahmen des § 7 Abs. 1 S. 2 UWG zu prüfen. Dann müsste es sich zunächst bei dem Abwerben bzw dem Abwerbeversuch um Werbung handeln. Zur Werbung zählen alle Maßnahmen, die dazu beitragen, ein Unternehmen beim Verbraucher bekannt zu machen, zur Werbung gehören auch alle Handlungen, die mittelbar der Verbesserung der eigenen Wettbewerbsposition dienen[9]. Da die Wettbewerbsfreiheit grundsätzlich auch die personelle „Ausstattung" eines Unternehmens umfasst und das Werben um Mitarbeiter und Arbeitnehmer daher wettbewerblich motiviert sein kann und Unternehmen überdies keinen Anspruch auf den status quo ihres Mitarbeiterstabes haben, wird das **Abwerben von Mitarbeitern** in der Rechtsprechung als **grundsätzlich zulässig** angesehen[10].

---

8 BT-Drs. 15/1487, S. 20 f.

9 Würde man das Abwerben von Mitarbeitern nicht als Werbung ansehen, würde die folgende Prüfung mit den Maßstäben des erkennbaren Unerwünschtseins und der Zumutbarkeit im Rahmen von § 7 Abs. 1 S. 1 UWG erfolgen.

10 Dies entschied der BGH schon 1961 in der *Spritzgussmaschine*-Entscheidung, GRUR 1961, 482; das LG Osnabrück spricht pathetisch, im fast schon sozialistisch anmutenden Sinne vom „Produktionsfaktor Arbeit", das An- und Abwerben fremder Arbeitskräfte sei Ausdruck des freien Wettbewerbs um diesen Faktor, EWiR 1995, 921.

Zulässig sind auch planmäßige und professionelle Abwerbungsversuche[11], das Zusichern eines höheren Lohns oder besserer Aufstiegschancen[12]. Als zulässig wird sogar der Anruf in den privaten Wohnräumen angesehen (vgl dazu den Fall ***Häusliche Kontaktaufnahme***, Rn 422 f). Die **Unzumutbarkeitsschwelle** der Belästigung ist dann erreicht, wenn nach einzelfallbezogener Abwägung zwischen den Interessen der umworbenen Mitarbeiter, des konkurrierenden Unternehmens und der Allgemeinheit am funktionierenden Wettbewerb feststeht, dass der **Zweck** oder/und die **Mittel** des Abwerbens sowie die **Motivation des Werbenden** verwerflich sind[13]. Die Verwerflichkeit wird zB bejaht bei **Versprechen**, deren Einlösung gegen ein **gesetzliches Verbot** verstoßen würde (Versprechen eines unzulässigen Personalrabatts)[14], beim **Verleiten zum Vertragsbruch**, wenn der Anrufer mit der vertraglichen Bindung des Mitarbeiters rechnen muss[15] oder wenn der Mitarbeiter seine **Arbeit** nach dem werbenden Anruf **grundlos einstellt** oder eine **Kündigung** seitens des Arbeitgebers **provoziert**. Wird hingegen ein bereits **begangener Vertragsbruch** des Mitarbeiters gegenüber seinem Arbeitgeber seitens des werbenden Unternehmens lediglich **ausgenutzt**, genügt dies ebenso wenig für den Vorwurf der Unzumutbarkeit wie das **Verleiten zu einer ordnungsgemäßen Vertragsauflösung**, das als einer Marktwirtschaft adäquates Mittel angesehen wird[16]. Auch hinsichtlich des **Rückwerbens** kann das Abwerben, wenn sie als Abwehr einer (früheren) unzulässigen Abwerbung durch den Mitbewerber dient, zumutbar und damit lauter sein[17].

Verfolgt das abwerbende Unternehmen **planmäßig** eine ernstliche Behinderung des Konkurrenten, indem es durch **systematisches Abwerben von mehreren Mitarbeitern** in kurzem Zeitraum dessen Existenz gefährdet oder führt dieses Verhalten zu einer ernsthaften Störung des Geschäftsbetriebs, begründet dies in erster Linie den Unlauterkeitsvorwurf der **gezielten Mitbewerberbehinderung (individuelle Mitbewerberbehinderung)**, der nach der Novellierung des UWG ausdrücklich, und zwar in **§ 4 Nr 10 UWG** normiert ist (vgl Rn 394, 399–401, 422 f)[18]. Ob daneben auch eine Belästigung des einzelnen umworbenen Mitarbeiters vorliegt, ist einzelfallabhängig. Auch hinsichtlich der Behinderung des Mitbewerbers kommt es stets auf den **Einzelfall** an: Wie groß ist das Unternehmen, dessen Mitarbeiter abgeworben wurden? Wie viele Mitarbeiter wurden in welchem zeitlichen Rahmen abgeworben? Wie groß ist der relevante Markt und wie hoch ist die Wettbewerbsintensität auf diesem Markt? **237**

*Aufbauhinweis:* Die Einzelfallabwägungen zur Zulässigkeit oder Unzulässigkeit des Abwerbens von Mitarbeitern erfolgen im Rahmen der **Zumutbarkeitsprüfung**.

---

11 BGH GRUR 1966, 263 *Bau Chemie*; *Kling/Thomas*, S. 38 f mit weiteren Beispielen.
12 BGH GRUR 1961, 482 *Spritzgussmaschine*; BGH GRUR 1966, 263 *Bau-Chemie*.
13 BGH GRUR 1966, 263, 264 *Bau-Chemie*; OLG Frankfurt a.M., OLGR Frankfurt 2000, 169; LG Heilbronn BB 1999, 1840.
14 BGH GRUR 1984, 129 = WM 1984, 346 *shop in the shop*.
15 BGH GRUR 1961, 482 *Spritzgussmaschine*; OLG Stuttgart WRP 2000, 318, 320.
16 OLG Köln, WRP 1984, 571.
17 BGH GRUR 1971, 259, 261 *W.A.Z.*
18 BGH GRUR 1966, 263, 264 *Bau-Chemie*; OLG Stuttgart WRP 1993, 780.

238 Das **Abwerben von Kunden** ist grundsätzlich als möglicher Verstoß gegen § 4 Nr 10 UWG zu prüfen, da im Vordergrund nicht die Behelligung des Verbrauchers oder sonstiger Marktteilnehmer steht, sondern der Angriff auf den Mitbewerber, so dass bei gezielter Behinderung des Mitbewerbers, etwa bei systematischer Abwerbung, der Unlauterkeitsvorwurf erfüllt sein kann (s. dazu Rn 394, 399–401). Auch in diesen Fällen können aber Verbraucherinteressen verletzt und der Belästigungstatbestand verwirklicht sein (s. dazu folgenden Aufbauhinweis).

*Aufbauhinweis:* Im Falle des Abwerbens von Mitarbeitern oder Kunden ist stets in zwei Schutzrichtungen zu denken, die des Verbrauchers, der möglicher Weise einer unzumutbaren Belästigung nach § 7 UWG ausgesetzt ist, und die des Mitbewerbers (Arbeitgeber oder sonstiges Konkurrenzunternehmen), der sich als Opfer eines gezielten Angriffs (§ 4 Nr 10 UWG) sieht. Eine Einschränkung ist nur dann vorzunehmen, wenn sich dies aus der „Anspruchsstellerstellung" ergibt. Fragt ein Mitbewerber nach seinen Ansprüchen, sind nur diese (§ 4 Nr 10 UWG) zu prüfen (dazu Rn 401). Fragt ein Verbraucherverband nach Verstößen wegen der Verletzung von Verbraucherinteressen, ist § 7 UWG und ggf §§ 5, 5a und § 4 Nr 1, 2 UWG zu prüfen, § 4 Nr 10 UWG hingegen nicht. Wird allgemein nach dem möglichen Vorliegen von Unlauterkeitsverstößen gefragt, ist in den Abwerbefällen sowohl § 4 Nr 10 wie auch §§ 7, 5, 5a und § 4 Nr 1, 2 UWG zu prüfen.

*Literaturhinweis: Sosnitza/Kostuch*, Telefonische Mitarbeiterabwerbung am Arbeitsplatz. Ein Beitrag zum Verhältnis von §§ 3, 4 Nr 10 und 7 Abs. 2 Nr 2 UWG, WRP 2008.

#### d) Sonderfall: Einsatz von Laienwerbern

239 Werden Privatleute von Gewerbetreibenden außerhalb eines festen Angestelltenverhältnisses, in der Regel durch Einzelaufträge im Rahmen eines Werkrahmenvertrages, beauftragt, Waren zu vertreiben, und erhalten sie für jeden erfolgreichen Verkauf Prämien oder Provisionen, spricht man von Laienwerbern. Den Einstieg beginnen die Laienwerber typischer Weise damit, dass sie die Waren (Tupperware[19], Kreditkarten[20], Sammelbesteller von Versandhäusern) oder Leistungen (Versicherungen, Kosmetikberatung) im Freundes- und Verwandtschaftskreis, unter Arbeitskollegen oder Vereinsmitgliedern anbieten. Der Einsatz von Laienwerbern ist nach der Rechtsprechung des BGH zwar **generell zulässig** (zB die Vermittlung von Kreditkartenkunden gegen Zahlung einer Prämie von 25 €), der Tatbestand der unzumutbaren Belästigung des Umworbenen kann aber erfüllt sein, wenn die **besondere Nähe des Werbenden zu dem Umworbenen ausgenutzt** wird. Dadurch, dass sie in einem persönlicheren Verhältnis zueinander stehen, sehen sich die Umworbenen eher genötigt, Waren oder Leistungen zu erwerben. Nutzen die Werbenden das persönliche **Freundschafts-, Verwandtschafts- oder Arbeitsverhältnis** und damit ein Vertrauensverhältnis für den Absatz ihrer Produkte aus, ist dies unlauter[21]. Unzulässig ist zB eine Prämie von 500 € für die Vermittlung von Bauplätzen an einen Makler oder die Vermittlung von Autokunden gegen eine Prämie von 50 €. Die Unlauterkeit wird vor allem unter dem Begriff der **Kommerzialisierung der Privatsphäre** begründet, wobei die Höhe der

19 S. dazu den Fall ***Tupperware***, Rn 256 f.
20 BGH GRUR 1991, 150, 151 *Laienwerbung für Kreditkarten.*
21 BGH GRUR 1991, 150 *Laienwerbung für Kreditkarten*; BGH WRP 2002, S. 676, 678 *Werbefinanzierte Telefongespräche*, vgl auch den Fall ***Tupperware***, Rn 256 f; *Kling/Thomas*, S. 44 f; *Lettl*, Rn 237 ff.

Prämie und das Verhältnis der Prämie zu der vertriebenen Ware oder angebotenen Dienstleistungen entscheidende Faktoren sind. In Betracht kommt eine Unlauterkeitstat wegen unzumutbarer Belästigung nach § 7 Abs. 1 S. 2 UWG (vorausgesetzt, es handelt sich um Werbung und der Empfänger lässt erkennen, dass er diese nicht wünscht) oder wegen Verstoßes gegen § 7 Abs. 1 S. 1 UWG (zur Laienwerbung s. auch Rn 322a).

Im Rahmen des Tatbestandes der erkennbar unerwünschten Werbung (§ 7 Abs. 1 S. 2 UWG) werden allerdings nur die Fälle eines Einsatzes von Laienwerbern als unlauter angesehen, in denen der Angesprochene zu erkennen gegeben hat, dass er nicht an dem Erwerb des Produktes oder der Dienstleistung interessiert ist („erkennbar ... nicht wünscht"). Hinzu kommt im Falle der Unlauterkeit nach S. 1 wie nach S. 2 das Prüfen der **Unzumutbarkeitsschwelle**, die nicht zu niedrig angesetzt werden sollte[22]. **240**

Ergänzend oder ausschließlich, falls eine unzumutbare Belästigung nicht vorliegt, können Verstöße wegen Ausnutzung der Leichtgläubigkeit des Empfängers (§ 4 Nr 2 UWG), wegen Verschleierung des Werbecharakters (§ 4 Nr 3 UWG) oder wegen Erzeugens einer unangemessenen Drucksituation (§ 4 Nr 1 UWG) in Betracht kommen. Etwa, wenn sich der Empfänger gezwungen fühlt, das vermittelte und angepriesene Produkt aus Gründen der emotionalen Verbundenheit, nicht aber aus rationalen Gründen, zu kaufen oder eine Dienstleistung zu beziehen. Möglich ist auch ein Verstoß gegen § 5 Abs. 1 S. 2 Nr 3 UWG, wenn dem Vermittler die notwendige Sachkunde fehlt, er dies aber gegenüber dem potenziellen Verkaufspartner nicht zu erkennen gibt, sondern eine solche vortäuscht („Befähigung" des Untenehmers) und der Betroffene dadurch irregeführt wird. **241**

*Aufbauhinweis:* § 7 Abs. 1 S. 2 UWG ist stets in Verbindung mit S. 1 zu prüfen, da sich der Unzumutbarkeitsmaßstab erst aus S. 1 ergibt.

*Literaturhinweis: Emmerich*, § 13 III 4 (S. 252 f) mit zahlreichen Nachweisen in Fn 72; *Nippe*, Belästigende Wettbewerbshandlungen – Tatbestände, Rechtfertigungsgründe, Rechtsprechung, WRP 2007, 19 ff; s. weitere Literaturangaben zu den jeweiligen Per-se-Unzumutbarkeitsbelästigungstatbeständen des § 7 Abs. 2 UWG.

## 3. Per se unzumutbare belästigende Werbung, § 7 Abs. 2 UWG

In § 7 Abs. 2 UWG werden die nach Ansicht des Gesetzgebers auffälligsten und häufigsten Formen unzumutbarer Belästigungen geregelt. **242**

### a) Werbung mittels Einsatzes von „traditionellen" Fernkommunikationsmitteln, § 7 Abs. 2 Nr 1 UWG

§ 7 Abs. 2 Nr 1 UWG setzt wie § 7 Abs. 1 S. 2 UWG Werbung voraus (s. zum Begriff Rn 234, 198). Erfasst werden **Werbewurfsendungen** wie zB Briefsendungen, Pros- **243**

22 Kritisch äußert sich *Emmerich*, § 13 III 4, gegenüber der Tendenz der Rspr hin zu einem rigorosen Verbot der Laienwerbung. Letztlich würden damit nicht die einzelnen Verbraucher oder die Allgemeinheit geschützt, sondern die etablierten Unternehmen, da diese andere Werbemöglichkeiten hätten.

pekte und Kataloge. Diese werden dann als „hartnäckig“ gelten, wenn ein entgegenstehender Wille mitgeteilt wird oder aus den Umständen erkennbar ist („erkennbar nicht wünscht“) und gleichwohl wiederholt dagegen verstoßen wird. So begründen erst wiederholte, planmäßige Verstöße einen Unlauterkeitsvorwurf. Das Merkmal der Hartnäckigkeit ist also sinnvoller Weise im Zusammenhang mit dem Erkennen des Nichterwünschtseins zu prüfen. Wird ein Empfänger über andere als die in § 7 Abs. 2 Nr 2 und 3 UWG genannten Kommunikationsmittel von einem Mitbewerber des Unternehmens, in dem er beschäftigt ist, „umworben“, um ihn als Mitarbeiter zu gewinnen, kann § 7 Abs. 2 Nr 1 UWG verletzt sein. Es gelten dann hinsichtlich der Zulässigkeit des **Abwerbens von Mitarbeitern** die gleichen Grundsätze wie sie im Rahmen des in der Praxis am häufigsten vorkommenden Falls des telefonischen Abwerbens gelten (zum **mutmaßlichen Einverständnis** bezüglich eines „abwerbenden“ Telefonanrufs im privaten Bereich s. dazu unten den Fall ***Häusliche Kontaktaufnahme***, Rn 422 f). Es ist danach nicht unlauter, wenn ein Arbeitnehmer von einem Personalberater am Arbeitsplatz in einem Telefongespräch, das einer ersten Kontaktaufnahme gilt, nach seinem Interesse an einer neuen Stelle befragt und diese kurz (in wenigen Minuten) beschreibt, denn dadurch wird der Arbeitnehmer in „seiner Konzentration auf die Arbeit“ nicht oder nur unwesentlich beeinträchtigt[23]. Eine unlautere geschäftliche Handlung liegt erst bei Störung des betrieblichen Arbeitsablaufs vor, etwa wenn sich der anrufende Personalberater über das Desinteresse des Arbeitnehmers an einer Gesprächsaufnahme hinwegsetzt oder das Gespräch über eine knappe Stellenbeschreibung ausdehnt. Dabei macht es keinen Unterschied, ob bei Nutzung der dienstlichen Telefoneinrichtungen Festnetz- oder Mobiltelefone genutzt werden[24].

#### b) Werbung mit „einem" Telefonanruf gegenüber einem Verbraucher ohne dessen vorherige ausdrückliche Einwilligung bzw einem sonstigen Marktteilnehmer ohne dessen zumindest mutmaßliche Einwilligung, § 7 Abs. 2 Nr 2 UWG

**244** Nach § 7 Abs. 2 Nr 2 UWG wirbt belästigend, wer **Verbraucher** ein einziges Mal (!) anruft, ohne dass diese in die Behelligung mit Werbeanrufen eingewilligt haben. **Einwilligung** verlangt dabei stets die Mitteilung des **vorherigen ausdrücklichen Einverständnisses (opt-in-Lösung)**. Gegenüber Verbrauchern, die nicht zuvor ausdrücklich ihre Einwilligung erklärt haben, zu Werbezwecken angerufen zu werden, ist ein unerbetener Anruf daher unlauter. Damit wurden die Grundsätze der Rechtsprechung zu unaufgeforderter Telefonwerbung übernommen[25] und zugleich die Vorgaben von Art. 13 Abs. 3 der **Datenschutzrichtlinie für elektronische Kommunikation** umgesetzt[26], die allerdings den Mitgliedstaaten die Wahl ließen zwischen der **opt-in-Lö-**

23 Vgl BGH WRP 2004, 1017, 1019 f *Direktansprache am Arbeitsplatz*; vgl *Hönn*, S. 44 ff (Fall 1).
24 BGH GRUR 2006, 426 f *Direktansprache am Arbeitsplatz II.*
25 BGH DB 2008, 57 ff = WM 2008, 44 ff *Suchmaschineneintrag*; Anm. *Gloy*, BGH EWiR § 7 UWG 1/08, 125.
26 Vgl nur BGH GRUR 2004, 520 f *Telefonwerbung für Zusatzeintrag*; OLG Frankfurt/M. GRUR-RR 2004, 254 f *Berliner Anwaltsspiegel.* RL 2002/58/EG des Europäischen Parlaments und des Rates vom 12.7.2002 über die Verarbeitung personenbezogener Daten und den Schutz der Privatsphäre in der elektronischen Kommunikation, ABl. EG 2002 Nr L 201/37, 46.

**sung** und der weniger restriktiven opt-out-Lösung. Während die meisten EU-Staaten sich für die „liberalere und wirtschaftsfreundliche" opt-out-Lösung entschieden, die besagt, dass derjenige, der nicht angerufen werden möchte, dies im Verlauf des Telefonats äußern kann, hat Deutschland den restriktiveren Weg der opt-in Lösung gewählt. Damit werden vor allem Marktneulinge gegenüber ihren Konkurrenten nicht nur in Deutschland, sondern auch in den anderen Mitgliedstaaten benachteiligt. Für sie bietet die Telefonwerbung eine günstige und direkte Werbeform, um sich überhaupt einen Marktzugang zu erschließen. Bleibt ihnen dieser Weg versperrt, können sie nur über aufwendige, teure Marketingmaßnahmen den Kontakt zu potenziellen Kunden suchen. Gerade diesen Unternehmen ist es aber unmöglich, flächendeckende kostenintensive Werbekampagnen zu starten, um auf diesem Wege ein erstes mögliches Interesse der Verbraucher zu wecken und in ihnen die Bereitschaft reifen zu lassen, zwecks Werbung angerufen zu werden. Hinzu kommt, dass kaum ein Verbraucher, wird er erst danach gefragt, erklärt, jederzeit gern angerufen und regelmäßig mit Angeboten übersät zu werden. Er wird eher bereit sein, einen kurzen werbenden Telefonanruf hinzunehmen, den er auf seinen Wunsch hin sofort oder jederzeit beenden kann. Insbesondere im Vergleich mit dem nach wie vor als zulässig angesehenen Ansprechen an der Haustür erscheint dieser Eingriff in die Privatsphäre als verhältnismäßig harmlos[27]. Hier hat es der Gesetzgeber verpasst, auf den mündigen Verbraucher zu setzen, obgleich sich dieses Verbraucherbild in der Rechtsprechung als maßgebend durchgesetzt hat (s. dazu unter Rn 2 f). Mit dem Wortlaut, wonach nur **ein** Telefonanruf genügt, ist der Gesetzgeber der Rechtsprechung zu § 7 Abs. 2 Nr 3 UWG gefolgt, wonach das Versenden einer einzigen E-Mail unzulässig ist (s. ausführlicher Rn 249, 253a). Von dem Verbot des § 7 Abs. 2 Nr 2 UWG unberührt bleibt ein Anruf eines Unternehmers bei einem Kunden, um **im Rahmen eines bestehenden Vertragsverhältnisses** eine vertragliche Nebenpflicht zu erfüllen. Bei einem solchen im Rahmen der Kundenbindung **zulässigen Anruf** wird schon die Voraussetzung der Werbung nicht erfüllt.

Liegt eine „vorherige ausdrückliche **Einwilligung**" des Verbrauchers nicht vor, ist die **245**
Werbung automatisch als unlautere geschäftliche Handlung zu qualifizieren. Gemeint ist offenbar eine ausdrückliche Willensbekundung (angelehnt an Erwägungsgrund 17 S. 2 der RL 2002/58/EG), die „für den konkreten Fall", „ohne Zwang" und in „Kenntnis der Sachlage" (konkretes Unternehmen, konkretes Produkt/Dienstleistung) abgegeben wird, dazu kann auch das Markieren eines Feldes auf einer Webseite zählen[28]. Durch das **Gesetz zur Bekämpfung unlauterer Telefonwerbung** (Ges.-Begr. BT-Drs. 16/10734, S. 12) wurden die Anforderungen an die Einwilligung durch die Begriffe „vorherig" und „ausdrücklich" den Anforderungen an die Einwilligung iSd § 7 Abs. 2 Nr 3 UWG angeglichen. Das Kriterium „vorherig" hatte sich bereits in der Rechtsprechung und Literatur herausgebildet, bei der Novelle 2008 wurde seine Aufnahme in das Gesetz wohl nur übersehen, so dass das Gesetz zur Bekämpfung unlau-

27 Vgl die Kritik des Bundesrates, BT-Drs. 15/1487, S. 31 f; entgegen der Gesetzesbegründung, wonach ein erheblicher Eingriff in die Individualsphäre erforderlich ist, BT-Drs. 15/1487, S. 21.

28 *Lettl* WRP 2009, 1315, 1325 f; *Ufer*, Aktuelle Gesetzgebungsverfahren gegen unerwünschte Telefonwerbung, K&R 2008, 493 ff.

terer Telefonwerbung eine rasche Gelegenheit zur Korrektur bot. Verwirrend ist, warum das Kriterium „ausdrücklich“ in den Tatbestand geschrieben wurde, obgleich es nach der Gesetzesbegründung ausreichen soll, wenn die erforderliche Einwilligung durch schlüssiges Verhalten (konkludent) erfolgt (Ges.-Begr. BT-Drs. 16/10734, S. 12). Ein Weglassen des Wortes wäre konsequent gewesen. Bis zur Novelle 2008 war es möglich, über die **Bagatellklausel** die Werbehandlung „auszusortieren“, wenn sie wegen eines besonders geringen Eingriffs nicht als unlauter markiert werden konnte. Diese Option besteht nun nicht mehr. Wird ein Telefonanruf bei einem Verbraucher getätigt, ohne dass dieser zuvor eingewilligt hat, gilt dies **per se als unzumutbare Belästigung** und damit als unzulässig. **Ausgenommen** von der per-se-Unlauterkeit eines „werbenden“ Anrufs ist das **Anbieten einer Arbeitsstelle**, da insoweit die Bereitschaft unterstellt wird, der Angerufene werde es in der Regel nicht als Belästigung empfinden, wenn ihm eine neue Option offeriert wird. Diese Ausnahme ist zwar weder aus dem Normtext noch aus der Gesetzesbegründung zu entnehmen, ist aber mit Blick auf die Rechtsprechung zum **Abwerben von Mitarbeitern** als Ausnahme von dem grundsätzlich rigiden Umgang mit Telefonanrufen mit dem Normgehalt vereinbar. Systematisch lassen sich diese Fälle auf zweierlei Weise lösen. Entweder indem in diesen Fällen der Werbebegriff verneint wird und sie damit aus dem Per-se-Katalog herausfallen. Damit wäre die Prüfung der Arbeitnehmerabwerbefälle „nur“ dem Generalbelästigungstatbestand des § 7 Abs. 1 S. 1 UWG unterworfen, bei dem die Unzumutbarkeitsschwelle zu nehmen ist (s. dazu den Fall ***Häusliche Kontaktaufnahme***, Rn 422 f; mit Ausführungen zu BGH WRP 2004, 1017 f). Oder die Mitarbeiter werden auf Grund teleologischer Reduktion **nicht als Verbraucher**, sondern als sonstige Marktteilnehmer angesehen mit der Folge der Geltung des abgeschwächten Maßstabs der „mutmaßlichen Einwilligung“, die dann in einem solchen Fall der potentiellen Verbesserung der Arbeitsstelle als gegeben anzusehen wäre[29]. Da es sich streng genommen um ein Werben iSd der Werbebegriffdefinition handelt, ist der letztere Weg dogmatisch überzeugender.

**246** Auch ein werbender Telefonanruf gegenüber **sonstigen Marktteilnehmern** wie Abnehmern von Waren oder sonstigen Gewerbetreibern ist grundsätzlich unzulässig und darf nur dann unternommen werden, wenn eine **Einwilligung zu vermuten** ist. Damit knüpft der Gesetzgeber an die Rechtsprechung des BGH etwa in der Entscheidung *Branchenübliche Telefonwerbung gegenüber Gewerbetreibenden* an[30]. Ein Einverständnis kann zB dann vermutet werden, wenn aufgrund der konkreten Umstände die Werbung aus Sicht des Anzurufenden ebenso gut oder sogar besser auf schriftlichem Wege hätte überbracht werden können. Dies gilt etwa für die Eintragung bzw Erweiterung eines solchen Eintrags in ein Branchenverzeichnis. In diesen Fällen wird schon aus Gründen der Datenpflege ein sachliches Interesse und damit ein **mutmaßliches Einverständnis** vermutet[31].

---

29 So auch MünchkommUWG/*Veil/Müller* § 2 Rn 192; *Köhler*, in: Köhler/Bornkamm § 7 Rn 90, 119, 163 ff; *Piper*, in: Piper/Ohly § 2 Rn 88; § 7 Rn 42; BAG NJW 2005, 3305, 3308 f zu § 310 Abs. 3 BGB; aA MünchKommUWG/*Leible* § 7 Rn 107; *Lettl* WRP 2009, 1315, 1323.

30 BGH NJW-RR 2002, 326.

31 BGH WRP 2004, 603, 604 f *Telefonwerbung für Zusatzeintrag*.

Dieser Regelung gegenüber ist ebenfalls **Kritik** angebracht, denn in welchen Fällen kann – abgesehen von einer weniger durch typische Werbemaßnahmen als durch sachliche Gründe gerechtfertigten Eintragung in ein Branchenverzeichnis – eine Einwilligung vermutet werden? Kein selbstständig Berufstätiger oder Gewerbetreibender schreibt auf sein Schild oder verbreitet an alle potenziell werbefreudigen Unternehmen die Nachricht „Werbung mit Telefonanrufen jederzeit herzlich willkommen" – was eine Vermutung auch gegenüber den nicht adressierten Unternehmen zugunsten eines Einverständnisses begründen könnte. Überdies greifen hier dieselben Bedenken wie gegenüber der unlauteren Verbraucherbewerbung: die Schlechterstellung junger, weniger finanzstarker Unternehmen gegenüber großen, etablierten Unternehmen, die auf neuere, günstige Werbeformen nicht angewiesen sind und die Benachteiligung deutscher Unternehmen im Vergleich zu den Unternehmen anderer Mitgliedstaaten. Diese können sich zusätzlich auf eine Verletzung der Dienstleistungs- oder Warenverkehrsfreiheit berufen, um auch in Deutschland zu ihrem Recht werbender Telefonanrufe zu kommen, während diese deutschen Unternehmen versagt bleibt **(kein Schutz vor Inländerdiskriminierung)**. Berechtigt ist der Vorwurf der Ungleichbehandlung zudem gegenüber den weiterhin als lauter angesehenen **Vertreterbesuchen an der Haustür**, obgleich der Hausbesuch ein viel stärkeres Eindringen in die Privatsphäre darstellt als ein Telefongespräch, zumal Letzteres viel leichter abzubrechen ist als sich ein direkt gegenüberstehender Vertreter an der Haustür „abwimmeln" lässt[32]. **247**

Das **telefonische Abwerben von Mitarbeitern** und **Arbeitnehmern** konkurrierender Unternehmen fällt unter § 7 Abs. 2 Nr 2 UWG, wenn die Anforderungen an den Begriff der „Werbung" erfüllt sind (dazu Rn 243). Geschieht das Abwerben nicht mittels Telefonanruf, gilt § 7 Abs. 1 S. 2 UWG (s. dazu Rn 234a). Verneint man in diesen Fällen den Werbebegriff, wären sie an § 7 Abs. 1 S. 1 UWG zu messen. Wird mittels Telefonanruf um einen oder mehrere Mitarbeiter geworben, ist hingegen der Tatbestand des § 7 Abs. 2 Nr 2 UWG eröffnet. Da solche Anrufe wegen der potentiellen Verbesserung der Arbeitsposition (Aufstieg, Gehalt, sonstige Arbeitskonditionen wie Ausstattung des Arbeitsplatzes, flexiblere oder kürzere Arbeitszeiten etc) als von den umworbenen Marktteilnehmern (Mitarbeitern und Arbeitnehmern) willkommen gelten, ist in diesen Fällen von einer **zumindest mutmaßlichen Einwilligung** auszugehen. In manchen Fällen mag diese auch ausdrücklich vorliegen. Verwehrt sich hingegen ein Mitarbeiter oder Arbeitnehmer explizit gegen Abwerbeversuche, weil er sie als störend empfindet und mit seiner Position rundherum zufrieden ist (oder aus welchen Gründen auch immer), ist das mutmaßliche Einverständnis widerlegt und die Per-se-Unzulässigkeit wegen unzumutbarer Belästigung schlägt dann in vollem Maße durch. **248**

*Literaturhinweise: Ernst*, Headhunting per E-Mail, GRUR 2010, 963; *Fezer*, Die Nichtigkeit der Folgeverträge unlauterer Telefonwerbung. Ein Gesetzesvorschlag zur vertragsrechtlichen Ergänzung des Telefonwerbeverbots nach § 7 Abs. 2 Nr 2 1. Alt. UWG, WRP 2007, 855 ff; *Geiger*, Aufgedrängte Vertragsschlüsse durch Zusammenwirken von Adresshandel, Telefonmarketing

32 Vgl Kritik von *Engels/Salomon*, S. 40 mwN.

und angemaßten Einzugsermächtigungen, NJW 2007, 3030 ff; *Lettl*, Werbung mit einem Telefonanruf gegenüber einem Verbraucher nach § 7 Abs. 2 Nr 2 Alt. 1 UWG nF, WRP 2009, 1315 ff; *Ohly*, K&R-Kommentar, K&R 2008, 102 ff; *Pauly/Jankowski*, Rechtliche Aspekte der Telefonwerbung im B-to-B-Bereich, GRUR 2007, 118 ff; *Ufer*, Aktuelle Gesetzgebungsverfahren gegen unerwünschte Telefonwerbung, K&R 2008, 493 ff; *Wegmann*, Anforderungen an die Einwilligung in Telefonwerbung nach dem UWG, WRP 2007, 1141 ff; *Witzmann/Seichter*, Die Einwilligung in die Telefonwerbung, WRP 2007, 699 ff.

### c) § 7 Abs. 2 Nr 3 UWG und Ausnahmen des § 7 Abs. 3 UWG: Unlautere Fax- und E-Mail-Werbung ohne vorherige ausdrückliche Einwilligung

**249** § 7 Abs. 2 Nr 3 UWG ist die der Nr 2 entsprechende Regelung für Werbung unter Verwendung von Anrufmaschinen, Telefaxgeräten[33] und elektronischer Post mit dem Unterschied, dass nicht getrennt wird zwischen Verbrauchern und sonstigen Marktteilnehmern, sondern allgemein auf „Adressaten" abgestellt wird. Der deutsche Gesetzgeber hat damit keinen Gebrauch gemacht von dem ihm nach Art. 13 Abs. 5 der **Datenschutz-RL** eröffneten Umsetzungsrahmen, der die Wahl zwischen dem rigorosen Verbot gegenüber allen Adressaten und dem alleinigen Schutz von natürlichen Personen verbunden mit der Zulässigkeit dieser Werbeformen im geschäftlichen Bereich ließ. Gerade im geschäftlichen Bereich sah der Gesetzgeber eine hohe Belästigungsgefahr[34], weshalb er sich im Grundsatz für den rigoroseren Weg entschied, allerdings mit einer gewissen Aufweichung durch die in § 7 Abs. 3 UWG geregelten Ausnahmen.

**250** **Grundsätzlich** ist das Zusenden einer unverlangten E-Mail zu Werbezwecken nach § 7 Abs. 2 Nr 3 UWG **unlauter**, es sei denn, der Adressat hat **vorher seine ausdrückliche Einwilligung** mitgeteilt[35]. Genügte es vor der Novelle 2008, wenn eine „Einwilligung" vorlag, bedarf es nun einer „vorherigen ausdrücklichen" Einwilligung. Noch auf der Grundlage des UWG (2004) hatte der BGH entschieden, dass ein Unternehmen mit dem Veröffentlichen seines Telefaxanschlusses in allgemein zugänglichen Verzeichnissen sein „konkludentes Einverständnis" erkläre, dass potenzielle Kunden den Anschluss bestimmungsgemäß für Kaufanfragen nutzen, die sich auf die übliche Verkaufstätigkeit des Unternehmens beziehen[36]. Da der Gesetzgeber in dem **Gesetz zur Bekämpfung unlauterer Telefonwerbung**[37] in der Begründung zur Hereinnahme der Begriffe „vorherig" und „ausdrücklich" in § 7 Abs. 2 Nr 2 UWG entgegen dem Wortlaut „ausdrücklich" auch konkludente Einwilligung genügen lassen will (s. dazu Rn 245), sollte entsprechendes auch weiterhin im Rahmen des § 7 Abs. 2 Nr 3 UWG gelten. An der BGH-Rechtsprechung von dem Genügen einer „konkludenten" Einwilligung kann daher festgehalten werden. Gibt ein Sportverein in der

33 Zur Streitwertfestsetzung bei Geltendmachung eines Unterlassungsanspruchs gegen Telefax-Spam *Onyeukwu*, Streitwert bei Telefaxwerbung, MMR 2006, 379 f.

34 BT-Drs. 15/1487, S. 21.

35 Dazu zB BGH GRUR 2004, 517, 520 ff *E-Mail-Werbung* mwN aus der Rspr; BGH BB 2003, 2093 f *Paperboy*; LG Düsseldorf MMR 2002, 557 f *Meta-Tags*.

36 BGH WRP 2008, 1328, 1330 *Faxanfrage im Autohandel*; BGH WRP 2008, 1330, 1332 f *FC Troschenreuth*; zu beiden Entscheidungen Anm. *Köhler*, GRUR 2008, 927 f.

37 Gesetzesbegründung BT-Drs. 16/10734, S. 12.

Rechtsform eines eingetragenen Vereins auf seiner **Website eine E-Mail-Adresse** an, genügt dies nach Ansicht des BGH den Anforderungen einer **konkludenten Einwilligung**, gewerbliche Anfragen nach Dienstleistungen des Vereins mittels E-Mail zu empfangen (Platzierung von Bannerwerbung auf der Website des Vereins) allerdings nicht[38]. Die Regelung nimmt die Erkenntnisse der bisherigen Rechtsprechung zu Werbung mittels Telefaxgeräten, E-Mail und SMS auf[39], neu ist hingegen der darüber hinausgehende Schutz vor Werbung unter Verwendung von automatischen Anrufmaschinen. Eine unlautere Belästigung wird vor allem wegen des Umsichgreifens von Werbe-E-Mails, dem Nachahmungseffekts bei Mitbewerbern, die bislang nicht über E-Mails geworben haben, dem Arbeitsaufwand für das Aussortieren der E-Mails, dem Zeitaufwand für das Löschen sowie die Telefon- und Nutzungsgebühren bejaht (vgl auch die Ausführungen in dem Fall ***Werbe-E-Mail***, Rn 258 f)[40]. Die Rechtsprechung hat dabei nicht ohne Einschränkungen die Grundsätze über die verbotenen Telefon- und Telefaxwerbung auf die E-Mail-Werbung übertragen, sondern berücksichtigt, dass es sich in der Regel um schwächere Eingriffsformen handelt. Der E-Mail-Empfänger kann selbst bestimmen, wann er an ihn gesandte E-Mails abrufen will bzw ob er sie nicht unmittelbar löscht, wenn er ihren Werbecharakter unschwer erkennen kann. Zudem entstehen nur geringe Kosten[41]. Diese besondere Situation hat der Gesetzgeber mit den Ausnahmen in § 7 Abs. 3 UWG einzufangen versucht (s. dazu unter Rn 252). Die Rspr lässt allerdings häufig wegen der **Ausuferungsgefahr**, die darin begründet sei, dass die Werbung per E-Mail auf ein immer weiteres Umsichgreifen angelegt sei, eine **einzige E-Mail** genügen, um eine Unlauterkeitstat zu begründen[42] (s. näher dazu die Ausführungen sowie die Kritik an dieser Entwicklung unter Rn 253a). Aufgrund der Folgen, die die E-Mail-Werbung mit sich brächte, müsse jeder einzelne Mitverursacher für die **Gesamtwirkung** verantwortlich gemacht werden. Das Vorliegen von **„Werbung"** iSd § 7 Abs. 3 Nr 2 UWG wird **verneint**, wenn der sendende Unternehmer in einer E-Mail nur um Dienstleistungen des Empfängers (zB Platzierung von Werbebannern auf der Homepage eines Fußballvereins) „wirbt", für die er bereit ist, ein Entgelt zu entrichten, da er damit gegenüber dem Empfänger (noch) keine Waren oder Dienstleistungen anbietet[43].

Ein Sonderfall liegt hingegen vor, wenn ein Empfänger über die in § 7 Abs. 2 Nr 3 UWG genannten Kommunikationsmittel seitens eines Mitbewerbers des Unternehmens, in dem er beschäftigt ist, „umworben" wird, um ihn als Mitarbeiter zu gewinnen. Es gelten hinsichtlich der Zulässigkeit dieses **Abwerbens von Mitarbeitern** die gleichen Grundsätze wie sie im Rahmen des in der Praxis am häufigsten vorkommenden Falls des telefonischen Abwerbens anerkannt sind (s. dazu Rn 240, 242, 245–248 und den Fall ***Häusliche Kontaktaufnahme***, Rn 422 f) mit dem Unterschied, dass es einer vorherigen „ausdrücklichen" Einwilligung bedarf. **251**

38 BGH WRP 2008, 1330, 1332 f *FC Troschenreuth*.
39 S. mit zahlreichen Nachweisen *Kling/Thomas*, S. 22 f; *Lehr*, S. 47, 49, 112.
40 So zB BGH GRUR 2004, 517, 521 *E-Mail-Werbung*; vgl auch *Busche/Kraft*, Werbung per electronic mail: Eine neue Herausforderung für das Wettbewerbsrecht? WRP 1998, 1142 ff.
41 BGH GRUR 2004, 517, 521 *E-Mail-Werbung*.
42 BGH NJW 2004, 1655, 1656 *E-Mail-Werbung*.
43 OLG Düsseldorf MMR 2006, 171; s. dazu auch Rn 198.

252 Liegt **keine vorherige ausdrückliche Einwilligung** vor, kann die Werbung mit **elektronischer Post** gleichwohl über die **Ausnahmetatbestände des § 7 Abs. 3 UWG** zulässig sein. Hat ein Unternehmer im Zusammenhang mit dem Verkauf eines Produkts oder einer Dienstleistung die elektronische Kontaktinformation eines Kunden für elektronische Post erhalten, kann er diese zur Direktwerbung für eigene ähnliche Produkte verwenden (Nr 1 und 2). Der Kunde muss jedoch bei Erhebung sowie bei jeder Verwendung deutlich darauf hingewiesen werden, dass er jederzeit der Nutzung widersprechen kann (Nr 4). Zudem darf der Kunde der Verwendung nicht widersprochen haben (Nr 3). Lehnt er sie von vornherein ab, liegt ein Fall des ausdrücklichen Nicht-Einverstanden-Seins vor, so dass die Ausnahmen des § 7 Abs. 3 UWG nicht greifen. Die Voraussetzungen der Ausnahme von einer unzumutbaren Belästigung iSd § 7 Abs. 2 Nr 3 UWG müssen kumulativ vorliegen („und"). Dabei dürfen dem Adressaten, der die weitere Zusendung von Nachrichten nicht mehr wünscht, nur Übermittlungskosten, also Briefporto, normale Telefongebühren und Kosten, die bei Nutzung eines Faxgerätes oder beim Versenden von E-Mails entstehen, in Rechnung gestellt werden, Gebühren für Mehrwertdienstnummern dürfen nicht berechnet werden.

*Literaturhinweis: Altermann*, Die Zulässigkeit unverlangter E-Mail-Werbung nach der UWG-Novelle. Eine Darstellung der Ansprüche nach dem Wettbewerbsrecht, Zivilrecht einschließlich Unterlassungsklagengesetz, Datenschutzrecht und Markenrecht sowie der Folgen im Strafrecht, 2006 (zugl. Diss. Münster 2006); *Ernst*, Headhunting per E-Mail, GRUR 2010, 963; *Rath/Hausen*, Viel Lärm um nichts? Pflichtangaben in geschäftlichen E-Mails, K&R 2007, 113 ff; *Sack*, Individualschutz gegen unlauteren Wettbewerb (Anmerkung zur BGH-Entscheidung „E-Mail-Werbung II"), WRP 2009, 1330; *Sassenberg/Berger*, Rechtliche Zulässigkeit von Werbung via Bluetooth. Ist Bluetooth-Marketing SPAM im Sinne des UWG? K&R 2007, 499 ff; *Schirmbacher*, Der Schutz des Verbrauchers vor unerbetener Werbung per E-Mail, VuR 2007, 54 ff; *Schmittmann/Lorenz*, Die rechtliche Beurteilung von E-Mail-Werbung nach Inkrafttreten des TMG, K&R 2007, 610 ff; *Sokolowski*, E-Mail-Werbung als Spamming, WRP 2008, 888 ff; *Weber*, E-Mail-basierte virale Werbeinstrumente – unzumutbare Belästigung oder modernes Marketing? MMR 2008, 482 ff; *Wäßle*, K&R-Kommentar, K&R 2008, 605 ff; *Zscherpe*, Direktmarketing per E-Mail – Wie können Unternehmen rechtlich einwandfrei vorgehen? VuR 2008, 327 ff.

### d) § 7 Abs. 2 Nr 4 UWG: Anonyme Nachrichten

253 Unlauter ist zudem das Versenden von Nachrichten, wenn der Absender, in dessen Auftrag die Nachricht übermittelt wird, verschleiert oder verheimlicht wird oder keine gültige Anschrift vorhanden ist, an die der Empfänger sich wenden kann, um die weitere Behelligung mit Nachrichten des Absenders zu untersagen. § 7 Abs. 2 Nr 4 UWG dient damit der Umsetzung von Art. 13 Abs. 4 **Datenschutz-RL**[44] und knüpft über die Legaldefinition des § 2 Abs. 1 Nr 4 an den Nachrichtenbegriff des Art. 2 Abs. 2 lit. d der Richtlinie an. Danach werden ausschließlich Nachrichten erfasst, die über einen „öffentlich zugänglichen elektronischen Kommunikationsdienst ausgetauscht oder weitergeleitet" werden. Gemeint sind damit vor allem telefonische, über Faxgeräte und über elektronische Post einschließlich SMS übermittelte Wortbotschaften. Nicht umfasst davon sind Nachrichten, die über einen Rundfunkdienst an die Öffentlichkeit

44 RL 2002/58/EG vom 12.7.2002 Datenschutzrichtlinie für elektronische Kommunikation, ABl. EG Nr L 210/37 vom 31.7.2002.

weitergeleitet werden. Von der Einhaltung des Transparenzgebotes beim Versenden von Nachrichten soll danach auch ein Adressat profitieren, der zuvor sein Einverständnis ausdrücklich oder stillschweigend erklärt hat. Hinsichtlich der Kosten gilt das Gleiche wie bei § 7 Abs. 2 Nr 3 UWG, im Falle der Nr 4 ist es ausdrücklich geregelt: keine anderen als die „Übermittlungskosten nach den Basistarifen".

#### e) Heranziehung der Kriterien des § 7 UWG im Rahmen der §§ 823, 1004 BGB

Kann ein Anspruch mangels Aktivlegitimation, etwa, weil ein Verbraucher oder ein **253a**
Gewerbetreibender, der nicht Mitbewerber ist, sich in seinen Rechten verletzt fühlt, nicht auf die Vorschriften des UWG gestützt werden, fragt sich, ob die Kriterien des § 7 UWG auch im Rahmen der zivilrechtlichen Normen herangezogen werden können. Diese Frage ist zu bejahen, da man sonst für gleich gelagerte Sachverhalte ohne sachlichen Grund zu vollkommen verschiedenen Maßstäben gelangen würde. So kann etwa das Zusenden von E-Mails mit werbendem Inhalt unmittelbar zielgerichtet in das **Recht eines Gewerbetreibenden am eingerichteten und ausgeübten Gewerbebetrieb** (§ 823 Abs. 1 BGB) eingreifen. Ein unmittelbarer zielgerichteter Eingriff in den Gewerbebetrieb ist dann gegeben, wenn sich der Eingriff gegen den Betrieb als solchen richtet und nicht von dem Gewerbebetrieb ohne weiteres ablösbare Rechte oder Rechtsgüter betrifft[45]. Für die Beurteilung eines solchen betriebsbezogenen Eingriffs in den eingerichteten und ausgeübten Gewerbebetrieb durch unaufgeforderte Zusendung von E-Mails mit werbendem Inhalt sind dann die Kriterien für die Wettbewerbswidrigkeit von E-Mail-Werbung, die im Rahmen des § 7 Abs. 2 Nr 3 UWG angewandt werden, heranzuziehen. Zum einen dient die nur subsidiär anwendbare Vorschrift des § 823 Abs. 1 BGB zum Schutz des eingerichteten und ausgeübten Gewerbebetriebes gerade auch dazu, noch vorhandene Lücken im Anwendungsbereich des UWG zu schließen[46]. Zum anderen verursacht die unverlangte E-Mail-Werbung für einen Mitbewerber keine wesentlich anderen Beeinträchtigungen als für einen Gewerbetreibenden, der nicht zugleich Mitbewerber ist[47] (s. dazu auch den Fall ***Werbe-E-Mail***, Rn 258 f). Einen Eingriff in den eingerichteten und ausgeübten Gewerbebetrieb bejahte das OLG Düsseldorf etwa im Falle des Versendens von 2000 E-Mails durch ein Unternehmen an eine Rechtsanwaltskanzlei; es sprach von einem regelrechten „Zumüllen". Das versendende Unternehmen habe auch die Ursache dafür adäquat gesetzt, weil sie den Newsletter nicht als Blindkopie (BCC) versandt habe (die Adressatenliste betrug allein neun DIN-A4-Seiten). Dass die Empfängerin keinen ausreichenden Schutz gegen Spam installiert habe, sei dabei unerheblich. So nachvollziehbar die Entscheidung im Ergebnis bezüglich des konkreten Falles ist, so unverständlich bleiben die Ausführungen zur **Präventivfunktion** von § 7 UWG, der auch im Falle einer **einzelnen Werbe-E-Mail** bereits verletzt werde. So heißt es, die einzelne E-Mail dürfe nicht isoliert betrachtet werden, sondern sei „als Teil des nach

45 BGH NJW 1976, 1740; BGH NJW 1983, 812, 813; BGH NJW 2004, 1040, 1041; MünchKommBGB/*Wagner*, Bd. 5, 4. Aufl. 2004, § 823 Rn 185.

46 MünchKommBGB/*Wagner*, Bd. 5, 4. Aufl. 2004, § 823 Rn 186 f; *Köhler*, in: Köhler/Bornkamm, Einl. Rn 7.4.

47 OLG Düsseldorf, Urt. v. 24.5.2006, AZ.: I-15 U 45/06.

allgemeiner Auffassung zu bekämpfenden Spammings aufzufassen“[48]. Das OLG Düsseldorf folgt damit der vom BGH vorgegebenen Linie, wonach die Werbung per E-Mail auf ein immer weiteres Umsichgreifen angelegt sei[49]. Aufgrund der **Ausuferungsgefahr**, die die Folgen der E-Mail-Werbung mit sich brächten, müsse jeder einzelne Mitverursacher für die Gesamtwirkung verantwortlich gemacht werden. Wegen der Mitverursachung eines möglichen Überlaufens des elektronischen Briefkastens bzw der nicht mehr möglichen Kenntnisnahme von nachfolgend eintreffenden E-Mails aufseiten des Empfängers läge deshalb bereits in der Übersendung einer einmaligen unerbetenen Werbenachricht ein unterlassungsrelevanter Eingriff in die Rechte des Empfängers am eingerichteten und ausgeübten Gewerbebetrieb vor[50]. Der Gesetzgeber hat den strengen Maßstab eines einmaligen Kontakts in Form der Per-se-Unzulässigkeit eines einzigen Telefonanrufs nun ausdrücklich ins Gesetz geschrieben (§ 7 Abs. 2 Nr 2 UWG). Im Rahmen der Nr 3 (elektronische Post etc) konnte er sich dazu offenbar noch nicht durchringen oder sah es auf der Grundlage der ohnehin von der Rechtsprechung eingeschlagenen äußerst strengen Beurteilung von Spamwerbung nicht als erforderlich an. Diesem von der Rechtsprechung eingeschlagenen Weg einer „Kollektivschuld“ kann schwer gefolgt werden, nicht nur, weil er mit der Unzumutbarkeitsschwelle des § 7 Abs. 1 UWG und der Erheblichkeitshürde des § 3 Abs. 1 UWG nicht vereinbar ist, deren Wirkung aber nun durch Einführung der Per-se-Verbote ausgeschaltet ist. Anders als im Falle der „Streuschäden“, die § 10 UWG erfassen will, genügt nach dieser Rechtsprechung eine einzige ohne Einverständnis versandte E-Mail, um einen Unterlassungsanspruch auszulösen, unabhängig davon, ob der Absender eine weitere werbende E-Mail an andere Empfänger versandt hat oder ob der Empfänger andere werbende E-Mails erhalten hat. Und dies nur mit der Begründung der Vorbeugung bzw Bekämpfung einer allgemeinen Gefahr[51]. Möglicher Weise wird das **Telemediengesetz** (TMG), das am **26. Februar 2007** in Kraft getreten ist[52], für eine größere Klarheit sorgen. So ist zu begrüßen, dass es **bloße Bagatellfälle** aus dem Anwendungsbereich des sanktionierten Versands von Werbe-E-Mails herausnimmt. Allerdings sieht es andererseits mit einem Bußgeld von bis zu 50 000 € (§ 6 Abs. 1 und 3 TMG) drakonische Strafen vor, wenn der Versender von E-Mails absichtlich den Absender oder kommerziellen Charakter einer elektronischen Nachricht verschleiert (§ 6 Abs. 2 S. 1 TMG). Nach dem im November 2008 in den Bundestag eingebrachten **Gesetzentwurf zur Bekämpfung unerlaubter Telefonwerbung und zur Verbesserung des Verbraucherschutzes bei besonderen Vertriebsformen** ist gem. einem neuen § 20 Abs. 1, 2 UWG bei Verstößen gegen das Verbot unerlaubter Telefonwerbung ebenfalls ein erhebliches Bußgeld bis zu 50 000 € vorgesehen[53]. Zu-

48 OLG Düsseldorf, Urt. v. 24.5.2006, AZ.: I-15 U 45/06, so bereits OLG Düsseldorf MMR 2004, 820.

49 BGH NJW 2004, 1655, 1656 *E-Mail-Werbung*.

50 OLG Düsseldorf, Urt. v. 24.5.2006, AZ.: I-15 U 45/06; OLG Düsseldorf MMR 2004, 820.

51 So auch die Kritik von *König*, Die rechtliche Beurteilung unerwünschter E-Mails, in Festbeigabe für Säcker, 2006, S. 21, 25 ff.

52 Das TMG ist Teil des Gesetzes zur Vereinheitlichung von Vorschriften über bestimmte Informations- und Kommunikationsdienste (Elektronischer-Geschäftsverkehr-Vereinheitlichungsgesetz – ElGVG) vom 23.10.2006, BT-Drs. 16/3078; s. auch bereits das sog. Anti-Spam-Gesetz, das sich allerdings in der 15. Legislaturperiode des Bundestages nicht durchsetzen konnte, BT-Drs. 15/4835 v. 15.2.2005.

53 BT-Drs 16/10734, die bisherigen §§ 20–22 UWG sollen durch das Gesetz aufgehoben werden.

ständige Behörde für die Ahndung der als Ordnungswidrigkeit (§ 20 Abs. 1, 2 UWG) eingestuften Unlauterkeitstat ist die BNetzA (§ 20 Abs. 3 UWG). Ausführlicher zu § 20 UWG s. die Ausführungen in Rn 491 mit Fußnote 4.

*Literaturhinweise:* Ausführlicher dazu zB *König*, Die rechtliche Beurteilung unerwünschter E-Mails, in Festbeigabe für Säcker, 2006, S. 21, 25 ff; *Sack*, Das Verhältnis des UWG zum allgemeinen Deliktsrecht, FS für Ullmann, 2006, S. 825 ff.

## II. Sonstige Voraussetzungen des § 7 Abs. 1 UWG

S. dazu die entsprechenden Ausführungen zu § 3 Abs. 2 und Abs. 1 UWG (Rechtswidrigkeit, Verschulden, Wiederholungs- bzw Erstbegehungsgefahr) unter Rn 186–189. Nicht anwendbar sind diese auf die Per-se-Verbote des § 7 Abs. 2 UWG. Greift also einer der Tatbestände ein, liegt eine unzulässige geschäftliche Handlung vor, ohne dass weitere Voraussetzungen gegeben sein müssen. **254**

## III. Rechtsfolgen

S. dazu die Ausführungen unter Rn 84 ff. **255**

# Fall 6

## Tupperparty (BGH GRUR 2003, 973 ff)

T stellt ua Frischhalte- und Gefrierdosen her, die von ihrem Tochterunternehmen, TUP, unter der Bezeichnung „TUPPERWARE" auf dem deutschen Markt vertrieben werden. Der Vertrieb der Waren von T und TUP erfolgt ausschließlich durch etwa 60 000 Beraterinnen und Berater im Rahmen von Heimvorführungen, zu denen Gäste als potenzielle Käufer eingeladen werden. Für diese Heimvorführungen hat sich mit zunehmender Bekanntheit der Produkte und dieser Vertriebsform in der Bevölkerung die Bezeichnung „Tupperparty" beziehungsweise „Tupperwareparty" herausgebildet. Diese wurde bis 2003 ausschließlich von den Kunden benutzt, erst später verwendete auch TUP diese Bezeichnungen. T und TUP erzielen mit dem Vertrieb ihrer Frischhalte- und Gefrierdosen in Deutschland erhebliche Umsätze (2001 und 2002 jeweils über 400 Mio. €). L stellt Haushaltsartikel her, ua auch Vorratsbehälter, und vertreibt diese unter der Bezeichnung „LEIFHEIT TopParty" über den Einzelhandel. T und TUP sehen dies als unlautere Nachahmung und Rufausbeutung an. Sie machen geltend, bei „TUPPERWARE" handele es sich um eine berühmte Marke, mit der auch der Begriff „Tupper(ware)party" eng verbunden sei. Der Begriff Tupperparty sei daher auch ohne Eintragung infolge seiner Verkehrsgeltung eine etablierte Kennzeichnung für die Waren der T geworden. T und TUP begehren von L, es zu unterlassen, im geschäftlichen Verkehr Gefrierdosen, Frischhalteschalen und -dosen sowie Vorratsbehälter aus Kunststoff unter der Bezeichnung „LEIFHEIT TopParty" anzubieten, zu vertreiben und zu bewerben. Markenrechtliche Ansprüche erheben sie nicht[54]. **256**

54 Die Jahres- und Umsatzzahlen sind fiktiv.

## Lösung Fall 6:

257 **A. Anspruch auf Unterlassung des Verkaufs von Produkten unter dem Begriff LEIFHEIT TopParty**

Der Unterlassungsanspruch hat Erfolg, wenn in dem Verhalten des L eine unzulässige geschäftliche Handlung iSd § 3 Abs. 1 UWG lag (§ 8 Abs. 1 UWG).

### I. Aktivlegitimation

T und TUP sind gem. § 8 Abs. 3 UWG aktivlegitimiert, wenn sie Mitbewerber von L sind. Mitbewerber iSd § 2 Abs. 1 Nr 3 UWG ist jeder Unternehmer, der mit einem oder mehreren Unternehmen als Anbieter oder Nachfrager von Waren oder Dienstleistungen in einem konkreten Wettbewerbsverhältnis steht. TUP vertreibt auf dem deutschen Markt Frischhalte- und Gefrierdosen. Da auch L bundesweit Vorratsbehälter zum Frischhalten und Einfrieren von Waren vertreibt, stehen TUP und L in einem konkreten Wettbewerbsverhältnis und sind daher Mitbewerber. T als Herstellerin der Tupperware ist ebenfalls als Mitbewerber aktivlegitimiert, da Hersteller über ihre Händler zumindest in einem **mittelbaren konkreten Wettbewerbsverhältnis** zueinander stehen und daher Mitbewerber sind.

### II. Passivlegitimation

L hat die Vorratsbehälter deutschlandweit vertrieben und ist damit passivlegitimiert („wer").

### III. Unzulässige geschäftliche Handlung, § 3 Abs. 1 UWG

Der Unterlassungsanspruch ist begründet, wenn das Verhalten von L die Voraussetzung einer unzulässigen geschäftlichen Handlung iSd § 3 Abs. 1 UWG erfüllt. Es müssten die Voraussetzungen des § 3 Abs. 1 UWG – geschäftliche Handlung, Unlauterkeit, spürbare Beeinträchtigung des Wettbewerbs und Kenntnis der Tatumstände sowie Rechtswidrigkeit – vorliegen.

### 1. Objektive Voraussetzungen des § 3 Abs. 1 UWG

#### a) Geschäftliche Handlung

Eine geschäftliche Handlung liegt vor, wenn der L vor, bei oder nach einem Geschäftsabschluss ein Verhalten gezeigt hat, das mit der Förderung des Absatzes seiner oder fremder Waren objektiv zusammenhängt. L vertreibt, bewirbt und bietet die Vorratsbehälter unter dem Zusatz „TopParty" an. Dies steht in objektivem Zusammenhang zu der Steigerung des Absatzes seiner Produkte. Eine geschäftliche Handlung iSd § 2 Abs. 1 Nr 1 UWG liegt damit vor.

#### b) Unlauterkeit der geschäftlichen Handlung

**aa) Unlauterkeit wegen irreführender Werbung, § 5 Abs. 1 S. 2 Nr 1 UWG (Täuschung über die betriebliche Herkunft der Ware).** L müsste durch Angaben über die betriebliche Herkunft der von ihm vertriebenen Vorratsbehälter irreführend geworben haben. Fraglich ist zunächst, ob L überhaupt geworben hat. **Werbung** ist jede Äußerung bei Ausübung einer wirtschaftlichen Tätigkeit mit dem Ziel den Absatz von Waren zu fördern. Hier geht es jedoch um die Bezeichnung des Produkts („LEIFHEIT TopParty"), unter der L die Vorratsbehälter auf dem Markt vertreibt und nicht um eine Werbeaktion für dieses Produkt. Es fehlt damit an einer Werbehandlung.

**bb) Unlauterkeit wegen einer Irreführung über Kennzeichen, § 5 Abs. 2 UWG.** L könnte unlauter gehandelt haben, wenn er im Zusammenhang mit der Vermarktung von Waren solche Waren angeboten hat, die eine Verwechslungsgefahr mit einer anderen Ware hervorruft.

**(1) Sonderrechtsschutz?** Grundsätzlich gelten die Vorschriften des Markengesetzes als Sonderregeln gegenüber den Vorschriften des UWG und sind damit vorrangig zu prüfen. Markenrechtliche Ansprüche sind hier allerdings schon deshalb nicht gegeben, weil T und TUP die nicht eingetragenen Zeichen „Tupperwareparty" und „Tupperparty" nicht zur Kennzeichnung von Waren oder Dienstleistungen verwenden, sondern damit lediglich eine Verkaufsveranstaltung beschreiben, so dass Markenrechte an den Bezeichnungen nicht entstanden sind.

**(a) Rechte aus der eingetragenen Marke „Tupperware".** T und TUP stützen ihren Unterlassungsanspruch nicht auf ihre Rechte aus der eingetragenen Marke „TUPPERWARE", sondern begehren Ansprüche wegen Verletzung der nicht eingetragenen Bezeichnung „Tupperwareparty" und „Tupperparty".

**(b) Entstehung eines Markenschutzes für die Bezeichnungen „Tupper(ware)party".** Für die Bezeichnungen „Tupperwareparty" und „Tupperparty" ist ein Markenschutz nicht entstanden. Die Zeichen sind nicht als Marken eingetragen (§ 4 Nr 1 MarkenG). Markenschutz aufgrund **Verkehrsgeltung** nach § 4 Nr 2 MarkenG oder wegen **notorischer Bekanntheit** nach § 4 Nr 3 MarkenG ist aus Rechtsgründen ausgeschlossen, da T und TUP eine Geltendmachung markenrechtlicher Ansprüche nicht vorgetragen haben.

**(c) Ergebnis.** Markenrechtliche Ansprüche liegen damit nicht vor. Andere sonderschutzrechtliche Vorschriften kommen nicht in Betracht.

**(2) Vermarktung.** Damit ist der Anwendungsbereich für § 5 Abs. 2 UWG eröffnet. Es müsste sich allerdings um eine **Vermarktungshandlung** handeln. Hinsichtlich des Begriffs Vermarktung ist auf das Verständnis des Werbebegriffs abzustellen. Da es sich um eine besondere Vertriebsform und nicht – wie unter b) festgestellt – um Werbung handelt, liegt auch keine Handlung im Zusammenhang mit einer Vermarktung vor.

**cc) Unlauterkeit wegen einer vermeidbaren Herkunftstäuschung durch Nachahmung, § 4 Nr 9 lit. a UWG.** L könnte unlauter gehandelt haben, wenn er mit den Vorratsbehältern Waren angeboten hat, die eine Nachahmung der Waren der Mitbewerber T und TUP sind und dadurch eine vermeidbare Täuschung über die betriebliche Herkunft herbeigeführt hat.

**(1) Sonderrechtsschutz?** Da es sich bei § 5 Abs. 2 UWG und § 4 Nr 9 lit. a UWG um wettbewerbsrechtliche Vorschriften des ergänzenden Leistungsschutz handelt, deren Anwendungsbereiche sich teilweise überschneiden, kann auf die Ausführungen zum markenrechtlichen Sonderrechtsschutz unter c) aa) verwiesen werden. Danach greift der Sonderrechtsschutz nicht ein.

**(2) Ware oder Dienstleistung eines Mitbewerbers.** Durch die Benutzung des Zusatzes „TopParty" für die Bezeichnung seiner Vorratsbehälter könnte L die von T und TUP seit Jahren für die von ihnen unter dem Namen „Tupperparty" angebotenen und vertriebenen Vorratsbehältern in unlauterer Weise durch vermeidbare Täuschung über die Herkunft der Ware nachgeahmt haben.

Dann müsste sich die Nachahmungshandlung auf eine Ware von T und TUP beziehen. Die Begriffe der Ware oder Dienstleistung iSd § 4 Nr 9 UWG sind weit auszulegen. Sie umfassen **Leistungs- und Arbeitsergebnisse jeder Art**. Dazu gehören sowohl verkörperte Werbemittel wie Kataloge und Preislisten, aber auch Werbesprüche, Farbkombinationen und Typenbezeichnungen[55]. Zwar beziehen sich die Begriffe „Tupperparty“ oder „Tupperwareparty“ nicht auf von T und TUP hergestellte **Waren** oder **Leistungen**, es könnte sich jedoch um ein **Leistungsergebnis** handeln, das einem in Werbesprüchen liegenden Leistungsergebnis vergleichbar ist. Beruht eine „Leistung“ jedoch auf der Verwendung durch die Marktteilnehmer der Marktgegenseite, stellt sie kein Leistungsergebnis des Mitbewerbers dar, da der Bezeichnung kein eigener, kreativer Schaffensprozess zugrunde liegt. Hier beruhen die Bezeichnungen auf Wortschöpfungen, die sich in der Bevölkerung, also durch die Kunden und damit auf der Marktgegenseite, herausgebildet haben. Sie sind daher nicht Ergebnis einer eigenen kreativen Leistung von T und TUP. Dagegen spricht allerdings, dass sich T und TUP die Begriffe durch Übernahme für Verkaufsveranstaltungen und damit für ihr eigenes wettbewerbliches Handeln zu eigen gemacht haben. Dies genügt den Anforderungen an ein schützenswertes Leistungsergebnis eines Mitbewerbers.

**(3) Wettbewerbliche Eigenart.** Fraglich ist, ob ein nicht unter Sonderschutzrecht stehendes Leistungsergebnis eine **wettbewerbliche Eigenart** aufweisen kann, die die Anlehnung als unlauter erscheinen lässt. Grundsätzlich gilt, dass zwischen dem Grad der wettbewerblichen Eigenart, der Art und Weise und der Intensität der Übernahme sowie den besonderen wettbewerblichen Umständen eine **Wechselwirkung** in der Weise besteht, dass je größer die wettbewerbliche Eigenart und je höher der Grad der Übernahme ist, desto geringere Anforderungen sind an die besonderen Umstände, die die Wettbewerbswidrigkeit begründen, zu stellen“[56].

Es ist bereits fraglich, ob die von der Marke „TUPPERWARE“ mittelbar abgeleitete Bezeichnung „Tupper(ware)party“ eine **wettbewerbliche Eigenart** aufweist, die einen **guten Ruf** begründet. Eine wettbewerbliche Eigenart setzt voraus, dass die **konkrete Ausgestaltung** oder bestimmte Merkmale einer wettbewerblichen Leistung geeignet sind, die angesprochenen Verkehrskreise auf die **betriebliche Herkunft** oder die Besonderheiten des Erzeugnisses hinzuweisen[57]. Dabei kann die wettbewerbliche Eigenart auch in der Kennzeichnung eines Produkts liegen[58].

In der Übernahme der Begriffe „Tupperparty“ und „Tupperwareparty“ für die eigenen Verkaufsveranstaltungen liegt eine wettbewerbliche Leistung. Die wettbewerbliche Eigenart ist damit vorhanden.

**(4) Nachahmung durch Leistungsübernahme.** **Nachahmung** ist das Arbeiten nach fremdem Vorbild. Es kann durch **unmittelbare Übernahme** zB durch technische Vervielfältigung oder **durch identische** oder **fast identische Nachbildung** (zB durch Abschreiben) übernommen werden oder durch **nachschaffende Anlehnung** an ein fremdes Leistungsergebnis, das nicht übernommen wird, aber als Vorbild dient, verwirklicht werden.

**(a) Es liegt zwar Identität hinsichtlich der Warenart vor, über die genaue Gestalt der Behälter gibt der Sachverhalt jedoch keinen Aufschluss, so dass eine unmittelbare Übernahme durch Nachbildung des Produktes ausscheidet.**

**(b)** Fraglich ist, ob ein Fall der **Nachahmung der Bezeichnung** „Tupper(ware)party“ im Sinne eines **unlauteren Anlehnens und damit** einer **Rufausbeutung** vorliegt. Dazu müsste L sich mit dem Zeichen „LEIFHEIT TopParty“ eng an ein fremdes Leistungsergebnis, die Bezeichnung „Tupperwareparty“, angelehnt und dadurch bewirkt haben, dass die Verbraucher einen von „TUPPERWARE“ auf „Tupper(ware)party“ übertragenen guten Ruf weiter auf seine Produkte übertra-

55 Zum Schutz von Werbesprüchen BGH GRUR 1997, 308 ff *Wärme fürs Leben*; *Füller*, in: Säcker, Fallbuch, S. 487 ff; dazu auch *Heermann* WRP 2004, 263 ff; zum Schutz von Farbkombinationen BGH GRUR 1997, 754, 756 *grau/Magenta*; mit weiteren Bsp. *Lettl*, Rn 325–327.

56 BGH, GRUR 2001, 251, 253 = WRP 2001, 153 *Messerkennzeichnung*, mwN.

57 BGH, GRUR 1995, 581, 583 = WRP 1995, 908 *Silberdistel*; GRUR 2000, 521, 523 = WRP 2000, 493 *Modulgerüst*.

58 BGH, GRUR 1977, 614, 615 *Gebäudefassade*; BGH GRUR 2001, 251, 253 *Messerkennzeichnung*.

gen. Dazu müssten die Bezeichnungen „Tupper(ware)party" und „LEIFHEIT TopParty" für identische oder ähnliche Waren oder Dienstleistungen **verwendet** werden. Während „Tupper(ware)party" eine bestimmte Vertriebsform für „TUPPERWARE"-Produkte bezeichnet, benutzt L die angegriffene Bezeichnung TopParty zur Kennzeichnung von Gefrier- und Frischhaltedosen.

Weiterhin müssten die angesprochenen Verbraucher den **guten Ruf**, den sie mit den bekannten Zeichen „TUPPERWARE" für Frischhalte- und Gefrierdosen sowie „Tupper(ware) party" für die zugehörigen Verkaufsveranstaltungen verbinden, auf die mit der angegriffenen Bezeichnung „LEIFHEIT TopParty" versehenen Behälter der L **übertragen** haben. Dies ist jedoch nur der Fall, wenn die angesprochenen Verkehrskreise wegen der hohen Bekanntheit der Kennzeichnung, der Identität der Waren und einer großen, schon bei flüchtiger Wahrnehmung ins Auge fallenden Ähnlichkeit der Bezeichnungen die Erwartung entwickeln, dass die unter der angegriffenen Bezeichnung vertriebenen Haushaltsdosen ebenfalls von hoher Qualität sind. Ausreichend ist, dass der Verbraucher zumindest unbewusst die hohen Qualitätsvorstellungen, die er mit den „TUPPERWARE"-Produkten verbindet, auch auf die mit der angegriffenen Bezeichnung versehenen Produkte der L überträgt.

Die Anlehnung des L an die Bezeichnung „Tupper(ware)party" ist im Hinblick auf den **erheblichen Abstand**, den die angegriffene Bezeichnung dazu einhält, jedoch nur geringfügig.

Maßgebend für die Bestimmung des **Grades der Anlehnung** ist die **Ähnlichkeit der Zeichen**. Entscheidend ist dafür der jeweilige **Gesamteindruck**. Dieser Gesamteindruck ist geprägt durch den Bestandteil „TopParty", „weil der weitere Bestandteil LEIFHEIT erkennbar nicht das Produkt selbst, sondern das dahinter stehende Unternehmen bezeichnet und der Verkehr diesem für die eigentliche Bezeichnung des Produkts nur geringe Bedeutung beimisst. Dieser im **Markenrecht** anerkannte Erfahrungssatz[59] ist auch bei der Bestimmung des Gesamteindrucks einer Kennzeichnung im Rahmen der Prüfung einer unlauteren Rufausbeutung zugrunde zu legen."

Das Maß der Anlehnung des Bezeichnungsbestandteils „TopParty" der L „an die Bezeichnung Tupperwareparty ist angesichts des nur geringen Grades der Zeichenähnlichkeit aber nur geringfügig. Zwar stimmen die Anfangsbuchstaben und der Buchstabe „p" sowie das Wortende („Party") überein, und es ähneln sich die Vokale „o" und „u" schriftbildlich und klanglich. Jedoch bleiben die zusätzlichen Silben auffällig. Der Grad der Anlehnung der Bezeichnung der L an „Tupperparty" ist zwar größer, aber für die Bejahung einer unlauteren Rufausbeutung dennoch nicht ausreichend. Auch hier stimmen die Anfangsbuchstaben, der weitere Buchstabe „p" und das Wortende („Party") überein und ähneln sich die Vokale „o" und „u" schriftbildlich und klanglich. Der Verkehr nimmt jedoch die zusätzliche Silbe „per" in „Tupperparty" wahr. Er erkennt erfahrungsgemäß auch den ganz unterschiedlichen Sinngehalt der Wörter. Während „Tupper" auf die bekannten Frischhalte- und Gefrierdosen hinweist, liegt in „Top" (= Spitze) eine Qualitätsangabe[60], so dass auch deswegen ein erheblicher Abstand der Bezeichnungen gegeben ist."

Der danach nur **geringe Grad der Zeichenähnlichkeit** würde für die Annahme einer rufausbeutenden Anlehnung allenfalls ausreichen, sofern weitere, eine Unlauterkeit begründende Handlungsmerkmale hinzukämen.

**(c)** „Solche **weiteren Umstände**, die die Annahme eines unlauteren Verhaltens rechtfertigen, könnten zwar dann vorliegen, wenn die mit der angegriffenen Bezeichnung „LEIFHEIT TopParty" versehenen Produkte auf Heimvorführungen verkauft würden, wie dies bei der in der Branche untypischen Vertriebsform" von T und TUP geschieht. Das ist hier aber nicht der Fall. Die Produkte der L werden ausschließlich über den Einzelhandel veräußert.

---

59 Ständige Rspr; vgl BGH, GRUR 1996, 404, 405 = WRP 1996, 739 *Blendfax Pep*; GRUR 1996, 406, 407 = WRP 1997, 567 *JUWEL*; GRUR 1997, 897, 898 = WRP 1997, 1186 *IONOFIL*; GRUR 1999, 583, 584 = WRP 1999, 662 *LORA DI RECOARO*; GRUR 2001, 164, 166 = WRP 2001, 165 *Wintergarten*.

60 Vgl BGHZ 28, 320, 326 *Quick/Glück*; BGH, GRUR 1992, 130, 132 = WRP 1992, 96 *Bally/BALL*.

*Hinweis:* Dieses Ergebnis ist gut vertretbar, schließlich hat der BGH es vertreten. Man kann allerdings auch – wie folgt – weiterprüfen:

Nicht nur, dass L das gleiche Produkt (Vorratsbehälter) anbietet, er verwendet zudem für sein Produkt eine an den Begriff der „Tupperparty" angelehnte Kennzeichnung, die für sich genommen keinen Sinnzusammenhang zu Vorratsbehältern hat, sondern Sinn nur durch das Anknüpfen an die den angesprochenen Verbrauchern bekannte Veranstaltung der „Tupperparty" als besondere Vertriebsform erlangt. L macht sich damit das bei den angesprochenen Verkehrskreisen bestehende Erinnerungsbild zunutze. Die Benutzung der Bezeichnung „Party" im Zusammenhang mit Frischhaltebehältern ist sehr einprägsam und galt bislang als „Werbung" für die von T hergestellten Waren. L hat damit eine außergewöhnliche Werbe- und Verkaufsmaßnahme von T und TUP durch Anlehnung an diesen Begriff für sein eigenes Produkt nachgeahmt. Damit liegt eine Nachahmung iSd § 4 Nr 9 lit. a UWG vor.

**(5) Angebot auf demselben Markt.** L bietet wie T und TUP Vorrats- und Frischhalte- sowie Gefrierdosen in Deutschland und damit auf demselben sachlichen und räumlichen Markt an.

**(6) Vermeidbare Herkunftstäuschung iSd § 4 Nr 9 lit. a UWG.** Die bloße Anlehnung an ein Leistungsergebnis eines Mitbewerbers genügt jedoch nicht zur Begründung der Unlauterkeit. Die Bezeichnung „LEIFHEIT TopParty" müsste auch zu einer vermeidbaren Täuschung der Abnehmer über die **betriebliche Herkunft** der Vorratsbehälter des L geführt haben. Eine Herkunftstäuschung ist gegeben, wenn der durchschnittlich informierte und aufmerksame Verbraucher den Eindruck gewinnen kann, die Nachahmung stamme vom Hersteller des Originals. Dann müssten die potenziellen Erwerber der LEIFHEIT-Produkte wegen der Anlehnung an den Begriff der „Tupperwareparty" glauben, diese stammten von T.

„Hinsichtlich der betrieblichen Herkunft der Ware kommt es allerdings nicht darauf an, ob eine Herkunftstäuschung eingetreten ist, sondern darauf, dass nach dem Gesamteindruck eine **Gefahr der Herkunftstäuschung** (entsprechend der im Sonderschutzrecht erforderlichen **Verwechslungsgefahr**) bestand. Hinsichtlich der Ähnlichkeit kommt es auf den **Gesamteindruck** an. Dazu gehört die Verpackung, die Aufmachung und die Kennzeichnung der Ware. Nach dem Gesamteindruck ist zu berücksichtigen, dass in der angegriffenen Bezeichnung „LEIFHEIT TopParty" der Herstellername „LEIFHEIT" einer Herkunftstäuschung gerade entgegenwirkt. Zwar mag es sein, dass Teile des Verkehrs bei der Begegnung mit der angegriffenen Bezeichnung „LEIFHEIT TopParty" nur aufgrund ihrer Kenntnis der Bezeichnung „Tupper(ware)party" aufmerksam werden. Das Erwecken von Aufmerksamkeit durch die Herbeiführung von bloßen Assoziationen an ein fremdes Kennzeichen stellt jedoch noch keinen Umstand dar, der schon die Annahme eines unlauteren Verhaltens rechtfertigen kann"[61]. Eine Verwechslungsgefahr zwischen den von L und den von T und TUP angebotenen Waren besteht daher nicht.

**(7) Zwischenergebnis.** Eine vermeidbare Herkunftstäuschung liegt damit nicht vor.

**dd) Unlauterkeit durch Ausnutzung der Wertschätzung der nachgeahmten Ware iSd § 4 Nr 9 lit. b UWG.**

**(1) Nachgeahmtes Leistungsergebnis.** L hat – wie dargelegt – ein Leistungsergebnis nachgeahmt, indem er in die Produktbezeichnung für Vorratsbehälter die an die Vertriebsidee der Tupperparty angelehnte Bezeichnung „TopParty" aufgenommen hat[62].

61 Vgl *Sambuc*, Der UWG-Nachahmungsschutz, 1996, Rn 331 ff, insbes. 333 f.

62 Das Verhalten war daher vergleichbar mit den Fällen nachgeahmter Werbung, die unter § 4 Nr 9 lit. a UWG subsumiert werden, vgl *Emmerich*, § 11 II 4.

**(2) Rufausbeutung.** Fraglich ist jedoch, ob L die Wertschätzung der Tupperwaren und damit den Ruf der T unangemessen ausgenutzt hat. Dann müsste der angesprochene Verkehr die Wertschätzung der Leistung der T und das mit ihren Produkten verbundene gute Image auf die „LEIFHEIT TopParty-"Produkte übertragen haben **(Imagetransfer)**. Wie dargelegt, sind die Produkte der T mit positiven Vorstellungen besetzt. Diese müsste L ausgenutzt haben. Da **Nachahmungen und Anlehnungen als typische Werbeformen grundsätzlich zulässig** sind, genügt für die Rufausbeutung nicht die Nutzung eines guten Images. Die Ausnutzung der Wertschätzung muss auch **unangemessen** sein. Dabei kommt es auf die Eigenart und Besonderheiten der Qualitätserwartungen an, die der Nachahmung zugute kommen, insbesondere wenn dies so gut gelungen ist, dass es zu Verwechslungen kommt, wobei die **Gefahr einer Verwechslung** genügt[63]. Verwechslungen zwischen den LEIFHEIT- und den Tupper-Produkten sind jedoch schon dadurch ausgeschlossen, dass L seine Produkte unter sichtbarer Nennung seiner Firma (LEIFHEIT) vertreibt, während die Produkte der T ebenfalls den Firmennamen tragen. Allein die Anknüpfung an die besondere Vertriebsform der „Tupperparty" genügt nicht, um eine Verwechslungsgefahr zu begründen, da bereits gedanklich viele Zwischenschritte zur Begründung einer Anlehnung erforderlich sind. Die darin liegende Rufausnutzung ist jedoch keinesfalls so gravierend, dass sie bereits – wegen einer auf der Hand liegenden hohen Verwechslungsgefahr – als unangemessen angesehen werden könnte.

**(3) Zwischenergebnis.** Ein Unlauterkeitsvorwurf wegen unzulässiger Nachahmung durch Herkunftstäuschung oder Rufausbeutung ist daher nicht begründet.

**ee) Unlautere Rufausbeutung durch Anlehnung an eine fremde Kennzeichnung durch Verwendung der Bezeichnung „LEIFHEIT TopParty" als Verstoß gegen § 3 Abs. 1 UWG?** Zwar enthält § 4 Nr 9 UWG keine abschließende Aufzählung der Fallgestaltungen, in denen, unabhängig von dem über das Markenrecht und weitere Sondergesetze gewährten Schutz, ein wettbewerblicher Leistungsschutz eingeräumt wird. Vielmehr ist ein Rückgriff auf den allgemeinen Unlauterkeitstatbestand des § 3 Abs. 1 UWG in Einzelfällen möglich. § 3 Abs. 1 UWG soll jedoch lediglich Auffangfunktion zukommen. Eine solche besteht grundsätzlich hinsichtlich der nicht von § 4 Nr 9 UWG erfassten allgemeinen Rufausbeutung (ausführlicher dazu Rn 434). Ist man der Ansicht, dass die Bezeichnung „Tupper(ware)party" nicht auf eine eigene Leistung der T zurückgeht, sondern durch die Kunden kreiert wurde und es daher an einem fremden Leistungsergebnis fehlt, das nachahmungs- oder anlehnungsfähig ist, ist der Anwendungsbereich des § 3 Abs. 1 UWG zwar eröffnet, inhaltlich kann aber auf die zu § 4 Nr 9 UWG dargelegten Argumente verwiesen werden. Der Unlauterkeitsvorwurf der unangemessenen Rufausbeutung scheitert damit aus denselben Gründen wie § 4 Nr 9 UWG (eine andere Ansicht ist vertretbar).

**c) Zwischenergebnis.** Eine Unlauterkeitstat liegt nicht vor.

**2. Zwischenergebnis.** Damit ist bereits der objektive Tatbestand nicht erfüllt.

## IV. Ergebnis

Eine unlautere geschäftliche Handlung der L ist nicht gegeben. Damit fehlt es an den Voraussetzungen des § 3 Abs. 1 UWG.

## B. Gesamtergebnis

Das Unterlassungsbegehren von T und TUP (§ 8 Abs. 1 iVm § 3 Abs. 1 UWG) bleibt mangels eines Unlauterkeitsverstoßes erfolglos.

---

63 *Köhler*, in: Köhler/Bornkamm, § 4 Rn 9.16, 9.42, 9.43b, 10.91; *Lettl*, § 10 Rn 342.

# Fall 7

## Werbe-E-Mail (KG CR 2003, 291 f)

258 Auf einer Internet-Seite des B wurde auf ein E-Mail-Newsletter hingewiesen; nach dem Anklicken der zugehörigen Schaltfläche ging ein Fenster auf, in das unter Hinweis „Newsletter-Abonnement – Ja, ich möchte 1–2 mal pro Monat über Produktinformationen, aktuelle Angebote und Neuigkeiten per E-Mail informiert werden“ Name und E-Mail-Anschrift des Interessenten eingetragen werden konnten. Nachfolgend versandte das Computerprogramm selbsttätig eine E-Mail an die angegebene Adresse mit der Aufforderung, die Newsletter-Anmeldung durch Anklicken eines Links zu bestätigen. An die – auch privat genutzte – E-Mail-Anschrift des K gelangte im Oktober 2001 eine solche Nachricht des B mit der Aufforderung, seine (des K) Newsletter-Anmeldung zu bestätigen. Die E-Mail war nur unter Verursachung eigener Kosten lesbar und überhaupt als Werbung erkennbar. K behauptet, auf den Internetseiten des B keinen „Newsletter“ bestellt und auch keinen Dritten mit der Bestellung beauftragt zu haben. Er sieht sich durch die Werbe-E-Mail des B in seinem allgemeinen Persönlichkeitsrecht verletzt. B macht geltend, dass Störungen einen Mindestgrad individueller Beeinträchtigung aufweisen müssten, um rechtlich relevant zu sein. Dieser Grad sei vorliegend nicht erreicht. Es entspreche der normalen Verhaltensweise eines Benutzers im Internet, jedes Mal, wenn er sein virtuelles Postfach öffne, erst einmal allen Müll zu leeren, dh erkennbar unerwünschte E-Mails oder solche von unbekannten Absendern nicht zu öffnen, sondern anzuklicken und zu löschen. Hierdurch würden keinerlei Ressourcen verbraucht; der Zeitaufwand betrage kaum eine Sekunde. Die Postfächer verstopften heute auch nicht mehr, da der individuelle Speicherplatz pro Nutzer erheblich ausgeweitet worden sei. Unzutreffend sei die Charakterisierung der beanstandeten E-Mail als Werbung. Mit der E-Mail sei kein Produkt angepriesen worden. Er sei lediglich seiner Pflicht gemäß § 312e Abs. 1 Nr 3 BGB nachgekommen, wonach ein Unternehmer dem Kunden dessen Bestellung unverzüglich auf elektronischem Wege zu bestätigen habe. Zudem müsse K darlegen, dass er den Newsletter nicht bestellt habe, ihm selbst die Beweislast aufzuerlegen, sei unbillig. Jedenfalls aber sei die Belästigung des K nicht so gravierend, als dass die Zubilligung von Eilrechtsschutz erforderlich sei. K macht gegen B einen Unterlassungsanspruch im Wege einstweiliger Verfügung wegen unerbetener E-Mail-Werbung geltend.

*Hinweis:* Es sind Verfügungsanspruch und Verfügungsgrund zu prüfen.

## Lösung Fall 7:

### A. Unterlassungsanspruch, § 8 Abs. 1 UWG

259 Ein Unterlassungsanspruch aus § 8 Abs. 1 UWG auf Erlass einer einstweiligen Verfügung (§ 12 Abs. 2 UWG) scheitert schon daran, dass K als Verbraucher nicht aktivlegitimiert iSd § 8 Abs. 3 UWG ist.

### B. Unterlassungsanspruch aus § 1004 Abs. 1 S. 2 iVm § 823 Abs. 1 BGB

Ein Unterlassungsanspruch könnte sich jedoch aus § 1004 Abs. 1 S. 2 BGB wegen Verletzung des allgemeinen Persönlichkeitsrechts im Sinne des § 823 Abs. 1 BGB ergeben.

# I. Verfügungsanspruch

## 1. Vorliegen eines rechtswidrigen Verstoßes gegen das allgemeine Persönlichkeitsrecht

### a) Verletzung des allgemeinen Persönlichkeitsrechts durch die Werbung des B

K müsste aus seinem allgemeinen Persönlichkeitsrecht ein Anspruch gegen den B zustehen, die Zusendung unverlangter E-Mail-Werbung zu unterlassen (§§ 823 Abs. 1, 1004 BGB).

**aa) Werbung.** Bei der E-Mail des B müsste es sich um **Werbung** handeln. Werbung sind „alle Maßnahmen, die dazu beitragen, ein Unternehmen beim Verbraucher bekannt zu machen. Hierzu war die beanstandete Mail, aus der sich Name und Geschäftsbereich des Betriebs, Telefon-, Telefaxnummern für Service und Bestellungen sowie die Internetadressen ergaben, geeignet. Dass in der E-Mail keine Produkte angeboten wurden, ist unmaßgeblich, denn das Verbot unerbetener Werbung bezieht sich nicht nur auf produktbezogene, sondern auch auf unternehmensbezogene Werbung.“[64]

Der Werbecharakter der E-Mail entfällt auch nicht dadurch, dass B meinte, „eine Bestätigung im Sinne des § 312e Abs. 1 Nr 3 BGB zu versenden.“ Abgesehen davon, dass auch eine solche Bestätigung im Einzelfall als unerbetene E-Mail qualifiziert werden kann, „ist die Vorschrift nicht einschlägig. Sie regelt die Bestellung von Waren und Dienstleistungen, also Willenserklärungen, die zum Abschluss eines Vertrages führen. Demgegenüber handelt es sich bei der ‚Bestellung‘ des von B angebotenen Newsletters lediglich um die unverbindliche Bitte, regelmäßig vom Angebot des Unternehmens informiert zu werden.“

**bb) Eingriff in den Schutzbereich des Persönlichkeitsrechts.** „Das allgemeine Persönlichkeitsrecht umfasst die aus dem **Selbstbestimmungsrecht** folgende Befugnis des Einzelnen, selbst zu entscheiden, ob und inwieweit er auf seiner elektronischen Mailbox Werbung empfangen will.“ Das aus den „Artikeln 1 und 2 des Grundgesetzes abgeleitete **allgemeine Persönlichkeitsrecht** schützt den Einzelnen in seiner Privat- und Individualsphäre. Die Rechtsprechung hat hieraus das Recht des Einzelnen abgeleitet, sich gegen eine Beeinträchtigung dieser Sphäre durch Aufdrängen unerwünschten Werbematerials zur Wehr zu setzen[65]. Dabei kann es im Ergebnis keinen Unterschied machen, ob die Werbung über den realen Briefkasten in den räumlich-gegenständlichen Eigenbereich des Empfängers eindringt[66] oder über ein virtuelles Postfach in dessen Individualsphäre gelangt. Zwar sind in einem Fall Eigentum und Besitz, im anderen Fall ‚nur‘ relative Werte wie Vermögen und Zeitaufwand berührt. In Wahrheit geht es aber auch dem Inhaber eines Briefkastens weniger um den Schutz des Eigentums als um die Beachtung seines Willens, den Briefkasten nicht durch Einwurf von Werbematerial missbraucht zu sehen.“ Die Nichtbeachtung der Willensäußerung des Empfängers, nicht mit Werbewurfsendungen behelligt zu werden, verletzt daher nicht nur Eigentum und/oder Besitz, sondern auch das unter den Schutz des allgemeinen Persönlichkeitsrechts fallende Selbstbestimmungsrecht[67]. „Dieses Selbstbestimmungsrecht besteht unabhängig von der Beschaffenheit des Briefkastens als reale oder virtuelle Einrichtung. Maßgeblich ist vielmehr, dass die Einrichtung der geschützten Sphäre des Empfängers zuzuordnen ist, in der sein Wille den Interessen der (Werbe-)Wirtschaft vorgeht. Das ist bei einer E-Mail-Box ebenso anzunehmen wie bei einem realen Briefkasten.“ Wegen des „zeitlichen und finanzi-

---

64 So zutreffend *Weidert*, Anm. zu LG Kiel EWiR 2001, 135, 136.

65 BGH NJW 1989, 902, 903; vgl auch Staudinger-*Habermann/Weick*, BGB. 13. Aufl., Vorbem. zu § 1 BGB.

66 Dazu, in welchem Fall Unterlassungsansprüche aus Besitz und Eigentum bestehen, vgl BGH NJW 1989, 902, 903.

67 So BGH GRUR 1989, 225, 226 *Handzettel-Wurfsendung*; BGH GRUR 1992, 617 f *Briefkastenwerbung*.

ellen Aufwands, der mit dem Abrufen und Löschen von E-Mail-Werbung verbunden ist, kann der Absender nicht annehmen, der Empfänger billige die Werbesendung oder stehe ihr zumindest indifferent gegenüber. Anders als bei gewöhnlicher Briefkastenwerbung muss er daher auch ohne ausdrücklichen Sperrvermerk davon ausgehen, dass die Zusendung von Werbung grundsätzlich unerwünscht ist. Missachtet er dies, liegt eine rechtswidrige Beeinträchtigung des Selbstbestimmungsrechts des Empfängers vor, die einen Unterlassungsanspruch aus den §§ 823 Abs. 1, 1004 BGB begründet[68].

**cc) Einverständnis des K.** Fraglich ist, ob K in die E-Mail-Zusendung vorher eingewilligt hat. K müsste entsprechend dem § 7 Abs. 2 Nr 3 UWG vorher seine Einwilligung mit der Zusendung von Werbe-E-Mails des B erklärt haben. K hat nach seinen Angaben kein Einverständnis etwa im Zusammenhang mit dem Erwerb von Produkten (vgl § 7 Abs. 3 Nr 1 UWG) des B erteilt, so dass daran schon eine **Ausnahme** nach **§ 7 Abs. 3 UWG** von der regelmäßigen Unlauterkeit iSd § 7 Abs. 2 Nr 3 UWG scheitert. Die weiteren Anforderungen an den Ausnahmetatbestand des § 7 Abs. 3 UWG sind daher nicht mehr zu prüfen. Da **kein Ausnahmefall** vorliegt, trägt B die Beweis- und Glaubmachungslast dafür, dass K mit der Zusendung der E-Mails einverstanden war. Entgegen der Ansicht des B ist es nicht unbillig, ihm die **Beweis- und Glaubhaftmachungslast** hinsichtlich des Einverständnisses des K aufzuerlegen. Er muss davon ausgehen, dass „Inhaber virtueller Postfächer die Zusendung unerbetener E-Mails aus seinem Unternehmen nicht wünschen. Er muss deshalb dafür Sorge tragen, nur mit Verbrauchern in Kontakt zu treten, die hiermit einverstanden sind. Sein bisheriges System, bei dem Interessenten ihren Namen und ihre E-Mail-Anschrift auf seinen Internetseiten hinterlassen konnten, eignet sich wegen der nahe liegenden **Missbrauchsgefahr** dazu nicht. Da es jedermann möglich ist, beliebige Adressen einzutippen, kann B nicht darauf vertrauen, dass die E-Mail-Adressen, an die der Newsletter geschickt werden soll, tatsächlich von ihrem Inhaber oder einem Berechtigten in das System eingegeben worden ist. Zu bedenken ist auch, dass dem Missbrauch seitens werbender Unternehmen Tür und Tor geöffnet wäre, wenn das von B verwendete System genügte, um ein Einverständnis des Empfängers darzulegen. Auch das Unternehmen, welches E-Mail-Adressen gekauft und in sein System eingespeist hätte, könnte dann behaupten, die Adressen seien von Besuchern ihrer Internetseiten angegeben worden." B hat nicht glaubhaft gemacht, dass K mit der Übersendung der E-Mail **einverstanden** war.

**b) Rechtswidrigkeit**

Die Rechtswidrigkeit ist mit Vorliegen des Tatbestandes indiziert. Auf ein Verschulden kommt es nicht an, da K keinen Schadensersatzanspruch geltend macht.

*Ergänzungshinweis:* Die weiteren grundsätzlichen Ausführungen des Kammergerichts in der dem Fall zugrunde liegenden Entscheidung zur Unzulässigkeit bzw ausnahmsweise gegebenen Zulässigkeit von Briefkastenwerbung und elektronischer Werbung sind zwar für den konkreten Fall nicht relevant, können aber in entsprechend anders gelagerten Sachverhaltskonstruktionen von Bedeutung sein und werden hier daher im Wortlaut wiedergegeben:

„Bei der gewöhnlichen Briefkastenwerbung kann das werbende Unternehmen allerdings zunächst davon ausgehen, dass der Empfänger diese Art von Werbung billigt oder jedenfalls – weil sie ohne besondere Mühe und Kosten aus der Post auszusondern ist – hinnimmt. Erst wenn dem Werbenden eine entgegenstehende Willensäußerung des Empfängers bekannt wird – etwa in Form eines Aufklebers am Briefkasten (‚Keine Werbung') – muss er den Einwurf unterlassen. Bei **E-Mail-**

68 Im Ergebnis ebenso LG Augsburg NJW-CoR 1999, 52; LG Berlin MMR 2000, 571; LG Hamburg MMR 1999, 248; LG Karlsruhe MMR 2002, 402; AG Brakel NJW 1998, 3209; AG Charlottenburg MMR 2000, 775; AG Essen-Borbeck MMR 2001, 261; Staudinger-*Hager*, § 823 Rn C 237; *Fikentscher/Möllers*, NJW 1998, S. 1337, 1343; *Hoeren/Oberscheidt*, VuR 1999, 371, 381; *Schmittmann*, K & R 2002, 135, 138; im Grundsatz wohl auch LG Kiel NJW-RR 2001, 412, 413 f; aA LG Braunschweig NJW-RR 2000, 924; AG Kiel NJW-CoR 2000, 49; *Vehslage*, GRUR 1999, 656, 659.

**Werbung hingegen kann der Werbetreibende eine mindestens indifferente Haltung des Empfängers nicht unterstellen, denn die unverlangte elektronische Post belästigt diesen in weitaus stärkerem Maße.** Das Leeren des elektronischen Briefkastens verursacht Kosten, die sich aus den Telefonkosten, den Nutzungsgebühren des Netzbetreibers und den Stromkosten des Computers zusammensetzen. Auch wenn diese pro Mail sehr gering sind[69], hat der Werbetreibende keinen Anlass anzunehmen, dass der Adressat bereit ist, sie zu tragen. Zudem sind aus Sicht des Empfängers **nicht die Gebühren für den Abruf einer einzelnen Mail maßgeblich**, sondern die Kosten, die bei ihm eingehende Werbemails insgesamt verursachen und mit zunehmender Verbreitung dieser Werbemethode künftig verursachen werden. Da Werbung per E-Mail massenhaft und wesentlich billiger als mittels Brief oder Telefax versandt werden kann, trägt diese Werbeart in besonderem Maße den ‚Keim zum immer weiteren Umsichgreifen'. Dieser, vom BGH im Rahmen von § 1 UWG aF bereits berücksichtigte Umstand[70], fließt auch bei der Beurteilung mit ein, ob sich die mit der E-Mail-Werbung verbundene Belästigung nicht interessierter Empfänger noch in einem Rahmen bewegt, der den Schluss auf ihr Einverständnis mit dieser Werbemethode rechtfertigt (s. zu dieser Tendenz der Rspr, die schon eine einzelne E-Mail mit Werbung wegen des immer weiteren Umsichgreifens aufgrund der **Ausuferungsgefahr** zur Begründung einer Unlauterkeitstat genügen lässt[71], da jeder einzelne Mitverursacher für die Gesamtwirkung verantwortlich sei, die Ausführungen und Kritik unter Rn 250, 253a).

Des Weiteren steht der nicht unerhebliche zeitliche Aufwand für das Aussortieren der Werbe-E-Mails aus den übrigen Sendungen der Annahme entgegen, der Empfänger habe gegen die Übersendung von E-Mail-Werbung nichts einzuwenden. Zwar können Mitteilungen in einem Bruchteil einer Sekunde ungeöffnet gelöscht werden. Jedoch muss der Empfänger die Eingänge überprüfen, also Werbemitteilungen von ‚echten' E-Mails trennen. Das nimmt Zeit in Anspruch – zumal sich aus der Betreffzeile in der Regel nicht ersehen lässt, dass es sich um Werbung handelt[72] – und muss wegen der Gefahr von Viren und der Möglichkeit, versehentlich erwünschte Post zu löschen, auch sorgfältig erfolgen. Wenn täglich 50 unverlangte Werbesendungen aussortiert werden müssen, steht der Belästigungseffekt außer Frage.

Der Werbende kann auch nicht annehmen, dass der Empfänger die Belästigungen um der Informationen zum Leistungsangebot seines Unternehmens willen hinnimmt. Wer einen elektronischen Briefkasten unterhält, ist in der Lage, sich im Internet mit Hilfe von Suchbegriffen gezielt Angebote des werbenden Unternehmens herauszusuchen, wenn solche gewünscht sind. Das schließt zwar nicht aus, dass auch eine unerbetene Werbung im Einzelfall von Interesse ist, lässt jedoch das Gewicht des Informationsinteresses gegenüber den Beeinträchtigungen, die von unerbetener E-Mail-Werbung ausgehen, deutlich zurücktreten.

Eine andere Beurteilung wäre zwar denkbar, wenn der Inhaber einer E-Mail-Adresse mühelos anzeigen könnte, dass er kein derartiges Werbematerial in seinem virtuellen Briefkasten wünscht. Bislang gibt es aber keine Möglichkeit, die mit dem Aufkleber ‚Keine Werbung' auf einem gewöhnlichen Briefkasten vergleichbar wäre. Auf Filterprogramme muss sich ein Nutzer schon wegen der Kosten nicht verweisen lassen; zudem sind diese entweder nicht geeignet, eine dem Aufkleber entsprechende Wirkung zu erzielen oder schränken die Funktionalität der Mailbox unzumutbar ein[73]. Sog. ‚opt-out'-Register, in die sich alle Nutzer, die die Zusendung von Werbung nicht wünschen, kostenlos eintragen können und die von dem Werbenden beachtet werden müssen, sind bislang nicht eingerichtet worden."

---

69 Siehe allerdings die Darstellung von *Schmittmann*, K & R 2002, 135 ff, wonach sich selbst die Kosten einer E-Mail im Einzelfall auf 6 Cent belaufen können.
70 BGH NJW 1988, 1670, 1671.
71 BGH NJW 2004, 1655, 1656 *E-Mail-Werbung*.
72 Dies erscheint sehr überzogen, da idR auf den ersten Blick erkennbar ist, ob es sich um eine Werbemail handelt oder nicht.
73 Vgl dazu *Fikentscher/Möller*, NJW 1998, 1337, 1342 f.

Allerdings besteht die Möglichkeit der kostenlosen Eintragung in die Robinsonliste, so dass die werbenden Unternehmen die Akquisitionsdaten ihrer Werbung regelmäßig abgleichen können. So können von vornherein Belästigungen, aber auch kostenbewehrte Abmahnungen vermieden werden. Zwar beruht dies auf Freiwilligkeit, letztlich besteht damit aber kein Unterschied zu den Bitte-keine-Werbung-Aufklebern. Eine andere Ansicht als die des Kammergerichts wäre daher auch gut vertretbar. Wegen der ua vom BGH vertretenen „harten" Linie, wonach schon eine E-Mail ausreicht, um die Unlauterkeit zu begründen, findet man sich allerdings in guter Gesellschaft, wenn man der rigoroseren Ansicht des Kammergerichts folgt.

#### c) Zwischenergebnis

Die Übersendung der E-Mail aus dem System des B beeinträchtigt daher eine absolut geschützte Rechtsposition des K.

### 2. Wiederholungsgefahr

Die für einen Unterlassungsanspruch nach § 1004 Abs. 1 S. 2 BGB erforderliche Wiederholungsgefahr wird aufgrund der einmal erfolgten rechtswidrigen Beeinträchtigung vermutet. Zudem räumt B ein, dass das von ihm „verwendete Computersystem selbsttätig Mails an die Adressen verschickt, die auf seiner Internetseite bei der Anmeldung für ein Newsletter-Abonnement hinterlassen werden. Da es auch künftig jedermann möglich wäre, die Adresse des K einzugeben, wenn B sein bisheriges System beibehält, liegt eine Wiederholungsgefahr auf der Hand."

### 3. Kein rechtsmissbräuchliches Verhalten des K

Die Geltendmachung des Unterlassungsanspruchs stellt trotz der verhältnismäßig geringfügigen Belästigung, die von der Mail des B ausgegangen ist, keinen Rechtsmissbrauch des K dar. „Denn er kann einer Ausuferung der nicht unerheblichen Belästigungen, die von Werbemails in ihrer Gesamtheit ausgehen, nur wirksam begegnen, wenn er gegen jeden Absender einer unerwünschten Mail vorgeht. Aus diesem Grund rechtfertigt bereits eine vereinzelte unerwünschte Sendung den Abwehranspruch[74]." (Eine andere Ansicht ist gut vertretbar).

## II. Verfügungsgrund

Zudem müsste ein Verfügungsgrund iSd §§ 935, 940 ZPO vorliegen. Dieser kann nicht wie bei Verstößen gegen die Vorschriften des UWG gem. § 12 Abs. 2 UWG grundsätzlich vermutet werden, sondern ist darzulegen. K muss mit weiteren Rechtsverletzungen durch B rechnen. Diese müssen geeignet sein, zu unzumutbaren Belästigungen zu führen. Die von B „ausgehende Gefahr künftiger Belästigungen ist nicht so gering, als dass ihre Abwehr im Eilrechtsschutz unverhältnismäßig wäre." Es kommt dabei nicht darauf an[75], „ob die Belästigung, die von der Zusendung einer einzelnen Nachricht ausgeht, so gering ist, dass sie isoliert gesehen keine Inanspruchnahme von Eilrechtsschutz rechtfertigt. Die drohende Beeinträchtigung der Rechtspositionen des K, die er nicht bis zum Abschluss eines Hauptsacheverfahrens hinzunehmen braucht, liegt angesichts der Ausweitung von Werbe-E-Mails in der Gefahr, täglich eine Unzahl solcher Mitteilungen zu erhalten. Bei Berücksichtigung der Belästigungen, die für den K entstehen können, wenn ihm jedermann unaufgefordert E-Mail-Werbung zusenden dürfte, kann sich der einzelne Absender nicht darauf berufen, von ihm sei nur eine unwesentliche Beeinträchtigung ausgegangen bzw künftig zu erwarten. Er ist für die drohende unzumutbare Belästigung des K durch massenhafte Werbe-E-Mail mitverantwortlich" und kann deshalb auch nach Zusen-

74 Zur Briefkastenwerbung BGH NJW 1989, 902, 903 und OLG Köln WRP 1992, 258, 259.
75 Entgegen der Auffassung des LG Karlsruhe MMR 2002, 402.

dung nur einer E-Mail per einstweiliger Verfügung auf Unterlassung in Anspruch genommen werden. Da anderenfalls ein effektiver Rechtsschutz nicht gewährleistet wäre, die Verwirklichung des Individualanspruch mithin gefährdet wäre, ist ein Verfügungsgrund im Sinne der §§ 935, 940 ZPO gegeben.

### C. Ergebnis

K steht aus seinem allgemeinen Persönlichkeitsrecht ein Anspruch gegen den Beklagten zu, die Zusendung unverlangter E-Mail-Werbung zu unterlassen (§§ 823 Abs. 1, 1004 BGB).

*Hinweis:* Zum Abwerben im Privatbereich s. den Fall ***Häusliche Kontaktaufnahme*** unter Rn 422 f.

*Literaturhinweis: Sack*, Individualschutz gegen unlauteren Wettbewerb (Anmerkungen zur BGH-Entscheidung „E-Mail-Werbung II"), GRUR 2009, 1330.

# § 8 Irreführendes Verhalten, §§ 5, 5a UWG

Das irreführende Verhalten spaltet sich mit der Novelle 2008 in zwei Normen auf: § 5 **260**
UWG regelt irreführende geschäftliche Handlungen, der neu eingefügte § 5a UWG erfasst Irreführung durch Unterlassen (dazu unter III.).

## I. Objektiver Tatbestand des § 5 UWG: Unlautere geschäftliche Handlung iSd § 3 Abs. 1, 2 UWG

Der objektive Tatbestand setzt sich sowohl zusammen aus den speziellen Vorausset- **261**
zungen des § 5 UWG, die eine Unlauterkeitstat begründen, als auch aus den allgemeinen Anforderungen, die sich aus § 3 Abs. 1 und 2 UWG ergeben. Zwar wird in § 5 Abs. 1 S. 1 UWG nicht mehr ausdrücklich an die Generalklausel des (geänderten) § 3 Abs. 1 UWG angeknüpft, die Unzulässigkeit einer irreführenden Handlung ergibt sich jedoch erst iVm der in § 3 Abs. 1 UWG definierten unlauteren geschäftlichen Handlung (Ges.-Begr. S. 45). Insofern hat sich an dem „System" der Einbettung des Spezialtatbestandes in den allgemeinen Unlauterkeitstatbestand des § 3 Abs. 1 UWG durch die Novelle von 2008 nichts geändert. Dabei wird nicht zwischen geschäftlichen Handlungen zum Nachteil von Verbrauchern, Mitbewerbern oder sonstigen Marktteilnehmern unterschieden. Die Unlauterkeit der irreführenden geschäftlichen Handlung hängt somit nach Vorliegen der Voraussetzungen des § 5 UWG von ihrer Eignung ab, die Interessen der Mitbewerber, Verbraucher oder sonstigen Marktteilnehmer spürbar zu beeinträchtigen. Die Voraussetzungen des § 5 UWG werden so wie vor der Novelle

von 2008 eingebettet in die Prüfung des objektiven Tatbestandes der unlauteren geschäftliche Handlung iSd § 3 Abs. 1 UWG. Nur wenn eine unlautere irreführende Handlung vorliegt, sind die weiteren Voraussetzungen wie Interessenbeeinträchtigung und Spürbarkeitsklausel zu prüfen. Erst wenn auch diese Voraussetzungen gegeben sind, geht es an die Prüfung der weiteren Voraussetzungen des Unterlassungs- (Wiederholungsgefahr), Schadensersatz- (Verschulden) oder Gewinnabschöpfungsanspruches (Vorsatz). Der **Prüfungsaufbau bleibt gleich**, nur einige **Begriffe haben sich geändert**: geschäftliche Handlung statt Wettbewerbshandlung, Interessenbeeinträchtigung statt Nachteilszufügung und Spürbarkeit statt Erheblichkeit.

**Neu** sind allerdings:
- die Ausdehnung vom Werbebegriff auf die geschäftliche Handlung iSd § 2 Abs. 1 Nr 1 UWG;
- der besondere Maßstab bei geschäftlichen Handlungen gegenüber Verbrauchern, der sich aus § 3 Abs. 2 UWG ergibt. Danach kommt es darauf an, ob die Irreführung einen Durchschnittsverbraucher zu einer geschäftlichen Handlung veranlassen kann, die er sonst nicht getroffen hätte. Auf den Durchschnittsverbraucher einer schutzbedürftigen Gruppe kommt es an, wenn die geschäftliche Handlung diese Gruppe betrifft (§ 3 Abs. 2 S. 3 UWG);
- die Definition der Irreführung in § 5 Abs. 1 S. 2 UWG;
- der enumerative Katalog in § 5 Abs. 1 S. 2 Nr 1–7 UWG, der über die auch vor der Novelle von 2008 bekannte Untergliederung in Merkmale der Waren oder Dienstleistungen (Nr 1), den Anlass des Verkaufs und den Preis (Nr 2), die geschäftlichen Verhältnisse des Unternehmers (Nr 3) hinausgeht und daneben das Sponsoring (Nr 4), Ersatzteile (Nr 5), Einhaltung von Verhaltenskodizes (Nr 6) und spezielle Verbraucherrechte (Nr 7) umfasst;
- Abs. 2 setzt die Defintion der irreführenden geschäftlichen Handlungen durch Ausdehnung auf den Zusammenhang zu Vermarktungsaktionen fort;
- Abs. 5 wurde aufgehoben. Sein Inhalt ist Teil des Unlauterkeitskatalogs des § 3 Abs. 3 UWG geworden (Nr 5).

### 1. Irreführende geschäftliche Handlung, § 5 Abs. 1 UWG

262 Zur geschäftlichen Handlung s. die Ausführungen unter Rn 173–178. Nach § 5 Abs. 1 UWG handelt unlauter, wer irreführend geschäftlich handelt. Eine geschäftliche Handlung ist irreführend, wenn sie unwahre Aussagen enthält oder sonstige zur Täuschung geeignete Angaben enthält (Legaldefinition § 5 Abs. 1 S. 2 UWG). Anders als dies der Wortlaut nahelegt, begründet die bloße Unwahrheit keinen eigenständigen Irreführungsfall; vielmehr müssen die unwahren Angaben stehts auch zur Täuschung geeignet sein[1]. Hinsichtlich der Irreführungseignung sind **alle Umstände abzuwägen**, sämtliche Bestandteile der geschäftlichen Handlung, zB einer Werbeaussage und auch die betroffenen Grundrechte. Der Irrtum über die Person eines Verkäufers kann

1 So auch *Wiring* NJW 2010, 580, 581; vgl auch BT-Drs. 16/10145, S. 23.

beispielsweise vollkommen irrelevant für eine Kaufentscheidung sein, während ein Irrtum über die Beschaffenheit einer Ware relevant und damit irreführend iSv § 5 Abs. 1 S. 2 Nr 1 UWG sein kann. Hinsichtlich der Geeignetheit zur Irreführung, also zum Erwecken einer Fehlvorstellung und Beeinflussung einer darauf basierenden Entscheidung, bedarf es einer gewissen „Irreführungstiefe“[2]. Noch vor der Erheblichkeitsschwelle, die sich allein auf die Wettbewerbsbeeinträchtigung bezieht, kommt es daher im Rahmen des § 5 UWG auf eine **Gesamtbetrachtungsprüfung** an. Hinsichtlich einzelner Sachverhalte, die unter allen Umständen den Tatbestand der Irreführung erfüllen, wird auf den im Anhang zu § 3 Abs. 3 auf geführten Katalog der stets unlauteren geschäftlichen Handelungen (abgedruckt als Anhang V) verwiesen. Stets irreführend sind die in den Nr 1–25 aufgeführten Tatbestände. Entscheidend für den Maßstab ist der Kreis der angesprochenen Verbraucher, dieser unterscheidet sich deutlich danach, ob die Allgemeinheit oder eine Gruppe, bei der Spezialkenntnisse vorausgesetzt werden können, adressiert wird. So verneinte der BGH die Irreführungsgefahr der Angabe „bis zu 150% Zinsbonus“. Der beworbene „Bonus“ einer 150%igen Rendite richte sich nach dem Wortlaut der Werbung („Zinsbonus“) nicht auf den Anlagebetrag, sondern auf den Zins. Dabei legte er das Verbraucherleitbild vom durchschnittlich informierten und verständigen Verbraucher ab, der der Situation die angemessene Aufmerksamkeit entgegenbringt. Maßgebliche Adressaten seien Kapitalanleger im Segment der kurzfristigen Festgeldanlage. Dem BGH zufolge sei der Grad an Aufmerksamkeit „bei dieser Art Werbung für eine Geldanlage“ erfahrungsgemäß besonders hoch[3]. Ein durch Sternchenvermerk klar sichtlicher Fußnotentext, in dem erklärt wurde, dass sich der Zinsbonus auf den garantierten Basiszins bezog, genüge daher. Einen ähnlich hohen Maßstab hat der BGH auf Angaben angewendet, die sich zB an Computerexperten oder Schachspieler richtet[4].

### a) Angaben, § 5 Abs. 1 S. 2 UWG

„Angaben“ sind alle nachprüfbaren, also dem Beweis zugänglichen Aussagen, die Tatsachenbehauptungen und nicht bloße Werturteile enthalten. **Bloße reklamehafte Anpreisungen** wie „das Beste jeden Morgen“ sind hingegen keine Angaben und lassen den Tatbestand der Irreführung regelmäßig bereits an der Hürde der Angaben scheitern[5]. Entsprechendes gilt für rein subjektive Meinungsäußerungen, bei denen es allerdings schon meist an einer geschäftlichen Handlung fehlt. Hinzu kommt in den Fällen des marktschreierischen Anpreisens häufig ein nicht zu verkennender **Humor- oder Ironiefaktor**, der den angesprochenen Verkehrskreisen leicht zu erkennen gibt, dass die spaßhafte Übertreibung nicht ernst gemeint ist[6]. Liegen ebenso wenig ein irreführendes Verschweigen einer Tatsache (dann greift § 5a UWG) oder die Spezial- 263

2 Vgl Harten/Henning/*Dreyer*, § 5 Rn 252–255.
3 BGH ZIP 2007, 1984 = WM 2007, 1918; Kurzkommentar von *von Livonius/Walz*, BGH EWiR § 3 UWG 6/07, 701.
4 BGH GRUR 2003, 800 f *Schachcomputerkatalog*.
5 BGH WRP 2002, 74 *Das Beste jeden Morgen* s. dazu den Fall ***Jeder Berliner Morgen ...***, Rn 310 f.
6 OLG Schleswig, Urt. v. 5.2.2002, AZ.: 6U 64/01 *Wir können nur billig – und die größte Auswahl der Welt. Mindestens.*

fälle der Absätze 2, 3 und 4 vor, ist die Prüfung der irreführenden geschäftlichen Handlung bereits an dieser Stelle beendet.

264 **aa) Produktbezogene Irreführung (Irreführung über wesentliche Merkmale von Waren oder Dienstleistungen), § 5 Abs. 1 S. 2 Nr 1 UWG.** § 5 Abs. 2 S. 1 Nr 1 UWG erfasst in der Aufzählung von Beispielen den Tatbestand der produktbezogenen Irreführung. Neu ist das Kriterium der „Wesentlichkeit" der Merkmale. Es muss sich also offenbar um ein zentrales, nicht lediglich untergeordnetes Merkmal handeln. Grob kann wie auch bisher schon getrennt werden zwischen der Irreführung über die stoffliche Substanz (Art, Ausführung und Zusammensetzung und Beschaffenheit) und über das Vorhandensein des Produkts (Verfügbarkeit und Menge der Waren), der Irreführung über die **geographische oder betriebliche Herkunft**, über Eigenschaften und Güte der Waren sowie über die Zwecktauglichkeit und Verwendungsmöglichkeiten und schließlich der Irreführung über amtliche Prüfungen und Testergebnisse. **Neu** hinzugekommen sind die Merkmale Vorteile und Risiken, Zubehör, Kundendienst und Beschwerdeverfahren. Die Merkmale **„Kundendienst"** und **„Beschwerdeverfahren"** erfassen neben den Angaben des Unternehmers über den „klassischen" Kundendienst wie der Werbung mit einem Vorortservice alle anderen nachvertraglichen Serviceleistungen wie zB die Kundenbetreuung über eine „Hotline" beim Vertrieb technisch komplexer Erzeugnisse[7]. Kundendienst und Beschwerverfahren sind **abzugrenzen von den in Nr 7 geregelten speziellen Garantie- und Gewährleistungsrechten**. Hinsichtlich des Merkmals der **betrieblichen Herkunft** steht § 5 Abs. 1 S. 2 Nr 1 UWG in **Konkurrenz** zu den Rechten, die dem Inhaber einer Marke oder Unternehmensbezeichnung (Name, Firma, besondere Geschäftsbezeichnung) im Falle der Verletzung dieser Rechte nach **§ 12 BGB und §§ 14, 15 MarkenG** zustehen. Denn Marken und Unternehmensbezeichnungen weisen auf die betriebliche Herkunft hin. Wegen des grundsätzlichen Vorrangs des Markenrechts, wird das lauterkeitsrechtliche Irreführungsverbot im Regelfall durch den im Markengesetz vorgesehenen kennzeichenrechtlichen Schutz verdrängt[8]. Dh wettbewerbsrechtliche Ansprüche scheiden idR aus, wenn durch die Verwendung eines fremden Kennzeichens irregeführt wird. Etwas anderes gilt nur dann, wenn das Kennzeichen über den Hinweis auf die betriebliche Herkunft hinaus weitere Informationen vermittelt. Wenn also die Herkunftsangabe nicht nur identifiziert, sondern darüber hinaus besondere Gütevorstellungen erweckt, also in einem solchen Fall nicht nur das Individualinteresse des Inhabers verletzt wird, sondern auch das Allgemeininteresse, vor allem das der Verbraucher, die mit dem Kennzeichen besondere Gütevorstellungen verbinden. Bei einer **geografischen Herkunftsangabe** kommt es auf die durch die Produktbezeichnung und -aufmachung (bzw Werbung) erweckte Erwartung des Verkehrs an. Sie kann auch irreführend sein, wenn die Region, aus der das Produkt stammt, nach objektiven Begriffen zu dem angegebenen Gebiet gehört[9]. Zur Irreführung über die **geographische und die betriebliche Herkunft** s. den Fall ***Klosterbrauerei***, Rn 316 f.

7 Vgl Ges.-Begr. S. 46 f.
8 ZB BGHZ 149, 191, 195 f *shell.de*.
9 OLG Köln GRUR-RR 2011, 89 *Himalaya-Salz* (der Verbraucher verbinde mit der Angabe „Himalaya" die Vorstellung einer Hochgebirgsregion, tatsächlich wurde das Salz im Tagebau in einer rund 200 km entfernten Hügellandschaft gewonnen).

*Aufbauhinweis:* Hinsichtlich der Verfügbarkeit ist vorrangig an Nr 7, hinsichtlich der Kundendienstleistungen an Nr 8 und Nr 10, der betrieblichen Herkunft an Nr 13 des Anhangs zu § 3 Abs. 3 zu denken.

*Literaturhinweis: Boesche/Scholze*, JURA 2005, 55 ff; *Bornkamm*, in: Hefermehl/Köhler/Bornkamm, § 5 Rn 4.1–4.236; *Wiring*, § 5 UWG über irreführende geschäftliche Handlungen: Eine Norm, die irreführt? NJW 2010, 580 ff.

**bb) Irreführung über den Preis und Leistungsbedingungen, § 5 Abs. 1 S. 2 Nr 2 UWG.** Von in § 5 Abs. 1 S. 2 Nr 2 UWG normierten Angaben wird die Irreführung über Preise (Preisbemessung, Preisgestaltung, Sonderangebote, Kopplungsangebote, Lockvogelwerbung), ebenso erfasst wie die Irreführung über den Anlass des Verkaufs, die Bezugsart und -quelle sowie die Irreführung durch unbestimmte und unvollständige Produktangaben oder durch Preisgegenüberstellungen („das Vorhandensein eines besonderen Preisvorteils") und durch Versprechen von Preisgarantien („Geld-zurück-Garantie", „feste Preise"). Die Fälle der Werbung mit Scheininsolvenz-, Scheinsonder- oder Scheinräumungssverkäufen fallen jedenfalls unter das Merkmal „Anlass des Verkaufs" und sind überdies regelmäßig, wenn auch nicht ausschließlich, mit einer Täuchung über das Vorhandensein eines besonderen Preisvorteils verbunden, so dass es sich in diesen Fällen um Angaben in beiden genannten Formen handelt[10]. Da in § 2 Abs. 1 Nr 1 UWG nicht nur der **Absatz**, sondern – anders als in Art. 6 UGP-RL auch der **Bezug** von Waren und Dienstleistungen geregelt ist, erfasst § 5 UWG auch Irreführungen über den Bezug von Waren und Dienstleistungen. Dies steht in gewissem Widerspruch zu dem Wortlaut etwa des § 5 Abs. 1 Nr 2 UWG, der lediglich von **Ver-** und nicht auch von **Ankauf** spricht. Irreführende Ankaufsbedingungen wären danach nicht erfasst. Wegen der klaren Legaldefinition wird man den Tatbestand zumindest entsprechend auch auf die Fälle des Ankaufs anwenden müssen[11]. Zur Irreführung über den **Preis** und die **Preisbestandteile** s. auch die Ausführungen unter Rn 281–288. 265

*Literaturhinweis:* Ausführlich zu den Einzelheiten *Bornkamm* in Hefermehl/Köhler/Bornkamm, § 5 Rn 6.1–6.41 und 7.1–7.148, zu Einzelfällen von Preisen wie Abhol-, Direkt-, Discount-, Eck-, Einführungs-, Einkaufs-, Fabrik-, Einstands-, Selbstkosten-, End-, Eröffnungs-, Großhandels-, Laden-, Netto-, circa-, Test- und Tiefpreis etc s. die Rn 7.97–7.134 (zum circa-Preis s. auch den Aktenvortrag ***Rotpreis-Revolution***, Rn 484; *Boesche/Scholze*, JURA 2005, 55, 58 f; Fall ***Besuch beim Nikolaus***, Rn 431 f).

**cc) Unternehmerbezogene Irreführung (Irreführung über Person, Eigenschaften und Rechte des Unternehmers), § 5 Abs. 1 S. 2 Nr 3 UWG.** § 5 Abs. 1 S. 2 Nr 3 UWG umfasst wie auch schon § 5 Abs. 2 S. 1 Nr 3 UWG (2004) unwahre oder zur Irreführung geeignete Angaben über die Person und die geschäftlichen Verhältnisse des Unternehmers. Lediglich aus Klarstellungsgründen sind die Merkmale „Beweggründe" für die geschäftliche Handlung und „Art des Vertriebs" aus Art. 6 Abs. 1 lit. c UGP- 266

10 Vgl Ges.-Begr. S. 47; zu den Anforderungen an Preisangaben BGH WRP 2008, 928; OLG Hamm MMR 2011, 180 Fortbestehen günstiger Einkaufspreise (zeitlich befristeter Frühbucherrabatt).

11 *Köhler*, WRP 2009, S. 109, 114.

RL übernommen worden[12]. Das Merkmal der geschäftlichen Verhältnisse hat schon eine alte Tradition: es war bereits in § 3 S. 1 UWG aF (also im UWG von 1909) geregelt. Darunter fallen alle Umstände, die eine gewerbliche Tätigkeit im Wettbewerb zu fördern vermögen. Unternehmensbezeichnungen, die über die Identität des Unternehmens irreführen, gehören dazu ebenso wie irreführende Angaben über Eigenschaften (dazu Rn 286), Umfang und Bedeutung des Unternehmens, unternehmensbezogene **Allein- und Spitzenstellungswerbung** (vgl dazu unter Rn 206 und unter Rn 289–292), geografische Zusätze, Schutzrechtsanmaßung, irreführende Angaben über Befähigung und Qualifikation sowie über Auszeichnungen und Ehrungen. So ist zB die Werbung eines Einzelhändlers mit den Angaben „Direkt ab Werk! Kein Zwischenhandel! Garantierter Tief-Preis“ irreführend, wenn sie bei den angesprochenen Verkehrskreisen den Eindruck erweckt, die beworbene Ware werde zu dem Abgabenpreis des Herstellers vertrieben, obgleich der Werbende in die von ihm verlangten Preise seine Gewinnspanne eingerechnet hat[13].

*Literaturhinweis:* Ausführlich zu den Einzelheiten *Bornkamm*, in: Hefermehl/Köhler/Bornkamm, § 5 Rn 5.1–5.160.

267 **dd) Irreführende Aussagen oder Symbole des Sponsorings oder der Zulassung, § 5 Abs. 1 S. 2 Nr 4 UWG.** Neu aufgenommen sind die in Nr 4 normierten Angebote, die sich auf irreführende Aussagen oder Symbole des Sponsorings oder die Zulassung des Unternehmers oder der Waren oder Dienstleistungen beziehen. Damit werden die Richtlinienvorgaben aus Art. 6 Abs. 1 lit. c UGP-RL ausdrücklich ins UWG aufgenommen, obgleich sich diese auch unter die bisherigen Tatbestände des § 5 UWG hätten fassen lassen können. Soweit sie das Sponsoring in der Variante Aussagen und die Zulassung von Waren oder Dienstleistung betreffen, ist bereits Nr 1 erfüllt, hinsichtlich des Sponsorings durch eine bildliche Darstellung greift der unverändert gebliebene § 5 Abs. 3 UWG. Fragen der Zulassung des Unternehmers sind in Sondergesetzen geregelt, bei deren Verstoß § 4 Nr 11 UWG greift. Der Gesetzgeber hätte hier lieber die Interessen der Praxis durch Beibehalten eines übersichtlichen UWGs erhören sollen, als in Vasallentreue einer Buchstabenverliebtheit in die EU-Vorgaben zu verfallen. Der genaue Anwendungsbereich der Nr 4 bleibt überdies unklar. Sie kann sich sowohl auf Aussagen des Sponsors oder des Gesponsorten über Sponsoring als auch auf Aussagen Dritter beziehen, diesbzgl könnte die Regelung für das sog Ambush Marketing besonders relevant werden[14].

*Literaturhinweis: Schaub*, Sponsoringverträge und Lauterkeitsrecht, GRUR 2008, S. 955, 959 f.

268 **ee) Irreführung über die Notwendigkeit eines Ersatzteils oder einer Reparatur, § 5 Abs. 1 S. 2 Nr 5 UWG.** Der Gesetzgeber hielt eine Aufnahme der Merkmale „Irreführung über die Notwendigkeit eines Ersatzteils oder einer Reparatur“ zur Umsetzung von Art. 6 Abs. 1 lit. e UGP-RL für notwendig, da sie in dem bisherigen Katalog

12 Ges.-Begr. S. 47.
13 BGH GRUR 2005, 442 *Direkt ab Werk.*
14 *Schaub*, Sponsoringverträge und Lauterkeitsrecht, GRUR 2008, S. 955, 959.

nicht enthalten seien[15]. Nach gewöhnlichem Verständnis wird man Reparaturen aber als Dienstleistungen iSd Nr 1 erfassen und Ersatzteile unter den Begriff des Zubehörs, der Zusammensetzung der Ware oder allgemein unter Merkmale von Waren (Nr 1) subsumieren können[16]. Auch mit der Hinzufügung der Nr 5 hat der Gesetzgeber allen UWG-Anwendern daher einen Bärendienst erwiesen. Geht es um Ersatzteile oder Reparaturen, müssen sie (sei es in Klausursachverhalten oder Fällen des wirklichen Lebens) an den Sondertatbestand der Nr 5 denken und dürfen nicht in der Nr 1 hängen bleiben, auch wenn dort die neuen Merkmale bereits ausreichend erfasst werden. Obgleich eine parallele Anwendbarkeit der Nr 1–7 für den gleichen Unlauterkeitsvorwurf möglich ist, diese also nicht im Spezialitätsverhältnis zu einander stehen oder sich gegenseitig ausschließen, kann etwa ein Nichterkennen der Nr 5 als Fehler ausgelegt werden.

**ff) Irreführung über die Einhaltung eines Verhaltenskodexes, § 5 Abs. 1 S. 2 Nr 6 UWG.** Nach § 5 Abs. 1 S. 2 Nr 6 UWG kann die Irreführung über die Einhaltung eines Verhaltskodexes unlauter sein. Voraussetzung ist, dass sich der Unternehmer verbindlich **zur Einhaltung des Kodexes verpflichtet** hat und er vor, bei oder nach der geschäftlichen Handlung auf seine daraus folgende **Bindung hingewiesen** hat. Der Begriff des **Verhaltenskodexes** ist in **§ 2 Abs. 1 Nr 5 UWG legaldefiniert**. Mit Verhaltenskodex sind danach Vereinbarungen oder Vorschriften über das Verhalten von Unternehmern gemeint, zu welchem sie sich in Bezug auf Wirtschaftszweige oder einzelne geschäftliche Handlungen verpflichtet haben, ohne dass sich solche Verpflichtungen bereits aus Gesetzes- oder Verwaltungsvorschriften ergeben. Solche auf Freiwilligkeit beruhenden Vereinbarungen finden sich in den unterschiedlichsten Wirtschaftsbereichen. Zu ihnen zählt beispielsweise der **Pressekodex** des deutschen Presserats, dem die Verleger und Journalisten durch ihre Verbände zustimmen, der **Verhaltenskodex der Anbieter von Telefonmehrwertdienstleistungen**, die Wettbewerbsregeln des Verbands Deutscher Zeitschriftenverleger, die Verhaltenskodizens der Arnzeimittelherstellerverbände, auf internationaler Ebene der ICC-Marketing- und Werbekodex der Internationalen Handelskammer[17] und die **Verbändevereinbarungen für Strom und Gas**, die inzwischen allerdings durch die EnWG-Novellierungen überholt wurden[18]. Große Industrieunternehmen setzen schon aus eigenem Antrieb Verhaltenskodizes auf, um so konzernintern oder unter Einbeziehung von Zuliefer- und Abnehmerunternehmen für einheitliche (Mindest-)Standards zu sorgen, ob allerdings auch solche **unternehmensinternen Verhaltensregeln** dem Begriff des Verhaltensko- 269

15 Ges.-Begr. S. 48.

16 Dies übersieht der Gesetzgeber offenbar, indem er ausführt, die Handlungen ließen sich möglicher Weise auch unter § 4 Nr 2 UWG fassen. Da diese Bestimmung aber – so heißt es weiter – dem Schutz besonders schutzwürdiger Verbraucher voraussetze, wäre eine umfassendere Regelung wie die neu geschaffenen unverhinderlich (Ges.-Begr. S. 48).

17 Ausführlich zu den Verhaltenskodizes *Birk*, GRUR, 196, 199; *Dreyer*, WRP 2007, S. 1294 ff mit weiteren Bsp auf S. 1295 (unter II.1.); vgl auch BGH GRUR 2006, 773 *Probeabonement* (dazu Rn 322c, 428a f); LG München I, PharmR 2008, 330.

18 Dazu ausführlicher zB *Säcker/Boesche*, Gute fachliche Praxis der Netzkostenkalkulation – ein Beitrag zur „Verhexung des Denkens durch die Mittel unserer Sprache", in: Säcker, Reform des Energierechts, 2003, S. 3 ff.

dex unterfallen, ist umstritten[19]. Hintergrund für die Aufnahme in den Irreführungskatalog der UGP-RL (Art. 6 Abs. 2 lit. b) ist, das Bestreben der EU-Kommission die Aufstellung solcher Verhaltenskodizes für einzelne Branchen zu fördern[20]. Sie erhofft sich von den Selbstverpflichtungsregeln eine stärkere Bereitschaft zur Beseitigung unlauterer Geschäftspraktiken. Auch die Brancheneinbindung spielt dabei eine nicht unmaßgebliche Rolle. Welcher Unternehmer möchte schon gern an den Pranger gestellt werden, wegen Nichteinhaltung gemeinsam getroffener Vereinbarungen? Hat man es in der Rechtsanwendung mit einem Verhaltenskodex zu tun, müssen die Signalleuchten angehen. Gleich **zwei Per-se-Verbote sind vorrangig einschlägig**: Nr 1 und Nr 3. Nach **Nr 1 des Anhangs zu § 3 Abs. 3 UWG** ist die unwahre Angabe eines Unternehmers, zu den Unterzeichnern eines Verhaltenskodexes zu gehören, ohne weitere Prüfung unzulässig (dazu Rn 484). Gemäß **Nr 3** ist die unwahre Angabe, ein Verhaltenskodex sei von einer öffentlichen oder anderen Stelle gebilligt worden, per se unzulässig iSd § 3 Abs. 3 UWG (dazu Rn 486). Lauterkeitsrechtlich relevant ist die Einhaltung von Verhaltenskodizes auch bei der **Konkretisierung der fachlichen Sorgfalt**, wie sie in § 2 Abs. 1 Nr 7 UWG legaldefiniert wird und in § 3 Abs. 2 S. 1 UWG zur Anwendung kommt. Explizit bei der Feststellung der „Marktgepflogenheiten" könnte den Verhaltenskodizes eine entscheidende Bedeutung zukommen (zur fachlichen Sorgfalt s. Rn 173)[21].

*Literaturhinweis: Birk*, Corporate Responsibility, unternehmerische Selbstverpflichtungen und unlauterer Wettbewerb, GRUR 2011, 196, 198 ff; *Dreyer*, Verhaltenskodizes im Referentenentwurf eines Ersten Gesetzes zur Änderung des Gesetzes gegen unlauteren Wettbewerb. Wird das Wettbewerbsrecht zum Motor für die Durchsetzung vertraglicher Verpflichtungen? WRP 2007, S. 1294 ff.

270 **gg) Irreführung über Verbraucherrechte, § 5 Abs. 1 S. 2 Nr 7 UWG.** Der Tatbestand der Irreführung über Rechte des Verbrauchers, insbes. solche auf Grund von Garantieversprechen oder Gewährleistungsrechten bei Leistungsstörungen beruht auf Art. 6 Abs. 1 lit. g UGP-RL. Er trägt ebenfalls zu einer Vermengung lauterkeitsrechtlicher und zivilrechtlicher Ansprüche bei. Bei § 5 Abs. 1 Nr 7 wie bei Nr 5 UWG erlangt die Ausdehnung der geschäftlichen Handlung auf solche bei und nach Vertragsschluss besondere Bedeutung. Verlangt ein Verbraucher wegen eines Sachmangels Ersatzlieferung und gibt ihm der Unternehmer die unrichtige Auskunft, Gewährleistungsansprüche seien verjährt, erfüllt dies den Tatbestand der Irreführung iSd § 5 Abs. 1 S. 2 Nr 7

19 ZB RWE Verhaltenskodex sowie Verhaltenskodex des Mineral- und Chemiekonzerns Total, jeweils abrufbar auf der Website der Unternehmen; bejahend für **Compliance Regeln**, **Unternehmensleitsätze** oder **Code of Ethics** *Dreyer* WRP 2007, 1294 unter II 1; für den **Deutschen Corporate Governance Kodex** und sogar **vertragliche Vertriebsbindungssysteme** *Hoeren* 2009, 1497; dagegen *Köhler* in Köhler/Bornkamm, § 2 Rn 113; *Birk* GRUR 2011, 196, 199; *Schmidhuber* WRP 2010, 593 unter IV; bejahend für **überbetriebliche unternehmerische Selbstverfpflichtungen**, die soziale oder ökologische Standards enthalten, zB *Nordemann* in Götting/Nordemann § 5 Rn 6.8; *Dreyer* WRP 2007, 1294 unter II 1.

20 Erwägungsgrund 20. An anderer Stelle zu klären wäre die Vereinbarung solcher Kodizes mit dem Kartellrecht (§§ 24 ff GWB), vorausgesetzt, sie regeln den Wettbewerb.

21 Vgl BGH GRUR 1991, S. 462, 463 *Wettbewerbsrichtlinie der Privatwirtschaft*; BGH WRP 2006, 1113 Tz. 19 = GRUR 2006, S. 773 *Probeabonnements* (dazu ausführlicher Rn 322c, 428a f); *Köhler*, WRP 2009, S. 109, 112.

UWG und begründet, wenn die Wiederholungsgefahr gegeben ist, einen Unterlassungsanspruch. Die Wiederholungsgefahr wird regelmäßig zu vermuten sein, wenn eine Angabe ihrer Art zu jeder Zeit wiederholt werden kann. Handelt es sich hingegen um eine objektiv zu Unrecht getane Äußerung des Unternehmers in einem Einzelfall ist zwar auch der Tatbestand der Nr 7 gegeben, die Wiederholungsgefahr wird jedoch in solchen Fällen nicht zu vermuten sein[22].

### b) Irreführung im Zusammenhang mit der Vermarktung einschließlich vergleichender Werbung, § 5 Abs. 2 UWG

In dem neuen Absatz 2 des § 5 UWG ist der Tatbestand einer geschäftlichen Hand- **271**
lung aufgeführt, die dann irreführend ist, wenn sie im Zusammenhang mit der Vermarktung von Waren oder Dienstleistungen einschließlich vergleichender Werbung eine Verwechslungsgefahr mit einer anderen Ware oder Dienstleistung mit der Marke oder einem anderen Kennzeichen eines Mitbewerbers hervorruft. § 5 UWG sieht damit einen Tatbestand vor, der dem Schutz von Kennzeichen dient, aber deutlich weiter gefasst ist als § 4 Nr 9 lit. a UWG[23]. Hinsichtlich der **Verwechslungsgefahr** vermag die Anlehnung an den markenrechtlichen Begriff und die sich dazu herausgebildete Rechtsprechung Klärung verschaffen[24]. Wird über die betriebliche Herkunft getäuscht, ist sowohl § 5 Abs. 1 S. 2 Nr 1 wie auch Abs. 2 UWG einschlägig. Handelt es sich um vergleichende Werbung ist § 5 Abs. 2 UWG vorrangig, in den anderen Fällen überschneiden sich die Anwendungsbereiche, so dass sie in diesen Fällen nebeneinander anwendbar sind[25]. Anspruchsvoller ist die Abgrenzung zu **§ 6 Abs. 2 Nr 3 UWG**, zumal § 5 Abs. 2 UWG auch die vergleichende Werbung umfasst. Das Verhältnis lässt sich nur über die unterschiedlichen Schutzzwecke auflösen. § 6 Abs. 2 Nr 3 UWG dient dem Schutz des/der Mitbewerber/s, § 5 Abs. 2 UWG dem Schutz des Verbrauchers und der sonstigen Marktteilnehmer. Werden Ansprüche seitens eines Verbraucherverbandes geltend gemacht, geschieht dies über § 5 Abs. 2 UWG, entsprechende Ansprüche von Mitbewerbern und Wettbewerbsverbänden werden sich auf § 6 Abs. 2 Nr 3 UWG stützen müssen.

Schwierig ist auch das Verhältnis zu § **4 Nr 9 lit. a UWG**. Auf den ersten Blick ver- **272**
mag sie nur durch ein Verständnis lösbar, wonach § 4 Nr 9 lit. a UWG als Spezialfall des § 5 Abs. 2 UWG behandelt wird. Dafür spricht die Einschränkung auf den Aspekt der betrieblichen Herkunft. Dieses Verständnis wird allerdings dadurch gestört, dass § 5 Abs. 2 UWG auch einen Tatbestand vergleichender Werbung enthält, der gegenüber den anderen Unlauterkeitstatbeständen vorrangig ist und als weiterer Tatbestand das Merkmal der betrieblichen Herkunft mitumfasst. Zudem beruht § 5 Abs. 2 UWG auf Gemeinschaftsrecht. Fraglich ist daher, ob überhaupt ein eigener Anwendungsbereich für § 4 Nr 9 lit. a UWG bleibt. Die **Betonung auf dem Vermarktungsaspekt** im Falle des § 5 Abs. 2 UWG gibt wenigstens ein einschränkendes Signal. Handelt es

22 Vgl Bsp bei *Köhler*, GRUR 2009, S. 109, 115.
23 Dazu ausführlicher *Köhler*, GRUR 2008, S. 841, 846.
24 ZB EuGH GRUR 2008, S. 698 Tz. 49 *O2 und O2 (UK)*.
25 Vgl *Köhler*, GRUR 2009, S. 109, 115.

sich also nicht um eine Vermarktung von Waren oder Dienstleistungen kann der Blick von § 5 Abs. 2 UWG abgewendet werden und sich dem § 4 Nr 9 lit. a UWG öffnen. Jedenfalls bei allen Werbemaßnahmen einschließlich der Formen vergleichender Werbung dürfte der Begriff der Vermarktung erfüllt sein. Der Gesetzgeber will eine Klärung der Rechtsprechung überlassen[26]. Auch der Blick auf die unterschiedlichen Schutzzwecke der Norm und der Anspruchsberechtigten verschafft eine etwas klarere Trennung zwischen den Anwendungsbereichen. § 4 Nr 9 lit. a UWG dient dem Schutz des Mitbewerbers, explizit des Originalherstellers, der nachgeahmten Waren oder Dienstleistungen, § 5 Abs. 2 UWG dient vorrangig dem Schutz der Verbraucher, gleichwohl können alle in § 8 Abs. 3 UWG genannten Anspruchsberechtigten Unterlassungs-, Beseitigungs- und Schadensersatzansprüche geltend machen. Sind Mitbewerberinteressen verletzt, können also beide Normen nebeneinander anwendbar sein, in den anderen Vermarktungsfällen einschließlich der Fälle vergleichender Werbung greift allein § 5 Abs. 2 UWG. Außerhalb der Vermarktung und der vergleichenden Werbung bleibt ein schmaler Anwendungsbereich bei Kennzeichenverletzungen für die Anwendung des § 4 Nr 9 lit. a UWG.

**273** Vorrang vor allen genannten Vorschriften genießt das **per-se-Verbot in Nr 13** des Anhangs zu § 3 Abs. 3 UWG. Liegen **ähnliche** Waren oder Dienstleistungen vor und wird **absichtlich** über die **betriebliche Herkunft** der beworbenen Waren oder Dienstleistungen getäuscht, liegt eine Unzulässigkeit iSd Nr 13 vor. Voraussetzung ist neben der Ähnlichkeit der Waren und Dienstleistungen (der Begriff ist wie in den entsprechenden markenrechtlichen Bestimmungen auszulegen)[27], eine Irreführung über die betriebliche Herkunft und eine entsprechende Absicht. Hinsichtlich der Ähnlichkeit wird es darauf ankommen, ob die Produkte oder Dienstleistungen **substituierbar** sind. Es muss sich also nicht zwingend um Nachahmungen handeln wie im Falle des § 4 Nr 9 lit. a UWG. Die Beurteilung der Täuschung über die betriebliche Herkunft setzt eine **Gesamtbetrachtung** voraus, bei der der Grad der Ähnlichkeit der Waren, die Bekanntheit des Originalprodukts und die Art der Werbung zu beachten sind[28]. Für die Absicht gilt das, was vor der Novelle 2008 über die Anforderungen an die Wettbewerbsabsicht vertreten wurde: sie wird regelmäßig vermutet werden können.

### c) Angaben im Rahmen vergleichender Werbung, § 5 Abs. 3 UWG

**274** § 5 Abs. 3 UWG normiert den Spezialfall irreführender vergleichender Werbung. Dieser setzt zunächst voraus, dass die spezielleren Voraussetzungen der vergleichenden Werbung (Werbung, Mitbewerber, Vergleich) vorliegen müssen. Erst im Anschluss daran sind die Voraussetzungen des § 5 UWG zu prüfen (in der Werbung enthaltene Angabe, die irreführend ist – zum Prüfungsaufbau der irreführenden vergleichenden Werbung s. Rn 219). Nach dem Wortlaut bezieht sich § 5 Abs. 3 UWG nur auf „Angaben im Sinne von Absatz 1 S. 2". Der Verweis umfasst damit nicht das seit der No-

26 Ges.-Begr. S. 30f, 48; *Köhler*, GRUR 2009, S. 109, 114 schließt sich dem an.
27 ZB EuGH GRUR 1998, S. 922 Tz. 23; BGH GRUR 2004, S. 241.
28 *Köhler*, WRP 2009, S. 109, 113.

velle 2008 in dem Sondertatbestand des § 5a UWG geregelte Irreführen durch Unterlassen, das zuvor als „Verschweigen einer Tatsache" in § 5 Abs. 2 S. 2 UWG (2004) von dem einheitlichen Verweis auf Absatz 2 erfasst war. Fraglich ist, ob diese Beschränkung vom Gesetzgeber wirklich so gewollt ist oder ob es sich bei dem Ersetzen des Verweises (auf „Absatz 1 S. 2" statt auf „Absatz 2") um eine redaktionelle Korrektur handelt, bei der die Folgen der Beschränkung übersehen wurden. Auch vor der Novelle 2008 sprach der Wortlaut „Angaben im Sinne von ..." eher für eine Beschränkung auf § 5 Abs. 2 S. 1 UWG (2004). Da Formen vergleichender Werbung, in der es durch Verschweigen von Tatsachen über ein konkurrierendes Unternehmen, dessen Leistungen vergleichend den eigenen gegenübergestellt werden, ebenso zu einer Irreführung kommen kann wie im umgekehrten Fall, dass (negative) Tatsachen über ein eigenes Produkt verschwiegen werden und dies im Zusammenhang mit dem gegenübergestellten Produkt eine Irreführung bei den angesprochenen Verkehrskreisen hervorruft, sprach dies dafür, den Verweis in § 5 Abs. 3 UWG so zu verstehen, dass er sich nicht nur auf die beispielhaft aufgezählten Angaben, die lediglich einen Teil („Bestandteil") der Werbung ausmachen, bezog, sondern auf den gesamten Inhalt des Absatzes 2 des § 5 UWG (2004). Es wurde daher an dieser Stelle vertreten, wegen der immerhin möglichen Formen vergleichender irreführender Werbung durch Verschweigen von Tatsachen dem Sinn und Zweck der Norm zu entsprechen und die Verweisung als weit, dh den gesamten Inhalt des Absatzes 2 des § 5 UWG (2004) umfassend, zu verstehen. Diese Auffassung wird in ihrer inhaltlichen Aussage auch nach der Novelle 2008 vertreten, da andernfalls eine Lücke entstünde. Zwar hat der Gesetzgeber mit der Novelle 2008 einen umfangreichen eigenen Irreführung-durch-Unterlassen Tatbestand geschaffen, der aber keine Regelung über vergleichende Werbung enthält. Übersichtlichkeitsgründe sprechen somit dafür, den Verweis „wörtlich" zu nehmen und diese auf „Angaben iSd § 5 Abs. 1 S. 2 UWG" zu beschränken. Für eine Beschränkung des Verweises in § 5 Abs. 3 UWG auf Abs. 1 S. 2 spricht auch, dass der Gesetzgeber in § 5 Abs. 2 UWG das Merkmal der vergleichenden Werbung ausdrücklich mit aufgenommen hat. Dies könnte als Hinweis zu verstehen sein, dass er sich bewusst entschieden hat, welche Irreführungstatbestände im Rahmen der vergleichenden Werbung relevant sein sollen und welche nicht. Damit entfiele aber der Unlauterkeitstatbestand der vergleichenden irreführenden Werbung, was vom Gesetzgeber nicht gewollt sein kann, da es Anwendungsfälle gibt, die sich weder von § 6 noch unter § 5a UWG erfassen lassen. Wird etwa in einem Vergleich konkurrierender Produkte eine angesehene Marke nicht angegeben, kann dies ebenso ein irreführendes Unterlassen begründen[29] wie wenn bei einem Vergleich des allgemeinen Preisniveaus des Sortiments von Supermärkten nicht deutlich gemacht wird, dass es sich nur um eine Musterauswahl handelt[30]. Werden hingegen die verschiedenen Vertriebswege von verglichenen Produkten nicht angegeben (Bezug beim Vertriebspartner, Parallelimport), ist dies nach Ansicht des EuGH ebenfalls nicht als irreführend anzusehen[31]. Es wird daher vertreten, den Ver-

29 EuGH GRUR 2003, 533 Rz. 53, 55 *Pippig Augenoptik.*
30 EuGH WRP 2006, 1348 Rz 85 *Lidl Belgium.*

weis in § 5 Abs. 3 UWG nicht nur auf „Angaben iSd Abs. 1 S. 2“ zu lesen, sondern auch bzgl des „Verschweigens einer Tatsache“ iSd § 5a UWG.

#### d) Bildliche Darstellungen und sonstige Veranstaltungen, die darauf zielen, Angaben zu ersetzen, § 5 Abs. 3 UWG

**275** § 5 Abs. 3 UWG knüpft bezüglich der Begriffe bildliche Darstellungen und sonstige Veranstaltungen an den Inhalt des § 5 UWG aF an. **„Bildliche Darstellung“** umfasst Zeichnungen, Gemälde, Schriftzeichen, auch geschriebene Worte, aber auch Gebärden, Videofilme, Lichtbilder und andere Formen beweglicher Bilder[32]. Die Abbildung des Lottoscheins oder der Maschine eines Konkurrenten sind bildliche Darstellungen. Die reine Abbildung etwa des allgemein bekannten Lottoscheins selbst begründet allerdings noch keine Irreführung, hierzu kommt es auf die Gesamtumstände der bildnerischen und textlichen Darstellung in der Werbeanzeige an[33]. Die Abbildung der von einem Mitbewerber hergestellten Maschine im verrotteten Zustand kann hingegen den Irreführungstatbestand erfüllen[34]. Mit **„sonstiger Veranstaltung“** sind Kundgebungen gemeint, die „einen Gedanken sinnfällig wiedergeben“[35]. Mit dieser, auf eine Formulierung des Strafsenates des Reichsgerichts zurückgehenden, Definition sind sowohl Laute wie auch Farben und Gerüche gemeint. Die bildliche Darstellung oder die Veranstaltung – beides keine Werbeformen, die in der Praxis seit Bestehen des UWG (1909) eine herausragende Rolle gespielt haben, was schon an der dünnen Ausbeute an Gerichtsentscheidungen sichtbar wird –, müssen zudem darauf **zielen** und **dazu geeignet** sein, die in Absatz 2 genannten Angaben zu ersetzen. Mit dem Begriff des „darauf zielen“ ist die frühere Formulierung „darauf berechnet“ ersetzt worden. Fraglich ist, ob das „Zielen“ eine besondere Täuschungsabsicht erfordert. Da sich der Gesetzgeber hierzu nicht äußert, kann es entgegen dem allgemeinen Wortverständnis und anknüpfend an die Kritik, die der Begriff „berechnet“ ausgelöst hat[36], nicht auf eine besondere Absicht ankommen. Ausreichend ist dann das Wissen um die Tatumstände, also konkret das Bewusstsein, dass die bildliche Darstellung oder eine „Veranstaltung“ eine Irreführung begründen können.

#### e) Irreführung in den Fällen a) – d)

**276** Angaben sind dann irreführend, wenn sie **objektiv falsche Tatsachen** enthalten. Auch **objektiv richtige Angaben** können irreführend sein, wenn sie geeignet sind, einen beachtlichen Teil des Verkehrs bei seinem Kaufverhalten zu beeinflussen[37]. Rich-

---

31 EuGH GRUR 2003, 533 Rz. 61–64 *Pippig Augenoptik*; ausführlicher zum irreführenden Werbevergleich *Berlit*, Der irreführende Werbevergleich, WRP 2010, 1105.

32 Die Fruchtabbildung auf einem Teeprodukt, das keine Früchte, sondern nur entsprechende Aromen enthält, ist zulässig, wenn auf die Aromisierung korrekt hingewiesen wird (LG Frankf./M. GRUR-RR 2011, 194); zu dieser Fallgruppe vgl auch Harten/Henning/*Dreyer*, § 5 Rn 832.

33 BGH GRUR 2002, S. 828 *Lottoschein*, S. dazu den Fall ***Lottoschein***, Rn 228 f.

34 OLG Hamburg WRP 1980, 499.

35 RGSt 47, 161.

36 Dazu Baumbach/Hefermehl, 22. Aufl. § 5 Rn 4.

37 BGH, GRUR 1966, 445, 447 *Glutamal*; BGH, NJW 1991, 1512 f *Aquavit*; *Ekey*, in: Ekey/Klippel/Kotthoff/Meckel/Plaß, § 5 Rn 101; andererseits verstößt auch eine objektiv unrichtige Angabe nicht

tig ist eine Angabe nur dann, wenn sie bei „ungezwungener Betrachtung" aus der Sicht eines situationsadäquat durchschnittlich aufmerksamen, informierten und verständigen Verbrauchers mit dem übereinstimmt, was die umworbenen Verkehrskreise ihr entnehmen[38]. Auch objektiv wahre Angaben können daher irreführend sein, wenn sie bei den angesprochenen Verkehrskreisen aber falsche Assoziationen wecken zB bei der **Werbung mit Selbstverständlichkeiten („incl. MwSt.")**[39] und diese Reaktion dem Werbenden bewusst war. Irreführend ist eine Werbeaussage danach nur, wenn eine Angabe bzw das Verschweigen einer Tatsache geeignet ist, einen nicht unerheblichen Teil der umworbenen Verkehrskreise in die Irre zu führen. Früher genügte dafür ein **Prozentsatz** von ca. 10–15% Irregeführten. Mit Wandlung des **Verbraucherbildes** geht man nicht mehr von einem bestimmten Prozentsatz aus, verlangt wird aber jedenfalls, dass ein deutlich höherer Anteil durch die angegriffene Aussage oder Handlung irregeführt worden sein muss. Voraussetzung einer Irreführung ist also, dass eine Angabe oder eine verschwiegene, aufklärungspflichtige Tatsache bei einem relevanten Teil der angesprochenen Verkehrskreise, trotz der bei ihnen situationsadäquaten Aufmerksamkeit und durchschnittlichen Informiertheit, unzutreffende Vorstellungen über das Angebot geweckt hat (oder zumindest dazu geeignet ist). Entscheidend ist dabei nicht der **Verbraucher**, der sich für einen Vertragsabschluss bereits entschlossen hat, sondern der potenziell interessierte, der noch keine gesteigerte, aber doch die situationsadäquate Aufmerksamkeit an den Tag gelegt hat und in der Regel zwar nicht, wohl aber bei teueren Anschaffungen, Wissen über Detailfragen einer Ware oder einer Leistung mitbringt (ausführlicher zum Maßstab des aufmerksamen, durchschnittlich informierten und verständigen Verbrauchers s. die Ausführungen unter Rn 2 ff)[40]. Überdies muss die Werbung geeignet gewesen sein, die Entscheidung des Verbrauchers in wettbewerbsrelevanter Weise zu beeinflussen. Auch Werbung mit **Selbstverständlichkeiten** kann in diesem Sinne irreführend sein. Wird zB **Honig als „naturrein"** ohne künstliche Aromastoffe beworben, so als sei dies ein besonderes Qualitätssiegel, obgleich diese grundsätzlich nicht bei der Herstellung von Honig verwendet werden, ist diese Angabe irreführend. Ebenso kann die Werbung eines **Preises „incl. MwSt."** bei Preisen, die stets nur inklusive Mehrwertsteuer ausgewiesen werden, irreführend sein. Hier kommt es auf die Einzelfallkonstellation an, ob irreführende Vorstellungen ausgelöst wurden und diese für den Vertragsschluss von Bedeutung sowie geeignet waren, die Entscheidung zu beeinflussen.

Bei **mehrdeutigen Angaben** kann nach Entwicklung des Verbrauchermaßstabs an- **277**
ders als früher vom Verbraucher verlangt werden, dass er sich bei offenkundig mehrdeutigen Begriffen die unterschiedlichen Bedeutungen bewusst macht, wenn die ge-

notwendig gegen § 3 UWG; denn es ist möglich, dass sie von dem überwiegenden Teil der umworbenen Verkehrskreise richtig verstanden wird. Dann fehlt es aber an einer Irreführung, vgl dazu zB BGHZ 27, 1, 10 *E-Mail/E-Maillelack.*

38 BGH, WRP 2000, S. 517, 520 *Orient-Teppichmuster*; BGH, WRP 2000, S. 1129, 1130 *Tageszulassung II.*

39 ZB BGH GRUR 1991, 323 = WRP 1991, 221 *incl. MwSt. IV*; mit weiteren Nachweisen aus der Rechtssprechung *Kling/Thomas*, S. 89 f.

40 Hier sei nur auf BGH GRUR 2003, 361 = NJW-RR 2003, 1039 = K & R 2003, 140 *Sparvorwahl* verwiesen.

naue Bedeutung für den Erwerb einer Ware oder die Inanspruchnahme einer Dienstleistung relevant ist[41]. Dass die Verbraucher ihrem Bild gerecht werden, bestätigte das Verständnis der Media-Markt-Werbung zur Jahreswende 2006/07: „*Am 3.1. zahlt Deutschland keine Mehrwertsteuer!*" Die Mehrheit der Verbraucher verstand die Werbeaussage so, dass die Preise um 16% reduziert angeboten wurden und nicht **ohne Umsatzsteuer** von 16%. Demzufolge kam der Aussage selbst keine Irreführung zu. Auch lag in der Werbeaussage kein Verstoß gegen die PAngV-Vorschriften, da es an einer Preisangabe fehlte (s. dazu Rn 428). Da den UStG-Vorschriften der Marktbezug fehlt, scheidet auch aus diesem Grund ein Verstoß gegen § 4 Nr 11 UWG aus (dazu Rn 429). Dass tatsächlich die Preisnachlässe auf den Nettopreis gerechnet, die Preise nur um 13,79% reduziert wurden und zudem einzelne Preise zuvor künstlich hoch gesetzt wurden, um später die Herabsetzung herauszustellen, war hingegen irreführend[42]. Daneben und auch für den Fall, dass ein 16%-Preisnachlass auf den Bruttopreis gerechnet gewährt und damit der Irreführungstatbestand nicht verletzt worden wäre, könnte ein Verstoß gegen § 4 Nr 1 3. Alt. UWG gegeben sein. Allein die Höhe eines Preisnachlasses macht ein Angebot allerdings noch nicht unlauter iSd § 4 Nr 1 UWG[43]. So wird ein **Preisnachlass von 10–20% als unproblematisch** angesehen. Damit hätten sich selbst die entsprechenden Werbeanzeigen um die Jahreswende 2007/08 vor der Erhöhung der Mehrwertsteuer von 16 auf 19% im Rahmen des Zulässigen bewegt. Es kommt in diesen Fällen auf die **weiteren Umstände** an, die einen solchen Preisnachlass unlauter machen können. Dazu gehört zB die **sehr kurze zeitliche Befristung** des Angebots[44]: nur an einem Tag und Ankündigung am letzten Wochentag vor Geltung des Angebots oder in der Sonntagsausgabe einer Zeitung bzgl eines nur an diesem Tage gültigen Angebots. Auch der Zusammenhang zu der Erhöhung der Mehrwertsteuer ist geeignet, ein erhebliches Interesse der angesprochenen Verbraucher zu wecken. Diese Umstände sprechen daher für ein übertriebenes Anlocken[45]. Grundsätzlich gilt, dass die Anforderungen an das Vertrautmachen mit den verschiedenen Bedeutungen mehrdeutiger Begriffe mit dem Wert und der Bedeutung der Investition steigt. Die früher in der höchstrichterlichen Rechtsprechung geltende Auffassung, wonach der Werbende sich jede der möglichen Deutungen zurechnen lassen musste, auch wenn er an die vom Verkehr verstandene Auffassung nicht gedacht hat[46], wird angesichts des gewandelten Verbraucherbildes und der allgemeinen Tendenz in der Rechtsprechung wohl keinen Bestand haben. **Ausnahmsweise**

41 Vgl OLG Düsseldorf GRUR 2003, 262; so auch *Emmerich*, § 14 V. 3.

42 So bejahte zB das OLG Karlsruhe eine Irreführung, da der Preisnachlass nicht auf alle Artikel gewährt wurde (Pressemitteilung vom 8.11.2006).

43 *Piper/Ohly*, § 4.1 Rn 1/87 mwN; *Scholz*, Ist Werbung für den Verkauf von Waren mit der Behauptung, der Verkauf erfolge ohne Mehrwertsteuer, zulässig? WRP 2008, S. 571, 572; *Köhler*, in: Köhler/Bornkamm, § 4 Rn 1.126.

44 *Scholz*, Ist Werbung für den Verkauf von Waren mit der Behauptung, der Verkauf erfolge ohne Mehrwertsteuer, zulässig? WRP 2008, S. 571, 573.

45 So auch *Scholz*, Ist Werbung für den Verkauf von Waren mit der Behauptung, der Verkauf erfolge ohne Mehrwertsteuer, zulässig? WRP 2008, S. 571, 572–575, der allerdings auch darauf hinweist, dass sich diese Art der Werbung in einem Graubereich bewegt (S. 573).

46 BGHZ 27, 1, 9 *Buchgemeinschaft*; BGH GRUR 1960, 563 *Alterswerbung Sekt*; BGH GRUR 1981, 666 *Ungarische Salami*; vgl dazu auch *Emmerich*, § 14 V. 3. sowie *Kling/Thomas*, S. 89.

kann eine **fortwirkende Irreführung** bei späterer richtiger Angabe zur Irreführung auch der späteren Angabe führen. Dauert die Irreführung bei den angesprochenen Verbrauchern an, folgt aufgrund ingerenten Verhaltens eine gesteigerte Wahrheitspflicht (***„Ungarische-Salami“***-Fälle)[47].

> *Aufbauhinweis:*
>
> 1. Zunächst ist zu ermitteln, an welche **Verkehrskreise** sich die Werbeaussage wendet, an spezialisierte Experten (zB Schachspieler[48]) oder an das breite Publikum (Schokoladenriegel, Waschmittel)?
>
> 2. Wie haben die angesprochenen Verbraucherkreise die **Aussage aufgefasst**. Maßgebend ist dabei der Wortsinn, und zwar entsprechend dem allgemeinen Sprachgebrauch[49]. Haben sie die Aussage so verstanden wie sie gemeint war, wurde sie falsch verstanden oder haben sie diese nicht ernst genommen?
>
> 3. Ist der auf diese Weise ermittelte Inhalt der Werbeaussage **objektiv wahr** oder ist er **zwar wahr, aber erweckt er ein falsches irreführendes Bild** über das beworbene Produkt (Honig naturrein, Kosmetika ohne Tierversuche, inkl. MwSt.) wegen der Betonung einer Selbstverständlichkeit?
>
> 4. Die Irreführung muss zudem für die Entscheidung, zB einen Kauf, **relevant** sein.
>
> 5. Erforderlich kann auch eine **Interessenabwägung** und **Verhältnismäßigkeitsprüfung** sein. Nach marktbezogener Interessenabwägung ist die Irreführungsgefahr ausgeschlossen, wenn:
>
> - die Irreführung selbst nur gering ist, wie bei einer geringen Abweichung der Fehlvorstellung von der Realität
> - eine Angabe, Bezeichnung etc zwar objektiv zutreffend ist, von den angesprochenen Verkehrskreisen aber abweichend von ihrem eigentlichen Aussagegehalt verstanden wird
> - durch das Verbot ein wertvoller Besitzstand an einem individuellen Kennzeichen zerstört würde oder
> - das Verbot die damit verbundene Beeinträchtigung der Warenverkehrsfreiheit (Art. 28 EG) und der Dienstleistungsfreiheit (Art. 49 EG) nicht zu rechtfertigen vermag.
>
> *Hinweis:* Vgl dazu auch die Ausführungen im Fall ***Klosterbrauerei***, Rn 316 f.
>
> *Literaturhinweis:* Zur Interessenabwägung im Rahmen des § 5 UWG vgl zB *Lettl*, Rn 451 bis 454.

### f) Vermutung der Irreführung bei Werbung mit Preissenkungen, § 5 Abs. 4 UWG

Nach § 5 Abs. 4 UWG wird eine Irreführung vermutet, wenn mit der Herabsetzung eines Preises geworben wird und der Preis zuvor nur für eine unangemessen kurze Zeit erhoben wurde. Damit sollen nicht jegliche Preissenkungen kriminalisiert werden; sie zeichnen schließlich existenten Wettbewerb aus. Vielmehr sollen nur Preissenkungskonstellationen mit hohem Irreführungspotential unterbunden werden. Dazu zählen **278**

---

47 BGH GRUR 1981, 666 f *Ungarische Salami*; BGH GRUR 1982, 685 *Ungarische Salami II*; ausführlicher zur fortwirkenden Irreführung *Bornkamm*, in: Köhler/Bornkamm, § 5 2.122 ff.

48 BGH GRUR 2003, 800 f *Schachcomputerkatalog*.

49 Dazu OLG Düsseldorf GRUR-RR 2003, 49 = NJW-RR 2003, 262 *Akademie*, in dem die Klägerin von einem veralteten Akademie-Begriff ausging.

vor allem **„Mondpreise"**, die für einen sehr kurzen Zeitraum gefordert werden, nur um anschließend mit einer Senkung des höheren, zuvor verlangten Preises zu werben. Hinsichtlich des Merkmals „unangemessen kurze Zeit" kommt es auf die konkreten Umstände an. Dies ist gegeben, wenn die Preise vor der Rabattaktion für einen Tag hoch gesetzt wurden, um sie am nächsten um zB 20% gemessen auf den höheren Preis zu senken. Es kann aber auch erfüllt sein, wenn zuvor ein Preis für eine höherwertige Ware über zwei Jahre konstant war und anschließend für zwei Wochen erhöht wurde, um ihn anschließend zu „rabattieren". Die **Beweislast** dafür, dass der „ursprüngliche" höhere Preis über einen längeren Zeitraum erhoben wurde, trägt der Werbende. Er kann so die gesetzliche Vermutung entkräften. **„Ursprünglich"** ist jeweils nur der Preis, der unmittelbar vor der Ankündigung der bevorstehenden Preissenkung verlangt wurde (Ges.-Begr. BT-Drs. 15/1487, S. 20).

*Literaturhinweis: Berlit*, Handel im Wandel: Die Warenbevorratung bei Sonderangeboten und Sonderveranstaltungen gem. §§ 5 Abs. 4, Abs. 5, 3 UWG, WRP 2004, 1245 ff; *Usselmann/Seichter*, „20% auf alles" – aber teurer als vergangene Woche. Zur Auslegung des Tatbestandsmerkmals der unangemessen kurzen Zeit iSv § 5 Abs. 4 UWG, WRP 2007, 1291 ff.

## II. Einordnung einzelner Fallgruppen des § 5 UWG

### 1. Irreführung über die Person, Eigenschaften oder Rechte des Werbenden, § 5 Abs. 1 S. 2 Nr 3 UWG

**279** Abzugrenzen von einer Irreführung über die geografische oder über die betriebliche Herkunft, die auf einer Angabe iSd § 5 Abs. 2 S. 1 Nr 1 UWG über die Merkmale der Waren und Dienstleistungen, zB der **„betrieblichen Herkunft"** beruht, sind die anderen Formen der Irreführung über einen Betrieb, in denen die **geschäftlichen Verhältnisse des Mitbewerbers** iSd § 5 Abs. 2 S. 1 Nr 3 UWG (und nicht seine Waren) betroffen sind, zB wegen einer **„Eigenschaft des Werbenden"**.

- Ein Fall der **Irreführung über Eigenschaften des Betriebs** fällt unter eine Angabe über „geschäftliche Verhältnisse" **(Eigenschaft des Werbenden)** im Falle der sog. **Alterswerbung**. Wirbt ein Unternehmen mit einem bestimmten Alter (**„seit 1869"** oder **„40 Jahre"**), muss das Unternehmen während dieser Zeit auch tatsächlich bestanden haben. Eine in der Zwischenzeit erfolgte Rechtsformänderung ist dabei unerheblich. Es bedarf nach Aufhebung der Vorschriften über die (Un-)Zulässigkeit von Sonderveranstaltungen keiner besonderen Jubiläen mehr, um Sonderveranstaltungen durchzuführen. Auch das „Einjährige" genügt zum Feiern[50]. Wird mit zeitlicher Aktualität geworben, muss sich das „neue" auf einen Umstand beziehen, der nicht übermäßig lang zurückliegt. Neuheit heißt insofern Markt- oder Modellneuheit. Die Bezeichnung eines Kraftfahrzeuges als **„fabrikneu"** ist auch dann noch zutreffend und folglich nicht irreführend, wenn es derzeit noch unverändert hergestellt wird und nicht benutzt wurde. Vorführwagen sind hingegen nicht mehr fabrikneu[51].

---

50 Dazu Fezer/*Peifer*, § 5 Rn 317; Aktenvortrag *Rotpreisrevolution*, Rn 484 f (unter 4.) mwN.

51 BGH NJW 1980, S. 1097; vgl auch BGH GRUR 1999, 757 *Auslaufmodelle I*, BGH GRUR 2000, 616, 618 *Auslaufmodelle III*; BGH GRUR 1999, 1122 f, 1125 f, *EG Neuwagen I und II*; „neu" gilt im Kaufrecht als zugesicherte Eigenschaft, dazu BGH NJW 2004, 160 f; OLG Oldenburg GRUR-Prax 2010, 541 (als Mietfahrzeug in einer Fahrzeugflotte eingesetzte Fahrzeuge sind nicht aus „ester Hand". In der Anzeige war der Pkw als „Jahreswagen (1 Vorbesitzer)" beschrieben worden).

- Die **Irreführung über den Zuschnitt des Unternehmens** fällt ebenfalls unter Angaben über „geschäftliche Verhältnisse", und zwar als eine Irreführung über die **„Identität"** des Mitbewerbers. Firmenzusätze wie **„deutsch, Deutschland"** etc verlangen, dass das Unternehmen nach Ausstattung und Umsatz auf dem gesamten deutschen Markt aktiv ist. Ausgenommen davon sind Fälle, in denen besondere Umstände eine Irreführung des Verkehrs ausschließen, zB die Bezeichnung **„Deutsche Shell AG"** versteht der Verkehr als Hinweis auf die Verbindung zur ausländischen Mutter, unabhängig von dem Zuschnitt des Unternehmens auf den deutschen Markt. Entsprechend der nationalen Anknüpfung verlangt die Verwendung des Begriffs **„Europa"** oder **„europäisch"** eine entsprechende europaweite Ausrichtung des Unternehmens. Wirbt Philipps mit der Aussage *„**Philishave**, die meistverkaufte Elektrorasiermarke Europas"* ist dies nach Ansicht des BGH nicht irreführend, da die angesprochenen Verbraucher aus der **Spitzenstellungswerbung** noch nicht entnehmen, dass dieser Rasierer auch in Deutschland am häufigsten verkauft wird[52].
- Die **Irreführung über den rechtlichen und tatsächlichen Status** eines Unternehmens unterfällt ebenfalls der Gruppe der Angaben über geschäftliche Verhältnisse, und zwar unter die **„Rechte des Werbenden"**, seine **„Identität"** und sein **„Vermögen"** und uU auch seine **„geistigen Eigentumsrechte"**. Der Begriff „Fachanwälte" als Zusatz zu der Kurzbezeichnung einer überörtlichen Anwaltssozietät auf einem Praxisschild oder Briefkopf setzt voraus, dass eine den Plural rechtfertigende Zahl von Sozietätsmitgliedern Fachanwälte sind[53].
- **Zu den geschäftlichen Verhältnissen iSv § 5 Abs. 2 S. 1 Nr 3 UWG zählen auch folgende Bezeichnungen:** 280
  **„Börse":** Die angesprochenen Verkehrskreise verstehen den Begriff weiter als den reinen Handel mit börsengängigen Wertpapieren. Ist der Warenumschlag börsengleich und die Preise beweglich, dürfen auch andere „Börsen", zB Schmuckbörsen eingerichtet werden.
  **„Fabrik":** bezeichnet einen industriellen Herstellungsbetrieb. Bezüglich eines Möbelhauses, dass nur 25% der Möbel selbst herstellt oder zur Bezeichnung einer Reparaturwerkstatt ist es hingegen irreführend.
  **„Manufaktur":** setzt Handanfertigung voraus.
  **„Großhandel":** meint die Funktion im Verteilungsprozess, nicht die Größe eines Handelsgeschäftes.
  **„Fach- und Spezialgeschäft":** erweckt beim angesprochenen Verbraucher die Vorstellung einer besonderen Fachkunde, die er ebenso in einem so bezeichneten Geschäft erwarten darf wie die entsprechende Beratung.
  **„Weingut":** ist nach der Verkehrsauffassung ein landwirtschaftlicher Betrieb, der Weine von eigenen Reben anbietet.

*Hinweis:* Vgl dazu auch die Ausführungen im Fall ***Klosterbrauerei***, Rn 316 f.

## 2. Irreführung über den Preis und Leistungsbedingungen, § 5 Abs. 1 S. 2 Nr 2 UWG

Werbung mit Preisen muss stets den Geboten der **Preiswahrheit** und **Preisklarheit** entsprechen. Dabei muss neben § 5 UWG bzw § 4 Nr 4 UWG jeweils iVm § 3 Abs. 1 UWG stets an die Spezialregelungen der **Preisangabeverordnung** gedacht werden, die die Förderung der beiden Gebote sowie die Stärkung des Verbrauchers durch Gewährleistung optimaler **Preisvergleichsmöglichkeiten** bezweckt. Nach § 1 Abs. 1 PAngV müssen die Preise für Waren oder Dienstleistungen, die dem **Verbraucher** regelmäßig 281

52 BGH WRP 1996, S. 729; vgl auch Rn 299–302.
53 BGH CR 2007, 609 = NJW 2007, 2334 *Fachanwälte*.

angeboten werden, **inklusive Umsatzsteuer (Mehrwertsteuer)** ausgewiesen werden **(sog. Endpreis)**[54]. Daneben besteht gem. § 2 Abs. 1 S. 1 PAngV bei Waren, die nach Gewicht, Volumen, Länge oder Fläche bemessenen werden, die Pflicht, zusätzlich den **Preis je Mengeneinheit** anzugeben, einschließlich der Umsatzsteuer. Für sichtbar ausgestellte Waren herrscht zudem eine **Preisangabepflicht**, § 4 Abs. 1 PAngV.

**282** Der Grundsatz der Preiswahrheit und Preisklarheit besagt, dass Preisangaben, die ein Mitbewerber im geschäftlichen Verkehr macht, wahr und klar sein müssen. **„Wahr"** heißt, sie müssen tatsächlich in dieser Höhe und nicht verdeckt als Teil eines insgesamt höheren Betrages gefordert werden. Das Merkmal **„klar"** verlangt, dass der Preis selbst bzw seine Bestandteile deutlich sichtbar ausgewiesen sein müssen. Allerdings ist zwischen beiden Kriterien eine deutliche Trennung nicht möglich. Sie ist auch nicht erforderlich, da es sich um einen einheitlichen Grundsatz handelt, gegen den bereits verstoßen wird, wenn nur eines der beiden Kriterien nicht eingehalten wurde. Eine über die PAngV hinausgehende Verpflichtung besteht allerdings nicht. Wird in der Werbung ein Preis angegeben, so ist dies **unlauter**, wenn die zu beurteilende Preisangabe geeignet ist, einen **nicht unerheblichen Teil der angesprochenen Verkehrskreise in die Irre zu führen**. So erweckt ein Angebot von **Markenartikeln unter Einstandspreis** den Eindruck, dass auch die übrigen Artikel besonders günstig sind, auch wenn dies nicht der Fall ist. Um diesen Eindruck zu vermeiden, müssen solche Posten als **Sonderangebote deklariert** werden, wobei Fragen der Preisbemessung an dieser Stelle irrelevant sind, da es in diesem Zusammenhang nur um die Verhinderung einer Irreführungsgefahr geht.

#### a) Eigenpreisvergleiche

**283** Eigenpreisvergleiche sind **grundsätzlich zulässig**. Ein Verstoß gegen das Wahrheitsgebot liegt aber vor, wenn entweder die angegebenen früheren Preise nie **ernsthaft** gebildet worden sind oder ein Erstpreis in der angegebenen, vermeintlichen Höhe **niemals** oder zumindest **nicht für einen angemessenen Zeitraum** gefordert worden ist. Als Maßstab für das Erinnerungsvermögen der angesprochenen Verkehrskreise an den **Erstpreis** gilt ein Zeitraum von vier bis zehn Wochen. Eine über diesen Zeitraum zurückreichende Preisgegenüberstellung ist daher als irreführend einzustufen.

**Unzulässig sind Eigenpreisvergleiche daher in vier Fällen:**

- Der alte Preis wurde nicht über eine angemessene Zeit ernsthaft für den Kauf der beworbenen Ware erhoben.
- Der **Anfangspreis** wurde bewusst überhöht angesetzt (**„interne Mondpreise"**).
- Der neue Preis gilt für eine andere als die zuvor unter dem vermeintlich viel höheren Preis angebotene Ware.
- Die Preissenkung liegt bereits einen längeren Zeitraum als die genannte Maximalzeit von vier bis zehn Wochen zurück.

54 ZB BGH GRUR 2010, 1110 *Versandkosten bei Froogle II*; LG Hamburg GRUR-Prax 2010, 495 *Freeware im Internet*; zur Unlauterkeit nach § 4 Nr 11 UWG iVm PAngV s. Rn 428.

### b) Preisschaukelei

Der besondere Fall eines irreführenden Preises kann vorliegen, wenn ohne sachlichen Grund der Preis für die beworbene Ware willkürlich herauf und herunter gesetzt wird und diese Preisschaukelei geeignet ist, den Verbraucher irrezuführen. **284**

### c) Preisvergleiche

Werbung, in der Preise des Mitbewerbers eigenen Preisen gegenübergestellt werden **(Preisvergleich)**, ist allein an den Voraussetzungen der vergleichenden Werbung (§ 6 UWG) zu prüfen (s. dort unter Rn 212). **285**

### d) Werbung mit Preisempfehlungen

Vor Inkrafttreten der 7. GWB-Novelle durften nach den §§ 23, 23 GWB **Hersteller von Markenwaren unverbindliche Preisempfehlungen** für die Weiterveräußerung unter den in § 23 GWB aF genannten Voraussetzungen geben. Mit Inkrafttreten Novelle sind die Vorschriften über die Preisempfehlungen (§§ 22, 23) gestrichen worden. Nunmehr ist „nur" zu prüfen, ob ein Verstoß der Preisempfehlung gegen § 1 GWB vorliegt. Nicht irreführend sind die Angaben **„empfohlener Verkaufspreis", „empfohlener Verkaufspreis des Herstellers"**, da einem informierten angemessen aufmerksamen und verständigen Durchschnittsverbraucher bekannt ist, dass Preisempfehlungen üblicherweise vom Hersteller ausgesprochen werden, muss die Angabe der Preisempfehlung also nicht die ausdrückliche Angabe enthalten, dass die Empfehlung vom Hersteller stammt und/oder unverbindlich ist[55]. Auch die Abkürzung **„UVP"** ist dem Verkehr als Abkürzung für unverbindliche Herstellerpreisempfehlung bekannt, so dass sie gleichfalls nicht wegen Verstoßes gegen das Irreführungsverbot unlauter ist. Allerdings kann auch in diesen Fällen die **konkrete Inbezugnahme der Preisempfehlung irreführend** sein. Eine Irreführung ist zu bejahen, wenn der Werbende nicht klargestellt hat, dass es sich bei der Preisempfehlung lediglich um eine unverbindliche Empfehlung gehandelt hat oder wenn diese nicht aufgrund einer ernsthaften Kalkulation ermittelt worden ist und schließlich, wenn der empfohlene Preis im Zeitpunkt der Bezugnahme nicht als Verbrauchspreis in Betracht kam. So betrachtete der BGH den Zusatz **„unter empf. Preis"** als irreführend, da diese Aussage geeignet sei, bei maßgebenden Teilen des angesprochenen Verkehrs Fehlvorstellungen über das Vorliegen einer unverbindlichen Herstellerempfehlung hervorzurufen[56], wenn diese tatsächlich nicht bestand. **286**

### e) Preisspaltung

Regional und örtlich unterschiedliche Preise eines Anbieters **(Preisspaltung)** sind grundsätzlich wettbewerbsrechtlich unbedenklich. Ebenso wenig liegt eine Irreführ- **287**

---

55 BGH MMR 2007, 519, 520 f mit Anm. *Solmecke*, MMR 2007, 521.

56 GRUR 1980, 108; BGH GRUR 2000, 436 f *Ehemalige Herstellerpreisempfehlung*; BGH GRUR 2003, 446 f *Preisempfehlung für Sondermodelle*; BGH GRUR 2004, 246 f *Mondpreise?*; vgl auch Fall ***Dosengebinde*** (Rn 312 f).

rung vor, wenn im gleichen Geschäft eine Ware unter verschiedenen Marken, dh als Markenprodukt und als No-Name-Produkt **(Weiße Ware)** zu verschiedenen Preisen angeboten wird.

#### f) Rechtsfolgen bei Verstößen gegen die PAngV

**288** Liegt in der Preisauszeichnung oder der fehlenden Ausweisung eines Preises für die ausgestellte Ware ein Verstoß gegen die PAngV, handelt der Werbende ordnungswidrig iSd § 10 Abs. 1 Nr 1 PAngV. Zudem begründet der Verstoß einen Unlauterkeitsvorwurf nach § 4 Nr 11 iVm § 3 Abs. 1 UWG (s. dazu unter Rn 424 ff) und kann daher Unterlassungs-, Beseitigungs- oder Schadensersatzansprüche gem. §§ 8 Abs. 1, 9 jeweils iVm § 3 Abs. 1 UWG auslösen.

### 3. Allein- und Spitzenstellungswerbung (§ 5 Abs. 1 S. 2 Nr 3 UWG) mit Prüfungsaufbau

**289** Unternehmensbezogene Allein- und Spitzenstellungsberühmungen fallen unter § 5 Abs. 1 S. 2 Nr 3 UWG (vgl Rn 266). Wird mit einer Allein- oder Spitzenstellung geworben, zB durch die Verwendung von Superlativformen (s. dazu Fall ***Orgelndes Auto***, Rn 365 f) oder durch Werbung mit einem bestimmten Artikel (vgl dazu den Fall ***Jeder Berliner Morgen zeigt den gesamten Tages-Spiegel*** *oder:* ***Von den Besten der Besten***, Rn 310)[57], ist damit noch nicht automatisch ein Unlauterkeitsurteil gefällt; dieses greift erst, wenn sich der Werbende zu Unrecht einer tatsächlich nicht innegehaltenen Alleinstellung oder Spitzenstellung berühmt und die angesprochenen Verkehrskreise seine Anpreisung ernst nehmen, obgleich diese tatsächlich nicht besteht[58].

**Voraussetzungen der zulässigen Alleinstellungs- oder Spitzenstellungswerbung**:

**290** • Der Werbende muss für sich in einer bestimmten Beziehung eine **herausragende Position** in Anspruch nehmen, und zwar entweder eine **Alleinstellung** auf dem relevanten Markt oder eine **Spitzenstellung unter mehreren Anbietern** der gleichen Produkte oder Leistungen. Wobei die Konkurrenzunternehmen, von denen sich der Werbende abhebt, zum selben Markt gehören müssen[59]. Zum Berühmen einer Allein- oder Spitzenstellung bedarf es zunächst einer **Angabe**, also einer sachlich überprüfbaren Tatsachenbehauptung wie „größtes", „schnellstes", „bestes" oder „billigstes" oder Größenzuschreibungen wie zB „konkurrenzlos", „meistverkauftes Deutschlands" oder „Europas Nr 1"[60]. Daran fehlt es schon bei **bloßen Anpreisungen** oder Werbeappellen sowie von Anfang an nicht ernst gemeinten Übertreibungen. Maßgebend ist, wie die umworbenen Verkehrskreise die Aussage verstehen. In der Regel gilt, dass jedenfalls bei bekannten großen Unternehmen die Behauptung einer Allein- oder Spitzenstellung ernst

---

57 BGH GRUR 2002, 182, 183 *Das Beste am Morgen (Kellogg's)*; *Schmelz/Haertel*, Die Superlativreklame im UWG – Materielle und prozessuale Aspekte, WRP 2007, 127 ff.

58 OLG Hamburg GRUR 2002, 169 *Speedw@y* (Das Gericht sah in der Aussage „Speedw@y ist, wenn sie die Konkurrenz auf der letzten Meile abhängen" eine unzulässige Alleinstellungswerbung, wenn der beworbene Zugang lediglich gegenüber bestimmten Konkurrenzprodukten Geschwindigkeitsvorteile aufweist, aber nicht generell die schnellste Zugangsmöglichkeit auf dem gesamten Markt bietet).

59 Systemunterschiede schaden hingegen nicht, vgl *Emmerich*, § 15 III. 2).

60 BGH GRUR 2003, 800 f *Schachcomputerkatalog*; BGH GRUR 2002, 182, 183 *Das Beste am Morgen (Kellogg's)*; OLG Hamburg GRUR 1988, 554 *Creme Nr 1*; KG GRUR 1999, 1021, 1022.

genommen wird. Für die Beurteilung der Größe eines Unternehmens kommt es vor allem auf seinen **Umsatz** an, relevant können aber auch die **Beschäftigungsanzahl** oder der **erzielte Gewinn** sein. Bei einer Zeitung bilden die **Auflagenhöhe** (Abonnement- und Käuferzahlen) den entscheidenden Maßstab.

- Der mit der Allein- oder Spitzenstellung berühmte **Vorsprung** muss **deutlich und dauerhaft** sein **(stetig)**. Ist er nur geringfügig oder vorübergehend, kann der Werbende eine Allein- oder Spitzenstellung nicht in Anspruch nehmen. So sah das *Oberlandesgericht Köln* die Werbung für den Chrysler Voyager „... nur beim Voyager: Meistverkaufter Mini-Van – Weltweit über 6 Mio. Fahrzeuge" als irreführend an, da der Mini-Van nur in Europa vertrieben und die angegebene Produktionszahl nicht erreicht wurde[61]. 291

**Prüfungsaufbau der Allein- oder Spitzenstellungswerbung:** 292

1. **Berühmung einer Allein- oder Spitzenstellung.** Ist gegeben bei Behauptung einer herausragenden oder alleinigen Marktstellung durch nachprüfbare Angabe, fehlt hingegen bei bloßen Anpreisungen oder Werturteilen.

**Entweder:**

2. **der deutliche und dauerhafte Vorsprung (Stetigkeit) besteht tatsächlich:** Die Behauptung einer Allein- oder Spitzenstellung ist **zulässig**.

**Oder:**

2. **der deutliche und dauerhafte Vorsprung (Stetigkeit) besteht nicht:** Die Allein- oder Spitzenstellungsberühmung ist **grundsätzlich unzulässig** und daher unlauter. Eine **Ausnahme** liegt nur dann vor, wenn die angesprochenen Verkehrskreise die unzulässigerweise in Anspruch genommene Allein- oder Spitzenstellung nicht ernst nehmen. Mangels Irreführung liegt in diesen Fällen keine unlautere Werbung vor.

*Hinweis:* Zur Allein- und Spitzenstellungswerbung s. auch Rn 206.

## III. Irreführung durch Unterlassen, § 5a UWG

### 1. Einleitende Bemerkungen

Der Tatbestand der **irreführenden Unterlassungen** (Art. 7 RL über unlautere Geschäftspraktiken) fand sich vor der Novelle vom Dezember 2008 bereits in § 5 Abs. 2 S. 2 UWG in der Fassung von 2004. Eine Gesetzesänderung war daher nicht notwendig[62]. Eine darüber hinausgehende Klarstellung in § 2 Abs. 1 Nr 1 UWG des Begriffs der „geschäftlichen Handlung", der auch Unterlassungen bezeichnet, hätte sicher nicht schaden können, wäre aber mE nicht zwingend notwendig gewesen[63]. Dieser Anregung ist der Gesetzgeber nachgekommen, indem er in § 2 Abs. 1 Nr 1 den Begriff der Handlung durch den neutraleren des „Verhaltens" ersetzte. Er beließ es aber nicht bei diesem Minimaleingriff in das bestehende Gesetz, sondern entschied sich an- 293

61 GRUR 1999, 360 *Meistverkaufter Mini-Van*.

62 So bereits in der 2. Aufl. Rn 25a; Umsetzungsbedarf sahen hingegen *Köhler*, GRUR 2005, 793, 800, *Glöckner/Henning-Bodewig*, WRP 2005, 1311, 1332 und *Seichter*, WRP 2005, 1089, 1093, 1095.

63 So in der 2. Aufl. Rn 25a.

gesichts der „zahlreichen Details der gemeinschaftsrechtlichen Regelung" eine ähnlich umfangreiche Regelung ins UWG aufzunehmen und schaffte den § 5a UWG[64]. Da § 5a UWG keinen eigenen Tatbestand der vergleichenden irreführenden Unterlassungen enthält, werden diese Fälle wie schon vor der Novelle 2008 im Rahmen des § 5 Abs. 3 UWG zu prüfen sein.

## 2. Tatbestand des § 5a Abs. 1 UWG

294 § 5a Abs. 1 UWG übernimmt die Regelung des bisherigen § 5 Abs. 2 S. 2 UWG (2004) und gilt nicht nur gegenüber Verbrauchern, sondern auch gegenüber Mitbewerbern und sonstigen Marktteilnehmern[65]. Eine Ausdehnung gegenüber der Vorgängerregelung hat der Tatbestand nur insofern erfahren, als er nicht nur auf die Bedeutung für die Entscheidung zum Vertragsabschluss abstellt, sondern allgemeiner eine „Bedeutung für die geschäftliche Entscheidung" ausreichen lässt. Damit wird der Anwendungsbereich auf nachvertragliches geschäftliches Verhalten ausgedehnt[66]. Mit **„Tatsachen"** iSd § 5a Abs. 1 UWG sind vereinfacht gesagt Eigenschaften einer Ware, Inhalte von Leistungen, Bedingungen von Verträgen und Bestandteile und Konditionen von Preisen gemeint, die **objektiv nachprüfbar** sein müssen und nicht auf einem reinen Werturteil beruhen. Das **Verschweigen** einer Tatsache begründet nur dann einen Unlauterkeitsvorwurf, wenn eine **Pflicht zur Aufklärung** bestand. Ergibt sich eine Aufklärungspflicht nicht bereits aus **Gesetz**, **Vertrag** oder **vorangegangenem Tun**, kann sie aus der **„besonderen Bedeutung"**[67] der verschwiegenen Tatsache für die angesprochenen Verkehrskreise begründet sein **(Wesentlichkeit der Tatsache)**.

Eine **Aufklärungspflicht** in diesem Sinne ist bei kumulativem Vorliegen der folgenden Voraussetzungen gegeben,

- wenn neben der positiven Werbeaussage die Nachteile unerwähnt bleiben und dadurch bei den Marktteilnehmern ein bestimmtes Bild von dem Produkt oder der beworbenen Dienstleistung erzeugt wird und
- sie dadurch zum Kauf animiert werden und
- sie schließlich den Vertragsentschluss nicht getroffen hätten, wäre die unterlassene Angabe gemacht worden. Nach Auffassung des angesprochenen Verkehrs müssen die **Informationen wesentlich**, also geeignet sein, den Kaufentschluss zu beeinflussen.

**Wesentlich** (oder von besonderer Bedeutung) ist eine Tatsache nur, wenn ihr Verschweigen für die **Entscheidung zum Vertragsschluss** nach der Verkehrsauffassung **bedeutsam** („Bedeutung für die geschäftliche Entscheidung") und **zudem geeignet ist, die Entscheidung zu beeinflussen**[68]. Diese Normierung einer gestuften Kausalitätsprüfung (Bedeutsamkeit, Geeignetheit) mutet auf den ersten Blick recht konstru-

64 Ges.-Begr. S. 32.
65 Ges.-Begr. S. 49.
66 Ges.-Begr. S. 49.
67 Gesetzesbegründung, BT-Drs. 15/1487, S. 19; vgl dazu Fezer/*Peifer*, § 5 Rn 391.
68 Vgl nur BGH WRP 1982, 266 *Ski-Auslaufmodelle*; OLG Köln, GRUR-RR 2003, 118 *i-mode*.

iert und unnötig schwerfällig an. Auch der Bundesrat konnte in seiner Stellungnahme zu dem insofern unveränderten Unterlassungstatbestand des § 5 Abs. 2 S. 2 UWG (2004) nicht erkennen, welche Fälle an dem Merkmal der Geeignetheit scheitern sollen; er sah vielmehr bei Bedeutung der Entscheidungsbeeinflussung auch stets die Geeignetheit als gegeben an[69]. Tatsächlich sind aber Konstellationen denkbar, in denen die verschwiegenen Tatsachen für den Vertragsschluss von Bedeutung waren, wenn es dem angesprochenen Verkehrskreis maßgebend auf das Vorhandensein oder die Abwesenheit von Tatsachen ankam, die verschwiegen wurden. Das Verschweigen von Tatsachen kann aber in diesen Fällen trotz bestehender Aufklärungspflicht des Werbenden ungeeignet sein, die Entscheidung über den Vertragsabschluss zu beeinflussen, etwa wenn die angesprochenen Verkehrskreise von den wesentlichen Tatsachen Kenntnis hatten. Die Irreführung scheitert dann erst an der letzten Hürde der objektiven Tatbestandsvoraussetzungen des § 5a Abs. 1 UWG. Dazu, ob sich § 5 Abs. 3 UWG auch auf verschwiegene Tatsachen im Rahmen von vergleichender Werbung, bildlichen Darstellungen und sonstigen Veranstaltungen wird auf die zu § 5 Abs. 3 UWG gemachten Aussagen verwiesen.

### 3. Tatbestand des § 5a Abs. 2 UWG: wesentliche Informationen

Die Tatbestände der **Absätze 2–4** des § 5a UWG schützen **nur Verbraucher**. Man **295**
wollte den kaufmännischen Verkehr nicht unnötig mit Informationsanforderungen belasten, die ihren Grund im Verbraucherschutz haben[70]. Hinsichtlich des von **Abs. 2** erfassten Vorenthaltens wesentlicher Information kann kein Unterschied zu dem allgemeinen Tatbestand des Abs. 1 ausgemacht werden (Rn 294). Geschützt werden insgesamt **vier Fallgruppen**:

(1) Verheimlichen **wesentlicher Informationen**
(2) **unklare, unverständliche, zweideutige Weise** der bereitgestellten wesentlichen Informationen
(3) **nicht rechtzeitige Mitteilung** der wesentlichen Informationen
(4) **fehlende Kenntlichmachung des kommerziellen Zwecks** einer geschäftlichen Handlung.

Die letzte Fallgruppe (4) ist bereits mit § 4 Nr 3 UWG ausreichend erfasst und erstreckt sich damit auf alle Marktteilnehmer. Ein eigenständiger Anwendungsbereich der Nr 1 und 4 des § 5a Abs. 2 neben § 5a Abs. 1 UWG einerseits und § 4 Nr 3 UWG andererseits kann nicht erkannt werden. Neu ist die weitere Fallgruppe (2) eines Transparenzgebotes, dass das UWG bislang nur in § 4 Nr 4 und Nr 5 und über § 4 Nr 11 iVm § 1 Abs. 6 PAngV kannte. Damit zieht der aus der AGB-Inhaltskontrolle bekannte Maßstab der Klarheit, Verständlichkeit und Eindeutigkeit ins UWG ein. Der Einzug des Zeitmoments („Rechtzeitigkeit") ist in dieser Allgemeinheit problematisch. Ist es nur rechtzeitig, wenn die Informationen „vor" Vertragsabschluss erkenn-

69 BT-Drs. 15/1487, S. 31.
70 Ges.-Begr. S. 49.

bar sind oder reicht es noch „bei" Abschluss des Vertrages? Wann sind Informationen im Falle von nachvertraglichen geschäftlichen Handlungen rechtzeitig? Durch diese Fallgruppe schafft der Gesetzgeber neuen Raum für Rechtsunsicherheit, der sich erst durch die Rechtsprechung füllen lassen wird. Die im Sinne des § 5a Abs. 2 UWG vorenthaltenen Informationen müssen auch nach § 3 Abs. 2 UWG geeignet sein, den Verbraucher zu einer **geschäftlichen Entscheidung zu veranlassen, die er sonst nicht getroffen hätte**. Hinsichtlich des Verbrauchers wird in der Gesetzesbegründung auf § 3 Abs. 2 UWG verwiesen[71], während in der Begründung zu § 5a Abs. 1 UWG darauf hingewiesen wird, dass der Aspekt der Veranlassung zu einer geschäftlichen Entscheidung, die sonst nicht getroffen worden wäre, keiner ausdrücklichen Erwähnung im Gesetz bedürfe, da er sich bereits aus der Rechtsprechung ergäbe. Irreführende Wettbewerbshandlungen seien danach stets nur relevant, wenn sie geeignet seien, das Marktverhalten der Gegenseite zu beeinflussen (eine Ware zu erwerben oder eine Dienstleistung in Anspruch zu nehmen)[72]. Das Vorenthalten einer Information setzt zunächst voraus, dass der Unternehmer im Besitz der entsprechenden Information ist, schließlich kann er ihm selbst Unbekanntes nicht vorenthalten[73]. Eine Informationsbeschaffungspflicht auf Wunsch des Verbrauchers ist § 5a Abs. 2 UWG nicht zu entnehmen[74]. Möchte etwa ein Verbraucher von einem Händler wissen, wie ein Produkt getestet wurde, muss der Unternehmer diese Informationen nicht beschaffen, wenn sie ihm nicht bereits vorher bekannt sind.

296 **Wesentlich** sind Informationen grundsätzlich, wenn diese für den Geschäftsabschluss des Verbrauchers relevant sind. Die Relevanz muss aus Sicht des Anbieters erkennbar sein. Dies ist sie, wenn der Verbraucher **ausdrücklich nachfragt** oder **aus den Umständen für den Anbieter erkennbar** ist, dass es dem Verbraucher entscheidend auf diese Umstände ankommt. Dies erinnert an die zivilrechtlichen Aufklärungspflichten über Mängel einer Kaufsache, etwa beim Erwerb eines gebrauchten Fahrzeugs. Unwesentlich sind jedenfalls solche Informationen, deren Kenntnis beim Durchschnittsverbraucher vorausgesetzt werden kann[75]. Wird die Schwelle zu niedrig gehängt, bedürfte es nicht des Merkmals „wesentlich". Im Falle des Abs. 2 gelten nach **Abs. 4** auch solche Informationen als wesentlich, die dem Verbraucher auf Grund gemeinschaftsrechtlicher Verordnungen oder Rechtsvorschriften zur Umsetzung von EU-Richtlinien für kommerzielle Kommunikation einschließlich Werbung und Marketing nicht vorenthalten werden dürfen. Gemeint sind damit die in **Anhang II** der **RL über unlautere Geschäftspraktiken** aufgeführten Bestimmungen des Gemeinschaftsrechts, die allerdings nicht abschließend sind[76]. Ob das UWG in der Fassung der No-

71 Ges.-Begr. S. 50.
72 Ges.-Begr. S. 32.
73 Vgl *Köhler*, WRP 2009, S. 109, 116.
74 *Köhler*, WRP 2009, S. 109, 116.
75 *Köhler*, WRP 2009, S. 109, 116.
76 Umgesetzt wurden die Informationspflichten bei Fernabsatzverträgen mit Verbrauchern in § 312c BGB iVm § 1 BGB-InfoV, für den Versicherungsbereich erfolgte die Umsetzung durch die VVG-InfoV; bzgl Prospektanforderungen in § 4 BGB-InfoV; betreffend der Prospektpflicht bei Teilzeit-Wohnrechteverträgen in § 482 BGB iVm § 2 BGB-InfoV; bzgl der Preise je Maßeinheit in § 2 PAngV; betreffend der Herstellung, des Inverkehrbringens, des Vertriebs und des Einsatzes von Humanarznei-

velle vom 30.12.2008 gemeinsam mit dem Anhang II der RL über unlautere Geschäftspraktiken, in dem allein 14 Richtlinien und teilweise zwei Artikel dieser Richtlinien aufgelistet werden, den Geboten der Klarheit und Verständlichkeit genügen, mag mehr als bezweifelt werden. Jedes Unternehmen, das in Kontakt mit Verbrauchern tritt oder treten will, muss intensiv in eine Recherche einsteigen, um zu erfahren, über welche Angaben es zu informieren hat und wo ihm Unlauterkeitsvorwürfe wegen Unterlassungen einer Aufklärung drohen können. Und selbst das wird ihn nicht abschließend vor einem Verstoß bewahren können, denn um den Umfang der Informationspflichten vollständig erfassen zu können, muss er zunächst die einschlägige Rechtsprechung abwarten, denn – so heißt es in der Gesetzesbegründung – es bleibt wiederum „der Rechtsprechung überlassen, die Informationspflichten näher zu bestimmen, die sich im Einzelfall aus den gemeinschaftsrechtlichen und ggf deren Umsetzung oder Ausführung ergeben“[77]. Im Zweifel wird ein Unternehmen erst mit Ergehen eines Urteils, also lange nach Eintritt eines Verstoßes, erfahren, worin die Pflicht bestand, gegen die es verstoßen hat. Zwar dürften die Informationspflichten aus dem BGB, BGBInfo und der PAngV ohnehin überwiegend bekannt sein, nur drohte bislang kein, jedenfalls kein so selbstverständlicher Unterlauterkeitsvorwurf, wie er nun zum ständigen Begleiter geschäftlicher Handlungen gegenüber Verbrauchern geworden ist. Auch bislang konnten die gesetzlichen Informationspflichten, wenn es sich dabei um Normen mit marktregelndem Charakter handelte, in Verbindung mit § 4 Nr 11 UWG als unlauter erfasst werden. Dies war wenigstens eine klarere Regelung gegenüber der Neufassung.

*Aufbauhinweis:* Liegt ein Fall des Abs. 4 vor, muss ein Verstoß gegen § 5a Abs. 2 iVm Abs. 4 UWG geprüft werden.

### 4. Tatbestand des § 5a Abs. 3 iVm Abs. 2 UWG: Aufforderung zum Kauf

Abs. 3 normiert weitere Spezialfälle von Information iSd Abs. 2, die **als wesentlich gelten**. Die Aufzählung ist nicht abschließend, dürfte aber die wichtigsten Fälle erfassen. Soweit Informationspflichten nach Vertragsschluss nicht unter einen der enumerativ aufgeführten Tatbestände passen, lassen sich diese unter Absatz 2 subsumieren. Dabei ist aber die Wesentlichkeit der Information ebenso im Auge zu behalten wie die Berücksichtigung der Interessen des Unternehmers. Von ihm kann nur verlangt werden, was ihm **zumutbar** ist. Erfährt zB ein Spielwarenhändler nach Verkauf der Ware, dass sie Mängel aufweist, ist es dem Unternehmer nur dann zumutbar, die Kunden auf 297

mitteln durch das HWG; betreffend der Informationspflichten im elektronischen Geschäftsverkehr in §§ 5, 6 TMG; bzgl der Angleichung der Rechts- und Verwaltungsvorschriften über den Verbraucherkredit in § 6 Abs. 1 PAngV; die vorherige Unterrichtung des Verbrauchers vor dem Abschluss von Fernabsatzverträgen in § 312c Abs. 1 BGB iVm § 1 BGB-InfoV; betreffend Anlagen in Wertpapieren in § 42 InvG; §§ 42b-42d des Gesetzes zur Neuregelung des Versicherungsvermittlungsrechts; VVG-InfoV betreffend Informationspflichten vor Abschluss einer Lebensversicherung und bei Direktversicherungen; §§ 34, 34a Wertpapierhandelsgesetz und schließlich betreffend den Prospekt, der beim öffentlichen Angebot von Wertpapieren oder bei deren Zulassung zum Handel zu veröffentlichen ist, in §§ 5–8, 12 WpPG.

77 Ges.-Begr. S. 53.

diese Mängel hinzuweisen, wenn es sich um erhebliche, die Gesundheit oder Sicherheit beeinträchtigen Mangel handelt[78]. Solche Fälle sind aus dem Automobilbereich und dem Spielwarenverkauf bekannt. In beiden Bereichen gab es auch vor Geltung des UWG 2008 Rückrufaktionen, wenn die Sicherheit oder Gesundheit ganz erheblich gefährdet war. Würde man diesen Maßstab ausweiten, ginge damit auch eine erhebliche Ansammlung der Kundendaten einher. Denn wie sonst sollte ein Unternehmer seinen nachvertraglichen Informationspflichten auch in weniger gravierenden Fällen, die eine Vielzahl von Kunden betreffen, nachkommen. Ein öffentlicher Aufruf wäre in solchen Einzelfällen unangebracht, zumal sich dies häufig negativ auf das Image des Produkts oder des Unternehmers auswirkt. Anknüpfungspunkt der Spezialfälle in Absatz 3 ist die **Aufforderung zum Kauf**. Erfasst werden sämtliche Informationen betreffend die **Merkmale** und den **Preis** nicht nur von **Waren**, sondern auch (anders als es das Wort „Kauf" nahe legen würde) von angebotenen **Dienstleistungen**[79]. Der Begriff der „Aufforderung" ist dabei weiter zu verstehen, als ein rechtlich bindendes Vertragsangebot iSd § 145 BGb oder die Einladung zum Vertragsabschluss iSd invitatio ad offerendum. Um dies zu verdeutlichen, hat der deutsche Gesetzgeber den weiteren Begriff des **„Anbietens"** gewählt. In richtlinienkonformer Auslegung soll es darauf ankommen, ob der Verbraucher auf Grund der mitgeteilten Angaben (Waren- oder Dienstleistungsmerkmale, Preis) die Möglichkeit hat, eine auf den Erwerb der Ware oder die Inanspruchnahme der Dienstleistung gerichtete Willenserklärung abzugeben. Jede Erklärung eines Unternehmers, aufgrund derer sich der Verbraucher zum Erwerb einer Ware oder zur Inanspruchnahme einer Dienstleistung entschließen kann, ist daher ein taugliches „Objekt" des § 5a Abs. 3 UWG[80]. Allein **reine Aufmerksamkeitswerbung genügt nicht**. Zu differenzieren ist hinsichtlich des Anforderungsgrades an die Wesentlichkeit der Informationen nach dem verwendeten **Kommunikationsmittel**. Im Falle einer briefschriftlichen Form (Werbewurfsendung), einer Werbeanzeige in einer Zeitung oder einem Werbespot werden daher strengere Maßstäbe gelten, als bei einer per E-Mail oder SMS versandten Kaufaufforderung. In einer **nicht abschließenden Auflistung** (Nr 1–5) werden Fallgruppen der Aufforderung zum Kauf geregelt, in denen die Informationen als wesentlich „gelten". Die Wesentlichkeitsgeltung bedeutet, dass der **Unternehmer die Informationen von sich aus und nicht erst auf Nachfrage** (anders im Falle der Abs. 1 und 2) dem Verbraucher zur Verfügung stellen muss. Eine Irreführung scheidet nach dem Wortlaut des Abs. 3 1. HS allerdings aus, wenn sich die Informationen unmittelbar aus den Umständen ergeben.

#### a) § 5a Abs. 3 Nr 1 UWG: wesentliche Merkmale

**298** Nr 1 weist gleich zwei Wesentlichkeitsmaßstäbe auf: nur Informationen über „wesentliche" Merkmale der Waren und Dienstleistungen gelten nach Nr 1 als wesentlich. Nicht nur bei der **Wesentlichkeit der Waren- oder Dienstleistungsmerkmale** han-

78 *Köhler*, WRP 2009, S. 109, 116.
79 Ges.-Begr. S. 50.
80 Ges.-Begr. S. 50 f.

delt es sich um einen **unbestimmten Rechtsbegriff**, auch bei dem Kriterium des **angemessenen Umfangs** ist dies so. Dies erleichtert die Rechtsanwendung nicht. Die Wesentlichkeit eines Merkmals wird jedenfalls dann nicht vorliegen, wenn kein maßgebender Bezug zu der Qualität oder Brauchbarkeit des Produkts gegeben ist. So werden etwa Informationen über die Bedingungen der Herstellung und des Vertriebs des Produkts **(Arbeitsbedingungen, Arbeitssicherheit, Umweltschutzbedingungen)** nicht dazu zählen. Nach der Rechsprechung des BGH (*„Asbestimporte"* und *„Regenwaldprojekt"*) erwarte der Verkehr nur Sachangaben über den wirtschaftlichen Wert der angebotenen Ware, ein Verschweigen von Tatsachen über etwaige gesundheitsgfährdende Arbeitsbedingungen oder ökologische Schäden im Herstellungsland der Ware könne nur dann eine Irreführung sein, wenn ihnen nach Auffassung des Verkehrs eine besondere Bedeutung zukomme, so dass die (Kauf-)Entscheidung beeinflusst werde; für die Fälle des **Social Marketing** in Form des **Cause Related Marketing** zB der Regenwaldprojekte sei eine Aufklärung darüber, wie die Unterstützung im Detail erfolge, grds. nicht erforderlich[81]. Eine Informationspflicht wird man hingegen dann annehmen können, wenn es sich bei dem Produkt um ein Auslaufmodell handelt und dies nicht offenkundig für den Kunden erkennbar ist. Für die Brauchbarkeit des Produkts kann dieser Umstand eine zentrale Rolle spielen[82]. Allerdings ließen sich solche Fälle wegen des Verschweigens von Tatsachen bereits unter § 5 Abs. 2 S. 2 UWG (2004) subsumieren. Praxisrelevant ist auch der Umgang des Unternehmers mit **Warentest-Ergebnissen**[83]. Schneidet sein Produkt nur mittelmäßig ab, wird man es ihm kaum zumuten können, dies dem Kunden ungefragt mitzuteilen, auch wenn es für den Kunden nützlich wäre. Bekanntlich finden sich immer nur Aufdrucke mit den Warentest-Ergebnissen „gut" oder „sehr gut", in seltenen Fällen auch „befriedigend" auf den Produkten, der Aufdruck einer Bewertung als „ausreichend", „mangelhaft" oder gar „ungenügend" wäre derart produktschädigend, das der weitere Verkauf des Produkts gleich eingestellt werden könnte. Fragt der Kunde ausdrücklich nach, hat der Unternehmer, sofern er von dem Testverfahren weiß, dem Kunden die Bewertung wahrheitsgemäß mitzuteilen. Die Differenzierung nach dem verwendeten **Kommunikationsmittel** soll nicht nur einen weniger hohen Informationspflichtgrad etablieren, als dies durch § 5a Abs. 3 UWG vorgegeben wird (vgl Rn 297), sondern soll nach der Gesetzesbegründung dazu verhelfen, nach der Wertigkeit der Gegenstände und Dienstleistungen zu differenzieren. So soll bei geringwertigeren Gegenständen oder weniger umfangreichen Dienstleistungen ein geringerer Anforderungsgrad an die Informationspflicht gelten (Ges.-Begr. S. 51).

---

81 BGH GRUR 1980, 858; BGH GRUR 2007, 247; zust. *Birk*, Corporate Responsibility, unternehmerische Selbstverpflichtungen und unlauterer Wettbewerb, GRUR 2011, 196 ff; aA *Pfeifer*, in: Fezer, Einl. E Rn 240, 302 ff; *ders.*, WRP 2010, 577: CSR-Kriterien eines Unternehmens (in innerbetrieblichen Unternehmensleitbildern oder in überbetrieblichen Initiativen) stellten wesentliche Informationen iSd § 5a UWG dar („zweiter Preis eines Produkts").

82 Bsp bei *Köhler* GRUR 2009, S. 109, 116; diese Fälle wurden vor dem UWG 2008 unter § 5 Abs. 2 S. 2 UWG (2004) subsumiert, dazu BGH GRUR 1999, S. 757 *Auslaufmodelle I;* BGH GRUR 2000, S. 616 *Auslaufmodelle III.*

83 KG GRUR-Prax 2011, 126 (Werbung mit Testergebnis ohne deutlich lesbare Fundstellenangabe irreführend); OLG Frankf./M. GRUR-Prax 2011, 127 (der Rang des Qualitätsurteils muss im Rahmen des Gesamtergebnisses deutlich gemacht werden).

### b) § 5a Abs. 3 Nr 2 UWG: Identität und Anschrift des Unternehmers

299 Informationspflichten über die Identität und Anschrift des Unternehmers, die durch Nr 2 vorgeben werden, sind bereits aus anderen Rechtsvorschriften bekannt (§ 312c Abs. 1 S. 1, Abs. 2 S. 1 BGB iVm § 1 Abs. 1 Nr 1, Nr 2, Abs. 4 S. 1 Nr 1 BGB-InfoV, §§ 15a, b GewO). Wird gegen diese marktregelnden Vorschriften verstoßen gilt dies zugleich als Verstoß gegen § 4 Nr 11 UWG. Gleichwohl hat es sich der Gesetzgeber nicht nehmen lassen, in Abs. 3 Nr 2 eine solche Pflicht noch einmal zu regeln. Wegen ihrer Weite geht sie im Zweifel über die genannten Vorschriften hinaus. Ggf wäre dann ein Verstoß gegen § 4 Nr 11 UWG parallel gegeben. Läge keine spezielle Irreführung über diese Angaben vor, wäre ausschließlich ein Verstoß gegen § 4 Nr 11 iVm den genannten Vorschriften des BGB, der BGB-InfoV bzw der GewO zu prüfen.

### c) § 5a Abs. 3 Nr 3: Preisangaben

300 Zu den von Nr 3 erfassten **„Endpreisen“** zählen nicht nur die von § 1 Abs. 1 PAngV bereits erfassten, sondern – wo vorhanden – auch zusätzliche Fracht-, Liefer- und Zustellkosten, die allerdings bei Fernabsatzverträgen auch bereits von § 1 Abs. 2 Nr 2 PAngV umfasst werden. Können Preise nicht im Vorhinein berechnet werden, gilt die **„Art der Preisberechnung“** als wesentlich. Bei Leistungsangeboten kommt nach § 1 Abs. 3 PAngV die Angabe von Verrechnungssätzen (Stundensätze, Kilometersätze) in Betracht. In Verbindung mit § 4 Nr 11 UWG wäre ein Verstoß gegen diese marktregelnden PAngV-Vorschriften ausreichend gut aufgehoben gewesen. Der Verzicht auf einen weiteren Sondertatbestand hätte die Handhabbarkeit des UWG erleichtert. Der Gesetzgeber hat sich jedoch auch in diesem Falle für die doppelte Lösung entschieden (als ob dies besser hielte). Ob dadurch, dass der gleiche Vorfall gegen zwei äquivalente Vorschriften (§ 4 Nr 11 und § 5a Abs. 3 Nr 3 UWG) verstößt, ohne dass diese Dopplung Auswirkungen auf die Sanktion hat, die Bedeutung vorenthaltener Preisangaben hervorgehoben wird, wie es in der Begründung heißt[84], erscheint fraglich. Der einfach zu handhabenden Gesetzesanwendung durch alle Betroffenen ist damit sicherlich nicht gedient.

*Aufbauhinweis:* Werden Preisangaben gemacht, liegt darin aber eine Irreführung, ist ein Verstoß gegen § 5 Abs. 1 Nr 2 zu prüfen. Da mit der aktiven irreführenden Preisangabe zugleich ein Unterlassen etwa des „vollständigen“ Preises verwirklicht sein kann, wäre zusätzlich ein Verstoß gegen § 5a Abs. 2 iVm Abs. 3 Nr 3 ebenso zu prüfen wie ein Verstoß gegen § 4 Nr 11 UWG iVm § 1 Abs. 1 bzw Abs. 2 Nr 2 bzw Abs. 3 PAngV. Alle drei Tatbestände wären bejahendenfalls nebeneinander gegeben. Es besteht kein Spezialitäts- oder Verdrängungsverhältnis zwischen ihnen.

---

84 Ges.-Begr. S. 52; zur Pflicht des Hinweisens auf die USt in der Preiswerbung BGH WRP 2008, 782; *Peifer* hält Informationen über Arbeitsbedingungen oder ökologische Schäden im Herstellungsland („Cause Related Marketing“) für „Daten des **zweiten Preises eines Produkts**“, über die das Unternehmen aufzuklären habe (in: Fezer, Einl. E Rn 240), vgl zum CSR auch Rn 298.

#### d) § 5a Abs. 3 Nr 4 UWG: Zahlungs-, Liefer- und Leistungsbedingungen, Beschwerden

Zahlungs-, Liefer- und Leistungsbedingungen müssen der **fachlichen Sorgfalt** entsprechen wie sie in § 2 Abs. 1 Nr 7 definiert wird (s. dazu Rn 173). Weichen sie von dem Maßstab der fachlichen Sorgfalt ab, gelten sie als wesentlich und bedürfen nach Abs. 3 der ausdrücklichen Aufklärung seitens des Unternehmens, auch ohne Nachfrage des Verbrauchers. Entsprechen sie der fachlichen Sorgfalt, könnten sie allenfalls gegen Abs. 1 oder Abs. 2 verstoßen. Der Fall, dass in den Bedingungen irreführend etwas unterlassen wird, ohne dass damit zugleich von der fachlichen Sorgfalt abgewichen wird, ist allerdings äußerst unwahrscheinlich. Hinsichtlich des Verfahrens im Umgang mit Beschwerden gilt ein Abweichen von der fachlichen Sorgfalt ebenfalls als wesentlich iSd Abs. 3 mit der Folge der ausdrücklichen Informationspflicht über die Abweichungen. Bzgl des Beschwerdebegriffs wird auf die Ausführungen zu dem entsprechenden Begriff in § 5 Abs. 1 S. 2 Nr 1 (Rn 264) verwiesen. **301**

#### e) § 5a Abs. 3 Nr 5 UWG: Recht zum Rücktritt oder Widerruf

Eine entsprechende Regelung über die Belehrung der Rücktritts- oder Widerrufsrechte trifft bereits § 355 BGB. Gleichwohl hat es der Gesetzgeber für erforderlich gehalten, auch diese Regelung in die Aufstellung des § 5a Abs. 3 UWG mit hineinzunehmen. Im Falle des Verstoßes läge also sowohl eine Unlauterkeitstat iSd § 3 Abs. 2 iVm Abs. 3 Nr 5 UWG als auch ein Verstoß gegen § 4 Nr 11 UWG iVm § 355 BGB vor. Inhaltlich gilt das Bestehen eines Widerrufs- oder Rücktrittsrechts stets als wesentlich iSv Abs. 2, dh auf ein Abweichen von dem Maßstab der erforderlichen Sorgfalt wie im Falle der Nr 4 kommt es nicht an. **302**

*Aufbauhinweis:* Liegt ein Fall des Abs. 3 vor, muss ein Verstoß gegen § 5a Abs. 2 iVm Abs. 3 Nr 1, 2, 3 oder/und 4 UWG geprüft werden. Da die Aufzählung in Abs. 3 nicht abschließend ist, würde, falls kein Verstoß gegen einen ausdrücklich normierten Tatbestand vorliegt, § 5a Abs. 2 iVm Abs. 3 UWG geprüft.

## IV. Sonstige Voraussetzungen des § 3 Abs. 1, 2 UWG

S. dazu die Ausführungen unter Rn 181–185. **303**

## V. Subjektiver Tatbestand

Ein Prüfen der Kenntnis von den Tatumständen ist nun nicht mehr erforderlich[85]. Vgl dazu die Ausführungen unter Rn 186. **304**

85 Anders früher *Köhler/Piper*, UWG, 3. Aufl. 2002 (Vorauflage von Piper/Ohly), § 3 Rn 88.

## VI. Rechtsfolgen

305 Neben den in §§ 8, 9 und § 10 UWG genannten Rechtsfolgen kann das irreführende Anbieten mit unwahren Angaben auch strafrechtliche Folgen nach sich ziehen (§ 16 Abs. 1 UWG). Da ein Verweis in § 16 UWG auf den neu eingefügten Tatbestand der Irreführung durch Unterlassung (§ 5a UWG) fehlt, bezieht sich § 16 Abs. 1 UWG, der ausdrücklich von „irreführenden Angaben" spricht, weiterhin nur auf die Irreführung durch aktives Tun wie sie in § 5 UWG geregelt ist. Da § 5 UWG in Folge der Novellierung vom Dezember 2008 nicht nur Werbung, sondern jegliches geschäftliches Handeln erfasst, gilt dies auch für § 16 UWG. Voraussetzungen des Tatbestandes der **strafbaren irreführenden geschäftlichen Handlung** sind:

- **irreführendes geschäftliches Handeln durch eine unwahre Angabe** (erfasst wird damit nur das irreführende geschäftliche Handeln durch unwahre Angaben iSd § 5 Abs. 1, Abs. 3 UWG),
- **in öffentlichen Bekanntmachungen oder in Mitteilungen**, die für einen größeren Kreis von Personen bestimmt sind,
- **Kenntnis der Tatumstände** und als weiteres Erfordernis des subjektiven Tatbestandes
- die **Absicht, den Anschein eines besonders günstigen Angebots hervorzurufen**.

*Prüfungshinweis:* S. die Hinweise im Prüfungsschema G, Anhang II mit weiteren Ausführungen in Fn 2.

*Literaturhinweis: Alexander*, Die strafbare Werbung in der UWG-Reform, WRP 2004, 407 ff.

306 Für diesen Fall droht eine Freiheitsstrafe von bis zu zwei Jahren oder eine Geldstrafe. Zwar ist in diesen Fällen häufig auch der Straftatbestand des Betruges (§ 263 StGB) erfüllt, fehlt es daran aber mangels Vorliegens eines Vermögensschadens oder einer entsprechenden Schädigungsabsicht, gelangt § 16 Abs. 1 UWG zu eigenständiger Bedeutung[86].

## VII. Beweislast

### 1. Beweisbedürftige Tatsachen

307 Beweisbedürftig sind alle Tatsachen. Maßgebend hinsichtlich der Beurteilung der Irreführung, der Bedeutung der Tatsachen und ihrer Geeignetheit zur Beeinflussung ist die Verkehrsauffassung.

### 2. Beweislastverteilung

308 Der Anspruchssteller muss die anspruchsbegründenden Tatsachen behaupten und beweisen. Eine **Ausnahme** gilt nur bei Eingreifen des **Sphärengedankens** oder des **Nä-**

86 BGH GRUR 2002, 1432; Gesetzesbegründung, BT-Drs. 15/1487, S. 26.

**heprinzips**. In den Fällen, in denen es sich um **Betriebsinterna** handelt, trägt der Anbieter die Beweislast dafür, dass keine Irreführungsgefahr vorliegt. ZB muss er in Fällen der Vermutung von „Mondpreisen" nach § 5 Abs. 4 UWG darlegen, dass vorher ernsthaft ein höherer Preis gefordert wurde. Eine weitere **Ausnahme** besteht in Fällen der **Alleinstellungswerbung**: Der Werbende muss hier beweisen, dass die Alleinstellung, derer er sich berühmt, der Wahrheit entspricht. In den Fällen des **§ 5 Abs. 4 UWG** greift die **Beweiserleichterung** durch gesetzliche Vermutung, diese kann der Werbende allerdings durch entlastenden Darlegungs- und Beweisvortrag **widerlegen**. In den Fällen des § 5a Abs. 2 iVm Abs. 4 bzw des Abs. 2 iVm Abs. 3 UWG „gelten" die Informationen als wesentlich. Das hat zur Folge, dass der Anspruchssteller die Wesentlichkeit dieser Informationen für den konkreten Fall des Vertragsabschlusses oder der geschäftlichen Handlung nach Vertragsabschluss nicht darzulegen braucht. Hat der Anbieter diese Informationspflichten nicht eingehalten, liegt automatisch ein Verstoß wegen irreführender Unterlassung vor. Der Anbieter kann sich nicht von dem Vorwurf entlasten, er kann lediglich darlegen, dass er den Informationspflichten nachgekommen ist.

### 3. Beweiserhebung

Nach Wandelung des **Verbraucherbildes** ist es grundsätzlich Sache des Gerichts, die **309** Verkehrsauffassung zu ermitteln. Selbst, wenn kein Mitglied des Gerichts dem angesprochenen Verkehrskreis angehört, kann es aufgrund allgemeiner Lebenserfahrung bzw aufgrund der langjährigen Beschäftigung mit dem Wettbewerbsrecht entscheiden, ob von der Werbung eine Irreführungsgefahr ausgeht oder nicht. Einer Beweisaufnahme bedarf es daher in der Regel nicht[87]. Auf demoskopische Gutachten zur Bestimmung der Verkehrsauffassung und des Prozentsatzes des erheblichen Teils der irregeführten Verkehrskreise oder auf Sachverständigengutachten kommt es daher nur noch in Ausnahmen an[88].

## Fall 8

### **Jeder Berliner Morgen zeigt den gesamten Tages-Spiegel** oder: **Von den Besten der Besten** (fiktiv)

Die zwei größten Tageszeitungen Berlins „Berliner Morgenpost" (BM) und „Tagesspiegel" **310** (T) liefern sich seit Jahren einen Kampf um die Gunst der Leser und Anzeigenkunden. Die BM wirbt in einer neuen auffälligen Anzeige mit den Worten „Die Stimme Berlins". T hält die

87 Vgl BGH WRP 2002, 527 f *Elternbriefe*; BGH GRUR 2003, 247 ff *Thermalbad*; BGH GRUR 2004, 244 ff; OLG Jena, Urt. v. 21.5.2003, AZ.: 2U 967/02, S. 5 f *Marktführerschaft*; Harten/Henning/ *Dreyer*, § 5 M 1 ff; *Emmerich*, § 14 VII.

88 Vgl *Emmerich*, § 14 VII.

Werbeaktion der BM für unzulässig, weil diese den Eindruck einer Allein- und Spitzenstellung der BM erwecke, was nicht den Tatsachen entspreche. Weil T die Aktion der BM nicht unbeantwortet lassen möchte, reagiert er mit einer Anzeige, in der er sich als „Berlins Beste jeden Morgen" preist. Da dies die „Stimme" der BM nicht zum Schweigen bringt, sondern BM weiterhin ihre Werbeanzeigen stadtweit plakatiert, begehrt T nach vergeblichen Abmahnversuchen Unterlassung der Werbeanzeige. BM verweist nur darauf, dass T mit denselben Methoden werbe. Hat T einen Anspruch auf Unterlassung der Werbeaktion „Die Stimme Berlins"?

## Lösung Fall 8:

311 **A. Anspruch des T gegen BM auf Unterlassung**

T hat gegen BM einen Anspruch auf Unterlassung der Werbeaktion „Die Stimme Berlins" gem. § 8 Abs. 1 iVm 3 UWG, wenn BM durch die Werbeaktion unlauter gehandelt hat.

### I. Aktivlegitimation des T

T müsste Mitbewerber sein. Er ist Mitbewerber iSv § 2 Abs. 1 Nr 2 UWG, wenn er als Anbieter von Waren in einem konkreten Wettbewerbsverhältnis zu BM steht. T und BM sind auf dem Berliner Tageszeitungsmarkt, auf den die Werbeanzeige gemünzt war, direkte Konkurrenten. Die geschäftlichen Handlung der BM kann sich daher auf den Absatz des T auswirken, die Zeitungen sind wegen desselben umworbenen Marktes substituierbar. T ist aktivlegitimiert.

### II. Passivlegitimation der BM

BM hat die Werbeanzeige geschaltet, sie ist daher passivlegitimiert („wer").

### III. Unzulässige geschäftliche Handlung iSd § 3 Abs. 1 UWG

#### 1. Objektiver Tatbestand

##### a) Geschäftliche Handlung iSd § 2 Abs. 1 Nr 1 UWG

Eine geschäftliche Handlung liegt vor bei einem Verhalten einer Person zugunsten des eigenen oder eines fremden Unternehmens, bei dem vor, bei oder nach Geschäftsabschluss, das mit der Förderung des Absatzes oder des Bezugs von Waren oder Dienstleistungen oder mit dem Abschluss oder der Durchführung eines Vertrags über Waren oder Dienstleistungen objektiv zusammenhängt (§ 2 Abs. 1 Nr 1 UWG). BM beabsichtigt gerade durch die Werbeaktion ihren eigenen Absatz bei den Verbrauchern zu steigern und handelt damit nicht in Wahrnehmung der ihr als Presseorgan obliegenden Informations- und Meinungsbildungsaufgaben, sondern wirbt in eigener Sache. Die Anforderungen an eine geschäftliche Handlung sind damit erfüllt.

*Hinweis zum Handeln von Presseorganen:* Bei Presse- und Rundfunkorganen gilt es die besondere Stellung zu berücksichtigen, die ihnen in Erfüllung der durch Art. 5 GG zugewiesenen Informationsaufgaben zukommt. Vor Aufhebung des Merkmals der Wettbewerbsabsicht war dies der richtige Ort für die entsprechenden Erörterungen. Mit der Novelle 2008 hat sich dies nun in die Prüfung der geschäftlichen Handlung verlagert. Es muss also deutliche, objektiv gewichtige Beweiszeichen dafür geben, dass etwa das handelnde Presseorgan durch sein Auftreten den Absatz der eigenen Produkte fördern will, in dem es etwa Wettbewerber polemisch „abqualifiziert", die Kritik an einem Wettbewerber unsachlich, überzogen oder pauschal herabsetzend bzw die eigenen Leistungen pauschal gelobt werden oder irreführende Aussagen hinsichtlich der eigenen Größe oder des Anteils eines Wettbewerbers am Markt getroffen werden. Bei Werbeanzeigen, die

die eigene Leistung darstellen, ist ohnehin ein objektiver Zusammenhang zu einem geschäftlichen Handeln iSd § 2 Abs. 1 Nr 1 UWG gegeben[89]. Grundsätzlich gilt, dass bei überwiegend nüchterner Darstellung von Sachthemen oder Kommentaren in redaktionellen Beiträgen ein geschäftliches Handeln idR zu verneinen ist (ausführlicher zu den Besonderheiten beim Handeln von Presseorganen unter Rn 439 ff, zur geschäftlichen Handlung vgl unter Rn 173–178).

*Aufbauhinweis:* Bei Presseorganen sollten diese umfangreicheren Darlegungen im Rahmen der Prüfung der geschäftlichen Handlung erfolgen.

**b) Unlauterkeitstat**

**aa) Irreführende, vergleichende Werbung, §§ 5 Abs. 3, Abs. 1 iVm § 3 Abs. 1 UWG.** Für das Vorliegen einer irreführenden, vergleichenden Werbung iSd § 5 Abs. 3 UWG müssen zunächst die Voraussetzungen eines Vergleichs iSd § 6 Abs. 1 UWG vorliegen. Dazu müsste aus der Aussage „Die Stimme Berlins" ein Mitwerber unmittelbar oder mittelbar erkennbar sein. Da sich die Werbeaussage auf den Berliner Zeitungsmarkt bezieht, müssten aus ihr T und die anderen Tageszeitungen deutlich erkennbar hervorgehen. Es werden jedoch weder Waren oder Leistungen noch konkurrierende Unternehmen benannt und gegenübergestellt. Vielmehr enthält die Werbeaussage nur eine Selbsthuldigung der BM, die sich gerade außerhalb jeder Konkurrenz sieht. Für einen Vergleich genügt nicht, dass durch die Anzeige irgendwie alle anderen gleichen Produkte gemeint sein könnten. Ein solches Verständnis würde zu einer Ausuferung des Vergleichsbegriffs führen. Da kein konkreter Mitbewerber genannt wird und auch sonst nicht erkennbar ist, dass die Werbung speziell auf eine oder Einzelne aus dem quantitativ vielfältigen Zeitungsangebot Berlins deutet, liegt kein Vergleich iSd § 6 Abs. 1 UWG vor.

**bb) Irreführende Angaben über geschäftliche Verhältnisse, § 5 Abs. 1 S. 2 Nr 3, Abs. 1 iVm § 3 Abs. 1 UWG.** BM müsste durch irreführende Werbung unlauter gehandelt haben. Die Anforderungen an den Werbebegriff werden erfüllt, da bereits aus den Sachverhaltsangaben zu entnehmen ist, dass T die Werbeaussage in einer Zeitungsanzeige angreift. Der Inhalt der von ihr geschalteten Werbeanzeige ist unlauter, wenn darin eine irreführende Angabe iSd § 5 Abs. 1 UWG enthalten ist.

**(1) „Angabe", § 5 Abs. 1 S. 2 Nr 3 UWG.** Zunächst müsste es sich bei „Die Stimme Berlins" um eine Angabe handeln. Angaben sind alle sachlich nachprüfbaren Tatsachenbehauptungen. Hier lässt sich die Angabe am ehesten in die Gruppe der geschäftlichen Verhältnisse iSd § 5 Abs. 1 S. 2 Nr 3 UWG einordnen und nicht unter die in Nr 1 zusammengefassten Einzelmerkmale einer Ware, denn mit „Stimme" ist nicht eine besondere Kennzeichnung der Zeitung BM angesprochen, sondern das Verhältnis der „Institution" BM zum Markt und zu ihrer Bedeutung in Berlin. Fraglich ist aber, ob die Anzeige aus Sicht der angesprochenen Verkehrskreise lediglich eine substanzlose hochtönende **Anpreisung** ohne konkreten Tatsachengehalt enthält oder ob der Werbeinhalt als Tatsachenbehauptung ernst gemeint ist und von den angesprochenen Verkehrskreisen so verstanden werden wird. Zunächst ist zweifelhaft, ob „Stimme" von einem nicht unerheblichen Teil der angesprochenen Verbraucher als Synonym für „Zeitung" aufgefasst wird. Stimme lässt einen auf den ersten Blick eher an politische oder gesangsstarke Stadtgrößen denken und weniger an eine Zeitung. Allerdings spielen gerade die Mediensäulen der BM und des T in Berlin eine wichtige Rolle, da sie in unmittelbarer Nähe zu wichtigen politischen Entscheidungen angesiedelt sind, diese aktuell kommentieren können und auf diese Weise „Meinungsmacher" sind. Sie sind auch „Stimmungsmacher", indem sie Reaktionen vor- und wiedergeben, sie können lauter und vernehmbarer sprechen als eine Handvoll ihrer Leser. Sie können damit im doppelten Sinne als „Stimme" verstanden werden, als diejenigen, die sachlich wiedergeben, was geschieht, die kommentieren und kritisieren, was sie sehen und hören. Zudem geben sie ihren Lesern als Sprachrohr die Möglichkeit,

89 Entsprechend zu dem „alten" entscheidenden Merkmal der Wettbewerbsabsicht *Nordemann*, Rn 106, 108, 110.

ihre Ansichten in „ihrem“ Organ mitzuteilen. Sie sind damit Sprachrohr und, wenn man so will, auch eine nicht zu überhörende „Stimme“ der Stadt. In diesem Sinne ist auch die Aussage „Die Stimme Berlins“ nicht als bloß hochtönende Anpreisung zu verstehen, vielmehr steckt dahinter ein ernster **Tatsachenkern**. BM will mit ihrer Aussage und mit ihrer Rolle in der Stadt ersichtlich ernst genommen werden, eine Angabe iSd § 5 Abs. 1 S. 2 Nr 3 UWG liegt damit vor[90].

(*Andere Ansicht:* Mit entsprechender Argumentation war es ebenso gut vertretbar, in der Aussage eine rein übertreibende Anpreisung zu sehen und daran bereits eine Irreführung scheitern zu lassen.)

**(2) Berühmen einer Spitzenstellung.** BM könnte sich wegen Verwendung des bestimmten Artikels „Die“ im Bezug auf das Wort Stimme als Synonym für die eigene Tageszeitung einer Spitzenstellungswerbung berühmt haben. Das Berühmen einer Spitzenstellung ist grundsätzlich zulässig, wenn die herausragende Stellung auf dem relevanten Markt tatsächlich innegehalten wird, die Angabe mithin wahr ist.

Zunächst bedarf es der **Behauptung einer Spitzenstellung**. Dabei gibt der bestimmte Artikel zwar ein deutliches Indiz für eine Spitzenstellungsbehauptung, zwingend ist diese Schlussfolgerung jedoch nicht. Vielmehr kommt es neben dem **bestimmten Artikel** auch auf die weiteren Umstände an. In der konkreten Verwendung „Die Stimme ...“ wird deutlich zu erkennen gegeben, dass sich BM als **das** Sprachrohr der Stadt versteht und auch vom angesprochenen Verkehr so verstanden werden möchte. Allgemein gilt, dass neben bestimmten Artikeln **Eigenschaftsworte** von empfehlender Bedeutung wie „groß“ als Hinweis auf die Spitzenstellung am Markt oder **geografische Bezugsgrößen** wie „Bielefelds“ und „Berlins“ Hinweise auf das Berühmen einer Spitzenstellung beinhalten können[91]. Zu beachten sind dabei auch die Besonderheiten des betroffenen Marktes. Grundsätzlich gilt, je größer der Markt, auf den sich die Werbeaussage bezieht, um so weniger kann aus der bloßen Verwendung des bestimmten Artikels (der, die, das) in Verbindung mit einem gesteigerten Eigenschaftswort („groß“, aber nicht „größte“) geschlossen werden, es werde eine Spitzenstellung beansprucht. Generell zählt der **Zeitungsmarkt** zu den großen, diversifizierten Märkten, anders als etwa der sehr begrenzte Markt für Wörterbücher. Beim Zeitungsmarkt kommt hinzu, dass der Verkehr weiß, dass mehrere große Zeitungen nebeneinander bestehen. Die Bedeutung des bestimmten Artikels kann in Fällen eines diversifizierten Marktes an Bedeutung verlieren. Hier ist zwar davon auszugehen, dass die umworbenen Verkehrskreise, die Leser von Berliner Tageszeitungen, wissen, dass es auf dem Berliner Zeitungsmarkt mehrere große Zeitungen nebeneinander gibt, die Kombination des bestimmten Artikels mit dem Wort „Stimme“ in weiterer Verbindung mit der geografischen Angabe „Berlins“ macht aus dem Spruch jedoch eine **Superlativbehauptung**, die das Berühmen einer Spitzenstellung beinhaltet.

Das Berühmen wäre unzulässig, wenn die BM diese Spitzenstellung nicht oder nur vorübergehend innehat. Die Aussage „Die Stimme Berlins“ impliziert, dass die BM die höchste Auflage hat, einziges Sprachrohr Berlins und beliebteste Tageszeitung ist. T und BM liefern sich hinsichtlich der Auflagenhöhe jedoch ein Kopf-an-Kopf-Rennen. Die BM überragt jedoch weder hinsichtlich ihrer Umsatzzahlen, der Abonnenten- bzw Käuferzahlen, ihrer Meinungsbildungsfunktion noch einer allein ihr zukommenden allgemeinen Beliebtheit mit einem deutlichen Abstand; auch die anderen größeren Berliner Tageszeitungen überragt sie nur bedingt. Da das Gegenteil in der Werbeaussage unterstellt wird, berühmt sie sich unzulässiger Weise einer Spitzenstellung.

---

90 Vgl KG GRUR-RR 2001, 60; eine nicht ernst zu nehmende Übertreibung sah der BGH hingegen in der Werbeaussage *„Das Beste am Morgen (Kellogg's)“*, BGH GRUR 2002, 182, 183, maßgebend für die Beurteilung, was am Morgen das Beste ist, sei vielmehr die rein subjektive Einschätzung jedes Einzelnen, was für den einen das Müsli, ist für den anderen das Duschen, die Zeitung, Joggen, Reden oder Weiterschlafen.

91 Dazu BGH GRUR 1957, 600 *„Westfalenblatt I“*.

Die unzulässige Spitzenstellungsberühmung erfüllt jedoch nur dann den Irreführungstatbestand, wenn die Aussage geeignet war, bei den angesprochenen Verkehrskreisen entsprechende **Fehlvorstellungen** hervorzurufen.

*Prüfungshinweis:* Hier sind **zwei Ansichten vertretbar**, von denen man sich für eine entscheiden muss.

*1. Ansicht:* Die umworbenen Verkehrskreise kennen den Berliner Zeitungsmarkt ausreichend und nehmen BM und T als die zwei etwa gleich großen Tageszeitungen neben weiteren größeren wahr. Sie wissen, dass die BM weder hinsichtlich der Umsatzzahlen, noch der Abonnenten- bzw Käuferzahlen den T deutlich übertrifft und, dass sich das Lager der Leser in zwei Teile aufspaltet. Nach dieser Vorstellung der angesprochenen Verkehrskreise gibt es also nicht **die** eine Tageszeitung Berlins, die sich der größten Beliebtheit erfreut und von allen Berliner Zeitungslesern als **das** Sprachrohr der Stadt wahrgenommen wird. Die Aussage der BM wird daher von den angesprochenen Verkehrskreisen nicht ernst genommen und sie enthält somit **keine Irreführung**.

*2. Ansicht*: Die angesprochenen Verkehrskreise halten die BM aufgrund der Werbeaussage für die größte und wegen ihrer Stimmgewalt wichtigste Tageszeitung Berlins, an der man nicht vorbeikommt, sie nehmen die unzulässige Berühmung einer Spitzenstellung daher ernst[92]. Sie sind somit durch die Werbeaussage getäuscht worden mit dem Ergebnis, dass eine **Irreführung** infolge der unzulässigen Spitzenstellungsberühmung vorliegt. Damit ist der objektive Tatbestand einer unlauteren geschäftlichen Handlung nach § 5 Abs. 2 S. 1 Nr 3 UWG gegeben.

#### c) Geeignetheit, die Interessen des Mitbewerbers T zu beeinträchtigen

Die Werbeaussage der BM war geeignet, die Interessen des Mitbewerbs T zu beeinträchtigen. Da sich die BM als alleiniges bzw weit aus dem Berliner „Blätterwald" herausragendes Tagesblatt präsentiert hat, und zwar nicht nur hinsichtlich ihrer Größe, sondern auch, weil sie sich durch Betonung auf ihre zentrale Rolle als das Sprachrohr Berlins bezeichnet hat. Den Tageszeitungslesern wird vorgeführt, Berlin spreche mit einer Stimme, nämlich mit der der BM. Da T als unmittelbarer Mitbewerber auf dem Markt aktiv ist, ist die Werbeanzeige geeignet, BM nicht nur einen wettbewerblichen Vorteil zu verschaffen, sondern gleichzeitig die Interessen Ts zu beeinträchtigen.

#### d) Bagatellklausel

T müsste durch die Werbeanzeige spürbar beeinträchtigt worden sein. Die Bagatellgrenze ist schon wegen der großen Verbreitung der Werbekampagne überschritten. Hinzu kommt, dass sie über einen längeren Zeitraum geschaltet wurde, in dem T vergeblich die Unterwerfung BMs unter eine Unterlassungserklärung zu erreichen versucht hat.

### 2. Rechtswidrigkeit

Die Rechtswidrigkeit ist zu vermuten.

*Aufbauhinweise:* Bei Bejahen einer Irreführung, wird die Prüfung der weiteren Voraussetzungen des § 3 Abs. 1 UWG fortgesetzt. Der von BM gegenüber T erhobene **Abwehreinwand der *unclean-hands*** ist im Anschluss an die Rechtswidrigkeit zu prüfen. Da es in erster Linie um Individualansprüche von T bzw BM geht und nach einer „Aufrechnung" der Unterlassungsansprüche keine Allgemeininteressen oder Interessen Dritter berührt werden, ist das Erheben des Einwands seitens BM zulässig (s. dazu Rn 105 ff). Im Einzelnen ist zu prüfen, ob auch T eine unlautere geschäftliche Handlung begangen hat. Wird dies bejaht, kann sich BM ausnahmsweise auf den *un-*

92 So könnte die Aussage zumindest von Neu-Berlinern verstanden werden, was allerdings für die angesprochenen Verkehrskreise allein nicht ausreichen würde.

*clean-hands*-Einwand berufen (s. dazu die Ausführungen unter Rn 105 f). BM hat dann nicht unlauter gehandelt und T hat keinen Unterlassungsanspruch. Hier wird aus didaktischen Gründen diese Ansicht weiterverfolgt.

Wird hingegen vertreten, dass BM eine Irreführung nicht vorgeworfen werden kann und auch sonst keine unlautere geschäftliche Handlung vorlag, ist die Prüfung des Anspruchs auf Unterlassung T gegen BM beendet. Der *unclean-hands*-Einwand könnte dann allenfalls hilfsgutachterlich geprüft werden, um keine Punkte zu verschenken.

## 3. Rechtsmissbräuchlichkeit: unclean-hands-Einwand

Der Geltendmachung des Anspruchs könnte allerdings der von BM geltend gemachte unclean-hands-Einwand wegen der von T geschalteten Werbeanzeige *„Berlins Beste jeden Morgen"* entgegenstehen. Dann müsste BM den unclean-hands-Einwand zu Recht erhoben haben. Grundsätzlich ist die Berufung auf einen eigenen gleichartigen Wettbewerbsverstoß des Anspruchsberechtigten zulässig, wenn keine Allgemeininteressen oder Interessen Dritter betroffen sind, was hier nicht der Fall ist (ausführlicher dazu unter Rn 105 ff)[93]. Voraussetzung ist weiterhin, dass T einen gleichartigen Wettbewerbsverstoß begangen hat.

### a) Geschäftliche Handlung iSd § 2 Abs. 1 Nr 1 UWG

Die Werbeanzeige dient der Steigerung des Absatzes der T. Sie stand in objektivem Zusammenhang zu den Interessen der Steigerung der eigenen Marktposition durch Selbstwerbung. Dies machte sie durch Hervorheben der einzigartig herausragenden Qualität der T in der Werbeanzeige („Berlins Beste") deutlich. T trat damit nicht durch einen redaktionellen Beitrag hervor. Eine geschäftliche Handlung iSd § 2 Abs. 1 Nr 1 UWG liegt damit vor.

### b) Unlauterkeitstat

**aa) Irreführende, vergleichende Werbung, §§ 5 Abs. 3, Abs. 1, 6 Abs. 1 iVm § 3 Abs. 1 UWG.** Für das Vorliegen einer irreführenden, vergleichenden Werbung iSd § 5 Abs. 3 UWG müssen zunächst die Voraussetzungen eines Vergleichs iSd § 6 Abs. 1 UWG vorliegen. Dazu müsste aus der Aussage „Berlins Beste jeden Morgen" ein Mitwerber unmittelbar oder mittelbar erkennbar sein. Es müssten daher die Mitbewerber des T auf dem Berliner Zeitungsmarkt erkennbar und dem eigenen Produkt gegenübergestellt werden. Es werden jedoch weder konkurrierende Zeitungen noch Konkurrenten genannt oder mittelbar erkennbar gemacht. Vielmehr enthält die Werbeanzeige nur eine Aussage über die eigene Güte. T will sich gerade als außerhalb jeder Konkurrenz verstanden wissen. Gerade bezüglich eines diversifizierten Marktes, wie dem Berliner Zeitungsmarkt, genügt es für einen Vergleich jedoch nicht, dass durch die Anzeige irgendwie alle anderen gleichartigen Produkte wie hier alle Zeitungen (oder alle Tageszeitungen) gemeint sein könnten. Ein solches Verständnis würde zu einer Ausuferung des Vergleichsbegriffs führen. Da kein konkreter Mitbewerber genannt wird und auch sonst nicht erkennbar ist, dass die Werbung speziell auf eine oder Einzelne der Berliner Zeitungen deutet, liegt kein Vergleich iSd § 6 Abs. 1 UWG vor.

**bb) Irreführung durch Spitzenstellungswerbung, § 5 Abs. 1 S. 2 Nr 3 iVm § 3 Abs. 1 UWG.** Weiterhin müsste T sich mit der Aussage „Berlins Beste jeden Morgen" unzulässig und irreführend einer Allein- oder Spitzenstellung berühmt haben. Hinter der Aussage verbirgt sich die nachprüfbare Angabe, dass es sich bei der Tageszeitung um die Beste der Berliner Tageszeitungen handelt. Die Worte „Berlins Beste" deuten darauf, dass sich T dadurch in einen indirekten Vergleich zu den anderen Tageszeitungen setzt. Die Anzeige unterscheidet sich durch diesen

93 ZB KG GRUR 2000, 93, 94; *Nordemann*, Rn 1711 ff mwN.

konkreten Bezug auf den Markt der Berliner Tageszeitungen von der rein plakativen Anpreisung „Das Beste am Morgen", denn was das Beste am Morgen ist, unterliegt einer rein subjektiven Wertung. Allein der subjektive Geschmack bestimmt, was das beste Ereignis am Morgen ist[94]. Um das „Beste" am Morgen konkurrieren generell Frühstücksprodukte (eine qualitativ hochwertige Auswahl, ein Kellogg's Müsli oder ein einfaches Frühstück im Stehen) gegen die (ausführliche oder flüchtige) Zeitungslektüre, das (genüßliche oder stehende) Kaffeetrinken, gegen einen Waldlauf oder/und Duschen oder gegen langes Ausschlafen. Liegt in dem Falle der Aussage „Das Beste am Morgen" wegen des offenkundiges Ausrufs einer subjektiven Meinung, die allenfalls einem „Vergleich" allein subjektiver Vorstellungen standhält, aber als rein reklamehafte Anpreisung keine Angabe enthält, handelt es sich bei der eindeutig auf die Tageszeitung des T bezogenen Aussage „Berlins Beste am Morgen" um eine inhaltlich nachprüfbare Angabe über geschäftliche Verhältnisse (§ 5 Abs. 1 S. 2 Nr 3 UWG), denn das „Gutsein" einer Zeitung hängt nicht nur von einer subjektiven Wertung ab, sondern lässt sich anhand von Umsatz-, Abonnementen- und Käuferzahlen und dem zustimmenden Urteil der größten Leserschar messen und damit objektivieren.

*Andere Ansicht:* Man kann allerdings genauso gut – dem BGH in der Begründung der *Kellogg's*-Entscheidung folgend – eine nachprüfbare Aussage ablehnen, wenn man der gut vertretbaren Ansicht ist, dass der Bezeichnung „das Beste" stets ausschließlich ein rein subjektives Geschmacksurteil zugrunde liegt. Bejaht man eine Angabe, ist weiter zu prüfen, ob darin eine Allein- oder Spitzenstellungsberühmung liegt.

Fraglich ist, ob sich T einer Allein- oder Spitzenstellung berühmt hat. Eine **Alleinstellung** scheidet bereits offenkundig aus, denn wer die Superlativform „das Beste" verwendet, setzt sich damit in Vergleich zu dem Rest des Feldes, unterteilt in die Guten, die weniger Guten und die Schlechten; eine Monopolstellung macht er damit gerade nicht geltend. Die Bestbezeichnung ist aber ein Ausdruck für die Selbstzuschreibung einer Spitzenposition. Nun ist die darin liegende **Spitzenstellungsberühmung** nicht per se unzulässig, sondern wird dies erst dadurch, dass sich der Werbende ihrer zu Unrecht belobigt. T hat genauso wenig wie BM eine Spitzenposition auf dem Berliner Tageszeitungsmarkt inne, da beide in etwa gleichauf liegen und zudem die Verfolgergruppe in geringem Abstand nachfolgt. Insoweit kann auf die entsprechenden Ausführungen zur Marktaufteilung verwiesen werden. Da T keine deutliche und stete Spitzenposition innehat, ist das Etikettieren mit dieser Stellung unzulässig. Es führt gleichwohl nicht automatisch zur Unlauterkeit. Das Selbstlob ist nur unlauter, wenn dadurch der angesprochene Verkehr irregeführt wird (§ 5 Abs. 1 UWG).

*Prüfungshinweis:* Hier sind wiederum **zwei Ansichten** vertretbar: entweder man stellt darauf ab, dass der angesprochene Verkehr den Berliner Tageszeitungsmarkt und die Machtverteilung kennt und sich nicht durch einen Werbespruch darüber täuschen lässt, dann fehlt es an einer Irreführung. Oder man führt aus, dass der umworbene Verkehr den Aussagen des T glaubt und – weil er sie schließlich als qualitativ „beste" Tageszeitung für seriös hält – dem Selbstlob Ts folgt. Dann liegt wegen dieses Ernstnehmens der Werbeaussage eine unzulässige irreführende Spitzenstellungsberühmung vor.

## IV. Folgende Ergebnisse sind vertretbar:

1. Gelangt man zu dem Ergebnis, dass T **nicht irreführend geworben** hat und dass damit kein gleichartiger Wettbewerbsverstoß vorlag, auf den sich BM zur Abwehr des gegen sie gerichteten Anspruchs erfolgreich stützen könnte, dann müsste unter **5.** geprüft werden, ob eine **Wiederholungsgefahr** in Bezug auf das Werbeverhalten der BM bestand. Dies ist bei wettbewerbswidrigem

94 BGH GRUR 2002, 182, 183 *Das Beste am Morgen (Kellogg's Müsli).*

Verhalten in der Regel und insbesondere dann zu vermuten, wenn zuvor mehrfach vergeblich im Wege einer Abmahnung versucht wurde, eine **Unterwerfungserklärung** zu erhalten. Damit lägen alle Voraussetzungen einer irreführenden Werbung gem. § 5 Abs. 1 S. 2 Nr 3, Abs. 1, § 3 Abs. 1 iVm § 8 Abs. 1 UWG vor. **Gesamtergebnis: Das Begehren des T hätte nach dieser Ansicht Erfolg.**

2. Ist man hingegen der Ansicht, dass T **irreführend** aufgrund einer unzulässigen Spitzenstellungsberühmung geworben hat, dann müsste die Prüfung an dieser Stelle fortgesetzt werden. Unter **c)** wäre dann zu prüfen, dass die Werbeaussage **geeignet war, die Interessen** der Mitbewerberin BM zu beeinträchtigen, und zwar wegen der Verbreitung in einem **erheblichen Maße** (**Bagatellklausel**, zu prüfen unter e). Des Weiteren bestünde hinsichtlich des **subjektiven Tatbestandes (e)** wegen der zu vermutenden Kenntnis der die Irreführung begründenden Tatumstände ebenfalls keine Schwierigkeit. Damit läge eine **Unlauterkeitshandlung des T** iSd § 3 Abs. 1 vor. Die Voraussetzungen des § 8 Abs. 1 UWG – **Wiederholungsgefahr** – dürften nicht angesprochen werden, da BM gegenüber T keine Unterlassung begehrt, sondern nur dem Unterlassungsanspruch des T die Einrede eines gleichartigen Wettbewerbsverstoßes entgegenhält. Den **Abwehreinwand** könnte BM bei dem Vertreten dieser Ansicht erfolgreich vorbringen, wenn es sich um gleichartige Wettbewerbsverstöße handelt. **Gleichartige Wettbewerbsverstöße** liegen hier vor, da BM und T sich gleichermaßen durch Werbeanzeigen unzulässig und irreführend iSd § 5 Abs. 1 S. 2 Nr 3, Abs. 1 UWG einer Spitzenstellung gerühmt haben. Mit **der berechtigten Erhebung des unclean-hands-Einwandes entfällt der Tatvorwurf**. Das **Zwischenergebnis** wäre dann: Es fehlt damit an einer unlauteren geschäftlichen Handlung iSd § 3 Abs. 1 UWG. Mit dem **Gesamtergebnis: T hätte keinen Anspruch gemäß § 8 Abs. 1 UWG**.

3. Oder man ist der Ansicht, dass **keine Angabe** der T vorlag, so dass der Irreführungstatbestand schon daran scheiterte. BM könnte dann **keinen Gegenanspruch** einwenden. **Gesamtergebnis: Der Unterlassungsanspruch der T hätte Erfolg**. Dieses Verständnis wäre allerdings inkonsequent gegenüber den Feststellungen zu der Werbeanzeige der BM, bei der die Voraussetzungen einer Angabe bejaht wurden (wobei eine andere Ansicht auch dort vertretbar war). Diesbezüglich sollte man zu den gleichen Anforderungen und entsprechenden Ergebnissen kommen, da sonst mit zweierlei Maß gemessen würde, womit man sich leicht den Vorwurf der Inkonsequenz einhandeln kann.

4. **Verneint** man die **Irreführung des Verkehrs** durch die Werbeanzeige des T, **stürzt der Abwehreinwand der BM in sich zusammen**, es wäre dann – wie unter 1. dargestellt – mit der Prüfung der **Wiederholungsgefahr** fortzufahren. **Gesamtergebnis:** Im Ergebnis hätte **T mit seinem Begehren gemäß § 5 Abs. 2 S. 1 Nr 3, Abs. 1, § 3 Abs. 1 iVm § 8 Abs. 1 UWG Erfolg**. Allerdings bedeutet dieses Ergebnis eine Ansichtsabweichung gegenüber der Werbeaussage der BM. Entweder ist „Die Stimme Berlins" irreführend, dann muss aber auch „Berlins Beste am Morgen" irreführend sein, denn beide Aussagen geben sich nichts. Oder man gelangt einheitlich zu der Bewertung die angesprochenen Verkehrskreise sind so standhaft in ihren Kenntnissen über den Berliner Tageszeitungsmarkt, dass sie diese Werbesprüche bestenfalls ansprechend finden, sich aber nicht durch sie täuschen lassen. Dann liegt aber in beiden Fällen keine Irreführung vor.

# Fall 9

## **Dosengebinde** (OLG Frankfurt/M., GRUR-RR 2003, 59 f *4 Dosen Gratis*[95])

D vertreibt in Deutschland die Produkte der Marke „Pepsi-Cola". Sie liefert ua an die Zwischenhändler kleine Gebinde, in denen sich eingeschweißt 24 Dosen Pepsi-Cola zu je 0,33 l befinden. Die Gebinde sind blickfangmäßig mit der Aufschrift versehen: „4 Dosen gratis beim Kauf von 20 Dosen." Die Zentrale gegen Bekämpfung unlauteren Wettbewerbs eV (Z) hält diese Werbung für unlauter. Der Verbraucher erhalte keineswegs vier Dosen gratis, sondern erwerbe eine reguläre Verpackungseinheit von 24 Dosen zu einem bestimmten Preis. Er habe zudem keine Vergleichsmöglichkeit und werde auf übertriebene Weise angelockt. Außerdem würden die Zwischenhändler in ihrer Preisgestaltung unzulässig gebunden. D hält dem entgegen, den Händlern stünde es frei, die Dosen auch ohne entsprechenden Aufdruck zu bestellen. Es sei zudem ihrer Entscheidung überlassen, ob sie die Dosen ohne die Folie verkaufen und eine andere Preiskalkulation vornehmen. Z begehrt Unterlassung. Prüfen Sie, ob ein Unterlassungsbegehren wegen Verstoßes gegen das Wettbewerbs- und Kartellrecht begründet ist. 312

## Lösung Fall 9:

### 1. Teil: Wettbewerbliche Ansprüche

### A. Anspruch des Z auf Unterlassung des Vertriebs der Dosengebinde gegen D 313

Das Unterlassungsbegehren des Z hat gem. § 8 Abs. 1 Erfolg, wenn er anspruchsberechtigt ist und eine unlautere geschäftliche Handlung iSd § 3 Abs. 1 UWG vorliegt.

### I. Aktivlegitimation

Z ist als rechtsfähiger Wettbewerbsverband iSd § 8 Abs. 3 Nr 2 UWG aktivlegitimiert. Als Zentrale zur Bekämpfung unlauteren Wettbewerbs gehören ihr zahlreiche Unternehmen an, darunter auch eine Zahl von Gewerbetreibenden, die Getränke der Marke Pepsi-Cola vertreiben und verkaufen.

### II. Passivlegitimation

D ist als Vertriebsgesellschaft des „Gebindes" passivlegitimiert.

### III. Verfstoß gegegen das Per-se-Verbot in Nr 21 des Anh. zu § 3 Abs. 3 UWG

D könnte mit dem Angebot „4 Dosen gratis" gegen das Verbot in Nr 21, Waren als „gratis" oder dergleichen anzubieten, wenn hierfür gleichwohl Kosten zu tragen sind, verstoßen haben. Dabei kann dahinstehen, ob es sich um ein Geschenk oder eine Zugabe handelt. Erhält der Kunde beim Erwerb eines Gebindes von 24 Dosen gegenüber dem Einzelerwerb von 24 Dosen eine Preisvergünstigung im Gegenwert von vier Dosen, liegt darin keine Täuschung, denn der Kunde wird

95 Ähnlich OLG Frankfurt/M. NWJE-WettbewerbR 1996, 77 ff *1 kg CDs zum Preis von 50 DM.*

nicht darüber im Unklaren gelassen, dass er die Hauptware (das Dosengebinde) erwerben muss. In solchen Fällen liegt jedoch kein Verstoß gegen Nr 21 des Anh. zu § 3 Abs. 3 UWG vor.

## IV. Unzulässige geschäftliche Handlung, § 3 Abs. 2 UWG

Die Werbeanzeige müsste unlauter iSd § 3 Abs. 2 UWG sein.

### 1. Objektiver Tatbestand

#### a) Geschäftliche Handlung

D beabsichtigt mit der Werbekampagne den eigenen Umsatz zu steigern, damit liegen die Voraussetzungen der Legaldefinition des § 2 Abs. 1 Nr 1 UWG vor.

#### b) Unlauterkeit

**aa) Unlautere irreführende Werbung, § 5 Abs. 1 S. 2 Nr 1 UWG.** D müsste die geltende fachliche Sorgfalt verletzt haben und die Entscheidungsfähigkeit der Verbraucher spürbar beeinträchtigt haben (§ 3 Abs. 2 S. 1 UWG). Der Begriff der geltenden fachlichen Sorgfalt ist in § 2 Abs. 1 Nr 7 UWG legal definiert. Ein Verstoß liegt regelmäßig vor, wenn irreführend geworben wird (§ 6 Abs. 4 lit. d UWG). Dann müsste es sich bei der Werbeanzeige des D um eine irreführende und damit unlautere Werbung iSd § 5 Abs. 1 UWG gehandelt haben.

**(1) Angabe iSd § 5 Abs. 1 UWG.** Zunächst müsste es sich bei der Werbeaussage des D um eine Angabe handeln. Angaben sind alle nachprüfbaren Tatsachenbehauptungen. Der „4 Dosen gratis"-Aufdruck gibt Aufschluss über den Zuerwerb einer bestimmten Menge weiterer Dosen beim Kauf von 24 Dosen, diese Angabe ist leicht durch Addition überprüfbar. Der Werbesatz enthält damit eine Angabe iSd § 5 Abs. 1 S. 2 Nr 1 UWG (**Mengenangabe**).

**(2) Irreführung.** Weiterhin müsste die Angabe über die „4-Dosen-gratis" irreführend sein. Irreführende Angaben liegen vor, wenn die bewirkten Vorstellungen, die die Umworbenen über die Bedeutung einer Angabe haben, mit den wirklichen Verhältnissen nicht im Einklang stehen. Bei der Beurteilung der Irreführung ist abzustellen auf das Leitbild des aufgeklärten und verständigen Verbrauchers. Dieser wird den Werbehinweis nicht so verstehen, dass er 20 Dosen erwerben muss, um vier gratis zu bekommen. Er wird die Aussage vielmehr so auffassen, dass er insgesamt 24 Dosen kaufen muss, um diese zum Preis von üblicherweise 20 Dosen zu erhalten. Auch hinsichtlich der **Preisklarheit** ergeben sich keine Bedenken. Der Durchschnittsverbraucher ist vertraut mit vergleichbaren Aktionen in der **Lebensmittelwerbung**. Eines unmittelbaren Preisvergleichs beim Zwischenhändler bedarf es dazu nicht. Außerdem ist ein **Preisvergleich** durch das gleichzeitig bestehende Angebot der Einzeldose möglich. Der angesprochene Verbraucher hat auch dann eine klare Vorstellung von dem gewährten Vorteil, wenn der Zwischenhändler weder die Einzeldose noch gleichzeitig die Normalverpackung mit 24 Dosen, sondern ausschließlich das „Gebinde" anbietet. Zwar kann er dann die genaue Höhe des Rabatts nicht erkennen (mangels unmittelbarer Vergleichbarkeit des Preises), er weiß aber, dass er 24 Dosen zum Preis von 20 erwirbt. Insofern kann er seinen Preisvorteil durch die Menge definieren, indem er das Gebinde mit 24 Dosen bei dem Angebot von 20+4 zu einem Preis erhält, der um 4/24 günstiger ist als das Normalgebinde. Der Werbeaufdruck verschleiert daher nichts, sondern sorgt durch eine zwar schlagwortartig verkürzte, aber zutreffende Aussage für das erforderliche Mindestmaß an Information des Verbrauchers über den Preisvorteil. Damit fehlt es an einer irreführenden Angabe. Die Werbeaussage ist folglich nicht irreführend iS der § 5 Abs. 1 S. 2 Nr 1 UWG.

**(3) Zwischenergebnis.** Es fehlt damit an einer Unlauterkeitstat gemäß § 5 Abs. 1 iVm § 3 Abs. 2 UWG.

**bb) Unlauterkeit wegen einer verkaufsfördernden Maßnahme durch Zugabe von vier Gratisdosen, § 4 Nr 4 iVm § 3 Abs. 2 UWG.** D hat gegen die geltende fachliche Sorgfalt verstoßen, wenn er das Transparenzgebot der § 4 Nr 4 UWG missachtet hat.

**(1) Verkaufsfördernde Maßnahme.** Es könnte jedoch ein Verstoß gegen § 4 Nr 4 UWG vorliegen. Dann müsste der Aufdruck „4 Dosen gratis" eine Zugabe von vier Dosen versprechen und als Verkaufsfördermaßnahme unlauter sein. Unlauter sind solche verkaufsfördernden Maßnahmen jedoch nur, wenn die Bedingungen für die Inanspruchnahme nicht klar und eindeutig angegeben werden. Unproblematisch handelt es sich bei dem werbewirksamen, augenfälligen Aufdruck um eine **Verkaufsfördermaßnahme**. Es ist immer ein „Hingucker" und beim richtigen Adressaten auch ein Kaufanreiz, wenn es mehr Waren als üblicherweise zum selben Preis gibt, so dass damit ein Kaufanreiz geschaffen wird. Werden 24 Dosen zum Preis von 20 verkauft, erhält der Kunde vier Dosen quasi als „Zugabe". Diese werden ihm zwar nicht geschenkt, sondern sind verbunden mit dem Erwerb von 20 Dosen. Eine solche Zugabe, die anlässlich des Kaufs einer anderen oder der gleichen Waren vergeben wird, ist nach Aufhebung der Zugabeverordnung grundsätzlich uneingeschränkt zulässig.

*Hinweis:* Während die **Zugabeverordnung** von 1932 sehr restriktive Verbote mit Teils schon absurden Konstellationen vorsah, sieht die Rechtsprechung nach Aufhebung der Verordnung Zugaben nur noch dann als unlauter an, wenn mit ihrer Vergabe die Gefahr einer Irreführung der Verbraucher über ihren Preis oder den Preis der Hauptleistung verbunden ist (s. dazu auch unter Rn 335 ff)[96].

Voraussetzung ist allerdings, dass die Verkaufsfördermaßnahme dem **Grundsatz der Klarheit und Wahrheit** folgend die Bedingungen klar und eindeutig angibt. D hat durch den Aufdruck zu erkennen gegeben, dass beim Erwerb des fest zusammengepackten Gebindes nur der Geldbetrag für 20 Dosen gezahlt werden muss, obgleich 24 Dosen erworben werden. Damit versteht der Kunde, dass er insgesamt 24 Dosen erhält, die um gut 16% (seit 2008: 19%) des Preises, den er sonst für lose 24 Dosen zahlen müsste, ermäßigt sind. Damit ist den Anforderungen an die Klarheit und Eindeutigkeit der Bedingungen, unter denen er vier Dosen „hinzubekommt", genüge getan.

**(2) Zwischenergebnis.** Eine Unlauterkeit iSd § 4 Nr 4 UWG ist nicht begründet.

**cc) Unlauterkeit wegen Verstoßes gegen die Entscheidungsfreiheit, § 4 Nr 1 iVm § 3 Abs. 1 UWG.** Ein Verstoß gegen die geltende fachliche Sorgfalt könnte darin begründet sein, dass D die Entscheidungsfreiheit der Verbraucher unangemessen unsachlich beeinflusst hat.

**(1) Beeinflussung der Entscheidungsfreiheit.** Es könnte ein Verstoß gegen § 4 Nr 1 UWG darin zu sehen sein, dass die **Zwischenhändler** und Verkäufer der Cola-Dosen in ihrer Freiheit der Preisgestaltung bei Verträgen mit Dritten beschränkt und damit in ihrer Entscheidungsfreiheit als Abnehmer und Anbieter von Waren beeinträchtigt werden. Dann müsste die Zugabe geeignet sein, die Entscheidungsfreiheit von sonstigen Marktteilnehmern durch **Ausübung von Druck**, in menschenverachtender Weise oder durch sonstigen unangemessenen unsachlichen Einfluss zu beeinträchtigen. Den Händlern war es jedoch freigestellt, ob sie die Dosen in der angebotenen Form mit Aufdruck oder ohne aufstellen wollten. Es war ihnen auch überlassen, die Dosen einzeln zu verkaufen. Es wurde daher kein faktischer Druck durch D auf sie ausgeübt, da sie nicht zur Teilnahme an der Aktion gezwungen waren. Sie konnten die Dosen ohne Aufdruck erwerben, die 24er Verpackungseinheit kostete unabhängig von dem Aufdruck gleich viel. Die Händler hatten

96 Vgl dazu *Emmerich*, § 13 IV 2; *Schichl*, Die Zugabe im UWG und GWB nach dem Wegfall der Zugabeverordnung, 2006.

bezüglich der Entscheidung, ob sie die Promotionverpackung erwerben wollten oder nicht, vollkommene Freiheit. Auch nach dem Erwerb konnten sie die Verpackung entfernen und jede beliebige Produktbündelung vornehmen oder die Dosen einzeln verkaufen, ohne wirtschaftliche Nachteile seitens der D befürchten zu müssen.

**(2) Zwischenergebnis.** Ein Verstoß gegen § 4 Nr 1 UWG liegt nicht vor.

**c) Zwischenergebnis**

Es sind auch keine weiteren Gründe erkennbar, die die Werbung als unlauter iSd allgemeinen Unlauterkeitstatbestandes des § 3 Abs. 2 UWG wegen Verletzung der geltenden fachlichen Sorgfalt erscheinen lassen könnte.

### 2. Zwischenergebnis

Der objektive Tatbestand einer unlauteren Handlung liegt damit bereits nicht vor.

### IV. Zwischenergebnis

Es fehlt damit an einer unzulässigen geschäftlichen Handlung iSd § 3 Abs. 2 UWG.

### B. Gesamtergebnis

Der Unterlassungsanspruch gem. § 8 Abs. 1 UWG ist folglich nicht begründet.

## 2. Teil: Kartellrechtliche Ansprüche

### A. Unterlassungsanspruch des Z gegen D gem § 33 S. 1 iVm S. 2 GWB

Das Unterlassungsbegehren des Z ist wegen Verstoßes gegen kartellrechtliche Vorschriften begründet, wenn Z aktivlegitimiert ist und ein kartellrechtswidriges Verhalten gegeben ist (§ 33 S. 1 iVm S. 2 GWB).

### I. Aktivlegitimation

Z ist gem. § 33 S. 2 GWB als Wettbewerbsverband berechtigt den Anspruch auf Unterlassung iSd § 33 S. 1 GWB geltend zu machen.

### II. Passivlegitimation

D ist als Verkäufer der Dosengebinde passivlegitimiert bzgl des dagegen gerichteten Unterlassungsbegehrens des Z.

### III. Verstoß gegen eine kartellrechtliche Vorschrift, § 33 S. 1 GWB

### 1. Verstoß gegen § 1 GWB

Die von D angebotene Verpackungseinheit von 24 Dosen verbunden mit der Werbeaussage „4 Dosen gratis beim Kauf von 20 Dosen" könnte gegen § 1 GWB verstoßen, wenn dadurch auf die **Zwischenhändler** ein **faktischer Druck** zur Teilnahme an dem Angebot verbunden wäre, der zu einem Eingriff in ihre Preisgestaltungsfreiheit führen würde und sie damit in ihrer vertraglichen Freiheit beschränken würde.

#### a) Faktischer Druck zur Teilnahme als Eingriff in die Preisgestaltung der Zwischenhändler

In der Verpackung verbunden mit der Preisreduzierung könnte ein Verstoß gegen § 1 GWB liegen.

Nach § 1 GWB sind Vereinbarungen zwischen Unternehmen, Beschlüsse von Unternehmensvereinigungen und aufeinander abgestimmte Verhaltensweisen, die eine Verhinderung, Einschränkung oder Verfälschung des Wettbewerbs bezwecken oder bewirken, verboten. Dann müsste es die Vertragsbeteiligten in der Freiheit der Preisgestaltung bei Verträgen mit Dritten über bestimmte Waren beschränken. Die Zwischenhändler haben hier jedoch die Wahl, das Gebinde auch ohne Werbeaufdruck zum gleichen Preis anzubieten. Darüber hinaus waren sie auch frei, gar nicht an dem Werbeverkauf teilzunehmen, sondern die Dosen einzeln oder in einer anderen Packungsgröße gebündelt zu verkaufen.

#### b) Vertragliche Beschränkung, über die wirtschaftlicher Zwang ausgeübt wird

Geschützt sind zudem immer nur vertragliche Beschränkungen, die rechtliche oder wirtschaftliche Bindungen zur Folge haben (vgl vormals § 14 GWB aF). Dann müsste sich aus der Werbemaßnahme ein wirtschaftlicher Zwang durch vertragliche Beschränkungen für die Zwischenhändler ergeben, die rechtliche oder wirtschaftliche Bindungen zur Folge haben. Zwar kann sich ein wirtschaftlicher Zwang daraus ergeben, dass Gegenstand eines Kaufvertrages eine Ware mit einer Preisaussage ist, etwa in der Form, dass der Zwischenhändler zwar hinsichtlich der Gestaltung des **Zweitvertrages** im Rechtssinne frei ist, der Gebrauch dieser Freiheit aber mit bestimmten wirtschaftlichen Vor- bzw Nachteilen verbunden ist. Ergeben sich solche Bindungen aus dem Vertrag, kann ein Verstoß gegen § 1 GWB begründet sein. Hier ist den Zwischenhändlern jedoch eine bestimmte Gestaltung der Preise oder Konditionen für die Weitergabe nicht vorgegeben.

#### c) Verstoß wegen einer verbotenen Preisempfehlung

Es könnte in der Werbekampagne aber ein Verstoß gegen § 1 GWB zu sehen sein, wenn es sich dabei um eine verbotene **Preisempfehlung** handelt, die geeignet ist, das Verbot der Preisbindung zu umgehen (vormals § 22 GWB aF). Voraussetzung dafür ist, dass der Empfehlungsempfänger wirtschaftlich in ähnlicher Weise gebunden wird wie durch eine vertragliche Absprache. D hätte also durch die Vorgabe einer bestimmten preislichen Gestaltung beabsichtigen müssen, durch die Sonderaktion die Abnehmer dazu zu veranlassen, durch Weitergabe einer Verkaufshilfe zu einem niedrigeren als dem empfohlenen Preis zu verkaufen. Die Abnehmer der D waren jedoch während der Sonderaktion in ihrer Preisfindung frei. Mit dem Angebot der Normalpackung hat D ihnen eine gleichwertige Alternative angeboten. In der Entscheidung hieß es dazu: Angesichts „des Schutzzweckes des § 22 Abs. 1 GWB, der die Handlungsfreiheit der Abnehmer des Herstellers und – wohl auch – das Interesse der Verbraucher an niedrigen Preisen durch intakten **Preiswettbewerb** schützt, ist eine Verletzung des § 22 GWB nicht ersichtlich.“ Dies lässt sich entsprechend auf § 1 GWB übertragen.

### 2. Zwischenergebnis

Die Freiheit der Preisgestaltung der Händler ist daher nicht in unlauterer Weise beschränkt worden. Damit scheidet ein Verstoß gegen § 1 GWB aus.

## IV. Ergebnis

Ein Verstoß gegen kartellrechtliche Vorschriften liegt nicht vor.

### B. Gesamtergebnis

Der auf § 33 S. 1 GWB gestützte Unterlassungsanspruch des Z ist unbegründet.

### C. Gesamtergebnis aus Teil 1 und Teil 2

Die Unterlassungsansprüche des Z sind nicht begründet. Die Werbekampagne der D ist daher weder unlauter noch kartellrechtswidrig.

# Fall 10

## **Saubere Energieerzeugung** (KG WM 1996, 1701 f)

314 Der Finanzdienstleister F wirbt in einem Flyer für Vermögensanlagen durch Beteiligung an Elektrizitätswerken und Energieversorgungsunternehmen ua mit den Angaben „Für den Schutz der Lebensbedingungen auf der Erde", „Für den Schutz der Umwelt" und „Gut für die Umwelt". Es werde in „Elektrizitätswerk- und Umwelttechnik" und damit in „saubere Energieerzeugung" investiert. Ein Vermögensberater V sieht darin eine unlautere Werbung mit vermeintlich „sauberen" Rechten in Form von Anlagen, durch die gegenüber den Verbrauchern der hoch bewertete Umweltfaktor in unzulässiger Weise für die Stärkung der eigenen Wettbewerbsposition missbraucht werde. Liegt darin eine Verletzung wettbewerbsrechtlicher Vorschriften (nur Prüfung einer unzulässigen geschäftlichen Handlung)?

## Lösung Fall 10:

### 315 I. Verstoß gegen ein Per-se-Verbot des Anh. zu § 3 Abs. 3 UWG

#### 1. Verstoß gegen Nr 19 des Anh. zu § 3 Abs. 3 UWG

F könnte durch die Angaben in dem Flyer gegen das Pers-se-Verbot in Nr 19 des Anh. zu § 3 Abs. 3 UWG verstoßen haben. Nach Nr 19 ist es stets unzulässig, wenn im geschäftlichen Verkehr eine unwahre Angabe über die Marktbedingungen oder Bezugsquellen gemacht wird, um den Verbraucher dazu zu bewegen, eine Ware oder Dienstleistung zu weniger günstigen Bedingungen als den allgemeinen Marktbedingungen abzunehmen. Zwar handelt es sich bei der Werbeanzeige um eine geschäftliche Handlung iSd § 2 Abs. 1 Nr 1 UWG, doch lässt der Sachverhalt offen, ob es sich bei der Angaben „saubere Energieerzeugung" um eine unwahre Kundgabe handelt. Handelt es sich um Beteiligungen an Energieversorgungsunternehmen, die ihren Strom aus Anlagen der Erneuerbaren Energien (zB Windanlagen) oder Kraft-Wärme-Kopplungsanlagen beziehen, ist die Angabe wahr; andernfalls nicht. Das Vorliegen der Unwahrheit kann nicht unterstellt werden.

#### 2. Ergebnis

Ein Verstoß gegen Nr 19 des Anh. zu § 3 Abs. 3 UWG liegt nicht vor.

## II. Unzulässige geschäftliche Handlung, § 3 Abs. 2 UWG

### 1. Objektiver Tatbestand

#### a) Geschäftliche Handlung, § 2 Abs. 1 Nr 1 UWG

Mit dem Werbeprospekt für die ökologisch sauberen Anlagen soll der Absatz von Waren gefördert werden. Damit liegt eine geschäftliche Handlung iSd § 2 Abs. 1 Nr 1 UWG vor.

#### b) Unlauterkeitstat

**aa) Verstoß gegen § 5 Abs. 1 S. 2 Nr 1 iVm § 3 Abs. 2 UWG.** Es könnte ein Verstoß gegen § 5 Abs. 1 S. 2 Nr 1 iVm § 3 Abs. 2 UWG in Betracht kommen. Die Werbeaussage enthält Angaben über die Art von Dienstleistungen (Anlage von Vermögen in Unternehmensbeteiligungen). F müsste gegen die geltende fachliche Sorgfalt verstoßen haben. Nach § 2 Abs. 1 Nr 7 UWG meint fachliche Sorgfalt den Standard an Fachkenntnissen und Sorgfalt, von dem billigerweise angenommen werden kann, dass ein Unternehmer ihn in seinem Tätigkeitsbereich gegenüber Verbrauchern nach Treu und Glauben unter Berücksichtigung der Marktgepflogenheiten einhält. Einem Finanzdienstleistungsunternehmen wie F obliegt die Sorgfaltspflicht, Angaben über die Finanzanlagen so präzise wie möglich zu treffen und den Anleger nicht zu täuschen. Irreführende Verhaltensweisen stellen besondere Erscheinungsformen eines Verstoßes gegen die Erfordernisse der beruflichen Sorgfalt dar (vgl Art. 6 Abs. 4 lit. d UGP-RL). Fraglich ist, ob die umworbenen Verkehrskreise durch das Werben mit Umweltschutzschlagworten irregeführt werden. Die Vermögensanlagen werden vollkommen pauschal mit Umweltargumenten beworben. Dem Flyer kann der Verbraucher lediglich entnehmen, dass in „Elektrizitätswerk- und Umwelttechnik" und damit in „saubere Energieerzeugung" investiert werden soll, nähere Aufklärung erhält er nicht. Damit fehlt es jedoch an einer Irreführung durch aktives Tun. Folglich liegt kein Verstoß gegen § 5 Abs. 1 S. 2 Nr 1 iVm § 3 Abs. 2 UWG vor.

**bb) Verstoß gegen § 5a Abs. 1, 2, 3 Nr 1 UWG iVm § 3 Abs. 2 UWG** F könnte aber durch Unterlassen irregeführt und damit gegen die fachliche Sorgfalt verstoßen haben. Nach § 5a Abs. 3 Nr 1 UWG hätte F über die wesentlichen Merkmale der Finanzanlage aufklären müssen. Der Anleger erfährt jedoch keinerlei Details über die Bezugsquellen der Energieversorgungsunternehmen. Zudem ist die **Verbindung** zwischen dem vermeintlichen **Umweltschutz und der Investition völlig unklar**. Weder unmittelbar noch mittelbar wird deutlich, weshalb ausgerechnet die Beteiligung an Elektrizitätswerken, zumal deren Betreiben in der Regel die Umwelt eher verschmutzen, als sie zu schützen, „gut für die Umwelt" sein und die Lebensbedingungen der Natur sichern sollen. (Allenfalls sichern sie die Lebensbedingungen der Menschen, die ohne Strom nicht mehr oder nur unter erschwerten Bedingungen leben könnten.) Da sich viele Menschen von dem Umweltfaktor angesprochen (eine spezielle Verbrauchergruppe iSd § 3 Abs. 2 S. 3 UWG wird nicht adressiert) und sich gut fühlen, wenn sie mit ihrem Geld nicht nur eigene Hoffnungen befriedigen können, sondern sich zugleich ein gutes Gewissen verschaffen können, indem ihnen das Gefühl vermittelt wird, ihre Geldanlage neben der Geldvermehrung gleichzeitig in einen „guten Zweck" zu investieren, könnten sie irregeführt werden, wenn dieser vermittelte Eindruck täuschen sollte. Dafür spricht, dass sie nicht erfahren, ob der versprochene gute Zweck tatsächlich erfüllt wird, geschweige denn, wie er erfüllt werden soll. Da sich die umworbenen Verkehrskreise jedoch angezogen fühlen durch solche umweltengagierten Aussagen und die Werbung des F auf genau diesen Effekt zielt, und die Aussagen in dem Flyer überdies geeignet sind, die angesprochenen Verkehrskreise verstärkt dazu zu bewegen, in die von F angebotenen Unternehmensbeteiligungen zu investieren, handelt es sich um wesentliche Angaben, über die F hätte aufklären müssen. Die verschwiegenen Angaben über die Finanzanlage waren damit relevant für die geschäftliche Entscheidung der Verbraucher (Anleger). Wie ausgeführt, war die Bezugnahme auf die Klimafreundlichkeit der Anlage und das Verschweigen von Angaben über Details der Anlagen geeignet, die Entscheidung der angesprochenen Verbraucher (Anleger) zu einer Investition in die beworbenene Anlagen zu beeinflussen.

## 2. Spürbarkeit

Wegen der Verbreitung des Flyers ist die Sprübarkeit der Beeinträchtigung gegeben. Damit ist der Irreführungstatbestand des § 5a Abs. 1 iVm § 3 Abs. 2 UWG erfüllt.

## 3. Rechtswidrigkeit

Die Rechtswidrigkeit ist indiziert.

## 4. Ergebnis

Ein Verstoß gegen § 5a Abs. 1, 2, 3 Nr 1 iVm § 3 Abs. 2 UWG liegt vor.

## III. Unzulässige geschäftliche Handlung, § 3 Abs. 1 UWG

## 1. Objektiver Tatbestand

### a) Geschäftliche Handlung, § 2 Abs. 1 Nr 1 UWG

Wie ausgeführt, ist eine geschäftliche Handlung gegeben.

### b) Unlauterkeit iSd § 4 Nr 1 UWG.

F könnte jedoch durch Beeinträchtigung der Entscheidungsfreiheit auf Grund unangemessenen unsachlichen Einflusses unter dem Gesichtspunkt **gefühlsbetonter Werbung** gegen die geltende fachliche Sorgfalt verstoßen haben. Dafür spricht, dass die Werbeaussagen in besonders aufdringlicher Weise Umweltgesichtspunkte in den Vordergrund stellen, die zudem in keinem sachlichen Zusammenhang mit der beworbenen Leistung stehen und überdies die gesamte Aufmachung mangels aufklärender Zusätze ausschließlich Emotionen anspricht. Das Vorliegen eines sachlichen Zusammenhangs wird allerdings in der jüngeren Rechtsprechung des BGH *Artenschutz* und *Regenwaldprojekt I und II* (s. dazu ausführlicher Rn 325 f) und dem damit eingeläuteten Abschied von der Fallgruppe der gefühlsbetonten Werbung nicht mehr verlangt. Bzgl des Erbringens emotionaler Sponsoringleistungen beschränken sich die Erwartungen der Verbraucher nach Ansicht des BGH darauf, dass das werbende Untenehmen „zeitnah überhaupt“ eine Sponsorenleistung erbringt und diese nicht so geringfügig ist, dass sie die werbliche Herausstellung nicht rechtfertigt[97]. Die Art und Weise der Unterstützung oder die Höhe der Zuwendung seien danach gerade nicht wesentlich[98]. Übertragen auf die vorliegende Konstellation ließe sich daraus folgern, dass mittelbar das eigene finanzielle Engagement durch Erwerb von Anteilen an Unternehmen, die zB Windkraftanlagen bauen oder Strom aus Anlagen erneuerbarer Energie beziehen, der Umwelt zugute kommt. Doch bleibt vor allem durch Aussagen wie die zur Beteiligung an Elektrizitätswerken vollkommen unklar, wie gerade dadurch ein Beitrag zum Umweltschutz geleistet werden soll. Zwar ist das Kommunikationsmittel zu berücksichtigen. So können an die inhaltlichen Aussagen, die auf einem Flyer Platz finden, sicher nicht allzu hohe Erwartungen gesetzt werden, allerdings wird es über die plakativen Aussagen hinausgehen müssen. Da vollkommen unklar bleibt, wie die Beiträge der Umwelt zugute kommen, diese Aussagen zugleich aber eine beträchtliche Beeinflussung von Verbraucherentscheidungen zugunsten des Erwerbs einer Beteiligung haben, spricht dies für eine unangemessen unsachliche Beeinflussung (aA vertretbar: etwa mit dem Argument der reinen Aufmerksamkeitswerbung).

### c) Zwischenergebnis.

Eine unlautere geschäftliche Handlung iSd § 3 Abs. 2 UWG liegt damit vor.

97 BGH WRP 2007, 308, 312 *Regenwaldprojekt II.*
98 Vgl *Seichter* WRP 2007, S. 230, 237.

#### d) Beeinträchtigung der Entscheidungsfreiheit der Verbraucher

Durch die anpreisenden irreführenden und unsachlichen Aussagen in dem Werbeprospekt des F wird die Entscheidungsfreiheit der Verbraucher beeinträchtigt.

#### e) Spürbarkeit

Wegen der Verbreitung des Flyers ist die Spürbarkeit der Beeinträchtigung gegeben.

### 2. Rechtswidrigkeit

Die Rechtswidrigkeit der Tathandlung ist indiziert.

### IV. Ergebnis

Es liegt ein Verstoß sowohl wegen irreführender Werbung (§ 5a Abs. 1, 2 iVm § 3 Abs. 2 UWG) wie auch gegen § 4 Nr 1 UWG wegen unangemessener Beeinflussung der Entscheidungsfreiheit und damit ein Unlauterkeitsverstoß iSd § 3 Abs. 2 UWG vor.

*Hinweis:* Zur Schwelle der Anforderungen an den Begriff des „unangemessenen, unsachlichen Einflusses" s. Rn 319 ff; zur Irreführung durch umweltbezogene Werbung s. den Fall ***Krombacher Regenwaldprojekt***, Rn 359 f.

# Fall 11

## Klosterbrauerei (BGH GRUR 2003, 628 ff)

Zu der Benediktiner-Abtei St. Bonifaz (B) in München gehört das im 15. Jahrhundert gegründete Kloster Andechs, das unter dieser Bezeichnung seit jeher Bier herstellt; es vertreibt sein Bier bundesweit. Die Brauereigesellschaft K bringt ihr Bier unter der Bezeichnung „Kloster Pilsner" überwiegend im Raum Stuttgart und in geringem Umfang auch im weiteren Bundesgebiet auf den Markt. Sie wurde 1840 als „Klosterbrauerei" in Stuttgart gegründet, die ursprüngliche Braustätte lag neben einer Klosterkirche. Seit den dreißiger Jahren des 20. Jahrhunderts verwendet die K in der Werbung und in der Ausstattung der Bierflaschen die Abbildung eines roten Wachssiegels, auf dem ein Mönch mit einem überschäumenden Bierglas zu sehen ist. Auf dem Etikett ist die Bezeichnung „Kloster Pilsner" hervorgehoben, daneben befindet sich die Abbildung eines Mönchs mit Bierglas. Ferner heißt es dort: „Klosterbrauerei GmbH, Brauort Stuttgart". In der Vergangenheit ist die von K verwendete Bezeichnung unbeanstandet geblieben. B macht nun geltend, K verstoße mit der Verwendung des Etiketts und des Begriffs „Kloster" gegen das Irreführungsverbot. Beim Publikum werde der Eindruck erweckt, als ob das Bier in einem Kloster oder von Mönchen oder doch jedenfalls am Ort eines früheren Klosters in dessen Brautradition gebraut werde. Der winzige Hinweis auf den Brauort Stuttgart sei nicht geeignet, diese Fehlvorstellung zu korrigieren. Sie sei nicht früher gegen K vorgegangen, weil sie erst infolge der Ausdehnung ihres Absatzgebietes das Auftreten der K am Markt wahrgenommen hätte. Im Übrigen könne sich aus der vorsätzlichen Verletzung wettbewerbsrechtlicher Regeln kein schützenswerter Besitzstand ergeben. Es gehe ihr auch um den Schutz der Allgemeinheit vor irreführender Werbung. K ist der Ansicht, der geltend gemachte Anspruch sei verwirkt. **316**

B macht gegenüber K folgende Ansprüche geltend, die in materieller Hinsicht zu prüfen sind:

1. Unterlassung des Angebots, des Bewerbens und des Vertriebs von a) Bier unter der Bezeichnung „Kloster Pilsner“, b) des Verwendens der Bezeichnung „Klosterbrauerei“ für den auf Herstellung und Vertrieb von Bier gerichteten Geschäftsbetrieb;

2. Auskunft zu erteilen und Rechnung zu legen über Handlungen gemäß Ziffer 1.a) unter Angabe von a) den Liefermengen und Lieferzeiten, b) dem erzielten Gewinn, c) dem erzielten Umsatz und den Abnehmern, d) Art, Zeitraum und Umfang der betriebenen Werbung, jeweils aufgeschlüsselt nach Werbeträgern und Verbreitungsgebieten;

3. festzustellen, dass K verpflichtet ist, B den Schaden zu ersetzen, der ihr durch Handlungen gemäß Ziffer 1.a) entstanden ist und/oder noch entstehen wird, einschließlich eines etwaigen Marktverwirrungsschadens.

***§ 17 LMBG***

*1) Es ist verboten,*

*1.–4. …*

*5. Lebensmittel unter irreführender Bezeichnung, Angabe oder Aufmachung gewerbsmäßig in den Verkehr zu bringen oder für Lebensmittel allgemein oder im Einzelfall mit irreführenden Darstellungen oder sonstigen Aussagen zu werben. Eine Irreführung liegt insbesondere dann vor,*

*a) …*

*b) wenn zur Täuschung geeignete Bezeichnungen, Angaben, Aufmachungen, Darstellungen oder sonstige Aussagen über die Herkunft der Lebensmittel, ihre Menge, ihr Gewicht, über den Zeitpunkt der Herstellung oder Abpackung, über ihre Haltbarkeit oder über sonstige Umstände, die für ihre Bewertung mitbestimmend sind, verwendet werden, …*

## Lösung Fall 11:

### 1. Teil

### A. Anspruch auf Unterlassung des Angebots, des Bewerbens, des Vertriebs des Bieres „Kloster Pilsner“ und der Verwendung der Bezeichnung „Klosterbrauerei“

317 **I. Aktivlegitimation**

K und B sind beide als Brauereigesellschaften bundesweit tätig. Auch wenn das Bier der K noch nicht den Verbreitungsgrad des „Kloster-Andechs“-Bieres der B erreicht hat, so genügt das Ausmaß ihres Absatzes, um in ein konkretes Wettbewerbsverhältnis zu K zu treten. B ist damit Mitbewerber iSd § 8 Abs. 3 iVm § 2 Abs. 1 Nr 3 UWG und nach § 128 Abs. 1 iVm § 127 Abs. 1 MarkenG aktivlegitimiert.

#### II. Passivlegitimation

K ist wegen des Brauens und Verkaufs des Bieres Kloster Pilsner passivlegitimiert („wer“).

## III. Unzulässige geschäftliche Handlung

### 1. Objektiver Tatbestand, § 3 Abs. 1 UWG

#### a) Geschäftliche Handlung, § 2 Abs. 1 Nr 1 UWG

Der Verkauf des Bieres unter dem Namen „Kloster Pilsner" dient dazu, den Absatz des gebrauten Bieres zu fördern.

#### b) Unlauterkeit wegen Herkunftstäuschung, § 127 Abs. 1 MarkenG

**aa) Vorrang des Markenrechts.** Der Schutz geografischer Markenangaben nach §§ 126 ff UWG schließt gem. § 2 MarkenG die Anwendung wettbewerbsrechtlicher Schutzvorschriften (§ 5 Abs. 1 S. 2 Nr 1 UWG) zwar nicht aus, nach Ansicht des BGH gilt das MarkenG jedoch als abschließende Sonderregelung des Schutzes geografischer Herkunftsangaben[99]. Lediglich wenn das Markenrecht keine spezielle Regelung enthält, kann der Schutz nach den UWG-Vorschriften aufleben.

**bb) Verstoß gegen den Schutz geografischer Herkunftsangaben, § 126 Abs. 1 MarkenG.** Geografische Herkunftsangaben sind gem. der Legaldefinition des § 126 Abs. 1 MarkenG Namen von Orten, Gegenden, Gebieten oder Ländern sowie sonstige Angaben oder Zeichen, die im geschäftlichen Verkehr zur Kennzeichnung der geografischen Herkunft von Waren oder Dienstleistungen benutzt werden. K müsste also mit der Bezeichnung „Kloster Pilsener" den Namen eines Ortes oder einer Gegend oder Angaben, die im geschäftlichen Verkehr zur Kennzeichnung der geografischen Herkunft des von ihr gebrauten Bieres benutzt haben. Die Bezeichnung „Kloster Pilsener" enthält jedoch weder eine unmittelbare Herkunftsangabe (wie zB **„Lübecker Marzipan"**), noch eine mittelbare Angabe, die auf die geografische Herkunft deutet (wie die Verwendung der ungarischen Nationalfarben für **Salami**). Vielmehr könnte es sich bei der Bezeichnung „Kloster Pilsener" lediglich um eine reine **Gattungsbezeichnung** iSv **§ 126 Abs. 2 MarkenG** handeln, die nicht unter den markenrechtlichen Schutz von Herkunftstäuschungen fällt (§ 126 Abs. 2 S. 1 MarkenG). Gattungsbezeichnungen sind solche Bezeichnungen, die als Namen von Waren oder Dienstleistungen fungieren oder die Sorte, Art oder Beschaffenheit einer Ware bezeichnen, bei denen die angesprochenen Verkehrskreise aber keine Assoziation mehr mit der Herkunft der Ware verbinden, weil diese in der Zwischenzeit **„denaturiert"** wurde (§ 126 Abs. 2 S. 2 MarkenG), wie zB die Bezeichnungen **„Kölnisch Wasser"**, **„Dresdener Stollen"** oder **„Pilsener Bier"**[100]. Wendet man das Verbot der Verwendung irreführender geografischer Herkunftsangaben des § 127 Abs. 1 MarkenG auch auf diese **Gattungsbezeichnungen** an, ist dies im Einzelfall unverhältnismäßig[101]. Die Bezeichnung „Kloster Pilsener" ist lediglich der Name des Bieres ohne einen bestimmten geografischen Ortsbezug. Selbst wenn ein Ortsbezug einmal bestanden hat, kann ihn der angesprochene Verbraucher heute allein aus dem Begriff nicht mehr rekonstruieren. Es handelt sich vielmehr um eine reine Gattungsbezeichnung. Damit fehlt es schon an einer geografischen Angabe. Auf die potenzielle Gefahr einer Irreführung kommt es somit nicht mehr an.

---

99 BGHZ 139, 138, 139 f *Warsteiner II* sowie GRUR 2002, 160 *Warsteiner III*.

100 BGH NJW 1965, 630 ff; BGHZ 106, 101, 104 ff = NJW 1989, 1804 ff; RGZ 139, 363, 373 f.

101 So der BGH zB in der hier zugrunde gelegten Entscheidung *Klosterbrauerei* sowie zuvor in BGHZ 139, 138, 145 *Warsteiner II*; BGH GRUR 2002, 160, 162 = WRP 2001, 1450 *Warsteiner III*; BGH GRUR 2002, 1074, 1076 = WRP 2002, 1286 *Original Oettinger*. Auch der EuGH zieht den Verhältnismäßigkeitsgrundsatz als Korrektiv für das Irreführungsverbot heran, wenn das Verbot eine Beeinträchtigung des Handelsverkehrs nicht zu rechtfertigen vermag (vgl EuGH GRUR Int. 2000, 756 = WRP 2000, 489 *Verein gegen Unwesen/Darbo*); vgl auch BGH GRUR 1999, 1122, 1124 = WRP 1999, 1151 *EG-Neuwagen I*.

**cc) Zwischenergebnis** Damit liegt kein Verstoß gegen § 127 Abs. 1 MarkenG vor.

#### c) Zwischenergebnis

Eine unlautere Handlung iSd liegt nicht vor.

### 2. Zwischenergebnis

Damit fehlt es bereits am objektiven Tatbestand.

### IV. Ergebnis

Eine unzulässige geschäftliche Handlung ist damit nicht gegeben.

## B. Gesamtergebnis

Der Unterlassungsanspruch aus § 128 Abs. 1 iVm § 127 Abs. 1 UWG bleibt erfolglos.

*Literaturhinweise zur Irreführung durch geografische Herkunftsangaben: Bornkamm*, in: Köhler/Bornkamm, § 5 Rn 4.196–4.203 und Harten/Henning/*Dreyer*, § 5 Rn 412–466 jeweils mit zahlreichen Nachweisen aus Rspr und Schrifttum; *Emmerich*, § 15, II 7.

## C. Wettbewerbsverstoß, § 3 Abs. 1 UWG

### I. Aktivlegitimation

K und B sind als bundesweit tätige Brauereigesellschaften Mitbewerber iSd § 8 Abs. 3 iVm § 2 Abs. 1 Nr 3 UWG und damit nach § 8 Abs. 1 UWG aktivlegitimiert.

### II. Passivlegitimation

K ist wegen des Brauens und Verkaufs des Bieres Kloster Pilsner passivlegitimiert („wer").

### III. Unzulässige geschäftliche Handlung

### 1. Objektiver Tatbestand, § 3 Abs. 1 UWG

#### a) Geschäftliche Handlung, § 2 Abs. 1 Nr 1 UWG

Die Kennzeichnung des von K hergestellten Bieres als „Kloster Pilsner" und die Bezeichnung ihrer Brauereigesellschaft als „Klosterbrauerei" dient dazu, den Absatz des Bieres aufgrund des mit den Begriffen verbundenen positiven Images zu fördern. Damit liegt eine geschäftliche Handlung iSd § 2 Abs. 1 Nr 1 UWG vor.

#### b) Unlauterkeitstat

**aa) Unlauterkeit wegen irreführender Bezeichnung von Lebensmitteln, § 17 Abs. 1 Nr 5 LMBG iVm §§ 4 Nr 11 iVm 3 UWG. (1) Vorrang der spezialgesetzlichen Regelung des Lebensmittelrechts.** Das Angebot und Vertreiben von Bier unter der Bezeichnung „Kloster Pilsner" könnte gegen das spezielle Verbot **irreführender Bezeichnung von Lebensmitteln** des **§ 17 Abs. 1 Nr 5 LMBG** verstoßen. Eine Zuwiderhandlung gegen dieses Verbot stellt stets auch einen Wettbewerbsverstoß nach § 5 Abs. 1, Abs. 2 S. 1 Nr 1 UWG dar. Die beiden Vorschriften sind zwar **nebeneinander anzuwenden**[102], doch bestimmt sich im Anwendungsbereich des le-

102 Vgl *Bornkamm*, in: Köhler/Bornkamm, § 5 Rn 4.32 ff; *Köhler/Piper*, § 3 Rn 21.

bensmittelrechtlichen Verbots die Frage der Irreführung stets nach den Maßstäben der Vorschrift des § 17 Abs. 1 Nr 5 LMBG, die auf eine **abschließende europarechtliche Regelung**[103] zurückgeht. Das Verbot des § 5 Abs. 1, Abs. 2 UWG kann daher im gemeinsamen Anwendungsbereich dieser Bestimmungen nicht weitergehen als das lebensmittelrechtliche Verbot aus § 17 Abs. 1 Nr 5 LMBG[104].

*Aufbauhinweis:* Grundsätzlich ist zwar der Irreführungstatbestand (§ 5 UWG) stets vor § 4 UWG zu prüfen (s. die Aufbauhinweise, Anhang III), dies gilt jedoch dann nicht, wenn ein Verstoß gegen eine **speziellere Irreführungsvorschrift** in Betracht kommt, diese aber nicht an den Unlauterkeitsvorwurf anknüpft und nicht als Anspruchsgrundlage normiert ist (wie § 17 LMBG). Die Unlauterkeit ist dann anhand von § 4 Nr 11 UWG iVm § 17 Abs. 1 Nr 5 LMBG zu prüfen. Der Anspruch ergibt sich in diesen Fällen aus § 17 Abs. 1 Nr 5 LMBG iVm §§ 4 Nr 11 UWG, 3 UWG, wobei es auch ausreicht, die verletzte Norm bei der Anspruchsfeststellung (zB „Damit besteht ein Unterlassungsanspruch aus § 8 Abs. 1 iVm §§ 4 Nr 11, 3 UWG.") nicht mehr zu nennen.

**(2) Marktregelnder Charakter von § 17 Abs. 1 LMBG.** Bei § 17 LMBG müsste es sich um eine Vorschrift handeln, die das Marktverhalten im Interesse der Marktteilnehmer regelt (§ 4 Nr 11 UWG). Als spezieller Irreführungstatbestand ist die Vorschrift genauso wie § 5 UWG darauf gerichtet, insbesondere die angesprochenen Verkehrskreise, also potenzielle Bierkäufer und Biertrinker, aber auch die Mitbewerber vor dem Erwecken von Fehlvorstellungen über den Inhalt der Ware und einer dadurch motivierten Kaufentscheidung zu bewahren. Sie ist damit marktregelnd iSv § 4 Nr 11 UWG.

**(3) Unlauterkeit wegen Verstoßes gegen das Verbot irreführender Bezeichnung, § 17 Abs. 1 Nr 5 LMBG.** Bei dem von K als „Klosterbrauerei" unter der Bezeichnung „Kloster Pilsner" hergestellten, vertriebenen und beworbenen Bier müsste es sich um ein **Lebensmittel** handeln, dass unter **irreführender Bezeichnung**, Angabe oder Aufmachung **gewerbsmäßig in den Verkehr gebracht** oder beworben wird (§ 17 Abs. 1 Nr 5 LMBG). Bei dem Bier handelt es sich unschwer um ein Lebensmittel. Es wird von K nicht nur hergestellt, sondern auch vertrieben und beworben und damit gewerbsmäßig in den Verkehr gebracht.

**(a) Bezeichnung iSd § 17 Abs. 1 Nr 5 lit. b) LMBG.** Eine Irreführung liegt gem. § 17 Abs. 1 Nr 5 lit. b LMBG vor, wenn zur Täuschung geeignete Bezeichnungen, Angaben, Aufmachungen, Darstellungen oder sonstige Aussagen über die Herkunft der Lebensmittel oder sonstige Umstände, die für die Bewertung des Lebensmittels mitbestimmend sind, verwendet werden. Bei der Aufschrift des Bieres „Kloster Pilsner" handelt es sich ebenso unschwer um eine **Bezeichnung** wie bei dem Namen der Brauereigesellschaft. Diese Bezeichnungen müssten jedoch Auskunft geben über die **Herkunft** der Lebensmittel oder über sonstige Umstände, die für die Bewertung des Bieres mitbestimmend sind. Selbst wenn sich der Begriff der Herkunft iSd § 17 LMBG nicht allein auf die geografische Herkunft bezieht, sondern weiter zu verstehen ist und damit auch die **betriebliche Herkunft** einbezieht, besteht bezüglich der Herkunft auch in einem weiteren Sinn kein Zweifel, da K eindeutig mittels Aufdrucks als Hersteller des Bieres bezeichnet ist und das Bier auch tatsächlich aus ihrer Brauerei stammt. In Betracht kommen jedoch sonstige Umstände, die für die Bewertung des Bieres mitbestimmend sind.

**(b) Irreführung durch Herstellung eines tatsächlich nicht bestehenden räumlichen Bezug zu einem Kloster bzw zur klösterlichen Brautradition.** Fraglich ist, ob die Verwendung des Begriffs „Kloster" einen **räumlichen Bezug zu einem Kloster** sowie eine **Verbindung zu Mön-**

103 Art. 2 der **Etikettierungs-RL 79/112/EWG**, inzwischen Art. 2 der **Etikettierungs-RL 2000/13/EG**.

104 Vgl BGH, GRUR 2002, 1091, 1092 = WRP 2002, 1267 *Bodensee-Tafelwasser*; OLG Frankfurt GRUR-RR 2001, 67, 69; *Piper*, in: Piper/Ohly, § 4.11 Rn 11/275 ff, § 5 Rn 387; *Ullmann*, JZ 1994, 928, 930 f; *Bornkamm*, in: Festschrift BGH, 2000, 343, 354.

**chen impliziert**, und dieser – obgleich er tatsächlich nicht besteht – von den angesprochenen Verkehrskreisen als für die **Bewertung der Güte des Bieres mitbestimmend** empfunden wird. Voraussetzung ist zunächst, dass die Bezeichnung irreführend ist. Die Verwendung des Begriffs „Kloster" ist **irreführend**, wenn sie geeignet ist, bei den angesprochenen Verkehrskreisen eine **Fehlvorstellung** auszulösen. Es „entspricht der allgemeinen Lebenserfahrung, dass der Verkehr die **Bezeichnung ‚Kloster' für Bier** oder für eine Brauerei in der Weise versteht, dass das Bier entweder in einer wirklichen Klosterbrauerei – also in einer zu einem Kloster gehörenden Brauerei – gebraut worden ist oder dass zumindest ein **Bezug zur klösterlichen Brautradition** der früheren Jahrhunderte, insbesondere zu einer klösterlichen Braustätte, besteht[105]. Allein der Umstand, dass sich eine **Vielzahl** von Unternehmen auf eine solche Tradition berufen und sie in ihrer Werbung herausstellen, deutet auf eine entsprechende **Wertschätzung der ‚Kloster'-Bezeichnungen** für Biere beim Publikum hin. Derartige Bezeichnungen vermitteln unterschwellig den Eindruck einer alten, bodenständigen Brautradition. Auch verständige Verbraucher lassen sich von solchen versteckten Qualitätssignalen leiten, selbst wenn sie sich darüber im klaren sein mögen, dass das konkrete Bier nicht mehr von Mönchen gebraut wird und im Übrigen von Mönchen gebrautes Bier nicht notwendig etwas Besonderes sein muss. Es verhält sich insofern ähnlich wie mit der auf eine besondere Unternehmenstradition hinweisenden **Alterswerbung**[106]. Sie soll ebenfalls die Vorstellung von einem traditionsbewussten, seit langem mit Erfolg im Markt tätigen, auf bewährte Produkte setzenden Unternehmen vermitteln, ohne damit nahe zu legen, dass diese Produkte seit Jahrhunderten unverändert geblieben sind." Da die Bezugnahme auf ein „Kloster" den Anschein erwecken könnte, das Bier werde auf einem Klostergelände und von Mönchen nach klösterlicher Brautradition produziert, obgleich dies tatsächlich nicht den Tatsachen entspricht, sind die Bezeichnungen des Bieres wie der Brauereigesellschaft zumindest potenziell geeignet, die angesprochenen Verkehrskreise irrezuführen.

**(c) Beeinflussung der Verkaufsentscheidung.** Es ist jedoch nicht jede Werbung, durch die eine Fehlvorstellung der Verbraucher ausgelöst wird, iSd § 17 Abs. 1 Nr 5 LMBG irreführend. Wettbewerbsrechtlich relevant werden unrichtige Angaben vielmehr erst dadurch, dass sie geeignet sind, das **Marktverhalten der Gegenseite**, in der Regel also den **Kaufentschluss** der angesprochenen Verbraucher, in **erheblicher Weise zu beeinflussen**[107]. „Das biertrinkende Publikum orientiert sich an Geschmacksrichtungen und Biergattungen, es misst der Qualität des Bieres entscheidende Bedeutung bei und unterscheidet nach der jeweiligen geschmacklichen Note." B hat nicht deutlich gemacht, worin der Vorteil eines klösterlichen Bieres liegen solle. „Auch Mönche unterliegen den für alle geltenden Brauregeln, dem in Deutschland geltenden Reinheitsgebot" und brauen ihr Bier, wenn sie im Markt erfolgreich sind, in „hochtechnisierten üblichen Großanlagen. Für den Verkehr sind die beanstandeten Begriffe nur ein Vehikel für einen Bedeutungsgehalt wie **Tradition** und lange Erfahrung, also für Eigenschaften, die auch K für sich in Anspruch nehmen kann. Ob ein Kloster in der Nähe ist oder ob sich die Braustätte sogar auf einem ehemaligen Klostergelände befindet, ist für den verständigen Verbraucher unerheblich. **Nur der Unverstand kann ihn lehren, dass ein solcher Bezug nennenswerten Einfluss auf das Produkt habe.** Daher ist der Bezug zu einem Kloster ohne jede Aussagekraft. Soweit es noch auf die Braukunst ankommt, können über sie auch weltliche Brauer verfügen. Der Begriff des Klosters ist daher nichts anderes

105 So auch OLG Hamburg WRP 1998, 76, 77 f; OLG Nürnberg GRUR-RR 2001, 61, 63; OLG Frankfurt GRUR-RR 2001, 67, 68.

106 Vgl BGH, GRUR 1960, 563, 565 = WRP 1960, 238 *Sektwerbung*; BGH GRUR 1981, 69, 70 = WRP 1981, 21 *Alterswerbung für Filialen*; BGH GRUR 1991, 680, 681 f *Porzellanmanufaktur*; BGH GRUR 1992, 66, 67 f = WRP 1991, 473 *Königl.-Bayerische Weisse*.

107 Vgl BGH, GRUR 1991, S. 852, 855 = WRP 1993, 95 *Aquavit*; GRUR 1998, 949, 951 = WRP 1998, 598 *D-Netz-Handtelefon*; GRUR 2000, 239, 241 = WRP 2000, 92 *Last-Minute-Reise*; GRUR 2000, 914, 915 = WRP 2000, 1129 *Tageszulassung II*; GRUR 2002, 1095, 1096 = WRP 2002, 1430 *Telefonische Vorratsanfrage*.

als eine **historisierende Chiffre ohne beachtlichen Tatsachenkern.**" B hat daher kein schützenswertes Interesse daran, dass der Begriff des Klosters von K nicht mehr verwendet wird.

Die Verbraucher sind sich darüber im klaren, „dass sich deutsches Bier zwar wegen des Reinheitsgebots von anderen Bieren unterscheidet, dass aber bei Beachtung dieses Gebots für den einzelnen Bierbrauer nur ein relativ geringer Spielraum verbleibt mit der Folge, dass Verbraucher sich in erster Linie an Geschmacksrichtungen und Biergattungen orientieren." Dagegen spricht, dass **auch die Kaufentscheidung verständiger Verbraucher** maßgeblich durch Erwägungen beeinflusst werden kann, **die sich einer rationalen Überprüfung entziehen**[108]. Die beworbene klösterliche Brautradition stellt ein solches Qualitätssignal dar, das – ähnlich wie die Alterswerbung – eine unternehmensbezogene positive Assoziation weckt. Derartige **versteckte Qualitätssignale** können für die Kaufentscheidung des Publikums maßgeblich sein. Dies wird nicht zuletzt auch durch das Verhalten der Anbieter selbst belegt, die derartigen Merkmalen, durch die sie sich von ihren Wettbewerbern abzusetzen vermögen, in der Aufmachung ihrer Produkte und in der Werbung generell einen breiten Raum einräumen"[109].

**(4) Zwischenergebnis.** Es besteht daher die Gefahr, dass ein nicht völlig unerheblicher Teil der angesprochenen Verkehrskreise durch die Anknüpfung an den „Kloster"-Begriff irregeführt wird.

**(5) Einrede der Verwirkung und Interessenabwägung.** Der Anspruch der B könnte jedoch verwirkt sein. Dafür spricht, dass die Nutzung der angegriffenen Bezeichnungen **über lange Zeit unbeanstandet** geblieben ist und K die Einrede der Verwirkung geltend gemacht hat.

**(a)** Allerdings hat der BGH wiederholt entschieden, dass **Ansprüche wegen unlauterer Irreführung im Allgemeinen nicht der Verwirkung unterliegen**, weil das Interesse der Allgemeinheit, vor Irreführung geschützt zu werden, grundsätzlich als **vorrangig** vor den Individualinteressen des Werbenden anzusehen ist[110]. Ob vorliegend eine Ausnahme von diesem Grundsatz in Betracht kommt, weil es letztlich nur um Individualinteressen der B geht[111], bedarf keiner Entscheidung; denn B hat K keinen Anlass zu der Annahme gegeben, sie würde ihr zustehende Unterlassungs-, Auskunfts- und Schadensersatzansprüche nicht verfolgen. Insbesondere kann K nicht davon ausgehen, dass B den historischen Hintergrund der beanstandeten Bezeichnungen schon seit längerem kannte und insbesondere wusste, dass sich K nicht auf eine klösterliche Brautradition berufen kann. **Muss der Schuldner aber davon ausgehen, dass der Berechtigte keine Kenntnis von dem ihm zustehenden Anspruch hat, fehlt es im Hinblick auf den konkreten Gläubiger an dem für die Verwirkung erforderlichen Vertrauenstatbestand**[112].

**(b)** In der Rechtsprechung ist jedoch anerkannt, dass auch **unabhängig von einer Verwirkung** eine **Irreführungsgefahr in besonderen Ausnahmefällen** hinzunehmen ist, wenn die Belange der Allgemeinheit nicht in erheblichem Maße und ernstlich in Mitleidenschaft gezogen werden,

108 Vgl OLG Jena, Urt. v. 21.5.2003, AZ.: 2 U 967/02, in Bezug auf die beworbene „Schlankheitspille" *Bellaform*, heißt es auf S. 5: „Ein zumindest nicht unerheblicher Teil der Verbraucher wird beim Lesen der plakativen Angaben der Anzeige vielmehr einer Irreführung unterliegen, weil er den (letztlich unwahren) Werbeangaben Glauben schenkt. Dies beruht darauf, dass – auch zeitgeistbedingt – **selbst bei vielen, durchaus durchschnittlich aufgeklärten und informierten Verbrauchern** (...) ein besonderes Wunschdenken im Hinblick auf eine ‚Traumfigur' besteht und daher **streng rationale Überlegungen auch beim durchschnittlich informierten Verbraucher nicht im Vordergrund stehen, sondern emotionale Überlegungen**, die eine **leichte Verführbarkeit** nach sich ziehen."; vgl auch OLG Schleswig OLG Report 2000, S. 166.

109 Vgl BGH GRUR 1992, 66, 69 *Königl.-Bayerische Weisse.*

110 Vgl BGH GRUR 1985, 930, 931 *JUS-Steuerberatungsgesellschaft*; BGH GRUR 1986, 903, 904 = WRP 1986, 674 *Küchen-Center; Emmerich*, § 14 VIII 1.

111 Vgl BGH, GRUR 1977, 159, 161 *Ostfriesische Tee Gesellschaft*; GRUR 1983, 32, 34 = WRP 1983, S. 203 *Stangenglas I.*

112 Vgl BGH GRUR 2000, 144, 145 f *Comic-Übersetzungen II.*

weil nur eine geringe Irreführungsgefahr vorliegt[113]. Eine solche Ausnahme kommt insbesondere dann in Betracht, wenn durch das Verbot ein wertvoller Besitzstand an einer Individualkennzeichnung zerstört würde[114]. Diese Ausnahme ist Ausdruck des **Verhältnismäßigkeitsgrundsatzes**, unter dessen Vorbehalt das Irreführungsverbot steht. Auch wenn im Allgemeinen das Interesse des Werbetreibenden an der Weiterverwendung einer irreführenden Angabe nicht schutzwürdig ist[115], kann doch im Einzelfall das Schutzbedürfnis der Allgemeinheit und das individuelle Interesse eines Mitbewerbers überwiegen. So ist in der Rechtsprechung seit jeher anerkannt, dass die Anwendung des Irreführungsverbots aufgrund einer **Interessenabwägung** ausgeschlossen sein kann, wenn eine Werbeangabe zwar objektiv zutreffend ist, vom Verkehr aber in einer vom objektiven Aussagegehalt abweichenden, irreführenden Weise verstanden wird"[116]. Dass die Nutzung der angegriffenen Bezeichnungen für das Bier und die Brauereigesellschaft über lange Zeit unbeanstandet geblieben ist, könnte für K einen **erheblichen Wert** darstellen, dem das verhältnismäßig geringe Gewicht des Irreführungspotentials gegenübersteht. „Auf der einen Seite sind die **Fehlvorstellungen**, die die angegriffenen Bezeichnungen beim Verbraucher bewirken, für die Kaufentscheidung zwar von Bedeutung, aber doch nur von **geringem Gewicht**. Wodurch sich ein unter der Bezeichnung „Kloster" vertriebenes Bier von anderen Bieren abhebt, ist – wie oben dargestellt – keineswegs eindeutig. Die Verwendung dieser Bezeichnung könnte B auch einem Unternehmen nicht verwehren, das sich zwar zu Recht auf eine klösterliche Brautradition beruft, das aber selbst in keiner Weise mehr mit einem Kloster verbunden ist und dessen Bier auch längst nicht mehr mit dem früher an derselben Stelle von Mönchen gebrauten Bier übereinstimmt, auf das es mit der Bezeichnung „Kloster" Bezug nimmt." Das **berechtigte Interesse der Allgemeinheit** sowie das gleichgerichtete **Interesse der B** daran, dass K diese Bezeichnung nicht mehr verwendet, kann daher wettbewerbsrechtlich nur als **verhältnismäßig gering** eingestuft werden.

Das Interesse der K an einer **Weiterverwendung** der beanstandeten Bezeichnungen „Kloster Pilsner" und „Klosterbrauerei" ergibt sich auf der anderen Seite vor allem aus der **langjährigen Verwendung**, die in der Vergangenheit niemals von einem Wettbewerber oder von dritter Seite beanstandet worden ist. Dabei ist zu berücksichtigen, dass B bereits 1840 als „Klosterbrauerei" gegründet worden ist. Seit langer Zeit verwendet K den **Begriff „Kloster" als Bestandteil einer Marke**. Auch dies ist niemals beanstandet worden. Damit ist K über viele Jahrzehnte ein wertvoller Besitzstand zugewachsen. Diese Abwägung wird zusätzlich dadurch entscheidend bestimmt, dass K sich nach Ausstoß und Verbreitungsgebiet in der Tradition des Unternehmens hält, das seit nunmehr über 160 Jahren in Stuttgart und Umgebung Bier unter der Bezeichnung „Kloster" und „Klosterbrauerei" vertreibt.

**(6) Zwischenergebnis.** Die beanstandete Irreführungsgefahr muss die B hinnehmen, da ausnahmsweise die Interessen der K das Interesse der Allgemeinheit und das der B an einem Verbot der Bezeichnungen „Kloster Pilsner" und „Klosterbrauerei" überwiegen.

*Aufbauhinweis:* Es kann dahinstehen, ob man zu diesem Ergebnis über die bei der Prüfung des Irreführungstatbestandes stets zu berücksichtigen Interessenabwägung gelangt oder ob man zunächst den Einstieg über die Verwirkung wählt und wie dargestellt die jeweiligen Interessen gegeneinander abwägt.

---

113 Vgl BGH GRUR 1983, 32, 34 *Stangenglas I;* BGH GRUR 1986, 903, 904 *Küchen-Center*; *Bornkamm*, in: Köhler/Bornkamm, § 5 Rn 3.6, 8.5; *Piper*, in: Köhler/Piper, § 3 Rn 216; Großkomm. UWG/*Lindacher*, § 3 Rn 259.

114 BGH GRUR 1977, 159, 161 *Ostfriesische Tee Gesellschaft*; BGH, GRUR 1957, 285, 287 *Erstes Kulmbacher*; zur Verwirkung im Markenrecht vgl *Berlit*, Das neue Markenrecht, 7. Aufl. 2008, Rn 44.

115 Vgl BGH GRUR 1973, 532, 533 f *Millionen trinken …*; BGH GRUR 1960, 563, 566 *Sektwerbung*.

116 Vgl nur BGH, GRUR 1996, 910, 912 = WRP 1996, 729 *Der meistverkaufte Europas*; BGH GRUR 1996, S. 985, 986 = WRP 1996, 1156 *PVC-frei*; GRUR 2000, 73, 75 = WRP 1999, 1145 *Tierheilpraktiker.*

**bb) Unlauterkeit wegen Verstoßes gegen das Verbot irreführender Darstellungen, § 17 Abs. 1 Nr 5 LMBG.** Zwar verbietet § 17 Abs. 1 Nr 5 lit. b) LMBG auch irreführende Darstellungen im Zusammenhang mit dem Bewerben und Vertreiben von Lebensmitteln und die Abbildung eines Mönchs im Zusammenhang mit einem Bier lässt auch auf einen räumlichen Bezug zu einem Kloster ebenso wie auf eine Verbindung zu Mönchen schließen, obgleich diese bei K nicht besteht. Ebenso kann die mit dieser Bezugnahme vermittelte Güte des Bieres für die Bewertung des Bieres mitbestimmend und damit geeignet sein, die Kaufentscheidung der angesprochenen Verkehrskreise zu beeinflussen. Der Schutz der Interessen der K überwiegt jedoch aus den genannten Gründen die weniger schutzwürdigen Interessen der B und der Allgemeinheit, so dass ein Verstoß ausscheidet.

**cc) Unlauterkeit wegen Verstoßes gegen das Verbot irreführender Werbung, § 5 Abs. 1 S. 2 Nr 1, Nr 3 iVm § 3 Abs. 2 UWG (Angaben über Waren bzw den Geschäftsbetrieb).** Es könnte ein Verstoß gegen das Verbot irreführender Werbung vorliegen. Dann müsste K irreführend geworben haben.

**(1) Werbung.** Ob allein die Gestaltung des Etiketts auf dem Bier der K den Begriff der Werbung erfüllt (zum Werbebegriff s. unter Rn 198) ist zwar fraglich, es kann jedoch dahinstehen, da K nach dem Sachverhalt das Bier „Kloster Pilsner" auch bewirbt. Der Anwendungsbereich des § 5 UWG ist damit grundsätzlich eröffnet.

**(2) Verdrängung der Anwendbarkeit von § 5 UWG wegen Spezialität des LMBG.** Da es um das Bewerben eines Lebensmittels geht, könnte der Irreführungstatbestand des § 5 UWG durch die Spezialvorschrift des § 17 Abs. 1 LMBG verdrängt sein. § 17 LMBG ist wie dargelegt anwendbar. Eine Zuwiderhandlung gegen das Verbot des § 17 Abs. 1 LMBG würde daher auch einen Wettbewerbsverstoß nach § 5 Abs. 1 UWG begründen. Jedenfalls kann § 5 UWG hinsichtlich des gleichen Tatbestandes nicht weiter verstanden werden als § 17 Abs. 1 LMBG. Dies gilt zum einen für die Irreführung über **Angaben über die geografische Herkunft** wie **über die betriebliche Herkunft** (§ 5 Abs. 1 S. 2 Nr 1 UWG), die beide – wie gezeigt – nicht vorliegen. Es gilt aber auch über den Begriff **„Kloster" als Angabe über die Merkmale der Ware Bier**, der zwar ebenso vorliegt (§ 5 Abs. 1 S. 2 Nr 1 UWG) wie die erforderliche Irreführungsgefahr, es fehlt jedoch an einem Überwiegen der Interessen der B und der Allgemeinheit an einem Verbot der Kennzeichnung als „Kloster Pilsner". Auch hinsichtlich des Wortes „Klosterbrauerei", der über § 17 Abs. 1 Nr 5 LMBG ebenso geschützt wird wie über das **Verbot irreführender Angaben betreffend den Geschäftsbetrieb** (§ 5 Abs. 1 S. 2 Nr 3 UWG), ist der Anspruch ausgeschlossen, da die Interessen der K überwiegen.

**dd) Unlauterkeit wegen Irreführung durch Unterlassen, § 5a Abs. 1, Abs. 2 iVm § 3 Abs. 2 UWG.** K könnte durch Verschweigen einer Tatsache irreführend geworben haben. Da in § 17 Abs. 1 LMBG ein vergleichbarer Verschweigens-Tatbestand nicht normiert ist, gelangt § 5a Abs. 1 UWG zur Anwendung. Ist die Irreführung gegeben, liegt darin zugleich ein Verstoß gegen die geltende fachliche Sorgfalt iSd § 2 Abs. 1 Nr 7 UWG (vgl Art. 6 IV UGP-RL).

**(1) Verschweigen einer Tatsache.** Dass das Bier nicht in einem Kloster und auch nicht von Mönchen gebraut wird, damit also die Erzeugung nicht in den Händen einer „Klosterbrauerei" liegt, wie es sich ein nicht unerheblicher Teil der angesprochenen Verkehrskreise vorstellen mag, sind objektive Angaben, die auf ihren Wahrheitsgehalt überprüfbar sind, und die durch K nicht offenbart wurden. Damit liegt ein Verschweigen einer Tatsache iSd § 5a Abs. 1 UWG vor.

**(2) Irreführung wegen Verletzung einer Informationspflicht oder wegen besonderer Bedeutung der verschwiegenen Tatsachen für den Vertragsentschluss.** Das Verschweigen einer Tatsache ist jedoch nur dann irreführend, wenn K zur Aufklärung verpflichtet war. Es könnte ein Verstoß wegen Nichteinhaltung einer wesentlichen Informationspflicht vorliegen. Handelt es sich um eine wesentliche Information gegenüber Verbrauchern gem. § 5a Abs. 2 UWG und wurde diese den Verbrauchern vorenthalten, ist Unlauterkeit gegeben. Nach § 5a Abs. 3 Nr 1 UWG gelten Informationen über wesentliche Merkmale von Waren als wesentlich iSd Absatz 2. Dass das Bier nicht in einem Kloster und auch nicht von Mönchen gebraut wird, ist kein wesentliches Merkmal des Bieres selbst. Das Brauen unterliegt dem Reinheitsgebot, dessen Einhaltung ist entscheidend. Ob dies durch Mönche oder sonstige Bierbrauer eingehalten wird, ist unmaßgeblich für die Qualität des Bieres. Entsprechendes gilt für die Räumlichkeiten, in denen das Bier gebraut wird. Diese haben sich an bestimmten Reinlichkeitsvorschriften zu orientieren. Allein das Brauen in Klosterräumen spricht weder für noch gegen dessen Einhaltung. Mit dem Brauen ist ja kein religiöser Akt verbunden, selbst wenn ein solcher damit verbunden wäre, würde dies kein objektives Qualitätsmerkmal sein.

Da sich die Pflicht zur Aufklärung darüber, dass das Bier nicht in einem Kloster gebraut wird, nicht aus einer gesetzlichen Vorschrift etwa dem LMBG oder „standesrechtlichen Regeln“ wie dem Reinheitsgebot ergibt und auch keine wesentliche Informationspflicht nach § 5a Abs. 2–4 UWG besteht, kommt ein Verstoß nach § 5a Abs. 1 UWG in Betracht. Danach kommt es insbesondere auf die **Bedeutung** der verschwiegenen Tatsachen **für die Entscheidung zum Vertragsschluss** nach der Verkehrsauffassung sowie die Eignung des Verschweigens zur **Beeinflussung der Entscheidung** an. Insoweit kann auf die entsprechenden Ausführungen zur Beeinflussung der Entscheidung für den Kauf des Bieres und zur Interessenabwägung verwiesen werden, mit dem Ergebnis, dass auch eine Irreführung wegen des Verschweigens von Tatsachen ausscheidet.

**ee) Unlauterkeit durch Gestaltung des Etiketts wegen Irreführung durch eine bildliche Darstellung, § 5 Abs. 1, Abs. 3 iVm § 3 Abs. 2 UWG.** Insoweit kann auf die Ausführungen zur über § 17 Abs. 1 Nr 5 LMBG vorrangig erfassten Irreführung durch eine bildliche Darstellung verwiesen werden, wobei hier bereits zweifelhaft ist, ob allein die Gestaltung des Etiketts schon den Werbebegriff erfüllt. Hinsichtlich der genaueren Werbeinhalte ist nichts bekannt.

**ff) Unlauterkeit wegen unzulässiger Täuschung über die betriebliche Herkunft durch Nachahmung, § 4 Nr 9 lit. a UWG oder wegen Ausnutzung bzw Beeinträchtigung der Wertschätzung der nachgeahmten Ware, § 4 Nr 9 lit. b jeweils iVm § 3 Abs. 1 UWG.** Das Nachahmen erfordert in objektiver Hinsicht das Arbeiten nach fremden Vorbild. Die Bezeichnung „Kloster Pilsner“ stellt keine **Übernahme** der wesentlichen lautlichen Bestandteile der Bezeichnung „Kloster Andechs“ dar. Die Bezeichnung „Kloster Andechs“ ist aufgrund der großen Bekanntheit des Klosters nicht verwechselbar mit allein an den Begriff Kloster anknüpfenden Biersorten. Zudem wird der Begriff „Kloster“ gerade für Biersorten aber auch für andere Produkte (zB Klosterfrau Melissengeist) häufig verwendet, er ist daher nicht geschützt und auch kein Kennzeichen für einen bestimmten Hersteller. Damit fehlt es bereits an einer **Nachahmung**. Auch wird nicht über die **betriebliche Herkunft** des Bieres der K getäuscht, da auf dem Etikett klar angegeben ist, dass sie die Biere braut. Ein Ausnutzen bestimmter Herkunfts- und Gütevorstellungen könnte allenfalls mit der Benutzung des Begriffs „Kloster“ verbunden sein, erforderlich für § 4 Nr 9 lit. b UWG ist jedoch die **Rufausbeutung** in Bezug auf die nachgeahmten Waren. Hier fehlt es bereits an einer Nachahmung. Mit der deutlichen Unterscheidung zwischen „Pilsner“ und „Andechs“ hat sich K zudem nicht die mit dem Bier der B verbundenen Qualitätsvorstellungen zunutze gemacht. Außerdem verfügt das von ihr hergestellte Bier ebenfalls über eine lange Tradition und einen entsprechenden eigenen Ruf, der sich nicht aus der Anlehnung an das Bier der B nährt.

**c) Zwischenergebnis**

Es fehlt damit an einer Unlauterkeitstat.

### 2. Zwischenergebnis

Folglich ist bereits der objektive Tatbestand des § 3 Abs. 1 UWG nicht erfüllt.

## IV. Ergebnis

Eine unzulässige geschäftliche Handlung iSd § 3 Abs. 1 UWG liegt damit nicht vor.

## D. Gesamtergebnis

Der Unterlassungsanspruch der B gegen K ist demzufolge nicht begründet (§ 8 Abs. 1 iVm § 3 Abs. 1 UWG).

## E. „Hilfsgutachten" zum Auskunfts- und zum Feststellungsantrag

*Aufbauhinweis:* Bejahte man hingegen eine Unlauterkeitstat, wäre hinsichtlich des Auskunftsteiles – wie unter „2. Teil" dargestellt – weiter zu prüfen. Hier geschieht dies aus dem alleinigen Zweck, um aus didaktischen Gründen zur Behandlung des Schadensersatzanspruches zu gelangen und damit alle Anträge der B zu bearbeiten. Dieses Vorgehen ist jedoch keinesfalls als Empfehlung zu verstehen, stets bei Verneinen des Unlauterkeitsvorwurf alle nicht angesprochenen „Probleme" auf dem (Holz-)Wege des Hilfsgutachtens abzuarbeiten. Manches Mal kann das klausurmäßige Nichtbewältigen von Problemen allerdings ein Indiz dafür sein, den gewählten Klausuraufbau noch einmal zu überdenken und sich selbst zu prüfen, ob sich nicht eine klausurtaktisch elegantere Lösung als die Flucht ins Hilfsgutachten bietet, die „alle" Punkte aufgreift und verarbeitet.

# 2. Teil

## A. Anspruch auf Auskunft und Rechnungslegung über das Herstellen, Vertreiben und Bewerben des Bieres „Kloster Pilsner"

Vorausgesetzt, der Irreführungsvorwurf wäre begründet gewesen, stünde B gegen K lediglich ein Anspruch auf Auskunft bezüglich des konkreten Unlauterkeitsvorwurfs zu. Auch in dieser Hinsicht wird deutlich, dass die Stattgabe des Unterlassungsanspruchs unzumutbar wäre, denn im Zusammenhang mit der konkreten Handlung stünden alle Angaben betreffend des Vertreibens und Bewerbens von Bier unter der Bezeichnung „Kloster Pilsner" seit 1840, soweit sie zur Berechnung des Schadensersatzanspruchs erforderlich sind. Da der Unlauterkeitsverstoß noch nicht abgeschlossen ist, würde die **Verjährungsfrist** erst mit Abstellen der Handlung beginnen. Auch die entsprechende Anwendung der 30-jährigen Ausschlussfrist bei Schadensersatzansprüchen (§ 11 Abs. 3 UWG), würde zu einem ausufernden Auskunftsanspruch führen, der in diesem Falle für K unzumutbar wäre. Selbst wenn die Auskunft beschränkt ist auf die Umstände der konkreten geschäftliche Handlung, so kann dies gleichwohl die Freigabe von Angaben über Umsatz, Gewinn, Abnehmer, Lieferzeiten etc und damit unzumutbare Belastungen für den Handelnden zur Folge haben.

## B. Ergebnis

Der Anspruch auf Auskunft und Rechnungslegung über die Herstellung, den Vertrieb und das Bewerben des Bieres „Kloster Pilsner" ist nicht begründet.

*Hinweis:* Zum Auskunftsanspruch s. die Ausführungen unter Rn 128 ff und zur Verjährung s. unter Rn 161 ff.

## 3. Teil

## A. Anspruch auf Feststellung einer Schadensersatzverpflichtung

*Aufbauhinweis:* Da sich die Folgen eines Wettbewerbsverstoßes häufig nicht oder zumindest nicht vollständig innerhalb der sechsmonatigen Verjährungsfrist des § 11 Abs. 1 UWG realisieren lassen, kann nur eine **Feststellungsklage** den Interessen des Verletzten gerecht werden. Durch ihre Erhebung wird die Verjährung unterbrochen. Durch den Feststellungsantrag kann erreicht werden, dass nicht nur der in der Vergangenheit aus der konkreten Tat entstandene Schaden ersetzt wird, sondern auch der Schaden, der künftig durch die Verbreitung einer Behauptung (diese Behauptung muss im Antrag genau bezeichnet werden) entstehen wird. Eine Verpflichtung zur **Stufenklage** auf Auskunft und Schadensersatzleistung anstelle des Feststellungsbegehrens besteht nicht. Diese bietet sich nur an, wenn der Schaden abgeschlossen ist, es zu seiner genauen Bezifferung aber noch einiger Daten des Schuldners bedarf. Hat er darüber – „motiviert" durch die Auskunftsklage – die geforderten Angaben gemacht, kann ohne weiteres in die zweite Stufe der Forderung einer Schadensersatzleistung übergegangen werden. Ist die weitere Entwicklung des Schadens noch unbestimmt, ist der Verletzte nicht auf die Erhebung einer **Leistungsklage** angewiesen, da er seinem Begehren lediglich mit einem Feststellungsantrag gerecht werden kann[117].

### I. Bestehen des Anspruchs auf Schadensersatz

### 1. Unlauterkeitstat

Es müsste eine Unlauterkeitstat iSd § 3 Abs. 1 UWG vorliegen (hier fehlt es schon an den objektiven Voraussetzungen).

### 2. Kausaler Schaden

Vorausgesetzt, es würde eine Unlauterkeitstat bejaht, müsste B durch das Vertreiben und Bewerben des Bieres „Kloster Pilsner" ein Schaden entstanden sein. Hinsichtlich der Vergangenheit ist ein Schaden in Höhe des **entgangenen Gewinns** entstanden. Um diesen zu ermitteln, greifen die **Beweiserleichterungen** der § 287 ZPO, § 252 BGB, was allerdings häufig in der Praxis zu großen Schwierigkeiten bei dem Nachweis einer Kausalitätskette führt. Als kausaler Schaden gelten auch die **Kosten der Schadensabwehr** (zB Kosten für die Warnung von Verbrauchern), der **Schadensbehebung** und der **Rechtsverfolgung** (auch Abmahn- oder Verwarnungskosten), die verhältnismäßig leicht zu ermitteln sind. Hat sich der Schaden noch nicht realisiert, erstreckt sich der Schadensersatzanspruch **auch auf künftig noch entstehende Schäden**. Dies ist geradezu typisch für ein Feststellungsbegehren (insofern können die Formulierungen in der zugrunde liegenden Entscheidung *Klosterbrauerei* als beispielhaft angesehen werden). Bleibt ein **Ansehensverlust** des Verletzten und bedarf es zur Wiederherstellung eines unramponierten Ansehens zusätzlicher Werbeaufwendungen, erstreckt sich der Schadensersatzanspruch auch auf diesen **Marktverwirrungsschaden**[118]. Ein solcher Schaden wird vollständig erst nach Beendigung der Unlauterkeitstat sichtbar.

### 3. Feststellungsinteresse

Ein besonderes Rechtsschutzbedürfnis an der Feststellung wird idR angenommen, da sich Schäden – wie erwähnt – in wettbewerbsrechtlichen Abwehrfällen häufig erst später, nach Ablauf der kurzen, sechsmonatigen Verjährungsfrist des § 11 Abs. 1 UWG zeigen.

---

117 Vgl dazu *Lehr*, Rn 545 f.

118 BGH NJW-RR 1991, 1445; *Melullis*, in: Gloy, § 20 Rn 58 ff.

### II. Zwischenergebnis

Eine Unlauterkeitstat und ein besonderes Feststellungsinteresse sind gegeben.

## B. Gesamtergebnis

Die Voraussetzungen des Anspruchs auf Feststellung einer Schadensersatzpflicht liegen vor.

## C. Anspruchsinhalt (Umfang des Schadensersatzes)

K ist verpflichtet, B den Schaden zu ersetzen, der ihr durch Handlungen gemäß Teil 1 (vgl Antrag Ziffer 1.a) entstanden ist und/oder noch entstehen wird (entgangener Gewinn, Rechtsverfolgungskosten), einschließlich eines etwaigen Marktverwirrungsschadens.

*Hinweis:* Zum Schadensersatz vgl die Ausführungen unter Rn 116 ff.

# Fall 12

## Schlankheitskapseln (BGH GRUR 2006, 429 f *Schlank-Kapseln*)[119]

In der Ausgabe vom 6. Februar 2007 veröffentlichte E, die Herausgeberin des Anzeigenblattes „Echse", eine Werbeanzeige für „Schlank-Kapseln". Darin wird unter der Überschrift „Sensationell! Schlankkapseln gegen Fett und Übergewicht ABNEHMEN: ... so einfach wie noch nie!" behauptet, dass man in kurzer Zeit erheblich und auf Dauer ohne Änderung der Ernährungsgewohnheiten und/oder körperliche Betätigung abnimmt. Die S.-Kapseln sorgen dafür, heißt es weiter, dass „diese Glücklichen futtern können, so viel sie wollen und doch nicht fett werden. Weil ihr Stoffwechsel die Nahrung so schnell verbrennt, dass kein Tortenstückchen Zeit hat, sich in Form von Fett breit zu machen ... Sie nehmen daher ab, auch wenn Sie normal essen ... Sie werden daher niemals Hunger haben ... Gymnastikübungen sind überflüssig ... Das erste Schlankheitsprodukt, das die Erfolge bringt, die es verspricht ... ungefähr 24 Stunden, nachdem Sie mit der neuen S.-Kur beginnen, fängt Ihr Organismus an, Fettreserven aufzulösen und auszuscheiden ... Da sich die überschüssigen Kalorien nicht in Fett umwandeln können, verlieren Sie Tag für Tag an Gewicht und Zentimetern. Der Erfolg stellt sich tatsächlich so rasch ein, dass Sie essen, so viel Sie wollen, ohne Ihre Ernährungsgewohnheiten umzustellen ... Die neue S.-Phasen-Schlank-Methode löst das 65fache seines Eigengewichts an Fett auf". V, der Bundesverband der Verbraucherzentralen und Verbraucherverbände, sieht in der Veröffentlichung der Anzeige ein unlauteres Handeln und will E als Störerin auf Unterlassung in Anspruch nehmen. Die Kernaussage der Werbung, dass allein durch die Einnahme des beworbenen Produkts ohne Veränderung der Lebensweise eine erhebliche und dauerhafte Gewichtsreduzierung erreicht werden könne, widerspreche gesicherten wissenschaftlichen Erkenntnissen und sei deshalb irreführend. Da dies allgemein bekannt sei, müsse sich die Wettbewerbswidrigkeit einer derartigen Anzeige einem verständigen, durchschnittlich informierten Anzeigenredakteur geradezu aufdrängen. Es sei offensichtlich, dass das Schlankheitsmittel nicht die beschriebene Wirkung habe. Dem stehe nicht entgegen, dass die Entdeckung eines Mittels mit der gewünschten Wirkung in der Zukunft nicht ausgeschlossen werden 317a

119 LG Heilbronn, Entscheidung v. 10.10.2002, AZ.: 3 O 200/02 III, OLG Stuttgart, Entscheidung v. 10.4.2003, AZ.: 2 U 180/02.

könne. Wenn ein solches Mittel gefunden werde, würde hierüber jedoch – was einem Redakteur nicht verborgen bleiben könne – in allen Medien berichtet und nicht in einer Werbeanzeige. E und der für die Schaltung der Anzeige verantwortliche Redakteur R sind hingegen der Ansicht, dass sie nur bei einem besonders groben und offensichtlichen Verstoß haften, der hier nicht vorliege. Ist der Unterlassungsanspruch des V gegen E und R begründet?

## Lösung Fall 12:

### 317b A. Unterlassungsanspruch des V gegen E und R

Der Unterlassungsanspruch des V ist begründet, wenn die Veröffentlichung der Anzeige durch E und R unlauter war und Wiederholungsgefahr besteht (§ 8 Abs. 1 S. 1, 2. Alt. iVm § 3 Abs. 1 UWG). Da sich der Anspruch des V gegen eine einheitliche Handlung, die Veröffentlichung der Werbeanzeige in der Anzeigenzeitung „Echse" richtet, für die der verantwortliche Redakteur R wie der Verlag E als mögliche verantwortliche Störer gleichermaßen in Betracht kommen, ist er als ein Anspruch und nicht als zwei getrennte Ansprüche zu prüfen.

### I. Aktivlegitimation

Als Verband iSd § 8 Abs. 2 Nr 3 UWG ist V aktivlegitimiert.

### II. Passivlegitimation

Der Anspruch richtet sich gegen den für die Werbeanzeige verantwortlichen Redakteur wie gegen den Verlag E, der sich das Verhalten des R zurechnen lassen muss. Beide sind daher passivlegitimiert.

### III. Verstoß gegen das Per-se-Verbot in Nr 18 des Anh. zu § 3 Abs. 3 UWG

E und R könnten durch die Veröffentlichung der Anzeige gegen das Verbot in Nr 18, unwahre Angaben, eine Ware können Krankheiten, Funktionsstörungen oder Missbildungen heilen, verletzt haben. Dann müsste es sich bei Übergewichtigkeit oder Fettleibigkeit um eine Krankheit oder Funktionsstörung handeln. Der Begriff der Krankheits ist – entsprechend den Regelungen im HWG (§ 1 Abs. 1 Nr 2) und dem AMG (§ 2 Abs. 1 Nr 1) weit auszulegen. Krankheit ist danach jede auch nur geringfügige oder vorübergehende Störung der normalen Beschaffenheit des Körpers. Jedenfalls bestimmte Formen der Übergewichtigkeit und Fettleibigkeit beruhen auf Funktionsstörungen (Stoffwechselstörung) des Körpers und unterfallen damit dem Krankheitsbegriff ebenso wie dem Begriff der Funktionsstörung, da sie auf einer Abweichung von den normalen Körperfunktionen beruhen und ihre Ursache weder in einem übermäßigen Essengenuss noch in mangelnder Bewegung haben, wenn auch letzters hinzukommen kann und die krankhaften Körperdysfunktionen unterstützen mag.

Verspricht das beworbene Produkt – wie die „Schlankheits-Kapseln" – ein rasches Abnehmen, ja sogar ein Schlankwerden auf Grund der kapselbedingten Anregung des Stoffwechsels, erfüllt dies den Tatbestand des Heilens. Weiterhin müsste es sich bei den Produktanpreisungen um unwahre Angaben handeln. Da die Werbeanzeige ein deutliches Abnehmen allein auf Grund der Schlankheits-Kapseln-Einnahme verspricht und unabhängig von den Formen und dem Ausmaß der Übergewichtigkeit oder Fettleibigkeit der angesprochenen Verbraucher diese dazu geradezu aufruft, weder Sport zu treiben noch auf den intensiven Genuss hochkalorischer Lebensmittel zu verzichten und stattdessen allein auf die Wirkung des beworbenen Produktes zu vertrauen, handelt es sich um objektiv unrichtige Behauptungen. Denn in wissenschaftlichen Studien ist erwiesen, dass in den überwiegenden Fällen (wenn nicht gar in allen) Bewegung und die Reduktion oder der Verzicht auf hochkalorische Lebensmittel ein Abnehmen deutlich befördern. Ein Produkt, das eine deutliche Gewichtsreduktion zu erreichen vermag, ohne das die anderen Faktoren hinzukommen, gibt es auf dem Markt nicht. Da die Anzeige dies behauptet, ist diese Angabe wahrheitswidrig.

Damit liegt ein Verstoß gegen das Per-se-Verbot in Nr 18 des Anh. zu § 3 Abs. 3 UWG vor. Eine Per-se-Unlauterkeit ist folglich gegeben.

## IV. Unzulässige geschäftliche Handlung, § 3 Abs. 1 UWG

### 1. Objektiver Tatbestand

#### a) Geschäftliche Handlung, § 2 Abs. 1 Nr 2 UWG

E hat die Anzeige zum Zwecke der mittelbaren Förderung fremden Absatzes veröffentlicht und hat damit zu Wettbewerbszwecken gehandelt. Eine geschäftliche Handlung iSd § 2 Abs. 1 Nr 1 UWG liegt damit vor. (*Anmerkung*: Da es sich um ein Anzeigenblatt handelt ist ein wettbewerbliches Handeln unproblematisch gegeben, auf das Trennungsgebot, s. Rn 442 ff, war daher nicht einzugehen).

#### b) Unlauterkeitstat: Irreführung, § 5 Abs. 1 S. 2 Nr 1 UWG

Fraglich ist, ob in der Veröffentlichung auch ein Verstoß gegen die geltende fachliche Sorgfalt liegt. Eine solche ist im Falle der Irreführung gegeben (Art. 6 Abs. 4 lit d UGP-RL). Dann müsste zunächst eine irreführende Angabe in der Werbeanzeige der S liegen.

**Werbung der S als irreführende Angabe.** Eine irreführende Angabe iSd § 5 Abs. 1 S. 2 Nr 1 UWG liegt vor, wenn die Werbeinhalte nicht den Tatsachen entsprechen oder beim angesprochenen Verkehrskreis falsche Assoziationen hervorrufen. In der Anzeige werden dem vermeintlichen Schlankheitsmittel Fettbindungs- und Fettverbrennungseigenschaften zugeschrieben, die ohne Einhaltung einer Diät oder sportlicher Maßnahmen zu einer Gewichtsreduzierung führten. Damit wird den Lesern der „Echse" suggeriert, sie könnten essen was und so viel sie wollen, ohne eine Gewichtszunahme zu befürchten, vielmehr könnten sie sogar eine Gewichtsreduzierung erreichen, solange sie nur die S-Kapseln zu sich nähmen. Damit werden die für die Diätmittel und Gewichtsreduzierung empfänglichen Verbraucher dazu verleitet, ihre bisherigen Ess- und Bewegungsgewohnheiten beizubehalten. Ihr Gewicht würde sozusagen automatisch reduziert. Eine Traumfigur wird ihnen versprochen. Sie werden sogar noch zur Aufnahme besonders kalorienhaltiger Nahrung animiert. Da es bislang ein solches Mittel nicht gibt, vielmehr eine Gewichtsregulierung nur über einen ausgewogenen Ausgleich von Kalorienaufnahme und -verbrennung – sei diese ausgelöst durch die angeborene Verbrennung oder durch aktiven Sport – möglich ist, enthält die Werbeanzeige den Tatsachen widersprechende Angaben. Diese müssten die angesprochenen Verbraucher auch täuschen. Man könnte meinen, dass sich der fehlende Wahrheitsgehalt jedem verständigen, durchschnittlichen Verbraucher unmittelbar aufdränge und kaum jemand tatsächlich auf die versprochenen Eigenschaften der S-Kapseln vertrauen dürfte und es somit an einer Irreführung fehlen würde. Tatsächlich vertrauen oder potenziell an einer Gewichtsabnahme Interessierte und damit die angesprochenen, relevanten Verbraucher gern auf den Inhalt solcher im Stil eines informativen, scheinbar seriösen Artikels gehaltenen Anzeigen und glauben (oder ist es eher ein Hoffen?) auf die versprochene Wirkung der Kapseln. Wenn sogar hochgewichtige Fußballvereinsmanager in seriösen Sportsendungen ein Mittel anpreisen können, das sich im Magen zu einem Schirm öffne und dadurch ein Völlegefühl auslöse, so dass man essen könne, was man wolle, ohne dass dies einen Aufschrei der Empörung und den Vorwurf einer Irreführung auslöst, sondern offenbar ein Glauben und ein Hoffen mit derartigen Produkten bedient werden, spricht dies dafür, dass auch die angesprochenen Leser der S-Anzeige an die viel versprechenden Angaben glauben. Gerade in Fragen der Schönheit ist selbst bei vielen aufgeklärten und informierten Verbrauchern, die sonst rationale Entscheidungen treffen, die Beeinflussungsgefahr, dass streng rationale durch emotionale Überlegungen verdrängt werden, besonders hoch[120]. **Auch die Kaufentscheidung verständiger Verbraucher** kann maßgeblich durch Erwägungen beeinflusst werden, **die sich einer rationalen Überprüfung entziehen.** „Ein zumindest nicht unerheblicher Teil der Verbraucher wird beim Lesen der plakativen Angaben der Anzeige vielmehr einer Irreführung unterliegen, weil er den (letztlich unwahren) Werbeangaben Glauben schenkt. Dies beruht darauf, dass – auch zeitgeistbedingt – **selbst bei vielen, durchaus durchschnittlich aufgeklärten und informierten Verbrauchern** ein besonderes Wunschdenken im Hinblick auf eine ‚Traumfigur' besteht und daher **streng rationale Überlegungen auch beim durchschnittlich informierten Verbraucher nicht im Vordergrund stehen, sondern emotionale Überlegungen**, die eine **leichte Verführbarkeit** nach sich ziehen."[121] Damit enthält die Anzeige irreführende Angaben.

### 2. Ergebnis

Damit liegt ein Verstoß gegen § 5 Abs. 1 S. 2 Nr 1 UWG vor.

## V. Vorwerfbarkeit der Unlauterkeitstat: Haftung von E und R wegen Veröffentlichung einer irreführenden Anzeige

E und R müssten durch die Veröffentlichung der Anzeige in der „Echse" selbst in vorwerfbarer Weise unlauter gem. Nr 18 des Anh. zu § 3 Abs. 3 UWG und § 5 Abs. 1 S. 2 Nr 1 iVm § 3 Abs. 2 UWG gehandelt haben. Ein Presseunternehmen ebenso wie der verantwortliche Redakteur haften für die Veröffentlichung von Werbeanzeigen Dritter wettbewerbsrechtlich als Störer, wenn sie gegen ihre Pflicht zur Prüfung verstoßen haben, ob die Veröffentlichung der Anzeige gegen gesetzliche Vorschriften verstößt. Diese **Prüfungspflicht** beschränkt sich auf **grobe und eindeutige, unschwer erkennbare Wettbewerbsverstöße**[122]. „Die von Verfassungswegen (Art. 5 Abs. 1 GG) gebotene Beschränkung der Prüfungspflicht auf grobe, vom Verleger oder Redakteur unschwer zu erkennende Verstöße hat ihren Grund auch darin, dass die Prüfung der Veröffentlichung von Inseraten unter dem Gebot einer **raschen Entscheidung** steht und unter Berücksichtigung der Eigenart ihrer Tätigkeit an Verleger oder Redakteur **keine unzumutbaren Anforderungen** gestellt werden dürfe"[123]. Dann müsste es sich bei dem Inhalt der Anzeige der S um leicht als irreführend zu erkennende Angaben und grobe Unlauterkeitsverstöße gehandelt haben. Bei der Anzeige der S handelt es sich – anders als etwa bei der Benetton-Werbung – um eine ihrer Art nach nicht ungewöhnliche Werbung. Die Kernaussage der Werbung, dass allein durch die Einnahme des beworbenen Produkts ohne Veränderung der Lebensweise eine erhebliche und dauerhafte Gewichtsreduzierung erreicht werden kann, lässt sich zwar dem umfangreichen Anzeigentext bei einigermaßen sorgfältigem Durchlesen entnehmen, dies bedeutet jedoch nicht, dass ein Anzeigenredakteur damit den irreführenden Charakter der Anzeige bereits unschwer hätte feststellen können. In der Anzeige wird dem beworbenen Mittel die Wirkung zugeschrieben, durch eine neu entdeckte körpereigene Substanz werde die Verbrennung der Nahrung im Stoffwechsel derart beschleunigt, dass Fettablagerungen verhindert und vorhandene Fettpolster vermindert würden. Diese Wirkung erscheint jedenfalls nicht von vornherein mit der Erkenntnis unvereinbar, dass eine nachhaltige Gewichtsabnahme nur durch eine erhöhte körpereigene Fettverbrennung oder durch eine Reduzierung der Fettzufuhr in der Nahrung erreicht werden kann.

---

120 Vgl OLG Jena, Urt. v. 21.5.2003, AZ.: 2 U 967/02, *Bellaform*.

121 So das OLG Jena (Urt. v. 21.5.2003, AZ.: 2 U 967/02, S. 5) in Bezug auf die beworbene „Schlankheitspille" *Bellaform* (s. dazu auch die Ausführungen zum Fall ***Klosterbrauerei*** unter I. 2. c) cc); vgl auch OLG Schleswig OLG Report 2000, S. 166.

122 Ständige Rspr s. zB BGHZ 149, 247, 268 *„H.I.V. POSITIVE"* II mwN.

123 Vgl BGH GRUR 1992, 618, 619 = WRP 1992, 640 *Pressehaftung II*.

Fraglich ist, ob die Angaben so offenkundig irreführend waren, dass R sie leicht als solche hätte identifizieren können. **Unabhängig davon, welchen Eindruck** ein **sorgfältiger Anzeigenredakteur selbst von der Aussage der Anzeige gewinnt**, erfordert die Feststellung, dass die Anzeige irreführend ist, gewisse **Kenntnisse über den Stand der ernährungswissenschaftlichen Forschung**, über die Verleger oder Redakteure eines Anzeigenblattes – wie das von E herausgegebene Anzeigenblatt „Echse" – in aller Regel nicht verfügen. Für Mitarbeiter eines derartigen Presseunternehmens besteht auch **keine Pflicht, Veröffentlichungen auf dem Gebiet der Ernährungswissenschaft in anderen Medien zu beobachten**. Es kann daher dem R nicht vorgehalten werden, wenn ihm das Herausbringen eines Mittels mit der angekündigten Wirkungsweise verborgen geblieben wäre. Etwaige Nachforschungen nach Eingang des Anzeigenauftrages können nicht verlangt werden, weil die Prüfung, ob der Veröffentlichung einer Anzeige rechtliche Gründe entgegenstehen, unter dem Gebot einer raschen Entscheidung steht[124].

### Zwischenergebnis

Damit fehlt es mangels Vorwerfbarkeit am Vorliegen einer Unlauterkeitstat.

## VI. Ergebnis

Eine unzulässige geschäftliche Handlung iSd § 3 Abs. 2 und 3 UWG liegt demnach nicht vor.

*Aufbauhinweis:* Im Falle von **Pressehandlungen** wird empfohlen, zunächst zu prüfen, ob die angegriffene Werbehandlung (Anzeige, TV-Spot etc) unlauter ist (häufig, aber nicht ausschließlich wird es dabei um die Prüfung des Vorliegens einer Irreführung gehen). Ist schon der Werbeinhalt nicht unlauter, ist die Prüfung beendet. Verstößt hingegen der Werbeinhalt gegen einen der Unlauterkeitstatbestände, ist die Prüfung wie im vorliegenden Fall fortzusetzen mit der Frage, ob der verantwortliche Redakteur bzw der Verlag, die Sendeanstalt, der Drucker etc seine Prüfungspflichten verletzt hat und daher als Störer in Betracht kommt oder nicht. Es geht um eine eigene Handlung, die Veröffentlichung der Anzeige bzw das Zeigen eines Werbefilms, die auf ihre eigene Unlauterkeit zu überprüfen ist (Verletzung von Prüfungspflichten) und neben der Frage steht, ob der Anzeigeninhalt unlauter ist. Wegen der Eigenständigkeit der Pressehandlung wird dieser Prüfungsaufbau bevorzugt.

#### Alternative Lösung

**Alternativ** ist vertretbar, dass zunächst die in der Werbeanzeige oder dem Werbefilm liegende Unlauterkeitshandlung geprüft wird. Wird das Vorliegen einer Unlauterkeitstat – wie hier wegen Verstoßes gegen das Per-se Verbot in Nr 18 des Anh. zu § 3 Abs. 3 UWG und wegen der irreführenden Angaben iSd § 5 Abs. 1 S. 2 Nr 1 UWG – bejaht (1. a), b) aa), bb)), müsste anschließend festgestellt werden, dass das „Inverkehrbringen" bzw der Verlautbarungsakt des unlauteren Inhalts in Form der Schaltung einer Anzeige oder durch Senden eines Werbefilms ebenfalls unlauter waren. Ob die damit festgestellte Unlauterkeitstat auch dem verantwortlichen Redakteur, dem Verlag oder der Sendeanstalt zuzurechnen ist und ob sie ihre Prüfungspflichten verletzt haben, wäre dann im Rahmen der **Schuld** entsprechend § 9 S. 2 UWG zu prüfen, wobei für Unterlassungsansprüche (anders als für Schadensersatzansprüche) ein fahrlässiges Handeln genügt. Folgte man diesem alternativen Lösungsaufbau, würde man wie folgt weiter prüfen:

**Zwischenergebnis** sowohl hinsichtlich Nr 18 des Anh. zu § 3 Abs. 3 UWG wie bezgl. § 5 Abs. 1 S. 2 Nr 1 iVm § 3 Abs. 2 UWG:

Eine Unlauterkeitstat liegt damit vor.

---

124 Vgl BGH GRUR 1994, 454, 455 = WRP 1994, 529 Schlankheitswerbung.

**Geeignetheit, die Entscheidungsfreiheit der Verbraucher zu beeinträchtigen** (nur bzgl. § 5 Abs. 1 S. 2 Nr 1 UWG, für das Vorliegen eines Verstoßes gegen ein Per-se-Verbot genügt das Vorliegen des Verstoßes, weitere Anforderungen bestehen nicht).

Die Anzeige war auch geeignet, die Interessen der Verbraucher wegen der Irreführungsgefahr zum Nachteil der Verbraucher zu beeinträchtigen.

**Bagatellklausel**

Die Veröffentlichung der Anzeige in dem Anzeigenblatt „Echse" führte zu einer weitflächigen Verbreitung der irreführenden Angaben **(Breitenwirkung von Druckwerken)**. Die darin liegende Unlauterkeitstat war daher spürbar. Der objektive Tatbestand ist damit erfüllt.

### Rechtswidrigkeit

Die Rechtswidrigkeit ist gegeben.

### Verschulden bei Pressehandlungen (gilt auch für Per-se-Verbote)

Da nach der Rechtsprechung bei Pressehandlungen in entsprechender Anwendung der Regelung des § 9 S. 2 UWG nur schuldhaftes Verhalten als unzulässig geahndet wird, müssten R und E in schuldhaft vorwerfbarer Weise gehandelt haben, als sie sich für die Veröffentlichung der Anzeige entschieden haben.

*Anmerkung:* An dieser Stelle würden nun die Ausführungen folgen, die bei dem empfohlenen Lösungsweg bereits unter dem objektiven Tatbestand (Unlauterkeitstat, A. V.) geprüft wurden, mit dem Ergebnis, dass mangels Verschulden keine Unlauterkeit vorliegt.

### Zwischenergebnis

Die Voraussetzungen einer unzulässigen geschäftlichen Handlung iSd § 3 Abs. 2 und 3 UWG liegen mangels Verschulden nicht vor.

### B. Gesamtergebnis (gilt für beide Lösungswege)

Nach beiden Lösungswegen würde man letztlich zum gleichen Ergebnis kommen: Der Unterlassungsanspruch des V gegen R und G ist nicht begründet.

# § 9 Beispiele unlauterer geschäftlicher Handlungen, § 4 UWG

**318** Zum ersten Mal ist ein ganzer Katalog besonderer Unlauterkeitstatbestände in das UWG aufgenommen worden, die sich bislang durch die Rechtsprechung entlang der Sittenwidrigkeits- und der Irreführungsnormen entwickelt haben (s. dazu die Ausführungen in der Einleitung Rn 15 ff). Dass die Aufzählung nicht abschließend ist, sondern nur ein gerade noch erträgliches Maß an Spezialtatbeständen fixiert, folgt unmittelbar aus dem Wortlaut („insbesondere").

*Aufbauhinweis:* § 4 UWG ist ebenso wie die Unlauterkeitstatbestände der §§ 5, 5a, 6 UWG in Verbindung mit § 3 Abs. 1 UWG zu prüfen. Das bedeutet, dass die einzelnen Nummern des § 4 UWG eingebettet werden in die Prüfung der unlauteren geschäftlichen Handlung im Rahmen des § 3 Abs. 1 UWG. Die Prüfung beginnt also zunächst ausgehend von den Rechtsfolgennormen der §§ 8, 9 und 10 UWG mit der Aktivlegitimation (§§ 8 Abs. 3, 9, 10 UWG), daran schließt sich die erste Tatbestandsvoraussetzung des § 3 Abs. 1 UWG: das Vorliegen einer geschäftlichen Handlung. Liegt eine die Legaldefinition des § 2 Abs. 1 Nr 1 UWG ausfüllende geschäftliche Handlung vor, gilt es zu prüfen, ob gegen einen oder mehrere der Spezialtatbestände des § 4 Nr 1 bis Nr 11 UWG verstoßen wurde, nachdem zuvor eventuelle Verstöße gegen die Per-se-Verbote des Anhangs zu § 3 Abs. 3 UWG und gegen §§ 5, 5a und 6 UWG jeweils iVm § 3 Abs. 1 UWG geprüft und entweder bejaht oder abgelehnt wurden. Dabei sind die einzelnen Tatbestände des § 4 UWG nebeneinander anwendbar. Es kann also eine Handlung gegen mehrere Nummern verstoßen oder verschiedene Handlungseinheiten jeweils gegen eine Nummer verstoßen (s. dazu auch Anhang III.). Liegt Unlauterkeit iS einzelner Nummern des § 4 UWG vor, schließt sich daran die Prüfung der Geeignetheit zur Interessenbeeinträchtigung und der Spürbarkeit an. Erst, wenn alle Voraussetzungen des § 3 Abs. 1 UWG vorliegen und auch der subjektive Tatbestand und die Rechtswidrigkeit gegeben sind, kehrt man zu den Rechtsfolgenverweisungsnormen §§ 8, 9 und 10 UWG zurück und prüft entweder die jeweiligen weiteren Voraussetzungen wie das Vorliegen der Wiederholungsgefahr beim Unterlassungsanspruch oder das Verschulden beim Schadensersatzanspruch oder die Prüfung ist wie beim Beseitigungsanspruch beendet.

*Literaturhinweis: Köhler*, Die Unlauterkeitstatbestände des § 4 UWG und ihre Auslegung im Lichte der Richtlinie über unlautere Geschäftspraktiken, GRUR 2008, S. 841 ff; weitere Nachweise finden sich zu den einzelnen Nummern des § 4 UWG.

## I. § 4 Nr 1 UWG: Beeinträchtigung der Entscheidungsfreiheit durch Druck oder sonstigen unangemessenen unsachlichen Einfluss

Ist die Entscheidungsfreiheit durch die Möglichkeiten der sog. **Wertreklame**[1] wie das 319
Verkoppeln von Waren oder dem Angebot von „Paket"-Leistungen und dem Verschenken von Waren nur noch eine scheinbar „freie", kann dies gegen § 4 Nr 1 UWG verstoßen. Ein Verstoß ist gegeben, wenn mit dem vermeintlich besonders guten und günstigen Angebot, Zwänge verbunden sind, die die Entscheidung **unangemessen** und **unsachlich beeinflussen**.

### 1. Menschenverachtende Beeinträchtigungen

Eine gesteigerte Form dieser Unfreiwilligkeit liegt bei der **Druckausübung** vor und 320
die Superlativform aller Beeinträchtigungsvariationen ist die der **Menschenverachtung**. Welche Fallgruppen dem Gesetzgeber bei der menschenverachtenden Werbung vorgeschwebt haben, wird zwar aus der Gesetzesbegründung selbst nicht deutlich, Vo-

1 Wertreklame zeichnet sich dadurch aus, dass grds nicht mit der Leistung oder dem Preis für die Ware oder Dienstleistung geworben wird, sondern mit den Vorteilen, die mit der angebotenen Ware oder Dienstleistung angeboten werden, aber in keiner sachlichen Verbindung zu ihr stehen und dazu dienen, die Kunden zu einer Kaufentscheidung zu bewegen (vgl BGH GRUR 1999, 755, 756 f *Altkleider-Wertgutscheine*; BGH GRUR 1995, 353, 354 *Super-Spar-Fahrkarten*.

raussetzung ist aber unzweifelhaft die Verletzung der Menschenwürde. Gedacht werden kann dabei an die Werbung eines Kondomherstellers, in dem hochgradig genervte Eltern gezeigt werden, die unter ihren laut schreienden, wild herumtobenden Kinder leiden, begleitet von dem Satz (sinngemäß): „hätten Sie rechtzeitig gehandelt, hätte Ihnen das erspart bleiben können". Oder der in der Weihnachtszeit ausgestrahlte Werbespot von Mobilcom, in dem eine alte, blinde Frau, die an einer roten Fußgängerampel steht, auf das klackende Geräusch für grünes Licht wartet, als der neben sie tretende Weihnachtsmann eben jenes Geräusch nachahmt und die Frau ungeachtet der weiterhin roten Ampel auf die Straße läuft. Dieses Bild wird lakonisch untermalt mit den Worten „es gibt eben doch keinen Weihnachtsmann." Unabhängig davon, ob in diesen beiden Fällen eine Menschenwürdeverletzung möglicher Weise daran scheitert, dass der Sarkasmus und bittere Humor Berücksichtigung finden, fehlt es an einer menschenverachtenden Beeinträchtigung auch dann, wenn zwar die Menschenwürde verletzt wird, die Entscheidungsfreiheit der Verbraucher oder sonstiger Marktteilnehmer aber nicht beeinträchtigt wird[2]. So befand der BGH zwar das Werben mit einem als H.I.V. infiziert „abgestempelten" Menschen für bunte Strickpullis sowie weitere Motive der **Benetton-Werbung** nicht nur als schockierend und gefühlsbetont, sondern als die Menschenwürde in verachtender Weise entwürdigend[3], fraglich ist aber, ob durch solche Werbeaussagen die Kaufentscheidung der Konsumenten so stark beeinträchtigt wird, dass sie zu einer rational-kritischen Entscheidung nicht mehr in der Lage sind. Die Verletzung der vermeintlich edlen Konsumentensentimentalitäten begründete der BGH mit dem vermeintlich alleinigen Ziel des Unternehmens, einen wirtschaftlichen Profit unter Missbrauch wahrer Gefühle zu ziehen. Arbeitende Kinder und sterbenskranke Menschen würden diskriminiert, da sie überall gut sichtbar für alle Konsumenten, die diese Bilder aus ihrem täglichen Leben lieber verbannt sehen möchten, ausgestellt würden. Der BGH fühlte sich offenbar als „Sittenwahrer" im Namen aller Guten und Edlen, jeden-Tag-eine-gute-Tat-Leistenden aufgerufen, der vermeintlich so schockierenden Bilderausstellung Einhalt zu gebieten. Erst das BVerfG rückte die Verhältnisse von Verbannung und Scheinheiligkeit wieder zurecht, in dem es das Abbilden von Realem als zulässig ansah[4]. Auch ist es seiner Auffassung nach nicht erforderlich, dass die Werbeaussage dazu dient, Werbung für ein Unternehmen bzw seine Produkte oder Leistungen zu machen[5]. Es bleibt abzuwarten, ob der BGH Werbeaussagen, die die Marktteilnehmer lediglich an Wahrheiten erinnern, ohne dass sich dies automatisch über den Aufmerksamkeitsgrad und eine große Bekanntheit in Umsatzsteigerungen für den Werbenden auszahlt, zwar möglicherweise als menschenverachtend ansieht, aber sie mangels Eignung zur Beeinträchtigung der Entscheidungsfreiheit nicht als Verstoß gegen § 4 Nr 1 UWG betrachtet.

*Literaturhinweis: Scherer*, Verletzung der Menschenwürde durch Werbung, WRP 2007, 594 ff, auf den 599 ff erfolgt eine hilfreiche Fallgruppendarstellung.

---

2 *Köhler*, in: Köhler/Bornkamm, § 4 Rn 1.40.

3 BGH NJW 1995, 2492 und BGH NJW 1995, 2490 *Benetton II* und *III*; BGH NJW 1997, 3304, 3308 *Benetton IV.*

4 BVerfG NJW 2001, 591, 592 f = GRUR 2001, 170 *Benetton V.*

5 BVerfG GRUR 2003, 442, 443 *Benetton Werbung II*; aA BGH GRUR 2002, 360, 362 *H.I.V. Positiv II.*

## 2. Nötigung

Zur Beeinträchtigung der Entscheidungsfreiheit gehört jedenfalls ein nötigendes **Verhalten**, durch das Kunden zunächst in eine Zwangslage gebracht werden, aus der es für sie keinen anderen Ausweg gibt, als das Treffen einer bestimmten Entscheidung wie den Abschluss eines Vertrages. Wird einem Unfallopfer an der Unfallstelle in aufdringlicher Weise geraten, sich im wahrsten Sinne des Wortes „abschleppen“ zu lassen, einen Mietvertrag für einen Ersatzwagen und einen Reparaturvertrag[6] oder eine Rechtsschutzversicherung abzuschließen oder einen Rechtsanwalt mit der Interessenwahrnehmung zu beauftragen, kann dies nach den Umständen des Einzelfalles den Tatbestand der Nötigung erfüllen. Die unglückliche Situation wird ausgenutzt, um das Opfer zu überrumpeln mit Angeboten, die es bei „nüchterner“ Betrachtung nicht abgeschlossen hätte und die sogar nachteilig sein können, aber nicht notwendig sein müssen, um den Tatbestand der Beeinträchtigung zu verwirklichen. **Vorrangig ist Nr 25 des Anh. zu § 3 Abs. 3 UWG** (s. dazu Rn 514). 321

## 3. Psychischer Kaufzwang

Fühlt sich der angesprochene Verbraucher psychisch zum Kauf verpflichtet, etwa weil ihm eine Ablehnung des Geschäfts als Verstoß gegen soziale Rücksichts- und Höflichkeitsnormen erscheint, kann in Extremfällen § 4 Nr 1 iVm § 3 Abs. 2 UWG verwirklicht sein. An einem relevanten Kaufzwang fehlt es, wenn sich der Verbraucher ohnehin gegen oder auch ohne den äußeren Druck für das Geschäft entschlossen hätte. Entscheidend kann unter anderem sein, ob der Verbraucher **unter Zeitdruck gesetzt** wird, zB bei vermeintlich einmaligen Angeboten auf Kaffee- und Werbefahrten oder bei Anmietung eines Kraftfahrzeuges zu einem besonderes günstigen Angebot, das nur auf einen Tag begrenzt ist (s. dazu des Beispiel *66/99-Wochenendauto*, Rn 494) oder der Verkauf von Bahntickets, Haartrocknern und eines Staubsaugers an bestimmte Käufergruppen (Blondinen, Rentner etc), begrenzt auf einen einzigen Tag, zB den 1. im Monat (s. dazu das Beispiel *Zehn-Euro-Staubsauger*, Rn 494). Inzwischen hat der BGH allerdings klargestellt, dass die Befristung eines Rabatts auf einen Tag nicht unangemessen ist, und das selbst dann nicht, wenn die Werbung erst am Tag des in Aussicht gestellten Rabatts erscheint[7]. Wird der Druck auf Kunden zudem unter einer falschen Behauptung erzeugt, wonach ein Produkt nur sehr begrenzte Zeit oder in einer sehr begrenzten Zeit zu bestimmten Bedingungen verfügbar ist, liegt neben § 4 Nr 1 UWG eine Irreführung vor (§ 5 Abs. 1 S. 2 Nr 1 UWG) und, soweit dadurch Angst erzeugt wird oder bestimmte Kundengruppen betroffen sind, ist auch § 4 Nr 2 UWG verwirklicht. Vorrangig ist zu prüfen, ob ein Verstoß gegen das per-se-Verbot der Nr 7 des Anhangs zu § 3 Abs. 3 vorliegt (dazu Rn 496). Sind dessen Voraussetzungen gegeben, erübrigen sich weitere Prüfungen zur Spürbarkeit (s. dazu Rn 483). 322

---

6 BGH NJW 1975, 689 *Werbung am Unfallort I;* NJW 1980, 1690 *Werbung am Unfallort III*; BGH NJW 2000, 157, 158.

7 BGH GRUR-Prax 2010, 446 (bzgl. der Angabe „Nur heute Haushaltsgeräte ohne 19% Mehrwertsteuer“).

### a) Laienwerbung: Kunden werben Kunden

**322a** Ein Sonderfall (s. dazu auch Rn 236 f) ist der Einsatz von **Laienwerbern**. Hierzu stellte der BGH, der den Einsatz von Laien zur Werbung von Kunden inzwischen generell als zulässig ansieht, in der Entscheidung ***Kunden werben Kunden***[8] fest, dass sich nach Aufhebung des **Rabattgesetzes** und der **Zugabeverordnung** und aufgrund des gewandelten Verbraucherleitbildes (dazu Rn 2 f) eine Wettbewerbswidrigkeit nicht schon allein aus der Gewährung einer nicht unerheblichen Werbeprämie ergebe. So versprach ein Augenoptiker eine Sachprämie von ca. 30 € bei einem durch den Kunden vermittelten Erwerb von Gleitsichtgläsern durch einen weiteren Kunden im Wert von mindestens 100 €. An den Maßstäben der früheren Rechtsprechung sei nach der Übernahme des europäischen **Verbraucherleitbildes** und im Hinblick darauf, dass der Gesetzgeber sachfremde Zuwendungen nicht mehr so streng beurteilt wie früher, nicht mehr uneingeschränkt festzuhalten. Nach der Aufhebung des Rabattgesetzes und der Zugabeverordnung könne aus der Gewährung von nicht unerheblichen Prämien allein die Wettbewerbswidrigkeit der Laienwerbung nicht mehr hergeleitet werden[9]. Dem gewandelten Verbraucherbild liegt die Ansicht zugrunde, dass der Verbraucher heutzutage mit den Marktgegebenheiten vertraut ist. „Er weiß, dass Kaufleute nichts zu verschenken haben und zB die Kosten für wertvolle Nebenleistungen durch anderweitige Erlöse decken. Die Erfahrungen zeigen, dass sich der Verbraucher in der Regel nicht vorschnell durch das Angebot einer Zugabe oder eines Rabattes zum Vertragsschluss verleiten lässt. Vielmehr trifft der Kunde seine Entscheidung über den Erwerb höherwertiger Produkte erst nach ausreichender Information über Konkurrenzangebote und reiflicher Abwägung der unterschiedlichen Vorzüge und Nachteile der angebotenen Waren“[10]. Angewandt auf die Laienwerbung bedeutet dies, dass die Anreizwirkung, die von einer nicht unerheblichen Prämie ausgeht, als solche die Wettbewerbswidrigkeit dieser Werbeform nicht begründen kann. Ebenso wenig ist Laienwerbung schon deshalb wettbewerbsrechtlich bedenklich, weil die Entscheidung des geworbenen Kunden dadurch beeinflusst sein kann, dass für den Laienwerber eine **nicht unerhebliche Prämie** ausgesetzt ist, und zwischen der beworbenen Ware und der angebotenen Werbeprämie **kein sachlicher Zusammenhang** gegeben ist. Zu Recht weist der BGH darauf hin, dass der Versuch einer gewissen unsachlichen Beeinflussung der Werbung nicht fremd und auch nicht per se unlauter ist[11]. Werbung durch Einsatz von Laien verstößt daher nur dann gegen § 4 Nr 1 UWG, wenn andere Umstände als die ausgesetzte Prämie die Unlauterkeit begründen. Dies kann der Fall sein, wenn die Gefahr einer **Irreführung** oder einer **unzumutbaren Belästigung** (vgl § 7 Abs. 1 UWG, dazu Rn 236 f) des umworbenen Kunden durch den Laienwerber besteht, die Werbung auf eine Verdeckung des Prämieninteresses und damit auf eine

---

8 BGH WRP 2006, 1370 ff.

9 Vgl *Köhler*, in: Köhler/Bornkamm, § 4 UWG Rn 1.192 ff; Harte/Henning/*Stuckel*, § 4 Nr 1 Rn 162 ff; *Plaß*, in: Heidelberger Kommentar zum Wettbewerbsrecht, § 4 UWG Rn 201; *Berlit*, WRP 2001, 349, 353.

10 So heißt es in der Begründung des Regierungsentwurfs des Gesetzes zur Aufhebung des Rabattgesetzes und zur Anpassung anderer Rechtsvorschriften vom 6.3.2001, BT-Drs. 14/5441, S. 7.

11 BT-Drs. 15/1487, S. 17.

Täuschung über die Motive des Werbenden angelegt ist **(verdeckte Laienwerbung)** oder sie sich auf Waren oder Dienstleistungen bezieht, für die besondere Maßstäbe gelten, etwa wenn sie einem **Werbeverbot** unterliegen. Der BGH betont allerdings auch, dass die Gefahr, dass der Laienwerber unlautere Mittel einzusetzen versucht, im Einzelfall auch wegen der von einer **besonders attraktiven Prämie** ausgehenden Anreizwirkung gegeben sein mag[12]. Maßgeblich ist dabei immer eine **Gesamtwürdigung** aller Umstände des Einzelfalls[13]. So heißt es in der Entscheidungsbegründung weiter: Nach der Lebenserfahrung kann nicht davon ausgegangen werden, dass Laienwerber, die sich vor allem an Verwandte, Freunde und Bekannte wenden werden, allein wegen eines Prämienwertes von 30 € ihre persönlichen Beziehungen zu nahe stehenden Menschen durch den Einsatz unlauterer Mittel missbrauchen werden, um in den Besitz der ausgesetzten Prämien zu gelangen. Auch der Umstand, dass als potenzielle Neukunden in erster Linie Brillenträger in Betracht kommen, bei denen die Anschaffung von Gleitsichtgläsern angezeigt ist, und deshalb eine Beratung oder Überzeugungsarbeit von dem Laienwerber allenfalls in einem geringeren Umfange zu leisten ist, macht die ausgesetzten Prämien nicht so attraktiv, was ebenfalls dagegen spricht, dass der Laienwerber auch unlautere Mittel einsetzen werde. Zwar kann der umworbene Neukunde bei seiner Entscheidung, wem er sich bei Beratung und Kauf anvertrauen will, auch von dem Wunsch beeinflusst sein, dem Laienwerber die Prämie zukommen zu lassen. Die in dem fehlenden **sachlichen Zusammenhang** zwischen dem Prämieninteresse des Werbenden und der Entscheidung des Umworbenen für die beworbene Ware oder Dienstleistung liegende Unsachlichkeit begründet als solche die Wettbewerbswidrigkeit des Einsatzes von Laien gleichfalls nicht. Selbst wenn für die Kaufentscheidung des Neukunden die Erwägung, dem Laienwerber die ausgesetzte Prämie zu verschaffen, mit entscheidend war und der Einsatz von Laienwerbern im Einzelfall auf eine solche Beeinflussung abzielt, ist dies für die wettbewerbsrechtliche Beurteilung ohne Bedeutung. Die Verwendung von Werbemitteln und Werbemaßnahmen ist nicht schon dann unlauter, wenn diese mit dem beworbenen Angebot in keinem sachlichen Zusammenhang stehen. Vielmehr wird die Schwelle zur wettbewerbsrechtlichen Unlauterkeit erst überschritten, wenn ein unangemessener unsachlicher Einfluss in einem solchen Maße ausgeübt wird, dass die betreffende geschäftliche Handlung geeignet ist, die freie Entscheidung des angesprochenen Verbrauchers zu beeinträchtigen, § 4 Nr 1 UWG[14], oder sonstige die Unlauterkeit begründende Umstände hinzutreten. Ein durchschnittlich informierter, aufmerksamer und verständiger Durchschnittsverbraucher wird allein wegen der dem Laienwerber versprochenen Werbeprämie in seiner Entscheidung darüber, ob für ihn eine Anschaffung überhaupt erforderlich ist und durch wen er sich in dieser Hinsicht beraten lassen soll, nicht unangemessen unsachlich beeinträchtigt[15]. Auch eine mit Werbemaßnahmen verbundene **Belästigung** ist grundsätzlich hinzunehmen. Unlauter ist eine geschäftliche Handlung

12 Dazu Fezer/*Steinbeck*, § 4–1 Rn 391; Gloy/Loschelder/*Jaeger-Lenz*, § 68 Rn 125.
13 *Köhler*, in: Köhler/Bornkamm, § 4 UWG Rn 1.201; Fezer/*Steinbeck*, § 4–1 Rn 410 ff.
14 Vgl BGH GRUR 2006, 75, 76 *Artenschutz*; vgl ferner BGH GRUR 2006, 77, 78 = WRP 2006, 72 *Schulfotoaktion*.
15 Vgl auch *Hartwig*, NJW 2006, 1326, 1328 f.

erst, wenn sie Marktteilnehmer **in unzumutbarer Weise** belästigt (§ 7 Abs. 1 UWG). Allein darin, dass der Laienwerber sich in erster Linie an Personen wenden wird, zu denen er in einer bestimmten Beziehung steht, und diese sich einer solchen Werbemaßnahme möglicherweise weniger leicht entziehen können als den Werbeversuchen Fremder, liegt noch kein Umstand, der die mit der Laienwerbung verbundene Belästigung als unzumutbar iSv § 7 Abs. 1 UWG erscheinen lässt. Ein solcher Belästigungsgrad ist regelmäßig erst gegeben, wenn die Gefahr besteht, dass der Laienwerber zu Mitteln greift, die auch **berufsmäßigen Werbern verboten** sind[16]. Ein Unzumutbarkeitsindiz liegt zB vor, wenn der Werbende es darauf angelegt, dass der Laienwerber sein **Prämieninteresse verheimlicht**, um seiner Empfehlung den Anstrich eines uneigennützigen Rats zu geben. Dies ist nicht der Fall, wenn sich die Werbeprämie aus der Informationsbroschüre, die der potenzielle Neukunde erhält, ergibt, dies aus der Werbeanzeige – wie bei Zeitungs- und Zeitschriftenabonnements oder in der Werbung um neue Strom- und Gaskunden (zB durch Nuon) – ersichtlich ist oder wenn dem Umworbenen die Prämie durch den Laienwerber mitgeteilt wird. Nicht selten werden Prämien auch unter dem Werbenden und dem Umworbenen aufgeteilt.

**322b** Es gibt allerdings Bereiche, in denen **Werbeverbote** gelten. So gilt etwa für die Zulässigkeit der Werbung im Gesundheitswesen im Interesse der Verbraucher ein strengerer Maßstab. Danach ist eine Werbemaßnahme unzulässig, wenn sie Gegenstände betrifft, die einem Werbeverbot unterliegen. Im Falle der Gleitsichtgläser greift das Werbeverbot des § 7 Heilmittelwerbegesetz (HWG). Gleitsichtgläser sind als Sehhilfen **Medizinprodukte** iSd § 3 Nr 1 des Gesetzes über Medizinprodukte (MPG). Auf sie findet daher gemäß § 1 Abs. 1 Nr 1a HWG das Heilmittelwerbegesetz Anwendung[17]. Nach § 7 Abs. 1 S. 1 HWG ist es grundsätzlich unzulässig, im Zusammenhang mit der produktbezogenen Werbung für Heilmittel Zuwendungen und sonstige Werbegaben (Waren oder Leistungen) anzubieten, anzukündigen oder zu gewähren. Dieses **Zuwendungsverbot** umfasst auch Werbegaben an Verbraucher. Diese sollen bei der Entscheidung, ob und welche Heilmittel sie in Anspruch nehmen, nicht unsachlich durch die Aussicht auf Zugaben und Werbegaben beeinflusst werden. Dabei sind der Schutzzweck und die der Regelung des § 7 HWG zugrunde liegende selbstständige Wertung des Gesetzgebers auch im Rahmen des § 4 Nr 1 UWG zu berücksichtigen. Dies führt dazu, dass eine Werbung mit Werbegaben für Heilmittel als unangemessene unsachliche Einflussnahme iSd § 4 Nr 1 UWG und damit als unlauter gem. § 3 Abs. 1 UWG anzusehen ist. Eine unangemessene unsachliche Einflussnahme liegt dabei auch dann vor, wenn die ausgelobte Werbegabe nicht dem Erwerber des Heilmittels selbst zukommen soll, sondern wie im vorliegenden Fall einem **Dritten**, der gegen Gewährung einer Werbeprämie einen neuen Kunden für das beworbene Heilmittel wirbt. Bezwecken die Werbeverbote wie das des § 7 Abs. 1 S. 1 HWG den Schutz der Verbraucher, ist der Verstoß gegen diese Vorschrift zugleich unlauter iSv § 4 Nr 11 UWG.

16 *Köhler*, in: Köhler/Bornkamm, § 4 UWG Rn 1.201 ff.

17 Zu vergleichbaren Fällen BGH GRUR 1992, 871 *Femovan*; BGH GRUR 1997, 761, 765 = WRP 1997, 940 *Politikerschelte*.

### b) Kundenbindung durch Probeabonnements

In der Entscheidung ***Probeabonnement***[18] hat der Kartellsenat des BGH grds. Stellung bezogen zu einem zu dem Verhältnis des GWB zum UWG (s. dazu Rn 428a f), zu der rechtlichen Einordnung von Wettbewerbsregeln, in diesem Falle des Bundeskartellamtes, zur möglichen unsachlichen Beeinflussung durch Probeabonnements und zur Zulässigkeit von Gratisgeschenken. Wegen der Bedeutung der Entscheidung, mit der der Kartellsenat zum Teil frühere Positionen aufgegeben hat, wird der Inhalt im Folgenden repetiert. Geklagt hatten der Dachverband der LOTTO-TOTO-Verkaufsstellen in Deutschland und der Betreiber eines Zeitschriftenladens, die sich gegen die Werbung des Gruner & Jahr Verlages für ein Probeabonnement des „stern“ wandten. Geworben wurde unter der Überschrift „13 x stern testen, über 40% sparen“ um neue Abonnenten, denen zum Preis von 19 € (ca. 1,46 € pro Heft) ein Abonnement über dreizehn Hefte sowie attraktive Zugaben (einen „BODUM Kaffeebereiter“, eine Isolierkanne „BODUM Bistro Vacuum“ oder eine Armbanduhr) in Aussicht gestellt wurden. Die Zeitschrift „stern“ wurde zum damaligen Zeitpunkt im Einzelverkauf zu einem gebundenen Preis von 2,50 €, im Abonnement zum Preis von 2,30 € pro Heft verkauft. Die Kläger beanstandeten, dass mit dem Testabonnement der vom Gruner & Jahr Verlag selbst vorgegebene Einzelverkaufspreis, an den der Zeitschriftenhandel gebunden sei, um mehr als 40% unterschritten, und darüber hinaus eine Zugabe gewährt werde, deren Wert nicht in angemessenem Verhältnis zum Erprobungsaufwand stehe. Die Kläger stützten ihr Begehren auf Wettbewerbsregeln, die der Verband Deutscher Zeitschriftenverleger (VDZ) für den Vertrieb von abonnierbaren Publikumszeitschriften aufgestellt hatte. Nach den vom BKartA nach § 26 Abs. 1 GWB aF anerkannten Wettbewerbsregeln[19] ist ein Kurzabonnement zu Erprobungszwecken („Probeabonnements“) zulässig, wenn es zeitlich auf maximal drei Monate begrenzt ist, nicht mehr als 35% unter dem kumulierten Einzelheftpreis liegt und nicht beliebig oft wiederholt wird. Falls es in ein reguläres Abonnement führt, müsste dies jederzeit kündbar sein. Der Umfang des Verkaufs im Einzelhandel ging durch die Werbeaktion nur geringfügig zurück. **322c**

Hinsichtlich der Ausführungen zu dem Verhältnis von GWB und UWG wird auf die Ausführungen unter Rn 428a verwiesen. Bezüglich der vom BKartA anerkannten VDZ stellte der Kartellsenat fest, dass **Wettbewerbsregeln** für die Frage, ob ein bestimmtes Verhalten als unlauter zu beurteilen ist, nur noch eine begrenzte Bedeutung haben. Während in der Vergangenheit für die Frage der Unlauterkeit maßgeblich auf das Anstandsgefühl des verständigen Durchschnittsgewerbetreibenden[20] sowie auf die Verkehrssitte und damit auf die im Verkehr herrschende tatsächliche Übung[21] abgestellt wurde, bestehe – so der Kartellsenat – heute Einigkeit darüber, dass der Wettbe- **322d**

18 BGHZ 166, 154 ff; dazu *F. Frank*, Umgehung der Preisbindung durch Vermittlung von Zeitschriftenabonnements, in: Boesche (Hrsg.), Freie oder gleiche Preise, 2009, S. 165 ff.

19 Beschluss vom 30. März 2004, AZ.: B 6-22220-W-86/03.

20 Vgl BGHZ 23, 365, 373 *Suwa*; 37, 30, 32 *Selbstbedienungsgroßhandel*; 34, 264, 274 *Einpfennig-Süßwaren*; 43, 359, 364 *Warnschild*; 81, 291, 296 *Bäckerfachzeitschrift*.

21 So der BGH zB im Jahre 1956, GRUR 1957, 23, 24 = WRP 1956, 244 *Bünder Glas*; und im Jahre 1964, GRUR 1965, 315, 316 = WRP 1965, 95 *Werbewagen*.

werb in bedenklicher Weise beschränkt würde, wenn das Übliche zur Norm erhoben würde. Wettbewerbsregeln käme daher allenfalls eine Indizbedeutung für die Frage der Unlauterkeit zu. Sie stellen **keine Rechtsnorm** dar[22]. Allein dadurch, dass die Kartellbehörde die Wettbewerbsregeln nach §§ 24 Abs. 3, 26 Abs. 1 GWB anerkannt hat, wird ihnen weder eine Rechtsnormqualität verliehen, noch die Entscheidung des Richters über die Beurteilung des gegen die Wettbewerbsregeln verstoßenden Verhaltens als lauter oder unlauter antizipiert. Die Anerkennung führt lediglich – vergleichbar den allein die Wirtschaft bindenden Selbstverpflichtungen[23] – zu einer **Selbstbindung des BKartA**, das bei unveränderter Sachlage die Verabschiedung dieser Wettbewerbsregeln nicht mehr als Kartellverstoß nach § 1 GWB verfolgen kann (vgl § 26 Abs. 1 S. 2 GWB). Bei anderer Wertung bestehen verfassungsrechtliche Bedenken, wenn Wettbewerbsregeln der Ausfüllung lauterkeitsrechtlicher Generalklauseln und zur Konkretisierung unbestimmter Rechtsbegriffe herangezogen würden. So hat das BVerfG zu den Standesrichtlinien der Rechtsanwälte entschieden, dass ohne gesetzliche Grundlage festgelegte Richtlinien nicht als Hilfsmittel zur Auslegung und Konkretisierung der Generalklausel des § 43 BRAO herangezogen werden dürfen[24]. In dem Falle der Probeabonnements hatte das OLG Hamburg hingegen den Wettbewerbsregeln eine entscheidende Bedeutung beigemessen. Das Angebot der 40%igen Preisunterschreitung begründe ein vertragsuntreues Verhalten gegenüber dem preisgebundenen Zeitschriftenhandel und sei damit unlauter. Die dem Preisbinder gegenüber gebundenen Händler treffen zwar Rücksichtnahmepflichten, die ihn dazu verpflichten, verschiedene miteinander im Wettbewerb stehende Zeitschriftenhändler gleich zu behandeln (insoweit unterliegt er auch dem Diskriminierungsverbot), vermögen aber das Angebot eines befristeten Probeabonnements nicht zu verhindern. Für den Zeitschriftenverlag ist der Abonnent, der sich zur regelmäßigen Abnahme der Zeitschrift verpflichtet, ein wesentlich attraktiverer Leser als derjenige, der die Zeitschrift gelegentlich im Handel erwirbt. Er kann mit ihm auf längere Zeit rechnen, während der Erwerber eines Einzelheftes keine Gewähr dafür bietet, dass er das nächste und übernächste Heft ebenfalls erwirbt. Es ist daher wettbewerbsrechtlich nicht zu beanstanden, dass der Verlag für ein Abonnement deutlich günstigere Konditionen anbietet als für den preisgebundenen Einzelverkauf. Es ist hinzunehmen, dass dabei der Dauerabonnent für den Einzelhändler als Kunde verloren ist. Die durchaus häufige, insbesondere unter jüngeren Menschen verbreitete Form des **„Prämien-Shoppers“**, der nur das Probeabonnement in Anspruch nimmt, bleibt zumindest als Gelegenheitskäufer für den Zeitschriftenhändler erhalten. Zutreffend macht der Kartellsenat klar, dass der Anteil der Probeabonnenten zunimmt, je preisgünstiger das Probeabonnement und je attraktiver die versprochene Zugabe ist. Gerade diese Kun-

---

22 So auch BGH WRP 2009, 1095 Tz 20 *Versicherungsberater*; BGH GRUR 1991, 462, 463 *Wettbewerbsrichtlinie der Privatwirtschaft*; *Köhler*, in: Köhler/Bornkamm, § 4 UWG Rn 11.30, § 3 UWG Rn 39; Harte/Henning/*Schünemann*, § 3 Rn 159 ff, 162; *Kellermann*, in: Immenga/Mestmäcker, § 26 Rn 49 f; Fezer/*Götting*, § 4–11 Rn 54.

23 Wie die Verbändevereinbarungen für Strom und Gas, dazu zB *Säcker/Boesche*, Gute fachliche Praxis der Netzkostenkalkulation – ein Beitrag zur „Verhexung des Denkens durch die Mittel unserer Sprache“?, in: Säcker (Hrsg), Neues Energierecht, 2003, S. 135 ff.

24 BVerfGE 76, 171, 188 f; 76, 196.

den verhindern durch eine entsprechende Erklärung, dass das Probeabonnement in ein reguläres Abonnement übergeht, so dass sich der Anbieter eines besonders günstigen Angebots keinen Gefallen täte. So ist durchaus denkbar, dass dieser Personenkreis durch das Probeabonnement stärker an die Zeitschrift gebunden wird und die Zeitschrift in Zukunft regelmäßiger im Handel erwirbt. Anders als der BGH noch in den Entscheidungen *„Kopplungsangebot I und II"* vertrat[25], bestehen auch keine lauterkeitsrechtlichen Bedenken dagegen, dass Produkte, die **nicht in einem Funktionszusammenhang** stehen, zu einem gekoppelten Angebot zusammengefasst werden. Auch mit Blick auf den **Wert der Zugabe** stellt das beworbene Probeabonnement kein missbräuchliches Kopplungsangebot dar. Weder der günstige Preis noch die attraktive Zugabe kann den Vorwurf einer unsachlichen Beeinflussung der Verbraucher rechtfertigen[26]. Ein Verstoß gegen § 4 Nr 1 UWG liegt damit nicht vor.

Bei **Kopplungsangeboten** liegt eine unangemessen unsachliche Beeinflussung[27] nur **322e**
vor, wenn die **Anlockwirkung** so groß ist, dass auch bei einem **verständigen Verbraucher** ausnahmsweise die **Rationalität der Nachfrageentscheidung vollständig in den Hintergrund** tritt[28], wenn also der Verstand aussetzt. Würde etwa die Werbung für Krombacher Bier (s. dazu Fall ***Krombacher Regenwaldprojekt***, Rn 359 f) dazu führen, dass ein eingefleischter Fußballfan, der keine Sportsendung verpasst, während der Sportschau vom bequemen Sofa aufsteht, nur um eine Kiste des gerade beworbenen Krombacher Bieres um des versprochenen Umweltschutzbeitrages wegen unverzüglich zu erwerben, obgleich er noch ausreichend Becks Bier kühl gestellt hat, könnte eine solche Situation der Verstandesausschaltung gegeben sein. Allein die Beigabe einer wertvollen Zugabe reicht hingegen zur Begründung einer irrationalen Nachfrageentscheidung nicht aus[29]. Auch die Attraktivität der Zugabe, etwa eine modische Sonnenbrille, schließt die Rationalität der Nachfrageentscheidung nicht aus. Eine Zugabe macht wirtschaftlich nur Sinn, wenn sie für die angesprochenen Verbraucher interessant ist. Im Fall *Zeitschrift mit Sonnenbrille* konnte der BGH eine **übertriebene Anlockwirkung** auch nicht deshalb erkennen, weil es sich bei den angesprochenen Verkehrskreisen um Jugendliche und junge Erwachsene im Alter zwischen 12 und 20 Jahren handelte. Selbst wenn man der Ansicht ist, dass es sich bei der Personengruppe der Jugendlichen um Verbraucher handelt, die im Schnitt geschäftlich unerfahrener sind als der Durchschnitt aller Verbraucher, kommt es auf den **konkreten Kaufgegenstand** und die **Zugabe** an. Im Falle einer Jugendzeitschrift und einer Sonnenbrille handelt es sich um Produkte, die auch von Jugendlichen regelmäßig nachgefragt werden. Bei derartigen Produkten kann eine ausreichende Kenntnis des Marktes und der Werthaltigkeit der Angebote vorausgesetzt werden. Der Preis von 2,30 € für eine Zeitschrift

---

25 BGHZ 151, 84 und BGH GRUR 2002, 979 = WRP 2002, 1259.

26 So auch BGH GRUR 2006, 161 *Zeitschrift mit Sonnenbrille*, danach begründet die Beigabe einer im Verhältnis zum Verkaufspreis wertvollen Zugabe ohne zusätzliches Entgelt keine unangemessene unsachliche Beeinflussung der Entscheidungsfreiheit von Verbrauchern. Zu Kopplungsangeboten s. auch Rn 337 ff.

27 Ausführlich zu dem Begriff der unsachlichen Beeinflussung *Scherer*, WRP 2007, 723 ff.

28 BGH GRUR 2006, 161 *Zeitschrift mit Sonnenbrille*.

29 BGH GRUR 2006, 161 *Zeitschrift mit Sonnenbrille*; BGH GRUR 2004, 960 f = WRP 2004, 1359 *500 DM-Gutschein für Autokauf*; Fezer/*Steinbeck*, § 4-1 Rn 214.

bewegt sich nach der Lebenserfahrung im Rahmen des Taschengelds der angesprochenen jugendlichen Verbraucher. Zu Recht stellte der BGH fest, dass, selbst wenn die Zeitschrift nur deshalb erworben würde, um in den Besitz der Sonnenbrille zu gelangen, mit dem Kauf **keine nennenswerten wirtschaftlichen Belastungen** verbunden seien[30]. Warum sollte ein Jugendlicher eine Zeitschrift oder eine Sonnenbrille für 2,30 € erwerben können, nicht aber auch für denselben Preis eine Zeitschrift mit Sonnenbrille? Selbst wenn einzelne Jugendliche die Zeitschrift zweimal kaufen würden, um die Sonnenbrille in beiden angebotenen Farben zu erwerben, ändert dies nichts daran, dass eine unangemessene unsachliche Beeinflussung nicht vorliegt.

### 4. Übertriebenes Anlocken

**323** Wenn der Werbende seinen Kunden **übermäßige** oder **übertriebene Vorteile** für den Fall der Kontaktaufnahme in Aussicht stellt und sie dadurch von der sachlichen Prüfung der Angebote abhält, so dass die Rationalität des Verbrauchers ausgeschaltet ist und Konkurrenten keine Möglichkeit mehr haben, mit ihren an sich gleichwertigen Angeboten zum Zuge zu kommen, kann ein Fall übertriebenen Anlockens vorliegen. Allerdings sind diese Werbeformen nur noch selten unzulässig. Dies liegt zum einen daran, dass Rabatte und Zugaben mit Aufhebung der **Zugabeverordnung** und des **Rabattgesetzes** im Sommer 2001 grundsätzlich zulässig sind und zudem dem gewandelten Verbraucherbild Rechnung zu tragen ist[31]. Eine Anlockung kann in einem **Kopplungsangebot** liegen, das keine Wertreklame ist, da der Verbraucher nichts geschenkt bekommt, sondern ein Gesamtpaket erhält, der Erwerb der jeweiligen Einzelwaren oder Einzelleistungen also nicht möglich, sondern abhängig von dem Erwerb des Gesamtangebotes ist. Bei diesen Kopplungsangeboten kommt es entscheidend darauf an, ob der angesprochene Verkehr das Angebot so versteht, wie es gemeint ist. Sah der BGH noch in einer Entscheidung aus dem Jahre 1999 das Angebot eines **„Handy für 0,00 DM"** als unlauter an, da blickfangmäßig auf den günstigen Handypreis, nicht aber auf die Verpflichtung zum Abschluss von mehrjährigen Netzverträgen hingewiesen wurde[32], betrachtete die Rechtsprechung der Oberlandesgerichte der letzten Jahre vergleichbare Kopplungen als zulässig. So ordnete zB das *OLG Celle* das Angebot von **„Elektrischen Geräten für 1 DM"** bei gleichzeitigem Abschluss eines Stromversorgungsvertrages nicht als wettbewerbswidriges übertriebenes Anlocken ein. Ähnlich entschied das *OLG Düsseldorf* hinsichtlich der Kopplung von Sprachtelefondienstleistung und Strombelieferung (**„Strom und Fon"**)[33]. Die Gerichte begründeten dies damit, dass für die angesprochenen Verkehrskreise leicht zu erkennen sei, dass es sich um einheitliche Angebote handelte und die Einzelpreise für die gebündelten Leistungen oder Waren leicht zu ermitteln seien. Dem Verbraucher seien

30 BGH GRUR 2006, 161 *Zeitschrift mit Sonnenbrille*.

31 Ausführlich dazu *Schichl*, Die Zugabe im UWG und GWB nach dem Wegfall der Zugabeverordnung, 2005.

32 BGHZ 139, S. 368, 376 = GRUR 1999, S. 264 *Handy für 0,00 DM*.

33 OLG Celle GRUR 2001, 443 *Koppelungsangebot bei Stromliefervertrag*; OLG Düsseldorf GRUR-RR 2002, 285 *Strom und Fon*; ähnlich OLG Frankfurt/M. NJW-RR 2002, 40 *Kopplungsangebot bei Stromliefervertrag*.

derartige Kombinationsangebote inzwischen vertraut, er wisse, dass solche Angebote zB ein Handygerät beinhalten, ohne dass dafür ein gesondertes Entgelt gezahlt wird, vorausgesetzt, es wird gleichzeitig ein zweijähriger Netzkartenvertrag abgeschlossen. Schließlich sei dem angesprochenen Verkehr bekannt, dass ein „Kaufmann nichts zu verschenken" habe. Inzwischen ist der BGH dieser Tendenz gefolgt, so hat er zB die Werbung mit der unentgeltlichen Überlassung von fünf Büchern für den Fall einer zweijährigen Mitgliedschaft in einem Buchclub nicht als wettbewerbswidrig wegen übertriebenen Anlockens eingestuft[34]. Das Anbieten unentgeltlicher Zuwendungen an Schulen im Gegenzug für das Aufstellen und Anmieten von **„Schulschließfächern"** als Werbefläche wurde hingegen wegen der Gewährung sachfremder Vorteile wegen Unvereinbarkeit mit dem gesetzlichen Schulauftrag als unlautere Absatzförderung angesehen[35].

*Aufbauhinweis:* Hinsichtlich der **Kopplungsangebote** ist stets zunächst zu prüfen, ob ein Verstoß gegen die spezielleren Tatbestände der § 4 Nr 4, Nr 5 und Nr 6 UWG vorliegt. S. daher zu Kopplungsangeboten auch unter Rn 335 ff.

In Zukunft werden alle Fallgestaltungen, die einen Bezug zu **Kindern** oder **Jugendlichen** haben, zunächst als möglicher Verstoß gegen das Per-se-Verbot in Nr 28 des Anhangs zu § 3 Abs. 3 UWG zu prüfen sein. Bei dessen Verneinung ist ein Verstoß gegen den insofern spezielleren Tatbestand des § 4 Nr 2 UWG zu prüfen. Nur, wenn neben der Ausnutzung der geschäftlichen Unerfahrenheit weitere Unlauterkeitsmomente hinzukommen, die andere Tatbestände verwirklichen, sind diese im Anschluss daran zu prüfen. **324**

*Hinweis:* Da kein Verdrängungsverhältnis zwischen den einzelnen Nummern des § 4 UWG besteht, kann ohne weiteres eine Handlung mehrere Verstöße begründen, ebenso können mehrere Handlungen gegen dieselbe „Nummer" verstoßen (s. dazu auch die Ausführungen im Anhang III).

## 5. Appell an Mitleid und Gefühle: emotionale Werbung – Verabschiedung von der Fallgruppe der gefühlsbetonten Werbung?

Grundsätzlich ist der Einsatz gefühlsbetonter Werbeaussagen (sog. Cause-Related-Marketing) erlaubt, sofern darin nicht bestimmte Menschen verächtlich gemacht, verspottet oder sonst herabgewürdigt werden **(Unantastbarkeit der Menschenwürde)**[36]. Neben der unzulässigen Ausnutzung von Gefühlen durch das diskriminierende Abbilden von Menschen (s. dazu unter Rn 320) oder quälende Darstellungen von Tieren tritt seit jüngerer Zeit der ebenfalls sensible Bereich **umweltbezogener Werbung**, der viele Menschen emotional vergleichbar stark in Anspruch nimmt wie das Abbilden leidender Menschen oder Tiere. Wird eine Verbindung hergestellt zwischen einer geschäftlichen Handlung idR einer Kaufentscheidung und einem dadurch geleisteten **325**

34 BGH WRP 2003, 1217 *Buchclub-Kopplungsangebot.*
35 OLG Karlsruhe GRUR-RR 2003, 191 *Schulschließfächer.*
36 S. dazu die Ausführungen im Zusammenhang mit dem Begriff „menschenverachtend" unter Rn 320 sowie *Emmerich*, § 12 V 1.

Beitrag zum Umwelt- oder Tierschutz oder zugunsten von Kindern oder einem sonstigen sozialen, kulturellen, sportlichen oder ökologischen Engagement besteht nach der *Artenschutz*- und *Regenwaldprojekt*-Rechtsprechung des BGH[37] kein allgemeines Transparenzgebot und entsprechend auch keine allgemeine Aufklärungspflicht des werbenden Unternehmens über die Art und den Umfang der Zusatzleistung. Eine Werbeaussage kann überdies nicht schon dann als unlauter angesehen werden, wenn das Kaufinteresse durch Ansprechen des **sozialen Verantwortungsgefühls**, der **Hilfsbereitschaft**, des **Mitleids** oder des **Umweltbewusstseins** geweckt werden soll, **ohne dass ein sachlicher Zusammenhang** zwischen dem in der Werbung angesprochenen Engagement und der beworbenen Ware besteht, und nur zielbewusst und planmäßig an Gefühle appelliert wird, um diese im eigenen wirtschaftlichen Interesse als entscheidende Kaufmotivation auszunutzen. Damit weicht der BGH von der gegenteiligen Beurteilung in früheren Senatsentscheidungen zur gefühlsbetonten Werbung ab und folgt der Rechtsprechung des BVerfG[38]. Dass ein Unternehmen darauf hinweist, dass es eine bestimmte namentlich genannte Menschenrechts-, Tierschutz- oder Umweltschutzorganisation unterstützt, ist nur im Sinne einer **Imagewerbung** zu verstehen. Verbraucher können darin zwar eine Anregung sehen, die angegebene Organisation dadurch mittelbar zu unterstützen, dass sie bei dem Unternehmen einkaufen, es ist ihnen aber überlassen, ob sie sich in ihrer Kaufentscheidung dadurch beeinflussen lassen wollen, dass sich das Unternehmen zB für den Umwelt- oder Tierschutz einsetzt. Es mag zwar sein, dass es gerade für den Umweltschutz engagierte Verbraucher als anstößig ansehen, wenn eigene Aktivitäten im Umweltschutz in der Werbung benutzt werden, das persönliche Engagement eines Unternehmens wird jedoch in aller Regel nicht dazu ausreichen, einen eigentlich nicht gewollten Kauf – etwa den Erwerb einer Brille oder eines Bierkastens – zu tätigen. Ein solch strenger Maßstab kann hinsichtlich der Schutzzwecke des UWG bei der Beurteilung der Frage, ob eine unangemessene unsachliche Einflussnahme (oder eine Irreführung bzw eine irreführende Unterlassung) vorliegt, – so auch der BGH – nicht maßgebend sein. Die Grenze zur Unlauterkeit emotionaler Werbung ist erst dann erreicht, wenn das zum Schutz zB eines Naturschutzgebietes oder einer aussterbenden Tierrasse Geleistete hinter dem Versprochenen zurückbleibt und dadurch die Erwartungen der Verbraucher in relevanter Weise enttäuscht werden. In diesem Fall läge ein Verstoß gegen § 5 UWG vor[39]. Eine andere Bewertung ergibt sich auch nicht aus der Umsetzung der UGP-RL. Auch die Richtlinie fordert keine Aufklärung um ihrer selbst willen, sondern nur, wenn das **Verschweigen** für die Kaufentscheidung relevant wird. Zuvor an § 5 Abs. 2 S. 2 UWG (2004) zu prüfende Sachverhalte sind nun unter dem Merkmal „Informationen über das ökologische und soziale Engagement" des **§ 5a UWG** zu prüfen (dazu Rn 298). Dabei muss auf jeden Fall über die wesentlichen Merkmale des Produkts

37 BGH WRP 2007, 303 ff *Regenwaldprojekt I*; BGH WRP 2007, 308 ff *Regenwaldprojekt II*; BGH GRUR 2006, 75 ff *Artenschutz*; s. auch LG Siegen GewArch 2002, 463 f *Regenwald-Werbung* s. dazu den Fall ***Krombacher Regenwaldprojekt***, Rn 314 f, 359 f; sowie OLG Hamm WRP 2003, 396 ff *Regenwald-Projekt*, das befürwortete, dass ein Wettbewerber grds mit seinem sozialen Engagement werben können muss.

38 BVerfG GRUR 2002, 455, 457 *Tier- und Artenschutz*.

39 BGH WRP 2007, 308, 312 *Regenwaldprojekt II*.

(§ 5a Abs. 3 Nr 1–5 UWG) in einem für das verwendete Kommunikationsmedium angemessenen Umfang (§ 5a Abs. 2 UWG) informiert werden. Eine allgemeine Transparenzpflicht besteht danach jedoch ebenso wenig wie eine allgemeine umfassende Aufklärungspflicht. Für den Bereich der Kopplung von **Sponsoring-Leistungen** mit dem Warenabsatz dürften sich ebenfalls keine weiteren Aufklärungspflichten ergeben. Man wird vor allem nicht stets davon ausgehen können, dass die Art und Weise der Unterstützung oder der Höhe der Zuwendung ein wesentliches Merkmal des beworbenen Produkts in Form des Gesamtangebots iSd § 5 Abs. 1 S. 2 Nr 4 UWG ist[40]. Entscheidend sind auch insofern die Vorstellungen der angesprochenen Verbraucher. Nach Ansicht des BGH beschränken sich diese darauf, dass das werbende Unternehmen „zeitnah überhaupt" eine Sponsorenleistung erbringt und diese nicht so geringfügig ist, dass sie die werbliche Herausstellung nicht rechtfertigt[41]. Die Art und Weise der Unterstützung oder die Höhe der Zuwendung seien danach gerade nicht wesentlich[42]. Ausführlicher dazu die Fälle ***Krombacher Regenwaldprojekt*** Rn 359 f und ***Saubere Energieerzeugung*** Rn 314 f.

*Literaturhinweise: Birk*, Corporate Responsibility, unternehmerische Selbstverpflichtungen und unlauterer Wettbewerb, GRUR 2011, 196 ff; *Bottenschein*, „Regenwald Projekt" und der Kaufzwang bei der akzessorischen Werbung, WRP 2002, 1107 ff; *Hartwig*, Moralischer Kaufzwang, WRP 2002, 1371 ff; *Korte*, Krombacher – eine Perle der Natur? – Auch eine Anmerkung zum Urteil des LG Siegen vom 26.6.2002, GewArch 2002, 453 ff; *Schaub*, Sponsoringverträge und Lauterkeitsrecht, GRUR 2008, 955 ff; *Scherer*, Das Ende des Verdikts der „gefühlsbetonten" Werbung – Aufgabe der „Sachlichkeits"-Doktrin? GRUR 2008, 490 ff; *dies.*, Die „unsachliche" Beeinflussung in § 4 Nr 1 UWG, WRP 2007, S. 723 ff; *Seichter*, Das Regenwaldprojekt – Zum Abschied von der Fallgruppe der gefühlsbetonten Werbung, WRP 2007, 230 ff; *Steinbeck*, Übertriebenes Anlocken, psychischer Kaufzwang etc ... gibt es sie noch? GRUR 2005, 540 ff; *Teichmann*, Kriterien gefühlsbetonter Werbung, WRP 1994, 704 ff.

## II. § 4 Nr 2 UWG: Ausnutzung von Gebrechen und Alter, von geschäftlicher Unerfahrenheit, Leichtgläubigkeit, Angst oder einer Zwangslage

§ 4 Nr 2 UWG umfasste auch vor der Novelle 2008 die Fälle, in denen die geschäftli- **326**
che Unerfahrenheit, Leichtgläubigkeit, Angst oder Zwangslage von Verbrauchern ausgenutzt wird. Hinzugekommen sind die weiteren Begriffe der „geistigen oder körperlichen Gebrechen" und das „Alter". Auf den ersten Blick könnte man meinen, die **Kinder** und **Jugendlichen**, die aus dem Tatbestand eliminiert wurden, seien den Gebrechlichen und Alten zum Opfer gefallen. Tatsächlich wurden Kinder und Jugendliche nur als ein „insbesondere"-Fall für Unerfahrenheit in geschäftlichen Angelegenheiten ausdrücklich im Gesetzestext aufgeführt. Die Streichung bewirkt eine Ausdehnung des Schutzes zugunsten aller geschäftlich Unerfahrenen. Sie soll – so der Gesetzgeber – keine inhaltliche Änderung zum Nachteil von Kindern und Jugendli-

40 Vgl *Seichter*, WRP 2007, S. 230, 237.
41 BGH WRP 2007, 308, 312 *Regenwaldprojekt II*.
42 Vgl *Seichter*, WRP 2007, S. 230, 237.

chen einläuten. Vielmehr solle verhindert werden, dass dem Begriff des Kindes an zwei Stellen des Gesetzes eine unterschiedliche Bedeutung beigemessen wird[43]. Gemeint ist die in Nr 28 des Anhangs zu § 3 Abs. 3 (abgedruckt im Anhang V) geregelte per se unzulässig Aufforderung an Kinder, selbst eine Ware zu erwerben oder ihre Eltern dazu zu bewegen. Diese Tatvariation beruht auf Gemeinschaftsrecht. Der Begriff des Kindes ist – so der Gesetzgeber – gemeinschaftsrechtlich auszulegen[44]. Nur was ist der „europäische Kindsbegriff"? (s. dazu näher die Ausführungen zu Nr 28, Rn 517, zur Abgrenzung des § 4 Nr 2 von Nr 28 s. Rn 524). Geschützt werden in § 4 Nr 2 UWG nicht generell Verbraucher wegen ihres Alters (also nicht alle „Alten", oder alle Jungen), ihrer Gebrechen, ihrer geschäftlichen Unerfahrenheit oder Leichtgläubigkeit oder gar Ängstlichkeit. Vielmehr ist es unlauter, wenn die körperlichen oder geistigen Gebrechen, das Alter (und zwar ohne Unterscheidung nach oben oder unten), die geschäftliche Unerfahrenheit oder Leichtgläubigkeit von Verbrauchern vor, bei oder nach einem Geschäftsabschluss ausgenutzt werden. Weiterhin ist es unlauter, Verbraucher, die sich in einer Ausnahmesituation der Angst oder in einer Zwangslage befinden, zu einer geschäftlichen Handlung zu bewegen. Insbesondere **Zwangslagenkonstellationen** werden sich im Einzelfall schwer abgrenzen lassen von den bereits über § 4 Nr 1 UWG erfassten Druck- und Beeinflussungssituationen[45]. Hier entsteht der Eindruck, der Gesetzgeber wollte lieber einmal zu viel schützen als eine Fallgruppennuance unerwähnt zu lassen. Der Hauptunterschied besteht wohl darin, dass im Falle des § 4 Nr 2 UWG ein bereits zuvor selbst oder durch einen Dritten geschaffener Zustand der Angst oder eine zuvor herbeigeführte Zwangslage **ausgenutzt** wird, um eine Beeinflussung in einer bestimmten Richtung zu erzielen. An einem Ausnutzen fehlt es, wenn die Umworbenen die geschäftliche Handlung hinsichtlich der wirtschaftlichen Bedeutung, der Preiswürdigkeit und der finanziellen Belastung hinreichend überblicken können[46]. Wird zunächst Angst des „Werbeopfers" erzeugt und die geschaffene Angstsituation anschließend oder zu einem späteren Zeitpunkt genutzt, um dadurch die eigenen Produkte oder Leistungen (zB Versicherungen) abzusetzen, kann darin eine unangemessene unsachliche Beeinflussung der Entscheidungsfreiheit liegen.

*Literaturhinweise: Baukelmann*, Jugendschutz und Lauterkeitsrecht – neue europäische Gesichtspunkte, FS Ullmann, 2006, S. 587 ff, der sich vor allem mit den entsprechenden Inhalten der Geschäftspraktiken-RL näher beschäftigt; *Fuchs*, Wettbewerbsrechtliche Schranken bei der Werbung gegenüber Minderjährigen, WRP 2009, 255; *Heim*, Der Schutz Minderjähriger durch Wettbewerbsrecht, FamRZ 2007, S. 321 ff; *Köhler*, Werbung gegenüber Kindern: Welche Grenzen zieht die Richtlinie über unlautere Geschäftspraktiken? WRP 2008, S. 700–708; *Mankowski*, Was ist eine „direkte Aufforderung zum Kauf" an Kinder? WRP 2008. Zur Auslegung der Nr 28 der deutschen und europäischen black list, S. 421–429; *ders.*, Wer ist ein „Kind" Zum Begriff des

43 Ges.-Begr. S. 44.
44 Ges.-Begr. S. 70.
45 Dazu, dass beide Tatbestände nebeneinander anwendbar sind s. BGH GRUR 2006, 161 *Zeitschrift mit Sonnenbrille* mwN, allerdings verweist der BGH nach eingehender Auseinandersetzung mit einem möglichen Verstoß gegen § 4 Nr 1 UWG, den er im Ergebnis ablehnt, im Rahmen des § 4 Nr 2 UWG lediglich auf die Ausführungen und das Ergebnis zu § 4 Nr 1 UWG.
46 BGH WRP 2009, S. 71, 72 *Sammelaktion für Schoko-Riegel*; ausführlicher zu den Inhalten der Entscheidung s. Rn 520–522.

Kindes in der deutschen und der europäischen black list, WRP 2007, S. 1398–1405; *Peterek*, Ausnutzen der Rechtsunkenntnis – Anwendungsfall des § 4 Nr 2 UWG? WRP 2008, S. 714 ff; *Scherer*, Kinder als Konsumenten und Kaufmotivatoren, WRP 2008, S. 430–437; *Zagouras*, Werbung für Mobilfunkmehrwertdienste und die Ausnutzung der geschäftlichen Unerfahrenheit von Kindern und Jugendlichen nach § 4 Nr 2 UWG, GRUR 2006, 731 ff, s. dazu den Fall ***Klingeltöne***; zu der speziellen Problematik der **Haftung für R-Gespräche, die von Minderjährigen angenommen werden** s. zB *Mengering*, Besteht eine Vergütungspflicht des Anschlussinhabers, wenn Minderjährige R-Gespräche entgegennehmen? Eine Stellungnahme zum Urteil des BGH vom 16. März 2006, in Festbeigabe für Säcker, 2006, S. 29 ff; *Schlegel*, R-Gespräche – Haftung der Eltern für Minderjährige, MDR 2006, 1021 ff; *Zagouras*, Eltern haften für ihre Kinder? – R-Gespräche zwischen Anscheinsvollmacht, Widerruf und Wucher, NJW 2006, 2368 ff.

Häufig löst Druck vornehmlich **Angst** aus, so dass eine haarscharfe Trennung zwi- **327**
schen § 4 Nr 2 und Nr 1 UWG versagt. Allerdings bedarf es dieser auch nicht, da beide Fallgruppen nebeneinander zur Anwendung kommen können. Unabhängig davon hilft für eine Zuordnung der jeweiligen Fallkonstellation das Betrachten der geschäftlichen Handlung aus Sicht des Betroffenen. Soweit man vor allem aus „Opfersicht" von den relevanten inneren Motiven für eine Entscheidung erfährt (Angst, Schock), liegt § 4 Nr 2 UWG näher und wenn eine äußere Drucksituation beschrieben wird, mag man vorrangig an § 4 Nr 1 UWG denken. § 4 Nr 2 UWG kann einschlägig sein, wenn mit Inflationsängsten (Geldentwertung) geworben wird. Eine solche Angstsituation kann meines Erachtens dadurch erzeugt werden, dass eine große deutsche Bank auf eine „Anlage zum Kontoauszug" mit den Worten *„Ihr Lebensstandard ist gefährdet – Ihre Kredite und das Vermögen Ihrer Familie stehen auf wackeligen Füssen. Die aktuellen Gesetzesänderungen zwingen zum schnellen Handeln."* zu einem Gesprächstermin auffordert („Sprechen Sie hierzu bitte mit Frau …, Telefonnummer: …"). Man rechnet mit einer harmlosen Bescheinigung seines Kontostandes, über den man erfreut oder besorgt sein mag und findet eine der Aufmachung nach einem Kontoausdruck stark ähnelnde „Anlage", die an einen persönlich gerichtet zu sein scheint und einen in Angst und Schrecken versetzt[47]. Dass das Vermögen und insbesondere das der gesamten Familie offenbar bedroht ist, ebenso wie Kredite, verbunden mit der dringlichen Aufforderung zum eiligen Handeln und all dies nicht aus dem Munde eines aggressiven Anbieters von directbanking, sondern einer gediegen und seriös auftretenden Bank, überschreitet mE die Schwelle der Unlauterkeit. Das Beispiel zeigt auch die geradezu lehrbuchhafte Verknüpfung von Angsterzeugung und der Aufforderung, aus dieser Angst heraus eine unüberlegte Entscheidung zu treffen.

Droht die Streichung von Krankenkassenzuschüssen und wird darauf durch ein Infor- **328**
mationsblatt hingewiesen, wird der Tatbestand des § 4 Nr 2 UWG hingegen nicht erfüllt[48]. „Allgemeinere" Ängste, zB um die Gesundheit, vor technischen Unglücksfällen, vor Umweltzerstörung, vor beruflichem Scheitern, vor sozialen Sanktionen und vor Verkehrsunfällen begründen ebenfalls keinen Verstoß gegen § 4 Nr 2 UWG[49]. Die Androhung konkreter Nachteile, die unzulässig sind oder deren Androhung zumindest

47 Dazu, ob es das Per-se-Verbot der Nr 12 des Anhangs zu § 3 Abs 3 UWG erfüllt, s. die Ausführungen unter Rn 500 (Anhang V).
48 KG WRP 2004, 130 *Änderungen im Leistungsrecht.*
49 Vgl *Scherer*, WRP 2004, 1426, 1428 ff.

nicht zulässig ist, können hingegen ebenso gegen § 4 Nr 2 UWG verstoßen wie die Aufforderung zur Zahlung unbestellter Produkte. Wird eine falsche Behauptung aufgestellt, wonach ein Produkt nur noch eine sehr begrenzte Zeit oder nur zu bestimmten Bedingungen in einer sehr begrenzten Zeit verfügbar sein soll, um so die Verbraucher zu einer sofortigen Entscheidung zu verleiten, gehört dies zu den Geschäftspraktiken, die nach Ziff. 5 des Anhangs zu § 3 Abs. 3 unter allen Umständen als unlauter gelten (abgedruckt im Anhang V). Da es sich dabei auch um eine irreführende Angabe handelt, läge sowohl ein Verstoß gegen § 5 Abs. 2 Nr 1 UWG wie auch gegen § 4 Nr 2 (Angst) und § 4 Nr 1 UWG (Druck) vor.

*Literaturhinweis: Scherer*, Die Werbung zur Ausnutzung der Angst von Verbrauchern nach § 4 Nr 2 UWG nF – Neukonzeption eines altvertrauten Tatbestandes, WRP 2004, 1426 ff.

**329** Hinsichtlich der Subsumtion unter den Begriff der **geschäftlichen Unerfahrenheit** besteht die Gefahr der Verwässerung des modernen **Verbraucherleitbildes**. Wegen der weiten Formulierung könnte dadurch per se jede Entscheidung fallen, die in einem finanziellen oder intellektuellen Gefälligkeitsverhältnis getroffen wurde. Darunter fielen Verträge zwischen Immobilienmaklern und Wohnungssuchenden, zwischen Vermietern und Mietern, zwischen Arbeitgebern und Arbeitnehmern (wobei die allgemeine Vermutung eines intellektuellen Vorsprungs aufseiten von Vermietern, Arbeitgebern und Maklern zumindest in ihrer Grundsätzlichkeit bezweifelt werden darf), obgleich diese Fälle bei Konstellationen, in denen die Unerfahrenheit in gravierender Weise ausgenutzt wurde, bereits über § 138 BGB geschützt werden. Die Einschränkung, die der Gesetzgeber per Gesetzesbegründung nachliefert („sprach- und geschäftsungewandte Mitbürger"[50]), hat im Gesetz selbst keinen Anhaltspunkt gefunden. Dies spricht dagegen, unter den Begriff der geschäftlichen Unerfahrenheit auch fehlende Rechtskenntnis zu subsumieren. Nutzt ein Unternehmer seine überlegene geschäftliche Erfahrung hat dies nichts mit dem Ausnutzen von Verbraucherdefiziten zu tun[51]. Auch **Kinder** (vgl zu dem Begriff Rn 518) sind in Geschäftsabschlüssen zuweilen viel gewandter und raffinierter als ältere Generationen. Zudem werden sie über den **Minderjährigenschutz des allgemeinen Zivilrechts** (§§ 104 ff BGB) vor den Folgen einer abgegebenen oder angenommenen Willenserklärung geschützt, so dass auch hier kaum Raum bleibt für weitere Fälle der Ausnutzung ihrer Unerfahrenheit. So lehnte der BGH in seiner ersten Entscheidung zu § 4 Nr 2 UWG etwa eine Ausnutzung der Unerfahrenheit von Kindern und Jugendlichen ab, wenn eine Jugendzeitschrift zusammen mit einer Sonnenbrille verkauft wird[52]. Dient eine geschäftlichen Handlung allerdings dazu, im Vorfeld von Verkaufsfördermaßnahmen Daten von Kindern und Jugendlichen zu Werbezwecken zu erheben, bleibt ein eigenständiger Anwendungsbereich für § 4 Nr 2 UWG. Zur Begründung der Unlauterkeit gehört im Rahmen des § 4 Nr 2 UWG auch der subjektive Tatbestand (vgl die Ausführungen unter Rn 186).

---

50 BT-Drs. 15/1487, S. 17.

51 Vgl *Emmerich*, S. 209 f; *Engels/Salomon*, WRP 2004, 32, 36; ausführlich dazu *Peterek*, WRP 2008, 714 ff; *Scherer*, WRP 2004, 1355; der BGH hat nun zum ersten Mal erwogen, das Ausnutzen der Rechtskenntnis erwachsener Verbraucher nach § 4 Nr 2 UWG zu untersagen, WRP 2007, 1334 *Rechtsberatung durch Haftpflichtversicherer*.

52 BGH GRUR 2006, 161 *Zeitschrift mit Sonnenbrille*.

Dazu, inwieweit **Werbung für Klingeltöne** einen Verstoß gegen Nr 28 des Anhangs zu § 3 Abs. 3 UWG bzw gegen § 3 Abs. 2 oder §§ 3 Abs. 1, 4 Nr 2 UWG begründen kann, wird auf die Ausführungen in dem folgenden Fall verwiesen.

# Fall 13

## Werbung für Klingeltöne (BGH WRP 2006, 885 ff)

D ist der Dachverband von 16 Verbraucherzentralen und 18 weiteren verbraucher- und sozialorientierten Verbänden. Y vertreibt an Endverbraucher unter anderem Klingeltöne, Logos und SMS-Bilder, die sich die Kunden durch einen Anruf zum Preis von 1,86 € pro Minute über eine kostenpflichtige 0190-Service-Telefonnummer auf ihre Mobiltelefone laden können. Unter der Telefonnummer findet sich der Text: „Ruf unsere 24-h Bestellhotline an und gib Deine Handynummer und die Codenummer Deines Logos oder Deines Klingeltons ein. In wenigen Sekunden wird Dein Wunsch wahr." Nach der Aussage von Y dauert das Herunterladen eines Klingeltons oder Logos durchschnittlich 110 Sekunden, so dass Kosten in Höhe von 3,40 € entstehen, die sich durch Eingabefehler noch erhöhen können. Y hat ihr Angebot im September 2006 unter anderem in der Zeitschrift „BRAVO Girl" beworben, deren Leserschaft zu mehr als 80% aus Jugendlichen, davon 50% unter 14 Jahren, besteht. D meint, Jugendliche seien besonders anfällig für das Leistungsangebot von Y. Mit der Werbung in der Zeitschrift „BRAVO Girl", bei der es sich um eine Jugendzeitschrift handele, wolle Y genau diese als Kunden erreichen. Sie kämen nicht auf die Idee, für die telefonische Bestellung eines Klingeltons 1,86 € pro Minute auszugeben, zumal bei der bloßen Angabe des Minutenpreises nicht klar sei, wie teuer der Klingelton tatsächlich werde. Durchschnittlich würden Kosten von 4,50 € erhoben. Zudem stehe die Leistung in krassem Missverhältnis zum Preis. Y hält den Minutenpreis von 1,86 € hingegen für angemessen, da er dem Preis entspreche, der üblicherweise für das Herunterladen von Klingeltönen verlangt werde. Die beanstandete Werbung richte sich weder ausschließlich noch überwiegend an Minderjährige, sondern an alle Erwachsenen, da in zahlreichen, jedermann zugänglichen Publikumszeitschriften gleichartige Anzeigen geschaltet würden. Jugendliche bedürften auch keines besonderen wettbewerbsrechtlichen Schutzes, weil sie durchaus in der Lage seien, Werbung richtig einzuschätzen. Die Angabe eines Festpreises für ihr Angebot sei nicht möglich, so dass die für das Herunterladen von Klingeltönen und Logos konkret entstehenden Kosten in der Werbung nicht genannt werden könnten. D begehrt die Unterlassung von Werbeanzeigen für die Bestellung von Klingeltönen, Logos oder Sounds in Jugendzeitschriften per Mehrwertdienste-Telefonnummer. Ist der Unterlassungsanspruch begründet? **329a**

## Lösung Fall 13:

### Anspruch des D auf Unterlassung der Werbeanzeige der Y

Der Unterlassungsanspruch des D ist begründet, wenn die Werbeanzeige für die Klingeltöne durch Y unlauter iSd § 3 UWG war. Voraussetzung ist, dass D aktivlegitimiert ist, Y eine unlautere geschäftlichen Handlung begangen hat und dass Wiederholungsgefahr besteht (§ 8 Abs. 1 S. 1, 2. Alt. UWG). D ist gem. § 8 Abs. 3 Nr 3 UWG als Verband, in dem durch die Mitgliedsverbände die Interessen der Verbraucher vertreten werden, aktivlegitimiert. **329b**

## I. Verstoß gegen das Per-se-Verbot in Nr 28 des Anh. zu § 3 Abs. 3 UWG

Die Werbung der Y könnte per-se nach § 3 Abs. 3 UWG unzulässig sein, wenn sie eine gegen Nr 28 verstoßende unmittelbare Aufforderung an Kinder enthält, selbst die beworbene Dienstleistung in Anspruch zu nehmen. Voraussetzung ist, dass sich die Werbung für Klingeltöne an Kinder richtet und direkt zum Kauf auffordert.

### 1. Kinder

Zunächst müssten durch die Werbeanzeige Kinder adressiert worden sein. Der Begriff „Kinder" wird im UWG nicht definiert. Klar ist, dass es sich um Minderjährige handeln muss. Die Frage ist nur, ob lediglich die unter oder auch die über 14-Jährigen erfasst werden sollen. Die Pauschalität des Verbots spricht für eine enge Auslegung. Schließlich wird ein 17-Jähriger nicht des gleichen Schutzes bedürfen, wie ein 6-Jähriger. Maßgebend ist die gemeinschaftsrechtliche Auslegung. Da Art. 3 Abs. 1 lit. g der RL über audiovisuelle Kommunikation (vormals Art. 16 der Fernseh-RL, auf den in S. 2 der Nr 28 Anh. I UGP-RL verwiesen wird) von „Minderjährigen" spricht, ist wahrscheinlich, dass der UGP-Richtliniengeber bewusst den Begriff des Kindes gewählt hat und damit nur Minderjährige bis zu Vollendung des 14. Lebensjahres erfassen wollte. Als Adressat der Nr 28 kommen daher nur die Leser unter 14 Jahren in Betracht. Da die Zeitschrift jedoch zu 50% der 80% jugendlichen Lesern von Kindern unter 14 Jahren gelesen wird, ist der Anwendungsbereich der Nr 28 eröffnet. Dass ein erheblicher Teil der Leser nicht dem Schutzbereich unterfällt, ist unerheblich, da der schutzbedürftige Teil dadurch nicht weniger schutzbedürftig ist. Etwas anderes würde allenfalls gelten, wenn der Anteil nur marginal und eher zufällig wäre.

*Hinweis:* Ausführlicher zum Begriff des Kindes s. Rn 517 f.

### 2. Direkte Aufforderung zum Kauf

Erforderlich ist, dass die Kinder durch die Anzeige direkt zum Kauf der Klingeltöne aufgefordert werden. Die Aufforderung an jedermann reicht nicht, erforderlich ist vielmehr, dass die Kinder gezielt als Bevölkerungsgruppe adressiert werden. Maßgebend ist dabei die Sicht der angesprochenen Personen (s. dazu ausführlich Rn 519 ff).

#### a) Zielgerichtetheit

Da die Werbeaussage Kinder nicht explizit als Adressaten nennt, kommt es hinsichtlich der Zielgerichtetheit auf die Art und Weise der Werbung (Sprache, Bilder) und ihr Umfeld (genutztes Werbemedium) an. Die Werbung adressiert ihre Leser in der „Du"-Form, was grds. für eine an Kinder gerichtete geschäftliche Handlung spricht. Überdies spricht die Veröffentlichung der Anzeige in einer Kinderzeitschrift für die Zielgerichtetheit. Dass vergleichbare Anzeigen auch in nicht an Kinder gerichteten Werbemedien gezeigt werden, ist unschädlich, da es Zweck der Nr 28 ist, eine an Kinder adressierte Werbeausssage strengeren Anforderungen zu unterwerfen.

### 2. Überschießender Kaufappel

Die Werbeanzeige müsste überdies einen direkten Kaufappell zum Erwerb der Klingeltöne enthalten. Durch die „Du"-Anrede wird zunächst eine persönliche Beziehung zum Kind erzeugt. Diese wird intensiviert durch die in imperativer Versform ausgedrückte Aufforderung zum Anrufen („Ruf an", „gib Deine …").

Damit liegt ein Verstoß gegen das Per-se-Verbot in Nr 28 des Anh. zu § 3 Abs. 3UWG vor.

## II. Objektiver Tatbestand des § 3 Abs. 2 UWG

### 1. Geschäftliche Handlung, § 2 Abs. 1 Nr 1 UWG

Y bewirbt seine Klingeltöne, um den Absatz seiner Produkte zu steigern und handelt damit zu Wettbewerbszwecken. Eine geschäftliche Handlung iSd § 2 Abs. 1 Nr 1 UWG liegt somit vor.

### 2. Unlauterkeitstat: Ausnutzung der Unerfahrenheit Jugendlicher, § 4 Nr 2 UWG

Die Werbeanzeige des Y verstößt gegen die geltende fachliche Sorgfalt, wenn sie wegen Verstoßes gegen § 4 Nr 2 UWG unlauter ist. Dann müsste sie geeignet sein, die geschäftliche Unerfahrenheit von Kindern und Jugendlichen auszunutzen.

#### a) Schutzzweck des § 4 Nr 2 UWG

Durch § 4 Nr 2 UWG sollen besonders schutzwürdige Verbraucher vor der Ausnutzung ihrer Unerfahrenheit bewahrt werden[53]. Die Vorschrift stellt eine Abweichung vom Leitbild des erwachsenen Durchschnittsverbrauchers dar, das der Gesetzgeber bei der UWG-Reform in Übereinstimmung mit der neueren Rechtsprechung[54] zugrunde gelegt hat[55]. Damit verschiebt sich der an die Bewertung einer geschäftlichen Handlung anzulegende Maßstab zulasten des Unternehmers. Denn maßgebend ist jeweils der Durchschnitt des von einer Werbemaßnahme angesprochenen Verkehrskreises. Wendet sich der Werbende gezielt an eine bestimmte Bevölkerungsgruppe (zB Kinder und Jugendliche), so muss er sich an einem durchschnittlich informierten, aufmerksamen und verständigen Angehörigen dieser Gruppe orientieren (§ 3 Abs. 2 S. 3 UWG)[56]. Dementsprechend können Handlungen, die gegenüber einer nicht besonders schutzwürdigen Zielgruppe noch zulässig sind, gegenüber geschäftlich Unerfahrenen unzulässig sein. Da er mit der Klingelton-Werbung in der Kinder- und Jugendzeitschrift „BRAVO GIRL" warb, war für Y auch vorhersehbar, dass seine geschäftliche Handlung eine wegen des Alters besonders schutzbedürftige und eindeutig identifizierte Gruppe betrifft. Daher ist auf ein durchschnittliches Mitglied dieser Gruppe abzustellen.

Voraussetzung für die Annahme der Unlauterkeit iSv § 4 Nr 2 UWG ist, dass sich die Werbung – zumindest auch – gezielt an Kinder oder Jugendliche wendet, da sich die Vorschrift gegen ein Ausnutzen der Unerfahrenheit dieser Zielgruppe richtet[57]. Durch das Erfordernis der Zielgerichtetheit wird dem Umstand Rechnung getragen, dass bei der Beurteilung von geschäftlichen Handlungen grundsätzlich auf den Durchschnittsverbraucher des angesprochenen Verkehrskreises abzustellen ist. In vielen Fällen wird Werbung sowohl von Erwachsenen als auch von Minderjährigen wahrgenommen. Solche Werbung ist nicht stets auch am Maßstab des § 4 Nr 2 UWG zu messen.

---

53 Vgl die Begründung zum Regierungsentwurf, BT-Drs. 15/1487, S. 17.

54 Vgl BGH GRUR 2000, 619, 621 = WRP 2000, 517 *Orient-Teppichmuster*; dazu ausführlicher unter Rn 2 f.

55 Vgl die Begründung zum Regierungsentwurf, BT-Drs. 15/1487, S. 19; BGH GRUR 2003, 249 = WRP 2003, 379 *Preis ohne Monitor* mwN.

56 Vgl BGHZ 151, 84, 92 *Kopplungsangebot I;* 156, 250, 252 *Marktführerschaft*; *Köhler*, in: Hefermehl/ Köhler/Bornkamm, § 1 UWG Rn 27.

57 Vgl OLG Frankfurt GRUR 2005, 1064, 1065; *Köhler*, § 4 UWG Rn 2.16; zur Unerfahrenheit nach alter Rechtslage BGH GRUR 1998, 1041, 1042 = WRP 1998, 1068 *Verkaufsveranstaltung in Aussiedlerwohnheim*; zu den geschäftlich Unerfahrenen rechneten auch ohne eine ausdrückliche gesetzliche Regelung insbesondere Kinder und Jugendliche vgl OLG Frankfurt GRUR 2005, 782, 787; OLG Hamm MMR 2005, 112, 113.

### b) Zielgerichtetheit der Werbeanzeige in der Jugendzeitschrift „BRAVO GIRL" an Kinder und Jugendliche

Gelesen wird die Zeitschrift „BRAVO Girl" überwiegend von Jugendlichen. Kernzielgruppe der Zeitschrift sind Personen zwischen 12 und 14 Jahren. Da die Anzeige der Y in der Jugendzeitschrift „BRAVO Girl" veröffentlicht wurde, richtet sie sich ganz gezielt an Minderjährige. „Die Werbung fällt nicht deshalb aus dem Tatbestand des § 4 Nr 2 UWG heraus, weil entsprechende Anzeigen auch in Werbeträgern veröffentlicht werden, die sich nicht gezielt an Minderjährige wenden"[58]. Es ist gerade Zweck des § 4 Nr 2 UWG, eine Werbemaßnahme strengeren Anforderungen zu unterwerfen, wenn sie sich im konkreten Fall an Kinder oder Jugendliche richtet.

### c) Geeignetheit der Anzeige, die Unerfahrenheit Minderjähriger auszunutzen

Nach § 4 Nr 2 UWG ist jedoch nicht jede gezielte Beeinflussung von Minderjährigen unlauter. Die konkrete Handlung muss vielmehr geeignet sein, deren Unerfahrenheit auszunutzen[59]. Maßgeblich ist, ob sich der Umstand, dass Minderjährige typischerweise noch nicht in ausreichendem Maße in der Lage sind, Waren oder Dienstleistungsangebote kritisch zu beurteilen[60], auf die Entscheidung für ein unterbreitetes Angebot auswirken kann. Die Inanspruchnahme von Telefonmehrwertdienstleistungen birgt eine Reihe von Gefahren in sich, die bei Bestellungen anderer Produkte und Dienstleistungen nicht auftreten. Die eigentlich entstehenden Kosten bleiben dem Minderjährigen bei der Bestellung unbekannt, da er der Anzeige lediglich entnehmen kann, dass der Minutenpreis 1,86 € beträgt. Es kommt hinzu, dass den Bestellern die tatsächlich entstandenen Kosten erst mit Zugang der Telefonrechnung nach ein bis zwei Monaten bekannt werden. Dies ist gerade bei Minderjährigen problematisch, die noch lernen müssen, mit ihrem Geld zu haushalten. Die Situation stellt sich völlig anders als bei einem Kauf oder der Bestellung eines Produktes dar, das unmittelbar bezahlt werden muss. Eine weitere nicht unerhebliche Gefährdung liegt darin, dass die Bestellmöglichkeit zu jeder Zeit und an jedem Ort besteht. Gerade bei den zu spontanen Entscheidungen neigenden Kindern und Jugendlichen fehlt damit jeder Abstand, der für eine rationale Entscheidung erforderlich ist. Schließlich gebietet es die generelle Schutzbedürftigkeit von Kindern und Jugendlichen, die in zahlreichen Gesetzen ihren Niederschlag gefunden hat[61], die Werbung für Telefonmehrwertdienstleistungen jedenfalls insoweit einzuschränken, als sie unmittelbar und gezielt gegenüber Kindern und Jugendlichen erfolgt. Unerheblich ist, dass sich vergleichbare Werbeanzeigen anderer Anbieter in jeder Tageszeitung finden, die auch von Minderjährigen gelesen werden. Minderjährige sind aufgrund ihrer geringeren Lebenserfahrung in der Regel weniger in der Lage, die durch „die Werbung angepriesene Leistung in Bezug auf Bedarf, Preiswürdigkeit und finanzielle Folgen zu bewerten". Zudem müssen sie (was manchem Erwachsenen ebenso schwerfällt) noch lernen, verantwortungsvoll mit ihrem Geld umzugehen. Bei einer an Minderjährige gerichteten Werbung sind daher höhere Anforderungen an die Transparenz zu stellen. „Den Kindern und Jugendlichen muss ausreichend deutlich gemacht werden, welche finanziellen Belastungen auf sie zukommen."[62] Dem wird die Werbung der Y nicht gerecht. Für die Nutzer des Angebots der Y ist „nicht übersehbar, welche Kosten auf sie zukommen, da ihnen die maßgebliche Dauer des Ladevorgangs unbekannt ist und dieser zudem von der Geschicklichkeit des Benutzers abhängt. Anders als bei normalen Telefongesprächen sind die Kosten auch nicht beherrschbar. Denn es erscheint wenig sinnvoll, den Ladevorgang nach Überschreitung einer bestimmten Dauer abzubrechen, weil in einem solchen Fall die angefallenen Gebühren

---

58 Vgl BGH GRUR 1994, 304, 305 *Zigarettenwerbung in Jugendzeitschriften*; OLG Hamm MMR 2005, 112.

59 Vgl BGH GRUR 2006, 161 Tz. 21 = WRP 2006, 69 *Zeitschrift mit Sonnenbrille*; OLG Frankfurt GRUR 2005, 782, 783 f = WRP 2005, 1305; *Köhler*, in: Köhler/Bornkamm, § 4 UWG Rn 2.23 ff; Fezer/*Scherer*, UWG, § 4-2 Rn 11.

60 Vgl *Köhler*, § 4 UWG Rn 2.17.

61 Dazu näher zB *Ahrens*, Rn 164 ff.

62 Vgl BGH GRUR 2006, 161 *Zeitschrift mit Sonnenbrille*; *Piper*, in: Piper/Ohly, § 4.2 Rn 2/4 ff.

zu bezahlen sind, ohne dass eine Gegenleistung erlangt wurde. Die Ungewissheit über die entstehenden Kosten erhält noch dadurch ein besonderes Gewicht, dass der Kunde erst durch die spätere Abrechnung seine tatsächliche finanzielle Belastung erfährt. Bei vielen Minderjährigen wird dies dazu führen, dass sie sich zunächst keine Gedanken über die entstehenden Kosten machen. Eine besondere Gefährdung besteht zudem darin, dass das Angebot der Y ohne weiteres zeit- und ortsunabhängig wahrgenommen werden kann." Aus diesen Gründen ist die Werbung der Y, in der nur der Minutenpreis angegeben wird und nicht die voraussichtlich entstehenden höheren Kosten, geeignet, die geschäftliche Unerfahrenheit Minderjähriger auszunutzen und sie zu einer geschäftlichen Entscheidung zu veranlassen, die sie sonst nicht getroffen hätten (§ 3 Abs. 2 S. 1 UWG)[63].

Dem steht auch nicht entgegen, dass der durchschnittliche Preis von 4,50 € pro Ladevorgang die Minderjährigen in aller Regel finanziell nicht überfordert, denn die Vorschrift des § 4 Nr 2 UWG zielt nicht allein darauf ab, Kinder und Jugendliche vor einer wirtschaftlichen Überforderung zu schützen. Der Einwand wäre nur dann beachtlich, wenn die entstehenden Kosten den angegebenen Minutenpreis nicht überschritten.

### 2. Geeignetheit, die Entscheidungsfähigkeit der betroffenen Verbrauchergruppe zu beeinträchtigen

Die Werbeanzeige der Y war auch geeignet, die Entscheidungsfähigkeit der angesprochenen Kinder und Jugendlichen und damit eines besonders schutzbedürftigen Teiles der Verbraucher zu beeinträchtigen, indem deren Unerfahrenheit zum Zwecke des Erwerbs der Klingeltöne ausgenutzt wurde.

### 3. Bagatellklausel

Die Veröffentlichung der Werbeanzeige in der Zeitschrift „BRAVO Girl" führte wegen der deutschlandweiten Verbreitung der Zeitschrift zu einer spürbaren Beeinträchtigung der Entscheidungsfähigkeit der angesprochenen Jugendlichen.

Der objektive Tatbestand ist damit erfüllt.

## II. Subjektiver Tatbestand

Y hat nichts vorgetragen, was die mit Vorliegen der objektiven Tatbestandsvoraussetzungen zu vermutende Kenntnis der Tatumstände entfallen ließe.

## III. Rechtswidrigkeit

Auch die Rechtswidrigkeit der Unlauterkeitstat ist zu vermuten.

## IV. Wiederholungsgefahr

Es besteht auch eine Wiederholungsgefahr für eine erneute Veröffentlichung einer gleichen oder ähnlichen Werbeanzeige der Y. „Eine Wiederholungsgefahr besteht nicht nur für identische Verletzungsformen, sondern für alle im Kern gleichartigen Verletzungshandlungen, so dass gewisse Verallgemeinerungen zulässig sind, sofern auch in dieser Form das Charakteristische der Verletzungshandlung zum Ausdruck kommt"[64]. Es ist nicht wesentlich, in welcher Jugendzeitschrift die

63 So iE auch OLG Hamm MMR 2005, 112; KG MD 2005, 1045; Harte/Henning/*Stuckel*, UWG, § 4 Nr 2 Rn 16; *Benz*, WRP 2003, 1160, 1165; *Klees/Lange*, CR 2005, 684, 686.

64 Vgl BGH GRUR 2000, 337, 338 = WRP 2000, 386 *Preisknaller*.

angegriffene Werbung platziert wird[65]. Das Charakteristische des Wettbewerbsverstoßes liegt nicht in der Veröffentlichung der Werbung in der Zeitschrift „BRAVO Girl", sondern darin, dass es sich bei dieser Zeitschrift um eine Jugendzeitschrift handelt und die Werbung sich demnach speziell an Jugendliche richtet. Da ein Wettbewerbsverstoß auch bei Veröffentlichung in einer vergleichbaren Jugendzeitschrift zu befürchten ist, besteht eine konkrete Wiederholungsgefahr.

### V. Ergebnis

D hat damit einen Anspruch auf Unterlassung.

## III. § 4 Nr 3 UWG: Verschleierung von geschäftlichen Handlungen

### 1. Schleichwerbung und getarnte Werbung

330 Eine von § 4 Nr 3 UWG erfasste unzulässige **Verschleierung des Werbecharakters** liegt vor bei **Schleichwerbung** und bei **getarnter Werbung** (s. dazu auch die Ausführungen zum vorrangigen Per-se-Verbot der als Information getarnten Werbung in Nr 11 des Anhangs zu § 3 Abs. 3 UWG; dazu ausführlich auch mit Hinweisen zur Rechtsprechung unter Rn 500) wie der Gewinnung von Adressen unter Verschweigen einer kommerziellen Absicht. Hinsichtlich der Schleichwerbung gab es zuvor schon einige Spezialtatbestände medienrechtlicher Schleichwerbungsverbote, so im **Rundfunkstaatsvertrag**, im **Mediendienstevertrag** und im **Teledienstegesetz**[66]. Neben § 4 Nr 3 UWG, der ein allgemeines Schleichwerbungsverbot normiert, kann Product Placement oder andere Formen getarnter Werbung auch unter den Rechtsbruchtatbestand des § 4 Nr 11 UWG iVm den Regelungen des 13. Rundfunkstaatsänderungsvertrags vom 1.4.2010 fallen. Gezielt wird mit dem Verschleierungsverbot vor allem auf Umgehungen des bei **Zeitungen, Zeitschriften, Rundfunk-** und **Fernsehbeiträgen** sowie bei **Onlineangeboten** von periodisch erscheinenden Druckerzeugnissen geltenden Prinzips der räumlich sichtbaren Trennung zwischen redaktionellem Teil und Anzeigenteil. Gegen das Gebot wird verstoßen, wenn verdeckt in einem vermeintlich rein redaktionellen Beitrag einseitig für ein Produkt geworben wird (zu den Besonderheiten bei Handlungen von Presseorganen Rn 439 ff sowie den Fall ***Kosmetikstudio***, Rn 450 f)[67]. Werden allerdings in einem Spielfilm Produkte eines bestimmten Herstellers erkennbar (BMW als von James Bond bevorzugte Automarke, wobei es sich al-

65 Die Gründe sind zur Auslegung des Verbotsantrags heranzuziehen, vgl BGH GRUR 2002, 86, 88 = WRP 2001, 1294 *Laubhefter*. Besteht die Leserschaft zu mehr als 50% aus Kindern und Jugendlichen. Liegt eine Jugendzeitschrift vor, vgl auch BGH GRUR 1994, 304, 305 = WRP 1994, 181 *Zigarettenwerbung in Jugendzeitschriften*.

66 § 7 Abs. 6 des Staatsvertrages über den Rundfunk im vereinten Deutschland idF vom 1.7.2002; § 10 Abs. 4 Nr 1 des Mediendienste-Staatsvertrages und § 7 Nr 1 TDG, das durch das Elektronischer-Geschäftsverkehr-Vereinheitlichungsgesetz vom 26.2.2007 (BGBl. I 2007, 179) aufgehoben wurde.

67 Vgl zu den verschiedenen Formen der Schleichwerbung *Lehr*, Rn 207 ff.

lerdings ohnehin um stets unverkäufliche Sonderanfertigungen handelt; das Verspeisen eines Duplo-Riegels durch einen Kommissar, das Verreisen von Soap-Stars mit TUI etc), gilt dies als in der Regel zulässige Werbeform des **Product Placments**, die von der Kunstfreiheit gedeckt ist und keinen Unlauterkeitsvorwurf beschert (s. aber Rn 500 zu den unlauteren Fällen von Prodcuct Placement)[68]. Dieser kann je nach den Einzelumständen nur bei bewusstem Einsatz eines Produktes als Werbeerzeugnis greifen, wenn ein Bezug auf ein Werbeobjekt in einem Rahmen geschieht, in dem Werbung nicht erwartet wird. Bei den in der Sendung „Wetten, dass ...“ den Gästen angebotenen **Gummibärchen** von Haribo handelt es sich hingegen um offene Werbung für den einzigen Sponsor, der diese Sendung regelmäßig – neben den öffentlichen Mitteln – finanziert und jeweils vor Beginn und nach Beendigung der Show seinen Namen nennen und seine Produkte zeigen darf. Dies erfüllt schon deshalb nicht die Voraussetzungen einer Schleichwerbung, weil vollkommen offen geworben wird. Gleichwohl ist das Anbieten von Haribo-Gummibärchen in der Sendung nun durch den ZDF-Fernsehrat untersagt worden.

Grundsätzlich fragt man sich allerdings, ob es neben den Spezialgesetzen eines allge- **331**
meinen Schleichwerbungstatbestandes für diese Fälle der Abgrenzung bei medienbezogenen Äußerungen bedurfte oder ob dadurch nicht der ohnehin bestehende Schutz nur unnötig aufgebläht wurde. Für die praktische Anwendung ist ein schnell greifbarer Tatbestand im UWG-Normtext natürlich bequem gegenüber den spezielleren Normen des Rundfunk- und des Mediendienstevertrages sowie des Teledienstegesetzes, so dass Beschwerden über dieses Herausgreifen einer Fallgruppe und ihrer Fixierung im Gesetzestext nicht weiterreichen als die generelle Infragestellung von speziellen genormten Unlauterkeitstatbeständen. Da dies jedoch nicht verwirrt, sondern gerade den Einstieg in die Behandlung von Lauterkeitssachverhalten erleichtert, soll dies nicht über die Eingangskritik hinaus gescholten werden.

*Literaturhinweise: Gantner*, Anwendungsmöglichkeiten von Product Placement in Österreich, 1998; *Glockzin*, „Product Placement“ im Fernsehen. Abschied vom strikten Trennungsgebot zwischen redaktionellem Inhalt und Werbung, MMR 2010, 161; *Johansson*, Product Placement in Film und Fernsehen, 2001, *Meyer-Harport*, Neue Werbeformen im Fernsehen – Untersuchug besonderer Werbeformen anhand deutschem und europäischem Rundfunk- und Medienrecht, 2000; *Pießkalla/Leitgeb*, Product Placement im Fernsehen – Schleichwerbung ohne Grenzen? Rundfunk-, wettbewerbs- und zivilrechtliche Aspekte einer Werbeform, K&R 2005, S. 435 ff; *Springer*, Schleichwerbung – Bedeutung und rundfunkrechtliche Beurteilung, insbesondere in Abgrenzung zu verwandten Formen der Nennung von Namen und Firmen im Rundfunkprogramm, 1998; zu den neueren Entwicklungen des Rundfunkrechts vgl *Degenhardt*, Rundfunkrecht in der Entwicklung, K&R 2007, S. 1 ff.

## 2. Täuschung durch verdeckte Werbung

Zu den Fällen der Verschleierung von Werbung gehört auch die Tarnung einer Werbe- **332**
aussage durch Vorspiegeln von Umständen und der dadurch ausgelösten **Täuschung**,

68 Ausführlicher dazu *Kurzweg*, Grenzen redaktioneller Werbung (Schleichwerbung) und Product Placement, 2007 (unveröffentlichte Arbeit).

sei es im Rahmen redaktioneller Werbung, bei Werbung mittels wissenschaftlichen Gutachten, bei Verwendung täuschender Bezeichnungen (Verkauf namenloser Waren als „Markenartikel"), bei Täuschungen über gesetzliche Rechte (zB über gesetzliche Zinssätze, Ausschluss des Umtauschrechts) oder durch Unterschieben von vergleichbaren Waren anstelle der bestellten Produkte **(passing off)**[69].

### 3. Warentestberichte und Testwerbung

333 Bei einem Warentest fehlt es hinsichtlich des die Teste durchführenden Instituts regelmäßig nicht nur am Werbecharakter des Handelns, sondern bereits an einem relevanten Wettbewerbshandeln. Voraussetzung für einen Warentest ist, dass die verglichenen Produkte und Leistungen objektiv hinsichtlich ihrer Qualität, des Preises und ihrer Verwendungsart miteinander vergleichbar sind. Zudem muss das Institut neutral und unabhängig und nicht im Auftrag eines der betroffenen Mitbewerber tätig werden, weil er sonst hinsichtlich des Ergebnisses beeinflusst werden könnte[70]. Wird hingegen nur scheinbar ein neutraler Test vorgenommen, tatsächlich aber im Auftrag eines Produktherstellers geworben **(„Pepsi-Cola")**, können die Voraussetzungen des § 4 Nr 3 UWG vorliegen, wenn der Werbecharakter nicht eindeutig erkennbar, sondern verschleiert wird. In diesen Fällen liegt allerdings ein unmittelbares Handeln des werbenden Unternehmens vor, so dass die Voraussetzungen des wettbewerbsrelevanten Handelns keine Schwierigkeiten bereiten. Zudem kann bei dem Werben mit Warentestergebnissen ein Verstoß gegen das **Irreführungsverbot des § 5 Abs. 2 S. 1 Nr 1 („Ergebnisse und wesentliche Bestandteile von Tests der Waren oder Dienstleistungen")** iVm Abs. 1 und § 3 Abs. 1 UWG vorliegen, insbesondere wenn mit Hilfe der Testergebnisse eine scheinbare **Spitzen-** oder **Alleinstellung** behauptet wird, obgleich die eigene „gute" Leistung von anderen als sehr gut bewerteten Testteilnehmer übertroffen wird und dies unerwähnt bleibt[71] (zur Allein- und Spitzenstellungswerbung s. unter Rn 206, 299–302 und den Fall ***Jeder Berliner Morgen …***, Rn 316 f).

### 4. Verhältnis von § 5 zu § 4 Nr 3 UWG

334 § 4 Nr 3 UWG ist von § 5 UWG wie folgt abzugrenzen: **§ 5 UWG** unterfallen alle Täuschungssachverhalte, in denen offen geworben wird („wer irreführend wirbt"), es muss sich also um **„Werbung"** handeln. Wird der Werbecharakter hingegen verschleiert und ist die geschäftliche Handlung für die angesprochenen Verkehrskreise wegen der Verschleierung nicht als „Werbung" für ein bestimmtes Unternehmen oder bestimmte von ihm angebotene Waren oder Dienstleistungen nicht oder nicht ohne weiteres erkennbar, greift § 4 Nr 3 UWG.

---

69 Vgl zu der Fallgruppe der Täuschungen *Emmerich*, § 12 II. 3.
70 *Emmerich*, § 15 II. 6 mwN.
71 BGH NJW 1982, 1596.

## IV. § 4 Nr 4 UWG: Unklare und uneindeutige Bedingungen bei Verkaufsfördermaßnahmen/Kopplungsangebote

### 1. Transparenzgebot bei Preisen

Bei Verkaufsfördermaßnahmen gilt das **Transparenzgebot** hinsichtlich der Bedingungen für die Inanspruchnahme von Preisnachlässen, Zugaben und Geschenken. Damit soll dem Informationsbedürfnis der Verbraucher Rechnung getragen werden und einer nicht unerheblichen Missbrauchsgefahr zB von Kundenbindungssystemen, die mit einer hohen Hürde für die Einräumung des Vorteils verbunden sind, vorgebeugt werden[72]. Hinsichtlich der Preise manifestiert sich der Transparenzgrundsatz in den Geboten der **Preiswahrheit** und **Preisklarheit**, danach muss die Preisangabe den Regelungen der **Preisangabeverordnung** (PAngV) genügen, damit die Verbraucher die tatsächliche Preishöhe erkennen können und so in die Lage versetzt werden, optimale **Preisvergleichsmöglichkeiten** zu haben. Nach **§ 1 Abs. 1 PAngV** müssen die Preise für Waren oder Dienstleistungen, die dem **Verbraucher** regelmäßig angeboten werden, **inklusive Umsatzsteuer (Mehrwertsteuer)** ausgewiesen werden **(sog. Endpreis)**. Daneben besteht gemäß § 2 Abs. 1 S. 1 PAngV bei Waren, die nach Gewicht, Volumen, Länge oder Fläche bemessenen werden, die Pflicht, zusätzlich den **Preis je Mengeneinheit** einschließlich der Umsatzsteuer anzugeben. Für sichtbar ausgestellte Waren herrscht zudem eine **Preisangabepflicht**, § 4 Abs. 1 PAngV. Zudem muss bei **Gratisleistungen** klar erkennbar sein, ob diese **tatsächlich umsonst**, also ohne entgeltliche oder sonstige Gegenleistung, abgegeben werden oder ob Begleit- oder Folgekosten wie Versand- und Verpackungskosten erhoben werden. 335

### 2. Zugaben und Geschenke

**Zugaben** und **Geschenke** unterscheiden sich darin, dass Zugaben zu einer Hauptleistung oder Hauptware hinzugegeben werden und Geschenke ohne Verknüpfung zu einem anderen Produkt oder einer Leistung frei und um ihrer selbst Willen verteilt werden. Ist das Hinzugeben einer Zugabe (Gratispaket) oder das Verteilen eines Geschenkes (zB die aktuelle Ausgabe einer Tageszeitung) an Bedingungen (Abonnement der Zeitung für einen Probemonat; Erwerb der Hauptware) geknüpft, müssen diese klar und eindeutig erkennbar sein (s. dazu die im Fall 9: ***Dosengebinde (4 Dosen gratis)***, Rn 312 f gemachten Ausführungen). 336

### 3. Kopplungsangebote

Als „Kopplungsangebot" wird ein Angebot bezeichnet, das **unterschiedliche Waren oder Dienstleistungen** zu einem **Gesamtangebot** zusammenfasst, wobei die Unterscheidung zwischen Vorspannangeboten, offenen und verdeckten Kopplungsangeboten mit der UWG-Novelle und der Aufhebung der **ZugabeVO** ihre rechtliche Bedeu- 337

72 Ges.-Begr., BT-Drs. 15/1487, S. 17; eine Verpflichtung zur zeitlichen Begrenzung besteht nach BGH (I ZR 120/06) nicht.

tung verloren hat. Unter den Oberbegriff der Kopplungen fällt auch die **„Zugabe"** einer Ware oder Dienstleistung zu einer entgeltlich angebotenen Ware oder Dienstleistung, die einen besonderen Kaufanreiz schafft. Sie ist im Rahmen von Kopplungsangeboten weiterhin – auch nach Aufhebung der ZugabeVO – gesondert im Rahmen der Kopplungsangebote zu würdigen, und zwar bei der Prüfung von Verkaufsfördermaßnahmen gemäß **§ 4 Nr 4 UWG**. Auch die Einräumung einer Gewinnchance in Preisausschreiben oder Gewinnspielen stellt eine Zugabe dar und gehört zu den Kopplungsangeboten **(§ 4 Nr 5 UWG)**. Vom **Werbegeschenk** unterscheidet sie sich dadurch, dass ihre Gewährung vom **entgeltlichen Bezug** einer Ware oder Dienstleistung rechtlich oder tatsächlich **abhängig** gemacht wird.

**338** Grundsätzlich sind alle Kopplungsangebote, auch „verdeckte" Kopplungen, zulässig, solange keine spezialgesetzlichen Verbote bestehen[73]. Unerheblich ist, ob die gekoppelten Produkte funktionell zusammengehören (**Gebrauchszusammenhang** bzw **Gebrauchsnähe**) oder nicht. Ebenso wenig kommt es darauf an, ob sie üblicherweise in denselben Betrieben oder Branchen vertrieben werden. Irrelevant ist auch, ob die einzelnen Leistungen oder Waren ohne Ausweisung eines Einzelpreises angeboten werden, denn in der Regel ist es den Kunden möglich, die einzelnen Preise ausfindig zu machen. Zulässig ist auch das Angebot gekoppelter Waren, die in etwa den gleichen Wert haben, auch ist irrelevant, ob es sich um gering- oder höherwertige Waren oder Dienstleistungen handelt. Solange die Irreführungsgrenze des § 5 UWG nicht überschritten wird und bei Preisnachnachlässen, Zugaben oder Geschenken die Bedingungen für die Inanspruchnahme der „im Paket" angebotenen Leistung oder der gekoppelten Ware hinreichend klar und eindeutig angegeben werden (vgl § 4 Nr 4 UWG) und kein Druck oder ein unangemessener, unsachlicher Einfluss auf die Entscheidungsfreiheit der Marktteilnehmer ausgeübt wird (§ 4 Nr 1 UWG), steht es werbenden Unternehmen frei, ihre Angebote so zusammenzustellen und auszupreisen, wie sie dies wünschen[74]. Es muss dem Transparenzgebot genügt werden, die Werte der Haupt- und der Zusatzleistung müssen ermittelbar sein, auch wenn sie nicht notwendig von dem Gewerbetreibenden getrennt ausgewiesen werden müssen, und die Bedingungen für die Inanspruchnahme der „Zugabe" müssen klar und deutlich sein. Dabei ändert sich an der Zulässigkeit nicht dadurch etwas, dass die gekoppelten Waren ungefähr den gleichen Wert haben. Ist die zu der Hauptware „zugegebene" (branchenfremde) Ware deutlich geringwertiger, handelt es sich um ein **Vorspannangebot**, dessen Unterbreitung nun ebenfalls grundsätzlich als zulässig angesehen wird.

**339** Nach der *Kopplungsangebots*-Entscheidung des BGH sind Kopplungsangebote einschließlich Zugaben nur noch einer **„Art Missbrauchskontrolle"** unterworfen, vor allem wenn sie von marktmächtigen Unternehmen unter Ausübung einer Sogwirkung angeboten werden. Die Unlauterkeit kann sich sowohl wegen Verstoßes gegen § 5 iVm § 3 Abs. 1 UWG, § 4 Nr 1 iVm § 3 Abs. 1 UWG, § 1 PAngV, § 4 Nr 11 iVm § 3

73 BGH GRUR 2003, 538 f *Kopplungsangebot I.*
74 Vgl *Emmerich*, § 12 IV. 4.

Abs. 1 UWG sowie gegen den allgemeinen Unlauterkeitstatbestand des § 3 Abs. 1 UWG ergeben. Zweck ist, die Verbraucher vor der **Gefahr unrichtiger oder nicht ausreichender Information** und dem Abschluss irrationaler Kaufentscheidungen zu bewahren.

### a) Abgrenzung des Kopplungsangebots

Ein Kopplungsangebot ist ein **Gesamtangebot** unterschiedlicher Waren oder Dienstleistungen. Davon abzugrenzen sind Fälle, **340**

- in denen eine **Mehrheit identischer Waren oder Dienstleistungen** angeboten wird (**Verkaufseinheit, Gebinde**), auch wenn der Gesamtpreis günstiger ist (**Naturalrabatt**).
- in denen **unselbstständige Bestandteile der Hauptleistung**, zB Preis-, Umtausch-, Rückgabe- oder Qualitätsgarantien angeboten werden. Es kommt nicht mehr darauf an, ob sie über das Übliche oder Erwartete hinausgehen wie früher im Rahmen der **ZugabeVO**. Die Garantien dürfen jedoch nicht irreführend sein. Dies sind sie aber, wenn der Werbende sie aus rechtlichen oder tatsächlichen Gründen nicht erfüllen kann oder will.

### b) Fallgruppen der Kopplung

• Da Kopplungsangebote typischerweise den **Preisvergleich erschweren**, besteht ein **Irreführungs- und Preisverschleierungspotential**, das aber in der Regel als gering einzustufen ist, da es viele Möglichkeiten des Preisvergleichs gibt, sei es durch direkte Gegenüberstellung des gekoppelten zu den gleichzeitig getrennt angebotenen Waren (vgl dazu den Fall 9: ***Dosengebinde [4 Dosen gratis]***, Rn 312 f), sei es durch Vergleich des Angebots der Ware in anderen Geschäften oder durch Ermittlung des vom Hersteller angebotenen Preises durch telefonische Auskunft oder Informationen über das Internet. In Zeiten, in denen sich viele für die Ersteigerung von nicht in natura besehenen Waren über das Internet begeistern und zumindest überwiegend in der Lage sind, den Wert einer Sache selbstständig einschätzen zu können, um zu beurteilen, ob es sich um ein gutes oder weniger günstiges Angebot handelt, bedeutete es eine Unterforderung der Verbraucher, sie nicht auch in Ladengeschäften mit Angebotskombinationen zu „reizen". **Grenzen** bilden das **Irreführungsverbot**, gegen das verstoßen wird, wenn ein vermeintlich gutes und günstiges Angebot tatsächlich teurer ist als der getrennte Erwerb oder wenn minderwertige Ramschware zu einem vermeintlich günstigen Preis hinzu gegeben wird, sie tatsächlich aber einen Nullwert hat oder bei Verstößen gegen die in § 4 Nr 4, Nr 5 und Nr 6 UWG als Spezialgesetze gegenüber § 3 Abs. 1 UWG festgeschriebenen Grundsätze der **Transparenz von Bedingungen** sowie der **Preiswahrheit** und **Preisklarheit**. Feste Wertgrenzen für das hinzu gegebene Produkt oder die zusätzlich angebotene Leistung finden sich hingegen nicht in § 4 Nr 1, Nr 4, Nr 5 und Nr 6 UWG. Auch im Rahmen des § 1 UWG aF gab es **keine Fixgrenzen**, nach der Rechtsprechung bestand jedoch zumindest eine Wahrscheinlichkeit für ein unangemessenes Anlocken, wenn die **zugegebene Ware wertvoller** war als die erworbene und der Erwerb der eigentlichen **Hauptware nur um der Zugabe willen** erfolgte, also erzwungen wurde. Hier wird es auf die Beurteilung der Einzelfallkonstellationen ankommen, ob diese die angesprochenen Verkehrskreise bereits unangemessen und unsachlich beeinflussen oder gar Druck auf sie ausüben und damit § 4 Nr 1 UWG verwirklicht sein würde oder ob es sich noch um zulässige Anreize handelt, die der Verkehr gern und ohne Schaden für sich in Anspruch nimmt. Ein Verstoß gegen das Irreführungsverbot liegt auch vor, wenn ein Produkt als „gratis", „umsonst", kostenfrei" oder Ähnliches beschrieben wird, obwohl der Verbraucher weitere Kosten tragen muss (vgl Nr 20 des Anhangs zu § 3 Abs. 3 UWG, abgedruckt im Anhang V). **341**

• Eine Kopplung kann auch eine **unsachliche Beeinflussung** des Verbrauchers iSd § 4 Nr 1 UWG begründen. ZB, wenn die Anlockung des Kopplungsangebots so stark ist, dass auch ein ver- **342** ständiger, aufmerksamer Verbraucher nicht mehr in der Lage ist, seine Entscheidung über den Erwerb einer Ware oder Inanspruchnahme einer Leistung rational zu treffen, weil er so verblendet ist von dem vermeintlich einmaligen Angebot. Dabei können zB bei Gewinnspielen zweierlei Gefahren nebeneinander bestehen, wenn etwa die Teilnahme an einem **Gewinnspiel** vom vorherigen Erwerb einer Ware abhängig gemacht wird, vorher aber durch die gesamten begleitenden Umstände ein solcher Druck oder unsachlicher Einfluss ausgeübt wurde, dass die Gewinnspielteilnahme nur noch als einziger „Ausweg" erscheint. In einem solchen Fall können nebeneinander die §§ 4 Nr 6, Nr 5 und Nr 1 UWG jeweils iVm § 3 Abs. 1 UWG verwirklicht sein.

343 • **Irreführende Werbung durch Kopplung** iSd **§ 5 Abs. 1 UWG** liegt vor, wenn das Angebot geeignet ist, die angesprochenen Verbraucher über den tatsächlichen Wert der angebotenen Ware zu täuschen. Eine **„irreführende Angabe"** liegt zB darin, dass ein Geldwert zu hoch angesetzt oder eine Ware durch die Werbung als wertvoller dargestellt wird als sie tatsächlich ist. Dies kann verwirklicht sein, wenn Waren als Zugaben gegeben werden und das Gesamtangebot als eine besondere Leistung oder ein besonders gutes Angebot erscheint, die Zugabe entgegen dem ersten äußeren Anschein aber wertlos oder minderwertig ist (Ramschware, mangelhafte oder sogar – zB für Kinder – gefährliche Produkte). Können Zugabeversprechen nicht eingehalten werden oder ist die Einhaltung von vornherein nicht gewollt, kann ebenfalls der Irreführungstatbestand verwirklicht sein. Dies gilt ebenso, wenn mehrere Waren zu einem im Vergleich zur Summe der Einzelpreise **ungewöhnlich günstigen Gesamtpreis** angeboten werden, es sich bei den **Einzelpreisen** aber um **„Mondpreise"**, also nicht ernsthaft kalkulierte Preise, handelt, die regelmäßig gefordert und vom Kunden regelmäßig gezahlt werden. Der Irreführungstatbestand kann auch bei Kopplungsangeboten **durch Unterlassung** begründet sein, und zwar dann, wenn unzureichende Information über Produkteigenschaften unterlassen werden (vgl den Fall ***Pauschalreise mit Skiausrüstung***, Rn 349 f).

### c) Spezielle Formen der Kopplung

344 • **Machtbedingte Kopplungsangebote**

Wenn ein Unternehmen über Marktmacht bei einem bestimmten Produkt verfügt und diese als Hebel für den Absatz eines sonstigen Produkts ausnutzt, kann dies eine unzulässige Form der machtbedingten Kopplung begründen. In erster Linie ist dies allerdings ein kartellrechtliches Problem.

345 • **Verkaufsfördernde Kopplungsangebote**

Bieten verkaufsfördernde Kopplungsangebote einen Kaufanreiz, sind sie Ausdruck von Wettbewerb im Kampf um Kunden. Gerade für Newcomer bietet die Kopplung eine Möglichkeit, um in einen Markt einzudringen. Solche verkaufsfördernden Maßnahmen sind nur dann unlauter, wenn die Bedingungen für die Inanspruchnahme nicht klar und eindeutig angegeben werden. § 4 Nr 4 UWG enthält als Spezialtatbestand die Voraussetzungen an zulässige gekoppelte Verkaufsfördermaßnahmen wie Zugaben, Preisnachlässe oder Geschenke (ausführlicher dazu der Fall 9: ***Dosengebinde*** [***4 Dosen gratis***, Rn 312 f]).

346 • **Keine Abgrenzung mehr zu Vorspannangeboten**

Eine Unterscheidung zwischen Kopplungs- und Vorspannangeboten ist nicht mehr erforderlich, da hinsichtlich beider Fallgruppen grundsätzlich das Prinzip genereller Zulässigkeit gilt, es schadet allerdings auch nicht, das jeweilige Angebot entsprechend der früheren Aufteilung zu benennen, falsch ist es jedenfalls nicht (vgl Rn 337).

### d) Bestimmung des relevanten Marktortes der Ankündigung und Durchführung von Verkaufsveranstaltungen

Bei der Ankündigung von Verkaufsveranstaltungen iSv § 4 Nr 4 UWG fallen nicht zwingend, aber in der Regel, Einwirkungsort und Absatzort auseinander. **Einwirkungsort** ist der Ort, an dem die werbende Anzeige veröffentlicht wird (zB Werbeanzeige in der lokalen Zeitung auf eine Sonderveranstaltung oder Räumungsaktion). **Absatzort** ist der Ort, an dem die Verkaufsveranstaltung durchgeführt wird. **Marktort** ist der **Einwirkungsort**, wenn das **Absatzgeschäft unabhängig von der Ankündigung der Verkaufsveranstaltung** ist, beide Handlungen also getrennt auf ihre Unlauterkeit zu prüfen sind. Etwa wenn durch die Ankündigung andere Unlauterkeitstatbestände (zB Verstoß gegen § 4 Nr 11 UWG bei Werbung mit Preisangaben) verwirklicht werden als durch die Durchführung der Verkaufsveranstaltung oder wenn zwar eine grundsätzliche Abhängigkeit besteht, diese aber „durchbrochen" wird, weil bereits die Ankündigung eine Irreführungsgefahr oder die Gefahr einer unsachgemäßen, unangemessenen Beeinflussung realisiert. Dies wird insbesondere bei Verstößen gegen vorrangig verbraucherschützende Normen gelten wie § 4 Nr 1, 2, 4, 5, 6 UWG oder § 5 Abs. 1, Abs. 4, § 5a Abs. 2–4 UWG sowie § 7 UWG. **347**

Besteht **Abhängigkeit zwischen der Ankündigung und dem Absatzgeschäft,** ist hingegen der **Absatzort der relevante Marktort**, auf den es bei Beurteilung eines Wettbewerbsverstoßes allein ankommt. **348**

| **Bestimmung des relevanten Marktortes bei der Ankündigung und Durchführung von Verkaufsveranstaltungen iSd § 4 Nr 4 UWG** | |
|---|---|
| **Einwirkungsort** | **Absatzort** |
| Nur bei Unabhängigkeit der Ankündigung von der Verkaufsveranstaltung oder bei „Durchbrechung" der Abhängigkeit. | Bei Abhängigkeit der Ankündigung von der Verkaufsveranstaltung. |

*Hinweis:* Vgl zur Bestimmung des relevanten Marktortes auch den Aktenvortrag ***Rotpreis-Revolution***, Rn 528.

*Literaturhinweis: Boesche*, Drum kopple, was sich (nicht) ewig bindet – hohe Hürde der gemeinschaftsrechtlichen Unzulässigkeit von Kopplungsangeboten, WRP 2011, Heft 11; *Köhler*, Kopplungsangebote neu bewertet. Zugleich Besprechung der „Plus Warenhandelsgesellschaft" Entscheidung des EuGH, GRUR 2010, 177 ff; *ders.*, Neujustierung des UWG am Beispiel der Verkaufsförderungsmaßnahmen, GRUR 2010, 767 ff; *Meeser*, Apothekenboni und das Zuwendungsverbot des § 7 HWG im Lichte der neuen Rechtsprechung des BGH, PharmR 2011, 113 ff (zum arzneimittelrechtlichen Zuwendungsverbot betr. Unlauterkeit von geldwerten Vorteilen wie Bonustaler oder dem Erlass der Rezeptgebühr); *Maud*, Rabatte und Zugaben durch Apotheken, NJW 2010, 3681 ff; *John*, Zur Frage der Unlauterkeit von Verkaufsförderungsmaßnahmen gegenüber drittverantwortlichen Marktteilnehmern, WRP 2011, 147 ff; *Pluskat*, Kopplungsangebote und kein Ende, WRP 2004, 283 ff; zu Informationspflichten ua iSd § 4 Nr 4, 5 UWG *Busch*, Informationspflichten im Wettbewerbs- und Vertragsrecht, 2008.

# Fall 14

## **Pauschalreise mit Skiausrüstung** (BGH GRUR 2003, 538 ff)

349 Die Reiseveranstalterin R warb im Winter in einem Werbeblatt mit einer Pauschalreise für Skifahrer mit Unterbringung in einem Ferienclub. Im Gesamtpreis waren Skier der Marke „F" und zwar nach Wunsch Abfahrt-Skier (Standard-Ski oder Carving-Ski) mit Bindung oder Langlauf-Skier mit Bindung, Schuhen und Stöcken enthalten. Aus dem Werbeblatt konnte rechnerisch der Preisanteil für die Skiausrüstung entnommen werden. Auf Nachfrage erhielten Interessenten im Reisebüro nähere Informationen zu der angebotenen Ausrüstung. Der B, ein Berufsverband des Sportfachhandels, hält diese Werbung für wettbewerbswidrig, weil damit für ein Kopplungsangebot ungleichartiger Leistungen geworben werde. Es werde nicht deutlich, in welchem Umfang der Gesamtpreis auf die Reiseleistung und auf die Skiausrüstung entfalle. Zudem enthielte die Werbung keine Angaben über die Qualität der Skiausrüstung, obgleich dem Verkehr bekannt sei, dass jeder Hersteller Skier in höchst unterschiedlicher Qualität anbietet. Während eines Gesprächs mit dem Reisebüro befände sich ein Interessent bereits in einem Verkaufsgespräch und sei daher regelmäßig nicht mehr willens und in der Lage, einen Preisvergleich hinsichtlich der Skier vorzunehmen. Das vermeintlich günstige Angebot übe daher einen unlauteren Kaufanreiz aus. B begehrt, der R die Werbekampagne zu untersagen. Zu prüfen ist lediglich die materielle Begründetheit.

## Lösung Fall 14:

### 350 A. Anspruch des B auf Unterlassung des Pauschalreiseangebots

B hat einen Anspruch gegen R auf Unterlassung (§ 8 Abs. 1 UWG), wenn R mit dem Angebot einer Pauschalreise mit Skiausrüstung unzulässig geworben hat. Dann müsste die Werbeaussage eine unlautere geschäftliche Handlung sein, die geeignet ist, die Interessen der Mitbewerber, Verbraucher oder sonstigen Marktteilnehmer spürbar zu beeinträchtigen (§ 3 Abs. 1 UWG).

### I. Aktivlegitimation

B müsste als Berufsverband des Sportfachhandels aktivlegitimiert sein. Dann müsste es sich bei B um einen rechtsfähigen Verband iS des § 8 Abs. 3 Nr 2 UWG handeln. Bei einem Berufsverband ist davon auszugehen, dass alle oder ein wesentlicher Teil der betreffenden Berufsgruppe, hier der Sportfachgeschäfte, Mitglieder sind. Damit gehört B eine nicht nur unerhebliche Zahl von Unternehmen an, die Waren gleicher oder verwandter Art anbieten, denn Sportgeschäfte verkaufen regelmäßig auch Skiausrüstungen. Es ist auch davon auszugehen, dass B in der Lage ist, ihre satzungsmäßigen Aufgaben der Verfolgung beruflicher Interessen wahrzunehmen. Da R ebenfalls Skiausrüstungen im Rahmen des Pauschalangebots anbietet, sind auch die Interessen der Mitglieder des B berührt. B ist daher gem. § 8 Abs. 3 Nr 2 UWG aktivlegitimiert.

### II. Passivlegitimation

R ist passivlegitimiert.

## III. Unzulässige geschäftliche Handlung, § 3 Abs. 2 UWG

### 1. Objektiver Tatbestand

#### a) Geschäftliche Handlung

Durch das Verbinden der Reise mit der Skiausrüstung erhofft sich R eine Absatzsteigerung in Bezug auf ihre Reisen. Damit liegt eine geschäftliche Handlung iSd § 2 Abs. 1 Nr 1 UWG vor.

#### b) Unlauterkeit

**aa) Unlauterkeit wegen eines Verstoßes gegen § 4 Nr 4 iVm § 3 Abs. 2 UWG.** Ein Verstoß gegen den speziellen Kopplungstatbestand des § 4 Nr 4 UWG liegt vor, wenn es sich um eine Verkaufsförderungsmaßnahme wie Preisnachlässe, Zugaben oder Geschenke handelt und deren Bedingungen nicht klar und eindeutig angegeben werden. Bei der Pauschalreise handelt es sich jedoch nicht um eine zu erwerbende Ware, zu der eine andere hinzugeben wird, sondern um ein Gesamtpaket. § 4 Nr 4 UWG ist damit nicht einschlägig.

**bb) Unlauterkeit wegen Verstoßes gegen § 5 Abs. 1 S. 2 Nr 2 iVm § 3 Abs. 2 UWG wegen irreführender Kopplung.** Das beworbene Skiangebot könnte unlauter sein, wenn es eine irreführende Werbeaussage enthält.

**(1) Angabe.** Der Gesamtpreis für Reise und Skiausrüstung ist eine Preisangabe iSd § 5 Abs. 1 S. 2 Nr 2 UWG.

**(2) Verstoß gegen die geltende fachliche Sorgfalt durch Irreführung mit unzulässiger Kopplung.** R müsste gegen die geltende fachliche Sorgfalt verstoßen haben (§ 2 Abs. 1 Nr 7 UWG). Liegt eine Irreführung gegenüber einem Verbraucher vor, ist damit zugleich ein Verstoß gegen die geltende fachliche Sorgfalt gegeben (Art. 6 Abs. 4 UGP-RL). Die Werbeaussage könnte wegen irreführender Verkopplung unlauter sein. „Die Werbung für Angebote, bei denen mehrere Waren und/oder Dienstleistungen zu einem Gesamtpreis angeboten werden (sog. Kopplungsangebote) ist wettbewerbsrechtlich grundsätzlich zulässig. Ein Kaufmann kann frei und ohne Rücksicht darauf, ob ein Funktionszusammenhang zwischen den Waren oder Dienstleistungen besteht, entscheiden, ob er Waren und Dienstleistungen – auch ganz verschiedener Art – zusammen zu einem einheitlichen Preis abgeben will. Er darf dementsprechend für ein solches Gesamtangebot auch werben, ohne gehalten zu sein, für die einzelnen Waren oder Leistungen Einzelpreise auszuweisen[75]. Die Möglichkeit, Güter und Dienstleistungen zu **Gesamtangeboten** (insbesondere **Komplettangeboten**) zusammenzustellen und dementsprechend zu bewerben, gehört zur Freiheit des Wettbewerbs. Eine solche Werbung darf daher grundsätzlich nur zur Verhinderung unlauteren Wettbewerbs und des Missbrauchs von Marktmacht beschränkt werden."[76] Unabhängig von der Marktmacht ist die „Werbung für ein Kopplungsgeschäft wettbewerbswidrig, wenn die Angaben über das Angebot **geeignet sind**, die Entscheidung der angesprochenen Verkehrskreise in wettbewerbsrechtlich unlauterer Weise zu beeinflussen, etwa dann, wenn über den **tatsächlichen Wert** des Angebots in relevanter Weise **irregeführt** wird. Dies kann auch dann anzunehmen sein, wenn eine Werbung für ein Kopplungsangebot, das in besonderer Weise anlockend wirkt (etwa, weil ein Teil des Gesamtangebots als ‚unentgeltlich' oder besonders günstig herausgestellt wird), nur unzureichend über dessen Inhalt informiert[77]. Es fehlt jedoch an einer irreführenden Angabe. Fraglich ist allerdings, ob eine Irreführung durch Unterlassen vorliegt.

---

75 Vgl BGHZ 151, 84, 88 *Kopplungsangebot I*; BGH, GRUR 2003, 77, 78 = WRP 2002, 1426 *Fernwärme für Börnsen*; vgl auch BGH, GRUR 1996, 363, 364 = WRP 1996, 286 *Saustarke Angebote*.

76 Vgl dazu auch Monopolkommission, Hauptgutachten 1990/1991, 1992, Tz. 1345 ff, 1379 ff.

77 Vgl BGHZ 151, 84, 89 *Kopplungsangebot I*; BGH, GRUR 2002, 979, 981 = WRP 2002, 1259 *Kopplungsangebot II*.

**cc) Unlauterkeit wegen Verstoßes gegen § 5a Abs. 1, Abs. 2 iVm § 3 Abs. 2 UWG wegen Irreführung durch Unterlassen.** R müsste eine Tatsache verschwiegen haben, die die Preisbrechung betraf (§ 5a Abs. 2, Abs. 3 Nr 3 UWG). Den Werbenden trifft allerdings **keine Pflicht** zu einer umfassenden **Aufklärung**; eine solche wird von einem verständigen Verbraucher[78] auch nicht erwartet[79]. So ist es gerade bei **Pauschalreisen nicht üblich** und in der Regel nicht sinnvoll, den Wert aller im Gesamtangebot enthaltenen, sehr verschiedenartigen Leistungen in der Werbung zu erläutern. Eine Werbung für ein gekoppeltes Angebot zu einem Gesamtpreis kann auch nicht allgemein wegen der **Erschwerung des Preisvergleichs** als unlauter eingestuft werden[80]. Die Vorschrift des § 5a Abs. 3 Nr 3 UWG hat nicht den Zweck, unabhängig vom Schutz der Verbraucher vor unlauterer Beeinflussung und über die für Preisangaben geltenden Vorschriften hinaus die Gewerbetreibenden anzuhalten, in der Werbung die Elemente ihrer Preisbemessung nachvollziehbar darzustellen, um Preisvergleiche zu erleichtern. Es ist vielmehr **Sache des Verbrauchers, Preisvergleiche anzustellen** und sich Gedanken über die Preiswürdigkeit des Angebots zu machen. Zumindest anhand des letztlich maßgebenden Gesamtpreises sind Preisvergleiche immer möglich."[81]

R „hat mit ihrem Angebot einer Pauschalreise unter Einschluss der Skiausrüstung ein **Gesamtangebot** gemacht. Über Sinn und Wert einer solchen Kombination können die angesprochenen Verbraucher selbst entscheiden. Der Preis des Gesamtangebots wird nicht verschleiert; das Fehlen näherer Angaben zu den Markenskiern begründet nicht die Gefahr einer unsachlichen Beeinflussung der Verbraucher." Die Werbung für das Angebot ist auch nicht deshalb wettbewerbswidrig, weil die Verbraucher annehmen können, sie erhielten wegen der Kopplung an die Reiseleistung zu einem besonders günstigen Preis gute, für ihre Bedürfnisse geeignete Skier. Es ist nicht wettbewerbswidrig, wenn ohne unrichtige oder unrichtig wirkende Angaben lediglich der allgemeine Eindruck eines günstigen Angebots erweckt wird. Eine wettbewerbsrechtlich unlautere Anlockwirkung geht von der angegriffenen Werbung daher nicht aus. „Wenn ein günstiges Angebot anlockend wirkt, ist dies nicht wettbewerbswidrig, sondern eine erwünschte Folge des Wettbewerbs."[82]

**dd) Zwischenergebnis.** Eine Irreführung der Verbraucher liegt daher nicht vor.

**c) Zwischenergebnis**

Die Werbung der R ist auf der erforderlichen Gesamtbetrachtung der relevanten Umstände nicht unlauter. Damit fehlt es ein einer Unlauterkeitstat.

## 2. Zwischenergebnis

Der objektive Tatbestand des § 3 Abs. 2 UWG ist bereits nicht erfüllt.

## IV. Ergebnis

Es fehlt damit an einer unzulässigen geschäftlichen Handlung iSd § 3 Abs. 2 UWG.

78 Vgl BGH, GRUR 2000, 619, 621 = WRP 2000, 517 *Orient-Teppichmuster*.
79 Vgl BGHZ 139, 368, 376 *Handy für 0,00 DM*.
80 Vgl BGH GRUR 1967, 530, 532 = WRP 1967, 222 *Fahrschule*.
81 So bzgl. der Vorgängerregelung in § 5 Abs. 2 S. 2 UWG aF; BGH GRUR 1971, 582, 584 = WRP 1971, 369 *Kopplung im Kaffeehandel*; vgl auch BGH GRUR 1996, 363, 364 *Saustarke Angebote*.
82 Vgl BGHZ 139, 368, 374 *Handy für 0,00 DM*; BGH GRUR 2002, 548, 549 = WRP 2002, 524 *Mietwagenkostenersatz*; vgl dazu auch BGHZ 151, 84, 92 *Kopplungsangebot I*.

### B. Gesamtergebnis

Der Unterlassungsanspruch ist nicht begründet.

(Zur Kopplung s. auch Fall ***Krombacher Regenwaldprojekt***, Rn 359 f und den Fall ***Dosengebinde***, [4 Dosen gratis], Rn 312 f).

## V. § 4 Nr 5 UWG: Unklare und uneindeutige Teilnahmebedingungen von Preisausschreiben oder Gewinnspielen mit Werbecharakter

Das UWG enthält zwei Tatbestände zu Gewinnspielen und Preisausschreiben, § 4 Nr 5 und Nr 6. Der eine enthält eine Spezialausformung des Transparenzgebots (dazu Rn 353), der andere untersagt die Abhängigkeit der Teilnahme vom vorherigen Erwerb einer Ware oder Inanspruchnahme einer Dienstleistung (dazu Rn 354). In dem **Unlauterkeitskatalog der Richtlinie über unlautere Geschäftspraktiken** sind drei Sachverhalte genannt, die an Gewinnspiele bzw Preisausschreiben anknüpfen und unter allen Umständen den Unlauterkeitsvorwurf begründen. Dazu, ob diese mit den § 4 Nr 5 und 6 UWG erfasst werden, s. die folgenden Ausführungen. 351

Vorrangig sind die Per-se-Verbote des Anhangs zu § 3 Abs. 3 UWG, soweit diese an die Merkmale „Gewinn", „Glücksspiel", „Preisausschreiben" anknüpfen. Nach Nr 16 des Anhangs zu § 3 Abs. 3 (abgedruckt im Anhang V) ist die Angabe, Produkte könnten die **Gewinnchancen bei Glücksspielen** erhöhen, wegen der darin liegenden Irreführung per se unlauter. Ebenso ist per se Unlauterkeit gegeben, wenn durch eine unwahre Angabe oder das Erwecken des **unzutreffenden Eindrucks**, der Verbraucher habe bereits einen **Preis gewonnen oder werde ihn gewinnen** oder werde durch eine bestimmte Handlung einen Preis oder einen sonstigen Vorteil gewinnen, wenn es tatsächlich einen solchen Preis oder Vorteil nicht gibt bzw die Möglichkeit, einen Preis oder Vorteil zu erlangen von der Zahlung eines Geldbetrages oder der Übernahme von Kosten abhängig gemacht wird (Nr 17). Irreführend und daher unlauter ist es auch, wenn Wettbewerbe und Preisausschreiben angeboten werden, obgleich die **beschriebenen Preise oder ein angemessenes Äquivalent nicht vergeben** werden (Nr 20). Alle drei Fallgruppen sind gegenüber den Tatbeständen der § 4 Nr 5 und 6 UWG vorrangig. Für § 4 Nr 5 und 6 UWG bleibt jedoch auch bei Vorliegen eines Verstoßes gegen eines oder mehrere der Per-se-Verbote ein eigener Anwendungsbereich, da sowohl mangelnde Transparenz als auch eine Kopplung von Gewinnen mit dem Waren- oder Dienstleistungsabsatz nicht den Vorgaben der UGP-RL widersprechen und geeignet sind, das wirtschaftliche Verhalten der Verbraucher wesentlich zu beeinträchtigen[83]. Bei Vorliegen von Irreführungskonstellationen, die nicht unter eines der Per-se-Ver- 352

83 Ges.-Begr. zu Nr 17 des Anhangs zu § 3 Abs. 3 UWG, S. 67 f; BGH WRP 2008, 1069 *Urlaubsgewinnspiel.*

bote fallen, darf man sich nicht irritieren lassen und mögliche Verstöße gegen § 4 Nr 5 oder 6 UWG annehmen, nur weil „Aufhänger“ ein Gewinnspiel oder ein Preisausschreiben ist. Vielmehr fallen diese Fallgestaltungen unter die Irreführungstatbestände des § 5 Abs. 1 S. 2 Nr 1 oder/und § 5a UWG. Es wird allerdings nicht schaden, § 4 Nr 5 und 6 UWG kurz anzusprechen, soweit deren Einschlägigkeit aus den genannten Gründen sofort verneint wird.

**353** § 4 Nr 5 UWG überträgt das **Transparenzgebot** auf die Teilnahmebedingungen an **Preisausschreiben** oder **Gewinnspielen**. Teilnahmebedingungen sind der Einsendeschluss oder die persönliche Anwesenheit bei Ausrufen des Gewinners (zB auf Messen), Höhe, Anzahl und Zeitpunkt der „Gewinnausschüttung“, Teilnahmeausschlüsse für einzelne Verkehrskreise (Mitarbeiter des Veranstalters oder Mindest- oder Maximalalter), Frankierung der Karte und die Angabe der Adresse, an die die Teilnahmekarte zu senden ist. Das Transparenzgebot erstreckt sich dabei nicht auf die tatsächlichen Gewinnchancen, denn die Unwissenheit darüber gehört zum Charakter eines Gewinnspiels. Erfasst werden zudem nur Preisausschreiben und Gewinnspiele **mit Werbecharakter**. Dient das Gewinnspiel oder Preisausschreiben nicht der Spiellust an sich, sondern vor allem dem **Warenabsatz**, besteht die Gefahr, dass die Spielleidenschaft und Spielfreude des angesprochenen Verkehrs[84] allein dazu ausgenutzt wird, den Warenabsatz zu steigern. Dies allein ist zwar noch nicht unzulässig, es erreicht aber die Unlauterkeitsschwelle, wenn die Bedingungen für die Teilnahme undurchsichtig sind.

## VI. § 4 Nr 6 UWG: Abhängigkeit der Teilnahme an Preisausschreiben oder Gewinnspielen vom Warenerwerb oder von der Inanspruchnahme einer Leistung

### 1. Unlautere Kopplungen

**354** § 4 Nr 6 UWG erfasst die Fälle einer Kopplung des Erwerbs einer Ware mit einem Preisausschreiben oder Gewinnspiel. Wird die Preisausschreiben- oder Spielteilnahme davon abhängig gemacht, dass eine Ware erworben oder eine Leistung in Anspruch genommen wird, ist dies nach § 4 Nr 6, 1. HS UWG **per se unlauter**, da dieses Abhängigkeitsverhältnis der puren Spiellust widerspricht, indem sie die Teilnehmer zunächst dazu zwingt, „Blut“ zu lassen, also zu zahlen, um dann ihrer Freude nachgehen zu können. Ist etwa ein Bestellschein mit dem Teilnahme-Coupon für ein Gewinnspiel verbunden, wird dies bei den angesprochenen Verbrauchern in aller Regel den Eindruck einer Abhängigkeit der Gewinnspielteilnahme oder der Gewinnchance von einer Warenbestellung hervorrufen[85]. Dieser Eindruck einer Verbindung von Warenbestellung und Gewinnspielteilnahme bzw Gewinnchance kann allerdings auf-

---

84 Zum sozialanthropologischen Hintergrund des Rechts des spielenden Menschen, *Ohlmann*, Lotterien, Sportwetten, der Lotteriestaatsvertrag und Gambelli, WRP 2005, 48 f.

85 BGH GRUR 2005, 599 f *Traumcabrio*; dazu, dass sich § 4 Nr 6 UWG gemeinschaftsrechtlich allenfalls über die Generalklausel des Art. 5 UGP-RL legitimieren lässt, BGH GRUR 2008, S. 1175 Tz. 16 ff = GRUR 2008, S. 807 ff *Millionen Chance* und *Köhler*, GRUR 2008, S. 841, 845.

grund der Ausgestaltung und des Inhalts des Bestellscheins entfallen. Befindet sich etwa ein optisch hervorgehobener Hinweis auf die fehlende Abhängigkeit in den Teilnahmebedingungen oder ein sonstiger Hinweis auf dem Teilnahme-Coupon und sind der Bestellschein und der Teilnahme-Coupon optisch getrennt, zB durch eine gestrichelte Linie und/oder ein Scherensymbol, so wird keine Unlauterkeit begründet[86]. Allerdings bestanden **Zweifel** daran, ob das per se Zugabeverbot ohne Wertungsmöglichkeiten **gemeinschaftsrechtskonform** ist. Das Festhalten an § 4 Nr 6 UWG steht im Widerspruch zur Vollharmonisierung, da es über die speziellen Verbotstatbestände der Nr 16, 20 und 31 hinausgeht. Der BGH legte daher wegen Zweifeln an der Vereinbarkeit des Kopplungsverbotes des § 4 Nr 6 UWG mit der UGP-RL dem EuGH Vorlagefragen zur Gemeinschaftskonformität des Verbots vor[87]. Beim EuGH waren mehrere ähnlich gelagerte Vorlageentscheidungsverfahren anhängig, die die Prüfung der per se Zugabeverbote zum Gegenstand hatten[88]. Die Generalanwältin (GA) *Verica Trstenjak* kam in ihren Schlussanträgen zu dem Ergebnis, dass Kopplungsangebote Geschäftspraktiken iSd UGP-RL sind, da sie dazu dienen, Kunden anzulocken und das akquisitorische Potential von Unternehmen zu erhöhen[89]. Ein Kopplungsangebot, das keine Möglichkeit vorsieht, die Umstände des konkreten Einzelfalles zu berücksichtigen, sei restriktiver und strenger als die Regelung der UGP-RL[90]. Komme eine richtlinienkonforme Anwendung der entgegenstehenden nationalen Regelung nicht in Betracht, müsse diese unangewendet bleiben[91]. Den Einwand der belgischen Regierung, dass durch die Schaffung von Ausnahmetatbeständen (wie sie auch in § 4 Nr 6 UWG – dazu im Folgenden unter Rn 355 ff – und in § 9a Abs. 2 des österreichischen UWG vorgesehen sind) eine ausreichende Interessenabwägung vorgenommen werde, wurde von der GA nicht akzeptiert. Ein abschließender Katalog von Ausnahmen erlaube keine Erweiterungen zugunster der unternehmerischen Freiheit, er sei ebenso statisch wie das Verbot selbst. Der EuGH entschied, dass die RL 2005/29/EG einem generellen Verbot einer Kopplung von Preisausschreiben und Gewinnspielen an ein Umsatzgeschäft entgegenstehe. Ein generelles Verbot lasse sich insbes. nicht damit rechtfertigen, dass die Kopplung solcher Preisausschreiben oder Gewinnspielen generell nach Art. 5 Abs. 2 lit. a der RL den Erfordernissen der beruflichen Sorgfalt widerspreche[92]. In der *Millionnen-Chance-II*-Entscheidung stellte der BGH daraufhin fest, dass die Regelung in §§ 3, 4 Nr 6 UWG in der Weise **richtlinienkonform auszulegen** sei, dass die Kopplung eines Preisausschreibens oder Gewinnspiels an ein Umsatzgeschäft nur dann unlauter sei, wenn sie im Einzelfall eine irreführende

86 BGH GRUR 2005, 599 f *Traumcabrio*.

87 BGH WRP 2008, 1175 = GRUR 2008, 807 *Millionen-Chance*.

88 Neben der des BGH war dies eine Vorlage des OGH AZ 4 OB 154708 p *Fußballer des Jahres II* hinsichtlich der Vereinbarkeit von § 9a des österreichischen UWG mit der UGP-RL und der Rechtsbank van Koophandel te Antwerpen, Rs. C-261/07 *VTB-VAB NV/Total Belgium NV*, ABl. C 2007/199, 18; Rs. C-299/07 *Galattea BVBA/Sanoma Magazinen Belgium NV*, ABl. C 2007/23.

89 Schlussanträge v. 21.20.2008, Rs. – C-261/107, ABl. C 2007/199, 18 und C-299/07, ABl. C 2007/23 Rz 69.

90 Rz 88.

91 Rz 62; die Unanwendbarkeit von Normen, die allein zwischen Privaten gelten, scheint allerdings mit Blick auf die EuGH-Rspr (zB Slg 1986, 723 Rz 48 *Marshall*) fraglich.

92 EuGH WRP 2010, 232 *Plus*; dazu *Köhler*, Kopplungsangebot neu bewertet, GRUR 2010, 177 ff.

Geschäftspraxis darstelle[93]. Im Schrifttum wird zT vertreten, § 4 Nr 6 UWG als gesetzlich typisierten Fall der Nichteinhaltung der „fachlichen Sorgfalt" iSd § 3 Abs. 2 S. 1 UWG aufzufassen bzw die Vorschrift unangewendet zu lassen, so man sie nicht gleich aufheben mag. Befürwortet wird hingegen die Prüfung von Verkaufsförderungsmaßnahmen, wie die Verbindung mit Preisausschreiben oder Gewinnspielen, an den Irreführungstatbeständen (§§ 5, 5a UWG), den Transparenzvorschriften (§ 4 Nr 4, 5 UWG), und der unangemessenen Beeinflussung (§ 4 Nr 1, 2 UWG). Vorrangig wäre noch zu prüfen, ob ein Verstoß gegen die Per-se Verbote in Nrn 5, 7, 17, 20 und 21 des Anhangs zu § 3 Abs. 3 UWG vorliegt[94].

*Literaturhinweise: Berlit*, Gewinnspiel im Einzelhandel: Stornierung des Kassenbons, WRP 2009, 1188 ff; *Boesche*, Drum kopple, was sich (nicht) ewig bindet – hohe Hürde der gemeinschaftsrechtlichen Unzulässigkeit von Kopplungsangeboten, WRP 2011, Heft 11; *dies.*, Lauterkeitsrechtliche Bewertung von Kopplungsangeboten im Lichte der UGP-Richtlinie, FS Säcker, 2011; *dies.*, Die Zugabeverbote als Hürde auf dem Weg zu einem europäischen Lauterkeitsrecht, in: Festschrift f. Stathopoulos, 2009, S. 189 ff; *dies.*, Über die Folgen der Vollharmonisierung und die vergebliche Rettung der Zugabeverbote, WRP 2009, S. 661 ff; *Haberkamm*, Ist Glück nun käuflich? Zur Zulässigkeit der Kopplung von Warenabsatz und Gewinnspiel – „Plus", EWS 2010, 417 ff; *Horak*, Naht das Ende des Zugabeverbots? ecolex 2008, S. 1137 ff; *Köhler*, Die Kopplung von Gewinnspielen an Umsatzgeschäfte: Wende in der lauterkeitsrechtlichen Beurteilung, GRUR 2011, 478 ff; *ders*, Ist der Unlauterkeitstatbestand des § 4 Nr 6 UWG mit der Richtlinie über unlautere Geschäftspraktiken vereinbar? GRUR 2009, 626 ff; *ders.*, Kopplungsangebote neu bewertet. Zugleich Besprechung der „Plus Warenhandelsgesellschaft" – Entscheidung des EuGH, GRUR 2010, 177; *ders.,* Die Unlauterkeitstatbestände des § 4 UWG und ihre Auslegung im Lichte der Richtlinie über unlautere Geschäftspraktiken, GRUR 2008, S. 841, 845; *Schmidt*, Unlauter und darüber hinaus …, GRUR 2009, 353 ff; *Scherer*, Erdrutsch im deutschen Lauterkeitsbericht. Europarechtswidrigkeit des § 4 Nr 6 UWG, NJW 2010, 1849 ff.

### 2. Ausnahme: naturgemäße Verbindung

355 Mit der unlauteren Interdependenz Warenerwerb oder Leistungsinanspruchnahme und Gewinnspielteilnahme ist nicht das Bezahlen für die Teilnahme an einem Gewinnspiel an sich gemeint, etwa am Lottospiel oder durch Erwerb eines Loses, denn damit wird keine „andere" Ware erworben, sondern die Teilnahmemöglichkeit „er-kauft". Auch der Erwerb einer Zeitung, in der typischer Weise Preisrätsel und Preisausschreiben abgedruckt sind, ist nicht unlauter, selbst wenn die **Zeitung** oder **Zeitschrift** nur um des Preisrätsels willen erworben oder eine **Radio-** oder **Fernsehsendung** nur wegen der darin angebotenen Teilnahme an einem Gewinnspiel gehört bzw gesehen wird, da diese **Verbindung „naturgemäß"** besteht (vgl § 4 Nr 6, 2. HS UWG)[95]. Ebenso ist der

---

93 BGH GRUR 2011, 532.

94 *Köhler*, Kopplungsangebote neu bewertet, GRUR 2010, 177; *ders.*, Neujustierung des UWG am Beispiel der Verkaufsförderungsmaßnahmen, GRUR 2010, 767; *Boesche*, Über die Folgen der Vollharmonisierung und die vergebliche Rettung der Zugabeverbote, WRP 2009, 661; gegen eine richtlinienkonforme Auslegung der vergleichbaren Regelung in § 9a des österreichischen UWG *Horak*, ecolex 2008, S. 1137, 1138.

95 Radio und Fernsehsendungen sind als Dienstleistungen iSd § 4 Nr 6 anzusehen. Wegen der aufgrund der „Quote" an die Sender verteilten Gelder, die aus der GEZ-Gebühr bzw aus Werbemitteln finanziert werden, handelt es sich zumindest mittelbar um eine entgeltliche Dienstleistung.

Eintritt zu einer Messe, auf der verschiedene Gewinnspiele angeboten werden, typische Voraussetzung für den Zugang zu den Messeräumen. Wird hingegen ein Kaufentschluss allein dadurch erreicht, dass erst durch ihn die Teilnahme an einem Gewinnspiel ermöglicht wird, widerspricht dies den lauteren Motiven eines allein durch sachliche Erwägungen herbeigeführten Kaufes[96].

### 3. Ausnahme von der Ausnahme

Ausnahmsweise kann auch bei den typischen Verbindungen der Unlauterkeitsvorwurf greifen, wenn zB in Printmedien der ausgeschriebene Preis über die bloße Zugabe hinaus übermäßig zu Werbezwecken herausgestellt und inszeniert wird. Der Preis ist dann nicht mehr Anreiz zu der Gewinnspielteilnahme, sondern dient in erster Linie der Werbung. Auch wenn ein unangemessen hoher Preis versprochen wird und dies dazu führt, dass ein Medienerzeugnis nur um der potenziellen Gewinnchance willen erworben wird, kann dies gegen § 4 Nr 6 UWG verstoßen. Entsprechendes gilt, wenn in Radiosendungen übermäßig viele Gewinnspiele angeboten werden, um auf diese Weise die Hörer an sich zu binden und von anderen Anbietern wegzulocken[97]. Auch das zur Teilnahmevoraussetzung gemachte Anrufen einer **Mehrdiensterufnummer** soll nach der Gesetzesbegründung unlauter sein, soweit dafür eine über den Basispreis eines Telefonats hinausgehende Zahlung verlangt wird[98]. Besteht die Alternative zwischen der verkoppelten und einer „ungekoppelten“ Teilnahme, ist dies nicht unlauter. Während die Nummern 3, 4 und 5 von § 4 UWG den Kreis der potenziellen „Werbeopfer“ nicht beschränkt, richtet sich der Schutz der Nr 6 allein auf **Verbraucher**. **356**

### 4. Gewinnspiel-Fallgruppen

Diese nun mit § 4 Nr 6 UWG ausdrücklich im Gesetz definierte Fallgruppe unzulässiger Gewinnspielkopplungen lehnt sich an die unter dem Stichwort **aleatorische Reize** als Untergruppe zur **Wertreklame** zu § 1 UWG aF entwickelte und zusammengefasste Rechtsprechung an[99]. Sie lässt sich unterteilen in vier Unlauterkeitsfallgruppen, die im Zusammenhang von Warenerwerb bzw Leistungsnutzung und Gewinnspielangeboten bzw als reines Gewinnspiel außerhalb einer solchen Kopplung stehen: **357**

(1) Kopplung von Warenabsatz mit der Teilnahme am Gewinnspiel
(2) Schaffung eines psychischen Kaufzwangs
(3) Irreführung des Publikums über die Gewinnchancen
(4) Übertriebenes Anlocken

---

96 Vgl BGH GRUR 2002, 976; kritisch gegenüber der Aufnahme des § 4 Nr 6 UWG ins Gesetz *Sosnitza*, GRUR 2003, 739, 743.
97 Vgl BGH GRUR 2002, 1003, 1004 *Gewinnspiel im Radio*; BGH GRUR 199, 611, 616 *Werbung im Programm*.
98 Gesetzesbegründung, BT-Drs. 15/1487, S. 18.
99 BGH ZUM 2003, 137, 138.

**358** Die erste Fallgruppe (1) wird erfasst von § 4 Nr 6 UWG. Die zweite Gruppe (2) wird ebenso von § 4 Nr 6 UWG geregelt und lässt sich subsidiär auch unter § 4 Nr 1 UWG fassen. Die dritte Gruppe (3) passt nicht unter § 4 Nr 5 UWG, da sich diese Regelung nur auf die Teilnahmebedingungen erstreckt, auch § 4 Nr 6 UWG dient nicht dem Schutz vor Irreführung über die Gewinnschancen. Diese Fallgruppe lässt sich jedoch entweder unter § 5 Abs. 1, Abs. 2 S. 1 Nr 1 UWG („Ausführung der Ware", „Menge der Ware", „die von der Verwendung zu erwartenden Ergebnisse") oder unter § 5 Abs. 2 S. 1 Nr 2 UWG (Waren-/Dienstleistungsbedingungen) subsumieren, vorausgesetzt, es handelt sich bei dem Spiel um „Werbung", andernfalls lassen sie sich entsprechend der bisherigen Rechtsprechung durch die Generalunlauterkeitsnorm des § 3 Abs. 1 UWG auffangen. Der Regelfall des übertriebenen Anlockens dazu, eine Ware zu erwerben oder eine Dienstleistung in Anspruch zu nehmen (4), wird zwar von § 4 Nr 6 UWG nicht erfasst, da der Spieleinsatz nicht vom vorherigen Erwerb einer Ware oder der Inanspruchnahme einer Leistung unmittelbar abhängig gemacht wird, sondern die Spielfreudigen, Spiellustigen und Spielsüchtigen zunächst einmal über die potenziellen Gewinnchancen auf übertriebene Art und Weise (zB durch exorbitant hohe Preise) angelockt werden sollen, um dadurch auf die im Umfeld angebotenen Produkte oder Dienstleistungen aufmerksam zu machen. Das Spiel dient dann nur der Schaffung einer guten Gelegenheit, die Produkte oder Dienstleistungen unter Ausnutzung der übersteigerten Euphorie und einer allgemeinen Gelöstheit zu verkaufen, ohne dass die angesprochenen Verbraucher sie auf ihre Güte prüfen. Da aber keine unmittelbare Abhängigkeit besteht, sondern sich besonders rationelle Kunden diesem Sog auch entziehen können, was bei einer von § 4 Nr 6 UWG erfassten Kopplung nicht gelingt, wird die Fallgruppe des übertriebenen Anlockens von § 4 Nr 1 UWG erfasst und lässt sich, falls ein „sonstiger unangemessener unsachlicher Einfluss" der Entscheidungsfreiheit nicht ausgeübt wurde, subsidiär unter § 3 Abs. 1 UWG subsumieren. Die vom Bundesrat vorgetragene Aufforderung, weitere, die genannten Fallgruppen regelten Spezialtatbestände in § 4 UWG aufzunehmen[100], ist unberechtigt, da alle in der Rechtsprechung herausgebildeten Fallgruppen durch die Tatbestände des UWG erfasst werden.

*Literaturhinweise: Lehr*, Rn 201 ff; zur Kopplung vgl auch *Wagner/Ruess*, WRP 2005, 24 ff; weitere Literaturhinweise zu Kopplungsangeboten s. Rn 354.

100 Die vom Bundesrat vorgetragenen Bedenken verbunden mit der Aufforderung weitere Spezialtatbestände in § 4 aufzunehmen, die diese Fallgruppen regelten (BT-Drs. 15/1487, S. 30), können daher zurückgewiesen werden.

# Fall 15

## **Krombacher Regenwaldprojekt** (BGH WRP 2007, 308 ff, LG Siegen GRUR-RR 2003, 379 ff *Regenwaldprojekt II* und BGH WRP, 303 ff *Regenwaldprojekt I)*

K ist eine bundesweit tätige Brauerei, die für den Verkauf des von ihr hergestellten „Krombacher" Bieres für ein so genanntes „Krombacher Regenwald-Projekt" unter Beteiligung des Fernsehjournalisten Günter Jauch und der früheren Tennisspielerin Steffi Graf mit auf dem Fernsehsender RTL häufig ausgestrahlten Werbespots folgendem Inhalts warb: „Das Krombacher Regenwald-Projekt geht weiter und immer mehr sind dabei! Mit ihrer Unterstützung schützen wir vom WWF den Regenwald vor Holzeinschlag und Wilderei! Denn für jeden verkauften Kasten Krombacher fließt eine Spende in die Regenwald-Stiftung des WWF, um einen Quadratmeter Regenwald in Afrika nachhaltig zu schützen! ... Handeln und genießen Sie!" Und: „Die Spenden helfen diesen unersetzbaren Lebensraum für unsere Kinder zu bewahren! Jeder einzelne Quadratmeter zählt ... Wie viel Quadratmeter wir schon erreicht haben, zeigt Ihnen unser neuer Spendenstand!" Und „... Der seltene Lebensraum dieser seltenen Tiere ist bedroht! Sie können helfen! Denn mit jedem verkauften Kasten Krombacher Pils, alkoholfrei oder Radler, fließt eine Spende ... ein Fortbestand der so scheuen Flachland-Gorillas ist nur in einem geschützten Regenwald möglich! ... Genießen Sie Ihr Krombacher!" Und „... Handeln und Genießen Sie bei uns! Gewinnen Sie bei uns eine Woche Fuerteventura ...". Die Teilnahmebedingungen werden klar genannt (Erraten eines Wortes, Einsendeschluss, Ausschluss von Teilnahme), die Teilnahme ist auch nicht geknüpft an den Erwerb eines Kastens Krombacher bzw einer Flasche Pils. In Flyern und sonstigen Werbeanzeigen wirbt K mit der Aussage „1 Kasten = 1 m²". Die Zentrale zur Bekämpfung unlauteren Wettbewerbs (Z) begehrt im Wege einstweiliger Verfügung, der K die Werbung zu untersagen. Prüfen Sie, ob der Antrag auf Erlass einer einstweiligen Verfügung (nur Verfügungsanspruch und Verfügungsgrund) begründet ist. **359**

## Lösung Fall 15:

### A. Verfügungsanspruch

Der Antrag auf Erlass einer einstweiligen Verfügung iSd § 12 Abs. 2 UWG hat Erfolg, wenn ein Verfügungsanspruch und ein Verfügungsgrund vorliegen. Ein Verfügungsanspruch besteht, wenn Z gem. § 8 Abs. 1 UWG einen Anspruch auf Unterlassung zusteht. Voraussetzung ist ein Verstoß gegen § 3 Abs. 1 UWG und das Bestehen einer Wiederholungsgefahr. **360**

### I. Aktivlegitimation

Es ist davon auszugehen, dass Z als „Wettbewerbszentrale" die Voraussetzungen an eine qualifizierte Einrichtung erfüllt und damit iSd § 8 Abs. 3 Nr 3 UWG aktivlegitimiert ist.

### II. Passivlegitimation

Da mit dem streitigen Werbeprojekt das von K gebraute Bier beworben wird, ist er passivlegitimiert.

## III. Unzulässige geschäftliche Handlung, § 3 Abs. 2 UWG

### 1. Objektiver Tatbestand

#### a) Geschäftliche Handlung

K hat die Werbekampagne zu Zwecken der Steigerung des Absatzes des von ihm hergestellten Bieres geschaltet. Eine geschäftliche Handlung iSd § 2 Abs. 1 Nr 1 UWG liegt damit vor.

#### b) Unlauterkeit

K hätte gegen die geltende fachliche Sorgfalt verstoßen, wenn er irreführend (§§ 5, 5a UWG) gehandelt oder gegen einen der Tatbestände des § 4 Nr 1–6, 11 UWG verstoßen hat. Weiterhin müsste er dadurch die Entscheidungsfreiheit der Verbraucher spürbar beeinträchtigt haben.

**aa) Psychischer Kaufzwang, § 4 Nr 1 iVm § 3 Abs. 2 UWG.** In der Werbeaussage könnte ein psychischer Kaufzwang enthalten sein, durch den die Verbraucher dazu verleitet werden, kistenweise Krombacher Pils zu kaufen, ohne noch zu einer rationalen Entscheidung über den Erwerb in der Lage zu sein. Dagegen spricht allerdings, dass die Fernsehwerbung den Käufer in einer Situation erreicht, in der sich ein **Kaufzwang nur bei einer besonderen Intensität** bilden kann. Die Verknüpfung der Werbung für ein Produkt mit einem sozialen Anliegen ist nur dann unlauter, wenn im Einzelfall **konkret** eine Beeinträchtigung des Leistungswettbewerbes festzustellen ist. Dies ist insbesondere gegeben, wenn der Kunde aufgrund der Intensität der Werbung von Konkurrenzprodukten abgelenkt wird. Die Werbespots der K erreichen nicht eine solchen Grad an Beeinflussung, dass der fernsehschauende Verbraucher keinen Blick mehr für Biere anderer Hersteller hat.

**bb) Gefühlsbetonte Werbung, § 4 Nr 1 iVm § 3 Abs. 2 UWG.** Die Werbeaussage könnte wegen ihrer Appelle an das soziale Gewissen („Helfen Sie"; „Wenn Sie einen Kasten … kaufen, retten Sie einen Quadratmeter Regenwald", „Kinder", „Tiere" etc) geeignet sein, die Verbraucher unangemessen unsachlich zu beeinflussen. Gerade die Verbindung mit dem Schutz der Natur, der eigenen (!) Kinder und der Tiere löst bei manchen Verbrauchern starke Gefühle aus. Grundsätzlich ist jedoch gefühlsbetonte Werbung erlaubt. Die Werbeaussage des K ist trotz ihrer Aufrufe zur Hilfe für eine soziale Tat nicht so intensiv, dass sich der fernsehkonsumierende Verbraucher ihr nicht mehr entziehen kann und außerstande ist, beim nächsten Einkauf eine rationale Entscheidung zu treffen, sondern sich gezwungen sieht, in Zukunft wegen des beworbenen sozialen Engagements nur noch Produkte der umworbenen Marke zu erwerben. Sie ist auch nicht deshalb unlauter, weil sie an das Umweltbewusstsein der angesprochenen Verbraucher appelliert, ohne dass ein sachlicher Zusammenhang zwischen dem in der Werbung angesprochenen Engagement und der beworbenen Ware besteht. Das Fehlen eines sachlichen Zusammenhangs genügt nicht[101]. Ein Verstoß wegen gefühlsbetonter Werbung scheidet daher aus.

**cc) Verstoß gegen § 4 Nr 4 iVm § 3 Abs. 2 UWG wegen unlauterer intransparenter Kopplung (Verkaufsförderung).** *Aufbauhinweis:* Die Prüfung einer möglichen Kopplung ist mit § 4 Nr 4 UWG zu beginnen, da dieser einen ausdrücklich geregelten Fall der Kopplung enthält, auf den ersten Blick nahe liegend erscheint, letztlich aber schnell verneint werden kann.

K könnte jedoch mit der Kopplung einer Sponsoring-Leistung an den Verkauf des von ihr hergestellten Bieres unlauter geworben haben. Grundsätzlich ist die Kopplung zweier Leistungen zulässig. Voraussetzung ist allerdings, dass die Transparenz eines Angebots nicht verloren gehen darf (arg. e § 4 Nr 4 UWG). Ein Fall des § 4 Nr 4 UWG liegt allerdings nicht vor, da bei der verkaufsfördernden Maßnahme der Werbung mit dem Einsatz eines Teils des Geldes aus den verkauften Bierkästen nicht Preisnachlässe, Zugaben oder Geschenke gewährt werden.

101 BGHZ 164, S. 153 Tz. 18 ff *Artenschutz*; BGH WRP 2007, S. 308, 311 *Regenwaldprojekt II*.

**dd) Verstoß des Kopplungsangebots wegen irreführender intransparenter Kopplung gegen § 5 Abs. 1 S. 2 iVm § 3 Abs. 2 UWG.** Das Kopplungsangebot der K könnte jedoch gem. § 5 Abs. 1 iVm § 3 Abs. 2 UWG unlauter sein. Dann müsste es irreführend sein. Eine geschäftliche Handlung ist irreführend iSd § 5 Abs. 1 S. 2 UWG, wenn sie unwahre Angaben oder sonstige zur Täuschung geeignete Angaben enthält.

**(1) Unwahre Aussagen.** Fraglich ist, ob ein Verstoß gegen den in § 5 Abs. 1 S. 2 UWG enthaltenen Katalog vorliegt. Die Kopplung einer Sponsoring-Leistung der K betrifft weder die Merkmale der Bierkästen noch die des Bieres. Die beworbene Ware ist damit nicht betroffen (Nr 1). Auch steht die Aussage nicht in Bezug zu den geschäftlichen Verhältnissen der K (Nr 3). Ebensowenig enthält sie Bedingungen, unter denen die Bierkästen geliefert werden, noch geht es um den Preis der Waren (Nr 2). Dem Käufer steht es frei, die Kästen bedingungslos zu erwerben. Es kommt auch nicht darauf an, ob er von dem Einsatz für den Regenwald etwas weiß oder nicht. Die Leistung des K stellt mithin keine Liefer- oder Kaufbedingung dar. Hinsichtlich der Kopplung des Kaufs eines Kastens Krombacher Pils an **Sponsoring-Leistungen** des Herstellers K werden jedoch keine unzutreffenden Vorstellungen über das Angebot, den Erwerb des Bierkastens, erweckt, so dass keine Unlauterkeit wegen irreführender Werbung gegeben ist (andere Ansicht vertretbar). Allerdings könnte **Nr 4** gegeben sein. Dann müsste es sich um eine **unwahre Aussage im direketen oder indirekten Zusammenhang mit Sponsoring** gehandelt haben. Bei der Verknüpfung des Bierkaufs und der angekündigten Spende zugunsten des Regenwaldes handelt es sich um eine Sponsoringaussage. Die Aussage im Zusammenhang mit dem Sponsoring ist allerdings nicht unwahr, da tatsächlich ein Beitrag für die Rettung des Regenwaldes geleistet werden soll.

**(2) In sonstiger Weise zur Täuschung geeignete Angaben.** Die Werbeaussage könnte jedoch in sonstiger Weise zur Täuschung geeignete Angaben (§ 5 Abs. 1 S. 2 2. Alt. UWG) enthalten. Ein Verstoß könnte daher vorliegen, wenn die Kopplung intransparent ist. Die Rechtsprechung hat aus der Generalklausel des § 1 UWG aF ein Transparenzgebot abgeleitet mit dem Inhalt, dass durch die Kopplung zweier Leistungen die Transparenz eines Angebots nicht verloren gehen darf. Der Gesetzgeber der UWG Novelle von 2004 hat sich jedoch ausdrücklich gegen ein allgemeines Transparenzgebot entschieden[102]. Er hat lediglich konkrete Informationspflichten einzelner Tatbestände normiert (§ 4 Nr 4 und 5 UWG) und durch die Regelung in § 5 Abs. 2 S. 2 UWG (2004) anerkannt, dass das Verschweigen einer Tatsache irreführend sein kann. Letzterem Tatbestand ist durch die Novelle 2008 in Umsetzung der UGP-RL eine Aufwertung zugekommen, indem nun eine eigene Norm das irreführende Unterlassen regelt (§ 5a UWG). Kopplungsangebote sind allerdings dann irreführend, wenn über den Inhalt der zusätzlichen Leistung nur unzureichend informiert wird. Es ist fraglich, ob K die angesprochenen Verbraucher über den Inhalt der an den Verkauf eines Kastens Bier gekoppelten Sponsoring-Leistung ausreichend informiert hat, so dass der Kunde weiß, was er letztlich neben der Ware für sein Geld „erhält".

Das *LG Siegen* verlangt volle Transparenz und sieht diese nur dann als gegeben an, wenn klar sei, „welcher Betrag vom Entgelt für die gekoppelte Ware für den guten Zweck abgeführt" und zugleich, „in welcher Weise der so zusammengekommene Betrag für diesen guten Zweck verwandt" werde. Erst aufgrund einer solchen Aufklärung kann sich der Kunde entscheiden, ob er die Ware erwerben will. Die Werbekampagne der K gibt dem Kunden „keine nötige Klarheit darüber, was er mit dem Kauf eines Kastens Bier für die Erhaltung des Regenwaldes tatsächlich tut." Zwar wird „sowohl in den Fernsehspots als auch im Flyer deutlich gemacht, dass bei jedem verkauften Kasten Krombacher eine Spende in die Regenwald-Stiftung des WWF fließe. Zugleich wird jedoch wiederum eine unmittelbare Verknüpfung zwischen dem gekauften Kasten Bier und dem Schutz eines Quadratmeters Regenwald hergestellt, indem gesagt wird: ‚Für jeden Kasten Krom-

102 BT-Drs. 15/1487, S. 19 f.

bacher fließt eine Spende in (...), um einen Quadratmeter Regenwald nachhaltig zu schützen.' Im Flyer heißt es: ,1 Kasten = 1 m$^2$.'" Für den Kunden bleibt „im Dunkeln, in welcher Weise er dieses Bild vom quadratmeterweisen Schutz des Regenwaldes deuten soll. Einerseits ist zwar von einer Spende pro Kasten Bier für die Regenwald-Stiftung die Rede, damit der WWF bestimmte Umweltschutzmaßnahmen durchführen kann. Die Werbeaussage geht jedoch andererseits darüber hinaus, indem sie beim Kunden den Eindruck erweckt, mit dieser Spende von jedem verkauften Kasten Bier sei der Schutz eines Quadratmeters Regenwald verbunden. Dadurch entsteht die Vorstellung einer besonders effektiven Hilfeleistung in dem Sinne, dass mit jedem Kauf eines Kastens Bier jeweils der Schutz eines Quadratmeters Regenwald gesichert sei." Wie die K den versprochenen quadratmeterweisen Schutz des Regenwaldes gewährleisten will, bleibt für die Kunden Spekulation. Die K verspricht eine zielgerichtete konkrete Verwendung der einzelnen Spende, ohne dieses Versprechen tatsächlich einzulösen bzw einlösen zu können.

Nach Ansicht des *BGH* gibt es **keine allgemeine Verpflichtung** des Unternehmens, über die **Art und Weise der Unterstützung oder die Höhe bzw den Wert der Zuwendung aufzuklären**[103]. „Verspricht ein Unternehmen in der Werbung, ein bestimmtes Projekt zu unterstützen, besteht der zusätzliche Kaufanreiz darin, dass sich der Verbraucher durch den Warenbezug für das entsprechende Ziel engagieren kann, ohne eigene Aufwendungen über den Kaufpreis hinaus tätigen zu müssen. Hat der Unternehmer keine nach **Art und Umfang näher bestimmte Leistung** versprochen, wird der Verbraucher nur erwarten, dass das werbende Unternehmen **zeitnah überhaupt eine Unterstützungsleistung erbringt** und diese **nicht so geringfügig** ist, dass sich die werbliche Herausstellung nicht rechtfertigt". Bleibt das, was die Beklagte zum Schutz des Regenwaldes tatsächlich leistet, **hinter dem zurück**, was sie in den Werbeanzeigen und in der Fernsehwerbung verspricht, enttäuscht sie die dadurch berechtigten Erwartungen der Verbraucher. Ein Verstoß gegen § 5 Abs. 1 S. 2 UWG läge dann auch nach Ansicht des BGH vor. K weist ausdrücklich darauf hin, dass sie eine Spende an den WWF leistet. Die Angabe der quadratmeterweisen Unterstützung verkürzt zwar diese Proportionalität, indem sie den Eindruck vermittelt, bei dem Regenwald gehe es um eine flächenmäßige Ausdehnung, dessen gebietsweiser Schutz erreicht werden soll. Die dadurch entstehenden Vorstellungen der Verbraucher, dass die proportionale Unterstützung aufgrund eines höheren Spendenaufkommens zunehme, je umfangreicher der Warenabsatz der K ist, enthält jedoch ebenfalls keine zur Täuschung geeignete Angabe, da die Unterstützung tatsächlich proportional zunimmt. Dass die einzelnen Unterstützungsleistungen sich nicht zwingend auf eine Ausbreitung in der Fläche beschränkt und ihr Erfolg nicht in Quadratmetern gemessen werden kann, versteht sich bei dem Schutz von Naturschutzgebieten und der Artenvielfalt von selbst. Dies wird auch von den angesprochenen Verbrauchern nicht erwartet.

**(3) Zwischenergebnis.** Es liegt damit kein Verstoß gegen § 5 Abs. 1 S. 2 Nr 4 iVm § 3 Abs. 2 UWG vor.

**ee) Verstoß des Kopplungsangebots gegen § 5a Abs. 1 iVm § 3 Abs. 2 UWG (irreführende Unterlassung). (1) Verschweigen von Tatsachen, Umfang der Aufklärungspflicht.** Fraglich ist, ob in den Aussagen der K Tatsachen verschweigen wurden und dies irreführend war. Dabei ist die Bedeutung der Tatsachen für die geschäftliche Entscheidung sowie die Eignung des Verschweigens zur Beeinflussung der Entscheidung zu berücksichtigen. K müsste die Entscheidungsfähigkeit der angesprochenen Verbraucher iSd § 3 Abs. 2 UWG dadurch beeinflusst haben, dass seine Werbeaussage Informationen vorenthält, die unter Berücksichtigung aller Umstände einschließlich der Beschränkung der Kommunikationsmittel wesentlich sind (§ 5a Abs. 2 UWG). Wesentliche Merkmale iSd § 5a Abs. 3 Nr 1–5 UWG liegen nicht vor, so dass es darauf ankommt,

103 BGH WRP 2007, S. 308, 312 *Regenwaldprojekt II*; OLG Hamburg GRUR-RR 2003, S. 51, 52; Fezer/*Steinbeck*, § 4-1 Rn 370; Gloy/Loschelder/*Hasselblatt*, § 63 Rn 67; *Harte/Henning/Stuckel*, § 4 Nr 1 Rn 105 ff; *Hartwig*, GRUR 2003, S. 924, 927; *Günther/Beyerlein*, WRP 2004, S. 1142, 1144; *Nordemann/Dustmann*, FS Tilmann, 2003, S. 195, 204.

ob der allgemeinere Tatbestand des Abs. 2 gegeben ist. Allein aus der Tatsache, dass der Kunde mit dem Erwerb des Bieres die angekündigte umweltpolitische Leistung an den WWF unterstützt, also – so der BGH – **mit dem Unternehmen „an einem Strang zieht"**, folge noch **nicht**, dass er im Rahmen der Werbung **über die Details** aufgeklärt werden muss, wie der versprochene Schutz des Regenwaldes erreicht werden soll. Nur wenn die Werbung konkrete, für die Entscheidung relevante irrige Vorstellungen hervorruft, ergibt sich aus dem Irreführungsverbot eine Verpflichtung des werbenden Unternehmens zu aufklärenden Hinweisen. Eine Pflicht zu einer umfassenden Aufklärung besteht nicht, eine solche wird von einem verständigen Verbraucher nicht erwartet. Eine **Pflicht zu aufklärenden Angaben besteht nur** dann, wenn **andernfalls die Gefahr bestünde**, dass der Verbraucher über den **tatsächlichen Wert des Angebots**, insbesondere über den **Wert der Zusatzleistung getäuscht** wird[104]. Eine solche Gefahr bestand nicht, da die Verbraucher erfuhren, dass von jeder gekauften Ware ein Anteil des erzielten Erlöses an den WWF gespendet würde und dass dieser Anteil ansteigt, je größer der Warenabsatz ist. Eine Aufklärung über weitere Details (konkrete Projekte, zeitliche Einschränkung der Unterstützungsleistung etc) erwarten sie nicht.

**(2) Zwischenergebnis.** Es liegt damit kein Verstoß gegen § 5a Abs. 1, Abs. 2 iVm § 3 Abs. 2 UWG vor.

**ff) Verstoß gegen § 4 Nr 5 iVm § 3 Abs. 2 UWG wegen Angebots des Gewinnspiels.** Die Voraussetzungen für das Gewinnspiel sind hingegen klar und eindeutig. Hinsichtlich des Gewinnspiels liegt daher kein Verstoß gegen § 4 Nr 5 UWG vor.

**gg) Verstoß gegen § 4 Nr 6 iVm § 3 Abs. 2 UWG.** Auch wird die Teilnahme an dem Gewinnspiel nicht abhängig gemacht von dem Erwerb eines Kastens Krombacher Pils, so dass ein Verstoß gegen § 4 Nr 6 UWG ausscheidet.

#### c) Zwischenergebnis

Folgt man der Ansicht des BGH liegt schon der objektive Tatbestand einer unlauteren Handlung nicht vor.

### 2. Zwischenergebnis

Es fehlt damit an einer unlauteren Handlung.

## IV. Ergebnis

Eine unzulässige geschäftliche Handlung iSd § 3 Abs. 2 UWG liegt nicht vor.

## B. Gesamtergebnis

Der Unterlassungsanspruch des Z ist nicht gegeben. Es fehlt damit an einem Verfügungsanspruch gegenüber K.

104 BGHZ 154, S. 105, 108 f *Gesamtpreisangebot*; BGH GRUR 2006, S. 161 T. 15 *Zeitschrift mit Sonnenbrille*; BGH WRP 2007, S. 308, 311 f *Regenwaldprojekt II*.

## VII. § 4 Nr 7 UWG: Herabsetzung von Kennzeichen, Waren, Dienstleistungen, Tätigkeiten, persönlichen oder geschäftlichen Verhältnissen eines Mitbewerbers

361 § 4 Nr 7 UWG erfasst die Fälle der **Geschäftsehrverletzungen** durch **Meinungsäußerungen**. Bei Bewertung der kritischen Äußerungen ist daher stets der über Art. 5 Abs. 1 GG gewährte Schutz der Meinungsfreiheit zu beachten. Erfasst werden sollen insbesondere die Fälle der **Schmähkritik**, in denen der Mitbewerber pauschal und ohne erkennbaren sachlichen Bezug abgewertet wird.

362 **„Herabsetzung"** meint die Verringerung der Wertschätzung eines Mitbewerbers oder seiner Produkte in den Augen der angesprochenen Verkehrskreise durch wahre oder unwahre Tatsachenbehauptungen oder Werturteile.

363 Mit **„Verunglimpfung"** werden gesteigerte Herabsetzungen erfasst, in denen Mitbewerber durch abträgliche Werturteile ohne sachliche Grundlage verächtlich gemacht werden[105]. Dabei reicht es entgegen dem Wortlaut („eines Mitbewerbers") aus, wenn generell alle anderen Mitbewerber bzw ihre Waren und Dienstleistungen herabgesetzt werden, da ansonsten eine Abgrenzung zur **vergleichenden Werbung** des § 6 UWG nicht möglich wäre. Wird durch die Äußerung eines Werbenden die eigene Leistung besonders positiv herausgestellt, ohne jedoch zugleich eine **Geschäftsehrverletzung** oder eine **Schmähkritik** gegenüber einem Mitbewerber oder einer bezeichneten Gruppe von Konkurrenten zu äußern, ist der Herabsetzungsvorwurf nicht begründet. Das positive Herausstellen des eigenen Produktes ist ureigenster Zweck der Werbung. Ebenso häufig geht damit eine gewisse pauschale Abwertung des Konkurrenzproduktes oder der geschäftlichen Verhältnisse des Mitbewerbers einher. Diese ist insbesondere einem Werbevergleich immanent. Das Loben des eigenen und die Kritik an dem fremden Produkt oder sein Ignorieren durch Nichterwähnung ist zudem von der **Meinungsfreiheit** gedeckt. Hinzu kommt, dass Kritik häufig mit Sprachwitz, Ironie oder einem humorvollen Wortspiel verbunden ist. Dadurch soll lediglich die Aufmerksamkeit der Werbeadressaten geweckt werden. Diese Art der Kritik ist aber harmlos, weil sie erstens nicht „böse" gemeint ist und die angesprochenen Verkehrskreise dies auch so verstehen. Die Rechtsprechung trägt diesen wichtigen Elementen guter Werbung erfreulicher Weise zunehmend Rechnung, was den Unterhaltungswert von Werbeunterbrechungen deutlich steigert, zuweilen sind sie sogar eine willkommene Unterbrechung und nicht mehr Grund, in Werbepausen zu zappen oder zwecks Nahrungsaufnahme zu flüchten[106].

364 Äußerungen über Mitbewerber erfüllen so lange nicht die Voraussetzungen einer **Herabsetzung** oder **Verunglimpfung**, als Mitbewerber und ihre Waren nicht pauschal verächtlicht gemacht werden und sich die Kritik im Rahmen einer sachlich gebotenen Erörterung hält[107]. Es müssen vielmehr besondere Umstände hinzutreten, die den Ver-

105 Die Begriffe gleichen denen in § 6 Abs. 2 Nr 5 UWG, vgl dazu die Ausführungen unter Rn 216.
106 BGH NJW 2002, 3399, 3401 *Die „Steinzeit" ist vorbei!*
107 BGH NJW 2002, 3399, 3400 *Die „Steinzeit" ist vorbei!*; BGH, WRP 2001, 688, 689 *Eröffnungswettbewerb*; *Ohly*, in: Piper/Ohly, § 4.7 Rn 7/13.

gleich in **unangemessener Weise abfällig, abwertend** oder **unsachlich** erscheinen lassen[108]. Dies ist zB erfüllt, wenn das Konkurrenzprodukt gegenüber dem eigenen Angebot als **minderwertig** oder **überholt** herausgestellt wird[109], wobei der Eindruck der Werbung auf die angesprochenen Verkehrskreise entscheidend ist[110]. Bei unwahren Äußerungen ist vorrangig an § 4 Nr 8 UWG zu denken (s. dazu unter Rn 368 f).

*Hinweise:* Mit Einzelheiten zu dem Prüfen der Voraussetzungen des § 4 Nr 7 UWG vergleiche die Fälle ***Steinzeit***, ***Fremdgehen*** und ***Orgelndes Auto*** (s. Rn 226 f, 222 f, 365 f). Im Fall ***Lottoschein***, Rn 228 f, wurde die herabsetzende Werbung hingegen als Verstoß gegen § 6 Abs. 2 Nr 5 UWG (herabsetzende vergleichende Werbung) geprüft.

# Fall 16

## **Orgelndes Auto** (OLG Hamburg GRUR-RR 2003, 249 ff)

Die BKK Mobil Oil (BKK) wirbt in einem bayrischen Rundfunksender wie folgt: „Manche Krankenkassen hören sich so an: (Geräusch: nicht anspringendes Auto) oder so: (Geräusch: „orgelndes Auto"), aber nur eine so: (Geräusch: Formel-1-Auto). BKK Mobil Oil – die einzige offene Krankenkasse mit voller Leistung, nur 11% Beitrag." Die Krankenkasse K sieht darin eine unlautere Werbung und begehrt Unterlassung (gefragt ist nur die materielle Prüfung). 365

## Lösung Fall 16:

### A. Anspruch der K auf Unterlassung gegen die BKK 366

Das Unterlassungsbegehren der K hat gem. § 8 Abs. 1 UWG Erfolg, wenn die Werbeaussage der BKK gegen § 3 Abs. 1 UWG verstößt.

### I. Aktivlegitimation

K ist iSd § 2 Abs. 1 Nr 3 UWG hinsichtlich des Wettbewerbs für Krankenversicherungsleistungen als Mitbewerberin aktivlegitimiert (§ 8 Abs. 3 Nr 1 UWG).

### II. Passivlegitimation

Der von K angegriffene Werbefilm bewirbt die Produkte und Leistungen der BKK. Sie ist daher passivlegitimiert.

108 BGH WRP 2001, 1441 *Preisgegenüberstellung im Schaufenster*; BGH, GRUR, 1999, 1100, 1102 *Generika-Werbung*; BGH, WRP 1999, 414, 416 *Vergleichen Sie*; BGH, GRUR 1997, S. 227, *228 Aussehen mit Brille*; BGH, GRUR 1973, 270, 271 *Der sanfte Bitter*; BGH, GRUR 1981, S. 823, *826 Ecclesia-Versicherungsdienst*. Für jeden Gewerbetreibenden ist die Werbung das notwendige und verbreitete Mittel, um die Vorteile der eigenen Ware oder Leistung gebührend hervorzuheben. Die Rechtsprechung ist selbst gegenüber aggressiven Werbeaussagen daher zunehmend tolerant.

109 BGH WRP 1998, 718, 723 *Testpreis-Angebot*; BGH GRUR 1981, 823, 826 *Ecclesia-Versicherungsdienst*; *Plaß*, in: Ekey/Klippel/Kotthoff, § 3 UWG Rn 470.

110 BGH GRUR 1973, 270, 271 *Der sanfte Bitter*; BGH NJW 2002, 3399, 3400 *Die „Steinzeit" ist vorbei!*; *Ohly*, in: Piper/Ohly, § 4.7z. Rn 7/13.

## III. Unzulässige geschäftliche Handlung, § 3 Abs. 1 UWG

### 1. Objektiver Tatbestand

#### a) Geschäftliche Handlung

Der im Radio gesendete Werbefilm der BKK diente dazu eine größere Bekanntheit und die Steigerung des Absatzes der von ihr angebotenen Krankenversicherungen zu erreichen. Die BKK verfolgte damit den Zweck, ihre eigenen Produkte (Krankenversicherung) und die damit verbundenen Dienstleistungen positiv herauszustellen, um ihren Absatz zu fördern, § 2 Abs. 1 Nr 1 UWG.

#### b) Unlauterkeitstat

**aa) Der durch Geräusch und Text vermittelte Eindruck, es gebe nur eine Krankenkasse, die wie ein Formel-1-Auto laufe. (1) Verstoß gegen § 3 Abs. 1 wegen unlauterer herabsetzender vergleichender Werbung iSv § 6 Abs. 2 Nr 5 UWG.** Der durch Geräusch und Text vermittelte Eindruck, es gebe nur eine Krankenkasse, die laufe wie ein Formel-1-Auto, nämlich die werbende Krankenkasse BKK, während „manche Krankenkassen" – wer immer damit sich auch angesprochen fühlen soll – gar nicht oder nur schwer in Gang kommen, könnte eine unlautere vergleichende herabsetzende Werbung iSd § 6 Abs. 2 Nr 5 UWG sein.

**(a) Vergleichswerbung.** Dann müsste die BKK vergleichend geworben haben. Vergleichend ist gem. § 6 Abs. 1 UWG jede Werbung, die unmittelbar oder mittelbar einen Mitbewerber oder die von einem Mitbewerber angebotenen Waren oder Dienstleistungen erkennbar macht. In dem Werbespot werden die Angebote der BKK lediglich allgemein den Leistungen der „anderen Krankenkassen" gegenübergestellt, ohne dass ein anderes Unternehmen genannt wird. Bloß allgemein gehaltene Aufforderungen an das angesprochene Publikum, einen Vergleich vorzunehmen, ohne dass sich die Bezugnahme auf einen Mitbewerber aufdrängt, fällt jedoch nicht unter den Begriff der vergleichenden Werbung. Angesichts der hohen Anzahl von Krankenkassen in Deutschland und angesichts der unbestimmten Bezeichnung „andere" sind ein oder mehrere Mitbewerber weder unmittelbar noch mittelbar erkennbar (vgl die Fälle ***Lottoschein*** und ***Steinzeit***, Rn 228 f und Rn 226 f).

**(b) Zwischenergebnis.** Die Werbung der BKK erfüllt mangels Erkennbarkeit der Mitbewerber nicht den Begriff der vergleichenden Werbung.

**(2) Pauschal herabsetzende Werbung, § 4 Nr 7 iVm § 3 Abs. 1 UWG. (a) Pauschales Herabsetzen.** Es könnte sich aber um eine den Wettbewerber pauschal herabsetzende Werbung iSd § 4 Nr 7 iVm § 3 Abs. 1 UWG handeln. Dann müsste die BKK die Waren oder Dienstleistungen eines Mitbewerbers herabgesetzt oder verunglimpft haben. **Herabsetzung** meint die Verringerung der Wertschätzung eines Mitbewerbers oder seiner Produkte in den Augen der angesprochenen Verkehrskreise durch wahre oder unwahre Tatsachenbehauptungen oder Werturteile. Wie dargelegt, ist ein konkreter **Mitbewerber** nicht aus der Werbung erkennbar. Entgegen dem Wortlaut („eines Mitbewerbers") reicht es im Rahmen des § 4 Nr 7 UWG aus, wenn generell alle anderen Mitbewerber bzw ihre Waren und Dienstleistungen herabgesetzt werden, da ansonsten eine Abgrenzung zur vergleichenden Werbung des § 6 UWG nicht möglich wäre. Die Äußerung der BKK stellt die eigene Leistung besonders positiv heraus, ohne jedoch zugleich eine **Geschäftsehrverletzung** oder eine **Schmähkritik** gegenüber allen anderen Krankenhäusern zu äußern. Hinzu kommt die Einschränkung auf „manche Krankenkassen", also wird kein Bezug auf alle hergestellt, wonach sie insgesamt pauschal als geringwertig anzusehen sind. Das positive Herausstellen des eigenen Produktes ist ureigenster Zweck der Werbung und zudem von der **Meinungsfreiheit** umfasst. Es erfüllt so lange nicht die Voraussetzungen einer Herabsetzung oder Verunglimpfung, als Mitbewerber und ihre Waren nicht pauschal verächtlicht gemacht werden. Ein **pauschales Verächtlichmachen** enthielt der Werbespot nicht.

*Aufbauhinweis:* Zur humorvollen und satirischen Überzeichnung (s. unter d). Die Argumente konnten alternativ auch an dieser Stelle thematisiert werden.

**(b) Zwischenergebnis.** Es liegt keine herabsetzende Werbung vor.

**(3) In sonstiger Weise unlautere Werbung, § 3 Abs. 1 UWG.** Es könnte sich um eine in sonstiger Weise unlautere Werbung handeln, die nicht unter den Beispielkatalog des § 4 UWG zu fassen ist. Die mit Geräuschen ausgemalte Werbung „wird die von der Werbung angesprochene Verbraucherschaft – bis auf einen für die wettbewerbsrechtliche Prüfung zu vernachlässigenden und damit irrelevanten Rest – nicht als eine mit Klangbildern illustrierte Sachaussage verstehen, sondern lediglich als Eingangspassage eines Werbespots, der die Aufmerksamkeit des Hörers einfordern soll, um ihn für die anschließende Sachaussage empfänglich zu machen. In welchem Sinne eine Werbung zu verstehen ist, ist nach dem Verständnis eines durchschnittlich informierten und verständigen und der Situation, in der er mit der Aussage konfrontiert wird, entsprechend aufmerksamen **Durchschnittsverbrauchers** zu beurteilen. Ein solcher Verbraucher weiß, dass die Leistungsverpflichtung der Gesetzlichen Krankenkassen in den einschlägigen Gesetzen für alle Kassen gleich geregelt ist. Er weiß weiter aber auch, dass es jedenfalls in Ermessensbereichen oder bei Zweifelsfragen Kassen gibt, die sich angeblich generöser verhalten als andere. Der Verbraucher ist es weiter gewohnt, dass Werbung mit Aufmerksamkeit erheischenden Witzchen, Bildern und Gags daherkommt, die mit der Lebenswirklichkeit nichts tun haben, um sich aus der täglich auf ihn einprasselnden Unzahl von Werbebotschaften abzuheben und sich ins Bewusstsein des Publikums zu bringen. Vor diesem Hintergrund kann der umworbene Verkehr dem Bild mit den Automotoren verbunden mit den textlichen Erläuterungen keinesfalls eine ernst gemeinte Sachaussage dahin entnehmen, dass alle Kassen bis auf die BKK nichts taugen. Der Verbraucher wird erkennen, dass es sich um eine **satirische Überzeichnung** handeln soll, die nur dazu dient, seine Aufmerksamkeit auf den Werbespot zu lenken, um ihn für die anschließende Botschaft, dass es mit der BKK eine Kasse gibt, die sich für hervorragend leistungsfähig hält, empfänglich zu machen.“

**(4) Zwischenergebnis.** Die BKK hat durch das Geräusch und den begleitenden Text nicht unlauter für ihre Produkte und Dienstleistungen geworben.

**bb) Verstoß wegen ungerechtfertiger Spitzenstellungsberühmung, § 5 Abs. 1 S. 2 Nr 3 iVm § 3 Abs. 1 UWG durch die Worte „die einzige offene Krankenkasse mit voller Leistung“ – Irreführung über Alleinstellung. (1) Irreführung über Alleinstellung, § 5 Abs. 1 S. 2 Nr 3 UWG.** Fraglich ist, ob die BKK irreführend geworben hat, indem sie eine Alleinstellung behauptet hat, die ihr tatsächlich nicht zukommt.

**(a) Angabe iSd § 5 Abs. 1 S. 2 Nr 3 UWG.** Es muss sich bei der Werbeaussage um eine Angabe handeln. Angaben sind objektiv nachprüfbare Aussagen über irgendwelche geschäftlichen Verhältnisse. „Die einzige offene Krankenkasse mit voller Leistung“ ist eine nachprüfbare Tatsachenbehauptung, nämlich die einzig von der BKK innegehaltene Sonderstellung hinsichtlich der behaupteten Eigenschaft der beworbenen Krankenversicherung („Leistung“) und damit eine Angabe.

**(b) Irreführung.** Die Angabe müsste irreführend sein. Es muss zumindest die Gefahr bestehen, dass ein nicht unerheblicher Teil der angesprochenen Verkehrskreise mit der Angabe eine falsche Vorstellung verbindet. Mit der Behauptung die „einzige offene“ Krankenkasse zu sein, nimmt die BKK eine Alleinstellung in Anspruch. Die Behauptung ist nur zulässig, wenn die BKK einen deutlichen Vorsprung vor den anderen (gesetzlichen) Krankenkassen (Mitbewerbern) innehat und der Vorsprung von einer gewissen Stetigkeit ist.

**(aa) Deutlicher Vorsprung.** Mit der Werbeaussage, die „einzige offene Krankenkasse“ zu sein, spielt die BKK auf ihre Offenheit auch gegenüber freiwilligen Versicherungsnehmern an, die nicht der gesetzlichen Versicherungspflicht unterliegen und hebt ihre diesbezügliche Alleinstellung gegenüber allen anderen Krankenkassen hervor. Tatsächlich besteht dieser Vorsprung nicht, da alle anderen Krankenkassen auch eine freiwillige Versicherung „mit voller Leistung" einräumen (lediglich zu einem höheren Preis als gegenüber gesetzlich Versicherten). Ob auch andere Krankenkassen den niedrigeren Beitragssatz von 11% gewähren, statt der im Werbezeitraum üblichen 14%, oder ob die BKK auch diesbezüglich eine Alleinstellung einnimmt, kann dahinstehen, da sie dies nicht behauptet. Jedenfalls hinsichtlich der Aussage „die einzige offene Krankenkasse mit voller Leistung" wird ein Vorsprung in Anspruch genommen, der tatsächlich nicht besteht.

**(bb) Stetigkeit.** Da es hinsichtlich der „Offenheit" schon an einem Vorsprung fehlt, kommt es auf die Stetigkeit des behaupteten Vorsprungs nicht an.

**(c) Beeinflussung der Entscheidung, die Versicherungsleistungen der BKK in Anspruch zu nehmen.** Ein durchschnittlich informierter und verständiger Verbraucher weiß, dass die Leistungsverpflichtungen der gesetzlichen Krankenkassen in den einschlägigen Gesetzen für alle Krankenkassen gleich geregelt sind. Er weiß also, dass grundsätzlich alle Krankenkassen „offen" sind für Mitglieder. Er weiß auch, dass es in Ermessensbereichen Kassen gibt, die generöser als andere sind und im Einzelfall einen günstigeren Tarif anbieten. Wegen des insgesamt in der Werbeaussage zunehmend vorherrschenden unernsten Tons kann davon ausgegangen werden, dass die Werbeaussage für die Entscheidung der Wahl der Krankenversicherung allenfalls eines unbeachtlichen Teils des Verkehrs von Bedeutung ist. Die überwiegende Zahl der angesprochenen Verkehrskreise wird sich nicht allein aufgrund dieser Werbeaussage „blind" für den Abschluss einer Krankenversicherung bei der BKK entschließen[111].

**(2) Zwischenergebnis.** Die Werbeaussage der BKK ist auch nicht wegen unzulässiger Behauptung einer Alleinstellung irreführend.

#### c) Zwischenergebnis

Der Werbespot der BKK stellt keine unlautere Werbung dar. Es fehlt damit an einer Unlauterkeitstat.

### 2. Zwischenergebnis

Die objektiven Tatbestandsvoraussetzungen des § 3 Abs. 1 UWG sind damit nicht erfüllt.

## IV. Ergebnis

Eine unzulässige geschäftliche Handlung liegt damit nicht vor.

# B. Gesamtergebnis

Der Unterlassungsanspruch der K ist daher nicht begründet.

111 AA vertretbar. Die Frage war vom OLG Hamburg nicht zu klären.

## VIII. § 4 Nr 8 UWG: Behaupten verleumderischer Tatsachen, die den Betrieb eines Unternehmens oder den Kredit des Unternehmers zu schädigen geeignet sind

Der frühere Anschwärzungstatbestand des § 14 UWG aF ist unverändert in die Aufstellung der speziellen Unlauterkeitstatbestände aufgenommen worden. **367**

### 1. Voraussetzungen von § 4 Nr 8, 1. HS. UWG

- Tatsachen über Waren, Dienstleistungen, das **Unternehmen** des Mitbewerbers, den **Unternehmer**, ein **Mitglied der Unternehmensleitung** (zB Vorstandsmitglieder einer AG, Geschäftsführer einer GmbH, geschäftsführende Gesellschafter bei OHG und KG). Angriffe gegen den Aufsichtsrat, gegen Mitarbeiter und gegen Kunden werden nicht als solche erfasst, sie können aber **mittelbar** einen Angriff gegen das Unternehmen selbst begründen, wenn aus ihnen Rückschlüsse auf den Zustand des Unternehmens geschlossen werden können[112]. **368**
- behaupten oder verbreiten
- Geeignetheit zur Schädigung des Unternehmensbetriebs oder des Unternehmerkredits

### 2. Voraussetzungen von § 4 Nr 8, 2. HS. UWG

- Vertrauliche Mitteilungen als Tatsacheninhalt **369**
- behaupten oder verbreiten
- berechtigtes Interesse des Mitteilenden oder des Empfängers an der Mitteilung

### 3. Tatsachen

Tatsachen sind als Gegenbegriff zu reinen Werturteilen Vorgänge in der Außenwelt (meist Äußerungen), deren Wahrheitsgehalt sich durch eine Beweisaufnahme klären lässt[113]. Ausreichend ist, dass die Äußerungen wenigstens einen „Tatsachenkern" enthalten. Der wesentliche Unterschied zwischen **behaupten** und verbreiten liegt darin, dass bei der Behauptung Tatsachen als eigene aufgestellt werden, während **verbreiten** das Wiedergeben fremder Mitteilungen meint. Der Äußerungsakt muss gegenüber einem Dritten und nicht dem Betroffenen erfolgen, damit er als Beschädigungstat in der Welt und damit geeignet ist, dem Mitbewerber zu schaden. Für die Entäußerung gegenüber einem Dritten genügt es allerdings, wenn diese gegenüber Angestellten des Konkurrenten (außer den Mitgliedern der Unternehmensleitung) erfolgt. Nicht erforderlich ist, dass der Mitbewerber explizit genannt wird. **370**

112 Vgl *Köhler*, in: Köhler/Bornkamm, § 4 Rn 8.17; zur Verleumdung des Geschäftsbetriebs vgl BGH WRP 2004, 1017 f *Direktansprache am Arbeitsplatz*, s. dazu den Fall ***Häusliche Kontaktaufnahme***, Rn 422 f; ausführlich zum Anschwärzungstatbestand *Brammsen/Apel*, Die „Anschwärzung", § 4 Nr 8 UWG, WRP 2009, 1464 ff.

113 Zum Tatsachenbegriff *Emmerich*, § 9 V 1; *Kling/Thomas*, S. 138.

## 4. Eignung zur Kreditschädigung

371 Behauptete oder verbreitete Tatsachen sind geeignet, den Kredit eines Mitbewerbers zu schädigen, wenn sie sich wie die Behauptung, ein Unternehmer habe „zweimal pleite gemacht“[114] oder sein Katalog sei „nachgemacht“[115] auf die unternehmerischen Belange des „Behauptungsopfers“ beziehen, wobei der Unternehmer nicht notwendig namentlich genannt werden muss. Zwar müssen die Äußerungen nicht herabsetzend sein. Bloße Ehrkränkungen reichen hingegen nicht. **Kreditschädigung** ist daher nicht nur in dem Sinne des **Verlusts von Finanzmitteln**, sondern auch als **Verlust von Vertrauenswürdigkeit** zu verstehen. Zwar kann man seinen Kredit als Synonym für Vertrauenswürdigkeit in der Regel nur selbst verspielen. Dem mit der Vertrauenswürdigkeit verbundenen guten Ruf können jedoch auch unwahre Behauptungen oder ein schlechter Leumund erheblich schaden oder zumindest dazu geeignet sein. Eines konkreten Schadensnachweises bedarf es zur Geltendmachung des Anspruchs wegen Kreditschädigung nicht[116], da es nach dem Wortlaut allein auf die **Eignung zur Kreditschädigung** ankommt.

## 5. Vertrauliche Mitteilung

372 Vertraulich ist eine Mitteilung, wenn der Mitteilende bei Übermittlung der Nachricht davon ausgeht, dass sie bei dem Empfänger bleibt und nicht von diesem weiter an Dritte getragen wird. Hinsichtlich der Vertraulichkeit kommt es auf die gesamten Umstände an, es ist daher nicht unbedingt erforderlich, dass der Mitteilende ausdrücklich auf die vertrauliche Behandlung hingewiesen hat, wenn aus dem Zusammenhang deutlich wird, dass sie nur den Betreffenden etwas angehen. Mitteilungen über Inhalte, die einem größeren Kreis von Personen bekannt sind, gelten in der Regel ebenso wenig als vertraulich wie Erklärungen, die gegenüber **Pressevertretern** abgegeben werden.

## 6. Berechtigtes Interesse

373 Das berechtigte Interesse muss – anders als im Falle des § 193 StGB – objektiv bestehen, wobei die Interessenwahrnehmung für Dritte oder die Allgemeinheit nur seitens des Empfängers oder des Mitteilenden in Anspruch genommen werden kann, wenn sie dazu befugt sind. Das berechtigte Interesse beurteilt sich im Rahmen einer Interessenabwägung. Maßgebend ist, dass der mit der Mitteilung begehrte Nutzen in einem angemessenen Verhältnis zu dem voraussichtlich entstehenden Schaden steht. In jedem Fall sind **unwahre Behauptungen** durch kein berechtigtes Interesse gedeckt.

---

114 BGH NJW 1994, 2614, 2616.
115 OLG Stuttgart NJW-WettbR 1997, 271.
116 BGH GRUR 1970, 254, 256 *Remington*; BGH NJW-RR 1993, 746, 747 *Fehlende Lieferfähigkeit*; BGH NJW 1995, 1965 *Schwarze Liste*; vgl auch *Kling/Thomas*, S. 139.

## 7. Subjektiver Tatbestand

§ 4 Nr 8 UWG zählt zu den Unlauterkeitstatbeständen, zu deren Vorliegen es auch eines subjektiven Elements bedarf. Es ist erforderlich, dass der „Täter" die Tatumstände kennt. Dh er muss wissen, dass die von ihm aufgestellten Behauptungen oder weitergegebenen Äußerungen geeignet sind, den Betrieb eines Unternehmens oder den Kredit eines Unternehmers zu schädigen bzw der Mitteilende muss seine Äußerungen im Wissen um ein berechtigtes Interesse abgegeben haben. Derjenige, der die Tatsachen behauptet oder verbreitet (Erklärende bzw der Mitteilende) muss den Willen haben, den eigenen Absatz zu fördern. Für Äußerungen von **Presseorganen** gelten nicht nur bzgl des Vorliegens einer geschäftlichen Handlung, sondern auch hinsichtlich des subjektiven Tatbestandes besondere Anforderungen (s. dazu Rn 177 f, 185, 310 f, 317, 450 f, 452 f)[117]. **374**

## 8. Anspruchsinhaber und Beweislastverteilung

**Anspruchsberechtigt** ist nicht der unmittelbar von der Behauptung, der Verbreiterung oder der Mitteilung betroffene Unternehmer oder das betroffene Mitglied der Unternehmensleitung, sondern aus der Konsequenz des § 8 Abs. 3 Nr 1, § 9 S. 1 UWG lediglich das Unternehmen als **Mitbewerber**. Sind die Interessen mehrerer Branchenangehöriger verletzt, können auch **Wettbewerbsverbände** aktivlegitimiert sein. **375**

Im Falle des **§ 4 Nr 8, 1. HS UWG** trägt – anders als im Rahmen des § 824 BGB, wo der Betroffene die Unrichtigkeit der Tatsachen zu beweisen hat – der **Erklärende** (Beklagte) die **Beweislast** für die Richtigkeit der von ihm aufgestellten oder verbreiteten Behauptungen. Misslingt ihm darzulegen, dass seine Behauptungen „wahr" sind, führt die Klage des durch die Äußerungen Betroffenen schon aus diesem Grunde zum Erfolg, auch wenn die behaupteten Äußerungen tatsächlich zutreffen. Der Kläger obsiegt daher, wenn dem Beklagten dieser Nachweis nicht gelingt, selbst wenn er an sich recht hat[118]. **376**

Im Falle des ***non liquet*** trägt der Beklagte das Risiko der Nichterweislichkeit der Wahrheit. Erweist sich eine Tatsache im Nachhinein als wahr, bleibt ein Schadensersatzanspruch für einen in der Vergangenheit entstandenen Schaden bestehen, einem Unterlassungsanspruch fehlt hingegen zu seiner Berechtigung für die Zukunft der Unlauterkeitsvorwurf. Mit Nachweis der Wahrheit der ehemals behaupteten oder verbreiteten Tatsachen entfällt der Unterlassungsanspruch. **377**

Bei der Konstellation des **§ 4 Nr 8, 2. HS UWG** trägt nicht der Mitteilende, sondern der **Betroffene** den Beweis für die Unrichtigkeit der behaupteten Tatsachen. Hinsichtlich der Unrichtigkeit muss der Mitteilende zumindest fahrlässig gehandelt haben. Be- **378**

---

117 BGH GRUR 2009, 1186 *Mecklenburger Obstbrände*; BGH GRUR 1998, 167, 168 *Restaurantführer*; BGH GRUR 1986, 812, 813 *Gastrokritiker*.

118 BGH NJW 1980, 941; BGH NJW-RR 1993, 746; *Emmerich*, § 9 V. 2.

weist der Mitteilende, dass die Mitteilung vertraulich war und er oder der Empfänger an der übermittelten Äußerung ein berechtigtes Interesse hatte, so muss der durch die Mitteilung Betroffene beweisen, dass die Tatsachen der Wahrheit zuwider behauptet oder verbreitet wurden. Nur wenn ihm dies gelingt, hat seine Klage Erfolg.

379 Werden hingegen **bloße Werturteile** geäußert, ohne die für § 4 Nr 8 UWG erforderliche Wahrheitswidrigkeit und die Geeignetheit zur Schädigung, besteht kein Beseitigungsanspruch, sondern allenfalls ein Anspruch auf Unterlassung des beeinträchtigenden Verhaltens[119]. Während § 14 Abs. 1 S. 2 UWG aF einen speziell geregelten Anspruch auf **Widerruf** normierte, ergibt sich dieser nun durch die Anbindung des § 4 UWG an den allgemeinen Unlauterkeitstatbestand des § 3 Abs. 1 UWG und dadurch, dass zur Begründung des **Beseitigungsanspruchs** gemäß § 8 Abs. 1 UWG ein Verstoß gegen § 3 Abs. 1 UWG vorliegen muss. Über **§ 8 Abs. 2 UWG** greift der Tatbestand der **Anschwärzung** – wie zuvor nach § 14 Abs. 3 iVm § 13 Abs. 4 UWG aF – wenn die unrichtige Behauptung durch einen Mitarbeiter oder Beauftragten des Unternehmens (vormals des Gewerbetreibenden) aufgestellt wurde.

## IX. § 4 Nr 9 UWG: Anbieten nachgeahmter Waren oder Dienstleistungen

380 § 4 Nr 9 erfasst die Fallgruppe der **vermeidbaren Herkunftstäuschung** (Rn 382 ff), der **Rufausbeutung** oder **Rufbeeinträchtigung** (Rn 387 ff) und der für die Nachahmung erforderlichen **unredlichen Kenntnis- oder Unterlagenerlangung** (Rn 392). Alle anderen Konstellationen einer unlauteren Nachahmung sind als Verstoß gegen den allgemeinen Unlauterkeitstatbestand des § 3 Abs. 1 UWG zu prüfen. Die grundsätzliche **Nachahmungsfreiheit** soll durch § 4 Nr 9 iVm § 3 Abs. 1 UWG allerdings ebenso wenig angetastet werden wie sie bislang in der Rechtsprechung unangetastet geblieben ist. Auch die zahlreichen Spezialgesetze wie Urheberrechtsgesetz und Patentgesetz lassen einen Schutzraum zugunsten der Nachahmungsfreiheit unberührt. Das grundsätzlich geltende **Prinzip der Nachahmungsfreiheit** soll verhindern, dass jede Nachahmungsaktion sanktioniert und jedes nachgeahmte Produkt vom Markt genommen wird. So liegt etwa keine unlautere Nachahmung vor, wenn der Originalhersteller mit seinem Produkt einen neuen Markt erschlossen hat und der Nachahmer beim Eindringen in diesen Markt die angesprochenen Verkehrskreise darauf hinweist, dass sein eigenes Produkt von dem nachgeahmten zu unterscheiden ist[120].

381 Anknüpfungspunkt für die Unlauterkeit iSd § 4 Nr 9 lit. a UWG ist die Ausbeutung des guten Rufs eines von einem Mitbewerber geschaffenen Leistungsergebnisses. **Anspruchsberechtigt** ist grundsätzlich nur der Hersteller des Originals, mithin derjenige, der das Produkt in eigener Verantwortung herstellt oder von einem Dritten herstellen lässt und über das Inverkehrbringen entscheidet[121].

---

119 Vgl *Emmerich*, § 9 Rn 14 f mwN.
120 BGHZ 161, 204, GRUR 2005, 349 ff *Klemmbausteine III*.
121 BGH GRUR 2005, S. 519, 510 *Vitamin-Zell-Komplex*; vgl Ges.-Begr. S. 31.

*Aufbauhinweis:* Vor der Prüfung, ob ein Unlauterkeitsvorwurf wegen Verstoßes gegen das Nachahmungsverbot des § 4 Nr 9 UWG vorliegt, ist zunächst immer festzustellen, ob die geschäftliche Handlung nicht bereits **sonderschutzrechtlich** erfasst wird, zB durch das **Markenschutzgesetz**. Liegt ein Verstoß gegen das Markenschutzgesetz oder andere spezielle Schutznormen vor, scheidet ein Verstoß wegen des grundsätzlichen Vorrangs der Sonderschutznormen gegenüber dem UWG aus und die Prüfung ist beendet (s. dazu Rn 29 ff, 286 und die Fälle ***Tchibo/Rolex, Tupperparty, Klosterbrauerei, Außergewöhnliche Jeanshose*** und ***Postkarten***, Rn 126 f, 256 f, 316 f, 393a f, 393c f). Ist hingegen offenkundig, dass das Wettbewerbshandeln gegen keine spezielle Norm verstoßen hat und ist die Verwendung der Klagemarke nur ein Gesichtspunkt neben anderen wettbewerbsrechtlichen, greift der **ergänzende wettbewerbsrechtliche Leistungsschutz** des UWG. Handelt es sich möglicher Weise um einen Fall von § 4 Nr 9 lit. a UWG ist vor der Prüfung dieses Tatbestandes zu prüfen, ob § 6 Abs. 2 Nr 3, § 5 Abs. 2 oder § 5 Abs. 1 S. 2 Nr 1 (betriebliche Herkunft) einschlägig sind. Erst anschließend kann in die Prüfung des § 4 Nr 9 lit. a UWG eingestiegen werden[122]. Mit den genannten Normen bestehen zum Teil Überschneidungen, teilweise wird § 4 Nr 9 lit. a UWG auch verdrängt (s. dazu die jeweiligen Ausführungen zu den genannten Normen). Sind die Voraussetzungen nicht erfüllt, ist zu prüfen, ob das Handeln einen Verstoß gegen § 3 Abs. 1 UWG begründet. Erst wenn dies verneint werden kann, steht das Ergebnis der Lauterkeit fest.

## 1. Herkunftstäuschung

### a) Wettbewerbliche Eigenart

Wettbewerbswidrig handelt, wer ein fremdes Erzeugnis durch das Übernehmen von 382
Herkunftsmerkmalen nachahmt und sein nachgeahmtes Produkt auf den Markt bringt. Dabei muss er nach der Gesetzesbegründung alles ihm Mögliche und Zumutbare unternommen haben (BT-Drs. 15/1487, S. 18), um eine Irreführung des Verkehrs über die Herkunft der Ware zu vermeiden. Voraussetzung dafür ist, dass das nachgeahmte „Original" über eine gewisse **wettbewerbliche Eigenart** verfügt. Liegt diese nicht vor, fehlt es bereits an der Täuschung des angesprochenen Verkehrs, etwa wenn dieser gar nicht auf die Herkunft des Produktes achtet und es damit an einer Voraussetzung für einen Verstoß gegen § 4 Nr 9 Lit. a) UWG fehlt. Von dem Vorliegen des Merkmals der wettbewerblichen Eigenart des nachgeahmten Produktes hängt es ab, ob der wettbewerbsrechtliche Nachahmungsschutz greift oder ob es sich um bloße Massenware handelt, deren Herkunft für den Verkehr irrelevant ist. Wettbewerbliche Eigenart erlangen nur solche Produkte, mit denen bzw mit deren Ausgestaltung die **angesprochenen Verkehrskreise besondere Güte-** und **Herkunftsvorstellungen** verbinden. Zudem ist für die wettbewerbliche Unterschutzstellung erforderlich, dass das Produkt **im Inland** tatsächlich **bekannt** und **geschätzt** wird[123]. Ausländische Erzeugnisse unterfallen dem wettbewerbsrechtlichen Nachahmungsschutz daher nur dann, wenn sie auch im Inland eine hohe Bekanntheit genießen. Sind sie nur im Ausland bekannt, genießen sie nicht den Schutz des § 4 Nr 9 UWG.

---

122 Vgl dazu BGH GRUR 2005, 163, 164 f *Aluminiumräder.*

123 Das OLG Frankf./M. (GRUR-Prax 2011, 128) bejahte wegen der erheblichen Bekanntheit des Stifts Pen 68 eine erhöhte wettbewerbliche Eigenart. Außerdem stellte es fest, dass das Ausstellen einer Ware auf einer im Inland stattfindenden Messe regelmäßig eine Erstbegehungsgefahr für einen inländischen Vertrieb begründet; vgl zur wettbewerblichen Eigenart auch die Fälle ***Tupperware*** und ***Tchibo/Rolex*** (Rn 256 f, 126 f) mwN; *Emmerich*, § 11 II. 1.

### b) Nachahmung

383 In jedem **Übernehmen der wesentlichen Gestaltung** (Form, Verpackung, Material) oder des Inhalts in seinen typischen Komponenten eines fremden Vorbilds liegt ein Nachahmungsakt begründet[124]. Neben dieser objektiven Seite bedarf es zusätzlich eines entsprechenden **Nachahmungsvorsatzes**, unbewusstes Nachahmen gibt es nicht. Erforderlich ist, dass der Nachahmer das Vorbild kennt und das bekannte „Bild" im Wesentlichen übernommen hat. Ist er zeitgleich oder später auf dieselbe Idee wie ein anderer Hersteller gekommen, ohne dass er von dem Vorbild wusste, fehlt ihm der Vorsatz. Neben dem Nachahmungsvorsatz bedarf es aber **keiner Täuschungs-** oder **Behinderungsabsicht**. Insgesamt gilt, je intensiver der Nachahmungsgrad, desto geringer sind die Anforderungen an die wettbewerbliche Eigenart, die Herkunftstäuschung und die Verwechslungsgefahr.

### c) Vermeidbare Herkunftstäuschung (Herkunftsverwechslung)

384 Hinsichtlich der **Verwechslungsgefahr** kommt es auf die Ähnlichkeit des Produktes mit seinem Vorbild an. Maßgebend sind Verpackung, Aufmachung, Kennzeichnung und Gesamteindruck des Produktes. Sind die Unterschiede offenkundig und für die angesprochenen Verkehrskreise leicht zu erkennen, scheidet eine Verwechslungsgefahr aus.

385 Die Herkunftstäuschung muss zudem **vermeidbar** gewesen sein und der Nachahmer muss die ihm möglichen und zumutbaren Mittel außer Acht gelassen haben, der vermeidbaren Herkunftstäuschung entgegenzuwirken. Liegen diese Voraussetzungen vor, dann unterstellt man ihm, an dem fremden Ruf für die Aufbesserung des eigenen Produkts oder der eigenen Leistung teilhaben zu wollen, indem er alles tut, sein eigenes Erzeugnis als das fremde Vorbild erscheinen zu lassen. Grundsätzlich ist allerdings zu unterscheiden, ob es sich um die **Übernahme eines technischen Entwicklungsstandards** oder der **Anpassung an aktuelle Moden** handelt oder ob es um **ästhetische Gleichheit oder Ähnlichkeit** geht. Im ersten Falle ist es nicht zumutbar, den erreichten technischen Fortschritt oder Entwicklungen in der Mode für das eigene Produkte auszublenden, nur weil schon ein Unternehmen vorher damit auf dem Markt war. Wäre dies so, käme es zu einer Monopolisierung, die mit dem Nachahmungsschutz nicht bezweckt wird. Bei Übernahme technischer Neuheiten oder Befolgen des aktuellen modischen Geschmacks liegt daher in der Regel keine Herkunftstäuschung vor. Um diesen Vorwurf zu begründen, bedarf es stärkerer Indizien wie die 1 : 1-Nachbildung auch der äußeren Gestaltung, auf die es bei der Technikübernahme jedoch nicht notwendig ankommt. Oder wenn der Anschein erweckt wird, es handele sich bei einem Modegegenstand um ein Produkt eines qualitativ hochwertigen Herstellers, zB durch nachgeahmte Etikettgestaltung. Geht es hingegen um ästhetische

124 Die **unmittelbare Übernahme des Leistungsergebnisses eines Dritten ist keine Nachahmung**. Die Veröffentlichung von Filmausschnitten eines Fußballverbandes durch einen Internetportalbetreiber verstößt nicht gegen § 4 Nr 9 UWG (BGH GRUR 2011, 436 *Hartplatzhelden.de* mit zust. Anm. *Ohly*).

Gleichschaltung, sind individuellere Entwicklungen zumutbar, Herkunftstäuschungen mithin vermeidbar.

Hat der Nachahmer die angesprochenen Verkehrskreise über die Herkunft der Ware oder Dienstleistung getäuscht, ist häufig auch der Tatbestand der Rufausbeutung des § 4 Nr 9 b) UWG erfüllt, da er sich mit der Herkunftstäuschung an den guten Ruf der fremden Ware anhängt, um auf diese Weise eine Absatzsteigerung zu erreichen. Wie der BGH erneut in der ***Aluminium***-Entscheidung festgestellt hat, ist eine anlehnende Bezugnahme auf ein fremdes Produkt jedenfalls dann „wettbewerbsrechtlich nicht zu beanstanden, wenn dafür ein hinreichender Anlass besteht und Art und Maß der Angaben im Rahmen einer zutreffenden Darstellung liegen."[125] Wird in einer Werbung für ein Zubehör (Aluminiumräder) auf die Hauptware (Sportwagen) Bezug genommen ist die darin zwangsläufig liegende Anlehnung an den Ruf und den Verkaufserfolg des fremden Herstellers hinzunehmen. Die Abbildung allein eines „Ausschnitts rund um den Radkasten" hielt der BGH für nicht zumutbar. Die „ästhetische Wirkung des Aluminiumrades" zeige sich gerade im „Gesamteindruck des Fahrzeugs, das mit solchen Rädern ausgestattet" sei. Die Werbung habe für den Zubehörhersteller nur einen Sinn, wenn der Betrachter erkenne, dass das beworbene Produkt nicht vom Hersteller des Hauptprodukts (Porsche), sondern von einem anderen Anbieter stamme (vgl zur Zubehörwerbung Rn 30). **386**

## 2. Rufausbeutung und Rufbeeinträchtigung

Verbindet der angesprochene Verkehr mit einem Produkt oder einer Dienstleistung eine bestimmte Güte- oder Herkunftsvorstellung und wird dieser „gute Ruf" durch eine nachahmende geschäftliche Handlung in unangemessener Weise ausgenutzt oder beeinträchtigt, kann der Vorwurf der Rufausbeutung oder der Rufbeeinträchtigung greifen. Eine Rufausbeutung durch Ausnutzung der Ergebnisse fremder Arbeit kann in folgenden Fällen vorliegen: **387**

### a) Sklavische Nachahmung und Ausbeutung fremder Leistung

Mit sklavischer Nachahmung sind zum einen die Fälle der **Herkunftstäuschung** (s. Rn 382 ff), in denen der gute Ruf des Originalproduktes oder der Originalleistung ausgebeutet oder beeinträchtigt wird, gemeint. Sie kann aber auch begründet sein **bei unmittelbarer Leistungsübernahme**, bei **Erschleichen eines fremden Betriebsgeheimnisses** oder **bei Vorliegen eines Vertrauensbrauchs**. **388**

125 BGH, GRUR 2005, 163, 164 f *Aluminiumräder*; zuvor bereits BGH GRUR 2003, 444, 445 *Ersetzt*; vgl auch EuGH GRUR 2002, 354 *Toshiba/Katun*; OLG Frankfurt/M. WM 2007, 490; im Falle eines **Keyword Advertising** mit identischem Schlüsselwort eines Mitbewerbers bejahte der EuGH eine Unvereinbarkeit mit Art. 5 Abs. 1 lit a der RL 89/104/EWG *Eis.de*; der BGH hatte in der Vorlageentscheidung *Bananabay* (GRUR 2009, 498; ebenso wie in der *Beta Layout*-Entscheidung des BGH GRUR 2009, 500) einen Verstoß gegen § 4 Nr 9b und § 4 Nr 10 UWG ab; zust. *Ohly*, Keyward-Advertising auf dem Weg von Karlsruhe nach Luxemburg, GRUR 2009, 709, der BGH hätte aber nach zusätzlich prüfen müssen, ob ein Verstoß gegen § 6 Abs. 2 Nr 4 UWG vorliege.

389 aa) **Voraussetzungen:**

- das Erzeugnis ist im Verkehr bekannt **(Nachahmungsgefahr)** und
- die Nachahmung erstreckt sich gerade auf die Merkmale, mit denen der Verkehr besondere Güte- und Wertvorstellungen verbindet **(Verwechslungsgefahr)** und
- der Nachahmer hat nicht alle ihm zumutbaren Maßnahmen ergriffen, um der Verwechslungsgefahr zu begegnen **(Verletzung des Abstandsgebots, Vermeidbarkeit der Herkunftstäuschung)**.

*Hinweis:* Ein besonderes Problem bestand bislang darin, dass die Rechtsprechung des BGH einzelfallbezogen, unübersichtlich und uneinheitlich war[126]. Es ist nicht zu erwarten, dass sich daran etwas durch die Normierung im Gesetzestext ändern wird. Insbesondere die Aufteilung zwischen Herkunftsverwechslung iSd § 4 Nr 9 Lit. a) UWG und Rufausbeutung nach § 4 Nr 9 Lit. b) UWG bringt keine Klarheit, sondern verwirrt zusätzlich, da sie tatsächlich keine getrennte, sondern eine einheitliche Fallgruppe bilden mit der Herkunftsverwechslung als einem Fall der Rufausbeutung.

390 **bb) Anspruchsgegner und Anspruchsinhalt.** Der Anspruch besteht sowohl gegenüber dem **Hersteller** des Nachahmerproduktes wie gegenüber **jedem Händler**, der das nachgeahmte Produkt in Kenntnis der die Unlauterkeit begründenden Umstände vertreibt. Anspruchsinhalt ist die Beseitigung oder Unterlassung der Nachahmung und gegebenenfalls Schadensersatz. Es besteht hingegen **kein Anspruch** auf **Vernichtung** der nachgeahmten Produkte, **teilweise Vernichtung** zB der Produktverpackung oder **Herausgabe** an den Gerichtsvollzieher[127].

Die **Haftung** von Hersteller und Händler beginnt bereits mit der für den Endabnehmer bestimmten **Auslieferung an Zwischenhändler**[128]. Dies gilt auch bei nachträglicher Kenntniserlangung[129].

### b) Ausbeutung des fremden Rufs und fremder Werbung

391 Eine unlautere Rufausbeutung liegt nur vor, wenn ein Unternehmen Vorteile aus der Leistung seines Konkurrenten zieht. Nicht ausreichend ist, wenn lediglich eine Bezeichnung genutzt wird, die sich selbst auf dem Markt entwickelt hat. Hinsichtlich der Ausnutzung des guten Rufs fremder Leistung ist **§ 14 Abs. 2 Nr 3 MarkenG** bezüglich des **marken-** bzw **zeichenmäßigen Gebrauchs abschließend**. Ein nichtzeichenmäßiger Gebrauch durch Anlehnen an den guten Ruf des Vorbildproduktes liegt zB im Nachbau berühmter Rennwagen als Modelle für Autorennen, der als lauter angesehen wurde[130] ebenso wie die Abbildung eines Hauptproduktes und des Kennzeichens dieses Produktes durch den Hersteller von **Zubehör**[131].

---

126 BGHZ 60, 168, 171 *Modeneuheit*; BGH, GRUR 1985, 876, 877 *Tchibo/Rolex I* (s. ausführlich der Fall ***Tchibo/Rolex***, Rn 126 f); LG Köln, GRUR-RR 2002, 3 ff *Harry Potter*.

127 OLG Frankfurt/M. GRUR-RR 2003, 157.

128 So BGH GRUR 2003, 892 *Alt Luxemburg*.

129 BGHZ 117, 115 = WRP 1992, 446.

130 BGHZ 126, 208, 210 *McLaren/Carrera*; BGHZ 125, 91, 98 ff *Mars* ebenso die dem Fall ***Tupperparty*** (Rn 256 f) zugrunde liegende BGH-Entscheidung vom 10.4.2003 (s. dazu nähere Ausführungen sowie weitere Nachweise in der Falllösung).

131 BGH GRUR 2005, 163, 164 f *Aluminiumräder*.

*Hinweis:* Zur Nachahmung- und zur Rufausbeutung vgl auch die Ausführungen unter Rn 30 und in den Fällen ***Tupperparty***, ***Klosterbrauerei, Außergewöhnliche Jeanshose*** und ***Postkarten*** (Rn 256 f, 316 f, 393a f, 393c f).

## 3. Kenntnis- oder Unterlagenerlangung durch Erschleichen oder Vertrauensbruch

Der „Nachahmer" muss sich die für die Nachahmung erforderlichen Kenntnisse oder **392** Unterlagen durch unberechtigtes Verschaffen eines fremden Betriebsgeheimnisses oder durch Vertrauensbrauch besorgt haben.

## 4. Anspruchsinhaber

Der begründete Nachahmungsvorwurf richtet sich nicht nur gegen den **Hersteller**, **393** sondern auch gegen den **Händler**, der die nachgeahmten Produkte in Kenntnis der die Unlauterkeit begründenden Tatumstände, an Endkunden veräußert oder vertreibt. Erfährt er erst später von diesen Umständen, darf er die Ware ab diesem Zeitpunkt nicht mehr weiterveräußern.

*Literaturhinweise: Aigner/Müller-Broich*, Der Schutz von Prestige-Produkten gemäß § 4 Nr 9 b) UWG. Gleichzeitig eine Anmerkung zum BGH-Urteil vom 11.1.2007 – „Handtaschen", WRP 2008, S. 438 ff; zum Screen-Scraping („Bildschirmauskratzen"), wie dies zT von Flugvermittlern in Bezug auf Angebote von „Billigfliegen" praktiziert wird *Deutsch*, Die Zulässigkeit des so genannten „Screen-Scraping" im Bereich der Online-Flugvermittler, GRUR 2009, S. 1027 ff (S. 1030 f zu Ansprüchen nach § 4 Nr 9a UWG, die iE verneint werden); *Ehmann*, Monopole für Sportverbände durch ergänzenden Leistungsschutz? GRUR Int 2009, 659; zur Ausbeutung fremder Leistung: *Emmerich, § 11*; zur „Produktpiraterie" *Fiebig*, Wohin mit dem „Look-alike"? WRP 2007, S. 1316 ff; *Jonas/Weber*, Das Markenrecht dehnbar wie Gummi? Anmerkungen zu OLG Hamburg, GRUR-RR 2009, 224 *Joghurt-Gums*; *Nemeczek*, Rechtsübertragungen und Lizenzen beim wettbewerbsrechtlichen Leistungsschutz, GRUR 2011, 292; *Scherer*, Das Verhältnis des lauterkeitsrechtlichen Nachahmungsschutzes nach § 4 Nr 9 UWG zur europarechtlichen Vollharmonisierung der irreführenden oder vergleichenden Werbung, WRP 2009, 1446.

*Hinweis:* Zur Rufausbeutung s. auch die Ausführungen unter Rn 434.

# Fall 17

## **Außergewöhnliche Jeanshose** (BGH GRUR 2006, 79 ff *Jeans*)

393a J stellt Jeanshosen unter der Bezeichnung „G“ her. Zu ihrer Kollektion gehört seit Winter 2000 die Jeanshose „E“, die folgende Gestaltungsmerkmale aufweist: angesetzte Beinnähte, die beginnend in Hüfthöhe der äußeren Seitennaht bis in die innere Seitennaht schräg verlaufen; schräg angesetzte Einschubtaschen mit einer weiteren Innentasche auf der rechten Seite; Nieten an den Enden der jeweiligen Taschennähte und eine Niete an der Schrittnaht in Höhe der Knopfleiste; aufgesetzte Knieapplikationen mit jeweils zwei horizontalen, ca. 5 cm langen Abnähern in der Mitte der Applikationen; kreisrunde Gesäßnaht nach Art eines Sattels; Teilungsnaht im hinteren Beinbereich auf Kniehöhe; große, fast quadratische Gesäßtaschen; gerader Schnitt, weites Bein; angesetzte Stoffapplikationen von ca. 4,5 cm Breite an der unteren rückseitigen Kante der Hosenbeine. B vertreibt unter der Bezeichnung „K“ eine Jeanshose, die die wesentlichen Gestaltungsmerkmale des Modells „E“ aufweist. J macht geltend, das Jeansmodell „E“ besitze eine außergewöhnliche, nicht funktionsbedingte Gestaltung, die neuartig und wettbewerblich eigenartig sei. Zum Zeitpunkt ihrer Einführung habe keine Jeanshose vergleichbare Merkmale aufgewiesen. Sie hätte weltweit 1,15 Mio. Stück und in Deutschland 400 000 Stück dieser Jeans abgesetzt, die im Verkehr sehr bekannt sei. Wegen der Gefahr einer Täuschung über die betriebliche Herkunft der Jeans „K“ sei der Vertrieb der Jeans durch B wettbewerbswidrig. B meint hingegen, J könne für die Jeans „E“ allenfalls als Modeneuheit Saisonschutz in Anspruch nehmen. Die Taschen auf der Rückseite der Hose seien kleiner als die auf der „E“-Jeans. Zudem wirke das an der Gesäßtasche angebrachte abtrennbare Pappschild, das einen Phantasienamen enthält, einer Herkunftsverwechselung entgegen. Auch seien auf den Rückseiten jeweils die Bezeichnungen „K“ bzw „E“ angebracht. Zudem fehle es an der für Herkunftsverwechselungen erforderlichen Verkehrsgeltung der „E“-Jeans, diese sei nach einem von B beauftragten Gutachten der Firma U lediglich bei 46% der deutschen Verbraucher bekannt, nur 11% würden die Jeans der J zuordnen. J begehrt von B die Unterlassung des Anbietens und Inverkehrbringens des Modells „K“. Markenrechtliche Ansprüche sind nicht zu prüfen.

## Lösung Fall 17:

### 393b A. Anspruch der J auf Unterlassung gegen B

Der Unterlassungsanspruch der J ist begründet, wenn das Anbieten und Inverkehrbringen der „K“-Jeans durch B unlauter iSd § 8 iVm § 3 Abs. 1 UWG ist und Wiederholungsgefahr besteht (§ 8 Abs. 1 S. 1, 2. Alt. UWG).

#### I. Aktivlegitimation

Als Wettbewerber von J ist B gem. § 8 Abs. 3 Nr 1 UWG aktivlegitimiert.

#### II. Passivlegitimation

B bringt die „K“-Jeans in den Geschäftsverkehr und ist damit passivlegitimiert.

## III. Unzulässige geschäftliche Handlung, § 3 Abs. 1 UWG

### 1. Objektiver Tatbestand

#### a) Geschäftliche Handlung

B verkauft die „K"-Jeans zu Wettbewerbszwecken. Eine geschäftliche Handlung iSd § 2 Abs. 1 Nr 1 UWG liegt damit vor.

#### b) Unlauterkeitstat

**aa) Nachahmende Herkunftstäuschung, § 4 Nr 9 lit. a UWG.** Der Verkauf der „K"-Jeans könnte wegen nachahmender Täuschung unlauter sein. Dann müsste die „E"-Jeans der J eine wettbewerbliche Eigenart aufweisen. Zudem bedarf es einer Übernahme des Produkts durch B und der Gefahr einer Herkunftstäuschung. Der Vertrieb eines nachgeahmten Erzeugnisses kann wettbewerbswidrig sein, „wenn das Erzeugnis von wettbewerblicher Eigenart ist und besondere Umstände hinzutreten, die die Nachahmung unlauter erscheinen lassen". Dabei besteht zwischen dem Grad der wettbewerblichen Eigenart, der Art und Weise und der Intensität der Übernahme sowie den besonderen wettbewerbsrechtlichen Umständen eine Wechselwirkung. **Je größer die wettbewerbliche Eigenart und je höher der Grad der Übernahme sind, desto geringere Anforderungen sind an die besonderen Umstände** zu stellen, die die Wettbewerbswidrigkeit der Nachahmung begründen[132]. Danach können Ansprüche aus ergänzendem wettbewerbsrechtlichen Leistungsschutz gegen den Vertrieb eines nachgeahmten Erzeugnisses bestehen, wenn die Gefahr einer Herkunftstäuschung gegeben ist und der Nachahmer zumutbare und geeignete Maßnahmen zur Vermeidung der Herkunftstäuschung unterlassen hat[133]. Das setzt in aller Regel voraus, dass das nachgeahmte Erzeugnis bei den maßgeblichen Verkehrskreisen eine gewisse Bekanntheit erlangt hat[134].

**(1) Wettbewerbliche Eigenart der „E"-Jeans.** Dann müsste eine **wettbewerbliche Eigenart** der Jeans „E" gegeben sein.

**(a) Herkunftshinweis.** Die „wettbewerbliche Eigenart setzt voraus, dass die konkrete Ausgestaltung oder bestimmte Merkmale eines Erzeugnisses geeignet sind, die angesprochenen Verkehrskreise auf die betriebliche Herkunft oder die Besonderheiten des Erzeugnisses hinzuweisen."[135] Die Eignung der Aufmachung der „E"-Jeans, **herkunftshinweisend** zu wirken, ist in den „gesondert angesetzten Beinnähten zu sehen, die außen vom Oberschenkelansatz schräg nach innen verlaufend etwa im Schrittbereich der Hose aufeinander treffen und die mit den entgegengesetzt verlaufenden Nähten der Einschubtaschen einen den vorderen Hosenbereich optisch ungewöhnlichen Rhombus bilden. Dieser wird durch die Nieten an den Enden der jeweiligen Vordertaschennähte und am Ende der Schrittnaht deutlich akzentuiert. Damit wird der seinerzeit völlig neuartige Eindruck einer mit einem besonders hohen seitlichen Beinausschnitt versehenen kurzen Jeanshose vermittelt, an die die Hosenbeine separat angesetzt sind." Herkunftsweisend sind auch die „auffälligen, hochgewölbten Knieapplikationen in eigenartiger Form mit jeweils zwei horizontalen Abnähern, der ‚gerade' Schnitt und das weite Bein, die nicht funktionsbedingte Teilungsnaht in Kniehöhe und die abgesetzten Stoffapplikationen am unteren Ende der Hosenbeine sowie die eher unübliche rechteckige Form der Gesäßtaschen." Diese Merkmale vermitteln ein für das Jahr 2000 ungewöhnliches und neuartiges Bild. Insgesamt weist die Hose eine unver-

---

132 Vgl BGH GRUR 2001, 251, 253 = WRP 2001, 153 *Messerkennzeichnung* und GRUR 2004, 941, 942 = WRP 2004, 1498 *Metallbett*, jeweils mwN.

133 So zB BGH GRUR 2005, 166, 167 = WRP 2005, 88 *Puppenausstattungen.*

134 BGHZ 50, 125, 131 *Pulverbehälter*; BGH GRUR 2005, 166, 167 *Puppenausstattungen*; BGH GRUR 2005, 600, 602 = WRP 2005, 878 *Handtuchklemmen.*

135 BGH GRUR 2002, 629, 631 f *Blendsegel.*

wechselbare Charakteristik auf, die sie von der klassischen Jeansform deutlich unterscheidet. Die „E"-Jeans der J ist damit geprägt durch eine besondere Gestaltung, die über diejenige kurzlebiger Modeneuheiten hinausgeht und die auf die **betriebliche Herkunft des Modells hinweist**. Es handelt sich um eine über den Durchschnitt hinausragende Neuerscheinung, deren Gesamteindruck durch individuelle ästhetische Gestaltungsmerkmale geprägt ist, die im Jahre 2000 vom allgemein üblichen Modetrend entscheidend abwich. Die besondere Originalität resultiert aus der konkreten Kombination der für die „E" verwendeten, nicht funktionalen Gestaltungselemente, die von denjenigen klassischer Jeanshosen deutlich abweichen. Die „E"-Jeans ist infolge ihrer charakteristischen Gestaltung selbst geeignet, zum Klassiker zu werden. Keine der zum Zeitpunkt der Einführung der Jeans der J auf dem Markt befindlichen Hosenmodelle wies diese charakteristischen Merkmale auf. Die Jeans der J ist geeignet, das angesprochene Publikum auf ihre betriebliche Herkunft hinzuweisen. Das Produkt verfügt über einen **hohen Wiedererkennungswert**. Nicht erforderlich ist, dass der Verkehr das Unternehmen, dem er das Produkt zuschreibe, namentlich kennt.

**(b) Ausnahme: Saisonale Mode.** Fraglich ist, ob J sich auf einen zeitlich unbeschränkten Nachahmungsschutz berufen kann. Dieser besteht nicht bei reinen **Modeprodukten**. Dafür könnte sprechen, dass der Verkehr bei Bekleidungsstücken, anders als bei der ästhetischen Gestaltung technischer Gebrauchsgegenstände, grundsätzlich nicht dazu neigt, das Gesamterscheinungsbild als dauerhaften Hinweis auf einen bestimmten Hersteller anzusehen. Vielmehr sieht das Publikum in einer erstmals vermarkteten Stilrichtung nur den Beginn einer Modestilart. Auch bei Modeerzeugnissen sieht der Verkehr deren besonders originelle Gestaltung jedoch als Hinweis auf die betriebliche Herkunft an. „Anders als bei kurzlebigen Modeneuheiten besteht in einem solchen Fall ein einer zeitlichen Beschränkung nicht von vornherein unterworfener Nachahmungsschutz."[136]

Eine wettbewerbliche Eigenart der Jeans der J liegt aufgrund besonderer Originalität der Gestaltung vor.

**(2) Identische Nachbildung.** Zudem müsste es sich bei dem Modell „K" der B um eine fast identische Nachbildung der von J vertriebenen Jeans „E" handeln. Die die wettbewerbliche Eigenart begründenden Elemente der Vorderseite der Jeans „E" hat B identisch übernommen. Es liegen zwar gewisse Abweichungen bei der Gestaltung der Rückseite der Jeansmodelle vor. Das ändert aber nichts daran, dass B auch die Rückseite im Wesentlichen identisch gestaltet hat, was etwa die Form der Gesäßtaschen angeht, die maßstabsgerecht lediglich hinsichtlich der **Größenverhältnisse** geändert wurde. Auch die Stoffapplikationen an der unteren Seite der Jeans hat B nur hinsichtlich der **Farbgebung** abgewandelt. Irrelevant ist auch, dass auf der Rückseite in unterschiedlicher Weise die **Bezeichnungen** „K" und „E" angebracht sind. Die Gestaltung des Namenszuges auf der Rückseite der Jeanshose „E" zählt nicht zu den die wettbewerbliche Eigenart begründenden Merkmalen. Die Abweichung in diesem Punkt steht der Annahme einer fast identischen Übernahme des Modells „E" der J in seiner wettbewerblichen Eigenart daher nicht entgegen. Das Modell „K" der B weist daher hinsichtlich der charakteristischen Merkmale eine deutliche Übereinstimmung mit der die wettbewerbliche Eigenart begründenden Gestaltung der Jeans „E" ohne sachliche Notwendigkeit auf. Die nur geringfügigen Abweichungen ändern an der fast identischen Übernahme nichts. Beide Modelle sind nach dem Gesamteindruck täuschend ähnlich. Dies gilt besonders, wenn sie nicht nebeneinander betrachtet werden.

---

136 Vgl BGH GRUR 1998, 477, 478 = WRP 1998, 377 *Trachtenjanker* sowie BGH GRUR 2003, 356, 358 = WRP 2003, 500 *Präzisionsmessgeräte*; GRUR 2005, 349, 352 = WRP 2005, 476 *Klemmbausteine III*; *Erdmann*, FS für Vieregge, S. 197, 212; *Sambuc*, Der UWG-Nachahmungsschutz, 1996, Rn 238, 240.

**(3) Gefahr einer Herkunftstäuschung.** Weiterhin müsste die Gefahr einer Herkunftstäuschung bei dem Jeansmodell der B vorliegen.

**(a)** Der Gesamteindruck der Jeans der B entspricht praktisch dem Modell der J, weshalb die „K"-Jeans für die „E"-Jeans gehalten werden kann, insbesondere wenn beide Modelle nicht nebeneinander betrachtet würden.

**(b)** Zudem bedarf es zur Annahme der Gefahr einer Herkunftstäuschung einer **gewissen Bekanntheit** der nachgeahmten Jeans. Eine **Verkehrsgeltung** ist allerdings nicht erforderlich, es reicht vielmehr aus, dass das wettbewerblich eigenartige Erzeugnis bei nicht unerheblichen Teilen der angesprochenen Verkehrskreise eine solche Bekanntheit erreicht hat, dass sich in relevantem Umfang die Gefahr der Herkunftstäuschung ergeben kann, wenn Nachahmungen vertrieben werden[137]. Die von U festgestellte Bekanntheit der „E"-Jeans in den maßgeblichen Verkehrskreisen von 46%[138] reicht für eine Bekanntheit des Produkts aus. Nicht erforderlich ist, dass die angesprochenen Verkehrskreise das nachgeahmte Produkt namentlich dem Unternehmen der J zuordnen können[139], was immerhin noch bei 11% der Befragten der Fall ist. Damit liegt die für einen ergänzenden wettbewerbsrechtlichen Leistungsschutz nach § 4 Nr 9 lit. a UWG ausreichende Gefahr einer **mittelbaren Herkunftstäuschung** vor.

**(c)** Eine Herkunftstäuschung wird auch nicht dadurch ausgeschlossen, dass B an der von ihr vertriebenen Jeans die Bezeichnung „K" angebracht hat, während die Jeans der J mit „E" gekennzeichnet ist. Das an einer den rückwärtigen Taschen der Jeans der B angebrachte Pappschild gewährleistet nicht, dass dieses zum Zeitpunkt des Kaufs an der Jeans noch vorhanden ist[140]. Da das Pappschild nicht dauerhaft angebracht ist und nur einen Phantasienamen enthält, der nicht auf das Unternehmen der B hinweist, ist es nicht geeignet, Herkunftsverwechslungen entgegenzuwirken.

**bb) Zwischenergebnis.** Aufgrund der wettbewerblichen Eigenart des Jeansmodells der J, der fast identischen Übernahme des Produkts durch B und der Gefahr einer Herkunftstäuschung verstößt das Vertreiben der „K"-Jeans gegen § 4 Nr 9 Lit. a UWG. Das Anbieten und Inverkehrbringen der Jeanshose „K" durch B ist daher wegen Verstoßes gegen § 4 Nr 9 lit. a UWG unlauter (§ 3 Abs. 1 UWG).

### c) Geeignetheit, die Interessen von Mitbewerbern zu beeinträchtigen

Der Verkauf der Jeanshose „K" durch B war wegen der Nachahmung der Jeans „E" geeignet, die Interessen der J als Mitbewerberin zu beeinträchtigen.

### d) Bagatellklausel

Dem Sachverhalt ist nicht zu entnehmen, ob sich der Verkauf der Jeanshose der B nur auf einen Teilmarkt erstreckte, es ist daher davon auszugehen, dass B die „K"-Jeanshosen deutschlandweit angeboten hat. Wegen der damit einhergehenden weitflächigen Verbreitung des nachgeahmten Produktes war die Wettbewerbsbeschränkung daher spürbar.

### e) Zwischenergebnis

Der objektive Tatbestand ist damit erfüllt.

---

137 Vgl BGH GRUR 2002, 275, 277 = WRP 2002, 207 *Noppenbahnen*; BGH GRUR 2002, 820, 822 f = WRP 2002, 1054 *Bremszangen*; BGH GRUR 2005, 166, 167 *Puppenausstattungen*; GRUR 2005, 600, 602 *Handtuchklemmen*.

138 Das von einer Partei vorgelegte Privatgutachten ist als Sachvortrag der Partei zu werten, vgl BGH NJW-RR 2001, 1320, 1321; BGH NJW 2005, 1650, 1652.

139 BGH GRUR 1999, 1031, 1034 *Rollstuhlnachbau*; Harte/Henning/*Sambuc*, § 4 Nr 9 – Rn 59.

140 Vgl hierzu BGH GRUR 2000, 521, 524 f = WRP 2000, 493 *Modulgerüst*.

### 2. Rechtswidrigkeit

Die Rechtswidrigkeit ist indiziert.

### 3. Zwischenergebnis

Damit liegt eine unzulässige geschäftliche Handlung iSd § 3 Abs. 1 UWG vor.

## IV. Wiederholungsgefahr

Aufgrund des andauernden Verkaufs der Jeanshosen ist ein weiteres zukünftiges unlauteres Handeln zu vermuten.

## B. Gesamtergebnis

Der Unterlassungsanspruch der J ist damit begründet.

*Literaturhinweis: Kiethe/Groeschke*, „Jeans" – Verteidigung wettbewerblicher Eigenart von Modeneuheiten, WRP 2006, 794 ff.

*Hinweis zum Verhältnis des UWG zur GeschmMVO*[141]*:* Der Anspruch aus ergänzendem wettbewerbsrechtlichem Leistungsschutz wegen vermeidbarer Herkunftstäuschung nach §§ 3 Abs. 1, 4 Nr 9 lit. a UWG ist nicht deshalb ausgeschlossen, weil J für das von ihr hergestellte und vertriebene Jeansmodell „E" Schutz für ein nicht eingetragenes Gemeinschaftsgeschmacksmuster nach Art. 3 ff GeschmMVO hätte in Anspruch nehmen können. Die Gemeinschaftsgeschmacksmusterverordnung lässt nach Art. 96 Abs. 1 Bestimmungen der Mitgliedstaaten über unlauteren Wettbewerb unberührt. Dazu zählen auch die Vorschriften über den ergänzenden wettbewerbsrechtlichen Leistungsschutz nach §§ 3 Abs. 1, 4 Nr 9 lit. a UWG, die sich gegen ein unlauteres Wettbewerbsverhalten richten, das in der vermeidbaren Täuschung der Abnehmer über die betriebliche Herkunft der Produkte liegt. Von dieser Zielrichtung des UWG unterscheidet sich die EG-GeschmVO, die in der Form des Gemeinschaftsgeschmacksmusters ein bestimmtes Leistungsergebnis schützt. Der zeitlich befristete Schutz für ein nicht eingetragenes Gemeinschaftsgeschmacksmuster berührt daher nicht den zeitlich nicht von vornherein befristeten Anspruch aufgrund ergänzenden wettbewerbsrechtlichen Leistungsschutzes wegen vermeidbarer Herkunftstäuschung[142].

---

141 Verordnung (EG) Nr 6/2002 des Rates vom 12.12.2001 über das Gemeinschaftsgeschmacksmuster (ABl Nr L 3 vom 5.1.2002, S. 1).

142 So der BGH in der zugrunde liegenden Entscheidung; vgl auch *Köhler*, in: Köhler/Bornkamm, § 4 Rn 9.8; *Keller*, FS Erdmann, 2002, 595, 611; *Bartenbach/Fock*, WRP 2002, 1119, 1123; *Osterrieth*, FS Tilmann, 2003, 221, 223; *Rahlf/Gottschalk*, GRUR Int. 2004, 821, 826; zum Verhältnis des ergänzenden wettbewerbsrechtlichen Leistungsschutzes zum Geschmacksmusterschutz vgl auch: BGH GRUR 2002, 629, 631 = WRP 2002, 1058 *Blendsegel*.

# Fall 18

**Postkarten** (fiktiv, in Abgrenzung von BGH GRUR 2005, 583 *Lila-Postkarte*)

M und K drucken Postkarten mit verschiedenen Motiven (ua Bleistifte, Lineal, Pinsel, Schraubenzieher und Süßigkeiten). Auf einer Karte ist ein schräg gestellter Ausschnitt aus einer schwarzen Apple-Tastatur abgebildet, es zeigt die Apple-Taste und einige andere Buchstaben. Auf einer anderen Karte ist eine Vielzahl bunter Weingummibären abgebildet, die in farblich einheitlichen Reihen angeordnet sind. Auf der Rückseite der Karten befindet sich der Schriftzug der von M und K gegründeten Gesellschaft L. Die Postkarten werden in einem Designgeschäft in Berlin verkauft. Dr. H.R., Eigentümer des H-Unternehmens, das seit 1922 in Deutschland „Goldbären" herstellt, lässt durch einen seiner Juristen prüfen, ob H Unterlassungs- und gegebenenfalls Schadensersatzansprüche gegen L zustehen. L wolle nur von dem großen Namen profitieren. Der Deutschlandchef des US-amerikanischen Unternehmens A sieht in der Herstellung und dem Vertrieb der Karte einen Eingriff in A's Markenrechte und macht geltend, L nutze den guten Ruf der Marke unberechtigt für eigene kommerzielle Zwecke aus. Ohne die Verwendung der sehr bekannten Marken sei die Karte nicht abzusetzen. Wegen der großen Bekanntheit der Marken sei damit zu rechnen, dass die angesprochenen Verkehrskreise die Karte für eine eigene Werbung hielten. A ist ferner der Meinung, die Benutzung ihrer Marken durch L sei ein Verstoß gegen die guten Sitten im Wettbewerb. L verdiene mit dem guten Namen von A Geld. L macht geltend, die Weingummibären würden von vielen Unternehmen hergestellt, die Abbildung deute nicht auf ein bestimmtes Unternehmen hin. Zudem werde der Ruf der H nicht ausgebeutet, auch würden die Produkte von H nicht nachgeahmt. Die Abbildung der Apple-Tastatur sei als gelungene Fotografie mit eigener Komposition zu sehen (schräge Anordnung, Ausschnitt, Lichtverhältnisse) und zeige die Bewunderung für die ästhetische Gestaltung der Produkte der A. Zudem sei der Verkauf in dem Designgeschäft, in dem ua hochwertige Möbel und Mode verkauft würden, eine zusätzliche Werbung für A, die das Unternehmen nicht einmal Geld koste. Das hohe Ansehen, das Apple genieße, werde zudem in keiner Weise in ein negatives Licht gestellt. Das Symbol werde ohne jede negative Intention und Veränderung gezeigt. Dem Eindruck, die Karten seien von A gestaltet, wird schon dadurch vorgebeugt, dass A selbst nie Ausschnitte ihrer Produkte, sondern das gesamte Produkt, zudem in Frontalansicht zeigt. Haben H und A Anspruch auf Unterlassung des Verkaufs der Karten? Zu prüfen sind markenrechtliche und gegebenenfalls lauterkeitsrechtliche Ansprüche. 393c

## Lösung Fall 18:

### A. Anspruch der H auf Unterlassung gegen L gem. § 14 Abs. 2 Nr 3, Abs. 5 MarkenG 393d

H könnte ein Anspruch gegen L auf Unterlassung gem. § 14 Abs. 5 MarkenG zustehen. Dann müsste L durch den Verkauf der Karten mit den Gummibären die Markenrechte von H verletzt haben.

### I. Aktivlegitimation

H ist als Produzentin der Weingummi-„Goldbären" aktivlegitimiert.

## II. Passivlegitimation

L ist durch Abbilden der Gummibären auf den Postgarten passivlegitimiert.

## III. Verletzungshandlung iSv § 14 Abs. 2 MarkenG

Für eine Verletzungshandlung iSv § 14 Abs. 2 MarkenG ist ein kennzeichenmäßiger Gebrauch erforderlich. Mit der Herstellung und der Verbreitung der Karte mit den Weingummibären müsste L das Zeichen der „Goldbären" kennzeichenmäßig benutzt haben.

### 1. Objektiver Tatbestand

**a) Kennzeichenmäßige Benutzung gem. § 14 Abs. 2 Nr 3, Abs. 5 MarkenG**

L müsste eine Marke der H kennzeichenmäßig gebraucht haben. Bei den Goldbären handelt es sich um eine Marke iSd § 4 Nr 1 MarkenG. Weiterhin müsste die Herstellung und Verbreitung der Postkarte mit der Abbildung der Weingummibären eine kennzeichenmäßige Benutzung und damit eine Verletzungshandlung iSv § 14 Abs. 2 MarkenG verwirklichen. Nach § 14 Abs. 2 Nr 3 MarkenG ist es Dritten untersagt, ohne Zustimmung des Markeninhabers im geschäftlichen Verkehr ein mit einer im Inland bekannten Marke identisches Zeichen oder ein ähnliches Zeichen für Waren oder Dienstleistungen zu benutzen, die nicht denen ähnlich sind, für die die Marke Schutz genießt, wenn die Benutzung des Zeichens die Unterscheidungskraft oder die Wertschätzung der bekannten Marke ohne rechtfertigenden Grund in unlauterer Weise ausnutzt oder beeinträchtigt.

**aa) Abbildung eines mit einer bekannten Marke identischen Zeichens ohne Zustimmung des Markeninhabers.** M und K haben die Weingummibären **ohne Zustimmung** des Markeninhabers H auf ihren Karten abgedruckt und diese unter Angabe des Namens der L in den Verkehr gebracht. Bei den Karten handelt es sich auch um **Waren**, die den Süßigkeiten aus weicher Masse der H **nicht identisch** sind, so dass § 14 Abs. 2 Nr 1 MarkenG nicht einschlägig ist. Weiterhin müssten die abgebildeten Weingummis auf den Karten der L mit der weltweit **bekannten Marke** der seit den 20er Jahren des letzten Jahrhunderts von H produzierten Goldbären identisch oder ähnlich sein. Wegen des unbestrittenen Angebots von vielfarbigen Weingummibären durch verschiedene Hersteller können die abgebildeten Waren nicht mit letzter Sicherheit als solche der H erkannt werden, es könnte sich ebenso gut um vergleichsweise Produkte handeln. Es besteht aber zumindest eine Ähnlichkeit der abgebildeten Weingummibären mit den Goldbären der H.

**bb) Markenmäßiger Gebrauch iSd § 14 Abs. 2 Nr 3 MarkenG.** Weiterhin setzt der Verletzungstatbestand des § 14 Abs. 2 Nr 3 MarkenG einen markenmäßigen Gebrauch des Kollisionszeichens voraus[143]. Dann müsste L die abgebildeten Gummibären in der Weise verwendet haben,

143 Durch § 14 Abs. 2 Nr 1 und Nr 2 MarkenG wurde Art. 5 Abs. 1 MRRL in deutsches Recht umgesetzt. S. zu Art. 5 Abs. 1 MRRL: EuGH Slg. 2002, I-4187 Tz. 17 = GRUR Int. 2002, 841 *Hölterhoff*; EuGH Slg. 2002, I-10273 Tz. 51 ff = GRUR 2003, 55 = WRP 2002, 1415 *Arsenal Football Club*; zu Art. 9 Abs. 1 Satz 2 Lit. a GMV: BGH GRUR 2004, 947, 948 = WRP 2004, 1364 *Gazoz*; zu § 14 Abs. 2: BGH GRUR 2005, 162 = WRP 2005, 222 *SodaStream* mwN. Wegen des identischen Benutzungsbegriffs in Art. 5 Abs. 1 und Abs. 2 MRRL und in § 14 Abs. 2 MarkenG gilt dies in gleicher Weise für eine unmittelbare Anwendung des § 14 Abs. 2 Nr 3 MarkenG; vgl zu Art. 5 Abs. 1 und Abs. 2 MRRL: EuGH Slg. 1999, I-905 Tz. 38 = GRUR Int. 1999, 438 = WRP 1999, 407 *BMW/Deenik*; zu § 14 Abs. 2 Nr 3 MarkenG: KG GRUR 1997, 295, 296; *Ingerl/Rohnke*, Markengesetz, 3. Aufl. 2010, § 14 Rn 833; *Piper*, GRUR 1996, 429, 434; *Karl*, Markenrecht 2004, 321, 323; *Sack*, WRP 2004, 1405, 1407; aA *Hacker*, in: Ströbele/Hacker, Markengesetz, 8. Aufl. 2006, § 14 Rn 62; *Sosnitza*, WRP 2003, 1186, 1189; *Goldmann*, Der Schutz des Unternehmenskennzeichens, § 15 Rn 27 ff; zu einer einheitlichen Auslegung des Benutzungsbegriffs vgl auch: *Fezer*, GRUR 1996, 566, 570; *ders.*, Markenrecht, 4. Aufl. 2009, § 14 Rn 39.

dass sie sich von den bekannten Weingummibären der H **nicht unterscheiden**. Es reicht für eine markenmäßige Benutzung aber auch aus, dass die beteiligten Verkehrskreise das Kollisionszeichen zwar als Verzierung auffassen, es wegen der hochgradigen Ähnlichkeit jedoch gedanklich mit der bekannten Marke verknüpfen[144]. Da farbige Weingummibären nicht nur von H, sondern auch von anderen Süßwarenherstellern angeboten werden, verknüpfen die angesprochenen Verbraucher, die potenziellen Kartenkäufer, die abgebildeten Bären nicht automatisch mit H. Lange Zeit war H alleiniger oder nahezu alleiniger Produzent von farbigen Weingummibären, die Kinder und Erwachsene ebenso froh machen. In den vergangenen Jahrzehnten sind jedoch so viele Anbieter hinzugekommen, dass ein Unterschied und ein Erkennen der „wahren" (Gold-)Bären allenfalls aus nächster Nähe oder erst durch Geschmackstests möglich sind. Bei einer Abbildung auf Postkarten lässt sich zunächst hingegen nicht erkennen, ob es sich um die H-Bären handelt. L ging es auch gar nicht darum, die Bären von H abzubilden, sondern darum ein farbiges Muster – in dem Fall gebildet aus Süßigkeiten – abzubilden. Dass es sich dabei um Bären handelte, kann eher als Zufall gewertet bzw könnte sogar auch als Symbol für Berlin verstanden werden. Jedenfalls ging es L nicht um eine Assoziation mit den Produkten der H, auf die sie ja auch keinen textlichen Bezug nimmt.

#### b) Zwischenergebnis

Eine markenmäßige Benutzung liegt nicht vor.

### 2. Zwischenergebnis

Damit fehlt es an dem objektiven Tatbestand des § 14 Abs. 2 MarkenG.

### IV. Ergebnis

Mangels markenmäßiger Benutzung scheidet ein Anspruch der H nach § 14 Abs. 5 MarkenG aus.

## B. Anspruch des A auf Unterlassung gegen L gem. § 14 Abs. 2 Nr 3, Abs. 5 MarkenG

A hat einen Anspruch auf Unterlassung, wenn L mit der Herstellung und Verbreitung der Karte mit der Apple-Tastatur ein Zeichen des A kennzeichenmäßig benutzt und durch die Benutzung des Zeichens die Wertschätzung oder die Unterscheidungskraft der bekannten Marke ohne rechtfertigenden Grund in unlauterer Weise ausgenutzt wird (§ 14 Abs. 2 MarkenG).

### I. Aktivlegitimation

A ist als Inhaber des Kennzeichen Apple aktiv legitimiert.

### II. Passivlegitimation

L ist wegen des Verkaufs der Postkarten mit dem Ausschnitt aus einer Tastatur mit einem Apple-Zeichen passivlegitimiert.

### III. Verletzungshandlung iSv § 14 Abs. 2 MarkenG

Für eine Verletzungshandlung iSv § 14 Abs. 2 MarkenG ist ein kennzeichenmäßiger Gebrauch erforderlich. Mit der Herstellung und der Verbreitung der Karte mit dem Motiv eines Ausschnitts

144 Vgl EuGH GRUR 2004, 58, 60 Tz. 39 = MarkenR 2003, 453 *Adidas/Fitnessworld*.

aus einer Tastatur mit einem Apple-Zeichen müsste L das Zeichen der „Apple-Tastatur" kennzeichenmäßig benutzt haben.

## 1. Objektiver Tatbestand

### a) Kennzeichenmäßige Benutzung gem. § 14 Abs. 2 Nr 3, Abs. 5 MarkenG

L müsste eine Marke der A kennzeichenmäßig gebraucht haben. Bei dem Apple-Zeichen handelt es sich um eine bekannte Marke. Die Herstellung und Verbreitung der Postkarte mit Abbildung der Apple-Taste müsste eine kennzeichenmäßige Benutzung und damit eine Verletzungshandlung iSv § 14 Abs. 2 MarkenG verwirklichen. Nach § 14 Abs. 2 Nr 3 MarkenG ist es Dritten untersagt, ohne Zustimmung des Markeninhabers im geschäftlichen Verkehr ein mit einer im Inland bekannten Marke identisches Zeichen oder ein ähnliches Zeichen für Waren oder Dienstleistungen zu benutzen, die nicht denen ähnlich sind, für die die Marke Schutz genießt, wenn die Benutzung des Zeichens die Unterscheidungskraft oder die Wertschätzung der bekannten Marke ohne rechtfertigenden Grund in unlauterer Weise ausnutzt oder beeinträchtigt.

**aa) Abbildung eines mit einer bekannten Marke identischen Zeichens ohne Zustimmung des Markeninhaber.** M und K haben den Ausschnitt aus der Tastatur **ohne Zustimmung** der Markeninhaberin A auf ihren Karten abgedruckt und diese in den Verkehr gebracht. Die ua abgebildete Apple-Taste ist ein mit der weltweit **bekannten Marke** des angebissenen Apfels der A **identisches Zeichen**. Bei den Karten handelt es sich auch um **Waren**, die den elektronischen Geräten der A **nicht ähnlich** sind.

**bb) Markenmäßiger Gebrauch iSd § 14 Abs. 2 Nr 3 MarkenG.** Weiterhin setzt der Verletzungstatbestand des § 14 Abs. 2 Nr 3 MarkenG einen markenmäßigen Gebrauch des Kollisionszeichens voraus. Dann müsste L die auf den Karten abgebildete Apple-Tastatur nicht von den Waren der A unterscheidet. Es reicht für eine markenmäßige Benutzung aber auch aus, dass die beteiligten Verkehrskreise das Kollisionszeichen zwar als Dekoration auffassen, es wegen der hochgradigen Ähnlichkeit jedoch **gedanklich mit der bekannten Marke verknüpfen**.

Es kann offen bleiben, ob die angesprochenen Verbraucher annehmen, die Postkarte stamme aus dem Unternehmen der A. Selbst wenn der Verkehr die Abbildung des Ausschnitts der Apple-Tastatur als reine Produktausstattung auffasst, wird er aufgrund der identischen Bildmarke der A die Gestaltung der Karte mit der Marke der A gedanklich verknüpfen. Die von L eingesetzten Stilmittel deuten unmissverständlich auf die Marke der A hin. Es ist somit von einer markenmässigen Benutzung iSv § 14 Abs. 2 Nr 3 MarkenG auszugehen.

**cc) Bekanntheit der Marken.** Das Zeichen des angebissenen Apfels der A ist eine im Inland bekannte Marke iSv § 14 Abs. 2 Nr 3 MarkenG; auf der Postkarte wurde das Zeichen als identisches Zeichen verwendet.

**dd) Ausnutzung der Wertschätzung.** Weiterhin müsste L die Wertschätzung der bekannten Marke der A iSv § 14 Abs. 2 Nr 3 MarkenG ausgenutzt haben. Davon ist auszugehen, wenn ein Wettbewerber sich mit der Kennzeichnung seiner Waren der Marke annähert, um Gütevorstellungen, die der Verkehr mit den unter der Marke vertriebenen Erzeugnissen verbindet, für sich auszunutzen[145]. Ob L für ihre Postkarte irgendwelche Gütevorstellungen der bekannten Marke der A für sich ausnutzt, erscheint zumindest zweifelhaft. Dafür könnte sprechen, dass L das besondere Maß an Aufmerksamkeit ausnutzt, das mit der Verwendung der bekannten Marke der A einhergeht. Andererseits handelt es sich um eine eigene Kreation, die durch die Wahl des Ausschnitts,

145 BGHZ 86, 90, 95 *Rolls-Royce*; BGH GRUR 1985, 550, 553 = WRP 1985, 399 *DIMPLE*; BGH GRUR 2000, 875, 877 = WRP 2000, 1142 *Davidoff I*.

die schräge Anordnung des Motivs in perspektivischer Darstellung und die Lichtverhältnisse gekennzeichnet ist. A bildet ihre Produkte hingegen nicht als Ausschnitt ab, sondern zeigt das gesamte Motiv, mittig angeordnet. Zudem werden die Produkte meist in der Frontalansicht abgebildet, häufig ohne Perspektive, ihnen fehlt also die von L gewählte Dreidimensionalität der Karte.

Anders als im Falle der *Lila-Postkarte*, auf der vor lilafarbenem Hintergrund der Spruch „Auf allen Wipfeln ist Ruh. MUH" und darunter der entfremdete Dichtername „Milke" gedruckt war, ist der Abbildung auf den Karten der L kein Hinweis auf eine negative Konnotation zu entnehmen. In der Abbildung liegt weder Spott, noch Scherz[146], sondern **eher Bewunderung für die Formschönheit der Produkte** der A. Es gleicht einem Bild, ist also eine künstlerische Komposition, die sich nicht bloß Fremdes zu Eigen macht, sondern durch den Ausschnitt und die Art des Blickwinkels zu einer eigenständigen Darstellung wird. Auch handelt es sich bei L nicht um einen Wettbewerber, der durch die Kennzeichnung seiner Waren mit der fremden Marke die Gütevorstellungen, die der Verkehr mit der bekannten Marke verbindet, für sich ausnutzt. L produziert kein Zubehör für PCs oder Laptops und A stellt keine Postkarten her. L und A sind damit **keine Wettbewerber**. Die Art der fotografischen Abbildung des Produkts der A – die Tastatur mit der Apple-Taste – spricht daher für ein **eigenes künstlerisches Produkt**. Dafür sprechen auch die anderen Postkartenmotive, in deren Zusammenhang der Verkauf der Karte zu sehen ist. Sie zeigen Gebrauchsgegenstände, es handelt sich damit eher um ungewöhnliche Postkartenmotive, die aber offenbar zu eigener Kreativität animieren sollen. In diesem **kreativen Umfeld** sieht sich A selbst gern, da sie mit ihren Produkten vor allem kreative Menschen anspricht. Für die Einordnung als Kunstobjekt spricht auch der Verkauf in einem Designgeschäft mit hochwertigen Produkten. Dass L mit dem Verkauf der Postkarte auch Geld zu verdienen hofft, übrigens nicht mehr als mit den anderen Postkartenmotiven, steht dem selbstredend nicht entgegen, denn dass für Kunst Geld gegeben wird, beweisen nicht erst die Erfahrungen der Versteigerungen in den vergangenen Jahren.

*Aufbauhinweis:* Die Prüfung des Anspruchs des A auf Unterlassung nach § 14 Abs. 5 MarkenG gegen L könnte an dieser Stelle mangels einer Ausnutzung der Wertschätzung der A durch die Abbildung des Ausschnitts der Apple-Tastatur beendet werden.

Alternativ kann eine Ausnutzung der Wertschätzung angenommen werden, dann könnte die Prüfung wie folgt fortgesetzt werden:

**ee) Rechtfertigender Grund.** Die Rufausnutzung durch L könnte jedoch sachlich gerechtfertigt sein, so dass die Unlauterkeit entfällt. Zwar ist bei der identischen oder ähnlichen Benutzung einer bekannten Marke zu dem Zweck, die mit ihrer Verwendung verbundene Aufmerksamkeit auszubeuten, regelmäßig von einem die Unlauterkeit iSv § 14 Abs. 2 Nr 3 MarkenG begründenden Verhalten auszugehen. Eine Markenverletzung könnte jedoch aufgrund einer Abwägung mit dem durch Art. 5 Abs. 3 GG geschützten Recht der L auf **Freiheit der Kunst** gerechtfertigt sein. Dem Schutz der Kunstfreiheit unterfallen nicht nur Werke, die über eine gewisse Gestaltungshöhe verfügen. „Nach der Rechtsprechung des Bundesverfassungsgerichts ist die freie schöpferische Gestaltung, in der Eindrücke, Erfahrungen und Erlebnisse des Künstlers durch das Medium einer bestimmten Formsprache zu unmittelbarer Anschauung gebracht werden, das Wesentliche der künstlerischen Betätigung"[147].

146 So heißt es in der Entscheidung *Lila-Postkarte*: „Der scherzhafte Charakter, den die Beklagte mit der Gestaltung der Postkarte erzielen will, ist nur dadurch zu erreichen, dass die angesprochenen Verkehrskreise die Anspielung auf die Marken der Klägerin erkennen, was deren Bekanntheit erfordert. Dadurch nutzt die Beklagte die besondere Aufmerksamkeit aus, die die Assoziation einer Bezeichnung mit einer bekannten Marke wecken kann, vgl hierzu: BGH GRUR 2000, 875, 877 *Davidoff I;* BGH, GRUR 2004, 779, 783 = WRP 2004, 1046 *Zwilling/Zweibrüder*; OLG München MarkenR 2000, 65, 67; *Hacker*, in: Ströbele/Hacker, MarkenG, 8. Aufl. 2006, § 14 Rn 114; *Ingerl/Rohnke*, MarkenG, 3. Aufl., 2010, § 14 Rn 861; vgl auch *Fezer*, Markenrecht, 4. Aufl. 2009, § 14 Rn 436.

147 Vgl BVerfGE 30, 173, 188 f; 31, 229, 238.

*Hinweis:* Im Folgenden werden einige Passagen aus der *Lila-Postkarten*-Entscheidung zur Bedeutung der Kunstfreiheit als Rechtfertigungsgrund bei markenrechtlichen Verletzungen zitiert:

„Da die Kunstfreiheit grundsätzlich **jede künstlerische Aussage** schützt, unterfällt ihrem Schutzbereich auch die vorliegende Postkarte, in der die Eindrücke des Künstlers von den Marken der Klägerin und deren Werbung mit der Herausstellung der Abbildung von Kühen humorvoll-satirisch aufgegriffen werden. Durch die Kunstfreiheit nach Art. 5 Abs. 3 GG geschützt sind auch diejenigen Personen, die – etwa als Verleger – eine **Vermittlungsfunktion** zwischen dem Künstler und dem Publikum übernehmen[148]. Es bedarf daher keiner weiteren Feststellungen dazu, ob die Beklagte die Postkarte selbst geschaffen hat und deshalb als Künstlerin unmittelbar für sich die Kunstfreiheit in Anspruch nehmen kann oder ob sie die von einem Dritten entworfenen Postkarten nur verbreitet. Die Kunstfreiheit nach Art. 5 Abs. 3 S. 1 GG besteht jedoch **nicht schrankenlos**. Vielmehr findet sie ihre Begrenzung in anderen kollidierenden Grundrechten, zu denen auch die durch Art. 14 Abs. 1 S. 1 GG geschützte Eigentumsgarantie rechnet. Zu dem hierdurch ebenfalls grundgesetzlich geschützten Bereich gehören die Markenrechte der Klägerin[149]. Diese Kollision grundrechtlich geschützter Werte ist auf der Grundlage der verfassungsrechtlichen Werteordnung aufzulösen. Die notwendige **Abwägung** zwischen dem **Eigentumsrecht** der Klägerin an ihren Marken und dem Recht auf **Kunstfreiheit** aufseiten der Beklagten schließt das von der Klägerin begehrte Verbot gegen die Verwendung der Postkarte aus."

Eine Herabsetzung oder Verunglimpfung der Marken der Klägerin sei nicht festzustellen, die Gestaltung der Postkarte sei vielmehr als witzig und humorvoll anzusehen. Es lasse sich auch nicht feststellen, dass die „Beklagte die Marken der Klägerin ausschließlich zu dem Zweck benutzt hat, ein sonst nicht verkäufliches eigenes Produkt auf den Markt zu bringen, und dass der Postkarte – nach Auffassung des Verkehrs – eine **satirische Auseinandersetzung** mit den Marken der Klägerin oder ihren Werbemethoden fehlt." Ob im Rahmen der Kunstfreiheit nach Art. 5 Abs. 3 GG eine Einschränkung des Grundrechts vorzunehmen ist, wenn den angesprochenen Verkehrskreisen eine satirische Auseinandersetzung verborgen bleibe, ließ der BGH offen, da dies im vorliegenden Fall offenkundig war. Den Verbrauchern wird die in der **scherzhaften Gestaltung** der Postkarten ebenfalls liegende **kritische Auseinandersetzung** mit den Marken und Werbeauftritten der Klägerin nicht verborgen bleiben, mag die Beklagte auch vorrangig kommerzielle Ziele mit der Verbreitung der Postkarte verfolgen[150]. Erweist sich die Gestaltung der Postkarte aber nicht als eine Verunglimpfung der Marken der Klägerin und lässt sich auch nicht annehmen, dass die Beklagte **ausschließlich kommerzielle Zwecke** mit dem Vertrieb der Postkarte verfolgt, hat der Schutz der Kunstfreiheit Vorrang vor dem Schutz der Eigentumsgarantie nach Art. 14 Abs. 1 S. 1 GG.

Zwar fehlt es den Postkarten der L an Satire, Humor oder scherzhafter Kritik, wegen des gewählten Ausschnitts und der darin liegenden eigenen Komposition der fotografischen Abbildung kann sie sich aber gleichwohl auf die Kunstfreiheit berufen.

#### b) Zwischenergebnis

Eine kennzeichenmäßige Benutzung iSd § 14 Abs. 2 MarkenG liegt zwar vor, diese ist jedoch in Ausübung der Kunstfreiheit gerechtfertigt.

### 2. Zwischenergebnis

Es fehlt damit am objektiven Tatbestand einer Verletzungshandlung.

---

148 Vgl BVerfGE 30, 173, 191.
149 S. zum Markenrecht BVerfGE 51, 193, 216 f.
150 AA *Ingerl/Rohnke*, MarkenG, 3. Aufl. 2010, § 14 Rn 174.

### IV. Ergebnis

A steht kein markenrechtlicher Unterlassungsanspruch gegen L aus § 14 Abs. 5 MarkenG zu.

## C. Anspruch der H auf Unterlassung gem. § 8 iVm § 3 Abs. 1 UWG

### I. Anwendbarkeit des ergänzenden Leistungsschutzes

#### 1. Ausschluss des UWG bei kennzeichenmäßiger Benutzung

Wettbewerbsrechtliche Ansprüche sind, soweit der Schutz bekannter Marken in Rede steht, schon wegen des Vorrangs des Anwendungsbereichs des Markengesetzes nicht gegeben. Mit dem Inkrafttreten des Markengesetzes am 1. Januar 1995 ist an die Stelle der kennzeichenrechtlichen Regelungen, die bis dahin im Warenzeichengesetz und im UWG enthalten waren oder auch den Bestimmungen der §§ 1, 3 UWG aF, § 823 BGB entnommen wurden, eine umfassende, **in sich geschlossene kennzeichenrechtliche Regelung** getreten, die den aus den Generalklauseln hergeleiteten Schutz im allgemeinen verdrängt. Im Anwendungsbereich der Bestimmungen des Markengesetzes ist – wie der BGH im *Lila-Postkartenfall* nochmals bestätigte – für eine gleichzeitige Anwendung der §§ 1, 3 UWG aF, § 823 BGB grundsätzlich kein Raum[151]. Dies gilt entsprechend für eine herabsetzende oder verunglimpfende Verwendung von Marken iSv § 4 Nr 7 UWG[152]; der Vorschrift kommt im Anwendungsbereich des § 14 Abs. 2 Nr 3 MarkenG keine eigenständige Bedeutung zu.

#### 2. Ergebnis

Da eine markenmäßige Benutzung der Gummibären abgelehnt wurde, ist der Anwendungsbereich des UWG eröffnet.

### II. Aktivlegitimation

Fraglich ist bereits, ob H gem. § 8 Abs. 3 Nr 1 UWG aktivlegitimiert ist. Dann müsste zwischen H und L ein Wettbewerbsverhältnis bestehen. L und H bieten weder die gleichen oder vergleichbare Waren an, noch wenden sie sich mit branchenverschiedenen Produkten an den gleichen Verkehrskreis. Damit liegt kein Wettbewerbsverhältnis iSd § 2 Abs. 1 UWG vor.

*Hinweis:* Im Übrigen wären wettbewerbsrechtliche Ansprüche nach § 3 Abs. 1 UWG auch deshalb zu verneinen, weil L nicht unlauter im Sinne dieser Vorschrift gehandelt hat. Die Voraussetzungen einer herabsetzenden oder verunglimpfenden Verwendung der Marken der H iSv § 4 Nr 7 UWG liegen nicht vor, da die Waren des H durch die Abbildung der Bären auf der Postkarte nicht herabgesetzt oder verunglimpft werden.

### III. Ergebnis

H hat keinen Anspruch auf Unterlassungen gegen L.

## D. Anspruch des A auf Unterlassung gem. § 8 iVm § 3 Abs. 1 UWG

### I. Anwendbarkeit des lauterkeitsrechtlichen Leistungsschutzes

Da eine markenmäßige Benutzung durch Abbildung der Apple-Tastatur vorliegt, ist markenrechtlicher Vorrang gegeben. Eine Anwendung lauterkeitsrechtlicher Vorschriften ist damit verwehrt.

---

151 Vgl BGH WRP 2005, 219, 221 *Aluminiumräder* mwN.

152 Vgl *Köhler*, in: Köhler/Bornkamm, § 4 UWG Rn 7.9; iE ebenso Harte/Henning/*Omsels*, UWG, § 4 Nr 7 Rn 31.

### II. Ergebnis

A hat keinen Anspruch gegen L auf Unterlassung gem. § 8 Abs. 1 S. 1 UWG.

### E. Gesamtergebnis

Die markenrechtlichen und lauterkeitsrechtlichen Ansprüche von H und A auf Unterlassungen gegen L sind nicht begründet.

## X. § 4 Nr 10 UWG: Gezielte Behinderung (individuelle Mitbewerberbehinderung)

394 § 4 Nr 10 UWG verbietet die gezielte Mitbewerberbehinderung im Gegensatz zur allgemeinen Marktbehinderung, die von § 3 Abs. 1 UWG erfasst wird. § 4 Nr 10 UWG gilt für alle einem Mitbewerber zugefügten Behinderungen, sei es durch Boykott, durch Vernichtungswettbewerb oder Missbrauch von Nachfragemacht zur Ausschaltung des Mitbewerbers. **Gezielt** ist eine Behinderung, wenn die geschäftliche Handlung primär nicht die Förderung des eigenen oder fremden Wettbewerbs, sondern die Störung der wettbewerblichen Entfaltungsfreiheit von Mitbewerbern bezweckt **(objektive und subjektive Elemente)**[153]. In subjektiver Hinsicht liegt eine gezielte Behinderung zB beim Handeln in **Verdrängungsabsicht** vor. Ist die Behinderung bloße Folge des Wettbewerbs, fehlt es an einem gezielten Handeln. Eine gezielte Behinderung außerhalb der im Folgenden beschriebenen Fallgruppen liegt etwa bei der Anmeldung einer im Inland noch nicht benutzten Marke als Mittel des Wettbewerbskampfes vor[154]. Zu dem Verhältnis von GWB und UWG s. Rn 428a.

### 1. Preiskampf und Betriebsstörung

395 Werden die Preise des Mitbewerbers in Vernichtungs- oder in Verdrängungsabsicht gezielt unterboten **(gezielte Kampfpreisunterbietung)** wie im Sachverhalt, der dem vom *Reichsgericht* entschiedenen ***Benrather Tankstellenfall*** zugrunde lag[155], kann dies eine gezielte Behinderung des Mitbewerbers darstellen. Grundsätzlich entspringt die Preisfestsetzung zwar der Freiheit der Wettbewerber, die ihre Preisgestaltung ohne Blick für die Konkurrenz frei bestimmen können. Diese Freiheit findet allerdings dort ihre Grenze, wo durch einen Preiskampf mit besonders niedrigen Preisen der Wettbewerb in seinem Bestand gefährdet würde, weil kein Wettbewerber ihn überstehen

153 Vgl dazu *Omsels*, WRP 2003, 136, 139 f.

154 BGH WRP 2008, 1319 = GRUR 2008, 917 ff *EROS*; BGH Urteil v. 10.1.2008, I ZR 38/05 *AKADEMIKS*.

155 RGZ 134, 342 *Benrather Tankstelle*; vgl auch BGH GRUR 2001, 80, 81 *ad-hoc-Meldung*; EuGH Slg. 1991 I 3359, 3459 ff *AKZO*; Fezer/*Götting*, § 4-10, Rn 38 ff; im Falle der gezielten Preisunterbietung ist auch das Vorliegen der subjektiven Tatumstände (Absicht) zu prüfen (Ausnahmefall von der sonst idR gegebenen rein objektiven Deutung der Unlauterkeit, vgl dazu Rn 186).

würde und die niedrigen Preise **auf Dauer** nur von einem marktmächtigen Unternehmen angeboten werden können, das seine Verluste in diesem Bereich zB bei Untereinstandspreisen durch Gewinne in anderen Bereichen ausgleichen kann. Ein aktuelles Beispiel dafür ist die Werbeanzeige des zum E.ON-Konzern gehörenden Unternehmens **„E WIE EINFACH“**: „Freuen Sie sich auf den MeinCentTarif Strom … jede Kilowattstunde Strom **immer 1 Cent günstiger** als der Allgemeine Preis Ihres örtlichen Grundversorgers“[156]. Indem das wesentliche Teile des deutschen Strom- und Gasverteilungsmarkts beherrschende Unternehmen E.ON ankündigt, den Tarif der örtlichen Versorgungsunternehmen stets zu unterbieten, unabhängig davon, wie niedrig oder hoch dieser Tarif ist, ob er kostendeckend ist oder nicht, ob es weitere Wettbewerber gibt oder nicht, setzt es die örtlichen Grundversorger einem Preiskampf aus. Bei diesen handelt es sich zum Teil um kleine Stadtwerke, die häufig keinen günstigeren Tarif anbieten können, da sie die Strompreise bereits eng an ihren Kosten kalkulieren. Soweit sie dies nicht bereits tun, werden sie dazu durch die Bundesnetzagentur veranlasst, der die Netznutzungsentgeltkalkulation zur Genehmigung vorzulegen ist. Viele Grundversorger können eine weitere Preisabsenkung daher nicht mitgehen. Und selbst wenn sie dies täten, würde E WIE EINFACH wiederum den angebotenen Tarif unterbieten usw. In dieser Preisspirale nach unten setzte sich letzten Endes stets das marktmächtige Unternehmen durch, jeglicher Wettbewerb – soweit er vorher überhaupt bestanden hat – käme zum Erliegen bzw würde gar nicht erst entstehen. Da sich die Kampagne unter Ausnutzung der Marktmacht konkret gegen alle örtlichen Grundversorger richtet, handelt es sich um eine gezielte Kampfpreisunterbietung und damit um ein gegen § 4 Nr 10 UWG verstoßendes Verhalten. Zudem verstößt die Werbeaussage gegen § 4 Nr 11 UWG iVm § 1 PAngV, da kein konkreter Preis ausgewiesen wird. Auch hier sind allerdings die Aussagen des BGH zu beachten, wonach die zivilrechtlichen Ansprüche nach dem GWB idR abschließend sind (Rn 428a). Anders als das Angebot von E WIE EINFACH, das flächendeckend für das gesamte Bundesgebiet und auf Dauer unterbreitet wird, lagen die Umstände in dem der *10%-billiger*-Entscheidung[157] zugrunde liegenden Sachverhalt. Dazu stellte der BGH fest, dass eine Preisgestaltung, durch die lediglich die abstrakte Gefahr begründet werde, dass in **einzelnen Fällen Waren unter Einstandspreis** abgegeben werden, nicht den Tatbestand der gezielten Behinderung erfülle. Sie sei objektiv nicht geeignet, einen oder mehrere Wettbewerber vom Markt zu verdrängen oder den Bestand des Wettbewerbs ernsthaft zu gefährden. Ein **allgemeines Verbot der Preisdiskriminierung der Kunden** lässt sich aus § 4 Nr 10 UWG nicht herleiten.

## 2. Boykott

Der Aufruf eines Unternehmens oder Unternehmensverbandes gegenüber anderen Unternehmen, ihre Geschäftsbeziehungen mit einem Dritten abzubrechen, kann als Boykottaufruf eine **gezielte Behinderung** beinhalten. Voraussetzung ist ein **Dreiper-** **396**

156 So in der FAZ vom 2.2.2006.
157 BGH GRUR 2006, 596 ff.

**sonenverhältnis,** bestehend aus demjenigen, der zum Boykott aufruft („Verrufer" bzw „Boykottierer"), dem Adressaten des Aufrufs, der dem Aufruf als Boykottierer oder „Sperrer" folgt, indem er den Warenbezug oder die Belieferung einstellt und dem Boykottierten bzw Verrufenem. Häufigste Erscheinungsform sind Aufrufe in **Pressediensten der Wirtschaft** gegenüber besonders wettbewerbsaktiven Unternehmen, mit dem Inhalt, diese zu sperren.

### 3. Diskriminierung

**397** Eine sachlich nicht gerechtfertigte, unterschiedliche Behandlung von Personen im geschäftlichen Verkehr, dh in **Austauschbeziehungen der Marktpartner**, kann als Diskriminierung den Tatbestand der gezielten Behinderung verwirklichen. Voraussetzung ist, dass **zwei Unternehmen unterschiedlich behandelt** werden, sei es hinsichtlich der von ihnen verlangten oder der an sie gezahlten **Preise**, hinsichtlich der ihnen oder nur dem einen Unternehmen eingeräumten **Rabatte** und **Konditionen**, sei es durch systematische Ablehnung von Vertragsabschlüssen gegenüber einem Abnehmer **(Liefersperren)** oder einem Lieferanten **(Bezugssperren)**. Voraussetzung ist ein **Mitbewerberverhältnis** (dazu ausführlich unter Rn 46 ff), das allerdings auch zwischen Herstellern und Händlern bestehen kann (vgl Rn 402 ff, 42). In Diskriminierungsfällen sind daher vorrangig **kartellrechtliche Verstöße** gegen die Vorschriften der **§§ 19 Abs. 4, 20 Abs. 1, 2 GWB, § 21 GWB, Art. 82 EG** zu prüfen.

*Literaturhinweis:* Zum Verhältnis des Wettbewerbs- zum Kartellrecht *Ensthaler/Bock*, Verhältnis zwischen Kartellrecht und Immaterialgüterrecht am Beispiel der Essential-facility-Rechtsprechung von EuGH und EuG, GRUR 2009, S. 1 ff; *Hagenkötter*, Die Unlauterkeit von Testfotos – zugleich eine Anmerkung zu BGH WRP 2007, 1082 – *Testfotos III*, WRP 2008, 39 ff; vgl auch Rn 26 ff; zur Preisunterbietung Immenga/Mestmäcker/*Möschel*, EG-WbR, Art. 86 Rn 165–172. Immenga/Mestmäcker/*Zimmer*, § 20 Rn 242 ff; *Markert* in Berliner Kommentar zum Energierecht, 2009, § 20 GWB Rn 64 ff; die Beiträge von *Gick, Geitel, Richter, Feddern, P. Frank* und *F. Frank*, in: Freie oder gleiche Preise? Kartellrechtliche Preismissbrauchskontrolle (Hrsg. v. *Boesche*), 2009; vgl zu den Diskriminierungs- und Behinderungstatbeständen der Art. 82 EG, §§ 19, 20 GWB zB *Neef*, Kartellrecht, 2008, 65–141 sowie folgende Fälle zum Missbrauch von Nachfragemacht (Fall 8), zur Behinderung durch Treuerabatte (Fall 9), zur Essential-Facilities-Doktrin und zum Behinderungsmissbrauch (Fall 12) *Säcker/Wolf*, Deutsches und europäisches Wettbewerbsrecht, case by case, 2008.

### 4. Persönliche und unternehmensbezogene (vergleichende) Werbung

**398** Persönliche Werbung liegt vor, wenn keine kritische Auseinandersetzung mit den Waren oder Leistungen eines Mitbewerbers vorgenommen wird, sondern die **Person des Konkurrenten** hinsichtlich der Eigenschaften, die ihn persönlich diskreditieren (Vorstrafen, Insolvenz etc), im Mittelpunkt der geschäftliche Handlung steht. Werden systematisch und gezielt Anspielungen auf die Person des Konkurrenten in Werbeaussagen über eigene Produkte oder in vergleichenden Gegenüberstellungen mit den Konkurrenzprodukten eingeflochten, um ihn persönlich als unseriös und damit seine Produkte als minderwertig darzustellen, kann dies den Tatbestand der gezielten Behinderung erfüllen.

Als **unternehmensbezogene Werbung** wird die Auseinandersetzung mit Eigenschaften des erkennbar gemachten Konkurrenzunternehmens wie Alter, Größe und Sitz bezeichnet, die in keinem Zusammenhang stehen zu den (vergleichend) beworbenen Waren oder Dienstleistungen.

## 5. Ausspannen und Abwerben von Kunden und Arbeitskräften

Das **Abwerben von Kunden** gehört zum Wesen des Wettbewerbs, es ist schon deshalb zulässig, weil grundsätzlich kein Anspruch auf Fortbestand eines einmal begründeten Vertragsverhältnisses besteht. Ein Kundenkreis ist kein geschütztes Rechtsgut und ein Kaufmann muss stets mit dem Abwandern einzelner Kunden rechnen ebenso wie mit dem Wettbewerb seiner Mitbewerber, die diesen Abwanderungsprozess zu ihren Gunsten ausnutzen oder beschleunigen. Das **Bestimmen** eines Kunden oder eines Mitarbeiters des Mitbewerbers zu einer **ordnungsgemäßen Vertragsauflösung** unter Beachtung der gesetzlichen oder vertraglichen Kündigungsfristen ist daher **grundsätzlich wettbewerbsrechtlich zulässig**[158]. Das Bestimmen zur Vertragsauflösung ist aber dann **ausnahmsweise unlauter**, wenn **besondere Unlauterkeitsmomente** hinzukommen, zB das Werben für einen Versicherungs- oder Stromlieferantenwechsel unter Verwendung vorformulierter Kündigungsschreiben[159]. Ein planmäßiges Vorgehen, ein Schädigungszweck oder die Erlangung eines Vorsprungs ist nicht erforderlich[160]. § 4 Nr 10 UWG schützt allerdings nur Mitbewerber. Da sich das Verleiten zum Vertragsbruch unter keines der Per-se-Verbote subsumieren lässt, bleibt § 4 Nr 10 weiterhin uneingeschränkt anwendbar[161]. Das bedeutet aber auch, dass ein Verbraucher dadurch allenfalls mittelbar geschützt wird. Verleitet etwa ein gewerblicher Vermieter einen Verbraucher dazu, mit ihm einen Mietvertrag unter Außerachtlassung der Kündigungsfrist abzuschließen, bleibt der Mieter gegenüber dem „alten" Vermieter zur Zahlung des Mietzinses bis zur fristgemäßen Beendigung des Mietverhältnisses verpflichtet und muss daneben den neuen Mietzins entrichten[162]. Die bloße **Ausnutzung** eines **von einem Dritten begangenen Vertragsbruchs** ist hingegen **nicht unlauter**. Wird ein Kunde eines Mitbewerbers durch den Abwerber zum **Vertragsbruch** (zB durch unberechtigte Kündigung eines Vertrages) **verleitet** oder wirkt dieser bewusst darauf hin, liegt darin eine unlautere geschäftliche Handlung, wenn die Kunden durch die Handlung des Abwerbers zum Vertragsbruch bestimmt werden. Ein unlauteres Abwerben liegt auch nicht vor bei einem bloß versehentlichen Verletzen einer vertraglichen Pflicht, die darauf gerichtet ist, dem Wettbewerber Kunden zuzuführen[163]. 399

158 ZB BGH NJW-RR 2002, 1193 *Werbung für Versicherungswechsel.*
159 OLG Celle, GRUR-RR 2003, 91 *Abwerbung von Versicherungskunden*; vgl zur unlauteren Kündigungshilfe *Lettl*, § 11 Rn 362 ff.
160 BGH GRUR 1997, 920, 921 *Automatenaufsteller*; *Lettl*, § 11 Rn 361.
161 Dazu ausführlicher *Köhler*, GRUR 2008, 841, 847; zu den Voraussetzungen des Verleitens zum Vertragsbruch s. zB BGH GuT 2007, 328.
162 Bsp bei *Köhler*, GRUR 2008, 841, 847.
163 BGH MMR 2007, 704 ff.

400 Unlautere Abwerbehandlungen können auch in einer **unangemessenen unsachlichen Beeinflussung** durch **Überrumpelung** (unangemeldetes Erscheinen in der Wohnung oder am Arbeitsplatz), durch das Unterbreiten von **Kopplungsangeboten** (hier ist vorrangig an die Verwirklichung des Irreführungstatbestandes zu denken) oder durch **Herabsetzen eines Konkurrenten** oder seiner **Produkte** gegenüber dem Kunden liegen. Letzteres ist allerdings vorrangig unter § 6 Abs. 2 Nr 5 UWG zu prüfen, soweit es sich um vergleichende Werbung iSd § 6 Abs. 1 UWG handelt. Ergänzend oder alternativ zu § 4 Nr 10 UWG kommt ein Verstoß gegen § 4 Nr 8 UWG in Betracht. Liegt der vorrangige Zweck der herabsetzenden Handlung darin, die Kunden des Mitbewerbers als Vertragspartner zu gewinnen, kommt bei **gezieltem Handeln ein Verstoß gegen § 4 Nr 10 UWG** und in allen anderen Fällen gegen **§ 3 Abs. 1 UWG wegen allgemeiner Marktstörung** in Betracht. Das Abwerben von Kunden eines Mitbewerbers durch **irreführende Angaben** ist in der Regel schon wegen Verstoßes gegen § 5 Abs. 2 S. 1 Nr 1–3, Abs. 1 iVm § 3 Abs. 1 UWG unlauter. Auch kann ein irreführendes Verschweigen einer Tatsache (zB über die Umstände der Einräumung eines Sonderkündigungsrechts bei einer Preiserhöhung) den Tatbestand des § 5 Abs. 2 S. 2 UWG erfüllen. Werden im Zusammenhang mit dem Abwerben eines Kunden **fremde Geschäftsgeheimnisse ausgenutzt**, zB durch das unlautere Beschaffen von Kundenlisten, kann dies gegen § 4 Nr 10 UWG verstoßen. S. zu dieser Fallgruppe auch Nr 26 des Anhangs zu § 3 Abs. 3 (dazu Rn 515).

401 Auch das **Abwerben von Mitarbeitern** ist grundsätzlich erlaubt, selbst wenn es bewusst und planmäßig geschieht zB über Headhunter. **Unlauter** wird es erst, wenn der **verfolgte Zweck oder die angewandten Mittel verwerflich** sind. Werden zB Vorteile angeboten werden, die nur unter **Verstoß gegen ein gesetzliches Verbot** eingeräumt werden können wie ein unzulässiger Personalrabatt, ist dies unlauter[164]. Entscheidend ist eine **einzelfallabhängige Interessenabwägung**. Nicht ausreichend ist allein die Zusicherung eines höheren Lohns, besserer Aufstiegschancen oder freundlicherer Arbeitsbedingungen. Bei der Einstufung eines **planmäßigen Abwerbens** als unlauter kommt es auf Einzelumstände wie die Zahl der Mitarbeiter des Unternehmens an, dessen Mitarbeiter abgeworben werden an. Die Zahl der abgeworbenen Mitarbeiter allein ist jedoch nicht entscheidend. Ebenso kann es darauf ankommen, ob „wertvolle" Arbeitskräfte ausgespannt werden und ob dies den Mitbewerber praktisch als leere Hülle zurücklässt. Entsprechendes gilt für **Rückwerbung**.

*Hinweis:* Vgl dazu auch die Ausführungen unter Rn 236 ff sowie den Fall ***Häusliche Kontaktaufnahme*** (Rn 422 f).

*Literaturhinweis: Lettl*, § 11 Rn 360 ff; *Sosnitza/Kostuch*, Telefonische Mitarbeiterabwerbung am Arbeitsplatz. Ein Beitrag zum Verhältnis von §§ 3, 4 Nr 10 und 7 Abs. 2 Nr 2 UWG, WRP 2008,. 166 ff; zu den Sanktionsoptionen vgl *Günther*, Ja, wo laufen sie denn? – Sanktionsmöglichkeiten des Arbeitgebers gegen unlauteres Abwerben von Mitarbeitern, WRP 2007, 240 ff.

164 BGH WRP 1984, 134 *shop in the shop*; BGH WRP 2004, 1017 f *Direktansprache am Arbeitsplatz*, s. dazu Fall ***Häusliche Kontaktaufnahme***, Rn 422 f; BGH GuT 2008, 67.

## 6. Verletzung eines selektiven Vertriebssystems mit Prüfungsaufbau

Ein selektives Vertriebssystem liegt vor, wenn Hersteller ihre Waren entweder direkt oder über den Großhandel aufgrund vertraglicher Abreden nur über einen beschränkten Kreis besonders **qualifizierter Fachhändler** an die Endverbraucher vertreiben. Dabei werden sonstige Formen des Einzelhandels ausgeschlossen. Diese Vertriebsform wird häufig von Herstellern von **Markenprodukten** und hochwertigen **Konsumgütern** wie Schmuck, Kosmetika, Kraftfahrzeugen und Elektrogeräten als Marketingstrategie angewendet[165]. Die gebundenen Händler sind zum Warenvertrieb berechtigt, sie sind allerdings auch verpflichtet, Serviceleistungen (zB Reparaturleistungen) auf einem hohen Niveau anzubieten und die Waren angemessen zu präsentieren, so dass die Eindrücke von Kompetenz, Seriosität, Zuverlässigkeit, Qualität und Exklusivität vermittelt werden. Wettbewerbsbeschränkungen liegen zum einen darin, dass nicht gebundene Händler keinen Lieferanspruch haben und auch sonst nicht die mit der Vertriebsbindung verbundenen Vorteile genießen können und gebundene Händler nicht durch eigene Angebote zB als Zwischenhändler in Wettbewerb zu den Großhändlern auftreten dürfen. Verleitet ein vertraglich ungebundener Händler **(„Außenseiter")** einen gebundenen Händler zur durch Belieferung eines nicht zugelassenen Außenseiters **(Vertragsbruch)**, oder erschleicht er sich vertriebsgebundene Ware, indem er wahrheitswidrige Angaben macht **(Schleichbezug)**, ist dies regelmäßig unlauter, während das **Ausnutzen eines Vertragsbruchs** idR keine Unlauterkeitstat begründet (s. dazu unten). Verletzen die gebundenen Händler die Vertriebs- und Ausschließlichkeitsbindungen, können sie durch Kündigung von dem System ausgeschlossen werden, so dass ihnen die mit der Bindung verbundenen Vorteile in Zukunft versagt bleiben. 402

Grundsätzlich sind die mit einem selektiven Vertriebssystem verbundenen Wettbewerbsbeeinträchtigungen zulässig, wenn das Vertriebssystem nach deutschem und europäischem Recht wirksam ist und vom Vertriebsbinder diskriminierungsfrei praktiziert wird[166]. Die Schutzwürdigkeit eines selektiven Vertriebssystems ist damit nur dann gegeben, wenn das Vertriebssystem **kartellrechtlich zulässig** ist, also nicht missbräuchlich gehandhabt wird und ein berechtigtes Interesse des Herstellers und des Handels am selektiven Vertriebssystem besteht. Grundsätzlich sind selektive Vertriebssysteme ein mit Art. 81 Abs. 1 EG vereinbarer Bestandteil des Wettbewerbs[167]. 403

*Prüfungshinweis:* In der Entscheidungspraxis des Europäischen Gerichtshofs und des Europäischen Gerichts erster Instanz sowie der Europäischen Kommission haben sich die folgenden Voraussetzungen herausgebildet. Danach verstößt ein selektives Vertriebssystem nicht gegen Art. 81 EG, wenn 404

165 Vgl dazu zB *Busche*, WRP 1999, 1231.

166 Vgl EuGH GRUR Int. 1998 149, 156 *Leclerc/Yves Saint Laurent*; BGH GRUR 2000, 724, 725 *Außenseiteranspruch II*; BGH GRUR 1999, 1109, 1112 f *Entfernung der Herstellernummern*; BGH GRUR 1999, 276 *Depotkosmetik*; vgl dazu *Omsels*, WRP 2004, 136, 141; ausführlich zum selektiven Vertriebssystem *Busche*, WRP 1999, 1231 ff; *Klados*, WRP 1999, 586 ff; *Mäsch*, ZIP 1999, 1507 ff.

167 Vgl EuG GRURInt 1998, 149, 155 f Tz. 114 ff *Leclerc/Kommission*.

1. die **Eigenschaften** der Waren ein derartiges **System erforderlich** machen (Hochwertigkeit der Waren);
2. die **Auswahl der Wiederverkäufer** aufgrund **objektiver Kriterien** qualitativer Art erfolgt und die Voraussetzungen **diskriminierungsfrei** angewandt werden;
3. das System auf die Erreichung eines Ergebnisses zielt, das zur **Stärkung des Wettbewerbs** beiträgt und
4. die aufgestellten Kriterien nicht über das erforderliche Maß hinausgehen[168].

**405** Ist allerdings nachgewiesen, dass ein „Hindernis für den **Zugang neuer Mitbewerber** zum Markt besteht, die zum Verkauf der betreffenden Produkte in der Lage sind, so dass die betreffenden selektiven Vertriebssysteme den Vertrieb zugunsten bestimmter bereits bestehender Vertriebswege abschotten", oder das wegen der „Natur der Produkte ein wirksamer Wettbewerb insbesondere bei Preisen nicht besteht", kann dies eine kartellrechtliche Unzulässigkeit begründen[169].

**406** Wird den gebundenen Händlern ein **Verkaufsverbot** auferlegt, schränkt dies ihre wirtschaftliche Freiheit ein, zB indem nur der Verkauf an im Vertragsgebiet ansässige Kunden zugelassen wird, obgleich dies zur Erhaltung des Systems nicht notwendig ist. Es ist daher mit Art. 81 Abs. 1 EG nicht vereinbar[170]. Entsprechendes gilt für das Verbot. außerhalb des Gebietes, in dem das Ausschließlichkeitsrecht besteht, zu verkaufen, da dies zu einer Beschränkung des Wettbewerbs führt und nicht erforderlich ist[171]. Wird Kunden von **Parallelhändlern** keine Kundengarantie eingeräumt, werden diese und potentielle Kunden von dem Erwerb parallel eingeführter Waren abgehalten. Durch die Nichtübernahme von Garantiezusagen werden somit wettbewerbsfördernde **Paralleleinfuhren** verhindert, was ebenfalls zu einem mit Art. 81 Abs. 1 EG unvereinbaren Verstoß führt[172]. Hinsichtlich der wettbewerbsbeschränkenden **Nebenabreden** ist allgemein stets zu prüfen, ob sie mit der nicht beschränkenden Hauptvereinbarung

- unmittelbar verbunden
- dafür notwendig und
- angemessen sind.

**407** Wird dies verneint, liegt ein Verstoß gegen Art. 81 Abs. 1 EG vor, zB durch eine Verkaufsbeschränkung. Es ist anschließend zu prüfen, ob wettbewerbsfördernde Wirkungen von der Vereinbarung ausgehen. Dabei sind zunächst die Voraussetzungen einer einschlägigen **Gruppenfreistellungsverordnung** zu prüfen. Erst anschließend kann untersucht werden, inwieweit die Voraussetzungen von Art. 81 Abs. 3 EG erfüllt sind. Dabei ist zu beachten, dass nach der **VO 1/2003** das **Prinzip der Legalausnahme** gilt. Danach ist eine Wettbewerbsbeschränkung nach Art. 81 Abs. 3 EG freigestellt,

---

168 EuGH, Slg. 1977, S. 1875, Rz. 40–46 *Metro II*; EuG, GRURInt 1998, 149, 155 f Tz. 114 ff *Leclerc/Kommission*; vgl auch BGH GRUR 1999, 276 f *Depotkosmetik*.

169 So EuG, GRURInt 1998, 149, 155 f Tz. 114 ff *Leclerc/Kommission*; vgl auch EuGH, Slg. 1977, 1875, Rz. 40–46 *Metro II*; EuGH EuZW 1991, 376 *Delimitis*.

170 Vgl EuGH Slg. 1998, I-1983, Rz. 16 *Javico*; EuGH Slg. 1995, I-3439 Rz. 19, 21 *Bayerische Motorenwerke*; EuGH Slg. 1984, 883 *Hasselblad/Kommission*.

171 EuGH Slg. 1998, I-1983 *Javico*; EuGH Slg. 1990, I-261 *Tipp Ex/Kommission*.

172 EuGH Slg. 1985, 3933 *ETA-Urteil (Swatch)*; BGH GRUR 2003, 447 f *Bricanyl II*.

wenn dessen Voraussetzungen vorliegen, ohne dass es zuvor einer Entscheidung bedarf (Art. 1 Abs. 2 VO 1/2003). Hinsichtlich der Einzelfreistellung sind die von der EG-Kommission aufgestellten Kriterien[173] zu beachten.

Die Voraussetzungen der **Gruppenfreistellungsverordnung (vormals 2790/99)**, nunmehr 330/2010[174] sind wie folgt zu prüfen: 408

1. Vereinbarung zwischen Unternehmen
2. Vertikalvereinbarung
3. Keine Anwendung von vorrangigen Verordnungen (Art. 2 Abs. 5 GFVO)
4. Schwellenwerte (Art. 3 Abs. 1 GFVO: 30% Marktanteil darf nicht überschritten werden)
5. Kernbeschränkungen: Art. 3–5 GFVO, zB keine Preis-, Gebiets- oder Kundenschutzbestimmungen (Art. 4 lit. a), lit. b) GFVO)[175].

Entsprechend sind die Voraussetzungen der **Kfz-GFVO**[176] wie folgt zu prüfen:

1. Vereinbarung zwischen Unternehmen
2. Vertikalvereinbarung
3. Schwellenwerte (Art. 3 Abs. 1 S. 1 Kfz-GFVO: 30% Marktanteil darf nicht überschritten werden)
4. Kernbeschränkungen zB bei einer Marktaufteilung durch Gebietsbeschränkungen (Art. 4 Abs. 1 lit. b) Kfz-GFVO), durch Verkaufsbeschränkungen an nicht zugelassene Händler auf Märkten mit selektivem Vertrieb (Art. 4 Abs. 1 Lit. b) iii) Kfz-GFVO) oder bei Beschränkungen des Verkaufs bezüglich eines Modells aus dem Vertragsprogramm (Art. 4 Abs. 1 lit. f) Kfz-GFVO)[177].

Wird der Handel zwischen den Mitgliedstaaten nicht spürbar beeinträchtigt, ist zu prüfen, ob ein Verstoß gegen deutsches Kartellrecht (§ 1 GWB) vorliegt. 409

Im Rahmen der **Prüfung der kartellrechtlichen Zulässigkeit** eines selektiven Vertriebssystems kommt es auf die Frage der Lückenlosigkeit nicht bzw allenfalls mittelbar insofern an, als zu ermitteln ist, ob das System missbräuchlich gehandhabt wird. Wird es nicht lückenlos praktiziert, kann es gegen die kartellrechtlichen Marktmissbrauchs- und Diskriminierungsvorschriften der §§ 19, 20 Abs. 1, 2 GWB verstoßen[178]. Eine größere Rolle spielt die Lückenlosigkeit bei der **Prüfung lauterkeitsrechtlicher Ansprüche**, etwa wenn ein Hersteller gegen einen Außenseiter vorgehen will. Inzwischen wird allerdings eine **praktische Lückenlosigkeit** (= wenn das Vertriebsbindungssystem die Möglichkeiten schafft, auftretende Lücken zu schließen) allgemein nicht mehr als erforderlich angesehen. Die praktische Lückenlosigkeit ei- 410

173 ABl. EG 2004 Nr C 101/97.
174 Verordnung (EU) Nr 330/2010 der Kommission v. 20.4.2010 über die Anwendung von Art. 101 Abs. 3 EU auf Gruppen von vertikalen Vereinbarungen und aufeinander abgestimmte Verhaltensweisen, ABl. Nr L 102 v. 23.4.2010, S. 1.
175 ZB EuG GRURInt 1998, 149, 155 f Tz. 114 ff *Leclerc/Kommission.*
176 Verordnung EG NR. 1400/2002; für Reparatur- und Wartung sowie Ersatzteilvertrieb gilt seit dem 1.6.2010 die neue Gruppenfreistellungsverordnung für Verhaltensweisen im KFZ-Sektor, Verordnung (EU) Nr 461/2010 der Kommission v. 27.5.2010, ABl. EU L 129/52 v. 28.5.2010; für den Vertrieb von Neuwagen gilt sie erst ab dem 31.5.2013.
177 EuGH Slg. 1995, I-3439 Rz. 19, 21 *Bayerische Motorenwerke.*
178 Vgl dazu *Busche*, WRP 1999, 1231, 1233.

nes Vertriebsbindungssystems ist schon deshalb kaum noch möglich, da es für die Lückenhaftigkeit bereits ausreicht, wenn der Bezug in irgendeinem Land ohne Aufsicht des Vertriebsbinders funktioniert wie in der Schweiz, wo aufgrund der dort geltenden Rechtslage ein Außenseiter nicht in Anspruch genommen werden kann. Auch in anderen Ländern wird allein die gedankliche Lückenlosigkeit eines Vertriebssystems, und zwar diese auch nur für die Beweisfrage gefordert[179]. Es genügt daher, wenn das Vertriebssystem auf Lückenlosigkeit angelegt ist (**gedankliche Lückenlosigkeit**: Abschluss entsprechender Verträge zwischen Hersteller und Händlern)[180]. **Anders** als bei **Preisbindungssystemen**, wo schon eine kurzfristige Preisunterbietung nicht zumutbar ist, können **Brüche des Vertriebssystems zumutbar** sein, da die vertragliche Bindung davon unberührt bleibt. Die einzige praktische Bedeutung der Lückenlosigkeit liegt darin, dass eine gedankliche Lückenlosigkeit eine **Beweisvermutung** für das Vorliegen eines Vertragsbruches aufstellen kann, so wird vermutet, dass sich Außenseiter die Ware nur durch fremden Vertragsbruch oder Schleichbezug verschafft haben können. Weist das System hingegen **Lücken** auf, die nicht auf Einzelfälle zurückführbar sind, sondern die Vertriebsbindung insgesamt in Frage stellen, **entfällt der Vorwurf der Unlauterkeit**, falls gebundene Händler die Vertriebsware an Außenseiter veräußern. Da die gebundenen Händler vom Verbot an Außenseiter zu verkaufen gem. §§ 242, 273, 320 BGB befreit werden, kann auch einem Außenseiter kein Lauterkeitsverstoß mehr angehängt werden, wenn er die Ware im Wege des **Schleichbezugs** oder durch **Verleiten zum Vertragsbruch** erworben hat[181].

411 **Vertriebsbezogene Behinderungen** können hingegen wegen Verstoßes gegen § 4 Nr 10 iVm § 3 Abs. 1 UWG unlauter sein, wenn durch sie ein Mitbewerber **gezielt behindert** wird. Liegt ein gezieltes Handeln seitens eines **Außenseiters** nicht vor, kann diese Fallgruppe unter den allgemeinen Unlauterkeitstatbestand gefasst werden. Es kommt bei der lauterkeitsrechtlichen Prüfung allein auf das Wettbewerbsverhalten des Außenseiters an, nicht auf die praktische Lückenlosigkeit des Systems. Von Bedeutung ist allein, ob es gedanklich auf Lückenlosigkeit angelegt ist. Eine gezielte Behinderung **vertikaler Vertriebsbindungen** (zB die Errichtung von Vertriebshindernissen durch ein selektives Vertriebssystem iSd Art. 1 lit. d) GFVO 2790/1999) kann in den folgenden Fällen vorliegen:

- bei **Schleichbezug**, gemeint ist das Erschleichen eines Vertragsabschlusses zB unter Vortäuschen der Endabnehmereigenschaft gegenüber einem Systemhändler. Werden beispielsweise Flugdaten durch einen vermeintlichen Online-Flugvermittler nicht lediglich vermittelt, sondern gegen den erklärten Willen der Fluggesellschaft als Teil einer Pauschalreise angeboten, kann eine Behinderung unter dem Gesichtspunkt des Schleichbezugs gegeben sein[182].

---

179 Vgl BGH GRUR 1999, 1113 ff *Außenseiteranspruch I*; so auch der EuGH Slg. 1994, I-15, 38 Tz. 26 *Metro-Cartier*.

180 BGH GRUR 1999, 1113 ff *Außenseiteranspruch I*.

181 Vgl BGH GRUR 1999, 1022, 1023 *Außenseiteranspruch*; OLG Hamburg GRUR 1988, 387, 389; OLG Stuttgart NJW-RR 1989, 1004; *Busche*, WRP 1999, 1231, 1234; aA BGH GRUR 1992, S. 171; beim Verleiten zum Vertragsbruch ist auch die **Kenntnis der Umstände** erforderlich, um einen Verstoß zu begründen (Ausnahme von der rein objektiven Deutung der Unlauterkeit, s. Rn 186).

182 OLG Hamburg Urt. v. 28.5.2009 – 3 U 191/08; dazu auch *Deutsch* GRUR 2009, 1027, 1031 (sog. „Screen-Scraping"); *Köhler*, in: Köhler/Bornkamm § 4 Rn 10.63.

- bei der **aktiven Verleitung zum Vertragsbruch** durch unmittelbare, aktive Beteiligung des den Vertragsbruch Ausnutzenden. Zur Unlauterkeit bedarf es eines bewussten Hinwirkens auf einen Vertragsbruch.
- das **Ausnutzen eines fremden Vertragsbruchs** genügt hingegen nicht[183].
- wird einem Hersteller oder Lieferanten die Kontrolle des Vertriebssystems durch **Entfernen** oder **Unkenntlichmachen von Warencodierung** (Marken-, Firmen- und Herkunftsangaben, zB Herstellernummer) erschwert, stehen ihm vertragliche Ansprüche gegenüber dem gebundenen Händler zu. Gegenüber einem Außenseiter, der decodierte Ware vertreibt, hat er Ansprüche wegen gezielter Behinderung (§ 4 Nr 10 UWG)[184]. Entsprechendes gilt bei der Entfernung von **Produktverpackungen**[185]. Geht es dem Außenseiter nicht in erster Linie darum, den Mitbewerber gezielt zu behindern, sondern besteht sein vorrangiges Ziel in der Förderung eigenen Wettbewerbs, müssen nach Ansicht *Omsels* weitere Umstände hinzutreten, die das Entfernen als einen gegen den Mitbewerber gerichteten Akt identifizieren[186], zB bei Beseitigung in großem Umfang, der im Verhältnis zum Gesamtumsatz des Herstellers spürbar ist[187].

Ist ein selektives Vertriebssystem mangels berechtigten Interesses des Herstellers, wegen diskriminierender Handhabung oder weil es nicht auf einer gedanklich lückenlosen vertraglichen Grundlage beruht, kartellrechtlich unzulässig, so genießt es auch keinen Schutz vor dem Entfernen von Codierungen, die zur Kontrolle der Vertriebswege angebracht wurden **(faktisches Vertriebsbindungssystem)**[188]. Ein wettbewerbswidriges Verhalten durch Außenseiter, die die uncodierte Ware vertreiben oder die Warencodierung entfernt haben,W liegt mangels Schutzfähigkeit des lückenhaften Vertriebssystems nicht vor. Ist das Vertriebsbindungssystem nicht geschützt oder so lückenhaft, dass eine Respektierung den Außenseitern nicht zumutbar ist, liegt ein Verstoß gegen § 3 Abs. 1 UWG nicht vor; zu dem Erfordernis eines gezielten Eingriffs gelangt man daher gar nicht mehr[189]. Ist ein Vertriebsbindungssystem hingegen kartellrechtlich zulässig, wirkt das Entfernen von Warencodierungen oder das Vertreiben uncodierter Waren behindernd und begründet einen Unlauterkeitsverstoß. Ansprüche wegen Behinderung bestehen danach gegen denjenigen (Außenseiter oder ein Dritter), der die Codierung entfernt hat oder die decodierte Waren wissentlich vertreibt[190]. **412**

183 Vgl BGH GRUR 1999, 1022, 1023 *Außenseiteranspruch*; *Busche*, WRP 1999, 1231, 1237.

184 So zB BGH GRUR 2000, 724, 727 *Außenseiteranspruch II*; Harten/Henning/*Omsels*, § 4 – Nr 10 Rn 127–129; vgl auch OLG Köln GRUR 2000, 81, 82.

185 OLG Düsseldorf, GRUR-RR 2002, 23, 24.

186 Vgl *Omsels*, WRP 2004, 136, 142.

187 Vgl *Omsels*, WRP 2004, 136, 141, der allerdings ein Mitbewerberverhältnis in Ausnahmefällen und damit einen Verstoß gegen § 4 Nr 11 UWG verneint und stattdessen allenfalls eine Verletzung von § 3 UWG (2004) bejaht. Dagegen spricht jedoch meines Erachtens, dass grundsätzlich auch zwischen **Herstellern und Händlern ein zumindest mittelbares konkretes Wettbewerbsverhältnis** besteht sowie das grundsätzlich weite Verständnis des Begriffs des **Mitbewerbers** auch in den Spezialtatbeständen des § 6 und § 4 Nr 7–10 UWG, s. dazu die untenstehenden Ausführungen zum Prüfungsaufbau (Rn 414) sowie die Darlegungen unter Rn 46 ff.

188 ZB BGH WRP 1989, 366, 367 *Entfernen von Kontrollnummern IV*; BGH GRUR 1989, 110, 111 *Synthesizer*; Harten/Henning/*Omsels*, § 4 Nr 10 Rn 110.

189 Dogmatisch ungenau daher Harten/Henning/*Omsels*, § 4 – Nr 10 Rn 123; zutreffend BGH WRP 1989, 366, 367 *Entfernung von Kontrollnummern IV*; BGH GRUR 1989, 110, 111 *Synthesizer.*

190 So auch BGH GRUR 2000, 724 *Außenseiteranspruch II*; BGH GRUR 1999, 1109, 1112 *Entfernung der Herstellernummer*; *Lubberger*, WRP 2000, 139, 140; *Sack*, WRP 2000, 447, 456; zur Entfernung von Warencodierungen in Vertriebsbindungssystemen vgl BGH GRUR 2002, 709, 710 *Entfernung der Herstellernummern III*; BGH GRUR 1999, S. 1022, 1026 *Außenseiteranspruch*; so bereits BGH GRUR 1969, 222, 224 *Le Galion*.

413 Kommt dem **Kontrollzeichen keine Werbefunktion** zu, ist die Beseitigung nach Ansicht des BGH grundsätzlich nicht unlauter[191]. **Ausnahmsweise** ist jedoch das Entfernen einer Herstellungsidentifikationsnummer ohne Werbefunktion bzw das Angebot von Produkten unlauter iSd § 4 Nr 10 iVm § 3 Abs. 1 UWG, wenn

- darin ein Verstoß gegen eine gesetzliche vorgeschriebene Warencodierung liegt (zB § 4 Abs. 1 KosmetikVO)[192];
- die **Kontrollnummer mit der Fabriknummer identisch** ist,
- Produkte angeboten werden, auf denen die **Fabrikationsnummer von dritter Seite in unlauterer Weise entfernt** wurde (Verstoß gegen § 4 Nr 10 iVm § 3 Abs. 1 UWG bzw Verstoß gegen § 3 Abs. 1 UWG)[193] und
- die Kontrollnummer zur Überwachung der Vertriebswege in einem **gedanklich lückenlosen Vertriebsbindungssystem** dient (Verstoß gegen § 4 Nr 10 iVm § 3 Abs. 1 UWG)[194], vorausgesetzt, das Kontrollnummernsystem ist schutzwürdig.

414 **Prüfungsaufbau eines Unterlassungsanspruchs bei Verstoß eines Außenseiters gegen ein selektives Vertriebsbindungssystem (Kontrollnummernentfernung)**

Entfernt ein **Außenseiter** (= ein an das selektive Vertriebssystem nicht gebundener Händler) die Kontrollnummern der Hersteller oder vertreibt er Produkte weiter, von denen die Kontrollnummern der Hersteller entfernt wurden, könnte dies als gezielte Behinderung gegen § 4 Nr 10 iVm § 3 Abs. 1 UWG oder bei „einfacher", allgemeiner Marktbehinderung gegen § 3 Abs. 1 UWG verstoßen. Begehrt der **Hersteller und einer der gebundenen Händler Unterlassung** des weiteren Entfernens der Nummern bzw des Vertriebs der gebundenen Ware durch den Außenseiter, ist die Prüfung wie folgt aufzubauen (es ist allerdings nach den einzelnen Klägern zu trennen, was hier um der Kürze willen vermieden wird):

**Unterlassungsanspruch gem. § 8 Abs. 3, Abs. 1 iVm § 3 Abs. 1 UWG**

Fraglich ist, ob Außenseiter und Hersteller **Mitbewerber** iSd § 2 Abs. 1 Nr 3 UWG sind. Danach bedarf es eines **konkreten Wettbewerbsverhältnisses** zwischen ihnen. Hinsichtlich des **Absatzwettbewerbes** können auch Anbieter verschiedener Wirtschaftsstufen wie Hersteller und Händler oder verschiedener Branchen Mitbewerber sein, sofern sie denselben Abnehmerkreis bedienen[195]. Bei einem **selektiven Vertriebssystem** können der **Hersteller** eines Produktes und der auf einer anderen Marktstufe tätige **Außenseiter** Mitbewerber sein, da sie sich, soweit es um den Absatz desselben Produktes geht, sie also denselben Abnehmerkreis bedienen (und zwar der Außenseiter als ungebundener Händler direkt, der Hersteller hingegen mittelbar über die gebundenen Händler), in einem **mittelbaren konkreten Wettbewerbsverhältnis** befinden[196]. Klagt einer der **vertraglich gebundenen Händler**, ist unproblematisch zwischen ihm und dem **Außenseiter** ein **konkretes (unmittelbares) Wettbewerbsverhältnis** und damit ein Mitbewerberverhältnis gegeben, denn der Außenseiter verfolgt gerade den Zweck, Kunden der „Systemhändlern" zu gewinnen.

191 BGHZ 104, S. 185, 190 ff *Entfernung von Kontrollnummern I*; BGH GRUR 1988, 826, 828 *Entfernung von Kontrollnummern II*.

192 BGH GRUR 1999, 1109, 1112 *Entfernung der Herstellungsnummern*.

193 BGH GRUR 2000, 724 f *Außenseiteranspruch II*.

194 BGH GRUR 1999, S. 1113 f *Außenseiteranspruch I*; gegebenenfalls kann zusätzlich ein **Schadensersatzanspruch** wegen Beschädigung der Ware, ihrer Verpackung oder der Marke oder Unternehmenskennzeichnung (§ 9 UWG alternativ gem. § 823 BGB) bestehen.

195 BGH GRUR 1972, 553 *Statt Blumen ONKO-Kaffee*; BGH GRUR 2002, 987, 992 *Wir Schuldenmacher*; vgl auch den Fall ***Lottoschein***, Rn 228 f sowie unter Rn 46 ff.

196 *Emmerich* lehnt die Mitbewerbereigenschaft in diesen Fällen ab, § 6 VI 4.

**1. Objektiver Tatbestand: Unlauterkeitstat iSd § 4 Nr 10 iVm § 3 Abs. 1 UWG**

**a) Geschäftliche Handlung, § 2 Abs. 1 Nr 1 UWG**

**b) Unlauterkeit iSd § 4 Nr 10 UWG**

**Behinderung** ist die Beeinträchtigung der wettbewerblichen Entfaltungsfreiheit eines Mitbewerbers[197]. Der **Mitbewerberbegriff** kann nur in gleicher Weise verstanden werden wie der des § 8 Abs. 3 UWG[198]. Hier liegt die Beeinträchtigung in dem Entfernen der Kontrollnummern bzw in dem Vertrieb gebundener Ware, sog. **Systemware**, durch einen Außenseiter (alternativ: durch Unterbietung vertraglich gebundener Preise). Vor Feststellung, ob die Behinderung gezielt war, bedarf es der Prüfung, ob es sich um ein schutzwürdiges selektives Vertriebssystem handelt.

**c) Schutzwürdigkeit des selektiven Vertriebssystems: Prüfung der kartellrechtlichen Zulässigkeit** (s. dazu auch den Aufbau in Rn 404).

Das Vertriebssystem darf weder gegen Art. 81 EG noch gegen die Vorschriften des GWB verstoßen. Maßgebend ist nur noch **gedankliche**, nicht mehr, wie früher, eine praktische **Lückenlosigkeit des Vertriebssystems** (s.o.), so dass es nicht darauf ankommt, ob das vorliegende selektive Vertriebssystem in der Praxis ohne jede Lücken funktioniert[199]. Die Schutzwürdigkeit ist nur dann gegeben, wenn das selektive Vertriebssystem kartellrechtlich zulässig/wirksam ist, es nicht missbräuchlich gehandhabt wird und ein berechtigtes Interesse des Herstellers und des Handels am selektiven Vertriebssystem besteht.

**(1) Verstoß gegen Art. 81 EG?**

Liegt idR nicht vor, es sei denn, Nebenabreden wirken wettbewerbsbeschränkend (s. dazu den Prüfungsaufbau in Rn 404).

**(2) Freistellung der selektiven Vertriebsbindungen nach den Gruppenfreistellungsverordnungen iVm Art. 81 Abs. 3 EG bzw im Wege der Einzelfreistellung, Art. 81 Abs. 3 EG**

Freistellungsfähig ist das Vertriebssystem etwa, wenn die Schwellenwerte nicht überschritten und keine Kernbeschränkungen vorliegen.

**(3) Ergebnis**

Das selektive Vertriebssystem ist nach Art. 81 Abs. 3 EG freigestellt und verstößt damit nicht gegen Art. 81 Abs. 1 EG, es ist daher nicht nichtig iSd Art. 81 Abs. 2 EG. Folglich liegt ein wirksames, mit Art. 81 EG vereinbares selektives System vor.

**(4) Verstoß gegen § 1 GWB (Anwendung der VO (EG) Nr 1/2003)?**

Ist eine Vereinbarung wie der Vertrag über die selektive Vertriebsbindung vereinbar mit Art. 81 EG, kann die Prüfung eines Verstoßes gegen § 1 GWB nicht zu einem anderen Ergebnis gelangen. Dies folgt aus **Art. 3 Abs. 2 VO (EG) Nr 1/2003**[200]. Liegt keine spürbare, grenz-

---

197 Ausführlich zum Tatbestand des § 4 Nr 10 UWG vgl BGH WRP 2004, 1272, 1275 *Werbeblocker* s. dazu den Fall ***Fernsehfee***, Rn 420 f.

198 Zum Mitbewerberbegriff iSd § 8 Abs. 3 UWG und des § 6 Abs. 1 UWG vgl *Boesche/Scholze*, JURA 2004, 685 ff, dies kann letztlich auch nur für den Mitbewerberbegriff in § 4 Nr 10 UWG gelten.

199 Seit BGHZ 142, 192, 198 *Entfernung der Herstellungsnummern I*; BGH GRUR 2001, 448 *Chanel*; BGH GRUR 2002, 709 *Entfernung der Herstellungsnummern III*; OLG Frankfurt GRUR 2001, 532 f *Dior*; *Emmerich*, § 6 Rn 28 mwN.

200 Verordnung (EG) Nr 1/2003 zur Durchführung der in den Artikeln 81 und 82 des Vertrages niedergelegten Wettbewerbsregeln (**„Kartellverfahrensverordnung"**) vom 16.12.2002, ABl. EG L 1/1 v. 4.1.2003.

überschreitende Wettbewerbsbeeinträchtigung vor, ist nur ein Verstoß gegen das deutsche Kartellrecht zu prüfen.

*Hinweis zum Klausuraufbau:* Der Inhalt und die Folgen des Art. 3 Abs. 2 der VO (EG) Nr 1/2003 sind kurz auszuführen, die anschließende Prüfung eines Verstoßes gegen § 1 GWB ist damit überflüssig.

**d) Eingriff in das schutzwürdige selektive Vertriebssystem**

In dem Entfernen der Kontrollnummern bzw Weitervertrieb von Systemware kann eine **gezielte Behinderung** liegen. Gezielt ist eine Behinderung, wenn die geschäftliche Handlung primär nicht die Förderung des eigenen oder fremden Wettbewerbs, sondern die Störung der wettbewerblichen Entfaltungsfreiheit von Mitbewerbern bezweckt **(objektive und subjektive Elemente)**.

**2. Subjektiver Tatbestand**

Kann grundsätzlich vermutet werden. Als subjektives Element kommt das gezielte Handeln hinzu, zB **Verdrängungsabsicht**. Dazu ist kein konkreter Nachweis erforderlich. Ausreichend: wenn die Handlung den Umständen nach nichts anderes als die Verdrängung von Mitbewerbern bezwecken kann, zB bei der Erbringung kostenloser Leistungen[201].

*Literaturhinweise:* Ausführlich zum selektiven Vertriebssystem Fezer/*Götting*, § 4–10 Rn 131 ff; *Busche*, Der Schutz selektiver Vertriebssysteme gegen Außenseiterwettbewerb – Abschied vom Dogma der Lückenlosigkeit, WRP 1999, 1231 ff; vgl *Neef*, Kartellrecht, 2008, 51 ff; *Säcker/Wolf*, Deutsches und europäisches Wettbewerbsrecht, case by case, 2008, 65 ff (Fall 5); *Füller*, in: Säcker, Fallbuch, S. 443 ff; *Hönn*, S. 86 ff (Fall 5); zum Entfernen von Kontrollnummern *Lettl*, § 11 Rn 372 f; *Omsels*, WRP 2004, 136, 141 f; Harten/Henning/*Omsels*, § 4 – Nr 10 Rn 117 ff; zum Ausnutzen eines Vertragsbruchs *Hilgard*, Unlauteres Ausnutzen eines fremden Vertragsbruchs, MDR 2008, 1081 ff.

## 7. Verletzung von Preisbindungen mit Prüfungsaufbau

415 Preisbindung meint die **Beseitigung von Preiswettbewerb** auf der Händlerstufe, indem der Hersteller mit den Händlern den Endverkaufspreis festlegt, statt dies den Zweitverträgen zwischen Händlern und Kunden zu überlassen. **Grundsätzlich** sind Preisbindungen **verboten** (§ 1, 2 GWB, vormals § 14 GWB aF). Eine **Ausnahme** besteht jedoch bei Verlagserzeugnissen, für die die Sonderregelungen der §§ 9, 10 **Buchpreisbindungsgesetz** gelten[202]. Rechtspolitisch wird dies damit begründet, dass nur auf diese Weise eine flächendeckende und gleichmäßige Versorgung mit dem Kulturgut Buch gewährleistet werden kann[203]. Die Verletzung eines wirksamen Preisbindungssystems kann neben vertraglichen auch wettbewerbsrechtliche Ansprüche auslösen **(Vorsprung durch Rechtsbruch)**. Dabei wird unterschieden zwischen der Verletzung der Preisbindung durch einen gebundenen Händler einerseits und durch einen Außenseiter andererseits.

201 BGH GRUR 2001, 80, 81 *ad-hoc-Mitteilung*; *Köhler*, in: Köhler/Bornkamm, § 4 Rn 10.9.

202 Zur Buchpreisbindung vgl BGH GRUR 2003, 807 f; zum Verstoß gegen die Buchpreisbindung bei Onlineauktionen über eBay vgl OLG Frankfurt/M., Urt. v. 15.6.2004, AZ.: 11 U 18/2004 (Kart).

203 Vgl Entschließung des Rates vom 12.2.2001, Dok. DE C 73/5 bzw 2001/C 73/03 *Buchpreisbindung*.

Die **Verletzung des Preisbindungssystems durch einen gebundenen Händler** ist wie folgt zu prüfen: 416

1. kartellrechtlich wirksames Preisbindungssystem (anders als beim selektiven Vertriebsbindungssystem ist eine **praktische Lückenlosigkeit** erforderlich), vgl § 30 GWB
2. zivilrechtlich wirksamer Vertrag über die Preisbindung, §§ 134, 138 BGB
3. wettbewerbswidriger Eingriff in das Preisbindungssystem (es bedarf besonderer Unlauterkeitselemente: die Vertragstreue der Mitbewerber wird unter Missachtung der eigenen Vertragspflichten ausgenutzt, um sich vor diesen einen Vorsprung zu sichern)

In Bezug auf **Außenseiter**, die die vertraglich gebundenen Preise unterbieten oder in anderer Weise das Preisbindungssystem verletzen, werden die folgenden **drei Fallgruppen** unterschieden, die als Verstoß gegen § 4 Nr 10 iVm § 3 Abs. 1 UWG bzw bei Fehlen einer gezielten Behinderung als Verstoß gegen § 3 Abs. 1 UWG zu prüfen sind. 417

**Prüfungsaufbau bei wettbewerbsrechtlichen Ansprüchen wegen Verletzung eines Preisbindungssystems durch einen Außenseiter** 418

1. **Kartellrechtlich wirksames Preisbindungssystem, § 30 GWB (§ 15 GWB aF)**
2. **Zivilrechtlich wirksamer Vertrag über die Preisbindung** (insbesondere ist zu prüfen, ob ein Verstoß gegen die §§ 134, 138 BGB vorliegt)
3. **Wettbewerbswidriger Eingriff in das Preisbindungssystem**
   Beim Handeln eines Außenseiters liegt ein Eingriff in folgenden Fällen vor:
   a) **Schleichbezug durch Außenseiter** wie der Produktbezug über einen Strohmann. Der Schleichbezug wirkt als solcher unlauter, ohne dass es auf die Lückenlosigkeit des Bindungssystems ankommt[204].
   b) **Verleiten gebundener Händler zum Vertragsbruch:** Die praktische Lückenlosigkeit des Preisbindungssystems wird zwar nicht unmittelbar vorausgesetzt, sie ist aber insofern relevant, als andernfalls dem gebundenen Händler eine Einhaltung der Preisbindung gem. § 242 BGB nicht mehr zuzumuten wäre. Dies muss erst recht für den Außenseiter gelten. Bei Lückenhaftigkeit besteht somit kein Anspruch gegen den Außenseiter[205].
   c) **Bloßes Ausnutzung fremden Vertragsbruchs durch den Außenseiter:** Während Schleichbezug und Verleitung zum Vertragsbruch stets als unlauter angesehen werden[206], reicht bei Preisbindungen eine Weiterveräußerung unter dem gebundenen Preis nicht aus, um ein unlauteres Ausnutzen des in der ersten Veräußerung unter gebundenem Preis liegenden Vertragsbruches zu begründen. Das Ausnutzen ist daher nicht per se unlauter, es müssen vielmehr **besondere Unlauterkeitsumstände hinzukommen**[207]. Tritt der Außenseiter zu den gebundenen Händlern in Konkurrenz und verschafft er sich durch das Unterbieten eines Festpreises einen ungerechtfertigten Vorsprung, ist dies unlauter.

---

204 BGH GRUR 1994, 827 *Tageszulassungen.*

205 *Ohly*, in: Piper/Ohly, § 4.10 Rn 10/70 f.

206 BGH GRUR 1999, 1113 f = WM 1999, 1937 *Außenseiteranspruch I*; *Tiemann*, WRP 2004, 289 ff.

207 Vgl dazu BGH GRUR 1999, 1113 f = WM 1999, 1937 *Außenseiteranspruch I*; ausführlich dazu *Bayreuther* WRP 2000, 348; *Busche*, WRP 1999, 1231 ff; *Omsels*, WRP 2004, 136, 141 f; *Emmerich* ist hingegen der Ansicht, dass der Außenseiter frei sein sollte von der „Bindung an wettbewerbsbeschränkende Vertragssysteme Dritter" (§ 6 Rn 31), ansonsten übertrüge man den Unternehmen die Regulierung des Marktes, **unverfälschten Wettbewerb** gäbe es dann insofern nicht mehr, was nicht im Interesse der Verbraucher sein könne, § 6 Rn 30–33.

**419** Ein **Vertragsbruch durch einen ausgeschiedenen Mitarbeiter** eines Unternehmens in Form der **Weitergabe von Betriebsgeheimnissen wird von dem spezielleren § 17 UWG erfasst**[208] (zu § 17 UWG vgl Anhang II, Prüfungsaufbau G mit Fn 2).

*Literaturhinweis: Beater*, Das gezielte Behindern im Sinne von § 4 Nr 10 UWG, WRP 2011, 7; *Emmerich*, § 6 VI 2; *Omsels*, Zur Unlauterkeit der gezielten Behinderung von Mitbewerbern (§ 4 Nr 10 UWG), WRP 2003, S. 136 ff; *Hönn* zu Preisempfehlungen Fall 10, S. 137 ff, zur faktischen Preisbindung Fall 16, S. 175 ff; *Hahn*, in: Säcker, Fallbuch, S. 97 ff; zur strafbaren Werbung s. zB *Alexander*, Die strafbare Werbung in der UWG-Reform, WRP 2004, 407 ff; *Säcker/Wolf*, Deutsches und europäisches Wettbewerbsrecht, case by case, 2008, S. 26 ff (Fall 1); zur vergleichbaren österreichischen Rechtslage *Koppensteiner*, Marktbezogene Unlauterkeit und Missbrauch von Marktmacht, WRP 2007, 475 ff.

## Fall 19

### Fernseh-Fee (BGH WRP 2004, 1272 ff *Werbeblocker*)

**420** K betreibt einen ausschließlich durch Einnahmen aus kommerzieller Werbung finanzierten Fernsehsender. Sie platziert die Werbung über ihr gesamtes Programm verteilt und insbesondere auch während laufender Sendebeiträge, so dass diese regelmäßig durch sogenannte Werbeinseln unterbrochen werden. Die von K erzielten Werbeumsätze belaufen sich auf mehr als 1 Milliarde Euro netto; ihr Gewinn belief sich im Jahr 2000 auf 497 Millionen DM. B produziert und vertreibt für 200 € ein von ihr als „Fernseh-Fee“ bezeichnetes Vorschaltgerät. Dieses ist zum Anschluss an den Fernseher oder Videorekorder bestimmt und verfügt seit Ende 1999 ua über eine sogenannte Werbeblocker-Funktion („spot-stop-Funktion“). Das Gerät der B kann damit vom Nutzer so programmiert werden, dass Werbeinseln aus dem laufenden Programm automatisch ausgeblendet werden. Zu diesem Zweck sendet B Befehlssignale aus, mittels deren das Vorschaltgerät den Fernseher oder Videorekorder für die Zeit, während der im gewählten Programm Werbung ausgestrahlt wird, auf ein werbefreies Programm umschaltet und nach dem Ende des Werbeblocks wieder zurückschaltet. K sieht in der Bewerbung und in dem Vertrieb des mit einer solchen Werbeblocker-Funktion ausgerüsteten Vorschaltgeräts sowie in der Ausstrahlung der entsprechenden Befehlssignale ein unter den Gesichtspunkten der Behinderung, der Ausbeutung erbrachter Vorleistungen und der allgemeinen Marktstörung wettbewerbswidriges Verhalten der B. Zur Begründung führt sie insbesondere aus, B verletze die durch Art. 5 Abs. 1 S. 2 GG gewährleistete Rundfunkfreiheit der K, da sie in unzulässiger Weise in K’s wirtschaftliche Grundlage eingreife. B gefährde damit, auch im Hinblick auf die gegebene Nachahmungsgefahr, in erheblichem Maße die Finanzierung der K. Zudem greife sie in das als Datenbankwerk geschützte Fernsehprogramm der K durch Umgestaltung ein.

B macht demgegenüber geltend, es fehle bereits an einem konkreten Wettbewerbsverhältnis. Sie betätige sich in einer anderen Branche und auf einer anderen wirtschaftlichen Stufe als K. Die angebotenen Leistungen schlössen sich nicht gegenseitig aus, sondern ergänzten sich. Eine unzulässige Behinderung liege nicht vor, da auch weiterhin der Verbraucher entscheide, ob er Werbung sehen möchte. Die Perfektionierung des Umschaltens in ein anderes Fernsehprogramm während der Ausstrahlung der Werbeinseln durch die jederzeit abänderbare Pro-

208 Vgl dazu BGH GRUR 2002, 91 *Spritzgießwerkzeuge*.

grammierung des Vorschaltgeräts begründe kein Unwerturteil. Der durch Art. 5 Abs. 1 S. 2 GG bewirkte Schutz der Rundfunkfreiheit erschöpfe sich in dem Verbot staatlicher Regelungen. Jedenfalls werde die Existenz der K nicht erheblich gefährdet. Der Schutz erstrecke sich ohnehin nicht auf die finanziellen Mittel. Aufgrund des geringen Verbreitungsgrades der „Fernseh-Fee" drohe keine Gefahr für die Einnahmen der K. K begehrt gleichwohl Unterlassung: 1. des Angebots, Vertriebs und Bewerbens des Vorschaltgeräts zum Anschluss an TV-Geräte, soweit mit diesem Gerät Fernsehwerbung im RTL-Programm der K derart unterdrückt wird, dass das Vorschaltgerät das angeschlossene Fernsehempfangsgerät während der Übertragung von Fernsehwerbung auf dem eingestellten RTL-Kanal auf einen anderen zu dieser Zeit werbefreien Kanal umschaltet und 2. der Ausstrahlung von an das Vorschaltgerät gerichteten Befehlssignalen, die bewirken, dass an das Vorschaltgerät angeschlossene Fernsehempfangsgeräte während der Werbesendungen im RTL-Programm der K auf einen werbefreien Kanal umschalten. Zu prüfen ist, ob die Unterlassungsansprüche begründet sind.

## Lösung Fall 19:

### 1. Teil 421

### A. Anspruch der K auf Unterlassung des Angebots, Vertriebs und Bewerbens des Vorschaltgeräts zum Anschluss an TV-Geräte gegen B gem. § 8 Abs. 1 S. 1 UWG

#### I. Aktivlegitimation

K ist aktivlegitimiert, wenn sie Mitbewerberin im Sinne des § 8 Abs. 3 Nr 1 UWG ist. Mitbewerber ist gem. der Legaldefinition in § 2 Abs. 1 Nr 3 UWG jeder Unternehmer, der mit einem Unternehmer als Anbieter oder Nachfrager von Waren oder Dienstleistungen in einem konkreten Wettbewerbsverhältnis tätig wird. Danach müsste zwischen K und B ein **konkretes Wettbewerbsverhältnis** bestehen. Ein konkretes Wettbewerbsverhältnis ist immer dann gegeben, wenn beide Parteien **gleichartige Waren oder gewerbliche Leistungen** innerhalb desselben Endverbraucherkreises abzusetzen versuchen und das Wettbewerbsverhalten des einen daher den anderen beeinträchtigen, dh im Absatz behindern oder stören kann[209]. An einem solchen **Wettbewerbsverhältnis** aufgrund der eigentlichen **beruflichen Tätigkeiten von K und B fehlt es** hier allerdings. Denn bei dem Betreiben eines privaten Fernsehsenders durch K einerseits und bei dem Vertrieb eines mit verschiedenen Funktionen zur Nutzung des Mediums Fernsehen ausgestatteten Geräts durch B andererseits handelt es sich nicht um gleichartige Waren oder gewerbliche Leistungen. „Im Interesse eines wirksamen wettbewerbsrechtlichen Individualschutzes sind an das Bestehen eines Wettbewerbsverhältnisses allerdings **keine hohen Anforderungen** zu stellen; insbesondere ist **keine Branchengleichheit** erforderlich. Da es für die wettbewerbsrechtliche Beurteilung regelmäßig nur um die konkret beanstandete geschäftliche Handlung geht, genügt es, dass die Parteien durch eine Handlung miteinander in Wettbewerb getreten sind, auch wenn ihre Unternehmen im Übrigen unterschiedlichen Branchen angehören"[210]. Das ist hier der Fall. Die unter-

209 Vgl BGH, GRUR 1999, 69, 70 = WRP 1998, 1065 *Preisvergleichsliste II*; BGH GRUR 2001, 258 *Immobilienpreisangaben*; GRUR 2001, 260 *Vielfachabmahner*; BGH GRUR 2002, 902, 903 = WRP 2002, 1050 *Vanity-Nummer*, mwN.

210 Vgl BGH GRUR 1972, 553 *Statt Blumen ONKO-Kaffee*; BGHZ 93, 96, 97 f *DIMPLE*; BGH GRUR 1988, 453, 454 = WRP 1988, 25 *Ein Champagner unter den Mineralwässern*; BGH GRUR 1990, 375, 376 = WRP 1990, 624 *Steuersparmodell.*

nehmerische Tätigkeit der **K als werbefinanzierter Fernsehsender** ist durch ihr Auftreten auf **zwei verschiedenen Märkten** gekennzeichnet: Zum einen bietet K gegen Entgelt Sendeplätze für die Ausstrahlung von Werbung an, woraus sie sich finanziert. Zum anderen präsentiert sie den Fernsehzuschauern unentgeltlich ihr Programm. Auf diesem Markt tritt B mit dem angegriffenen Verhalten der K in Wettbewerb. Das von B angebotene Gerät mit Werbeblocker-Funktion stellt zwar eine **andersartige gewerbliche Leistung** dar als diejenige, die K den Zuschauern präsentiert. B wendet sich mit ihrem Angebot aber ebenso wie die K – wenn auch mit umgekehrter Zielrichtung – an Fernsehkonsumenten. Während K möglichst viele Zuschauer zu erreichen versucht, die sich ihr Programm und insbesondere die darin enthaltene Werbung anschauen, wendet sich B an Fernsehzuschauer, die während der Unterbrechung laufender Sendebeiträge durch Werbeinseln statt der Werbung lieber Sendebeiträge eines zu dieser Zeit werbefreien Senders sehen möchten. Eine geringere Anzahl von Werbezuschauern mindert aus der Sicht der Werbekunden die Attraktivität der von K angebotenen Werbesendeplätze und kann daher deren Absatz behindern. K steht damit zu B in einem konkreten Wettbewerbsverhältnis, da sie unmittelbar von den zu Wettbewerbszwecken begangenen Handlungen des Anbietens, Vertreibens und Bewerbens des Gerätes durch B beeinträchtigt wird. Sie ist damit als unmittelbar betroffene **Mitbewerberin** nach § 2 Abs. 1 Nr 3 UWG aktivlegitimiert.

## II. Passivlegitimation

Die Passivlegitimation von B ist unzweifelhaft gegeben.

## III. Unzulässige geschäftliche Handlung, § 3 Abs. 1 UWG

### 1. Objektiver Tatbestand

#### a) Geschäftliche Handlung, § 2 Abs. 1 Nr 1 UWG

Da K nicht nur das hehre Ziel verfolgt, den Zuschauern das leidige Betrachten von Werbung und die Hinnahme von Werbeunterbrechungen zu ersparen, sondern auch den Absatz ihres Werbeblockgerätes steigern will und es zu diesem Zwecke auch entsprechend bewirbt und auf dem Markt anbietet, liegt eine geschäftliche Handlung iSd § 2 Abs. 1 Nr 1 UWG vor.

#### b) Unlauterkeitstat

**aa) Individuelle („gezielte") Behinderung, § 4 Nr 10 UWG. (1) Beeinträchtigung.** Eine „wettbewerbswidrige Behinderung in diesem Sinne setzt stets eine Beeinträchtigung der wettbewerblichen Entfaltungsmöglichkeiten eines Mitbewerbers voraus[211]. Die Behinderung kann sich auf **alle Wettbewerbsparameter** des Mitbewerbers wie beispielsweise **Absatz, Bezug, Werbung, Produktion, Finanzierung** oder **Personal** beziehen[212]. Da aber grundsätzlich jeder Wettbewerb die Mitbewerber zu beeinträchtigen vermag, müssen **weitere Umstände** hinzutreten, damit von einer unzulässigen individuellen Behinderung gesprochen werden kann[213]. Insoweit ist eine **Gesamtwürdigung** der Umstände des jeweiligen Einzelfalls geboten, bei der die sich gegenüberstehenden Interessen der Mitbewerber, der Verbraucher, der sonstigen Marktteilnehmer sowie der Allgemeinheit gegeneinander abzuwägen sind" (entsprechend dem Schutzzweckduett in § 1 UWG, dazu Rn 1)[214]. Dann müsste nach umfassender Abwägung der sich gegenüberstehenden

211 Vgl BGHZ 148, 1, 5 *Mitwohnzentrale.de*.
212 Vgl *Ohly*, in: Piper/Ohly, § 4.10 Rn 10/3; *Köhler*, in: Köhler/Bornkamm, § 4 Rn 9.63 ff.
213 Vgl BGHZ 148, 1, 5 *Mitwohnzentrale.de*; Großkomm.UWG/*Brandner/Bergmann*, § 1 Rn A 3; *Köhler*, in: Köhler/Bornkamm, § 4 Rn 9.63 ff; *Köhler*, in: Köhler/Piper, § 1 Rn 386.
214 Vgl BGHZ 148, 1, 5 *Mitwohnzentrale.de*; Großkomm.UWG/Brandner/Bergmann, § 1 Rn A 6; *Köhler*, in: Köhler/Bornkamm, § 4 Rn 9.69; *Plaß*, in: Ekey/Klippel/Kotthoff, § 4 Rn 422.

Interessen eine unlautere produktbezogene Behinderung vorliegen. „Eine unlautere produktbezogene Behinderung kommt beim Vorliegen einer **unmittelbaren Einwirkung** auf das Produkt des Mitbewerbers – etwa dadurch, dass dieses vernichtet oder beschädigt wird – in Betracht“[215]. An einer solchen unmittelbaren Einwirkung auf die von K angebotenen Dienstleistungen durch B fehlt es. B wirkt auf die Sendebeiträge der K und namentlich auch auf die darin enthaltene Werbung nicht unmittelbar ein. „Sie ermöglicht es den Fernsehkonsumenten durch ihr Vorschaltgerät mit Werbeblocker-Funktion und die Ausstrahlung der an dieses gerichteten Befehlssignale lediglich, das Fernsehgerät für die Dauer der Programmunterbrechung durch Werbeinseln aus- oder auf einen werbefreien Sender umzuschalten. Der Gebrauch der Werbeblocker-Funktion bleibt jeweils dem Zuschauer überlassen.

Allerdings kann auch eine **mittelbare Einwirkung** auf die Ware oder Dienstleistung eines Mitbewerbers wettbewerbsrechtlich unlauter sein[216]. So verhält es sich etwa bei dem Vertrieb von Waren oder Dienstleistungen, die geeignet sind, **Dritten einen unberechtigten kostenlosen Zugang zu einer entgeltlich angebotenen Leistung** zu verschaffen[217]. Eine solche Fallgestaltung liegt hier nicht vor. Die von B über den entgeltlichen Vertrieb des Werbeblockers dem Fernsehzuschauer angebotene technische Erleichterung hindert K nicht daran, ihre Leistungen auf dem Markt in angemessener Weise zur Geltung zu bringen. Zwar läuft der Einsatz des Werbeblockers dem Interesse der K zuwider, nicht nur mit ihren redaktionellen Programmbeiträgen, sondern insbesondere auch mit ihren Werbesendungen möglichst viele Zuschauer zu erreichen, da hiervon die Höhe ihrer Werbeeinnahmen abhängt. Das allein macht das Angebot und den Vertrieb der Leistungen der B aber noch nicht wettbewerbsrechtlich unlauter. Ein wettbewerbswidriges Verhalten wäre vielmehr nur dann gegeben, wenn sich B dabei **nicht wettbewerbseigener Mittel** bediente“[218]. B bedient sich aber der für den Wettbewerb typischen Mittel.

„Allerdings kann die **Beeinträchtigung der Werbung** eines Mitbewerbers – etwa durch deren Zerstörung, Beschädigung, Beseitigung oder Verdeckung – im Einzelfall eine unlautere Behinderung des Mitbewerbers darstellen[219]. Dabei handelt es sich aber typischerweise um die Beeinträchtigung der Werbewirkung gegenüber einem mit der Werbung angesprochenen **breiteren Publikum** oder – etwa in den Fällen einer **Erinnerungswerbung** – gegenüber den Erwerbern eines bestimmten Produkts, ohne dass dies auf einer freien Entscheidung derer beruht, an die sich die Werbung richtet.“[220] Die von der K gesendete Werbung erreicht, wenn der Werbeblocker der B zum Einsatz kommt, jedoch nur diejenigen Fernsehzuschauer nicht, die sich ohnehin bewusst dafür entschieden haben, keine Werbung sehen zu wollen.

**(2) Verfassungsrechtlicher Schutz (Rundfunk- und Programmfreiheit).** „Auch der **verfassungsrechtliche Schutz**, den die K aus Art. 5 und Art. 12 GG genießt, gebietet unter den gegebenen Umständen keinen weiterreichenden wettbewerbsrechtlichen Schutz. K handelt bei der Ausstrahlung ihrer Sendungen, zu denen die gesendete Werbung mit gehört, im Rahmen ihrer durch die **Rundfunkfreiheit (Art. 5 Abs. 1 S. 2 GG)** geschützten Aufgabenstellung“[221]. Das ist bei der Auslegung und Anwendung der Unlauterkeitstatbestände und damit auch bei § 4 Nr 10 iVm § 3 Abs. 1 UWG zu berücksichtigen wie das BVerfG in Bezug auf § 1 UWG aF festgestellt hat[222].

215 Vgl *Ohly*, in: Piper/Ohly, § 4.10 Rn 10/59 ff.

216 Vgl *Ohly*, in: Piper/Ohly, § 4.10 Rn 10/64.

217 Vgl zum Vertrieb von „Piratenkarten“ zum kostenlosen Empfang von Pay-TV-Programmen: OLG Frankfurt a.M. NJW 1996, 264 f.

218 Vgl BGHZ 110, 156, 162 ff *HBV-Familien- und Wohnungsrechtsschutz*.

219 Vgl Großkomm.UWG/*Brandner/Bergmann*, § 1 Rn A 274 ff; *Ohly*, in: Piper/Ohly, § 4.10 Rn 10/63 ff.

220 Vgl BGH, GRUR 1972, 558, 559 *Teerspritzmaschinen*; OLG Hamburg GRUR 1994, 316; OLG Stuttgart NJW-RR 1996, 1515.

221 Vgl BGH GRUR 2000, 703, 707 = WRP 2000, 1243 *Mattscheibe*.

222 ZB BVerfG, WRP 2001, 1160 *Therapeutische Äquivalenz*; dazu Rn 12 ff.

Dann müsste die **Programmfreiheit** der K, die den Kern der Rundfunkfreiheit bildet[223], durch die beanstandete Wettbewerbsmaßnahme der B berührt worden sein. „Die Rechtsordnung darf den privaten Rundfunk zwar nicht Bedingungen unterwerfen, die die Ausübung der grundrechtlichen Freiheit wesentlich erschweren oder gar praktisch unmöglich machen würden[224]. **Aus der institutionellen Garantie des Staates für die Freiheit des Rundfunks lässt sich aber ein Anspruch der Fernsehsender auf ungestörte geschäftliche Betätigung nicht herleiten.** Der Schutz des Rundfunks als einer meinungsbildenden Institution gebietet grundsätzlich keinen Bestandschutz über die Zuerkennung zivilrechtlicher Ansprüche. Auch Unternehmen des Medienbereichs müssen sich den Herausforderungen des Marktes stellen, der von der Freiheit der wirtschaftlichen Betätigung und von der Kraft der Innovation lebt." Es liegt in den Händen der K, Beeinträchtigungen etwa dadurch erfolgreich entgegenzuwirken, dass sie „in Zusammenarbeit mit der werbungstreibenden Wirtschaft das Interesse des Zuschauers am Werbeprogramm weckt und wach hält oder dass sie ihrerseits mit technischen Neuerungen einer Ausblendung der Werbebeiträge entgegenwirkt. Unabhängig davon kann die rechtliche Beurteilung nicht davon abhängen, ob schon heute Maßnahmen benannt werden können, mit deren Hilfe eine existenzgefährdende Beeinträchtigung der unternehmerischen Tätigkeit" der K durch die B vermieden werden kann.

Weiterhin ist bei der Beurteilung des Verhaltens der B unter wettbewerbsrechtlichen Gesichtspunkten unter Würdigung der verfassungsrechtlich geschützten Position der K eine **umfassende Interessenabwägung** geboten. Dabei ist auch die ebenfalls grundrechtlich geschützte Position der B zu berücksichtigen. Es kann dahinstehen, ob das durch Art. 14 GG geschützte Recht der B an ihrem Unternehmen in Rede steht. Jedenfalls genießt das von der K **beanstandete Wettbewerbsverhalten** der B den **Schutz der Berufsfreiheit** (Art. 12 Abs. 1 GG). Das Grundrecht aus Art. 12 Abs. 1 GG gilt gemäß Art. 19 Abs. 3 GG auch für juristische Personen des Privatrechts[225]. Der hierdurch bewirkte Schutz umfasst insbesondere die wirtschaftliche Verwertung der beruflich erbrachten Leistung[226]. Diese Voraussetzungen sind bei dem Vertrieb der „Fernseh-Fee" mit der beanstandeten Werbeblocker-Funktion durch die B und bei der beanstandeten Ausstrahlung der Sendesignale gegeben.

**(3) Ergebnis.** Ein Verstoß der B gegen § 4 Nr 10 UWG unter dem Gesichtspunkt einer individuellen Behinderung liegt damit nicht vor[227].

**bb) Allgemeine Marktbehinderung, § 3 Abs. 1 UWG. (1) Marktstörung.** Es könnte sich jedoch ein Anspruch auf Unterlassung wegen **allgemeiner Marktbehinderung** aus § 3 Abs. 1 UWG ergeben[228]. Dazu müsste der Vertrieb des Werbeblockers durch B die geschäftliche Tätigkeit des werbefinanzierten Fernsehens existentiell bedroht haben. „Die Frage, ob in einem beanstandeten Wettbewerbsverhalten eine unzulässige allgemeine Marktbehinderung zu sehen ist, kann nur aufgrund einer **Gesamtwürdigung** aller Umstände des jeweiligen Einzelfalls unter Abwägung der Interessen der Mitbewerber und der Allgemeinheit beurteilt werden[229]. Dabei ist auch den **kollidierenden Grundrechtspositionen** Rechnung zu tragen[230]. K hat keine konkreten Tatsachen wie etwa Einbußen bei ihren eigenen Werbeeinnahmen oder denjenigen ihrer Mitbewerber

223 Vgl BVerfGE 97, 228, 268 mwN.
224 Vgl auch BVerfGE 73, 118, 157; 83, 238, 297; 97, 228, 268.
225 Vgl BVerfGE 97, 228, 253.
226 Vgl BVerfGE 97, 228, 253.
227 So auch BGH in der zugrunde liegenden ***Werbeblocker***-Entscheidung; ebenso im Ergebnis LG Frankfurt a.M. MMR 1999, 613, 614 f; OLG Frankfurt a.M. GRUR 2000, 152, 153 f; aA *Apel*, in: FS für Hertin, 2000, S. 337, 349 ff.
228 Ausführlich zur Abgrenzung zwischen den Tatbeständen der individuellen Behinderung (gezielte Behinderung, § 4 Nr 10 UWG) und der allgemeinen Marktbehinderung (§ 3 UWG 2004) *Emmerich*, § 6.
229 Vgl BGHZ 114, 82, 84 *Motorboot-Fachzeitschrift*.
230 Vgl BVerfG GRUR 2001, 1058, 1060 *Therapeutische Äquivalenz*.

vorgetragen[231], die auf eine Gefährdung des Bestandes der durch Werbung finanzierten privaten Fernsehsender schließen lassen könnten." Die damit allenfalls in Betracht zu ziehende Möglichkeit, dass Werbekunden der K und der anderen durch Werbung finanzierten privaten Fernsehsender bei einer erheblichen Verbreitung des Werbeblocker-Systems der B weniger Sendezeit buchen oder nur noch bereit sein könnten, einen geringeren Preis pro Zeiteinheit zu zahlen und dass es deshalb bei Privatsendern wie der K zu Einnahmeverlusten kommen könnte, reicht für die Annahme eines Wettbewerbsverstoßes unter dem Gesichtspunkt einer allgemeinen Marktbehinderung nicht aus[232].

**(2) Ergebnis.** Eine Unlauterkeitstat in Form einer allgemeinen Marktbehinderung scheidet daher schon deshalb aus, weil der Vertrieb des Werbeblockers durch B die geschäftliche Tätigkeit des werbefinanzierten Fernsehens zwar erschwert, nicht aber existentiell bedroht.

**cc) Abwerben von Kunden, § 4 Nr 10 iVm § 3 Abs. 1 UWG.** Ein Anspruch aus § 3 Abs. 1 UWG ergibt sich auch nicht unter dem Gesichtspunkt der kundenbezogenen gezielten Behinderung (§ 4 Nr 10 UWG) **durch Abwerben von Kunden**, denn B sorgt bei den Kunden, die sich für den Werbeblocker entschieden haben, nur für technische Erleichterungen, indem es ihnen das automatische Ausblenden der Werbepausen erleichtert, das sie sonst manuell bewirkt hätten. B selbst sendet keine Fernsehprogramme aus, sie kann daher Kunden nicht „abwerben". Allenfalls kann nicht ausgeschlossen werden, dass einzelne Kunden durch das Umschalten bei einem anderen Programm „hängen bleiben". Diese Gefahr ist jedoch nicht spezifisch auf den Einsatz von Werbeblockern zurückzuführen, sondern ist stets bei Werbepausen und/oder „schlechtem" Programm gegeben. Zudem würde es insofern auch an einem gezielten Vorgehen der B scheitern, da es nicht ihr Interesse ist, speziell K oder irgendeinen anderen Sender zu behindern. Durch das automatische Zurückschalten wird möglicher Weise sogar eine stärkere Kundentreue erreicht als bei manueller Bedienung.

**dd) Ausbeutung einer fremden Leistung, § 3 Abs. 1 UWG.** Der Ruf der K wird gerade durch das Ausblenden der auf ihrem Programm gezeigten Werbesendungen nicht ausgebeutet. Der Einsatz der Werbeblocker funktioniert vielmehr genau umgekehrt: B lehnt sich dadurch nicht an K an, sondern blendet ihr Programm jeweils für kurze Zeiträume aus, um danach wieder automatisch zurückzuschalten.

**c) Zwischenergebnis**

Eine Unlauterkeitstat liegt damit nicht vor.

### 2. Zwischenergebnis

Der objektive Tatbestand des § 3 Abs. 1 UWG ist nicht verwirklicht.

## IV. Ergebnis

Der Unterlassungsanspruch der K gem. § 8 Abs. 1 iVm § 3 Abs. 1 UWG bleibt daher erfolglos.

## B. Urheberrechtliche Ansprüche, §§ 97 Abs. 1 S. 1, 4 Abs. 2 UrhG

Auch ein urheberrechtlicher Unterlassungsanspruch aus § 97 Abs. 1 UrhG unter dem Gesichtspunkt eines widerrechtlichen Eingriffs in ein der K zustehendes Datenbankwerk steht ihr nicht zu.

---

231 Vgl BGH GRUR 1985, 881, 882 = WRP 1985, 330 *Bliestal-Spiegel*.
232 Vgl BGH GRUR 1990, 44, 46 = WRP 1990, 266 *Annoncen-Avis*.

Es kann dahinstehen, ob dem aus redaktionellen und werbemäßigen Beiträgen bestehenden Programm der K Werkschutz zukommt. Das Verhalten der B stellt jedenfalls keinen Eingriff in ein urheberrechtliches Verwertungsrecht dar.

## C. Unterlassungsanspruch gem. § 823 Abs. 1 iVm § 1004 Abs. 1 S. 2 BGB

K könnte gem. § 823 Abs. 1 iVm § 1004 Abs. 1 S. 2 BGB unter dem Gesichtspunkt der Verletzung des Rechts an ihrem eingerichteten und ausgeübten Gewerbebetrieb ein Unterlassungsanspruch zustehen. Die Anwendung dieses Auffangtatbestandes kommt in der Regel aber „nur dann in Betracht, wenn es darum geht, eine **regelungsbedürftige Lücke** im Rechtsschutz zu schließen"[233]. Das ist hier nicht der Fall. Da – wie ausgeführt wurde – zwischen den Parteien ein Wettbewerbsverhältnis besteht, sind wettbewerbsrechtliche Vorschriften grundsätzlich vorrangig anzuwenden. Ein nach ihnen nicht zu beanstandendes Verhalten stellt auch keinen Eingriff in das Recht am eingerichteten und ausgeübten Gewerbebetrieb dar[234].

## D. Ergebnis

Der Anspruch der K auf Unterlassung des Angebots, Vertriebs und Bewerbens des Vorschaltgeräts zum Anschluss an TV-Geräte ist nicht begründet.

## 2. Teil

## A. Anspruch auf Unterlassung der Ausstrahlung von an das Vorschaltgerät gerichteten Befehlssignalen

### I. Aktivlegitimation

Zwar besteht zwischen K und B ein **konkretes Wettbewerbsverhältnis**, da das Werbeblocker-System der B und damit auch die Ausstrahlung der Befehlssignale das Werbeprogramm der K behindern können. K ist damit aktivlegitimiert.

### II. Passivlegitimation

B ist passivlegitimiert.

### III. Unzulässige geschäftliche Handlung

### 1. Objektiver Tatbestand

#### a) Geschäftliche Handlung

Das Verhalten von B dient der Absatzförderung von Werbeblockern. Es ist damit eine geschäftliche Handlung iSd § 2 Abs. 1 Nr 1 UWG.

#### b) Unlauterkeit durch gezielte Behinderung, § 4 Nr 10 UWG

Die Ausstrahlung der an dieses gerichteten Befehlssignale durch B müsste als iSd § 4 Nr 10 UWG unlautere **individuelle Behinderung** anzusehen sein. An einer **produktbezogenen Behinderung** fehlt es aber schon insoweit, als die Entscheidung zum Erwerb eines Werbeblockers und seines

233 Vgl BGH WRP 2004, 1272 ff *Werbeblocker* sowie BGH, GRUR 1983, 467, 468 = WRP 1983, 398 *Photokina*.

234 Vgl *Ohly*, in: Piper/Ohly, Einf D Rn 59 f.

Einsatzes bei den Zuschauern verbleibt. Es fehlt damit an einer unmittelbaren oder auch nur mittelbaren wettbewerbswidrigen Einwirkung auf die von der K angebotenen Leistungen. B stellt den Zuschauern, die das Programm der K verlassen wollen, lediglich eine technische Hilfe zur Verfügung.

Eine produktbezogene Behinderung der K könnte sich aber unter dem Gesichtspunkt eines **Eingriffs in ihr Grundrecht auf Rundfunkfreiheit** ergeben. Zwar erfasst diese im Rahmen ihrer im Verhältnis der Parteien zueinander bestehenden **(un-)mittelbaren Drittwirkung** auch die von K gesendete Werbung. Durch das Ausstrahlen der Befehlssignale wird zudem die Ausübung der **Rundfunkfreiheit nicht unerheblich erschwert**, da dadurch die Gefahr besteht, dass Werbeeinnahmen von K vermindert werden können. Trotz der überragenden Bedeutung der zugunsten der K zu berücksichtigenden Rundfunkfreiheit sind aber die **Belange der B schutzwürdiger** als die der K. Durch die Werbeblocker-Funktion könnten sich für die K zwar nicht ganz unempfindliche finanzielle Einbußen ergeben, es droht aber **keine existentielle Gefährdung**. Als Kunden des von der B vertriebenen Geräts kommen vornehmlich Zuschauer in Betracht, die sich der Werbung bislang ohnehin durch Umschalten auf ein anderes Programm, Ausschalten des Fernsehers oder des Tones oder durch Verlassen des Raumes entzogen haben. Zu berücksichtigen ist „ferner der für die Masse der Durchschnittsverdiener nicht geringe **Anschaffungspreis** für das Gerät von 200 € und die – wenn auch eher geringe – **monatliche Gebühr** für die Dienstleistungen der B. Zudem ist die Anziehungskraft des Werbeblockers maßgeblich dadurch geschwächt, dass er die Unterbrechung des laufenden Sendebeitrags während der Ausstrahlung der Werbeinseln nicht vermeiden kann[235]. Außerdem hat es K als Programmveranstalterin in der Hand, gemeinsam mit ihren Werbekunden die Anziehungskraft der Werbung für den Zuschauer zu erhöhen oder die Werbung mit der Einblendung redaktioneller Sendeleistungen zu verbinden" (zB in Form eines Splitscreen). Auch diese Neuerungen der Teilbelegung eines Bildes halten die Gefahren für K in einem erträglichen Maß. „Demgegenüber drohen dem nach Art. 14 und Art. 2 GG geschützten Unternehmen der B bei einer Untersagung des Werbeblockers, der den prägenden und werbewirksamen Kern ihrer Geschäftsidee darstellt, existenzgefährdende Einbußen. Bei der **Gesamtabwägung** ist zudem zu berücksichtigen, dass K den Geschäftserfolg der B beobachten kann." Sollten sich wider Erwarten doch gravierende Einnahmeverluste im gesamten Bereich des privaten Werbefernsehens zeigen, kann K sich dagegen immer noch so zur Wehr setzen, dass auch B ein gewisser Erfolg ihrer Geschäftsidee belassen wird.

#### c) Zwischenergebnis

Eine Unlauterkeitstat liegt nicht vor.

### 2. Zwischenergebnis

Der objektive Tatbestand des § 3 Abs. 1 UWG ist nicht erfüllt.

## IV. Zwischenergebnis

Der Anspruch auf Unterlassung der Ausstrahlung der an die Werbeblocker gerichteten Befehlssignale ist keine unzulässige geschäftliche Handlung.

---

235 In den Werbebroschüren hieß es zudem, dass pro Monat nur 1000 Geräte verkauft werden könnten. Wäre dieser Hinweis sowie weitere Angaben zum Markt im Sachverhalt enthalten gewesen, hätte man darauf wie folgt – entsprechend der Darlegungen in den Entscheidungsgründen – eingehen müssen: „Soweit sich die K über den von der B zugestandenen Verkauf von 1000 Geräten monatlich hinaus auf deren Äußerungen zur geplanten Produktion von 3000 Geräten pro Monat und zu einem Marktpotential von 20% der Fernsehhaushalte bzw 15 Millionen Fernsehhaushalte beziehe, seien diese Zahlen eindeutig werblich motiviert; ihr Erreichen liege fern."

### B. Ergebnis

Der entsprechende Unterlassungsanspruch ist nicht begründet.

## 3. Teil

### Gesamtergebnis

Weder der Vertrieb der von der B hergestellten und vertriebenen, mit einer Werbeblocker-Funktion ausgestatteten „Fernseh-Fee" noch die Ausstrahlung der an diese gerichteten Befehlssignale sind nach § 3 Abs. 1 UWG unlauter. K steht daher kein Unterlassungsanspruch gem. § 8 Abs. 1 iVm § 3 Abs. 1 UWG zu. Auch aus § 97 Abs. 1 S. 1 UrhG oder aus § 823 Abs. 1 i.V. mit § 1004 Abs. 1 S. 2 BGB ergeben sich keine Ansprüche auf Unterlassung.

# Fall 20

## Häusliche Kontaktaufnahme (OLG Jena GRUR-RR 2003, 158 ff)

422 A und Ü sind Wettbewerber im Bereich der gewerbsmäßigen Arbeitnehmerüberlassung. A behauptet, Ü habe mehrere bei A unter Vertrag stehende Arbeitnehmer im häuslichen Bereich angerufen und versucht, diese abzuwerben. A begehrt Unterlassung.

## Lösung Fall 20:

423 **A. Unterlassungsanspruch des A gegen Ü**

Der Unterlassungsanspruch des A ist begründet, wenn er aktivlegitimiert ist (§ 8 Abs. 3 Nr 1 UWG) und Ü eine Unlauterkeitstat iSd § 3 Abs. 1 vorgeworfen werden kann (§ 8 Abs. 1 UWG) und Wiederholungsgefahr besteht (§ 8 Abs. 1 S. 1, 2. Alt. UWG).

### I. Aktivlegitimation

A und Ü sind Konkurrenten. An dem Vorliegen der Voraussetzungen, die § 2 Abs. 1 Nr 3 UWG an den Mitbewerberbegriff stellt, bestehen daher keine Zweifel. A ist damit als Mitbewerber gemäß § 8 Abs. 3 Nr 1 UWG aktivlegitimiert.

### II. Passivlegitimation

Ü ist passivlegitimiert.

### III. Per-se unzulässige geschäftliche Handlung iSd § 7 Abs. 2 UWG

#### 1. Objektiver Tatbestand

##### a) Geschäftliche Handlung

Ü hat versucht, Mitarbeiter des A abzuwerben, um durch die Mitarbeitergewinnung den eigenen Umsatz zu steigern. Damit liegt eine geschäftliche Handlung iSd § 2 Abs. 1 Nr 1 vor.

#### b) Per-se Unlauterkeit wegen eines unzumutbaren belästigenden Telefonanrufs im Privatbereich, § 7 Abs. 2 Nr 2 UWG

**aa) Unzumutbarer belästigender Telefonanruf.** Es könnte eine unzumutbare Belästigung der Mitarbeiter des A iSd Per-se-Verbotes des § 7 Abs. 2 Nr 2 vorliegen. Zunächst muss es sich um **Werbung** handeln. Bei dem Umwerben von Mitarbeitern werden geschäftliche Interessen zur besseren personellen Aufstellung des abwerbenden Unternehmens und den damit erhofften Verbesserungen des Produktabsatzes und der Rendite verfolgt. Damit handelt es sich auch bei dem unmittelbaren **„Werben um Menschen"** um eine Werbemaßnahme. Daran ändert auch nicht, dass die Telefonate außerhalb des geschäftlichen Bereichs geführt wurden. Zwar stellen **unaufgeforderte Telefonanrufe ein unzulässiges Eindringen in den Privatbereich** dar und sind deshalb grundsätzlich unlauter iS von § 7 Abs. 2 Nr 2 UWG. Damit wird in erster Linie die **Privatsphäre** geschützt, die Vorrang genießt vor den **Geschäftsinteressen** beim Vertrieb von Waren und Dienstleistungen. Gegenstand der Telefonanrufe des Ü waren jedoch **nicht Angebote von Waren oder Dienstleistungen**, sondern **Stellenangebote**. Durch das Angebot zum Abschluss eines Arbeitsvertrages wird der Angerufene in seiner Sozialsphäre **als (potenzieller) Arbeitnehmer** hinsichtlich der **Veränderung seiner Arbeitsbiografie** angesprochen und nicht lediglich zum Objekt einer Werbemaßnahme mit Absatzinteresse eines Gewerbetreibenden gemacht. Da Ü die Mitarbeiter von A nicht als Privatleute anspricht, sondern in ihrer Funktion als Inhaber einer Stelle werden sie im Zeitpunkt der Telefonanrufe nicht als Verbraucher, also als außerhalb ihrer beruflichen Tätigkeit stehend (§ 2 Abs. 2 UWG iVm § 13 BGB), adressiert, sondern als potenzielle Interessenten an einer neuen Arbeitsstelle, und damit als Anbieter von Dienstleistungen. Sie sind damit **sonstige Marktteilnehmer**. Da nach § 7 Abs. 2 Nr 2 UWG schon ein einmaliger Anruf genügt, ist der Tatbestand verwirklicht.

**bb) Einwilligung in die Belästigung eines Marktteilnehmers, § 7 Abs. 2 Nr 2 UWG.** Fraglich ist, ob eine mutmaßliche Einwilligung der Mitarbeiter des A in die werbenden Telefonanrufe gegeben war. Diese wird generell bei Abwerbehandlungen angenommen, da mit dem Abwerben idR eine berufliche Verbesserung (Aufstieg, Gehaltsverbesserung, bessere Arbeitszeiten, freiere Zeiteinteilung, mehr Mitspracherechte etc) verbunden sind. Es besteht damit ein gewisses **mutmaßliches Interesse** des Arbeitnehmers, zumindest soweit ihm ein ansonsten sachliches, nicht aufdringliches oder sonst belästigendes Angebot gemacht wird. Darin ist eine mutmaßliche Einwilligung zu sehen. Dafür, dass diese im Einzelfall ausgeschlossen war, bedarf es konkreter Hinweise, die in diesem Fall fehlen. Damit lag eine mutmaßliche Einwilligung vor, eine unzumutbare Belästigung nach § 7 Abs. 2 Nr 2 UWG scheidet aus.

**cc) Zwischenergebnis.** Eine per se Unlauterkeit ist nicht gegeben.

#### c) Unlauterkeit wegen unzumutbarer Belästigung, § 7 Abs. 1 S. 2 UWG

Ü müsste versucht haben, die Mitarbeiter des A abzuwerben, obgleich diese ein Abwerben erkennbar nicht gewünscht haben. Dass es sich um Werbung handelt wurde ebenso festgestellt wie das diese gegenüber Marktteilnehmern angebracht wurde. Ein erkennbares Nichtwünschen muss deutlich artikuliert und für den werbenden Unternehmer wahrnehmbar sein, etwa durch entsprechende abweisende Erwiderung auf das Telefonat oder Auflegen des Hörers. Da es keine Anhaltspunkte für solch ein Verhalten der angerufenen Mitarbeiter des A gibt, liegt keine Unlauterkeit iSd § 7 Abs. 1 S. 2 UWG vor.

## IV. Unlauterkeit gem. § 3 Abs. 1 UWG

## 1. Objektiver Tatbestand

### a) Geschäftliche Handlung

Eine geschäftliche Handlung liegt – wie unter II. 1. a) festgestellt – vor.

**b) Unlauterkeit wegen Verstoßes gegen § 4 Nr 10 iVm § 3 Abs. 1 UWG durch unzulässiges Ausspannen von Beschäftigten des A.**

Grundsätzlich stellt das **Abwerben** bzw **Ausspannen von Beschäftigten eines Konkurrenten ein zulässiges Mittel des Leistungswettbewerbes** dar. Ein Verstoß gegen § 4 Nr 10 UWG liegt erst vor, wenn besondere Umstände wie eine verwerfliche Willensbeeinflussung sowie das planmäßige Abwerben zum Zwecke der gezielten Behinderung oder Ausbeutung des Mitbewerbers oder der Missbrauch eines Vertrauensverhältnisses hinzukommen.

*Beispiel:* Entscheidung ***Direktansprache am Arbeitsplatz***[236] (Auszüge):

„Es ist nicht wettbewerbswidrig, wenn ein Arbeitnehmer von einem Personalberater am Arbeitsplatz in einem zur **ersten Kontaktaufnahme** geführten Telefongespräch nach seinem Interesse an einer neuen Stelle befragt und diese kurz beschrieben wird. Eine unlautere Störung des betrieblichen Arbeitsablaufs liegt hingegen vor, wenn sich der im Auftrag eines Wettbewerbers anrufende Personalberater bei einem solchen Gespräch darüber hinwegsetzt, dass der Arbeitnehmer daran kein Interesse hat, oder das Gespräch über eine knappe Stellenbeschreibung hinaus ausdehnt."

Zusätzlich oder stattdessen kann bei einer unlauteren **Verleumdung des Geschäftsbetriebs** des Unternehmens **§ 4 Nr 8 UWG** verwirklicht sein. Die Erkundigung nach der Zufriedenheit der Mitarbeiter bzw danach, ob sie ihren Lohn regelmäßig bekommen, reicht für eine solche Verleumdung allerdings nicht aus. Die Anrufe des Ü erfolgten auch **nicht unter Verschleierung des wirklich Anrufenden**, da er sich gegenüber dem Gesprächspartner als Anrufer im Namen seines Unternehmens zu erkennen gab. Bei der Beurteilung des **planmäßigen Ausspannens** kommt es auf die Größe des betroffenen Unternehmens und die Zahl seiner Mitarbeiter an. Hier gibt es keine Hinweise für ein planmäßiges Vorgehen. Allein die Tatsache, dass die telefonische Abwerbung bzw die Abwerbeversuche im privaten Bereich erfolgten, macht sie noch nicht wettbewerbswidrig.

Ist „bei der gebotenen Interessenabwägung der **telefonische Abwerbungsversuch** dem **Angerufenen zumutbar**, so muss ihn auch der **Konkurrent hinnehmen** und kann ihn nicht mit Mitteln des Wettbewerbsrecht verbieten lassen." Damit hat Ü durch die Anrufe im häuslichen Bereich nicht gegen § 4 Nr 10 iVm § 3 Abs. 1 UWG verstoßen (vgl dazu die Ausführungen in Rn 240, 242, 245 ff, 401).

**c) Zwischenergebnis**

Damit fehlt es an den besonderen Umständen, die eine gezielte Behinderung begründen könnten.

### 2. Zwischenergebnis

Demnach fehlt es am Vorliegen einer Unlauterkeitstat.

## IV. Ergebnis

Eine unzulässige geschäftliche Handlung iSd § 3 Abs. 1 UWG ist damit nicht gegeben.

## B. Gesamtergebnis

Der Unterlassungsanspruch des A ist nicht begründet.

236 BGH WRP 2004, 1017 f; dabei macht es keinen Unterschied, ob das Festnetz oder Mobilfunktelefone benutzt werden, vgl BGH GRUR 2006, 426 f *Direktansprache am Arbeitsplatz II*.

## XI. § 4 Nr 11 UWG: Rechtsbruch (mit Prüfungsschema)

Die Unlauterkeitstat einer Gesetzesverletzung ist nunmehr in § 4 Nr 11 UWG geregelt. **424**

*Aufbauhinweis:* Die verletzte Norm ist regelmäßig erst im Zusammenhang mit der konkreten Unlauterkeitstat und nicht bereits im Obersatz und der Überschrift zu erwähnen, s. dazu zB den Fall ***Besuch beim Nikolaus für 0,00 €***, Rn 431 f.

### 1. Überholte Abgrenzung zwischen wertneutralen und wertbezogenen Normen

Unterschieden wurde lange zwischen einem Verstoß gegen **wertneutrale Vorschriften** und gegen **wertbezogenen Vorschriften**. Bei wertneutralen Vorschriften wie § 1 PAngV ist ein Verstoß erst dann begründet, wenn durch eine **planmäßige und bewusste Gesetzesverletzung** versucht wird, einen ungerechtfertigten Vorsprung vor den gesetzestreuen Mitbewerbern zu erlangen. Die Verletzung **wertbezogener Vorschriften** ist hingegen **an sich unlauter**. **425**

- **Wertneutrale Normen** regeln nicht unmittelbar das Verhalten im Wettbewerb und gelten nicht als „sittlich fundiert", sondern sind Ausdruck ordnender Zweckmäßigkeit[237]. Der Verstoß gegen eine derartige Norm wurde regelmäßig erst dann als wettbewerbswidrig angesehen, wenn sich der Gewerbetreibende bewusst und planmäßig über die Norm hinwegsetzt hat, um dadurch einen **Vorsprung** gegenüber seinen gesetzestreuen Konkurrenten zu erlangen. Auf das Bewusstsein der Rechtswidrigkeit kam es nicht an, es genügte für einen bewussten vorsätzlichen Verstoß, dass der Verletzer alle Tatumstände kannte, die den Gesetzesverstoß begründeten[238].

- **Wertbezogene Normen** sind solche, die entweder **sittlich fundiert** sind, also dem Schutz der Gemeinschaft dienen[239], oder unmittelbar wettbewerbsregelnden Charak-

---

237 So zB die Gewerbeordnung, das Kreditwesen-, das Ladenschluss-, das Personenbeförderungs-, das Straßenverkehrs-, das Branntweinmonopol-, das Arbeitszeit- und das Messeinheitengesetz, Vorschriften des Beamtenrechts, Preisangabenverordnung, vgl BGH GRUR 2003, 791 ff *Preisangabe bei telefonischen Auskunftsdiensten*. Auch für allgemeinverbindlich erklärte Tarifverträge gelten als wertneutral, zu den problematischen Fällen der Standesrichtlinien, Wettbewerbsrichtlinien, der erwerbswirtschaftlichen Betätigung der öffentlichen Hand, insbesondere durch Verstoß gegen kommunalrechtliche Betätigungsverbote s. *Kling/Thomas* mit näheren Ausführungen und Nachweisen aus der aktuellen Rspr (S. 52 ff).

238 Vgl BGH, GRUR 1991, 845, 846 *Nebenkosten*; BGH, WRP 1992, 693 *Kilopreise III*; BGH, GRUR 1989, 836, 837 *Stundungsangebote*; für die PAngV 1975: BGH GRUR 1982, 236, 238 *Realkredite*; KG Berlin, GewArch 2001, 301, 302 *Preisangaben, Flugpreiswerbung*; BGH BGHZ 84, 130, 135 *Flughafenverkaufstelle*; BGH GRUR 1982, 493, 495 *Sonnenring*; BGH GRUR 1983, 443, 445 *Kfz-Endpreis*; *Köhler*, in: Köhler/Bornkamm, § 4 Rn 11.2; *Lehmler*, S. 135; *Köhler/Piper*, PAngV Einf. Rn 18.

239 ZB das Heilmittel-, das Arzneimittel-, das Lebensmittel- und das Tierschutzgesetz, Werberichtlinien des Verbandes der Zigarettenindustrie (Warnhinweis in der Anzeigenwerbung als allgemeine sittliche Verpflichtung), vgl dazu BGHZ 124, 230 *Warnhinweis*. Strafvorschriften zum Schutz der Jugend, Strafvorschriften des StGB (§§ 263, 259, 284, 287 StGB), das Wucherverbot des § 138 BGB, Verbote der unbefugten Steuer- und Rechtsberatung, vgl BGH GRUR 2002, 996 *Bürgeranwalt*; BGH GRUR 2002, 993 *Wie bitte*. Hier kann die Abgrenzung zwischen unbefugter Steuer- oder Rechtsbe-

ter haben. Im Falle der **Verletzung wird die Unlauterkeit indiziert**. Die Bewertung als unlauter beruht weniger auf dem Gesetzesverstoß als solchem als darauf, dass das durch die Norm verbotene Verhalten dem sittlich-rechtlichen Empfinden der Allgemeinheit widerspricht; die Unlauterkeit wurde deshalb grundsätzlich indiziert[240].

**426** Die Differenzierung zwischen wertbezogenen und wertneutralen Normen litt (oder – soweit an ihr festgehalten wird – leidet sie immer noch) darunter, dass eine klare Klassifizierung mangels hinreichend zuverlässiger Kriterien oftmals nur schwer möglich war[241]. Die Bereitschaft der Rechtsprechung, jede Übertretung einer wertbezogenen Norm schon per se für wettbewerbswidrig zu erklären, hat zu einer Hypertrophie des Wettbewerbsrechts geführt. Auch ein Verstoß gegen wertneutrale Normen wurde extensiv unter die Anwendbarkeit des UWG subsumiert.

### 2. Neuere Rechtsprechung: Verletzung einer Norm mit marktbezogener Schutzfunktion

**427** Noch bevor der Gesetzgeber den **Marktbezug** ausdrücklich in den Tatbestand über die Gesetzesverletzung aufgenommen hat („gesetzliche Vorschrift, die auch dazu bestimmt ist, im Interesse der Marktteilnehmer das Marktverhalten zu regeln"), wandte sich der BGH seit der ***Abgasemissionen***-Entscheidung zunehmend von einer Unterscheidung ab[242]. Wie früher führte er aus, dass ein Verstoß gegen wertbezogene Normen einen Unlauterkeitsverstoß indiziere. Ein Verstoß liege jedoch dann nicht vor, wenn entweder zumindest keine **sekundär wettbewerbsbezogene Schutzfunktion** vorliege, was insbesondere bei Regelungen zu prüfen sei, die das Vorverhalten betreffen[243], oder durch sonstige Umstände wegen der **wettbewerbsbezogenen Auslegung von UWG-Vorschriften** keine Unlauterkeit anzunehmen ist[244]. Der BGH macht einen Unlauterkeitsvorwurf nun überwiegend davon abhängig, ob die Norm zumindest sekundär die Funktion hat, die **Gegebenheiten eines bestimmten Marktes** festzulegen **(Marktbezug)** und so die gleichen rechtlichen Voraussetzungen für die auf diesem Markt tätigen Wettbewerber zu schaffen. Eine Aussage darü-

---

ratung und öffentlicher Berichterstattung durch die Medien im Einzelfall Schwierigkeiten bereiten. Dient die Berichterstattung lediglich dazu, einem Zuschauer bei Durchsetzung seiner Interessen durch das Interesse einer größeren Öffentlichkeit zu helfen, begründet dies nicht den Vorwurf einer unzulässigen Rechtsberatung, solange der Schwerpunkt der Hilfeleistung nicht im rechtlichen Bereich liegt. Mit zahlreichen weiteren aktuellen Entscheidungen *Kling/Thomas*, S. 47 ff.

240 Vgl dazu BGH NJW 1990, 3199, 3202 *Werbung im Programm*; BGH WRP 1996, 1018 *Herz ASS*; BGH WRP 1999, 643, 647 *Hormonpräparate*; BGH BGHZ 114, 354, 360 *Katovit*; *Köhler*, in: Köhler/Bornkamm, § 4 Rn 11.2 mwN.

241 Zur „alten" Rspr: BGH GRUR 1991, 845, 846 *Nebenkosten*; BGH WRP 1992, 693 *Kilopreise III*; BGH GRUR 1989, 836, 837 *Stundungsangebote*; für die PAngV 1975: BGH GRUR 1982, 493, 495 *Sonnenring*; BGH GRUR 1983, 443, 445 *Kfz-Endpreis*; BGH GRUR 1981, 140, 142 *Flughafengebühr*.

242 BGHZ 144, 255, 267 ff = BGH GRUR 2000, 1076 *Abgasemissionen*.

243 Vgl BGHZ 144, 255, 267 ff = BGH GRUR 2000, 1076 *Abgasemissionen*; BGH GRUR 2002, 825, 827 *Elektroarbeiten*; zu den Anforderungen an § 4 Nr 11 BGH WRP 2008, 530.

244 BGH GRUR 2000, 237, 238 *Giftnotruf-Box*.

ber, ob es sich um eine wertneutrale oder wertbezogene Vorschrift handelt, trifft er idR nicht mehr[245]. Stellte der BGH in der Entscheidung *Veranstaltung von Sportwetten* bezüglich der Vorschrift des § 284 StGB (Unerlaubte Veranstaltung eines Glückspiels) fest, dass diese wertbezogen sei und wettbewerbsregelnden Charakter habe[246], traf er – zumindest bzgl wertneutraler Vorschriften – nur noch Aussagen dazu, ob diese wenigstens eine sekundäre wettbewerbsbezogene Schutzfunktion haben. Abgrenzungen dazu, ob es sich um eine wertneutrale oder wertbezogene Vorschrift handelt, macht er nicht mehr[247]. Zudem stellte er klar, dass es bei einem Verstoß gegen wertneutrale Normen nicht mehr darauf ankommen könne, ob der Verstoß bewusst und hartnäckig begangen wurde[248], dies gilt natürlich erst recht bei wertbezogenen Normen, bei denen es schon früher nicht auf weitere Anforderungen wie einen planmäßigen Verstoß oder eine besondere Schwere des Eingriffs ankam. Allerdings ist ein Verstoß gegen wertbezogene Normen nicht mehr zwingend auch wettbewerbswidrig[249].

Zu den marktregelnden Normen gehören nicht nur die Vorschriften, die **unmittelbar** **428**
**den Wettbewerb regeln**, denn diese bilden den **Ausnahmefall**, wie Art. 82 EG, §§ 19, 20 GWB[250]. Verstößt eine Vereinbarung im Austauschvertrag gegen ein kartellrechtliches Verbot nach §§ 19, 20 GWB, kann darin unter dem Gesichtspunkt des **Rechtsbruchs** zugleich ein Wettbewerbsverstoß liegen (zu dem abschließenden Charakter zivilrechtlicher Unterlassungsansprüche bei Verstößen gegen Vorschriften des GWB s. aber die Ausführungen unter Rn 428a f). Einen **Marktbezug**[251] **bejahte** der BGH auch in den folgenden Fällen:

- Nach der Entscheidung *FrühlingsgeFlüge* sind Verstöße gegen die Preisangabeverordnung **(PAngV)** grds. auch wettbewerbswidrig iSd Nr 11 iVm § 3 Abs. 1 UWG, weil deren Vorschriften das Marktverhalten regeln und damit auch Wettbewerbsbezug aufweisen[252]. Nach dem Zweck der PAngV soll dem Verbraucher Klarheit über die Preise und deren Gestaltung

245 Vgl BGHZ 144, 255, 267 ff = BGH GRUR 2000, 1076 *Abgasemissionen* sowie BGH GRUR 2000, 237, 238 *Giftnotruf-Box*.

246 BGH GRUR 2002, 269 f *Sportwetten-Genehmigung*.

247 Vgl zB BGH GRUR 2002, 825, 827 *Elektroarbeiten*; BGH GRUR 2002, 269, 270 *Sportwetten-Genehmigung*; BGH GRUR 2003, 969 f *Ausschreibung von Vermessungsleistungen*; bezüglich Verstöße gegen die PAngV vgl BGH GRUR 2003, 971 ff *Telefonischer Auskunftsdienst*; BGH GRUR 2004, 435, 436 *FrühlingsgeFlüge*.

248 So zB in der Entscheidung BGH GRUR 2002, 827 *Elektroarbeiten* („kommt nicht mehr darauf an"; in den folgenden Entscheidungen hat der BGH noch auf einen planmäßigen Verstoß abgestellt BGH GRUR 2001, 1166, 1168 *Fernflugpreise*; BGH GRUR 2002, 550, 552 *Elternbriefe*.

249 BGH GRUR 2002, 827 *Elektroarbeiten*; BGH, GRUR 2002, 550, 552 *Elternbriefe*; in diesem Sinne jüngst auch BGH GRUR 2003, 969 f *Ausschreibung von Vermessungsleistungen*; BGH GRUR 2003, 971 ff; *Telefonischer Auskunftsdienst*; BGH GRUR 2004, 435, 436 = WRP 2004, 490, 491 *FrühlingsgeFlüge*.

250 Dazu BGH GRUR 2003, 167 *Kommunaler Schilderprägebetrieb*; BGH GRUR 2003, 77 *Fernwärme für Börnsen*.

251 Zum Begriff des Marktverhaltens zB *Emmerich*, § 20 Rn 18 ff.

252 BGH WRP 2009, 48 *Telefonieren für 0 Cent* (in einer Anzeige für einen Telefontarif sind die für den erforderlichen Telefonanschluss aufzuwendenden Kosten sowie die monatlich anfallenden Grundgebühren anzugeben); BGH GRUR 2004, 435, 436 = WRP 2004, 490, 491 *FrühlingsgeFlüge*; so bereits in BGH GRUR 2001, 1166, 1168 *Fernflugpreise*; BGH GRUR 2003, 971 ff *Telefonischer Auskunftsdienst*.

verschafft werden und zugleich verhindert werden, dass er seine Preisvorstellungen anhand untereinander nicht vergleichbarer Preise gewinnen muss. Gegen § 5 Abs. 1 S. 2 PAngV („Schaufenster“) wird verstoßen, wenn die Fenster im Sichtbereich mit undurchsichtiger Milchglasfolie abgeklebt sind und dadurch gerade ein „zur Schau stellen“ unmöglich gemacht wird[253]. **Kein Verstoß** gegen die PAngV liegt vor, wenn es an einer **Preisangabe fehlt**, etwa wenn nur auf eine **Preisersparnis** – in prozentualen oder zahlenmäßigen Angaben – hingewiesen wird (zB die Werbung von Media Markt (Anzeigen und Radiowerbung) am 31.12.2006 (Freitag): „Am 3.1. zahlt Deutschland keine Mehrwertsteuer“ oder die Werbeaussagen vor der Jahreswende 2007/08, die ab 1. Januar 2008 die erhöhte Mehrwertsteuer brachte: „Wir schenken Ihnen die Mehrwertsteuer“ und: „Sparen Sie 19% vom Verkaufspreis“, s. dazu auch Rn 277)[254]. Zur PAngV s. auch den Fall ***Besuch beim Nikolaus***, Rn 431 f.

- Vorschriften der Honorarordnung für Architekten und Ingenieure (**HOAI**), die ein Unterschreiten der **Mindestsätze** verbieten, weil dadurch ein Preiswettbewerb verhindert wird[255], weisen einen marktregelnden Charakter auf.
- Einen Marktbezug weise auch § 59 k der Bundesrechtsanwaltsordnung (**BRAO**) auf, der die Anforderungen an eine **Firmenbildung** von Rechtsanwälten („Rechtsanwaltsgesellschaft“) regelt; mindestens ein Name eines Gesellschafters und der Zusatz „Sozietät“ sind zum Schutze des Verkehrs danach erforderlich[256].
- §§ 284, 287 **StGB**, die die Veranstaltung von Glücksspielen und Lotterien ohne Erlaubnis verbieten[257], haben grds marktregelnden Charakter, hinsichtlich der Veranstaltung von Sportwetten hat der BGH einen Verstoß allerdings abgelehnt[258].
- Das OLG Schleswig bejahte unter Bezugnahme auf die neueste BGH-Rechtsprechung den marktregelnden Charakter von Verboten der **Zahlung und Entgegennahme von Provisionen** für die Überweisung von Patienten, die in **ärztlichen Berufsordnungen** und im **SGB X** geregelt sind[259].
- Der BGH sah § 6 der **Verpackungsverordnung**, wonach in Selbstentsorgergemeinschaften ein **Mengenausgleich**, dh eine Anrechnung der Überfüllung durch einen Teilnehmer zuguns-

253 Zu § 1 PAngV BGH MMR 2010, 245/823 *Versandkosten bei Froogle* I/II; BGH GRUR 2004, 435, 436 = WRP 2004, 490, 491 *FrühlingsgeFlüge*; BGHZ 155, 3012, 305 *Telefonischer Auskunftsdienst*. BGH GRUR 2003, 971 ff *Telefonischer Auskunftsdienst*; zu den wesentlichen Informationen zählen bei Netzkartenverträgen auch die Mindestumsätze, OLG Frankfurt/M. MMR 2005, 463 f; ausführlich zur PAngV *Meckel*, in: Ekey/Klippel/Kotthoff, II Einf. Rn 1 ff, § 1 Rn 3 ff; zu § 5 PAngV LG Hamburg GRUR-Prax 2011, 90.

254 Piper/*Ohly*, § 1 PAngV Rn 26; *Köhler*, in: Köhler/Bornkamm § 1 PAngV Rn 21; *Scholz*, Ist Werbung für den Verkauf von Waren mit der Behauptung, der Verkauf erfolge ohne Mehrwertsteuer, zulässig? WRP 2008, S. 571, 574.

255 BGH NJW-RR 2003, 1685, 1686 = GRUR 2003, 969, 970 *Ausschreibung von Vermessungsleistungen*.

256 BGH NJW 2004, 1099 f *KPMG*; zu weiteren Berufspflichten für Rechtsanwälte, die als marktregelnden Normen anzusehen sind *Bieber*, Die Kontrolle des Berufsrechts der Freiberufler – insbesondere der Rechtsanwälte – mit Hilfe von § 4 Nr 11 UWG, WRP 2008, S. 723 ff; s. auch *Frenzel*, Die Unlauterkeit anwaltlicher Berufsrechtsverstöße: der Rechtsbruchtatbestand nach § 4 Nr 11 UWG, 2005.

257 BGH NJW-RR 2002, 335, 396 = GRUR 2002, 269; *Sportwetten-Genehmigung*. BGH NJW 2004, 2158, 2160; OLG Hamburg NJW-RR 2003, 760 ff; Wettbewerbswidrigkeit auch bei Verstoß gegn §§ 8 Abs. 1, 10 Abs. 2 GlüStV (Ermöglichung der Glücksspielteilnahme durch Minderjährige ohne vorherige Ausweis- oder Identitätskontrolle) LG München I MMR 2011, 340.

258 BGH GRUR 2008, S. 438 ff *Sportwetten*; BGH GRUR 2011, 169 *bet365.com*; aA OLG München GRUR-RR 2006, S. 137 ff.

259 NJW 2004, 1745, 1746 f; GRUR 2004, 171; BGH v. 1.12.2010, I ZR 55/08 (betr. eines Verstoßes gegen das berufliche Kollegialitätsgebot durch einen Zahnarzt, der auf einer Internetplattform ein Gegenangebot zu dem Kostenvoranschlag eines Kollegen abgegeben hatte. Der BGH verneinte einen Verstoß); BGH GRUR 2010, 1136 und OLG München GRUR 2010, 53 (bzgl. § 78 Abs. 2 S. 2, 3, Abs. 3, S. 1 *AMG* – arzneimittelrechtliche Preisbindung); BGH v. 9.9.2010, I ZR 72/08 *Sparen Sie beim Medikamentenkauf!*

ten eines anderen Teilnehmers, der die vorgegebenen Rücknahme- und Verwertungsquoten nicht erfüllt, stattfindet, als Marktverhaltensregelung iSd § 4 Nr 11 UWG an[260].

- Der BGH sah in der Entscheidung ***Gebührenvereinbarung II*** die berufsrechtlichen Bestimmungen über Mindestpreise nach der BRAGO und dem RVG als Vorschriften an, denen eine auf die Lauterkeit des Wettbewerbs bezogene Schutzfunktion zukomme[261]. Sie dienten dazu, einen Preiswettbewerb um Mandate und die mittelbare Vereinbarung von Erfolgshonoraren in gerichtlichen Verfahren zu verhindern. Bei derartigen **Mindestpreisvorschriften** handele es sich daher um Marktverhaltensregeln iSd § 4 Nr 11 UWG, ihre Verletzung sei wettbewerbswidrig iSv § 3 Abs. 1 UWG[262]. Er gestand daher dem Kläger den geltend gemachten Unterlassungsanspruch wegen Verstoßes gegen das Mindestpreisgebot nach §§ 3 Abs. 1, 4 Nr 11, 8 Abs. 1 UWG zu, da der beklagte Rechtsanwalt den Kläger dazu veranlassen wollte, die Terminsvertretung der Mandantin zu geringeren als den in § 53 BRAGO vorgesehenen Gebühren zu übernehmen.
- Das LG Hamburg bejahte den Marktbezug der Entgeltregulierungsvorschriften in §§ 33 Abs. 1, 34 S. 4, 23 Abs. 1 PostG[263].
- Zu den Vorschriften, die im Interesse der Verbraucher das Marktverhalten von Unternehmen bestimmen, gehören – so der BGH in der Entscheidung ***Kontaktanzeigen*** – auch § 119 Abs. 1 und § 120 Abs. 1 Nr 2 **OWiG**[264]. Die Vorschriften sanktionierten als Ordnungswidrigkeiten mit einer Geldbuße unter bestimmten Voraussetzungen das öffentliche Anbieten, Anpreisen und Ankündigen der Gelegenheit zu sexuellen Handlungen. Sie enthielten **Werbebeschränkungen** und hätten damit einen auch unmittelbar das Marktverhalten von Unternehmen regelnden Charakter, da durch sie jede Werbung, die die Voraussetzungen der §§ 119, 120 OWiG erfüllt, untersagt und mit einer Geldbuße belegt werde. Sie seien somit dazu bestimmt, im Interesse von Marktteilnehmern das Marktverhalten zu regeln.
- Nach der Rechtsprechung auf Grundlage des UWG von 2004 war jede Verwendung einer nach den §§ 307 ff BGB **unwirksamen AGB-Klausel** auch wettbewerbswidrig. Entscheidend war, dass die Klausel sich bei der Nachfrageentscheidung des Verbrauchers auswirkt und nicht erst bei der Durchführung des Vertrages, zB bei Leistungsstörungen. Nunmehr hat der BGH klargestellt – was in der Vorauflage schon als naheliegend dargestellt worden war –, dass nach der UWG-Novelle von 2008 **vertragsrechtliche Klauselverbote**, wie insbes. die §§ 307–309 BGB und § 475 Abs. 1 BGB, Marktverhaltensregelungen iSd § 4 Nr 11 UWG sind[265].
- Die verbraucherschützende Norm des **§ 6 TDG** (Teledienstmediengesetz), in der die Inhalte der **Impressumspflicht** geregelt sind, stellt eine Marktverhaltensregelung iSd § 4 Nr 11 UWG dar. Dies gilt für alle Teledienste iSd § 3 Abs. 2 TDG[266].
- Auch § 4 Abs. 1 **Geräte- und Produktsicherheitsgesetz** hat marktregelnden Charakter[267].

---

260 BGH WRP 2007, 177 ff *Mengenausgleich in Selbstentsorgergemeinschaft*; BGH WRP 2006, 1221 ff.

261 Vgl Begrd. zum RegE, BT-Drs. 12/4993, S. 31 zu § 49b BRAO.

262 BGH GRUR 2005, 433, 435 = WRP 2005, 598 *Telekanzlei*; BGH FamRZ 2005, 1086; zu der Mindestpreisvorschrift des § 4 Abs. 2 HOAI BGH GRUR 2003, 969, 970 = WRP 2003, 1350 *Ausschreibung von Vermessungsleistungen*.

263 GRUR-Prax 2010, 494.

264 BGHZ 168, 314 ff = WRP 2006, 1502 ff = JZ 2007, S. 477 ff mit Anm. *Ambrüster*, JZ 2007, S. 479 f; s. zu dem Fall auch Rn 41.

265 BGH GRUR 2010, 111 Rn 24, 30 *Gewährleistungsausschluss im Internet*; dazu *Köhler*, Die Verwendung unwirksamer Vertragsklauseln: ein Fall für das UWG, GRUR 2010, 1047, 1050 f (ein Verstoß der AGB gegen § 5 Abs. 1 S. 2 Nr 7 UWG und § 5a Abs. 2, 3 Nr 4 UWG wurde hingegen vom BGH verneint. *Köhler* folgt dieser Ansicht); zur alten Rspr OLG Hamburg GRUR 2007, S. 287 f = NJW 2007, S. 2264; vgl OLG Frankfurt/M. MMR 2007, 603.

266 BGH CR 2006, S. 850 f; ausführlicher dazu *Graf*, Die Impressumspflicht des § 6 TDG im Lichte der §§ 3, 4 Nr 11 UWG, ITRB 2007, S. 45 ff.

267 *Günes*, § 4 Abs. 1 Geräte- und Produktsicherheitsgesetz als marktregelnde Norm im Sinne des § 4 Nr 11 UWG, WRP 2008, S.731 ff.

- Marktregelnden Charakter haben auch die Vorschriften **§§ 57, 57a StBerG** (Steuerberatungsgesetz), die das Werben um einen konkreten Auftrag untersagen. Es verstößt allerdings nicht gegen diese Normen, wenn etwa in einem Rundschreiben an Nichtmandanten künftige Mitarbeiter genannt werden, die zu dem Zeitpunkt noch in bereits gekündigter Stellung bei einem Mitbewerber beschäftigt sind. Unzulässig und damit unlauter iSd § 4 Nr 11 UWG ist es aber, wenn ein Steuerberater in einem Schreiben an einen Mandanten darum wirbt, ein konkretes Mandat zur Aufstellung eines Jahresabschlusses zu erhalten[268].

**428a** Bezüglich der Unterlassungsansprüche wegen Verstößen gegen Vorschriften des GWB stellte der Kartellrechtssenat des BGH in der Entscheidung ***Probeabonnement***[269] (s. dazu auch Rn 322c) klar, dass die Unterlassung einer missbräuchlichen Handhabung der **Preisbindung** iSv § 30 Abs. 3 Nr 1 GWB 2005 (§ 15 Abs. 3 Nr 1 GWB 1999) nicht mit Hilfe des Lauterkeitsrechts beansprucht werden könne. Das **GWB** enthalte – dies werde in der seit dem 1. Juli 2005 geltenden Fassung besonders deutlich – eine **abschließende Regelung der zivilrechtlichen Ansprüche**, die Mitbewerber und Wettbewerbsverbände im Falle von **Verstößen gegen kartellrechtliche Verbote** geltend machen können[270]. Er weicht damit von seiner früheren Auffassung, der entnommen werden konnte, dass kartellrechtliche Verstöße unter dem Gesichtspunkt des Rechtsbruchs lauterkeitsrechtlich verfolgt werden können[271], ab. Zur Begründung führt er aus, der Gesetzgeber habe im Zuge der 7. GWB-Novelle die **Anspruchsberechtigung in § 33 Abs. 1 GWB** deutlich erweitert[272]. Diese Regelung sei zwar in manchem der lauterkeitsrechtlichen Regelung der Anspruchsberechtigung in § 8 Abs. 3 UWG nachgebildet, gehe aber über diese insofern hinaus, als sie eine Anspruchsberechtigung nicht nur der Mitbewerber, sondern **auch der Marktteilnehmer auf der Marktgegenseite** vorsehe. Andererseits bleibe die kartellrechtliche hinter der lauterkeitsrechtlichen Regelung zurück, als sie keine Anspruchsberechtigung der Verbraucherverbände vorsehe. Der Gesetzgeber hat damit einerseits durch die Erweiterung wie auch durch die Beschränkung eine Regelung getroffen, die bewusst von dem lauterkeitsrechtlichen Modell abweicht. Er habe damit – so der Kartellsenat – deutlich gemacht, dass es sich um eine **abschließende Regelung für die zivilrechtliche Durchsetzung kartellrechtlicher Bestimmungen** handelt. Wichtig ist in diesem Zusammenhang, dass das GWB deutlich zwischen kartellrechtlichen Verboten, die nach § 33 Abs. 1 GWB auch zivilrechtlich durchgesetzt werden können (zB §§ 1, 19

268 Zu beiden Handlungen OLG Naumburg DStR 2008, S. 1355 mit Anm. *Wolf*, DStR 2008, S. 1356.

269 BGHZ 166, 154 ff = WRP 2006, 1113 ff.

270 *Köhler*, in: Köhler/Bornkamm, § 4 UWG Rn 11.12 mwN; *K. Schmidt*, Kartellverfahrensrecht, 1977, S. 412 ff; *Wrage*, UWG-Sanktionen bei GWB-Verstößen? 1984, S. 62; vgl ferner *W.-H. Roth* in Frankfurter Kommentar, Stand: Mai 2009, § 33 GWB Rn 200; Harte/Henning/*v. Jagow*, UWG, § 4 Nr 11 Rn 139 f; wohl auch *Schricker*, Gesetzesverletzung und Sittenverstoß, 1970, S. 260.

271 So in der *„4711"*-Entscheidung aus dem Jahre 1958 BGH WuW/E BGH 251, 259; in der 1978 ergangenen Entscheidung *4 zum Preis von 3* WuW/E BGH 1519, 1520 und in der 1992 ergangenen Entscheidung *Zinssubvention* WuW/E BGH 2819, 2820.

272 Während der RegE noch an dem von der Rspr in der Vergangenheit teilweise restriktiv ausgelegten Schutzgesetzerfordernis festgehalten hatte (BT-Drs. 15/3640, S. 11), hat der Gesetzgeber aufgrund der Beschlussempfehlung des Wirtschaftsausschusses (BT-Drs. 15/5049, S. 16) auf die weitergehende, generell jeden betroffenen Mitbewerber oder sonstigen Marktteilnehmer einschließende Fassung der Anspruchsberechtigung zurückgegriffen, die bereits im RefE des BMWi vom 17.12.2003 enthalten war (vgl Gesetzesbeschluss des Deutschen Bundestages v. 11.3.2005, BR-Drs. 210/05, S. 6).

Abs. 1, §§ 20, 21 GWB), und (Missbrauchs-)Tatbeständen, die – wie § 30 Abs. 3 GWB – lediglich ein Eingreifen der Kartellbehörde ermöglichen, unterscheidet. Preisgebundene Unternehmen haben im Falle einer missbräuchlichen Handhabung der Preisbindung – abgesehen von vertraglichen Ansprüchen, die sich im Falle einer diskriminierenden Handhabung der **Preisbindungsvereinbarung** ergeben können – keinen Unterlassungs- oder Schadensersatzanspruch iSd § 33 GWB. Durch § 30 Abs. 3 GWB (§ 15 Abs. 3 GWB aF) wird allein dem BKartA die Befugnis eingeräumt, in einem solchen Falle einzuschreiten. Diese differenzierte gesetzliche Regelung würde – so der Kartellsenat – konterkariert, wenn kartellrechtliche Missbrauchstatbestände, die nicht als Verbote ausgestaltet sind, gleichwohl mit Hilfe des Lauterkeitsrechts durchgesetzt werden könnten oder wenn – ungeachtet der bewussten Beschränkung der Anspruchsberechtigung in § 33 GWB – bei Zuwiderhandlungen gegen kartellrechtliche Verbote stets auch ein lauterkeitsrechtlicher Unterlassungsanspruch unter dem Gesichtspunkt des Rechtsbruchs (§§ 3, 4 Nr 11 UWG) bejaht würde. Der klare **Vorrang der in §§ 33, 34a GWB geregelten zivilrechtlichen Ansprüche** beschränke sich allerdings auf die Fälle, in denen sich der Vorwurf der Unlauterkeit allein aus dem kartellrechtlichen Verstoß speist. Liegt dagegen die Unlauterkeit wie etwa in Fällen des Boykotts oder der unbilligen Behinderung aufgrund eines **eigenständigen lauterkeitsrechtlichen Tatbestandes** vor (zB auf eine gezielte Behinderung nach § 4 Nr 10 UWG, dazu näher unter Rn 394 ff), stehen die zivilrechtlichen Ansprüche, die sich aus dem Kartellrecht und aus dem Lauterkeitsrecht ergeben, **gleichberechtigt nebeneinander**.

Ein **Marktbezug** wurde vom Bundesgerichtshof und von verschiedenen Oberlandesgerichten hingegen in folgenden Fällen **verneint**: **429**

- In der Entscheidung ***Kraftfahrzeuganhänger mit Werbeschildern*** beschäftigte sich der BGH erstmals seit der Neufassung des UWG ausführlich mit dem Inhalt von § 4 Nr 11 UWG[273]. Dabei fand er seine frühere Rechtsprechung der Aufgabe einer Unterscheidung zwischen wertneutralen und wertbezogenen Vorschriften bestätigt. Entscheidend sei nur noch, ob die relevante Norm einen **Marktbezug** aufweise. Die Vorschrift des § 16 Abs. 1 S. 1 HessStrG, wonach für das Abstellen von Kraftfahrzeuganhängern mit Werbeschildern im öffentlichen Verkehrsraum eine Sondernutzungserlaubnis beantragt werden muss, sei **keine Marktverhaltensregelung** in diesem Sinne, sie diene weder dem Schutz der Mitbewerber noch der Verbraucher oder derjenigen Personen, die als Anbieter oder Nachfrager von Waren oder Dienstleistungen tätig sind[274]. Zweck und Schutzgut des § 16 Abs. 1 S. 1 HessStrG lägen ausschließlich im Bereich des öffentlichen Straßenrechts. Ziel der Regelung über die **erlaubnispflichtige Sondernutzung** sei es, Gefahren für die Leichtigkeit und Sicherheit des Verkehrs möglichst auszuschließen oder doch in erheblichem Maße zu mindern, um die Straße für ihren widmungsgemäßen Benutzungszweck und damit den Gemeingebrauch freizuhalten. Der Erlaubnisvorbehalt der Sondernutzung diene damit nicht der Kontrolle der Lauterkeit des Marktverhaltens, sondern dem Schutz der im Rahmen des Gemeingebrauchs liegenden Nutzungsmöglichkeiten der öffentlichen Straße. Einen Marktbezug erlange § 16 Abs. 1 S. 1 HessStrG auch nicht dadurch, dass bei der Entscheidung über die Erlaubnis der Sondernutzung dem öffentlich-rechtlichen Bedürfnis nach einem Interessenausgleich bei Zusammentreffen gegenläufiger Straßennutzungsinteressen verschiedener Straßenbenutzer Rechnung zu tragen sei. Auch wenn im

273 BGH WRP 2006, 1117 ff.
274 Vgl *Köhler*, in: Köhler/Bornkamm, § 4 UWG Rn 11.41; *Lettl*, GRUR-RR 2004, 225, 227.

Einzelfall der Gleichbehandlungsgrundsatz des Art. 3 Abs. 1 GG Einfluss auf die Ermessensentscheidung haben könne, diene die Vorschrift nicht dazu, gleiche rechtliche Wettbewerbsvoraussetzungen für die Außenwerbung zu schaffen. Denn die Ermessensentscheidung der Straßenbaubehörde habe sich **nicht an Belangen des Wettbewerbs** zu orientieren, sondern an Gegebenheiten, die einen sachlichen Bezug zur öffentlichen Straße haben. Auswirkungen auf den **Wettbewerb zwischen den Werbetreibenden seien ein bloßer Reflex** der auf eine Sondernutzung des öffentlichen Straßenraums bezogenen Normen.

- Ein Wettbewerbsbezug von § 45 Abs. 1 Nr 4 Bundesrechtsanwaltsordnung **(BRAO)**, wonach einem Rechtsanwalt die **Berufstätigkeit untersagt** wird, wenn er in derselben Tätigkeit außerhalb seiner Anwaltstätigkeit bereits beruflich tätig war, es sei denn, die berufliche Tätigkeit ist beendet, wurde verneint, da die Vorschrift nicht Gegebenheiten eines bestimmten Marktes zu regeln[275].
- Ein Marktbezug der Vorschriften des Sozialgesetzbuches **(SGB V)** über die **Drittbeteiligung** an der Versorgung der gesetzlichen Krankenversicherten wurden mit der Begründung verneint, dass dieser Bereich einschließlich des Drittschutzes im Rechtswege des öffentlichen Recht zuzuweisen sei[276].
- Ein Marktbezug der Vorschriften des **Steuerrechts**, die dazu dienen, eine Überprüfung durch die Konkurrenten zu verhindern[277], sowie anderer finanzrechtlicher Vorschriften, durch die einzelne Unternehmen bevorzugt werden (zB Subventionen), wurde ebenfalls verneint. Die Konkurrenten sollen sich nicht mit Hilfe des Unlauterkeitsrechts dagegen wehren können[278] Ebenso wird der Marktbezug von Regelungen des Umsatzsteuergesetzes **(UStG)** in der Rechtsprechung und überwiegend auch in der Literatur verneint[279], weil sie auf eine Einnahmeerzielung des Staates und nicht auf die Regelung des Marktverhaltens zielen, so dass ein Verstoß der Werbung „Am 3.1. zahlt Deutschland keine Mehrwertsteuer" oder ähnliche Aussagen nicht unlauter gem. § 4 Nr 11 UWG sind (dazu auch Rn 277 und 248).[280]
- **Verträge** haben nicht den Rang einer gesetzlichen Vorschrift, selbst wenn sie das Marktverhalten der Vertragspartner regeln wie die eBay-Grundsätze.[281]

430 **Prüfungsschema**

**Unlauterkeit wegen Zuwiderhandlung gegen eine gesetzliche Vorschrift, § 4 Nr 11 iVm § 3 Abs. 1 UWG**

1. **Vorliegen einer „gesetzlichen Vorschrift".** Das ist jede Rechtsnorm mit Gültigkeit im Inland (Art. 2 EGBGB): Gemeinschafts- und Verfassungsrecht, einfache Gesetze, Verordnungen und Kammersatzungen sowie das Gewohnheitsrecht (nicht: vertragliche Regelungen und Handelsbräuche).
2. **die Norm muss auch dazu bestimmt sein, im Interesse der Marktteilnehmer das Marktverhalten zu regeln („Marktbezug")**
   a) **Regelung des Marktverhaltens durch die Norm**
   **Marktverhalten** meint das Auftreten der Unternehmen am Markt (nicht: Betriebsinterna wie Einstellung und Entlassung von Arbeitnehmern oder Fragen, die den Fertigungsprozess oder die Produktion betreffen). Generell haben Vorschriften, die den Um-

275 BGH GRUR 2001, 354 *Vielfachabmahner.*
276 BGH NJW-RR 2004, 547, 548 = GRUR 2004, 248 *Krankenkassenzulassung*; kritisch dazu *Emmerich*, FS Raiser 2004, S. 645.
277 OLG Stuttgart NJW-RR 2001, 1697, 1698.
278 OLG München EuZW 2004, 125 ff = GRUR 2004, 165.
279 Piper/*Ohly*, § 4.11 UWG Rz.11/39 mwN; *Scholz*, Ist Werbung für den Verkauf von Waren mit der Behauptung, der Verkauf erfolge ohne Mehrwertsteuer, zulässig? WRP 2008, S. 571, 574.
280 BGH GRUR 2004, 435, 436 = WRP 2004, 490, 491 *FrühlingsgeFlüge*; so aber auch schon in BGH GRUR 2002, 827 *Elektroarbeiten*; vgl auch die Gesetzesbegründung, BT-Drs. 15/1487, S. 19.
281 OLG Hamm MMR 2011, 241.

weltschutz betreffen, arbeitsrechtliche und tarifliche Regelungen, Steuerrecht und Urheberrecht keinen marktregelnden Charakter. Nur ausnahmsweise kann ein Wettbewerbsbezug bestehen; s. dazu die oben genannten Beispiele aus der Rechtsprechung.

**Wegfall der besonderen Stellung von Marktzutrittsregelungen**: Anfangs schien der BGH in den jüngeren Entscheidungen zu Rechtsbruchverstößen noch zwischen Wettbewerbsbezug und der Frage nach Marktverhaltens- und Marktzutrittsregelungen zu unterscheiden. Inzwischen hat er diese Unterscheidung aufgegeben und setzt nun richtiger Weise Marktzutrittsregelung gleich mit den übrigen marktregelnden Normen. Etwas anderes kann auch aus dem **Wortlaut des § 4 Nr 11 UWG** nicht entnommen werden. Der dort verwandte Begriff **„Marktverhalten"** ist nicht in dem Sinne wörtlich zu nehmen, dass dadurch Vorschriften, die vorgelagert sind und den Marktzutritt betreffen, vom Anwendungsbereich ausgeschlossen sein sollen. **Marktzutrittsregeln** bestimmen vielmehr ebenso das Verhalten auf dem Markt wie Marktverhaltensvorschriften (zB berufsregelnde Vorschriften wie Zulassungsbestimmungen oder Vorschriften über die Ausbildung), beide unterfallen daher dem Anwendungsbereich des § 4 Nr 11 UWG.

b) **Schutzfunktion der Norm zu Gunsten anderer Marktteilnehmer**

Da Schutzzweck des UWG nicht ist, Gesetzesverstöße generell zu sanktionieren, ist nur ein Verstoß gegen solche Normen wettbewerbswidrig, die das Verhalten am Markt im Interesse der Marktteilnehmer (Mitbewerber, Verbraucher sowie alle Nachfrager und Anbieter) regeln.

*Anmerkung zum Prüfungsaufbau:* Die Voraussetzungen a) und b) müssen **kumulativ** vorliegen. Regelt die Norm das Marktverhalten nicht oder regelt sie es zwar, dient dies aber nicht dem Schutz der Marktteilnehmer, liegt kein Verstoß gegen § 4 Nr 11 UWG vor.

3. **Verstoß gegen diese Norm**
4. **Geeignetheit, die Interessen von Mitbewerbern, Verbrauchern oder sonstigen Marktteilnehmern spürbar zu beeinträchtigen**
   a) **Geeignetheit der Interessenbeeinträchtigung**
   b) **Bagatellklausel (Überschreiten der Spürbarkeitsbarriere)**

**Umstritten** war schon vor der UWG-Novelle von 2008, ob es überhaupt noch eines **subjektiven Elementes** bedarf, wenn ein Verstoß gegen eine wettbewerbsbezogene Norm vorliegt[282]. Nunmehr hat sich auch die Rechtsprechung festgelegt und verlangt nicht mehr die Prüfung des subjektiven Tatbestandes[283].

*Literaturhinweise:* Ausführlich zur Änderung der Rechtsprechung *Ullmann*, Das Koordinatensystem des unlauteren Wettbewerbs, GRUR 2003, 817, 821 f mwN. Ausführlich zum Rechtsbruchstatbestand im neuen UWG *Köhler*, Der Rechtsbruchstatbestand im neuen UWG, GRUR 2004, 381 ff sowie *Sack*, Gesetzwidrige Wettbewerbshandlungen nach der UWG-Novelle, WRP 2004, 1307 ff; dazu auch *Doepner*, Unlauterer Wettbewerb durch Rechtsbruch – Quo vadis?, GRUR 2003, 825 ff; *Frenzel*, Neukonzeption des Rechtsbruchtatbestandes abgeschlossen, WRP 2004, 1137 ff; *Gärtner/Heil*, Kodifizierter Rechtsbruchtatbestand und Generalklausel, WRP 2005, 20 ff; *Glöckner*, Wettbewerbsbezogenes Verständnis der Unlauterkeit und Vorsprungserlangung durch Rechtsbruch, GRUR 2008, S. 960 ff; *Lettl*, Der unlautere Wettbewerb durch Rechtsbruch in der instanzgerichtlichen Rechtsprechung, GRUR-RR 2004, 225 ff; zu Einzelfällen des Rechtsbruchstatbestandes *Bieber*, Die Kontrolle des Berufsrechts der Freiberufler – insbesondere der Rechtsanwälte – mit Hilfe von § 4 Nr 11 UWG, WRP 2008, S. 723 ff; *Lindenberg*, Internetauktionen im Gewerbe- und Lauterkeitsrecht, 2007 (zugl. Diss. Münster 2006), S. 125 ff; *Matuschewski*, Zulässigkeit und Grenzen

282 Verneinend zB *Ullmann*, GRUR 2003, 822; *Emmerich*, § 20 II 1 und 2.
283 Vgl dazu die Ausführungen unter Rn 186.

anwaltlicher Werbung, 2009; *Scholz*, Ist Werbung für den Verkauf von Waren mit der Behauptung, der Verkauf erfolge ohne Mehrwertsteuer, zulässig? WRP 2008, S. 571 ff; *von Walter*, Rechtsbruch als unlauteres Marktverhalten, 2007 (zugl. Diss. München 2007); zur vergleichbaren österreichischen Rechtslage *Koppensteiner*, Das UWG nach der Novelle 2007, WBl 2009, 1, 7.

# Fall 21

## Besuch beim Nikolaus für 0,00 € *(fiktiv)*

431 Die Fluggesellschaft R, ein Newcomer auf dem europäischen Flugmarkt, verspricht in Werbeanzeigen ein „Geschenk zum Nikolaustag: 100 Flüge für brave Bürger zum Nikolaus persönlich für 0,00 €". Die Flugtickets gelten von Frankfurt a.M. nach Oslo. Lediglich Steuern und Flughafengebühren fielen an, heißt es im Kleingedruckten der Werbeanzeige. Der Frankfurter Verbraucherschutzverein V begehrt Unterlassung.

## Lösung Fall 21:

### 432 A. Anspruch des V auf Unterlassung der Werbeanzeige

Das auf Unterlassung des „Versprechens eines Geschenkes" gerichtete Begehren des V hat Erfolg, wenn R mit seiner Werbeanzeige gegen § 3 Abs. 1 UWG verstoßen hat (§ 8 Abs. 1 UWG).

### I. Aktivlegitimation

Es ist davon auszugehen, dass der V als Verbraucherschutzverein die Kriterien, die § 8 Abs. 3 Nr 3 UWG an eine qualifizierte Einrichtung stellt, erfüllt. Er ist daher aktivlegitimiert.

### II. Passivlegitimation

Da in der angegriffenen Werbeanzeige Produkte und Leistungen des R beworben werden, ist er passivlegitimiert.

### III. Verstoß gegen das Per-se-Verbot in Nr 21 des § 3 Abs. 3 UWG

R könnte durch das Angebot von 100 Tickets zum Preis von „0,00 €" gegen das Per-se-Verbot in Nr 21 verstoßen haben. Nach Nr 21 ist es stets unzulässig, eine Ware oder Dienstleistung als „gratis", „umsonst", „kostenfrei" oder dergleichen anzubieten, obwohl der Verbraucher weitere als die **unvermeidbaren Kosten** zu tragen hat. R hat die Flugreisen und damit eine Dienstleistung für 0,00 € und somit als gratis angeboten. Tatsächlich musste der Verbraucher jedoch die Flughafengebühren und Steuern bei Erwerb eines Tickets bezahlen. Fraglich ist, ob es sich dabei um unvermeidbare Kosten handelt. Solche sind gegeben, wenn sie bzgl. der Geschäftspraktik und für die Abholung oder Lieferung der Ware nicht vermeidbar sind, wie Portokosten, Kosten für Telefonanrufe oder Fahrtkosten. Jedenfalls für die Fluggesellschaften dürfte es sich um unvermeidbare Kosten handeln, denn bei jedem Flug werden von ihnen Landegebühren und diverse Steuern erhoben. Fraglich ist, ob der Durchschnittsverbraucher mit der Weitergabe dieser Kosten rechnen und daher nicht gesondert darüber informiert werden muss. Allenfalls wird ein Kunde damit rechnen, dass er die Mehrwertsteuer zu entrichten hat. Da der Preis jedoch 0,00 € beträgt, fällt auch keine Mehrwertsteuer an. Somit handelt es sich bei den Flughafengebühren und Steuern nicht um unvermeidbare Kosten. R hätte die Kunden daher über die Flughafengebühren und Steuern informieren müssen. Zwar hat R im Kleingedruckten angegeben, dass Flughafengebühren und Steuern anfallen und vom Kunden zu entrichten sind, er gab jedoch keine Auskunft über deren Höhe. Dem Kunden ist nicht zuzumuten, selbst deren Höhe zu ermitteln.

Damit liegt ein Verstoß gegen das Per-se-Verbot in Nr 21 des § 3 Abs. 3 UWG vor.

## IV. Unzulässige geschäftliche Handlung, § 3 Abs. 2 UWG

### 1. Objektiver Tatbestand:

#### a) Geschäftliche Handlung, § 2 Abs. 1 Nr 1 UWG

Eine geschäftliche Handlung iSd § 2 Abs. 1 Nr 1 UWG liegt vor, da R die Freitickets anbietet, um den Bekanntheitsgrad ihrer Fluggesellschaft und damit den Absatz an Flugtickets zu steigern.

#### b) Unlauterkeitstat

**aa) Irreführung durch Geschenkangebot, § 5 Abs. 1 S. 2 Nr 1 iVm § 3 Abs. 2 UWG.**
R hat gegen die fachliche Sorgfalt verstoßen (§ 2 Abs. 1 Nr 7 UWG), wenn er irreführend geworben hat (Art. 6 Abs. 4 lit. d UGP-RL). Das Versprechen von Geschenken in Form von 100 Flugtickets „umsonst" könnte den Tatbestand einer irreführenden Werbung erfüllen und daher gemäß § 5 Abs. 1 iVm § 3 Abs. 1 UWG unlauter sein. Dann müsste es sich bei dem **Geschenkangebot** um eine **irreführende Angabe** iSv § 5 Abs. 1 UWG handeln. Es wird jedoch weder über die Merkmale einer Dienstleistung, der Flugreise (Nr 1), noch über den Anlass (Nr 2) oder die geschäftlichen Verhältnisse (Nr 3) getäuscht. Als Angabe kommt zwar gemäß § 5 Abs. 1 S. 2 Nr 2 UWG der Preis einer Ware (Ticket) oder Dienstleistung (Flug) oder die Art und Weise wie er berechnet wird, in Betracht, so dass mit der „Auspreisung" 0,00 € zuzüglich Steuern und Flughafengebühren eine Angabe vorliegt. Dann müsste R jedoch mit dieser Angabe die angesprochenen Verkehrskreise irregeführt haben. Angesprochen sind alle potenziell im Raum Frankfurt a.M. an einer Flugreise nach Oslo Interessierten, nicht aber allein diejenigen, die sich bereits zu einer Flugverbindung in dieser Zeit für diese Strecke fest entschlossen haben und daher in der Regel über einen weiteren Informationshorizont verfügen. Eine **Irreführung** über den Preis liegt aber nur dann vor, wenn die Art und Weise der Preisauszeichnung das Preisniveau auf den ersten Blick günstiger erscheinen lässt als es dem tatsächlichen Preis entspricht. Ein verständiger, durchschnittlich interessierter und aufmerksamer **Durchschnittsverbraucher** achtet jedoch gerade bei Aufmerksamkeitswerbung, in der etwas für 0,00 € „ausgepreist" wird, auf den Begleittext. Dies gilt in besonderem Maße für die Angebote von günstigen Fluglinien. Da ein Durchschnittsverbraucher in der Lage ist, aus dem Text der Werbeanzeige zu erfahren, dass er Flughafengebühren und Steuern zahlen muss und er durch Nachfrage unschwer ermitteln kann, wie hoch sich dieser Betrag beziffert, wird er durch die Anzeige nicht irregeführt[284].

**bb) Irreführung durch Unterlassen, § 5a Abs. 1, 2 iVm § 3 Abs. 2 UWG.** R könnte aber irreführend durch Unterlassen gehandelt und damit gegen die geltende fachliche Sorgfalt verstoßen haben. Dazu müsste er Tatsachen verschwiegen haben, die im konkreten Fall wesentlich waren (§ 5a Abs. 1, 2 UWG). Nach § 5a Abs. 3 Nr 3 UWG zählt zu den wesentlichen Informationen des Preises einer Dienstleistung die Angabe des Endpreises. R nannte jedoch nur den Preis von 0,00 €, statt den Endpreis unter Einrechnung der konkreten Flughafengebühren und Steuern für einen Flug von Frankf./M. nach Oslo anzugeben. Dem Durchschnittsverbraucher ist es nicht zu-

284 Vgl mit identischem Ergebnis zur Irreführungsgefahr bei Flugpreisangaben BGH GRUR 2004, 435, 436 *FrühlingsgeFlüge*; dazu auch *Boesche/Scholze*, JURA 2005, 55, 56 ff mwN.

mutbar, die Höhe der Kosten selbst zu errechnen. Lediglich wenn er die Höhe dieser Kosten kennt, kann er den Preis für die Flugreise und damit das Angebot mit den Angeboten anderer Fluggesellschaften vergleichen. Somit waren diese Informationen wesentliches Merkmal der Flugreise. R hätte sie folglich nicht verschweigen dürfen. Damit lag auch ein Verstoß gegen § 5a Abs. 1, 2 UWG vor.

**cc) Unzulässige Zugabe als Verstoß gegen § 4 Nr 4 iVm § 3 Abs. 2 UWG.** Fraglich ist, ob es sich bei dem Versprechen des „Verkaufs" von Flugtickets zu 0,00 € um eine Zugabe als **Verkaufsfördermaßnahme** iSd § 4 Nr 4 UWG handelt und ob deren Bedingungen unklar und uneindeutig angegeben werden. Es wird jedoch nur das Ticket selbst „versprochen" und keine **Zugabe**, die die Verbraucher zusätzlich zu dem erworbenen Ticket erhalten. Damit liegt kein Verstoß gegen § 4 Nr 4 UWG vor.

**dd) Unlauterkeit wegen Verstoßes gegen § 4 Nr 1 iVm § 3 Abs. 2 UWG durch übertriebenes Anlocken.** Die Werbeanzeige der R ist jedoch zu beanstanden, wenn sie bewirkt, dass die angesprochenen Verkehrskreise in übertriebener Weise angelockt werden und dadurch ihre Entscheidungsfreiheit aufgrund eines unangemessenen unsachlichen Einflusses beeinträchtigt werden. Von einem übertriebenen Anlocken spricht man, wenn ein Gewerbetreibender seinen Kunden **„übermäßige" oder „übertriebene" Vorteile** im Falle einer Kontaktaufnahme in Aussicht stellt, durch die er sie von der sachlichen Prüfung vergleichbarer Angebote abhalten will[285]. In jüngster Praxis wird diese Fallgruppe sehr **restriktiv** gehandhabt, zumindest wenn sie auf vernünftigen wirtschaftlichen Erwägungen beruht[286]. Die umworbenen Kunden gehen bei Bestellung der Freitickets keinerlei Verpflichtungen ein. Sie haben lediglich Steuern und Gebühren zu entrichten. Darüber hinaus ist der durchschnittlich informierte und verständige **Verbraucher** mit dem Marktgeschehen vertraut und weiß, dass Kaufleute nichts zu verschenken haben[287]. Die Kunden können die Annahme der Tickets und eine Kontaktaufnahme zu R als verständige und informierte Durchschnittsverbraucher daher sorgfältig abwägen. Ein übertriebenes Anlocken entfällt. Damit fehlt es aber auch an einem unangemessen unsachlichen Einfluss.

**ee) Psychischer Kaufzwang, § 4 Nr 1 iVm § 3 Abs. 2 UWG.** Das Versprechen könnte wegen der Ausübung eines psychischen Kaufzwangs unzulässig sein. Ein psychischer Kaufzwang setzt die **Einflussnahme auf die Willensentscheidung** des Umworbenen mit außerhalb der Sache liegenden Mitteln, Umständen und Auswirkungen voraus, und zwar in einem solchen Ausmaß, dass der Umworbene nicht umhin kann, auf das Angebot einzugehen[288]. Unentgeltliche Zuwendungen können den Kunden in eine Situation führen, in der er meint, einem an sich nicht beabsichtigten Kauf nicht ausweichen zu können, weil er andernfalls die Wertschätzung, die ihm als Kaufinteressent entgegengebracht wurde, verlieren würde, wenn er lediglich die Gratisleistung annimmt[289]. Der Kunde glaubt, „anstandshalber" kaufen zu müssen. Dabei erfasst § 4 Nr 1 UWG die Fälle eines unangemessenen unsachlichen Einflusses. Die Voraussetzungen liegen hier nicht vor, da das Angebot auf potenziell interessierte Verbraucher nicht derart intensiv wirkt, dass sie sich zum Kauf genötigt sehen. Die Gefahr einer psychologischen Zwangslage, etwa einen zusätzlichen Flug oder mehr als die benötigten Flüge buchen zu müssen, ohne dies zu wollen, besteht nicht. Das Bedürfnis einer Flugreise wird bereits durch das verschenkte Ticket befriedigt. In

285 BGH, WRP 2002, 1133, 1134 *Testbestellung*.
286 BGH, NJW 1999, 214 *Handy-Urteil I*; BGH, NJW 1999, 211 *Handy-Urteil II*; BGH WRP 2002, 1133, 1134 *Testbestellung*; OLG München GRUR 2000, 80.
287 Begründung zum Gesetzentwurf der UWG-Novelle, BT-Drs. 14/5594, A. III. 2.; *Emmerich*, § 12 Rn 35.
288 *Plaß*, in: Ekey/Klippel/Kotthoff, § 3 Rn 127.
289 BGH WRP 2000, 724 *Space Fidelity Peep-Show*; BGH WRP 2002, 1133. 1335 *Testbestellung*; *Plaß*, in: Ekey/Klippel/Kotthoff § 3 Rn 127.

den Fällen der **Befriedigung durch das verschenkte Produkt** ist ein psychologischer Kaufzwang schon begrifflich ausgeschlossen[290].

**ff) Aleatorische Anreize als Verstoß gegen § 4 Nr 5, 6 iVm § 3 Abs. 2 UWG.** Ein Verstoß gegen § 4 Nr 5 bzw 6 UWG scheitert schon daran, dass es sich bei dem Versprechen nicht um Preisausschreiben oder Gewinnspiele handelt. R nutzt durch das Verschenken der Flugtickets auch nicht die Risikobereitschaft und Spielleidenschaft der Werbeempfänger in anderer Weise aus, da diese keinen Spieleinsatz bringen müssen.

#### c) Geeignetheit, die Entscheidungsfreiheit der Verbraucher zu beeinträchtigen

Die Werbeanzeige ist geeignet, die Entscheidungsfreiheit der Verbraucher zu beeinträchtigen, da sie nicht unmittelbar erkennen bzw nicht selbst errechnen können, wie hoch die Gebühren und Steuern sind.

#### d) Begatellschwelle

Wegen der weiten Verbreitung der Werbeanzeige wird die Bagatellschwelle überschritten.

### 2. Rechtswidrigkeit

Die Rechtswidrigkeit ist indiziert.

## V. Unzulässige geschäftliche Handlung, § 3 Abs. 1 UWG

### 1. Objektiver Tatbestand

#### a) Geschäftliche Handlung, § 2 Abs. 1 Nr 1 UWG

Eine geschäftliche Handlung des R liegt wie ausgeführt vor.

#### b) Unlauterkeitstat:

**aa) Marktverstopfung, § 3 Abs. 1 UWG.** R könnte durch seine Werbeaktion unlauter geworben haben, wenn diese geeignet war, eine Marktverstopfung herbeizuführen. Eine besondere Form der **Wertreklame** ist die **massenhafte unentgeltliche Abgabe** von Dienstleistungen oder Waren bzw Warengutscheinen. Derartige Maßnahmen sind nicht von vornherein unlauter. Es müssen vielmehr **besondere Umstände** hinzutreten[291]. Bei Fehlen oder Überschreitung des unentgeltlichen Verteilens zu Erprobungszwecken ist eine unentgeltliche Warenabgabe dann unzulässig, wenn sie zu einer nicht unerheblichen Behinderung der Mitbewerber und zur Gefährdung des Wettbewerbsbestandes führt. Ein **Indiz** dafür kann die **Dauer** der unentgeltlichen Abgabe sein[292]. Dabei kommt es auf die Umstände, insbesondere die **Zahl und Größe der Wettbewerber** auf dem Markt und den **Wert der unentgeltlichen Leistung** an. Die Werbeaktion der R ist auf 100 Freitickets begrenzt. Eine Marktbehinderung kann bei einer so geringen Anzahl von Tickets im heutigen Flugverkehr nicht angenommen werden. Ein dauerhafter Verlust von Absatzmöglichkeiten anderer Fluggesellschaften und damit eine dauerhafte Verschlechterung wettbewerblicher Strukturen ist nicht zu befürchten. Die Aktion ist wettbewerbspolitisch sogar zu begrüßen, da sie geeignet ist, R als Newcomer den Marktzutritt zu ermöglichen und damit den Wettbewerb zu intensivieren.

---

290 Vgl zum mittelbaren psychologischen Kaufzwang durch Autoritätsmissbrauch bei Weisungen OLG Frankfurt/M. NJWE WettbR 1998, 124, 125 *Wechsel zur betriebseigenen BKK*; bei bloßen Empfehlungen KG NJW-RR 1998, 187, *Nordemann*, Rn 611 ff mwN.

291 BGH GRUR 2001, 80, 81 *ad-hoc-Meldung*; BGH GRUR 1993, 483 *Unentgeltliche Partnervermittlung*; *Nordemann*, Rn 995.

292 BGH GRUR 2001, 80, 81 *ad-hoc-Meldung*; KG GRUR-RR 2001, 279; *Ohly*, in: Piper/Ohly, § 4.10 Rn 10/95 ff.

**bb Rechtsbruch wegen Verstoßes gegen die PAngV, § 4 Nr 11 iVm § 3 Abs. 2 UWG.** Die Nettopreisauszeichnung der R könnte jedoch gegen § 1 Abs. 1 S. 1 PangV verstoßen und damit gem. § 4 Nr 11 iVm 3 UWG unlauter sein.

*Aufbauhinweis:* Verstöße gegen die PAngV begründen gem. § 10 PAngV Ordnungswidrigkeiten. Liegt ein Verstoß gegen sie vor, zB weil kein **Endpreis** iSd § 1 Abs. 1 S. 1 PAngV angegeben wird, liegt darin zugleich auch die Verletzung einer gesetzlichen Vorschrift iSv § 4 Nr 11 UWG vorliegen. Damit ist eine Unlauterkeitstat iSd § 4 Nr 11 iVm § 3 Abs. 1 UWG gegeben. In § 1 Abs. 6 S. 1 PAngV sind die Grundsätze der **Preiswahrheit** und **Preisklarheit** enthalten, denen die Preisangaben ebenso genügen müssen wie dem Gebot der **Preisehrlichkeit**. Das Gebot der Preisehrlichkeit kann verletzt sein, wenn ein anderer als der tatsächliche Preis beworben wird (insofern wird allerdings meist ein Verstoß wegen Irreführung über den Preis gegen § 5 Abs. 2 S. 1 Nr 2, Abs. 1 iVm § 3 Abs. 1 UWG vorliegen). Die Verpflichtung zur Einhaltung der PAngV trifft nur diejenigen, die gegenüber Letztverbrauchern geschäftsmäßig, gewerblich oder in sonstiger Weise regelmäßig Waren oder Leistungen anbieten (§ 1 Abs. 1 S. 1 PAngV), soweit nicht die in § 9 PAngV genannten Ausnahmen vorliegen (zB Angebote von Gebietskörperschaften des öffentlichen Rechts).

**(1) PAngV als marktregelnde Norm, die das Marktverhalten im Interesse der Marktbeteiligten regelt.** Bisher unterschied die Rechtsprechung für die Beurteilung der Wettbewerbswidrigkeit zwischen **wertbezogenen** und **wertneutralen Normen**. Auf diese Unterscheidung kommt es neuerdings jedoch nicht mehr an (vgl dazu Rn 427 ff). Nunmehr wird überwiegend darauf abgestellt, ob das Gesetz bzw die Norm, gegen welche der Wettbewerber bei seinem geschäftlichen Handeln verstößt, zumindest **sekundär eine wettbewerbsbezogene Schutzfunktion** oder einen **Bezug zur Lauterkeit des Wettbewerbs** hat. Die PAngV fördert den Wettbewerb zum Schutze der Verbraucher, indem sie bestimmte Mindeststandards hinsichtlich der Preisauszeichnung vorsieht, die insofern erst einen „Wettbewerb unter gleichen Bedingungen", sozusagen gleichen Startvoraussetzungen, schafft. Die damit verbundenen Auszeichnungspflichten dienen in Umsetzung der Gebote der **Preiswahrheit** und **-klarheit** in erster Linie dem Schutz der Verbraucher, denen damit eine Vergleichsgrundlage in Bezug auf vergleichbare Produkte an die Hand gegeben wird. Sie dient aber auch Konkurrenten sowie allen, die Waren auf dem gleichen Markt anbieten, die nur aufgrund eines den Anforderungen der PAngV ausgewiesenen Preises feststellen können, ob ein lauteres oder unlauteres Verhalten vorliegt, gegen dass sie sich mit den Mitteln des UWG zur Wehr setzen können, etwa gegen einen unzulässigen Vergleich von Preisen oder der Anpreisung eines scheinbar konkurrenzlos günstigen Produktes, das lediglich aufgrund der Nichtausweisung der Mehrwertsteuer sowie von Zusatzkosten als außerhalb der Konkurrenz stehend erscheint, tatsächlich jedoch zu dem marktüblichen Preis angeboten wird. Die Vorschriften der PAngV unterfallen damit als marktregelnde Norm den Anforderungen, die § 4 Nr 11 UWG an eine gesetzliche, das Marktverhalten im Interesse der Marktteilnehmer regelnde Vorschrift stellt.

**(2) Verstoß gegen § 1 Abs. 1 S. 1 PAngV.** Das Versprechen von 100 Freitickets für Flüge von Frankfurt a.M. nach Oslo zum Nettopreis von 0,00 € unter dem Hinweis, dass lediglich Steuern und Gebühren zu entrichten sind, könnte gegen § 1 Abs. 1 S. 1 PAngV verstoßen. Danach hatte R als Unternehmen gegenüber den Letztverbrauchern, als er mit Flügen bzw Tickets und damit mit dem Angebot von Waren oder Dienstleistungen unter Angabe von Preisen warb, die Endpreise anzugeben. Einzurechnen in die Endpreise sind die Umsatzsteuer und alle sonstigen Preisbestandteile, die unabhängig von einer Rabattgewährung zu zahlen sind, § 1 Abs. 1, 2. HS PAngV. Sonstige Preisbestandteile sind Teil- oder Basisangaben über den Kaufpreis, dh alle Preise und Kosten, die der Verkäufer üblicherweise in die Kalkulation seiner Endpreise einbezieht[293]. **Endpreis** ist

293 BGH GRUR 1982, 493, 494 *Sonnenring*; BGH GRUR 1979, 553, 554 *Luxus-Ferienhäuser*; *Piper*, in: Piper/Ohly, § 1 PAngV Rn 23 ff.

daher stets der **Bruttopreis**[294]. Zum Endpreis gehören auch die Flughafengebühren, Auslandssteuern, Sicherheitsgebühren[295]. Nach dem Zweck der Preisangabenverordnung soll dem Verbraucher Klarheit über die Preise und deren Gestaltung verschafft **(Preisklarheit)** und zugleich verhindert werden, dass er seine Preisvorstellungen anhand untereinander nicht vergleichbarer Preise gewinnt **(Preiswahrheit)**[296]. Dient eine Preisberechnung diesem Schutz nicht, etwa weil sie wie das Hinzuaddieren des Flaschenpfands in den Endpreis den Verbraucher im Zweifel eher verwirrt als das es ihm nützt, besteht kein wettbewerbsrechtliches Interesse an der Unzulässigkeit der Auspreisung[297]. Eine Besonderheit könnte hier darin bestehen, dass R seine Flüge verschenken will. Nach dem Normzweck der PAngV soll die Position des Endverbrauchers durch Gewährleistung eines optimalen Preisvergleichs gestärkt werden. Dem Verbraucher soll ermöglicht werden, sich schnell und zuverlässig über das preisgünstigste Angebot zu informieren[298]. Der Nettopreis der Flüge beträgt 0,00 €, einen preisgünstigeren Flug ohne Steuern und Gebühren gibt es am Markt nicht. Es besteht jedoch zumindest die Möglichkeit, dass ein anderer Fluganbieter geringere Steuern und Gebühren als R entrichten muss und daher insgesamt ein geringerer Preis von den Kunden zu zahlen ist als bei Wahrnehmung des Angebots von R. Die zu entrichtende Flughafengebühr und die sonstigen Flughafenabgaben wie Flughafensteuer, Passagier- und Sicherheitsgebühren konnte R ohne großen Aufwand in ihrer Werbeanzeige angeben. Die Nettopreisauszeichnung der R verstößt demzufolge gegen § 1 Abs. 1 S. 1 PAngV[299].

Fraglich ist, ob der Verstoß gegen § 1 Abs. 1 S. 1 PAngV auch unlauter ist. Nicht jede Missachtung gesetzlicher Vorschriften unlauter im Sinne des § 4 Nr 11 iVm § 3 Abs. 1 UWG ist; denn ein Gesetzesverstoß als solcher begründet noch keine Unlauterkeit[300]. Von dem Gesetzesverstoß müsste eine **unlautere Störung des Wettbewerbs** auf dem Markt ausgehen. Die Bestimmung auf den Wettbewerbsbezug hebt die bisherige für das Wettbewerbsrecht geltende Qualifizierung auf. Wie dargelegt, regeln die Vorschriften der PAngV das Marktverhalten und schützen Marktteilnehmer, und zwar neben dem Verbraucher auch rechtstreue Mitbewerber, die ihrerseits nach der PAngV verpflichtet sind, Endpreise anzugeben. Rechtstreue Mitbewerber können auf die gegen § 1 Abs. 1 S. 1 PAngV verstoßende Art der Werbung nicht reagieren, da sie ihrerseits verpflichtet sind, Endpreise anzugeben. R hat nicht nur möglichen Kunden den Vergleich mit den Preisen von Mitbewer-

---

294 Die Angabe des Endpreises ist auch dann erforderlich, wenn dieser im Einzelfall leicht ermittelt werden kann, vgl BGH, GRUR 2001, 258, 259 *Immobilienpreisangaben*; BGH GRUR 1981, 140, 142 *Flughafengebühr*; BGH GRUR 2001, 1166, 1168 *Fernflugpreise*.

295 BGH GRUR 2001, 1166, 1168 *Fernflugpreise*; BGH, GRUR 1981, 140, 141 *Flughafengebühr*; KG Berlin GewArch 2001, 301, 302 *Flugreisenwerbung*. Gleichgültig ist, dass R die Gebühren und Steuern nicht selbst zufließen. Sie bietet Flüge nach Oslo an und beschreibt so ihre Leistung und hat daher den Preis anzugeben, den der Verbraucher aufzubringen hat, um sein Flugziel zu erreichen. Der BGH spricht in GRUR 1994, 225 f *Teilzahlungspreis III* davon, dass die PAngV dem Kaufmann die Angabe von Endpreisen, die nicht seinem wirklichen Angebot entsprechen und von ihm selbst dem Verbraucher nicht in Rechnung gestellt werden, nicht vorschreibt. In der Entscheidung ging es um einen Hinweis auf eine mögliche Finanzierungsmöglichkeit durch ein Bankinstitut. Der Unterschied zur vorliegenden Fallkonstellation besteht darin, dass der Verbraucher auch unabhängig von der Wahrnehmung des Finanzierungsangebots ein Kfz käuflich erwerben konnte. Der Kunde der R kann hingegen ohne den Gesamtbetrag zu zahlen, von ihrem Angebot keinen Gebrauch machen.

296 BGH GRUR 2004, 435, 436 *FrühlingsgeFlüge*; BGH GRUR 2003, 791 f *Telefonischer Auskunftsdienst*; BGH GRUR 1981, 140, 141 *Flughafengebühr*; BGH GRUR 1995, 274, 275 *Dollar-Preisangaben*; BGH GRUR 1992, 856, 857 *Kilopreise*; OLG Düsseldorf WRP 1999, 115, 116 *Flughafensteuern und Sicherheitsgebühren*.

297 Vgl *Ullmann*, Das Koordinatensystem des unlauteren Wettbewerbs, GRUR 2003, 817, 823.

298 Amtliche Begründung zur PAngV, BAnz. 1973, Nr 97 S. 3, Ziff. I 1.

299 Die Verpflichtung zur Endpreisangabe besteht unabhängig davon, ob der Verkehr sich bei bestimmten Angeboten daran gewöhnt hat, angegebene Einzelpreise zu einem Endpreis zusammenzurechnen.

300 So der BGH bereits grundlegend in einer Entscheidung aus dem Jahre 1973 BGH GRUR 1973, 655 *Möbelauszeichnung*; BGH GRUR 1981, 140, 142 *Flughafengebühr*; BGH GRUR 2001, 1166, 1169 *Fernflugpreise*; vgl auch *Köhler*, in: Köhler/Bornkamm, § 4 Rn 11.2.

bern erschwert, sondern ihre Preise günstiger erscheinen lassen als dies tatsächlich der Fall war. Dies kann der R einen Wettbewerbsvorteil gegenüber gesetzestreuen Mitbewerbern verschaffen. Demnach stört der Verstoß gegen § 1 Abs. 1 S. 1 PAngV in unlauterer Weise den Wettbewerb.

**c) Geeignetheit, die Interessen der Mitbewerber, der Verbraucher oder sonstiger Marktteilnehmer zu beeinträchtigen**

Die geschäftlichen Handlungen sind geeignet, die Interessen der Mitbewerber zu beeinträchtigen. Zudem werden die Verbraucher beeinträchtigt, da sie nicht unmittelbar erkennen bzw nicht selbst errechnen können, wie hoch die Gebühren und Steuern sind, so dass sie keine unmittelbare Vergleichsmöglichkeit mit den Angeboten anderer Anbieter haben.

**d) Bagatellschwelle**

Die Bagatellschwelle ist überschritten, da die Werbeanzeige weit verbreitet wurde.

*Hinweis:* Hier lässt sich angesichts der Sachverhaltsangaben beides vertreten. Wird ein Überschreiten bejaht, ist die Prüfung wie folgt fortzusetzen. Wird es verneint, ist die Prüfung an dieser Stelle beendet.

### 2. Rechtswidrigkeit

Die Rechtswidrigkeit ist indiziert.

### VI. Wiederholungsgefahr

Die Wiederholungsgefahr ist bei geschäftlichen Handlungen von Unternehmen wie R zu vermuten.

### B. Ergebnis

Das Verschenken der 100 Tickets nach Oslo für 0,00 € verstößt gegen das Per-se-Verbot in Nr 21 des Anh. zu § § Abs. 3 UWG, § 5a Abs. 1, 2 iVm § 3 Abs. 2 UWG und unter dem Gesichtspunkt eines Vorsprunges durch Rechtsbruch gegen § 4 Nr 11 iVm § 3 Abs. 1 UWG. Eine unlautere geschäftliche Handlung iSd § 8 Abs. 1 UWG liegt damit vor. Der Unterlassungsanspruch der V gegen R ist begründet.

# § 10 Sonstige Unlauterkeits-Fallgruppen, § 3 Abs. 1 und Abs. 2 UWG als Auffangtatbestände

## I. § 3 Abs. 1 UWG in der Funktion als Auffangtatbestand

### 1. Behinderungen (allgemeine Marktstörung)

433 Die Fälle der gezielten, individuellen Mitbewerberbehinderung werden von § 4 Nr 10 UWG erfasst. Eine allgemeine Behinderung des Marktes ist hingegen als Verstoß gegen § 3 Abs. 1 UWG zu prüfen. Wird jemand durch fortgesetzte **Kopien sei-**

**ner Produkte** gehindert, überhaupt erst einen Ruf zu entwickeln[1] und ist er damit nicht wegen Nachahmung oder Rufausbeutung über § 4 Nr 9 UWG schützenswert, fällt das Verhalten wegen der darin liegenden systematischen Behinderung eines Mitbewerbers unter **§ 4 Nr 10 UWG**. Soweit dadurch auch der **Wettbewerb allgemein behindert** wird oder darin eine **allgemeine Marktbehinderung** liegt, fällt diese unter **§ 3 Abs. 1 UWG**. Werden die **Stellenanzeigen** oder eine Auswahl daraus einer großen Zeitung **systematisch nachgedruckt** und in einer anderen Zeitung[2] oder im Internet veröffentlicht, handelt es sich nicht um eine Nachahmung, da keine Übertragung eines fremden auf ein eigenes Produkt stattfindet, denn das vorhandene, fremde Produkt wird lediglich wie ein eigenes benutzt. In diesem Fall wird regelmäßig eine gezielte Mitbewerberbehinderung iSd **§ 4 Nr 10 UWG** vorliegen. Soweit darüber hinaus eine **Behinderung des Marktes** vorliegt, ist diese als Verstoß gegen **§ 3 Abs. 1 UWG** zu prüfen.

## 2. Rufausbeutung

Fraglich ist, ob neben dem nun gesetzlich ausdrücklich normierten Nachahmungstat- **434**
bestand in § 4 Nr 9 UWG, der auch die Fälle der **unmittelbaren Leistungsübernahme** mit abdeckt, noch Raum bleibt für den allgemeinen Unlauterkeitstatbestand des § 3 Abs. 1 UWG. Grundsätzlich sind die in § 4 UWG genannten Unlauterkeitstatbestände nicht abschließend. Da die Tatbestandsvoraussetzungen des **§ 4 Nr 9 UWG**, insbesondere die Begriffe Ware, Dienstleistung und Nachahmung, jedoch **weit ausgelegt** werden, ist der Nachahmungs-, Rufausbeutungs- und Anlehnungstatbestand – soweit er nicht selbst durch die markenrechtlichen Sondergesetze verdrängt wird – als **grundsätzlich abschließend** anzusehen[3]. Ließe man alle möglichen Fallgestaltungen bereits am Warenbegriff oder am Begriff der **Nachahmung** scheitern, würde das Ziel des Gesetzgebers unterlaufen, möglichst viele Fallgruppen ausdrücklich zu normieren und diese durch weite Auslegung möglichst erschöpfend anzuwenden, statt vorschnell in Fortsetzung der alten Praxis die Fallgruppen unter den allgemeinen Unterlauterkeitstatbestand zu fassen. Ansonsten gelangte man schnell zu einer Aushöhlung der an bestimmte Voraussetzungen geknüpften Einzeltatbestände. Der allgemeine Unlauterkeitstatbestand dient hingegen lediglich dann als Auffangtatbestand, wenn eine Fallgestaltung sich tatsächlich unter keine der spezielleren Normen subsumieren lässt und besondere Umstände hinzutreten, die ein Erfassen unter den Unlauterkeitstatbestand notwendig machen. Dies kann in Bezug auf § 4 Nr 9 UWG angenommen werden, wenn die Vorschrift schon mangels **Mitbewerberbegriff** nicht einschlägig ist. Allerdings wird in der Regel ein Mitbewerberverhältnis vorliegen, da es auf das **kon-**

1 BGH GRUR 1996, 210 ff *Vakuumpumpe*; GRUR 2002, 820 ff *Bremszangen*; *Emmerich*, § 19 Rn 4–7, 15.

2 OLG Köln NJW-RR 1987, 622; vgl auch BGHZ 114, 82, 84 *Motorboot-Fachzeitschrift*; BGH GRUR 2001, 80, 81 *ad-hoc-Meldung*; BGH GRUR 2001, 752, 753 *Eröffnungswerbung*; BGH GRUR 2004, 602, 603 *20 Minuten Köln*.

3 Vgl dazu *Emmerich*, § 11 IV. 2, 4; *Lettl*, Rn 320–348, die beide die Nachahmungs- und Rufausbeutungsfälle sowie die Fallgestaltungen unmittelbarer Leistungsübernahme „nur" noch im Zusammenhang mit § 4 Nr 9 UWG darstellen.

**krete Wettbewerbsverhältnis** ankommt und dafür allein maßgebend ist, ob durch die konkrete geschäftliche Handlung des „Nachahmers" ein Bezug zu der nachgeahmten Ware oder Dienstleistung hergestellt wird. Zudem wird der Mitbewerberbegriff weit verstanden, so dass auch ein mittelbares Wettbewerbsverhältnis genügt. Gleichwohl sind Fälle denkbar, zB wenn es an einer Nachahmung oder an einer Anlehnung an ein Leistungsergebnis fehlt, in denen Raum ist für die Prüfung einer Rufausbeutung als Verstoß gegen § 3 Abs. 1 UWG (vgl die Fälle ***Tchibo/Rolex***, Rn 126 f, ***Tupperparty***, Rn 256 f, ***Klosterbrauerei***, Rn 316 f, ***Außergewöhnliche Jeanshose***, Rn 393a f und ***Postkarten***, Rn 393c f)

### 3. Marktstörung durch massenweises Verteilen von Originalware und Warenproben

435 Lockt keine **Verkaufsförderungsmaßnahme** wie Zugaben oder Geschenke iSd § 4 Nr 4 UWG zum Kauf einer Ware, sondern wird die **Ware selbst** verschenkt, ist **§ 3 Abs. 1 UWG** einschlägig, wenn dies in einer Weise geschieht, die zur **Marktverstopfung** führt. Geschieht das Verschenken allerdings als systematische Aktion, ist vorrangig zu prüfen, ob darin nicht eine **gezielte (individuelle) Mitbewerberbehinderung gem. § 4 Nr 10 UWG vorliegt** (vgl dazu den Fall ***Und der Kampf geht weiter ...***, Rn 452 f).

Bis zur Aufhebung der ZugabeVO im Juli 2001 galt das massenweise Verteilen von unentgeltlichen **Originalprodukten** wegen der damit verbundenen **Marktverstopfung** und des **Gewöhnungseffekts** als unlauter. Das unentgeltliche Abgeben von Waren gilt nur ausnahmsweise zu **Erprobungszwecken**, zB bei **Markteinführung eines Produkts**, als zulässig. Kostenloses Verteilen von **Warenproben** in kleinen Sonderverpackungen, die nur zu Werbezwecken angefertigt wurden, ist nun **grundsätzlich zulässig**. Ein Verstoß liegt nur dann vor, wenn dies nicht nur **vorübergehend** und aus besonderem Anlass, sondern **ständig oder massenhaft** erfolgt, da dadurch wiederum die Gefahr der Sättigung der Verbraucher entstehen kann, der bei ausreichender Versorgung mit Warenproben vom Erwerb des entsprechenden Produkts oder eines vergleichbaren Produkts des Mitbewerbers absieht. **§ 4 Nr 1 UWG** wird durch diese Form der Marktstörung nicht verletzt, da weder Druck noch sonstiger unangemessener unsachlicher Einfluss ausgeübt wird. Auch **§ 4 Nr 4 UWG** ist nicht erfüllt, da die Geschenke um ihrer selbst Willen verteilt werden und nicht als unmittelbare **Verkaufsförderungsmaßnahme**. Sie sind daher anhand des allgemeinen Unlauterkeitstatbestandes des § 3 Abs. 1 zu prüfen.

### 4. Preisausschreiben und Gewinnspiele ohne Werbecharakter

436 Hat ein Preisausschreiben oder Gewinnspiel **keinen Werbecharakter** oder ist die **Teilnahme** an ihm **nicht von dem Erwerb einer Ware abhängig**, ist also weder § 4 Nr 5 noch Nr 6 UWG einschlägig, ist an § 3 Abs. 1 UWG zu denken.

### 5. Kaufzwang

Es sind Konstellationen denkbar, in denen die Entscheidung durch Angst von Unterneh- 437
mern (Verbraucher werden durch § 4 Nr 2 UWG geschützt) „erzwungen" wird, zB bei der Drohung mit dem Wegfall von Kreditsicherheiten, bevorstehende Gesetzesän-derung, immense Zollgebühren. Allerdings werden diese Fälle idR schon von § 4 Nr 1 UWG erfasst. Hier besteht die Gefahr der Ausweitung des Schutzes vor (vermeintlich) unlauteren geschäftlichen Handlungen, da die gesetzlich normierten speziellen Tatbestände bestimmte Maßstäbe bzgl der Beeinflussung der Entscheidungsfreiheit setzen (Ausübung von Druck, menschenverachtend, unangemessen und unsachlich, Zwangslage).

### 6. Systemvergleich

Ein Systemvergleich unterfällt nicht der vergleichenden Werbung. Wohl kann aber ein Verstoß gegen § 3 Abs. 1 UWG in Betracht kommen. S. dazu die Ausführungen unter Rn 204 sowie die Fälle ***Müsli-Riegel***, Rn 224 f und ***Steinzeit***, Rn 226 f.

## II. § 3 Abs. 2 UWG in der Funktion als Auffangtatbestand

Die überwiegende Mehrheit aller unlauteren verbraucherschutzbezogenen geschäftlichen Hand- 438
lungen wird bereits durch die §§ 4 Nr 1–6, 11 (letzter ist auch mitbewerberschützend), 5 und 5a UWG sowie § 7 Abs. 1 UWG und seit der UWG-Novelle von 2008 zusätzlich durch die Per-se-Verbote des Anh. zu § 3 Abs. 3 UWG und dem Per-se-Verbot in § 7 Abs. 2 UWG erfasst.

Ein eigenständiger Anwendungsbereich für § 3 Abs. 2 UWG als Auffangtatbestand ist daher äußerst schmal. In dem UGP-RL-Entwurf bemüht die Kommission zwei wenig charakteristische Beispiele[4], aus denen sich jedoch noch keine Fallgruppe herleiten lässt, wie sie sich zu § 3 Abs. 1 UWG als Auffangtatbestand entwickelt haben (s. Rn 433–438). So zähle dazu das Angebot eine „Pauschalreise nur unter der Bedingung" zu verkaufen, dass „auch eine Reiserücktrittsversicherung und Reiseversicherung" abgeschlossen wird. Tatsächlich ließe sich dieses Beispiel der Kommission schon unter § 4 Nr 1 UWG subsumieren, wobei an dieser Stelle offen bleiben soll, ob ein solches Kopplungsangebot unlauter wäre. Als zweites Beispiel nennt die Kommission den Fall, dass „eine Internetseite die Internetversicherung eines Verbrauchres auf einen Server in einem entfernten Land umleitet, so dass dem Verbraucher unerwartet hohe Telefongebühren in Rechnung gestellt werden". Diesbzgl. wäre vorrangig ein Verstoß gegen §§ 5, 5a und § 4 Nr 11 UWG iVm PAngV zu prüfen. Im Falle der Verneinung eines Verstoßes käme dann tatsächlich § 3 Abs. 2 UWG als Auffangtatbestand ins Spiel. Ein Verstoß gegen die geltende fachliche Sorgfalt dürfte ebenso unschwer zu bejahen sein wie die spürbare Beeinträchtigung der Entscheidungsfreihet des Verbrauchers und der dadurch bedingten Entscheidung, die er andernfalls nicht getroffen hätte. Die Vorlagefrage des BGH in dem *Millionen Chance*-Verfahren[5] betraf lediglich die Auslegung der Richtlinienbestimmungen und damit auch des Begriffs der fachlichen bzw. beruflichen Sorgfalt. So beschäftigt sich denn auch die Generalanwältin *Trstenjak* in den Schlussanträgen vom 3. September 2009[6] ausführlich mit der Auslegung der Bestimmung in Art. 5 Abs. 2 UGP-RL und insbes. dem darin verwendeten Begriff der „beruflichen Sorgfalt". Zur Frage der Anwendbarkeit äußert sich Trstenjak ebenso wenig wie der EuGH in seinen Entscheidungsgründen. Eine praxis-

4 KOM (2003) 356 endg, Tz 40 und 50.
5 BGH GRUR 2008, 807 Tz 7 ff *Millionen Chance*.
6 EuGH Schlussanträge Rechtssache C-304/08, Tz 87–103; EuGH WRP 2010, 232 *Plus*; dazu ausführl. Rn 354 ff.

relevante Fallgruppe könnte sich aus der **Verwendung unwirksamer AGB** bei einem Vertragsschluss entwickeln[7]. Allerdings fallen diese nach der BGH-Entscheidung *Gewährleistungsausschluss im Internet*[8] bereits unter den Rechtsbruchtatbestand des § 4 Nr 11 UWG (s. dazu Rn 428 11. Spstr). Überdies könnte auch § 5 Abs. 1 Nr 2 UWG einschlägig sein. So würden für § 3 Abs. 2 UWG nur die Fälle übrig bleiben, die sich nicht unter einen der vorrangigen Tatbestände subsumieren lassen. Insgesamt gilt, dass geschäftliche Handlungen, die weder unter § 3 Abs. 3 UWG, noch unter § 3 Abs. 2 iVm §§ 4 Nr 1–6, 11, 5, 5a UWG oder § 7 Abs. 2, 1 UWG fallen, darauf zu prüfen sind, ob sie gegen § 3 Abs. 2 UWG verstoßen.

# § 11 Besonderheiten bei Handlungen von Presseorganen

## I. Presseprivileg hinsichtlich der Passivlegitimation, § 9 S. 2 UWG

439 Ansprüche auf **Schadensersatz** gegen verantwortliche Personen von periodischen Druckschriften können **nur bei vorsätzlichem Handeln** geltend gemacht werden (§ 9 S. 2 UWG, s. dazu Rn 80 ff, 118). **Zuwiderhandlung** meint, dass die von verantwortlichen Personen von Druckschriften durchzuführende Kontrolle des fremden, unlauteren Textes unterblieben ist und damit ein Verstoß gegen die ihnen obliegende Prüfungspflicht vorliegt. **Vorsatz** setzt das Kennen sämtlicher Tatsachen, aus denen sich die Unlauterkeit des Handelns ergibt, und das Bewusstsein der Unlauterkeit voraus. Die **Beschränkung** dieses Privilegs auf vorsätzliches Verstöße gegen das Irreführungsverbot, wie es § 13 Abs. 6 Nr 1 S. 2 UWG aF vorsah, gilt nun nicht mehr. Das **Haftungsprivileg findet nun auf alle Zuwiderhandlungen Anwendung**. Die Ausdehnung des Presseprivilegs beruht darauf, dass die Presse grundsätzlich auch für Inhalte Dritter haftet, zB Anzeigenkunden. Da sich die Pressefreiheit aber auch auf das Anzeigengeschäft[1] erstreckt, wäre eine Haftung auch für fahrlässiges Verhalten unzumutbar (vgl dazu Rn 80 ff)[2]. Zu den **verantwortlichen Personen** periodischer Druckschriften zählen Redakteure, Verleger, Drucker und Verbreiter (vgl § 13 Abs. 6 Nr 1 UWG aF). Der Begriff der **Druckschriften** umfasst alle wiederkehrend erscheinenden Druckerzeugnisse, wobei nicht erforderlich ist, dass sie regelmäßig erscheinen; ein jährliches Erscheinen genügt jedoch nicht. Das Haftungsprivileg des § 9 S. 2 BGB ist entsprechend auf **Radiosender**, die periodisch Informationen überbringen, anzuwenden. Hat derjenige, dem der Unlauterkeitsvorwurf gemacht wird, den Inhalt einer Anzeige selbst aktiv gestaltet oder war er am inhaltlichen Entstehungsprozess aktiv beteiligt **(Eigenwerbung)**, kann er sich **nicht auf das Haftungsprivileg berufen**[3].

7 Vgl *Köhler*, in: Köhler/Bornkamm § 3 Rn 53.
8 BGH GRUR 2010, 111 Rz 24, 30.

1 BGH GRUR 2002, 360, 366 *H.I.V. POSITIVE II.*
2 BGH GRUR 2001, 529, 531.
3 Begründung der Regierung BT-Drs. 15/1487, S. 23.

Dies richtet sich vielmehr an Verantwortliche, die gerade nicht selbst unmittelbar gehandelt haben. Bezüglich der Haftung für Dritte gelten die Vorschriften der §§ 31, 831 BGB. Für konkurrierende Ansprüche wie § 824 BGB gilt das Haftungsprivileg entsprechend.

Die **Rechtsfolge** aus einer wettbewerbsrechtlichen Zuwiderhandlung ist auf den **„Ersatz des daraus entstehenden Schadens"** gerichtet. Der Schaden muss sich also noch nicht (voll) verwirklicht haben und er muss **kausal** durch die Zuwiderhandlung einer verantwortlichen Person verursacht worden sein. Hinsichtlich der Rechtsfolgen bestehen bei Zuwiderhandlungen durch Verantwortliche von Druckschriften von der Vorsatzbeschränkung beim Schadensersatzanspruch abgesehen, keine Besonderheiten. Werden sie auf **Unterlassung** oder **Beseitigung** in Anspruch genommen, genügt es, wenn sie fahrlässig eine Unlauterkeitstat begangen oder sich zuzurechnen haben, da sie – anders als in § 9 UWG – nicht privilegiert werden. Insoweit kann auf die Ausführungen unter Rn 116 ff verwiesen werden. Allerdings hat sich in der Rspr eine Haftungseinschränkung auf grobe Verstöße gegen die Prüfungspflicht von Anzeigeninhalten herausgebildet, die mit dem besonderen Zeitdruck, unter dem eine Prüfung erfolgt, und mit nicht zu erwartenden Fachkenntnissen begründet wird (s. dazu den Fall ***Schlankheitskapseln***, Rn 317a f). **440**

*Literaturhinweise: Köhler*, in: Hefermehl/Köhler/Bornkamm, § 9 2.13–2.16; *Emmerich*, § 14 VIII. 2 (S. 294); *Lettl*, Rn 666–670.

## II. Besonderer Schutz der Pressefreiheit, Art. 5 Abs. 2 S. 2 GG

Nicht nur das Haftungsprivileg ist Ausdruck des besonderen Schutzes der Pressefreiheit. Wird das Abdrucken von Werbung verboten, verletzt dies die Pressefreiheit ebenso wie Verbote des Abdrucks redaktioneller Texte. So unterfällt eine Anzeige (zB die *H.I.V.-Anzeige* von Benetton) dem Schutzbereich der Pressefreiheit, wenn sie ein „sprechendes Bild mit meinungsbildendem, gesellschaftlichen Missstand veranschaulichendem Inhalt" abbildet, was nach Ansicht des BVerfG auch für die in **Werbeanzeigen enthaltenen fremden Meinungsäußerungen** gilt[4]. Eine Meinungsäußerung wurde in diesem Fall trotz offenkundigen Werbekontextes (Schriftzug des Unternehmens) und trotz Fehlens erklärender Worte bejaht[5]. Wobei die Meinungs- wie die Pressefreiheit ihre absolute Grenze im Schutz der **Menschenwürde** findet, wie das BVerfG in der *Benetton-II*-Entscheidung noch einmal ebenso klargestellt hat wie es sich mit der Reichweite der Menschenwürdegarantie befasst hat. Die Furcht vor einem „Wettbewerbsverfassungsrecht", das mit den Inhalten des UWG konkurriert, zerstreut *Ohly* mit guten Gründen[6] (vgl dazu Rn 14 ff). **441**

4 BVerfG GRUR 2003, 442 ff = WRP 2003, 635, 636 *Benetton II*; vgl zur fehlenden Wettbewerbsabsicht bei Meinungsäußerungen OLG Naumburg, GRUR-RR 2003, 375 ff *Brückenbau* (hinsichtlich der Äußerungen gegenüber dem Gemeinderat).

5 Ausführlich zu der *H.I.V.*-Entscheidung des BVerfG vgl *Säcker*, GRUR 2004, 1199, 1201, sowie 1203 ff allgemein zur Wirtschaftswerbung als Meinungsäußerung iSv Art. 5 Abs. 1 GG.

6 *Ohly*, GRUR 2004, 889, 892 f.

## III. Wettbewerbsrechtliche Beurteilung des redaktionellen Teils von Presseerzeugnissen (Trennungsgebot)

442 Bei Presseorganen darf wegen der grundgesetzlich geschützten Pressefreiheit (Art. 5 Abs. S. 2 GG) ein lauterkeitsrechtliches Handeln nicht vorschnell angenommen werden. Es bedarf daher in der Regel einer besonderen Begründung, weshalb der **redaktionelle Teil eines Presseerzeugnisses** die Anforderungen an eine geschäftliche Handlung erfüllt. Eine **geschäftliche Handlung** liegt dann vor, wenn konkrete Umstände darauf hindeuten, dass mit einem Artikel nicht nur publizistische Aufgaben verfolgt werden, sondern auch fremder oder eigener Wettbewerb gefördert werden soll. Werden Anzeigenaufträge im Zusammenhang mit der Berichterstattung in Aussicht gestellt oder fehlen aussagekräftige objektive Beurteilungskriterien **(werblicher Überschuss ohne sachliche Rechtfertigung)** oder werden bewusst unzutreffende Angaben gemacht, sind dies Indizien für eine Verletzung des Transparenzgebotes. Unlauter sind die Fälle der getarnten Werbung **(Schleichwerbung)**, da dadurch das **Vertrauen des Publikums** in die objektive Berichterstattung erschüttert wird. Werbung, die als redaktioneller Teil oder in einem redaktionellen Teil getarnt präsentiert wird, begründet daher eine Unlauterkeit durch **Verschleierung des Werbecharakters** und verstößt damit gegen § 4 Nr 3 iVm § 3 Abs. 1 UWG. Zugleich wird dadurch ein **Rechtsbruch wegen Verstoßes gegen Pressegesetze** und gegen die Richtlinien für die Werbung mit Zeitungs- und Zeitschriftenanalysen **(ZAW-Richtlinien)** wegen Verstoßes gegen das Verbot getarnter Werbung sowie das Gebot der Trennung von redaktionellem Teil und Anzeigengeschäft begangen (Verstoß gegen § 4 Nr 11 iVm § 3 Abs. 1 UWG wegen Zuwiderhandlung gegen Pressegesetze). Das **Trennungsgebot** gilt auch bei **TV-Sendungen**, **Kinofilmen** und Veröffentlichungen redaktioneller Texte im **Internet**. Jede gezielte Beeinflussung der durch die Druckschriften angesprochenen Verkehrskreise ist unzulässig **(product placement)**. Mit product placement ist das Erwähnen oder Darstellen von Waren, Kennzeichen, Marken oder Werbebotschaften eines Unternehmens in einem redaktionell oder künstlerisch gestalteten Beitrag gemeint, wenn der für den Beitrag verantwortliche Redakteur beabsichtigt, für dieses Unternehmen werbend tätig zu werden und die Darstellung geeignet ist, die angesprochenen Verkehrskreise, Leser, Zuhörer oder Zuschauer, dadurch in die Irre zu führen, dass der Eindruck entsteht, es handele sich um ausschließlich redaktionelle Ausführungen, obgleich sie tendenziös gefärbt sind[7].

443 Ein Verhalten zugunsten der **Förderung des Absatzes eines fremden Unternehmens** kann auch bereits dann vorliegen, wenn ein Unternehmen oder seine Waren bzw

7 ZB BGH WRP 2011, 210 *Flappe* (der BGH sah in einer Werbeanzeige, die aus einem die halbe Titelseite einer Zeitschrift überdeckenden Vorschaltblatt und einer eindeutig als solche erkennbare Werbeanzeige auf der Rückseite der Zeitschrift weder einen Verstoß gegen Nr 11 des Anhangs zu § 3 Abs. 3 UWG noch gegen § 4 Nr 3 UWG. Die Flappe enthielt einen redaktionell anmutenden Text, der den Leser veranlassen sollte, die Zeitschrift umzudrehen; das LG München I, WRP 2009, 1018, stellte fest, dass die Desinformation des Verbrauchers verhindert werden solle, der Verbraucher also nicht erst einen Werbebeitrag lesen müsse, um ihn als Werbebeitrag klassifzieren zu können; er soll vielmehr von Anfang an klar und deutlich darauf hingewiesen werden, dass es sich um Werbung oder einen redaktionellen Beitrag handelt; OLG Naumburg v. 23.4.2010, AZ 10 U 31/09 mit Anm. *Brexl*, Anzeigenblätter dürfen mit Kopplungsangeboten von Anzeige und redaktionellem Beitrag um Inserenten werben, GRUR-Prax, 2010, 492; ausführlicher zur Schleichwerbung und zum Trennungsgebot *Lettl*, § 4 Rn 276 ff.

Dienstleistungen ohne sachlichen Grund häufig genannt oder gezeigt werden (in Kinofilmen, Radiosendungen, redaktionellen Beiträgen).

**Wird das Trennungsgebot verletzt, können folgende Unlauterkeitstatbestände begründet sein:** 444

- Ein Verstoß gegen § 4 Nr 3 iVm § 3 Abs. 1 UWG wegen **Verschleierung des Werbecharakters** (**Verbot getarnter Werbung**, s. dazu auch Anhang V) liegt in folgenden Fällen vor:
  (1) eine Anzeige ist **als redaktioneller Beitrag getarnt**. Erscheint eine Anzeige im äußeren Erscheinungsbild einer Zeitungsseite und wird durch einen Hinweis darauf aufmerksam gemacht, dass es sich um eine Werbeanzeige handelt, liegt kein Verstoß vor. Ist eine Werbesendung wie eine Nachrichtensendung aufgebaut, damit den Aussagen besondere Seriosität verliehen wird (vgl den Fall ***Krombacher Regenwald Projekt***, Rn 359 f), weist aber am Bildrand das Wort „Anzeige" auf den Werbecharakter hin, begründet dies keinen Verstoß.
  (2) ein redaktioneller Beitrag ist nicht von der Redaktion, sondern **von einem Dritten verfasst** worden und wird unverändert oder nur geringfügig verändert übernommen.
  (3) eine **objektive, neutrale Berichterstattung** wird lediglich zB nach dem äußeren Erscheinungsbild **vorgetäuscht**.
- Ein Verstoß gegen § 4 Nr 11 iVm § 3 Abs. 1 UWG wegen **Verletzung einer Rechtsvorschrift** (Pressegesetze, die das Trennungsgebot normieren).

## IV. Anzeigengeschäft

Im Rahmen des Anzeigengeschäfts wird grundsätzlich wettbewerbliches Handeln vermutet, da es sich idR um typische verkaufsfördernde Maßnahmen außerhalb des meinungsbildenden und informierenden Aufgabenbereichs handelt. 445

## V. Unentgeltliche Abgabe von Presseerzeugnissen

Hinsichtlich der unentgeltlichen Abgabe von Presseerzeugnissen sind vor allem die folgenden Varianten, die zum Teil auch schon Gegenstand höchstrichterlicher Entscheidungen waren, denkbar: 446

- Das **massenhafte, dauerhafte unentgeltliche Verteilen** von Originalware ist unlauter (dazu Rn 435).
- Das Verschenken **„reiner" Anzeigenblätter** ist zulässig.
- Das Verschenken **„echter" Anzeigenblätter** mit **erheblichem redaktionellen Teil** ist nur dann unlauter, wenn der Bestand der übrigen Tagespresse als Institution ernsthaft gefährdet wird, was idR zu verneinen ist, da Erstere überwiegend nicht wirklich eine Konkurrenz für die „echten" Tageszeitungen darstellen.
- Der **entgeltliche Erwerb von Zeitschriften**, in denen ausschließlich, häufig **unentgeltliche private Kleinanzeigen** (zB Zweite Hand oder Reviermarkt) veröffentlicht werden, ist schon deshalb lauter, weil nichts verschenkt wird.
- Das Verschenken **„echter" Zeitungen**, die ausschließlich über Anzeigen finanziert und kostenlos abgegeben werden, wurden von den Gerichten nicht als unlauter angesehen, da sie den Bestand der herkömmlichen Presse durch die neuen unentgeltlichen Zeitungen nicht als gefährdet ansahen[8].

8 BGH NJW 2004, 2083 *20 Minuten Köln*; BGH WRP 2004, 746 *Zeitung zum Sonntag*; *Emmerich*, § 19 III (S. 419 mwN in Fn 29, 31).

**447** Das unentgeltliche Verteilen von Presseerzeugnissen kann folgende Unlauterkeitsverstöße begründen:

**448**
- **Irreführende Werbung** bei vermeintlich unentgeltlicher Abgabe, die tatsächlich an das Eingehen einer Bindung geknüpft ist (Bezug über einen Monat und automatische Verlängerung um ein ganzes Jahr bei nicht rechtzeitiger Kündigung).
- Gezielte **Mitbewerberbehinderung**, § 4 Nr 10 UWG.
- **Verkaufsförderungsmaßnahmen**, Kopplungsangebote unter Verstoß gegen das Transparenzgebot, § 4 Nr 4 UWG.
- **Verschleierung des Werbecharakters**, § 4 Nr 3 UWG.
- Ausübung eines **psychischen Kaufzwangs**, § 4 Nr 2 oder Nr 1 UWG.
- Übertriebenes Anlocken oder sonstige **Beeinflussung der Entscheidungsfreiheit**, § 4 Nr 1 UWG, vorausgesetzt, der Einfluss auf die Entscheidungsfreiheit ist unangemessen und unsachlich.
- **Allgemeine Marktstörung**, Beeinträchtigung des Wettbewerbs an sich, unzulässige Kopplungen, die nicht schon gegen das Transparenzgebot des § 4 Nr 4 UWG verstoßen.

**449** Außerdem kann zB wegen Konkurrentenbehinderung ein Verstoß gegen die kartellrechtlichen Diskriminierungs- und Behinderungsverbote der §§ 19 Abs. 1, Abs. 4 Nr 1, 20 Abs. 1, Abs. 4 GWB gegeben sein.

*Hinweis:* Vgl auch die Ausführungen in den Fällen ***Jeder Berliner Morgen …***, Rn 310 f; ***Kosmetikstudio***, Rn 450 f; ***Und der Kampf geht weiter …***, Rn 452 f.

*Literaturhinweise zu Handlungen von Presseorganen: Ruhl*, Vorsicht Anzeige! Als Informationen getarnte Werbung nach der UWG-Reform 2008, WRP 2011, 375 ff; *Emmerich*, § 19 III (S. 415 ff Verteilen von Presseerzeugnisse), § 20 VI. (S. 440 ff Trennungsgebot); *Lettl*, Rn 264 ff (Trennungsgebot), Rn 204 ff, 283 ff (Geschenke und nahezu unentgeltliche Abgabe von Produkten).

# Fall 22

## Kosmetikstudio (BGH NJW-RR 1994, 872 ff)

**450** In der Tageszeitung W erscheint in einer Sonderbeilage unter der Überschrift „Wohlbefinden in rundum gepflegter Haut“ ein redaktionell gestalteter Beitrag über die Neueröffnung des Kosmetikstudios „YOU are so beautiful“ („YOU“), in dem dessen Vorzüge in besonders lobender Weise herausgestellt werden. Der für den Artikel verantwortliche Redakteur A hatte dem Artikel einen von der Geschäftsinhaberin von YOU zugesandten Text zugrunde gelegt. Neben dem Beitrag befand sich eine Anzeige von YOU. Deren Inhaberin hatte auch die Gestaltung der Zeitungsseite entworfen. Die im gleichen Wirtschaftsraum erscheinende Tageszeitung WA verlangt von V, dem Verleger der W und von A Unterlassung. Rechtsanwalt L ist Leser der W. Nachdem er W vergeblich zur Aufforderung einer strafbewehrten Unterlassungserklärung aufgefordert hat, verlangt L Erstattung der ihm dadurch entstandenen Abmahnkosten. Die Ansprüche sind in materieller Hinsicht zu prüfen.

# Lösung Fall 22:

## A. Unterlassungsanspruch der WA gegen V und A, § 8 Abs. 1 UWG

### I. Aktivlegitimation

WA ist eine im selben Wirtschaftsraum wie W erscheinende Tageszeitung, die sich offenbar an den gleichen Leserkreis richtet. WA befindet sich damit in einem konkreten Wettbewerbsverhältnis zu W und ist folglich als Mitbewerber gem. § 2 Abs. 1 Nr 3 iVm § 8 Abs. 3 Nr 1 UWG aktivlegitimiert. **451**

### II. Passivlegitimation

V ist als **Verleger** der W eine verantwortliche Person einer periodischen Druckschrift. Entsprechendes gilt für den **Redakteur** A, der für den Artikel verantwortlich ist. Beide sind daher passivlegitimiert (vgl zur Passivlegitimation verantwortlicher Personen periodischer Druckschriften Rn 80 ff).

### III. Per-se Unlauterkeit iSd § 3 Abs. 3 UWG wegen Verstoßes gegen das Per-se-Verbot in Nr 11 (als Information getarnte Werbung)

#### 1. Geschäftliche Handlung

Hier kommt eine geschäftliche Handlung iSd § 2 Abs. 1 Nr 1 UWG in der Form des **Förderns fremden Wettbewerbs** in Betracht. Das Loblied des A auf die Vorzüge des Kosmetikstudios YOU und der Abdruck einer Anzeige unmittelbar neben dem redaktionellen Teil ist geeignet, fremden Wettbewerb zu fördern. Zugleich könnte auch der eigene Absatz der W dadurch gefördert werden (Förderung des Anzeigengeschäfts, Wettbewerbsverhältnis zu WA).

Grundsätzlich ist es der Presse wegen des Trennungsgebots des redaktionellen vom kommerziellen Teil einer Zeitung untersagt, im redaktionellen Teil zu werben und dadurch den Absatz eines fremden Unternehmens zu fördern. Zulässig ist dies nur im Anzeigenteil. Der Artikel über die Vorzüge von YOU befindet sich aber im redaktionellen Teil und ist nicht als Anzeige gekennzeichnet. Da der Textvorschlag der Inhaberin des Studios dem Artikel zugrunde gelegt wurde und wohl entsprechend einseitig lobenden Inhalts war und überdies unmittelbar neben einer Werbeanzeige für YOU abgedruckt wurde, spricht dies dafür, dass As Verhalten geeignet war, den Absatz von YOU zu fördern und V sich dieses Verhalten zurechnen lassen muss.

#### 2. Verstoß gegen ein Per-se-Verbot

Der Beitrag könnte wegen Verstoßes gegen das Per-se-Verbot in Nr 11 unzulässig sein. Dann müsste der Einsatz redaktioneller Inhalte zu Zwecken der Verkaufsförderung von einem Unternehmer finanziert worden sein, ohne dass sich dieser Zusammenhang aus dem Inhalt oder aus der Art der optischen Darstellung eindeutig ergab. Zwar handelt es sich bei YOU als juristischer Person, die mit dem Platzieren ihrer Anzeigen geschäftliche Handlungen im Rahmen ihrer gewerblichen Tätigkeit vornimmt, um einen Unternehmer iSd § 2 Abs. 1 Nr 6 UWG. Fraglich ist jedoch, ob sie den redaktionellen Artikel „finanziert" hat. Der Begriff des Finanzierens setzt den Fluss geldlicher Mittel voraus, diese müssten jedenfalls die Kosten des Artikels abgedeckt haben. Zwar hatte A seinem redaktionellen Artikel einen von YOU übersandten Text zugrunde gelegt, YOU hatte auch die Gestaltung der Seite übernommen, dies erfüllt jedoch nicht die strengen Anforderungen der Nr 11 hinsichtlich der „Finanzierung" redaktioneller Inhalte. Denn A verfasste einen eigenen Artikel, auch wenn er diesem die Informationen aus dem Text der YOU zugrunde legte.

Seine Tätigkeit wurde ebenso wenig von YOU finanziert wie der Druck und die sonstigen Kosten der betreffenden Zeitungsseite der W. YOU hat vielmehr nur den von ihrer Werbung in Anspruch genommenen Raum bezahlt. Dies ist jedoch vollkommen üblich und dem Verbraucher auch bekannt. Es fehlt damit schon an der Voraussetzung des Finanzierens redaktioneller Inhalte.

### 3. Ergebnis

Ein Verstoß gegen das Per-se-Verbot der Nr 11 des Anh. zu § 3 Abs. 3 UWG liegt nicht vor.

## IV. Unzulässige geschäftliche Handlung, § 3 Abs. 2 UWG

Da kein Verstoß gegen ein Per-se-Verbot vorliegt, ist zu prüfen, ob eine Unlauterkeit gem. § 3 Abs. 2 UWG gegeben ist.

### 1. Objektiver Tatbestand

#### a) Geschäftliche Handlung

Wie unter III. 1. festgestellt, liegt eine geschäftliche Handlung iSd § 2 Abs. 1 Nr 1 UWG vor.

#### b) Unlauterkeit

**aa) Verstoß gegen § 5 Abs. 1 iVm § 3 Abs. 2 UWG durch eine irreführende geschäftliche Handlung.** A hat gegen die fachliche Sorgfalt verstoßen (§ 2 Abs. 1 Nr 7 UWG), wenn er irreführend gehandelt hat (Art. 6 Abs. 4 UGP-RL). Der Beitrag des A könnte irreführend und deshalb unlauter gewesen sein. Dann müsste er irreführende Angaben iSd § 5 Abs. 1 S. 2 Nr 1–3 UWG enthalten haben. Zwar wird in dem Beitrag besonders positiv über die Waren von YOU berichtet, aus dem Sachverhalt ist allerdings nicht zu entnehmen, dass die darin liegenden Angaben unwahr waren.

**bb) Verstoß gegen § 5a Abs. 1, 2 iVm § 3 Abs. 2 UWG durch irreführendes Unterlassen.** Der Beitrag könnte irreführend sein, wenn in dem Text durch Verschweigen von Tatsachen getäuscht wurde. Die besonders lobenden Worte sind zwar einseitig, es ist aber nicht erkennbar, dass diese unrichtige Tatsachen enthielten. Ein Verstoß könnte auch darin liegen, dass über die Urheberschaft des redaktionellen Artikels getäuscht wird (§ 5a Abs. 3 Nr 2 UWG). A legte seinem Artikel zwar den Text der Geschäftsführerin von YOU zugrunde, offenbar verfasste er aber auf dieser Grundlage einen eigenen Text, für den er auch die Verantwortung trägt. Eine zu enge Sicht würde die Pressefreiheit zu stark beschneiden, da es nicht unüblich ist, dass Redakteure ihren Artikeln neben eigenen Recherchen auch Texte anderer Verfasser zugrunde legen. Dies dürfte zwar auch idR nicht in so einseitiger Weise wie in diesem Falle geschehen, auch in diesem Falle genügen die Tatumstände nicht, um eine Täuschung über die Urheberrechte des Unternehmers und seiner Vertreter anzunehmen, so dass der Tatbestand des § 5a Abs. 1, 3 UWG nicht erfüllt ist. Das Nichtberichten über die Vorteile anderer Unternehmen fällt auch nicht unter § 5a Abs. 2 UWG, da mit dem Tatbestand des Vorenthaltens von Informationen ein Verhalten bzgl des beworbenen Produkts gemeint ist.

**cc) Verstoß gegen § 4 Nr 11 iVm § 3 Abs. 2 UWG (Rechtsbruch durch Gesetzesverletzung).** Hat A gegen eine marktregelnde Norm iSd § 4 Nr 11 UWG verstoßen, ist darin zugleich ein Verstoß gegen die geltende fachliche Sorgfalt zu sehen. Da der Artikel gegen das in den Pressegesetzen der Ländern normierte Trennungsgebot zwischen redaktionellem Teil und Anzeigenteil verstößt, liegt ein Verstoß gegen § 4 Nr 11 iVm § 3 Abs. 2 UWG vor.

**dd) Verstoß gegen § 4 Nr 3 iVm § 3 Abs. 2 UWG wegen Verschleierung des Werbecharakters.** A könnte dadurch gegen die fachliche Sorgfalt verstoßen haben, dass er den Werbecharakter der Anzeige verschleiert hat. Dadurch, dass im redaktionellen Teil einseitig die Vorzüge des Kosmetikstudios YOU hervorgehoben werden, wird der Werbecharakter des vermeintlichen sachlich-objektiven Berichts verschleiert. Dadurch, dass die Inhaberin von YOU die gesamte Zeitungsseite gestaltet und die Grundlage für den Text geliefert hat, dies jedoch für den Leser nicht erkennbar gemacht wird, handelt es sich bei dem vermeintlich unabhängigen Beitrag, der nach seiner äußeren Gestalt und seinem Inhalt nach als sachlich erscheint, tatsächlich um eine tendenziöse Werbung zugunsten von YOU. Darin lag eine Verschleierung des Werbecharakters, so dass ein Verstoß gegen § 4 Nr 3 UWG damit vorlag.

**ee) Verstoß gegen § 4 Nr 1 iVm § 3 Abs. 2 UWG.** Der Beitrag könnte zudem als geschäftliche Handlung erscheinen, die geeignet ist, die Entscheidungsfreiheit der Verbraucher durch unangemessenen unsachlichen Einfluss zu beeinträchtigen und daher auch iSd § 4 Nr 1 UWG unlauter sein. Dadurch, dass die Kunden nur aufgrund der scheinbaren Neutralität des Beitrags den dort gemachten Bekundungen Glauben schenken, wie sie es gegenüber einem eindeutig als Werbeanzeige erkennbaren Beitrag nicht tun würden, da diesen gegenüber stets eine natürliche Barriere des Zweifels an der Seriosität im Sinne eines Gewarntseins aufgebaut wird, ist der Beitrag des A geeignet, die Entscheidungsfreiheit der angesprochenen Verkehrskreise, die Leser der Zeitung W, zu beeinflussen. Damit bestand zumindest die Gefahr, dass durch die Täuschung Kunden für YOU gewonnen wurden **(Kundenfang)**. Die täuschende Wirkung des Beitrags selbst wird dadurch noch potenziert, dass in unmittelbarer „Nachbarschaft" zu dem Artikel eine Anzeige von YOU präsentiert wurde. Dem Leser wird es dadurch besonders leicht gemacht, indem er nicht nur die „trockenen" Informationen der W erhält, sondern auch die praktischen Hinweise (genaue Bezeichnung, Anschrift, ansprechende, farbige Abbildung von Produkten oder angebotenen Dienstleistungen und möglicherweise die Öffnungszeiten) gleich mitgeliefert bekommt. Es wird dem potenziellen Kunden damit sehr leicht gemacht. Statt einer Auswahl zwischen mehreren Kosmetikstudios unter Nennung der jeweiligen Vor- und Nachteile, die eine eigene Auswahl ermöglicht hätte, erfahren sie nur den einen Namen. Sie brauchen sich nur dessen bebilderte Vorteile zu merken und bei ihrer Entscheidung für ein Kosmetikstudio unkritisch den sicher zutreffenden Empfehlungen der W zu folgen. Damit ist der Beitrag auch gem. § 4 Nr 1 iVm § 3 Abs. 2 UWG unlauter (aA vertretbar).

**ff) Zwischenergebnis.** Eine Unlauterkeitstat liegt vor.

**c) Geeignetheit, die Entscheidungsfähigkeit von Verbrauchern zu beeinträchtigen**

Da gerade in Fragen der Schönheit zeitgeistbedingt selbst bei vielen, durchaus durchschnittlich aufgeklärten und informierten **Verbrauchern**, die sonst rationelle Entscheidungen treffen, streng rationale durch emotionale Überlegungen verdrängt werden, ist die Beeinflussungsgefahr in diesem Bereich besonders hoch[9]. Der als redaktioneller Beitrag aufgemachte Zeitungsartikel, der tatsächlich werbenden Inhalts ist, ist damit geeignet, einen nicht unerheblichen Teil der angesprochenen Verbraucher, die den Text für objektiv und sachlich halten und den entsprechenden Empfehlungen nur deshalb unsachlich und unangemessen in ihrer Entscheidung dahin zu beeinflussen, die Kosmetikleistungen und Produkte von YOU in Anspruch zu nehmen.

**d) Bagatellklausel**

Durch die Breitenwirkung einer Ausgabe der Tageszeitung W, insbesondere, wenn Sonderbeilagen beigefügt sind, ist die in dem Artikel liegende Beeinträchtigung der spürbar, so dass die Bagatellschwelle erreicht wird.

9 Vgl OLG Jena, Urt. v. 21.5.2003, AZ.: 2 U 967/02 *Bellaform*.

#### e) Zwischenergebnis

Der objektive Tatbestand des § 3 Abs. 2 UWG ist erfüllt.

### 2. Rechtswidrigkeit

Rechtswidrigkeit liegt ebenfalls vor.

## V. Unzulässige geschäftliche Handlung, § 3 Abs. 1 UWG

### 1. Objektiver Tatbestand

#### a) Geschäftliche Handlung

Wie unter III.1. festgestellt, liegt eine geschäftliche Handlung iSd § 2 Abs. 1 Nr 1 UWG vor.

#### b) Unlatuerkeit

**aa) Versoßt gegen § 4 Nr 11 iVm § 3 Abs. 1 UWG.** Ein Verstoß gegen § 4 Nr 11 UWG liegt vor (s. IV. 1. b) cc)). Da die Norm auch Mitbewerber schützt, ist eine Unlauterkeit nach § 4 Nr 11 iVm § 3 Abs. 1 UWG gegeben.

**bb) Verstoß gegen § 4 Nr 3 iVm § 3 Abs. 1 UWG.** Ein Verstoß gegen § 4 Nr 3 UWG ist gegeben, wie unter IV. 1. b) dd) geprüft. Die Norm hat auch mitbewerberschützenden Charakter, so dass eine Unlauterkeit nach § 3 Abs. 1 UWG gegeben ist.

#### c) Geeignetheit, die Interessen von Mitbewerbern zu beeinträchtigen.

Der Werbebeitrag ist wegen seiner Aufmachung als redaktioneller Artikel geeignet, die nicht entsprechend positiv herausgestellten Mitbewerber des Kosmetikstudios YOU zu beeinträchtigen.

#### d) Bagatellklausel

Durch die Breitenwirkung der Angabe der Tageszeitung W, sind die Interessen der Mitbewerber spürbar beeinträchtigt.

### 2. Rechtswidrigkeit

Die Rechtswidrigkeit ist gegeben.

## VI. Wiederholungsgefahr

Die Wiederholungsgefahr kann vermutet werden.

## VII. Ergebnis

Der Unterlassungsanspruch von WA hat gegen V und A hat Erfolg.

## B. Anspruch des L auf Erstattung der Abmahnkosten gem. § 12 Abs. 1 S. 2 UWG

Der Anspruch auf Erstattung der Abmahnkosten nach § 12 Abs. 1 S. 2 UWG besteht, wenn die Abmahnung berechtigt war und die dafür aufgewendeten Kosten erforderlich waren.

### I. Berechtigung der Abmahnung, § 12 Abs. 1 S. 1 UWG

Die Abmahnung war begründet, wenn L berechtigt war, Ansprüche auf Unterlassung gem. § 8 Abs. 1 iVm § 3 Abs. 1 UWG geltend zu machen. Dann müsste er aktivlegitimiert sein. L ist jedoch weder Mitbewerber noch tritt er als Wettbewerbsverband iSd § 8 Abs. 3 Nr 2 UWG auf. Mangels Aktivlegitimation scheitert bereits ein lauterkeitsrechtlicher Anspruch des L. Damit war er zur Geltendmachung einer Abmahnung nicht berechtigt. Da die Abmahnung mangels eigenen Unterlassungsanspruchs unzulässig war, kann L in dem späteren Verfahren auf Unterlassung seine Abmahnkosten nicht ersetzt verlangen. Die Frage der Berechtigung seiner Aufwendungen stellt sich in diesem Falle gar nicht mehr. Vielmehr hat er als unterliegende Partei die Kosten selbst zu tragen (§ 91 ZPO).

### II. Ergebnis

L hat keinen Anspruch auf Ersatz der für die Abmahnung getätigten Aufwendungen.

*Hinweis:* Hätte L den Unterlassungsanspruch zB im Auftrag von WA oder im Namen eines Wettbewerbsvereins und damit zulässigerweise zunächst mittels einer Abmahnung geltend gemacht und anschließend im Klagewege den Ersatz der erforderlichen Abmahnkosten gem. § 12 Abs. 1 S. 2 UWG verlangt, so hätte geprüft werden müssen, ob die Abmahnung überhaupt berechtigt war und die Abmahnkosten erforderlich waren (vgl dazu Rn 101 ff, 457 f, 155 ff). Die Fragestellung nach dem Anspruch auf Ersatz der Abmahnkosten eignet sich meines Erachtens auch als Klausureinstieg, da inzident im Rahmen der Prüfung des Anspruchs auf Ersatz der Abmahnkosten die Voraussetzungen eines Unterlassungsanspruchs geprüft werden müssen. Im Anschluss daran muss dann festgestellt werden, dass ein Anspruch auf Ersatz der Abmahnkosten besteht. Ausführlicher zur Abmahnung s. Rn 454 ff. Zur Frage des Rechtsmissbrauchs durch nicht mandatierte Rechtsanwälte, die auch nicht nach § 8 Abs. 3 Nr 2 UWG aktivlegitimiert sind, vgl die Ausführungen unter Rn 101 ff, 155 ff, 457.

*Literaturhinweis zur Abmahnung: Lehr, Rn 479–496*; *Müller-Bidinger*, S. 57 ff; *Teplitzky*, Die Regelung der Abmahnung in § 12 Abs. 1 UWG, ihre Reichweite und einige ihrer Folgen, FS für Ullmann, 2006, S. 999 ff; Muster eines Abmahnschreibens Rn 562.

# Fall 23

## Und der Kampf geht weiter … (fiktiv)

Die Berliner Tageszeitung BM plant, ihre Samstagsausgabe an vier Samstagen hintereinander **452**
an alle Haushalte im Bezirk Berlin-Mitte zu verteilen. Die Ausgaben sollen jeweils verbunden werden mit einer außen angehefteten Werbung, die auf die in vier Wochen stattfindende Messe „Haus und Hof" hinweist. Daneben soll jeweils ein deutlich sichtbarer Hinweis auf den umfangreichen Immobilienteil der BM mit den Worten „Berlins größter und beliebtester Immobilienmarkt" aufmerksam machen. Der Immobilienteil der BM beinhaltet im Vergleich zu anderen Berliner Tageszeitungen seit fünf Jahren die meisten Angebote an Immobilien. Zwar finden sich in speziellen Berliner Immobilienzeitschriften mehr Angebote, diese erscheinen allerdings nicht in einer vergleichbar hohen Auflage. Zudem ist erwiesen, dass seit Jahren die meisten Abschlüsse von Wohnungs- und Gewerbemietverträgen und -käufen auf Anzeigen in der BM zurückgehen. BM bittet zunächst ihre Rechtsabteilung zu prüfen, ob ein solches Vorgehen in materieller Hinsicht unlauter wäre.

## Lösung Fall 23:

453 **A. Unzulässigkeit des viermaligen unentgeltlichen Verteilens der Samstagsausgabe**

### I. Unzulässige geschäftliche Handlung, § 3 Abs. 1 UWG

#### 1. Objektiver Tatbestand

**a) Geschäftliche Handlung**

BM möchte durch das unentgeltliche Verteilen ihrer besonders umfangreichen Samstagsausgabe in dem zentralen, überwiegend von kaufkräftigen Kunden bewohnten Bezirk Berlin-Mitte einen höheren Bekanntheits-, Kauf- und Lesegrad erreichen, um dadurch die Zahl der Abonnenten und so ihren Absatz über Neukunden- und Abonnementgewinnung zu steigern. Eine geschäftliche Handlung iSd § 2 Abs. 1 Nr 1 UWG ist damit gegeben.

*Hinweis:* Wäre der Fall so gestaltet, dass ein Konkurrent im vorhinein die Werbeaktion verhindern will und nach seinen Ansprüchen fragt, hätte im Rahmen der geschäftlichen Handlung eines als sinnvollstes Mittel der Rechtsdurchsetzung angebrachten vorbeugenden Unterlassungsanspruchs zunächst die Erstbegehungsgefahr geprüft werden müssen. Hier kam es bei der rein internen Prüfung der materiellen Begründetheit nicht darauf an.

**b) Unlauterkeitstat**

**aa) Unlauterkeit gem. § 4 Nr 4 iVm § 3 Abs. 1 UWG.** Das unentgeltliche Verteilen könnte gem. § 4 Nr 4 UWG unlauter sein, wenn es sich dabei um eine **Verkaufsfördermaßnahme** wie eine **Zugabe** oder Geschenk handelt und die Bedingungen für die Inanspruchnahme unklar sind. Gemeint sind damit nur Waren oder Leistungen, die unentgeltlich, aber im Zusammenhang mit dem Abschluss eines Rechtsgeschäfts (Kaufvertrages) angeboten werden und die Bereitschaft fördern sollen, die entgeltliche Leistung oder Ware in Anspruch zu nehmen bzw zu erwerben. Fehlt diese Verknüpfung, ist ein **Verschenken grundsätzlich zulässig** (arg. e contrario § 4 Nr 4 UWG)[10]. Da hier die **Ware (Zeitung) selbst verschenkt** werden soll und somit kein Geschenk oder Zugabe zu einer gekauften Ware hinzugegeben wird, liegt kein Verstoß gegen § 4 Nr 4 UWG vor.

**bb) Verstoß gegen § 4 Nr 10 iVm § 3 Abs. 1 UWG.** Das Verschenken von Waren kann jedoch unlauter sein, wenn besondere Unlauterkeitsmomente wie eine **gezielte Mitbewerberbehinderung** hinzukommen. Grundsätzlich ist das Gratisverteilen von Presseerzeugnissen nicht per se unlauter. Sie ist es aber dann, wenn dies zu einer **Marktverstopfung** oder **Marktsättigung** führen kann. Verzichten Verbraucher auf den Erwerb einer Konkurrenzzeitung, weil sie sich wegen des unentgeltlichen Verteilens der Tageszeitung ausreichend informiert fühlen, kann dies einen Unlauterkeitsvorwurf begründen, wenn das Verschenken gezielt eingesetzt wird, um die Nachfrage der Konkurrenzprodukte zu schmälern und die Kunden keine Entscheidung für ein Produkt nach Leistungsgesichtspunkten, sondern wegen der unentgeltlichen Abgabe treffen. Maßgebend ist dabei, in welchem Umfang, mit welcher Intensität und Wirkung das Verschenken als Werbemaßnahme eingesetzt wird sowie die Marktstellung der Parteien. Wird unter Berücksichtigung dieser Umstände durch die kostenlose Abgabe der Presseerzeugnisse ein **Gewöhnungseffekt** ausgelöst und ist dieser verbunden mit einer herausragenden oder starken **Marktstellung**, kann das massenhafte unentgeltliche Verteilen von Zeitungen wie auch sonst das Verteilen von Originalwaren wegen Behinderung der oder des Konkurrenten (und wegen der all-

10 *Köhler*, in: Köhler/Bornkamm, § 4 Rn 1.100; *Lettl*, Rn 204 f.

gemeinen Störung des Wettbewerbs, s. dazu unten) unlauter sein[11]. Das unentgeltliche Verteilen der Samstagsausgabe kann zwar bei den betreffenden Haushalten zu einer beginnenden Gewöhnung führen, auch ist die starke Marktstellung der BM zu berücksichtigen, allein das Verteilen an vier Samstagen wird jedoch nicht ausreichen, um bereits eine Behinderung von Konkurrenten des diversifizierten Berliner Tageszeitungsmarktes, auf dem nicht allein beliebte Immobilienteile für die Gewinnung von Lesern ausschlaggebend sind, zu bejahen.

*Prüfungshinweis:* Eine andere Ansicht ist vertretbar. Auch ist daran zu denken, dass ausreichender Schutz vor der Vertriebsform des unentgeltlichen Verteilens über die kartellrechtlichen Missbrauchs- und Diskriminierungsverbote der Art. 82 EG sowie der §§ 19 Abs. 1, Abs. 4 Nr 1, 20 Abs. 1, Abs. 4 GWB erreicht werden kann, so dass es eines Rückgriffs auf den Lauterkeitsschutz nicht mehr bedarf[12].

**cc) Verstoß gegen § 4 Nr 3 iVm § 3 Abs. 1 UWG.** Das unentgeltliche Verteilen von Zeitungen ist eine Vertriebsform, die der Steigerung des Bekanntheitsgrades der Zeitung dient. Auf diese Weise sollen neue Kunden gewonnen werden. Durch das unentgeltliche Liefern in den Hausbriefkasten erhalten die Verbraucher einen erleichterten Zugriff auf die Zeitung, was ihnen ein Kennenlernen ohne eigenes Engagement ermöglicht. Dadurch sollen die positiven Eigenschaften der Zeitung für den Leser sichtbar werden. Darin liegt ein Bewerben der Zeitung. Der Werbecharakter der geschäftlichen Handlung des unentgeltlichen Verteilens wird dabei nicht verschleiert, so dass es an einer Unlauterkeitstat iSd § 4 Nr 3 UWG fehlt.

**dd) Verstoß gegen § 4 Nr 1 iVm § 3 Abs. 1 UWG.** Da das Verteilen an keine Bedingungen geknüpft ist und das viermalige Austeilen der Samstagsausgabe der BM die Entscheidungsfreiheit der Verbraucher nicht in der Weise intensiv beeinträchtigt, dass sie sich aufgrund einer übermäßigen Gewöhnung jedes freien, unabhängigen und sachlichen Urteils beraubt fühlen und nicht mehr in der Lage sind, sich aus rationalen Gründen für eine Tageszeitung ihrer Wahl zu entscheiden, liegt kein Unlauterkeitsverstoß iSd § 4 Nr 1 UWG vor.

**ee) Verstoß gegen § 3 Abs. 1 UWG wegen unlauterer Kopplung.** Da das unentgeltliche Verteilen nicht an den Erwerb einer Ware geknüpft ist, liegt auch – unabhängig von dem Transparenzgebot bei Verkaufsfördermaßnahmen nach § 4 Nr 4 UWG – keine Kopplung vor.

**ff) Verstoß gegen § 3 Abs. 1 UWG wegen einer allgemeinen Marktstörung, Gefährdung des Wettbewerbs und des Institutsschutzes der berichterstattenden Presse.** Geht von der kostenlosen Abgabe der Samstagsausgabe der BM unter Berücksichtigung des Umfangs, der Intensität und der Marktstellung eine ernstliche Gefahr für den **Bestand des Wettbewerbs** oder den **Institutsschutz der berichterstattenden Presse** aus, ist dies unlauter[13]. Eine ernstliche Gefahr liegt dann vor, wenn eine Zeitung **dauerhaft kostenlos** abgegeben wird[14], da in solchen Fällen für die wesentlichen Verkehrskreise keine Auswahl nach Sachkriterien mehr besteht, sondern das kostenlose Angebot ohne Qualitätsentscheidung, also ohne besondere Leistung, sondern allein aufgrund seiner Entgeltlosigkeit ausgewählt wird. Für die Annahme eines dauerhaften Verteilens, das letztlich zu einer Marktverstopfung führen kann, könnte sprechen, dass es sich bei der verteilten Zeitung um die **Samstagsausgabe** handelt, die idR die interessanteste und umfangreichste Ausgabe der Woche ist. Zudem werden jeweils **dieselben Haushalte** an vier aufeinander folgenden Wochenenden mit der Zeitung versorgt, was schnell einen **Gewöhnungseffekt** auslösen kann. Auch ist die **starke Marktposition** der BM zu beachten, schließlich handelt es sich hierbei nicht

---

11 Bejahend bzgl der massenhaften unentgeltlichen Abgabe von Sonntagszeitungen BGH GRUR 1996, 778, 780 *Stumme Verkäufer*; vgl auch OLG Hamburg GRUR 1988, 135 ff.
12 Vgl dazu BGH NJW 2004, 2083 *20 Minuten Köln*; BGH WRP 2004, 746 *Zeitung zum Sonntag*.
13 KG GRUR 2000, 624.
14 BGH GRUR 1996, 778, 780 *Stumme Verkäufer*.

um einen Newcomer, der auf diese Weise in den Markt zu gelangen versucht. Allerdings wird trotz Gewöhnungseffekten bei einzelnen Verbrauchern ein Verteilen an vier Samstagen und nur in bestimmten Haushalten nicht ausreichen, um bereits den Wettbewerb als Institution zu verletzen oder eine allgemeine Marktstörung hervorzurufen oder den Institutsschutz der Presse zu gefährden. Auf einem **diversifizierten Markt** wie dem Berliner Tagespressemarkt, auf dem sich verschiedene Zeitungen drängen, die über neue Werbeformen versuchen, neue Kunden zu gewinnen, sind die Barrieren für einen Unlauterkeitsvorwurf höher anzusetzen als auf einem Markt, der im Wesentlichen von einem auflagenstarken marktbeherrschenden Unternehmen dominiert wird, das zusätzlich durch solche Werbemaßnahmen alle kleineren Anbieter vom Markt zu verdrängen versucht. Werbeformen wie Probeabonnements oder Möglichkeiten des unentgeltlichen oder vergünstigten Bezugs über einen kurzen Zeitraum gehören zu den unterschiedlichen Methoden verschiedener Tageszeitungen, an den die angesprochenen Verkehrskreise gewöhnt sind, ohne dass er durch diese Aktionen sogleich in Abhängigkeit verfiele.

(Eine andere Ansicht war auch hierzu vertretbar.)

#### 2. Zwischenergebnis

Eine Unlauterkeitstat liegt vor.

### II. Zwischenergebnis

In dem unentgeltlichen Verteilen ist eine unzulässige geschäftliche Handlung zu sehen.

## B. Werbung für die Messe

### I. Unzulässige geschäftliche Handlung, § 3 Abs. 1 UWG

#### 1. Objektiver Tatbestand

##### a) Geschäftliche Handlung

Mit Hilfe der Werbung für die Messe soll unmittelbar das Besucherinteresse für die Immobilienmesse angeregt und mittelbar das Kaufinteresse für Immobilien geweckt oder verstärkt werden. Die Werbeanzeige erfüllt insofern die Kriterien einer geschäftlichen Handlung iSd § 2 Abs. 1 Nr 2 UWG, da durch sie der Absatz der Tickets für die Messe und später der Absatz der Immobilien gesteigert werden soll. Da es hier nicht auf die Inhalte der Werbeanzeige und somit nicht auf ein Verhalten der Veranstalter der Messe oder der einzelnen Aussteller ankommt, sondern nur auf ein Verhalten der BM, ist fraglich, ob die BM durch das Anheften an ihre Samstagausgaben selbst wettbewerblich in unlauterer Weise gehandelt hat. Für das Vorliegen einer geschäftlichen Handlung genügt zwar grundsätzlich das Ziel, den Absatz eines **fremden Unternehmens** fördern zu wollen. Mit dem Abdrucken einer Anzeige geht jedoch schon wegen des **Trennungsgebots** nicht ein eigenes Interesse einer Zeitung und Zeitschrift einher, dadurch den Absatz des werbenden Unternehmens steigern zu wollen. Es ist gerade Ausfluss des Trennungsgebots, das allein in dem Abdruck von Anzeigen keine mittelbare Förderung des Absatzes des werbenden Unternehmens liegt, auch wenn die Inhalte der Anzeigen vom Schutz der Pressefreiheit mit umfasst sind und das Presseorgan sich die Inhalte zurechnen lassen muss. Neben dem Kaufpreis wird jedoch über Anzeigen ein erheblicher Teil der Kosten einer Zeitung (Druckkosten, Kosten für die angestellten und freien Mitarbeiter etc) finanziert. Wegen dieser Bedeutung von **Anzeigen als Finanzierungsinstrument** und der Verknüpfung der Größe des Anzeigenteils und der Sicherung des Verkaufs einer Zeitung bzw ihrer Auflagenhöhe wird eine Zeitung **in eigener Sache wettbewerblich** zur Förderung ihres eigenen Absatzes tätig, wenn sie fremde Anzeigen abdruckt.

*Prüfungshinweise:*

1. Es ist auch vertretbar, ein eigenes wettbewerbliches Handeln der BM mangels Vorliegens einer geschäftlichen Handlung abzulehnen und die Prüfung damit an dieser Stelle bzgl der Anzeige zu beenden.
2. Ebenso war vertretbar, ein mittelbares wettbewerbliches Verhalten durch Förderung der Absatzinteressen der werbenden Unternehmen zu bejahen. Dies konnte damit begründet werden, dass Presseunternehmen grundsätzlich nicht nur auf einem, sondern auf zwei Märkten, dem Lese- und dem Anzeigenmarkt tätig sind[15].

#### b) Unlauterkeitstat iSd § 3 Abs. 1 UWG

Die angeheftete Beilage für die Immobilienmesse könnte unlauter sein, wenn dadurch gegen das **presserechtliche Trennungsgebot**, gegen das **Verbot der Verschleierung** des **Werbecharakters** verstoßen oder die **Entscheidungsfreiheit der Verbraucher unsachlich und unangemessen beeinflusst** würde. Ein Verstoß gegen das Trennungsgebot liegt schon deshalb nicht vor, weil die Werbeanzeige lediglich an die Zeitung geheftet wurde und damit schon räumlich deutlich getrennt von den redaktionellen Beiträgen veröffentlicht wurde und damit eindeutig als Werbung identifizierbar war. Ein Verstoß gegen das gem. **§ 4 Nr 11 UWG iVm Pressegesetzen** geschützte Trennungsgebot zwischen redaktionellem Teil und Anzeigenteil liegt daher nicht vor. Auch ein Verstoß gegen **§ 4 Nr 3 UWG** scheidet aus, da der Werbecharakter der Anzeige erkennbar ist und daher gerade nicht verschleiert wird. Die Anzeige ist eindeutig von ihrer äußeren Form und ihrer Textbotschaft als Werbebroschüre erkennbar. Eine Beeinflussung eines Teils der sich tatsächlich oder potenziell für Immobiliengeschäfte interessierenden Kunden in der Weise, dass sie durch die Kombination mit der BM den Werbeinhalten eine größere Glaubwürdigkeit und Seriosität beimessen, die sie zum Besuch der Messe animiert, ist zwar möglich, aber sie überschreitet nicht die Unangemessenheits-Unsachlichkeitsschwelle des **§ 4 Nr 1 UWG**. Vielmehr wird sich die allenfalls geringe Suggestivwirkung noch in dem als erträglich zu betrachtenden Maße einer positiven Herausstellung bewegen.

#### c) Zwischenergebnis

Damit würde BM nicht unlauter handeln, wenn sie die Anzeige für die Messe an ihre Samstagausgaben anheftet.

### 2. Zwischenergebnis

Folglich ist bereits der objektive Tatbestand des § 3 Abs. 1 UWG nicht erfüllt.

### II. Ergebnis

In der Werbung für die Messe liegt demnach keine unzulässige geschäftliche Handlung der BM.

## C. Werbung für den Immobilienteil

### I. Unzulässige geschäftliche Handlung, § 3 Abs. 1 UWG

### 1. Objektiver Tatbestand

#### a) Geschäftliche Handlung

Mit dem positiven Hervorheben der Eigenschaften des Immobilienteils der BM betreibt sie **Werbung in eigener Sache**. Damit liegt eine geschäftliche Handlung iSd § 2 ABs. 1 Nr 1 UWG vor.

15 *Schmid*, WRP 2000, 991 ff.

Können grundsätzlich bei Handlungen von Presseorganen Zweifel an einem Verhalten zur Förderung des Absatzes des eigenen oder eines fremden Unternehmens bestehen, ist diese unzweifelhaft gegeben, wenn ein Presseorgan Werbung für das eigene Produkt betreibt. BM hat folglich auch mit der Absicht gehandelt, wettbewerblich tätig zu werden.

**b) Unlauterkeit**

**aa) Unlauterkeit wegen Irreführung aufgrund unzulässiger Spitzenstellungsberühmung, § 5 Abs. 1, Abs. 2 S. 1 Nr 1 iVm § 3 Abs. 1 UWG.** Zwar handelt es sich bei der die eigenen Vorzüge positiv herausstellenden Aussage über den größten und beliebtesten Immobilienteil Berlins um eine **Werbung** für das eigene Produkt. Fraglich ist aber, ob es sich bei den Bezeichnungen „größte" und „beliebteste" überhaupt um **Angaben** und nicht lediglich um reine Meinungsäußerungen handelt, die offensichtlich auf einer rein subjektiven Wertung beruhen. Zwar enthält das Urteil über die Beliebtheit in der Superlativform „beliebtest" subjektive Elemente, die Beliebtheit lässt sich jedoch auch an objektiv überprüfbaren Maßstäben wie Umfang der Anzeigen, Auflagenhöhe der Zeitung, Gegenüberstellung lediglich mit dem Angebot anderer Berliner Tageszeitungen und dem Abschluss von Kauf-, Miet- und Pachtverträgen messen. Diese Bezugnahme auf Tatsachen, die dem Beweis zugänglich sind, gilt erst recht für die Bezeichnung „größte". Zudem ist der BM diese Stellung wichtig, dh sie will diese nicht nur plakativ marktschreierisch herausposaunen, sondern möchte mit ihrer Aussage und mit ihrer Rolle in der Stadt ernst genommen werden. Die Bezeichnungen „beliebtest" und „größte" sind daher Angaben iSd § 5 Abs. 2 S. 1 Nr 1 UWG (Angabe über ein Merkmal der „Ware" BM)[16].

Fraglich ist, ob die Aussage **irreführend** ist. Sie könnte in Zusammenhang mit der Werbeaussage wegen einer unzulässigen **Spitzenstellungsberühmung** unlauter sein. Eine Spitzenstellungsberühmung ist jedoch nicht per se, sondern nur dann irreführend, wenn der sich Berühmende die Stellung tatsächlich nicht mit einer gewissen Stetigkeit innehat. Maßgebend dafür, dass BM hinsichtlich des Immobilienteils eine solche hervorgehobene Position innehat, ist die Beurteilung des **relevanten Marktes**. Sachlich und räumlich relevant ist der Markt der Berliner Tageszeitungen, die einen Immobilienteil anbieten. Für eine Spitzenstellung der BM spricht zum einen, dass ihr Anzeigenteil gegenüber den Immobilienteilen der anderen Berliner Tageszeitungen **tatsächlich** und auch über eine **gewisse Dauer** eine **führende Stellung** einnimmt. Zum anderen spricht die Auflagenhöhe für eine tatsächliche Spitzenstellung ebenso wie die erfolgreichen Vertragsabschlüsse aufgrund der Annoncen in der BM. Somit konnte sich BM ihrer Spitzenstellung in zulässiger Weise berühmen.

**bb) Unlauterkeit wegen Verschleierung des Werbecharakters gem. § 4 Nr 3 iVm § 3 Abs. 1 UWG.** Eine Unlauterkeit wegen Verschleierung des Werbecharakters gem. § 4 Nr 3 UWG scheitert schon daran, dass die BM offen für ihren Immobilienteil wirbt und es damit schon an dem Verschleierungstatbestand fehlt.

**cc) Unlauterkeit wegen unangemessener unsachlicher Beeinflussung iSd § 4 Nr 1 iVm § 3 Abs. 1 UWG.** Die Beeinflussung eines Teils der angesprochenen Verkehrskreise, namentlich der Zeitungsleser, die sich für den Kauf oder Verkauf bzw für die An- oder Vermietung von Wohn- oder Gewerberäumen interessieren, ist zwar möglich, sie wird aber nicht so gravierend sein, dass

16 Vgl KG GRUR-RR 2001, 60 *Die Stimme Berlins*; eine nicht ernst zu nehmende Übertreibung sah der BGH hingegen in der Werbeaussage *„Das Beste am Morgen (Kellogg's)"*, BGH GRUR 2002, 182, 183. Der Unterschied liegt darin, dass das, was am Morgen das Beste ist, allein der rein subjektiven Einschätzung jedes Einzelnen überlassen bleibt, was für den einen das Müsli, ist für den anderen das Duschen, die Zeitung, ein morgendlicher Waldlauf, das Schwingen großer Reden oder langes Schlafen.

sich die Berliner Zeitungsleser allein aufgrund der Werbung für den regelmäßigen Kauf oder ein Abonnement der BM entscheiden. So dass es an einer unangemessenen unsachlichen Beeinflussung iSd § 4 Nr 1 UWG fehlt.

**c) Zwischenergebnis**

Damit fehlt es an einer Unlauterkeitstat.

### 2. Zwischenergebnis

Der objektive Tatbestand ist folglich nicht erfüllt.

### II. Ergebnis

In der Werbung für den Immobilienteil liegt demnach keine unzulässige geschäftliche Handlung iSd § 3 Abs. 1 UWG.

### D. Gesamtergebnis

Weder das Verteilen der Zeitung an vier aufeinander folgenden Samstagen an alle Haushalte in einem bestimmten Bezirk von Berlin noch das positive Herausstellen des eigenen Immobilienteils und der in eine Werbeanzeige gekleidete Hinweis auf die bevorstehende Immobilienmesse erfüllen den Tatbestand der Unlauterkeit. Der geplanten Werbeaktion der BM stehen daher keine lauterkeitsrechtlichen Bedenken entgegen.

# § 12 Außergerichtliche Durchsetzung wettbewerblicher Ansprüche: Abmahnung, § 12 Abs. 1 UWG

**Abmahnung** ist die Mitteilung eines nach § 8 Abs. 3 UWG Anspruchsberechtigten 454
an einen Verletzer, dass er sich durch eine genau bestimmte Handlung wettbewerbswidrig verhalten hat, verbunden mit der Aufforderung, dieses Verhalten in Zukunft zu unterlassen und binnen einer bestimmten Frist eine strafbewehrte Unterlassungserklärung abzugeben[1]. Vereinzelt wird vertreten, dass es sich bei der Abmahnung um eine **empfangsbedürftige Willenserklärung** handelt, auf die die §§ 145 ff, 130 BGB Anwendung finden und Vertretung zulässig ist (dazu, dass § 174 BGB nicht anwendbar ist, s. Rn 463a)[2]. Eine besondere **Form** muss nicht eingehalten werden; sowohl die

1 Gesetzes-Begründung BT-Drs. 15/1487, S. 25.
2 Vgl *Emmerich*, § 25 Rn 11; so auch KG Betr. 1982, 1611, 1612, *Fritzsche*, Unterlassungsanspruch 2000, S. 291 ff; überwiegend wird dies jedoch abgelehnt, s. OLG Frankf./M. BB 1988, 1907; OLG Braunschweig GRUR 2004, 887; *Teplitzky*, Kap. 41 Tz. 5 f.

Aufforderung als auch die Unterlassungserklärung sowie die Unterwerfungserklärung können in dringenden Fällen telefonisch abgegeben werden.

455 In der **Unterwerfungserklärung** muss der Adressat erklären, dass er für den Fall einer erstmaligen oder erneuten wettbewerbsrechtlichen Verletzungshandlung eine **angemessene Vertragsstrafe** zu zahlen bereit ist. Ihm wird zur Abgabe der Erklärung eine Frist gesetzt. Bei der strafbewehrten Unterlassungserklärung handelt es sich um einen **Vertrag, §§ 311, 339 BGB**, und zwar in der Regel in Form eines **abstrakten Schuldversprechens** (§ 780 BGB). Die Erklärung wird meist gegenüber dem Beeinträchtigten abgegeben. Möglich ist aber auch die Erklärung **gegenüber Dritten** (§ 3 Abs. 128 BGB). Die Unterlassungserklärung muss verbunden sein mit dem **unbefristeten und unbedingten Angebot einer angemessenen Vertragsstrafe**. Sie ist als Dauerschuldverhältnis **außerordentlich kündbar**. Möglich ist auch die Aufnahme eines Vorbehalts für den Fall des Wegfalls der Geschäftsgrundlage durch Aufnahme einer auflösenden Bedingung. Besondere Formvorschriften bestehen nicht, so dass die Erklärung auch mittels **Telefax** übermittelt werden kann, es sei denn, der Gläubiger verlangt die handschriftliche Unterzeichnung.

456 **Rechtsfolgen der verschiedenen Reaktionen des Abgemahnten auf die Abmahnung:**

- **Der Adressat hat fristgerecht Unterlassung des konkret bezeichneten Verhaltens erklärt und die verlangte Unterwerfungserklärung abgegeben:** dann hat sich der Streit außergerichtlich erledigt. Der Unterlassungsanspruch erlischt, weil die Wiederholungsgefahr entfallen ist. Durch die Unterwerfungserklärung ist der Gläubiger gegen eine Wiederholung des gleichen Wettbewerbsverstoßes geschützt. Mit der Erklärung erlangt er einen **vertraglichen Unterlassungsanspruch**. Im Falle eines erneuten Verstoßes kann er Zahlung einer **Vertragsstrafe** (§§ 3 Abs. 139 ff BGB) verlangen.
- **Der Adressat verweigert die Abgabe der Unterlassungserklärung**: dann kann der Gläubiger seinen Anspruch im Wege eines einstweiligen Verfügungsverfahrens geltend machen und/oder Klage erheben. Da in diesem Falle der Adressat der Abmahnung Anlass zur Klage gegeben hat, hat der Kläger sein Kostenrisiko gemäß § 93 ZPO (sofortiges Anerkenntnis) vermieden.

## I. Abmahnbefugnis und Folgen einer unbefugten Abmahnung

457 Zur Abmahnung befugt sind alle in § 8 Abs. 3 UWG Genannten, die zur Geltendmachung eines Unterlassungsanspruchs berechtigt sind[3]. In der Regel brauchen sie ihre Sachbefugnis nicht besonders darzulegen, da sie sich entweder aus ihrer Mitbewerberstellung ergibt oder aus ihrer Anerkennung als qualifizierte Einrichtung folgt; lediglich bei weniger bekannten Wettbewerbsverbänden kann unter Umständen eine Erfüllung der in § 8 Abs. 3 Nr 2 UWG genannten Anforderungen darzulegen sein.

3 Vgl Harten/Henning/*Brüning/Retzer*, § 12 Rn 20.

Steht dem Abmahnenden kein Unterlassungsanspruch zu, ist die **Abmahnung unberechtigt**[4]. Mahnt zB ein **Rechtsanwalt** das werbende Unternehmen unter Berufung auf das Allgemeininteresse an einem lauteren Wettbewerb ab, ist die Abmahnung unberechtigt, wenn er dazu weder durch einen Mitbewerber noch durch einen Wettbewerbs- oder Verbraucherverband mandatiert wurde und auch nicht im Namen eines von ihm nebenberuflich betriebenen Wettbewerbsvereins oder im Namen eines ihm gehörenden Unternehmens, das als Mitbewerber betroffen ist, handelt. Gut vertretbar ist es auch, in einem solchen Verhalten eine **rechtsmissbräuchliche Abmahnung** zu sehen. Insbesondere, wenn diese Form der Abmahnung „aus eigenem Antrieb" regelmäßig und in erster Linie im Interesse der Erzielung von Gebühren erfolgt (zu den Anforderungen an ein rechtsmissbräuchliches Verhalten zB durch Abmahnung iSd § 8 Abs. 4 UWG s. die Ausführungen unter Rn 101 ff, 468). Letztlich kann aber dahinstehen, ob in diesen Fällen die Abmahnung unzulässig oder wegen Rechtsmissbrauchs unbegründet war, zumal die dogmatische Einordnung des Einwands rechtsmissbräuchlichen Verhaltens ebenfalls umstritten ist (s. dazu Rn 101 ff). Schließlich bedarf es einer Abgrenzung der unberechtigten Abmahnung von der rechtsmissbräuchlichen Abmahnung nicht, da sich die Rechtsfolgen letztlich nicht voneinander unterschieden. Folge ist in jedem Fall, dass nicht nur der Abmahnung keine Wirkung zukommt (Unbeachtlichkeit der Abmahnung), sondern auch der Anspruch auf Unterlassung nicht geltend gemacht werden kann, sei es, weil dem Abmahnenden die Befugnis fehlt, sei es, weil die Geltendmachung seines vermeintlichen Anspruchs rechtsmissbräuchlich ist (vgl § 8 Abs. 4 UWG)[5]. In beiden Fällen ist – da es keine vorherige gerichtliche Kontrolle der Abmahnung gibt (diese findet allenfalls in einem späteren Prozess um die Kosten der Abmahnung statt) – zu befürchten, dass eine Abmahnung versandt wird und der Abmahnende im Falle der Nichtreaktion des abgemahnten Unternehmens eine einstweilige Verfügung beantragt. Der Abgemahnte kann zumindest eine **Schutzschrift** bei den in Betracht kommenden Gerichten hinterlegen und darin nicht nur Gründe zu seiner Entlastung, sondern auch zur fehlenden Berechtigung des abmahnenden Rechtsanwalts vortragen. Gegenansprüche gegen den unberechtigt bzw rechtsmissbräuchlich Abmahnenden auf Unterlassung oder Beseitigung zB wegen Verletzung von §§ 4 Nr 10 iVm § 3 Abs. 1 UWG stehen ihm schon mangels Mitbewerberverhältnis zu dem Rechtsanwalt nicht zu. Bei gehäuften Abmahnungen eines dazu nicht befugten Rechtsanwalts können allerdings **Verbraucherverbänden** zB wegen allgemeiner Marktstörung Abwehransprüche zustehen. Auch können sie im Wege einer **Gegenabmahnung** den zu Unrecht Abmahnenden zur Unterlassung weiterer Abmahnungen auffordern, wenn diese zu befürchten sind. Ihre Aufwendungen können sie bei berechtigter Gegenabmahnung und, soweit diese erforderlich waren, gem. § 12 Abs. 1 S. 2 UWG erstattet bekommen (s. dazu oben und unter Rn 465). Auch können sie **negative Feststellungsklage** erheben, um festzustellen, ob der Abmahnende zur Abmahnung berechtigt war[6]. 458

4 OLG Hamburg NJW-RR 1999, 1060, 1063 *Bild dir keine Meinung*; *Deutsch*, Gedanken zur unberechtigten Schutzrechtsverwarnung, WRP 1999, 25 f; *Ekey*, in: Ekey/Klippel/Kotthoff, I § 12 Rn 84 ff; Harten/Henning/*Brüning*, § 12 Rn 104.

5 BGHZ 149, 371, 379 f *Missbräuchliche Mehrfachabmahnung*.

6 Zu den Rechtsfolgen einer unberechtigten Abmahnung Fezer/*Büscher*, § 12 Rn 35 ff. Dazu, dass eine vorherige Gegenabmahnung nicht erforderlich ist zB Harten/Henning/*Brüning/Retzer*, § 12 Rn 113; *Piper*/Ohly § 12 Rn 27.

## II. Keine Rechtspflicht zur Abmahnung

459 Die Vorschrift des § 12 Abs. 1 UWG regelt nun ausdrücklich das von der Rechtsprechung entwickelte Institut der Abmahnung und der Unterwerfung sowie den Aufwendungsersatzanspruch. § 12 UWG ist als **Sollvorschrift** normiert, dh es besteht **keine Rechtspflicht** zur vorherigen Abmahnung. Im Falle des sofortigen Anerkenntnisses des Anspruchs bei unterlassener Abmahnung trifft den Kläger dann regelmäßig die **Kostenlast** (§ 93 ZPO); allerdings gibt es davon wiederum **Ausnahmen**. Etwa besteht eine Erforderlichkeit zur vorherigen Abmahnung nicht, wenn diese **ohnehin zwecklos** wäre, etwa wenn der Schuldner regelmäßig Wettbewerbsverstöße der gleichen oder anderer Art begangen hat oder sich in der Vergangenheit durch Unterwerfungserklärungen nicht von der Fortsetzung seiner Unlauterkeitstaten hat abschrecken lassen. Erforderlich ist eine vorherige Abmahnung des Weiteren nicht in **besonders eilbedürftigen Fällen** zB um die Wegschaffung nachgeahmter Produkte nicht zu begünstigen, sondern sie unmittelbar über den sofortigen Antrag auf Erlass einer einstweiligen Verfügung zu sichern.

*Hinweis:* Ausführlicher zur Ausgestaltung des § 12 Abs. 1 S. 1 UWG als Sollvorschrift, den daraus zu ziehenden Konsequenzen und der Kostentragungspflicht s. die Ausführungen im Zusammenhang mit dem Aufwendungsersatzanspruch gem. § 12 Abs. 1 S. 2 UWG (unter Rn 101 ff).

## III. Notwendiger Inhalt eines Abmahnschreibens

### 1. Nennung der Parteien und Angabe des konkret beanstandeten Verhaltens

460 Neben den Parteien muss das beanstandete Verhalten so konkret bezeichnet werden, dass der Abgemahnte unschwer erkennen kann, welches Verhalten als wettbewerbswidrig angesehen wird, so dass er weiß, was er zu unterlassen hat. Gerade bei Unternehmen, die aktiv Werbung betreiben und gern die Grenzen des Zulässigen ausreizen, häufen sich Abmahnungen, so dass sie im Falle unbestimmter Abmahnungen nicht entsprechend reagieren können.

### 2. Verlangen einer unbedingten, strafbewehrten Unterlassungserklärung

461 Wegen des behaupteten Wettbewerbsverstoßes muss eine unbedingte, strafbewehrte Unterlassungserklärung abgegeben werden. Die Höhe der Vertragsstrafe ist wiederum einzelfallabhängig (vgl dazu die Ausführungen unter Rn 87, 90 und 455).

**Beispiel:** „Hiermit verpflichtet sich die I-AG durch Unterschrift dieser Unterwerfungserklärung gegenüber der A & B GmbH & Co. KG, es zu unterlassen, … Für jeden Fall der Zuwiderhandlung gegen diese Verpflichtung ist die I-AG zur Zahlung einer Vertragsstrafe in Höhe von … € an die A & B GmbH & Co. KG verpflichtet."

### 3. Setzen einer angemessenen Frist bis zur Rücksendung

462 Eine Frist von acht bis zehn Tagen gilt grundsätzlich als angemessen. Allerdings ist die Angemessenheit stark einzelfallabhängig, je nach Eilbedürftigkeit kann auch eine Frist von wenigen Stunden ausreichend sein.

### 4. Androhung gerichtlicher Schritte

Dem Abgemahnten muss erklärt werden, dass bei Verweigerung der Abgabe der Unterlassungserklärung der Erlass einer einstweiligen Verfügung beantragt wird oder das Klageverfahren eingeleitet wird. **463**

### 5. Abmahnung ohne Originalvollmacht wirksam

Zwar findet § 174 BGB grds. auch auf geschäftsähnliche Handlungen entsprechend Anwendung. Die wettbewerbliche Abmahnung ist jedoch mit solchen geschäftsähnlichen Handlungen nicht vergleichbar[7]. **463a**

Der BGH hat mit Urteil vom 19.5.2010 klargestellt, dass § 174 BGB nicht auf die wettbewerbsrechtliche Abmahnung anwendbar ist, wenn diese mit einem Angebot zum Abschluss eines Unterwerfungsvertrages verbunden ist[8]. Die Abmahnung ist daher nicht unwirksam, wenn sie ohne Vorlage einer Originalvollmacht versandt wird. Der Abgemahnte kann aber die Vorlage der Originalvollmacht verlangen.

*Literaturnachweis: Teplitzky,* Abmahnung und Vollmachtsvorlage. Zum noch relevanten Rest des Meinungsstreites, WRP 2010, S. 1427 ff.

## IV. Ersatz von Abmahnkosten

### 1. Rechtlicher Grund für den Ersatz der Abmahnkosten

Die Abmahnkosten gelten als Teil der **Prozessvorbereitungskosten**. Diese hat grundsätzlich die unterlegene Partei zu tragen (§ 91 ZPO). Hat der Abgemahnte zuvor eine **Unterwerfungserklärung** abgegeben, hat ein anschließender Rechtsstreit keine Aussicht mehr auf Erfolg. Die Kosten des Verfahrens kann der Kläger allerdings geltend machen, wenn die Abmahnung wegen Bestehens eines Unterlassungsanspruchs objektiv gerechtfertigt war und die Kosten erforderlich waren. Ein **Rechtsanwalt**, der sich selbst für die Abmahnung mandatiert (s. zur **Selbstmandatierung** Rn 101 ff und 457 f), hat – schließlich fehlte es ihm schon an einem Anspruch auf Unterlassung – dagegen keinen Anspruch auf Erstattung seiner Anwaltsgebühren[9]. **464**

*Hinweis:* Ausführlicher zu der Kostentragungspflicht s. die Ausführungen im Zusammenhang mit dem Aufwendungsersatzanspruch gem. § 12 Abs. 1 S. 2 UWG (unter Rn 155 ff).

*Aufbauhinweis:* Die Prüfung eines Anspruchs auf Erstattung der Abmahnkosten könnte ein interessanter Aufhänger für eine Klausur sein. Inzident müsste dann geprüft werden, ob ein Unterlassungsanspruch gem. § 8 Abs. 1 iVm § 3 Abs. 1 UWG vorliegt. S. dazu den Fall ***Kosmetikstudio***, Rn 450 f.

---

7 Vgl Fezer/*Büscher*, § 12 Rn 7; Hart/Henning/*Brüning*, § 12 Rn 31; *Ahrens*, Kap. 1 Rn 107; *Teplitzky*, Kap. 41, Rn 6, 21 f mwN; aA Piper/*Ohly*, § 12 Rn 9.

8 BGH GRUR 2010, 1120 ff *Vollmachtsnachweis*; bestätigend OLG Hamm Urt. v. 28.7.2011, AZ 4 U 55/11; so bereits OLG Hamm Urt. v. 17.7.2008, AZ 4 U 60/08; WRP 1982, 592; OLG Frankf./M. Urt. v. 26.7.2001, AZ 6 W 132/01; LG Köln MMR 2008, 126; *Busch*, GRUR 2006, 477; aA *Emmerich* § 25 Rn 12.

9 BGH GRUR 2004, 789 f *Selbstauftrag*.

### 2. Höhe der Abmahnkosten

465 Üblich sind **Abmahnpauschalen**, die sich nach Umfang und Schwierigkeit des Sachverhalts zwischen ca. 70 und 200 € bewegen[10]. Pauschalen werden sowohl von Verbänden wie von den abmahnenden Unternehmen (Mitbewerbern) erhoben. Wird hingegen ein **Rechtsanwalt** mit der Betrauung eines Abmahnschreibens beauftragt (zur **Erforderlichkeit der Beauftragung** eines Rechtsanwalts mit dem Verfassen eines Abmahnschreibens s. die Ausführungen im Zusammenhang mit dem Aufwendungsersatzanspruch unter Rn 155 ff), werden die Kosten allerdings häufig deutlich über dieser Pauschale liegen. Ist ein Rechtsanwalt nur mit der Abmahnung beauftragt, steht ihm eine **Geschäftsgebühr** gem. §§ 2 Abs. 2, 13 RVG iVm Nr 2400 VV (Rahmen von 0,5 bis 2,5) zu, wobei die **Mittelgebühr** bei weniger schwierigen oder umfangreichen Fällen auf 1,3 begrenzt wird. Der Geschäftswert der Abmahnung richtet sich nach dem **Gegenstandswert im Hauptsacheverfahren**, da durch die Abmahnung ein endgültiger Titel verschafft wird (§§ 23 Abs. 1 S. 3 RVG, § 12 Abs. 1 GKG, § 3 ZPO; vgl zum Streitwert im gerichtlichen Verfahren Rn 471). Wird der Rechtsanwalt nach erfolgloser Abmahnung auch mit dem **Erwirken einer einstweiligen Verfügung** oder der **Einreichung einer Klage beauftragt**, wird die Geschäftsgebühr, die idR 1,3 beträgt, für die Abmahnung **zur Hälfte auf die Verfahrensgebühr angerechnet** (Nr 3100 VV zu § 2 Abs. 2 RVG), also mit einem Gebührensatz von 0,65.

*Hinweis:* S. zu den Kosten und insbesondere dazu, in welchen Fällen sie berechtigt sind, die Ausführungen unter Rn 101 ff, 457 f, 155 ff, *Müller*-Bidinger, S. 69 ff, s. auch den Fall ***Kosmetikstudio***, Rn 450 f (unter B.).

*Literaturhinweis: Hartung*, GRUR 2004, 1409, 1414; *Otto*, NJW 2004, 1420 f; *Bornkamm*, in: Köhler/Bornkamm, § 12 Rn 1.92 ff.

## V. Folgen einer erfolgreichen Abmahnung

466 Ist eine Abmahnung erfolgreich, hat sie also dazu geführt, dass der Abgemahnte sich „unterworfen“ und von der weiteren Begehung des abgemahnten Verhaltens absieht, zieht dies die folgenden rechtlichen Wirkungen nach sich:

- außergerichtliche Streitbeilegung.
- kein Unterlassungsanspruch mehr, da die Wiederholungsgefahr entfallen ist.
- durch die Unterwerfungserklärung wird ein vertragliches Rechtsverhältnis begründet.
- bei wiederholtem Verstoß hat der Gläubiger (Abmahnende) einen Anspruch auf Zahlung einer Vertragsstrafe.

---

10 BGH GRUR 1990, 282 *Wettbewerbsverein IV*; KG GRUR 1987, 540; KG WRP 1991, 304, 306 f; *Emmerich*, § 25 IV (S. 511); zu der Üblichkeit von Abmahnpauschalen, allerdings ohne einen Betrag zu beziffern vgl Harte/Henning/*Brüning/Retzer*, § 12 Rn 85 f. Die Zentrale zur Bekämpfung unlauteren Wettbewerbs macht als gemeinnützige Organisation eine Kostenpauschale von 176,64 € zuzüglich 7% MwSt. geltend, dazu *Bornkamm*, in: Köhler/Bornkamm, § 12 Rn 1.98.

## VI. Folgen einer erfolglosen Abmahnung

Hat das Abmahnschreiben nicht die erhoffte Wirkung erzielt, hat der Abgemahnte sich also nicht zur Unterlassung des vorgeworfenen unlauteren Verhaltens unter Abgabe einer strafbewehrten Unterlassungserklärung bereit erklärt, führt dies dazu, dass **467**

- die Gefahr der Kostentragungslast, die andernfalls in einem späteren Gerichtsverfahren bei sofortigem Anerkenntnis seitens des Beklagten gem. § 93 ZPO bestanden hätte, gebannt ist.
- der Beklagte sich in einem späteren Schadensersatzverfahren (§ 9 S. 1 UWG, § 276 BGB) nicht mehr auf einen entschuldbaren Rechtsirrtum berufen kann.
- häufig die Wiederholungsgefahr im nachfolgend angestrengten gerichtlichen Verfahren auf Unterlassung des unlauteren Verhaltens begründet wird.

## VII. Rechtsmissbräuchliche Abmahnung

Zu den Fällen rechtsmissbräuchlicher Abmahnung s. die Ausführungen zur missbräuchlichen Geltendmachung von Unterlassungs- und Beseitigungsansprüchen unter Rn 101 ff, 155 ff sowie zur Abmahnbefugnis Rn 457 f, dort finden sich auch Ausführungen zur unberechtigten Abmahnung. **468**

*Literaturhinweise zur Abmahnung: Bornkamm*, in: Köhler/Bornkamm, § 12 Rn 1.1 bis 1.176; *Ekey*, in: Ekey/Klippel/Kotthoff, I § 12 Rn 6–90; Fezer/*Büscher*, § 12 Rn 1–49; Harten/Henning/*Brüning/Retzer*, § 12 Rn 2–244; *Lehr*, Rn 479–496; *Lettl*, Rn 727–734.

*Muster eines Abmahnschreibens:* Hasselblatt/*Pitz*, Gewerblicher Rechtsschutz, 3. Aufl. 2009, § 4 Rn 13; *Lehr*, Rn 562.

*Muster einer strafbewehrten Unterlassungserklärung:* Hasselblatt/*Pitz*, s.o., § 4 Rn 30; *Lehr*, Rn 563.

# § 13 Gerichtliche Durchsetzung wettbewerblicher Ansprüche

## I. Erkenntnisverfahren, §§ 13, 14, 12 Abs. 3 UWG

### 1. Zuständigkeit, §§ 13, 14 UWG

Gegenüber der bis zum Juli 2004 geltenden UWG-Fassung haben sich hinsichtlich des Gerichtsstandes keine Änderungen ergeben. **Sachlich zuständig** sind ausschließlich die **Landgerichte**, die Zuständigkeit der **Kammer für Handelssachen** setzt einen entsprechenden Antrag voraus (§ 13 Abs. 1 S. 2 UWG iVm § 95 Abs. 1 Nr 5 GVG). **Örtlich** zuständig ist das Gericht am Ort der inländischen gewerblichen oder selbstständigen **Niederlassung des Beklagten** (§ 14 Abs. 1 S. 1, 1. Alt. UWG), subsidiär ist sein **Wohnort** und wiederum subsidiär dazu ist der Ort seines **gewöhnlichen Aufenthaltes** zur Bestimmung des Gerichtsstandes maßgebend (§ 14 Abs. 1 S. 1 **469**

2. Alt. bzw S. 2 UWG). Alternativ hat der Kläger die Wahl gem. § 14 Abs. 2 S. 1 UWG das Gericht des Ortes anzurufen, in dem die Unlauterkeitstat „begangen" wurde **(Begehungsort)**. Bei **Druckschriften** ist dies das **Verbreitungsgebiet**. Beim Versand von **Schreiben, Telefax, E-Mail** oder **SMS** gilt wie bei sonstigen Medien **(Rundfunk, TV, Internet)** als Begehungsort der **Absendeort** und der **Empfangsort**. Entsprechendes wird man auch für Telefonate mit wettbewerbswidrigem Inhalt (Belästigung iSd § 7 Abs. 2 Nr 2 UWG) annehmen können.

## 2. Bestimmtheit der Anträge mit Formulierungsbeispielen

470 Hinsichtlich der Bestimmtheit des Klageantrags gilt der **Bestimmtheitsgrundsatz** des **§ 253 Abs. 2 Nr 2 ZPO**. Die Verletzungsform muss im Antrag und entsprechend im Verfügungstenor konkret bezeichnet werden, damit sie vollstreckbar ist. Allgemeine Formulierungen wie „ähnliche Handlungen/Anzeigen sind zu unterlassen" oder „der Beklagte wirbt mit unlauteren Methoden" sind zu unbestimmt[1]. Nicht nur, dass sie unvereinbar sind mit dem Bestimmtheitsgebot, es bestünde auch die Gefahr, dass das Gericht dem Kläger wegen der Auslegungsbedürftigkeit solcher und ähnlicher Formulierungen einen viel weitergehenden Titel zuspricht als dieser beantragt hat, was mit **§ 308 ZPO** unvereinbar ist. Neben dem Hauptantrag kann bei Unterlassungsklagen (das gilt auch für Anträge im einstweiligen Verfügungsverfahren) die **Androhung von Ordnungsmitteln** (Ordnungsgeld: max. 250 000 € und Ordnungshaft: max. 6 Mon. bzw 2 Jahre) beantragt werden.

**Beispiele für hinreichend bestimmte Klageanträge:**

1. Die Beklagte zu verurteilen, es zu unterlassen, in Werbeanzeigen von sich zu behaupten oder behaupten zu lassen, sie sei Berlins größte Eisdiele **(Unterlassungsklage)**.
2. Der Beklagten zu untersagen, die Klägerin weiterhin, wie in den vergangenen vier Monaten, mit Angeboten des Produktes XY über elektronische Post zu belästigen **(Beseitigungsklage)**.
3. Die Beklagte zu verurteilen, an die Klägerin Schadensersatz in Geld zu zahlen, dessen Höhe in das Ermessen des Gerichts gestellt wird, mindestens jedoch 15 000 € nebst …% Zinsen seit dem … (Datum des Entstehens des Anspruchs) **(Schadensersatzklage)**.
4. Die Beklagte zu verurteilen, der Klägerin Auskunft über die Herkunft und den Vertriebsweg der XY-Produkte zu erteilen, insbesondere unter Angabe des Namens und der Anschrift des Herstellers, der Lieferanten und der gewerblichen Abnehmer sowie über die Menge der hergestellten, erhaltenen und bestellten XY-Produkte **(Auskunftsklage)**.
5. Festzustellen, dass die Beklagte dem Kläger („K.O.") den materiellen und gegebenenfalls auch immateriellen Schaden zu ersetzen hat, der ihm durch die Verbreitung der Behauptung „K.O. ist ein Chaot der Branche. Er versteht die Preise als Selbstbedienungsladen und scheut sich nicht, das Fünffache des üblichen Preises zu berech-

1 ZB BGH WRP 1999, 1038 ff *Kontrollnummernbeseitigung*.

nen. Reine Abzocke!“ in mehreren im Zeitraum zwischen dem 11.11.2004 und dem 6.12.2004 in verschiedenen Hamburger Tageszeitungen veröffentlichten Anzeigen der Beklagten, entstanden ist und künftig entstehen wird **(Feststellungsklage)**.

6. Festzustellen, dass der Kläger gegenüber dem Beklagten nicht verpflichtet ist, es zu unterlassen, in Werbeanzeigen die Behauptung aufzustellen, er sei „Berlins größter Autohandel“ **(negative Feststellungsklage)**.
7. Die Beklagte für jeden Fall der Zuwiderhandlung zur Zahlung eines Ordnungsgeldes bis zu 100 000 € und für den Fall, dass dieses nicht beigetrieben werden kann, ersatzweise Ordnungshaft bis zu 6 Monaten, im Wiederholungsfalle bis zu 2 Jahren, zu verurteilen **(Ordnungsmittel)**.

*Hinweise:* Vgl auch die Anträge in den Fällen ***Krombacher Regenwaldprojekt*** und ***Fernseh-Fee*** (Rn 359 f, 420 f) sowie in dem Aktenvortrag ***Rotpreis-Revolution*** (Rn 528 f).

*Literaturhinweise: Bergmann*, Zur alternativen und kumulativen Begründung des Unterlassungsanstrags im Wettbewerbsrecht, GRUR 2009, 224; ausführlich zu den verschiedenen **Klagearten** Harten/Henning/*Brüning*, Vor § 12 Rn 70–158 mit Antragsformulierung; Hasselblatt/*Lensing-Kramer*, aaO (Rn 468), § 5 Rn 122; *Lettl*, Rn 524–549, Rn 564 mit Mustern von Klageanträgen; *Teplitzky*, Die jüngste Rechtsprechung des BGH zum wettbewerblichen Anspruchs- und Verfahrensrecht XI, GRUR 2007, 177; *ders.*, Zum Streitgegenstand der wettbewerbsrechtlichen Unterlassungsklage, WRP 2010, 181 ff.

### 3. Streitwert

Der Streitwert wird nach objektiven Kriterien geschätzt (§ 3 ZPO). Maßstäbe sind die 471
Bedeutung und Marktstellung des klagenden und des beklagten Unternehmens, die Art, Dauer, Gefährlichkeit, Intensität und das Ausmaß des Wettbewerbsverstoßes sowie die Umsätze des beklagten Unternehmens. In der Klageschrift ist ein diese oder weitere Faktoren berücksichtigender vorläufiger Streitwert anzugeben. Ist die Angelegenheit nach Art und Umfang „einfach“ gelagert, ist dies gem. § 12 Abs. 4 1. Alt. UWG für Ansprüche gem. § 8 Abs. 1 UWG wertmindernd bei der Streitwertfestsetzung durch das Gericht zu berücksichtigen **(Streitwertminderung)**. Entsprechendes gilt, wenn die volle Bürde der Prozesskosten einer Partei aufgrund ihrer Vermögens- und Einkommenssituation nicht aufgelastet werden kann (§ 12 Abs. 4 2. Alt. UWG).

*Literaturhinweise:* Harten/Henning/*Retzer*, § 12 Rn 781–833, 866–882, 906–941; *Bornkamm*, in: Köhler/Bornkamm, § 12 Rn 5.1–5.27.

### 4. Bekanntmachung des Urteils, § 12 Abs. 3 UWG

In Anlehnung an die „alte“ Vorschrift des § 23 Abs. 2 UWG aF kann gem. § 12 Abs. 3 472
UWG **im Tenor eines Urteils** verfügt werden, dass dieses bekannt zu machen ist.

**Voraussetzungen:**

- **Klage auf Unterlassung nach den Vorschriften des UWG** 473
  § 12 Abs. 3 UWG findet unmittelbar nur Anwendung auf gerichtliche Urteile, die eine **Unterlassungsverfügung** zum Gegenstand haben. Analog wurde die Vorschrift allerdings auch vor

der Novelle auf Beseitigungs- und Schadensersatzurteile wie auf einstweilige Verfügungsverfahren und Unterwerfungserklärungen angewandt, so dass zu erwarten ist, dass in Zukunft auch in den über den Wortlaut des § 12 Abs. 3 UWG hinausgehenden Fällen der Beseitigungs- und Schadensersatzklage die Möglichkeit zur Bekanntmachung bei Vorliegen der übrigen Voraussetzungen besteht[2]. Dafür spricht schon, dass die Bekanntmachung eine besondere Sanktionsform ist, die der effektiveren Einstellung fortdauernder Störungen und damit einer typischen Beseitigungssituation dienen soll. Es kann zumindest vermutet werden, dass der Gesetzgeber die naheliegende und notwendig gewesene redaktionelle Anpassung wenigstens an § 8 Abs. 1 UWG schlicht übersehen und eine ausdrückliche Einbeziehung des Schadensersatzanspruchs vergessen hat.

- **Antrag auf Bekanntmachung des Urteils**
- **Geltendmachung innerhalb von drei Monaten nach Eintritt der Rechtskraft, sonst erlischt die Befugnis, § 12 Abs. 3 S. 2 UWG**
- **Berechtigtes Interesse der obsiegenden Partei an der Veröffentlichung**
  Die Schwelle eines berechtigten Interesses ist neu in das Gesetz aufgenommen worden. Voraussetzung ist eine fortdauernde Beeinträchtigung durch die Rechtsgutsverletzung, deren Beseitigung durch die Bekanntmachung erhofft wird.
- **Bestimmung der Art und des Umfangs der Bekanntmachung im Urteil**

## II. Schutzschrift

474 Wer den Erlass einer einstweiligen Verfügung erwartet, insbesondere, wenn ihm zuvor ein Abmahnschreiben zugesandt wurde, kann **vorsorglich** eine Schutzschrift bei dem zuständigen Landgericht hinterlegen, in der er sich gegen den erwarteten Vorwurf verteidigt. Auf diese Weise ist gewährleistet, dass der Abgemahnte oder derjenige, der den Eingang eines Antrags auf Erlass einer **einstweiligen Verfügung** aus aktuellem Anlass befürchtet, zu dem Vorwurf angehört wird, was im einstweiligen Verfügungsverfahren in dringenden Fällen nicht gesichert ist (§ 937 Abs. 2 ZPO, im Übrigen gilt § 922 ZPO: „aufgrund mündlicher Verhandlung"). Um dieses Ziel zu erreichen, muss er in der Schutzschrift beantragen, dass ein Termin zur mündlichen Verhandlung anberaumt wird, wenn ein Antrag auf Erlass einer einstweiligen Verfügung gegen ihn bei Gericht eingeht. Zudem kann sich der abgemahnte Antragsteller bereits in der Schutzschrift auch inhaltlich mit dem ihm in der Abmahnung vorgeworfenen Verhalten auseinandersetzen. Wird der Antrag auf Erlass einer einstweiligen Verfügung tatsächlich gestellt und durch Urteil abgewiesen, trägt der Antragsteller gem. § 91 ZPO auch die **Kosten** für die Einreichung der Schutzschrift. Wird der Antrag vor Ergehen einer Entscheidung zurückgenommen oder wird er zurückgewiesen, muss der Antragsteller entsprechend den §§ 91, 269 Abs. 3 S. 2 ZPO auch die Kosten für die Einreichung der Schutzschrift übernehmen, da bereits durch den Antrag auf Erlass einer einstweiligen Verfügung ein **Prozessrechtsverhältnis** entsteht[3].

*Literaturhinweise: Köhler*, in: Hefermehl/Köhler/Bornkamm, § 12 Rn 3.40 f; ausführlicher Harten/Henning/*Retzer*, § 12 Rn 606–630.

---

2 So behauptend, als sei es dies eine Selbstverständlichkeit *Köhler*, in: Köhler/Bornkamm, § 12 Rn 4.4 und 4.17; aA Harten/Henning/*Retzer*, § 12 Rn 734, der den Gesetzgeber beim Wort nimmt; zu § 23 Abs. 2 UWG aF *Teplitzky*, Kap. 26 Rn 25.

3 *Emmerich*, § 25 VI. (S. 514).

# III. Einstweilige Verfügung, § 12 Abs. 2 UWG

## 1. Voraussetzungen

Die einstweilige Verfügung dient dem Wortlaut nach der Sicherung der **im UWG** („in diesem Gesetz") normierten Ansprüche auf **Unterlassung**. Im Einzelfall kann jedoch auch ein **Beseitigungsanspruch** im einstweiligen Verfügungsverfahren – wenn auch unter strengeren Voraussetzungen – geltend gemacht werden, zB durch **eingeschränkten Widerruf**, durch Beseitigung eines Werbespruchs oder irreführender Angaben. Grds ist jedoch nur eine **vorläufige Störungsbeseitigung** durchsetzbar. Das Verlangen eines uneingeschränkten Widerrufs ist danach ausgeschlossen. Der Erlass einstweiliger Verfügungen zur Durchsetzung von **Auskunftsansprüchen** ist umstritten, wird aber überwiegend abgelehnt. 475

*Literaturhinweis:* Fezer/*Büscher*, § 12 Rn 71 f, § 8 Rn 34 mwN; Harten/Henning/*Retzer*, § 12 Rn 268 ff.

### a) Verfügungsgrund, Dringlichkeitsvermutung des § 12 Abs. 2 UWG

Verfügungsgrund meint die Dringlichkeit oder Eilbedürftigkeit der Maßnahme. Er wird in wettbewerbsrechtlichen Verfahren vermutet (§ 12 Abs. 2 UWG), da diese grundsätzlich eilbedürftig sind. Dabei handelt es sich um eine **gesetzliche Vermutung**, die im Einzelfall **widerlegt** werden kann, zB wenn es der Antragsteller „gar nicht so eilig" hat oder wenn er über einen längeren Zeitraum (je nach Einzelfall zwischen vier Wochen bis zu zwei oder drei Monaten) mit dem Antrag auf Erlass einer einstweiligen Verfügung wartet, obwohl ihm der Wettbewerbsverstoß bekannt ist oder wenn er zunächst Klage erhebt und erst im „Nachgang" das einstweilige Verfügungsverfahren betreibt[4]. 476

### b) Verfügungsanspruch

Verfügungsanspruch ist der materielle Unterlassungs- und mit Einschränkung der Beseitigungsanspruch nach den Vorschriften des UWG (§ 8 Abs. 1 UWG), der gesichert werden soll. 477

### c) Vorwegnahme der Hauptsache

Führt die Sicherung eines Anspruchs zu einer endgültigen Regelung, ist der Erlass einer einstweiligen Verfügung unzulässig. Dient die Erfüllung des begehrten Unterlassungsanspruchs der Abwendung wesentlicher Nachteile, kann der Erlass einer Leistungsverfügung im Einzelfall zulässig sein (vgl Rn 527 unter III.1.b) und Rn 528). 478

### d) Zuständigkeit

Zuständig ist das Gericht der Hauptsache (§§ 937 Abs. 1, 943 ZPO iVm § 13 UWG), 479
in dringenden Fällen das Amtsgericht (§ 942 ZPO). Die örtliche Zuständigkeit des

4 BGH NJW-RR 2000, 209; vgl auch Fezer/*Büscher*, § 12 Rn 58 ff.

Gesichts für den Antrag auf Erlass einer einstweiligen Verfügung entfällt nicht dadurch, dass nach Einreichung des Antrags andernorts in der Hauptsache Klage erhoben wird[5].

## 2. Inhalt und Bedeutung einer einstweiligen Verfügung

480 Einstweilige Verfügungen enthalten grds nur vorläufige Regelungen. Sie werden **endgültig**, wenn der Schuldner eine Abschlusserklärung abgibt, vorausgesetzt, darin kommt der ernsthafte Wille zum Ausdruck, den beanstandeten Wettbewerbsverstoß zu unterlassen. Diese Erklärung entfaltet auch Wirkung gegenüber weiteren Unterlassungsgläubigern.

## 3. Streitwert

481 Umstritten ist, ob im einstweiligen Verfügungsverfahren ein verminderter Streitwert zugrunde zu legen ist, da nur eine vorläufige „Befriedung" des Rechtsstreits erreicht wird (idR Verfügungsstreitwert von 1/3 des Klagestreitwerts).

*Literaturhinweise: Köhler*, in: Köhler/Bornkamm, § 12 Rn 5.12; ausführlicher dazu Harten/Henning/*Retzer*, § 12 Rn 841–865; zur Streitwertfestsetzung bei Geltendmachung eines Unterlassungsanspruchs gegen Telefax-Spam *Onyeukwu*, Streitwert bei Telefaxwerbung, MMR 2006, 379 f.

## 4. Vollziehung der Unterlassungsverfügung

482 Die Unterlassungsverfügung wird entweder durch Zustellung der Verfügung im Parteibetrieb oder durch Einleitung von Vollstreckungsverfahren vollzogen (§ 890 ZPO). Dies hat bei Urteilsverfügungen innerhalb eines Monats nach Verkündung des Urteils zu geschehen (§ 929 Abs. 2 iVm § 936 ZPO)[6].

*Hinweis:* Ausführlicher zur einstweiligen Verfügung s. die Ausführungen zum Aktenvortrag Rn 527 (unter III.1.) und in dem Aktenvortrag ***Rotpreis-Revolution*** (Rn 528).

*Literaturhinweise:* Ausführlich zum einstweiligen Verfügungsverfahren *Köhler*, in: Köhler/Bornkamm, § 12 Rn 3.1–3.84; *Ekey*, in: Ekey/Klippel/Kotthoff § 12 Rn 94–280; Harten/Henning/*Retzer*, § 12 Rn 245–605; *Hönn*, S. 63 ff (Fall 3); *Müller-Bidinger*, S. 87 ff; zur Frage der Zustellung von Unterlassungsverfügungen vgl *Oetker*, Die Zustellung von Unterlassungsverfügungen innerhalb der Vollziehungsfrist des § 929 Abs. 2 ZPO, GRUR 2003, S. 119 ff; zu den Rechtsbehelfen gegen eine einstweilige Verfügung: *Emmerich*, § 26 Rn 19 f; *Teplitzky*, Zur Verwirkung des Verfügungsgrundes in Verfahren der einstweiligen Verfügung nach dem UWG und Markenrecht, FS für Loschelder, 2010, S. 391 ff.

5 OLG Karlsruhe GRUR-RR 2010, 450.
6 BGHZ 120, 73, 77 ff.

# § 14 Anhang zu § 3 Abs. 3 UWG: Tatbestände unzulässiger geschäftlicher Handlungen

Der Anhang, auf den § 3 Abs. 3 UWG verweist, entspricht im Wesentlichen dem Anhang I der UGP-RL, auf den in Artikel 5 Abs. 5 der UGP-RL verwiesen wird. In beiden Anhängen werden diejenigen irreführenden und aggressiven geschäftlichen Handlungen aufgeführt, die unter allen Umständen unlauter und stets unzulässig sind. Die **Nrn 1–24** des Anhangs zu § 3 Abs. 3 UWG betreffen **irreführende**, die **Nrn 25–30 aggressive geschäftliche Handlungen**. Die Reihenfolge der aufgelisteten geschäftlichen Handlungen entspricht der Reihenfolge, in der die geschäftlichen Handlungen im Anhang I der UGP-RL aufgeführt sind. Eine Ausnahme besteht nur für die Nr 31 der UGP-RL, weil es sich bei den dort geregelten Gewinnzusagen nicht um aggressive, sondern um irreführende geschäftliche Handlungen handelt. Diese geschäftlichen Handlungen werden daher in Nr 17 im Zusammenhang mit den irreführenden geschäftlichen Handlungen geregelt. Die im Anhang zu § 3 Abs. 3 UWG aufgelisteten Einzeltatbestände gelten nur für geschäftliche Handlungen, die sich **unmittelbar an Verbraucher** richten. Nach Erwägungsgrund 17 der UGP-RL dient der Anhang I dem Zweck, Verhaltensweisen, die unter allen Umständen als unlauter einzustufen sind, leichter identifizieren zu können. Auf diese Weise soll die Rechtssicherheit erhöht werden. Entsprechend dem auf den Verbraucherschutz ausgerichteten Schutzzweck der UGP-RL orientiert sich auch der Anhang zu § 3 Abs. 3 UWG daran, welche geschäftlichen Handlungen zum Nachteil von Verbrauchern stets unzulässig sind. 483

*Literaturhinweise: Gamerith*, Der Richtlinienvorschlag über unlautere Geschäftspraktiken, WRP 2005, 391 ff; *Hecker*, Die Richtlinie über unlautere Geschäftspraktiken: Einige Gedanken zu den „aggressiven Geschäftspraktiken" – Umsetzung in das deutsche Recht, WRP 2006, 640 ff; *Hoeren*, Das neue UWG – der Regierungsentwurf im Überblick, BB 2008, 1182, 1186 ff; *Namyslowska*, Trifft die Schwarze Liste der unlauteren Geschäftspraktiken ins Schwarze? GRUR Int 2010, 1033 ff; *Peifer*, Die Zukunft der irreführenden Geschäftspraktiken, WRP 2008, 556 ff; *Scherer*, Was bringt die „Schwarze Liste" tatsächlich? WRP 2011, 393 ff; *Steinbeck*, Die Zukunft der aggressiven Geschäftspraktiken, WRP 2008, 865 ff; weitere s. Rn 137 aE.

## I. Zu Anhang Nr 1

Nach Nr 1 des Anhangs (als Umsetzung der Nr 1 des Anhangs I der UGP-RL) ist die unwahre Angabe des Unternehmers, er habe einen bestimmten **Verhaltenskodex** iSd Legaldefinition in § 2 Abs. 1 Nr 5 UWG unterzeichnet, unzulässig. Es braucht dabei nicht ausdrücklich behauptet zu werden, die dort verankerten Standards würden eingehalten. Denn der Verkehr erwartet dies auch schon auf Grund der bloßen Bezugnahme auf die Unterzeichnereigenschaft[1]. Dh der nicht gerechtfertigte Verweis auf Verhaltenskodizes, die man gar nicht unterschrieben hat, gilt als irreführend, selbst 484

1 Ges.-Begr. S. 62.

wenn es sich nur um eine bloße Bezugnahme handelt[2]. Erfasst werden allerdings nur **ausdrückliche Werbeaussagen**, die objektiv unrichtig über die Bindung eines Unternehmens an einen Verhaltenskodex informieren, lediglich indirekte Änderungen oder konkludente Verhaltensweisen genügen nicht[3]. Näher zur Irreführung über die Einhaltung eines Verhaltenskodexes gem. § 5 Abs. 1 S. 2 Nr 6 UWG s. die Ausführungen unter Rn 269.

*Literaturhinweis: Birk*, Corporate Responsibility, unternehmerische Selbstverpflichtungen und unlauterer Wettbewerb, GRUR 2011, 196, 198; *Dreyer*, Verhaltenskodizes im Referentenentwurf eines Ersten Gesetzes gegen unlauteren Wettbewerb. Wird das Wettbewerbsrecht zum Motor für die Durchsetzung vertraglicher Verpflichtungen? WRP 2007, S. 1182 f.

## II. Zu Anhang Nr 2

**485** Unzulässig nach Nr 2 des Anhangs (als Umsetzung der Nr 2 des Anhangs I der UGP-RL) ist die nicht autorisierte Verwendung von „Gütezeichen, Qualitätskennzeichen oder Ähnlichem". Die Erfüllung des Irreführungstatbestands hängt nach Ansicht des Gesetzgebers nicht davon ab, ob die angebotenen Waren oder Dienstleistungen die durch das Zeichen verbürgte Qualität aufweisen[4]. Der Vorwurf knüpft allein an die Behauptung an, zu den autorisierten Zeichennehmern zu gehören. Das bedeutet, die Werbung mit einem unseriösen Kennzeichen fällt nicht unter das Per-se-Verbot. Wirbt etwa jemand mit der Auszeichnung der „europäischen Wirtschaftskammer Brüssel", obgleich eine solche nicht existiert, fiele dies nicht unter die Nr 2[5]. Auch die zu Unrecht erteilte Genehmigung eines solchen Zeichens fällt nicht unter die Nr 2[6]. Mit dem unklaren Begriff „oder Ähnlichem" könnten zB die CE-Kennzeichnung[7] oder sonstige Prüfsiegel und Zertifizierungen, soweit diese einer Genehmigungspflicht unterliegen, gemeint sein. Ein „Testsiegel", das die Testergebnisse eines Warentests wiedergibt, wird zwar in der Praxis häufig wie ein Gütezeichen auf den Produkte abgedruckt, es ist aber nicht Ergebnis eines Genehmigungsverfahrens, sondern bescheinigt die Ergebnisses eines Testes unabhängiger Organisationen wie Stiftung Warentest oder Ökotest über vergleichbare Produkte. Diese fallen unter Nr 4 (s. Rn 487).

## III. Zu Anhang Nr 3

**486** Nach Nr 3 des Anhangs (als Umsetzung der Nr 3 des Anhangs I der UGP-RL) ist die unwahre Angabe unzulässig, eine **öffentliche** oder **andere Stelle** habe einen bestimmten **Verhaltenskodex** im Sinne des § 2 Abs. 1 Nr 5 UWG gebilligt. Denn damit wird

2 *Hoeren*, BB 2008, 1182, 1187.
3 *Bornkamm*, in: Köhler/Bornkamm, Anh. zu § 3 III Nr 1 Rn 1.3; *Birk* WRP 2011, 196, 198.
4 Ges.-Begr. S. 62.
5 LG Dresden WRP 2000, S. 662 f; vgl *Hoeren*, BB 2008, 1182, 1187.
6 Der BGH nahm in einem solchen vor der Novelle 2008 zu beurteilenden Fall einen Verstoß gegen § 3 UWG an, WRP 1998, 1043 ff.
7 Dieses schlägt Hefermehl/Köhler/Bornkamm UGP-RL Anh I Rn 2.2 vor.

über eine wesentliche Eigenschaft dieser von der Wirtschaft eingegangenen Selbstverpflichtung getäuscht. Vor allem in Skandinavien wird die öffentliche Billigung von Verhaltenskodizes praktiziert[8]. Sie ist ein besonderes Qualitätsmerkmal, auf dessen Angabe sich die Verbraucher verlassen können müssen. Hinsichtlich des Begriffs des Verhaltenskodexes wird auf die Ausführungen in Rn 484 und 269 verwiesen.

## IV. Zu Anhang Nr 4

Nach Nr 4 des Anhangs (als Umsetzung der Nr 4 des Anhangs I der UGP-RL) ist die unwahre Angabe unzulässig, eine geschäftliche Handlung des Unternehmers oder eine von ihm angebotene **Ware oder Dienstleistung** sei von einer **öffentlichen oder privaten Stelle genehmigt, bestätigt oder sonst gebilligt** worden. Denn für die geschäftliche Entscheidung des Verbrauchers haben derartige Angaben einen besonderen Stellenwert, der sich daraus ergibt, dass **Genehmigungen, Zulassungen und Zertifikate** eine besondere Güte des Unternehmens oder seines Waren- oder Dienstleistungsangebots vermuten lassen. Die in den Ausführungen zu Nr 2 angesprochenen Warentestergebnisse, die sich häufig in Form eines Siegels auf den Produkten wieder finden, aber nicht genehmigungspflichtig sind, sondern auf der Prüfung durch öffentliche oder private Stellen, wie Stiftung Warentest, TÜV oder Ökotest beruhen, fallen unter Nr 4. **487**

## V. Zu Anhang Nr 5

Nach Nr 5 S. 1 des Anhangs (als Umsetzung der Nr 5 des Anhangs I der UGP-RL[9]) sind **Lockangebote** unzulässig, bei denen Waren oder Dienstleistungen zu einem bestimmten Preis angeboten werden, ohne dass der Unternehmer darüber aufklärt, hinreichende Gründe für die Annahme zu haben, dass er nicht in der Lage sein werde, diese oder gleichartige Waren oder Dienstleistungen (UGP-RL: „ein gleichwertiges Produkt") **zu diesem Preis für einen angemessenen Zeitraum in angemessener Menge vorhalten** zu können. Nach Nr 5 S. 2 ist die Angemessenheit nachzuweisen, wenn die Bevorratung **kürzer als zwei Tage** ist. In Abgrenzung zu der folgenden Nr 6 des Anhangs ist der Begriff „gleichartige Waren oder Dienstleistungen" eng auszulegen. Eine solche **Gleichartigkeit** liegt nur vor, wenn die Waren oder Dienstleistungen tatsächlich gleichwertig und aus Sicht des Verbrauchers austauschbar sind. Dabei können auch **subjektive Gesichtspunkte**, wie der Wunsch nach Erwerb eines bestimmten Markenprodukts, eine Rolle spielen[10]. Nr 5 Satz 2 des Anhangs regelt die **488**

---

8 Dazu *Dreyer*, WRP 2007, S. 1294, 1299 f; in Deutschland gibt es nur eine **staatliche Stelle**, die einen Verhaltenskodex billigen kann, das Bundeskartellamt gem. §§ 24 ff GWB; **andere Stellen** sind Berufs- oder Branchenverbände oder Zertifizierungsstellen, wie ISO, TÜV, BS, (dazu *Bornkamm*, in: Köhler/Bornkamm, Anh. zu § 3 III Nr 3 Rn 31.) oder der vom Europäischen Außenhandelsverband gebilligte BSCI-Verhaltenskodex (dazu *Birk* WRP 2001, 196, 198, 200 f).

9 Ausführlicher dazu *Lettl*, WRP 2008, S. 155, 157 ff (zu § 5 Abs. 5 UWG 2004 S. 162 ff).

10 Ges.-Begr. S. 63.

**Darlegungs- und Beweislastverteilung** hinsichtlich der Angemessenheit des nach Nr 5 Satz 1 maßgeblichen Zeitraums. Danach obliegt es dem Unternehmer, die Angemessenheit des Zeitraums der Bevorratung darzulegen und zu beweisen, wenn der von ihm angenommene Bevorratungszeitraum zwei Tage unterschreitet. Damit wird der in der aufgehobenen Vorschrift des **§ 5 Abs. 5 UWG enthaltene Bevorratungszeitraum von zwei Tagen übernommen**, soweit diese Zweitagesfrist auch dort schon als Darlegungs- und Beweislastregelung zu verstehen war. Die Vorgaben der UGP-RL und das Prinzip der Vollharmonisierung fordern eine Aufgabe der so verstandenen Zweitagesfrist nicht. Denn die Beweislast wird nach Erwägungsgrund 21 der UGP-RL vom innerstaatlichen Recht bestimmt. Außerdem entspricht die **Beweislastumkehr** in Nr 5 Satz 2 des Anhangs dem in Artikel 12 der UGP-RL vorgesehenen Beweiserleichterungsgebot zugunsten von Verbrauchern[11].

**489** Nach der Fiktion in Nr 5 S. 2 gilt ein Vorrat für **zwei Tage** als **„angemessen"**. Eine Irreführung liegt damit vor, wenn ein angemessener Vorrat im definierten Sinne nicht besteht, also wenn die Zweitagesfrist unterschritten wird. Allerdings wird diese Automatik durchbrochen durch im Einzelfall vorliegende, besondere Umstände, die erklären können, weshalb **wider Erwarten**, die beworbene Ware bereits nach einem Tag ausverkauft war, zB bei einer **außergewöhnlich hohen Nachfrage**, bei **unvorhersehbaren Lieferschwierigkeiten**, die der werbende Unternehmer nicht zu vertreten hat, infolge des **Aufkaufens der Ware durch die Konkurrenz** oder **Restkäufer** oder weil es sich um Waren handelt, die sich von dem Werbenden wegen zu großer Differenzen zu seiner sonstigen Produktpalette **nicht bevorraten lassen**. Hinsichtlich der Angemessenheit stellt **Nr 5 des Anhangs I der UGP-RL auf das Produkt, den Umfang der für das Produkt eingesetzten Werbung und den Angebotspreis** ab. Dies sind sachgerechtere Kriterien als das pauschale Anknüpfen (ohne Produkt-, Preis- und Werbebezug) an den Ablauf einer Zweitagesfrist.

**490** Zwar galt auch bislang nach der **Rechtsprechung**, dass die beworbene Ware grundsätzlich in solch einem Umfang vorhanden sein muss, dass sie erst nach **zwei bis drei Tagen** und nicht bereits nach wenigen Stunden ausverkauft ist. Eine vorübergehende Erschöpfung der Vorräte wegen einer unerwartet hohen Nachfrage oder höherer Gewalt reicht allerdings nicht aus, um den Irreführungsvorwurf zu begründen[12]. Insofern ist die Einfügung des § 5 Abs. 5 UWG (2004) und nun der Nr 5 noch tragbar. Sie ist aber problematisch, weil sie über die Erkenntnisse, die sich in der Rechtsprechung nicht schematisch, sondern einzelfallbezogen herausgebildet haben[13], hinausgeht. Danach wurden gewisse, **mengenmäßige Beschränkungen** für **besonders günstige Angebote** (vgl § 6d UWG aF) regelmäßig als lauter angesehen, da kein Kunde erwarte, dass diese im Übermaß vorhanden sind[14]. Zumindest bei Erscheinen der Werbeanzeige müssen jedoch auch diese Waren noch vorrätig sein. Wird der Verkauf einer

11 So die Ges.-Begr. S. 6.
12 Gesetzesbegründung, BT-Drs. 15/1487, S. 20.
13 BGH NJW-RR 1992, 1318 *Clementinen*; OLG Hamm NJW-RR 1986, 1368; OLG Hamm NJW-RR 1995, 742.
14 OLG Karlsruhe GRUR 1999, 769; zu niedrigen Flugpreisen als Lockangebot *Boesche/Scholze*, (JURA 2005, 55, 60), die eine Irreführung über die Vorrätigkeit der Leistung allerdings ablehnen.

Ware für einen **bestimmten Tag** in einer Werbeanzeige angekündigt, ist sie aber an diesem Tag (noch) nicht oder nicht (mehr) vorhanden oder sind die in einem Katalog abgebildeten Waren bei Versendung des Katalogs nicht verfügbar, gilt die Anzeige als irreführend iSd § 5 Abs. 1 S. 2 Nr 1 UWG, ein Verstoß gegen Nr 5 des Anh. zu § 3 Abs. 3 UWG wurde in der Rspr noch nicht bejaht[15]. Ausgenommen von der Vorratspflicht waren allerdings stets **Produktneuheiten**, die zB gerade erst auf einer Messe präsentiert wurden oder **hochwertige Waren** wie Uhren oder Kraftfahrzeuge, bei denen der Kunde nicht ohne weiteres erwartet, dass sie in der gewünschten Ausstattung vorrätig sind.

Die Angemessenheitsfrist ist durch die UWG-Novelle von 2004 schematisch auf zwei Tage fixiert worden. Daran hat der Gesetzgeber mit der Novellierung von 2008 festgehalten[16], obgleich die Geschäftspraktiken-RL diese strenge Begrenzung auf wenige Tage nicht verlangt. Es ist daher zu befürchten, dass bei begrenzten Angeboten besonders günstiger Waren („Aldi-PC", „Tchibo-Golf-" oder „Tchibo-Skiausrüstung"), bei denen nicht ausgeschlossen werden kann, dass sie innerhalb weniger Stunden ausverkauft sind, eine inflationäre Klageflut wegen Verletzung der Bevorratungspflicht losgetreten wird. Da die Klagewelle sich überwiegend in Form von Unterlassungs- oder Beseitigungsbegehren kanalisieren wird, die selbst im einstweiligen Verfügungsverfahren zu einer verspäteten Befriedigung, also einer Nichtbefriedigung gelangen werden und allenfalls eine zukünftige Wiederholung verhindern können, scheint vorrangige Motivation des Gesetzgebers ein vorheriges Eindämmen durch Abschreckung und weniger die postume (Un-)Befriedigung gewesen zu sein. Da sich aber im Handel diese Werbeform des Angebots günstiger Waren für einen kurzen Zeitraum herausgebildet hat, diese für manche Handelsketten geradezu typisch ist, wäre ein zu spät gekommener Verbraucher erst befriedigt, wenn er das werbende Unternehmen zum Zukauf der „Mangelware" verpflichten könnte. Eine solche Rechtsfolge hat der Gesetzgeber zwar nicht unmittelbar in den Normtext geschrieben, mittelbar führt die aus Nr 5 (wie zuvor aus § 5 Abs. 5 UWG 2004) folgende Bevorratungspflicht allerdings zu einer ex-ante Vorratshaltung und damit zu einer **„Vorkaufs-** oder **Nachschusspflicht"** und zumindest mittelbar zu einer **„Zukaufspflicht"**. Zudem verpflichtet § 5 Abs. 5 UWG zur **Lagerhaltung** und unter Umständen zur **Lageranmietung** oder, als Kehrseite bei Scheitern der ersten Optionen, zu einem Verzicht von Werbeanzeigen, die auf nur begrenzt angebotene Waren aufmerksam machen. Zusammengefasst bedeutet dies für die werbenden Unternehmen **491**

- Immer genügend Vorrat zu bestellen mit der Option, bei Bedarf jederzeit zukaufen zu können, und zwar auch bei den in diesem Zusammenhang besonders relevanten Sonderaktionen **(Vorkaufs-, Nachschuss- und Zukaufspflicht)**;

---

15 Das LG Köln bejahte die Wettbewerbswidrigkeit einer Werbung für einen Speicherstick, in der es hieß „Abgabe nur in haushaltsüblichen Mengen. Dieser Artikel kann aufgrund begrenzter Vorratsmenge bereits am ersten Angebotstag ausverkauft sein." Tatsächlich war der Speicherstick nach 70 Minuten ausverkauft (WRP 2010, 301 f); die unzureichende Aufklärung über eine unzulängliche Bevorratung ist unlauter iSd Nr 5, BGH MMR 2011, 316 *Irische Butter*; zur Rspr vor den Novellen von 2004 und 2008 vgl nur BGH GRUR 2002, 187, 188 *Lieferstörung*; weitere Bsp. s. bei *Kling/Thomas*, S. 92.

16 Ges.-Begr. S., s. dazu Rn 25a.

- Über ausreichenden Lagerplatz zu verfügen bzw diesen vorzeitig anzumieten **(Lagerhaltungspflicht bzw Lageranmietungspflicht)**;
- Ist es unmöglich, die Ware in ausreichender Menge auf Vorrat zu haben, darf sie nicht entsprechend angepriesen werden **(Werbeverzicht)**. Denn die Vermutung des § 5 Abs. 5 S. 1 UWG greift auch dann, wenn die Begrenztheit von vornherein dem werbenden Unternehmen bekannt war und er durch den Zusatz **„solange der Vorrat reicht"** darauf für alle ersichtlich hingewiesen hat. Verfügt er nicht über ausreichend große Lagerräume oder ist das Angebot von vornherein begrenzt, hat ein Unternehmen zwei Alternativen, die zu einem intensiven Eingriff in die unternehmerische Freiheit führen: will er sich nicht dem Irreführungsvorwurf ausgesetzt sehen, muss er Ware zukaufen und bevorraten oder er darf die angebotene Ware nicht bewerben.

**492** Damit wird ein typischer Verkaufsweg, begrenzt vorhandene Ware mit besonderen Preisnachlässen kurzfristig zu bewerben und aufgrund des von vornherein bestehenden Vorrats auch nur über einen zeitlich sehr engen Zeitraum anzubieten, praktisch unmöglich gemacht. Dass dies nicht im Sinne der Verbraucher sein kann, liegt auf der Hand. Hier nimmt man lieber ein enttäuschtes Zu-Spät-Kommen oder ein sportliches Schlangestehen wegen des Verkaufs eines PC im Aldi-Discounter in Kauf, als ganz auf diese leuchtenden Abwechslungen auf einem sonst unersättlichen Warenmarkt, auf dem es von allem immer genug oder viel zu viel gibt, zu verzichten. Auf die Verkehrsauffassung und ihr Bewusstsein von der Begrenztheit, die eine Irreführung unter Umständen des Absatzes 2 scheitern lässt, kommt es aufgrund der **Vermutungswirkung** im Rahmen der Nr 5 allerdings nicht an. So dass die vermutete Irreführung das werbende Unternehmen als harten Vorwurf trifft, den es allenfalls durch **Rechtfertigung** entkräften kann, etwa weil es sich um eine einmalige Aktion handelt, die das Anmieten von zusätzlichen Lagerräumen unzumutbar gemacht hätte oder weil eine derart hohe explosionsartige Nachfrage nicht erwartet wurde (der Einwand wird allerdings nicht bei fortgesetzten Aktionen ziehen, sondern schon beim zweiten Mal Abnutzungserscheinungen zeigen).

**493** **Berechtigt** erscheint ein unterstelltes (vermutetes) Irreführungspotential nur, wenn ein Unternehmen regelmäßig mit günstigen oder aus dem sonstigen Warensortiment herausragenden Produkten wirbt, und die Waren stets innerhalb von wenigen Stunden vergriffen sind oder die Werbeanzeige erst nach Ausgehen der Ware geschaltet wird. In diesen Fällen ist offenkundig, dass allein potenzielle Käufer angelockt werden sollen, die wegen der Enttäuschung über die nicht mehr vorhandene beworbene Ware Ersatzbefriedigung in dem übrigen Sortiment suchen. In diesen Fällen ist der Irreführungsvorwurf ebenso berechtigt wie in Fällen, in denen dem werbenden Unternehmer bekannt ist, dass eine rechtzeitige und ausreichende Belieferung durch den Hersteller oder Zwischenlieferanten nicht gewährleistet ist, er aber gleichwohl die Ware bewirbt, ohne auf den begrenzten Vorrat hinzuweisen. Diese Konstellation wurde auch bislang schon in der Rechtsprechung unter den Irreführungstatbestand subsumiert[17]. Die nun geschaffene systematische Vermutung kombiniert mit einer Schematisierung (zwei Tage) und der Ausdehnung auf Fälle, in denen auf den begrenzten Vorrat hingewiesen

17 OLG Hamburg CR 2003, 694 *Plasma-Fernsehgerät*; OLG Hamburg CR 2002, 808 *Vorrathaltung von Mobiltelefonen zum Zeitpunkt der Werbung*.

wurde, dies aber keine Rechtfertigung begründet, führt allerdings in die falsche Richtung. Wenn nun abmahnfreudige Verbände jedem Sonderangebot mit dem Schwert des Per-se-Verbotes der Nr 5 hinterher jagen, wird die mit der Reform eigentlich gewollte Zulassung von Sonderaktionen und Rabatten ausgehebelt, gegen den Willen der Verbraucher.

*Hinweis:* Entscheidungen, in denen Nr 5 des Anh. zu § 3 III erörtert wird: OLG Hamm MMR 2009, 555 f *Lieferzeit auf Nachfrage*; LG Köln WRP 2010, 301 f *Speicherstick*; LG Tübingen AZ 5 O 309/09; Entscheidungen zur Warenbevorratung: BGH GRUR 2004, 343 f *Playstation (auf Diskette)* und BGH GRUR 2004, 344 f *Vorrat*.

**Beispiele**

**1. Zehn-Euro-Staubsauger:** In einem Werbespot am Sonntagabend, den 28. November 2004 (1. Advent), wirbt die Elektronikkette Saturn mit dem Verkauf von Staubsaugern zum Preis von 10 € ausschließlich am Montag, den 29. November 2004, ausschließlich an Rentner und nur so lange der Vorrat reicht. **494**

**2. 66/99 – Wochenendauto**: Europcar wirbt am 10. November 2004 in Anzeigen in überregionalen Tageszeitungen wie der Financial Times Deutschland mit einer Preisgegenüberstellung. Hält man die Anzeige auf den Kopf, liest sie sich wie eine Sixtwerbung für einen VW Polo (orange Schriftzug, für Sixt typische Abbildung) mit dem Preis von 99,– € (pro Wochenende, Airport Weekend Special) in der Mitte der Anzeige. Richtig herum gehalten liest sich die Anzeige als Werbung ebenfalls für einen VW Polo, vermietet von Europcar, lediglich zum Preis von 66,– € (die umgedrehte 99). Im Kleingedruckten heißt es darunter „das Angebot gilt für alle Wochenenden im November 2004. Nur heute buchbar“.

**3. Lieferzeit auf Nachfrage:** Die T-GmbH bewarb im Internet ihr Angebot von Matratzen mit Benennung des Produkts, des Preises und der Angabe „Lieferzeit auf Nachfrage“. In den AGB hieß es: „Die Lieferungen erfolgen, soweit die Ware vorrätig ist, innerhalb von 5 Werktagen nach Vertragsschluss … . Sollten Artikel kurzfristig nicht lieferbar sein, wird der Besteller von der T-GmbH über den voraussichtlichen Liefertermin informiert. Die Verpflichtung zur Lieferung entfällt, wenn wir selbst nicht richtig und rechtzeitig beliefert werden.“ Tatsächlich hatte die T-GmbH nicht nur keine Vorratshaltung, sondern konnte auch keine sichere Bezugsquelle für die beworbene Ware angeben (*Lieferzeit-auf-Nachfrage*-Entscheidung des OLG Hamm, Urt. v. 17.3.2009, AZ 4 U 167/08; vgl auch BGH GRUR 2005, 690 *Internet-Versandhandel*).

Im **Beispiel 1** spricht für die Vermutung einer Irreführung iSd Nr 5 des Anhangs zu § 3 Abs. 3 UWG, dass die Ware nicht in angemessener Menge vorrätig gehalten wird, sondern das Angebot von vornherein künstlich auf einen Tag verknappt wird und die Ware auch an diesem Tag nur solange angeboten wird, wie der Vorrat reicht. Saturn müsste die Vermutung der Nr 5 S. 1 iVm der Legaldefinition des angemessenen Vorrats in S. 2 entkräften. Ein Verstoß gegen § 5 Abs. 4 UWG liegt hingegen schon deshalb nicht vor, weil es an einem Herabsetzungstatbestand fehlt. Dazu muss vor der Preisherabsetzung für einen kurzen Zeitraum ein „Mondpreis“ erhoben worden sein, wofür aus den Sachverhaltsangaben nichts zu entnehmen ist. Vielmehr ist davon auszugehen, dass zuvor der „normale“ Preis erhoben wurde und die nur an einem Tag geltende Sonderaktion mit einem deutlich vergünstigten Preis einen Kaufanreiz bieten sollte, ohne Hinweis oder Gegenüberstellung des vorher erhobenen Preises. Von den Fällen der Preisherabsetzung von einem zunächst überteuerten Preis abgesehen, sind Preisnachlässe generell zulässig, es sei denn, sie verstoßen gegen das **Transparenzgebot des § 4 Nr 4 UWG**. Hier sind die Bedingungen allerdings klar: man muss nur rechtzeitig kommen. Das Angebot könnte aber unlauter sein wegen Ausnutzung einer **psychischen Zwangslage**, die geschaffen wurde durch die künstliche Verknappung und das zu unterstellende Preisgefälle (§ 4 Nr 2 UWG). Das Ausnutzen einer Zwangslage wird jedoch nur angenommen, wenn der Verbraucher sich in solch einer Zwangssituation befindet, dass er sich gezwungen fühlt, das Angebot anzunehmen, zB wenn er aus Zeitgründen Konkurrenzangebote nicht mehr einholen kann oder wenn er auf die Belieferung mit einem bestimmten Produkt von einem marktbeherrschenden oder marktstarken Anbieter angewiesen ist und dieser die Abhängigkeit ausnutzt, vom Verbraucher die Abnahme zusätzlicher Waren oder Dienstleistungen zu verlangen (vgl die Intention des Art. 82 S. 2 Lit. d EG, der allerdings nur im Verhältnis von Unternehmen untereinander gilt). Ein weiteres Beispiel sind die Dienstleistungsverträge, die Verbände ihren Mitgliedern nahezu „aufnötigen" und zu deren Abschluss es kommt, weil die Mitglieder sich durch die Mitgliedschaft gefangen und abhängig und deshalb zu weiteren Vertragsabschlüssen gezwungen fühlen[18]. Das vorliegende Angebot übte zwar einen intensiven Anreiz aus, eine Zwangslage, die es hätte ausnutzen können, lag jedoch nicht vor. Eine extreme Produktverknappung von Staubsaugern ist auch schwer vorstellbar. Das auf einen Tag beschränkte günstige Angebot und dies nur, solange der Vorrat reicht, könnte allerdings ein **übertriebenes Anlocken** begründen, wenn es die Rationalität der Nachfrageentscheidung ausschaltet und daher unangemessen und unsachlich ist **(§ 4 Nr 1 UWG)**. Welcher Rentner braucht schon einen neuen Staubsauger. Und ohne die Staubsaugerdichte in Deutschland nachweisen zu können, spricht vieles dafür, dass sich in nahezu jedem Haushalt mindestens ein Staubsauger befindet. Wirklichen Bedarf haben also nur diejenigen, deren Gerät gerade defekt ist (was bei diesen verhältnismäßig robusten Elektrogeräten nicht so häufig vorkommt) oder diejenigen, die sich farblich verändern wollen (passend zum neuen Teppich soll es einen neuen Staubsauger geben). Allerdings ist letztere potenzielle Interessentengruppe nicht auf ein Sonderangebot von 10 € angewiesen, vielmehr werden sie das für sie perfekte Gerät aussuchen. Bedarf für mindestens ein neues Gerät haben immerhin alle, die gerade eine Haushaltsaufteilung wegen eines gescheiterten Zusammenlebens hinter sich haben und alle jungen Menschen, die das elterliche Nest verlassen. Plötzlich aber meinen nicht nur diese, sondern alle ihre Großeltern anstacheln zu müssen, damit sie sich im Morgengrauen einreihen in Horden von Rentnern vor und in den Saturn-Filialen, um 10 € loszuwerden für ein Gerät, das ohnehin in jedem Haushalt vorhanden ist. Die Werbeaktion ist daher sachlich nicht zu rechtfertigen und verstößt gegen § 4 Nr 1 UWG. Zu rechtfertigen wäre sie allenfalls über den Spaßfaktor, den ein nicht unerheblicher Teil der Gesellschaft bei „Geiz-ist-geil-Angeboten" verspürt und der auch auf den Gesichtern der glücklichen Rentner am Montag nach dem Staubsaugerkauf erstrahlte (endlich einmal wurden sie gebraucht!).

**Zum Beispiel 2:** Es könnte ein Verstoß gegen das Per-se-Verbot der Nr 5 des Anhangs zu § 3 Abs. 3 UWG begründet sein. Allerdings wird das Angebot „Polo zu 66" nicht auf einen Tag beschränkt und auch der Preis gilt nicht nur an dem Tag des Zeitungsinserats, lediglich die Buchung muss an diesem Tag vorgenommen werden, was gegen eine Irreführung iSd Vermutungstatbestandes spricht. Ein Verstoß gegen unlautere vergleichende Werbung liegt ebenfalls vor, da es grundsätzlich zulässig ist, Waren von erkennbaren Mitbewerbern gegenüberzustellen, sofern es sich um vergleichbare Waren handelt, der Vergleich sich auf den Preis bezieht, es nicht zu Verwechslungen zwischen dem Werbenden und dem Mitbewerber bzw ihrer Waren kommt und auch die Wertschätzung des Mitbewerbers weder ausgenutzt noch herabgesetzt noch seine Waren nachgeahmt werden. Jedenfalls wird aber § 4 Nr 1 UWG verletzt, indem die Einräumung des Tarifs vom **sofortigen Buchen** am Tage des Erscheinens der Anzeige abhängig gemacht wird.

**Zum Beispiel 3:** Das OLG Hamm sah diese Geschäftspraxis als irreführend nach § 5 Abs. 1 Nr 1 UWG an. Nr 5 des Anhangs zu § 3 Abs. 3 wurde iE verneint, da diese nur eine Regelung einer **Irreführung über die Vorratsmenge** enthalte, die Irreführung bestünde aber hier darin, dass der Kunde nicht darüber aufgeklärt worden sei, dass die Lieferung als solche überhaupt ungewiss sei.

18 Vgl zu der Fallgruppe der Ausnutzung einer Zwangslage *Köhler*, in: Köhler/Bornkamm, § 4 Rn 2.29–2.31.

*Literaturhinweis:* Zur lauterkeitsrechtlichen Beurteilung der Rabattwerbung nach den §§ 5, 4 Nr 4, Nr 1, PAngV *Lettl*, Irreführung durch Lock(vogel)angebote im derzeitigen und künftigen UWG, WRP 2008, S. 155 ff; *Möller*, 20% auf (fast) alles – Rabattwerbung in der Beurteilung des Wettbewerbsrechts, NJW 2009, 2510 ff; *Seichter*, „20% auf Alles – nur heute" – Zur wettbewerbsrechtlichen Beurteilung von kurzfristigen Rabattaktionen, WRP 2006, 628 ff.

## VI. Zu Anhang Nr 6

Nach Nr 6 des Anhangs (als Umsetzung der Nr 6 des Anhangs I der UGP-RL) sind **Lockangebote** unzulässig, die darauf abzielen, **andere als die beworbenen Waren oder Dienstleistungen abzusetzen**. Diese „bait-and-switch"-Technik ist bislang in Deutschland nicht sehr verbreitet[19]. Voraussetzung ist, dass der Unternhemer in der Absicht handelt, ein anderes als das ursprünglich angebotene Produkt abzusetzen. Das ursprüngliche Angebot dient lediglich als Köder, um unter Ausnutzung des damit erweckten Interesses andere Produkte abzusetzen. Anders als nach Nr 5 kommt es hier nicht darauf an, welche Vorstellungen sich der Unternehmer von der Verfügbarkeit der beworbenen Waren oder Dienstleistungen gemacht hat oder hätte machen müssen. Die Unlauterkeit wird durch den Vorwurf begründet, der Unternehmer habe es von vornherein darauf abgesehen, andere als die beworbenen Leistungen zu erbringen. Unerheblich ist, ob es sich bei den beworbenen Leistungen um Sonderangebote handelt. Unklar ist, wie der unbestimmte Rechtsbegriff der „vertretbaren Zeit" in der 4. Alternative auszulegen ist. **495**

*Prüfungsaufbau:* Zunächst ist der objektiver Tatbestand zu prüfen, der eine Aufforderung zum Kauf von Produkten oder Dienstleistungen iSd § 5a Abs. 3 UWG zu einem bestimmten Preis voraussetzt. Hinsichtlich der Aufforderung zum Kauf wird auf die Ausführungen zu Nr 28 verwiesen. Anschließend ist die Tathandlung unter eine der vier Handlungsalternativen zu subsumieren, die einzeln oder parallel vorliegen können. Anschließend ergibt sich eindeutig aus dem Wortlaut, dass ein subjektiver Tatbestand zu prüfen ist, und zwar ein Handeln in der Absicht, ein anderes als das ursprünglich angebotene Produkt abzusetzen. Der Nachweis kann mittels Indizien erbracht werden.

*Literaturhinweis:* Ausführlicher *Lettl*, WRP 2008, S. 155, 159 ff (zu Ziff. 6 der UGP-RL), 165 f (zu Nr 6 des Anhangs zu § 3 Abs. 3 UWG).

## VII. Zu Anhang Nr 7

Nach Nr 7 des Anhangs (als Umsetzung der Nr 7 des Anhangs I der UGP-RL) ist die unwahre Angabe unzulässig, bestimmte Waren oder Dienstleistungen seien, allgemein oder zu bestimmten Bedingungen, **nur für einen begrenzten Zeitraum verfügbar**, um den Verbraucher auf diese Weise zu einer sofortigen geschäftlichen Entscheidung zu veranlassen. Es handelt sich um Fälle der **Ausübung psychologischen Kaufzwangs durch übertriebenes Anlocken** (zB Kaufzwang durch Zeitdruck). Da der für die geschäftliche Entscheidung maßgebliche Zeitdruck objektiv nicht besteht, wird dem Verbraucher die Möglichkeit genommen, auf Grund einer zutreffenden In- **496**

19 Vgl dazu *Lettl*, WRP 2008, S. 155, 165 (zu Ziff 5 der UGP-RL 159 ff).

formation zu entscheiden (vgl Nr 7 des Anhangs I der UGP-RL: „informed decision“ bzw „informierte Entscheidung“). In Fällen der Anschaffung von Waren des täglichen Bedarfs wird Nr 7 nicht anwendbar sein können, denn diese Fälle sind gerade dadurch ausgezeichnet, dass der Verbraucher innerhalb sehr kurzer Zeit eine informierte Entscheidung treffen kann[20].

## VIII. Zu Anhang Nr 8

497 Wenn der Unternehmer mit dem Verbraucher vor Abschluss des Geschäfts in **einer anderen als der Amtssprache am Ort seiner Niederlassung** kommuniziert hat, ist es nach Nr 8 des Anhangs (als Umsetzung der Nr 8 des Anhangs I der UGP-RL) unzulässig, für die Erbringung von Kundendienstleistungen eine davon **abweichende Sprache** zu verwenden, ohne den Verbraucher vor Geschäftsabschluss darüber aufgeklärt zu haben. Die Irreführung besteht in der enttäuschten Erwartung des Verbrauchers, auch die Kundendienstleistungen würden in der von der Landessprache des Unternehmers abweichenden, vor dem Abschluss des Geschäfts verwendeten Sprache erbracht. Nicht erfasst ist der Fall, dass das Geschäft in der Landessprache des Unternehmers angebahnt worden ist, dann aber in einer anderen Sprache abgewickelt wird. Hier bedarf es einer Unterscheidung danach, ob die Leistung in einer dem Verbraucher geläufigen oder in einer dritten Sprache erbracht wird, weshalb für ein Verbot ohne Wertungsvorbehalt kein Raum ist. Aus der englischen **(„after-sales service“)** und der französischen Textfassung **(„service après-vente“)** der UGP-RL ergibt sich unmissverständlich, dass es bei dieser Bestimmung allein um Kundendienstleistungen, also **nachvertragliche Serviceleistungen** geht[21].

## IX. Zu Anhang Nr 9

498 Nach Nr 9 des Anhangs (als Umsetzung der Nr 9 des Anhangs I der UGP-RL) sind unwahre Angaben und das Erwecken des **unzutreffenden Eindrucks über die Verkehrsfähigkeit** von Waren oder Dienstleistungen unzulässig. Dies betrifft vor allem Waren und Dienstleistungen, deren Besitz, bestimmungsgemäße Benutzung oder Entgegennahme gegen ein gesetzliches Verbot verstößt, wie dies zB beim Fehlen der Betriebserlaubnis für ein technisches Gerät der Fall sein kann.

## X. Zu Anhang Nr 10

499 Unzulässig ist es nach Nr 10 des Anhangs (als Umsetzung der Nr 10 des Anhangs I der UGP-RL), in Bezug auf ein Waren- oder Dienstleistungsangebot **bestimmte Rechte als Besonderheit hervorzuheben, die nach der Gesetzeslage ohnehin be-**

---

20 Vgl *Hoeren*, BB 2008, S. 1182, 1188; die Möglichkeit einer informierten Entscheidung („auf Grund „von Informationen zu entscheiden“) war im Referentenentwurf noch nicht enthalten, dazu Hefermehl/Köhler/Bornkamm UGP-RL Anhang I Rn 7.5.

21 Ges.-Begr. S. 64.

**stehen**. Unzulässig sei vor allem die werbemäßige Nutzung von Hinweisen auf allgemeine Verbraucherrechte[22]. Diese Regelung wirft Rätsel auf. Verboten ist das **Werben** mit **Selbstverständlichkeiten**, gleichzeitig aber auch das Herausstellen einer zumindest in Deutschland häufigen Praxis bei der Vertragsgestaltung, in der die Verbraucher über ihre Rechte im Rahmen allgemeiner Geschäftsbedingungen aufgeklärt werden[23].

## XI. Zu Anhang Nr 11

Nach Nr 11 des Anhangs (als Umsetzung der Nr 11 des Anhangs I der UGP-RL) ist **500**
Werbung unzulässig, bei der es sich um eine als **redaktionelle Information getarnte entgeltliche Verkaufsförderungsmaßnahme** (als Information getarnte Werbung) handelt. Der Unternehmer darf redaktionelle Inhalte nicht für Verkaufsförderung einsetzen, die er finanziert, wenn sich dies weder aus dem Inhalt noch aus der Art der Darstellung ergibt. Die Regelung entspricht dem presserechtlichen Gebot der Trennung von Werbung und redaktionellem Teil, das schon bislang iVm § 4 Nr 11 UWG / (dazu Rn 330 f) im UWG ebenso galt wie das Schleichwerbungsverbot in § 4 Nr 3 UWG. Sie gilt nicht nur für Printmedien, sondern auch für alle elektronischen Medien, insbesondere Hörfunk, Fernsehen und Telemedien und auch für redaktionelle Beiträge im Internet. Erfasst wird auch **„product placement"**, wenn für die Einbeziehung der Ware oder Dienstleistung in einen redaktionellen Kontext ein Entgelt gefordert wird und dem Erkennbarkeitsgebot nicht genügt wird. Denn eine solche Tarnung der Verkaufsförderungsabsicht trage nach der Gesetzesbegründung dazu bei, Verbraucher dazu zu veranlassen, ihre an sich kritische Haltung gegenüber Werbebotschaften abzulegen (Ges.-Begr. S. 65). Dadurch wird ihnen die Möglichkeit genommen, sich auf den kommerziellen Charakter der Mitteilung einzustellen und entsprechend darauf zu reagieren. Die Regelung entspricht zwar den Grundsätzen, welche die Rechtsprechung zu getarnter Werbung und „product placement" entwickelt hat, sie steht aber im Widerspruch zum 13. Rundfunkänderungsstaatsvertrages vom 1.4.2010, der erstmals eine Regelung zur Produktplatzierung enthält und darin einen Abschied vom strikten Trennungsgebot zwischen redaktionellem Inhalt und Werbung normiert (§ 2 Abs. 2 Nr 11 RStV in Umsetzung der Richtlinie über adiovisuelle Mediendienste, RL 2007/65/EG-AVMD-RL). Damit wird der gestiegenen und weiter steigenden Medienkompetenz und Sensiblität der Zuschauer Rechnung getragen. Dies spricht für eine enge Auslegung der Nr 11[24].

---

22 S. 64.

23 So lehnte das LG Bremen in der *Mehrwertsteuer*-Entscheidung (MMR 2010, 97) sowohl einen Verstoß gegen Nr 10 des Anh. zu § 3 Abs. 3 UWG wie gegen § 5 Abs. 1 UWG ab betr. dem Hinweis in einer Inernetwerbung, wonach eine Rechnung mit ausgewiesener Mehrwertsteuer versandt wurde. Dies sei keine unlautere Werbung mit Selbstverständlichkeit; *Hoeren*, BB 2008, S. 1182, 1188.

24 Vgl *Glockzin* MMR 2010, 161, 164 ff; Harte/Henning/*Frank* Anh. § 3 Abs. 3 – Nr 11 Rn 12 ff; *Scherer*, WRP 2011, 393, 396; in den ersten zwei Jahren nach Inkrafttreten der UWG-Novelle von 2008 sind zu Nr 11 des Anh. zu § 3 Abs. 3 (sowie zugleich zu § 4 Nr 3 UWG) folgende Entscheidungen ergangen: LG München WRP 2010, 431 ff; OLG Düsseldorf WRP 2009, 1311 ff *Anzeigenkennzeichnung I*; OLG Düsseldorf WRP 2010, 1155 f *Anzeigenkennzeichnung II*; OLG München WRP 2010, 161 f *Anzeige in redaktioneller Gestalt*; OLG München WRP 2010, 433 ff; OLG Düsseldorf BeckRS 2009, 89122; OLG Hamburg WRP 2010, 1183 ff *Gewinnspiel als redaktionelle Werbung*; BGH WRP

## XII. Zu Anhang Nr 12

**501** Nach Nr 12 des Anhangs (als Umsetzung der Nr 12 des Anhangs I der UGP-RL) ist es unzulässig, dem Verbraucher vorzutäuschen, **ihm oder seiner Familie drohe für den Fall des Nichterwerbs der Ware oder der Nichtinanspruchnahme der Dienstleistung eine bestimmte Gefahr**. Es handelt sich um geschäftliche Handlungen, bei denen das Gefühl der Angst ausgenutzt wird. Dies ist unlauter, weil dadurch die rationalen Erwägungen des Verbrauchers verdrängt werden. Es muss also zunächst der Eindruck einer persönlichen Gefahr geschaffen werden und in einem zweiten Schritt, deren Ende in Aussicht gestellt werden, für den Fall, dass eine Ware erworben oder eine Dienstleistung in Anspruch genommen wird. Es ergeben sich Abgrenzungen zu § 4 Nr 1 und 2 UWG, die hinter Nr 12 zurücktreten, da sie neben der allgemeineren Angst- oder Druckerzeugung keinen Warenerwerb verlangen. Der per se Tatbestand der Nr 12 könnte erfüllt sein, bei der Werbeaussage: *„Erkältung und grippale Infekte überrollen Berlin; sofort besorgen – Klosterfrau“*[25]. Zwar enthält die Aussage im Kern keine unwahre Angabe. Diese wird aber derartig überzogen, dass die direkte Verknüpfung der Gesundheitserhaltung und des Nichterwerbs eines Produkts irreführend ist (ganz abgesehen davon, dass das angepriesene Produkt untauglich ist, vor einem grippalen Infekt zu bewahren)[26]. Heißt es auf einer „Anlage zum Kontoauszug“ einer großen deutschen Bank *„Ihr Lebensstandard ist gefährdet – Ihre Kredite und das Vermögen Ihrer Familie stehen auf wackeligen Füssen. Die aktuellen Gesetzesänderungen zwingen zum schnellen Handeln.“* Und wird in einer Zeile darunter zu einem Gesprächstermin aufgefordert *(„Sprechen Sie hierzu bitte mit Frau …, Telefonnummer: …“)*, könnte dies ebenfalls das per per Verbot der Nr 12 erfüllen. Man rechnet mit einer harmlosen Bescheinigung seines Kontostandes, über den man erfreut oder besorgt sein mag und findet eine der Aufmachung nach einem Kontoausdruck stark ähnelnde „Anlage“, die an einen persönlich gerichtet zu sein scheint. Da diese sich offenbar auf allen Kontoauszügen befand, ohne konkreten Bezug zu dem jeweiligen Kunden, dieser sie aber aufgrund der Aufmachung und Aussage als persönlich an ihn gerichtet, empfinden konnte, handelt es sich um unwahre Angaben über Gefahren für die persönliche Sicherheit der Verbrauchers und seiner Familie. Die Frage ist, ob der Verweis auf die aktuelle Gesetzeslage und die Aufforderung zu schnellem Handeln die Voraussetzungen der Gefahrenbehebung bei Inanspruchnahme einer Dienstleistung erfüllen. Dagegen könnte sprechen, dass die Bezugnahme nicht konkret genug ist und noch zu viele Schritte zwischen dem Aufnehmen der unwahren Angabe und der Inanspruchnahme der Leistung stehen. Andererseits ist der Appell so

---

2011, 211 ff *Flappe*; OLG Hamburg WRP 2011, 268 ff *Anzeige in redaktioneller Gestalt*; OLG Düsseldorf WRP 2011, 127 ff *Promotion*. Ein Verstoß wird überwiegend in der nicht ausreichenden Kennzeichnung des redaktionellen Beitrags als Weisung gesehen, teilweise wird ein Verstoß gegen beide Vorschriften bejaht, teilweise wird nur eine Verletzung von § 4 Nr 3 UWG angenommen. In der Entscheidung des OLG Hamburg *„Gewinnspiel als redaktionelle Werbung“* wird zusätzlich eine Unlauterkeit gem. § 4 Nr 11 UWG iVm § 10 HambPressG bejaht. Der BGH lehnte in der *Flapp*-Entscheidung hingegen eine Verletzung der Verschleierungstatbestände ab (betr. den werbenden Charakter des Vorschaltblattes einer Zeitschrift).

25 BGH GRUR 1986, S. 902 ff *Angstwerbung*.

26 *Hoeren*, BB 2008, S. 1182, 1188.

eindringlich, dass er geeignet ist, den Verbraucher gleich nach Ausdruck des Kontoauszugs zu veranlassen, Rat bei einem Bankangestellten zu suchen bzw die angegebene Rufnummer zu wählen. Die Rechtsprechung wird entscheiden, welche Hürden an den direkten Zusammenhang iSd Nr 12 anzulegen sind. Jedenfalls wäre in einem solchen Fall § 4 Nr 2 UWG erfüllt (s dazu Rn 326).

## XIII. Zu Anhang Nr 13

Nach Nr 13 des Anhangs (als Umsetzung der Nr 13 des Anhangs I der UGP-RL) ist **502**
es unzulässig, für eine Ware oder Dienstleistung zu werben, die **der Ware oder Dienstleistung eines anderen Anbieters ähnlich** ist, wenn der Unternehmer damit die Absicht verfolgt, über die betriebliche Herkunft zu täuschen. **Die Regelung steht neben § 4 Nr 9 lit. a UWG und dem Irreführungstatbestand des § 5 Abs. 1 S. 2 Nr 1 und Abs. 2 UWG**. Anknüpfungspunkt für die Irreführung ist allerdings – der Vorgabe der UGP-RL entsprechend – ausschließlich die **Ähnlichkeit** der Ware oder Dienstleistung und nicht auch die Ähnlichkeit der Marke, was das Per-se-Verbot von § 14 Abs. 2 MarkenG und von den weiteren Unlauterkeitstatbeständen des § 5 Abs. 1 S. 2 Nr 1, Abs. 2 und § 4 Nr 9 lit. a UWG unterscheidet. Anders als die genannten Vorschriften betrifft die Regelung deshalb nicht die Irreführung durch die Verwendung verwechslungsfähiger Kennzeichen. Im Übrigen wird der Tatbestand von Nr 13 nur erfüllt, wenn die Täuschung über die betriebliche Herkunft **beabsichtigt** ist. Die Täuschungsabsicht dürfte allerdings schwer nachzuweisen sein[27]. Erfasst werden dürften wegen der Schutzrichtung der UGP-RL und damit verbunden der Per-se-Verbote grds nur Fälle, in denen Verbraucher sich verletzt fühlen. Hersteller der Originalware dürften daher ihre Ansprüche bei einer täuschend ähnlichen Ware nicht auf Nr 13 stützen, ihnen blieben neben den markenrechtlichen Ansprüchen die genannten Vorschriften des UWG.

## XIV. Zu Anhang Nr 14

Nach Nr 14 des Anhangs (als Umsetzung der Nr 14 des Anhangs I der UGP-RL) sind **503**
die Einführung, das Betreiben und die Förderung so genannter **Schneeball- und Pyramidensysteme** unzulässig. Dass von Nr 14 anders als nach der deutschen Textfassung der UGP-RL nicht nur Schneeball-, sondern auch Pyramidensysteme erfasst sind, folgt aus den englischen und französischen Sprachfassungen (**„a pyramid promotional scheme“ und „un système de promotion pyramidale“**). **Schneeballsysteme** sind solche Verkaufsförderungsmaßnahmen, bei denen der Veranstalter zunächst mit einem von ihm unmittelbar geworbenen Erstkunden und dann mit den durch dessen Vermittlung geworbenen weiteren Kunden Verträge abschließt. **Pyramidensysteme** sind Verkaufsförderungsmaßnahmen, bei denen der unmittelbar vom Veranstalter geworbene Erstkunde selbst gleich lautende Verträge mit anderen Ver-

27 *Hoeren*, BB 2008, 1182, 1189.

brauchern schließt. Solche Wettbewerbssysteme sind schon nach der allgemeinen Vorschrift des § 4 Nr 2 UWG unlauter, weil die Chancen, neue Kunden zu werben, wegen des progressiven Charakters des Systems sinken, was unerfahrene oder leichtfertige Verbraucher nicht erkennen. Mit Nr 14 sind sie per se unlauter. Allerdings können derartige Verkaufsförderungsmaßnahmen sogar nach **§ 16 Abs. 2 UWG strafbar** sein[28]. § 16 Abs. 2 UWG wird daher als lex specialis gegenüber Nr 14 anzusehen sein. § 16 Abs. 2 UWG setzt voraus, dass die Handlung im geschäftlichen Verkehr vorgenommen und das Versprechen geäußert wird, sie würden entweder „vom Veranstalter selbst oder von einem Dritten“ besondere Vorteile erlangen. In Nr 14 genügen neben dem Betrieb und der Einführung eines solchen Verkaufsförderungssystems „die Förderung“ eines solchen und die Eindruckvermittlung, es könne eine „Vergütung“ erlangt werden. Hinsichtlich der Vergütung ist nicht spezifiziert, durch wen diese zu erlangen ist. Damit sind die Anforderungen geringer. § 16 Abs. 2 UWG ist hingegen weiter, da der Tatbestand nicht nur verwirklicht ist bei einer Vergütung, sondern allgemeiner bei dem Versprechen „besonderer Vorteile“.

## XV. Zu Anhang Nr 15

**504** Nach Nr 15 des Anhangs (als Umsetzung der Nr 15 des Anhangs I der UGP-RL) ist die unwahre Angabe unzulässig, der Unternehmer werde demnächst sein Geschäft aufgeben oder die Geschäftsräume verlegen **(Scheinräumungs- und Scheinverlegungsverkäufe)**. Die Unlauterkeit besteht in der Herbeiführung der irrigen Vorstellung, der Unternehmer werde seine Warenbestände aus Anlass der Geschäftsaufgabe oder der Verlegung seiner Geschäftsräume zu **besonders günstigen Konditionen abgeben**. Dabei kommt es nicht darauf an, ob der Unternehmer im Hinblick auf die angebliche Geschäftsaufgabe oder Verlegung seiner Geschäftsräume mit besonders günstigen Angeboten geworben hat[29]. *Hoeren* weist zu Recht auf die Schwierigkeit der ex ante Darlegung eines Scheinräumungs- oder Scheinverlegungsverkaufs hin und hält die Vorschrift daher für kaum justiziabel, was sich durch die erste zu Nr 15 des Anh. zu § 3 Abs. 3 UWG ergangenen Entscheidung bewahrheitet hat – verlangt wird nicht nur der Nachweis der **objektiven Unrichtigkeit der Angaben**, sondern auch der **fehlenden Aufgabeabsicht**[30]. Das Nachschieben von Waren bei Räumungsverkäufen wird von dem Per-se-Verbot nicht erfasst. Da es nach dem Wegfall der Sonderveranstaltungsverbote auch sonst nicht mehr im UWG erfasst wird, ist es als lauter anzusehen.

---

28 *Hoeren*, BB 1182, S. 1189; zum Verhältnis zu § 16 Abs. 2 UWG vgl *Olesch*, § 16 Abs. 2 UWG: Ein Schiff ohne Wasser, WRP 2007, S. 908 ff, der ein Schneeballsystem als eine B-to-MicroB (Microbusiness)- und keine B-to-C-Angelegenheit ansieht, damit seien nicht nur § 16 Abs. 2 UWG, sondern auch der UGP-RL und § 4 Nr 1 UWG unanwendbar (Entsprechendes würde er für Nr 14 vertreten, der zum Zeitpunkt des Erscheinens des Beitrages noch nicht in Kraft war). Derartige Systeme ließen sich allenfalls nach § 284 StGB oder § 5 UWG sanktionieren.

29 Vgl Ges.-Begr. S. 67.

30 *Hoeren*, BB 1182, S. 1189; eine wiederholte Werbeanzeige, in der es heißt „ENDE! AUS! VORBEI! Totaler Räumungsverkauf. Letzter Aufruf!“ sei nicht unlauter, wenn der Inhaber darlege, keinen Käufer für sein Unternehmen gefunden zu haben und die fehlende Aufgabeabsicht nicht nachweisbar sei. Dies folge aus der richtlinienkonformen Auslegung der Nr 15 (OLG Köln GRUR-RR 2010, 250 f *Die letzten 6 Ausverkaufstage*).

## XVI. Zu Anhang Nr 16

Durch Nr 16 des Anhangs (als Umsetzung der Nr 16 des Anhangs I der UGP-RL) soll der **Vertrieb von Waren** oder Dienstleistungen verhindert werden, die **angeblich die Gewinnchancen eines Glücksspiels erhöhen** können. Per se verboten ist damit jede Angabe erhöhter Gewinnchancen bei Erwerb einer Ware oder Dienstleistung, selbst die grundsätzlich sachlich richtige Angabe. ZB ist es unlauter, wenn sich die Glücksspielteilnahme nur an die erwerbenden Kunden eines Unternehmens richtet[31]. Nr 16 ist allerdings auf das Glücksspiel beschränkt und damit etwa auf Preisausschreiben nicht anwendbar. Der Begriff des **Glücksspiels ist gemeinschaftsrechtlich** auszulegen. Es dürfte sich um Spiele handeln, bei denen der Gewinn vom Zufall abhängt und die Aussicht auf einen Gewinn anders als bei Wettbewerben, Preisausschreiben und Gewinnspielen einen geldwerten Einsatz voraussetzt[32]. **505**

## XVII. Zu Anhang Nr 17

Die Nrn 17 und 20 des Anhangs (als Umsetzung der Nrn 31 und 19 des Anhangs I der UGP-RL) stehen im Zusammenhang mit den Transparenzklauseln des § 4 Nr 5 und 6 UWG. Durch Nr 17 soll verhindert werden, dass der Verbraucher zur **Teilnahme an Wettbewerben oder Preisausschreiben veranlasst wird, bei denen entweder die beschriebenen Preise von vornherein nicht gewonnen** werden können, weil sie nicht vergeben werden, oder bei denen der **Preis oder Vorteil jedenfalls von einer Geldzahlung oder einer Kostenübernahme** abhängt. Der **Unterschied zwischen den Nrn 17 und 20** besteht darin, dass dem Verbraucher im ersten Fall der Eindruck vermittelt wird, dass ihm ein Gewinn oder sonstiger Vorteil schon sicher sei, während ihm in den Fällen der Nr 20 eine Gewinnchance vorgetäuscht wird. Sie enthält damit die stärkste Form der Irreführung bei Gewinnvergaben, da zu Lockzwecken der falsche Eindruck erweckt wird, es werde ein Preis oder ein sonstiger Vorteil vergeben, obgleich in Wirklichkeit keinerlei Preis oder Vorteil vergeben wird. Daneben greift Nr 17, wenn mit einem Preis oder Vorteil geworben wird, der Kunde zur Inanspruchnahme derselben aber einen Preis bezahlen müsste. Durch derartige Verhaltensweisen verstößt der Unternehmer **zugleich** gegen das nach **§ 4 Nr 5 UWG** bestehende Gebot, die Teilnahmebedingungen von Preisausschreiben und Gewinnspielen klar und eindeutig anzugeben, und gegen das nach **§ 4 Nr 6 UWG** bestehende Verbot, Preisausschreiben oder Gewinnspiele vom Erwerb einer Ware oder Dienstleistung abhängig zu machen. Nach Ansicht des Gesetzgebers können dieses **Transparenzgebot und Koppelungsverbot neben dem Anhang zu § 3 Abs. 3 UWG beibehalten** werden, denn sowohl mangelnde Transparenz von Teilnahmebedingungen als auch eine Koppelung von Gewinnen mit dem Waren- oder Dienstleistungsabsatz widersprächen den nach der UGP-RL zu beachtenden Erfordernissen der fachlichen Sorgfalt und seien darüber **506**

---

31 *Hoeren*, sieht es „eventuell sogar" als ausreichend an, dass der am Glücksspiel interessierte Verbraucher für die Glücksspielteilnahme das Geschäftslokal betreten muss, BB 2008, S. 1182, 1189.

32 Ges.-Begr. S. 67.

hinaus auch geeignet, das wirtschaftliche Verhalten der Verbraucher wesentlich zu beeinflussen[33]. Wegen der Weite des § 4 Nr 6 UWG bestehen aber erhebliche Zweifel an seiner Gemeinschaftsrechtskonformität (s. dazu ausführlicher die Ausführungen unter Rn 354).

## XVIII. Zu Anhang Nr 18

507 Nach Nr 18 des Anhangs (als Umsetzung der Nr 17 des Anhangs I der UGP-RL) sind unwahre Angaben unzulässig, mit denen behauptet wird, eine Ware oder Dienstleistung könne **Krankheiten oder Funktionsstörungen heilen oder Missbildungen beseitigen**. Es könnte zB vorliegen, bei einem als „Medic" bezeichneten Allergiestaubsaugers oder eines orthopädischen Bettes, das als solches keine Wirkung entfaltet[34]. Die Beweislast für die medizinische Wirkung des Produkts oder der Dienstleistung trägt der Produkthersteller. Bislang wurden solche Verhaltensweisen schon von **§ 3 Nr 2 Heilmittelgewerbegesetz (HWG)**, der Missbräuche im Falle therapeutischer Unwirksamkeit regelt, iVm § 4 Nr 11 UWG erfasst. Da der Begriff des „Heilens" im Falle der Nr 17 nur einen Fall therapeutischer Unwirksamkeit erfasst und damit enger ist, dürfte die Missbrauchsvorschrift des HWG grundsätzlich neben Nr 17 anwendbar sein. Das in Nr 17 erfasste Verhalten fällt **zugleich unter den Tatbestand des § 5 Abs. 1 S. 2 Nr 1 UWG**, wonach ua auch unwahre Angaben über die Zwecktauglichkeit einer Ware oder Dienstleistung irreführend sind.

## XIX. Zu Anhang Nr 19

508 Nach Nr 19 des Anhangs (als Umsetzung der Nr 18 des Anhangs I der UGP-RL) ist eine unwahre Angabe über die Marktbedingungen oder Bezugsquellen unzulässig, um den Verbraucher dazu zu bewegen, die angebotenen Waren oder Dienstleistungen zu weniger günstigen Konditionen als den allgemein üblichen abzunehmen oder in Anspruch zu nehmen. Geregelt ist damit ein **Sonderfall der Irreführung über die Preiswürdigkeit eines Angebots**. Unklar bleibt aber, welche Handlungsweisen unter den unbestimmten Begriff der „Marktbedingungen" fallen und wann diese als „allgemein" anzusehen sind. Das per Verbot könnte erfüllt sein, wenn ein Makler ein Haus verkauft und dabei falsche Angaben darüber macht, dass er bereits ähnliche Objekte in der Region zum gleichen Preis verkauft habe[35]. Oder in dem vom BGH 2005 entschiedenen Fall, in dem der Verkauf mit den Worten „Direkt ab Werk! Kein Zwischenhandel! Garantierter Tiefpreis" beworben wurde[36].

---

33 Ges.-Begr. S. 67.

34 Vgl die Bsp bei *Hoeren*, BB 2008, S. 1182, 1189.

35 Beispiel im Bericht des Department of Trade and Industry (DPI) vom Mai 2007, S. 26, http://www.oft.gov.uk/shared_oft/reports/consumer_protection/oft931con.pdf.

36 BGH WRP 2005, S. 474 *Direkt ab Werk*; vgl auch *Köhler/Bornkamm*, in: Köhler/Bornkamm Anh. zu § 3 III – Nr 19, Rn 19.4, entsprechendes gelte auch für die Konstellation, dass der Unternehmer über das Fehlen weiterer Bezugsquellen als Marktbedingungen täusche.

## XX. Zu Anhang Nr 20

Nr 20 des Anhangs (als Umsetzung der Nr 19 des Anhangs I der UGP-RL) verbietet es, ein Gewinnspiel oder Preisausschreiben überhaupt anzubieten, wenn dahinter **nicht auch die Absicht steht, einen Preis oder ein angemessenes Äquivalent zu vergeben**[37]. Bei dem Begriff des „angemessenen Äquivalents" handelt es sich ebenso um einen unbestimmten Rechtsbegriff wie bei dem Begriff der Angemessenheit in Nr 5 oder der vertretbaren Zeit in Nr 6. Klargestellt hat der Gesetzgeber, dass der Unternehmer durch die in Nr 20 aufgeführten Verhaltensweisen zugleich gegen das nach § 4 Nr 5 UWG bestehende Gebot, die Teilnahmebedingungen von Preisausschreiben und Gewinnspielen klar und eindeutig anzugeben, verstößt. Das Transparenzgebot des § 4 Nr 5 könne aber neben dem Anhang zu § 3 Abs. 3 UWG beibehalten werden. Denn mangelnde Transparenz von Teilnahmebedingungen widerspreche den nach der UGP-RL zu beachtenden Erfordernissen der fachlichen Sorgfalt und sei darüber hinaus auch geeignet, das wirtschaftliche Verhalten der Verbraucher wesentlich zu beeinflussen[38]. 509

## XXI. Zu Anhang Nr 21

Nach Nr 21 des Anhangs (als Umsetzung der Nr 20 des Anhangs I der UGP-RL) dürfen Waren oder Dienstleistungen **nicht als kostenlos** angeboten werden, wenn der **Abnehmer gleichwohl Kosten zu tragen** hat, welche die **Kosten übersteigen, die unvermeidbar** mit dem Eingehen auf das Angebot oder der Inanspruchnahme der angebotenen Leistung verbunden sind. Die Regelung betrifft einen **Sonderfall der Irreführung über den Preis bzw die Berechnung des Preises im Sinne des § 5 Abs. 1 S. 2 Nr 2 UWG**. Zulässig sind danach aber Aussagen wie „gratis" etc, obwohl etwa unvermeidbare Liefer- oder Nebenkosten entstehen. Diese galten auch vor der Novelle von 2008 schon als unlautere **Blickfangwerbung**[39]. Es sei denn, es ist aus den Bedingungen (selbst wenn diese klein gedruckt waren) erkennbar, welche Nebenkosten (zB Landegebühren und Steuern bei Flugreiseangeboten) hinzukommen. In diesem Falle wird eine Irreführung abgelehnt, da der Verbraucher inzwischen an diese Werbeformen gewöhnt sei und wisse, dass ein Unternehmer idR nichts zu verschenken habe (s. dazu den Fall 21 *Besuch beim Nikolaus* Rn 431). Ein Grenzfall dürften Angebote sein, die sich an Kinder richten und als „umsonst" angepriesen werden, die aber nur bei bezahlter Inanspruchnahme durch Erwachsene mög- 510

37 Zu Fällen, die bislang schon unlauter waren, in Zukunft aber an Nr 20 zu messen wären, BGH GRUR 1989, S. 434 *Gewinnspiel I*; OLG Karlsruhe WRP 1964, 499; vgl *Hoeren*, BB 2008, 1182, 1190.

38 S. 68.

39 BGH WRP 1999, 90 *Handy für 0,00 DM*; das OLG Hamburg sah in der *Gratis-SMS*-Entscheidung (WRP 2009, 1282) in dem blickfangmäßigen Angebot „100 kostenlose Gratis-SMS" weder einen Verstoß gegen Nr 21 des Anh. zu § 3 Abs. 3 UWG noch gegen § 5 UWG, obgleich der Kunde zunächst seine persönlichen Daten eingeben musste und ein Vertragsschluss mit Kosten von 7 € monatlich zustande kommen sollte, der im Testzeitraum gekündigt werden konnte. Kritisch dazau *Scherer*, WRP 2011, 393, 397.

lich sind[40]. Bei Gratisleistungen ist daran zu denken, dass diese auch nach § 4 Nr 4, 5, 6, 10, § 5 UWG unzulässig sein können[41].

## XXII. Zu Anhang Nr 22

511 Nach Nr 22 des Anhangs (als Umsetzung der Nr 21 des Anhangs I der UGP-RL) sind **Werbebotschaften unter Beifügung einer Rechnung unzulässig**, wenn damit der unrichtige Eindruck erweckt wird, es liege bereits eine Bestellung vor. Denn damit werden mittelbar das Bestehen eines Vertragsverhältnisses und eine daraus folgende **Zahlungspflicht vorgetäuscht**. Die Regelung erfasst auch rechnungsähnlich aufgemachte Angebotsschreiben, die bereits von § 4 Nr 3 UWG als unlauter erfasst werden. Nach Ansicht des Gesetzgebers sei Nr 22 jedoch insoweit weiter gefasst, als es nicht darauf ankomme, ob es sich bei der Übersendung der Rechnung oder des rechnungsähnlich aufgemachten Angebots um ein von Anfang an auf Täuschung angelegtes Gesamtkonzept handele, um von Folgeverträgen zu profitieren[42]. Das Zusenden von Werbematerial unter Beifügung einer Zahlungsforderung wurde auch bislang schon von § 4 Nr 1 UWG erfasst[43].

## XXIII. Zu Anhang Nr 23

512 Nach Nr 23 des Anhangs (als Umsetzung der Nr 22 des Anhangs I der UGP-RL) sind **unwahre Angaben zur Verschleierung unternehmerischen Handelns unzulässig**. Dies kommt zB in Betracht, wenn wahrheitswidrig behauptet wird, der Vertrieb einer Ware oder einer angebotenen Dienstleistung diene sozialen oder humanitären Zwecken[44]. Obgleich der Gesetzgeber zur Begründung das vorgenannte Beispiel anführt, wird dieses Per-se-Verbot in der Praxis voraussichtlich als eBay-Klausel relevant werden, da es dort zahlreiche falsche Auftritte vermeintlicher „Privatverkäufer“ gibt, obgleich sie zB als Powerseller oder als sonst regelmäßig anbietender Verkäufer Unternehmer sind. Unrichtige Angaben über Vertragshändler, Vertragswerkstätten und Kundendienste werden nicht erfasst[45].

---

40 So hatte der BGH das Angebot einer „Kinderfreifahrt“ für ein Karussell als unlauter angesehen, wenn dies nur bei bezahlter Mitfahrt von Erwachsenen möglich ist, GRUR 1978, S. 182 f *Kinder-Freifahrt*. Vgl zur an Kinder gerichtgete Werbung nun auch Nr 28 des Anh. II zu § 3 UWG (Rn 517 ff).

41 In der *Winter-Check-Wochen*-Entscheidung verneinte das OLG Köln (GRUR 2009, 608) sowohl einen Verstoß gegen Nr 21 des Anh. zu § 3 Abs. 3 wie auch gegen § 5 UWG. Angeboten wurd ein „Winter-Check für 15 €“. Als „Geschenk“ wurde ein Gutschein für ein weiteres Fahrzeug dazugegeben. Eine Unlauterkeit läge nicht vor, da dem Referenzverbraucher klar sei, dass bei für sich genommen kostenlosen Zugaben das Entgelt für die Hauptware entrichtet werden müsse. Vgl hierzu auch die Ausführungen unter „Kopplungsangeboten“ (Rn 323, 337 ff, 340 ff, 312 f, 349 f, 359 f, 450 f).

42 Ges.-Begr. S. 69.

43 ZB BGH GRUR 1994, S. 126 ff *Folgeverträge*.

44 Ges.-Begr. S. 69.

45 Vgl *Hoeren* BB 2008, S. 1182, 1190.

## XXIV. Zu Anhang Nr 24

Nach Nr 24 des Anhangs (als Umsetzung der Nr 23 des Anhangs I der UGP-RL) ist die unwahre Angabe unzulässig, für **eine Ware oder Dienstleistung sei in einem anderen Mitgliedstaat** als dem des Warenverkaufs oder der Dienstleistung ein **Kundendienst verfügbar**. Hier geht es vor allem um Irreführungen im grenzüberschreitenden Rechtsverkehr. Dabei ist der Begriff „Kundendienst" weit auszulegen. Umfasst werden also die Instandsetzung und Instandhaltung, die Lieferung von Updates und Upgrades sowie eine Kundenhotline[46]. Erfasst werden sowohl „unwahre" Angaben wie auch über der Formulierung des „Erweckens eines unzutreffenden Eindrucks" sachlich richtige Angaben. Damit liegt ein Verstoß etwa vor, wenn angeben wird, ein Kundendienst sei nur in einem anderen EU-Mitgliedstatt verfügbar oder wenn ein solcher Eindruck vermittelt wird[47]. **513**

## XXV. Zu Anhang Nr 25

Nach Nr 25 des Anhangs (als Umsetzung der Nr 24 des Anhangs I der UGP-RL) ist es unzulässig, einen Verbraucher dadurch unter Druck zu setzen, dass ihm der – **falsche oder gar zutreffende** – Eindruck vermittelt wird, er könne die **Geschäftsräume erst verlassen, wenn er sich auf einen Geschäftsabschluss einlässt**. Je nach Grad des ausgeübten Raumzwangs kann auch der Tatbestand der **Nötigung nach § 240 StGB** gegeben sein. Fraglich ist, wie tief die Schwelle nach unten zu hängen ist. Soll das Per-se-Verbot etwa schon bei Verwendung von Geldtellern vor Toilettenräumen erfüllt sein? Streng genommen könnte auch der Kassenbereich in Selbstbedienungsläden darunter gefasst werden, der auch passiert werden muss, wenn keine Ware erworben wurde und von vielen Verbrauchern als Hürde empfunden wird, das Geschäft nur zu verlassen, wenn sie wenigstens ein Produkt erworben haben[48]. Auch, wenn dieses Gefühl besteht, wäre es praxisfern, solche Kassenbereiche aufzulösen. Allerdings gibt es in größeren Selbstbedienungsgeschäften die Aufhebung solcher Zwänge. Ein leichter Ausgang ohne Passage des Kassenbereichs ist dort möglich. Trägt dies zur Kundenzufriedenheit bei, mag dies eher zu einer Änderung der „Nadelöhrsituation" führen als die Sanktion eines Per-se-Verbots. Dies spricht eher für eine enge Auslegung des Verbotes, die sich dann allerdings kaum mehr von dem Straftatbestand der Nötigung abgrenzen lassen wird. **514**

## XXVI. Zu Anhang Nr 26

Die umgekehrte Situation zu Nr 25 regelt Nr 26 des Anhangs (als Umsetzung der Nr 25 des Anhangs I der UGP-RL). Danach ist es unzulässig, wenn der **Unternehmer den Verbraucher in der Wohnung aufsucht und sich der Aufforderung wider-** **515**

46 *Hoeren* BB 2008, S. 1182, 1190.
47 Vgl *Hoeren* BB 2008, S. 1182, 1190.
48 *Hoeren* BB 2008, S. 1182, 1190.

**setzt, diese zu verlassen oder nicht dorthin zurückzukehren**. Dieses Verhalten stellt regelmäßig auch einen Verstoß gegen § 4 Nr 1 und 11 UWG dar und kann als **Hausfriedensbruch nach § 123 StGB** oder **Nötigung nach § 240 StGB strafbar** sein. Nach der Gesetzesbegründung komme es wie bei Nr 25 aber nicht darauf an, ob die Schwelle zur Strafbarkeit erreicht werde[49]. Eine **Ausnahme** von diesem Verbotstatbestand gelte nach Ansicht des Gesetzgebers für Besuche, die der Durchsetzung vertraglicher Rechte des Unternehmers dienen und deshalb rechtlich nicht zu beanstanden seien. Dies komme zB in Betracht, wenn den Verbraucher eine vertragliche Mitwirkungspflicht treffe, die das **Aufsuchen seiner Wohnung erforderlich** mache[50]. Diese Ausnahmegruppe ist problematisch. Offenbar wollte der Gesetzgeber weiterhin ein Festhalten an dem tradierten Bild der Vertreterbesuche bekunden, obgleich diese von den Verbraucher häufig als störender empfunden werden als Werbeanrufe (vgl dazu Rn 247)[51]. Auch die zT rüden Methoden der GEZ-Eintreibung könnten über die Ausnahme aus der Anwendung des Per-se-Verbotes herausfallen[52]. Da sich für diese Ausnahme keine Anhaltspunkte in der Richtlinie finden und Nr 26 richtlinienkonform auszulegen ist, ist eine Ausnahme von dem Per-se-Verbot nur anzunehmen, wenn ein Recht das Betreten auch gegen den ausdrücklichen Willen des Wohnungsinhabers erlaubt, wie im Falle der Selbsthilfe (§§ 229 ff BGB)[53].

## XXVII. Zu Anhang Nr 27

516 Nach Nr 27 des Anhangs (als Umsetzung der Nr 27 des Anhangs I der UGP-RL) ist es unzulässig, den Verbraucher von der Geltendmachung seiner **Rechte aus einem Versicherungsverhältnis dadurch abzuhalten, dass ihm Unterlagen abverlangt werden, die zum Nachweis des Anspruchs nicht erforderlich** sind, oder dass seine Leistungsbegehren oder sonstige Schreiben ignoriert werden. **Leistungsverweigerungen** dieser Art waren, da es sich um **nachvertragliches Verhalten** handelt, im UWG bisher nicht geregelt. Dass das Nichtbeantworten von Schreiben als aggressiv und per se verboten eingestuft wird, ist eine Sichtweise, die bei Ausdehnung auf andere Wirtschaftsbereiche und auf Behörden und Mitarbeiter öffentlich-rechtlicher Körperschaften sicher weiteres Anschauungsmaterial erhielte (vgl Rn 25a). Auch *Hoeren* wundert sich über die Beschränkung auf die Versicherungsbranche. Unklar ist, wie der für eine Nichtbeantwortung relevante Zeitraum zu bemessen ist. Zudem sind die Anforderungen an den Begriff der „erforderlichen Unterlagen" stark von der jeweiligen subjektiven Sichtweise abhängig. Auch bestehen Unterschiede aus der ex ante und ex post Betrachtung. Schwierig dürfte überdies der Vorsatz- und Kausalitätsnachweis sein (vgl Rn 25a). Einerseits bestehen gerade im Bereich der Versicherungsbranche besondere Prüfungsnotwendigkeiten, andererseits wird mit vermeintlich not-

49 Ges.-Begr. S. 69 f.
50 Ges.-Begr. S. 70.
51 Vgl *Hecker*, WRP 2006, S. 640, 645.
52 Auch *Hoeren*, hat diese Bedenken BB 2008, S. 1182, 1190.
53 Vgl *Köhler/Bornkamm*, in: Köhler/Bornkamm Anh. zu § 3 III Rn 26.2

wendigen Informationen auch Missbrauch betrieben[54], nur sicher nicht allein im Versicherungssektor. *Hoeren* plädiert daher für eine Ausdehnung der Nr 27 auf die Unzulässigkeit solcher Vorgehensweisen in anderen Branchen. Dies sei auch gemeinschaftskonform, da die Liste lediglich die häufigsten Fälle von Wettbewerbsverstößen in Europa aufstelle[55].

## XXVIII. Zu Anhang Nr 28

Nach Nr 28 des Anhangs (als Umsetzung der Nr 28 des Anhangs I der UGP-RL) sind Werbeangebote unzulässig, mit denen **Kinder unmittelbar zum Erwerb von Waren oder zur Inanspruchnahme von Dienstleistungen aufgefordert** werden. Gleiches gilt für die Aufforderung, **Kinder mögen ihre Eltern oder andere Erwachsene dazu veranlassen, die Leistungen für die Kinder zu beziehen**. Bei diesem Per-se-Verbot dürfte es sich um eines von größerer Praxisrelevanz handeln. Deshalb werden die einzelnen Tatbestände besonders ausführlich behandelt. Folgende Voraussetzungen müssen vorliegen: 517

- Werbung
- Kinder
- unmittelbare Aufforderung
- Aufforderung, die „beworbenen Produkte zu erwerben“ (1.) bzw die beworbene „Dienstleistung in Anspruch zu nehmen“ (2. Alt.)
- Aufforderung, die „Eltern oder andere Erwachsene zum Erwerb oder zur Inanspruchnahme zu veranlassen“ (3. und 4. Alt.)

Der Begriff **„Kind“** sei – so die Gesetzesbegründung – gemeinschaftsrechtlich auszulegen, auf das deutsche Rechtsverständnis komme es nicht an[56]. Nur was ist der „europäische Kindheitsbegriff“? Ein juristischer Laie wird meinen, es könne doch nur einen einheitlichen Kindesbegriff geben und keinen spezifisch deutschen, spanischen oder griechischen. Er greift dabei einer Praxis vor, die es jedenfalls in der juristischen Terminologie noch nicht gibt. *Mankowski* hat die Vielzahl der Kind- und Minderjährigenbegriffe, die allein in EU-Richtlinien aufgeführt werden, gezählt und ist dabei auf ein Dilemma gestoßen: der Begriff existiert in über 4000 Normstellen des Gemeinschaftsrechts, allerdings in ganz unterschiedlichen Zusammenhängen, an einem einheitlichen Begriffsverständnis fehle es bislang[57]. Für die Altersgrenze von achtzehn Jahren könnte das gegensätzliche Begriffspaar „Kinder“/„Erwachsene“ in Nr 28 sprechen. Daraus lässt sich aber noch kein Schluss ziehen auf die Altersgrenze von „Kindern“. Hilfreich ist eher ein Blick auf Art. 3e lit. g der Richtlinie über audiovisuelle Mediendienste[58], der eine entsprechende Regelung wie in Nr 28 2. HS enthält, al- 518

54 *Hoeren*, BB 2008, S. 1182, 1191 verweist auf einen Link mit Beispielen für Missbrauchsfälle.
55 *Hoeren*, BB 2008, S. 1182, 1191.
56 Ges.-Begr. S. 70.
57 *Mankowski*, GRUR 2007, S. 1398, 1400. *Mankowski* beschäftigt sich auf fünf Seiten ausführlich mit den unterschiedlichen Begriffen.
58 Richtlinie über audiovisuelle Mediendienste (Richtlinie 2007/65/EG) vom 11. Dezember 2007, in Kraft getreten am 19. Dezember 2007.

lerdings von „Minderjährigen“ spricht. Die Vorgängerrichtlinie, die Fernseh-RL[59], enthielt in Art. 16 eine vergleichbare Regelung. Wenn der Richtliniengeber in der UGP-RL in Kenntnis dieser Vorschriften den Begriff „Kinder“ gewählt hat, spricht viel dafür, dass er dies bewusst getan hat[60]. Geschützt werden sollen nur Minderjährige, die dieses Schutzes auch bedürfen. In aller Regel sind dies Minderjährige unter vierzehn Jahren. Dieses Verständnis entspricht dem Kindbegriff in § 1 Nr 1 Jugendschutzgesetz. Indem der EU-Gesetzgeber der UGP-RL den Begriff „Kinder“ wählte, wollte er für das Per-se-Verbot offenbar bewusst eine Zielgruppe jüngeren Alters benennen, als die dem Wort Minderjähriger in Abgrenzung zum Erwachsenen beigemessene Altersgrenze von 18 Jahren. Nur eine jüngere Altersgruppe bedarf des Schutzes des Totalverbotes[61]. In dem 2001 vorgelegten Vorschlag einer **Verordnung über Verkaufsförderung im Binnenmarkt**[62] wagte der EU-Gesetzgeber in Art. 2 lit. j eine Definition des Begriffs Kind als einer „Person unter 14 Jahren“. Der Vorschlag wurde zwar 2005 wegen Kompetenzstreitigkeiten zurückgezogen[63], entscheidend ist jedoch, dass die VO als einzige europäische Regelung neben der UGP-RL einen klaren Marktbezug hat und eine Definition des „Kinder“-Begriffes enthält[64]. All dies spricht dafür, unter **Kindern iSd Nr 28 nur junge Menschen bis zum 14. Lebensjahr** zu verstehen[65]. Welche 17-Jährigen veranlassen noch ihre Eltern gerade etwa Produkte des alltäglichen Bedarfs zu erwerben? Schon diese Fallvariante spricht für ein jüngeres Kindverständnis als 18 und auch 16 Jahre. Die über 14-Jährigen werden jedenfalls in aller Regel nicht mehr als Kinder, sondern als „Jugendliche“ wahrgenommen, die sich selbständig bewegen und auch souverän am wirtschaftlichem Leben – abgesehen von größeren Anschaffungen – teilhaben. Auch werden die unter 14-Jährigen in der Werbung als Kinder adressiert, während die über 14-Jährigen als Jugendliche mit anderen Wünschen an die Produkte angesprochen werden.

519 Eine **unmittelbare Aufforderung an Kinder** liegt etwa in der **Ansprache in der zweiten Person** („Du“, „Dein“, „Dir“) oder **Adressierung als „Kinder“** („Kinder holt Euch jetzt für 99 Cent den neuen …“), in einer auf Kinder **angepassten Sprache**, in der Verwendung von **Anglizismen**, durch das eingesetzte **Werbemedium** (zB Kin-

59 Richtlinie 89/552/EWG zur Koordinierung bestimmter Rechts- und Verwaltungsvorschriften der Mitgliedstaaten über die Ausübung der Fernsehtätigkeit ist eine EG-Richtlinie (ursprünglich: EWG-Richtlinie) des Rates vom 3. Oktober 1989, geändert 1997.

60 *Köhler*, WRP 2008, S. 700, 702 f.

61 Vgl Stellungnahme des Zentralverbandes der deutschen Werbewirtschaft ZAW eV zum Gesetzentwurf der Bundesregierung „Entwurf eines Gesetzes gegen den unlauteren Wettbewerbs (UWG)“ vom 13. Oktober 2008, S. 7.

62 Vorschlag für eine Verordnung des Europäischen Parlaments und des Rates über Verkaufsförderung im Binnenmarkt – KOM (2001) 546 endg., KOM (2002) 585 end.

63 Das Verfahren zum Erlass der Verordnung wurde laut der Kommission ersatzlos aufgegeben, KOM (2005) 462 endg. v. 27.9.2005.

64 Vgl *Scherer*, WRP 2008, S. 430, 432.

65 So auch *Köhler*, WRP 2008, S. 70, 702; *Scherer*, WRP 2008, S. 430, 432; *Steinbeck*, WRP 2008, S. 865, 868 f; *Wiltschek/Majchrzak*, ÖBl. 2008, S. 4 f; *Köhler/Bornkamm*, in: Köhler/Bornkamm Anh. zu § 3 III Nr 28 Rn 28.5; andere Ansicht mit ausführlicher Begründung *Mankowski*, WRP 2008, S. 1398, 1400–1405 (Resümee: „wer das 18. Lebensjahr noch nicht vollendet hat“); anderer Ansicht ist auch *Prundbauer-Glaser*, die ausführlich begründet, weshalb die Grenzziehung bei 16 Jahren als die richtige für den Begriff des Kindes erscheint, ÖBl. 2008, S. 164, 166 f.

derzeitschrift), in der Art der **Präsentation von „Quengelware"** (Schokoriegel ua verlockend Süßes im Kassenbereich) oder durch das beworbene **Produkt selbst** (zB Kinderspielzeug, Kindercomputerspiele; vgl auch Fall 13 **„Werbung für Klingeltöne"**, Rn 329a f)[66]. Sie ist abzugrenzen von einer lediglich mittelbaren Aufforderung, die zB vorliegt, wenn sich erst aus sonstigen Umständen darauf schließen lässt, einen Kauf zu tätigen oder die Eltern zu einem solchen zu überreden. Es darf kein Zwischenschritt mehr liegen zwischen der Aufforderung, der Entstehung und dem Vollzug des Erwerbs („Kauf Dir das jetzt")[67]. Zudem muss sich die Aufforderung auf ein konkret gekennzeichnetes Produkt oder eine konkret erkennbare Dienstleistung beziehen (Preis und Produktmerkmale). Weder das Erzeugen von **Gruppenzwang**, noch die **bloße Information** erfüllt die Anforderungen an eine direkte Aufforderung. Auch die Warenpräsentation etwa in der Nähe der Kasse, einer Schule oder eines Schwimmbads, wird als bloße Information über Waren einzuordnen sein, die damit nicht als Aufforderung zum Erwerb aufzufassen ist[68]. Auch die Aufforderung zur Teilnahme an einem Gewinnspiel ohne Kaufzwang genügt den Anforderungen nicht. Erforderlich ist vielmehr, dass sich die Werbung **gezielt und persönlich** an die Kinder richtet.

In der Entscheidung *Sammelaktion für Schoko-Riegel*, die allerdings vor Inkrafttreten **520**
der UWG-Novelle erging, stellte der BGH fest, eine an Minderjährige gerichtete Werbung sei nur dann unlauter, wenn sie in ihrer konkreten Ausgestaltung geeignet sei, die Unerfahrenheit von Kindern auszunutzen. Daran fehle es, wenn die Minderjährigen in der Lage seien, die Sammelaktion hinsichtlich der wirtschaftlichen Bedeutung, Preiswürdigkeit und finanziellen Belastung hinreichend zu überblicken[69]. Zwar erging diese Entscheidung noch auf Grundlage des § 4 Nr 2 UWG, der ein Ausnutzen der Unerfahrenheit verlangt (vgl dazu den Fall 13 *Werbung für Klingeltöne* Rn 329a[70]), das in Nr 28 nicht gefordert wird, doch ist diese Entscheidung gleichwohl aufschlussreich hinsichtlich der Anforderungen, die an die „direkte Aufforderung" zu stellen sein werden. Die **Sammelaktion** richte sich – zumindest auch – gezielt an Kinder und Jugendliche durch Verwendung eines für diese Zielgruppe ansprechend gestalteten „Computer-Männchens" auf der Oberseite der Verpackung und die durchgehende Ansprache der Adressaten in der zweiten Person („Du", „Deiner")[71]. Daran ändere nach Ansicht des BGH auch nicht, dass dieser Riegel überwiegend von Erwachsenen erworben werde, denn der Hersteller adressiere mit der Gestaltung bewusst Kinder und Jugendliche. Die Ansprache in der zweiten Person könnte dafür sprechen, dass dieser Fall auf der Grundlage der Nr 28 anders zu beurteilen wäre.

---

66 Ausführlicher zu den verschiedenen Fallgruppen *Mankowski*, WRP 2008, S. 421 ff.

67 So auch *Scherer*, WRP 2008, S. 430, 433; vgl dazu die *Kinderzeitschrift*-Entscheidung des LG Berlin (VuR 2010, 106), das eine Werbung für eine Kinderzeitschrift mit dem Text: „Nicht verpassen … ab … am Kiosk" als unlauter ansah, da darin eine unmittelbare Aufforderung iSd Nr 28 des Anh. zu § 3 Abs. 3 UWG liege. IÜ betonte das Gericht, dass Nr 28 **nicht extensiv** auszulegen sei, da § 4 Nr 2 UWG als Auffangtatbestand eingreifen könnte.

68 So auch *Köhler*, GRUR 2008, S. 700, 702; aA *Mankowski*, WRP 2008, S. 421, 424.

69 BGH GRUR 2009, S. 71 f.

70 Dazu zB BGH GRUR 2006, S. 776 ff = WRP 2006, S. 885 ff *Bravo*.

71 Vgl auch den Milchtaler-Fall, der vom OLG Frankfurt a.M. nicht als unlauter angesehen wurde, GRUR 2005, S. 782 f und GRUR 2005, S. 1064 f.

521 Allerdings muss es sich um eine unmittelbare Aufforderung **„zum Erwerb“** handeln. Diese Voraussetzung ist als eigenständiges Kriterium nicht zu eng auszulegen, da dann jegliche Ansprache in der „Du-Form“ (die überdies auch im Sportbereich und entsprechend beim Verkauf von Sportprodukten gegenüber Erwachsenen üblich geworden ist) unter das Per-se-Verbot fiele. Erfasst werden neben Kaufverträgen auch alle sonstigen entgeltlichen Verträge über Waren und Dienstleistungen, also Miet-, Leih-, Leasing-, Werk- und Dienstverträge etc[72]. Ein **allgemeiner Kaufappell** („Komm’ heute in den X-Laden. Es warten viele Überraschungen auf Dich“) reicht **nicht**[73]. Auch die Aufforderung an Kinder, **Waren zu besichtigen oder zu erproben**, ein **Angebot einzuholen**, ihre Adressen oder die ihrer Eltern mitzuteilen oder weitere **Informationen im Internet abzurufen**, erfüllen die Anforderungen an die Aufforderung zu erwerben nicht.

522 Im Falle der Schoko-Riegel fand sich der Satz „25 N-Screens (= rechteckige Sammelpunkte zum Ausschneiden) sammeln und bei amazon.de 5 € abkassieren“ und der Hinweis „noch mehr ‚N-Screens‘ findest Du auf: …“. Bei Einsendung an die angegebene Adresse werde ein 5 €-Gutschein zugesandt, der innerhalb der nächsten zwei Monate auf der Internetseite von Amazon eingelöst werden könne. Die Aktion erstreckte sich über einen Zeitraum von acht Monaten. Bei diesen Formen von Sammelaktionen handelt es sich um eine im allgemeinen Geschäftsverkehr etablierte und gängige, im Grundsatz – so auch der BGH – unbedenkliche Werbeform[74]. Jugendliche und auch Kinder seien in der Lage, die wirtschaftliche Bedeutung der Aktion, die Preiswürdigkeit und finanzielle Belastung hinreichend zu überblicken[75]. Da die Hinweise **ausreichend transparent** waren und auch keinen unmittelbaren Kaufappell an die Adressaten richteten, sondern eher informativ auf die Vorteile des Sammelns von Punkten hingewiesen wurde, fehlt es an einem unmittelbaren Auffordern zum Kauf. Für das Fehlen der Unmittelbarkeit spricht auch, dass die potentiellen Erwerber weder unter **Zeitdruck** gesetzt[76], noch zu einem Kauf über Bedarf veranlasst wurden. Es wurde nicht appellativ zum unmittelbaren Erwerb von 25 Schoko-Riegeln aufgefordert, sondern nur über die Vorzüge eines regelmäßigen Verzehrs informiert. Da es sich um eine übliche Werbeform handelt, die auf verschiedensten Produkten (neben Schoko-Riegeln auf Müsli- oder Magarineverpackungen, Süßigkeiten, Säften etc) verwendet wird, die sich regelmäßig über einen längeren Zeitraum auf den Produkten befindet, wird sie auch von den Adressaten **nicht im Sinne eines direkten Kaufappells** verstanden. Ganz davon abgesehen, ist der Erfolg solcher Sammelaktionen in der Regel sehr leidlich, da das Sammeln einer nicht unerheblichen Vielzahl von Punkten, der Aufwand des Ausschneidens, das Aufbewahren bis die verlangte Punktzahl erreicht wird und Einsendens als zu hoch empfunden wird.

---

72 Vgl *Köhler*, WRP 2008, S. 700, 703.

73 *Köhler*, WRP 2008, S. 700, 703.

74 BGH WRP 2009, S. 71, 72.

75 Bei 40 Cent pro Riegel müssten 25 Riegel für insgesamt 10 € erworben werden, um einen Amazon-Gutschein von 5 € zu erhalten. Dies bewege sich im Kindern durch ihr Taschengeld verfügbaren finanziellen Bewegungsspielraum. Es müsse nichts hinzugezahlt werden. Auch an Transparenz mangele es nicht. Zudem habe kein Zeitdruck bestanden. Vgl BGH WRP 2009, S. 71, 73.

76 BGH WRP 2009, S. 71, 73 und bereits BGH WRP 2004, S. 350 *Treuepunkte*.

Kinder werden durch Werbung unmittelbar dazu aufgefordert, ihre Eltern oder Dritte dazu zu **veranlassen, das beworbene Produkt zu erwerben**, wenn sie **gezielt als Absatzhelfer („Kaufmotivatoren")** eingespannt werden. Dahinter steckt das Bewusstsein, dass die Widerstandsfähigkeit von Erwachsenen gegenüber Kinderwünschen niedriger ist als gegenüber der Werbung durch Unternehmer. Die Aufforderung kann durch Worte oder Gebärden erfüllt worden und liegt erst recht vor bei Verwendung von Mitteln der Belästigung und Nötigung. Das Überreden muss sich dabei an die Eltern richten. Dies wird jedoch nicht gegeben sein, wenn in der Werbung Kinder gezeigt werden, die sich das beworbene Produkt kaufen oder ihre Eltern zum Kauf überreden[77]. Der **Konsumwunsch** der Eltern oder anderer Erwachsener darf **erst durch die Kinder hervorgerufen** werden. Sie dürfen also nicht schon vorher Interesse an dem Erwerb gehabt haben. Damit kommen die **typischen Konsum- und Erwerbswünsche des üblichen Bedarfs von Kindern** betreffend Spiel-, Unterhaltungs-, Sport- und Nahrungsmittel, Reisen, der Besuch von Unterhaltungs- und Sportveranstaltungen schon mangels tauglichen Objekts **nicht in Betracht kommt**[78]. Relevant werden kann die Fallgruppe damit nur bei höherwertigen Gütern oder Gütern außerhalb der typischen Produktpalette für Kinder. Diese erste Hürde nimmt zwar zB eine großplakatige Werbung für den neuen „Golf" (Golf 6), auf dem ein Mädchen vor einer Schultafel mit Kreide in der Hand abgebildet ist und auf der es heißt: „Das ist der erste Sechser, der auch Papa gefällt" die erste Hürde. Sicher ist sie nicht frei von jeder Einflussnahme auf die Entscheidung eines Vaters, bleibt aber letztlich zu weit entfernt, von den Anforderungen, die an ein unmittelbares Auffordern zum Erwerb zu legen sind. Dient die Werbung eher der Information (etwa über ein neues Modell) fehlt es an einem unmittelbaren Auffordern. Schließlich ist es Sinn und Zweck von Werbung zu informieren und in positivem Sinne zu beeinflussen. Erfüllte sie diese Wirkung nicht, hätte sie ihren Zweck verfehlt. Nur wenn Abhängigkeiten geschaffen, Druck- oder Zwangsituationen mit Mitteln der Werbung geschaffen werden, ist die Grenze der Unlauterkeit erreicht. Dieser Maßstab wird auch im Rahmen der Nr 28 gelten müssen. **523**

Von Nr 28 werden **auch geschäftliche Handlungen erfasst, die schon nach § 4 Nr 2 UWG unlauter** sind. Allerdings ist der **Anwendungsbereich von Nr 28 enger**, weil es anders als nach § 4 Nr 2 UWG nicht darauf ankommt, ob der Unternehmer die geschäftliche Unerfahrenheit der Kinder ausnutzt. **524**

*Literaturhinweise: Heim*, Der Schutz Minderjähriger durch Wettbewerbsrecht, FamRZ 2007, S. 321 ff; *Köhler*, Werbung gegenüber Kindern: Welche Grenzen zieht die Richtlinie über unlautere Geschäftspraktiken? WRP 2008, S. 700 ff; *Mankowski*, Was ist eine „direkte Aufforderung zum Kauf" an Kinder? Zur Auslegung der Nr 28 der deutschen und europäischen black list, WRP 2008, S. 421 ff; *ders.*, Wer ist ein „Kind" Zum Begriff des Kindes in der deutschen und der europäischen black list, WRP 2007, S. 1398 ff; *Prundbauer-Glaser*, Kinder, Kinder! – Zum „Kind" inder Werbung nach der UWG-Nov 2007, ÖBl. 2008, S. 164 ff; *Scherer*, Kinder als Konsumenten und Kaufmotivatoren, WRP 2008, S. 430 ff.

77 So auch *Köhler*, WRP 2008, S. 700, 703; anderer Ansicht ist *Mankowski*, WRP 2008, S. 421, 425.

78 Vgl *Scherer*, WRP 2008, S. 430, 434 (versehentlich heißt es in der Aufzählung „Unterhaltsprodukte" statt „Unterhaltungsprodukte" – ein klassischer Freudscher Versprecher!).

## XXIX. Zu Anhang Nr 29

525 Nach Nr 29 des Anhangs (als Umsetzung der Nr 29 des Anhangs I der UGP-RL) sind die Aufforderungen zu der **sofortigen oder späteren Bezahlung, Rücksendung oder Verwahrung unbestellter Waren** (umfasst auch unbestellte Dienstleistungen) als aggressive geschäftliche Handlung unzulässig. Die Unlauterkeit ergibt sich zum einen daraus, dass der Eindruck erweckt wird, es bestünden bereits vertragliche Beziehungen. Zum anderen wird der Umstand ausgenutzt, dass es einem Verbraucher unangenehm oder lästig sein kann, einmal erhaltene Sachen zurückzugeben. Die Kundenwerbung durch das Vortäuschen einer vertraglichen Beziehung wird als **Verschleierung des Werbecharakters der geschäftlichen Handlung auch durch § 4 Nr 3 UWG** erfasst. Unverständlich ist, weshalb die Zusendung nicht bestellter Gegenstände **ausnahmsweise rechtmäßig** sein soll (Nr 29 2. HS), wenn es sich um Ersatzleistungen nach den Vorschriften über Vertragsabschlüsse im Fernabsatz handelt[79]. Zu Recht weist der Gesetzgeber darauf hin, dass Ersatzlieferungsklauseln zu Lasten von Verbrauchern in Allgemeinen Geschäftsbedingungen in der Regel unwirksam sind, somit habe die Ausnahme nach seiner Ansicht kaum praktische Bedeutung[80]. Eine Nichtanwendung der Nr 29 wird man aber annehmen müssen, wenn der Gewerbetreibende irrtümlich zB im Falle einer Namensverwechslung von einer Bestellung ausgegangen ist und auch ausgehen durfte[81]. Er trägt für die Umstände seines Irrtums die Beweislast.

## XXX. Zu Anhang Nr 30

526 Nach Nr 30 des Anhangs (als Umsetzung der Nr 30 des Anhangs I der UGP-RL) ist die ausdrückliche Angabe unzulässig, der **Arbeitsplatz oder Lebensunterhalt des Unternehmers seien gefährdet**, wenn der Verbraucher nicht Waren oder Dienstleistungen abnehme. Ein solches Verhalten wird bereits von **§ 4 Nr 1 UWG** wegen der unzulässigen Ausübung moralischen Drucks erfasst, etwa wenn sich der Verbraucher mit dem moralischen Vorwurf mangelnder Hilfsbereitschaft oder fehlender Solidarität konfrontiert sieht. Diese Auswirkungen werden für die Erfüllung des Per-se-Verbotes nicht verlangt. Anders als § 4 Nr 1 UWG erfasst Nr 30 nur die „ausdrückliche Angabe", allerdings kann es sich dabei auch um eine wahre Angabe betreffend der Gefährdung des Arbeitsplatzes oder des Lebensunterhaltes handeln. Erfasst werden Insolvenzverkäufe und Räumungsausverkäufe. Auch der Verkauf einer Obdachlosenzeitung fällt unter das Verbot, wenn der Verkäufer zu dem Erwerb drängt mit der Angabe, dass für den Fall des Nichterwerbs sein Arbeitsplatz oder sein Lebensunterhalt gefährdet wäre[82].

---

79 Ges.-Begr. S. 71.
80 Ges.-Begr. S. 71.
81 *Hecker*, WRP 2006, 640, 645.
82 Dieses Bsp findet sich auch bei *Hoeren*, BB 2008, S. 1182, 1191, der auf eine weitere ältere Fallgruppe des bedrängenden Warenabsatzes unter Einsatz von Behinderten hinweist (dazu zB OLG Hamburg GRUR 1986, S. 261 f). Vergleichbare Fälle würden unter Nr 30 fallen, wenn die darin verlangte Angabe von dem Werbenden gemacht würde.

Anhang I

# Aktenvorträge

## A. Aufbau eines Aktenvortrags mit Formulierungsbeispielen

Die **Vortragsakte** besteht zB aus einem anwaltlichen Antrag auf Erlass einer einstweiligen Verfügung (oder einer Klageschrift), dem anwaltlichen Antrag auf Zurückweisung eben jenes Antrags (oder einer Klageerwiderung) und dem Protokoll der mündlichen Verhandlung. Der **Bearbeitungsvermerk** enthält regelmäßig die Aufforderung, den Sachverhalt und die Entscheidung der Kammer vorzutragen und zu begründen, den Tenor auszuformulieren und zu allen aufgeworfenen Rechtsfragen – gegebenenfalls hilfsgutachterlich – Stellung zu nehmen. Außerdem wird in dem Vermerk idR darauf hingewiesen, dass die Formalien (Ladung, Zustellungen, Vollmachten, Unterschriften etc) in Ordnung sind, dass für den Fall, dass richterliche Hinweise oder (zusätzliche) Beweiserhebungen für erforderlich gehalten werden, diese ergebnislos durchgeführt wurden und gegebenenfalls, dass die Angaben der Parteien zum Streitwert zutreffend sind. Zudem wird auf die zur Verfügung stehende Vorbereitungszeit hingewiesen. Außerdem können sich dort auf den Einzelfall bezogene Hinweise finden, zB begriffliche Klarstellungen wie dass es sich bei einem Fernschreiben – anders als bei einem Telefax – um ein elektronisch übermitteltes Schriftstück handelt, das keine handschriftliche Unterschrift trägt. 527

Der Aktenvortrag ist stets zu gliedern in die **Einleitung**, den **Sachbericht**, den **einleitenden Entscheidungsvorschlag** und die **rechtliche Würdigung** sowie den **konkreten Entscheidungs-/Tenorierungsvorschlag** (zu den Einzelheiten s. die nachstehenden Ausführungen).

### Einleitung

**Einleitungssatz:** *„Ich berichte über den Rechtsstreit zwischen der Brauereigesellschaft B aus D gegen die Bekleidungsgesellschaft K aus H, der im Jahre 2004 zur Entscheidung beim Landgericht Berlin stand/anhängig war/ist und in dem die Klägerin Unterlassungsansprüche wegen unlauteren Wettbewerbs geltend machte/macht."*

### I. Sachbericht

*„Dem Rechtsstreit liegt folgender Sachverhalt zugrunde: Die Verfügungsbeklagte begehrt den Erlass einer einstweiligen Verfügung, mit der der Verfügungsbeklagten belästigende Werbeanrufe untersagt werden sollen."*

*Aufbauhinweise:* Im Sachbericht sind nur die **Tatsachen** zu erwähnen, die für die **Entscheidung erheblich** sind. Ist der Klägervortrag schlüssig, muss der Vortrag des Beklagten besonders aufmerksam gewürdigt werden. Fehlt es schon an der Schlüssigkeit des Klägervortrags, kann die Wiedergabe des Vorbringens des Beklagten knapp gehalten werden. Führt der Hauptantrag zum Erfolg, brauchen die Tatsachen betreffend eines etwaigen Hilfsantrags nicht mehr wiedergegeben zu werden. Vom Aufbau her gleicht der Sachbericht einem **Tatbestand**. Zu beginnen ist mit dem **Unstreitigen** (grundsätzlich im **Imperfekt**: *„schaltete, ging, bewarb ..."*, es sei denn, die Handlungen dauern an, dann sind diese im **Perfekt oder Präsens** zu beschreiben), es folgt das **streitige Klägervorbringen** (im **Konjunktiv**: *„Der Kläger behauptet, er habe ..., sei ..., ... habe stets seine Produkte in dieser Weise beworben ...“).* Daran fügen sich der **Antrag** oder die **Anträge des Klägers** (im **Präsens Indikativ**), gefolgt vom **Antrag des Beklagten** und zwar beide in direkter Wiedergabe: zB „Der Kläger beantragt, den Beklagten zu verurteilen, es zu unterlassen ...“. Zu nennen sind stets nur die Hauptanträge, die prozessualen Nebenanträge zu Kosten- und Vollstreckungsentscheidungen ergehen von Amts wegen. Hat der Beklagte **Widerklage** erhoben, ist im Anschluss an seinen Klageabweisungsantrag sein Widerklageantrag wiederzugeben *(„Der Widerkläger beantragt, den Widerbeklagten zu verurteilen, es zu unterlassen ...“)*, gefolgt vom Antrag des Widerbeklagten (Klägers). Nach den Anträgen folgt der **streitige Beklagtenvortrag** (im **Konjunktiv**). Daran schließen sich gegebenenfalls Ausführungen zur **Prozessgeschichte** (zB teilweise Klagerücknahme, Klageerledigung, teilweises Anerkenntnis). **Rechtsansichten** der Parteien sind – wenn andernfalls der Sachbericht unverständlich bliebe – nur kurz wiederzugeben, ansonsten sind sie wegzulassen.

## II. Einleitender Entscheidungsvorschlag

*Hinweis:* An dieser Stelle ist ein eigener Entscheidungsvorschlag (nur in der Hauptsache) kurz anzugeben (er sollte inhaltlich nicht von dem endgültigen Vorschlag abweichen). Er dient dazu, dem Zuhörer eine erste Orientierung zu geben, in welche Richtung der Vortrag laufen wird. Zudem entspricht es dem Urteilsaufbau, das zunächst das Ergebnis festgestellt wird, bevor anschließend die Begründung dafür gegeben wird.

*„Ich schlage vor, die Klage (aus prozessualen Gründen) abzuweisen.*
*... dem Beseitigungsbegehren stattzugeben.*
*... dem Antrag auf Erlass einer einstweilige Verfügung stattzugeben.“*

## III. Rechtliche Würdigung

Die Begründung des Entscheidungsvorschlags ist mit folgendem Satz zu beginnen:

*„Der Vorschlag beruht auf folgenden rechtlichen Erwägungen ...“.*

*Aufbauhinweise:* Die rechtliche Würdigung wird wie die Entscheidungsgründe eines Urteils aufgebaut, indem zunächst die **Ergebnisse** unter Nennung **konkreter Normen** festgestellt und anschließend im **Urteilsstil** begründet werden. Bei **komplexeren Fragen**, die der Gegenüberstellung verschiedener **Rechtsansichten** bedürfen, kann der **Gutachtenstil** das geeignetere Darstellungsmittel sein. Die **Beweiswürdigung** – vorausgesetzt, es wurde eine Beweisaufnahme durchgeführt – ist im **Urteilsstil** zu verfassen. Am Ende der rechtlichen Würdigung werden die rechtlichen Grundlagen der (auf jeden Fall prozessualen, ggf auch materiellen) **Nebenentscheidungen im Urteilsstil** präsentiert, es sei denn auf sie kann nach dem Prüfungsvermerk verzichtet werden.

### 1. Zulässigkeit

*Hinweis:* Zu Beginn der Zulässigkeitsprüfung ist festzustellen, dass die Klage oder der Antrag auf Erlass einer einstweiligen Verfügung zulässig ist.

#### a) Zuständiges Gericht

*Hinweis:* Die Zuständigkeit der angerufenen Kammer ist, soweit keine Schwierigkeiten bestehen, kurz unter Verweis auf die maßgebenden Vorschriften festzustellen (zu den Normen s. unter Rn 469, 479, vgl auch den Aktenvortrag ***Rotpreis-Revolution***, Rn 528). ZB:

*„Die angerufene Kammer für Handelssachen ist zur Entscheidung des Rechtsstreits gem. §§ … UWG, §§ … ZPO, §§ … GVG funktionell, sachlich und örtlich zuständig.“*

Bestehen hingegen Zweifel an der Zuständigkeit, bedarf es längerer Ausführungen (auch dazu s. die Ausführungen in dem Aktenvortrag ***Rotpreis-Revolution***, Rn 528).

### b) Vorwegnahme der Hauptsacheentscheidung

Inhalt einer einstweiligen Verfügung kann nur eine **vorläufige Regelung** und nicht eine volle Befriedigung des Verfügungsklägers sein. Zulässig ist daher eine einstweilige (Leistungs-) Verfügung, die im Rahmen eines **Unterlassungsanspruchs** auf eine vorläufige Befriedigung zur Abwendung wesentlicher Nachteile notwendig ist. Allerdings kann auch der Erlass einer Leistungsverfügung, die zur Befriedigung eines Unterlassungsanspruchs führt, zulässig sein. Dies gilt, wenn die Erfüllung zur Abwehr **wesentlicher Nachteile** erforderlich ist. Vgl Aktenvortrag ***Rotpreis-Revolution***, Rn 528 (unter I. 4.).

### c) Verfügungsgrund

Grundsätzlich wird der Verfügungsgrund gem. § 12 Abs. 2 UWG vermutet. Da auf Verbraucher das UWG keine Anwendung findet, ist der Verfügungsgrund seitens des Verbrauchers darzulegen (s. dazu den Fall ***Werbe-E-Mail***, Rn 258 f, unter B. II.).

*Aufbauhinweise:* Nur im einstweiligen Verfügungsverfahren sind die Punkte b), c) und d) zu prüfen. Im **Hauptsacheverfahren** besteht die **Zulässigkeitsprüfung** aus der Prüfung der **Zuständigkeit**, der **Klagebefugnis** und des **Rechtsschutzbedürfnisses**. Wird ein Feststellungsbegehren geprüft, dann muss etwas zum **Feststellungsinteresse** gesagt werden. Der Verfügungsgrund ist nach überwiegender Ansicht als **Zulässigkeitsvoraussetzung** anzusehen[1]. Da dies umstritten ist, kann eine Prüfung im Rahmen der Begründetheit allerdings auch nicht als Fehler gewertet werden.

Die **Dringlichkeitsvermutung des § 12 Abs. 2 UWG** kann jedoch durch Tatsachenvortrag und Glaubhaftmachung seitens des Antragsgegners widerlegt werden (s. dazu Rn 476)[2].

### d) Glaubhaftmachung des Verfügungsanspruchs

*Hinweise:* Der Verfügungskläger ist nur von der Darlegung des Verfügungsgrundes befreit, da die Dringlichkeit gem. § 12 Abs. 2 UWG grundsätzlich vermutet wird. Der Darlegung und Glaubhaftmachung des Verfügungsanspruchs gem. §§ 935, 920 Abs. 2, 294 ZPO bedarf es hingegen. Dazu genügt die Glaubhaftmachung durch **eidesstattliche Versicherung**, zulässig sind darüber hinaus alle in **§ 294 ZPO genannten Beweismittel**, soweit sie präsent sind: Augenschein, Urkundenvorlage, Zeugen, anwaltliche Versicherung und Sachverständigengutachten oder amtliche Auskünfte.

---

1 So Stein/Jonas/*Grunsky*, ZPO, 21. Aufl. 2002, § 917 Rn 2; *Köhler*, in: Köhler/Bornkamm, § 12 Rn 3.12; Harten/Henning/*Retzer*, § 12 Rn 299; *Teplitzky*, Kap. 54 Rn 15 Fn 50; Gloy/Loschelder/*Spätgens*, § 81 Rn 23; so auch BGH WM 2000, 635; OLG Stuttgart WRP 1997, 355, 357; OLG Frankfurt GRUR-RR 2002, 44; aA OLG Frankfurt NJW 2002, 903 f mwN.

2 Zur Widerlegung der Dringlichkeitsvermutung, zB wenn der Gläubiger die Rechtsverfolgung selbst verzögert oder wenn er zunächst Klage im Hauptsacheverfahren erhoben hat; vgl *Ekey*, in: Ekey/Klippel/Kotthoff, § 12 Rn 121 ff; Fezer/*Büscher*, § 12 Rn 58 ff jeweils mwN.

### e) Klagebefugnis

*Prüfungshinweis:* Hinsichtlich des Streits, ob in § 8 Abs. 3 UWG die Anspruchsberechtigung (Sachbefugnis, Aktivlegitimation) oder die Prozessführungsbefugnis (Klagebefugnis) gemeint ist[3], sollte man in einer Klausur **pragmatisch** sein. Gilt es eine Klage oder einen Antrag auf Erlass einer einstweiligen Verfügung zu prüfen, sind also **Zulässigkeitsfragen** zu erörtern, sollte bereits im Rahmen der **Klagebefugnis** angesprochen werden, ob der Kläger überhaupt prozessführungsbefugt ist. Dies ist dann anhand der § 8 Abs. 3 Nr 1–4 UWG zu prüfen. Ist hingegen nur die **materielle Prüfung** eines Unterlassungs-, Beseitigungs- oder Schadensersatzanspruches gefragt, sollte man zunächst im Rahmen der **Aktivlegitimation** feststellen, ob der Kläger überhaupt anspruchsberechtigt iSd § 8 Abs. 3 Nr 1–4 UWG ist. Würde man sich in diesem Falle auf den Standpunkt stellen, § 8 Abs. 3 UWG regele lediglich die Prozessführungsbefugnis, beraubte man sich unnötiger Weise eines Prüfungspunktes, was in aller Regel schädlich ist. Offensichtlich konnte auch der Gesetzgeber sich nicht entscheiden, geschweige denn zu einer Lösung dieser dogmatischen Frage beitragen. So spricht er in der Gesetzesbegründung zu § 8 Abs. 3 UWG sowohl von Aktivlegitimation wie auch von Klagebefugnis[4]. Zwar sollte man sich daran nicht unbedingt ein Beispiel nehmen, aus klausurtaktischen Gründen scheint mir der vorgeschlagene Weg des „Sowohl-als-auch“ aber gut vertretbar. Wer an dieser Stelle mehr leisten will, sei davon durch die hier vorgeschlagene Lösung des „geringsten Widerstandes“ keineswegs abgehalten, sondern fühle sich ermutigt, einen überzeugenden Aufbauvorschlag zu unterbreiten.

### f) Rechtsschutzbedürfnis

Wurde der Antragsgegner bzw Beklagte vor Klageerhebung nicht abgemahnt, ist etwas zum Rechtsschutzbedürfnis zu sagen, etwa weshalb eine Abmahnung nicht erforderlich war (s. dazu unter Rn 459). Dies kann man zB wie folgt formulieren:

*„Die mangelnde Abmahnung hat nicht den Wegfall des Rechtsschutzbedürfnisses zur Folge. Es besteht gem. § 12 Abs. 1 UWG grundsätzlich keine Rechtspflicht, den vermeintlichen Verletzer vor Erhebung einer Unterlassungsklage zu warnen oder abzumahnen. Die Gefahr eines sofortigen Anerkenntnisses mit der Kostenfolge des § 93 ZPO bestand nicht, da der Verfügungsbeklagte/Beklagte … “.*

## 2. Begründetheit

Zu Beginn der Begründetheitsprüfung ist festzustellen, dass der begehrte Anspruch besteht oder nicht besteht und aus welchen Normen er sich ergibt, verbunden mit einem ersten allgemeinen Begründungssatz, zB:

*„Der Unterlassungsanspruch des Verfügungsklägers ergibt sich aus § 8 Abs. 1 S. 1 iVm § 3 Abs. 1 UWG, da das angegriffene Verhalten des Verfügungsbeklagten unlauter ist und Wiederholungsgefahr besteht.“* Oder: *„Dem Kläger steht der Anspruch auf Beseitigung gem. § 8 Abs. 1 S. 1 UWG nicht zu, da der Beklagte nicht unlauter iSd § 3 Abs. 1 UWG gehandelt hat.“*

### a) Unzulässigkeit iSd § 3 Abs. 1 UWG iVm §§ 6, 5, 5a oder/und § 4 UWG oder Unzulässigkeit gem. § 7 Abs. 1 UWG

*Aufbauhinweis:* Bei **mehreren Handlungen** (irreführende Werbeanzeige, Verkäufe nachgeahmter Waren, herabsetzende Äußerungen des Geschäftsführers über einen Konkurrenten etc) ist –

3 S. dazu ausführlich *Köhler*, in: Köhler/Bornkamm, § 8 Rn 3.8 ff.
4 BT-Drs. 15/1487, S. 22 f.

schon um die Lesefreude des Korrektors zu animieren, aber auch um die Übersicht zu bewahren und damit zur eigenen Freude – eine Aufspaltung nach den einzelnen Handlungen an dieser Stelle zu empfehlen. Wird hingegen eine Handlung als **Verstoß gegen mehrere Unlauterkeitstatbestände** (vergleichende Werbung, Irreführung etc) geprüft, ist eine Aufspaltung unter dem Punkt „Unlauterkeitsvorwurf" unter „bb)" sinnvoller. Dann wäre unter „b)" die Überschrift „Objektiver Tatbestand des § 3 Abs. 1 UWG" zu wählen. Der subjektive Tatbestand würde dann unter „c)" und die Wiederholungsgefahr unter „d)" behandelt. Liegt eine mögliche Unlauterkeitstat sowohl wegen Irreführung als auch wegen Belästigung vor, ist zunächst § 5 iVm § 3 Abs. 1 UWG zu prüfen und unter einem gesonderten vom Anwendungsbereich des § 3 Abs. 1 UWG getrennten Punkt ein Verstoß gegen § 7 Abs. 1 UWG, da sich seit der UWG Novelle 2008 die Unzulässigkeit einer unzumutbaren belästigenden Handlung unmittelbar und ausschließlich aus § 7 UWG ergibt.

#### aa) Geschäftliche Handlung, § 2 Abs. 1 Nr 1 UWG

#### bb) Unlauterkeit

#### cc) Geeignetheit, die Interessen zu beeinträchtigen

#### dd) Spürbarkeit

#### b) Rechtwidrigkeit

#### c) Wiederholungsgefahr

#### d) Umfang der Verurteilung

*„Der Verfügungsbeklagte ist ohne Einschränkung/nur eingeschränkt zur Unterlassung zu verurteilen."*

### 3. Nebenentscheidungen

Am Ende der Begründetheitsprüfung sind die Rechtsgrundlagen und eine knappe Begründung hinsichtlich der Nebenentscheidungen zu geben, es sei denn laut Bearbeitervermerk ist dies erlassen. Wird im Bearbeitervermerk nach dem Streitwert gefragt, ist auch zur Höhe des Streitwerts etwas zu sagen. Dies wird allerdings nur verlangt werden, wenn es dazu im Sachverhalt Anhaltspunkte gibt. ZB:

*„Die Kostenentscheidung beruht auf § 91 ZPO* (bei An- oder Teilanerkenntnis *§ 93 ZPO*). *Eine Entscheidung zur vorläufigen Vollstreckbarkeit entfällt, da das Urteil als Eilentscheidung gem. §§ 928 ff ZPO sofort vollstreckbar ist."*

## IV. Konkreter Entscheidungsvorschlag (Tenorierungsvorschlag)

Nun ist der konkrete Entscheidungs- oder Tenorierungsvorschlag zu präsentieren. Wichtig ist, dass das Ergebnis inhaltlich nicht von dem einleitenden Entscheidungsvorschlag abweicht. Bei einer Stattgabe ist darauf zu achten, dass der Tenor so bestimmt ist, dass er vollstreckt werden kann. Zudem sind auch – anders als in dem einleitenden Entscheidungsvorschlag – die Nebenentscheidungen zu tenorieren:

*„Ich schlage daher folgenden Tenor vor:*

*1. Der Verfügungsbeklagten wird bei Meidung eines Ordnungsgeldes bis zu 250 000 € und für den Fall, dass dieses nicht beigetrieben werden kann, zu einer an dem Geschäftsführer ihrer persönlich haftenden GmbH zu vollziehenden Ordnungshaft von bis zu 6 Monaten für jeden Fall der Zuwiderhandlung untersagt, …*

Oder: *Der Antrag auf Erlass einer einstweiligen Verfügung wird zurückgewiesen.*

Oder: *Die Klage wird* (bei teilweiser Stattgabe: *im Übrigen*) *abgewiesen.*

*2. Die Verfügungsbeklagte hat die* (im einstweiligen Verfügungsverfahren) *Kosten dieses Verfahrens* (sonst: *Kosten des Rechtsstreits*) *zu tragen.*

Oder: *Die Kosten des Verfahrens tragen die Verfügungskläger.*

Oder: *Der Kläger trägt 2/3 der Kosten des Rechtsstreits, der Beklagte 1/3.*

*3. Das Urteil ist vorläufig vollstreckbar, § 708 Nr 6 ZPO."*

Wird eine Äußerung zum Streitwert verlangt, ist wie folgt zu tenorieren:

*„Der Streitwert wird auf 125 000 € festgesetzt."*

*Literaturhinweis zum Aktenvortrag: Kießling, S. 382 ff.*

## B. Aktenvortrag

528 ***Rotpreis-Revolution*** (angelehnt an BGH GRUR 2004, 1035 ff, iÜ fiktiv)

*Vorbemerkung:* Namen und Inhalte des unten stehenden Antrags auf Erlass einer einstweiligen Verfügung wie der schriftsätzlichen Erwiderung sowie das Protokoll der mündlichen Verhandlung sind fiktiv. Auch die Tenorformulierungen stammen nicht aus der Originalentscheidung. Lediglich einzelne Zitate aus der Werbeaussage sowie einzelne Begründungen im Aktenvortrag beruhen, soweit dies kenntlich gemacht wurde, auf Originalzitaten aus der Rotpreis-Revolution Entscheidung. Die Ausführungen im Rahmen der Begründetheit, insbesondere zur rechtlichen Beurteilung von Sonderveranstaltungen, sind aus didaktischen Gründen deutlich ausführlicher geraten als dies im Rahmen eines Aktenvortrags verlangt werden kann.

Trier, den 27. Dezember 2004

Rechtsanwalt Heribert Klein
Justizstr. 1
54290 Trier

An das Landgericht Trier
Justizstr. 2–6
54290 Trier

**Antrag auf Erlass einer einstweiligen Verfügung**

des Alles Gute eV, gesetzlich vertreten durch den Vorstandsvorsitzenden Winfried Ehrlich, An der Ziegelei 5, in 54295 Trier,

Antragsteller,

Prozessbevollmächtigter: Rechtsanwalt Heribert Klein, Justizstr. 1, 54290 Trier,

gegen

die Ami du Sport S.A.R.L., vertreten durch den Geschäftsführer Rainier van den Loipen, 5, rue Peron, 3353 Leudelange, Großherzogtum Luxemburg,

Antragsgegnerin.

Vorläufiger Streitwert: 20 000 €

Namens und in Vollmacht des Antragstellers wird beantragt, wegen der Eilbedürftigkeit ohne mündliche Verhandlung den Erlass folgender einstweiliger Verfügung zu beschließen:

1. der Antragsgegnerin wird unter Androhung von Ordnungsmitteln aufgegeben, es zu unterlassen, in der Bundesrepublik Deutschland in einer an den Letztverbraucher gerichteten Anzeige
   a) mit den Hinweisen „Rotpreis-Revolution: eine Dankeschön-Geburtstagsaktion für unsere Kunden! 100 000 Artikel müssen raus! Zeltverkauf Markenware extrem reduziert. Bis 70%, bis 60%, bis 50%, bis 40%" zu werben, wie insbesondere in der im Trier Tageblatt vom 23. Oktober 2004 erschienenen Werbeanzeige;
   b) einen Einkaufsgutschein im Wert von 1000 Luxemburger Franken für jeden 50. Kassenkunden anzukündigen;
   c) mit den unter 1. a) bezeichneten und ähnlichen Hinweisen für eine Räumungsaktion Ende Januar 2005 zu werben.
2. die Antragsgegnerin zur Zahlung einer Abmahnpauschale in Höhe von 110,– € zuzüglich 4% Zinsen seit Klageerhebung zu verurteilen;
3. der Antragsgegnerin werden die Kosten des Verfahrens auferlegt.

**Begründung:**

Der Antragsteller ist ein Einzelhandelsverband im Regierungsbezirk Trier. Die Antragsgegnerin betreibt ein Sportgeschäft in Leudelange im Großherzogtum Luxemburg. Die Antragsgegnerin hat mit einer ganzseitigen Anzeige geworben, die unter anderem folgende Aussagen enthielt:

„In der Zeit vom 23. bis 31. Oktober 2004 veranstalten wir in Trier eine Dankeschön- und Geburtstags-Aktion für unsere Kunden. Zu unserem einjährigen Bestehen wird in unserem Geschäft in Luxemburg eine große Rotpreis-Revolution stattfinden: !!100 000 Artikel müssen raus!! Da unsere Geschäftsräume nicht ausreichen, weichen wir auf ein Zelt aus. Der Zeltverkauf wird einmalig sein. Die Preise werden purzeln. Markenware: für weiße Tennissocken zahlen Sie nur noch 70% des Ausgangspreises, 60% lassen wir Ihnen auf T-Shirts und immerhin 50% auf atmungsaktive Laufkleidung nach. Auch auf Laufschuhe räumen wir anlässlich unseres Geburtstages einen Preisnachlass von 40% ein. Für jeden 50. Kassenkunden versprechen wir einen Einkaufsgutschein in Höhe von 1000 Luxemburger Franken (ca. 25 €). Doch nicht genug der Freuden: an zwei Tagen haben Sie die Möglichkeit, eine Schottlandreise für zwei Personen zu gewinnen."

*Beweis:* Vorlage der Zeitungsanzeige.

Am Samstag, den 23. Oktober 2004, ist diese Anzeige in der Tageszeitung „Trier Tageblatt" erschienen. Der Verkauf der Waren hat ebenfalls an diesem Tage begonnen. Damit hat die Antragsgegnerin eine Verkaufsveranstaltung angekündigt, die außerhalb des regulären Geschäftsverkehrs im Einzelhandel liegt, der Beschleunigung des Warenabsatzes dient und den Eindruck hervorruft, es würden besondere Kaufvorteile geboten. Diese Blickfang-Werbung lockt die Trier Kunden in übertriebener Weise an. Der enorme sturzartige Preisverfall über den kurzen Zeitraum von einer Woche stellt eine unzulässige Preisherabsetzung dar und ist als unzulässige Verkaufsförderungsmaßnahme unlauter. Die Kunden aus Trier und Umgebung sind marktschreierisches Verhalten nicht gewohnt. Dies mag auf Basaren und in Luxemburg so üblich sein, weil man den Preis einer Ware nicht ehrt, weil man alles im Überfluss hat. Kunden, die derartige Preisgefälle aber nicht gewohnt sind, sind bei solchen Angeboten zu einer rationalen Entscheidung zwischen den Angeboten der Antragsgegnerin und Konkurrenzprodukten nicht mehr in der Lage. Vielmehr erschien das Angebot vielen als so gut, dass sogar Fahrten über die Grenze nach Luxemburg in Kauf genommen wurden. Dabei verbargen sich hinter den als „Markenwaren“ angepriesenen Produkten wahrscheinlich Auslaufmodelle und Restposten. Dies ist jedoch noch nicht alles. Hinzu kommt, dass die Antragsgegnerin mit einem Gewinnspiel gelockt hat, durch das die Kunden einer zusätzlichen Sogwirkung ausgesetzt wurden. Die beanstandete Werbung enthält zudem die Ankündigung einer unzulässigen Sonderveranstaltung, die auch nach Aufhebung des § 7 Abs. 1 UWG aF wegen Irreführung der Kunden unlauter ist. Durch eine ganze Reihe blickfangmäßig herausgestellter Schlagzeilen wird der Eindruck erweckt, die Antragsgegnerin veranstalte aus Anlass ihres einjährigen Bestehens einen einmaligen Verkauf, bei dem für eine beschränkte Zeit sämtliche Artikel des Sortiments im Preis ermäßigt sind.

Das Verhalten der Antragsgegnerin beurteilt sich allein nach deutschem Wettbewerbsrecht. Da von der Werbung der Antragsgegnerin in einer Trierer Tageszeitung die Interessen der inländischen Verbraucher und Mitbewerber betroffen sind, liegt der Marktort der Werbemaßnahme im Inland, auch wenn der Absatz, für den geworben wurde, im Ausland stattgefunden hat. Daher findet auf die Werbung der Antragsgegnerin deutsches Wettbewerbsrecht Anwendung.

Nicht nur die Ankündigung der Sonderveranstaltung mit den Merkmalen, die die oben wiedergegebene Zeitungsanzeige auszeichnen, ist zu untersagen. Der Antragsgegnerin ist zudem unabhängig von der Ankündigung der Sonderveranstaltung schlechthin zu untersagen, einen Einkaufsgutschein im Wert von 1000 luxemburgischen Franken für jeden 50. Kassenkunden anzukündigen.

Da die Abmahnung vom 27. Oktober 2004 ohne Erfolg blieb, vielmehr die Antragsgegnerin ihre Sonderaktion fortsetzte und die strafbewehrte Unterwerfungserklärung nicht unterzeichnet an den Prozessbevollmächtigten zurücksandte, ist die Beantragung des Erlasses einer einstweiligen Verfügung geboten.

*Beweis:* Abmahnschreiben vom 27. Oktober 2004.

Die erforderliche Dringlichkeit ist gegeben, da der bestehende Wettbewerbsverstoß so schnell wie möglich unterbunden werden muss. Dabei ist nicht nur die zeitliche Nähe zu der Verkaufsaktion zu berücksichtigen, sondern auch die in gleicher Aufmachung Ende Januar bevorstehende Ankündigung einer großen Räumungsverkaufsaktion in der regionalen Tagespresse. Der Erlass einer einstweiligen Verfügung ist danach geboten: Zur Glaubhaftmachung des vorstehenden Vortrags wird auf die anliegende eidesstattliche Versicherung des bei dem Antragsteller tätigen Angestellten Helmut Ernst verwiesen.

Trier, den 10. Januar 2005

Rechtsanwalt Dr. Markus Meister
Einsteinstr. 5
54294 Trier

Landgericht Trier
Justizstr. 2–6
54290 Trier

In Sachen Alles Gute eV ./. Ami du Sport S.A.R.L.
Aktenzeichen: 2 O 180/04

hiermit zeige ich an, dass ich die Antragsgegnerin vertrete. Im Termin der mündlichen Verhandlung werde ich beantragen, den Antrag auf Erlass einer einstweiligen Verfügung zurückzuweisen.

**Begründung:**

Zur Entscheidung über den Antrag auf Erlass einer einstweiligen Verfügung gegen die Antragsgegnerin ist das Landgericht Trier schon örtlich nicht zuständig.

Auf die Verkaufsaktion findet, da sie in Luxemburg stattfand, allein luxemburgisches Wettbewerbsrecht Anwendung. In Luxemburg sind derartige Aktionen und die Werbung in Anzeigen, wie die Antragsgegnerin sie im Trier Tageblatt geschaltet hatte, nicht nur üblich, sondern stehen auch im Einklang mit dem Wettbewerbsrecht, dem übrigens der sich in der europäischen Rechtsprechung entwickelte Verbraucherbegriff zugrunde zu legen ist. Dies sollte auch Maßstab für die Beurteilung wettbewerbsrechtlich-relevanter Sachverhalte in Deutschland sein.

Selbst wenn das Gericht der Ansicht der Antragstellerin folgen und deutsches Wettbewerbsrecht für anwendbar halten sollte, würde das Verbot dieser Sonderaktion und der entsprechenden Werbung gegen die Warenverkehrsfreiheit (Art. 28 EG) verstoßen, da grenzüberschreitender Handel untersagt würde.

Zudem fehlt es schon an der vom Gesetz geforderten besonderen Dringlichkeit. Nach Erhalt des Abmahnschreibens vom 26. Oktober 2004 rief die Antragsgegnerin die Antragsstellerin an. Das Gespräch verlief in freundlichem Ton. Wegen der Kürze der Verkaufsaktion sah die Antragstellerin allerdings keinen Bedarf, die Unterwerfungserklärung zu unterzeichnen. Da die Aktion zudem seit knapp drei Monaten vorbei ist, hat sich die Angelegenheit erledigt.

Rein vorsorglich wird in der Sache darauf hingewiesen, dass Anlass für die Sonderaktion das einjährige Bestehen des Sportgeschäfts der Antragsgegnerin war. Sie fand lediglich eine Woche statt (vom 23. Oktober 2004 bis zum 31. Oktober 2004). Von einer erheblichen Sogwirkung kann schon deshalb keine Rede sein, weil die Kunden genug Zeit hatten, die Angebote entweder an den beiden Samstagen oder unter der Woche anzusehen und bei Interesse zu erwerben. Dass zwischen Trier und Leudelange die luxemburgisch-deutsche Grenze verläuft, kann in Zeiten einer fortgeschrittenen Europäischen Gemeinschaft für niemandem mehr eine Barriere darstellen. Vielmehr ist grenzüberschreitender Handel noch viel zu unterentwickelt, er sollte gefördert und nicht auf dem Gerichtswege untersagt werden. Die Anfahrt von ca. 57 km bei einer Autofahrtzeit von 38 Min. (so viel beträgt zB die Distanz zwischen dem Gerichtsgebäude in Trier und dem Geschäft der Antragsgegnerin) legen die Kunden für gute Angebote offenbar gern zurück. Auch in Deutschland nimmt man gerade in ländlicheren Gegenden Anfahrten, die über die eigenen Stadtgrenzen hinaus führen, für gute Angebote gern in Kauf.

Durch Beantragung des Erlasses einer einstweiligen Verfügung entsteht der Eindruck, dass sich die Antragstellerin nicht wie unter Kaufleuten verständigen will, sondern einheimische, ortsansässige Einzelhändler zu schützen versucht gegen Eindringlinge aus dem nahen Ausland. Wenn die Antragstellerin sich als Schutzpatron verschreckter Trier Einzelhändler aufspielen mag, kann sie dies gern tun. Dieser Weg des Protektionismus wird aber nicht mit Erfolg gesät sein, da alle Ankündigungen, die die Antragstellerin gemacht hat, eingehalten wurden. Es handelte sich um Markenprodukte und kein Kunde musste leer ausgehen, kein Kunde musste mehr bezahlen, als angekündigt wurde. Auch die zwei Schottlandreisenden sind inzwischen froh zurückgekehrt. Den Kunden für ihr Interesse an den Produkten der Antragstellerin mit einer einwöchigen Geburtstagsaktion und Gutscheinen über 1000 Franken zu danken, kann nicht unlauter sein. Der Wert der Gutscheine war übrigens mit 25 € konkret angegeben; die schöne runde Summe von 1000 Franken sollte nur an die „gute alte Zeit" der Einzelwährungen erinnern und liegt damit im modern gewordenen „Revival-Trend". Der Betrag von 25 € gibt den ungefähren fixen Umrechnungskurs von Franken in € wieder.

Zudem wendet sich die Antragstellerin gegen die Werbeanzeige. Unlauter kann jedoch stets nur die Veranstaltung selbst sein und nicht bereits ihre Ankündigung.

Vorsorglich wird die Einrede der Verjährung erhoben.

Rechtsanwalt

Protokoll der Öffentlichen Sitzung — Trier, den 23. Januar 2005

Landgericht Trier
2. Zivilkammer
Aktenzeichen: 2 O 180/04

Gegenwärtig: Vorsitzender Richter am Landgericht Dr. Abel, als Vorsitzender, Richterin am Landgericht Adam, Richter am Landgericht Ober als beisitzende Richter, Justizangestellte Gerngroß als Urkundsbeamtin der Geschäftsstelle.

In dem einstweiligen Verfügungsverfahren

Alles Gute eV ./. Ami du Sport S.A.R.L.

erscheinen bei Aufruf für den Verfügungskläger Rechtsanwalt Klein, für die Verfügungsbeklagte Rechtsanwalt Dr. Meister.

Rechtsanwalt Klein legt die Anzeigenseite vom 23. Oktober 2004 im Original vor, die zum Zwecke der Information in Augenschein genommen wird. Er erklärt, der vom Verfügungsbeklagten im Schriftsatz vom 10. Januar 2005 geschilderte Sachverhalt bezüglich der Dauer der Verkaufsveranstaltung entspreche den Tatsachen. Der Tagespresse sei zu entnehmen, dass die Verfügungsbeklagte noch im Januar 2005 einen Räumungsverkauf aller Wintersportartikel plane und dieser in ähnlicher Weise wie die Verkaufsveranstaltung im Oktober mit großen Werbeanzeigen in der örtlichen Presse angekündigt werde. Es sei im Übrigen nicht auszuschließen, dass die beworbene Verkaufsveranstaltung auch anlässlich des erneuten Jahrestages des Geburtstages der Verfügungsbeklagten wieder aufgenommen werde. Er erklärt, es könne offenbleiben, ob die beworbene Sonderveranstaltung nach luxemburgischem Recht zulässig sei, da für den Fall, dass Werbe- und Absatzmarkt auseinanderfallen, das Recht des Werbemarktes maßgeblich ist. Die Ankündigung einer unzulässigen Sonderveranstaltung sei nicht nur ein unselbstständiger Hilfsakt der Durchführung, sondern eine selbstständige Tatbestandsvariante. Die Irreführungsvorschriften des UWG verstießen auch nicht gegen Art. 28 EG, denn bei dem Verbot der Ankündigung einer Sonderveranstaltung handelt es sich um eine von der Warenverkehrsfreiheit nicht erfasste Verkaufsmodalität. Die Ansprüche des Verfügungsklägers seien auch nicht verjährt, da seit dem 23. Oktober 2004 gerade einmal drei Monate vergangen sind. Auf Nachfrage des Vorsitzenden erklärte Rechtsanwalt Dr. Meister, dass die Antragsgegnerin wegen des großen Erfolgs der Werbeanzeige und weil die Lager inzwischen wieder gut gefüllt seien, erwäge Ende Januar 2005 eine Räumungsaktion für Winterkleidung in ähnlicher Weise anzukündigen und zu veranstalten.

Die Parteivertreter verhandeln zur Sache.

Rechtsanwalt Klein beantragt, den Rechtsstreit an die Kammer für Handelssachen zu verweisen, hilfsweise stellt er den Antrag aus der Antragsschrift vom 27.12.2004. Rechtsanwalt Dr. Meister stimmt der Verweisung zu, hilfsweise stellt er den Antrag aus dem Schriftsatz vom 10. Januar 2005.

b. u. v.
Die Entscheidung ergeht am Ende der Sitzung.

(Unterschriften)

Vermerk für die Bearbeitung

1. Der Vorsitzende Dr. Abel bittet Sie als seinen Stationsreferendar zur Vorbereitung der Kammersitzung den Sachverhalt vorzutragen, Zulässigkeit und Begründetheit des Antrags auf Erlass der einstweiligen Verfügung gutachtlich zu prüfen, wobei zu allen aufgeworfenen Fragen, ggf hilfsgutachterlich, umfassend Stellung zu nehmen ist, sowie den Tenor der Kammerentscheidung zu formulieren.
2. Die Formalien (Ladungen, Zustellungen, Vollmachten, Unterschriften etc) sind in Ordnung. Werden richterliche Hinweise für erforderlich gehalten, so ist zu unterstellen, dass diese durchgeführt wurden, jedoch ohne Ergebnis blieben.
3. Die Angaben des Antragstellers zum Streitwert sind zutreffend.

## Aktenvortrag

Ich berichte über einen Rechtsstreit zwischen dem Alles Gute eV und der Ami du Sport S.A.R.L. Dem Rechtsstreit liegt folgender Sachverhalt zugrunde:

### Sachbericht:

Die Parteien streiten über die Zulässigkeit einer Werbeanzeige, mit der eine Verkaufsveranstaltung in Luxemburg angekündigt wird. Der Verfügungskläger ist ein Einzelhandelsverband im Regierungsbezirk Trier. Die Verfügungsbeklagte betreibt ein Sportgeschäft in Leudelange im Großherzogtum Luxemburg.

Die Verfügungsbeklagte warb aus Anlass des einjährigen Bestehens ihres Sportgeschäfts am 23. Oktober 2004 mit einer ganzseitigen Anzeige in der Tageszeitung „Trier Tageblatt". Dort kündigte sie für die Zeit vom 23. bis 31. Oktober 2004 eine „Rotpreis-Revolution" als „eine Dankeschön/Geburtstags-Aktion für unsere Kunden" an. Mit Schlagzeilen wie „100 000 Artikel müssen raus", „Zeltverkauf", „- 70%", „- 60%", „- 50%", „- 40%" wies sie auf Preisreduzierungen hin. Für jeden „50. Kassenkunden" wurde ein Einkaufsgutschein in Höhe von 1000 Luxemburger

Franken (ca. 25 €) versprochen; an zwei Tagen sollte die Möglichkeit bestehen, eine Schottlandreise für zwei Personen zu gewinnen. Der Verfügungskläger hat diese Werbung unter dem Gesichtspunkt eines übertriebenen Anlockens, einer unzulässigen Herabsetzung und einer unzulässigen Verkaufsförderungsmaßnahme als wettbewerbswidrig beanstandet und beantragt,

1. die Verfügungsbeklagte unter Androhung von Ordnungsmitteln zu verurteilen, es in der Bundesrepublik Deutschland zu unterlassen, in einer an den Letztverbraucher gerichteten Anzeige
   a) zu werben mit den Hinweisen „Rotpreis-Revolution: eine Dankeschön-Geburtstagsaktion für unsere Kunden! 100 000 Artikel müssen raus! Zeltverkauf Markenware extrem reduziert. Bis 70%, bis 60%, bis 50%, bis 40%“, insbesondere wie in der im Trier Tageblatt vom 23. Oktober 2004 erschienenen Werbeanzeige;
   b) einen Einkaufsgutschein im Wert von 1000 Luxemburger Franken für jeden 50. Kassenkunden anzukündigen;
   c) mit den unter 1. a) bezeichneten und ähnlichen Hinweisen für eine Räumungsaktion Ende Januar 2005 zu werben.
2. die Verfügungsbeklagte zur Zahlung einer Abmahnpauschale in Höhe von 110 € zuzüglich 4% Zinsen seit Klageerhebung zu verurteilen.

Die Verfügungsbeklagte beantragt,
die Klage abzuweisen.

Sie hat die örtliche Zuständigkeit des Landgerichts Trier gerügt, zuständig sei allenfalls das am Geschäftssitz der Verfügungsbeklagten zuständige Gericht in Luxemburg. Einen Wettbewerbsverstoß nach deutschem Recht hat sie in Abrede gestellt. In jedem Fall sei ihr Verhalten aber nach luxemburgischem Recht nicht zu beanstanden. Im Hinblick darauf verstieße ein Verbot der Verkaufsveranstaltung gegen Art. 28 EG. Auch ein Verstoß gegen deutsches Recht liege nicht vor. Zumindest aber seien die Ansprüche verjährt.

In der mündlichen Verhandlung vom 23. Januar 2005 hat der Verfügungskläger erstmals Verweisung des Rechtsstreits an die Kammer für Handelssachen beantragt. Diesem Antrag hat die Verfügungsbeklagte zugestimmt.

## Entscheidungsvorschlag

Ich schlage vor, die Klage abzuweisen.

## Rechtliche Würdigung

Der Vorschlag beruht auf folgenden rechtlichen Erwägungen:

## I. Zulässigkeit

Der Antrag auf Erlass der einstweiligen Verfügung ist zulässig.

### 1. Zuständigkeit des Landgerichts Trier

Die angerufene Zivilkammer ist zur Entscheidung des Rechtsstreits gem. §§ 943 Abs. 1, 937 Abs. 1, 17 Abs. 1 ZPO, §§ 23, 71 Abs. 1 GVG und §§ 13 Abs. 1 S. 1, 14 Abs. 1 S. 1 UWG funktionell, sachlich und örtlich zuständig.

#### a) Funktionelle Zuständigkeit der Zivilkammer

Die Zivilkammer ist zur Entscheidung des Rechtsstreits funktionell zuständig. Eine Verweisung des Rechtsstreits an die Kammer für Handelssachen (KfH) kommt nicht in Betracht, da keine zwingende funktionelle Zuständigkeit der Kammer für Handelssachen besteht und der Verweisungsantrag des Verfügungsbeklagten verspätet ist. Nach § 96 GVG ist eine wettbewerbsrechtliche Streitigkeit nur dann gem. § 13 Abs. 1 S. 2 UWG iVm § 95 Abs. 1 Nr 5 GVG vor der Kammer für Handelssachen zu verhandeln, wenn eine solche beim Landgericht besteht (§ 93 GVG) und ein wirksamer Antrag auf Verhandlung vor der Kammer für Handelssachen entweder vom Kläger (§ 96 Abs. 1 GVG) oder vom Beklagten (§ 98 Abs. 1 GVG) gestellt wurde. Unterstellt, es besteht beim Landgericht Trier eine Kammer für Handelssachen, so fehlt es in jedem Falle an dem erforderlichen Antrag, da dieser nach § 96 GVG in der Klageschrift bzw im schriftlichen Antrag auf Erlass einer einstweiligen Verfügung zu stellen und nicht nachholbar ist[5]. Der Verfügungskläger hat die Verweisung erstmals in der mündlichen Verhandlung begehrt. Daran ändert auch nicht, dass die Verfügungsbeklagte der Verweisung zugestimmt hat, denn die bloße Zustimmung erfüllt nicht die an eine notwendige Antragstellung iSd § 98 Abs. 1 GVG geknüpften Voraussetzungen[6].

### b) Örtliche Zuständigkeit (Gerichtsstand)

Das Landgericht Trier ist gem. § 14 Abs. 2 S. 1 UWG örtlich zuständig. Begehungsort ist Trier, da die maßgebende Handlung, deren Unterlassung der Verfügungskläger begehrt, die Werbeanzeige der Verfügungsbeklagten im „Trier Tagesblatt“ ist. Der Verfügungskläger wendet sich allein gegen die Ankündigung der Sonderverkaufsveranstaltung in der Werbeanzeige und nicht gegen die Durchführung in Leudelange. Er hat mit der Anrufung des Landgerichts Trier von dem nach § 14 UWG bestehenden Wahlrecht zwischen dem im Anwendungsbereich des UWG liegenden Niederlassungsort, der bei der Verfügungsbeklagten nicht gegeben war, und dem Begehungsort Gebrauch gemacht. Die Gefahr der Einwirkungen entstand unmittelbar in Trier und nicht erst am Absatzort in Luxemburg. Denn für alle Verbraucher, die sich für die Sonderangebote der Verfügungsbeklagten interessierten und auch bereit waren, die Fahrt über die Grenze nach Luxemburg in Kauf zu nehmen, realisierte sich die potenzielle Irreführungs- oder zumindest Beeinflussungsgefahr unmittelbar nach Lektüre der Zeitungsanzeige. Die Werbeanzeige selbst stellt die relevante geschäftliche Handlung dar. Das Wahlrecht des Verfügungsklägers war auch nicht eingeschränkt. Zwar ist er als Einzelhandelsverband eV kein Mitbewerber, dem ein uneingeschränktes Wahlrecht obliegt (arg. e contrario § 14 Abs. 2 S. 2 UWG), da die Verfügungsbeklagte aber im Inland weder eine gewerbliche oder selbstständige berufliche Niederlassung noch einen Wohnsitz hat, konnte auch er die Unterlassungsklage am Begehungsort erheben (§ 14 Abs. 2 S. 2, 2. HS. UWG).

*Hinweis:* Die Zuständigkeit inländischer Gerichte für eine Unterlassungsklage wurde sogar bejaht bezüglich einer **im Ausland vorgenommenen geschäftlichen Handlung** eines **ausländischen Unternehmens**, da diese im Inland eine Erstbegehungsgefahr begründen könne[7].

## 2. Verfügungsgrund

Der Verfügungsgrund wird gem. § 12 Abs. 2 UWG vermutet. Es bedurfte daher nicht der Darlegung und Glaubhaftmachung eines konkreten Verfügungsgrundes. Für die mögliche Widerlegung des Verfügungsgrundes hat die darlegungspflichtige Verfügungsbeklagte nichts vorgetragen. Der Verweis darauf, dass die Angelegenheit drei Monate zurückliegt und daher als erledigt zu betrachten sei, genügt den Anforderungen an eine Widerlegung der gesetzlichen Vermutung nicht, zumal die Verfügungsbeklagte eine erneute Sonderaktion „nach gleichem Muster“ für Ende Januar 2005 plant. Dass der Verfügungskläger zwei Monate nach der ersten Verkaufsaktion verstreichen ließ,

---

5 Zöller/Gummer, ZPO, 27. Aufl. 2009, § 96 GVG Rn 1.
6 Zöller/Gummer, ZPO, 27. Aufl. 2009, § 98 GVG Rn 2.
7 OLG Düsseldorf BB 1994, 877, 879; OLG Hamburg GRUR 1987, 403; Zweifel an der Richtigkeit dieser Auffassung äußert *Köhler*, in: Köhler/Bornkamm, § 14 Rn 14.

bevor er den Antrag auf Erlass einer einstweiligen Verfügung einreichte, erfüllt daher auch nicht die Voraussetzungen eines zu langen Zuwartens, das die vermutete Eilbedürftigkeit entkräften könnte.

### 3. Glaubhaftmachung des Verfügungsanspruchs

Der Verfügungsanspruch ist durch die eidesstattliche Versicherung glaubhaft gemacht (§ 294 ZPO).

### 4. Vorwegnahme der Hauptsacheentscheidung

Da die Verfügungsbeklagte die Veröffentlichung einer erneuten, der angegriffenen Werbeanzeige entsprechenden Anzeige nicht nachholen kann für den Zeitraum, für den ihr dies untersagt wird, würde der Erlass einer einstweiligen Verfügung nicht nur zu einer vorläufigen Regelung, sondern insoweit zu einer Befriedigung des Unterlassungsanspruchs führen. Der Erlass einer solchen Leistungsverfügung wird überwiegend als zulässig angesehen, wenn die Befriedigung des geltend gemachten Anspruchs zur Abwendung wesentlicher Nachteile objektiv erforderlich ist. Davon ist im vorliegenden Fall auch hinsichtlich der gesetzlichen Wertung des § 12 Abs. 2 UWG auszugehen, zumal die in der Unterlassung einer Werbeanzeige liegenden Nachteile weniger erheblich sind als die Nachteile für eine Vielzahl von Verbrauchern, die mit einer eventuellen Realisierung eines Wettbewerbsverstoßes verbunden wären.

### 5. Klagebefugnis

Der Verfügungskläger ist gem. § 8 Abs. 3 Nr 2 klagebefugt[8]. Es ist davon auszugehen, dass ihm als Einzelhandelsverband für den Regierungsbezirk Trier eine erhebliche Zahl von Einzelhandelsunternehmen angehören, die ebenfalls Sportkleidung und -schuhe in Trier und der Region anbieten. Auch fehlen Anhaltspunkte dafür, dass der Verfügungskläger nach seiner personellen, sachlichen und finanziellen Ausstattung nicht in der Lage war, seine satzungsmäßigen Aufgaben zu erfüllen. Es besteht zudem die Gefahr, dass die Interessen seiner Mitglieder durch die Auswirkungen der Werbeanzeige berührt werden, da sie denselben Kundenkreis ansprechen und ihre Kunden verlieren, wenn diese sich dafür entscheiden, bevorzugt die Angebote der Verfügungsbeklagten in Anspruch zu nehmen, selbst wenn sie dafür längere Anfahrten in Kauf nehmen müssen. Ob diese Beeinträchtigung auch erheblich war, kann dahinstehen, da es auf eine wesentliche Interessenberührung seit der UWG-Novelle vom Juli 2004 nicht mehr ankommt (so früher der § 13 Abs. 2 Nr 2 UWG aF).

## II. Begründetheit

Der Antrag auf Erlass einer einstweiligen Verfügung wegen Unterlassung der Ankündigung von Sonderaktionen ist nicht begründet. Es fehlt an der für einen Unterlassungsanspruch gem. § 8 Abs. 1 iVm § 3 Abs. 1 UWG erforderlichen Unlauterkeitstat.

### 1. Verjährung?

Verjährt ist der Unterlassungsanspruch nach § 11 Abs. 1 UWG entgegen der Einwendung der Verfügungsbeklagten nicht. Zwischen der Veröffentlichung der Werbeanzeige am 23. Oktober 2004

8 Zu der Frage, ob die Klagebefugnis im Rahmen der Zulässigkeit oder erst zu Beginn der Begründetheit zu prüfen ist vgl die Ausführungen unter Rn 483 (unter A. III.1.e).

und der mündlichen Verhandlung, lagen lediglich drei Monate. Verjährung tritt aber gem. § 11 Abs. 2, Abs. 1 UWG erst ein, wenn sechs Monate seit der Entstehung des Anspruchs vergangen sind und der Verfügungskläger Kenntnis erlangt hat von den anspruchsbegründenden Umständen.

### 2. Geschäftliche Handlung

Eine geschäftliche Handlung iSd § 2 Abs. 1 Nr 1 UWG liegt vor. Die Verfügungsbeklagte hat mit der Ankündigung der Verkaufsaktion das Ziel verfolgt, ihren Warenabsatz zu fördern.

### 3. Wiederholungs- bzw Erstbegehungsgefahr

#### a) Wiederholungsgefahr bezüglich der durchgeführten Sonderaktion

Die für einen Unterlassungsanspruch gem. § 8 Abs. 1 S. 1 UWG erforderliche Wiederholungsgefahr ist gegeben. Die nach Begehen eines Wettbewerbsverstoßes[9] grundsätzlich bestehende Vermutung der Wiederholungsgefahr wird nicht dadurch erschüttert, dass die Parteien in einem Telefongespräch zu einer Einigung gelangten und eine gerichtliche Verfolgung der unterschiedlichen Rechtsansichten nicht erwartet wurde. Allerdings bleibt das Ergebnis des Gesprächs nach dem Vortrag der Parteien unklar bzw streitig. Selbst wenn die Verfügungsbeklagte sich bereit erklärt haben sollte, in Zukunft von vergleichbaren Sonderaktionen abzusehen, war eine solche Erklärung nicht geeignet, die Vermutung der Wiederholungsgefahr zu beseitigen. Zwar kann eine Unterlassungsverpflichtung grundsätzlich auch mündlich abgegeben werden, es bedarf jedoch zur Beseitigung der Vermutungswirkung einer ernst gemeinten den Anspruchsgegenstand abdeckenden und durch ein Vertragsstrafeversprechen gesicherten Unterlassungsverpflichtungserklärung[10]. Diese Voraussetzungen erfüllte das Telefonat jedenfalls nicht, da es sowohl an der erforderlichen Ernsthaftigkeit als auch an der Abgabe einer strafbewehrten Unterlassungserklärung fehlte. Die Verfügungsbeklagte, die hierfür die Beweislast trägt, hat nichts Entsprechendes vorgetragen.

#### b) Erstbegehungsgefahr bzgl der geplanten Räumungsaktion

Der Verfügungskläger hat die Erstbegehungsgefahr eines Wettbewerbsverstoßes hinreichend dargelegt. In Bezug auf die Räumungsaktion der Verfügungsbeklagten besteht eine **ernstlich drohende und unmittelbar bevorstehende Gefahr erstmaliger Begehung**. Der Verfügungskläger hat dargelegt, dass die Verfügungsbeklagte Ende Januar 2005, also nur wenige Tage nach der mündlichen Verhandlung eine umfassende Räumungsaktion plant, deren Durchführung wegen übertriebenen Anlockens von Kunden durch unangemessene Beeinflussung und durch Irreführung als Verkaufsförderungsmaßnahme ebenso unlauter sein könnte wie die entsprechend geplante, unmittelbar bevorstehende Ankündigung dieser Aktion in Werbeanzeigen. Dieser Darle-

---

9 *Prüfungshinweis:* Das Prüfen der Wiederholungsgefahr vor Feststellung des Wettbewerbsverstoßes erscheint mir zwar im Vergleich zu dem Gutachtenaufbau unglücklich, da man entweder an dieser Stelle konkludent vorgreifen müsste, um zur Feststellung eines Wettbewerbsverstoßes zu gelangen oder aber die Wiederholungsgefahr zunächst bejaht, auch wenn anschließend ein Wettbewerbsverstoß verneint wird. Vertretbar scheint mir die vorgezogene Prüfung der Wiederholungsgefahr nur, wenn es Anhaltspunkte für eine erfolgreiche Abmahnung, also Anlass für die Beseitigung der Vermutungswirkung gibt (zu so einen Fall vgl *Kießling*, S. 398 f). In Fällen, wo zugleich ein vorbeugender Unterlassungsanspruch gem. § 8 Abs. 1 S. 2 UWG geltend gemacht wird, ist es hingegen stets angebracht, zunächst die Erstbegehungsgefahr festzustellen, um die Prüfung mangels Hinweises auf eine bevorstehende Unlauterkeitstat entweder sofort zu beenden oder bei tatsächlichem Vorliegen mit der Prüfung der bevorstehenden Unlauterkeitstat fortzusetzen. In diesem Fall stellte sich sowohl die Frage des Wegfalls der Vermutungswirkung wie des Vorliegens der Erstbegehungsgefahr, weshalb die Prüfung der Wiederholungsgefahr vorgezogen wurde. Vgl dazu die Ausführungen unter Rn 87 ff, 91.

10 BGH GRUR 1994, S. 516; *Kießling*, S. 398 f.

gung ist die Verfügungsbeklagte nicht entgegengetreten, sie hat vielmehr die entsprechenden Planungen bestätigt.

*Hinweis:* Es war auch vertretbar, wegen der Ähnlichkeit der Verstöße die Vermutungswirkung der Wiederholungsgefahr auch auf die geplante Räumungsaktion auszudehnen[11].

## 4. Klageantrag 1 a: Ankündigung einer Sonderveranstaltung

### a) Unlauterkeit wegen irreführender Ankündigung einer Sonderveranstaltung, § 5 Abs. 1 S. 2 Nr 2 iVm § 3 Abs. 2 UWG

Dem Verfügungskläger steht ein Anspruch auf Unterlassung der beanstandeten Ankündigung einer Sonderveranstaltung aus § 5 Abs. 1 S. 2 Nr 2 UWG nicht zu. Der Verfügungsbeklagte hat nicht gegen die geltende fachliche Sorgfalt iSd § 2 Abs. 1 Nr 7 UWG verstoßen, da er nicht irreführend nach § 5 Abs. 1 S. 2 Nr 2 UWG gehandelt hat. Irreführendes Verhalten ist stets auch ein Verstoß gegen die geltende fachliche Sorgfalt (vgl Art. 6 Abs. 4 lit. d UGP-RL). Grundsätzlich sind Verkaufsveranstaltung außerhalb des regelmäßigen Geschäftsverkehrs, die der Beschleunigung des Warenabsatzes dienen und den Eindruck der Gewährung von besonderen Kaufvorteilen hervorrufen (sog. **Sonderveranstaltungen**) nach Aufhebung des § 7 UWG aF zulässig. Unzulässig sind sie nur dann, wenn die Gefahr einer Irreführung besteht. Diese besteht, wenn der angekündigte Preisvorteil in Wirklichkeit gar nicht gegeben ist oder der als Verkaufsanlass angegebene Sonderaktionsgrund gar nicht besteht[12]. So muss bei **Jubiläumskäufen** das behauptete Jubiläum tatsächlich erreicht sein, irrelevant ist aber nach Aufhebung des § 7 UWG aF, welches Jubiläum gefeiert wird[13]. Der Irreführungstatbestand des § 5 Abs. 1 S. 2 Nr 2 UWG bezieht sich jedoch nur auf Verkaufsveranstaltungen, die **im Geltungsbereich des Gesetzes** durchgeführt werden. Maßgebend ist also, ob es hinsichtlich der Lauterkeit auch auf die von der Verfügungsklägerin angegriffene **Ankündigung der Verkaufsveranstaltung** ankommen kann oder ob sich die Unlauterkeit der Ankündigung allein aus der Unlauterkeit der Verkaufsveranstaltung ergeben muss **(Abhängigkeit der Ankündigung von der Beurteilung der Verkaufsveranstaltung)**.

**aa)** Für die Frage des auf eine geschäftliche Handlung anzuwendenden Rechts ist der **Begehungsort** maßgeblich. „Als Begehungsort kann nur der Ort angesehen werden, an dem die wettbewerblichen Interessen der Mitbewerber aufeinandertreffen. Dort soll das Wettbewerbsrecht unlauteres Konkurrenzverhalten verhindern; auf diesen Ort beziehen sich auch das durch das Wettbewerbsrecht ebenfalls geschützte – und deshalb bei der Rechtsanknüpfung zu beachtende – Interesse der möglichen Kunden, als Marktteilnehmer vor unlauterem Verhalten bei der Werbung und dem Abschluss von Verträgen geschützt zu werden, sowie das daraus resultierende Interesse der Allgemeinheit an einem lauteren Wettbewerb[14]. Hieran ist auch unter der Geltung des Art. 40 EGBGB nF festzuhalten."[15]

---

11 Vgl mit Beispielen zur Erstreckung der Wiederholungsgefahr auf „im Kern gleichartige Verstöße" *Bornkamm*, in: Köhler/Bornkamm, § 8 Rn 1.35.

12 *Bornkamm*, in: Köhler/Bornkamm, § 5 Rn 6.5.

13 Maßgebend ist die Gründung, dh die Aufnahme der Geschäftstätigkeit und die Kontinuität des Unternehmens. Zudem muss die Jubiläumswerbung „zeitnah" zu dem Jubiläum stattfinden. Ausreichend ist aber bei einem in der Vorweihnachtszeit gegründeten Unternehmen, wenn der Sonderverkauf aus Anlass des Jubiläums erst in den Anfangsmonaten des Folgejahres stattfindet, um in dieser allgemein umsatzschwachen Zeit Anreize für eine Umsatzsteigerung zu schaffen; vgl *Bornkamm*, in: Köhler/Bornkamm, § 5 Rn 6.7.

14 BGHZ 113, 11, 14 f *Kauf im Ausland*; BGH, GRUR 1998, 419, 420 = WRP 1998, 386 *Gewinnspiel im Ausland*, jeweils mwN.

15 Vgl Palandt/*Heldrich*, Art. 40 EGBGB Rn 4; *Sack*, WRP 2000, 269, 272.

**bb)** In Fällen, in denen „ein Kaufmann seine Waren oder Leistungen **grenzüberschreitend anbietet**, ist der **Marktort** derjenige, an dem die **Werbemaßnahme auf den Kunden einwirken** soll, selbst wenn der spätere Absatz auf einem anderen Markt stattfinden soll[16]. Diese Regel gilt jedoch uneingeschränkt nur in den Fällen, in denen **die wettbewerbsrechtliche Beurteilung der Werbemaßnahme nicht davon abhängig ist, ob das beworbene Absatzgeschäft wettbewerbsrechtlich zu beanstanden** ist. Anders verhält es sich, wenn sich der Vorwurf der **Unlauterkeit der Ankündigung ausschließlich darauf gründen kann, dass das beworbene, im Ausland stattfindende Absatzgeschäft unlauter** ist. So kann die Werbung für ein im Ausland abzuschließendes Geschäft nicht mit der Begründung im Inland untersagt werden, dass der Geschäftsabschluss – wenn er im Inland stattfände – als Rechtsbruch zu untersagen wäre[17]. Beispielsweise wäre es einem luxemburgischen Kaufmann unbenommen, in Deutschland damit zu werben, dass Kunden an einem deutschen Feiertag, an dem der Verkauf in Deutschland gegen die Bestimmungen des Ladenschlussgesetzes verstieße, in seinem Luxemburger Geschäftslokal willkommen seien."

**cc)** Bei dem Verbot der Ankündigung einer **Sonderveranstaltung in § 7 Abs. 1 UWG aF** handelte es sich um einen Fall, in dem sich die Unlauterkeit der Ankündigung nur aus der Unlauterkeit der angekündigten Verkaufsveranstaltung ergab. Begegnete die Verkaufsveranstaltung keinen wettbewerbsrechtlichen Bedenken, konnte auch die Ankündigung nicht nach § 7 Abs. 1 UWG aF untersagt werden, und zwar unabhängig davon, ob der angekündigte Verkauf nach luxemburgischem Recht zulässig war oder nicht[18]. Denn das Verbot des § 7 UWG aF bezog sich nur auf im **deutschen Einzelhandel durchgeführte Sonderveranstaltungen**. Es hatte nicht den Zweck, den inländischen Verbraucher auch vor einer möglichen unsachlichen Beeinflussung zu schützen, die von im Ausland stattfindenden Sonderveranstaltungen ausgehen könnte."[19] Mit dem Sonderveranstaltungsverbot verfolgte der deutsche Gesetzgeber das Ziel, die Verbraucher vor einer übermäßig unsachlichen Beeinflussung ihrer wirtschaftlichen Entschließungen zu schützen[20]. Auch dieser Schutzzweck rechtfertigte es „jedoch nicht, auch die Ankündigung einer im Ausland stattfindenden Sonderveranstaltung zu untersagen." Denn der Gesetzgeber hatte „zu diesem Zweck für Sonderveranstaltungen einen Ordnungsrahmen geschaffen, der seiner Natur nach nur Geltung im Inland" beanspruchen konnte[21]. „Nur unter diesem Ordnungsgesichtspunkt" ließ sich überhaupt rechtfertigen, dass ein Saisonschlussverkauf außerhalb der festen zeitlichen Grenzen des § 7 Abs. 3 Nr 1 UWG aF, ein **Jubiläumsverkauf** aus Anlass des zwanzigjährigen Bestehens (§ 7 Abs. 3 Nr 2 UWG aF) und ein nicht rechtzeitig bei der zuständigen Stelle angezeigter **Räumungsverkauf** (§ 8 Abs. 3 Satz 1 UWG aF) als wettbewerbswidrig untersagt werden konnte.

**dd) Die rechtliche Beurteilung von Sonderveranstaltungen hat sich jedoch mit der Novelle vom Juli 2004 grundlegend geändert**. Die zuvor geschilderte Beurteilung erklärt sich aus dem – von den genannten gesetzlich eng normierten Ausnahmetatbeständen abgesehenen – per-se-Verbot von Sonderveranstaltungen. Wäre nach der damaligen Rechtslage bereits eine Ankündigung einer in einem anderen Mitgliedstaat stattfindenden Verkaufsveranstaltung regelmäßig unlauter gewesen, wäre der ohnehin schwache grenzüberschreitende Handel im Einzelhandelssektor nahezu erlahmt, was wohl einen Verstoß gegen die Warenverkehrsfreiheit nach Art. 28 EG begründet hätte.

---

16 BGHZ 113, 11, 15 *Kauf im Ausland*.

17 Vgl Staudinger/*Fezer*, IntWirtschR Rn 572 ff.

18 Zu § 7 UWG aF so der BGH in der dem Fall zugrunde liegenden Entscheidung *Rotpreis-Aktion*; zuvor bereits BGH GRUR 1998, 585, 587 = WRP 1998, 487 *Lager-Verkauf*.

19 GroßkommUWG/*Schricker*, Einl. Rn F 220; GroßkommUWG/*Jestaedt*, § 7 Rn 18; Gloy/*Wilde*, § 6 Rn 51; MünchKommBGB/*Kreuzer*, 4. Aufl. 2006, Art. 38 EGBGB Rn 246; Staudinger/*Fezer*, IntWirtschR Rn 463; *Piper*, in: Köhler/Piper, § 7 Rn 7.

20 Vgl BGH GRUR 1980, 112, 113 *Sensationelle Preissenkungen*.

21 Vgl *Piper*, in: Köhler/Piper, § 7 Rn 6 f.

Nach der neuen Rechtslage ist eine Sonderveranstaltung nur noch **ausnahmsweise unlauter**. Unlauterkeit wird nur in Fällen einer **konkreten Irreführungsgefahr** oder einer **unangemessenen, unsachlichen Beeinflussung des Verbrauchers** angenommen. Entscheidend dafür, ob eine Verkaufsfördermaßnahme unlauter ist, ist nunmehr die **Schutzrichtung der Norm**. Dient diese in erster Linie dem Schutz der Verbraucher und der Allgemeinheit vor Irreführung und/oder übermäßiger unsachlicher Beeinflussung, wird ein effektiver Schutz nur dann gewährleistet, wenn bereits die **Ankündigung** einer Verkaufsförderungsmaßnahme unabhängig von der Durchführung der Veranstaltung einer Unlauterkeitsprüfung unterzogen wird. Die **Ankündigung kann daher unabhängig von der Beurteilung der Veranstaltung unlauter sein**, dh maßgebend für die Beurteilung ist bei Gefahr der Irreführung von Verbrauchern der **Einwirkungsort** und nicht erst die Wirkung am Absatzort. Dies setzt zunächst voraus, dass die Ankündigung im Rahmen einer **„Werbung"** vorgenommen wurde, was hier gegeben ist, da die Anzeige im Zusammenhang mit einer unternehmerischen Tätigkeit, der Verkaufsveranstaltung, erfolgte, die auf den Warenabsatz gerichtet war. Zudem müsste eine **Irreführung** vorliegen. Über das Irreführungsverbot des § 5 Abs. 1 S. 2 Nr 2 UWG sollen in erster Linie Verbraucher und die Allgemeinheit davor geschützt werden, dass die angekündigten Preise nicht irreführend sind und der Anlass des Verkaufs auch tatsächlich besteht. Hätte die Verfügungsbeklagte die Preise nur zum Schein als reduziert angepriesen und hätte sie dadurch die potenziellen Kunden veranlasst, sich auf die Fahrt nach Luxemburg zu begeben, bestünde eine Irreführungsgefahr. Ein Verstoß gegen das Irreführungsverbot bestünde des Weiteren, wenn der Anlass des **Geburtstagsjubiläums** nur vorgeschoben wäre. Anlass für die Sonderveranstaltung und damit auch für die Werbeanzeige war das **einjährige Bestehen** des Unternehmens der Verfügungsbeklagten. Ein einjähriges Bestehen genügt nach Aufhebung des § 7 Abs. 3 Nr 2 UWG aF (25-jähriges Bestehen) als Anlass für einen **Jubiläumsverkauf** aus. Es gibt auch keine Anhaltspunkte dafür, dass die Preise nicht tatsächlich zu der angegebenen Preisreduktion erhoben werden. Beides wird im Übrigen von dem Verfügungskläger nicht bestritten. Es fehlt damit an einer Irreführungsgefahr hinsichtlich der Ankündigung der Verkaufsveranstaltung. Die beanstandete Werbung kann unter diesen Umständen nicht unter dem Gesichtspunkt der Ankündigung einer unzulässigen Sonderveranstaltung wegen Irreführung gem. § 5 Abs. 1 S. 2 Nr 2 iVm § 3 Abs. 1 UWG verboten werden.

### b) Unzulässige Preisherabsetzung, § 5 Abs. 4, Abs. 1 iVm § 3 Abs. 2 UWG

Die Werbeanzeige enthält auch keine nach § 5 Abs. 4 UWG irreführende Preisherabsetzung. Zwar wirbt die Verfügungsbeklagte mit Preisreduzierungen, indem sie durch die Prozentangaben auf die zuvor erhobenen Preise indirekt Bezug nimmt, ohne diese allerdings den neuen Preisen vergleichend gegenüber zu stellen. Dies erfüllt jedoch nicht den Tatbestand des § 5 Abs. 4 UWG. Darunter fallen lediglich die für kurze Zeit geforderten **„Mondpreise"**, um direkt anschließend mit einer Preisherabsetzung werben zu können. Nach dem Sachvortrag der Parteien ist davon auszugehen, dass die Verfügungsbeklagte vor den Preisherabsetzungen die Sportartikel zum üblichen Preis angeboten hat. Dafür spricht das Herausheben der prozentualen Preisherabsetzungen. Anhaltspunkte dafür, dass sie zuvor nur für einen kurzen Zeitraum von wenigen Wochen Phantasiepreise gefordert hat, um anschließend mit den Preisherabsetzungen Kunden anlocken zu können, gibt es nicht.

### c) Unlautere Ankündigung wegen Preisnachlässen, § 4 Nr 4 iVm § 3 Abs. 2 UWG

Ein Verstoß gegen die geltende fachliche Sorgfalt liegt auch nicht vor in Form eine Verletzung gegen das Transparenzgebot des § 4 Nr 4 UWG. Die Ankündigung von Preisnachlässen ist auch keine nach § 4 Nr 4 UWG unlautere **Verkaufsförderungsmaßnahme**. Grundsätzlich ist nach Aufhebung des **Rabattgesetzes** – abgesehen von der Irreführungsvermutung bei zuvor erhobenen Mondpreisen (§ 5 Abs. 4 UWG) – Werbung mit **Preisherabsetzungen zulässig**, es sei denn, es liegt ein Verstoß gegen das **Transparenzgebot** vor, das als Spezialfall für Verkaufsfördermaßnahmen in § 4 Nr 4 UWG geregelt ist. Die **Sonderveranstaltung** stellt unzweifelhaft eine Verkaufsförderungsmaßnahme dar, da sich die Verfügungsbeklagte durch die herabgesetzten Preise, das Gewinnspiel und die Gutscheine eine Absatzförderung erhofft. Ein wegen Intransparenz der Bedingungen für die Inanspruchnahme des Preisnachlasses unzulässiges Werben mit einer solchen Verkaufsfördermaßnahme liegt jedoch nicht vor, da die Verfügungsbeklagte in der Anzeige sowohl Aufschluss gibt über die **Höhe des Preisnachlasses** (70, 60, 50 bzw 40%), als auch über die **Waren**, auf die sich der Preisnachlass bezieht (70% Nachlas auf den ursprünglichen Preis von Baumwoll-T-Shirts etc), über den **Zeitraum** der Gewährung (vom 23.–31. Oktober 2004) und über den **Personenkreis**, an den sich das Angebot richtet (alle Kunden, jedenfalls die Verbraucher). Sie unterbreitete das Angebot zwar ohne längere Vorlaufszeit, sondern erst am ersten Tag der Verkaufsveranstaltung im „Trier Tageblatt", so dass die Konkurrenten in Trier nicht mehr mit entsprechenden Angeboten „nachziehen" konnten, aber doch noch rechtzeitig genug, um die angesprochenen Verbraucher vor die Entscheidung zu stellen, ob sie das Angebot annehmen möchten oder nicht[22]; ohne sie durch Produktverknappung oder zeitliche Befristung auf einen Tag in unlauterer Weise unter Druck zu setzen (vgl dazu Rn 285, Beispiel 2).

### d) Unlauteres Gewinnspiel, § 4 Nr 6 und/oder § 4 Nr 5 iVm § 3 Abs. 2 UWG

#### aa) § 4 Nr 6 UWG

Mit der Ankündigung des Gewinnspiels hat der Verfügungsbeklagte nicht gegen das Verbot der Kopplung eines Gewinnspiels an ein Absatzgeschäft und damit auch nicht gegen die geltende fachliche Sorgfalt iSd § 2 Abs. 1 Nr 7 UWG verstoßen. Das Gewinnspielkopplungsverbot ist nach der Rechtsprechung des BGH in der Weise richtlinienkonform auszulegen, dass die Kopplung eines Preisausschreibens oder Gewinnspiels an ein Umsatzgeschäft nur dann unlauter ist, wenn es im Einzelfall eine irreführende Geschäftspraxis darstellt. Eine richtlinienkonforme Auslegung kann hier dahinstehen, da der Tatbestand des § 4 Nr 6 UWG nicht erfüllt ist. Die Ankündigung des Gewinnspiels verstößt nicht gegen § 4 Nr 6 UWG. Das angekündigte Gewinnspiel mit der Möglichkeit des Gewinns einer Schottlandreise ist nur dann gem. § 4 Nr 6 UWG unlauter, wenn die Durchführung des Gewinnspiels unlauter war. Dies wäre nur dann der Fall gewesen, wenn die Teilnahme der Verbraucher an dem Gewinnspiel von dem Erwerb einer Ware oder Inanspruchnahme einer Dienstleistung abhängig gemacht worden wäre. Der Ankündigung der Verkaufsveranstaltung ist jedoch nicht zu entnehmen, dass die Gewinnspielteilnahme an den vorangegangenen Erwerb einer Ware geknüpft ist.

#### bb) § 4 Nr 5 UWG

Ein Verstoß des Verfügungsbeklagten gegen die geltende fachliche Sorgfalt liegt auch mangels Verstoßes gegen § 4 Nr 5 UWG nicht vor. Das Gewinnspiel ist auch nicht wegen Verstoß gegen das **Transparenzgebot** des § 4 Nr 5 UWG unlauter, da die Teilnahmebedingungen klar und eindeutig angegeben waren. Bei der Gewinnmöglichkeit der Schottlandreise handelt es sich um ein **Gewinnspiel mit Werbecharakter**. Da die Ami du Sport S.A.R.L. im Rahmen der Werbung für ihre Verkaufsveranstaltung auf das Gewinnspiel hinweist, fördert die Ankündigung der Durchführung des Gewinnspiels auch mittelbar den Absatz der angebotenen Produkte. Fraglich ist, ob die **Teilnahmebedingungen klar und eindeutig** angegeben waren. Da in der Anzeige darauf hingewiesen wurde, dass die Gewinnmöglichkeit nur an **zwei Tagen**, und zwar **am 23. Oktober und am 31. Oktober 2004** bestehen sollte, worin der **Gewinn** bestand (Reise nach Schottland für zwei Personen), gab sie darüber Aufschluss, wann die Gewinnmöglichkeit bestehen sollte und worin der Preis bestand. Die Angabe weiterer Teilnahmebedingungen wie die Voraussetzungen, die man erfüllen muss und die „Leistung", die man zunächst zu erbringen hat (Erraten eines Wortes etc),

22 Vgl *Köhler*, in: Köhler/Bornkamm, § 4 Rn 1.97 zu den Anforderungen an die Transparenz.

damit man an dem Spiel teilnehmen kann oder Einzelheiten über die Reise (Zeit, Dauer, Flug, Hotel), ergaben sich zwar nicht aus der Anzeige, dies kann jedoch von der **Ankündigung** eines Gewinnspiels in einer Werbeanzeige für eine Verkaufsveranstaltung und nicht für das Spiel auch nicht verlangt werden. Die Teilnahme an dem Gewinnspiel war jedenfalls beschränkt auf alle Personen, die zu den Verkaufsräumen der Ami du Sport S.A.R.L. nach Leudelange gereist waren. Nach allgemeiner Lebenserfahrung ist davon auszugehen, dass vor Ort die Einzelheiten des Gewinnspiels entweder schriftlich abgefasst oder mündlich erfragt werden konnten. Aus der Anzeige selbst lassen sich jedenfalls keine Rückschlüsse ziehen auf die Unlauterkeit aufgrund ungenauer Teilnahmebedingungen. Die Angaben waren immerhin so klar, dass jeder potenzielle Interessent wusste, an welchen Tagen sich ihm die Gewinnchancen boten, dass nicht nur er, sondern eine zweite Person von dem Preis im Falle eines Gewinnes würde profitieren können und dass die Reise nach Schottland gehen sollte. Auch der Verfügungskläger hat nichts Gegenteiliges vorgetragen. Das Gewinnspiel bzw dessen Ankündigung ist daher ein zulässiges Werbemittel, um die Aufmerksamkeit der Verbraucher zu erwecken.

### e) Übertriebenes Anlocken als unangemessene, unsachliche Beeinflussung der Entscheidungsfreiheit der Verbraucher, § 4 Nr 1 iVm § 3 Abs. 2 UWG

Ein Verstoß gegen die geltende fachliche Sorgfalt liegt auch mangels eines unlauteren übertriebenen Anlockens nicht vor. In der Ankündigung der Sonderveranstaltung durch die Verfügungsbeklagte liegt auch kein wettbewerbswidriges übertriebenes Anlocken iSd § 4 Nr 1 UWG. Die Ankündigung der Verkaufsfördermaßnahme war weder hinsichtlich der gewählten reißerischen Begriffe noch mit Blick auf die angekündigten Gewinnmöglichkeiten geeignet, die **Rationalität der Nachfrageentscheidung** der angesprochenen Verbraucher **auszuschalten**[23]. Die Rationalität der Nachfrageentscheidung ist dann ausgeschaltet, wenn auch der durchschnittlich informierte, situationsadäquat aufmerksame und verständige **Durchschnittsverbraucher**, auf den es in Übernahme des vom *Europäischen Gerichtshof* entwickelten Verbraucherbegriffs auch nach deutschem Recht ankommt, durch die Werbung davon abgehalten wird, Preis und Qualität des **Gesamtangebotes** kritisch zu überprüfen und er sich in seiner Entscheidung nur dadurch leiten lässt, dass er in den Genuss der Vergünstigung gelangen möchte[24]. Die Verfügungsbeklagte versprach in der Werbeanzeige zwar ordentliche Preisrabatte von bis zu 70%, die auf den ersten Blick betrachtet geeignet sind, einen hohen Grad an Anlockungswirkung zu entfalten. Dadurch, dass sie jedoch präzise angab, dass eben jene 70% lediglich auf den Kauf von Socken eingeräumt würden, während etwa bei höherwertigen Waren wie Sportschuhen nur 40% nachgelassen wurden, konnte ein potenziell interessierter Verbraucher eine rationale Entscheidung darüber treffen, ob er den Anfahrtsweg von 57 km in Kauf nimmt. Er wurde daher nicht in übertriebener, alle rationalen Entscheidungen aus dem Weg räumenden Weise angelockt, die dem potenziellen Käufer keinen Blick mehr ließ für die Angebote von Konkurrenten und ihn geradezu auf den weiteren Weg über die Grenze zwang. Vielmehr blieb es ihm aufgrund der verhältnismäßig präzisen Angaben überlassen, den vergleichsweise weiteren Weg in Kauf zu nehmen, statt sein Glück mit vergleichbaren Angeboten in unmittelbarer Nähe zu suchen.

### f) Unvereinbarkeit mit Art. 28 EG

Auf die Frage, ob ein Verbot der Werbung mit dem Grundsatz der **Warenverkehrsfreiheit** nach Art. 28 EG vereinbar wäre, kommt es somit nicht an, da die Werbeanzeige mangels Unlauterkeit nicht verboten ist.

---

23 Vgl zu Gutscheinen BGH WRP 2003, 1428 *Einkaufsgutschein I*; BGH GRUR 2004, 349 = WRP 2004, 496 *Einkaufsgutschein II*.

24 BGH GRUR 2002, 1000, 1002 *Testbestellung*; BGH WRP 2003, 1428, 1429 *Einkaufsgutschein I*; BGH GRUR 2000, 820, 821 *Space Fidelity Peep-Show*.

## 5. Klageantrag 1 b: Ankündigung der Abgabe von Einkaufsgutscheinen[25]

### a) Unlauterkeit wegen Irreführung durch die Ankündigung des Verschenkens von Gutscheinen, § 5 Abs. 1 S. 2 Nr 2 iVm § 3 Abs. 2 UWG

Ein Verstoß gegen die geltende fachliche Sorgfalt ist auch mangels Irreführung durch Ankündigung des Verschenkens von Gutscheinen nicht gegeben. Die angesprochenen Verkehrskreise werden durch die Ankündigung des Verschenkens von Gutscheinen nicht irregeführt, insbesondere besteht keine **Irreführungsgefahr** iSd § 5 Abs. 1 S. 2 Nr 2 UWG über den **Preis**. Zwar wird der Wert des Gutscheines in Luxemburgischer Währung (Franken) ausgewiesen. Eine Irreführungsgefahr aufgrund des hoch lautenden Betrages von 1000 Franken mit erheblicher Täuschungsgefahr und Anlockungswirkung stellt sich jedoch nicht ein, da die Verführungsbeklagte den entsprechenden Euro-Betrag in Klammern angegeben hat. Eine Irreführungsgefahr aus anderen Gründen ist nicht ersichtlich.

### b) Unlauterkeit wegen des Anbietens eines verkaufsfördernden Geschenks bzw eines Preisnachlasses gem. § 4 Nr 4 iVm § 3 Abs. 2 UWG

Ein Verstoß gegen die fachliche Sorgfalt liegt auch mangels Verletzung des Transparenzgebots nicht vor. Die Ankündigung der Einkaufsgutscheine ist auch nicht wegen Verstoßes gegen das **Transparenzgebot** des § 4 Nr 4 UWG wettbewerbswidrig. Das Anbieten der Einkaufsgutscheine verwirklicht nicht den Tatbestand der Vergabe von Geschenken. Verkaufsfördernde **„Geschenke"** iSd § 4 Nr 4 UWG liegen nur vor bei unentgeltlicher unabhängig vom Kauf eines Produktes oder Inanspruchnahme einer Leistung erfolgender Abgabe von Waren. Die von der Verfügungsbeklagten angebotenen Gutscheine werden jedoch **nicht unabhängig vom Kauf einer Ware** vergeben. Nur „Kassenkunden" erhalten den Gutschein, der zudem nur gegen Waren der Verfügungsbeklagten eingelöst werden kann, also als **Einkaufsgutschein** ausgestaltet ist.

Die Gewährung oder die Ankündigung der Ausgabe eines Gutscheins über einen bestimmten Geldbetrag, der beim Kauf einer Ware auf den Kaufpreis angerechnet wird, stellt zwar kein Geldgeschenk dar, wird aber als **Preisnachlass iSd § 4 Nr 4 UWG** angesehen (anders noch die Begriffsbestimmung in § 1 des aufgehobenen RabattG)[26]. Der mit dem **„Einkaufsgutschein"** eingeräumte Preisnachlass verstößt allerdings nicht gegen das **Transparenzgebot** des § 4 Nr 4 UWG. Die Bedingungen für die Inanspruchnahme des Gutscheins sind klar erkennbar und unzweideutig. Die angesprochenen Verkehrskreise (potenzielle Kunden aus dem Raum Trier) erfahren sowohl die Höhe des Preisnachlasses (ca. 25 €), die Waren, auf die er sich bezieht (alle vom Verfügungsbeklagten in Leudelange angebotenen Produkte), den Zeitraum der Gewährung (vom 23.–31. Oktober 2004) und die Bedingungen, unter denen er eingeräumt wird (jeder 50. Kunde, der an der Kasse ein Produkt bezahlt hat).

---

25 Eine **unzulässige Kopplung iSd § 4 Nr 6 UWG** kommt nicht in Betracht. Die Ankündigung von Gutscheinen hat keinen Preisausschreiben- oder Gewinnspielcharakter. Bei § 4 Nr 6 UWG geht es darum, zunächst eine Ware zu erwerben bzw eine Dienstleistung in Anspruch zu nehmen, um dadurch die Möglichkeit zur Preisausschreiben- bzw Gewinnspielteilnahme zu erlangen. Nach dem Sachverhalt sollten zunächst Waren erworben werden, um als Belohnung dafür einen Gutschein bzw einen Preisnachlass zu bekommen. Darin liegt bereits der Vorteil, der unmittelbar gewährt, sozusagen ausgezahlt wird. Es fehlt das spielerische Element. Die Ungewissheit des Ausgangs, der Zufall des Gewinns oder in den meisten Fällen des Nichtgewinns. Anders ist die bloße Teilnahme an einem Gewinnspiel oder Preisausschreiben mit ungewissem Ausgang.

26 BGH GRUR 2003, 1059 *Einkaufsgutschein I*; BGH GRUR 2004, 349 *Einkaufsgutschein II*; *Köhler*, in: Köhler/Bornkamm, § 4 Rn 1.92.

### c) Unlauterkeit wegen Verstoß gegen eine gesetzliche Vorschrift durch Angabe eines „ca.-Wertes", § 4 Nr 11 iVm § 3 Abs. 2 UWG

Die geltende fachliche Sorgfalt wurde auch mangels Verstoßes gegen eine Marktverhaltensregelung nicht verletzt. Die Angabe des „circa-Wertes" der Einkaufsgutscheine ist nicht unlauter, sie verstößt nicht gegen § 4 Nr 11 UWG. Zwar verstoßen Angaben wie **„circa-Preis"** oder **„mittlerer Preis"** wegen ihrer Unklarheit, Mehrdeutigkeit und des darin liegenden Irreführungspotentials gegen die **Preisangabenverordnung** (§ 1 PAngV)[27], da dadurch im Geschäftsverkehr gegenüber den Verbrauchern keine **Preisgrenze**[28], geschweige denn der **tatsächlich verlangte Preis** angegeben wird. Bei der **Angabe des Wertes der Einkaufsgutscheine** handelt es sich jedoch **nicht um einen Preis im Sinne der PAngV**. Darunter fällt nur das Anbieten von Waren oder Leistungen gegenüber Letztverbrauchern unter Angabe von Preisen (§ 1 Abs. 1 S. 1 PAngV). Hier geht es jedoch nicht um den Verkauf von Waren, sondern um ein „Verschenken" eines Geldbetrages bzw um die Herabsetzung der für den Kauf eines bei der Verfügungsbeklagten erworbenen Produktes um den Wert des Gutscheines. Die „ca."-Angabe resultiert allein aus dem **Umrechnungskurs** von Luxemburger Franken in Euro. Dass die Verfügungsbeklagte überhaupt noch den Franken-Wert angab, diente wohl eher wegen der schönen Summe von „1000" einer höheren Anreizwirkung und ist als eine im „Revival-Trend" liegende humorvolle Angabe zu verstehen.

### d) Unlauterkeit wegen unangemessener Beeinflussung der Entscheidungsfreiheit gem. § 4 Nr 1 iVm § 3 Abs. 2 UWG

Eine Verletzung der geltenden fachlichen Sorgfalt ist auch mangels Vorliegens eines übertriebenen Anlockens nicht gegeben. Die Ausgabe der Einkaufsscheine an jeden 50. Kassenkunden stellt kein **übertriebenes Anlocken** dar und beeinflusst auch nicht aus anderen Gründen in unangemessener, unsachlicher Weise die Entscheidungsfreiheit der Verbraucher. Allein durch die versprochenen Einkaufsgutscheine werden die angesprochenen Verbraucher aus dem Trierer Raum nicht veranlasst, zu dem in Luxemburg gelegenen Verkaufsort zu fahren. Zwar ist der Wert von 25,– € nicht zu gering zu schätzen, er ist allerdings auch nicht über zu bewerten. Zumal eine eventuelle durch den geringen Wert ausgelöste **Sogwirkung** erheblich dadurch geschmälert wird, dass zuvor eine Ware zu erwerben ist und dass unter allen Kunden, die eine Ware erworben haben, nur jeder 50. einen Gutschein erhält und überdies der Gegenwert nur für den „Erwerb" der von der Verfügungsbeklagten angebotenen Produkte eingelöst werden kann. Alle drei „Bedingungen" sind eindeutige „Anlockungshemmer".

## 6. Klageantrag 1c: Ankündigung einer Räumungsaktion

### a) Verstoß gegen das Per-se-Verbot in Nr 15 des Anh. zu § 3 Abs. 3 UWG

Ein Verstoß gegen das Per-se-Verbot in Nr 15 des Anh. zu § 3 Abs. 3 UWG liegt nicht in der Ankündigung der Räumungsaktion. Es liegt kein Scheinräumungsverkauf vor. Der Verfügungsbeklagte warb weder wahrheitswidrig mit der Geschäftsaufgabe noch mit dessen Verlegung. Die Ankündigung, dass 100 000 Artikel „raus" müssten, also ausverkauft werden sollen, entsprach der Wahrheit, denn der Verfügungsbeklagte beabsichtigte tatsächlich die Winterkleidung komplett zu verkaufen. Eine Geschäftsaufgabe oder -verlegung plante er nicht und kündigte diese

27 Zu „ca-Preisen" BGH GRUR 1991, 685, 686 *Zirka-Preisangabe*; ausführlicher dazu und zu den Anforderungen an den Endpreis *Meckel*, in: Ekey/Klippel/Kotthoff, II § 1 Rn 10 ff, 13; *Köhler*, in: Köhler/Bornkamm, § 5 Rn 7.124.

28 Vgl zur grundsätzlichen Zulässigkeit von Eck- oder Margenpreisen wie „ab ... €" oder „von-bis-Preise" *Bornkamm*, in: Köhler/Bornkamm, § 5 Rn 7.103.

auch nicht an. Denn aus dem angekündigten Ausverkauf von 100 000 Artikel konnten die angesprochenen Verbraucher nicht automatisch den Schluss ziehen, es handele sich um einen Räumungsverkauf. Schließlich kündigte der Verfügungsbeklagte zugleich eine Jubiläumsfeier an.

### b) Verstoß gegen § 5 Abs. 1 S. 2 Nr 2 iVm § 3 Abs. 2 UWG

Der Verfügungsbeklagte hat auch mangels irreführender Ankündigung eines Räumungsverkaufs nicht gegen die geltende fachliche Sorgfalt verstoßen. Die Ankündigung der „Räumungsaktion" für Ende Januar 2005 ist ebenfalls nicht irreführend. Hinsichtlich der Ausführungen dazu, dass die Ankündigung unabhängig von der Durchführung der Verkaufsförderungsmaßnahme zu beurteilen ist, wenn die Gefahr der Verletzung einer verbraucherschützenden Norm besteht und dazu, dass in diesen Fällen **Marktort der Einwirkungsort der Werbeanzeige** und nicht der Absatzort ist, wird auf die Ausführungen zum Klageantrag 1a) verwiesen (unter II.4.aa).

**Räumungsverkäufe** sind nur dann irreführend, wenn der behauptete **Räumungsgrund** zB Umbau, Geschäftsaufgabe oder Geschäftsverlegung nicht besteht. Einen dieser klassischen Räumungsgründe trägt die Verfügungsbeklagte nicht vor. Als Verkaufsgrund – wenn auch nicht im Sinne eines „echten" Räumungsverkaufs, sondern als **Sonderaktionsgrund** – reicht es allerdings aus, dass ein Kaufmann seine Lager leeren möchte[29]. Da sich die Ankündigung in der geplanten Werbeanzeige der Verfügungsbeklagten auf Winterkleidung beziehen soll und es sich dabei um Saisonwaren handelt, deren Verkauf sogar nach der alten Rechtslage (§ 7 Abs. 3 Nr 1 UWG aF) zulässig war (**Winterschlussverkauf**, beginnend am letzten Montag im Januar), konnte die Verfügungsbeklagte sich auf dieses Verkaufsmotiv stützen, ohne Gefahr zu laufen, dass ihr Verhalten als unlauter angesehen würde. Da sogar **zeitlich unbegrenzte Räumungsverkäufe grundsätzlich zulässig** sind und damit das Vor- und Nachschieben von Waren nicht ausgeschlossen werden kann[30], ist die geplante Ankündigung der Räumungsaktion selbst dann nicht missbräuchlich, wenn nähere Angaben hinsichtlich eines Endes der Sonderaktion fehlen sollten. Aufgrund des Verhaltens der Verfügungsbeklagten in der Vergangenheit und ihrem Plan, die Verkaufsaktion entsprechend der Werbeaktion vom Oktober zeitlich konzentriert durchzuführen und zudem glaubhaft vorgetragen wurde, dass sich diese lediglich auf Winterkleidung erstrecken soll, deren längerfristiger Verkauf wenig reizvoll ist, besteht jedenfalls **keine Missbrauchsgefahr**.

### c) Verstoß gegen § 4 Nr 1 iVm § 3 Abs. 2 UWG

Eine Verletzung der geltenden fachlichen Sorgfalt liegt auch mangels Verstoßes gegen § 4 Nr 1 UWG nicht vor. Die Ankündigung, dass 100 000 Artikel verkauft und Rabatte zwischen 70% und 40% eingeräumt werden, stellt keine unsachliche unangemessene Einflussnahme auf die angesprochenen Verbraucher dar. Die Verbraucher werden die längere Anfahrt nicht außer Acht lassen. Auch ist das Angebot nicht nur auf einen Tag beschränkt. Zudem weiß ein durchschnittlich informierter aufmerksamer Verbraucher, denn auf ihn kommt es als Referenz an, da der Verfügungsbeklagte nicht spezielle Verbrauchergruppen adressiert hat, dass am Ende eines Winters häufig Winterkleidung zu deutlich reduzierten Preisen von über 50% angeboten werden. Er wird bewusst abwägen, ob das Angebot so interessant ist, dass er auch eine weitere Anfahrt in Kauf nimmt. Gerade dieser Abwägungsprozess widerspricht aber einer gänzlichen Ausschaltung der Rationalität vor dem Treffen einer Kaufentscheidung.

---

29 Dieser Grund wird sogar unabhängig davon anerkannt, ob es sich bei den angebotenen Waren um Saisonwaren handelt; vgl *Bornkamm*, in: Köhler/Bornkamm, § 5 Rn 6.6.

30 *Bornkamm*, in: Köhler/Bornkamm, § 5 Rn 6.8–6.10.

### 7. Klageantrag 2: Zahlung einer Abmahnpauschale

Da die vom Verfügungskläger beanstandete Werbung nicht wettbewerbswidrig ist, fehlt es an einer Grundlage für den Anspruch auf Erstattung der Abmahnkosten.

### Nebenentscheidungen

Die Kostenentscheidung beruht auf § 91 Abs. 1 ZPO.

Die Entscheidung über die vorläufige Vollstreckbarkeit beruht auf §§ 708 Nr 6, 711 S. 1, 713 ZPO. Die Streitwertfestsetzung beruht auf § 3 ZPO. Es wurde der gleiche Streitwert wie in einem Hauptsacheverfahren zugrunde gelegt, da das Verfügungsverfahren mit großer Wahrscheinlichkeit zu einer endgültigen Streiterledigung führen wird[31].

### Tenorierungsvorschlag

Ich schlage daher folgenden Tenor vor:

1. Die Klage wird abgewiesen.
2. Die Kosten des Rechtsstreits hat der Verfügungskläger zu tragen.
3. Das Urteil ist vorläufig vollstreckbar. Der Kläger kann die Vollstreckung gegen Zahlung einer Sicherheitsleistung von 110% des zu vollstreckenden Betrages abwenden, wenn nicht der Beklagte zuvor Sicherheit in gleicher Höhe leistet.
4. Der Streitwert wird auf 20 000 € festgesetzt.

---

31 Vgl OLG Köln WRP 2000, 650; für den gleichen Streitwert für das Hauptsache- und das Verfügungsverfahren OLG Hamburg 1981, 470, 473; OLG München WRP 1985, 661, 662; *Goldmann*, WRP 2001, S. 240; *Melullis*, Rn 436; anders *Teplitzky*, Kap. 49 Rn 27; allgemein zur Streitwertbemessung *Köhler*, in: Köhler/Bornkamm, § 12 Rn 5.1–5.27.

Anhang II

# Prüfungsschemata

## A. Unterlassungsanspruch bei Wiederholungsgefahr, § 8 Abs. 1 S. 1 UWG 529

I. Aktivlegitimation, § 8 Abs. 3 UWG
- Mitbewerber, § 8 Abs. 3 Nr 1 UWG (Legaldefinition: § 2 Abs. 1 Nr 3 UWG)
- Wettbewerbsverbände, § 8 Abs. 3 Nr 2 UWG
- Verbraucherverbände, § 8 Abs. 3 Nr 3 UWG
- Industrie- und Handelskammer, § 8 Abs. 3 Nr 4 UWG

II. Passivlegitimation, § 8 Abs. 1 UWG
- „wer" = Verletzer; § 8 Abs. 1 UWG (Unternehmer, Legaldefinition: § 2 Abs. 1 Nr 6 UWG)
- bei Zuwiderhandlungen in einem Unternehmen neben dem verletzenden Mitarbeiter oder Beauftragten auch der Inhaber des Unternehmens, § 8 Abs. 2 UWG

III. **Verstoß gegen ein Per-se-Verbot des Anhangs zu § 3 Abs. 3 UWG**
1. Geschäftliche Handlung, § 2 Abs. 1 Nr 1 UWG
2. Per se Unlauterkeit gem. Nr 1–30 des Anhangs zu § 3 Abs. 3 UWG

IV. **Unzulässige geschäftliche Handlungen, § 3 Abs. 2 UWG**
1. Objektiver Tatbestand
   a) Geschäftliche Handlung (§ 2 Abs. 1 Nr 1 UWG) gegenüber Verbrauchern
   b) Unlauterkeitstat: **Verstoß gegen die geltende fachliche Sorgfalt, ggf. iVm §§ 5, 5a und/oder § 4 Nr 1–6, 11 UWG bzw gegen § 3 Abs. 2 UWG als Auffangtatbestand**
   c) Geeignetheit, die Entscheidungsfähigkeit der Verbraucher zu beeinträchtigen
   d) **Bagatellgrenze (spürbare Beeinträchtigung)**
   e) Veranlassung zu einer geschäftlichen Entscheidung, die andernfalls nicht getroffen worden wäre
2. Rechtswidrigkeit (idR indiziert)

V. **Unzulässige geschäftliche Handlung, § 3 Abs. 1 UWG**
1. Objektiver Tatbestand
   a) Geschäftliche Handlung, § 2 Abs. 1 Nr 1 UWG
   b) Unlauterkeitstat (die Voraussetzungen des **jeweiligen Tatbestandes der §§ 6, 5, 5a und/oder 4, jeweils iVm § 3 Abs. 1 UWG** bzw eines **Verstoßes gegen den allgemeinen Unlauterkeitstatbestand des § 3 Abs. 1 UWG** müssen geprüft werden)
   c) Geeignetheit, die Interessen von Verbrauchern, Mitbewerbern oder sonstigen Marktteilnehmern zu beeinträchtigen
   **d) Bagatellgrenze (spürbare Beeinträchtigung)**
2. Subjektiver Tatbestand nur ausnahmsweise zu prüfen, vgl Rn 186, zB in den Fällen der § 4 Nr 2, Nr 8, Nr 10 (Verleitung zum Vertragsbruch und gezielte Preisunterbietung) UWG)
3. Rechtswidrigkeit (idR indiziert)

VI. Alternativ oder ergänzend zu III. und/oder IV.: **Verstoß gegen ein Per-se-Verbot des § 7 Abs. 2 UWG**
1. Geschäftliche Handlung, § 2 Abs. 1 Nr 1 UWG
2. Per se Unlauterkeit gem. § 7 Abs. 2 Nr 1–4 UWG

VI. **Unzumutbare belästigende Handlung, § 7 Abs. 1 UWG**
1. Objektiver Tatbestand
   a) Geschäftliche Handlung, § 2 Abs. 1 Nr 1 UWG
   b) Unlauterkeitstat (Prüfen der Voraussetzungen des § 7 Abs. 1 UWG)
   c) Geeignetheit, die Interessen von Verbrauchern, Mitbewerbern oder sonstigen Marktteilnehmern zu beeinträchtigen

**d) Unzumutbarkeit**
2. Rechtswidrigkeit (idR indiziert)

VIII. **Wiederholungsgefahr** (bedarf einer ernsthaften Möglichkeit der Wiederholung. Wird bei Vorliegen eines einmaligen Verstoßes durch ein Unternehmen generell vermutet)

IX. Ergebnis (Rechtsfolge): Anspruch auf **Unterlassung der Begehung weiterer Unlauterkeitsverstöße derselben Art**

530 **B. Vorbeugender Unterlassungsanspruch, § 8 Abs. 1 S. 2 UWG**

I. Aktivlegitimation, § 8 Abs. 3 UWG
- Mitbewerber, § 8 Abs. 3 Nr 1 UWG (Legaldefinition: § 2 Abs. 1 Nr 3 UWG)
- Wettbewerbsverbände, § 8 Abs. 3 Nr 2 UWG
- Verbraucherverbände, § 8 Abs. 3 Nr 3 UWG
- Industrie- und Handelskammer, § 8 Abs. 3 Nr 4 UWG

II. Passivlegitimation, § 8 Abs. 1 UWG
- „wer" = Verletzer; § 8 Abs. 1 UWG (Unternehmer, Legaldefinition: § 2 Abs. 1 Nr 6 UWG)
- bei Zuwiderhandlungen in einem Unternehmen neben dem verletzenden Mitarbeiter oder Beauftragten auch der Inhaber des Unternehmens, § 8 Abs. 2 UWG

III. **Verstoß gegen ein Per-se-Verbot des Anhangs zu § 3 Abs. 3 UWG**
1. Geschäftliche Handlung, § 2 Abs. 1 Nr 1 UWG
2. Per se Unlauterkeit gem. Nr 1–30 des Anhangs zu § 3 Abs. 3 UWG

IV. **Unzulässige geschäftliche Handlung, § 3 Abs. 2 UWG**
1. Objektiver Tatbestand
   a) Geschäftliche Handlung (§ 3 Abs. 1 Nr 1 UWG) gegenüber Verbrauchern
   b) Unlauterkeitstat: **Verstoß gegen die geltende fachliche Sorgfalt, ggf. iVm §§ 5, 5a und/oder § 4 Nr 1–6, 11 UWG bzw gegen § 3 Abs. 2 UWG als Auffangtatbestand**
   c) Geeignetheit, die Entscheidungsfähigkeit der Verbraucher zu beeinträchtigten
   d) **Bagatellgrenze (spürbare Beeinträchtigung)**
   e) Veranlassung zu einer geschäftlichen Entscheidung, die andernfalls nicht getroffen worden wäre
2. Rechtgswidrigkeit (idR indiziert)

V. **Unzulässige geschäftliche Handlung, § 3 Abs. 1 UWG**
1. Objektiver Tatbestand
   a) Geschäftliche Handlung, § 2 Abs. 1 Nr 1 UWG
   b) Unlauterkeitstat (die Voraussetzungen des **jeweiligen Tatbestandes der §§ 6, 5, 5a und/oder 4, jeweils iVm § 3 Abs. 1 UWG** bzw eines **Verstoßes gegen den allgemeinen Unlauterkeitstatbestand des § 3 Abs. 1 UWG** müssen geprüft werden)
   c) Geeignetheit, die Interessen von Verbrauchern, Mitbewerbern oder sonstigen Marktteilnehmern zu beeinträchtigen
   **d) Bagatellgrenze (spürbare Beeinträchtigung)**
2. Subjektiver Tatbestand (nur ausnahmsweise zu prüfen, vgl Rn 529)
3. Rechtswidrigkeit (idR indiziert)

VI. Alternativ oder ergänzend zu III. und/oder IV.: **Verstoß gegen ein Per-se-Verbot des § 7 Abs. 2 UWG**
1. Geschäftliche Handlung, § 2 Abs. 1 Nr 1 UWG
2. Per se Unlauterkeit gem. § 7 Abs. 2 Nr 1–4 UWG

VII. **Unzumutbare belästigende Handlung, § 7 Abs. 1 UWG**
1. Objektiver Tatbestand
   a) Geschäftliche Handlung, § 2 Abs. 1 Nr 1 UWG
   b) Unlauterkeitstat (Prüfen der Voraussetzungen des § 7 Abs. 1 UWG)

c) Geeignetheit, die Interessen von Verbrauchern, Mitbewerbern oder sonstigen Marktteilnehmern zu beeinträchtigen
**d) Unzumutbarkeit**
2. Rechtswidrigkeit (idR indiziert)

VIII. **Erstbegehungsgefahr**, dh hinreichende Wahrscheinlichkeit eines bevorstehenden erstmaligen Verstoßes durch eine geschäftliche Handlung, § 2 Abs. 1 Nr 1 UWG (liegt diese offenkundig nicht vor, ist dies am Anfang der Prüfung zu klären, so dass sich dann das Weiterprüfen erübrigt)

IX. Ergebnis (Rechtsfolge): Anspruch auf Unterlassung der **drohenden** Unlauterkeitstat

## C. Beseitigungsanspruch, § 8 Abs. 1 S. 1 UWG 531

I. Aktivlegitimation, § 8 Abs. 3 UWG
- Mitbewerber, § 8 Abs. 3 Nr 1 UWG (Legaldefinition: § 2 Abs. 1 Nr 3 UWG)
- Wettbewerbsverbände, § 8 Abs. 3 Nr 2 UWG
- Verbraucherverbände, § 8 Abs. 3 Nr 3 UWG
- Industrie- und Handelskammer, § 8 Abs. 3 Nr 4 UWG

II. Passivlegitimation, § 8 Abs. 1 UWG
- „wer" = Verletzer; § 8 Abs. 1 UWG (Unternehmer, Legaldefinition: § 2 Abs. 1 Nr 6 UWG)
- bei Zuwiderhandlungen in einem Unternehmen neben dem verletzenden Mitarbeiter oder Beauftragten auch der Inhaber des Unternehmens, § 8 Abs. 2 UWG

III. **Verstoß gegen ein Per-se-Verbot des Anhangs zu § 3 Abs. 3 UWG**
1. Geschäftliche Handlung, § 2 Abs. 1 Nr 1 UWG
2. Per se Unlauterkeit gem. Nr 1–30 des Anhangs zu § 3 Abs. 3 UWG

IV. **Unzulässige geschäftliche Handlung, § 3 Abs. 2 UWG**
1. Objektiver Tatbestand
a) Geschäftliche Handlung (§ 2 Abs. 1 Nr 1 UWG) gegenüber Verbrauchern
b) Unlauterkeitstat: **Verstoß gegen die geltende fachliche Sorgfalt, ggf. iVm §§ 5, 5a und/oder § 4 Nr 1–6, 11 UWG** bzw **gegen § 3 Abs. 2 UWG als Auffangtatbestand**
c) Geeignetheit, die Entscheidungsfähigkeit der Verbraucher zu beeinträchtigten
d) **Bagatellgrenze (spürbare Beeinträchtigung)**
e) Veranlassung zu einer geschäftlichen Entscheidung, die andernfalls nicht getroffen worden wäre
2. Rechtgswidrigkeit (idR indiziert)

V. **Unzulässige geschäftliche Handlung, § 3 Abs. 1 UWG**
1. Objektiver Tatbestand
a) Geschäftliche Handlung, § 2 Abs. 1 Nr 1 UWG
b) Unlauterkeitstat (die Voraussetzungen des **jeweiligen Tatbestandes der §§ 6, 5, 5a und/oder 4, jeweils iVm § 3 Abs. 1 UWG** bzw eines **Verstoßes gegen den allgemeinen Unlauterkeitstatbestand des § 3 Abs. 1 UWG** müssen geprüft werden)
c) Geeignetheit, die Interessen von Verbrauchern, Mitbewerbern oder sonstigen Marktteilnehmern zu beeinträchtigen
**d) Bagatellgrenze (spürbare Beeinträchtigung)**
2. Subjektiver Tatbestand (nur ausnahmsweise zu prüfen, vgl Rn 529)
3. Rechtswidrigkeit (idR indiziert)

VI. Alternativ oder ergänzend zu III. und/oder IV.: **Verstoß gegen ein Per-se-Verbot des § 7 Abs. 2 UWG**
1. Geschäftliche Handlung, § 2 Abs. 1 Nr 1 UWG
2. Per se Unlauterkeit gem. § 7 Abs. 2 Nr 1–4 UWG

VII. **Unzumutbare belästigende Handlung, § 7 Abs. 1 UWG**
1. Objektiver Tatbestand
a) Geschäftliche Handlung, § 2 Abs. 1 Nr 1 UWG

b) Unlauterkeitstat (Prüfen der Voraussetzungen des § 7 Abs. 1 UWG)
c) Geeignetheit, die Interessen von Verbrauchern, Mitbewerbern oder sonstigen Marktteilnehmern zu beeinträchtigen
**d) Unzumutbarkeit**
2. Rechtswidrigkeit (idR indiziert)
VIII. Ergebnis (Rechtsfolge): Anspruch auf **Beseitigung der eingetretenen Störung und Abstellen der Störungshandlung**

532 **D. Schadensersatzanspruch, § 9 S. 1 (bzw S. 2) UWG**

I. Aktivlegitimation, § 8 Abs. 3 UWG
- Mitbewerber, § 8 Abs. 3 Nr 1 UWG (Legaldefinition: § 2 Abs. 1 Nr 3 UWG)
- Wettbewerbsverbände, § 8 Abs. 3 Nr 2 UWG
- Verbraucherverbände, § 8 Abs. 3 Nr 3 UWG
- Industrie- und Handelskammer, § 8 Abs. 3 Nr 4 UWG

II. Passivlegitimation, § 8 Abs. 1 UWG
- „wer" = Verletzer; § 8 Abs. 1 UWG (Unternehmer, Legaldefinition: § 2 Abs. 1 Nr 6 UWG)
- im Falle des § 9 S. 2 UWG: verantwortliche Personen von periodischen Druckschriften
- bei Zuwiderhandlungen in einem Unternehmen neben dem verletzenden Mitarbeiter oder Beauftragten auch der Inhaber des Unternehmens, § 8 Abs. 2 UWG

III. **Verstoß gegen ein Per-se-Verbot des Anhangs zu § 3 Abs. 3 UWG**
1. Geschäftliche Handlung, § 2 Abs. 1 Nr 1 UWG
2. Per se Unlauterkeit gem. Nr 1–30 des Anhangs zu § 3 Abs. 3 UWG

IV. **Unzulässige geschäftliche Handlung, § 3 Abs. 2 UWG**
1. Objektiver Tatbestand
a) Geschäftliche Handlung (§ 2 Abs. 1 Nr 1 UWG) gegenüber Verbrauchern
b) Unlauterkeitstat: **Verstoß gegen die geltende fachliche Sorgfalt, ggf. iVm §§ 5, 5a und/oder § 4 Nr 1–6, 11 UWG** bzw **gegen § 3 Abs. 2 UWG als Auffangtatbestand**
c) Geeignet, die Entscheidungsfähigkeit der Verbraucher zu beeinträchtigten
d) **Bagatellgrenze (spürbare Beeinträchtigung)**
e) Veranlassung zu einer geschäftlichen Entscheidung, die andernfalls nicht getroffen worden wäre
2. Subjektiver Tatbestand (s. Anm. A V.)
3. Rechtgswidrigkeit (idR indiziert)

V. **Unzulässige geschäftliche Handlung, § 3 Abs. 1 UWG**
1. Objektiver Tatbestand
a) Geschäftliche Handlung, § 2 Abs. 1 Nr 1 UWG
b) Unlauterkeitstat (die Voraussetzungen des **jeweiligen Tatbestandes der §§ 6, 5, 5a und/oder 4, jeweils iVm § 3 Abs. 1 UWG** bzw eines **Verstoßes gegen den allgemeinen Unlauterkeitstatbestand des § 3 Abs. 1 UWG** müssen geprüft werden)
c) Geeignetheit, die Interessen von Verbrauchern, Mitbewerbern oder sonstigen Marktteilnehmern zu beeinträchtigen
**d) Bagatellgrenze (spürbare Beeinträchtigung)**
2. Subjektiver Tatbestand (nur ausnahmsweise zu prüfen, vgl Rn 529)
3. Rechtswidrigkeit (idR indiziert)

VI. Alternativ oder ergänzend zu III. und/oder IV.: **Verstoß gegen ein Per-se-Verbot des § 7 Abs. 2 UWG**
1 Geschäftliche Handlung, § 2 Abs. 1 Nr 1 UWG
2. Per se Unlauterkeit gem. § 7 Abs. 2 Nr 1–4 UWG

VII. **Unzumutbare belästigende Handlung, § 7 Abs. 1 UWG**
1. Objektiver Tatbestand
a) Geschäftliche Handlung, § 2 Abs. 1 Nr 1 UWG

b) Unlauterkeitstat (Prüfen der Voraussetzungen des § 7 Abs. 1 UWG)
c) Geeignetheit, die Interessen von Verbrauchern, Mitbewerbern oder sonstigen Marktteilnehmern zu beeinträchtigen
**d) Unzumutbarkeit**
2. Rechtswidrigkeit (idR indiziert)

VIII. Verschulden: vorsätzliches oder fahrlässiges Zuwiderhandeln gem. §§ 276, 278 BGB (im Falle des § 9 S. 2 UWG nur bei vorsätzlichem Zuwiderhandeln)
IX. Kausalität (kausal verursachter Schaden)
X. Ergebnis (Rechtsfolgen): Anspruch auf Ersatz des **durch die Unlauterkeitstat entstandenen Schadens**
XI. Ggf. Ausführungen zum Umfang des Schadensersatzanspruchs, soweit entsprechende Angaben im Sachverhalt enthalten sind (dreifache Schadensersatzermittlung) gem. §§ 249–252 BGB

## E. Anspruch auf Auskunft, § 3 oder § 7 UWG (oder vertraglicher Anspruch) iVm § 242 BGB 533

I. Aktivlegitimation, die in § 8 Abs. 3 UWG genannten Anspruchsberechtigten, passivlegitimiert ist entweder ein Dritter, über den Auskunft über den Verletzer verlangt wird (selbstständiger Anspruch) oder der Auskunftspflichtige selbst (unselbstständiger Anspruch)
II. Passivlegitimation
III. Bestehen einer Rechtsbeziehung zwischen den Parteien (vertraglich oder gesetzlich), zB deliktischer Anspruch aus einer unzulässigen geschäftlichen Handlung iSd § 3 oder § 7 UWG
IV. Unmöglichkeit oder Unzumutbarkeit der eigenen Informationsbeschaffung (wenn der Aufwand unverhältnismäßig hoch ist oder nur mit gesetzes- oder sittenwidrigen Mitteln zu erlangen wäre)
V. Unverschuldete Ungewissheit des Gläubigers (Verschulden liegt vor, wenn er frühere Informationsmöglichkeiten ungenutzt gelassen hat oder vorhandene Informationen in vorwerfbarer Weise nicht gesichert hat)
VI. Ergebnis (Rechtsfolge): Auskunftserteilung (Mitteilung von Tatsachen in Beantwortung einer Frage, und zwar grundsätzlich schriftlich und vollständig, soweit es dem Verpflichteten möglich und zumutbar ist; Erfüllung kann auch bei einer negativen Erklärung eintreten)
VII. Umfang der Auskunftspflicht
1. Art, Zeitpunkt und Umfang der konkreten Verletzungshandlung
2. Verhältnismäßigkeit: Geeignetheit, Erforderlichkeit und Zumutbarkeit der Auskunftserteilung

## F. Gewinnabschöpfungsanspruch, § 10 Abs. 1 UWG 534

I. Aktivlegitimation, § 10 Abs. 1 iVm § 8 Abs. 3 Nr 2–4 UWG
- Wettbewerbsverbände, § 8 Abs. 3 Nr 2 UWG
- Verbraucherverbände, § 8 Abs. 3 Nr 3 UWG
- Industrie- und Handelskammer, § 8 Abs. 3 Nr 4 UWG

II. Aktivlegitimation, § 8 Abs. 3 UWG
- Mitbewerber, § 8 Abs. 3 Nr 1 UWG (Legaldefinition: § 2 Abs. 1 Nr 3 UWG)
- Wettbewerbsverbände, § 8 Abs. 3 Nr 2 UWG
- Verbraucherverbände, § 8 Abs. 3 Nr 3 UWG
- Industrie- und Handelskammer, § 8 Abs. 3 Nr 4 UWG

III. Passivlegitimation, § 8 Abs. 1 UWG
- „wer" = Verletzer; § 8 Abs. 1 UWG (Unternehmer, Legaldefinition: § 2 Abs. 1 Nr 6 UWG)

- bei Zuwiderhandlungen in einem Unternehmen neben dem verletzenden Mitarbeiter oder Beauftragten auch der Inhaber des Unternehmens, § 8 Abs. 2 UWG

IV. **Verstoß gegen ein Per-se-Verbot des Anhangs zu § 3 Abs. 3 UWG**
   1. Geschäftliche Handlung, § 2 Abs. 1 Nr 1 UWG
   2. Per se Unlauterkeit gem. Nr 1–30 des Anhangs zu § 3 Abs. 3 UWG

V. **Unzulässige geschäftliche Handlung, § 3 Abs. 2 UWG**
   1. Objektiver Tatbestand
      a) Geschäftliche Handlung (§ 2 Abs. 1 Nr 1 UWG) gegenüber Verbrauchern
      b) Unlauterkeitstat: **Verstoß gegen die geltende fachliche Sorgfalt, ggf. iVm §§ 5, 5a und/oder § 4 Nr 1–6, 11 UWG** bzw **gegen § 3 Abs. 2 UWG als Auffangtatbestand**
      c) Geeignet, die Entscheidungsfähigkeit der Verbraucher zu beeinträchtigten
      d) **Bagatellgrenze (spürbare Beeinträchtigung)**
      e) Veranlassung zu einer geschäftlichen Entscheidung, die andernfalls nicht getroffen worden wäre
   2. Subjektiver Tatbestand (s. Anm. A V.)
   3. Rechtgswidrigkeit (idR indiziert)

VI. **Unzulässige geschäftliche Handlung, § 3 Abs. 1 UWG**
   1. Objektiver Tatbestand
      a) Geschäftliche Handlung, § 2 Abs. 1 Nr 1 UWG
      b) Unlauterkeitstat (die Voraussetzungen des **jeweiligen Tatbestandes der §§ 6, 5, 5a und/oder 4, jeweils iVm § 3 Abs. 1 UWG** bzw eines **Verstoßes gegen den allgemeinen Unlauterkeitstatbestand des § 3 Abs. 1 UWG** müssen unter Beachtung der **Besonderheiten des § 10 UWG** – aa)-cc) – geprüft werden)
         aa) Unlautere Handlung
         bb) **Gewinnerzielung**
         cc) **zu Lasten einer Vielzahl von Abnehmern** („Streuschäden")
      c) **Gewinnerzielung aufgrund der Unlauterkeitstat** (Kausalität)
      d) Geeignetheit, die Interessen von Verbrauchern, Mitbewerbern oder sonstigen Marktteilnehmern zu beeinträchtigen
      **e) Bagatellgrenze (spürbare Beeinträchtigung)**
   2. Subjektiver Tatbestand (nur ausnahmsweise zu prüfen, vgl Rn 529)
   3. Rechtswidrigkeit (idR indiziert)

VII. Alternativ oder ergänzend zu IV. und/oder V.: **Verstoß gegen ein Per-se-Verbot des § 7 Abs. 2 UWG**
   1. Geschäftliche Handlung, § 2 Abs. 1 Nr 1 UWG
   2. Per se Unlauterkeit gem. § 7 Abs. 2 Nr 1–4 UWG

VIII. **Unzumutbare belästigende Handlung, § 7 Abs. 1 UWG**
   1. Objektiver Tatbestand
      a) Geschäftliche Handlung, § 2 Abs. 1 Nr 1 UWG
      b) Unlauterkeitstat (die Voraussetzungen des § 7 Abs. 1 UWG müssen unter Beachtung der **Besonderheiten des § 10 UWG** – aa)-cc) – geprüft werden)
         aa) Unlautere Handlung
         bb) **Gewinnerzielung**
         cc) **zu Lasten einer Vielzahl von Abnehmern** („Streuschäden")
      c) **Gewinnerzielung aufgrund der Unlauterkeitstat** (Kausalität)
      d) Geeignetheit, die Interessen von Verbrauchern, Mitbewerbern oder sonstigen Marktteilnehmern zu beeinträchtigen
      **d) Unzumutbarkeit**
   2. Rechtswidrigkeit (idR indiziert)

IX. Verschulden: nur bei vorsätzlichem Zuwiderhandeln

X. Ergebnis (Rechtsfolge): Anspruch auf **Herausgabe des Gewinns an den Bundeshaushalt** (ggf Anrechung von Leistungen gem. § 10 Abs. 2 UWG)

## G. Schadensersatzanspruch eines Verbrauchers wegen Verletzung eines Schutzgesetzes, § 823 Abs. 2 BGB (zB iVm §§ 16–20 UWG) oder Beseitigungs- bzw Unterlassungsanspruch wegen Verletzung eines Schutzgesetzes gem. § 1004 Abs. 1 S. 1 bzw S. 2, 823 Abs. 2 BGB 535

I. Aktivlegitimation, § 823 Abs. 2 BGB
   – Verbraucher iSd § 2 Abs. 2 UWG, § 13 BGB

II. Passivlegitimation
   – Untenehmer iSd § 2 Abs. 1 Nr 6 UWG

III. Vorliegen eines Schutzgesetzes
   Die Verbote strafbarer, irreführender Werbung (§ 16 Abs. 1 UWG), des Verrats von Betriebs- und Geschäftsgeheimnissen (§ 17 UWG), der Verwertung von Vorlagen (§ 18 UWG) oder des Verleitens bzw Erbietens zum Verrat (§ 19 UWG) sind als Schutzgesetze zugunsten der Verbraucher in der Rechtsprechung und im Schrifttum anerkannt (auf diese Vorschriften finden die §§ 8–10 UWG keine Anwendung). Entsprechendes dürfte auch für den neuen § 20 UWG gelten, der durch das Gesetz zur Bekämpfung unerlaubter Telefonwerbung in das UWG eingefügt werden soll[1]. Hinsichtlich des Irreführungsverbots des § 5 Abs. 1 UWG ist der Schutzgesetzcharakter streitig, hinsichtlich der §§ 3–6 UWG und des § 7 UWG wird er überwiegend abgelehnt[2].
   In Betracht kommen auch Verstöße gegen andere Schutzgesetze, wie § 263 StGB oder § 240 StGB, wenn die unlautere Werbung eine unlautere Handlung aufgrund eines Betruges oder einer Nötigung begründet.

IV. Verstoß durch eine Handlung gegen das Verbot strafbarer Irreführung bzw gegen das Verbot progressiver Kundenwerbung (§ 16 Abs. 1 UWG) bzw gegen die Strafvorschriften der §§ 17, 18 und 19 UWG (nur bei Vertreten der Minderansicht zum Schutzgesetzcharakter von § 5 UWG wäre an dieser Stelle ein Wettbewerbsverstoß iSd § 3 Abs. 1 UWG zu prüfen). Abzuwarten bleibt, ob die Per-se-Verbote des Anhangs zu § 3 Abs. 3 und des § 7 Abs. 2 UWG als Schutzgesetze behandelt werden. Dann wäre an dieser Stelle ein Verstoß gegen die entsprechenden per se Unlauterkeitstatbestände zu prüfen. Die Bußgeldvorschrift des § 20 Abs. 1 UWG setzt eine Werbung mit einem Telefonanruf entgegen § 7 Abs. 1 iVm Abs. 2 Nr 2 UWG gegenüber einem Verbraucher ohne dessen vorherige ausdrückliche Einwilligung voraus.

   1. Objektiver Tatbestand
      a) Geschäftliche Handlung, § 2 Abs. 1 Nr 1 UWG?
         *Prüfungshinweis: Nur bei § 16 Abs. 1 und Abs. 2 und § 18 Abs. 1 UWG ist mE das Prüfen des Vorliegens einer geschäftlichen Handlung immer erforderlich („wirbt" in § 16 Abs. 1 bzw „Handeln im geschäftlichen Verkehr" und „Werbung" in § 16 Abs. 2 bzw „im geschäftlichen Verkehr" und „zu Zwecken des Wettbewerbs" in § 18 Abs. 1). Nur, wenn ein Verstoß gegen die §§ 17 Abs. 1 oder/und Abs. 2, 19 Abs. 1 bzw Abs. 2 UWG in der Variante „zu Zwecken des Wettbewerbs" vorliegt, ist an dieser Stelle ebenfalls das Prüfen einer geschäftlichen Handlung erforderlich. Wurde*

---

1 BT-Drs. 16/10734.

2 In der Gesetzesbegründung wird das Rechtsfolgenregime der §§ 8–10 UWG für abschließend erklärt (BT-Drs. 15/148, S. 22, 34, 43); das Gesetz folgt damit der Rspr des BGH GRUR 1975, 150 f *Prüfzeichen*; anders allerdings BGHZ 41, 314, 317 *Lavamat*; BGH GRUR 1974, 781 *Schweden*; ablehnend bzgl des § 5 UWG auch *Köhler*, GRUR 2003, 265, 271; der Schutzgesetzcharakter des § 5 UWG wird hingegen bejaht von *Emmerich*, § 14 VIII 2 b), 5, § 21 I; *Schricker*, BB 2003, 1073, 1079 f; *Wimmer-Leonhardt*, GRUR 2004, 12, 20; nach Ansicht *Säckers* sollten alle Unlauterkeitstatbestände des UWG als Schutzgesetze iSd § 823 Abs. 2 BGB anerkannt werden. Die damit einhergehende Stärkung des Verbrauchers sei logische Konsequenz des in § 1 UWG auf den Verbraucher ausgedehnten Schutzzwecks des UWG (*Säcker*, GRUR 2004, 1201, 1219 f).

*aus „Eigennutz" etc gehandelt, bedarf es einer Prüfung der geschäftlichen Handlung nicht*[3].

b) Die Voraussetzungen des jeweiligen Tatbestandes der §§ 16–20 UWG oder anderer Schutzgesetze wie § 263 oder § 240 StGB (bei Betrug oder Nötigung durch eine unlautere Werbung als unerlaubte Handlung) müssen geprüft werden.

c) Geeignetheit, die Interessen von Verbrauchern, Mitbewerbern oder sonstigen Marktteilnehmern zu beeinträchtigen
*Prüfungshinweis: Auch diese Voraussetzung muss bei den §§ 17, 19 UWG nur angesprochen werden, wenn „zu Zwecken des Wettbewerbs" gehandelt wurde. Im Rahmen des § 16 UWG ist diese Voraussetzung mE konsequenter Weise zu den Ausführungen zur geschäftlichen Handlung hingegen stets zu prüfen.*

d) – bei **§ 16 Abs. 1**:
(1) **Wettbewerbsabsicht** (generell zu vermuten) **und**
(2) **Absicht, den Anschein eines besonders günstigen Angebots** hervorzurufen
– bei **§§ 16 Abs. 2, 20 Abs. 1: keine besondere Absicht**
– bei **§§ 17 Abs. 1, Abs. 2, 19 Abs. 1, Abs. 2: Wettbewerbsabsicht** („zu Zwecken des Wettbewerbs"[4]),
aus Eigennutz, zugunsten eines Dritten **oder** in Schadenszufügungsabsicht
– bei § 18 Abs. 1:
Wettbewerbsabsicht („zu Zwecken des Wettbewerbs") **oder** aus Eigennutz

---

3 Dass nach **§ 16 Abs. 1 UWG** auch das Vorliegen einer geschäftlichen Handlung geprüft werden muss bejaht auch *Bornkamm*, in: Köhler/Bornkamm, § 16 Rn 5; so auch das OLG Celle zu § 4 UWG aF WuW/E OLG 214; während *Bornkamm* das „Handeln im geschäftlichen Verkehr" in § 16 Abs. 2 und § 18 Abs. 1 UWG zwar zu Recht dem objektiven Tatbestand zuordnet (aaO, § 16 Rn 35, § 18 Rn 12), es aber nicht dem allgemeineren Begriff der geschäftlichen Handlung unterordnet. Mit dieser vom Gesetzgeber in den **§§ 16 Abs. 2, 18 Abs. 1 UWG** gewählten Formulierung wird angeknüpft an die Formulierung im „alten" § 1 UWG „im geschäftlichen Verkehr zu Zwecken des Wettbewerbs". Diese Formulierung ist jedoch im neuen UWG ersetzt worden durch die geschäftlichen Handlung (§§ 3 Abs. 1, 2 Abs. 1 Nr 1 UWG). Es sollten daher die „Fehler" des Gesetzgebers nicht zementiert werden, in dem man seinen Worten „blind" folgt, sondern um des systematischen Aufbaus willen sollte einheitlich der Begriff der „geschäftlichen Handlung" im Rahmen des § 16 bzw § 18 UWG geprüft werden, zumal der Gesetzgeber in § 16 Abs. 2 UWG nicht an die frühere Fassung der strafbaren Werbung in § 4 Abs. 2 UWG aF anknüpft, in der ein Verhalten eines Angestellten „in einem geschäftlichen Betriebe" erfasst wurde. Harte/Henning/*Dreyer* lehnt hingegen auch bzgl des § 16 Abs. 1 UWG das Prüfen einer geschäftlichen Handlung ab (§ 16 Rn 9). Nach der *Schneeballseminare*-Entscheidung des BGH (NJW 2011, 1236) ist der maßgebliche Zeitpunkt für die Beurteilung der Verbrauchereigenschaft iSd § 16 Abs. 2 UWG der Zeitpunkt, in welchem der Beworbene erstmals durch das Absatzkonzept des Veranstalters in der Weise angesprochen wird, dass die Werbung unmittelbar in die Abnahme des Produkts einmünden soll. Der als Unternehmensdelikt ausgestaltete Straftatbestand ist vollendet, wenn der Täter versucht, das Werbe- und Vertriebssystem in Gang zu setzen; vgl auch BGH GRUR-Prax 2011, 200 *Verbraucherbegriff bei progressiver Kundenwerbung.* Die Voraussetzung „zu Zwecken des Wettbewerbs" in den **§§ 17–19 UWG** wird sowohl von *Köhler*, in: Köhler/Bornkamm (§ 17 Rn 24) wie auch von Harte/Henning/*Harte-Bavendamm* (§ 17 Rn 14) allein dem subjektiven Tatbestand zugeordnet. Meines Erachtens ist es aber in Anlehnung an die Definition der „geschäftlichen Handlung" in § 2 Abs. 1 Nr 1 UWG, die sowohl die objektive Tatbestandsvoraussetzung der Handlung wie auch die subjektive Seite der Förderungsabsicht in Bezug auf den eigenen oder fremden Absatz oder Bezug von Waren bzw der Erbringung von Dienstleistungen mitumfasst, zu verstehen. Im Rahmen der §§ 17–19 UWG ist das Vorliegen einer geschäftlichen Handlung daher meines Erachtens nur zu prüfen, wenn die Alternative „zu Zwecken des Wettbewerbs" in Betracht kommt. Hat der Handelnde aus „Eigennutz", „zugunsten eines Dritten" oder „in der Absicht gehandelt, dem Inhaber eines Unternehmens Schaden zuzufügen, muss das Erfordernis einer geschäftlichen Handlung im objektiven Tatbestand nicht geprüft werden; zu § 17 vgl *Hönn*, S. 53 ff (Fall 2); zu den §§ 16–19 UWG *Alexander*, WRP 2004, 407 ff; *Többens*, WRP 2005, 552 ff; *Rupp* WRP 1985, 676 ff; AG Waiblingen CR 1988, 231 ff; zur strafbaren Werbung im Versandhandelsgeschäft BGH WRP 2008, 387 ff.

4 Eine Anpassung an § 2 Abs. 1 Nr 2 UWG ist dem Gesetzgeber bei der Novellierung des UWG vom 30.12.2008 offenbar entgangen.

e) Bagatellgrenze (spürbare Beeinträchtigung)
*Prüfungshinweis: Bei § 16 Abs. 1, Abs. 2, 18 Abs. 1 UWG stets, bei §§ 17 Abs. 1, Abs. 2, 19 Abs. 1, Abs. 2 UWG nur, wenn in Wettbewerbsabsicht (s. unter d) gehandelt wurde.*

2. Subjektiver Tatbestand
   - bei § 16 Abs. 1: Vom Vorsatz müssen die Unwahrheit der Angaben sowie deren Eignung zur Irreführung umfasst sein (ausreichend: für möglich halten und billigende Inkaufnahme)
   - bei § 16 Abs. 2: Kenntnis aller Tatbestandsmerkmale und Wollen einer wissentlichen Verwirklichung
   - bei § 20 Abs. 1: vorsätzlicher oder fahrlässiger Verstoß gegen § 7 Abs. 1 iVm Abs. 2 Nr 2 UWG

V. Rechtswidrigkeit
*Die Rechtswidrigkeit ist durch die Tatbestandsverwirklichung indiziert, ggf sind Rechtfertigungsgründe zu prüfen.*

VI. Beim Schadensersatzanspruch: Verschulden
Beim Unterlassungsanspruch: Wiederholungsgefahr

VII. Kausaler Schaden

VIII. Rechtsfolge: Anspruch auf Ersatz des entstandenen Schadens[5]

IX. Umfang des Schadensersatzanspruchs gem. §§ 249–252 BGB, ggf auch Vertragsaufhebung (§ 249 S. 1 BGB)[6]

*Literaturhinweise: Kempf/Schilling*, Nepper, Schlepper, Bauernfänger – zum Tatbestand strafbarer Werbung (§ 16 Abs. 1 UWG), WRP 2007, S. 41 ff; *Kunkel*, Zur Strafwürdigkeit unwahrer, irreführender Absatzwerbung im Sinne des § 16 Abs. 1 UWG. Eine Untersuchung zu Schutzzweck und praktischer Bedeutung der Vorschrift sowie alternativen Sanktionsmöglichkeiten im Lichte subsidiären Rechtsgüterschutzes, 2006; *Olesch*, § 16 Abs. 2 UWG: Ein Schiff ohne Wasser, WRP 2007, S. 908 ff; *Többens*, Die Straftaten nach dem Gesetz gegen den unlauteren Wettbewerb (§§ 16–19 UWG), WRP 2005, S. 552 ff.

5 Die §§ 16–19 UWG sehen als Straftatbestände jeweils Geld- oder Freiheitsstrafen vor. Der als Ordnungswidrigkeit ausgestaltete § 20 UWG sieht das Verhängen eines Bußgeldes bis zu 50 000 € durch die BNetzA vor (§ 20 Abs. 2, 3 UWG). Mit der Höhe des Bußgeldes soll eine Abgrenzung zu den Sanktionen in gerichtlichen Verfahren geschaffen werden. Sind Unterlassungs-, Beseitigungs- oder Schadensersatzansprüche begründet, geht idR einem gerichtlichen Verfahren eine Abmahnung voraus. Führt diese nicht zum Erfolg, weil der Schuldner keine strafbewehrte Unterlassungserklärung abgibt, bleibt dem Gläubiger eine rasche Entscheidung im Wege einer einstweiligen Verfügung herbeizuführen. Eine gerichtliche Entscheidung ergeht in der Regel ohne mündliche Verhandlung noch am selben Tag. Die Gegenseite kann, unter Androhung eines Ordnungsgeldes bis zu 250 000 €, ersatzweise Haft, zur Unterlassung verpflichtet werden. Das Ordnungsgeld wird bei einem erneuten Verstoß fällig. Durch § 20 UWG ist parallel zu dem zivilgerichtlichen ein behördliches Verfahren vor der BNetzA, in dem unerlaubte Telefonwerbung gegenüber Verbrauchern sanktioniert werden soll, eingeführt worden. In diesen Fällen bedarf es bei Verstoß gegen das Per-se-Verbot des § 7 Abs. 2 Nr 2 UWG keiner Abmahnung mehr. Anspruchsgegner können sowohl anrufende Mitarbeiter eines Call-Centers, die den Angestellten den Auftrag zu solchen Anrufen gegeben haben, als auch die Auftraggeber des Call-Centers, in deren Namen telefonisch geworben wurde, sein (Gesetzesbegründung BT-Drs. 16/10734, S. 14). Sie erfüllen eine geschäftliche Handlung zur Förderung des eigenen oder des fremden Absatzes. Die Höhe des Bußgeldes hält der Gesetzgeber für angemessen. Der Unrechtsgehalt der Telefonwerbung sei deutlich geringer als derjenige einer strafbaren Werbung iSd § 16 UWG, der inhaltliche Verstöße irreführender Werbung und progressiver Kundenwerbung betreffe, während § 7 Abs. 2 Nr 2 UWG bereits den Anruf an sich und das damit verbundene Eindringen in die Privatsphäre verbiete (Gesetzesbegründung BT-Drs. 16/10734, S. 14). Die vom Bundesrat vorgeschlagene Bußgeldahmen von bis zu 250 000 € (S. 21) hält die Bundesregierung in ihrer Gegenäußerung für „systemfremd“, da dieser sich nicht in die Bußgeldrohungen des Nebenstrafrechts einfüge (S. 24).

6 S. dazu *Köhler*, GRUR 2003, 265, 268.

536 **H. Ansprüche von Verbrauchern außerhalb des UWG auf Beseitigung, Unterlassung und Schadensersatz**

- **Beseitigung:** § 1004 Abs. 1 S. 1 BGB (wegen Beeinträchtigung des Eigentums) oder § 1004 Abs. 1 S. 1 iVm § 823 Abs. 1 BGB (wegen Verletzung von Rechtsgütern und absoluten Rechten) oder iVm §§ 1 ff ProdHaftG.
- **Unterlassung:** § 1004 Abs. 1 S. 2 BGB bzw § 1004 Abs. 1 S. 2 iVm § 823 Abs. 1 BGB[7] oder iVm §§ 1 ff ProdHaftG.
- **Schadensersatz:** § 823 Abs. 1 BGB oder § 826 BGB

I. Aktivlegitimation, § 2 Abs. 2 UWG, § 13 BGB: Verbraucher
II. Verletzung eines gem. § 823 Abs. 1 BGB geschützten Rechtsguts (nicht: eingereichter und ausgeübter Gewerbebetrieb)
III. Durch eine unlautere geschäftliche Handlung (objektiver Wettbewerbsverstoß)
a) Geschäftliche Handlung, § 2 Abs. 1 Nr 1 UWG
b) Unlauterkeit (Verletzung aufgrund der Handlung: haftungsbegründende Kausalität)
c) Geeignetheit, die Interessen von Verbrauchern zu beeinträchtigen
d) Bagatellgrenze (spürbare Beeinträchtigung)
IV. Subjektiver Tatbestand
V. Rechtswidrigkeit (grundsätzlich indiziert)
VI. Beim Schadensersatzanspruch: Verschulden bzw beim Unterlassungsanspruch: Wiederholungsgefahr
VII. Beim Schadensersatzanspruch: Haftungsausfüllende Kausalität
VIII. Rechtsfolge: Anspruch auf Schadensersatz bzw auf Beseitigung der eingetretenen Störung und Abstellen der Störungshandlung oder auf Unterlassung der Beeinträchtigung in der Zukunft
IX. Umfang des Schadensersatzanspruchs: §§ 249 ff BGB (ggf Vertragsaufhebung)

*Literaturhinweis: Sack*, Individualschutz gegen unlauteren Wettbewerb, WRP 2009, 1330.

537 **I. Einstweilige Verfügung**

*Prüfungshinweis: Ist nach den materiellen Voraussetzungen gefragt, ist nur der Verfügungsanspruch zu prüfen. Ist gefragt, ob Verfügungsgrund- und Verfügungsanspruch vorliegen, sind beide zu prüfen, ohne auf weitere Zulässigkeitsfragen einzugehen. Hinsichtlich der Reihenfolge gibt es keine festen Vorgaben. Lediglich für den Ausnahmefall, dass der Sachverhalt Hinweise dafür gibt, dass das gem. § 12 Abs. 2 UWG grundsätzlich vermutete Vorliegen des Verfügungsgrundes widerlegt sein könnte, sollte der Verfügungsgrund vor dem Verfügungsanspruch geprüft werden. Ist lediglich die Begründetheit zu prüfen, sollte zu Beginn des Verfügungsanspruchs wie sonst auch bei Prüfung der Unterlassungs-, Beseitigungs- und Schadensersatzansprüche die Aktivlegitimation erörtert werden, bevor die weitere Prüfung mit Darlegungen zum Vorliegen einer unzulässigen geschäftlichen Handlung iSd § 3 Abs. 1 UWG beginnt. Lautet die Fallfrage: „Prüfen Sie, ob K einen Antrag auf Erlass einer einstweiligen Verfügung hat" oder „…, ob der Antrag auf Erlass einer einstweiligen Verfügung Erfolg hat" oÄ, sind (vorsichtshalber) die Zulässigkeitsvoraussetzungen und die Begründetheit des Antrags zu prüfen.*

A. Zulässigkeit
I. Zuständiges Gericht
II. Vorwegnahme der Hauptsache (grds. nur vorläufige Regelung: auf Unterlassungsansprüche beschränkt, bei erheblichen Nachteilen im Einzelfall Leistungsverfügung, die zur Befriedi-

7 ZB BVerfG NJW 2008, S. 838 ff = GRUR 2008, S. 352 ff betreffend die für zulässig betrachtete Werbung von Rechtsanwälten mit „Gegnerlisten" im Internet; *Döring*, Die Haftung für eine Mitwirkung an Wettbewerbsverstößen nach der Entscheidung des BGH „Jugendgefährdende Medien bei eBay", WRP 2007, 1131 ff.

gung führt, möglich. In Ausnahmen auch vorläufige Entscheidung über einen Beseitigungsanspruch möglich)

III. Verfügungsgrund
Die besondere Dringlichkeit/Eilbedürftigkeit wird im Regelfall vermutet; sie kann aber seitens des Antragsgegners widerlegt werden. Da das UWG auf Ansprüche von Verbrauchern keine Anwendung findet, gilt § 12 Abs. 2 UWG nicht. Der Verbraucher hat daher den Verfügungsgrund vorzutragen und glaubhaft zu machen (§§ 936, 920 Abs. 2, 294 ZPO): vgl dazu Fall ***Werbe-E-Mail***, Rn 258 f (unter B.II.).

IV. Klagebefugnis

V. Glaubhaftmachung des Verfügungsanspruchs gem. § 294 ZPO mit allen präsenten Beweismitteln (Augenschein, Urkundenvorlage, Zeugen, eidesstattliche und anwaltliche Versicherung, Sachverständigengutachten oder amtliche Auskünfte)

B. Begründetheit (Verfügungsanspruch)
*Aufbauhinweis*: Die Prüfung der Begründetheit ist bei diesem Aufbau bei III. fortzusetzen. Ist nur nach dem Verfügungsanspruch gefragt, ist diese Prüfung mit A. Verfügungsanspruch zu beginnen und wie folgt fortzusetzen:

I. Aktivlegitimation

II. Passivlegitimation

III. Unzulässige geschäftliche Handlung, § 3 Abs. 1 UWG (oder: Verstoß gegen ein Per-se Verbot des Anhangs zu § 3 Abs. 3 UWG; Unzulässige geschäftliche Handlung, § 3 Abs. 2 UWG; Verstoß gegen ein Per-se Verbot des § 7 Abs. 2 UWG oder Unzumutbare geschäftliche Handlung iSd § 7 Abs. 1 UWG, s. zum Prüfungsaufbau Schemata A. III., IV., V., VI., VII.)

1. Objektiver Tatbestand
   a) Geschäftliche Handlung, § 2 Abs. 1 Nr 1 UWG
   b) Unlauterkeitstat
   c) Geeignetheit, die Interessen von Verbrauchern, Mitbewerbern oder sonstigen Marktteilnehmern zu beeinträchtigen
   d) Bagatellklausel (spürbare Beeinträchtigung)
2. Subjektiver Tatbestand (nur ausnahmsweise zu prüfen, vgl Rn 186)
3. Rechtswidrigkeit

IV. Wiederholungsgefahr
*Aufbauhinweis:* Wird nur der Verfügungsanspruch geprüft und wird dieser bejaht, ist im Folgenden unter B. der Verfügungsgrund zu prüfen, der andernfalls im Rahmen der Zulässigkeit zu prüfen ist (s. unter A. III.). Das Gesamtergebnis („Der Antrag auf Erlass einer einstweiligen Verfügung ist (nicht) zulässig und/bzw (nicht) begründet" oder „Verfügungsanspruch und Verfügungsgrund liegen (nicht) vor").

Anhang III

# Prüfungsreihenfolge der Unlauterkeitstatbestände und Aufbaufragen

**538** 1. Die Vorschriften der §§ 4–6 sind stets iVm § 3 Abs. 1 UWG zu prüfen. Die §§ 5, 5a, 4 Nr 1–6, 11 sind vorrangig iVm § 3 Abs. 2 UWG zu prüfen, soweit Verbraucher betroffen sind. Ist keine der Spezialnormen einschlägig, ist zu prüfen, ob gegen § 3 Abs. 2 UWG als Auffangtatbestand verstoßen wurde. Liegt kein Verstoß gegen § 3 Abs. 2 UWG vor (sei es, weil keine Verbraucherentscheidung beeinträchtigt wurde, sei es, weil die fachliche Sorgfalt nicht verletzt wurde), greift § 3 Abs. 1 iVm §§ 4–6 UWG (a) bzgl. Beeinträchtigung von Verbraucherinteressen, ohne dass die geltende fachliche Sorgfalt verletzt wurde; b) Beeinträchtigung von Mitbewerberinteressen; c) Beeinträchtigung sonstiger Marktteilnehmer). Ist keiner der Spezialtatbestände der §§ 4–6 UWG verletzt, ist zu prüfen, ob § 3 Abs. 1 als Auffangtatbestand verletzt wurde.

2. § 7 UWG ist ein selbständiger Unzulässigkeitstatbestand mit eigener Unzumutbarkeitsschwelle, dh er ist seit der Novelle 2008 nicht mehr an § 3 Abs. 1 UWG gekoppelt.
3. Die Per-se-Verbote des Anhangs zu § 3 Abs. 3 UWG sind, soweit ein Verstoß gegen sie vorliegen könnte, vorrangig vor allen anderen Tatbeständen zu prüfen (zB Nr 11 iVm § 3 Abs. 3 UWG).
4. Die Per-se-Verbote des § 7 Abs. 2 UWG sind vor den sonstigen Fällen unzumutbarer Belästigung iSd § 7 Abs. 1 UWG zu prüfen.
5. § 6 UWG iVm § 3 Abs. 1 UWG – ist vorrangig vor den anderen Unlauterkeitsformen zu prüfen, vorausgesetzt, es handelt sich sicher oder möglicherweise um einen Fall unlauterer vergleichender Werbung (das gilt auch für den Vorrang der Unlauterkeitstatbestände des § 6 Abs. 2 UWG vor § 5 Abs. 3 oder Abs. 2 iVm § 3 Abs. 1 UWG (irreführende, vergleichende Werbung). Dies folgt schon daraus, dass in § 6 Abs. 2 UWG die Sonderfälle der herabsetzenden, unzulässig nachahmenden, rufausbeutenden etc und im Zusammenhang mit § 5 Abs. 3 UWG der irreführenden Werbung geregelt sind. Nur wenn ein unlauterer Vergleich nicht vorliegt, ist Raum zB für die Prüfung der Irreführungstatbestände des § 5 Abs. 1–4 UWG iVm § 3 Abs. 1 UWG, falls eine Irreführung überhaupt in Betracht kommt. Anschließend, falls kein spezieller Fall der darin genannten Irreführungsformen gegeben ist bzw zusätzlich eine gesetzlich nicht normierte Irreführung vorliegt, ist diese anhand des § 5 Abs. 1 S. 1 iVm § 3 Abs. 1 UWG zu prüfen. Anschließend ist – falls dieser einschlägig sein könnte – § 5 a iVm § 3 Abs. 1 UWG zu prüfen. Dann sind die speziellen Unlauterkeits-Beispieltatbestände des § 4 Nr 1–11 iVm § 3 Abs. 1 UWG zu prüfen. Erst danach kann sich die Frage stellen, ob eine unlautere geschäftliche Handlung iSd Generalklausel des § 3 Abs. 1 UWG vorliegt, deren Anwendungsbereich allerdings beschränkt ist. Getrennt vom Anwendungsbereich des § 3 Abs. 1 UWG kann anschließend geprüft werden, ob eine unzumutbare Belästigung gem. § 7 Abs. 1 UWG gegeben ist, es sei denn, eine Belästigung ist eindeutig nicht gegeben. Liegt hingegen allein eine unzumutbare Belästigungstat nahe, kommt also ein Vorwurf weder iSd Per-se-Verbote des Anhangs zu § 3 Abs. 3 UWG noch gegen die anderen Unlauterkeitstatbestände iVm § 3 Abs. 1 UWG nicht in Betracht, ist gleich in die Prüfung des § 7 UWG einzusteigen. Diese ist mit § 7 Abs. 2 UWG zu beginnen. Liegt kein Verstoß gegen ein darin geregeltes Per-se-Verbot oder gem. Abs. 3 vom Unlauterkeitsvorwurf ausgenommen, ist in die Prüfung des § 7 Abs. 1 UWG einzusteigen.
6. Vergleichende Werbung prüft man anhand der Legaldefinition des § 6 Abs. 1 UWG und durch Verneinung der in § 6 Abs. 2 UWG genannten Merkmale (s. bereits oben), also:
   a) Erkennbarkeit von Mitbewerbern (unmittelbar/mittelbar) oder Erkennbarkeit seiner Waren/Dienstleistungen (unmittelbar/mittelbar), § 6 Abs. 1 UWG.
   b) Vergleich muss sich auf Waren/Dienstleistungen für den gleichen Bedarf oder dieselbe Zweckbestimmung erstrecken, § 6 Abs. 2 Nr 1 UWG.

c) Vergleich muss sich objektiv auf eine oder mehrere wesentliche … Eigenschaften oder den Preis beziehen, § 6 Abs. 2 Nr 2 UWG.
d) Es darf nicht zu Verwechslungen zwischen Werbenden und Mitbewerber bzw ihrer Waren/Dienstleistungen/Kennzeichen aufgrund des Vergleichs kommen, § 6 Abs. 2 Nr 3 UWG.
e) Im Vergleich darf den Ruf des Mitbewerbers nicht unlauter ausgenutzt werden, § 6 Abs. 2 Nr 4 UWG.
f) In dem Vergleich dürfen Waren etc nicht herabgesetzt oder verunglimpft werden, § 6 Abs. 2 Nr 5 UWG.
g) Eine Ware etc darf in dem Vergleich nicht nachgeahmt werden, § 6 Abs. 2 Nr 6 UWG.
Sind diese Kriterien erfüllt, ist der Vergleich zulässig. Ist a) erfüllt, liegt aber ein Verstoß gegen einen oder mehrere der in § 6 Abs. 2 Nr 1–6 UWG genannten Fälle vor, ist der Vergleich unlauter. Ist schon a) nicht erfüllt, etwa mangels Erkennbarkeit eines Mitbewerbers, scheidet ein Verstoß gegen § 6 Abs. 2 UWG aus.

7. Der Tatbestand des § 6 Abs. 2 UWG ist abschließend (anders als die Beispielkataloge der §§ 5, 5a und 4 UWG).
8. Grundsätzlich sind die Ziffern der einzelnen Spezialtatbestände (§ 4 Nr 1–11, § 5 Abs. 1, 2, 3 und 4, § 5a Abs. 2 und 3, § 6 Abs. 2UWG) in der Reihenfolge zu prüfen, die möglicherweise verletzt sein könnten (also nicht vollkommen abwegig sind), deren Einschlägigkeit aber letztlich verneint wird. Dieser Aufbau bietet sich an, damit die letztlich nicht verletzten Tatbestände zügig abgelehnt werden können, um anschließend den Schwerpunkt auf die einschlägige Ziffer zu legen und diese ausführlicher zu behandeln. ZB ein möglicher Verstoß gegen § 4 Nr 4 UWG scheitert daran, dass nichts hinzu gegeben wird, sondern die beworbene Sache selbst verschenkt wird. Dann ist dies kurz festzustellen und die weiteren Verstöße, zB wegen Herabsetzung des Mitbewerbers (§ 4 Nr 7 UWG) sind vertieft zu prüfen (Spannungsaufbau).
9. Sind mehrere Tatbestände parallel gegeben, ist mit dem am naheliegendsten zu beginnen. Grundsätzlich schließen sich die einzelnen Spezialtatbestände in § 6 Abs. 2, § 5 Abs. 1 Nr 1–7, Abs. 2, 3 und 4, § 5a Abs. 2 und 3, § 4 Nr 1–11 UWG aber nicht aus, so dass es keine zwingenden Vorgaben gibt.
10. Bei § 5 (Irreführung) und § 5a UWG (Irreführung durch Unterlassen) ist daran zu denken, dass bei Verneinung der Beispieltatbestände des Abs. 1 S. 2 (§ 5 UWG) bzw des Abs. 2 (§ 5a UWG) gleichwohl ein Fall der irreführenden unlauteren geschäftlichen Handlung bzw einer irreführenden unlauteren Unterlassung vorliegen kann, der anhand des Abs. 1 S. 1 (§ 5 UWG) bzw Abs. 1 (§ 5a UWG) zu prüfen ist. Liegt eine Irreführung über eine geschäftliche Handlung in Form einer Werbeaktion nicht vor, ist an § 4 Nr 3 UWG zu denken („Verschleierung des Werbecharakters von geschäftlichen Handlungen“).
11. Bei § 7 Abs. 2 UWG muss es sich um Werbung handeln. Liegt kein Verstoß gegen die dort geregelten Per-se-Verbote vor, ist ein Verstoß gegen § 7 Abs. 1 S. 2 UWG zu prüfen, der ebenfalls Werbung voraussetzt. Erst wenn ein Verstoß gegen diesen Tatbestand nicht vorliegt, ist zu prüfen, ob eine unzumutbare Belästigung iSd Generalnorm des § 7 Abs. 1 S. 1 UWG gegeben ist.
12. In den §§ 6, 4 Nr 7–10 UWG werden nur Mitbewerber geschützt. Die Voraussetzung der Verletzung der Interessen eines Mitbewerbers muss daher geprüft werden. Der Begriff ist einheitlich wie iSd §§ 8 Abs. 3 Nr 1, 9 S. 1, 2 Abs. 1 Nr 3 UWG zu verstehen.

Anhang IV

# Übersicht Fälle

539 **Zur Abgrenzung UWG/Markenrecht und Schadensberechnung**

## Zum Handeln von Presseorganen



## Aktenvortrag

Anhang V

# Geschäftspraktiken, die unter allen Umständen als unzulässig gelten

**Anhang zu § 3 Abs. 3 UWG, überwiegend angelehnt an den Anhang I der Richtlinie über unlautere Geschäftspraktiken – „Unlauterkeitskatalog" – v. 11.5.2005, ABl. EG L 149/22, 35-37 v. 11.6.2005**

**540** Unzulässige geschäftliche Handlungen im Sinne des § 3 Abs. 3 sind

1. die unwahre Angabe eines Unternehmers, zu den Unterzeichnern eines Verhaltenskodexes zu gehören;
2. die Verwendung von Gütezeichen, Qualitätskennzeichen oder Ähnlichem ohne die erforderliche Genehmigung;
3. die unwahre Angabe, ein Verhaltenskodex sei von einer öffentlichen oder anderen Stelle gebilligt;
4. die unwahre Angabe, ein Unternehmer, eine von ihm vorgenommene geschäftliche Handlung oder eine Ware oder Dienstleistung sei von einer öffentlichen oder privaten Stelle bestätigt, gebilligt oder genehmigt worden, oder die unwahre Angabe, den Bedingungen für die Bestätigung, Billigung oder Genehmigung werde entsprochen;
5. Waren- oder Dienstleistungsangebote im Sinne des § 5a Abs. 3 zu einem bestimmten Preis, wenn der Unternehmer nicht darüber aufklärt, dass er hinreichende Gründe für die Annahme hat, er werde nicht in der Lage sein, diese oder gleichartige Waren oder Dienstleistungen für einen angemessenen Zeitraum in angemessener Menge zum genannten Preis bereitzustellen oder bereitstellen zu lassen (Lockangebote). Ist die Bevorratung kürzer als zwei Tage, obliegt es dem Unternehmer, die Angemessenheit nachzuweisen;
6. Waren- oder Dienstleistungsangebote im Sinne des § 5a Abs. 3 zu einem bestimmten Preis, wenn der Unternehmer sodann in der Absicht, stattdessen eine andere Ware oder Dienstleistung abzusetzen, eine fehlerhafte Ausführung der Ware oder Dienstleistung vorführt oder sich weigert zu zeigen, was er beworben hat, oder sich weigert, Bestellungen dafür anzunehmen oder die beworbene Leistung innerhalb einer vertretbaren Zeit zu erbringen;
7. die unwahre Angabe, bestimmte Waren oder Dienstleistungen seien allgemein oder zu bestimmten Bedingungen nur für einen sehr begrenzten Zeitraum verfügbar, um den Verbraucher zu einer sofortigen geschäftlichen Entscheidung zu veranlassen, ohne dass dieser Zeit und Gelegenheit hat, sich auf Grund von Informationen zu entscheiden;
8. Kundendienstleistungen in einer anderen Sprache als derjenigen, in der die Verhandlungen vor dem Abschluss des Geschäfts geführt worden sind, wenn die ursprünglich verwendete Sprache nicht Amtssprache des Mitgliedstaats ist, in dem der Unternehmer niedergelassen ist; dies gilt nicht, soweit Verbraucher vor dem Abschluss des Geschäfts darüber aufgeklärt werden, dass diese Leistungen in einer anderen als der ursprünglich verwendeten Sprache erbracht werden;
9. die unwahre Angabe oder das Erwecken des unzutreffenden Eindrucks, eine Ware oder Dienstleistung sei verkehrsfähig;
10. die unwahre Angabe oder das Erwecken des unzutreffenden Eindrucks, gesetzlich bestehende Rechte stellten eine Besonderheit des Angebots dar;
11. der vom Unternehmer finanzierte Einsatz redaktioneller Inhalte zu Zwecken der Verkaufsförderung, ohne dass sich dieser Zusammenhang aus dem Inhalt oder aus der Art der optischen oder akustischen Darstellung eindeutig ergibt (als Information getarnte Werbung);

12. unwahre Angaben über Art und Ausmaß einer Gefahr für die persönliche Sicherheit des Verbrauchers oder seiner Familie für den Fall, dass er die angebotene Ware nicht erwirbt oder die angebotene Dienstleistung nicht in Anspruch nimmt;
13. Werbung für eine Ware oder Dienstleistung, die der Ware oder Dienstleistung eines Mitbewerbers ähnlich ist, wenn dies in der Absicht geschieht, über die betriebliche Herkunft der beworbenen Ware oder Dienstleistung zu täuschen;
14. die Einführung, der Betrieb oder die Förderung eines Systems zur Verkaufsförderung, das den Eindruck vermittelt, allein oder hauptsächlich durch die Einführung weiterer Teilnehmer in das System könne eine Vergütung erlangt werden (Schneeball- oder Pyramidensystem);
15. die unwahre Angabe, der Unternehmer werde demnächst sein Geschäft aufgeben oder seine Geschäftsräume verlegen;
16. die Angabe, durch eine bestimmte Ware oder Dienstleistung ließen sich die Gewinnchancen bei einem Glücksspiel erhöhen;
17. die unwahre Angabe oder das Erwecken des unzutreffenden Eindrucks, der Verbraucher habe bereits einen Preis gewonnen oder werde ihn gewinnen oder werde durch eine bestimmte Handlung einen Preis gewinnen oder einen sonstigen Vorteil erlangen, wenn es einen solchen Preis oder Vorteil tatsächlich nicht gibt, oder wenn jedenfalls die Möglichkeit, einen Preis oder sonstigen Vorteil zu erlangen, von der Zahlung eines Geldbetrags oder der Übernahme von Kosten abhängig gemacht wird;
18. die unwahre Angabe, eine Ware oder Dienstleistung könne Krankheiten, Funktionsstörungen oder Missbildungen heilen;
19. eine unwahre Angabe über die Marktbedingungen oder Bezugsquellen, um den Verbraucher dazu zu bewegen, eine Ware oder Dienstleistung zu weniger günstigen Bedingungen als den allgemeinen Marktbedingungen abzunehmen oder in Anspruch zu nehmen;
20. das Angebot eines Wettbewerbs oder Preisausschreibens, wenn weder die In Aussicht gestellten Preise noch ein angemessenes Äquivalent vergeben werden;
21. das Angebot einer Ware oder Dienstleistung als „gratis", „umsonst", „kostenfrei" oder dergleichen, wenn hierfür gleichwohl Kosten zu tragen sind; dies gilt nicht für Kosten, die Im Zusammenhang mit dem Eingehen auf das Waren- oder Dienstleistungsangebot oder für die Abholung oder Lieferung der Ware oder die Inanspruchnahme der Dienstleistung unvermeidbar sind;
22. die Übermittlung von Werbematerial unter Beifügung einer Zahlungsaufforderung, wenn damit der unzutreffende Eindruck vermittelt wird, die beworbene Ware oder Dienstleistung sei bereits bestellt;
23. die unwahre Angabe oder das Erwecken des unzutreffenden Eindrucks, der Unternehmer sei Verbraucher oder nicht für Zwecke seines Geschäfts, Handels, Gewerbes oder Berufs tätig;
24. die unwahre Angabe oder das Erwecken des unzutreffenden Eindrucks, es sei im Zusammenhang mit Waren oder Dienstleistungen In einem anderen Mitgliedstaat der Europäischen Union als dem des Warenverkaufs oder der Dienstleistung ein Kundendienst verfügbar;
25. das Erwecken des Eindrucks, der Verbraucher könne bestimmte Räumlichkelten nicht ohne vorherigen Vertragsabschluss verlassen;
26. bei persönlichem Aufsuchen in der Wohnung die Nichtbeachtung einer Aufforderung des Besuchten, diese zu verlassen oder nicht zu ihr zurückzukehren, es sein denn, der Besuch ist zur rechtmäßigen Durchsetzung einer vertraglichen Verpflichtung gerechtfertigt;
27. Maßnahmen, durch die der Verbraucher von der Durchsetzung seiner vertraglichen Rechte aus einem Versicherungsverhältnis dadurch abgehalten werden soll, dass von ihm bei der Geltendmachung seines Anspruchs die Vorlage von Unterlagen verlangt wird, die zum Nachweis dieses Anspruchs nicht erforderlich sind, oder dass Schreiben zur Geltendmachung eines solchen Anspruchs systematisch nicht beantwortet werden;
28. die in eine Werbung einbezogene unmittelbare Aufforderung an Kinder, selbst die beworbene Ware zu erwerben oder die beworbene Dienstleistung In Anspruch zu nehmen oder ihre Eltern oder andere Erwachsene dazu zu veranlassen;

29. die Aufforderung zur Bezahlung nicht bestellter Waren oder Dienstleistungen oder eine Aufforderung zur Rücksendung oder Aufbewahrung nicht bestellter Sachen, sofern es sich nicht um eine nach den Vorschriften über Vertragsabschlüsse Im Fernabsatz zulässige Ersatzlieferung handelt, und
30. die ausdrückliche Angabe, dass der Arbeitsplatz oder Lebensunterhalt des Unternehmers gefährdet sei, wenn der Verbraucher die Ware oder Dienstleistung nicht abnehme.

Anhang VI

# Ausgewählte Literatur zu den UWG-Novellen von 2004 und 2008[8]


| | |
|---|---|
| *Ahrens* | Wettbewerbsrecht. Grundlagen, Fallgestaltungen, Rechtsfolgen, 2006 |
| *Alexander* | Die strafbare Werbung in der UWG-Reform, WRP 2004, S. 407 ff |
| *Altermann* | Die Zulässigkeit unverlangter E-Mail-Werbung nach der UWG-Novelle. Eine Darstellung der Ansprüche nach dem Wettbewerbsrecht, Zivilrecht einschließlich Unterlassungsklagengesetz, Datenschutzrecht und Markenrecht sowie der Folgen im Strafrecht, 2006 |
| *Armgardt* | Verbraucherschutz und Wettbewerbsrecht: unwirksame AGB-Klauseln im Licht der neueren Rechtsprechung zum UWG und zur UGP-Richtlinie, WRP 2009, S. 122 ff |
| *Artmann* | Die Beurteilung der Fallgruppe „Rechtsbruch" nach der UWG-Novelle 2007. Zugleich eine Anmerkung zur Entscheidung OGH 11.3.2008, 4 Ob 225/07b, WBl. 2008, S. 253 ff |
| *Augenhofer* | Ein „Flickenteppich" oder doch der „große Wurf"? Überlegungen zur neuen RL über unlautere Geschäftspraktiken, ZfRV 2005, S. 204 ff |
| *Baukelmann* | Jugendschutz und Lauterkeitsrecht – neue europäische Gesichtspunkte? FS für Eike Ullmann, 2006, S. 587 ff |
| *Beater* | Mitbewerber und sonstige unternehmerische Marktteilnehmer, WRP 2009, S. 768 ff |
| *Berlit* | Handel im Wandel: Die Warenbevorratung bei Sonderangeboten und Sonderveranstaltungen gem. §§ 5 Abs. 4, Abs. 5, 3 UWG, WRP 2004, S. 1245 ff |
| *Boesche* | Drum kopple, was sich (nicht) ewig bindet – hohe Hürde der gemeinschaftsrechtlichen Unzulässigkeit von Kopplungsangeboten, WRP 2011, Heft 11 |
| *dies.* | Rechtliche Bewertung von Lauterkeits-Kopplungsangeboten im Lichte der UGP-Richtlinie, in: FS Säcker, 2011 |
| *dies.* | Über die Folgen der Vollharmonisierung und die vergebliche Rettung der Zugabeverbote, WRP 2009, S. 661 ff |
| *dies.* | Statement zur Unrechtsgewinnabschöpfung, in: Kollektive Rechtsdurchsetzung – Chancen und Risiken. Internationales Symposium Bamberg vom 20. bis 21. Februar 2006 (hrsg. v. BMELV), S. 25 ff |
| *dies.* | Die Zugabeverbote als Hürde auf dem Weg zu einem europäischen Lauterkeitsrecht, in: FS Stathopoulos, 2009, S. 189 ff |
| *Boesche/Scholze* | Grundsätzliche Vergleichsverbote gehören der „Steinzeit" an, nicht nur vergleichsweise Empfehlungen zur Geldvermehrung sind zulässig, JURA 2004, S. 685 ff |
| *dies.* | Der Kampf um Flugkunden mit Werbung. Vergleichende und irreführende Werbung in der Fallpraxis des neuen UWG, JURA 2005, S. 55 ff |
| *Böttcher/Siebert* | Abgrenzung vom Markenrecht und ergänzendem Leistungsschutz. Eine kritische Beschäftigung mit der aktuellen BGH-Rechtsprechung, in Festbeigabe für Franz Jürgen Säcker, hrsg. v. Boesche/Füller/Wolf, 2006, S. 233 ff |


8 Weitere Literaturhinweise finden sich in den einzelnen Kapiteln.

*Dreyer* Verhaltenskodizes im Referentenentwurf eines Ersten Gesetzes zur Änderung des Gesetzes gegen unlauteren Wettbewerb. Wird das Wettbewerbsrecht zum Motor für die Durchsetzung vertraglicher Verpflichtungen? WRP 2007, S. 1294 ff

*Engels/Salomon* Vom Lauterkeitsrecht zum Verbraucherschutz: UWG-Reform 2003, WRP 2004, S. 32 ff

*Eppe* Der lauterkeitsrechtliche Tatbestand des übertriebenen Anlockens im Wandel – am Beispiel der Wertreklame, WRP 2004, S. 153 ff

*Fehringer/Freund* Die Umsetzung der Richtlinie über unlautere Geschäftspraktiken in das UWG. Was bringt die UWG-Novelle 2007 Neues? MuR 2007, S. 115 ff

*Fezer* Eine Replik: Die Auslegung der UGP-RL vom UWG aus? WRP 2010, S. 677 ff

*Frenzel* Neukonzeption des Rechtsbruchtatbestandes abgeschlossen. Zu § 3 iVm § 4 Nr 11 UWG, WRP 2004, S. 1137 ff

*ders.* Die Unlauterkeit anwaltlicher Berufsrechtsverstöße: der Rechtsbruchtatbestand nach § 4 Nr 11 UWG, 2005

*Gärtner/Heil* Kodifizierter Rechtsbruchtatbestand und Generalklausel, WRP 2005, S. 20 ff

*Gamerith* Wettbewerbsrechtlicher Kennzeichenschutz durch die RL-UGP. Welche Änderungen bringt § 2 Abs. 3 Z 1 UWG für den Kennzeichenschutz? ÖBl. 2008, S. 174 ff

*ders.* Der Richtlinienvorschlag über unlautere Geschäftspraktiken – Möglichkeiten einer harmonischen Umsetzung, WRP 2005, S. 391 ff

*Glöckner/Henning-Bodewig* EG-Richtlinie über unlautere Geschäftspraktiken: Was wird aus dem „neuen" UWG? WRP 2005, S. 1311 ff

*Götting* Wettbewerbsrecht: Das neue UWG, 2005

*Haase* Die unlautere Wettbewerbshandlung nach der UWG-Reform. Zu den normativen Leitlinien des neuen Lauterkeitsrechts unter besonderer Berücksichtigung des Verbrauchers als Schutzsubjekt, 2006

*Hecker* Die Richtlinie über unlautere Geschäftspraktiken: Einige Gedanken zu den „aggressiven Geschäftspraktiken" – Umsetzung in das deutsche Recht, WRP 2006, 640 ff

*Heermann* Die Erheblichkeitsschwelle iSd § 3 UWG-E, GRUR 2004, S. 94 ff

*Helm* Der Abschied vom „verständigen" Verbraucher, WRP 2005, S. 931 ff

*Henning-Bodewig* Das neue Gesetz gegen den unlauteren Wettbewerb, GRUR 2004, S. 713 ff

*dies.* Richtlinienvorschlag über unlautere Geschäftspraktiken und UWG-Reform, GRURInt 2004, S. 183 ff

*Hoeren* Das neue UWG – der Regierungsentwurf im Überblick, BB 2008, S. 1182 ff

*Hsiao* Erste Probe des Gewinnabschöpfungsanspruchs – noch kein Gewinn. Zugleich eine Besprechung der Urteile LG Bonn vom 12. März 2005 und LG Heilbronn vom 23. Februar 2006 zu § 10 UWG, in Festbeigabe für Franz Jürgen Säcker, hrsg. v. Boesche/Füller/Wolf, 2006, S. 239 ff

*Kessler* Lauterkeitsschutz und Wettbewerbsordnung – zur Umsetzung der Richtlinie 2005/29/EG über unlautere Geschäftspraktiken in Deutschland und Österreich, WRP 2007, S. 714 ff

*Kiethe/Groeschke* „Jeans" – Verteidigung wettbewerblicher Eigenart von Modeneuheiten, WRP 2006, S. 794 ff

*Kling/Thomas* Grundkurs Wettbewerbs- und Kartellrecht, 2004

| | |
|---|---|
| *Köhler* | Vom deutschen zum europäischen Lauterkeitsrecht – Folgen der Richtlinie über unlautere Geschäftspraktiken für die Praxis, NJW 2008, S. 3032 ff |
| *ders.* | Kopplungsangebote (einschließlich Zugaben) im geltenden und künftigen Wettbewerbsrecht, GRUR 2003, S. 729 ff |
| *ders.* | Neujustierung des UWG am Beispiel der Verkaufsförderungsmaßnahmen, GRUR 2010, S. 767 ff |
| *ders.* | UWG-Reform 2003 und Verbraucherschutz, GRUR 2003, S. 265 ff |
| *ders.* | Die Unlauterkeitstatbestände des § 4 UWG und ihre Auslegung im Lichte der Richtlinie über unlautere Geschäftspraktiken, GRUR 2008, S. 841 ff |
| *ders.* | Die UWG-Novelle 2008 |
| *ders.* | Werbung gegenüber Kindern – Welche Grenzen zieht die Richtlinie über unlautere Geschäftspraktiken? WRP 2008, S. 700 ff |
| *ders.* | Zur richtlinienkonformen Auslegung und Neuregelung der „Bagatellklausel“ in § 3 UWG, WRP 2008, S. 10 ff |
| *König* | Die rechtliche Beurteilung unerwünschter E-Mails. Eine kritische Auseinandersetzung mit der Rechtsprechung zum sogenannten „Spam“, in Festbeigabe für Franz Jürgen Säcker, hrsg. v. Boesche/Füller/Wolf, 2006, S. 21 ff |
| *Koppensteiner* | Das UWG nach der Novelle 2007, WBl 2009, S. 1 ff |
| *Kulka* | Der Entwurf eines Ersten Gesetzes zur Änderung des Gesetzes gegen unlauteren Wettbewerb, DB 2008, S. 1548 ff |
| *Lettl* | Irreführung durch Lock(vogel)angebote im derzeitigen und künftigen UWG, WRP 2008, S. 155 ff |
| *ders.* | Der lauterkeitsrechtliche Schutz vor irreführender Werbung in Europa, GRURInt 2004, S. 85 ff |
| *ders.* | Das neue UWG, GRUR-RR 2009, S. 41 ff |
| *ders.* | Der Schutz der Verbraucher nach der UWG-Reform, GRUR 2004, S. 449 ff |
| *ders.* | Der unlautere Wettbewerb durch Rechtsbruch in der instanzgerichtlichen Rechtsprechung, GRUR-RR 2004, S. 225 ff |
| *ders.* | Werbung mit einem Telefonanruf gegenüber einem Verbraucher nach § 7 Abs. 2 Nr 2 Alt 1 UWG nF, WRP 2009, S. 1315 ff |
| *Mankowski* | Ist die Bagatellklausel des § 3 UWG bei belästigender Werbung (§ 7 UWG) zu beachten? WRP 2008, S. 15 ff |
| *ders.* | Was ist eine „direkte Aufforderung zum Kauf“ an Kinder? Zur Auslegung der Nr 28 der deutschen und der europäischen black list, WRP 2008, S. 421 ff |
| *ders.* | Wer ist ein „Kind“? Zum Begriff des Kindes in der deutschen und der europäischen black list, WRP 2007, 1398 ff |
| *Mees* | Der Patient als Verbraucher – Ein neuer Topos des wettbewerbsrechtlichen Verbraucherschutzes? Festschrift für Eike Ullmann, 2006, S. 755 ff |
| *Mengering* | Besteht eine Vergütungspflicht des Anschlussinhabers, wenn Minderjährige R-Gespräche entgegennehmen? Eine Stellungnahme zum Urteil des Bundesgerichtshofs vom 16. März 2006, in Festbeigabe für Franz Jürgen Säcker, hrsg. v. Boesche/Füller/Wolf, 2006, S. 29 ff |
| *Micklitz/Stadler* | Der Reformvorschlag der UWG-Novelle für eine Verbandsklage auf Gewinnabschöpfung, WRP 2003, S. 559 ff |
| *dies.* | Unrechtsgewinnabschöpfung – Möglichkeiten und Perspektiven eines kollektiven Schadensersatzanspruches im UWG, 2003 |
| *Müller-Bidinger* | Wettbewerbsrecht, 2006 |

| | |
|---|---|
| *Namyslowska* | Trifft die Schwarze Liste der unlauteren Geschäftspraktiken ins Schwarze? Bewertung im Lichte der EuGH-Rechtsprechung, GRUR Int 2010, S. 1033 ff |
| *Nippe* | Belästigung zwischen Wettbewerbshandlung und Werbung, WRP 2006, S. 951 ff |
| *Ohly* | Das neue UWG – Mehr Freiheit für den Wettbewerb? GRUR 2004, S. 889 ff |
| *Omsels* | Zur Unlauterkeit der gezielten Behinderung von Mitbewerbern (§ 4 Nr 10 UWG), WRP 2004, S. 136 ff |
| *Peifer* | Die Zukunft der irreführenden Geschäftspraktiken, WRP 2008, S. 556 ff |
| *Pluskat* | Kopplungsangebote und kein Ende, WRP 2004, S. 282 ff |
| *Pokrant* | Zum Verhältnis von Gewinnabschöpfung gemäß § 10 und Schadensersatz gemäß § 9 UWG, FS für Eike Ullmann, 2006, S. 813 ff |
| *Prunbauer-Glaser* | Kinder, Kinder! – Zum „Kind“ in der Werbung nach der UWG-Nov 2007, ÖBl. 2008, S. 164 ff |
| *Reichelsdorfer* | Schadensersatzhaftung für Angestellte und Beauftragte nach § 13 Abs. 4 UWG? Keine Neuregelung der Schadensersatzhaftung für Dritte durch die UWG-Reform 2003 – Eine verpasste Chance? WRP 2004, S. 828 ff |
| *Sack* | Der Gewinnabschöpfungsanspruch von Verbänden in der geplanten UWG-Novelle, WRP 2003, S. 546 ff |
| *ders.* | Gesetzwidrige Wettbewerbshandlungen nach der UWG-Novelle, WRP 2004, S. 1307 ff |
| *ders.* | Irreführende vergleichende Werbung, GRUR 2004, S. 89 ff |
| *ders.* | Markenschutz und UWG, WRP 2004, S. 1405 ff |
| *ders.* | Personen- und unternehmensbezogene Werbehinweise auf Mitbewerber als vergleichende Werbung nach § 6 UWG, WRP 2004, S. 145 ff |
| *ders.* | Regierungsentwurf einer UWG-Novelle – ausgewählte Probleme, BB 2003, S. 1073 ff |
| *ders.* | Vergleichende Werbung und die Erheblichkeitsschwelle in § 3 des Regierungsentwurfs einer UWG-Novelle, WRP 2004, S. 30 ff |
| *ders.* | Zur Anwendbarkeit von § 6 UWG auf Werbung für Ersatzteile und Zubehör, GRUR 2004, S. 720 ff |
| *ders.* | Das Verhältnis des UWG zum allgemeinen Deliktsrecht, FS für Eike Ullmann, 2006, S. 825 ff |
| *Säcker* | Die Einordnung der Verbandsklage in das System des Privatrechts, 2006 |
| *ders.* | Zur kollektiven Rechtsdurchsetzung von Interessen in der deutschen Rechtsordnung. Rechtspolitische Würdigung der Verbandsklage und ihre Einordnung in das Privatrecht, in Kollektive Rechtsdurchsetzung – Chancen und Risiken, Internationales Symposium Bamberg vom 20. bis 21. Februar 2006, hrsg. v. BMELV, S. 225 ff |
| *ders.* | Das UWG zwischen den Mühlsteinen europäischer Harmonisierung und grundrechtsgebotener Liberalisierung, WRP 2004, S. 1199 ff |
| *Schaumburg* | Die Verbandsklage im Verbraucherschutz- und Wettbewerbsrecht. Ansprüche auf Unterlassung, Widerruf, Beseitigung und Gewinnabschöpfung, 2006 |
| *Scherer* | Kinder als Konsumenten und Kaufmotivatoren, WRP 2008, S. 430 ff |
| *dies.* | Die „unsachliche“ Beeinflussung in § 4 Nr 1 UWG, WRP 2007, S. 723 ff |
| *dies.* | Die „Verbrauchergeneralklausel“ des § 3 II 1 UWG – eine überflüssige Norm, WRP 2010, S. 586 ff |
| *dies.* | Die Verletzung der Menschenwürde durch Werbung, WRP 2007, S. 594 ff |
| *dies.* | Was bringt die „Schwarze Liste“ tatsächlich? WRP 2011, S. 393 ff |

| | |
|---|---|
| *dies.* | Die Werbung zur Ausnutzung der Angst von Verbrauchern nach § 4 Nr 2 UWG nF – Neukonzeption eines altvertrauten Tatbestandes, WRP 2004, S. 1426 ff |
| *dies.* | Die „wesentliche Beeinflussung" nach der Richtlinie über unlautere Geschäftspraktiken, WRP 2008, S. 708 ff |
| *Schichl* | Die Zugabe im UWG und GWB nach dem Wegfall der Zugabeverordnung, 2006 |
| *Schindler* | Die Klagebefugnis im Wettbewerbsprozess nach der UWG-Reform, WRP 2004, S. 835 ff |
| *Schlegel* | R-Gespräche – Haftung der Eltern für Minderjährige, MDR 2006, S. 1021 ff |
| *Schöttle* | Aus eins mach zwei – die neuen Generalklauseln im Lauterkeitsrecht, GRUR 2009, S. 546 ff |
| *Schünemann* | „Unlauterkeit" in den Generalklauseln und Interessenabwägung nach dem neuen UWG, WRP 2004, S. 925 ff |
| *Seichter* | „20% auf alles – nur heute" – Zur wettbewerbsrechtlichen Beurteilung von kurzfristigen Rabattaktionen, WRP 2006, S. 628 ff |
| *ders.* | Der Umsetzungsbedarf der Richtlinie über unlautere Geschäftspraktiken, WRP 2005, S. 1087 ff |
| *Seidelberger* | Die UWG-Novelle 2007 und ihre Auswirkungen auf die Praxis, RdW 2008, S. 59 ff |
| *Sosnitza* | Der Gesetzentwurf zur Umsetzung der Richtlinie über unlautere Geschäftspraktiken, WRP 2008, S. 1014 ff |
| *ders.* | Das Koordinatensystem des Rechts des unlauteren Wettbewerbs im Spannungsfeld zwischen Europa und Deutschland, GRUR 2003, S. 739 ff |
| *Steinbeck* | Die Zukunft der aggressiven Geschäftspraktiken, WRP 2008, S. 865 ff |
| *Teplitzky* | Die Regelung der Abmahnung in § 12 Abs. 1 UWG, ihre Reichweite und einige ihrer Folgen, FS für Eike Ullmann, 2006, S. 999 ff |
| *Többens* | Die Straftaten nach dem Gesetz gegen den unlauteren Wettbewerb (§§ 16–19 UWG), WRP 2005, S. 552 ff |
| *Ufer* | Aktuelle Gesetzgebungsverfahren gegen unerwünschte Telefonwerbung, K&R 2008, 493 ff |
| *Ullmann* | Das Koordinatensystem des unlauteren Wettbewerbs, GRUR 2003, S. 817 ff |
| *Wagner/Ruess* | Neues zur wettbewerbsrechtlichen Beurteilung sogenannter Kopplungsangebote – Abkopplung vom Sittenwidrigkeitsbegriff, WRP 2005, S. 24 ff |
| *Wiebe* | Umsetzung der Geschäftspraktikenrichtlinie und Perspektiven für eine UW-Reform, JBl 2007, S. 69 ff |
| *Wiltschek/Majchrzak* | Die UWG-Novelle 2007. Die Umsetzung der Richtlinie über unlautere Geschäftspraktiken in Österreich, ÖBl 2008, S. 4 ff |
| *dies.* | Wettbewerbs- und Markenrecht in Österreich, WRP 2008, S. 987 ff |
| *Wimmer-Leonhard* | UWG-Reform und Gewinnabschöpfungsanspruch oder „Die Wiederkehr der Drachen", GRUR 2004, S. 12 ff |
| *Zagouras* | Werbung für Mobilfunkmehrwertdienste und die Ausnutzung der geschäftlichen Unerfahrenheit von Kindern und Jugendlichen nach § 4 Nr 2 UWG, GRUR 2006, S. 731 ff |
| *Zettel* | Das neue UWG gegen den unlauteren Wettbewerb, MDR 2004, S. 1040 ff |

# Sachverzeichnis

Die Angaben beziehen sich auf die Randnummern.